U0966170

Selected Judgments of Intellectual Property Cases of Shanghai Court(Chinese-English Edition) (2009-2013)

Compiled by theIntellectual Property Division of ShanghaiHigh People's Court
Chief Editor: WuXielin

上海法院知识产权裁判文书精选

（2009-2013）

上海市高级人民法院知识产权审判庭　编
吴偕林　主编

知识产权出版社
全国百佳图书出版单位

图书在版编目（CIP）数据

上海法院知识产权裁判文书精选：2009—2013／吴偕林主编．—北京：知识产权出版社，2014.3

ISBN 978－7－5130－2618－5

Ⅰ．①上…　Ⅱ．①吴…　Ⅲ．①知识产权法－判例－汇编－上海市－2009—2013　Ⅳ．①D927.510.340.5

中国版本图书馆CIP数据核字（2014）第043163号

内容提要

本书从上海法院2009～2013年审理的逾万件知识产权案件的裁判文书中精选出42件优秀裁判文汇集成册，其目的，一是为了展示上海市法院这5年知识产权审判的成果，二是为了让其他法官制作裁判文书时可以借鉴，三是为其他学习者提供参考资料。

责任编辑：彭小华　　**责任校对**：董志英
特约编辑：程　义　王永生　李　萌　　**责任出版**：卢运霞
封面设计：刘　伟

上海法院知识产权裁判文书精选：2009—2013

Shanghai Fayuan Zhishichanquan Caipan Wenshu Jingxuan：2009—2013

上海市高级人民法院知识产权审判庭　编

吴偕林　主编

出版发行：知识产权出版社有限责任公司　　**网　址**：http：//www.ipph.cn
社　址：北京市海淀区马甸南村1号　　**邮　编**：100088
责编电话：010－82000860转8115　　**责编邮箱**：pengxiaohua@cnipr.com
发行电话：010－82000860转8101/8102　　**发行传真**：010－82000893/82005070/82000270
印　刷：三河市国英印务有限公司　　**经　销**：各大网上书店、新华书店及相关专业书店
开　本：787mm×1092mm　1/16　　**印　张**：48.25
版　次：2014年4月第一版　　**印　次**：2014年4月第1次印刷
字　数：1545千字　　**定　价**：128.00元

ISBN 978－7－5130－2618－5

出版权专有　侵权必究

如有印装质量问题，本社负责调换。

——谨以此书纪念上海市高、中级人民法院知识产权审判庭成立20周年！

——This collection of judgments is in commemoration of the 20th anniversary of the founding of intellectual property trl-bunals in Shanghai High People's Court and Shanghai Intermediate People's Courts!

编　委　会

主　编：吴偕林

副主编：朱　丹

编　委：王利民　刘军华　芮文彪　陈惠珍
张　谦　金　红　钱光文　凌　崧
顾亚安

Editorial Board

Chief Editor: Wu Xielin

Deputy Chief Editor: Zhu Dan

Members of the Editorial Board:

Wang Limin　Liu Junhua　Rui Wenbiao

Chen Huizhen　Zhang Qian　Jin Hong

Qian Guangwen　Ling Song　Gu Ya'an

序

1994年2月15日，经上海市人大常委会批准，上海市高、中级人民法院同时成立知识产权审判庭，标志着上海法院知识产权审判工作从此走上了专业化的发展道路。20年来，上海法院始终围绕上海经济社会发展大局，认真履行知识产权司法保护职责，依法平等保护中外当事人合法权益，为上海经济社会文化发展营造了良好的知识产权司法保护环境。

20年来，上海法院不断探索创新知识产权审判机制和审判方法。继上海高、中级人民法院成立知识产权审判庭后，1994年6月，浦东新区人民法院在全国基层法院中率先成立知识产权审判庭，并于1996年在全国率先实行由知识产权审判庭统一审理知识产权民事、行政、刑事案件的“三合一”审判模式。为探索司法公开的有效途径，1999年1月，首次通过上海电视台、上海人民广播电台现场直播上海市第一中级人民法院开庭审理的一起不正当竞争纠纷案件。2003年起，上海法院开始在互联网上公布知识产权案件的裁判文书。2008年，上海法院在全国率先开展知识产权案件网络庭审直播。2009年，上海法院在全国率先探索建立“知识产权审判技术咨询专家库”。2011年4月，上海市高级人民法院在全国高级人民法院中率先开通知识产权司法保护网互联网站，向社会公开审判动态、裁判文书、典型案例、法律法规等审判信息。基于在知识产权司法保护方面所做的努力和所取得的成效，2012年6月，上海市高级人民法院知识产权审判庭被世界知识产权组织授予“2012年世界知识产权组织版权金奖（中国）保护奖”。2011年、2012年浦东新区人民法院、黄浦区人民法院先后被最高人民法院确定为“中国知识产权审判基层示范法院”。

20年来，上海法院公正及时地审理了2.2万多件知识产权案件，很多案件入选年度“中国法院知识产权司法保护十大案件”、“中国法院知识产权司法保护五十件典型案例”和《最高人民法院公报》。如近年来审结的王群诉上海世博会法国馆等侵犯发明专利权纠纷案，衣念（上海）时装贸易有限公司诉浙江淘宝网络有限公司等侵害商标权纠纷案，胡进庆、吴云初诉上海美术电影制片厂著作权权属纠纷案，北京锐邦涌和科贸公司诉强生公司垄断纠纷案等案件。迄今为止，上海法院审结的知识产权案件中，已有24件被《最高人民法院公报》作为指导性案例予以刊载，约占《最高人民法院公报》刊登的知识产权案例总数的五分之一。

裁判文书是对审判经验和审判规则的真实记录，集中体现了法官的司法水平和司法智慧，是指导审判实践、引导社会行为、促进法学研究、推进法治建设的重要载体。同时，向社会公开裁判文书也是推进阳光司法、公开司法的有效途径，对树立司法权威、提升司法公信具有重要作用。为此，2010年1月，上海市高级人民法院以出版《上海法院知识产权裁判文书精选（1994—2008）》一书的形式，纪念上海市高、中级人民法院知识产权审判庭成立15周年。今天，我们以精选汇编2009年至2013年期间优秀裁判文书的形式，纪念上海市高、中级人民法院知识产权审判庭成立20周年。本书汇集了著作权纠纷、商标纠纷、专利纠纷、不正当竞争纠纷、知识产权刑事案件和知识产权行政案件等各类知产典型案件的48篇裁判文书。本书仍然采用中英文对照的体例，便于中外各界了解上海法院知识产权司法保护的发展历程和主要成效，促进知识产权司法保护国际交流。

随着党的十八届三中全会精神的全面贯彻落实，以及上海市委市政府提出的2020年将上海建成亚太地区知识产权中心城市战略目标的不断推进，上海法院知识产权审判工作迎来了新的发展机遇。今年，最高人民法院将在上海建立全国唯一的“知识产权司法保护国际交流基地”，以发挥上海辐射全国、面向世界的区位优势。上海市高级人民法院知识产权审判庭也将于今年实施知识产权民事、行政、刑事案件“三合一”审判机制，实现全市三级法院知识产权“三合一”审判机制的全覆盖。面对新形势、新挑战，上海法院将以服务科技创新和文化繁荣为导向，进一步探索创新、奋发有为，积极发挥司法保护知识产权的主导作用，努力让人民群众在每一个司法案件中都感受到公平正义，为将上海建设成为亚太地区知识产权中心城市、为法治中国建设作出新的更大的贡献！

吴偕林

2014年1月10日

Preface

With the approval of the Standing Committee of Shanghai Municipal People's Congress, both Shanghai High People's Court and Shanghai Intermediate People's Courts established their intellectual property (IP) tribunals at the same time on February 15, 1994, signifying that judgment of intellectual property cases by Shanghai courts took a first step toward the specialized development. Over two decades, focusing on the big picture of the social and economic development in Shanghai, Shanghai courts have earnestly fulfilled the duty of judicial protection of IP rights and safeguarded the legitimate rights and interests of both Chinese and overseas parties on an equal basis, creating a favorable condition of IP judicial protection for economic, social and cultural development of the city.

In these two decades, Shanghai courts have made unremitting efforts to explore and innovate in the mechanism and methodology for the trial of IP cases. Following the establishment of IP tribunals in Shanghai High People's Courts and Shanghai Intermediate People's Courts, Pudong New Area People's Court of Shanghai took the lead to found its own IP Tribunal among the courts at the grass-roots level across China in June 1994 and started the model of unification of jurisdiction over IPR-related civil, criminal and administrative cases in the IP Tribunal in 1996. For the purpose of exploring effective approach of judicial transparency, Shanghai No. 1 Intermediate People's Court broadcast a live trial of a case over the dispute of unfair competition on Shanghai TV Station and Shanghai People's Broadcasting Station in January 1999. The year 2003 marked a milestone that courts in Shanghai began to publish the judgment of IP cases on the Internet. In 2008, the courts in Shanghai were the first to launch live webcasts of IP case trials across China. In 2009, courts in Shanghai were among the first to explore the building of an Expert Database for Technical Consulting of the Trial of IP Cases. In April 2011, Shanghai High People's Court became the first among all nation-wide high people's courts to launch an IP judicial protection website to publish trial information, judgments, typical cases, laws and regulations, to name just a few. Thanks to the efforts and effects in the IP judicial protection, the IP Tribunal of Shanghai High People's Court was honored 2012 World Intellectual Property Organization Golden Award for Copyright Protection (China) in June 2012. In 2011 and 2012, Pudong New Area People's Court of Shanghai and Huangpu District People's Court of Shanghai were named Model Courts at Grass-roots Level of IP Trials in China in succession.

For these two decades, the courts in Shanghai have tried over 22, 000 cases in respect of IP in a fair and timely manner, many of which have been selected into the annual China's 10 Cases on Judicial Protection of Intellectual Property, China's 50 Typical Cases on Judicial Protection of Intellectual Property and the *Gazette of the Supreme People's Court of China*. The cases tried and closed in recent years include Wang Qun v. French Pavilion of Shanghai World Expo Invention Patent Infringement, E. Land International Fashion (Shanghai) Co. Ltd v. Zhejiang Taobao Network Co. Ltd. , et al. Dispute over Trademark Right Infringement, Hu Jinqing and Wu Yunchu v. Shanghai Animation Film Studio Dispute over Copyright Ownership, and Beijing Ruibang Yonghe Technology and Trade Co. , Ltd. v. Johnson & Johnson Dispute over Monopoly. Among all IP cases tried and closed by the courts in Shanghai, there have been 24 cases published in the *Gazette of the Supreme People's Court of China* as the guiding cases, accounting for approximately one fifth of the IP cases published by the Gazette.

Judgments are the real records of both experience and rules of trials, representing the competence and wisdom of judges in the judicial field. Judgments also constitute an important vehicle to guide the trial practice, the public behavior and promote the study of law as well as propel the legal system building. Moreover, making the judgments open to public is an effective way to advance the justice in sunshine and justice transparency and plays a key role in upholding the power of law and uplifting the judicial credibility. In consideration of all the above purposes, Shanghai High People's Court published the Selected Judgments of Intellectual Property Cases of Shanghai Court 1994-2008 in January of 2010 in commemoration of the 15th anniversary of the foundation of IP tribunals in Shanghai High People's Court and Shanghai Intermediate People' s Courts. Today in commemoration of the 20th anniversary of the foundation of IP Tribunals, we present the Selected Judgments of Intellectual Property Cases of Shanghai Court 2009—2013. The book is a collection of 48 judgments covering the typical cases of disputes over copyright, trademark, patent, unfair competition as well as IP-related criminal cases and administrative cases. The book, as before, is written in Chinese-English so as to facilitate the understanding of readers both home and abroad on development and major achievements of judicial protection of IPR by the courts in Shanghai and further enhance the exchange of judicial protection of IPR on a global scale.

Now the trial of IP cases by the courts in Shanghai embraces a brand new opportunity of development with the full implementation of the spirit of the third Plenary Session of the 18th Central Committee of the CPC and the on-going promotion of the strategic goal proposed by Shanghai CPC Committee and Shanghai Municipal Government to build Shanghai into an intellectual property center in the Asia-Pacific Region by 2020. Shanghai High People's Court will build China's one and sole International Exchange Base of IP Judicial Protection in Shanghai this year to give full play the city's regional advantage of radiating its influence to the whole country and the globe. The IP Tribunal of Shanghai High People's Court will also start the model of unification of jurisdiction over IPR-related civil, criminal and administrative cases in this year with a view to realizing the full coverage of trial of IPR-related cases by the courts at the third level across the city. In the face of new circumstance and new challenge, the courts in Shanghai will, in the direction of serving technological innovation and cultural prosperity, deepen the exploration and innovation and make all-out efforts to actively play the leading role of IP judicial protection so that the public will sense the fairness and justice in our trial of each case while we can contribute more to the building of the city into the intellectual property center in the Asia-Pacific Region and China into a country ruled by law.

Wu Wielin

Janurary 10 2014

目　　录

著作权民事纠纷案件

商标民事纠纷案件

专利民事纠纷案件

不正当竞争纠纷案件

知识产权刑事案件

知识产权行政案件

Civil Dispute Cases over Copyright

Civil Dispute Cases over Trademark

Civil Dispute Cases over Patents

Unfair Competition Cases

Criminal Cases over Intellectual Property

Administrative Cases over Intellectual Property

著作权民事纠纷案件

1. 上海地创网络技术有限公司等诉北京万户名媒科技有限公司等侵犯计算机软件著作权纠纷案

——上海市浦东新区人民法院民事判决书

（2008）浦民三（知）初字第453号

原告：上海地创网络技术有限公司，住所地上海市汶水东路51号6楼D区。

法定代表人：汪张达，董事长。

原告：上海万格科学器材有限公司，住所地上海市普陀区真北路3370号。

法定代表人：周学迅，董事长。

上述两原告之委托代理人：汪涛，上海地创网络技术有限公司工作人员。

上述两原告之委托代理人：王鹏，上海地创网络技术有限公司工作人员。

被告：北京万户名媒科技有限公司上海分公司，住所地上海市浦东新区东方路971号9B室。

法定代表人：王琳，负责人。

被告：北京万户名媒科技有限公司，住所地北京市朝阳区东三环中路富尔大厦501室。

法定代表人：钱贵昱，董事长。

上述两被告之委托代理人：储湛，安徽众城高昕律师事务所律师。

原告上海地创网络技术有限公司、上海万格科学器材有限公司诉被告北京万户名媒科技有限公司上海分公司、北京万户名媒科技有限公司侵犯计算机软件著作权纠纷一案，本院受理后，依法组成合议庭，公开开庭进行了审理。原告上海地创网络技术有限公司、上海万格科学器材有限公司的委托代理人汪涛，被告北京万户名媒科技有限公司上海分公司、北京万户名媒科技有限公司的委托代理人储湛到庭参加诉讼。本案现已审理终结。

原告上海地创网络技术有限公司、上海万格科学器材有限公司诉称：2005年年初，两原告合作开发了易图WebDraw软件V2.0（以下简称WebDraw），于2005年9月15日完成开发并发表。2006年2月27日在国家版权局完成计算机软件著作权登记，权利证号：软著登字第049895号。2008年年初，原告发现被告所属的“名片天下”网站（网址www.namex.cn）擅自使用上述WebDraw软件为其客户提供名片的设计。被告的行为侵犯了原告的合法权益，故起诉要求被告立即停止侵权，删除使用WebDraw软件的所有程序，并赔偿原告人民币20万元及制止侵权所支出的合理费用3 346元。

被告北京万户名媒科技有限公司上海分公司、北京万户名媒科技有限公司辩称：两被告与合肥万户网络技术有限公司（以下简称合肥万户公司）系由同一股东开设。合肥万户公司先后于2006年10月和同年11月与原告签订了使用系争软件的协议，并支付了相关费用。协议上注明使用系争软件的网址即为www.namex.cn。合肥万户公司使用系争软件的目的是为了从事名片天下的业务，该业务的内容为在网上设计和制作名片。后合肥万户公司为了专门从事名片天下的业务，注册成立了两被告，域名为www.namex.cn的网站遂由第二被告负责经营管理。合肥万户公司与原告的使用协议至2007年10月30日期满，期满后因合肥万户公司的疏忽未及时向原告缴纳使用费，原告也未提醒合肥万户公司，现两被告愿按每年4 000元的标准向原告缴纳费用。

经审理查明：合肥万户公司与第二被告的法人均为钱贵昱。2006年2月27日两原告取得了WebDraw的计算机软件著作权登记证书。同年10月10日，第二原告上海万格科学器材有限公司出具授权委托书，对于由两原告共同开发的WebDraw软件，全权委托第一原告行使包括许可他人使用及签订相关合同等有关著作权权属的财产权行使。同年10月23日，合肥万户公司与第一原告签订WebDraw软件最终用户许可协议，约定合肥万户公司向第一原告购买易图WebDraw软件，期限自2006年11月1日至2007年10月30日止，使用的网址为www.namedia.cn，授权使用费为4 000元。第一原告授予合肥万户公司软件产品使用的一个许可证（序列号），该许可证（序列号）只在购买使用期内有效，并且该许可证（序列号）与合肥万户公司所属的唯一网站域名相捆绑。未经第一原告同意，合肥万户公司不得出租、出借、转让和销售该软件产品。协议签订后，合肥万户公司于2006年10月30日向第一原告支付了WebDraw授权费4 000元。同年11月14日，合肥万户公司与第一原告又签订了WebDraw软件最终用户许可协议，该协议的内容除软件使用的网址变更为www.namex.cn及使用费为1 500元外，其余内容与2006年10月30日的协议内容相同。同年11月16日，合肥万户公司又向第一原告支付了WebDraw授权费1 500元。第一原告将系争软件与www.namex.cn网站相捆绑，并根据网站的网址和网站被授权的到期日期设置了一序列号，软件被许可使用的期限到期后，系统会出现要求购买新的序列号才能使用的提示信息。2007年1月24日，第二被告成立。第二被告成立后，即负责域名为www.namex.cn网站的经营管理（网站的域名仍登记在合肥万户公司名下），并利用原告的WebDraw软件在上述网站上从事“名片天下”的业务。同年5月11日，第一被告成立。第一被告成立后在上海地区从事与第二被告相同的业务。据名片天下的后台管理系统介绍：2008年1月16日，名片天下作为阿里巴巴软件的战略合作伙伴参加了阿里巴巴在北京召开的“阿里巴巴软件互联平台发布会暨战略合作伙伴签约仪式”。在阿里巴巴软件推出的“赢在软件大赛”中，名片天下在“企业类产品”中排名第二。名片天下现已作为阿里巴巴集团旗下公司之一。名片天下加入阿里巴巴软件互联平台后，将面向阿里巴巴集团6 000多万电子商务客户群提供名片网上订购服务。

2008年4月30日，在上海市闵行公证处公证员刘军与公证处工作人员徐琳的监督下，由两原告的委托代理人汪张达在公证处的互联网上进行了如下操作：上网后，在地址栏内输入网址：www.namex.cn，显示“名片天下”的首页，首页内容显示该网站主要功能系用网站提供的模板自助设计制作名片或直接向网站的服务人员订购名片。该网站由第二被告版权所有。点击该页面上的任意一张名片，显示需安装ActiveX控件（即名片天下名片设计器）；点击“安装 ActiveX 控件”，安装完毕后，显示名片的模板样式；双击“Webdraw 控件”，显示“Webdraw 控件属性”的“版本”，显示 Webdraw 控件的版本信息为2，0，1，5，该 Webdraw 控件为上海地创网络技术有限公司版权所有。点击页面上的“代理加盟专区”、“加盟”、“加盟类型”，显示名片天下旗舰店需60万元加盟费、卫星店需3万元加盟费。名片天下在全国现有七家分店。

2008年11月6日，第二被告委托代理人孔爱菊在北京市方圆公证处公证员何宪及公证人员韩明洁的监督下，在公证处由孔爱菊操作如下：重新启动计算机；打开 IE 浏览器，在地址栏内输入 http：//www. webdraw. cn/default. htm 后显示第一原告网站的页面，该页面推荐客户的典型应用框内显示“NameX 名片天下”；点击页面中的“应用案例”，NameX 名片天下被列入客户名称中。

原告为本案诉讼产生公证费1 500元、差旅费1 790元、通过网络从第一被告处购买名片产生设计费56元。

上述事实由计算机软件著作权登记证书、（2008）沪闵证经字第1345号、（2008）京方圆内经证字第77038号公证书、第二原告于2006年10月10日出具的授权委托书以及第一原告与合肥万户公司分别于2006年10月23日、同年11月14日签订的 Webdraw 软件最终用户许可协议、电汇凭证、发票、名片设计订购单、设计费、公证费、出租车发票、火车票、飞机票及双方在庭审中的陈述在案佐证，本院予以确认。

本院认为：两原告取得了 WebDraw 软件的计算机软件著作权登记证书，两原告应系该软件的著作权人，他人未经许可不得侵犯两原告对系争软件享有的著作权。对于系争软件的使用方式，第二原告已出具了授权委托书，全权委托第一原告行使包括许可他人使用及签订相关合同等有关著作权权属的财产权行使。第一原告据此单独与案外人合肥万户公司签订了两份许可协议，该两份许可协议的内容系双方的真实意思表示，双方均应按约履行。协议签订后，合肥万户公司缴纳了使用费，将系争软件在指定的网站上使用。后为了业务需要将网站交由第二被告经营管理。虽然合肥万户公司和第一原告的协议约定，未经第一原告同意，合肥万户公司不得出租、出借、转让和销售该软件产品，但合肥万户公司系将网站整体移交给第二被告使用，其并未擅自复制过系争软件，故在2007年10月30日前合肥万户公司获得许可的期限内，第二被告在经营管理 www. namex. cn 网站时使用系争软件的行为应已获得第一原告的许可，并已缴纳了相关费用，故第二被告在该段期间使用系争软件的行为并未侵犯原告的合法权益，两原告在收取了合肥万户公司支付的该段期间的许可费后，又重复向第二被告主张，于法无据，本院不予支持。至于2007年10月30日之后，两被告使用系争软件的行为，系争软件系通过使用序列号来控制用户的使用期限，用户获得许可的期限到期后，软件会要求用户购买新的序列号才能继续使用。但本案中，两被告在系争软件被许可期限届满后仍能使用，对此，两原告认为，系两被告采用技术手段破解了系争软件的序列号所致。两被告予以否认，表示许可期限到期后，系统并未出现提示信息，两被告并未破解密码，其系正常使用软件。本院认为，两被告的辩称有违合肥万户公司与第一原告在许可协议中关于序列号使用情况的约定，也不符合常理。现两被告未能举证证明其在使用过程中系系统出错导致其在到期后仍能正常使用软件，本院采纳原告的意见，即两被告在许可期限到期后，为了能继续使用软件，采用技术手段破解了软件的序列号。两被告的行为，侵犯了两原告对系争软件享有的著作权，理应立即停止侵权行为并依法承担赔偿责任。现两原告考虑到两被告已于2008年12月中旬不再使用系争软件，申请撤回要求两被告停止侵权、删除系争软件程序的诉请，与法不悖，本院予以准许。至于两被告应赔偿的损失，因两原告的损失和两被告的获利情况无法确定，由本院参照第一原告与案外人合肥万户公司的许可费用的标准、两被告在被许可期限届满后擅自使用的期限、两被告的过错程度合理酌定。两被告对两原告主张的为本案产生的费用均予以确认，相关费用作为两原告为本案诉讼所产生的合理费用，由两被告承担。据此，依照《中华人民共和国著作权法》第四十七条第（六）项、第四十八条，《计算机软件保护条例》第二十四条第一款第（三）项、第二十五条，《最高人民法院关于审理著作权民事纠纷案件适用法律若干问题的解释》第二十五条第一款、第二款及第二十六条第一款之规定，判决如下：

被告北京万户名媒科技有限公司上海分公司、北京万户名媒科技有限公司于本判决生效之日起十日内赔偿原告上海地创网络技术有限公司、上海万格科学器材有限公司损失人民币1万元、合理费用人民币3 346元。

如果被告北京万户名媒科技有限公司上海分公司、北京万户名媒科技有限公司未按本判决指定的期间履行给付金钱义务，应当依照《中华人民共和国民事诉讼法》第二百二十九条之规定，加倍支付迟延履行期间的债务利息。

案件受理费人民币4 350元，由原告上海地创网络技术有限公司、上海万格科学器材有限公司负担2 032元，被告北京万户名媒科技有限公司上海分公司、北京万户名媒科技有限公司负担2 318元。

如不服本判决，可在判决书送达之日起十五日内向本院递交上诉状，并按对方当事人的人数提出副本，上诉于上海市第一中级人民法院。

审 判 长 倪红霞
人民陪审员 孙国瑛
代理审判员 杜灵燕
二〇〇九年二月五日
书 记 员 钱 婧

（本判决书入选2009年度中国法院知识产权司法保护50件典型案例）

2. 宋氏企业公司诉珠海出版社等侵犯著作财产权纠纷案

——中华人民共和国上海市黄浦区人民法院民事判决书

（2007）黄民三（知）初字第75号

原告：宋氏企业公司（SUNGENTERPRISE，INC.），住所地美利坚合众国加利福尼亚州92612，尔湾市万德龄街8号（8WANDERINGRILL. IRVINE. CA92612）。

法定代表人：宋德令（TEH-LINGDAVIDSUNG），总裁。

委托代理人：王凡，上海市德尚律师事务所律师。

委托代理人：龚红兵，上海市德尚律师事务所律师。

被告：珠海出版社，住所地中华人民共和国广东省珠海市香洲银桦路566号报业大厦三楼。

法定代表人：吕唯唯，社长。

委托代理人：彭晓笛，广东加通律师事务所律师。

被告：上海新华传媒连锁有限公司，住所地中华人民共和国上海市浦东新区高桥镇石家街127－131号。

法定代表人：哈九如，董事长。

委托代理人：王军礼，该公司工作人员。

原告宋氏企业公司与被告珠海出版社、上海新华传媒连锁有限公司（以下简称新华公司）侵犯著作财产权纠纷一案，本院受理后，依法组成合议庭，于2008年4月23日公开开庭进行了审理。原告委托代理人王凡、龚红兵，被告珠海出版社委托代理人彭晓笛，被告新华公司委托代理人王军礼到庭参加诉讼。本案现已审理终结。

原告诉称：案外人我国台湾省真善美出版社于1960年至1966年间，聘请作者熊耀华（笔名古龙）写作《楚留香传奇》（原名《铁血传奇》）、《情人箭》、《浣花洗剑录》、《大旗英雄传》、《湘妃剑》、《孤星传》六部武侠小说（下称涉案作品），双方约定，涉案作品完成后，其“著作权及一切权利”归真善美出版社暨宋德令之父宋今人所有。1984年，案外人宋今人去世，案外人宋德令继承真善美出版社及其所拥有的全部作品著作权（包括涉案作品），1996年宋德令将包括涉案作品在内的全部真善美出版社所有的著作权转让予宋德令在美国设立之原告。2006年4月，原告在被告新华公司处发现，被告珠海出版社未经原告授权，出版发行《古龙作品集》，其中包括原告享有著作权的涉案作品。原告认为，被告珠海出版社未经授权，出版、发行涉案作品，被告新华公司销售涉案作品，侵犯了原告的著作权权益，请求判令：1. 被告珠海出版社立即停止侵权、销毁侵权产品并在《南方日报》和《文汇报》上向原告公开赔礼道歉；2. 被告珠海出版社赔偿原告经济损失人民币532 600元；3. 被告珠海出版社赔偿原告因制止侵权而支出的合理费用人民币30 000元；4. 被告新华公司对经济赔偿及合理费用的支出承担连带责任；5. 本案案件受理费由两被告承担。

被告珠海出版社辩称：1. 原告对涉案作品享有著作权证据不足。2. 被告珠海出版社已经尽了合理的注意义务。2004年11月5日，被告珠海出版社与案外人我国台湾省“古龙著作管理发展委员会”、“古龙著作发展工作室”的授权代表案外人赵震中签订了《古龙作品集》的图书出版合同，并在广东省版权局登记备案。因此，被告珠海出版社既无侵权故意，也已经尽到了合理的注意义务。3. 原告关于赔偿数额的诉请没有法律依据。请求法院驳回原告的诉讼请求。

被告新华公司辩称：被告新华公司并不明知涉案图书侵权，且有合法来源。若上述图书确系侵权可以停止销售，但不应当承担相应的赔偿责任。

经审理查明：

1958年9月至1966年10月间，案外人熊耀华与真善美出版社代表人宋今人签订《著作物权让与契约》六份，约定：1. 熊耀华以“让与人”的身份将《孤星传》、《玉骨传》（后更名为《湘妃剑》）、《铁血传奇》（后更名为《楚留香传奇》）、《情人箭》、《浣花洗剑录》、《大旗英雄传》六部著作的“著作权及一切权利”让与“让受人”“真善美出版社代表人宋今人”，并约定“永为让受人所有”；2. 该契约签订后，“让受人对于上述著作物得自由处理”；3. 涉案作品用熊耀华之笔名“古龙”发表。双方还对“稿费”等事宜进行了约定。

1982年8月至1986年1月间，涉案作品中的5部作品《楚留香传奇》、《孤星传》、《情人箭》、《大旗英雄传》、《浣花洗剑录》的著作财产权人变更为宋德令。

1986年11月4日，我国台湾省有关部门签发的《营利事业登记证》（编号为“北市建一商号（53）字第050821号”）显示，真善美出版社的负责人为宋德令，其投资形式为独资。

1995年12月2日，被告珠海出版社与真善美出版社签订《协议书》，达成如下协议：1. 真善美出版社拥有涉案作品的著作权，被告珠海出版社在1995年3月，未得许可，擅自出版，侵犯了真善美出版社的著作权；2. 被告珠海出版社就上述侵权行为，向真善美出版社表示赔礼道歉，并即刻终止侵权行为；3. 被告珠海出版社就上述侵权行为向真善美出版社补交版税人民币235 000元；4. 被告珠海出版社在完成上述各项全部义务后，真善美出版社不再追究法律责任；5. 被告珠海出版社保证没有得到真善美出版社许可下，决不侵犯其著作权。该《协议书》有真善美出版社负责人签字及被告珠海出版社盖章。

1996年12月30日，宋德令、真善美出版社与本案原告签订《著作权让与契约书》，约定宋德令及真善美出版社将其所有武侠小说等著作之著作权移转让与本案原告。该契约书附有附件，注明转让作品之书目，其中包括本案涉案作品6部。

2006年4月27日、2007年11月27日，原告先后在被告新华公司下属的上海书城南京东路店及位于中华人民共和国上海市福州路465号的上海书城，购得被告珠海出版社出版的《古龙作品集》各一套，单价人民币1 300元整。该作品集一套包含古龙所著作品40部共66册，其中包含本案涉案作品6部共13册。上述书籍的勒口印有作者古龙的黑白照一张，下有文字标注：“古龙，本名熊耀华……”；版权页注明：“出版发行：珠海出版社”、“版次：2005年8月第3版”、“印数：1～5 000”。

庭审中，被告珠海出版社称，其于2005年出版的《古龙作品集》共印制5 000册。原告表示不予相信，但未能提供有效证据。

上述事实，有《著作物权让与契约》、《著作权登记簿誊本》、《营利事业登记证》、

《协议书》、《著作权让与契约书》、发票、涉案作品实物及当事人陈述等证据在案佐证。

本案的争议焦点是：1. 涉案作品的著作财产权归属问题；2. 被告珠海出版社行为是否构成侵权问题；3. 两被告应当承担的法律责任问题。

一、涉案作品的著作财产权归属问题

《中华人民共和国著作权法》（以下简称《著作权法》）规定，著作权人可以全部或部分转让包括复制权、发行权在内的著作财产权，并获得报酬。

本案中，涉案作品的作者熊耀华（即古龙）将涉案作品的著作财产权利转让予真善美出版社，后者又将上述权利转让予本案原告，原告因此获得涉案作品的著作财产权利，其相关权益，受法律保护。被告对证明上述权属的证据所证明内容的客观真实性提出异议，认为原告所提交的《著作物权让与契约》形成于20世纪60年代，时间久远，其客观真实性有待考证，但没有提供证据证明其观点。而原告提交的证明其对涉案作品享有著作财产权的证据，与其主张的涉案作品的著作财产权的流转过程一一对应，构成较完整的证据链，故本院对被告关于涉案作品的著作财产权非原告所有的抗辩意见，不予采信。

本院认定原告对涉案作品享有著作财产权。

二、被告珠海出版社行为是否构成侵权问题

《著作权法》规定，未经著作权人许可，复制、发行其作品的，构成侵权。

本案中，被告珠海出版社辩称，其出版涉案作品获得了著作权人古龙著作管理发展委员会和古龙著作管理发展工作室的许可。并提交其与古龙著作管理发展委员会、古龙著作管理发展工作室签订的《图书出版合同》、《古龙著作管理发展委员会授权书》等证据，证明其尽了合理的注意义务。

对此，原告提交1995年12月2日被告珠海出版社与真善美出版社签订的《协议书》作为反驳证据，认为被告珠海出版社在签订《图书出版合同》前明知其出版涉及侵权，涉案作品的著作权并不属于古龙著作管理发展委员会、古龙著作管理发展工作室所有。

对该《协议书》，被告珠海出版社否定其内容的真实性，辩称，该《协议书》的正文与盖有被告珠海出版社的公章的材料并非同一页，因此，正文和公章完全有可能来自两个不同的文件，尽管该公章真实，但《协议书》并不真实。本院认为，该《协议书》是一个共计3页的合同，在该《协议书》的第2页盖有被告珠海出版社的公章，被告珠海出版社认可该公章的真实性。合同的第2页除了有上述公章和真善美出版社的负责人宋德令的签字外，还有《协议书》内容的最后一个条款，该条款与《协议书》的第1页连贯，构成一个完整的合同。《协议书》的第3页为附件，是协议的一方真善美出版社拥有著作权的作品之明细，该附件的内容，与《协议书》第1页的第7条相对应，该三页构成完整的《协议书》。且被告珠海出版社亦未能提供其所认为的该公章的真实使用对象，从而对《协议书》的真实性提出有效反驳。因此，本院认定该《协议书》真实。

本院还认为，被告珠海出版社在曾经签订《协议书》，了解涉案作品曾经属于真善美出版社所有的情况下，在签订《图书出版合同》前，作为专业的出版机构完全有能力也有义务，审核古龙著作管理发展委员会、古龙著作管理发展工作室对于涉案作品是否享有著作权，而被告珠海出版社未实施相关审查，因此被告珠海出版社辩称其已尽到合理注意义务的意见，本院不予采信。综上，本院认为，被告珠海出版社未经涉案作品的著作权人许可，复制、发行其作品，侵权故意明显，其行为构成对原告著作权之侵权。

三、两被告应当承担的法律责任问题

《著作权法》规定，侵犯著作权的，侵权人应当按照权利人的实际损失给予赔偿；实际损失难以计算的，可以按照侵权人的违法所得给予赔偿。赔偿数额还应当包括权利人为制止侵权行为所支付的合理开支。

本案，原、被告均未能就原告的损失或被告的违法所得进行有效举证，本院将根据作品的类型、知名度、被告的过错、侵权产品的数量、侵权行为的持续时间，及原告为制止侵权行为的合理开支等因素综合确定赔偿数额。

被告新华公司销售侵权作品，其行为亦构成对原告著作权之侵犯。但其向法庭提供了所销售图书的合法来源，依法承担停止销售侵权产品的民事责任即可，不必承担赔偿责任。

至于原告要求被告珠海出版社在相关媒体上赔礼道歉的诉讼请求，本院认为，公开赔礼道歉是在人身权遭受侵害情况下的民事责任的承担方式，本案不涉及人身权，故原告该项诉讼请求，缺乏法律依据，本院不予支持。此外，根据《著作权法》的规定，责令销毁侵权产品系著作权行政管理部门在行政执法中采取的行政处罚措施，并非民事责任的承担方式，故原告该项诉讼请求，同样缺乏法律依据，本院亦不予支持。

综上所述，依照《中华人民共和国著作权法》第十条第三款、第四十七条第一款第（一）项、第四十八条、第五十二条，《最高人民法院关于审理著作权民事纠纷案件适用法律若干问题的解释》第十九条及第二十五条第一款、第二款之规定，判决如下：

一、被告珠海出版社、被告上海新华传媒连锁有限公司于本判决生效之日立即停止对原告宋氏企业公司享有的《楚留香传奇》、《孤星传》、《情人箭》、《大旗英雄传》、《浣花洗剑录》、《湘妃剑》6 部作品著作权的侵害；

二、被告珠海出版社于本判决生效之日起十日内向原告宋氏企业公司赔偿经济损失及合理开支总计人民币 400 000元；

三、对原告宋氏企业公司的其他诉讼请求不予支持。

如果未按本判决指定的期间履行给付金钱义务，应当依照《中华人民共和国民事诉讼法》第二百二十九条之规定，加倍支付迟延履行期间的债务利息。

案件受理费人民币 9 100元（原告已预交），由原告宋氏企业公司负担人民币 1 117元，被告珠海出版社负担人民币 7 983元。

如不服本判决，原告宋氏企业公司可于判决书送达之日起三十日内，被告珠海出版社、被告上海新华传媒连锁有限公司可于判决书送达之日起十五日内向本院递交上诉状，并按对方当事人的人数提出副本，上诉于上海市第二中级人民法院。

审 判 长 钱光文

审 判 员 徐晨平

人民陪审员 卢 芸

二〇〇八年十一月二十五日

书 记 员 胡嘉祺

（本判决书入选 2009 年度中国法院知识产权司法保护 50 件典型案例）

3. 英特－宜家系统有限公司诉被告台州市中天塑业有限公司侵害著作权纠纷案

——中华人民共和国上海市第二中级人民法院民事判决书

（2008）沪二中民五（知）初字第187号

原告：英特－宜家系统有限公司（Inter Ikea Systems B. V.），住所地荷兰王国代尔夫特，2616LN，奥洛夫·派麦街1号。

法定代表人：加布里埃尔·奥尔森·斯加林（Maria Gabrielle Olsson Skalin），常务董事。

委托代理人：朱妙春，上海朱妙春律师事务所律师。

委托代理人：金蔓丽，辽宁鼎晟律师事务所律师。

被告：台州市中天塑业有限公司，住所地中华人民共和国浙江省台州市椒江洪家大环路2号。

法定代表人：陈爱华，总经理。

委托代理人：周显根，浙江利群律师事务所律师。

委托代理人：朱美聪，浙江利群律师事务所律师。

原告英特－宜家系统有限公司与被告台州市中天塑业有限公司侵犯著作财产权纠纷一案，本院于2008年6月27日受理后，依法组成合议庭进行了审理。被告在答辩期内对管辖权提出异议，本院于2008年8月6日裁定驳回其管辖异议。被告不服，提起上诉，上海市高级人民法院于2008年9月8日终审裁定驳回上诉，维持原裁定。2009年1月16日、2009年3月25日本院对本案公开开庭进行了审理。原告委托代理人朱妙春、金蔓丽，被告委托代理人周显根、朱美聪到庭参加了诉讼。本案现已审理终结。

原告英特－宜家系统有限公司诉称：原告公司创立于1943年，是世界上最大的家具零售公司，在31个国家和地区设立了190多家专营店。玛莫特（Mammut）系列儿童家具是在原告的指导下，由设计师莫滕·谢尔斯特鲁普（Morten Kjelstrup）和服装设计师阿伦·厄斯特（Allan Östgaard）代表原告设计完成。1994年，玛莫特童椅获得瑞典“年度家具”的大奖，玛莫特系列商品多年前就在商品目录和多本书籍中刊载。几年前，原告发现被告未经原告允许擅自抄袭原告享有著作权的玛莫特系列作品的设计，生产和销售了产品型号为ZTY-522、ZTY-525、ZTY-525A及ZTY-525B等的儿童椅和儿童凳，并在其公司网站上展示侵权商品，侵权行为持续至今。原告早在2004年就委托律师多次致函被告要求其停止侵权行为，但被告不予理睬，反而将侵权设计申请外观设计专利，后被审查机构认定无效。原告认为，被告的生产、销售及网站宣传行为侵犯了原告享有的著作权，给原告造成了极大的经济损失。请求判令：1. 被告立即停止一切侵犯原告玛莫特系列作品著作权的行为；2. 被告立即收回已投入市场的侵权产品，销毁侵权商品存货和生产模具、印模，销毁带有侵权商品的包装及宣传材料；3. 被告立即删除www. ztpc. cc网页中展示的侵权产品图片；4. 被告赔偿原告包括合理费用在内的经济损失人民币50万元；5. 被告就其侵权行为在《新民晚报》、《钱江晚报》上刊登声明，消除影响。

被告台州市中天塑业有限公司辩称：1. 原告不具有本案的诉讼主体资格；2. 原告没有证据证明其对玛莫特系列产品享有著作权，即使原告享有相关权利，该系列产品也不属于实用艺术作品，仅是实用工业品，因为其不具有实用艺术品应当具有的独创性和艺术性等特征；3. 在原告产品设计完成之前，在动画作品中就存在与其产品基本一致的家具；4. 被告生产的产品是被告的设计人员独立创作完成的，不存在侵犯他人著作权的事实。综上，请求法院驳回原告的诉讼请求。

本院经审理查明：

原告是一家成立于荷兰王国的有限责任公司，该公司成立于1983年10月31日。案外人瑞典宜家公司（Ikea of Sweden Aktiebolag）是一家注册于1960年11月21日的瑞典公司。

本案系争的玛莫特（Mammut）儿童椅和儿童凳是由两位设计师莫滕·谢尔斯特鲁普（Morten Kjelstrup）和阿伦·厄斯特（Allan Östgaard）（以下简称M. K + A. φ）受雇于1991年2月6日创作完成的，并于1992年1月正式将作品交付给瑞典宜家公司。根据原告与瑞典宜家公司签署的《知识产权权属问题的声明》以及M. K + A. φ于2008年6月6日发表的《关于“Mammut作品著作权”的声明》，玛莫特（Mammut）作品的相关著作权已经于1992年2月8日转让给原告。《艺术家庭》（1994年）、《大众化设计》（1995年）等杂志书籍也对系争的玛莫特（Mammut）儿童椅和儿童凳做过相关的刊载和介绍。

2006年6月10日，案外人黄晔在上海市清涧路187弄11幢33号1508室，购买了三张童凳和二张童椅，付款后获得一张发票、一张名片和一本宣传册，此外，黄晔还对购物地点及所购的童凳和童椅等共拍摄照片十八张。上述过程在上海市公证处公证员黄欣、公证人员丁振华的监督下进行，上海市公证处制作了（2006）沪证字第7549号公证书。上述发票上盖有“台州市中天塑业有限公司”的发票专用章，名片上印有“台州市中天塑业有限公司”、“李伟 上海区域经理”等字样，宣传册上印有“中天塑业”、“ZTPC”等字样。

此外，原告还提供了一张以“上海市永冠贸易有限公司”名义购买阿木童凳和阿木童椅的销售发票和一张送货清单，发票上面也盖有“台州市中天塑业有限公司”的发票专用章。

2008年4月10日，高露云（北京）知识产权代理有限公司的代理人李春娟在位于北京市东城区朝阳门北大街6号首创大厦的北京市长安公证处与公证人员对于www. ztpc. cc网站上的有关内容进行证据保全并拷屏打印共34页，北京市长安公证处制作了（2008）京长安内经证字第2664号公证书。根据该份公证书，上述网站上载有原告指控被告侵权的15个型号的产品：ZTT-326、ZTT-322、ZTT-325、ZTY-534、ZTY-533、ZTY-537、ZTY-525S、ZTY-525M、ZTY-525L、ZTY-542、ZTY-536、ZTY-541、ZTY-538、ZTY-521、ZTY-535。

被告法定代表人陈爱华于2004年2月10日、2004年10月25日和2005年8月8日，向国家知识产权局申请了五项外观设计专利，名称分别为：椅（阿木童）、椅（ZTY-521）、凳（ZTY-537）、凳（ZTY-536）、椅（ZTY-538），专利号分别为：200430019946. X、200430083416. 1、200430083418. 0、200430083419. 5、200530114174. 2。其中，200430019946. X号

外观设计专利于2006年8月30日被国家知识产权局专利复审委员会宣告全部无效。

经比对，在www.ztpc.cc网站上被控侵权的十五个型号产品中，儿童凳（ZTY-525S、ZTY-525M、ZTY-525L）与原告的玛莫特（Mammut）儿童凳从整体形状上看构成基本相同，儿童凳（ZTY-534、ZTY-533、ZTY-537、ZTY-536、ZTY-541、ZTT-322、ZTT-325、ZTT-326、ZTY-542）与原告的玛莫特（Mammut）儿童凳在凳面部分的形状上有所区别，但在凳腿部分的形状上基本相同，两者从整体上看构成相似。儿童椅（ZTY-521、ZTY-538、ZTY-535）与原告的玛莫特（Mammut）儿童椅在椅背部分的形状上有所区别，但在椅腿部分的形状上基本相同，两者从整体上看构成相似。此外，经比对，原告公证购买的被告产品阿木童儿童凳、儿童椅在整体外形上与玛莫特（Mammut）儿童凳、儿童椅构成基本相同。

以上事实由原告提交的经过公证认证的声明、责任协议、杂志书籍、产品宣传册、设计草图、公证书、实物证据、知识产权局网站查询结果和无效宣告请求审查决定书，以及原、被告的诉辩意见及本院审理笔录等证据予以佐证。

本院认为，本案的主要争议焦点为：玛莫特（Mammut）儿童椅和儿童凳是否属于受我国著作权法保护的实用艺术作品。

原告认为，玛莫特（Mammut）儿童椅和儿童凳具有较高的艺术性，本身又属于家具，具有实用性，属于受我国法律保护的实用艺术作品。被告认为，上述儿童椅和儿童凳在设计上根本达不到艺术创作高度，与国内外的其他椅子没有什么区别，更多是考虑家具实用功能方面的要求，因此不构成实用艺术作品。

本院认为，实用艺术作品是指具有实用性、艺术性并符合作品构成要件的智力创作成果，即实用艺术作品应当具有实用性、艺术性、独创性和可复制性。根据我国著作权法的相关规定，实用艺术作品归属于美术作品范畴而受到著作权法的保护。美术作品，是指绘画、书法、雕塑等以线条、色彩或者其他方式构成的有审美意义的平面或者立体的造型艺术作品。因此，实用艺术作品的艺术性必须满足美术作品对于作品艺术性的最低要求，才能够获得著作权法的保护。本案系争的玛莫特（Mammut）儿童椅由椅背、椅垫和椅腿三个部分组成，椅背是由一块梯形的实木和三根矩形木条组成，其中上部的梯形实木占据了整个椅背近1/2的空间，椅垫是一般椅凳的基本结构，椅腿是由四根立椎体组成，呈上窄、下宽的形状。玛莫特（Mammut）儿童凳由凳面和凳腿两部分组成，凳面是上下均等的圆形实体，形状与一般的儿童凳无异，凳腿是四根纺锤状棒体。本院认为，本案系争的玛莫特（Mammut）儿童椅和儿童凳的设计要点主要体现在造型线条上，但从整体上看其与普通的儿童椅和儿童凳在外形上的区别不大，属于造型设计较为简单的儿童椅和儿童凳，在艺术性方面没有满足构成美术作品的最低要求，因此不属于美术作品范畴中的实用艺术作品，不受我国著作权法保护。因而，被告的上述行为不构成对原告著作权的侵犯。

综上，依照《中华人民共和国著作权法》第三条第（四）项、《中华人民共和国著作权法实施条例》第四条第（八）项之规定，判决如下：

驳回原告英特－宜家系统有限公司的诉讼请求。

案件受理费人民币8 800元，由原告英特－宜家系统有限公司负担。

如不服本判决，原告英特－宜家系统有限公司可在判决书送达之日起三十日内，被告台州市中天塑业有限公司可在判决书送达之日起十五日内，向本院递交上诉状，并按对方当事人的人数提出副本，上诉于中华人民共和国上海市高级人民法院。

审　判　长　李国泉
代理审判员　徐　忠
代理审判员　胡　宓
二〇〇九年八月二十二日
书　记　员　张婷婷
书　记　员　陆　华

（本判决书于2010年第7期《最高人民法院公报》刊登）

4. 微软公司诉大众保险股份有限公司侵犯著作权纠纷案

——中华人民共和国上海市浦东新区人民法院民事判决书

（2009）浦民三（知）初字第128号

原告：微软公司（Microsoft Corporation），住所地美国华盛顿州雷德蒙市微软路1号（One Microsoft Way Redmond，Wa 98052-6399 USA）。

授权代表：本杰明·O. 奥多夫（Benjamin O. Orndorff），助理秘书。

委托代理人：谈瑞琼，微软（中国）有限公司法律部职员。

委托代理人：袁新忠，上海市凌云永然律师事务所律师。

被告：大众保险股份有限公司，住所地上海市长宁区延安西路1033号6楼。

法定代表人：石福梁，董事长。

委托代理人：李俊，大众保险股份有限公司法律顾问。

委托代理人：李志强，上海金茂凯德律师事务所律师。

原告微软公司诉被告大众保险股份有限公司侵犯计算机软件著作权纠纷一案，本院受理后，依法组成合议庭，公开开庭进行了审理。原告微软公司的委托代理人谈瑞琼、袁新忠，被告大众保险股份有限公司的委托代理人李俊到庭参加诉讼。本案现已审理终结。

原告微软公司诉称：Microsoft Server 系列软件（包括 Microsoft Windows Server 2008、Microsoft Windows Server 2003、Microsoft SQL Server 2000、Microsoft SQL Server 2005 等）由原告开发完成，原告享有该系列软件的版权，受中国法律保护。被告是1995年年初在上海成立的股份制商业保险公司，在全国有8家分公司（下设51家营业部、营销服务部或者支公司）和1个省级代表处。经了解，被告未经授权，安装、使用了微软 Server 系列软件。2008年9月至2009年3月期间，就被告未经授权使用原告享有著作权的软件一事，原告授权上海市凌云永然律师事务所与被告进行了多次交涉。双方于2009年2月16日在经过充分磋商后达成了一些共识，并签署了一份《会议纪要》，该纪要约定被告通过向原告正版化采购的方式解决部分微软软件的合法使用问题，且被告承诺在2009年2月20日前签署完毕相关的采购合同，但届时被告却未履约。为此，原告于2009年3月13日再次与被告进行交涉，督促被告履行《会议纪要》的承诺。但被告仅愿意采购30万元人民币的微软软件，还无理要求原告承诺在被告采购完毕后不再追究其之前的侵权责任，并认可被告采购30万元人民币的软件后即视为已经全部实现正版化。鉴于被告的无理要求，双方未达成一致。原告认为被告未经授权使用原告软件的行为，侵犯了原告享有的著作权，且侵权时间久、数量多，属情节严重。故原告起诉，要求：1. 被告立即停止侵权行为，删除非法复制、安装的原告享有著作权的 Microsoft Server 系列软件；2. 被告赔偿原告包括直接经济损失、翻译及公证费、律师费等合理费用在内的经济损失人民币10万元；3. 被告在《新民晚报》非中缝的版面向原告公开赔礼道歉。审理中，原告撤回上述第一项诉讼请求。原告提起诉讼后，向本院申请证据保全。根据保全的情况，原告变更上述第2项诉讼请求，要求被告赔偿经济损失人民币1 170 304元。庭审中，原告又变更为1 169 792元。

被告大众保险股份有限公司辩称：原告的诉请没有合法、有效、充分的证据支撑，且原告提出变更诉请超出了法定期限，依法应不予认可。

经审理查明：2000年11月1日，原告以作者身份向美国版权局申请登记了微软SQL Server 2000（微软SQL服务器2000企业版）软件的版权，其注册号为TX5-195-890。在登记表上登记的作品创作完成年份为2000年，并于2000年8月31日在美国首次发布。2006年12月12日，原告以作者身份向美国版权局申请登记了微软SQL Server 2005（微软SQL服务器2005企业版）软件的版权，其注册号为TX6-486-660。在登记表上登记的作品创作完成年份为2005年，并于2005年10月26日在美国首次发布。2003年10月2日，原告以作者身份向美国版权局申请登记了微软Windows Server 2003（微软Windows服务器2003企业版）软件的版权，其注册号为TX6-811-026。在登记表上登记的作品创作完成年份为2003年，并于2003年4月24日在美国首次发布。2008年3月18日原告以作者身份向美国版权局申请登记了微软Windows Server 2008 Enterprise（微软Windows服务器2008企业版）软件的版权，其注册号为TX6-880-740。在登记表上登记的作品创作完成年份为2008年，并于2008年2月27日在美国首次发布。Windows Server 2003标准版软件上的署名为“2005 Microsoft Corporation版权所有”。

2008年9月22日，上海市凌云永然律师事务所袁新忠律师代表原告向被告发出律师函，称其发现在用户登记的数据库中，被告的软件购买记录与被告使用软件的实际情况有一定的差距，故请被告在2008年9月26日对微软软件的使用情况进行核查，并回复核查结果和处理意见。同年12月29日，袁新忠律师又向被告发出律师函称，就被告是否合法使用微软公司计算机软件事宜，原告及律师曾多次与被告进行沟通，但遗憾的是迄今为止尚未得到被告的积极回应，希望被告在2009年1月5日前给予书面答复，确认被告目前使用的微软软件是否经过微软公司合法授权。如果确实存在未经授权擅自复制、使用微软公司软件的情况，希望被告能够立即停止使用未经授权的微软软件并进行正版化。如被告未积极予以回应的，原告将采取法律行动，以维护原告的合法权益。

2009年2月16日，原、被告经协商就软件采购问题形成《会议纪要》，原告参加人员为张智俊、袁新忠、姜莉娟，被告参加人员为朱燕（监事、法律合规审计部总经理）、车连生（法律合规审计部总经理助理）、饶振华（信息技术部负责人）、赵东辉（信息技术部员工）。该《会议纪要》的主要内容为：双方同意大众保险股份有限公司采购如下产品：Office Standard 210套、Windows Server cal 210套、Windows Vista business 210套、SQL Svr Standard Edtn 2008 ChnSimp OLP NL 1 Proc 1套、Windows server standard 4套；双方都有诚意继续通过商务谈判的形式来解决大众使用微软软件的正版化问题，大众同意尽量在2009年2月20日前签署完毕上述提及的产品采购合同。此后双方又进行了一次协商，但被告提出在30万元以内采购软件，原告未同意。后被告也未按照《会议纪要》的约定履行采购方案。原告遂提起诉讼。

2009年4月16日，微软（中国）有限公司出具《核查证明》，证明经核查该公司客户数据库，截至2009年4月16日，仅发现被告有过批量采购原告享有著作权的10套Office XP 许可及 5 个 Win Cal 2000 的客户端许可软件的记录。庭审中，被告确认其向原告购买过上述软件，同时确认其未向原告购买过涉案软件。

另查明，被告成立于 1995 年，注册资金 75 600万元，其下属分公司包括大众保险股份有限公司上海分公司、江苏分公司、苏州分公司、宁波分公司、浙江分公司、安徽分公司、福建分公司、青岛分公司 8 家，均为不具备法人资格的分支机构。被告网站上的信息显示：被告在北京有一家代表处；上海分公司下设营业一部、业务发展部以及 10 家支公司；江苏分公司下设 5 家支公司；苏州分公司下设 6 家支公司；宁波分公司下设 8 家支公司、2 家营销服务部；浙江分公司下设 1 家支公司、9 家营销部；安徽分公司下设 1 家营销服务部；青岛分公司下设 4 家营销服务部；福建分公司下设 3 家营销服务部。

上海东吉数码科技有限公司于 2008 年 2 月销售给上海海日智能科技有限公司的 Microsoft Windows Server 2003 标准版软件的单价为 4 600元。上海东吉数码科技有限公司于 2008 年 2 月销售给上海顶锋金属制品有限公司的 Microsoft Windows Server 2003 企业版软件的单价为 20 756元。上海东吉数码科技有限公司于 2008 年 7 月销售给上海东方宽频传播有限公司的 Microsoft SQL Server 2005 企业版软件的单价为 225 548元，Microsoft Windows Server 2008 企业版软件的单价为 22 237元。上海南洋软件系统集成有限公司于 2006 年 1 月销售给优特埃国际货运（上海）有限公司的 Microsoft SQL Server 2000 企业版软件的单价为 213 600元。

原告为调查和制止被告的侵权行为支出的费用包括翻译费 900 元（本案主张 700 元）、律师费 45 000元、公证费 2 966元、工商查档费 220 元（本案主张 73 元），共计 49 086元（本案主张 48 739元）。

上述事实，由著作权登记证明及软件、《会议纪要》、律师函 2 份、工商调查材料、被告网站中的信息、核查证明、律师费发票、公证费发票、翻译费发票、查档费发票、销售发票及原、被告在庭审中的陈述等在案佐证，本院予以确认。

2009 年 6 月 8 日，本院根据原告的申请至被告经营场所对被告使用涉案软件的情况进行证据保全。本院抽查了被告机房内的 11 台服务器。经查，被抽查的 11 台服务器中有 2 台使用了涉案的 Microsoft Windows Server 2003 标准版软件，有 5 台使用了 Microsoft Windows Server 2003 企业版软件，有 1 台使用了 Microsoft Windows Server 2008 企业版软件，有 1 台使用了 Microsoft SQL Server 2000 企业版软件，有 2 台使用了 Microsoft SQL Server 2005 企业版软件。

本院认为：

一、原告享有涉案软件的著作权，并受我国著作权法的保护。原告提供的美国版权局出具的注册证书及软件证明原告是涉案软件的著作权人。《伯尔尼保护文学和艺术作品公约》第五条之 1 规定：“就享有本公约保护的作品而论，作者在作品起源国以外的本同盟成员国中享有各该国法律现在给予和今后可能给予其国民的权利，以及本公约特别授予的权利。”《中华人民共和国著作权法》第二条第二款规定：“外国人、无国籍人的作品根据其作者所属国或者经常居住地国同中国签订的协议或者共同参加的国际条约享有的著作权，受本法保护。”《计算机软件保护条例》第五条第三款规定：“外国人、无国籍人的软件依照其开发者所属国或者经常居住地国同中国签订的协议或者依照中国参加的国际条约享有的著作权，受本条例保护。”原告是设立于美国的企业法人，中国与美国均为《伯尔尼保护文学和艺术作品公约》的成员国，故根据上述规定，涉案软件的著作权受我国法律保护。未经原告许可，对该软件进行复制的行为是对原告享有的软件著作权的侵犯。

二、原告变更诉讼请求没有超过举证期限。《最高人民法院关于民事诉讼证据的若干规定》规定，当事人增加、变更诉讼请求或者提起反诉的，应当在举证期限届满前提出。同时规定，人民法院组织当事人交换证据的，交换证据之日举证期限届满。因此原告根据证据保全的情况，在本院组织证据交换时提出变更诉讼请求，并未超过举证期限，本院准许原告变更诉讼请求符合上述规定。

三、被告侵犯了原告享有的计算机软件著作权。《最高人民法院关于审理著作权民事纠纷案件适用法律若干问题的解释》第二十一条规定：计算机软件用户未经许可或者超过许可范围商业使用计算机软件的，依据著作权法第四十七条第（一）项、《计算机软件保护条例》第二十四条第（一）项的规定承担民事责任。被告是一家商业保险公司，故被告在计算机中使用涉案软件的行为属于商业使用行为。原告提供的证据表明，原告在发现被告实施侵权行为后曾向被告发出律师函，双方为被告购买原告软件的问题进行过几次协商，原、被告于2009年2月16日签订的《会议纪要》中明确被告准备向原告采购软件以解决被告使用微软软件的正版化问题，而根据本院证据保全的情况，更证明被告未经许可大量使用了涉案软件。被告在庭审中否认侵权事实，但经本院多次释明，被告始终未能提供其合法使用涉案软件的证据。被告称其使用的是其他公司的软件，但也没有提供其合法使用其他公司的软件的证据，而在本院证据保全时被告的信息技术部负责人饶振华已经确认抽查的11台服务器中有8台使用了Windows Server系列，3台使用了SQL Server系列。据此，完全可以确认被告安装并使用了涉案软件。被告在庭审中还提出了以下抗辩意见：1. 被告计算机中的软件并非公司安装，而是由公司员工自行安装。本院认为，被告工作场所的计算机由被告提供，且用于被告公司的经营活动，被告有义务为其员工提供合法的正版软件，如果由于被告未能提供正版软件导致侵权行为的产生，其侵权责任应由被告承担。2. 被告计算机中的软件由供应商等其他公司安装。本院认为，被告在购买计算机时应当知晓计算机中是否有正版操作系统等软件，如果被告明知购买的计算机中装有侵权的计算机软件仍继续使用，则构成对该软件著作权的侵害。3.《会议纪要》由其员工签署，不能代表被告的意见。本院认为，原告就被告侵权使用其软件与被告进行交涉后，被告委派了其法律合规审计部的总经理及信息技术部的负责人等四人与原告商谈，因此而形成的商谈结果代表了被告的意志，被告应当承担相应的责任。4. 证据保全过程有失公正，其保全结果不能作为定案的依据。本院认为，证据保全之时，本院法官、书记员和技术人员共六名，原告的两名技术人员和律师，以及被告的相关负责人、技术人员及律师均在场，保全的内容均被复制在U盘及移动硬盘中并制作了保全清单，保全材料经被告信息技术部负责人饶振华确认无误后，本院予以封存并由饶振华签字确认，饶振华并在保全清单上签名确认，且饶振华对于被告使用软件情况的陈述也与保全结果相印证。因此保全结果客观、真实地反映了被告使用原告软件的情况。5. 被告的分公司虽系非独立法人，但其具有独立承担民事责任的资格，故分公司应自行承担民事责任。

本院认为，被告下属分公司均非独立法人，故原告要求被告承担其下属分公司的民事责任并无不妥。综上，本院对于被告的上述抗辩意见均不予采信。据此，本院认为，被告未经原告许可商业使用涉案软件的行为，侵犯了原告对涉案软件依法享有的著作权，应当承担停止侵权、赔偿损失的民事责任。现原告撤回要求被告停止侵权并删除涉案软件的诉讼请求并不违反法律规定，本院予以准许。

四、关于赔偿数额的确定。《中华人民共和国著作权法》第四十九条规定：侵犯著作权或者与著作权有关的权利的，侵权人应当按照权利人的实际损失给予赔偿；实际损失难以计算的，可以按照侵权人的违法所得给予赔偿。赔偿数额还应当包括权利人为制止侵权行为所支付的合理开支。权利人的实际损失或者侵权人的违法所得不能确定的，由人民法院根据侵权行为的情节，判决给予50万元以下的赔偿。现原告主张根据证据保全的情况及被告确认的软件使用数量乘以涉案软件的市场价格计算原告的经济损失。本院认为，被告虽然确认其有27台服务器使用了Windows Server系列软件，但被告实际使用每种涉案软件的数量无法准确确定，且每种软件价格不同，故原告的经济损失无法确定。因原告的损失和被告的获利均不能确定，故对于被告的赔偿额由本院根据被告的经营规模、涉案软件的价格、被告确认的使用涉案软件的数量、本院证据保全的情况及原告的主张，结合涉案作品的类型、被告的侵权手段和情节、侵权时间和范围、侵权人的主观过错程度等予以酌定。原告主张的工商调查费属于原告为制止侵权行为支付的合理开支，本院予以支持。原告主张翻译费700元，其中一张600元的翻译费发票中包括了三个软件，因本案仅涉及其中一个软件，故本院支持200元。另100元翻译费属合理开支，本院予以支持。根据原告的诉请、律师的工作量及律师收费标准等，原告主张的律师费尚属合理，故本院予以支持。原告主张的原告代理人于维东的授权委托书及版权证明书的公证费是对复印件与原件核对无异的公证，原告应当可以提供该委托书及版权证明书的原件，故原告主张该公证费由被告承担，本院不予支持。

五、关于原告要求被告赔礼道歉的诉请，因被告侵犯的是原告的财产权利，未对原告的人身权利造成侵害，故本院不予支持。

综上所述，依照《中华人民共和国著作权法》第二条第二款、第十条第一款第（五）项、第四十八条第（一）项、第四十九条，《计算机软件保护条例》第五条第三款、第二十四条第一款第（一）项、第二十五条，《最高人民法院关于审理著作权民事纠纷案件适用法律若干问题的解释》第二十一条、第二十五条第一款和第二款、第二十六条之规定，判决如下：

一、被告大众保险股份有限公司应于本判决生效之日起十日内赔偿原告微软公司经济损失人民币1 100 000元，合理费用人民币47 673元；

二、驳回原告微软公司的其余诉讼请求。

如果被告大众保险股份有限公司未按本判决指定的期间履行给付金钱义务，应当依照《中华人民共和国民事诉讼法》第二百二十九条之规定，加倍支付迟延履行期间的债务利息。

案件受理费人民币15 328元，由原告微软公司承担458元，被告大众保险股份有限公司承担14 870元。证据保全费30元由被告大众保险股份有限公司承担。

如不服本判决，可在判决书送达之日起，原告微软公司在三十日内，被告大众保险股份有限公司在十五日内，向本院递交上诉状，并按对方当事人的人数提出副本，上诉于上海市第一中级人民法院。

审　判　长　倪红霞
人民陪审员　孙国瑛
人民陪审员　沈　卉
二〇一〇年四月二十二日
书　记　员　叶菊芬

（本判决书入选2010年度中国法院知识产权司法保护50件典型案例、2010年度上海法院知识产权司法保护十大案件）

5. 上海激动网络有限公司诉上海全土豆网络科技有限公司侵犯信息网络传播权纠纷案

——上海市黄浦区人民法院民事判决书

(2009) 黄民三 (知) 初字第133号

原告: 上海激动网络有限公司,住所地上海市闵行区宜山路1618号688室。

法定代表人: 吕文生,董事长。

委托代理人: 余纪成,该公司员工。

委托代理人: 孙相元,该公司员工。

被告: 上海全土豆网络科技有限公司,住所地上海市张江高科技园区龙东大道2500号D楼105室。

法定代表人: 张晓运,总经理。

委托代理人: 吴民平,该公司员工。

委托代理人: 傅钢,上海市协力律师事务所律师。

原告上海激动网络有限公司与被告上海全土豆网络科技有限公司侵犯信息网络传播权纠纷一案,本院受理后,依法组成合议庭,于2009年7月15日、11月30日公开开庭进行了审理。原告委托代理人余纪成、孙相元,被告委托代理人吴民平、傅钢到庭参加诉讼。本案现已审理终结。

原告诉称:2008年年底,电影《喜羊羊与灰太狼之牛气冲天》的著作权人之一北京优扬文化传媒有限公司将其对该影片享有的所有权利授予了上海优扬动漫文化传媒有限公司,上海优扬动漫文化传媒有限公司与该片的另两位著作权人上海文广新闻传媒集团、广东原创动力文化传播有限公司将该影片的独家信息网络传播权授予了上海五岸传播有限公司,原告经上海五岸传播有限公司的授权,取得了电影《喜羊羊与灰太狼之牛气冲天》的信息网络传播权。2009年3月,原告发现被告未经原告许可,擅自在其所属的网站(www. tudou. com)上提供《喜羊羊与灰太狼之牛气冲天》的在线播放、下载等服务,并在该影片播放界面发布广告牟利。原告认为,被告的行为严重侵害了原告的合法权益,给原告造成重大的经济损失。故向法院起诉,请求判令:1. 被告立即停止电影《喜羊羊与灰太狼之牛气冲天》的网络传播服务;2. 被告在《中国电影报》及其经营的网站www. tudou. com首页上公开向原告赔礼道歉,持续时间为十天;3. 被告赔偿原告经济损失人民币10万元,以及原告为调查侵权所支出的费用人民币1 000元;诉讼费用由被告承担。审理中,原告撤回其第二项诉讼请求。

被告辩称:1. 原告的证据不能证明其通过授权获得涉案影片的信息网络传播权,原告无权进行诉讼,不是本案适格的主体。2. 原告提供对被告网站的证据保全公证时间与该公证书出具的时间前后相隔了31天,有违公证程序规则,不具有合法性;且在内容上亦只是显示被告网站上有涉案影片的视频片段,无法证明与系争影片的一致性。3. 涉案影片的片段均系用户上传,被告作为网络存储空间服务的提供者,未对用户上传的视频进行任何的整理编辑。且被告已对可能涉嫌侵权的上传影片采取监控、筛选和屏蔽措施，但如个人用户绕过相关的屏蔽措施，受限于现有技术措施，被告是无法发现与控制的，并且人工抽查也具有一定的局限性。被告有证据证明，被告曾对包括《喜羊羊与灰太狼之牛气冲天》在内的用户上传的不同档期的热播影片视频已进行过删除，因此被告尽到了合理的注意义务。原告未尽通知义务，故被告符合法律规定的免责条件。4. 被告系获得涉案影片相关权利人的授权，拥有对涉案影片的片段和片花进行推广的权利，在被告网站上有涉案影片的片段视频应系正常，被告对此不应承担赔偿责任。5. 原告主张的是著作财产权利，因此要求赔礼道歉，没有依据；同时原告请求的赔偿数额过高，亦无法律依据。

经审理查明：

一、2008 年 12 月 31 日，国家广播电影电视总局电影管理局出具影审动字［2008］第 05 号电影《喜羊羊与灰太狼之牛气冲天》的电影片公映许可证，在公映许可证上注明出品单位为上海文广新闻传媒集团、广东原创动力文化传播有限公司、北京优扬文化传媒有限公司，摄制单位为上海文广新闻传媒集团，片长 80 分钟。后北京优扬文化传媒有限公司将其自 2008 年 12 月 31 日起至 2012 年 2 月 15 日止的对影片《喜羊羊与灰太狼之牛气冲天》在中国的所有权利（包括但不限于该电影的所有著作财产权利等）独家授予上海优扬动漫文化传播有限公司。2009 年 2 月，上海文广新闻传媒集团、广东原创动力文化传播有限公司、上海优扬动漫文化传播有限公司将该影片在中国大陆地区（不包括香港、台湾、澳门地区）独家信息网络传播权及再许可权、独家数字电视播映权及再许可权授予了上海五岸传播有限公司，上海五岸传播有限公司有权通过诉讼和非诉讼等方式和途径排除任何其他以相同方式使用授权节目的侵权行为，期限为 2009 年 2 月 16 日至 2012 年 2 月 15 日。2009 年 2 月，上海五岸传播有限公司将影片《喜羊羊与灰太狼之牛气冲天》在中国大陆地区（不包括香港、台湾、澳门地区）的独家信息网络传播权及分许可权、独家数字电视播映权及分许可权等｛包括 INTERNET、IPTV 播映权［但上海文广新闻传媒集团（下称 SMG）自有新媒体信息网络传播平台的播出使用除外］｝授予原告，原告有权通过诉讼和非诉讼手段排除任何其他以相同方式使用授权节目的侵权行为，期限为自 2009 年 2 月 16 日至 2012 年 2 月 15 日止。

二、2009 年 4 月 3 日，经原告申请，原告代理人孙相元在公证处，在公证人员监督下在互联网上进行操作，上海市静安公证处对从互联网上浏览网页和播放影片的过程及内容作证据保全公证，于 2009 年 5 月 4 日出具（2009）沪静证经字第 1902 号公证书，并附网页截屏文件打印材料和对部分播放内容录制的光盘。根据公证文书和网页截屏文件打印材料显示：在 IE 地址栏中输入“www. tudou. com”进入土豆网的首页。在该首页搜索栏内输入“喜羊羊与灰太狼之牛气冲天”，点击搜索后，网页显示：找到《喜羊羊与灰太狼之牛气冲天》相关视频 27 个信息，并在视频豆单栏目中分列出该 27 个视频图标，在每个图标下方均注有视频时长、播客名、播放次数、上传时间。其中有四段视频标注的时长为：1：25：39、1：25：20、1：25：39、1：25：39；播客为：4691078、pstara、~歌雪痕等；上传时间分别为：2 天前、2 天前、1 天前、1 天前。点击“喜羊羊与灰太狼之牛气冲天 DVD 高清晰”，即时长：1：25：39，播客 4691078，进行视频播放，页面显示在播放框内左上角有“喜羊羊与灰太狼之牛气冲天 DVD 高清晰”、“tudou. com”字样，播放框两侧有广告播放。原告为本次公证支付费用共计人民币 3 000元。

三、2008 年 12 月，上海文广新闻传媒集团影视剧中心出具《有关授权进行网络推广的证明》一份，内容为：上海文广新闻传媒集团影视剧中心授权被告在涉案影片公映后的不特定时间内，在土豆网上对该剧进行持续的、不间断的网络推广，具体授权包括为该剧宣传目的，对该剧的宣传片、片花、主题曲和插曲（每单条视频或音频长度不超过 5 分钟）及片段（不超过 3 分钟）行使信息网络传播权。对土豆网上出现该剧的上述相关内容，认可并确认其合法性。

另，在当庭播放原告提供的涉案影片光碟过程中，最后字幕显示除“上海文广新闻传媒集团、广东原创动力文化传播有限公司、北京优扬文化传媒有限公司出品”外，还有“媒体支持土豆网”字样。

上述事实，由原告提供的（2009）沪静证经字第 1992、1993、1994、1995 号公证书，（2009）沪静证经字第 1902 号公证书，公证费发票，被告提供的上海文广新闻传媒集团影视剧中心的证明和当事人庭审陈述笔录及补充质证笔录等证据所证实。

本院认为：

一、关于原告的权利。根据我国著作权法的规定，电影作品和以类似摄制电影的方法创作的作品的著作权由制片者享有。根据国家广播电影电视总局电影管理局出具的电影片公映许可证以及涉案影片中的字幕显示，上海文广新闻传媒集团、广东原创动力文化传播有限公司、北京优扬文化传媒有限公司系涉案影片《喜羊羊与灰太狼之牛气冲天》的出品人。原告提供的权利证据能够形成证据链证明其系通过合法授权取得对涉案影片在合同有效期内的信息网络传播权，被告认为原告对涉案影片不享有信息网络传播权，但无相反的证据证明，本院不予采信。

二、关于被告的侵权。本院认为：1. 我国《民事诉讼法》第六十七条规定：“经过法定程序公证证明的法律行为、法律事实和文书，人民法院应当作为认定事实的根据。但有相反证据足以推翻公证证明的除外。”现被告仅以公证文书出具的时间与进行保全证据的时间间隔 31 天为由，认为公证程序不合法，该证据不具有合法性，依据不足。至于在公证过程中仅播放了几个涉案影片的片段，被告就此认为公证播放的视频片段不能证明与涉案影片的一致性，对此本院认为，原告是从被告网站的视频搜索中搜索到该“喜羊羊与灰太狼之牛气冲天”视频，在该视频播放中出现的人物、情景、对白等与涉案影片一致，播放时还显示了“喜羊羊与灰太狼之牛气冲天”的片名等，且被告也未能提供证据证明其播放的是其他作品，因此，虽公证播放的视频时间较短，但仍可以认定在被告网站上播放的视频系原告主张权利的电影《喜羊羊与灰太狼之牛气冲天》。因此，被告对该公证证据提出的异议，不足以否定证据效力，且被告并无相反证据推翻该公证证明，故本院对被告提出的该节抗辩不予采纳。

2. 由于涉案影片《喜羊羊与灰太狼之牛气冲天》系国内具有一定知名度的电影作品，尤其在当时仍处于该片热播期间，通常情况下相关权利人一般不会许可他人或主动将该影片放在他人的网站上免费供公众下载或播放；而且从被告辩称并举证其在网站上对包括《喜羊羊与灰太狼之牛气冲天》在内的热播影片进行过删除的意见和证明也可以印证出，被告对用户上传至其土豆网站上的《喜羊羊与灰太狼之牛气冲天》影片系未经授权而擅自上传的情况也已有充分意识，因此被告对于在其网站上存在有用户擅自上传这样一部具有较高知名度的影片，应该施于较高的注意义务。但现经公证的被告网站页面上所显示的上传视频的名称明确注明为“喜羊羊与灰太狼之牛气冲天 DVD 高清晰”，被告未能举证该视频是用户采取了技术手段而绕过了其所设置的监控、屏蔽措施，故作为已采取了一定技术措施的专业网站，应该是能够通过其相应的技术予以发现和控制的。退一步说，即便如被告抗辩其获得了《喜羊羊与灰太狼之牛气冲天》影片片花和片段进行宣传和推广的授权，但从被告就该授权所提供的上海文广新闻传媒集团影视剧中心出具的授权证明内容来看，被告获得的是对不超过 3 分钟的涉案影片片段或不超过 5 分钟的宣传片、片花等在网络上播放的权利，因此被告对于涉案影片在其授权范围内的传播也负有了相应的注意义务，而被告也完全可以通过技术手段控制相关上传视频的播放长度。但在公证书中所显示的至少有四段视频的时长已超出 1 小时。即便公证内容显示这些视频仅是上传于公证保全前的 1 至 2 天，但被告也未能举证证明其在合理的时间内已对涉案视频进行了删除。同时从公证书所附涉案影片在线播放的页面中，还显示出被告存在有广告的投播。因此，被告对其所属土豆网上提供有这样具有较高知名度的涉案影片的在线播放，却怠于在日常维护中施以应有的注意义务，放任侵权行为的发生，为他人实施的侵权行为提供帮助，并获取相应的经济利益，承担相应的民事责任。

三、关于赔偿数额。由于原告未能举证证明其因被侵权所遭受的实际损失或者被告因侵权所获得的利益，本院综合考虑涉案影片的知名度，侵权行为的性质，以及侵权的时间、情节、后果和被告的主观过错程度等因素，酌情确定被告应承担的赔偿数额。据此，依照《中华人民共和国民法通则》第一百三十条，《中华人民共和国著作权法》第十条第一款第（十二）项、第四十七条第（一）项、第四十八条，《最高人民法院关于审理涉及计算机网络著作权纠纷案件适用法律若干问题的解释》第三条，《最高人民法院关于审理著作权民事纠纷案件适用法律若干问题的解释》第二十五条第一款、第二款及第二十六条之规定，判决如下：

一、被告上海全土豆网络科技有限公司应于本判决生效之日起立即停止对原告上海激动网络有限公司就影片《喜羊羊与灰太狼之牛气冲天》所享有的信息网络传播权的侵害；

二、被告上海全土豆网络科技有限公司应于本判决生效之日起十日内赔偿原告上海激动网络有限公司包括合理调查费用在内的经济损失人民币 20 000元。

如果被告上海全土豆网络科技有限公司未按本判决指定的期间履行给付金钱义务，应当依照《中华人民共和国民事诉讼法》第二百二十九条之规定，加倍支付迟延履行期间的债务利息。

本案案件受理费人民币 2 320元（原告已缴纳），由原告上海激动网络有限公司负担人民币 320 元，被告上海全土豆网络科技有限公司负担人民币 2 000元。

如不服本判决，可在判决书送达之日起十五日内，向本院递交上诉状，并按对方当事人的人数提出副本，上诉于上海市第二中级人民法院。

审 判 长 金 滢
审 判 员 徐晨平
助理审判员 严 骏
二〇一〇年四月二十二日
书 记 员 张 莹

（本判决书入选 2010 年度上海法院知识产权司法保护十大案件）

6. 上海玄霆娱乐信息科技有限公司诉北京百度网讯科技有限公司等侵犯著作财产权纠纷案

——上海市卢湾区人民法院民事判决书

(2010) 卢民三 (知) 初字第61号

原告: 上海玄霆娱乐信息科技有限公司，住所地上海市张江高科技园区居里路208号。

法定代表人: 侯小强，公司执行董事。

委托代理人: 傅钢，上海市协力律师事务所律师。

委托代理人: 游闽键，上海市协力律师事务所律师。

被告: 北京百度网讯科技有限公司，住所地北京市海淀区上地十街10号。

法定代表人: 梁志祥，公司经理。

委托代理人: 杨军，上海市华诚律师事务所律师。

委托代理人: 谭俊，公司法务人员。

被告: 上海隐志网络科技有限公司，住所地上海市金山区漕泾镇工农街125号5栋C座。

法定代表人: 戴云杰，公司董事长。

委托代理人: 俞淑瑛，公司职员。

委托代理人: 戴逸，公司职员。

原告上海玄霆娱乐信息科技有限公司诉被告北京百度网讯科技有限公司（以下简称百度公司)、上海隐志网络科技有限公司（以下简称隐志公司）侵犯著作财产权纠纷一案，本院受理后，依法组成合议庭，公开开庭进行了审理。原告委托代理人傅钢、游闽键，被告百度公司的委托代理人杨军、谭俊，被告隐志公司的委托代理人俞淑瑛、戴逸到庭参加诉讼。本案现已审理终结。

原告诉称，原告作为中国网络文学领域的领导者，是原创文学门户网站“起点中文网”的运营商。《斗破苍穹》、《凡人修仙传》、《卡徒》、《近身保镖》、《天王》5部小说（下称涉讼作品）系起点中文网推出的著名网络小说，拥有庞大的读者群。截至2010年1月12日，小说《斗破苍穹》在起点中文网上的总点击数为46 142 620次，在被告百度公司所运营的百度网“十大小说风云榜”位列首位；小说《凡人修仙传》在起点中文网上的总点击数为36 907 562次，在被告百度公司所运营的百度网“十大小说风云榜”位列第2位；小说《卡徒》在起点中文网上的总点击数为20 369 209次，在被告百度公司所运营的百度网“十大小说风云榜”位列第4位；小说《近身保镖》在起点中文网上的总点击数为12 580 491次，在被告百度公司所运营的百度网“十大小说风云榜”位列第8位；小说《天王》在起点中文网上的总点击数亦高达17 987 068次。原告对涉讼作品享有包括复制权、改编权、信息网络传播权在内的所有著作权。

原告发现被告百度公司提供的百度（www. baidu. com）搜索服务长期以来大量公开提供原告拥有独家信息网络传播权的涉讼作品的侵权盗版链接。原告多次与被告百度公司沟通并要求其依法删除侵权链接，并以附有涉讼作品版权证明及盗链地址的法务函通知被告百度公司，要求其对原告依法发出的删除通知在24小时内予以响应并删除相应侵权链接，对原告提供侵权链接信息的删除结果进行逐条反馈，根据原告提供的侵权链接示范、作品名、作者名，对特定网站内的侵权信息进行检索和全部删除。但被告百度公司在知道原告对涉讼作品享有独家信息网络传播权，且在原告逐一指出侵权盗版链接的情况下，对原告通知删除的侵权链接是否删除不作明确回复，且对法务函所列的大量侵权链接不予删除。被告百度公司甚至在原告召开新闻发布会正式宣布将就作品被侵权进行起诉的情况下，依然怠于履行删除义务，原告要求删除的链接有多个依然存在。经原告查询发现，部分被告百度公司迟迟未删除的链接所指向的网站与被告百度公司有合作关系，系被告百度公司“百度网盟推广”的合作者，二者对搜索流量所产生的收益有分成协议。从中可以看出被告百度公司对拒不删除侵权链接不仅存在过失，也存在故意。被告百度公司不仅对其广告合作者的侵权内容未尽合理注意义务，甚至在原告依法通知具体侵权链接后仍然不予删除。被告百度公司的上述行为已经对原告合法权益造成了严重侵害，其主观上存在过错，客观上帮助了第三方网站实施了著作权侵权行为并造成了损害结果，因此与直接侵权的第三方网站构成共同侵权，应当承担连带民事责任。

被告百度公司还在其二级域名 wap. baidu. com 通过设立“最热榜单”和“精品推荐”栏目的形式对涉讼作品进行推荐，并在其网站上完整复制了涉讼作品，使得公众无需到第三方网站，更无需到原告网站即可阅读或下载涉讼作品的完整内容，完全替代了作品的合法来源，构成对涉讼作品著作权的直接侵犯。

被告百度公司不仅怠于删除盗版链接，还直接传播盗版作品，使得侵权作品被大量传播，百度公司从中获得收益，使原告的正版小说点击率及收费因此大大减少，蒙受了巨大的经济损失。

被告隐志公司系“7999网址大全”（www. 7999. com）网站的制作者及实际运营商。“7999网址大全”网站作为百度联盟绿色认证的百度联盟成员，与百度公司之间签有基于搜索结果的分成协议，且其网页显著位置内嵌有百度搜索条。通过该网站输入涉讼作品的名称进行搜索，每部作品均可以搜索到千万条以上的链接，其中大部分为含有涉讼作品的侵权盗版链接。被告隐志公司与被告百度公司共同推广百度搜索且从搜索推广中获取收益，共同加大了侵权盗版链接的传播范围，给原告造成了巨大的损失，应与被告百度承担共同侵权责任。

根据我国《侵权责任法》、《著作权法》、《信息网络传播权保护条例》等相关法律规定，两被告的行为严重侵犯了原告的信息网络传播权，故请求法院依法判令：1. 被告百度公司立即停止侵权，立即删除百度网（www. baidu. com、wap. baidu. com 等）中与《斗破苍穹》、《凡人修仙传》、《卡徒》、《近身保镖》、《天王》5部小说相关的盗版链接及盗版内容；2. 两被告连带共同赔偿原告经济损失人民币100万元，并赔偿原告为制止侵权行为所支出的合理费用人民币84 500元；3. 两被告共同承担本案的诉讼费用。

原告为证明其主张的事实，向本院提供证据如下：

（一）原告为证明其拥有涉讼作品的独家复制权及信息网络传播权，提供了以下证据：

证据1　FC20090455号委托创作协议书、证据21《斗破苍穹》图书（字数为464万）及证据35第20090900号授权声明，证明原告是《斗破苍穹》的著作权人，独家享有复制权、信息网络传播权；

证据2　WC-20090204号委托创作协议书、证据22《凡人修仙传》图书（字数为530万）及证据36第20091017号授权声明，证明原告是《凡人修仙传》的著作权人，独家享有复制权、信息网络传播权；

证据3　第20081778号授权声明、证据23《卡徒》图书（字数为209万）及证据38 BJ20090004号委托创作协议书，证明原告是《卡徒》的著作权人，独家享有复制权、信息网络传播权；

证据4　第20090118号委托创作协议书、证据25《近身保镖》图书（字数为208万）及证据37第20090160号授权声明，证明原告是《近身保镖》的著作权人，独家享有复制权、信息网络传播权；

证据5　第20091871号授权声明、证据24《天王》图书（字数为209万）及证据39 BJ20090008号委托创作协议书，证明原告是《天王》的著作权人，独家享有复制权、信息网络传播权。

（二）原告为证明两被告实施了间接侵权行为，提供了以下证据：

证据8　（2009）沪卢证经字第3308号公证书，证明原告已于2009年10月21日向被告百度公司发函要求删除侵权链接，该通知函提交了原告的身份证明、授权书等权利证明，提供了检索盗版链接的方法及1 252条具体的链接，并且向被告百度公司明确说明了原告从未许可第三方通过互联网向公众传播涉讼作品，任何非在原告网站上发布的涉讼作品内容均为侵权内容，原告提供了构成侵权的初步证明材料，尽到了通知义务，被告百度公司知道涉讼作品的权属及侵权链接的状况；

证据9　（2009）沪卢证经字第3917号公证书，证明因为被告百度公司没有及时删除盗版链接，相关的链接还有增无减，原告于2009年12月4日再次向被告百度公司发函要求删除包括第一次发函的链接在内的2 500条侵权链接，被告百度公司知道涉讼作品的权属及侵权链接的状况；

证据10　（2009）沪卢证经字第3853号公证书，证明原告在被告百度公司无任何反馈的情况下，对发函链接删除情况进行了核查及公证，随机点选了142个链接，发现被告百度公司仍未删除，在其网站相关链接的摘要部分可以清楚地看到涉讼作品名称、作者、全文阅读、最新章节、全文下载等明显的侵权内容；证明被告百度公司怠于履行删除义务，在原告正式发通知近一个半月后其网站上还存在大量盗版链接；

证据11　（2010）沪卢证经字第11号公证书，证明被告百度公司怠于履行删除义务，在原告正式发函通知3个月后，且在原告正式召开新闻发布会警告被告百度公司的情况下，其网站上还存在大量盗版链接，被告隐志公司作为被告百度的合作者扩大了侵权链接的传播范围；

证据12　“百度大联盟认证计划对合作伙伴的支持措施”网页打印件，证明被告隐志公司系百度大联盟合作伙伴，与被告百度公司就搜索流量所获收益有分成；

证据13　“八旗中文网”网页打印件、证据14“穿越小说阅读网”打印件、证据15

“百书库”网页打印件，证明被告百度公司对参与“百度网盟推广”的合作者未尽合理注意义务，主观上存在过错，客观上帮助了第三方网站实施了著作权侵权行为，并造成了严重的损害结果；

证据27 （2010）沪卢证经字第1823号公证书，证明被告百度公司怠于履行删除义务，在原告正式发通知10个月后其网站上还存在涉讼作品的大量盗版链接，且这些链接中大部分都有百度推广的广告，与被告百度公司有利益分享关系；

证据30 （2010）沪卢证经字第2874号公证书、证据31（2010）沪卢证经字第2875号公证书，证明原告正式发通知中所列链接确为《斗破苍穹》等涉案作品的侵权网页；

证据32 （2010）沪卢证经字第2876号公证书，证明被告百度公司怠于履行删除义务，在原告正式发通知10个月后其网站上还存在涉讼作品的部分盗版链接，且这些链接中大部分都有百度推广的广告，与百度有利益分享关系；

证据33 （2009）沪卢证经字第4062号公证书、证据34（2009）沪卢证经字第4164号公证书，证明被告百度公司在其“百度风云榜”将涉讼作品列在风云榜前列，且在知道作品侵权的情况下，依然怠于履行删除义务，在原告正式发通知2个月后，且在原告正式召开新闻发布会警告被告百度公司的情况下，其网站上还存在大量盗版链接。

（三）原告为证明被告百度公司构成直接侵权，提供了以下证据：

证据26 （2010）沪卢证经字第2121号公证书，证明被告百度公司在其网站“百度WAP频道”（wap. baidu. com）的“小说”类别下提供《斗破苍穹》等涉讼作品的垂直搜索，每部作品的搜索结果仅有30余个，且原告的正版网站不在其中，百度公司对搜索结果进行了筛选和编辑；

证据28 （2010）沪卢证经字第2237号公证书，证明被告百度公司在其网站“百度WAP频道”（wap. baidu. com）的“小说”类别下提供包括《斗破苍穹》、《近身保镖》、《凡人修仙传》等大量网络文学作品的排行榜和推荐榜，并直接在线提供盗版作品；读者在其网站即可完整阅读涉讼作品，且该作品完整复制在被告百度公司的服务器上；

证据29 （2010）沪卢证经字第2784号公证书，证明被告百度公司在其网站“百度WAP频道”（wap. baidu. com）的“小说”类别下提供《斗破苍穹》等涉讼作品的垂直搜索，并直接在线提供盗版作品，且该作品完整复制在被告百度公司的服务器上。

（四）原告为证明其为了维权所支出的合理费用，提供了以下证据：

证据16 （2009）沪卢证经字第3308号公证书发票，证明原告为维权支出合理费用人民币500元；

证据17 （2009）沪卢证经字第3917号公证书发票，证明原告为维权支出合理费用人民币1 000元；

证据18 （2009）沪卢证经字第3853号公证书发票，证明原告为维权支出合理费用人民币1 500元；

证据19 （2010）沪卢证经字第11号公证书发票，证明原告为维权支出合理费用人民币1 500元；

证据20 律师费发票，证明原告为维权支出合理费用人民币80 000元。

被告百度公司质证意见：对原告取证公证书提出四个问题。1. 附图中浏览器底部显示的是本地 Intranet（局域网），未对是否接入互联网作出表述；2. 公证步骤中为打开 IE 浏览器，而附图页面显示的是 360 浏览器；3. 公证过程有中断，存在离线编辑、修改或被替换的可能；4. 部分公证步骤与打印页面不符。

对第一个问题，上海市卢湾公证处说明公证当时公证处宽带速度有限，网速较慢，电脑通过路由器访问互联网时需要经过防火墙、杀毒软件等过滤，为了提高网页访问效率，将百度、新浪等常用网站添加到“本地 Intranet”安全区域以提高访问速度，不能表示百度网站处于电脑所在的局域网中。

对第二、四个问题，上海市卢湾公证处予以补正。

对第三个问题，百度公司没有证据证明这种可能的存在。

对原告第（一）组证据，百度公司对证据关联性均不认可。

对原告第（二）组证据，百度公司对证据关联性均不认可。认为百度公司已经删除大量通知中的链接，且多为死链等情况；原告没有打开以涉讼作品名称为关键词获得的链接，不能证明这些链接提供了涉讼作品。

对原告第（三）组证据，百度公司对证据关联性均不认可。认为百度 WAP 搜索对 Web 页面进行技术转码，不涉及任何对网页内容的编辑、修改、存储，不构成直接侵权。百度 WAP 系提供无线搜索服务，并非直接在线提供作品，公证书中也显示内容均来自第三方网站。

对原告第（四）组证据，百度公司认为没有侵权，不应承担费用。

被告隐志公司称上述证据中显示“7999 网址大全是 VeryCD 制作的上网导航网站”不能证明隐志公司是 7999. com 网站的经营者，其余与其无关，不发表意见。

被告百度公司辩称：1. 原告作为涉讼作品权利人证据不充分。2. 百度公司未实施帮助侵权的行为，不构成与第三方网站的共同侵权，在已断开链接的情况下，不应承担赔偿责任；原告发出的法务函不符合法定条件，应视为未提出警告，法务函所附只有作品声明及涉嫌侵权的链接列表，原告未能举证证明所列链接地址包含侵权内容，百度公司没有义务对链接进行审查，更没有断开链接的义务，根据筛查，那些未断开链接的网址中主要有：无效链接、与侵权内容完全无关的链接、网站首页链接（网页上仅有作品简要介绍）、页面上有合理引用作品内容的链接、作品目录页等情况。百度公司已尽到注意义务，对原告提及的链接进行了及时删除，故不应承担赔偿责任。3. 百度公司提供的 WAP 服务不构成侵权。WAP 是一项全球性网络通信协议，WAP 将构成网页文档的超文本标记语言转换为无线标记语言，使之对应的因特网信息能够在手机等无线终端得以显示。WAP 搜索结果均系融合了 Web 和 WAP 两类网页资源，目前绝大多数移动终端的浏览器只能支持浏览 WAP 格式页面，不能直接浏览 Web 网页，对于搜索结果中的 Web 网页，必须进行格式转换为 WAP 网页，在手机浏览器上浏览。百度的技术转码服务是为实现此目的、服务于 WAP 搜索的附属产品。WAP 并未存储第三方网页的内容，WAP 搜索功能的实现分为两部分，即网页搜索：与百度搜索（www. baidu. com）提供的服务一致，当用户提交了对关键词的检索请求后，搜索引擎按用户的请求，在索引数据库中依照技术规则，把和用户指令有关的检索数据组织起来，生成临时链接提供给用户；手机适配：将搜索结果通过技术转码服务，适配为手机页面并返回给用户的过程。适配过程为：用户请求百度转码服务->转码服务解析 URL 获得第三方 Web 网页链接地址->转码服务请求第三方 WEB 网页- > 转码服务将 WEB 网页转换为 WAP 网页- > 转码服务将 WAP 网页返回给用户的移动终端浏览器- > 用户查看到 WAP 网页。从上述过程可以看出，整个过程全部为根据用户指令实时操作，百度 WAP 没有也不可能在无法预知用户指令的情况下预先存储海量的第三方网站内容。同时，鉴于通用浏览器系根据地址栏的 URL 发起浏览请求，如果不采取任何技术手段，浏览器就会直接向第三方站点发起浏览请求，收到的 Web 页面就无法在一般手机展示。为完成手机适配的需要，则必须采用代理方式。即，浏览器地址栏的 URL 的开头的域名为百度的域名，而真正目标网站的网址则变成了一个 URL 参数（就是地址栏后半部分的 URL）。如果任意修改后半部分 URL，即可进入相应的第三方网站。可见，URL 以“wap. baidu. com”开头只是百度公司为完成手机适配采取的必要技术手段，并未复制和存储第三方网页的内容。因此，原告基于涉嫌侵权的网页 URL 以“wap. baidu. com”开头从而指控百度公司复制和存储第三方网页的主张不能成立。百度 WAP 的技术转码服务不涉及对网页内容的编辑和修改，故百度公司不构成直接侵权。另外，原告从未针对百度公司 WAP 搜索发送过任何通知，本案中百度公司收到原告证据后，已及时断开侵权链接，尽到注意义务，也不应承担间接侵权责任。

被告百度公司为证明其主张的事实，向本院提供证据如下：

第一组证据证明百度公司已及时删除涉讼作品链接。2010 年 8 月 4 日、8 月 19 日，2011 年 2 月 14 日、2 月 17 日、3 月 1 日，百度公司通过公证取证证明，针对原告证据中的链接进行搜索和复查，搜索结果为“没有找到该 URL”或“没有找到与 URL 相关的网页”。

对此原告认为，百度公司所作已删除链接的公证书是在原告通知删除的一年以后所作，且只涉及极少部分通知链接，不能证明其及时进行删除，也不能证明对通知中所有侵权链接全部予以删除。

第二组证据证明原告法务函涉及的链接不存在侵权内容及第三方网站内容随时发生变化。1. 2010 年 8 月 4 日，百度通过公证取证证明，原告法务函涉及的链接不存在侵权内容，主要有以下几种情况：无法显示网页、没有找到该页、未被授权查看该页、页面没有找到、其他内容（广告、其他链接）、网站已到期、访问的网站未备案或有非法信息、乱码、系统错误、指定的主题已不存在；2. 2010 年 8 月 13 日、17 日、31 日，百度通过公证取证证明通过百度、搜搜、谷歌、雅虎、搜狗等专门搜索引擎搜索某个网址，即使提供了相关搜索结果，进一步点击搜索结果后可能存在“无法找到该网页、网页已被删除或不存在、网页实际内容与搜索显示的内容不一致、网页为同名但内容不同的作品”；3. 2011 年 2 月 16 日、3 月 21 日，百度通过公证取证证明，对原告证据中涉及部分链接进行复查，存在空白网页、找不到网页、与涉案作品无关、无法显示网页等，未发现侵权内容；4. 将原告指控的部分链接输入谷歌、必应、搜搜的搜索引擎，可得到搜索结果，但进一步点击该结果，均为死链。

对此原告认为，百度公司公证的有些链接地址不在通知删除范围之内；公证日期距离原告通知时间相隔一年，仅能说明公证时的相关网页状态，不能证明原告发通知时的情况。

第三组证据证明百度公司提供的 WAP 服务不构成侵权，并已履行通知删除义务。1. 百度公司通过公证取证证明，点击进入百度 WAP 搜索、搜搜、宜搜、谷歌 WAP 搜索获得的搜索结果，对应第三方网页的网址均是以该 WAP 搜索引擎的 URL 地址开头，且搜索结果页的地址只显示一级 URL（第三方网站首页的 URL）；2. 对百度、搜搜、宜搜、谷歌 WAP 搜索结果的 WAP 页面地址栏后半部分的 URL 地址进行任意修改，即可进入相应第三方网站；3. 使用 K-Touch 天语和联想手机对第三方网页内容进行浏览，只能查看 WAP 网页内容，无法进入“原网页”查看 Web 网页内容，使用 OPPO 手机对第三方网页内容进行浏览，无法进入“原网页”查看 Web 网页内容；4. 2011 年 1 月 28 日，在 wap. baidu. com 输入涉讼作品，没有找到搜索结果。

对此原告认为，wap. baidu. com 是百度公司的二级域名，其对应的是百度无线频道，网页上有“最热榜单”和“精品推荐”，证明其在明知的情况下对涉讼作品主动传播，作品具体内容复制在百度服务器上，用户可在百度服务器上直接阅读，构成直接侵权。

被告隐志公司辩称，不是本案适格被告。根据工信部 ICP 备案登记材料看，“7999 网址大全”（www. 7999. com）网站的主办方为戴云杰个人，隐志公司仅制作该网页，不是该网站的实际经营者，要求驳回原告起诉。

被告隐志公司为证明其主张的事实，向本院提供工信部 ICP 备案登记材料。

本院对原告主张享有涉讼作品的著作权，通过公证取证的法务函通知，百度公司间接侵权、直接侵权，以及合理费用凭证等证据证明力予以采信；对被告百度公司认为其未对原告信息网络传播权构成间接侵权、直接侵权的证据证明力不予采信；对被告隐志公司提交证据的真实性予以认可。

本院经审理查明：

一、原告权利的事实

原告享有涉讼作品的复制权、信息网络传播权等著作财产权。原告与作者签署《委托创作协议》或者《版权转让协议》，支付高额费用并合法取得涉讼作品的独家授权，包括复制权、信息网络传播权及汇编权等著作财产权。上述协议约定，在协议有效期内除原告以外包括作者在内的任何人不得实施上述权利。作者在与原告签署委托创作协议时就笔名的使用进行了约定，该笔名与作者名在协议中有一一对应关系，且协议附上了作品的创作大纲，并有作者本人的真实身份证信息及住址等信息。为了维权的需要，涉讼作品的作者还专门就其著作财产权转让给原告进行了确认，并声明任何人未经原告的书面授权均不得行使上述权利，确认由原告行使维权的权利。

原告提供涉讼作品的图书，系依法出版的畅销书，在书籍的封面及版权页有作者的名字及原告的网站及网址。

二、被控侵权事实

被告百度公司是 www. baidu. com 搜索服务网站的经营者。

（一）被告百度公司间接侵权的事实

2009 年 10 月 21 日，原告的代理人王峥在上海市卢湾公证处公证员的监督下，通过 EMS 向被告百度公司发送法务函，主要内容是：

原告是国内原创文学门户网站“起点中文网”“www. qidian. com”的运营商。原告发现：百度公司的网站“百度网”“www. baidu. com”对外公开提供众多原告拥有独家信息网络传播权及其他相关著作权的签约文学作品的侵权盗版链接。百度公司公开提供的部分侵权链接的互联网地址及其作品名称、作者姓名举例如下：

《天王》作者姓名：跳舞，www. xiaoshuo520. com/Book/66175/Index. aspx；

《卡徒》作者姓名：方想，www. xiaoshuo520. com/Html/Book/8/65436/；

《近身保镖》作者姓名：柳下挥，www. xiaoshuo520. com/Html/Book/68/66136/。

百度公司公开提供侵权链接的文学作品系原告拥有独家信息网络传播权及汇编权等相关著作权的签约作品，上述作品的作者均与原告签订了著作权独家转让或独家授权协议，原告自始即独家享有上述文学作品的信息网络传播权等相关著作权权利，并严正声明作品由起点中文网独家发布，禁止转载。原告从未许可任何第三方通过互联网向公众传播上述作品，任何在非原告网站发布的上述作品内容，均为侵犯原告信息网络传播权等著作权权利的侵权内容。百度公司至今仍在提供侵权内容链接的行为，导致任何第三方均可通过百度公司提供的侵权链接，轻易浏览、阅读、复制、保存原告享有著作权的作品。百度公司上述行为已严重侵害了原告的合法权利，并导致原告遭受重大经济损失。百度公司应对此承担相应的法律责任。原告特发此函要求百度公司：

第一，百度公司于收到本函之日起，在“百度网”和百度公司下属的其他网站、开发的系列软件和平台等所有运营发布平台，立即断开、删除及停止提供对本函及附件所列所有侵犯原告著作权的侵权链接；

第二，百度公司于收到本函之日起，根据本函清单提供的作品名称、作者姓名等基本信息及基本的检索方法，在“百度网”自行检索并断开、删除及停止提供所有对非原告网站发布上述作品的侵权信息的链接；

第三，如百度公司在2009年11月5日之前未履行完毕上述第一、二项要求，原告将通过包括不限于司法诉讼、行政举报等所有合法途径，要求百度公司承担相应法律责任并赔偿原告所有相关损失及费用。

上述所有情况将由原告通过广大媒体全部披露。

原告在该函附件一中详细列举了涉讼作品在原告网站的链接及涉嫌侵权的网页链接清单共计1 252条，并同时附上了原告的身份证明及作者出具的授权书。

2009年12月2日，原告的代理人王峥在上海市卢湾公证处，在公证员的监督下，使用该公证处电脑核查了被告百度公司是否删除或屏蔽了原告于2009年10月21日发函中所列举的系争作品的盗版链接。主要操作步骤为：打开IE浏览器，在地址栏内输入“www. baidu. com”进入百度页面；在上步进入的页面，中间的空白搜索框中输入“33xs. com/files/article/info/193/193414. html”，点击“百度一下”进入，将显示的页面予以截屏保存；在上步进入的页面，中间的空白搜索框中输入“www. xiaoshuoxiazai. net/tags. php？/近身保镖/”，点击“百度一下”进入，将显示的页面予以截屏保存；在上步进入的页面，中间的空白搜索框中输入“http：//www. txtgogo. com/up/download_ebook26/”，点击“百度一下”进入，将显示的页面予以截屏保存。原告代理人总共搜索核查了141个已发函链接，该链接在百度上依然可以搜索到，在搜索结果页面中百度公司提供了该链接所对应网页的摘要，呈现了涉讼作品名称、作者、全文阅读、最新章节、全文下载等明显侵权的内容。

2009年12月4日，原告的代理人王峥在上海市卢湾公证处公证员的监督下，通过EMS向被告百度公司再次发出法务函，该法务函内容与原告第一次发函的内容基本一致，除了包含针对涉讼5部作品第一次发函的侵权链接外，还进一步补充了其他新发现的盗版链接共计约2 500条。原告在该函附件一中详细列举了涉讼作品在原告网站的链接及涉嫌侵权的网页链接清单共计约2 500条，并同时附上了原告的身份证明及作者出具的授权书。

2009年12月17日，原告的代理人白羽在上海市卢湾公证处，在公证员的监督下，使用该公证处电脑核查了在被告百度公司的网站上涉讼作品的排行榜及盗版链接存在的情况。主要操作步骤为：打开IE浏览器，输入“www.baidu.com”打开页面；在上一步进入的页面中，在中间空白搜索框中输入“斗破苍穹”，点击“百度一下”，打开新页面；返回第二步进入的页面，在中间空白搜索框中输入“凡人修仙传”，点击“百度一下”，打开新页面；在搜索结果的每页首尾部分都有原告向被告投放的系争作品的推广链接。返回百度首页，点击空白搜索框下的“更多>>”，进入新页面；在上一步进入的页面中，点击第五行第二列的“风云榜”进入新页面；在上一步进入的页面中，点击“热门搜索”下的“完整榜单”进入新页面，并将页面截图保存至“截图.doc”；在“风云榜”页面中，鼠标移动至“娱乐”栏目下“小说”分页；点击“完整榜单”，进入新页面。可以看到小说《斗破苍穹》在百度网“十大小说风云榜”上位列首位；小说《凡人修仙传》位列第2位；小说《卜徒》位列第7位；小说《近身保镖》位列第5位。在IE浏览器中输入“www.baidu.com”，点击下方“关于百度”进入新页面；在上一步打开的页面中，点击下方“关于联盟”进入新页面，可以看到“大联盟认证”、“百度大联盟认证计划对合作伙伴支持措施”、“百度大联盟认证计划如何运作”、“百度大联盟认证流程”、“百度大联盟各级认证的支持力度”、“百度大联盟认证计划的基本标准”、“百度大联盟认证会员的义务”、“如何加入百度大联盟认证”、“如何申请百度大联盟认证会员权益”、“网盟推广合作”、“如何优化文学类网站主题推广业务”等内容。

2010年1月4日，原告的代理人王峥在上海市卢湾公证处，在公证员的监督下，使用该公证处电脑核查了被告百度公司是否删除或屏蔽了原告于2009年10月21日发函中所列举的涉讼作品的盗版链接。主要操作步骤为：打开IE浏览器，在地址栏内输入“www.baidu.com”进入百度首页；在上步进入的页面，中间的空白搜索框中输入“33xs.com/files/article/info/193/193414.html”，点击“百度一下”进入，将显示的页面予以截屏保存；在上步进入的页面，中间的空白搜索框中输入“www.xiaoshuoxiazai.net/tags.php?/近身保镖/”，点击“百度一下”进入，将显示的页面予以截屏保存；在上步进入的页面，中间的空白搜索框中输入“http://www.txtgogo.com/up/download_ebook26/”，点击“百度一下”进入，将显示的页面予以截屏保存。原告代理人总共搜索核查了56个已发函链接，该链接在百度上依然可以搜索到，在搜索结果页面中百度公司提供了该链接所对应网页的摘要，呈现了涉讼作品名称、作者、全文阅读、最新章节、全文下载等侵权内容。(2010)沪卢证经字第11号公证书附件第1至31页记载了《北京日报》、《南方都市报》、《文汇报》、新浪网、腾讯网、中央电视台等媒体报道原告在北京召开发布会，宣布将起诉百度公司盗版，附件第3页中记载《南方都市报》记者采访了百度公司的公关部负责人杨海俊，百度公司知晓原告的维权行为；公证书第42至53页显示隐志公司系百度公司“百度大联盟”成员，二者就搜索流量有利益分成。

2010年8月19日，原告的代理人王峥在上海市卢湾公证处，在公证员的监督下，使用该公证处电脑核查了被告百度公司在其网站上对涉讼作品的盗版链接处理情况。主要操作步骤为：打开360安全浏览器，在地址栏中输入“www.baidu.com”，进入网站，在该页面中，输入“斗破苍穹天蚕土豆”，点击“百度一下”，进入新页面，点击第五个搜索结果“斗破苍穹最新章节-斗破苍穹全文阅读-天蚕土豆小说网盟”，进入新页面，在该页面中，点击页面上方广告栏右下角的“百度推广”标记，进入新页面，新进入页面的网址为 cpro. baidu. com，在该页面中，依次点击“进入百度网盟推广”，“四大领先优势”，“媒体焦点关注”，“百度集结 30 万家网站开展网盟推广”，“什么是百度推广?”，“做百度推广需要投入多少费用?”，“我的推广结果将如何展现?”，其中“按效果付费：免费获得海量展现，按点击付费”证明其推广业务收费较高、规模巨大。

2010 年 10 月 28 日，原告的代理人王峥在上海市卢湾公证处，在公证员的监督下，使用该公证处电脑核查了被告百度公司是否删除或屏蔽了原告于 2009 年 10 月 21 日发函中所列举的涉讼作品的盗版链接。主要操作步骤为：打开 360 安全浏览器，在地址栏内输入“www. baidu. com”进入百度页面；在页面搜索框中，输入“cilook. com/html/8573. html”，点击“百度一下”，进入页面，在该页面中，点击“斗破苍穹 txt 下载-斗破苍穹最新章节-天蚕土豆-思路中文网”，进入新页面，在该页面点击“正文第一千零八章当年旧事”，进入新页面，将显示的页面予以截屏保存；在百度搜索框中输入“www. hy05. com/Html_ wy/37552/”，点击“百度一下”，进入页面，在进入的页面中，点击“斗破苍穹最新章节 斗破苍穹全集 TXT 文字版阅读 心玲文苑”，进入新页面，将显示的页面予以截屏保存。原告代理人总共搜索核查了 8 个已发函链接，在搜索结果页面中百度公司提供了该链接所对应网页的摘要，呈现了涉讼作品名称、作者、全文阅读、最新章节、全文下载等侵权内容。点击进入上述链接对应的页面，可以看到完整的侵权内容，在页面上端及两侧都有“百度推广”的广告。

2010 年 10 月 28 日，原告的代理人王峥在上海市卢湾公证处，在公证员的监督下，使用该公证处电脑核查了原告于 2009 年 10 月 21 日发函中所列举的涉讼作品的盗版链接对应页面的具体情况。主要操作步骤为：打开 360 安全浏览器，在地址栏中输入“33xs. com/files/article/info/193/193414. html”，进入页面，将该页面予以截屏保存。原告总共核查了 62 个链接，在核查的页面中可以看到的确是涉讼作品的盗版内容，且在页面上端及两侧都有“百度推广”的广告。

（二）被告百度公司直接侵权的事实

被告百度公司确认 wap. baidu. com 是其二级域名。

2010 年 8 月 17 日，原告的代理人王峥在上海市卢湾公证处，在公证员的监督下，使用公证处电脑核查涉讼作品在被告百度公司无线频道的传播状况。主要操作步骤为：打开 360 安全浏览器，在地址栏中输入“wap. baidu. com”，进入页面，在该页面中，点击“小说”进入新页面。在该新页面中，点击上方“［玄幻］斗破苍穹（天蚕土豆）”，进入新页面。在该页面中，点击页面下方“下一页”，进入新页面，页面标题为“2-斗破苍穹天蚕土豆-百度小说”，依次点击“下一页”。可以看到百度公司在其小说频道的首页设立了“最热榜”和“精品推荐”，涉讼作品位列其中，其对每一部涉讼作品搜索结果呈现的网站是固定 30 多家网站，原告网站不在其中。

2010 年 9 月 7 日至 9 月 10 日，原告的代理人王峥在上海市卢湾公证处，在公证员的监督下，使用公证处电脑核查了涉讼作品在百度公司无线频道的传播状况。主要操作步骤为：打开 360 安全浏览器，在地址栏中输入“wap. baidu. com”进入页面，点击该页面中“小说”

进入其小说频道首页，可以看到百度公司在其小说频道的首页设立了“最热榜”和“精品推荐”，涉讼作品位列其中。点击该页面［精品推荐］项下的“［都市］近身保镖（柳下挥)”，可以进入该小说的搜索结果，点击其中的某一搜索结果，可以看到关于该作品的所有目录，地址栏中的网址显示该页面位于 wap. baidu. com 的下级页面，在该目录页左下角有“原网页”选项。点击目录中的章节，可以看到该章节的具体内容，地址栏中的网址同样显示该页面位于 wap. baidu. com 的下级页面，在该目录页左下角有“原网页”选项。点击小说频道首页的［最热榜］项下的“1. ［玄幻］斗破苍穹（天蚕土豆)”，可以进入该小说的搜索结果，点击其中的某一搜索结果，可以看到关于该作品的所有目录，地址栏中的网址显示该页面位于 wap. baidu. com 的下级页面，在该目录页左下角有“原网页”选项。点击目录中的章节，可以看到该章节的具体内容，地址栏中的网址同样显示该页面位于 wap. baidu. com 的下级页面，在该目录页左下角有“原网页”选项。点击小说内容页面，查看页面属性，可以发现该属性同样显示页面属于 wap. baidu. com 的下级页面。

2010 年 10 月 25 日，原告的代理人王峥在上海市卢湾公证处，在公证员的监下，使用公证处电脑进一步核查涉讼作品在百度公司无线频道的传播状况。主要操作步骤为：打开 360 安全浏览器，在地址栏中输入“wap. baidu. com”进入页面，点击该页面中“小说”进入其小说频道首页，可以看到百度公司在其小说频道的首页设立了“最热榜”和“精品推荐”。依次输入涉讼 5 部作品的名称点击搜索，可以进入该小说的搜索结果，点击其中的某一搜索结果，可以看到关于该作品的所有目录，地址栏中的网址显示该页面位于 wap. baidu. com 的下级页面，在该目录页左下角有“原网页”选项。点击目录中的章节，可以看到该章节的具体内容，地址栏中的网址同样显示该页面位于 wap. baidu. com 的下级页面，在该目录页左下角有“原网页”选项。点击“原网页”，可以进入该页内容所对应的原网页，可以发现在原网页中有“百度推广”投放的广告，有原网页所属网站的名称、标识及该网站的其他栏目的列表，而这些信息在百度相对应的页面中都不存在，且两个相对应的页面排版不同。

（三）合理费用支出事实

原告为本案已支付公证费人民币 4 500元、律师费人民币 8 万元。

本院认为，本案争议焦点在于：

一、原告对涉讼作品的权利

《中华人民共和国著作权法》第十一条规定，如无相反证明，在作品上署名的公民、法人或者其他组织为作者。结合 5 部涉讼作品的图书、作品转让协议、授权声明等证据，能形成原告权利证据链。因此，在被告百度公司没有提供任何相反证据的情况下，原告作为涉讼作品权利人依法享有本案诉讼主体资格和追究被告百度公司侵权责任的权利，本院依法予以确认。

二、原告通知删除是否符合规定

原告法务函符合《信息网络传播权保护条例》第十四条的规定。通知中包括：（一）原告情况、联系方式和地址；（二）要求删除或者断开链接的侵权作品的名称和网络地址；（三）构成侵权的初步证明材料。明确原告从未许可第三方通过互联网向公众传播涉讼作品，任何非在原告网站上发布的涉讼作品的内容均为侵权内容，可以推定原告法务函使被告百度公司知道涉讼作品的权属及侵权链接的状况。

三、百度公司是否构成间接侵权

《中华人民共和国侵权责任法》第三十六条规定，网络用户、网络服务提供者利用网络侵害他人民事权益的，应当承担侵权责任。网络用户利用网络服务实施侵权行为的，被侵权人有权通知网络服务提供者采取删除、屏蔽、断开链接等必要措施。网络服务提供者接到通知后未及时采取必要措施的，对损害的扩大部分与该网络用户承担连带责任。网络服务提供者知道网络用户利用其网络服务侵害他人民事权益，未采取必要措施的，与该网络用户承担连带责任。《信息网络传播权保护条例》第十四条规定，对提供信息存储空间或者提供搜索、链接服务的网络服务提供者，权利人认为其服务所涉及的作品、表演、录音录像制品，侵犯自己的信息网络传播权或者被删除、改变了自己的权利管理电子信息的，可以向该网络服务提供者提交书面通知，要求网络服务提供者删除该作品、表演、录音录像制品，或者断开与该作品、表演、录音录像制品的链接；第十五条规定，网络服务提供者接到权利人的通知书后，应当立即删除涉嫌侵权的作品、表演、录音录像制品，或者断开与涉嫌侵权的作品、表演、录音录像制品的链接；第二十三条规定，网络服务提供者为服务对象提供搜索或者链接服务，在接到权利人的通知书后，根据本条例规定断开与侵权的作品、表演、录音录像制品的链接的，不承担赔偿责任，但是，明知或者应知所链接的作品、表演、录音录像制品侵权的，应当承担共同侵权责任。从原告包括删除通知在内的多次公证取证证据可以看出，百度公司明知涉讼作品的信息网络传播权仅归属于原告及侵权链接的状况，未及时删除原告通知的侵权信息或断开链接，构成间接侵权。

四、百度公司是否构成直接侵权

被告百度公司辩称，百度 WAP 搜索是对 Web 页面进行技术转码，不涉及任何对第三方网页内容的编辑、修改、存储，百度 WAP 系提供无线搜索服务，并非直接在线提供作品，不构成直接侵权。本院认为，在正常情形下，搜索引擎的使用是帮助互联网用户在海量信息中迅速查询定位其所需要的信息，向用户提供来源网站的信息索引和网络地址链接方式，引导用户到第三方网站浏览搜索内容，而不是替代第三方网站直接向用户提供内容。本案原告公证取证是从电脑通过互联网连接进入 wap. baidu. com，不是用手机浏览无线频道的内容，公证显示在 wap. baidu. com 页面有对涉讼作品的推荐、对搜索结果进行编辑及修改；被告百度公司在 WAP 频道搜索结果及点击阅读功能向用户提供涉讼作品的全部内容，无论是点击阅读页面的地址栏，还是每一个网页的打印结果，地址显示均属于百度公司的服务器，显示页面也都有“百度”及“荐：手机上网必备，尽在新版掌上百度!”的字样，通过页面属性查询，可以看到该页面显示其主数据内容存储于百度网站服务器的事实；百度公司还在每页最下端显示“原网页”，证明其确认该网页不是原网页，而是原网页之外的一个复制页，而该复制页的内容明显有所删减和重新编排，并非应访问用户的要求自动形成。被告百度公司所称的格式转换，就技术而言，Web 网页内容需复制在百度服务器内存或硬盘上才能处理转换成 WAP 网页。百度公司以 WAP 搜索方式提供涉讼作品内容的行为使用户无需访问第三方网站即可完整获得内容，其已超出了提供搜索引擎服务的正常范围，不属于法律规定的免责情形。因此，可以认定百度公司直接、完整地将涉讼作品放置在其服务器上，由用户以点击小说搜索方式向用户提供涉讼作品，该行为属于复制和上载作品的行为，并通过网络进行传播，构成直接侵权。

五、隐志公司是否承担共同侵权责任

从原告提供的证据看出，“7999 网址大全”网站作为百度联盟绿色认证的百度联盟成员，网页显著位置内嵌有百度搜索条，尚不足以证明隐志公司有主观过错且参与百度公司的侵权行为，本院对原告要求隐志公司承担共同侵权责任的诉请不予支持。

六、赔偿数额的确定

本院将考虑涉讼5部小说的知名度、独创性程度和篇幅、图书售价、发行量、互联网传播作品特点、在原告网站浏览情况，原告可能因此遭受损失以及被告百度公司侵权行为的性质和情节等因素，酌情予以确定。对于原告为制止侵权行为所支出的合理费用，酌情予以支持。

根据《中华人民共和国侵权责任法》第三十六条、《信息网络传播权保护条例》第十四条、第十五条、第十八条第一项、第二十三条，《中华人民共和国著作权法》第十条第一款第十二项、第四十八条第一项、第四十九条，最高人民法院《关于审理著作权民事纠纷案件适用法律若干问题的解释》第二十五条第一款、第二款及第二十六条的规定，判决如下：

一、被告北京百度网讯科技有限公司自本判决生效之日起立即停止对原告上海玄霆娱乐信息科技有限公司享有著作权的《斗破苍穹》、《凡人修仙传》、《卡徒》、《近身保镖》、《天王》5 部作品的信息网络传播权的侵权行为；

二、被告北京百度网讯科技有限公司自本判决生效之日起十日内赔偿原告上海玄霆娱乐信息科技有限公司经济损失人民币50 万元以及合理费用人民币44 500元；

三、驳回原告上海玄霆娱乐信息科技有限公司的其他诉讼请求。

被告北京百度网讯科技有限公司如果未按本判决指定的期间履行给付金钱义务，应当依照《中华人民共和国民事诉讼法》第二百二十九条之规定，加倍支付迟延履行期间的债务利息。

案件受理费人民币 13 800元，由原告上海玄霆娱乐信息科技有限公司承担人民币3 500元，被告北京百度网讯科技有限公司承担人民币10 300元。

如不服本判决，可在判决书送达之日起十五日内，向本院递交上诉状，并按对方当事人的人数提出副本，上诉于上海市第一中级人民法院。

审　判　长　顾文凯
代理审判员　王维佳
代理审判员　许　浩
二〇一一年五月十日
书　记　员　陈　敏

（本判决书入选2011 年度上海法院知识产权司法保护十大案件）

7. 庄则栋、佐佐木敦子诉上海隐志网络科技有限公司侵害作品信息网络传播权纠纷案

——上海市第一中级人民法院民事判决书

（2011）沪一中民五（知）终字第33号

上诉人（原审原告）： 庄则栋，男，1940年8月7日出生，汉族，住北京市香河园街1号院5楼1101号。

上诉人（原审原告）： 佐佐木敦子，女，1944年10月10日出生，住北京市香河园街1号院5楼1101号。

两上诉人共同委托代理人： 张起淮，北京市蓝鹏律师事务所律师。

两上诉人共同委托代理人： 赵红娜，北京市蓝鹏律师事务所律师。

被上诉人（原审被告）： 上海隐志网络科技有限公司，住所地上海市金山区漕泾镇工农街125号5栋C座。

法定代表人： 戴云杰，公司执行董事。

委托代理人： 公司职员。

委托代理人： 公司职员。

上诉人庄则栋、佐佐木敦子因与被上诉人上海隐志网络科技有限公司（以下简称隐志公司）侵害作品信息网络传播权纠纷一案，不服上海市卢湾区人民法院（2010）卢民三（知）初字第193号民事判决，向本院提起上诉。本院于2011年2月15日受理后，依法组成合议庭，于2011年4月21日、2011年7月11日公开开庭进行了审理。上诉人佐佐木敦子到庭参加了第一次庭审；两上诉人的共同委托代理人张起淮、赵红娜，被上诉人隐志公司的委托代理人廖颖清、俞淑瑛到庭参加了两次庭审。本案现已审理终结。

原审法院经审理查明：

1998年7月至2008年7月，红旗出版社出版《邓小平批准我们结婚》一书，载明编著者为庄则栋、佐佐木敦子。

2010年3月26日，庄则栋、佐佐木敦子委托代理人张瑜至北京市方圆公证处，操作公证处计算机，进行了如下主要证据保全：在IE地址栏内输入“www. baidu. com”后进入百度网站，在搜索栏内输入“邓小平批准我们结婚”，点击“百度一下”后，搜索结果显示“《邓小平批准我们结婚》作者：庄则栋、佐佐木敦子［ISO］VeryCD电……”，进入网址为http：//www. verycd. com/topics76121的页面，浏览该页面；张瑜下载迅雷软件，在上述页面点击“复制选中的链接”，运用迅雷软件下载“［小说连播］庄则栋著-［邓小平批准我们结婚］-32kbps. ISO”，任意选取“01”、“06”、“13”、“22”、“23”进行了播放、收听。北京市方圆公证处公证员徐敏和工作人员曲秉正见证了上述操作过程，并制作了（2010）京方圆内民证字第06323号公证书（包括刻录光盘）。庄则栋、佐佐木敦子为公证取证支付公证费人民币6 260元（以下币种同）。

在审理过程中，原审法院组织双方当事人的委托代理人观看公证光盘。光盘显示，在VeryCD页面关于涉案作品的发布者用户名是nobodyvssomebody，启动迅雷软件下载作品显示资源下载链接地址是ed2k：//｜file｜%5B%E5%B0%8F%E8%AF%B4%E8%BF%9E%E6%。

上述事实由书籍《邓小平批准我们结婚》、（2010）京方圆内民证字第06323号公证书、购书发票、公证费发票及证据交换笔录和庭审笔录在案佐证。

原审法院认为：庄则栋、佐佐木敦子拥有《邓小平批准我们结婚》一书的著作权，依法受到法律保护。针对庄则栋、佐佐木敦子主张隐志公司将该书改编成有声读物并传播到互联网上，侵犯其著作权的诉求，经查，涉案有声读物由用户nobodyvssomebody发布，并不储存在隐志公司的服务器中，资源下载的链接地址也不在隐志公司网站上，隐志公司的网站提供的是链接服务，故庄则栋、佐佐木敦子主张隐志公司直接侵权缺乏依据。同时，鉴于用户提供的链接内容是海量的，不可能要求隐志公司逐一下载用户的资源进行一一审核。而且，有声读物不同于影视作品，制作成本较低，一般爱好者也可将其自行制作的有声读物的链接资源上传至网上供网络用户分享。从用户发布的信息来看，不能当然地推断出，隐志公司明知或应知涉案有声读物未经权利人授权而仍然提供链接，故隐志公司亦不构成帮助侵权。同时鉴于隐志公司收到起诉状后对涉案有声读物名称关键字进行屏蔽，故隐志公司已经履行了其作为网络服务商的责任。据此，驳回庄则栋、佐佐木敦子的诉讼请求。

庄则栋和佐佐木敦子不服原审判决，向本院提起上诉，请求撤销原判，改判隐志公司停止侵权，赔偿庄则栋、佐佐木敦子经济损失53万元。主要理由是：1. 隐志公司经营的VeryCD网不仅提供涉案侵权作品的网络链接服务，而且制作了专门的版面，进行分类显示、图片展示、内容介绍，并植入商业性广告，吸引用户浏览其网站和下载资料，是一种直接侵权行为；2. 因同一用户nobodyvssomebody涉嫌侵害他人著作权，VeryCD网原经营主体上海维西网络科技有限公司（以下简称维西公司）曾被起诉，隐志公司受让经营VeryCD网后未加强对该用户及其上传资源的审查和管理，反而有意修改该用户的创建时间加以保护；3. 隐志公司提供给权利人投诉的联系方式形同虚设，联系电话无人接听，所发邮件又无回复，权利人无法及时行使权利，隐志公司存在帮助侵权的事实。

被上诉人隐志公司答辩称：1. VeryCD网站由其经营，隐志公司提供的是基于P2P技术的互联网资源分享平台，用户将资源链接发布在隐志公司网站上，隐志公司只对上传的资源链接进行区域性划分，但不会进行编辑、保存和修改，不存在制作专门版面的事实。2. 由于用户上传的资源是海量的，不可能逐一进行审查。涉案作品出版时间较早，知名度有限。涉案作品改编成有声读物的制作成本较低，传播范围较小，任何用户都可以将其上传至VeryCD网。隐志公司不可能明知或应知该有声读物系侵权作品。3. VeryCD网络用户的创建时间和注册时间不同，隐志公司没有修改过用户nobodyvssomebody的创建时间，网站设立的联系邮箱也是畅通的，因相关人员所发邮件无法确认身份而未予回复。隐志公司已经尽到了网络服务商的注意义务，故不应当承担侵权责任，请求维持原判。

在二审审理过程中，上诉人庄则栋、佐佐木敦子为证明其诉称，向本院提交以下证据材料：1. 上海市浦东新区人民法院（2009）浦民三（知）初字第157号民事判决书，用以证明网络用户nobodyvssomebody在2005年11月27日因在维西公司经营的VeryCD网站上发布《黑道》一书的有声读物而引发崔亚斌诉维西公司、黄一孟侵犯著作财产权纠纷一案，该案代理人叶骥岗，当时系维西公司职员，与本案一审时隐志公司的代理人叶骥岗为同一人。2. 本院（2009）沪一中民五（知）初字第46号民事判决书，用以证明2008年10月网络用户BBBlvw1997因在维西公司经营的VeryCD网站上发布《大四喜》电影作品而引发上海激动网络有限公司诉维西公司侵犯著作财产权纠纷一案，该案代理人叶骥岗，当时系维西公司职员，与本案一审时隐志公司的代理人叶骥岗为同一人。3. 北京市长安公证处（2011）京长安内民证字第775号公证书，用以证明网络用户nobodyvssomebody系VeryCD网的高级用户（金光盘级，仅次于最高级别的电驴级），于2005年11月开始至今在VeryCD网上上传了88个资源，其中86个为精华资源，涉及众多知名作家和作品。VeryCD网站在用户发布的资源中植入商业广告，从中获利；并有意修改网络用户nobodyvssomebody的创建时间，纵容该用户侵权。4. 证人张勇（北京数字蜘蛛科技发展有限公司技术总监）的证言，用以证明：（1）VeryCD网站并非纯粹的提供P2P技术服务的网站，而是将网站软件与P2P技术相结合，网站主要用来进行资源链接，并对上传的资源进行分类整理及通过文字图片加以说明，方便网络用户下载；（2）网站会员的注册时间由系统自动生成，只有网站管理者才能进行修改；（3）为刺激会员发布更多的有价值资源，当会员发布的信息可读性较强，点击率较高时，网站的管理系统会自动给其加精，推荐到精华区，从而提高该条信息的关注度。5. 北京市长安公证处（2011）京长安内民证字第5292号公证书，用以证明：（1）黄一孟（网名Dash）为VeryCD网的创始人，自2003年9月至今为VeryCD网的老板、站点管理员、总经理；（2）隐志公司为黄一孟控制的另一公司，VeryCD网的经营主体于2009年11月由维西公司变更为隐志公司；（3）黄一孟手机号码为138××××0576；（4）戴云杰为VeryCD网的另一创始人。6. 上海市工商行政管理局长宁分局档案室出具的维西公司档案机读材料、注销登记申请书及注销清算报告，用以证明：（1）黄一孟系维西公司法定代表人，黄一孟、戴云杰均为该公司股东；（2）黄一孟手机号码为138××××0576；（3）维西公司于2009年8月20日申请并于同年12月22日注销。7. 上海市工商行政管理局闵行分局档案室出具的隐志公司档案机读材料及公司变更登记申请书，用以证明戴云杰系隐志公司股东兼法定代表人，所持股份占90%。8. 工业和信息化部电信管理局、上海市通信管理局出具的“VeryCD. com备案信息查询及主办单位信息查询”，用以证明：（1）VeryCD网站虽变更了备案经营单位，但ICP号未变，网站经营未因主体变更中止、中断，网站资产由隐志公司承继；（2）隐志公司经营的VeryCD网站上保留的联系方式仍为黄一孟的邮箱及手机号码。

经当庭质证，被上诉人隐志公司对上述证据材料中的第1、2、3、4、6、7、8项证据的真实性、合法性均无异议，但认为与本案无关。理由是证据1、2所涉两份判决书中的被告系维西公司，而非隐志公司；证据3的内容不能证明隐志公司直接侵权；证据4有关证人证言也不能证明VeryCD网站存储或者编辑网络用户上传的资源；证据6、7、8没有显示黄一孟是隐志公司股东，也不能证明隐志公司应当对维西公司的债权债务承担责任；对第5项证据的真实性不予认可，理由是该份公证书记载的内容来源为相关网站的资讯报道，缺乏客观性和真实性。

被上诉人隐志公司为证明其辩解，向本院提交以下证据材料：1. VeryCD网页截屏（一），显示网络用户nobodyvssomebody的社区和乐园页面。2. VeryCD网页截屏（二），显示随意在社区中选取的用户 sdj198688 的社区和乐园页面。3. VeryCD 网页截屏（三），显示 VeryCD 网的第一位用户 Dash（即网站创始人黄一孟的网名）的社区和乐园页面。上述三项证据材料用以证明网站用户在 VeryCD 网站上的注册时间与进入“电驴乐园”的创建时间是两个不同的概念，网络用户 nobodyvssomebody 在 VeryCD 网站上的注册时间为 2005 年 3 月 29 日，进入“电驴乐园”的创建时间为 2010 年 2 月 3 日。4. VeryCD 网页截屏（四），显示子栏目“关于我们”，用以证明 VeryCD 网提供了真实的联系方式，包括公司的经营地址及联系邮箱，但不包括联系电话。5. SVN 日志截屏，用以证明“电驴乐园”的创建时间为 2009 年 7 月 28 日。6. 证人潘扬（隐志公司技术主管）的证言，用以证明：(1) VeryCD 网站是资源发布平台，内容都是由网络用户完成。网站资源的分类早期是根据用户的建言决定是否分类，后期则是根据第三方网站的数据统计，决定是否需要分类。发布资源的用户有权选择和修改资源分类，输入上传资源的简介及链接地址等内容，操作步骤是由网站程序引导用户完成的。(2) 网络用户注册时间和注册的 IP 地址自网站开发以来没有作过任何修改，网络用户 nobodyvssomebody 在 VeryCD 网上的注册时间是 2005 年 3 月 29 日，“电驴乐园”的上线测试时间为 2009 年 7 月 28 日，“电驴乐园”中任何用户的创建时间不可能早于 2009 年 7 月。(3) 广告页面存储在 VeryCD 网站的服务器上，网站会对广告页面定期做模版的改动，但相应的数据是由用户生成的。

经当庭质证，上诉人庄则栋、佐佐木敦子对上述证据材料中的 1、2、3、4、5 项证据的合法性、真实性、关联性均持有异议，理由是该些证据不属于新证据，且未经公证程序取证。对于证据 6 的合法性持有异议，理由是证人系隐志公司员工，与隐志公司有利害关系，证言缺乏公正性。

根据双方当事人举证和质证意见，本院分别认证如下：

一、关于庄则栋、佐佐木敦子提交的证据材料

对于证据 1，鉴于隐志公司对该证据的真实性、合法性均无异议，且网络用户 nobodyvssomebody 与本案诉讼所涉用户相同，上传的资源与本案诉讼所涉资源为同一类型，故证据 1 与本案具有关联性，予以采用；对于证据 2，因网络用户 BBBlvw1997 系案外人，且发布的资源为电影作品，故证据 2 与本案无关，隐志公司的异议成立，不予采用；对于证据 3、4、6、7、8，鉴于隐志公司对该些证据材料的真实性、合法性均无异议，所提的关联性异议实质上涉及证据的证明效力问题，而非证据的适格性问题，故隐志公司的异议不能成立，上述证据予以采用；对于证据 5，鉴于该份公证书所涉内容既有 VeryCD 网官方网页上发布的资讯信息，又有百度、腾讯、凤凰等网上相关报道，各网站所涉内容存在相互印证的关系，且隐志公司对 VeryCD 网官方网页上资讯信息的真实性并无异议，故本院对该份证据予以采用。

二、关于隐志公司提交的证据材料

对于证据 1、2、3、4、5，庄则栋、佐佐木敦子对该些证据材料的真实性、合法性和关联性均提出异议，鉴于该些证据所涉网页截屏在证人潘扬的当庭操作中均有所展现，且上述证据材料系隐志公司针对庄则栋、佐佐木敦子指控其修改网络用户 nobodyvssomebody 创建时间及提供无效通知路径的反驳证据，不审理该些证据可能导致裁判不公，本院决定予以采用。对于证据 6，本院认为，根据《民事诉讼法》第七十条的规定，凡是知道案件情况的单位和个人，都有义务出庭作证。证人系隐志公司员工，并不妨碍证人出庭履行作

证的义务。庄则栋、佐佐木敦子关于证人证言合法性的异议，实质上涉及证据的证明效力问题，而非证据的适格性问题，故对该证人证言予以采用。

根据上述认定的证据，本院查明以下事实：

VeryCD 网的创始人为黄一孟、戴云杰等人，VeryCD 网由维西公司负责经营，网站负责人为维西公司股东兼法定代表人黄一孟，戴云杰系维西公司另一股东。2009 年 11 月 2 日，维西公司将 VeryCD 网转让给隐志公司经营，并由隐志公司承继 VeryCD 网的所有权利。2009 年 12 月 22 日，维西公司注销工商登记。根据工业和信息化部电信管理局、上海市通信管理局备案的网站信息，VeryCD 网站负责人于 2011 年 1 月 17 日变更为隐志公司股东兼法定代表人戴云杰，但网站负责人邮件地址、手机号码等基本信息仍为黄一孟个人信息。VeryCD 网官方网站相关资讯显示黄一孟自 2003 年 9 月至今为 VeryCD 老板及站点管理员。

VeryCD 网是基于 P2P 技术的互联网资源分享平台，网上资源的简介及链接地址等内容由网络用户根据网站设置的引导程序输入，网站根据网络用户的建议或者第三方网站的数据统计，对网络用户上传的资源进行分类。当上传的资源可读性较强，点击率较高时，网站管理系统会自动将该资源加精，推荐到精华区。网站版面的广告内容由相应广告客户生成，广告页面存储在网站的服务器上，并由网站定期改动模版。

网络用户 nobodyvssomebody 在 VeryCD 网上的注册时间为 2005 年 3 月 29 日，在 VeryCD 网上“电驴乐园”栏目的创建时间为 2010 年 2 月 3 日。nobodyvssomebody 自 2005 年 10 月 17 日以来在 VeryCD 网上发布的资源有 88 个，分为［综艺］和［资料］两类，其中精华资源 82 个，普通资源 6 个。在精华资源中，资源名称涉及［综艺］《开卷八分钟》07. 02. 20. 冷暖人生 - 春节特别节目 - 过年［RMVB］；［综艺］《解码陈文茜》（Slsy's News）2007. 01. 30. 台湾历史教科书去中国化；［资料］《红色警卫》邬吉成着（著）张谣演播 七集 MP3［ISO］；［资料］《豪门惊梦》作者：梁凤仪 演播：陈阿喜 22 集［ISO］；［资料］《我的伯父周恩来》周秉德着（著），作家铁竹伟执笔 35 集 WMA 格式［ISO］；［资料］《大法官》张宏森着（著）55 集 MP3［ISO］；［资料］［天使的愤怒］广播剧 16 集 MP3（内附 E 书）［ISO］等众多作品。

2005 年 11 月 27 日，网络用户 nobodyvssomebody 在 VeryCD 网站上发布《黑道》一书的广播剧内容而引发崔亚斌诉维西公司、黄一孟侵犯著作财产权纠纷一案，该案被告维西公司、黄一孟的共同委托代理人系维西公司职员叶骥岗。

2006 年 1 月 13 日，网络用户 nobodyvssomebody 在 VeryCD 网站上发布《邓小平批准我们结婚》一书的有声读物，至 2010 年 3 月 26 日庄则栋、佐佐木敦子公证保全侵权证据时止，该资源浏览的次数为 2 315次，收藏次数为 3 次。2010 年 8 月 18 日，庄则栋、佐佐木敦子在上海市卢湾区人民法院提起诉讼，状告隐志公司侵害其享有的前述作品的信息网络传播权，该案一审时隐志公司的委托代理人为隐志公司职员叶骥岗。

庄则栋、佐佐木敦子在一审时支出购书费 26. 90 元，公证费 6 260元，律师费 10 000元。

原审查明的事实由经过庭审查证属实的证据予以佐证，双方当事人对此亦无异议，本院予以确认。

本院认为，根据双方当事人的诉辩主张，结合上述查明的事实，本案的争议焦点在于：

一、关于被上诉人隐志公司是否承担侵权责任的问题

本院认为，隐志公司经营的 VeryCD 网是基于 P2P 技术实现网络资源分享的网站。由于 P2P 技术的使用，网络用户能够实现点对点的数据交换，而不需要通过网络中心服务器进行中转。本案中，涉案作品的有声读物系由网络用户 nobodyvssomebody 发布，并未存储在隐志公司的服务器中，资源下载的链接地址亦非隐志公司网站。尽管隐志公司存在分类显示上传资源的现象，但实质上未直接实施利用网络传播作品的行为，故庄则栋、佐佐木敦子主张隐志公司直接侵犯其信息网络传播权缺乏事实依据，本院不予支持。

对于庄则栋、佐佐木敦子主张隐志公司帮助网络用户传播涉案作品的有声读物，存在间接侵权行为的意见，隐志公司提出，P2P 软件用户在网络上提供链接的资源是海量的，隐志公司不可能逐一下载网络用户上传的资源进行审核。任何网络用户均可以将自己制作的有声读物上传至 VeryCD 网上，涉案作品出版时间较早，知名度有限，其不明知或应知涉案作品的有声读物系侵权作品。本院认为，当 P2P 软件用户非法传播他人作品时，尽管提供 P2P 技术的网络服务商在客观上起到了帮助 P2P 软件用户传播侵权作品的作用，但是，不能以此客观结果来简单地判定提供 P2P 技术的网络服务商需要承担侵犯他人著作权的责任。根据《信息网络传播权保护条例》第二十三条有关“提供搜索和链接的网络服务提供者明知或应知链接对象侵权的，应当承担共同侵权责任”的规定，只有当提供 P2P 技术的网络服务商存在主观过错时，才会因为间接侵权行为而承担共同侵权责任。判断网络服务商是否存在主观过错时，需要综合网络服务商的经营行为来进行客观化的认定。

首先，VeryCD 网是国内一家具有相当知名度的互联网站。隐志公司作为网络服务商，从维西公司处受让经营 VeryCD 网，理应清晰了解 VeryCD 网的经营理念、发展历史、营销手段、获利方式、诉讼经历等相关商业信息。网络用户 nobodyvssomebody 作为 VeryCD 网的高级用户，曾因在 VeryCD 网上发布《黑道》一书的有声读物而引发崔亚斌诉维西公司、黄一孟侵犯著作财产权纠纷一案，现 VeryCD 网的经营主体隐志公司的股东兼法定代表人戴云杰系原维西公司股东，VeryCD 网的原经营主体维西公司的股东兼法定代表人黄一孟系维西公司站点管理员，且昔日受维西公司和黄一孟委托参加诉讼的代理人叶骥岗为原维西公司职员，现为隐志公司职员，故本院认为，隐志公司对于网络用户 nobodyvssomebody 曾经涉嫌侵犯他人著作权的情况应当是清楚了解的。其次，网络用户 nobodyvssomebody 在 VeryCD 网上发布的资源涉及诸多名家著作，即使一名普通的网络用户，也能够意识到该用户发布的资源存在着重大的侵权嫌疑，更何况隐志公司作为一家专业从事互联网资源分享的网络服务商，更应当有能力发现该用户存在重大的侵权嫌疑。再者，网络用户上传资源的受关注程度与网络服务商通过出售广告位谋取商业利润的大小密切相关，上传资源的点击率越高，广告主投放广告的积极性也就越高，网络服务商也因此可以获得较高利润。而权利和义务的对等性也就进一步加重了网络服务商对点击率较高的所谓精华资源的注意义务和审查职责。因此，隐志公司在受让经营 VeryCD 网站后，应当对网络用户 nobodyvssomebody 及其上传的资源予以特别的注意和谨慎的审查，避免 VeryCD 网成为该用户实施网络侵权的平台。而本案的发生一定程度上就是因为隐志公司疏于履行作为网络服务商的注意义务，漠视其高级用户 nobodyvssomebody 涉嫌侵权事实的结果。最后，公

司作为法律拟制人格的市场主体，公司的侵权行为实际上是由公司经营者具体实施。鉴于维西公司和隐志公司负责经营 VeryCD 网的实际经营者高度混同，且隐志公司当庭陈述因涉及维西公司和隐志公司的商业秘密，不能提供维西公司和隐志公司就 VeryCD 网转让所达成的债权债务约定，根据《最高人民法院关于民事诉讼证据的若干规定》第七十五条的规定，可以推定庄则栋、佐佐木敦子有关由隐志公司承担侵权责任的主张成立。综上所述，本院认为，隐志公司对于网络用户 nobodyvssomebody 在 VeryCD 网上发布《邓小平批准我们结婚》一书的有声读物，侵害庄则栋、佐佐木敦子享有的该作品的信息网络传播权具有主观过错，应当承担共同侵权责任。

至于庄则栋、佐佐木敦子提出的隐志公司修改网络用户 nobodyvssomebody 的创建时间，纵容其侵权的意见，本院认为，证人潘扬的当庭操作和相应的网页截屏已经证明 VeryCD 网用户的注册时间和用户在 VeryCD 网“电驴乐园”上的创建时间并非同一概念，故对庄则栋、佐佐木敦子的该项主张不予采信。至于庄则栋、佐佐木敦子提出的隐志公司没有提供有效的投诉渠道，存在帮助侵权的意见，鉴于庄则栋、佐佐木敦子在一、二审提供的 VeryCD 网投诉电话 400636639 系庄则栋、佐佐木敦子通过百度搜索的方式获得，并非 VeryCD 网官方网页上所留联系方式，故不能以此证明 VeryCD 网未设置有效的投诉渠道；而庄则栋、佐佐木敦子根据 VeryCD 网官方网页上所注邮箱发送的邮件，因庄则栋、佐佐木敦子未提供能够反映邮件内容的证据，本院不能确认庄则栋、佐佐木敦子是否发出了符合法律规定要件的警告，亦不能确认隐志公司对此是否负有及时回复的义务，本院对庄则栋、佐佐木敦子的该项主张亦不采信。

二、关于被上诉人隐志公司应承担的民事责任的问题

庄则栋、佐佐木敦子请求判令隐志公司停止侵害于法有据，本院予以支持。对于庄则栋、佐佐木敦子诉请的赔偿金额，根据《中华人民共和国著作权法》第四十八条的规定，侵犯著作权的，侵权人应当按照权利人的实际损失或侵权人的违法所得给予赔偿。如果权利人的实际损失或侵权人的违法所得不能确定的，适用法定赔偿。本案中，庄则栋、佐佐木敦子诉请隐志公司赔偿 53 万元，但未提供其因侵权行为遭受的损失或者隐志公司因侵权所获利润的证据，故本院综合考虑作品类型、侵权行为性质、持续时间、侵权后果、隐志公司的主观过错程度等情节予以确定。鉴于涉案作品为知名人士的著作，自 1998 年 7 月出版发行至今已经三次印刷，该作品的有声读物在 2006 年 1 月即上传至 VeryCD 网，因 P2P 技术的使用会被反复传播，对涉案作品的正常销售亦会产生影响；且由于隐志公司疏于履行自己的注意义务，对侵权行为的发生具有主观过错，故本院酌情确定隐志公司赔偿损失 50 000元。同时，庄则栋、佐佐木敦子为制止隐志公司的侵权行为支出了调查、取证及律师费等合理费用，本院结合本案调查证据的难易程度等因素酌情确定隐志公司承担合理开支 5 000元。

据此，依照《中华人民共和国民事诉讼法》第一百五十三条第一款第（三）项，《中华人民共和国著作权法》第四十七条第（一）项、第四十八条，《信息网络传播权保护条例》第二十三条的规定，判决如下：

一、撤销上海市卢湾区人民法院（2010）卢民三（知）初字第 193 号民事判决；

二、被上诉人上海隐志网络科技有限公司停止侵害上诉人庄则栋、佐佐木敦子享有的《邓小平批准我们结婚》一书的信息网络传播权；

三、被上诉人上海隐志网络科技有限公司于本判决生效之日起十五日内赔偿上诉人庄则栋、佐佐木敦子经济损失及合理开支人民币55 000元；

四、驳回上诉人庄则栋、佐佐木敦子的其余诉讼请求。

被上诉人上海隐志网络科技有限公司如果未按本判决指定的期间履行给付金钱的义务，应当按照《中华人民共和国民事诉讼法》第二百二十九条之规定，加倍支付迟延履行期间的债务利息。

本案一审案件受理费人民币9 093.50元，由上诉人庄则栋、佐佐木敦子负担人民币4 093.50元，被上诉人上海隐志网络科技有限公司负担人民币5 000元；二审案件受理费人民币9 093.50元，由上诉人庄则栋、佐佐木敦子负担人民币4 093.50元，被上诉人上海隐志网络科技有限公司负担人民币5 000元。

本判决为终审判决。

审 判 长　宋学东
审 判 员　刘军华
审 判 员　唐　震
二〇一一年七月二十一日
书 记 员　施维莉

（本判决书入选2011年中国法院知识产权司法保护50件典型案例、2011年度上海法院知识产权司法保护十大案件）

8. 胡进庆、吴云初诉上海美术电影制片厂著作权权属纠纷案

——上海市第二中级人民法院民事判决书

(2011) 沪二中民五 (知) 终字第62号

上诉人(原审原告): 胡进庆，男，1936年4月15日出生，汉族，住上海市静安区万春街63弄35支弄3号502室。

上诉人(原审原告): 吴云初，男，1941年12月13日出生，汉族，住上海市静安区武定西路1288号502室。

两上诉人的共同委托代理人: 孙昶林，上海融孚律师事务所律师。

被上诉人(原审被告): 上海美术电影制片厂，住所地上海市静安区万航渡路618号。

法定代表人: 汪天云，上海电影(集团)有限公司副总裁。

委托代理人: 曹岭，上海市国泰律师事务所律师。

委托代理人: 陶宏，上海富兰德林律师事务所律师。

上诉人胡进庆、吴云初因著作权权属纠纷案，不服上海市黄浦区人民法院(2010)黄民三(知)初字第28号民事判决，向本院提起上诉。本院受理后，依法组成合议庭，于2011年9月22日和2011年12月2日两次公开开庭进行了审理。上诉人胡进庆、吴云初的委托代理人孙昶林，被上诉人上海美术电影制片厂(以下简称美影厂)的委托代理人曹岭、陶宏到庭参加诉讼，证人严定宪和蒋友毅出庭作证。本案现已审理终结。

原审法院经审理查明:

一、两原告在被告处的履历情况

1953年，胡进庆进入美影厂工作，历任动画设计、动作设计、造型设计、导演、艺术委员会副主任等职。1964年8月，吴云初进入美影厂工作，历任动作设计、造型设计、作监、导演等职。二人分别于1988年3月和1996年10月被评为一级导演和一级美术设计师。

二、涉案影片的创作背景

1985年11月9日，美影厂向文化部电影局上报1986年题材计划，在暂定节目项下共有各类影片四十本，其中包含剪纸片《七兄弟》(民间故事)八本。1987年1月12日，上海电影总公司向上海市人民政府报告《上海电影总公司一九八六年工作概况》中称，“今年美术片生产的主要突破是，根据广大观众特别是少年儿童的要求，在系列片创作方面作了尝试，包括剪纸片《葫芦兄弟》在内的五个系列影片，试映后获得不同程度的好评，也满足了社会对于国产系列美术片的要求。”

证人沈如东(时任涉案影片的动作设计)、龚金福(时任涉案影片的动作设计和绘景)、沈寿林(时任涉案影片的动作设计)证实:1986年前后，导演等创作人员均需完成美影厂创作办公室每年下达的任务指标，导演每年需完成一部长片(约20分钟)或两部

短片（约10分钟），主要由美影厂指派任务，其他创作人员跟随导演完成相应工作量，创作成果均归属于单位。

三、“葫芦娃”造型设计及影片的创作

1984年，美影厂的文学组编剧杨玉良根据民间故事《七兄弟》创作了《七兄弟》文学剧本大纲。1985年年底，美影厂成立《七兄弟》影片摄制组，指派胡进庆、周克勤、葛桂云担任导演，胡进庆、吴云初担任造型设计，二人绘制了“葫芦娃”角色造型稿。葫芦七兄弟的造型一致，其共同特征是：四方的脸型、粗短的眉毛、明亮的大眼、敦实的身体、头顶葫芦冠、颈戴葫芦叶项圈、身穿坎肩短裤、腰围葫芦叶围裙，葫芦七兄弟的服饰颜色分别为赤、橙、黄、绿、青、蓝、紫。胡进庆先后绘制《葫芦兄弟》十三集分镜头台本。为加快影片拍摄进度，1986年1月至12月，美影厂成立单、双集摄制组。经比对，分镜头台本中的“葫芦娃”角色造型与影片中的“葫芦娃”外形基本一致，前者为黑白、笔法简略、前后呈现细节上的诸多不一致；后者为彩色、画工精致、前后一致。1988年，胡进庆先后绘制《葫芦小金刚》六集分镜头台本，“金刚葫芦娃”的造型与“葫芦娃”基本一致，仅改为身穿白衣、颈项佩戴金光闪闪的葫芦挂件，以示“金刚葫芦娃”由葫芦七兄弟合体而成。

四、涉案影片的署名

中华人民共和国广播电影电视部电影事业管理局（以下简称广电部电影局）编印的影片目录显示，《葫芦兄弟》、《葫芦小金刚》每集的美术设计基本上均署名为吴云初、进庆、常保生。《葫芦兄弟》每集完成台本和1996年美影厂出品的葫芦兄弟系列VCD光盘的每集片尾工作人员名单显示，单集创作人员包括编剧：姚忠礼、杨玉良、墨犊，导演：胡进庆、葛桂云，造型设计：吴云初、进庆，等等；双集创作人员包括导演：胡进庆、周克勤，造型设计：吴云初、进庆，等等。《葫芦小金刚》每集完成台本的片尾工作人员名单显示，编剧：姚忠礼、墨犊，造型设计：吴云初、进庆，总导演：胡进庆，等等。

五、涉案影片的发行和播映

1987年3月和1988年3月，广电部电影局分别编印的1986年、1987年影片目录显示：1986年完成《葫芦兄弟》第一集至第九集，1987年完成《葫芦兄弟》第十集至第十三集。1990年3月、1991年3月和1992年3月，广电部电影局分别编印的1989年、1990年、1991年影片目录显示：1989年完成《葫芦小金刚》第一集至第三集，1990年完成《葫芦小金刚》第四集至第五集，1991年完成《葫芦小金刚》第六集。涉案影片上映时先是以剪纸动画片的形式在电视台播出，后在电影院公映。1996年，美影厂将涉案两部影片制作成六盒VCD进行出版发行，该出版物的封套显示：上海美术电影制片厂出品，上海电影音像出版社出版发行。2008年，美影厂将《葫芦兄弟》十三集合成制作成一部电影进行公开放映。涉案影片的投资拍摄、拷贝洗印、出版发行，在电视台和电影院播映、音像市场发行等费用均由美影厂出资。

六、涉案影片的奖励分配

1988年1月15日，美影厂创作办公室向广电部电影局推荐包括剪纸片《葫芦兄弟》（第三、四集）在内的共四部影片评选1986年优秀影片。1988年5月20日，美影厂向广电部电影局上报参加1986年、1987年优秀影片颁奖大会名单，其中包括《葫芦兄弟》影片的代表：导演胡进庆和动作设计沈如东。1988年8月19日，美影厂向《葫芦兄弟》影片的创作人员发放1986年优秀影片奖的奖金7 000元。此外，《葫芦兄弟》还获得1987年儿童电影“童牛奖”。

原审法院认为，本案的争议焦点在于：1. “葫芦娃”角色造型是否构成作品及由谁创作；2. “葫芦娃”角色造型美术作品的性质；3. “葫芦娃”角色造型能否作为可以单独使用的作品并由作者单独行使其著作权；4. “葫芦娃”形象与“葫芦娃”角色造型美术作品的关系。

关于争议焦点1，原审法院认为，“葫芦娃”造型设计的作者首次以线条勾勒出“葫芦娃”的基本形象，塑造出炯炯有神、孔武有力、天真可爱的“葫芦娃”角色造型，并以七色区分七兄弟，体现了作者的匠心独运与绘画技巧，其通过手工绘制而形成的视觉图像，结合线条、轮廓、服饰以及颜色的运用形成特定化、固定化的“葫芦娃”角色造型，已不再停留于抽象的概念或者思想，具有艺术性、独创性和可复制性，符合我国著作权法规定的作品的构成要件，应当受到我国著作权法的保护。至于“金刚葫芦娃”，因其与“葫芦娃”的基本造型并无二致，仅在衣服的颜色和颈部佩饰方面稍做改动，故不构成新的作品，可归结为一个“葫芦娃”角色造型。故应认定“葫芦娃”角色造型构成美术作品。

对于“葫芦娃”角色造型由谁创作的问题，胡进庆和吴云初提供的证据尚不足以证明其独立创作了“葫芦娃”角色造型美术作品。但是，涉案影片的影片目录、每集的完成台本和1996年美影厂出品的葫芦兄弟系列VCD光盘的每集片尾工作人员名单均显示，造型设计：吴云初、进庆，对该署名自影片创作完成至今双方均无异议，美影厂亦承认胡进庆、吴云初对系争造型所作的贡献。根据我国著作权法的规定，如无相反证明，在作品上署名的公民、法人或者其他组织为作者，据此可认定，胡进庆和吴云初共同创作了“葫芦娃”角色造型美术作品。

关于争议焦点2，原审法院认为，第一，从当时的社会背景来看，在涉案影片创作时，我国正处于计划经济时期，美影厂作为全民所有制单位，影片的创作需严格遵循行政审批程序，影片的发行放映需严格遵循国家的计划安排，如根据上级单位下达的年度指标任务上报年度创作题材规划，根据年初规划组织安排人员落实，创作成果归属于单位，单位并将创作成果交由相关单位统一出版发行，年底向上级单位、政府部门等汇报各项指标任务的完成情况等。在作品创作的当时，胡进庆和吴云初作为美影厂的造型设计人员完成厂方交付的工作任务正是其职责所在，其创作的成果归属于单位是毋庸置疑的行业惯例，也是整个社会的一种约定俗成。第二，从法律法规的规定来看，当时著作权法尚未颁布，《中华人民共和国民法通则》第九十四条仅原则性地规定，公民、法人享有著作权（版权），依法有署名、发表、出版、获得报酬等权利。对于电影作品著作权的归属及电影作品中哪些作品可以单独使用并由作者单独行使著作权均未作出规定。现已失效的《图书、期刊版权保护试行条例》可供参照，其中仅规定，用机关、团体和企业事业单位的名义或其他集体名义发表的作品，版权归单位或集体所有。我们更无法要求本案当事人在系争造型创作时，能够预先按照1991年6月1日起施行的著作权法的规定，就职务作品著作权的归属以合同的形式进行明确约定。因此，认定胡进庆和吴云初对其创作的作品于创作的当时享有著作财产权缺乏法律依据。第三，从单位的规章制度来看，根据美影厂的规定，在涉案影片创作的当时，导演等均需完成厂创作办公室每年下达的任务指标，其他创作人员跟随导演完成相应工作量。美影厂就涉案影片成立了摄制组，并指派胡进庆担任导演，胡进庆、吴云初任造型设计，此系完成美影厂交付的工作任务。可见，完成法人交付的工作指标任务，取得工资、奖金及相关的医疗、分房等福利待遇，创作成果则归属于法人，符合当时社会人们的普遍认知，也是社会公众普遍认同的行为准则。第四，从取得的奖励来看，根据有关规定，美影厂自 1986 年 1 月 1 日起对创作人员实行酬金制，并对分给导演的奖金适当提高数额，由此说明在当时的历史条件下国家对影片主创人员创造性劳动的鼓励、尊重及对其价值的认可。胡进庆、吴云初就系争造型的作品创作已取得远高于工资性奖金的酬金和奖励，自涉案影片最初播映的 1986 年起至 2010 年二人起诉之日前的 24 年间，也没有证据表明二人曾就酬金和著作权归属向美影厂提出过异议。综上，根据系争造型创作当时的时代背景、历史条件和双方当事人的上述行为，可以认定“葫芦娃”角色造型美术作品的著作权由美影厂享有，胡进庆、吴云初仅享有表明其作者身份的权利。

另一方面，虽然胡进庆、吴云初系单位职工，造型设计属于其职责范围，系争造型是在单位主持下，为了完成单位的工作任务而进行的创作，责任亦由单位承担，但是，不能将法人意志简单地等同于单位指派工作任务、就创作提出原则性要求或提出修改完善意见等。系争美术作品的创作无须高度借助单位的物质技术条件，创作的过程也并不反映单位的意志，而是体现了作者独特的思想、感情、意志和人格。虽然，摄制组其他成员和美影厂的部门负责人曾提出过修改意见，但这并不影响对“葫芦娃”角色造型作出实质性贡献的仍然是作者个人。而且，从片尾的署名来看，造型设计也已署名两原告个人，因此，“葫芦娃”角色造型美术作品并不是代表法人的意志创作，不应认定为法人作品。

关于争议焦点 3，原审法院认为，我国著作权法第十五条第二款“电影作品和以类似摄制电影的方法创作的作品中的剧本、音乐等可以单独使用的作品的作者有权单独行使其著作权”的适用前提之一是著作财产权归属于作者，本案中，系争造型美术作品的著作权应属美影厂所有，胡进庆和吴云初仅享有表明其作者身份的权利，故二人也就丧失了单独行使著作权的前提，不得援引该条款获得法律的保护。

关于争议焦点 4，原审法院认为，“葫芦娃”形象之所以能够成为家喻户晓、深受观众朋友喜爱的动画形象，其知名度的形成有赖于：一是美影厂于 1986 年作出的投资拍摄《葫芦兄弟》系列剪纸动画电影的决定；二是美影厂在 1986 年至 1991 年期间连续不断地推出《葫芦兄弟》、《葫芦小金刚》共十九集系列剪纸动画电影；三是二十多年来美影厂通过电视台播映、电影院放映、发行 VCD 等载体形式，公开、广泛、持续、全面地传播涉案影片及所涉的“葫芦娃”形象，使之成为具有机智、勇敢、正义、协作等精神品质的可爱中国男童的代表，在广大的少年儿童乃至成人社会中产生良好的公众效应，在社会公众中享有较高的知名度，胡进庆、吴云初对于美影厂的上述投资、出版发行等行为均未表示异议。因此，从民法的公平原则角度出发，对于“葫芦娃”形象的整体性和知名度所作的贡献均应归功于美影厂，故对胡进庆、吴云初关于影片中“葫芦娃”形象的著作权归其所有的主张，不予支持。

综上，原审法院根据《中华人民共和国著作权法》第三条第（四）项，第十一条第一款、第二款、第四款，第十五条，第十六条第二款第（二）项，第六十条，第六十一条；《中华人民共和国著作权法实施条例》第四条第（八）项、第（十一）项，第十一条第一款；《中华人民共和国民法通则》第四条的规定，判决：对原告胡进庆、吴云初要求确认《葫芦兄弟》及其续集《葫芦小金刚》系列剪纸动画电影中“葫芦娃”（葫芦兄弟和金刚葫芦娃）角色形象造型原创美术作品的著作权归原告胡进庆、吴云初所有的诉讼请求，不予支持。

判决后，胡进庆、吴云初不服，向本院提起上诉，请求撤销原判，改判确认《葫芦兄弟》及其续集《葫芦小金刚》系列剪纸动画电影中“葫芦娃”（葫芦兄弟和金刚葫芦娃）角色形象造型原创美术作品的著作权归上诉人胡进庆、吴云初所有。其主要上诉理由为：1. 上诉人提供的前三集分镜头台本中的“葫芦娃”形象是葫芦兄弟和金刚葫芦娃角色形象的原创美术作品，是由上诉人于1984年创作完成的，原审法院对此事实认定有误；2. 上诉人对“葫芦娃”职务作品应享有完整的著作权，而非仅有署名权，原审法院适用《中华人民共和国著作权法》第十六条第二款，属适用法律错误。

被上诉人美影厂辩称，不同意上诉人的上诉请求，分镜头台本不能证明上诉人享有“葫芦娃”造型著作权，该分镜头台本形成于造型确定之后。被上诉人坚持其在原审中所持观点，即《葫芦兄弟》影片和“葫芦娃”形象是在美影厂的集体领导下创作完成的，属于法人作品。

二审中，上诉人提交了《动画大王》杂志1986年第6期、1987年第2期、1987年第3期，以证明《葫芦兄弟》连环画在动画片公映之前已在被上诉人合办的杂志上连载，且署名为上诉人，故被上诉人是鼓励和认可“葫芦娃”造型的著作权归上诉人所有，上诉人也实际享有了“葫芦娃”造型美术作品带来的经济利益。被上诉人认可《葫芦兄弟》连环画在电影上映前已出版的事实，但认为该事实并不能证明上诉人享有“葫芦娃”造型的著作权。

根据上诉人的申请，本院在二审中通知证人严定宪（时任美影厂厂长）、蒋友毅（时任美影厂创作办公室主任）出庭作证。根据证人证言及相关证据，本院查明，上世纪八十年代中期起，美影厂倡导创作系列动画电影。1984年，杨玉良创作《七兄弟》文学剧本梗概，该素材被厂方认可。其后，胡进庆独立创作了《葫芦兄弟》的若干台本及造型初稿，后经吴云初补充修改“葫芦娃”造型，报美影厂创作办公室审核，通过后再报厂长审批。1985年11月，《葫芦兄弟》（最初名为《七兄弟》）正式立项，成立摄制组，开始进行拍摄。其时，美影厂并无关于作品权利归属的规定，厂方与作者均缺乏著作权的概念，谈论权利的问题，是“很不光彩的事情”。《葫芦兄弟》动画片在拍摄时，蒋友毅曾明确要求创作人员不得在影片拍摄期间将连环画对外投稿，但制片完成之后是否投稿，则厂方不干涉。

本院经审理查明，原审法院查明的其他事实属实，本院予以确认。

本院认为，从动画电影的创作过程看，动画电影中的角色形象应有在先的静态造型，该造型如构成美术作品，应受到著作权法的保护。本案中，双方当事人均确认，系争造型即“葫芦娃”角色形象最初由胡进庆创作，经吴云初修改。被上诉人虽称该造型综合了集体的意见，代表了被上诉人的意志而最终形成，但根据现有证据，在《葫芦兄弟》动画片正式立项以前，胡进庆已独立创作了“葫芦娃”造型初稿，经吴云初补充修改，再报美影厂相关部门审核。最终形成的“葫芦娃”造型虽经美影厂其他创作人员的若干修改而成，但与原作相比并无实质性差别，不构成新的作品。故难以证明“葫芦娃”造型是由被上诉人主持，代表其意志而创作的。此外，虽然当时已有《七兄弟》的文学剧本梗概，但该剧本的内容与后来形成的《葫芦兄弟》有较大差异，且当时尚无角色形象造型，故也不能据此认为“葫芦娃”造型是基于《七兄弟》而产生的。综上，本院确认系争“葫芦娃”造型美术作品不属于著作权法第十一条第三款规定的情形，即不属于“法人作品”。

另一方面，上诉人提交了《葫芦兄弟》前三集的分镜头台本，作为“葫芦娃”造型美术作品原件的证据。该分镜头台本因形式要件欠缺，未被原审法院采信，对此本院不表异议。但证明作品的著作权归属并不必然与作品的载体相联系。换言之，即使上诉人未能提交其主张的造型作品的原件，也不意味着就应否认其权利。本案中，根据《葫芦兄弟》动画片的署名、证人证言，以及双方对创作过程的陈述等，足以确认上诉人创作了系争“葫芦娃”角色造型美术作品，且是为完成单位的工作任务所创作的。因此，系争作品属于著作权法第十六条规定的职务作品。本案的关键就在于该职务作品的著作权归属问题。

本案系争造型美术作品创作于著作权法施行之前，当时的法律法规和政策对职务作品著作权的归属并无规定，因涉案作品尚在著作权保护期内，故本案应适用著作权法的现行规定予以处理。著作权法第十六条区分了职务作品著作权归属的不同情况，本院认为，系争作品属于该条第二款第（二）项规定的“特殊职务作品”，即“法律、行政法规规定或者合同约定著作权由法人或者其他组织享有的职务作品”，理由如下：

首先，本案中，双方当事人的确没有就系争作品的著作权归属签订书面合同，但这是特定历史条件下的行为。正如原审判决所言，难以要求本案当事人在作品创作当时，就预先按照著作权法的规定，对职务作品著作权的归属作出明确约定。同时，因为当时的法律法规对此问题也无规范，故应深入探究当事人行为时所采取的具体形式，及其真实意思表示，在此基础上才能正确判断系争职务作品著作权的归属。

其次，就当时的法律环境来看，我国尚未建立著作权法律制度，社会公众也缺乏著作权保护的法律意识，双方当事人对此也予认可。因此，才有证人所述的，谈论权利问题是“很不光彩的事情”的情况发生。这说明，针对动画电影的整个创作而言，完成工作任务所创作的成果归属于单位，是符合当时人们的普遍认知的。另外，在《葫芦兄弟》动画片拍摄过程中，时任美影厂创作办公室主任的蒋友毅曾明确要求创作人员不得对外投稿，而作为创作人员的本案上诉人并未对此提出异议。现有证据也不能证明上诉人是在《葫芦兄弟》动画片拍摄期间即向《动画大王》投稿的。也就是说，上诉人以实际行为遵守了被上诉人的规定。这一事实表明，双方当事人均认可被上诉人可对包括上诉人在内的创作人员提出上述要求，即被上诉人有权对动画电影的角色形象造型进行支配。因此，从诚信的角度出发，上诉人不得在事后作出相反的意思表示，主张系争角色造型美术作品的著作权。

再次，从被上诉人的行为来看，被上诉人在动画电影拍摄完成后，对上诉人将《葫芦兄弟》连环画对外投稿并出版的行为未加干涉，并不表明其放弃了权利，而只是放弃行使权利，即放弃利用作品所带来的经济利益。因为在此过程中，被上诉人的著作权并未受到质疑，也未产生如本案这样的权属纠纷，故其行为不能看作是对权属问题的表态。同理，被上诉人其后在相关侵权诉讼中未以原告的身份主张权利，也仅能作如上理解，而非如上诉人所言是不具备权利人的资格。

最后，本案中，系争“葫芦娃”角色造型美术作品确由胡进庆、吴云初创作，体现的是二人的个人意志，故对上诉人作为作者的人格应予尊重。具体而言，对于系争作品这样的“特殊职务作品”，应根据著作权法第十六条第二款的规定，由上诉人享有署名权，著作权的其他权利由被上诉人享有。

综上，本案系争的“葫芦娃”角色造型美术作品属于特定历史条件下，上诉人创作的职务作品，由被上诉人享有除署名权以外的其他著作权。因此，原审法院认定事实清楚，适用法律正确，上诉人胡进庆、吴云初的上诉请求不能成立。依照《中华人民共和国民事诉讼法》第一百五十三条第一款第（一）项、第一百五十八条之规定，判决如下：

驳回上诉，维持原判。

本案二审案件受理费人民币800元，由上诉人胡进庆、吴云初负担。

本判决为终审判决。

审 判 长 芮文彪
审 判 员 李国泉
审 判 员 袁秀挺
二〇一二年三月三十日
书 记 员 袁 博
书 记 员 李晶晶

（本判决书于2013年第4期《最高人民法院公报》刊登、入选2012年度中国法院知识产权司法保护10大案件、2012年度上海法院知识产权司法保护十大案件）

9. 上海玄霆娱乐信息科技有限公司诉王钟、北京幻想纵横网络技术有限公司著作权合同纠纷案

——上海市第一中级人民法院民事判决书

(2011) 沪一中民五 (知) 终字第136号

上诉人：王钟（原审被告、反诉原告）男，汉族，1984年9月13日生，住湖南省常德市武陵区城西泽云佳园6栋1203室。

委托代理人：商建刚，北京市大成律师事务所上海分所律师。

上诉人（原审第三人）：北京幻想纵横网络技术有限公司，住所地北京市海淀区上地东路1号院1号楼E701。

法定代表人：竺琦，该公司总经理。

委托代理人：杨军，上海市华诚律师事务所律师。

委托代理人：刘一舟，上海市华诚律师事务所律师。

被上诉人（原审原告、反诉被告）：上海玄霆娱乐信息科技有限公司，住所地上海市浦东新区张江镇中心路739号106-D室。

法定代表人：吴文辉，该公司总经理。

委托代理人：林华，男，汉族，1975年1月21日出生，系上海玄霆娱乐信息科技有限公司员工。

委托代理人：傅钢，上海市协力律师事务所律师。

上诉人王钟、北京幻想纵横网络技术有限公司（以下简称幻想公司）因著作权合同纠纷一案，不服上海市浦东新区人民法院（2010）浦民三（知）初字第424号民事判决，向本院提起上诉。本院于2011年6月7日受理后，依法组成合议庭，分别于2011年8月16日、2012年3月12日和3月22日公开开庭审理了本案。上诉人王钟的委托代理人商建刚、幻想公司的委托代理人刘一舟，被上诉人上海玄霆娱乐信息科技有限公司（以下简称玄霆公司）的委托代理人傅钢均参加了三次庭审，玄霆公司委托代理人林华参加了第一次、第三次庭审。本案现已审理终结。

原审法院经审理查明：

玄霆公司是国内原创文学门户网站“起点中文网”的运营商。2006年起，王钟以“梦入神机”的笔名先后在玄霆公司网站上发表了《佛本是道》、《黑山老妖》等多部作品，并与玄霆公司签订多份协议，将相关作品的信息网络传播权等著作权独家授权或转让给玄霆公司。在此期间，玄霆公司向王钟陆续支付了共计人民币200余万元的稿酬。

2010年1月18日，玄霆公司（甲方）与王钟（乙方）签订《白金作者作品协议》一份。该协议3.2.1条约定乙方同意并确认将自本协议生效之日起四年内所创作的所有作品（即本协议所称“协议作品”，且包含协议作品各种语言版本；并且无论协议作品是否创作完稿即包含所有创作完稿和未创作完稿的协议作品）在全球范围内的信息网络传播

权及协议作品电子形式的汇编权、改编权、复制权、发行权等全部永久转让于甲方。乙方确认并同意，上述所指转让包括了排除乙方本人于本协议签订后自行行使或转让、授权上述权利于第三方。协议4.2.4条约定乙方保证并承诺在全球范围内未曾自行或授权许可任何第三方可对该作品（含协议作品）进行任何电子形式的发表、使用或开发。否则乙方或乙方创作的协议作品存在以上某种情况之一的，即为乙方违约，乙方同意退还甲方所有由甲方支付于其的相关费用，甲方有权中止或解除、终止本协议，并由乙方承担由此造成的所有的法律责任，造成甲方损失的，由乙方承担甲方所有的赔偿责任。协议第7.2.2条还约定，乙方违反本协议第3.2.5、3.2.6、3.2.8、4.2.4、4.2.5条之约定的，须向甲方支付壹万元人民币并加上乙方已从甲方处获得的相关费用总额的十倍金额的违约金，如该等违约金不足以弥补甲方损失的，乙方应承担该等违约金之外甲方所有损失的赔偿责任，且甲方有权立即中止或解除、终止本协议等。

同日，玄霆公司（甲方）与王钟（乙方）还签订了《委托创作协议》一份。该协议第3.2.1条约定乙方作为专属作者，双方均同意乙方受甲方委托创作的协议作品（即甲方委托乙方所创作的作品，作品形式包括但不限于《中华人民共和国著作权法》第三条所列的所有作品种类）的著作权以及相关的一切衍生权利完全排他性地归属于甲方（协议所列排他性的范围均包括排除乙方自己，且无论乙方是否将协议作品创作完稿或将协议作品全部交付于甲方，甲方对乙方已完成并交稿于甲方的协议作品内容或甲方自行组织创作的作品均排他性地享有完整的著作权），甲方享有的著作权的内容包括但不限于《中华人民共和国著作权法》第十条所列的各种著作权人身权和财产权。该协议1.1.7条明确“专属作者”是指在协议期间内未经甲方书面许可，乙方不得以真实姓名、笔名或其他姓名、名称等任何名义，将乙方在协议期间内创作的包括协议作品在内的各类作品交于或许可第三方发表、使用或开发，或者为第三方创作各类作品，作品的形式包括但不限于《中华人民共和国著作权法》第三条所列的所有作品种类。乙方在本协议内为专属作者。协议第1.1.4条明确“协议期间”是指本协议签署之日起至乙方将协议作品创作完稿并将协议作品全部交付于甲方止。若乙方因各种原因未完成作品创作完稿或者甲方认为乙方完成的作品未符合作品大纲的要求或未达到甲方的委托创作目的，协议期间至甲方认可的协议作品创作完稿日止。本协议所指的协议期间并不表示在此之后本协议对甲、乙双方已失去约束力及法律效力，只是语意上的时间节点的概念，是表示协议履行相应期间的一种定义。协议第3.2.2条约定，乙方作为专属作者，甲方支付乙方报酬，在协议期间内乙方承诺只为甲方创作作品，或只创作协议作品，故乙方承诺在协议期间内创作的作品的著作权以及相关的一切衍生权利完全排他性地归属于甲方（包括乙方于协议期间内受甲方委托创作的作品、协议作品，以及乙方于协议期间内受甲方书面许可或擅自而未经甲方许可为第三方创作的任何作品），上述所指作品的著作权包括但不限于《中华人民共和国著作权法》第十条所列的各种著作权人身权和财产权。否则乙方同意退还甲方所有由甲方支付于其的相关费用并承担相应的违约责任。协议4.1.6条约定，甲方对协议期间以外乙方创作的除协议作品外的其他作品的著作权，在涉及对该等作品进行使用、转让、授权许可使用时，同等条件下，甲方优先于任何第三方获得上述转让权和许可使用权，乙方应为甲方该优先购买权的行使提供必要的便利；除甲方收到乙方要求甲方行使优先购买权的书面通知30日内未行使优先购买权，乙方不得将上述其他作品转让或许可第三方行使相关著作权权利，否则即为乙方违约。协议第4.2.1条约定，乙方最迟将于2011年1月25日开始向甲方交稿，并承诺每月25日前向甲方交稿，每月交稿量不少于十万字。协议第5.1.1条约定，乙方报酬根据乙方创作的协议作品字数进行结算，甲方支付乙方报酬的费用标准为税前330元/千字。协议第5.2.1约定，甲方将于本协议签字生效之日起三十个工作日内，向乙方支付预付款人民币10万元整（预付款可充抵稿费）。协议第7.2.1条约定，乙方违反本协议第4.2条之约定的，须向甲方支付肆拾万元人民币并加上已产生的乙方报酬金额的违约金，如该等违约金不足以弥补甲方损失的，乙方应承担该等违约金之外甲方所有损失的赔偿责任，且甲方有权立即中止或终止、解除本协议。协议第7.2.2条约定，乙方违反本协议第3.2条、第4.1.6条、第7.2.3条之约定，或乙方违反本协议之约定擅自转让、行使（含擅自转让或授权许可第三方行使）本协议中约定应归于甲方的权利（含甲方根据协议所享有的优先权等），须按照其未经甲方书面同意确认即擅自转让、行使所涉及作品（包括协议作品）的字数，除应按协议第7.2.1条承担违约金外还需以每一万字人民币壹万元向乙方支付违约金，如该等违约金不足以弥补甲方损失的，乙方应承担该等违约金之外甲方所有损失的赔偿责任，且甲方有权立即中止或终止、解除木协议。

2010年2月10日，玄霆公司依约向王钟预付了10万元创作资金。

2010年6月18日，王钟（乙方）与幻想公司（甲方）签订《劳动合同书》一份，约定王钟在幻想公司处担任游戏策划部门总监一职，合同期限5年，月薪5 000元。合同还约定，乙方按照甲方要求创作的职务作品著作权归公司所有，因创作职务作品所产生的任何第三方纠纷均由甲方负责处理。乙方的岗位职责为：乙方按公司要求进行职务作品创作；乙方创作的职务作品每月更新字数不得少于10万字，不得高于35万字；每部职务作品字数应多于200万字；乙方创作的职务作品在纵横中文网正式发布30万字后，站内成绩不得低于点击榜前10名；乙方创作的职务作品应为原创，且不侵犯其他人知识产权；除基本工资外，公司将根据乙方工作成绩给予一定的奖励，但如乙方违背或未达到上述岗位职责，公司将按比例减少奖励金额。双方同时签订了《知识产权归属及保密协议》一份。

2010年7月18日，王钟以“梦入神机”的笔名开始在纵横中文网（www.zongheng.com）上发表作品《永生》。至2011年3月3日止，该作品的发表字数为1 792 144字，且目前仍在连载中。

原审当事人诉讼请求分别为：玄霆公司起诉请求判令：1. 王钟继续履行《白金作者作品协议》及《委托创作协议》，停止在其他网站（包含且不限于纵横中文网www.zongheng.com）发布其创作作品的行为；2. 王钟承担违约金101万元；3. 确认王钟创作的《永生》著作权归玄霆公司所有。王钟反诉请求判令：1. 撤销《白金作者作品协议》；2. 解除《委托创作协议》。

原审法院认为：本案主要争议焦点在于：1.《白金作者作品协议》是否应当被撤销；2.《委托创作协议》是否应当解除；3.《永生》著作权的归属；4. 违约金的处理。

对于第一个争议焦点，原审法院认为，《白金作者作品协议》不存在显失公平，不应被撤销，理由如下：首先，我国合同法规定的显失公平的客观要件是双方当事人的权利义务严重不对等，经济利益显著不平衡。利益不均衡表现为价款与标的物价值过于悬殊，责任承担、风险承担显然不合理等，它是以利益能够依一定的价格、收费标准等加以确定为前提的，对于那些特定物、特殊的服务等，因很难计算其实际价值，一般也不适用显失公平制度。而本案中的作品实际就是著作权法所称的在文学领域内具有独创性并能以某种有形形式复制的智力创作成果，亦不适用显失公平制度。其次，我国合同法规定，当事人采用书面形式订立合同的，自双方当事人签字或盖章时合同成立。依法成立的合同，自成立时生效。涉案协议是玄霆公司和王钟两个平等主体之间自愿签订的合同，是双方真实意思表示。从其内容来看，合同条款对于双方权利义务均作了明确约定，王钟通过创作作品取得报酬，并借助玄霆公司的网络平台提升知名度、吸引读者，而玄霆公司则通过行使转让或授权得到的著作权获取相应的经济利益。协议对于双方来讲是互惠互利的，亦符合合同法的平等自愿互利的原则，因此，《白金作者作品协议》不存在显失公平的情形，不符合合同法规定的撤销条件。依法成立的合同，受法律保护，对当事人具有法律约束力，当事人应当按照约定履行自己的义务。同时该协议尚在履行期间内，故原审法院支持玄霆公司诉请，确认其与王钟双方应当继续履行本案讼争的《白金作者作品协议》。

对于第二个争议焦点，原审法院认为，《委托创作协议》合法有效，应当继续履行。理由如下：王钟提出解除的依据是合同法第四百一十条的规定即“委托人或者受托人可以随时解除委托合同”，但本案系著作权合同纠纷，文学作品的委托创作协议不同于合同法中委托合同，合同法中的委托合同是指委托人和受托人约定，由受托人处理委托人事务的合同，其合同目的是为他人处理事务，委托合同订立后，受托人在委托的权限内所实施的行为，等同于委托人自己的行为。而委托创作协议的文学作品必须依赖于作者的创造性智力劳动，即使委托人有思想、观点的要求，也只是受托人创作的限定范围，并不能取代受托人的智力创造。因此两者在性质、内容及法律适用上显然是不同的，本案并不适用合同法第四百一十条的规定。此外，本案讼争的委托创作协议中虽然对于协议作品未确定名称，但由于文学作品创作的特殊性及其必须依附于作者智力创作的特点，作品名称在协议签订时未予确定，亦符合常理。且协议并未限定作品的创意、思想等，亦明确了王钟最迟开始交稿的时间为签约之日起一年后，并由玄霆公司向王钟先预付了 10 万元的创作款，可见玄霆公司已给予王钟足够的时间进行大纲甚至作品的构思与创作。故该协议不符合法定解除的条件，且玄霆公司亦不同意解除，而协议尚在履行期内，故原审法院采信玄霆公司的观点，本案讼争的《委托创作协议》应当继续履行。

鉴于玄霆公司、王钟需继续履行《白金作者作品协议》和《委托创作协议》，而协议中明确王钟作为专属作者，在协议期间只为玄霆公司创作作品，此为王钟履行讼争协议所必须遵守的义务之一，现玄霆公司在审理中亦明确除了玄霆公司网站以外，王钟仅在纵横中文网上发表了《永生》这一部作品，且一直处于连载中，故对于王钟的这一侵权行为应予以判决停止。

对于第三个争议焦点，原审法院认为，《永生》著作权属于玄霆公司。理由如下：本案中王钟和幻想公司均称《永生》是王钟作为幻想公司员工而创作的职务作品，并提供了劳动关系存在的相应证据，但王钟与幻想公司之间劳动关系是否存在，并不是判断《永生》是否属于职务作品的唯一依据。《永生》是否属于职务作品还是应当从作品的创作过程、体现形式等作品本身特点来加以判断。现从王钟、幻想公司对于《永生》创作过程的陈述来看，该作品的主创人还是王钟，其他人员只是一般的辅助人员。王钟主要是在老家进行创作，大纲也是由王钟完成，发表亦是以王钟笔名发表。幻想公司所说王钟系进行游戏脚本的创作，但实际呈现在网站上的还是小说。作为普通读者而言，看到的还是王钟创作的网络小说。故《永生》应当属于王钟的作品，而从其创作时间来看，是在玄霆公司、王钟约定的创作时间内，所以《永生》的著作权属于玄霆公司。

对于第四个争议焦点，原审法院认为，王钟已构成违约，应当承担支付违约金责任。理由如下：根据《白金作者作品协议》第3.2.1条、《委托创作协议》第3.2.2条的规定，王钟未经玄霆公司许可不得在协议期间擅自为第三方创作作品。而本案中，王钟置其与玄霆公司签订的两份协议于不顾，在幻想公司网站上公开发表其创作的文学作品，无论是从法理上，还是情理上，王钟违约的故意明显，应当承担相应的违约责任。而违约金作为合同的一部分，兼有补偿性质和惩罚性质，但主要以补偿性为主，且不应超过玄霆公司实际损失。虽然双方在协议中约定了违约金的计算依据及方法，但本案中玄霆公司对其实际损失并未举证，从实际来看，王钟在幻想公司网站发布小说，对于玄霆公司来讲损失的是点击率，而点击率转化成经济损失并无相关标准。再者，双方还要继续履行合同，故违约金可适当予以调低。

综上，原审法院依照《中华人民共和国合同法》第八条、第四十四条、第六十条、第一百零七条、第一百一十四条，《中华人民共和国著作权法》第十条、第十一条、第二十五条第一款和《最高人民法院关于民事诉讼证据的若干规定》第二条之规定，判决：一、玄霆公司与王钟继续履行双方于2010年1月18日签订的《白金作者作品协议》；二、玄霆公司与王钟继续履行双方于2010年1月18日签订的《委托创作协议》；三、王钟停止在纵横中文网上继续发表《永生》的行为；四、王钟应于判决生效后十日内支付玄霆公司违约金人民币20万元；五、王钟创作的《永生》著作权（除法律规定不可转让的权利以外）归玄霆公司所有；六、驳回玄霆公司的其余诉讼请求；七、驳回王钟的全部诉讼请求。

判决后，上诉人王钟不服，向本院提起上诉，请求二审法院撤销一审判决第一至七项，改判驳回被上诉人的全部诉讼请求，支持上诉人的反诉请求。其主要上诉理由是：1.《永生》著作权属于幻想公司。王钟与幻想公司签订了劳动合同，在工作期间按幻想公司要求与幻想公司其他工作人员共同创作《永生》，该作品是王钟履行幻想公司的工作任务，是职务作品。王钟与幻想公司间的劳动合同约定王钟在工作期间为完成工作任务的作品著作权归幻想公司。2.《委托创作协议》未约定作品名称、内容，故被上诉人无权单方确定协议作品，更无权就《永生》主张权利并要求停止发表。《委托创作协议》是王钟与被上诉人之间以信任为基础建立的委托创作网络文学作品的委托合同关系，其中智力创作活动本身具有极强的人身专属性。现双方间的信任基础已丧失，而且在王钟明确表示无意继续履行委托创作协议的情况下，该协议已不具备继续履行的可能性，合同义务性质不适于强制履行，如要求王钟继续履行协议将使王钟陷入精神恐惧和收入没有任何保障的境地。3.《白金作者作品协议》是被上诉人利用自身在行业内的优势地位以及王钟没有经验而签订的合同，其内容违反了公平和等价有偿原则，尤其是在排除限制上诉人主要权利的同时并未给予任何对价。如协议约定王钟不可为第三方创作作品，对于该限制被上诉人未支付任何对价。同时协议对于作品的验收和收费章节设定或者解除的选择权完全归被上诉人，王钟对此没有任何权利。因此该份协议在不能提供收入保障、不能支付限制条款的对价情况下，限制了王钟自由发表作品权利显失公平，应予撤销。4. 原审法院判决王钟承担20万元违约金没有任何事实和法律依据。被上诉人未基于《白金作者作品协议》支付任何费用，且其亦未举证证明其遭受了实际损失。5.《白金作者作品协议》第3.2.1条约定，王钟同意并确认将自协议生效之日起四年内所创作的所有作品在全球范围内的信息网络传播权及上述作品电子形式的汇编权、改编权、复制权、发行权等全部永久转让于被上诉人。《委托创作协议》第1.1.4条约定，协议期间指协议签署之日起至王钟将协议作品创作完稿并将协议作品全部交付于被上诉人止。可见，《委托创作协议》已变更了《白金作者作品协议》约定的委托创作期限。因此，原审法院以《白金作者作品协议》约定的上述内容认定事实有误。6. 原审法院判决《白金作者作品协议》、《委托创作协议》继续履行适用法律错误，且违背我国合同法第一百一十条的规定，实属对上诉人王钟的人身强制。7.《永生》是王钟为完成幻想公司工作任务而创作的作品，创作过程中使用了幻想公司提供的创作素材，其员工也参与了具有重要作者作用的创作工作。原审法院认定《永生》的主创是王钟错误。

上诉人幻想公司上诉请求撤销原审判决第三、五项，其主要上诉理由是：1.《永生》作品是王钟在幻想公司工作期间为完成工作任务，与幻想公司其他工作人员共同创作的职务作品，王钟创作《永生》是履行其与幻想公司间劳动合同的行为，而非履行其与被上诉人间《委托创作协议》的行为；王钟与幻想公司在劳动合同中约定职务作品著作权归幻想公司所有，故《永生》著作权属于幻想公司。原审法院认定《永生》不属于职务作品，没有任何事实和法律依据。2. 本案系王钟与被上诉人间的合同纠纷，其争议的《永生》作品幻想公司已合法取得著作权，一审法院依被上诉人请求而直接追加幻想公司为无独立请求权的第三人参加诉讼，显属法律程序错误，即使幻想公司参与诉讼，亦应当属于有独立请求权的第三人。在幻想公司作为无独立请求权的第三人参与的一审诉讼中，虽然幻想公司亦明确提出对《永生》著作权的主张，但是一审法院对《永生》著作权归属作出判决亦违反了诉讼程序。3. 委托创作合同中的创作义务具有人身依赖关系，作者向委托创作人提供的是以作品形式体现的智力成果，依附于作者的智力劳动，若采取强制履行措施，则意味着对作者个人实施某种人身强制。因此，作者在委托创作合同中的合同义务属于合同法第一百一十条规定的可要求继续履行的例外情形，依法不适用继续履行。本案王钟已明确表示不再履行系争委托创作协议，其与被上诉人间的委托合同不应继续履行。一审法院判决继续履行违反法律规定。

本院经审理查明，原审认定事实属实，本院予以确认。

本院另查明：2006年3月，王钟与被上诉人签订《文学作品独家授权协议》一份约定，王钟在协议有效期内将签约作品《佛本是道》在全球范围内的信息网络传播权及汇编权独家授权予被上诉人，协议有效期为签署之日起至签约作品完成后五年止。2006年7月，王钟与被上诉人签订《白金作者文学作品独家授权协议》一份，对前述协议内容进一步约定，协议有效期为签署之日起至签约作品完成后七年止，稿酬相应增加，签约作者期限为三年。2007年4月，双方又签订补充协议约定，新签约作品为《黑山老妖》。2008年6月，双方又签订补充协议约定，新签约作品为《龙蛇演义》，同时约定该作品电子形式之外的全球范围内的著作财产权自协议签订之日起一年内全部转让于被上诉人。

2008年5月，王钟与被上诉人签订《文学作品转让协议》约定，王钟将协议作品

《黑山老妖》在签约之日起至完本后三年之内的全球范围内的各形式的著作财产权（除中国境内汉语简体、繁体版出版发行纸质图书的权利以外）全部转让给被上诉人。同期，双方就协议作品《佛本是道》签订内容雷同的《文学作品转让协议》。

2009年5月，王钟与被上诉人就协议作品《龙蛇演义》签订《委托创作协议》约定，王钟为专属作者，协议作品著作权属于被上诉人。

再查明：上诉人王钟与被上诉人玄霆公司均在庭审中确认双方先签订《白金作者作品协议》，之后签订《委托创作协议》。后者是前者的补充和具体化，部分条款有所变更。《白金作者作品协议》第3.2.6条约定，甲、乙双方同意并确认，乙方在每部协议作品之外创作的任何其他新作品（在本协议约定的期限以外乙方创作的作品），乙方对该新作品权利转让或授权许可使用时，乙方应以书面形式通知甲方，在同等条件下，甲方优先于任何第三方获得上述转让权和许可使用权，乙方应为甲方该优先权的行使提供必要的便利；除甲方收到乙方要求甲方行使上述优先权的书面通知后30日内未行使优先权，乙方不得将上述权利转让或授权于任何第三方。第3.2.8条约定，乙方承诺未经甲方书面许可，在本协议签署之后乙方不与第三方达成或签订关于协议作品权利归属、转移、授权等内容的任何电子、口头、书面等形式的协议；为保证协议作品的品质及质量，在本协议签署之后至协议作品创作完稿前，乙方承诺也不与第三方达成或签订关于其他作品权利归属、转让、授权等事宜的任何电子、口头、书面等形式的协议。否则乙方与第三方的该等协议约定的内容、权利归属等事项以及法律效力均不能对抗和超越本协议相关内容。

二审审理期间，纵横中文网的“书讯频道”项下“杂谈”栏目内出自http://www.zongheng.com的“梦入神机新书发布活动 神机营ipad2馈书友”一文中提到：2012年2月5日，创造了无数奇迹的《永生》完本。梦入神机新书将于2012年3月1日10时整在纵横中文网首发。该节事实由被上诉人提供的相关纵横中文网网页等经庭审质证，本院确认的证据证实。

本院认为：依法成立的合同，对双方均具有拘束力，守约方有权请求违约方承担继续履行、支付违约金、赔偿损失等违约责任。但债务的标的不适于强制履行的，守约方无权请求违约方继续履行。

本案中，玄霆公司与王钟于2010年1月18日先后签订了两份合同，即《白金作者作品协议》、《委托创作协议》。该两份合同在内容上既有相同部分，也有不同部分。据合同双方当事人庭审时的陈述，该两份合同虽然签署时间为同一日，但实际上《委托创作协议》在后签订，因此，可将《委托创作协议》视为《白金作者作品协议》的修改、补充和具体化。合同当事人之间的权利义务关系应当根据两份合同所规定的条款来确定，如果约定存在矛盾或不一致，则应以《委托创作协议》为准。该两份合同系双方当事人真实意思表示，内容并不违反法律的强制性规定，双方均应依约履行合同义务。合同履行过程中，王钟通过声明和行为明确表示不再履行合同义务，构成合同义务的违反，依法应当承担相应的违约责任。

玄霆公司请求判令王钟继续履行《白金作者作品协议》及《委托创作协议》，停止在其他网站（包含且不限于纵横中文网www.zongheng.com）发布其创作作品的行为，并确认王钟创作的《永生》著作权归玄霆公司所有，性质上属于请求王钟承担继续履行合同义务的违约责任。本院注意到，在委托创作协议中，双方约定王钟为玄霆公司的“专属作者”，只能创作“协议作品”，不得为他人创作作品或者将作品交于第三方发表，在协议期间以外创作的作品还应当由玄霆公司享有优先受让权，并且规定了王钟交稿时间和字数，等等。这些义务，涉及王钟的创作自由，具有人身属性，在性质上并不适于强制履行，并且如果强制王钟不得创作协议作品以外的作品，也不符合著作权法鼓励创作的立法目的。在王钟违约时，玄霆公司不得请求王钟继续履行，只能请求王钟支付违约金或者赔偿损失。但是，对于已经创作出的作品的权利归属，并不属于不能强制履行的义务，玄霆公司主张依据合同享有《永生》著作权于法有据。因此，玄霆公司请求继续履行合同将涉及对王钟创作行为的强制，本院难予支持，但其主张享有《永生》著作权的请求于法有据，本院应予支持。当然，王钟仍可以就所创作作品《永生》另行主张稿酬和报酬。同时，由于前述合同义务在性质上不适于强制履行，合同目的因王钟的违约行为不能实现，故而王钟请求解除合同本院可予支持，但王钟应当承担支付违约金等违约责任。

玄霆公司请求判令王钟支付违约金101万元，其依据在于《白金作者作品协议》第7.2.2条之约定。该约定对应的违约行为包括将作品权利转让给他人等根本违约行为，因此可以视为替代履行利益的违约赔偿，在玄霆公司同时主张继续履行的情况下，本不应予以支持。但是，在合同义务不适于继续履行的情况下，玄霆公司依据该条款主张违约金于法有据。鉴于《永生》著作权应判归玄霆公司所有，可以视为合同部分履行利益已经实现，故而本院应相应调减违约金至60万元予以支持。

对于上诉人王钟关于《白金作者作品协议》内容显失公平，应予撤销的请求，原审法院已经充分阐明了不予支持的理由，本院不再赘述。对于上诉人幻想公司认为原审法院通知其作为第三人参加诉讼并对《永生》权属作出判决违反法定程序的主张，本院认为，本案原审原、被告之间合同争议的处理与上诉人幻想公司存在法律上的利害关系，原审法院通知其参加诉讼并无不当，上诉人幻想公司在原审中亦从未对其诉讼地位提出异议；而《永生》著作权权属的判定，系根据原审原、被告之间合同约定所作出，亦属于合同争议的一个部分，原审法院作出裁判并无不当，故本院对其主张不予采纳。两上诉人还分别主张《永生》应属于上诉人王钟在上诉人幻想公司工作期间的职务作品，或者还有他人参加了该作品的创作，本院认为，根据原审原、被告所签订协议，《永生》创作完成后，财产权利即归玄霆公司所有，而《永生》是否还有他人参与创作并无充分证据加以证实，故本院对该等上诉主张亦应予以驳回。

综上所述，依照《中华人民共和国民事诉讼法》第一百五十三条第一款第（二）项，《中华人民共和国合同法》第九十四条第（四）项、第一百零七条、第一百一十条第（一）项、第一百一十四条第一款和第二款之规定，判决如下：

一、维持上海市浦东新区人民法院（2010）浦民三（知）初字第424号民事判决第五项，即王钟创作的《永生》著作权（除法律规定不可转让的权利以外）归上海玄霆娱乐信息科技有限公司所有；

二、撤销上海市浦东新区人民法院（2010）浦民三（知）初字第424号民事判决第一、二、三、四、六、七项；

三、上诉人王钟与被上诉人上海玄霆娱乐信息科技有限公司于2010年1月18日签订的《白金作者作品协议》、《委托创作协议》于本判决生效之日予以解除；

四、上诉人王钟应于本判决生效之日起十日内向被上诉人上海玄霆娱乐信息科技有限公司支付违约金人民币 60 万元；

五、驳回上诉人王钟其余上诉请求；

六、驳回上诉人北京幻想纵横网络技术有限公司的其余上诉请求；

七、驳回被上诉人上海玄霆娱乐信息科技有限公司原审其余诉讼请求。

上诉人王钟如果未按本判决指定的期间履行给付金钱义务，应当依照《中华人民共和国民事诉讼法》第二百二十九条之规定，加倍支付迟延履行期间的债务利息。

一审案件受理费人民币 13 890元，由上诉人王钟负担 9 260元，被上诉人上海玄霆娱乐信息科技有限公司负担 4 630元；反诉费人民币 400 元，由上诉人王钟、被上诉人上海玄霆娱乐信息科技有限公司各半负担；二审案件受理费人民币 4 700元，由上诉人王钟负担 1 570元，上诉人北京幻想纵横网络技术有限公司负担 1 570元，被上诉人上海玄霆娱乐信息科技有限公司负担 1 560元。

本判决为终审判决。

审　判　长　刘军华
代理审判员　陆凤玉
代理审判员　胡　瑜
二〇一二年五月四日
书　记　员　沈晓玲

（本判决书入选 2012 年度中国法院知识产权司法保护 50 件典型案例、2012 年度上海法院知识产权司法保护十大案件）

商标民事纠纷案件

10. 路易威登马利蒂（法国）诉林益仲等侵犯商标专用权纠纷案

——中华人民共和国上海市第一中级人民法院民事判决书

（2009）沪一中民五（知）初字第34号

原告：路易威登马利蒂（LOUIS VUITTON MALLETIER），住所地法兰西共和国巴黎杜邦－纳沙大街2号（2R DU PONT NEUF 75001 PARIS FRANCE）。

法定代表人：梅利泰（Nathalie Moulle-Berteaux），该公司知识产权总监。

委托代理人：罗正红，北京市翔鲲律师事务所律师。

委托代理人：吕小林，上海广慧律师事务所律师。

被告：林益仲，男，汉族，1957年1月10日生，住中华人民共和国上海市静安区巨鹿路568弄1号16层C室。

委托代理人：杨波，上海市德尚律师事务所律师。

被告：上海仲雯贸易有限公司，住所地中华人民共和国上海市南汇区周浦镇年家浜路370号043室，联系地址上海市陕西南路232弄1、2号。

法定代表人：吴蓓雯，该公司经理。

委托代理人：杨波，上海市德尚律师事务所律师。

被告：吴蓓雯，女，汉族，1971年11月17日生，住中华人民共和国上海市静安区巨鹿路568弄1号16层C室，系上海仲雯贸易有限公司法定代表人。

委托代理人：杨波，上海市德尚律师事务所律师。

原告路易威登马利蒂诉被告林益仲、被告上海仲雯贸易有限公司（以下简称“仲雯公司”）、被告吴蓓雯侵犯商标专用权纠纷一案，本院于2009年1月13日立案受理后，依法组成合议庭，于2009年4月9日公开开庭进行了审理。原告的委托代理人罗正红、吕小林，被告林益仲、被告仲雯公司和被告吴蓓雯的共同委托代理人杨波到庭参加了诉讼。本案现已审理终结。

原告诉称：其为“LV”、“LOUIS VUITTON”等系列注册商标的所有人，在中国大陆地区获准注册的商标注册证号为241081，专用权期限自1986年1月15日至2016年1月14日，核定使用商品类别为第18类的皮革、箱包等商品。经上海市公安局查获和上海市工商行政管理局查处发现，以及被告林益仲和被告吴蓓雯案发后向公安机关所作的交代，被告林益仲和被告吴蓓雯自2000年便开始销售假冒“LV”、“LOUIS VUITTON”、“CHANEL”和“GUCCI”等国际知名商标的箱包、皮夹和配饰等商品。2001年4月30

日被告仲雯公司成立后，三被告便共同销售以上假冒商标的商品。其中，上海市公安局分别于2002年9月、2004年4月16日和2008年8月2日查获了被告林益仲和被告吴蓓雯销售的大量假冒“LV”、“LOUIS VUITTON”、“CHANEL”等商标的商品，金额分别为70 615元、14 650元、163万余元。2008年4月10日下午5时许，世界著名歌星席琳·迪翁和台湾著名演员夏台凤就慕名在三名被告的售假地点上海市陕西南路232弄1号购买了许多“LV”、“LOUIS VUITTON”假冒产品。且被告林益仲和被告吴蓓雯用销售假冒商标的商品的所获利润购置了大量房产。此外，原告认为2001年被告仲雯公司成立后主要以销售假冒商标的商品的违法活动为其主要业务，被告林益仲和被告吴蓓雯合意或以个人名义或被告仲雯公司的名义销售假冒商标的商品，且售假不记凭证，未入账。因此，三被告责任无法划清，应当承担连带责任。其认为三被告未经原告许可，在销售的商品上使用与其注册商标相同的标识，并且该商品与其注册商标核定使用的商品类别相同，已经侵犯了其商标专用权，并给其造成了严重的经济损失。审理过程中，原告进一步明确仅指控三被告侵犯其“LV”、“LOUIS VUITTON”注册商标专用权，而对于假冒商品涉及的原告其他注册商标则放弃主张的权利。据以上之理由，其请求法院依据《中华人民共和国民法通则》第一百三十条，《中华人民共和国商标法》第五十二条第二款第（二）项，最高人民法院《关于审理商标民事纠纷案件适用法律若干问题的解释》第十六条第二款，以及我国有关民事司法政策之规定，判令：1. 三被告停止销售侵犯原告商标专用权商品的行为；2. 三被告连带赔偿原告经济损失人民币100万元；3. 三被告承担原告为本案支付的诉讼费、律师费、调查费等费用。

三被告共同答辩称：对于存在侵犯原告注册商标专用权的行为没有异议。但是，被告仲雯公司依法注册成立于2001年，经营范围包括皮革制品、日用百货、文化用品、服装等，与上海工艺品商厦有多年的业务合作关系，上述经营范围内的经营活动构成了公司主要的收入来源，因而是一个合格的公司法人。而被告吴蓓雯是该公司的股东和法定代表人，被告林益仲是该公司的负责人之一，被告林益仲和被告吴蓓雯的经营行为都是代表公司的履行职务行为。因而，让被告林益仲和被告吴蓓雯个人承担赔偿责任是与国家的法律规定不符的。因此，被告仲雯公司虽然在经营中把关不严有侵权行为，但是，作为公司员工的被告林益仲和被告吴蓓雯不应当为单位的过错而个人承担连带赔偿责任。且原告所称歌星席琳·迪翁在被告处购买侵权商品纯属猜测；称被告用侵权所得购买了数处房产更是无中生有；要求赔偿100万元没有事实和法律根据。故请求本院驳回原告提出的诉讼请求，并判令原告承担本案的诉讼费用。庭审中，三被告还主张原告因被告2008年以前的侵权行为所发生的损害赔偿请求权已经过了诉讼时效。

原告向本院提交了以下证据：

第一组证据，1. 原告商标注册证明公证件。该证据欲证明原告对被侵权商标拥有商标专用权。

第二组证据，处罚记录和起诉意见书。包括：2. “沪工商徐案处字（2002）第040200211543号”《行政处罚决定书》。3. “沪工商徐案处字（2004）第040200410224号”《行政处罚决定书》。4. 上海市公安局扣押物品、文件清单，侵权物品图片。5. 上海市公安局（2008）沪公经诉字第092号《起诉意见书》。上述证据欲证明三名被告被查处的事实以及三名被告共同侵权犯罪的事实。

第三组证据，侵权所得、侵权事实以及侵权依据。包括：6.《上海市房地产登记册》房屋状况及产权人信息。7. 新闻媒体对席琳·迪翁买假行为的新闻报道。8. 曹建明：《全面加强知识产权审判工作　为建设创新型国家和构建和谐社会提供强有力的司法保障》——在全国法院知识产权审判工作座谈会上的讲话（2007 年 1 月 18 日）。9. 08 徐刑初字第 914 号刑事判决书。上述证据欲证明被告的侵权事实和侵权所获得的利益，以及原告请求赔偿数额的民事司法政策依据。

第四组证据，工商局处罚记录。包括：10. 沪工商徐案处字（2002）第 040200211543 号行政处罚案卷。11. 沪工商徐案处字（2004）第 040200410224 号行政处罚案卷。上述证据欲证明被告对原告持续侵权。

第五组证据，三被告 2008 年对原告的侵权涉及的部分商品相关资料。包括：12. 上海市公安局扣押物品、文件清单。13. 扣押涉案物品照片。14. 鉴定报告。15. 价格鉴定结论书。上述证据欲证明被告对原告侵权涉及的部分商品实况。

第六组证据，被告及证人笔录。包括：16. 上海市公安经侦总队对被告林益仲的讯问笔录。17. 上海市公安经侦总队对被告吴蓓雯的讯问笔录。18. 上海市公安经侦总队对证人黄述柏的询问笔录。19. 上海市公安经侦总队对证人董晓丽的询问笔录。上述证据欲证明被告对原告侵权相关的笔录。

第七组证据，20. 被告仲雯公司的年检资料。该证据欲证明被告的年检情况。

三被告对原告的上述证据发表如下质证意见：

1. 对第一组证据 1，第二组证据 2、3、4，第五组证据 12 没有异议；

2. 对第二组证据 5 的真实性、合法性没有异议，但对其关联性有异议，认为该证据只是刑事案件侦查的一个阶段，最后的处理应当以刑事判决书为准，因此该证据不能证明被告的侵权事实；

3. 对第三组证据 6、7 的真实性、合法性没有异议，但对其关联性有异议，认为证据 6 不能证明被告林益仲和被告吴蓓雯是以售假的非法所得购置房产，而证据 7 中的席琳·迪翁是去相面的，而不能证明在被告处购买了侵权产品；

4. 对第四组证据 10、11 的真实性、合法性没有异议，但对其关联性有异议，不能证明被告持续侵权，因此原告依据上述证据来向被告索赔 100 万元是违反法律规定的；

5. 对第五组证据 13 ~ 15 的真实性、合法性没有异议，但对其关联性有异议，认为上述证据中侵权数额计算重复，应以刑事判决书确定的 120 余万元为准；

6. 对第六组证据的 16 ~ 19 的真实性、合法性没有异议，但对其关联性有异议，因为刑事判决书已经认定这是一个单位犯罪而非个人犯罪，因此原告指控第一、第三被告侵权是没有事实和法律依据的；

7. 对第七组证据 20 的合法性有异议，因为原告称该证据来自徐汇工商局，但是资料上的章显示来源于南汇工商局档案室，且该证据的证明力也有问题。

被告林益仲、被告仲雯公司、被告吴蓓雯向本院提交了以下证据：

1. 企业法人营业执照，欲证明第二被告仲雯公司的经营范围，并非以售假贩假为业；2. 聘书，欲证明被告林益仲被上海工艺美术商厦聘为营销策划首席顾问，系珠宝经营专家，有合法经营和收入；3. 聘书，欲证明被告林益仲被上海工艺美术品服务部有限公司聘为工艺珠宝营销首席顾问，系珠宝经营专家，有合法经营和收入；4. 捐赠证书和有关资料，欲证明被告林益仲热心公益事业，多次捐献包袋与现金，得到有关部门肯定；5. 捐赠证书，欲证明被告仲雯公司热心社会公益事业，不是以实施侵权行为为业的公司；6. 询问笔录，欲证明被告吴蓓雯2004年因公司的侵权行为被处罚；7. 刑事判决书，欲证明被告吴蓓雯和被告林益仲是作为公司的直接负责人员被追究法律责任的，而非自然人犯罪；8. 营业执照及法定代表人身份证明书、身份证，欲证明被告的诉讼主体身份。

原告对三被告的上述证据发表如下质证意见：

1. 对证据1的真实性没有异议，但对其关联性有异议，不能证明营业执照的经营范围与被告仲雯公司实际经营项目有必然关联性；

2. 对证据2、3的真实性有异议，因为聘任方是被告仲雯公司的业务合作单位，而被告仲雯公司多年的营业量不足万元，因此被告林益仲这些顾问身份不可能给其带来商业利益；

3. 对证据4的真实性没有异议，但对其关联性有异议，认为该证据与本案无关；

4. 对证据5的真实性没有异议，但对其关联性有异议，认为该证据不能证明被告林益仲不会售假，且捐赠的包袋也是假冒商品；

5. 对证据6、7的真实性没有异议，但认为证据6证明了被告吴蓓雯是用公司员工打理其售假业务，而证据7在刑事判决书中已经被认定被告林益仲是被告仲雯公司的实际经营者。

本院对各方当事人的证据审查判断如下：

1. 对于原告提交的第一组证据1，第二组证据2、3、4，第五组证据12，内容真实，来源合法，本院予以采纳。

2. 对于原告提交的第二组证据5，被告对其关联性具有异议，因为起诉意见书不能作为证明原告的证据事项，应以刑事判决书为准，因此本院不予以采纳，而对于原告提交的第三组证据9的08徐刑初字第914号刑事判决书本院予以采纳。

3. 对于原告提交的第三组证据的6、7，因不具有关联性，且原告没有其他证据予以佐证，本院不予以采纳；而证据8属民事司法政策，不能作为证据使用，本院也不予以采纳。

4. 对于原告提交的第四、第五、第六组证据，内容真实，来源合法，且具有关联性，能证明被告侵权的事实，因而本院均予以采纳。

5. 对于原告提交的第七组证据，虽资料上的章显示来源于南汇工商局档案室，但该证据系徐汇工商局从南汇区工商局调取，因而本院予以采纳。

6. 对于被告提交的证据1、7、8，内容真实，证据与证据之间能够相互印证，因而本院予以采纳。但被告提交的证据2、3、4、5不具有关联性，证据6不能证明其证明主张，因此本院均不予以采纳。

本院根据所采纳的证据以及当事人的陈述和自认，查明以下事实：

原告系“LV”、“LOUIS VUITTON”注册商标专用权人，核定使用商品类别均为第18类的皮革、箱包等商品。其中“LV”商标注册证号为241081，“LOUIS VUITTON”商标注册证号为241019，商标专用权均在有效期内。

被告仲雯公司注册成立于2001年4月30日，经营范围包括皮革制品、日用百货、文化用品、服装等。被告吴蓓雯系该公司的法定代表人，被告林益仲系该公司经理，为该公司的实际负责经营人，被告林益仲、被告吴蓓雯系夫妻关系。

2002 年 9 月，上海市工商行政管理局徐汇分局对被告仲雯公司销售假冒注册商标商品行为进行了查处，查扣了假冒“LV”、“CHANEL”等商标的皮包、皮夹等商品共计 1 014件。2002 年 12 月，上海市工商行政管理局徐汇分局对前述销售假冒注册商标商品的行为出具了行政处罚决定书，认定被告仲雯公司非法经营额为 70 615元，并责令其立即停止侵权行为，没收侵权商品 1 014件，罚款人民币 28 000元整。

2004 年 4 月，上海市工商行政管理局徐汇分局对被告吴蓓雯销售假冒注册商标商品行为进行了查处，查扣了假冒“LV”、“PRADA”等商标商品共计 1 015件。2004 年 6 月，上海市工商行政管理局徐汇分局对前述销售假冒注册商标商品的行为出具了行政处罚决定书，认定被告吴蓓雯非法经营额为人民币 14 650元，并责令其立即停止销售侵权商品，没收侵权商品 1 015件，罚款人民币 5 000元整。

2008 年 8 月 2 日，被告林益仲、被告吴蓓雯因涉嫌犯销售假冒注册商标的商品罪被上海市公安局刑事拘留。上海市公安局在被告仲雯公司的经营场所查获并扣押了假冒“LV”、“CHANEL”、“GUCCI”、“ROLEX”等国际知名商标的商品共计 251 件。其中假冒“LV”商标的皮包 49 只、眼镜两副，假冒“LOUIS VUITTON”商标的皮包、皮夹、手机套、眼镜等商品各 1 件，合计 55 件。上海市公安局对三名被告的犯罪行为侦查终结后，提请上海市徐汇区人民检察院依法向上海市徐汇区人民法院起诉。上海市徐汇区人民法院对该案进行审理后认定待售侵权商品价值为人民币 122 万余元，三名被告的行为均构成销售假冒注册商标的商品罪，属于犯罪未遂。2008 年 12 月 25 日，上海市徐汇区人民法院对该案作出判决，分别判处被告仲雯公司罚金人民币五万元；判处被告林益仲拘役五个月，并处罚金人民币三万元；判处被告吴蓓雯拘役五个月，缓刑五个月，并处罚金人民币三万元。该判决业已生效。

据被告林益仲、被告吴蓓雯在前述刑事案件侦查期间的供述，自被告仲雯公司成立至 2008 年 8 月被上海市公安局羁押期间，虽经工商行政管理部门数次查处，但三名被告仍未停止销售假冒注册商标的商品，并先后租借了上海市陕西南路 234 号门面，购买了陕西南路 232 弄 1 号、2 号房产作为销售假冒注册商标的商品的经营场所。在实际经营活动中，主要由被告吴蓓雯负责进货，被告林益仲负责揽客，销售假冒注册商标的商品通常不开发票，不入账。

据原告在庭审中的陈述，2002 年、2004 年工商行政管理部门对被告售假行为进行处罚时，已经将查处情况通知了原告。

据原告向上海市公安局经济犯罪侦查总队提交的价格证明表显示，其正品“路易威登”牌（Louis Vuitton）商品在中国市场的销售单价分别为：Louis Vuitton 包每个最低价为人民币 5 550元，最高价为人民币 158 000元；Louis Vuitton 男夹包每个最低价为人民币 4 400元，最高价为人民币 10 200元；Louis Vuitton 手机套每个最低价为人民币 2 500元，最高价为人民币 3 750元；Louis Vuitton 眼镜每副最低价为人民币 2 500元，最高价为人民币 5 550元。而被告吴蓓雯于 2008 年 8 月 5 日在公安机关的讯问笔录中所陈述的价格为：Louis Vuitton 包每个采购价为人民币 350 元至 800 元不等，销售价为人民币 600 元至 1 600 元不等；Louis Vuitton 皮夹每个采购价为人民币 50 元至 150 元不等，销售价为人民币 100 元至 300 元不等；Louis Vuitton 眼镜每副采购价为人民币 60 元至 140 元不等，销售价为

150 元至 200 元不等。

本院认为：

根据《中华人民共和国商标法》第五十二条第（二）项之规定，销售侵犯注册商标专用权的商品的，属侵犯注册商标专用权的行为。本案中，三被告因销售假冒注册商标的商品先后于 2002 年、2004 年、2008 年分别被行政处罚或被判处了相应的刑罚，而在有关行政部门各次查扣的假冒注册商标的商品中，均含有假冒原告"LV"、"LOUIS VUITTON"等注册商标的商品，故而可以认定三名被告已经实施了侵犯原告注册商标专用权的行为，依法应当承担相应的民事责任。虽然上海市徐汇区人民法院在刑事案件的审理中认定三名被告属于犯罪未遂，但被告林益仲、被告吴蓓雯在案件侦查期间的供述表明三名被告销售假冒注册商标商品的行为是持续发生的，故而在刑事案件中犯罪未遂的形态不影响本案中侵权行为的成立。三被告辩称被告林益仲、被告吴蓓雯没有实施侵犯原告注册商标专用权的行为，其销售假冒注册商标商品的行为系职务行为，故而不应当承担连带赔偿责任。该辩称与被告林益仲、被告吴蓓雯在公安机关的供述并不相符。而上海市徐汇区人民法院刑事判决主文又明确认定三被告均犯了销售假冒注册商标的商品罪。故本院对该辩称不予采纳。本院注意到，原告明确表示虽然三被告侵权行为侵犯了原告数个注册商标专用权，但本案中仅以"LV"、"LOUIS VUITTON"注册商标为依据主张权利，并放弃根据其他商标再行主张的权利，本院予以确认。

根据《中华人民共和国民法通则》第一百一十八条，《中华人民共和国商标法》第五十六条第一款、第二款之规定，注册商标专用权受到侵害时，商标专用权人可以依法请求停止侵害、消除影响、赔偿损失；侵犯商标专用权的赔偿数额为侵权人在侵权期间因侵权所获得的利益，或者被侵权人在被侵权期间因被侵权所受到的损失，包括被侵权人为制止侵权行为所支付的合理开支；侵权人因侵权所得利益，或者被侵权人因被侵权所受损失难以确定的，由人民法院根据侵权行为的情节判决给予五十万元以下的赔偿。此外，根据《中华人民共和国民法通则》第一百三十条之规定，二人以上共同侵权造成他人损害的，应当承担连带责任。

鉴于三被告销售假冒原告注册商标的商品已经构成了对原告注册商标专用权的侵犯，故而原告请求本院判令三被告停止销售侵犯原告商标专用权商品的行为于法有据，本院应予支持。

本案中，三被告行为共同造成了原告注册商标专用权受到侵害的后果，应当依照《中华人民共和国民法通则》第一百三十条之规定对损害赔偿承担连带责任。鉴于三被告因销售假冒原告注册商标专用权的商品所得利益以及原告因此而遭受的损失均未能查明，本院应根据侵权行为的情节酌情确定三被告应当承担的损害赔偿金额。

本案中，原告请求判令三被告支付一百万元赔偿金，已经超出了法定赔偿额五十万元的上限。对此本院认为，为贯彻全面赔偿原则，如果确有证据表明原告的损失或者被告获利明显超出五十万元，则可以考虑超出法定赔偿限额来确定合理的赔偿数额。本案原告主张被告林益仲和被告吴蓓雯用销售假冒商标的商品的所获利润购置了大量房产，要求以此为据酌情确定三被告应支付的损害赔偿金额，但该主张并没有直接证据加以证明，且本案查明的事实表明三被告销售的假冒注册商标商品所包括的品牌众多，故而难以认定三被告获利均来自对原告注册商标专用权的侵权。此外，无论采用何种计算损失的方法，均应考虑全面赔偿原则以补偿性质为主这一因素，参酌原告可能遭受的实际损失来确定合理的赔偿数额。本院注意到，被告假冒原告注册商标的商品售价与原告商品售价相差悬殊，相关公众因误认或者混淆来源而购买被告销售的商品的可能性较小，故而造成原告商标区别功能淡化以及商誉贬损可能性亦较小，本院在确定赔偿数额时亦应酌情予以考虑。鉴于原告提起本案诉讼之时，三被告已经因销售假冒注册商标商品的行为受到了刑事处罚，相关侵权事实已经刑事判决确定，故而原告调查侵权行为的难易程度及所支出的费用均应相对较低，本院在确定原告的合理开支时应酌情予以考量。综合以上分析，本院认为原告主张在法定赔偿额以上确定三被告应赔偿的金额并无事实和法律依据，本院不予支持。

本院注意到，三被告销售假冒原告注册商标商品的主观故意明显，持续时间较长，利用原告注册商标极高的知名度和商誉获利的动机和效果明显，本院应作为确定赔偿额时的酌情从重情节予以考虑。本院注意到三被告数次被查扣的假冒注册商标商品中，假冒原告注册商标的商品均占多数，故本院应在确定赔偿额时充分加以考量。

本院注意到，三被告曾于2002年、2004年因售假受到了工商行政管理部门的查处，原告及时得到了查处情况的通知，但并没有向被告主张民事赔偿。现自前两次的查处时间至本案起诉时止，已经超过了两年的诉讼时效，故而本院认为三被告所主张的诉讼时效抗辩，对于原告因三被告2004年遭查处之前的侵权行为所遭受的损害而言，属于有效的抗辩。本院在确定赔偿数额时应当仅考虑弥补原告因被告在2004年查处以后所实施的侵权行为所可能造成的损害，但本院应将三被告重复侵权的情况作为造成侵权行为较为严重的情节来考量。

鉴于三被告被公安机关查扣的假冒商品均未实际销售获利，故上海市徐汇区人民法院在刑事判决中认定的案值并不能作为确定本案三被告赔偿数额的依据，对于三被告的相关主张本院不予采纳。

综上所述，本院综合三被告侵权的主观过错程度、侵权持续时间、侵害后果严重程度，原告制止侵权的合理开支大小等因素，确定三被告应连带赔偿原告经济损失及合理开支共计人民币50万元。

依照《中华人民共和国民法通则》第一百一十八条、第一百三十条，《中华人民共和国商标法》第五十二条第（二）项、第五十六条第一款和第二款之规定，判决如下：

一、被告林益仲、被告上海仲雯贸易有限公司、被告吴蓓雯于本判决生效之日起立即停止销售侵犯原告注册商标专用权的商品的行为；

二、被告林益仲、被告上海仲雯贸易有限公司、被告吴蓓雯于本判决生效之日起十日内连带赔偿原告路易威登马利蒂人民币五十万元；

三、驳回原告路易威登马利蒂其余诉讼请求。

被告林益仲、被告上海仲雯贸易有限公司、被告吴蓓雯如果未按本判决指定的期间履行给付金钱义务，应当依照《中华人民共和国民事诉讼法》第二百二十九条之规定，加倍支付迟延履行期间的债务利息。

案件受理费、申请费人民币13 800元，由被告林益仲负担4 000元、被告上海仲雯贸易有限公司负担4 000元、被告吴蓓雯负担4 000元，原告路易威登马利蒂负担1 800元。

如不服本判决，原告路易威登马利蒂可在判决书送达之日起三十日内，被告林益仲、被告上海仲雯贸易有限公司、被告吴蓓雯可在判决书送达之日起十五日内，向本院递交上诉状，并按对方当事人的人数提出副本，上诉于中华人民共和国上海市高级人民法院。

审 判 长 刘军华
代理审判员 沈 强
代理审判员 刘 静
二○○九年七月二十三日
书 记 员 谭 尚

（本判决书入选2009年度中国法院知识产权司法保护50件典型案例）

11. 拉科斯特股份有限公司诉上海龙华服饰礼品市场经营管理有限公司侵犯注册商标专用权纠纷案

——中华人民共和国上海市第一中级人民法院民事判决书

（2009）沪一中民五（知）初字第211号

原告： 拉科斯特股份有限公司，住所地法兰西共和国巴黎卡斯蒂格利奥勒大街8号。

法定代表人： 米歇尔·拉科斯特，董事长。

委托代理人： 杨凤全，北京市万慧达律师事务所律师。

委托代理人： 邹建国，北京市万慧达律师事务所律师。

被告： 上海龙华服饰礼品市场经营管理有限公司，住所地中华人民共和国上海市龙华路2465号。

法定代表人： 郑高付，董事长。

委托代理人： 韦金国，上海龙华服饰礼品市场经营管理有限公司职员。

原告拉科斯特股份有限公司（以下简称“拉科斯特公司”）诉被告上海龙华服饰礼品市场经营管理有限公司（以下简称“龙华公司”）侵犯商标专用权纠纷一案，本院于2009年9月21日受理后，依法组成合议庭，于2009年10月26日公开开庭进行了审理。原告拉科斯特公司的委托代理人邹建国，被告龙华公司的委托代理人韦金国到庭参加诉讼。本案现已审理终结。

原告诉称：鳄鱼图形及文字系列商标为原告在中国依法注册的商标，自1980年以来，第141102号“LACOSTE”、第141103号“”、第1318589号“”及第G581924号“”等鳄鱼系列商标在中国相继获得注册。作为国际著名服装生产商，原告的上述商标具有极高知名度和良好的市场声誉。国家工商行政管理总局商标局先后于1999年和2000年两次将原告的“鳄鱼”系列商标列入《全国重点商标保护名录》。2005年，原告的鳄鱼图形商标经长春市中级人民法院判决，认定为驰名商标。上述商标现均在有效期内。原告经调查发现上海龙华服饰礼品市场（以下简称“龙华市场”）以低廉的价格公开销售带有原告上述注册商标的服装。2008年8月，原告致函被告要求龙华市场停止侵犯原告鳄鱼系列商标专用权的行为，被告回函表示同意原告的意见，但被告并未停止上述侵权行为。为此，原告于2008年12月再次致函被告要求停止侵权，被告仍回函表示立即停止侵权，但至今被告仍在实施侵权行为。原告认为被告的行为已侵犯了原告的上述注册商标专用权，且在原告两次警告后，仍继续实施侵权行为，主观恶意明显，故起诉请求判令：1. 被告立即停止商标侵权行为；2. 被告赔偿原告包括为制止侵权行为所支付合理开支在内的经济损失人民币10万元。

被告龙华公司辩称：首先，被告公司的性质是组织市场内经营者集中进行现货商品交易，从事市场经营、服务和管理的企业法人，主要职责是服务和管理，本身不具有销售经营权。根据被告与徐汇区税务局签订的《委托代征税款协议书》，为方便纳税人，被告为其管理的市场范围内租柜经营户代征税款，被告按照税务机关的票证管理规定，领取、使用、保管、报缴有关税收凭证，按规定代开发票。因此，被告对原告购买的服装出具发票系基于代征税款的需要，被告并不是被控侵权商品的销售者。其次，被告作为市场管理企业，已经尽到了相应的管理义务。根据被告与场内经营者签订的《商铺租赁合同》，约定了经营者有义务遵守商业道德、诚信经营，“不制假、不售假、不存假、不欺诈”。被告在收到原告函件后，第一时间回函，并且履行了监督管理职责，让有侵权嫌疑的相关经营者签署了保证书，并责令其停止侵权，销毁存货。被告现已将原写过保证书的场内经营者胡家诊（1－046 摊位）、潘庆（1－048 摊位）、李年强（2－049 摊位）、周代名（1－073 摊位）终止协议，另两人程业兵（1－093 摊位）、李世石（2－104 摊位）虽仍继续经营，但已停止了侵权行为。被告作为市场管理方，当市场内经营者违法经营时，只能对其进行监督管理、教育改正，无权对其进行行政处罚。因此，被告已尽到了最大的管理监督责任，不应承担侵权责任。故应当驳回原告的诉讼请求。

经审理查明，原告经核准分别注册了以下商标：1. 第 141102 号“LACOSTE”文字商标，核定使用商品为第 25 类：衣服，有效期自 2000 年 10 月 30 日至 2010 年 10 月 29 日；2. 第 141103 号“”图形商标，核定使用商品为第 25 类：衣服，有效期自 2000 年 10 月 30 日至 2010 年 10 月 29 日；3. 第 1318589 号“”图形商标，核定使用商品为第 25 类：衣物、衬衫、T 恤衫、运动衫、圆领长袖运动衫等，有效期自 1999 年 9 月 28 日至 2009 年 9 月 27 日；4. 第 G581924 号“”图形及文字组合商标，核定使用商品为第 25 类：服装、鞋、帽，有效期自 1992 年 1 月 27 日至 2012 年 1 月 27 日止。

2008 年 8 月 7 日，被告回函给北京万慧达知识产权代理有限公司称：“2008 年 8 月 4 日来函今收悉……已立即要求有关商铺：1. 停止销售假冒‘LACOSTE’鳄鱼系列商品，进行整顿、清理；2. 作出书面承诺保证。……附 1－046、1－093、2－068、2－104 商铺保证书。”

2008 年 12 月 8 日，原告代理人在上海市东方公证处工作人员的陪同下，来到上海市龙华路 2465 号“上海龙华服饰礼品市场”，在该市场的 2F－068 商铺向一位自称为“胡小姐”的售货员购得服装二件，共支付了价款 100 元。随后原告代理人取得了号码为 01138688 的发票一张，发票上载明品名规格为“T 恤”，数量为 2 件，单价为 50 元，金额为 100 元，由被告加盖了发票专用章。购物后由公证人员对该市场的门口概况进行了拍照，对所购服装连同包装袋进行拍照后封存。上述市场门口、服装的照片、名片、发票等均附在公证书后。

2008 年 12 月 15 日，被告再次向北京万慧达律师事务所朱刚律师发出回复函称：“2008 年 12 月 9 日来函收悉。贵所来函中提到的在我市场发现少数商铺假冒 LACOSTE 鳄鱼商品的侵权情况，已引起我市场管理部门高度重视……2008 年 12 月 12 日市场管理部对来函中提到的商铺进行现场整改，对其侵权行为进行警告告知，今后若再发生侵权行为，由此产生的一切后果由该商铺经营者承担全部责任，并要求该商铺作出以下保证：

一、立即停止销售假冒‘LACOSTE’鳄鱼系列产品；二、立即销毁全部假冒‘LACOSTE’鳄鱼系列产品及侵权宣传资料……附1-32、48、73，2-49、68、104商铺保证书。”

张德立于2008年12月20日向被告出具的保证书载明“作为龙华服饰礼品市场2-68商铺的负责人，因未经许可销售假冒“LACOSTE”鳄鱼系列产品，侵犯了拉科斯特股份有限公司的知识产权合法权益，深表歉意，并保证：一、立即停止销售假冒‘LACOSTE’鳄鱼系列产品；二、立即销毁全部假冒‘LACOSTE’鳄鱼系列产品及侵权宣传资料。”

2009年1月5日，原告代理人在公证人员的陪同下，再次前往龙华市场，在2F-68商铺以90元的价格向一位男性售货员再次购得被控侵权服装两件，该售货员同时派发了印有“胡小姐”的名片一张。原告代理人支付了价款并取得了被告开具的发票，发票上载明的品名为“T恤”。购物后由公证人员对该市场的门口概况进行了拍照，对所购服装连同包装袋进行拍照后封存。上述市场门口、服装的照片、名片、发票等均附在公证书后。

原告在庭审中指认，2008年12月8日原告代理人在龙华市场2F-68商铺（2008沪东证经字第7399号公证书）购得的被控侵权产品白色T恤及蓝色T恤各一件胸标均侵犯了第1318589号商标，领标均侵犯了第141102号、第141103号商标，吊牌均侵犯了第141102号、第141103号商标，包装袋均侵犯了第141102号商标。2009年1月5日，原告代理人在龙华市场2F-68商铺购得的服装除颜色不同外，与前次购得的服装侵犯原告商标的情况基本一致。被告对原告的上述陈述予以确认。

原告为本案支付律师代理费50 000元。

另查明：被告上海龙华服饰礼品市场经营管理有限公司成立于2006年6月22日，经营范围系为位于上海市龙华路2465号的龙华市场内百货、针纺织品、工艺旅游品、电子产品、五金交电经营者提供市场管理服务。2008年12月17日，浙江省天台宏盛工贸有限公司上海分公司（出租方）、被告龙华公司（管理方）与张德立签订《租赁合同》，约定浙江省天台宏盛工贸有限公司上海分公司、被告龙华公司作为甲方将龙华路2465号二层68号商铺租赁给乙方（张德立）作经营服装类商铺使用。租赁期限自2009年1月1日至2009年12月31日，乙方应交纳租金为16 680元，物业管理费2 450元。该合同第四条“甲方的权利和义务”载明：“甲方有对市场经营者予以统一管理、规范管理的权利；乙方如有违反法律、法规及市场管理规章制度行为的，甲方有权立即制止和督促改正，有权按《市场管理规定》和《文明经商行为规范管理实施细则》作出停业整顿、扣减违约保证金等相应处理。”合同第五条“乙方的权利和义务”载明：“乙方应遵守商业道德、诚信经营，做到‘不制假、不售假、不欺诈’和‘无假冒商标、无虚假广告、无不正当竞争、无侵权现象、无欺行霸市’，特许经销品牌商品的，乙方必须有进货方的授权证明。”合同第七条“合同的解除”载明：“乙方承租期间有下列行为之一的，甲方有权解除合同，乙方已付租金及违约保证金不予退还：1. 乙方在租赁期内严重违反市场管理规定，经书面劝告，责令停业整顿后仍不改正，且给甲方造成严重负面影响的……”该合同附件（一）《市场管理规定》第一条载明：“加强法治观念，遵守国家的法律法规，以上海市商铺交易市场规范管理办法为依据，自觉做到不制假、不售假、不存假、不欺诈，无假冒商标、无虚假广告、无不正当竞争、无侵权行为、无欺行霸市。”合同附件三《文明经商行为规范管理实施细则》第二十七条载明：“经营者由于违法、违规经营被查实的，除作扣减违约保证金处理外，还将作出行政处理：1. 一次查实的，书面警告、限期整改；2. 二次查实的，停业整顿3～7天；3. 二次以上查实的，经营者清退出场。”张德立领取了个体工商户营业执照，字号为“上海市徐汇区玲亮服饰店”，经营场所为龙华服饰礼品市场2－67、2－68商铺，经营范围及方式包括服装、日用百货、鞋帽零售。

2006年9月27日，上海市徐汇区国家税务局、上海市地方税务局徐汇分局（甲方）与被告（乙方）签订了《委托代征税款协议书》，约定甲方根据《中华人民共和国税收征收管理法》的有关规定，委托乙方代征税款，代征范围包括被告管理的市场范围内租柜经营户，代征期限为2006年10月1日至2007年12月31日，乙方应按甲方的要求按规定的入库级次及时解缴税款，并开具甲方提供的完税凭证。乙方按照税务机关的票证管理规定，领取、使用、保管、报缴有关税收凭证，乙方按规定代开发票。2007年12月26日，双方又签订了《委托代征税款协议书》，约定自2008年1月1日至2009年12月31日乙方继续按照上述协议的约定为其管理的市场范围内租柜经营户代缴税款。

以上事实有原告提供的商标注册证、公证书、被告律师函、律师费发票，被告提供的《委托代征税款协议书》、《租赁合同》、保证书和庭审笔录等证据在案证实。原、被告提供的其余证据材料，因与本案不具有关联性，本院不予采信。

本院认为，未经商标注册人许可，在同一种商品或者类似商品上使用与其注册商标相同或者近似商标的，属于侵犯注册商标专用权的行为。被控侵权商品与原告拉科斯特公司涉案商标核定使用的商品相同，被控侵权商品上使用的商标与原告的上述注册商标也相同，因此在上海龙华市场内销售的被控侵权商品系侵犯原告上述注册商标专用权的商品。

由于被告对原告购买的被控侵权产品出具了发票，原告据此以被告销售被控侵权产品为由，要求追究其侵权赔偿责任，被告则辩称其对场内经营者出售的商品开具发票是根据税务部门的委托代征税款，并非被控侵权产品的销售者，故本案的争议焦点之一在于被告是否应认定为被控侵权产品的销售者。对此本院认为，买卖行为是一方支付价款，另一方转移标的物所有权的行为。原告代理人取证时系向2F－68商铺的营业员购买被控侵权产品，双方在该商铺已就产品买卖作出意思表示，且达成合意，故实际销售被控侵权产品的行为人系该商铺的经营者。被告虽对上述交易行为出具了发票，但根据其与徐汇区税务局签订的《委托代征税款协议》，被告确系根据税务部门的要求为龙华市场内承租商铺经营者代为缴税，故不能仅就被告开具发票一节事实就认定被告为被控侵权产品的销售者。

本案的争议焦点之二在于被告是否应当承担侵权责任。被告虽非被控侵权产品的直接销售者，但被控侵权产品交易的完成也与被告的行为不可分割。被告作为该市场的管理方，在原告一再发函告知在其管理的市场内存在出售侵犯原告注册商标专用权商品的情况时，理应对相关商铺加强监管。被告虽辩称其没有行政执法权，但根据被告与承租商铺的合同及其附件之约定，其对于承租商铺经营业主出售侵犯注册商标专用权商品的行为具有限期整改、扣减保证金、解除合同直至清退出场的合同权利，现被告仅要求相关商铺业主出具书面保证书，主观上没有尽到善良管理人的注意义务，客观上为侵权行为提供了便利条件，导致侵权行为反复发生，故本院认定被告与直接销售被控侵权产品的相关商铺经营者构成共同侵权。原告起诉请求被告停止侵权、赔偿经济损失及原告为制止侵权所发生的合理费用，本院予以支持。因原告未能举证证实其由于被告侵权行为所遭受的实际损失以及被告侵权获利的实际数额，本院将综合被告的侵权性质、情节以及原告实际支出费用的合理性等因素，酌情确定被告所应承担的赔偿数额。

据此，依照《中华人民共和国民法通则》第一百三十条、第一百三十四条第一款第（一）项和第（七）项，《中华人民共和国商标法》第三条第一款、第五十二条第（五）项、第五十六条第一款和第二款之规定，判决如下：

一、被告上海龙华服饰礼品市场经营管理有限公司于本判决生效之日立即停止侵害原告拉科斯特股份有限公司对第 141102 号“LACOSTE”、第 141103 号“”、第 1318589 号“”、第 G581924 号“

”商标所享有的注册商标专用权的行为；

二、被告上海龙华服饰礼品市场经营管理有限公司于本判决生效之日起十日内赔偿原告拉科斯特股份有限公司经济损失人民币 10 000元及合理费用人民币 5 000元。

被告上海龙华服饰礼品市场经营管理有限公司如果未按本判决指定的期间履行给付金钱义务，应当依照《中华人民共和国民事诉讼法》第二百二十九条之规定，加倍支付迟延履行期间的债务利息。

本案案件受理费人民币 2 300元，由原告拉科斯特股份有限公司负担人民币 978 元，被告上海龙华服饰礼品市场经营管理有限公司负担人民币 1 322元。

如不服本判决，原告拉科斯特股份有限公司可在判决书送达之日起三十日内，被告上海龙华服饰礼品市场经营管理有限公司可在判决书送达之日起十五日内通过本院或者直接向上海市高级人民法院提出上诉，并提交上诉状正本一份，副本一份。

审 判 长 胡震远
代理审判员 胡 瑜
代理审判员 陆凤玉
二〇〇九年十月二十六日
书 记 员 刘晓静

（本判决书于2010 年第 10 期《最高人民法院公报》刊登）

12. 雅培制药有限公司诉汕头市雅培食品有限公司等侵犯商标专用权及不正当竞争纠纷案

——中华人民共和国上海市第一中级人民法院民事判决书

(2010)沪一中民五(知)初字第9号

原告:雅培制药有限公司(Abbott Laboratories),住所地美利坚合众国伊利诺州雅培公园。

授权代表:保罗·雅思哲(Paul Yasger),助理秘书。

委托代理人:游闽键,上海市协力律师事务所律师。

委托代理人:沙海涛,上海市协力律师事务所律师。

被告:汕头市雅培食品有限公司,住所地中华人民共和国广东省汕头市潮南区两英司英中路四巷6-8号。

法定代表人:吴胜武。

被告:朱春兰(上海市闵行区金集百货经营部业主),女,汉族,1988年4月5日出生,户籍地中华人民共和国福建省永安市小陶镇新寨村062号。

委托代理人:张继民,上海金仕维律师事务所律师。

原告雅培制药有限公司诉被告汕头市雅培食品有限公司(以下简称汕头雅培公司)、朱春兰侵犯商标专用权及不正当竞争纠纷一案,本院于2010年1月6日受理后,依法组成合议庭,于2010年3月29日公开开庭审理了本案,原告委托代理人沙海涛、被告朱春兰的委托代理人张继民到庭参加了诉讼。被告汕头雅培公司经本院传票传唤,无正当理由未到庭应诉,本院依法缺席审理。本案现已审理终结。

原告诉称:原告是世界著名的婴幼儿配方奶粉生产商,是世界《财富》500强公司之一,多年来一直是美国儿科医师推荐的第一品牌。“雅培”既是原告特有的字号,也是驰名商标,在中国具有极高的知名度和商业价值。原告的“雅培”商标先后在1999年10月和2004年8月注册于第29类牛奶、奶制品等商品上和第5类婴儿食品、医用营养品等商品上。2007年,原告注册并使用在第5类人用药品和第29类牛奶制品等商品上的“雅培”商标被认定为驰名商标。

被告汕头雅培公司是一家从事糖果和米面制品制造的企业,其股东吴胜武、张泽良在明知“雅培”为驰名商标的情况下,将“雅培”恶意注册为字号。吴胜武还于2009年在香港恶意注册了中美雅培(国际)剂药股份有限公司(以下简称中美雅培公司)。被告汕头雅培公司不仅将上述两家公司名称恶意使用在婴幼儿乳制品上,将“中美·雅培”作为商标使用,而且还在网站(http://zmyapei.com)上对上述“中美·雅培”系列婴幼儿食品进行宣传。被告汕头雅培公司的上述行为足以引起市场的严重混淆,使公众误认为原、被告之间存在某种关系,从而不正当地窃取原告驰名商标的声誉,严重侵犯了原告的注册商标专用权。被告朱春兰经营一家从事百货零售的经营部,并销售了上述婴幼儿食品，亦构成商标侵权。此外，被告汕头雅培公司恶意注册“雅培”字号并在相同产品上使用的行为足以引起市场混淆，构成了不正当竞争。

据此，原告请求本院判令：1. 两被告立即停止生产、销售含有“雅培”、“ABBOTT”字样的侵权产品；2. 被告汕头雅培公司立即停止使用带有“雅培”字号的企业名称；3. 被告汕头雅培公司立即停止在网站上宣传含有“雅培”、“ABBOTT”字样或字号的侵权产品；4. 两被告连带赔偿原告损失人民币50万元及合理费用；5. 被告汕头雅培公司承担本案诉讼费。诉讼中，原告申请撤回有关被告汕头雅培公司停止生产、销售含有“ABBOTT”字样的侵权产品、停止宣传含有“ABBOTT”字样或字号的侵权产品的请求以及有关被告朱春兰赔偿50万元的请求，本院予以准许。

被告汕头雅培公司未作答辩。

被告朱春兰同意原告第1项诉讼请求。

经审理查明：

一、有关原告享有商标权的事实

1999年10月14日，原告（注册人名义为阿波特试验所，ABBOTT LABORATORIES）经授权注册“雅培”商标（第1324114号），核定使用商品类别为第29类的牛奶、牛奶制品、食用油、食用油脂，注册有效期经续展至2019年10月13日止。

2004年8月7日，原告经授权注册“雅培”商标（第3907887号），核定使用商品类别为第5类的医用营养品、婴儿食品等，注册有效期至2014年8月6日止。

2009年4月21日，原告经授权注册“雅培”商标（第5326593号），核定使用商品类别为第30类的非医用营养液、非医用营养粉、非医用营养胶囊、面粉、谷类制品等，注册有效期至2019年4月20日止。

另查明：2001年第4期《中外食品》、2001年10/11（合刊）《当代医学》、2004年第6期《食品与生活》、2006年第10期《国际广告》、2007年11月的《中国经济周刊》等杂志对原告均进行了正面的宣传报道，其中2001年第4期《中外食品》中即介绍原告被评为世界500强、美国100强企业。

2007年9月13日，国家工商行政管理局商标局（以下简称商标局）在（2007）商标异字第04747号“雅培”商标异议裁定书中认定原告注册并使用在“人用药品”、“牛奶制品”等商品上的“雅培”商标为驰名商标。

二、有关被告被控商标侵权及不正当竞争行为的事实

2008年1月31日，被告汕头雅培公司经工商核准注册，所属行业为糖果、巧克力及蜜饯制造，经营范围为生产、销售食糖（葡萄糖）、米面制品（非婴幼儿米粉），法定代表人为吴胜武，注册资本8万元。

2009年5月27日，中美雅培公司在香港特别行政区注册成立，创办成员为吴胜武。

2009年11月26日，原告委托代理人在上海市黄浦公证处公证员的监督下，使用公证处的电脑，接入互联网，进入http：//zmyapei. com网站首页，网页左上角显示“中美·雅培ZM·YAPEI”标识（中文在上，拼音在下，中文字号明显大于拼音，见附图），点击“走进中美雅培”，进入“关于我们”网页，其中介绍“中美·雅培乳业有限公司是长期专业从事婴幼儿应用食品研究、开发、生产和销售的跨国集团公司”。“作为领先的婴幼儿食品制造专家，中美·雅培始终致力于制造安全、健康、高质的婴幼儿食品，直至

今日，仍与全球医药专家紧密合作，在不同营养领域为婴幼儿研发生产最适合宝宝的食品。”进入“产品展示”页面，显示金装宝贝奶伴－开胃宝、金装宝贝奶伴－清火宝、益生元婴幼儿营养素、益生元牛初素（配方）奶米粉（1段）、益生元牛初素（配方）奶米粉、牛初乳营养素（盒装）、牛初乳营养素、免疫球蛋白IgG（配方）奶米粉（2段）、免疫球蛋白IgG（配方）奶米粉、胡萝卜VC粗纤维奶米粉、奶伴、益生元鱼肉蔬菜营养米粉、DHA&AA淮山薏米营养米粉、牛初乳铁锌钙营养米粉（1）、牛初乳铁锌钙营养米粉等婴幼儿食品的图片，图片所示产品的包装物显著位置亦均有“中美·雅培ZM·YAPEI”标识。进入“销售网络”页面，显示产品销售点遍布全国。进入“联系我们”网页，显示中美雅培公司和汕头雅培公司的名称及其地址。

2009年12月4日，原告委托代理人在上海市东方公证处公证员的监督下，到被告朱春兰经营的上海市闵行区金集百货经营部（以下简称金集经营部）购得牛初乳营养素、益生元牛初素（配方）奶米粉、益生元婴幼儿营养素、奶伴（1段）、奶伴（2段）、α-乳清蛋白婴幼儿葡萄糖各1罐，益生元牛初素（配方）奶米粉（1段）、免疫球蛋白IgG（配方）奶米粉（2段）、胡萝卜VC粗纤维奶米粉（3段）、金装宝贝奶伴－开胃宝、金装宝贝奶伴－清火宝、牛初乳铁锌钙营养米粉（1）、α-乳清蛋白胡萝卜营养米粉（2）、免疫球蛋白番茄维C营养米粉（3）各1盒。上述婴幼儿食品的包装盒（罐）正面同样印有“中美·雅培ZM·YAPEI”标识，背面记载中美雅培公司授权，营销商汕头雅培公司（Manufacturer: Shantou Abbott Foodstuff Co., Ltd.）、营运商汕头雅培公司或者汕头雅培公司分装，并介绍产品适用于不同阶段的婴幼儿。其中部分婴幼儿食品的包装物背面还记载“网址：www.zmyapei.com”。上述大部分婴幼儿食品包装物上均记载食品卫生许可证号为第0501A00554号，但奶伴（1段）和奶伴（2段）产品上记载为第0501A00344号，益生元牛初素（配方）奶米粉（1段）、免疫球蛋白IgG（配方）奶米粉（2段）、牛初乳铁锌钙营养米粉（1）、α-乳清蛋白胡萝卜营养米粉（2）、免疫球蛋白番茄维C营养米粉（3）产品上记载为第0000A00442号。

另查明：金集经营部销售的上述婴幼儿食品购自汕头雅培公司，后者于2009年11月8日曾就此向金集经营部出具产品送货清单和销售发票。产品销售清单上同样标有“中美·雅培ZM·YAPEI”标识，并记载了中美雅培公司和汕头雅培公司的名称以及汕头雅培公司的地址。销售发票显示：营养素每箱单价为312元，奶米粉（454克）单价83.86元，奶米粉（227克）单价169.73元，金装宝贝奶伴（96克）单价275.56元，营养米粉单价74.88元，奶伴（160克）单价149.76元，葡萄糖单价74.88元，该批产品金额共计10 075.87元。

汕头雅培公司还向金集经营部提供了企业法人营业执照、税务登记证、食品卫生许可证的复印件和质量检验报告。其中，营业执照显示注册资本80万元，食品卫生许可证号为粤卫食证字（2008）第0501A00554号。企业法人营业执照、税务登记证和食品卫生许可证的复印件均显示经营范围（许可范围）为生产、销售食糖（葡萄糖）、米面制品（营养米粉）、乳制品（营养素）。

三、有关原告为调查、制止侵权而支出费用的事实

原告委托上海凌君企业管理咨询有限公司查询工商资料，支出工商资料费1 200元，另支出律师费122 886元。雅培贸易（上海）有限公司为公证购买上述婴幼儿食品共支付

价款230元。原告委托代理人所在的上海市协力律师事务所支出了翻译费420元，资料查证费400元，公证费6 000元。

以上事实有原告提供的商标注册证、续展证明、商标异议裁定书、企业机读档案登记资料、公司注册证书、公证书、发票、收据、杂志，被告朱春兰提供的营业执照、税务登记证、食品卫生许可证（前述证据均为复印件）、检验报告、产品送货清单、发票等证据在案佐证。

本院认为：原告的“雅培”商标经商标局核准注册，至今有效，其注册商标专用权依法应受法律保护。

本案中，原告从被告朱春兰处购得了14种婴幼儿食品，食品包装物显示汕头雅培公司系其营销商、营运商或分装商。这些食品的包装物都在显著位置突出印有“中美·雅培ZM·YAPEI”的标识。该标识不仅出现在被告汕头雅培公司的产品实物上，还出现在了http：//zmyapei.com的网站首页以及产品展示的图片上。这一网站中宣传的大量婴幼儿食品的图片与被告汕头雅培公司销售给朱春兰的产品实物能够对应，而且部分产品实物的包装上也标示有该网址，网站“联系我们”网页还记载了被告汕头雅培公司的名称，故原告有关被告汕头雅培公司在产品实物和网站上使用系争标识的事实主张，本院予以认同。

《中华人民共和国商标法》第五十二条规定：“未经商标注册人的许可，在同一种商品或者类似商品上使用与其注册商标相同或者近似的商标”、“销售侵犯注册商标专用权的商品”或者“给他人的注册商标专用权造成其他损害”的行为，均属侵犯注册商标专用权的行为。《最高人民法院关于审理商标民事纠纷案件适用法律若干问题的解释》第一条第（一）项规定：“将与他人注册商标相同或者相近似的文字作为企业的字号在相同或者类似商品上突出使用，容易使相关公众产生误认的”，属于《商标法》第五十二条第（五）项规定的给他人注册商标专用权造成其他损害的行为。因此，被告汕头雅培公司的行为是否构成商标侵权，还需要结合上述法律规定进行分析：

一、被告汕头雅培公司是否因突出使用字号而构成商标侵权

被告汕头雅培公司的确是将“雅培”注册为企业名称中的字号，而其使用的“中美·雅培ZM·YAPEI”标识也的确使用了“雅培”字样，不过，根据本院查明的事实，原告主张其实施的是突出使用汕头雅培公司字号的商标侵权行为，本院尚难认定。其一，被告汕头雅培公司的法定代表人不仅在中国内地注册成立了汕头雅培公司，而且还在香港特别行政区注册成立了中美雅培公司，两家公司的字号均为“雅培”。其二，产品实物上记载有中美雅培公司授权，系争网站上亦有中美雅培公司的介绍，可见侵权行为并非被告汕头雅培公司单独实施。其三，该标识使用的是“中美·雅培”字样，而非“汕头雅培”字样，故本院尚不能认定被告汕头雅培公司是在突出使用自己的字号。

二、被告汕头雅培公司是否因使用近似商标而构成商标侵权

首先，“中美·雅培ZM·YAPEI”标识与原告的“雅培”商标是否相同或者近似？系争标识从其整体视觉效果而言，与“雅培”文字商标尚存在区别，不能认为相同，但该标识中的中文文字和拼音呈上下排列，且中文文字的字号显著大于拼音字母的字号，可以认为“中美·雅培”系该标识的主要识别部分，而且其“雅培”文字与原告的中文商标文字相同，故就标识本身而言，以相关公众的一般注意力为标准来判断，该标识显然与原告的“雅培”商标近似。

其次，从原告商标的注册情况来看，原告企业名称中的“Abbott”一词，其最初的中文翻译是“阿波特”，“雅培”并不是该单词的标准中文翻译，故本院可以认定“雅培”是原告结合了其商品特性而生造的谐音词，该文字商标标识本身即具有较高的显著性。而且，原告的“雅培”商标（第1324114号）早在1999年10月即已注册，核定使用在第29类的牛奶、牛奶制品等商品上。原告查询所得的资料也显示，至少从2001年4月开始，原告在我国境内就已经使用“雅培”作为其中文译名中的字号，这与原告的中文注册商标形成了呼应。2004年8月，原告的“雅培”商标（第3907887号）又在第5类的医用营养品、婴儿食品等商品上获得注册。原告的商标、字号一体化战略，使“雅培”商标区分商品来源的功能更为明显，并逐步产生商品质量的表彰功能。2007年9月，原告注册在牛奶制品等商品上的“雅培”商标（第1324114号）被商标局认定为驰名商标，本院有理由相信，该商标的影响力会自然而然地延伸到后续注册的、核定使用在医用营养品、婴儿食品、非医用营养粉等商品上的“雅培”商标。因此，原告的商标不仅具有高显著性，而且具有高知名度。

再次，原、被告的商品是否相同或者类似商品？被告汕头雅培公司经营的牛初乳营养素、奶米粉、奶伴、营养米粉和葡萄糖等产品均介绍其适用人群为婴幼儿，故这些产品均为婴幼儿食品，正好落入了原告第3907887号“雅培”注册商标的核定使用商品的范围，与该商标核定使用的婴儿食品属于相同商品。此外，被告汕头雅培公司经营的部分产品，如牛初乳营养素等，亦以牛奶制品为主要原料，可与原告“雅培”驰名商标核定使用的牛奶制品构成近似商品。

综上所述，被告汕头雅培公司未经原告许可，擅自在婴幼儿食品上和网站宣传中使用“中美·雅培 ZM·YAPEI”标识显然会导致相关公众对原告和被告汕头雅培公司的奶制品、婴幼儿食品的来源产生误认，该使用行为已经构成商标侵权，被告汕头雅培公司理应停止使用该含有“雅培”字样的标识并赔偿损失。被告朱春兰销售上述侵犯注册商标专用权的商品亦构成侵权，理应承担停止侵权的民事责任。

原告在本案中还主张被告汕头雅培公司将“雅培”注册为字号的行为构成不正当竞争。从本案证据来看，原告早在2001年4月即已在我国境内使用“雅培”作为其中文译名中的字号，而且被评为世界500强企业和美国100强企业之一。与此相应的是，“雅培”作为注册商标也体现着它所具有的良好的经济价值，直至2007年9月原告注册并使用在“人用药品”、“牛奶制品”等商品上的“雅培”商标被商标局认定为驰名商标，更是彰显了原告注册商标的含金量。由此可见，“雅培”无论是作为字号还是商标，均具有极高的市场号召力和巨大的商业价值。原告为此所付出的商业努力应该获得尊重，其正当的竞争利益亦应依法受到保护。

反观被告汕头雅培公司的行为，其将企业名称中的字号注册为“雅培”，并用于婴幼儿食品的经营，主观故意至为明显。被告汕头雅培公司成立于2008年1月，而在此之前，原告的“雅培”商标已经被认定为驰名商标。被告汕头雅培公司在没有合理理由的情况下，选用“雅培”作为其字号，其正当性即已存疑。作为一个注册资本金仅8万元的有限公司，被告汕头雅培公司本不具有婴幼儿米粉的经营范围，但在其向被告朱春兰提供的企业证照复印件上，其注册资本却变成了80万元，而且本来经营范围中的“米面制品（非婴幼儿米粉）”也变成了“米面制品（营养米粉）、乳制品（营养素）”。在被告汕头雅培公司经营的一些婴幼儿食品的包装物上所出现的食品卫生许可证号甚至与其自己提供给被告朱春兰的复印件所记载的内容都对不起来。这一系列变化使得被告汕头雅培公司突然“具备”了生产、销售婴幼儿食品的资格和能力，从而“具备”了同原告竞争的可能性。本院完全有理由相信，被告汕头雅培公司在主观上具有搭“雅培”商标便车的故意，其行为违反了公平竞争、诚实信用的原则，也违反了公认的商业道德，而且正如上述所分析的，其行为必然在客观上导致相关公众对原、被告的商品来源产生混淆，并给原告带来不可避免的经济损失。被告汕头雅培公司应对其恶意注册字号的不正当竞争行为承担停止不正当竞争行为、赔偿损失等民事责任。

有关被告汕头雅培公司的赔偿数额问题，根据我国法律规定，可以权利人的损失或者侵权人的获利来计算。不过，现有的证据未能体现原告损失或被告汕头雅培公司获利的具体数额，故本院依法适用法定赔偿，并综合考虑以下因素，确定被告汕头雅培公司的具体赔偿数额：原告的“雅培”商标曾被认定为驰名商标的事实、“雅培”注册商标专用权所具有的市场价值、“雅培”商标及字号一体化战略所具有的品牌效应、原告的商业成功度、在婴幼儿食品行业中的市场地位，被告汕头雅培公司搭便车的主观恶意程度、实施商标侵权及不正当竞争的持续时间、通过商标及字号一体化模仿的侵权模式、覆盖全国的销售网络及销售价格，以及原告及其委托代理人对侵权行为进行调查、取证所支出的合理费用。

据此，依照《中华人民共和国民事诉讼法》第一百三十条，《中华人民共和国民法通则》第一百三十四条第一款第（一）项、第（七）项，《中华人民共和国商标法》第五十二条第（一）项、第（二）项和第五十六条，《中华人民共和国反不正当竞争法》第二条第一款、第二款，《最高人民法院关于审理商标民事纠纷案件适用法律若干问题的解释》第十六条第一款、第二款之规定，判决如下：

一、被告汕头市雅培食品有限公司立即停止使用带有“雅培”字样的标识，被告朱春兰立即停止销售带有前述标识的商品；

二、被告汕头市雅培食品有限公司立即停止使用带有“雅培”字号的企业名称；

三、被告汕头市雅培食品有限公司于本判决生效之日起十日内赔偿原告雅培制药有限公司经济损失及合理费用人民币50万元。

被告汕头市雅培食品有限公司如果未按本判决指定的期间履行给付金钱义务，应当依照《中华人民共和国民事诉讼法》第二百二十九条之规定，加倍支付迟延履行期间的债务利息。

本案案件受理费人民币8 800元，由被告汕头市雅培食品有限公司负担。

如不服本判决，原告雅培制药有限公司可在判决书送达之日起三十日内，被告汕头市雅培食品有限公司、朱春兰可在判决书送达之日起十五日内，向本院递交上诉状，并按对方当事人的人数提出副本，上诉于上海市高级人民法院。

审 判 长 胡震远
代理审判员 胡 瑜
代理审判员 陆凤玉
二〇一〇年四月二十二日
书 记 员 施维莉

附图

中美·雅培

ZM·YAPEI

（本判决书入选2010年度中国法院知识产权司法保护50件典型案例、2010年度上海法院知识产权司法保护十大案件）

13. 北面服饰股份有限公司诉梅朝辉等侵犯商标专用权纠纷案

——中华人民共和国上海市高级人民法院民事判决书

（2010）沪高民三（知）终字第14号

上诉人（原审被告）： 梅朝辉（MEI JOHN CHAO），男，1970年11月19日生，美国籍（美国护照号：105329851），住美利坚合众国马萨诸塞州默尔登姆市格列姆街94号（94 Glem Street，Maldem Massachusetls 02148 U. S. A）。

委托代理人： 张雪忠，上海市丁孙黄律师事务所律师。

被上诉人（原审原告）： 北面服饰股份有限公司（The North Face Apparel Corp），住所地美利坚合众国特拉华州纽卡素郡威尔明顿市（19808）桑特维利路2711号（2711 Centerville Road，City of Wilmington 19808，County of New Castel，Delaware，U. S. A）。

授权代表： 海伦·温斯洛（Helen L. Winslow），该公司副总裁。

委托代理人： 余轶峰，上海市方达律师事务所律师。

委托代理人： 谢涛，上海市方达律师事务所律师。

原审被告： 上海皓柏服饰有限公司，住所地中华人民共和国上海市真南路4268号A区164。

法定代表人： 吴蕾，该公司董事长。

委托代理人： 毛国平，上海市申光律师事务所律师。

原审被告： 杭州柏尔豪工贸有限公司，住所地中华人民共和国浙江省杭州市余杭区瓶窑镇。

法定代表人： 任洪才，该公司董事长。

原审被告： 安吉县白天鹅制衣有限公司，住所地中华人民共和国浙江省安吉县天荒坪镇横路村。

法定代表人： 颜庆华，该公司经理。

上诉人梅朝辉因商标侵权纠纷一案，不服上海市第二中级人民法院（2008）沪二中民五（知）初字第185号民事判决，向本院提起上诉。本院依法组成合议庭，于2010年4月9日公开开庭审理了本案。上诉人梅朝辉的委托代理人张雪忠，被上诉人北面服饰股份有限公司（简称北面公司）的委托代理人谢涛，原审被告上海皓柏服饰有限公司（简称皓柏公司）的委托代理人毛国平到庭参加诉讼。原审被告杭州柏尔豪工贸有限公司（简称柏尔豪公司）与原审被告安吉县白天鹅制衣有限公司（简称白天鹅公司）经传票传唤，无正当理由，未到庭参加诉讼。本案现已审理终结。

原审法院经审理查明：2003年12月14日，经中华人民共和国国家工商行政管理总局商标局（简称商标局）核准，原告取得商标局颁发的“ ”英文文字和图形组合商标的商标注册证，该商标注册证为第 2018929 号，核定使用商品第 25 类婴儿睡袋、游泳衣、登山用保暖茄克、登山用羽绒茄克等，注册有效期自 2003 年 12 月 14 日至 2013 年 12 月 13 日止。

2004 年 6 月 21 日，经商标局核准，原告受让取得“THE NORTH FACE”英文文字注册商标专用权，该商标注册证为第 1113227 号，核定使用商品第 25 类外衣、衣、背心、雨衣、带风帽的厚衣等，注册有效期自 1997 年 9 月 28 日至 2017 年 9 月 27 日止。

2004 年 7 月 14 日，经商标局核准，原告受让取得“”图形注册商标专用权，该商标注册证为第 2018931 号，核定使用商品第 25 类服装、大衣、茄克、背心、带风帽的厚茄克等，注册有效期自 2003 年 12 月 14 日至 2013 年 12 月 13 日止。

2005 年 8 月 1 日，被告皓柏公司收到了 W. J GORE &Associates, Inc（简称 WJ 公司）法律部主任 John McGill 以传真方式出具的《关于：批准获得授权的供应商（THE）NORTH FACE 商标》的授权书（简称涉案授权书）。涉案授权书载明：WJ 公司是（The）North Face 公司的下属单位；“我” John McGill，在此授权被告皓柏公司在中华人民共和国境内使用“（The）North Face”商标生产男式、女式、男式童装上衣各 3 000件；商标使用期限从 2005 年 8 月 1 日至 2005 年 11 月 31 日等内容。

嗣后，被告皓柏公司法定代表人吴蕾在涉案授权书上加注了“上海皓柏服饰有限公司授权杭州柏尔豪工贸有限公司 吴蕾”的内容后，将涉案授权书交给了被告柏尔豪公司。

2005 年 8 月 25 日，被告皓柏公司与被告柏尔豪公司签订了合同编号为 20050823 - 1 的《杭州柏尔豪工贸有限公司购销合同》。该合同约定：被告皓柏公司向被告柏尔豪公司订购规格为 189 款、190 款、208 款、207 款、206 款涉案羽绒服共计 11 000件，总计金额 2 026 000元；交货期分别为 2005 年 9 月 21 日和 9 月 31 日；质量要求和标准为按客户要求；交货地点为指定的上海仓库。同年 10 月 13 日，被告皓柏公司与被告柏尔豪公司又签订了合同编号为 20050917 - 1 的《杭州柏尔豪工贸有限公司购销合同》。该合同约定：被告皓柏公司向被告柏尔豪公司订购 208 款、207 - 1 款、364 款羽绒服共计 6 600件，总计金额 1 306 000元；交货期为 2005 年 11 月 10 日；质量要求和标准为按客户要求；交货地点为指定的上海仓库。另外，被告皓柏公司还向被告柏尔豪公司提供了生产涉案羽绒服的工艺单、生产图样、标价牌等，并对涉案羽绒服上的商标安置位置等做了具体规定。

上述两份合同签订后，被告柏尔豪公司即要求被告白天鹅公司生产涉案羽绒服，并向被告白天鹅公司提供了上述工艺单、生产图样、标价牌和被告柏尔豪公司采购的面料、辅料等。

在被告白天鹅公司生产过程中，被告皓柏公司曾至被告白天鹅公司处，对涉案羽绒服进行跟单、验货、提货等。被告白天鹅公司提供的 15 张出库单（简称涉案出库单）显示：在 2005 年 9 月 17 日至 2006 年 9 月 25 日期间内，被告皓柏公司从被告白天鹅公司处共计提取涉案羽绒服 8 094件。

2006 年 2 月 9 日，被告梅朝辉与被告皓柏公司的法定代表人吴蕾签订了一份《确认书》。双方确认，被告梅朝辉及其公司为扩展中国市场业务，委托被告皓柏公司作为其驻上海办事处，吴蕾为办事处代表等。

2006 年 6 月 28 日，被告白天鹅公司向被告皓柏公司交付 1 080件涉案羽绒服，在运送途中，被卢湾工商局查获。次日，卢湾工商局在查获的羽绒服中抽取服装3件，要求原告鉴定。同年7月5日，原告向卢湾工商局出具鉴定书称，被查获的涉案羽绒服为假冒原告涉案注册商标的商品。同年12月13日，卢湾工商局将被告白天鹅公司涉嫌加工生产的羽绒服，侵犯涉案注册商标专用权的情况向湖州工商局进行了通报。湖州工商局经调查后认为，被告白天鹅公司未经许可，擅自为他人加工制造标有与涉案注册商标相同商标的涉案羽绒服，其行为已构成侵犯注册商标专用权。2007年9月29日，湖州工商局作出了湖工商经处字（2007）9号处罚决定，对被告白天鹅公司作出了停止侵权行为、没收封存的5 300件羽绒服、罚款人民币10万元的行政处罚。

在本案一审审理中，原审法院调取了被卢湾工商局查扣的涉案羽绒服一件，在该件羽绒服的衣领、左胸、右背、拉链、标价牌等处，有与涉案注册商标相同的商标。

被告皓柏公司提供的出运单（简称涉案出运单）显示：下单日期为2005年3月21日，出运日期为2005年9月30日；NORTHFACE男棉衣3 000件、NORTHFACE女棉衣3 500件、NORTHFACE男童棉衣3 500件；包装方法为独色独码包装……小胶袋另外做，直接出运到美国，1件需1小胶袋等内容。该涉案出运单上还有英文签名及“去年做的男童尺寸较小，这次往上推一个码”的中文标注。被告皓柏公司提供的价格牌清单（简称涉案价格牌清单）显示：NORTHFACE男棉衣的价格牌、NORTHFACE女棉衣的价格牌、NORTHFACE男童棉衣的价格牌等内容。该涉案价格牌清单上也有英文签名。

2009年5月7日，根据被告皓柏公司申请，原审法院委托司法鉴定科学技术研究所司法鉴定中心（简称司鉴所）对涉案授权书传真件中John McGill的签名、涉案出运单上的英文签名及部分中文标注、涉案价格牌清单上的英文签名等是否由被告梅朝辉书写进行笔迹鉴定。2009年10月12日，司鉴所出具司鉴中心［2009］技鉴字第657号《司法鉴定科学技术研究所司法鉴定中心鉴定意见书》（简称《司法鉴定书》），鉴定结论为：涉案授权书传真件中John McGill的签名系出自被告梅朝辉的笔迹；涉案价格牌清单中的英文签名是被告梅朝辉书写；根据现有样本无法判断涉案出运单上的两处英文签名是否出自被告梅朝辉笔迹，但涉案出运单上“去年做的男童尺寸较小，这次往上推一个码”的字迹系被告梅朝辉书写等。

一审庭审中，被告皓柏公司向原审法院表示，根据被告梅朝辉的要求，被告皓柏公司已将从被告白天鹅公司处提取的涉案羽绒服出运至美国。被告皓柏公司、被告柏尔豪公司均表示，在涉案羽绒服加工合同履行期间，被告梅朝辉曾在吴蕾的陪同下，到杭州与被告柏尔豪公司法定代表人任宁联系加单及查货事宜。

原审法院认为：原告系涉案注册商标的专用权人，其合法权益受《中华人民共和国商标法》（简称商标法）的保护。本案中，各方当事人的主要争议焦点在于：1. 四被告是否共同生产、销售了涉案羽绒服；2. 四被告是否应承担民事责任；3. 原告在本案中请求四被告共同赔偿原告包括合理费用在内的经济损失人民币1 567 716.84元，有无事实和法律的依据。

一、关于第一个争议焦点

1. 关于四被告是否共同生产了涉案羽绒服的问题

首先，《司法鉴定书》的鉴定结论显示：涉案授权书传真件中John McGill的签名系出自被告梅朝辉的笔迹；涉案价格牌清单中的英文签名也是被告梅朝辉所书写。对此，被告梅朝辉未作出合理解释。据此，根据被告皓柏公司、被告柏尔豪公司在本案诉讼中所作的关于被告梅朝辉提供了涉案授权书和被告梅朝辉至杭州对涉案羽绒服进行加单、查货等陈述，有充分理由相信，被告梅朝辉不仅未经原告许可擅自伪造了涉案授权书，还要求被告皓柏公司生产涉案羽绒服，并积极参与了涉案羽绒服的加单、查货等相关事宜，原审法院对被告梅朝辉提出的其从未委托被告皓柏公司生产过涉案羽绒服的辩称意见，不予采信。其次，被告皓柏公司在收到被告梅朝辉的涉案授权书后，即进行再授权，要求被告柏尔豪公司生产涉案羽绒服，还向被告柏尔豪公司提供了生产涉案羽绒服的工艺单、生产图样、标价牌等，并对涉案羽绒服上使用与涉案注册商标相同商标的具体位置等做了明确规定。再次，被告柏尔豪公司在收到被告皓柏公司加注的涉案授权书后，采购了涉案羽绒服的面料、辅料等，要求被告白天鹅公司生产涉案羽绒服，并向被告白天鹅公司提供了生产涉案羽绒服的工艺单、生产图样、面料、辅料、标价牌等。最后，被告白天鹅公司根据被告柏尔豪公司的具体要求，生产了使用涉案注册商标的涉案羽绒服。由此可见，涉案羽绒服的最终完成与四被告的上述行为密不可分。故原审法院认为四被告共同生产了涉案羽绒服。

根据商标法的规定，未经商标注册人的许可，在同一种商品或者类似商品上使用与其注册商标相同或者近似的商标的，属于侵犯注册商标专用权的行为。本案中，四被告未经原告许可，共同生产了使用与涉案注册商标相同商标的涉案羽绒服的行为，侵犯了原告对涉案注册商标所享有的商标专用权。

2. 关于四被告是否共同销售了涉案羽绒服的问题

首先，根据被告梅朝辉出具伪造的涉案授权书的事实和《司法鉴定书》中关于涉案出运单上“去年做的男童尺寸较小，这次往上推一个码”的字迹系被告梅朝辉书写的鉴定结论，以及被告皓柏公司在诉讼中所作的其从被告白天鹅公司提取涉案羽绒服后，即根据被告梅朝辉的指示出运至美国的陈述，有充分理由相信，被告梅朝辉指示被告皓柏公司将涉案羽绒服出运至美国。可见，被告梅朝辉、被告皓柏公司已经实现了涉案羽绒服的对外销售。其次，被告柏尔豪公司是根据被告皓柏公司的具体生产要求，指示被告白天鹅公司生产涉案羽绒服。被告白天鹅公司则根据被告柏尔豪公司转达的被告皓柏公司的具体生产要求，生产并交付了涉案羽绒服。由此可见，被告梅朝辉、被告皓柏公司与被告柏尔豪公司之间，被告柏尔豪公司与被告白天鹅公司之间均属承揽关系，因此，被告白天鹅公司、被告柏尔豪公司向被告梅朝辉、被告皓柏公司交付涉案羽绒服的行为并非销售行为。再次，没有证据证明，被告柏尔豪公司、被告白天鹅公司参与了被告梅朝辉、被告皓柏公司上述涉案羽绒服的对外销售。据此，原审法院认为，被告梅朝辉、被告皓柏公司共同对外销售了涉案羽绒服，原审法院对于原告关于四被告共同销售涉案羽绒服的主张，不予采信。

根据商标法的规定，销售侵犯注册商标专用权商品的，属于侵犯注册商标专用权的行为。本案中，被告梅朝辉、被告皓柏公司共同销售侵犯原告涉案注册商标专用权的涉案羽绒服的行为，侵犯了原告对涉案注册商标所享有的商标专用权。

二、关于第二个争议焦点

首先，被告梅朝辉未经原告许可擅自制作涉案授权书的行为，充分说明了被告梅朝辉明知其生产、销售涉案羽绒服的行为系侵权行为，被告梅朝辉在主观上具有明显的恶意。

其次，在本案中，被告皓柏公司自认其系被告梅朝辉在上海的办事处，且被告皓柏公司在收到涉案授权书后，未对涉案授权书进行合理审慎的审查，故被告皓柏公司应知其生产、销售涉案羽绒服的行为系侵权行为，被告皓柏公司在主观上具有明显过错。再次，被告柏尔豪公司、被告白天鹅公司在收到涉案授权书后，未对涉案授权书中 WJ 公司与原告之间的关系和 WJ 公司是否获得原告合法授权等基本事实进行合理审慎的审查，因此，被告柏尔豪公司、被告白天鹅公司也应知其生产涉案羽绒服的行为系侵权行为，被告柏尔豪公司、被告白天鹅公司在主观上也具有过错。据此，根据法律的规定，被告梅朝辉、被告皓柏公司、被告柏尔豪公司、被告白天鹅公司应当就其共同生产涉案羽绒服的侵权行为，被告梅朝辉、被告皓柏公司应当就其共同销售涉案羽绒服的侵权行为，承担停止侵权、赔偿损失的民事责任。原审法院对于被告皓柏公司、被告柏尔豪公司、被告白天鹅公司提出的其主观上没有过错和不应承担民事责任的辩称意见，不予采信。

三、关于第三个争议焦点

原审法院认为，商标法规定，侵犯商标专用权的赔偿数额，为侵权人在侵权期间因侵权所获得的利益，或者被侵权人在被侵权期间因被侵权所受到的损失，包括被侵权人为制止侵权行为所支付的合理开支。侵权人因侵权所得利益，或者被侵权人因被侵权所受损失难以确定的，由人民法院根据侵权行为的情节判决给予 50 万元以下的赔偿。《最高人民法院关于审理商标民事纠纷案件适用法律若干问题的解释》规定，人民法院依据商标法第五十六条第一款的规定确定侵权人的赔偿责任时，可以根据权利人选择的计算方法计算赔偿数额。商标法第五十六条第一款规定的侵权所获得的利益，可以根据侵权商品销售量与该商品单位利润乘积计算；该商品单位利润无法查明的，按照注册商标商品的单位利润计算。鉴于，在本案审理中，原告明确要求按照各被告侵权获得的利益计算赔偿数额，因此，原审法院根据上述法律规定，依法确认四被告在本案中所应承担的赔偿数额。

本案中，关于四被告共同生产涉案羽绒服和被告梅朝辉、被告皓柏公司共同销售涉案羽绒服的数量。首先，鉴于湖州工商局在被告白天鹅公司没收了 5 300件涉案羽绒服，且没有证据证明被告柏尔豪公司、被告白天鹅公司收到了该 5 300件涉案羽绒服的加工款，故四被告未因共同生产该 5 300件涉案羽绒服而获利，被告梅朝辉、被告皓柏公司也未实现该 5 300件涉案羽绒服的销售，可见，该 5 300件涉案羽绒服没有造成原告损失。其次，涉案出库单显示，被告白天鹅公司将 8 094件涉案羽绒服交付给被告皓柏公司，且被告皓柏公司在诉讼中自认该 8 094件涉案羽绒服已根据被告梅朝辉的指示出运，因此，有充分理由相信，四被告共同生产并由被告梅朝辉、被告皓柏公司共同实现销售的涉案羽绒服的数量至少为 8 094件。

关于四被告共同生产涉案羽绒服所应承担的赔偿数额。原审法院认为，由于没有证据表明加工生产涉案羽绒服可以获得的单位利润，因此，对于四被告共同生产涉案羽绒服所应承担的赔偿数额，原审法院根据四被告共同生产并实现销售的涉案羽绒服的数量，被告柏尔豪公司、被告白天鹅公司加工涉案羽绒服所获得的一般单位利润，以及原告为制止四被告共同生产涉案羽绒服的侵权行为所支付的合理开支，酌情予以确定。

关于被告梅朝辉、被告皓柏公司共同销售涉案羽绒服所应承担的赔偿数额。虽然，原告没有证据证明被告梅朝辉、被告皓柏公司销售涉案羽绒服的单位利润和原告销售标有涉案注册商标商品的单位利润，但是，即使根据销售该类商品的一般单位利润计算，被告梅朝辉、被告皓柏公司销售 8 094件涉案羽绒服的获利也已超过了法定赔偿的最高限额即 50万元的标准。因此，对于被告梅朝辉、被告皓柏公司共同销售涉案羽绒服所应承担的赔偿数额，原审法院根据被告梅朝辉、被告皓柏公司在本案中的主观过错，原告涉案注册商标的声誉，被告梅朝辉、被告皓柏公司侵权的性质、情节，以及原告为制止被告梅朝辉、被告皓柏公司共同销售涉案羽绒服的侵权行为所支付的本案合理费用等综合因素，在法定赔偿最高限额 50 万元以上予以酌情确定。

综上，被告梅朝辉、被告皓柏公司、被告柏尔豪公司、被告白天鹅公司未经原告许可共同生产涉案羽绒服的行为，侵犯了原告对涉案注册商标所享有的商标专用权。被告梅朝辉、被告皓柏公司共同销售涉案羽绒服的行为，侵犯了原告对涉案注册商标所享有的商标专用权。被告梅朝辉、被告皓柏公司、被告柏尔豪公司、被告白天鹅公司应当就其共同生产涉案羽绒服的侵权行为，被告梅朝辉、被告皓柏公司应当就其共同销售涉案羽绒服的侵权行为，承担停止侵权、赔偿损失的民事责任。据此，原审法院依照《中华人民共和国商标法》第五十二条第（一）项、第（二）项及第五十六条，《最高人民法院关于审理商标民事纠纷案件适用法律若干问题的解释》第十三条、第十四条之规定，判决：一、被告梅朝辉、被告皓柏公司、被告柏尔豪公司、被告白天鹅公司停止对原告北面公司享有的“”英文文字和图形组合注册商标（商标注册证号为第 2018929 号）、“THE NORTH FACE”英文文字注册商标（商标注册证号为第 1113227 号）、“”图形注册商标（商标注册证号为第 2018931 号）专用权的侵害；二、被告梅朝辉、被告皓柏公司应于判决生效之日起十日内，共同赔偿原告北面公司包括合理费用在内的经济损失人民币 60 万元；三、被告柏尔豪公司、被告白天鹅公司应于判决生效之日起十日内，共同赔偿原告北面公司包括合理费用在内的经济损失人民币 20 万元；四、被告梅朝辉、被告皓柏公司还应对被告柏尔豪公司、被告白天鹅公司的上述第三项给付义务承担连带赔偿责任；五、对原告北面公司的其余诉讼请求不予支持。

一审案件受理费人民币 18 909元，由原告北面公司负担人民币 4 630元，由被告皓柏公司、被告梅朝辉共同负担人民币 10 710元，由被告柏尔豪公司负担人民币 2 499元，由被告白天鹅公司负担人民币 1 070元。财产保全申请费人民币 972 元，由被告梅朝辉负担。笔迹鉴定费人民币 19 000元，由被告梅朝辉负担人民币 14 000元，由被告皓柏公司负担人民币 5 000元。

梅朝辉不服一审判决，向本院提起上诉，请求撤销原审判决与其有关的部分，将案件发回重审或者依法改判。上诉人梅朝辉上诉的主要理由是：第一，原审法院认定梅朝辉与三位原审被告共同实施商标侵权行为错误。原审法院未曾查明 2005 年 8 月 1 日的涉案授权书传真件是如何产生的，没有证据证明该传真件系梅朝辉所发；原审法院认定梅朝辉有共同侵权行为的依据是六张价格牌，其中四张价格牌上并未标明是“NORTH FACE”北面服饰的服装，只有两张价格牌左上角打了“NORTH FACE”男款棉衣的字样。第二，原审法院未曾查明原审判决所称已运往美国的 8 094件服装是在何时、经过何人、通过何种途径运往国外。

被上诉人北面公司辩称，根据司鉴所对涉案授权书的签名进行的笔迹鉴定，涉案授权书上的英文签名 John McGill 系出自上诉人梅朝辉的笔迹。更何况，除鉴定结论外，一审中皓柏公司、柏尔豪公司也均向原审法院明确表示涉案授权书系由上诉人梅朝辉提供。根据司鉴所的鉴定结论，涉案价格牌清单中的英文签名及涉案出运单上“去年做的男童尺寸较小，这次往上推一个码”的字迹系梅朝辉书写。这说明梅朝辉确实参与了相关侵权货物的销售。原审判决所认定销售涉案侵权服装的数量具有充分的事实依据。至于上诉人梅朝辉所称的涉案侵权服装是在何时、经过何人、通过何种途径被运往国外的问题，属于上诉人梅朝辉如何从事具体侵权活动的操作性问题，不应影响原审法院基于现有证据对其销售侵权服装数量的认定。被上诉人北面公司认为原审判决认定事实清楚、适用法律正确，请求二审法院驳回上诉，维持原判。

原审被告皓柏公司辩称，除原审判决其承担的赔偿责任略重外，原审判决所基于的事实是客观的。

原审被告柏尔豪公司与原审被告白天鹅公司均未提供答辩意见。

二审中，各方当事人均未向本院提供新的证据材料。

经审理查明，原审判决认定的事实属实。

本院认为：根据司鉴所的鉴定结论，涉案授权书传真件中 John McGill 的签名系出自梅朝辉的笔迹。假设有人利用梅朝辉空白签名或者在他处文件上的签名制作虚假的传真件，该可能被利用的签名亦应当是“梅朝辉”签名，而非“John McGill”签名。另外，标有 NORTHFACE 男棉衣、NORTHFACE 女棉衣及 NORTHFACE 男童棉衣的涉案价格牌清单中的英文签名，涉案出运单上“去年做的男童尺寸较小，这次往上推一个码”的字迹，梅朝辉与皓柏公司的法定代表人吴蕾签订的《确认书》，以及皓柏公司与柏尔豪公司在本案一审诉讼程序中的相关陈述等本案证据，均可以印证涉案授权书传真件系梅朝辉所发，原审法院认定梅朝辉未经北面公司许可擅自制作涉案授权书并无不当。原审法院认定梅朝辉有共同侵权行为的依据并非只是六张价格牌，而是包括涉案授权书传真件、涉案出运单上“去年做的男童尺寸较小，这次往上推一个码”的字迹、梅朝辉与皓柏公司的法定代表人吴蕾签订的《确认书》，以及皓柏公司与柏尔豪公司在本案一审诉讼程序中相关陈述等本案证据，上诉人梅朝辉所说四张价格牌上并未标明是“NORTH FACE”服装的事实并不能推翻原审法院关于梅朝辉参与实施商标侵权行为的事实认定。上诉人梅朝辉关于原审法院认定其与三位原审被告共同实施商标侵权行为错误的上诉理由不能成立。

综合考虑到2005 年 8 月 25 日签订的《杭州柏尔豪工贸有限公司购销合同》中约定的羽绒服共计 11 000件，同年 10 月 13 日签订的《杭州柏尔豪工贸有限公司购销合同》中约定的羽绒服共计 6 600件，涉案出运单中记载的棉衣 10 000件，涉案出库单涉及的羽绒服 8 094件，以及被卢湾工商局查获的羽绒服 1 080件和被湖州工商局没收封存的羽绒服 5 300件，原审法院认定本案已实现销售的涉案羽绒服至少 8 094件并无不当。至于上诉人梅朝辉所说原审法院未曾查明所称已运往美国的 8 094件服装是在何时、经过何人、通过何种途径运往国外的，这并不影响原审法院的上述事实认定。上诉人梅朝辉的相应上诉理由不能成立。

综上所述，上诉人梅朝辉的上诉请求与理由没有事实和法律依据，应予驳回。依照

《中华人民共和国民事诉讼法》第一百三十条、第一百五十三条第一款第（一）项、第一百五十七条、第一百五十八条之规定，判决如下：

驳回上诉，维持原判。

本案二审案件受理费人民币11 800元，由上诉人梅朝辉负担。

本判决为终审判决。

审　判　长　张晓都
代理审判员　马剑峰
代理审判员　李　澜
二〇一〇年五月十二日
书　记　员　董尔慧

（本判决书入选2010年度中国法院知识产权司法保护50件典型案例）

14. 施华洛世奇有限公司诉王晨昀等侵犯商标专用权案

——中华人民共和国上海市黄浦区人民法院民事判决书

（2009）黄民三（知）初字第283号

原告：施华洛世奇有限公司（SWAROVSKI AKTIENGESELLSCHAFT），住所地列支敦士登特里松 FL-9495 道斯大街 15 号。

法定代表人：Rudolf Haugg。

委托代理人：王惠，女，1981 年 1 月 27 日出生，汉族，北京康信知识产权代理有限责任公司工作，住址北京市海淀区教育部留学服务中心学院路 15 号。

委托代理人：李昕，女，1983 年 8 月 24 日出生，汉族，北京康信知识产权代理有限责任公司工作，住址天津市南开区卫津路 94 号。

被告：王晨昀，男，1981 年 7 月 21 日出生，汉族，住址上海市卢湾区瞿溪路 1072 弄 12 号 205 室。

被告：上海王星信息技术有限公司，住所地上海市青浦区练塘镇朱枫公路 6188 号 2692 室。

法定代表人：王晨昀，该公司执行董事。

上述两被告的共同委托代理人：商建刚，上海得勤律师事务所律师。

上述两被告的共同委托代理人：孙颖，上海得勤律师事务所律师。

原告施华洛世奇有限公司与被告王晨昀、被告上海王星信息技术有限公司侵犯商标专用权纠纷一案，本院受理后，依法组成合议庭，公开开庭进行了审理。原告施华洛世奇有限公司的委托代理人王惠、李昕，被告王晨昀、被告上海王星信息技术有限公司（以下简称“王星公司”）的共同委托代理人商建刚、孙颖到庭参加诉讼。本案现已审理终结。

原告施华洛世奇有限公司诉称：原告公司成立于 1968 年，由丹尼尔·施华洛世奇先生创始于奥地利，以切割水晶产品的制造销售为主营业务，现已成为全球首屈一指的切割水晶制造商。1987 年至 2004 年原告先后经中华人民共和国国家工商行政管理局商标局（以下简称中国国家商标局）核准取得了第 384001 号“SWAROVSKI”、第 385013 号“施华洛世奇”、第 346372 号“ ”、第 3520173 号“SWAROVSKI 施华洛世奇”四个注册商标，核定使用的商品为国际商品分类第 14 类，且上述商标均在有效期内。20 世纪 80 年代，原告进入中国大陆市场，并在多个城市设立子公司、分支机构和办事处，建立起自己的营销体系，其产品在中国大陆地区均通过专卖店销售。历经数十年的努力，原告下属公司获得了中国政府及相关组织颁发的各种奖项，施华洛世奇水晶在包括中国在内的世界范围内被认定为极具影响力的优质品牌，施华洛世奇系列商标在中国大陆地区已具有较高的知名度和美誉度。

被告王晨昀系被告王星公司的法定代表人。被告王星公司于 2008 年 6 月 21 日注册了域名 chinaswarovski. com，两被告于同年 7 月 16 日注册了 swarovski-shop. cn，swarovski8. cn，chinaswarovski. cn 三个域名。两被告在依据上述四个域名建立的四个网站上，大量、突出使用原告的注册商标，宣传并出售假冒原告注册商标的水晶产品。网站上所列的相关产品并非原告公司生产，两被告企图搭原告的便车，建立与原告及其产品的联系，造成相关公众的混淆和误认，上述三个行为侵犯了原告的注册商标专用权。被告王晨昀另行注册 itunion. com、chinawsw. com、wangxing. com 三个域名进行电子商务及网商培训活动，其本人在电子商务领域具有较大的影响力。而且，上述网站之间相互链接，王晨昀开设的个人博客 wangchenyun. com 与网站 swarovski8. cn 链接，销售侵权产品，侵权影响大，给原告造成巨大的经济损失，而两被告据此获得了巨大的商业利润。原告遂向本院提起诉讼，请求法院判令：1. 两被告立即停止侵犯原告注册商标专用权的行为，具体包括立即停止使用域名 swarovski-shop. cn，swarovski8. cn，chinaswarovski. cn，chinaswarovski. com；立即停止在网站上使用原告的注册商标；立即停止销售侵犯原告注册商标专用权的商品。2. 两被告注册的 swarovski-shop. cn，swarovski8. cn，chinaswarovski. cn，被告王星公司注册的 chinaswarovski. com 共四个域名于本判决生效之日起十日内由原告注册使用。3. 两被告在《人民法院报》（除中缝外）及王晨昀的电子商务辅导中心网站（www. itunion. com）首页上刊登声明各一次（内容由法院审定）。4. 两被告共同赔偿原告经济损失及合理费用共计人民币（以下钱款均为人民币）40 万元。5. 本案诉讼费由两被告负担。

被告王晨昀辩称：上述四个域名的持有人系被告王星公司，其仅为域名联系人接受被告王星公司的委托代办域名注册事宜并负责与注册商的后续联系工作。网站的实际经营者系被告王星公司，其并未实施原告所称的上述三项侵权行为，故不应成为本案被告，请求驳回原告对被告王晨昀的全部诉讼请求。

被告王星公司辩称：1. 其虽注册了上述四个域名，系争域名亦存在与原告注册商标相近似的内容，但系根据域名注册程序合法注册并支付了相关费用，属于指示性使用，即指引消费者购买产品，而非在产品本身或服务中使用商标，这种使用是善意的、合理的。2. 上述四个域名均指向同一 IP 地址，四个域名对应的网页内容完全相同，只是排版不同，对应的是同一个网站。网站的经营管理均由被告王星公司负责，该公司自域名注册后的 2008 年年底才建立网站，在 2009 年 6 月已停止使用系争域名，并删除相关网站，并未侵犯原告的商标权。3. 法律禁止的是在侵权产品上标明注册商标，或制造假冒标识的行为，网站上有关施华洛世奇水晶产品的信息和介绍均来自淘宝网的商户，是由该商户将产品 DIY 后在网络上销售，其购入后在自己的网站上销售，在网站上提示、销售施华洛世奇的水晶产品，并不构成对原告商标权的侵犯。4. 被告王星公司销售的所有水晶产品均根据客户订单从淘宝卖家“心花怒放 jjy”处购得，因该卖家有假一罚百的承诺，且为“消费者保障服务”的诚信卖家，其有理由相信所购产品系施华洛世奇水晶真品。涉案产品经了解系从奥地利发货而来的 STRASS 系列裸晶，因有合法来源且销售的是原告的产品，也未造成误认，故不应承担侵权责任。5. 原告指控两被告共同侵权的基础事实不成立，被告王星公司并未实施侵权行为，故不应承担赔偿责任。

经审理查明：

一、与施华洛世奇系列商标权属相关的事实

1987 年 7 月 30 日，斯瓦热威斯基有限公司经中国国家商标局核准注册了第 384001 号

“SWAROVSKI”商标，核定使用商品为第14类珠宝饰物仿制品，后经两次续展注册有效期至2017年7月29日。2009年12月14日，该商标注册人名义变更为原告。1989年4月20日，原告经中国国家商标局核准注册了第346372号“”商标，核定使用的商品为第14类金银珠宝饰品及其仿制品等，经两次续展有效期至2019年4月19日。1989年8月30日，原告经中国国家商标局核准注册了第385013号“施华洛世奇”商标，核定使用商品为第14类，后经两次续展注册有效期至2019年8月29日。2004年11月7日，斯瓦热威斯基有限公司经中国国家商标局核准注册了第3520173号“”商标，核定使用商品为第14类，有效期至2014年11月6日。2009年12月14日，该商标注册人名义变更为原告。

二、施华洛世奇系列商标具有较高知名度的事实

2000年2月24日，中国国家商标局（2000）商标异字第59号《关于第1195227号“SWAROVSKI及图”商标异议的裁定》中认定：“SWAROVSKI”为原告的商号名称，乃其自行创立，并于1965年起被用作该企业的商标。目前，原告的“SWAROVSKI及天鹅图形”商标已经在包括中国在内的多个国家和地区的多个类别上获得了注册，尤其以玻璃及水晶制的工艺品为主，其产品具有较高知名度。

2005年5月20日，西班牙巴塞罗那省法庭第十五分庭第612/2003-1a号上诉案判决书中认定：SWAROVSKI在世界上生产水晶雕刻制品和水晶珠宝的公司中首屈一指，不仅在该行业具有知名度，而且在西班牙扎根已久，其优美的天鹅造型图案与众不同。

2009年3月20日，北京市高级人民法院（2008）高民终字第1376号民事判决书中认定：原审判决认定施华洛世奇有限公司的第384001号“SWAROVSKI”商标和第385013号“施华洛世奇”商标为驰名商标并无不当。

2008年7月18日，亚洲域名争议解决中心北京秘书处行政专家组裁决（案件编号：CN 080200）中的专家组意见确认：原告对于“SWAROVSKI”在中国享有商标专用权，并被中国国家商标局认定为具有较高知名度。

2009年4月23日，中国国际经济贸易仲裁委员会网上争议解决中心（2009）中国贸仲无裁字第0002号裁决书中的专家组意见认定：施华洛世奇有限公司享有权利的由“施华洛世奇”文字构成的商标已经具备极高知名度。

三、与两被告被控侵权行为相关的事实

被告王星公司成立于2001年7月18日，核准经营范围为计算机领域内的四技服务、计算机网络工程服务、商务信息咨询等，公司类型为有限责任公司（国内合资）。被告王晨昀系被告王星公司的法定代表人、股东。

2009年4月30日，北京市国信公证处根据北京康信知识产权代理有限责任公司（以下简称康信公司）的保全证据申请，派出公证人员与康信公司的代理人在北京市国信公证处，通过该公证处的局域网上网进行如下操作：检查电脑与网线、打印机的连接情况，接入互联网，在浏览器地址栏中输入 http：//www. swarovski-shop. cn/网址，进入“施华洛世奇水晶专卖网”网站首页，在网页的上部标有“Swarovski、施华洛世奇和海星图形”组合，“Swarovski Hearts”与众多心形图形组合，“”与“Swarovski”组合；下设

“推荐商品”与“最新商品”栏目，左侧是28个“施华洛世奇”水晶产品的分类栏目。输入http：//www.swarovski8.cn/网址，进入“施华洛世奇专卖网”网站首页，在该网页的上部标有“China Swarovski、施华洛世奇专卖网”与海星图形组合，“Swarovski Hearts”与众多心形图形组合，“ ”与“Swarovski”组合，下设“最新商品”与“推荐商品”栏目，左侧是“商品分类”、“销售排行”、“优惠活动”栏目。输入http：//www.chinaswarovski.cn/网址，进入“施华洛世奇专卖网”网站首页，该首页与输入http：//www.swarovski8.cn/网址后的首页显示基本一致。输入http：//www.chinaswarovski.com/网址，网页上有“Swarovski Hearts”与众多心形图形组合，“ ”与“Swarovski”组合，“STRASS”、“Swarovski Crystal”及梯形图形组合，下设“推荐商品”与“最新商品”栏目，左侧是“商品分类”、“销售排行”栏目。上述四个网站的首页页面均有水晶产品的图片、品称、价格等信息，每一件产品前均冠以“施华洛世奇水晶”字样。输入http：//www.cnnic.net/网址，进入“中国互联网信息中心”网站，在首页点击“WHOIS”查询栏下的“查询”，进入“WHOIS查询”页面，在“查询”栏先后输入“swarovski-shop.cn”、“swarovski8.cn”，“chinaswarovski.cn”，点击“查询”进入查询结果页面，显示上述三个域名的联系人均为被告王晨昀。

2009年4月21日，北京市国信公证处根据康信公司的保全证据申请，派出公证人员与康信公司的代理人在北京市国信公证处，通过该公证处的局域网上网进行如下操作：检查电脑与网线、打印机的连接情况，接入互联网，在浏览器地址栏中输入http：//www.swarovski-shop.cn/网址，进入“施华洛世奇水晶专卖”网站首页，在该首页点击“商品分类”栏下的“施华洛世奇豪华款（39MM以下）”，进入该页面后点击第二行左数第一个产品图片，进入“施华洛世奇水晶吊坠28MM大号金色魅影贝壳”页面，显示：“市场价523元，您的价格288元”。依次点击“加入购物车”、“下一步”，进入“用户登录”界面，在该页面输入用户名和密码，点击“登录”后进入“会员管理中心”，在该页面依次点击“购物车”、“下一步”，进入“订单填写”页面，在该页面输入有关内容后点击“订单提交”，生成的订单号码为109042111023507，订单总金额为313元，获50积分。

上述网上订货操作完成后，公证人员于当日对康信公司的代理人在中国建设银行股份有限公司北京北环支行向上述网上订货中确认的账户汇款313元的行为进行了现场监督。2009年4月30日，公证人员又对康信公司的代理人在北京市海淀区知春路甲48号盈都大夏A座接收所订购的“施华洛世奇水晶吊坠28MM大号金色魅影贝壳”（订单号为109042111023507）的行为进行了现场监督，并对所购产品进行了现场拍照、封存。

原告提供的（2009）京国信内民证字第05234号公证书中反映出接入互联网，在浏览器地址栏中输入http：//www.itunion.com/网址，进入“王晨昀电子辅导中心”网站首页，点击“个人资讯”，在该页面点击“旗下所属分站介绍”，进入该页面后点击“王晨昀的博客”，进入博客后发现其中并无相关侵权网站或产品的任何介绍和指引。在该页面的链接处有38个被链网站，点击其中的“施华洛世奇水晶”，进入域名为swarovski8.cn的网站，该网页与2009年4月30日的北京市国信公证处证据保全时进入该网站所显示内容基本相似。

2010年4月19日，打印的电子域名证书证实：以cn为后缀的三个域名，注册人或注册组织全称：被告王星公司，注册时间：2008年7月16日，到期时间：2010年7月16日；以com为后缀的域名，注册人和注册联系人均为被告王星公司，注册时间：2008年6月21日，到期时间：2011年6月21日。

2010年3月11日，被告王星公司委托福建中证司法鉴定中心对涉案四个网站的主机IP地址、域名注册信息、淘宝网交易信息、网站链接的页面内容进行证据固定。同月22日该中心出具［2010］数检字第22号（1）检验报告书，检验结果为：（1）涉案四个网站的主机IP地址均为“96.0.30.1”；（2）以cn为后缀的三个涉案域名的注册人均为李立，以com为后缀的涉案域名的注册人为被告王星公司；（3）淘宝网账户名为“jinbeibei0603”的用户于2009年4月21日13时39分购买的“施华洛世奇水晶吊坠28MM大号金色魅影贝壳C”的淘宝订单号为“1732245979”，支付宝交易号为“2009042134718205”；（4）通过网络访问送检方提供的18个网站链接，对页面内容进行证据固定。

经核对上述18个网站链接所固定的页面内容结合被告自认，证实：自2009年2月10日至同年6月6日，淘宝网账户名为“jinbeibei0603”的用户（被告王星公司的员工）先后从淘宝网卖家“心花怒放jjy”处购入22件各类施华洛世奇水晶产品，买入价格为2 115元。自2009年2月10日至同年6月6日，被告王星公司通过四个域名所对应的网站先后卖出22件各类施华洛世奇水晶产品，卖出价格为6 145元。其中，2009年4月21日上午11时02分，定购人为“李波”、收货人为“王丽萍”的客户在域名为www.swarovski-shop.cn的网站，以288元的价格订购“施华洛世奇水晶吊坠28MM大号金色魅影贝壳”1件；2009年4月21日下午13时39分，淘宝网账户名为“jinbeibei0603”的用户从淘宝网卖家“心花怒放jjy”处以46元价格购得“施华洛世奇水晶吊坠28MM大号金色魅影贝壳C”1件。

2010年5月19日，原告出具鉴定书一份，就该公证购买的“施华洛世奇水晶吊坠28MM大号金色魅影贝壳”是否系原告生产、销售的品牌产品进行鉴定。结论为：原告公司没有与被控侵权商品相同设计的项链产品；被控侵权商品的包装与项链产品不是原告生产、销售的施华洛世奇品牌的包装和产品。其一，施华洛世奇品牌产品包装有两层，外层为深蓝色双向开口纸盒，纸盒正面印有原告公司的注册商标“ ”和“SWAROVSKI”；在纸盒的一侧开口部分贴有白色标签，其上标有产品型号和条形码；在纸盒的底部贴有透明标签，其上标注品名、产地、代理商、地址和电话。内层为翻盖式纸盒，纸盒内部为深蓝色丝绒，内外都印有原告公司的注册商标“ ”和“SWAROVSKI”，印刷精致，线条清晰。而被控侵权商品仅有一层包装，没有外包装盒，只有翻盖式包装盒，盒表面和内部的标识印刷粗糙，商标图案线条模糊，并且没有品名、型号、条形码、产地、代理商、地址和电话。其二，施华洛世奇品牌产品上带有深蓝色塑料标签，标签正面为深蓝色底，上面有突出的“ ”和“SWAROVSKI”，背面为白色标签，标有产品型号和条形码，产品上带有天鹅形吊坠，做工精巧，背面刻有“ ”标识，产品的挂钩上同样刻有“ ”标识。而被控侵权商品上没有标签，天鹅形扣做工粗糙，背面没有“ ”，挂绳材料低劣，做工粗糙，挂钩上没有“ ”。此外，被控侵权商品的包装盒内、外部均有“ ”和“SWAROVSKI”组合商标，产品主体上部亦有原告标志性的“ ”。

本院另查明：2010年5月至7月，本院分别向中国互联网络信息中心（CNNIC）、厦门易名网络科技有限公司、厦门三五互联科技股份有限公司发送协助调查函，调查涉案四个域名的持有人、联系人、到期日信息及其变更情况。2010年5月20日，中国互联网络信息中心（CNNIC）回函确认如下：chinaswarovski. cn和swarovski8. cn域名均注册于2008年7月16日，注册人姓名：王晨昀，注册人组织：王星公司。2010年3月7日，上述两个域名注册人姓名均变更为案外人李立，注册人组织未发生变更。swarovski-shop. cn域名注册于2007年3月13日，注册人姓名：张庆华，注册人组织：云浮丽图电脑科技；2008年7月16日，注册人姓名变更为被告王晨昀，注册人组织变更为被告王星公司，2010年3月7日，注册人姓名变更为李立。上述三个域名的注册人姓名意为域名联系人，注册人组织意为域名持有人，到期日均为2010年7月16日。2010年8月30日，厦门三五互联科技股份有限公司回函确认如下：chinaswarovski. com域名注册于2008年6月21日，注册人、管理人、技术人、付款人名称均为被告王晨昀。自注册之日起至2010年2月8日，该域名持有人、联系人的信息无变更记录。2010年6月20日，厦门易名网络科技有限公司回函确认如下：chinaswarovski. com域名注册人及联系人均为被告王星公司，该域名自2010年2月8日转入该公司管理，至今没有发生注册信息的变更情况，该域名的到期日为2011年6月21日。鉴于以cn为后缀的三个域名已于2010年7月16日到期，原告的关联公司施华洛世奇（上海）贸易有限公司于同年9月25日注册了上述三个域名。审理中，原告变更第一项诉讼请求为：请求判令两被告立即停止侵犯原告注册商标专用权的行为，具体包括立即停止使用域名chinaswarovski. com；立即停止在网站上使用原告的第384001号“SWAROVSKI”、第385013号“施华洛世奇”、第346372号“ ”、第3520173号“SWAROVSKI 施华洛世奇”注册商标；立即停止销售侵犯原告上述四个注册商标专用权的商品。原告变更第二项诉讼请求为：请求判令被告王星公司注册的chinaswarovski. com域名于本判决生效之日起十日内由原告注册使用。

审理中，被告王星公司承认使用涉案四个域名建立相应网站的实际经营管理者系被告王星公司，网上定货、网络销售和收款均由公司员工操作。以com为后缀的域名系被告王晨昀为公司所注册，现已转让给公司，2010年11月3日对于该域名转让被告王星公司一事，该公司以书面形式表示愿意接受人民法院裁判约束。原告确认被告王星公司于2010年4月起停止使用涉案四个域名并关闭上述域名所对应的网站，停止使用原告的注册商标，停止销售涉案商品。

原告为（2009）京国信内民证字第04619号、第04620号、第05234号公证书，分别支付公证费3 000元、1 000元和1 000元，购买侵权产品费用315元。

以上事实，有原告提供的第384001号“SWAROVSKI”、第385013号“施华洛世奇”、第346372号“ ”、第3520173号“ SWAROVSKI 施华洛世奇 ”四个注册商标，核准续展注册证明三份，注册商标变更证明两份，中国国家商标局（2000）商标异字第59号《关于第1195227号“SWAROVSKI及图”商标异议的裁定》，西班牙巴塞罗那上诉法庭第612/2003-1a号判决书，北京市高级人民法院（2008）高民终字第1376号民事判决书，亚洲域名争议解决中心北京秘书处行政专家组裁决（案件编号：CN 080200），中国国际经济贸易仲裁委员会网上争议解决中心（2009）中国贸仲无裁字第2号裁决书，被告王星公司档案机读材料，北京市国信公证处出具的（2009）京国信内民证字第04619号、第04620号、第05234号公证书，原告公司出具的鉴定书，公证费发票三张，中国建设银行存款凭条和业务收费凭证，2010年10月31日的Whois查询结果网页打印件；被告提供的企业法人营业执照（副本），法定代表人身份证明书，电子域名注册证书四份，福建中证司法鉴定中心［2010］数检字第22号（1）检验报告书，2010年11月3日的王星公司承诺书；本院调查取得的中国互联网络信息中心（CNNIC）、厦门易名网络科技有限公司、厦门三五互联科技股份有限公司回函和工作记录，以及原、被告陈述予以证实。

结合双方当事人的诉辩主张及本院查明的事实，本院认为，本案的争议焦点在于：

一、原告的注册商标是否具有较高知名度且注册使用在先

本院认为，SWAROVSKI，中文译名为施华洛世奇，源自公司创始人丹泽尔·施华洛世奇先生的家族姓氏，公司主营业务为水晶产品的制造和销售。自1987年至2004年原告在中国国家商标局注册的第384001号“SWAROVSKI”、第385013号“施华洛世奇”、第346372号“ ”、第3520173号“ SWAROVSKI 施华洛世奇 ”商标合法有效，原告对上述注册商标所享有的专用权，受中国商标法保护。2000年至2009年，原告公司的注册商标还拥有众多受司法、仲裁等机关保护的记录。尤其是2009年北京市高级人民法院在民事判决书中认定原告享有的第384001号“SWAROVSKI”商标和第385013号“施华洛世奇”注册商标为驰名商标。因此，原告生产、销售的产品在中国乃至世界范围内享有较高的声誉，为广大消费者所普遍知晓。而两被告是在2008年6月、7月间才将与原告注册商标近似的文字注册为域名，故原告对施华洛世奇系列商标的注册、使用显然早于被告。综合以上证据，本院认为原告享有的上述四个注册商标为相关公众所知悉，具有较高的知名度、美誉度且注册使用在先。

二、两被告是否实施了侵犯原告注册商标专用权的行为

（一）两被告关于域名的注册、使用行为是否构成侵权

1. 被告王星公司具有恶意

2008年7月16日，被告王星公司注册了chinaswarovski. cn、swarovski8. cn、swarovski-shop. cn三个域名。2008年6月21日被告王晨昀注册了chinaswarovski. com域名，2010年2月8日被告王星公司经转让取得该域名。经比对，系争四个域名的主体部分与原告的注册商标完全一致，其不同之处仅在于两被告在原告的“SWAROVSKI”商标之前加之以前缀“china”，或之后加之以后缀“-shop”、“8”。嗣后，被告王星公司使用系争四个域名

建立了内容相似的四个网站，销售自称为施华洛世奇品牌的商品。被告王晨昀辩称其虽曾注册以 com 为后缀的域名，但系受被告王星公司的委托而为之，被告王星公司亦自认使用该域名建立相关网站从事经营活动是公司行为，因被告王晨昀个人并未将域名用于商业目的，而且，审理中王晨昀已将域名转让被告王星公司，被告王星公司也以书面形式同意接受人民法院的裁判约束，故可认定被告王星公司注册、使用四个系争域名。被告王星公司在注册域名时应当知晓原告的注册商标具有较高的市场知名度，但仍为商业目的使用上述域名，建立相应的网站从事网上经营活动，其意在于利用原告注册商标的知名度，引起相关消费者的混淆和误认，诱导用户访问其网站并购买相关产品，进而获取经济利益，故被告王星公司注册、使用系争域名的行为具有恶意。

2. 被告王星公司注册、使用域名进行电子商务的行为构成侵权

第一，原告对于施华洛世奇系列商标所享有的注册商标专用权合法有效，应受法律保护；第二，被告王星公司注册、使用的域名与原告的注册商标相近似，易使相关公众对网站上水晶产品的来源产生误认，或者认为其来源与原告注册商标的商品有特定的联系；第三，被告王星公司并未举证证明其对系争的四个域名享有在先权利或其他权益，亦未能阐述注册、使用系争域名的正当理由；第四，被告王星公司注册、使用系争域名具有恶意。至于被告王星公司辩称四个域名指向同一个 IP 地址，应认定为一个网站，由于实际上在计算机中输入不同的四个域名后，均能进入相对应的网站，且各网站均对外宣传施华洛世奇水晶产品，均具备独立销售商品的条件，并不因网站内容相似或对应同一 IP 地址而认定其仅使用某一个域名，故可认定被告王星公司使用了上述四个域名建立四个网站，被告王星公司的上述主张，本院不予采纳。综上，被告王星公司注册、使用与原告注册商标相近似的四个域名的行为构成侵权。

《最高人民法院关于审理商标民事纠纷案件适用法律若干问题的解释》第一条第（三）项规定：将与他人注册商标相同或者近似的文字注册为域名，并且通过该域名进行相关商品交易的电子商务，容易使相关公众产生误认的，属于商标法规定的给他人注册商标专用权造成其他损害的行为。本案中被告王星公司将与原告注册商标相近似的文字注册四个域名，通过域名建立了四个内容相似的网站，进行与原告产品相关的水晶产品的电子商务活动，并对外宣称其所销售的商品系施华洛世奇水晶产品，但未提供证据证明其商品的来源合法，被告的上述行为极易引起相关公众的误认，属于给他人注册商标专用权造成其他损害的行为，构成对原告注册商标专用权的侵犯。

（二）被告王星公司使用原告注册商标的行为是否侵权

本院认为，商标的使用包括将商标用于商品、商品包装或者容器以及商品交易文书上，或者将商标用于广告宣传、展览以及其他商业活动中。《中华人民共和国商标法》规定，未经商标注册人的许可，在同一种商品或者类似商品上使用与其注册商标相同或者近似的商标的，属侵犯注册商标专用权的行为。被告王星公司未经原告许可，在四个域名所对应的四个网站上销售自称为施华洛世奇水晶产品时，突出使用原告的“SWAROVSKI”、“施华洛世奇”、“ ”与“Swarovski”组合商标，构成对原告注册商标的使用。网络虽为虚拟的空间，究其实质等同于将实体店铺转换至互联网，因其同样具备销售商品的条件，被告王星公司的行为无疑以突出使用原告的注册商标进行商品宣传，招徕、吸引顾

客，又以施华洛世奇水晶产品之名义误导消费者进行购买，其行为违反了上述法律的规定。《中华人民共和国商标法实施条例》规定，在同一种或者类似商品上，将与他人注册商标相同或者近似的标志作为商品名称或者商品装潢使用，误导公众的，属于侵犯注册商标专用权的行为。被告王星公司未经原告授权或许可，在四个域名所对应的四个网站上将所售商品的名称均表述为施华洛世奇水晶产品，即将与原告的注册商标相同的文字作为其商品名称使用。在原告公证购买的“施华洛世奇水晶吊坠28MM大号金色魅影贝壳”的包装盒内、外部均有“ ”与“Swarovski”组合标识，产品主体上部亦有原告标志性的“ ”，即将原告的注册商标作为商品装潢使用。上述对原告注册商标的使用行为，极易引起相关公众的误认，故构成对原告注册商标专用权的侵犯。至于被告王星公司辩称其网站上的内容全部来源于淘宝网，对原告商品的宣传和商标的使用，并不构成侵权，因其未提供证据证明网络销售产品的来源合法，且宣传的目的是销售商品，使用更是一种商业性的使用，在未征得原告许可，又不具备法定的免责条件的情况下，显属侵犯原告商标专用权的行为，故对被告王星公司的上述主张，本院不予采纳。

（三）被告王星公司是否销售侵犯原告注册商标专用权的商品

本院认为，判断被告是否销售侵犯原告注册商标专用权的商品，即判断公证购买的产品是否系侵权产品，该产品由谁销售。经查明，其一，原告公证购买产品的包装盒内、外部和产品主体上部均有原告的“ ”与“Swarovski”等商标标识，原告作为上述注册商标的注册人有权对该公司生产的产品进行鉴别，现认为原告从未生产、销售此项链产品，上述产品系假冒原告注册商标的产品，因被告不能说明其产品的来源合法，也未提供任何反证，故本院认定被控侵权产品系假冒原告注册商标的产品。其二，原告在公证人员的监督下在域名为swarovski-shop.cn的网站上购得侵权产品，因该域名对应的网站系由被告王星公司经营管理，故可认定该销售行为系被告王星公司所为。审理中，被告王星公司亦自认自2009年2月10日至同年6月6日，通过四个域名所对应的网站先后销售22件各类施华洛世奇水晶产品，销售价格共计6 145元。综上，本院认定被告王星公司销售侵犯原告注册商标专用权的商品，实施了侵犯原告注册商标专用权的行为。

三、两被告是否应承担侵权责任

（一）被告王晨昀是否应承担侵权责任

审理中，被告王晨昀所持有的以com为后缀的域名已转让给被告王星公司持有，被告王星公司也以书面形式同意接受法院裁判，故其转让行为成立。因被告王晨昀并非系争四个域名的实际持有人，亦非涉案网站的实际经营者，原告亦未提供证据证明就原告所指控的三项侵权行为两被告在主观意思方面具有共同性，在加害行为方面具有协作性，在损害结果方面具有统一性，故原告对于两被告共同实施侵权行为的主张，本院不予采纳。至于原告认为被告王晨昀个人另行注册以com为后缀的三个域名进行电子商务及网商培训活动，而且，上述网站之间相互链接，王晨昀的个人博客与侵权网站www.swarovski8.cn链接，销售侵权产品，因原告仅将其作为索赔依据而非作为侵权行为进行主张，且在王晨昀的个人博客上并无相关的侵权网站或侵权产品的介绍或指引，链接也仅是一般链接，审理中，被告王星公司亦关闭了与四个域名相对应的四个网站，故本院无法认定被告王晨昀共同实施了侵权行为，现原告要求其承担停止侵权、消除影响及赔偿损失的民事责任，本院均不予支持。

（二）被告王星公司是否应承担侵权责任

被告王星公司将与原告注册商标相似的文字注册四个域名，并使用该四个域名建立相关的四个网站，未经原告许可，在网站上突出使用原告的注册商标，销售侵犯原告注册商标专用权的商品，其行为违反了法律的规定，侵犯了原告的注册商标专用权。但是，根据《中华人民共和国商标法》的规定，销售不知道是侵犯注册商标专用权的商品，能证明该商品是自己合法取得并说明提供者的，不承担赔偿的责任。本案中，其一，被告王星公司销售的是与原告产品相似的水晶产品。由于原告享有的施华洛世奇系列商标在中国具有较高知名度和较高的品牌价值，其水晶产品的销售价格亦较高。根据被告王星公司的陈述，原告公证购买的涉案产品的购入价格仅为 46 元，依据常识与经验，被告王星公司作为水晶产品的专业销售商，其应当知道从淘宝网以如此低廉的价格购入的商品并非是原告的产品。其二，被告王星公司作为专业的水晶产品销售商完全有能力也有义务对所售商品的来源进行审查，如要求供货单位提供商标权利证明或商标使用许可证明等，并进而提供进货凭证，然被告王星公司当庭陈述其明知淘宝网商户将水晶产品 DIY 后在网络上销售，购入后又在自己的网站上销售，显然被告王星公司未尽到合理的注意义务，也未提供证据证明商品的来源合法。因此，被告王星公司主观上具有过错，客观上实施了侵犯原告商标权的行为，依法不能免除其责任。综上，被告王星公司应当依法承担停止侵权、消除影响、赔偿损失的民事责任。现原告针对以 com 为后缀的域名请求判令被告王星公司立即停止侵犯原告注册商标专用权的行为，依法可予准许。由于原告的关联公司施华洛世奇（上海）贸易有限公司已于 2010 年 9 月 25 日注册了以 cn 为后缀的三个域名，现原告变更诉讼请求为要求被告王星公司注册的 chinaswarovski. com 域名由原告注册使用，根据《最高人民法院关于审理涉及计算机网络域名民事纠纷案件适用法律若干问题的解释》的有关规定，依法可予准许。原告要求被告王星公司在《人民法院报》（除中缝外）刊登声明消除影响的诉讼请求，因请求消除影响的范围与侵权行为的影响范围相适应，故对原告的该项请求，依法可予准许。鉴于原告未能举证证明其因被侵权所遭受的损失或者被告因侵权所获得的利益，本院将结合原告注册商标的知名度、被告的主观过错程度、侵权行为的情节、侵权损害后果、侵权产品的销售价格、被告自认的销售数量及销售价格等因素酌情确定赔偿数额。原告主张的为制止侵权行为而支付的合理开支包括：公证费 7 000元，公证购买产品的费用 315 元，差旅费 6 455. 50元，两被告虽对其关联性提出异议，但其合理部分本院依法应予支持。据此，依照《中华人民共和国民法通则》第一百三十四条，《中华人民共和国商标法》第五十二条第（一）、（二）项及第五十六条，《中华人民共和国商标法实施条例》第三条、第五十条第（一）项，《最高人民法院关于审理商标民事纠纷案件适用法律若干问题的解释》第一条第（三）项及第十六条第一、二款，《最高人民法院关于审理涉及计算机网络域名民事纠纷案件适用法律若干问题的解释》第四条、第五条第一款第（二）项、第七条、第八条的规定，判决如下：

一、被告上海王星信息技术有限公司立即停止使用域名 chinaswarovski. com；立即停止在网站上使用原告的第 384001 号 “SWAROVSKI”、第 385013 号 “施华洛世奇”、第

346372 号“ ”、第 3520173 号“SWAROVSKI 施华洛世奇”注册商标；立即停止销售侵犯原告上述四个注册商标专用权的商品。

二、被告上海王星信息技术有限公司注册的域名 chinaswarovski. com 于本判决生效之日起三十日内由原告施华洛世奇有限公司注册使用。

三、被告上海王星信息技术有限公司应于本判决生效之日起三十日内在《人民法院报》（除中缝外）上刊登声明一次，消除影响（内容须经本院审核）。

四、被告上海王星信息技术有限公司赔偿原告施华洛世奇有限公司包括合理开支在内的经济损失共计人民币 98 000元。

五、对原告施华洛世奇有限公司其余的诉讼请求，均不予支持。

如果未按本判决规定的期限履行给付金钱义务，应按照《中华人民共和国民事诉讼法》第二百二十九条的规定，加倍支付迟延履行期间的债务利息。

案件受理费人民币 7 300元（原告已预缴），由原告施华洛世奇有限公司负担人民币 2 300元，由被告上海王星信息技术有限公司负担人民币 5 000元。

如不服本判决，原告施华洛世奇有限公司可在判决书送达之日起三十日内，两被告可在判决书送达之日起十五日内向本院递交上诉状，并按对方当事人的人数提出副本，上诉于上海市第二中级人民法院。

审 判 长 金民珍
审 判 员 凌 崧
审 判 员 戚继敏
二〇一〇年十一月三日
书 记 员 张 莹

（本判决书入选 2011 年度上海法院知识产权司法保护十大案件）

15. 上海红双喜股份有限公司诉华联集团吉买盛购物中心有限公司等侵犯注册商标专用权纠纷案

——上海市第二中级人民法院民事判决书

(2010) 沪二中民五 (知) 初字第56号

原告：上海红双喜股份有限公司，住所地上海市金山区新街路4022号56室。

法定代表人：黄勇武，董事长。

委托代理人：高志刚，男，1961年5月14日出生，汉族，该公司职员。

委托代理人：陈荣，上海天铭律师事务所律师。

被告：华联集团吉买盛购物中心有限公司，住所地上海市东江湾路157号。

法定代表人：张渭，董事长。

委托代理人：江云霞，女，1962年4月22日出生，汉族，该公司职员。

委托代理人：陈坚，上海名知律师事务所律师。

被告：上海旺伟商贸有限公司，住所地上海市松江区九亭镇沪松公路1580号—4号。

法定代表人：戴志伟，董事长。

原告上海红双喜股份有限公司与被告华联集团吉买盛购物中心有限公司（以下简称华联吉买盛公司）、被告上海旺伟商贸有限公司（以下简称旺伟公司）侵犯商标专用权纠纷一案，本院于2010年4月26日受理后，依法组成合议庭，于2010年6月11日公开开庭进行了审理。原告的委托代理人高志刚、陈荣，被告华联吉买盛公司的委托代理人江云霞、陈坚，被告旺伟公司的法定代表人戴志伟到庭参加了诉讼。本案现已审理终结。

原告上海红双喜股份有限公司诉称：原告是中文商标"红双喜"（第1232279号）和英文商标"DHS"（第1246537号）的注册商标专用权人。原告公司的红双喜系列产品是中国驰名商标和国际知名品牌，受到了广大体育爱好者的充分肯定和广泛赞誉。2010年1月，原告在被告华联吉买盛公司的商场内，发现被告旺伟公司正在销售假冒原告红双喜品牌的乒乓球拍和羽毛球拍。原告认为，两被告销售假冒红双喜品牌伪劣产品的行为侵犯了原告的商标专用权，应当承担相应的法律责任。故诉至法院，请求判令：1. 两被告立即停止侵权行为；2. 两被告共同赔偿原告经济损失人民币20万元；3. 两被告在《新民晚报》上刊登公告赔礼道歉；4. 两被告承担原告为本案支出的合理费用人民币1.8万元。

被告华联吉买盛公司辩称：1. 两被告之间签订过《特许经营合同》，两被告之间存在特许加盟关系，根据约定，被告旺伟公司独立经营吉买盛超级生活广场九亭店，并独立承担对外经营过程中产生的全部法律责任。故被告华联吉买盛公司不应承担连带责任。2. 被告华联吉买盛公司无法分辨本案被控侵权的"红双喜"乒乓球拍和羽毛球拍产品的真伪，被告华联吉买盛公司认为该产品就是正牌的"红双喜"产品不是假冒商品。3. 原告的赔礼道歉诉请没有事实与法律依据。4. 根据法律的规定，销售商销售的商品有合法来源的，不应承担赔偿责任。综上，请求法院驳回原告的诉讼请求。

被告旺伟公司辩称：1. 被告旺伟公司销售的被控侵权商品系从案外人王乔永处购进，被告旺伟公司对该商品是否系假冒商品并不知情，被告旺伟公司在涉讼后已经立即将剩余商品撤柜。2. 原告赔偿诉请畸高。故请求法院驳回原告的诉讼请求。

本院经审理查明：

原告是注册商标“红双喜”和“DHS”的商标专用权人，商标注册证号分别为第1232279号和第1246537号。注册商标“红双喜”的核定使用商品类别为第28类：球拍，球网，标枪，乒乓球台，举重器具，击剑器材，体育器材。注册商标“DHS”的核定使用商品类别为第28类：运动球类，乒乓球台，运动球拍，保龄球设备，球网，球架，举重器具，锻炼身体器材，击剑器材，拉力器，保龄球器械。上述注册商标均处于有效期内。1999年12月29日，国家工商行政管理局商标局认定使用在乒乓器材商品上的“红双喜”商标为驰名商标。

2010年1月26日，原告向上海市东方公证处申请保全证据公证，该公证处对于原告委派人员在吉买盛超级生活广场九亭店二楼购买乒乓拍五套和羽毛球拍两套的行为进行了现场监督，并制作了（2010）沪东证经字第665号公证书，该公证书附有发票和收银条各一张以及现场拍摄的照片共五张。发票上盖有被告旺伟公司的发票专用章，收银条上印有“吉买盛（九亭店）”等字样，上述乒乓球拍、乒乓球、羽毛球拍及外包装上均印有“红双喜”、“DHS”等字样。根据现场拍摄的照片，上述卖场的店招上印有“吉买盛”、“GMS”及“超级生活广场九亭店”等醒目字样。2010年1月26日，原告对上述购买的产品进行鉴定，并出具产品鉴定书，其鉴定结果为上述产品均系假冒产品。

2009年10月14日，被告华联吉买盛公司与被告旺伟公司签订了《特许经营合同》，该合同约定的内容包括：2.1 本合同双方当事人于签订特许经营合同时，各自均独立合法存在、能独自承担法律责任。双方当事人之间不存在任何共同投资、代理、雇佣、承包法律关系。6.2 在特许经营授权期间，乙方的经营活动除甲方提供的经营标志和经营技术和书面指导意见等以外，实际经营过程中发生的经营行为、经营责任与甲方无关。8.3 ……乙方加盟店销售的不属于甲方供应商提供的商品或者自行向供应商采购名、特、优、新商品，其供应商资质应符合甲方质量管理体系的要求，并接受甲方随时抽查。

被告旺伟公司自认本案的被控侵权产品是由其经营的吉买盛超级生活广场九亭店销售的，亦自认其是被告华联吉买盛公司的特许加盟商。为证明被控侵权产品的来源，被告旺伟公司提交了其与案外人常熟市小商品市场个体工商户王乔永的《购销合同》、常熟得力文体超市卖场配送中心的送货单以及该案外人出具的证明等证据。

原告为证明其为本案支出的合理费用，提交了公证费及律师费发票，金额共计人民币18 000元。其中，根据公证费发票载明的内容，该笔公证费人民币4 000元系包括制作两份公证书的费用，本案仅涉及其中一份公证书。

以上事实由原告提交的商标注册证、《关于认定“红双喜“商标为驰名商标的通知》、产品鉴定书、公证书、公证费和律师费发票，两被告提交的《特许经营合同》、《购销合同》、说明、证明、送货单等证据，以及原、被告诉辩称意见及本院庭审笔录予以证明。

本院认为，鉴于两被告对于原告享有的“红双喜”、“DHS”注册商标专用权没有异议，故本案的争议焦点为：一、两被告是否实施了侵犯原告“红双喜”、“DHS”注册商标专用权的行为；二、本案的赔偿问题。

一、两被告是否实施了侵犯原告“红双喜”、“DHS”注册商标专用权的行为

关于被控侵权产品是否是假冒“红双喜”品牌的产品。两被告均表示自己无法辨认被控侵权产品的真伪，并认为被控侵权产品是真实的“红双喜”品牌产品，因此不存在商标侵权行为。本院认为，原告是“红双喜”品牌正牌产品的生产商，在两被告无法提供相反证据的情况下，根据原告自行对被控侵权产品进行鉴定得出的结论以及原告所作的真伪产品之间细节差异的说明，本院对于原告的主张予以采信，认定被控侵权产品系假冒“红双喜”品牌的产品。

关于被控侵权商品系有合法来源的抗辩。本院认为，本案系争的“红双喜”、“DHS”注册商标在体育用品行业具有较高的知名度，原告“红双喜”品牌产品的销售渠道、销售价格也应当是公开并可查知的，在这种情况下，被告旺伟公司却从常熟市小商品市场的个体工商户处进货，即使其提交的关于进货来源的证据具有真实性，由于没有证据证明该个体工商户是合法的供货商，被告旺伟公司的该项抗辩亦无法成立，本院不予采信。

此外，被告华联吉买盛公司辩称其与被告旺伟公司是特许经营关系，被告旺伟公司作为加盟商是吉买盛超级生活广场九亭店的实际经营者，对外应独立承担民事责任，故自己不应承担连带责任。对此，本院认为，吉买盛超级生活广场九亭店的店招上印有醒目的“吉买盛”、“GMS”等字样，原告公证购买被控侵权产品的收银条上也印有“吉买盛”字样，被告华联吉买盛公司应当对其认可的以其名义对外经营的行为承担相应的法律责任。虽然两被告之间存在特许经营合同关系，但该合同中关于对外法律责任的约定属于两被告之间的内部约定，不能对抗第三人。且根据该合同的约定，被告华联吉买盛公司对于被告旺伟公司的供应商资质有审查的义务。被告华联吉买盛公司作为超市行业的知名企业对于加盟商的日常经营活动应当负有监管义务，以保护广大消费者的合法权益。故本院认为，被告华联吉买盛公司对于被告旺伟公司的被控侵权行为应当承担连带责任。

综上，本院认定，被告旺伟公司销售了侵犯原告注册商标专用权的商品，构成对原告“红双喜”、“DHS”注册商标专用权的侵犯，应当承担停止侵权、赔偿损失等民事责任，被告华联吉买盛公司授权他人以自己名义对外经营，亦应当承担相应的法律责任。

二、本案的赔偿问题

本案中，原告未就经济赔偿部分的诉请提交相应的证据。鉴于原告的实际损失以及两被告的获利皆无法确定，本院将综合考虑原告商标的知名度、两被告主观的过错程度、侵权范围、侵权行为持续的时间及获利状况等因素，酌情确定包括合理费用在内的赔偿数额。关于合理费用部分的诉请，两被告认为，原告要求两被告赔偿的合理费用中的公证费人民币4 000元中有一半与本案无关，不应由两被告承担。对此，本院认为，根据原告提交的公证费发票及其当庭陈述，本案中的公证费应为人民币2 000元。

另外，对于原告要求两被告在《新民晚报》上刊登公告赔礼道歉，本院认为，鉴于两被告的商标侵权行为并未侵犯原告的人身权利，本院对于原告要求赔礼道歉的诉讼请求不予支持。

据此，依据《中华人民共和国商标法》第五十二条第（二）项、第五十六条，《最高人民法院关于审理商标民事纠纷案件适用法律若干问题的解释》第十六条第一款、第二款之规定，判决如下：

一、被告华联集团吉买盛购物中心有限公司、被告上海旺伟商贸有限公司立即停止对

原告上海红双喜股份有限公司享有的“红双喜”（注册证号：第 1232279 号）和“DHS”（注册证号：第 1246537 号）注册商标专用权的侵害；

二、被告华联集团吉买盛购物中心有限公司、被告上海旺伟商贸有限公司于本判决生效之日起十日内连带赔偿原告上海红双喜股份有限公司包括合理费用在内的经济损失人民币 12 万元；

三、驳回原告上海红双喜股份有限公司的其余诉讼请求。

如被告华联集团吉买盛购物中心有限公司、被告上海旺伟商贸有限公司未按本判决指定的期间履行给付金钱义务，应当依照《中华人民共和国民事诉讼法》第二百二十九条之规定，加倍支付迟延履行期间的债务利息。

本案案件受理费人民币 4 570元，由原告上海红双喜股份有限公司负担人民币 1 256. 75元，由被告华联集团吉买盛购物中心有限公司、被告上海旺伟商贸有限公司共同负担人民币 3 313. 25元。

如不服本判决，可在判决书送达之日起十五日内，向本院递交上诉状，并按对方当事人的人数提出副本，上诉于上海市高级人民法院。

审 判 长 吴登楼
人民陪审员 吕美安
代理审判员 胡 宓
二〇一〇年七月二十日
书 记 员 荣学磊

（本判决书入选 2010 年度上海法院知识产权司法保护十大案件）

16. 大宇资讯股份有限公司诉上海盛大网络发展有限公司侵犯注册商标专用权纠纷案

——上海市第一中级人民法院民事判决书

（2007）沪一中民五（知）终字第23号

上诉人（原审原告）： 大宇资讯股份有限公司，住所地台湾台北县中和市建一路166号16楼、16楼之3。

负责人： 李永进，该公司总经理。

委托代理人： 李景芳，北京市东方律师事务所律师。

委托代理人： 吁爱平，北京市东方律师事务所律师。

被上诉人（原审被告）： 上海盛大网络发展有限公司，注册地上海市浦东新区张江路727号402-B室，主要营业地上海市浦东新区居里路208号。

法定代表人： 陈天桥，该公司董事长。

委托代理人： 张青，男，汉族，1977年11月28日出生，住上海市闸北区曲沃路373弄6号1602室，该公司职员。

委托代理人： 游闽键，上海市协力律师事务所律师。

上诉人大宇资讯股份有限公司（以下简称大宇公司）因侵犯商标专用权纠纷一案，不服上海市浦东新区人民法院（2006）浦民三（知）初字第125号民事判决，向本院提起上诉。本院于2007年11月13日受理后，依法组成合议庭，于同年12月13日公开开庭进行了审理，上诉人的委托代理人李景芳律师和吁爱平律师、被上诉人的委托代理人张青到庭参加了诉讼。本案现已审理终结。

原审法院审理查明：

（一）大宇公司对“大富翁”的注册与使用情况

大宇公司系在我国台湾省注册成立的股份有限公司，其于2005年3月21日在大陆注册了“大富翁”文字商标，获得了中华人民共和国国家工商行政管理总局商标局（以下简称国家商标局）第3606240号商标注册证，核定服务项目第41类，范围包括“（在计算机网络上）提供在线游戏”等项目，注册有效期限至2015年3月20日止。大宇公司的商标是三个繁体的“大富翁”文字。大宇公司在其以往开发的单机版游戏上使用过“大富翁”文字。使用方式如下：大宇公司与案外人自1998～2002年签订的5份协议，都把“大富翁”称作为软件“产品”，如：“乙方将其多媒体PC版（CD-ROM）电子出版物‘大富翁4’（以下称本产品）授权甲方……出版发行”；“甲方同意授权乙方就甲方所属产品《大富翁五》中文PC简体字版游戏软体……授权……制造、发行与销售”等。在大宇公司提供的其全资子公司软星科技（北京）有限公司与案外人签订的6份协议中，“大富翁”或被作为授权经销的产品名称，或被作为授权软件的名称，只是在各款“大富翁”后又加序数词及其他区别性词汇，如“大富翁六加强版之大家来抢钱”、“大富翁七”、

"大富翁7游宝岛"、"大富翁8"等。在大宇公司提供的三份"大富翁"游戏实物上，分别明显标示了"大富翁6"、"大富翁7游宝岛"、"大富翁8"字样，其中"大富翁"三字采用艺术化字体，这三份实物的外包装上多处标示了"softstar"的图形、文字注册商标标记。而大宇公司在其注册"大富翁"文字商标的第41类服务项目上，至今未推出过"大富翁"网络游戏，也未进行过以"大富翁"为商标的网络运营。

（二）上海盛大网络发展有限公司（以下简称盛大公司）对"盛大富翁"的权利状况及使用情况

盛大公司于2003年9月28日获得了国家商标局第3231899号"盛大"文字商标注册证，核定服务项目第41类，范围包括"（在计算机网络上）提供在线游戏"等项目。2005年8月22日，国家版权局颁发了软著登字第040838号计算机软件著作权登记证书。该登记证书载明以下多项内容，软件名称：《盛大富翁》网络游戏软件（简称盛大富翁）V1.0；著作权人：盛趣信息技术（上海）有限公司；权利取得方式：原始取得；首次发表日期：2005年7月16日。著作权人盛趣信息技术（上海）有限公司系盛大公司的关联公司，其授权盛大公司运营该游戏。

2005年7月18日、2005年8月12日，大宇公司授权软星科技（北京）有限公司委托北京市海淀区公证处分别对盛大公司的 http：//rich.poptang.com、http：//rich.sdo.com/web1.0/index.asp 两个网站出现"盛大富翁"图形、文字标识及盛大公司对《盛大富翁》游戏进行推介、在线指导时使用《盛大富翁》游戏名称的页面进行了证据保全。2006年3月16日，大宇公司委托台湾板桥地方法院所属民间公证人詹孟龙事务所对盛大公司的 www.sdo.com 网站中出现"盛大富翁"标识和《盛大富翁》游戏名称使用情况进行网页目击公证。前述公证页面显示：盛大公司在运营网络游戏《盛大富翁》的过程中，对《盛大富翁》游戏有介绍和在线指导，在页面上出现两种"盛大富翁"的LOGO（标记），一种标记以橘黄色"盛大富翁"文字的艺术化字体和九栋大楼外形的彩色图形为主要部分，下面还有红色的"SNDA RICHMAN"的艺术化的英文字。另一种标记是橘黄色"盛大富翁"文字的艺术化字体和下方的红色"SNDA RICHMAN"的艺术化的英文字组成，其中"富"字的一点用绿色的、闪光的圆珠代替，"田"字底则以白色红底的骰子代替。在大宇公司公证的 http：//rich.poptang.com 网页上的"游戏介绍"栏的文字介绍是："《盛大富翁》是由盛大网络自主研发的一款休闲网络游戏。"在大宇公司公证的 http：//rich.sdo.com/web1.0/index.asp 网页上的"新手问答"栏第一题的文字内容是："《盛大富翁》是一款开房间方式的对战类休闲网络游戏。玩家在游戏中掷骰子前进，目的是通过买地盖房等商业活动在经济上击败对手并成为大富翁。"在"财富新闻"栏的文字介绍是："《盛大富翁》是由盛大网络自主研发推出的，以掷骰子、买土地、建房子以及使用卡片道具为基本模式的绿色休闲游戏。"在大宇公司公证的 www.sdo.com 网页上，URL栏标明"盛大在线"、"盛大富翁，永久免费的首款网络大富翁游戏"。另外，http：//rich.sdo.com/web1.0/index.asp、www.sdo.com 网页上都标明了网站版权所有人是盛大公司以及《增值电信业务经营许可证》、《互联网出版经营许可证》、《网络文化经营许可证》的编号，在网页左下角有明显的"SNDA"、"SHANDA盛大网络"标识。因大宇公司对 http：//rich.poptang.com 网页公证时只打印了flash画面，公证书中未见版权声明，但大宇公司公证时已指认该网站为盛大公司所有。

（三）同行业经营者及消费者对“大富翁”的认知与使用情况

盛大公司提供了37份证据，以证明“大富翁”是一款在世界范围内广受欢迎的棋牌类游戏，“大富翁”的名称在PC版游戏、网络游戏、手机游戏上均被使用。由于证据繁多、信息量大，以下分类摘要列明：

关于“大富翁”的诞生和流传，盛大公司提供的证据显示：一款以掷骰子点数下棋、以假钱进行模拟房地产交易的游戏最早出现于20世纪30年代的美国，当时正处美国1929年开始的经济“大萧条”时期，由失业的美国人Charles Darrow设计了一款叫“Monopoly”的游戏，让陷于逆境的人能够在纸上买地建屋起酒店，过一把大富翁的瘾（证据一之8香港《星岛日报》、证据一之35《大富翁的赚钱智慧》一书）。就这款游戏，美国人Darrow 1935年取得了“盘式游戏装置”的美国专利（证据一之33美国专利注册资料）。这款游戏问世后立即成为美国最畅销的游戏并流传全世界，至今全世界大约卖出了2亿套，曾经玩过该游戏的人数超过6亿（证据一之35）。“强手大富翁”游戏棋在我国目前国内市场还有销售（证据一之36）。在流传中这种游戏的英文名称是“Monopoly”，中文名称是“大富翁”。如由盛大公司证据一之1、2、12、18中所见，这两个词相对应，在报道“大富翁”游戏的同时，所配图中的产品包装上的英文名称就是“Monopoly”。

关于“大富翁”游戏的发展，盛大公司提供的证据显示：“大富翁”游戏以多种语言、多种版本畅销世界各地，玩法其实差不多，只是游戏内的地名及货币不同。在计算机、互联网、手机出现后，产生了新形式的“大富翁”游戏，并发展为PC版、网络版、手机版的“大富翁”游戏。这些游戏仍然是靠掷骰子进行游戏并模拟现实经商。如：

证据一之12　香港《经济日报》2002年3月11日“中国版‘大富翁’”一文报道：“风行世界的大富翁游戏，已有26种语言发行，如今中国版面世，当中以中国各地的大城市为主题……”

证据一之15　香港《东方日报》2002年1月20日“大富翁PPC版，过年有得玩”一文报道：“由盒装游戏到电脑游戏，‘大富翁’一向是销量保证，只要稍稍改良或换上另一主题，就不乏捧场客。”

证据一之21　香港《东方日报》2000年11月5日“大富翁源流”一文报道：“美国人查里斯·达路（Charles B. Darrow）于三十年代自制了‘大富翁’游戏，希望借此勾起每个人的发达之梦。当初他把游戏自荐至派克兄弟（Parker Brothers）公司求售时，对方觉得其游戏共有52处漏洞而拒绝其要求，于是他自制出版其创作，结果大受欢迎，派克兄弟公司最后也应查里斯要求，令‘大富翁’更为畅销。六十多年来，全球曾玩过‘大富翁’的朋友估计应超过5亿人！这游戏至今已翻译成三十多国语言，多国大小朋友均能乐在其中。大富翁游戏乃由美国玩具商孩之宝制造。世界各地的大富翁玩法其实差不多，只是游戏内的地名及货币不同。”

证据一之22　香港《经济日报》2000年11月3日“网上‘大富翁’可买雅虎eBay”一文报道：“由美国第二大玩具制造商Hasbro推出的网上大富翁游戏，如此地将近三十间‘新经济时代’最热门的网上公司，当成大富翁游戏中的房地产一样，让玩家参与买卖。玩家亦可以透过互联网，与其他对手一起玩，从而保留原先以棋盘投骰下弈时，跟一班同伴一起玩的乐趣。‘大富翁’游戏最初出现于1935年，当时正值美国陷于前所未有的经济大衰退期间，为了满足人们渴望赚大钱，逃避贫苦的现实生活，游戏中放入了当时美国最值钱的地产 Boardwalk、Park Place、Marvin Gardens 等，让玩家‘买卖’，从而成为梦想中的富翁。时移世易，跟入高科技的世界里，上述的昂贵地产恐怕已不再为人认识，已被雅虎和电子湾等新时代的互联网新贵取代。”

证据一之 25　大陆出版的《大众软件》杂志 2002 年第 9 期第 141 页“霹雳大富翁Ⅱ”一文介绍：“《霹雳大富翁Ⅱ》是讲述霹雳奇侠们经商的故事。在游戏中登场的人物多达 24 位。他们分正派、邪派、中立 3 个派系，其中包括西天如来佛、冥王等著名角色。每个角色都有它独特的 Q 版造型、配音以及相当丰富的故事背景。”

证据一之 27　大陆出版的《家用电脑与游戏》杂志 2002 年第 4 期第 101 页“霹雳大富翁Ⅱ”一文介绍：“《霹雳大富翁Ⅱ》同样采用‘大富翁’的基本要素，也是靠投骰子来进行游戏的，走到相应的地产上可以盖房子收钱。”

证据一之 30　大陆出版的《新潮电子》杂志 2001 年第 3 期第 83 页“Plam 版大富翁全接触”一文介绍：“PC 上非常有名的娱乐游戏大富翁最近已经推出了其 Plam 版……因为现在网络非常发达，你可以在购买正版的软件前去诸如我国台湾著名的鸦片网（www. yapn. com. tw）等 Plam 网站下载大富翁的试用版……”

证据一之 31　大陆出版的《电脑时空》杂志 2001 年第 6 期第 111 页“小燕子决战大富翁”一文介绍：“一个类似大富翁的电脑游戏——《小燕子决战大富翁》。把两岸人气极旺的‘小燕子’和大富翁这种老少皆宜的游戏类型相结合，真是佩服制作公司的创意……”

证据一之 32　大陆出版的《计算机与网络》杂志 2001 年第 13 期第 20 页“老夫子大富翁”一文介绍：“大富翁游戏加入卡片元素不是新鲜事，但是以‘四字真言’来为卡片命名，倒是《老夫子大富翁》独有的。”

关于“大富翁”在消费者中的影响，盛大公司证据显示，“大富翁”问世后，受到消费者的欢迎，香港定期举行专门的国际“大富翁”比赛（如证据一之 21、23），消费者从“大富翁”游戏中体会经商之道（如证据一之 35《大富翁的赚钱智慧》一书）。

大宇公司为本案诉讼支付律师费人民币 23 929. 87元、支付公证费人民币 3 500元。大宇公司支付差旅费人民币 11 292. 30元，扣除代理人之外的随行人员的差旅费，合理的差旅费支出应为人民币 7 833. 30元。

原审法院认为：大宇公司指控本案盛大公司侵权主要指的是盛大公司在网站上使用“盛大富翁”的图形、文字标识以及在推介、在线指导时使用《盛大富翁》游戏名称的行为。在查明《盛大富翁》游戏软件的著作权人为案外人的情况下，大宇公司仍坚持不改变起诉。鉴于大宇公司只追究盛大公司对“盛大富翁”标识及游戏名称的使用行为的责任，故大宇公司只将上海盛大网络发展有限公司作为原审被告不影响案件的审理。根据我国商标法的规定，大宇公司作为“大富翁”商标的注册人，就该注册商标享有专用权，并受法律保护。但我国《商标法实施条例》第 49 条同时也规定：“注册商标中含有的本商品的通用名称、图形、型号，或者直接表示商品的质量、主要原料、功能、用途、重量、数量及其他特点，或者含有地名，注册商标专用权人无权禁止他人正当使用。”因此，“大富翁”是否已成为一类游戏的通用名称，是认定盛大公司是否有权使用《盛大富翁》游戏名称的关键，也是本案双方当事人的争议焦点之一。即使盛大公司有权使用《盛大富翁》游戏名称，盛大公司在标识和游戏名称的使用方式上也应当避免与大宇公司注册商标近似和混淆，以防消费者误认。因此，盛大公司使用“盛大富翁”标识、游戏名称的具体方式是否与大宇公司注册商标构成近似，是认定盛大公司行为是否构成商标侵权的另一关键，也是本案双方当事人的争议焦点之二。

一、关于“大富翁”是否是商品通用名称

针对大宇公司的商标侵权指控，盛大公司以大宇公司的文字商标“大富翁”是商品的通用名称为由进行抗辩，并提供了37份证据，以证明“大富翁”是一类智力游戏的通用名称。大宇公司对盛大公司提供的这部分证据的真实性没有异议，但认为，大宇公司经国家商标局核准取得了商标专用权，足以证明大宇公司取得注册商标符合商标法的规定；盛大公司的证据所证明的棋牌类游戏应是20世纪30~50年代的事，而电子计算机游戏是20世纪80年代以后才出现的。且棋牌类游戏和网络游戏分别属于28类商品和41类服务，属于不同类别。因此，盛大公司的关于通用名称的证据与本案无关，坚持认为盛大公司对大宇公司的“大富翁”商标构成侵权。

原审法院认为，商品的通用名称是指在某一范围内被普遍使用的某一种类商品的名称，包括规范的商品名称、约定俗成的商品名称以及商品的简称。其作用主要是用来区别不同种类的商品，通过对商品质量、功能、用途等特点进行简明扼要的概括，以使此一种类的商品与另一种类的商品相互区分，并方便社会公众对商品的呼叫与识别。商品的通用名称都由文字构成，如果按照文字的描述功能划分，大致可分为两类：一是直接描述商品的原料、功能、用途、使用方法等特点的，比如电脑、电风扇、自行车等，这是最常见的；二是文字本身没有明确含义的臆造词，或虽有字面含义但是约定俗成为一类特定商品的名称，如阿司匹林、沙发、手机等。商标与商品名称分别发挥着不同的作用，商标的作用在于区别商品或服务的不同来源，商品名称的作用则在于区别不同种类的商品。商标依附于商品存在，商标与商品名称通常以连用的形式发挥各自的作用，如某某牌电风扇，某某牌自行车。消费者通过认牌购货来满足其对商品的需求，而经营者则用商标来引导消费者的购买行为。

考察争议商标是否包含通用名称或仅由商品的通用名称构成，应综合考虑以下因素：其一，所争议的文字含义；其二，争议商标的注册人自身对该文字的认知和使用情况；其三，同行业经营者及消费者对该文字的认知和使用情况。

从“大富翁”的字面含义看，根据商务印书馆2002年增补本《现代汉语词典》，“大”指在体积、面积、数量、力量、强度等方面超过一般或超过所比较的对象，与“小”相对。“富翁”指拥有大量财产的人。则“大富翁”应意为“超过一般的拥有大量财产的人”。根据上海译文出版社世纪版《新英汉词典》，“monopoly”含有“垄断、垄断者、垄断权；专利、专利者、专利权”等意。“Monopoly”意为“强手棋（按骰子所掷点数下棋，以假钱进行模拟房地产交易的棋戏）”。应该说，“大富翁”和“Monopoly”的中英文字面含义，与一类游戏的名称没有直接的关系。只是由于游戏的发明人将其发明的一种“按骰子点数走棋的模拟现实经商之道的游戏”命名为“Monopoly”，而使这类“按骰子点数走棋的模拟现实经商之道的游戏”与“Monopoly”相对应。中文“大富翁”与这类游戏的联系无从查考，但盛大公司提供的证据足以证明英文“Monopoly”与中文“大富翁”的相互对应和所指的同一性。

从大宇公司的使用方式看，大宇公司对于其创作的PC版游戏，不管是授权许可协议还是实际销售的PC版游戏商品，“大富翁”都被当作游戏的名称使用。而在其注册的本案争议商标的第41类项目上，大宇公司从未开展过运营活动，故无从判断其使用“大富翁”注册商标的方式。

从同行业经营者及消费者对该文字的认知和使用情况看，盛大公司提供的证据能够证实，“Monopoly”或“大富翁”的消费者把“Monopoly”或“大富翁”当作一类“按骰子点数走棋的模拟现实经商之道的游戏”应是一种普遍现象。因此，“大富翁”是一类“按骰子点数走棋的模拟现实经商之道的游戏”的通用名称的事实能够确认，这类游戏最初以棋牌类形式出现。进入20世纪80年代的电子计算机时代后，游戏的经营者们又将“大富翁”引入了PC版游戏、网络版游戏、手机版游戏的领域。正像传统游戏象棋、扑克之类进入计算机和互联网后，它仍然在消费者中产生了约定俗成的名称“电脑象棋”、“网络扑克”一样，“大富翁”在进入新的领域后，也仍未改变其“按骰子点数走棋的模拟现实经商之道”的本质元素，使得“大富翁”作为一类“按骰子点数走棋的模拟现实经商之道的游戏”的通用名称，在PC版游戏领域、手机版游戏领域、网络版游戏领域都得到了延伸。

因此，尽管大宇公司注册的是41类服务商标，由于“大富翁”是一类游戏的通用名称的事实的确立，大宇公司不能禁止他人对“大富翁”在表示一类“按骰子点数走棋的模拟现实经商之道的游戏”的名称时的正当使用。

二、关于“盛大富翁”标识、游戏名称与大宇公司的“大富翁”注册商标是否近似

大宇公司认为其商标“大富翁”，“大”是形容词，修饰“富翁”两个字，盛大公司的“盛大富翁”，“富翁”同样是名词，而“盛”和“大”含有同样的意义，如大宴会和盛大宴会。大宇公司还援引我国《商标审查及审理标准》商标近似审查部分第14条规定：“商标是在他人在先商标中加上起修饰作用的形容词或者副词以及其他在商标中显著性较弱的文字，所表述的含义基本相同，以使相关公众对商品或者服务的来源产生误认的，判定为近似商标。”故认为“大富翁”与“盛大富翁”的意思也基本相同。盛大公司认为：盛大公司商标中虽有三个字与大宇公司商标相同，但按《商标审查标准》规定“（商标）首字读音或者字形明显不同，或者整体含义不同，使商标整体区别明显，不易使相关公众对商品或者服务的来源产生误认的不属于混淆”。盛大公司的“盛大”标志在中国网民中有强烈视觉冲击和印象，消费者均会将“盛大富翁”理解成“盛大+富翁”而不会违反语法读成“盛+大富翁”。因此，两个商标不相近似，消费者也不会混淆。

原审法院认为，盛大公司使用的“盛大富翁”的标识虽未经注册，但其使用在网站的醒目位置，起到了标识和区别服务来源的作用，因此其使用是一种商业标识的使用。大宇公司的商标和盛大公司使用的标识、游戏名称中都含有“大富翁”三个字，大宇公司商标注册于第41类服务项目，其中包括“（在计算机网络上）提供在线游戏”的项目，盛大公司的标识与文字的使用范围属于第41类的“（在计算机网络上）提供在线游戏”的项目，因此，两者属于同一类别。根据最高人民法院关于审理商标民事案件的司法解释，商标近似是指被控侵权的商标与大宇公司的注册商标相比较，其文字的字形、读音、含义或者图形的构图及颜色，或者其各要素组合后的整体结构相似，或者其立体形状、颜色组合近似，易使相关公众对商品的来源产生误认或者认为其来源与大宇公司注册商标的

商品有特定的联系。认定商标近似应以相关公众的一般注意力为标准，在隔离状态下进行整体比对、要部比对，同时考虑请求保护商标的显著性和知名度。因此，判断商标是否近似时，应对两个商标进行比对，还应分析被控侵权商标的使用是否会使相关公众对其产生误认。

首先，从两个商标的比对看，大宇公司的商标是三个繁体的“大富翁”文字，盛大公司的标识既有图形又有文字，总体形象上差别较大。但盛大公司标识中的主要部分是文字，且由于文字兼具音、形、义，在识别上具有更强的功能，故对其中文字的音、形、义的判断具有重要意义。从文字的形上看，两个商标的字体不同；从音和义上看，盛大公司的标识使用于盛大公司的网站，盛大公司的字号是“盛大”，“富翁”是个通用词汇，网站上还有对《盛大富翁》游戏的介绍。故进入盛大公司网站的相关公众对“盛大”字号必然有所认知，对“盛大富翁”认读并理解为“盛大＋富翁”的可能性会很大，而认读并理解成“盛＋大富翁”的可能性几乎没有。

其次，从盛大公司的使用方式看，盛大公司将“盛大富翁”图形、文字标识使用于其运营《盛大富翁》网络游戏的网站，对《盛大富翁》游戏的推出者有明确的介绍，网页上也标明了网站的所有者即盛大公司的名称。盛大公司所要传达的信息是：《盛大富翁》是一款“由盛大公司推出的大富翁类游戏”；使用“盛大富翁”标识的网站是“由盛大公司运营的网站”。因此，盛大公司对“盛大富翁”标识、文字的使用直接反映了服务的来源，也反映了该标识与盛大公司的关系。

再次，从大宇公司注册商标的显著性和知名度看，由前述分析已经得出“大富翁”是一款“按骰子点数走棋的模拟现实经商之道的游戏”的通用名称的结论。能否以通用名称注册为商标应由商标管理部门审查核定，法院对此不作评判。但一旦以通用名称注册为商标，该注册商标的显著性必然先天不足。而大宇公司在注册了这一商标后从未将“大富翁”当作商标进行过使用，故也无从得出经过使用使该注册商标显著性增强而获得“第二含义”的结论，未经使用的注册商标在相关公众中也很难有知名度。故大宇公司的“大富翁”文字商标的显著性和知名度都很弱。

因此，盛大公司使用的“盛大富翁”图形、文字标识及游戏名称与大宇公司的“大富翁”文字注册商标不构成近似。

综上所述，原审法院认为，大宇公司虽然取得了在41类服务项目上的“大富翁”文字商标，但“大富翁”是一类“按骰子点数走棋的模拟现实经商之道的游戏”的通用名称，盛大公司使用《盛大富翁》的游戏名称表明的是“盛大公司推出的一款大富翁类游戏”，使用“盛大富翁”标识表明的是“本网站由盛大公司运营网络游戏”，相关公众进入盛大公司网站后对“盛大富翁”标识上的文字的理解会与盛大公司的字号相联系，而解读成“盛大＋富翁”。由于大宇公司注册的商标本身是一类“按骰子点数走棋的模拟现实经商之道的游戏”的通用名称，又未实际使用，故其显著性和知名度极其有限。进入盛大公司网站的相关公众，不太可能将“盛大富翁”标识中的文字以及《盛大富翁》的游戏名称解读成“盛＋大富翁”。故盛大公司使用“盛大富翁”标识和《盛大富翁》游戏名称的行为不构成侵犯大宇公司“大富翁”注册商标专用权，大宇公司的诉讼请求，法院难以支持。根据《中华人民共和国商标法》第四条第三款、第五十二条第一款第一项，《中华人民共和国商标法实施条例》第49条，最高人民法院《关于审理商标民事案件适用法律若干问题的解释》第九条第二款、第十条之规定，判决：大宇公司的诉讼请求，不予支持。一审案件受理费人民币 10 378元，由大宇公司负担。

判决后，大宇公司不服，向本院提起上诉。其主要上诉理由是：1. 一审法院依据被上诉人提供之香港地区出版的报纸、美国专利授权资料、外国著作等认定“大富翁”系一类游戏的通用名称，既混淆了商品名称与网络服务名称的概念，又违反了注册商标地域性属性，不应以“大富翁”在境外或香港地区的情况来确认其是否为通用名称。由于“大富翁”是上诉人在计算机网络在线服务的注册商标，且“大富翁”绝非计算机网络在线游戏的通用名称，故被上诉人不能擅自使用在其经营的计算机网络在线游戏上。2. 一审法院错误认定被上诉人使用的“盛大富翁”图形、文字标识及游戏名称与原告的“大富翁”文字注册商标不构成近似。事实上，“盛大富翁”并没有改变“大富翁”的基本含义，且在文字组合、含义、读音诸方面均构成近似，客观上已经对众多游戏用户造成了混淆和误解。3. 一审法院混淆了注册商标未使用和注册商标未在某一种服务上使用的概念，且保护商标专用权应适用申请在先原则，而不是使用在先原则，故以“大富翁”注册商标未实际使用为由不支持上诉人的诉讼请求于法无据。据此，上诉人请求撤销原审判决，依法改判，支持其全部诉讼请求，即判令被上诉人立即停止侵权、赔偿上诉人经济损失人民币 50 万元及其他损失人民币 44 825元（包括律师费 3 万元、公证费 3 500元、差旅费 11 325元）。

被上诉人盛大公司表示接受一审判决，请求维持原判。

二审中，上诉人向本院提交了若干从商标查询网上查询到的包含“大富翁”文字之商标注册情况的打印材料，以证明“大富翁”不仅仅是游戏名称，其涵盖了多类商品或服务。经质证，被上诉人认为：1. 这些证据材料不属于二审形成的新的证据；2. 上诉人提供的均是从网上下载之材料，因未经公证，故其真实性无法确认；3. 上述证据材料也不能证明上诉人的证明目的，比如 GOLF 被注册为汽车的商标，这并不影响其系一类运动之通用名称的认定。本院认为，被上诉人提出的第 3 点质证意见能够成立，即上诉人所提供之证据材料与其待证事实缺乏关联性，本院不予采纳。

经审理查明，原审法院认定的事实基本属实。

另查明，盛大公司于 2007 年 7 月 30 日以“大富翁”是经济类游戏的通用名称为由对大宇公司注册的第 3606240 号“大富翁”商标提出撤销注册申请。国家工商行政管理总局商标评审委员会对注册商标“大富翁”的争议案件经审查后认为：盛大公司提供的证据不足以证明“大富翁”是国家标准或行业标准规定的或者约定俗成的名称，亦不足以证明“大富翁”指定使用在“（在计算机网络上）提供在线游戏”等服务上，直接表示服务的主要特点，或有其他相关公众难以识别服务来源、缺乏显著特征的情形，故商标评审委员会于 2009 年 11 月 24 日裁定：争议商标予以维持。

本院认为：上诉人大宇公司在中国大陆申请注册之商标“大富翁”的核定使用服务类别为第 41 类即“（在计算机网络上）提供在线游戏”，任何人未经大宇公司许可，在与注册商标“大富翁”核定使用的同一种服务上或者类似服务上使用与该商标相同或者近似标识的，均构成对大宇公司商标专用权的侵害。但是，如果他人正当使用“大富翁”文字用以概括或说明游戏的对战目的、规则、特点和内容时，则不应被认定为是商标侵权行为。

本案中，被上诉人盛大公司使用“盛大富翁”有两种方式，一种是在游戏文字介绍中作为游戏名称使用；另一种是在相关网页左上角显示“”或者在游戏画面右上角显示“”等。对于上述使用行为是否构成商标侵权的判定，应当从“大富翁”文字的含义，被控侵权标识的使用方式、目的及效果等方面进行综合考量。现有证据表明，大宇公司在第41类服务上申请注册“大富翁”商标之前，“大富翁”作为一种在计算机上“按骰子点数走棋的模拟现实经商之道的游戏”已经广为人知，对于相关公众而言“大富翁”与这种商业冒险类游戏已建立起紧密的对应关系。因此，“大富翁”文字虽然被大宇公司注册为“提供在线游戏”服务的商标，但是其仍然具有指代前述商业冒险类游戏的含义，大宇公司并不能禁止他人对这种含义的正当使用。纵观被上诉人盛大公司使用被控侵权标识的方式和目的，盛大公司并未将被控侵权标识使用于其网站的所有在线游戏服务上，而仅在其所提供的与“掷骰子前进，目的是通过买地盖房等商业活动在经济上击败对手并成为大富翁”这一款游戏相关的在线游戏服务中使用了被控侵权标识，这说明被上诉人使用被控侵权标识“”或“”意在以其中所含“大富翁”文字描述性地表明其在线提供的这款游戏的内容和对战目标。再从被控侵权使用行为是否会使相关公众对服务来源产生混淆和误认来分析，游戏玩家只有进入盛大公司的网站才能进行该款游戏的对战，在网站“游戏介绍”中又清楚地写明“《盛大富翁》是由盛大网络自主研发的一款休闲网络游戏”，加之“盛大”字号具有相当的知名度，相关公众一般不会将盛大公司的“大富翁”游戏误认为是大宇公司的“大富翁”游戏，也不会将两者的服务来源相混淆。由此可见，盛大公司的被控侵权行为属于叙述服务所对应游戏品种的正当使用，作为服务商标“大富翁”的商标专用权人大宇公司无权加以禁止。

上诉人强调“大富翁”是其网络在线游戏服务的注册商标，被上诉人不应擅自将与该商标近似的标识使用在所经营的计算机网络在线游戏上。本院认为，上诉人在本案诉讼期间所提交的证据表明，被上诉人盛大公司并未在除“按骰子点数走棋的模拟现实经商之道的游戏”之外的其他在线游戏的网络服务中使用被控侵权标识，而公证保全所呈现的行为尚属合理使用范畴。

上诉人认为，一审法院错误认定“盛大富翁”图文标识及游戏名称与“大富翁”文字注册商标不构成近似，并以“大富翁”注册商标未实际使用为由不支持上诉人的诉讼请求于法无据。本院认为，注册商标未实际使用并非原审法院的唯一判决依据，商标合理使用的判定与涉案标识之间是否近似的判断亦无直接的关联，故上诉人前述上诉理由成立与否并不影响本案的处理。

综上所述，原审法院认定事实基本清楚，审判程序合法，应予维持。上诉人的上诉请求及其理由尚不足以推翻一审的判决结果，应予驳回。据此，依照《中华人民共和国民事诉讼法》第一百五十三条第一款第（一）项的规定，判决如下：

驳回上诉，维持原判。

二审案件受理费人民币9 248元，由上诉人大宇资讯股份有限公司负担。

本判决为终审判决。

审　判　长　刘军华
代理审判员　沈　强
代理审判员　刘　静
二〇一〇年十二月二十四日
书　记　员　谭　尚

（本判决书于2011年第12期《最高人民法院公报》刊登）

17. 衣念（上海）时装贸易有限公司诉浙江淘宝网络有限公司等侵害商标权纠纷案

——上海市第一中级人民法院民事判决书

（2011）沪一中民五（知）终字第40号

上诉人（原审被告）： 浙江淘宝网络有限公司，住所地浙江省杭州市余杭区五常街道丰岭路21号。

法定代表人： 马云，董事长。

委托代理人： 张译文，浙江淘宝网络有限公司职员。

委托代理人： 颜义东，北京市隆安律师事务所上海分所律师。

被上诉人（原审原告）： 衣念（上海）时装贸易有限公司，住所地上海市闵行区虹梅南路4999弄21号。

法定代表人： 金广来，董事长。

委托代理人： 戴善音，该公司职员。

委托代理人： 陈博，上海市锦天城律师事务所律师。

原审： 被告杜国发，男，1979年4月1日出生，汉族，现住上海市浦东新区杨思路860弄99号802室。法律文书送达地址上海市浦东新区杨高南路3288弄63号501室。

上诉人浙江淘宝网络有限公司（以下简称淘宝公司）因侵害商标权纠纷一案，不服上海市浦东新区人民法院（2010）浦民三（知）初字第426号民事判决，向本院提起上诉。本院于2011年2月17日受理后，依法组成合议庭，于同年3月23日公开开庭审理了本案。上诉人淘宝公司的委托代理人张译文、颜义东，被上诉人原告衣念（上海）时装贸易有限公司（以下简称衣念公司）的委托代理人戴善音、陈博，原审被告杜国发到庭参加诉讼。本案现已审理终结。

原审法院经审理查明：

案外人依兰德有限公司（E. LAND LTD）是一家韩国公司。依兰德有限公司是第1545520号“”注册商标和第1326011号“
”注册商标的权利人。第1545520号注册商标核定使用的商品为第25类的服装，第1326011号注册商标核定使用的商品为第25类的茄克（服装）、短裤、工作服、汗衫、衬衫、内衣、围巾、短筒袜、帽子、运动鞋。2009年1月1日，依兰德有限公司向原告衣念公司出具《商标维护授权委托书》，声明：委托衣念公司全权代表我公司在中国大陆独占使用第1545520号、第1326011号等注册商标及商标权维护行动，包括侵权人的信息调查、证据采集、产品真伪鉴定、侵权投诉以及诉讼、请求侵权人赔偿损失。2009年9月，上海服装鞋帽商业行业协会出具《证明》，称：根据上海服装鞋帽商业协会定点商场休闲女装类销售统计资料，衣念公司生产的TEENIE WEENIE牌休闲女装，2006年至2008年销售额所占市场份额在行业同类产品中名列前三位，在全国同类产品中排名前五位。衣念公司生产的TEENIE WEENIE、E. LAND休闲女装被上海市名牌推荐委员会推荐为2009年度上海名牌。

被告淘宝公司是淘宝网（网址：www. taobao. com）的经营管理者，淘宝公司为用户提供网络交易平台服务。淘宝网交易平台分为商城（即B2C）和非商城（即C2C），没有工商营业执照的个人也可以申请在淘宝网开设网络店铺（非商城），被告杜国发即属于非商城的卖家。非商城的卖家和买家通过淘宝网实现交易时，淘宝网不收取费用。淘宝网对个人卖家实行实名认证，卖家先在淘宝网注册一个账户，注册时需输入真实姓名、身份证号码、联系方式等信息。淘宝公司通过公安部身份证号码查询系统等途径核实卖家填写的身份信息的真实性，淘宝网用户只有通过实名认证后才能开设网络店铺。卖家可在该店铺发布待售的商品信息，包括价格、尺码、颜色、商品图片等信息。根据淘宝公司提供的数据，2009年上半年，淘宝网实现交易额809亿元，会员数1.45亿。

淘宝公司制定并发布了《淘宝网服务协议》、《商品发布管理规则》、《淘宝网用户行为管理规则》等规则，这些规则多次提到禁止用户发布侵犯他人知识产权的商品信息，并制定了相关处罚措施。2009年9月15日生效的《淘宝网用户行为管理规则（非商城）》规定：淘宝网用户在商品名、商品介绍等信息或载体中侵犯他人知识产权属于违规行为；侵犯他人知识产权的违规行为包括所有违反《禁止及限制交易物品管理规则》内有关条款或《商标法》、《著作权法》、《专利法》等法律法规的行为。此外，该规则还规定了相应的处罚措施：淘宝网用户有商标侵权、专利侵权等违规行为，将受到限制发布商品14天、下架所有商品信息、公示处罚（警告）14天的处罚，同时记6分。淘宝网用户违规行为记分是为了记录用户在淘宝网违规行为的一种方式。违规行为记分按每一自然年为周期（1月1日至12月31日）。违规记分扣满12分，淘宝公司将对账户作冻结处理，用户只有通过考核后，淘宝公司才会解除冻结。用户在学习期后才可以参加考核，学习期按记分周期内的冻结次数乘以3计算，例：首次冻结1×3=3天，第二次冻结2×3=6天。账户冻结后该用户可以登录淘宝网，但限制发布商品信息，下架用户的所有商品信息。对于情节特别严重的违规行为，淘宝公司有权对用户作永久封号处理。2010年6月10日，淘宝公司发布了同时适用商城和非商城的《淘宝网用户行为管理规则（修订版）》，对淘宝网用户的违规行为进行了细化，并调整了处罚措施。其中对侵犯他人知识产权的违规行为规定了三级处罚措施，一级为有确切证据证明卖家出售假冒商品且情节特别严重的，扣48分；二级为有确切证据证明卖家出售假冒商品的，扣12分；三级为所发布或使用的商品、图片、店铺名等店铺内容侵犯商标权、著作权、专利权，或者存在误导消费者情况的，扣4分。当扣分达到或超过12分但未到24分时，会员将被同时处以店铺屏蔽、限制发布商品、限制发送站内信、限制社区所有功能及公示警告7天；当扣分达到或超过24分但未到48分时，会员将被同时处以店铺屏蔽、限制发布商品、限制发送站内信、限制社区所有功能及公示警告14天；当扣分达到或超过36分但未到48分时，会员将被处下架所有商品，且同时并处限制发布商品、限制发送站内信、限制社区所有功能、关闭店铺及公示警告21天；当扣分达到或超过48分时，会员将被处永久封号。

淘宝网公布了知识产权侵权投诉途径，权利人可通过电话、信函、电子邮件等途径向淘宝公司进行投诉。本案审理过程中，淘宝公司以商标侵权为例解释了其对知识产权侵权投诉的处理流程。一、权利人投诉。权利人投诉应该提供以下资料：（一）权利证明以及身份证明；（二）侵权链接；（三）判断侵权成立的初步证明或者充足的理由；（四）对某个卖家重复投诉的，还要标注重复投诉的具体时间、重复投诉的次数。其中，判断侵权成立的初步证明可以是网页上明显的侵权的信息、公证购买证据、卖家在聊天中的自认。判断侵权的理由必须是法定的侵权成立的理由，而不能以价格、未经授权销售等理由。权利人通过款式等判断被投诉产品非其生产，只要做单方陈述即可作为判断侵权的证明。二、侵权成立后的处理。权利人提供完整的投诉资料后，淘宝公司会对相关资料进行下列形式审查，包括：（一）商标权是否存在，并有效存续；（二）权利人的主体资格是否有效存续；（三）权利人提供的判断侵犯商标权的理由及（或）证据是否初步成立；（四）权利人判断侵犯商标权的理由与其提供的链接结果（即指认侵权的对象）间是否存在对应关系。通过上述四步骤形式审查后，采取以下措施：（一）删除涉嫌侵权的链接；（二）如果权利人为进一步通过司法程序主张权利提出需要涉嫌侵权人的信息，淘宝公司可以提供涉嫌侵权会员的姓名、联系方式和身份证号码；（三）对被投诉的卖家进行处罚。

衣念公司认为淘宝网有大量卖家发布侵权商品信息。衣念公司利用淘宝网提供的搜索功能，通过关键字搜索涉嫌侵权的商品，再对搜索结果进行人工筛查，并通过电子邮件将侵权商品信息的网址发送给淘宝公司，同时衣念公司向淘宝公司发送书面通知函及相关的商标权属证明材料，要求淘宝公司删除侵权商品信息并提供卖家真实信息。淘宝公司收到衣念公司的投诉后，对衣念公司提交的商标权属证明进行核实，对衣念公司投诉的商品信息逐条进行人工审核，删除其中淘宝公司认为构成侵权的商品信息，并告知衣念公司发布侵权商品信息的卖家的身份信息。因衣念公司认定的淘宝网上的侵权商品信息非常多，衣念公司几乎在每个工作日都向淘宝公司投诉，每天投诉的商品信息少则数千条，多则达数万条。根据统计，自 2009 年 9 月 29 日至 2009 年 11 月 18 日，衣念公司向淘宝公司投诉的侵权商品信息有 131 261条，淘宝公司经审核后删除了其中的 117 861条。2010 年 2 月 23 日至 2010 年 4 月 12 日，衣念公司向淘宝公司投诉的商品信息有 153 277条，淘宝公司经审核后删除了其中的 124 742条。淘宝公司删除的商品信息数量约占衣念公司投诉总量的 85% 。衣念公司的投诉涉及 TEENIE WEENIE、E. LAND 等十四个商标。淘宝公司根据衣念公司的投诉删除商品信息后，有的卖家会向淘宝公司提出异议，并提供其销售的商品具有合法来源的初步证据。淘宝公司会将卖家的异议转交给衣念公司。衣念公司有时会撤回投诉，撤回投诉的原因，有的确实属于因错误投诉而撤回投诉，有时则是由于其暂时无法判断是否侵权而撤回投诉。上述投诉中，包含了衣念公司于 2009 年 9 月 29 日至 2009 年 11 月 11 日期间针对杜国发的 7 次投诉，其中有 3 次涉及 TEENIE WEENIE 商标，4 次涉及依兰德有限公司的另一个注册商标 SCAT。淘宝公司接到衣念公司投诉后即删除了杜国发发布的商品信息，杜国发并未就此向衣念公司及淘宝公司提出异议，淘宝公司也未对杜国发采取处罚措施。直至 2010 年 9 月，淘宝公司才对杜国发进行扣分等处罚。

衣念公司的委托代理人于 2009 年 11 月 19 日向上海市长宁公证处（以下简称长宁公证处）申请证据保全公证。2009 年 11 月 20 日，长宁公证处出具了（2009）沪长证字第 6449 号公证书，该公证书载明以下主要内容：打开 IE 浏览器，在地址栏输入 http：//shop35344840. taobao. com，进入名为“传说中 de 傀傀”的店铺。该网店首页显示：卖家信用为606，买家信用为109，宝贝数量为1 037，创店时间为2008年2月7日。首页的“最新公告”称：本店所出售的部分是专柜正品，部分是仿原单货，质量可以绝对放心……页面左侧的类目栏，有“PORTS（宝资）”、“LEE”、“TEENIE WEENIE”、“E. LAND”等栏目。选择一件名为“品牌原单TW小熊（PNR2）后绣花小熊连帽磨毛卫衣”的服装，该服装的介绍页面显示该服装售价75元，库存72件，30天售出0件，并附有该服装的照片。从照片中，可看出服装绣有一个卡通小熊的图案，服装吊牌印有Teenie Weenie文字及心型图案。衣念公司的代理人支付了80元（其中5元为快递费）购买了一件上述服装。收到该服装的快递包裹后，衣念公司的代理人于2009年12月28日再次向长宁公证处申请证据保全公证，长宁公证处对衣念公司代理人拆开快递包裹和重新封存包裹的全过程进行拍照记录。2010年1月6日，长宁公证处出具了（2010）沪长证字第391号公证书。庭审中，杜国发确认，“传说中de傀傀”的店铺由其经营。

审理中，原审法院对长宁公证处封存的物品进行拆封、勘验。公证物为一件黑色运动衫，服装吊牌印有Teenie Weenie文字及心型图案。服装前后面各绣有一个姿态不同的卡通小熊。

另查明，衣念公司为保全证据，对淘宝公司回复的电子邮件内容进行了公证。2010年6月30日，上海市松江公证处对此出具了（2010）沪松证经字第817号公证书，该次公证费为2 800元。衣念公司称为办理（2010）沪长证字第391号公证，支出公证费1 000元，但衣念公司未出示本次公证费的发票。此外，衣念公司还支出了查档费100元、律师费5万元、（2009）沪长证字第6449号公证费1 000元。

原审法院认为：衣念公司经依兰德有限公司许可，享有第1545520号“ ”注册商标和第1326011号“ ”注册商标独占许可使用权。原告享有的注册商标专用权受法律保护，他人不得销售侵犯注册商标专用权的商品。本案中，第1545520号商标核定使用商品为服装，杜国发销售的商品与该商标核定使用的商品相同。经比对，杜国发销售的涉案商品上熊头图案与第1545520号商标图案在脸型、五官、头戴饰品及形态上都极为相似，以相关公众一般注意力为标准，两者在视觉上基本无差别，构成相同商标。第1326011号商标核定使用的商品为茄克（服装）、短裤、工作服、汗衫、衬衫、内衣、围巾、短筒袜、帽子、运动鞋。杜国发销售的涉案商品与该商标核定使用的商品不同，但两者在功能、生产部门、销售渠道等方面基本相同，按照相关公众的一般认知，两者应为类似商品。杜国发销售的涉案商品吊牌上有与第1326011号“ ”商标相同的Teenie Weenie文字和心型图案，不同之处在于该吊牌的心型图案中多了两行英文：“Fly To Dreams!”和“CHARACTER STUDIO”。因Teenie Weenie文字和心型图案构成了涉案服装吊牌图案的主要内容，足以导致消费者对商品来源产生误认，故构成近似商标。综上，杜国发销售的涉案商品应认定为侵犯第1545520号和第1326011号注册商标专用权的商品。杜国发辩称，其销售的产品有合法来源，且不知销售的商品侵犯了他人的注册商标专用权。《中华人民共和国商标法》第五十六条第三款规定，销售不知道是侵犯注册商标专用权的商品，能证明该商品是自己合法取得的并说明提供者的，不承担赔偿责任。杜国发不能举证证明其销售的商品有合法来源，且在衣念公司多次投诉，淘宝公司多次删除其发布商品信息后，杜国发应当知道其销售的商品侵犯他人注册商标专用权，故其抗辩意见不能成立，应当依法承担侵权责任。

网络用户利用网络实施侵权行为的，被侵权人有权通知网络服务提供者采取删除、屏蔽、断开链接等必要措施。在 2009 年 9 月 29 日至 2009 年 11 月 11 日期间，衣念公司发现杜国发通过淘宝网销售侵权商品后，先后 7 次向淘宝公司发送侵权通知函，淘宝公司审核后先后 7 次删除了杜国发发布的商品信息。淘宝公司认为，其已经采取了必要的措施。本院认为，网络服务提供者接到通知后及时删除侵权信息是其免于承担赔偿责任的条件之一，但并非是充分条件。网络服务提供者删除信息后，如果网络用户仍然利用其提供的网络服务继续实施侵权行为，网络服务提供者则应当进一步采取必要的措施以制止继续侵权。哪些措施属于必要的措施，应当根据网络服务的类型、技术可行性、成本、侵权情节等因素确定。具体到网络交易平台服务提供商，这些措施可以是对网络用户进行公开警告、降低信用评级、限制发布商品信息直至关闭该网络用户的账户等。淘宝公司作为国内最大的网络交易平台服务提供商，完全有能力对网络用户的违规行为进行管理。淘宝公司也实际制定并发布了一系列的网络用户行为规则，也曾对一些网络用户违规行为进行处罚。淘宝公司若能够严格根据其制定的规则对违规行为进行处理，虽不能完全杜绝网络用户的侵权行为，但可增加网络用户侵权的难度，从而达到减少侵权的目的。就本案而言，淘宝公司接到衣念公司的投诉通知后，对投诉的内容进行了审核并删除了杜国发发布的商品信息。根据淘宝网当时有效的用户行为管理规则，其在接到衣念公司的投诉并经核实后还应对杜国发采取限制发布商品信息、扣分，直至冻结账户等处罚措施，但淘宝公司除了删除商品信息外没有采取其他任何处罚措施。在 7 次有效投诉的情况下，淘宝公司应当知道杜国发利用其网络交易平台销售侵权商品，但淘宝公司对此未采取必要措施以制止侵权，杜国发仍可不受限制地发布侵权商品信息。据上，本院认为，淘宝公司有条件、有能力针对特定侵权人杜国发采取措施，淘宝公司在知道杜国发多次发布侵权商品信息的情况下，未严格执行其管理规则，依然为杜国发提供网络服务，此是对杜国发继续实施侵权行为的放任、纵容。其故意为杜国发销售侵权商品提供便利条件，构成帮助侵权，具有主观过错，应承担连带赔偿责任。

关于赔偿数额，因原、被告均未举证证明杜国发因侵权所得利益或者衣念公司因被侵权所受损失，本院综合考虑涉案商标具有较高知名度，杜国发网店经营规模较小、获利不多等因素，酌情确定经济损失赔偿额为 3 000元。原告主张律师费、公证费、查档费等开支，本院根据开支的真实性、关联性、必要性和合理性，酌情支持合理费用 7 000元。因被告侵犯原告的商标专用权，并不涉及人格利益，故原告要求被告赔礼道歉的诉讼请求，本院不予支持。

综上所述，根据《中华人民共和国民法通则》第一百三十条，《中华人民共和国商标法》第五十二条第（二）项、第（五）项及第五十六条，《最高人民法院关于贯彻执行〈中华人民共和国民法通则〉若干问题的意见（试行）》第一百四十八条第一款，《最高人民法院关于审理商标民事纠纷案件适用法律若干问题的解释》第十六条第一款、第二款及第十七条，《中华人民共和国商标法实施条例》第五十条第（二）项之规定，判决：

一、被告杜国发、淘宝公司于判决生效之日起十日内共同赔偿原告衣念公司经济损失人民币3 000元；二、被告杜国发、淘宝公司于判决生效之日起十日内共同赔偿原告衣念公司合理费用人民币7 000元；三、驳回原告衣念公司其余诉讼请求。

判决后，被告淘宝公司不服，向本院提起上诉，请求本院依法改判驳回衣念公司对于淘宝公司的全部诉讼请求。上诉人淘宝公司的上诉理由是：

一、因被上诉人涉案7次投诉未提供判断侵权的证明，不属于有效投诉，上诉人无法知道被上诉人存在多次投诉，无法对被投诉信息是否构成侵权予以审核，故无法对被投诉卖家采取进一步的处理措施。1. 被上诉人涉案的7次投诉中，4次涉及依兰德有限公司的另一个注册商标“SCAT”，与本案被上诉人起诉主张的第1545520号和第1326011号注册商标无关联。其余的3次投诉均没有提交判断侵权的证明，不是有效的投诉。而一次有效的投诉，应当包括判断侵权成立的初步证明或者理由，否则上诉人即使收到投诉，看到的仍然是商品信息本身，在商品信息本身没有卖家自认侵权的情况下，上诉人收到投诉后并不知道发生了侵权。此外，7次投诉必须是针对同一件商品不同时间发布的信息才是7次有效的投诉，但是原审法院对这一节事实以及该7次投诉的商品信息是否构成侵权均未予查清，故原审法院认定7次投诉是有效投诉错误。2. 被上诉人在向上诉人投诉时不提交判断侵权的证明，上诉人对于被投诉信息无法审核是否构成侵权，故上诉人只能尽谨慎义务暂时对相关的被投诉商品信息予以删除。由于无法审核被投诉信息是否构成侵权，上诉人未能对被投诉的卖家予以处罚。原审法院认定上诉人对被上诉人投诉的信息进行了人工审核并删除认为构成侵权的商品信息，属认定事实错误。3. 被上诉人衣念公司通过关键字搜索时，使用的关键字是“TW”、“小熊”等文字，其搜索结果的相关性、准确度差，被上诉人在商品侵权通知函中所附的涉嫌侵权信息中存在维尼小熊个性照片台历定制的不相关的链接信息，且被上诉人每日投诉量非常大，导致上诉人无法在每天数万条投诉信息中判断是否发生了多次投诉。4. 被上诉人7次投诉未按淘宝网规定的要求对重复投诉的具体时间、次数进行标注。

二、上诉人不知道杜国发存在侵权行为，对于杜国发的侵权行为不具有过错。原审法院以上诉人删除了投诉信息认定上诉人知道杜国发多次发布侵权商品信息没有法律依据，认定上诉人放纵杜国发继续实施侵权行为，故意为杜国发销售侵权商品提供便利条件更是没有事实和法律依据。

被上诉人答辩称：上诉人明知杜国发存在侵权行为，仍未采取任何措施以防止再次侵权行为的发生，其为侵权行为提供了网络服务帮助。

一、被上诉人的投诉函均具明了判断侵权成立的初步证明和理由。其在函中指出相关链接商品并非其公司生产或者委托生产，且进一步指明了其公司产品是直营模式销售，未曾授权他人经销或者代理；其公司与委托加工工厂定量生产，对超额产品约定了销毁等处理方式；其公司直营店目前销售价均在吊牌价格的50%以上，他人买入其公司产品再以低于50%折扣销售，不符合交易常识等多项理由。

二、上诉人针对被上诉人投诉函的回函中表明经其查看相关信息，暂无法判断侵权成立，从未向被上诉人提出过被上诉人的投诉函存在未提供判断侵权的证明或理由等不符合要求之情况。况且，被上诉人自2006年以来，针对淘宝网上的侵权商品信息频繁投诉，上诉人从未向被上诉人表明上诉人的投诉是无效投诉。上诉人根据被上诉人提供的判断标准方法及单方面陈述可以认定相关链接侵权，且上诉人已作删除，并提供侵权卖家信息附在上诉人邮件中。而杜国发的注册信息亦在上述邮件中，上诉人并没有将杜国发的信息列在“无法判断链接清单”中，而且在长达2个月的期间内，杜国发对于上诉人删除被投诉信息未提出异议。

三、根据上诉人的规定，权利人投诉应提供：判断侵权成立的初步证明是网页上明显的侵权信息、公证购买证明、卖家在聊天中自认。这种要求将使权利人不堪重负，亦与法律精神相悖。

四、淘宝网作为国内最大的网上购物平台，完全有能力管理网络用户的违规行为，然上诉人对于被上诉人的多次投诉仅作删除商品信息处理，未进一步采取适当措施，如果其能严格按照其制定的规则对侵权用户进行处罚，可以制止卖家的违规行为。

原审被告杜国发称，其从事厂家代理，并不知道发布信息的商品侵权。其同意上诉人的意见。

二审审理中，被上诉人向本院提供了三份证据：

1. 原审法院出具的2010年3月12日开庭的（2010）浦民三（知）初字第69号案传票一份、杜国发出具的承诺书一份，证明上诉人知道杜国发出具承诺函，其明知杜国发实施商标侵权行为；

2. 第5199073号注册商标“SCAT”的商标档案一份，证明被上诉人对该商标享有商标权；

3. 第1326011号注册商标“Teenie Weenie”的商标档案一份，证明被上诉人在原审时未提供原件的该商标档案的真实性。

上诉人认为，证据1的真实性没有异议，但与本案没有关联性，也不能证明上诉人知道杜国发存在侵权行为；证据2不是被上诉人在本案中主张权利的注册商标，与本案没有关联性，不应作为本案审理对象；证据3的真实性予以认可。本院认为，本案被上诉人指控其于2009年9月29日至11月11日多次向上诉人投诉后，又于11月19日发现杜国发在淘宝网上实施侵权行为，上诉人对此应承担侵权责任，证据1发生于上述期间之后，对于本案的侵权判定没有直接关联性，本院不予采纳；证据2并不属于新的证据，本院不组织质证；证据3因上诉人无异议，且是对原审法院认定证据的补强，本院予以采纳。

本院经审理查明，原审法院认定事实基本无误，本院予以确认。

另查明：被上诉人自2006年起，就淘宝网上存在销售侵犯其注册商标使用权的行为向上诉人投诉。2009年9月29日至11月11日期间，被上诉人向上诉人发出的7次包括杜国发店铺的《商标侵权通知函》包括如下内容：“我公司衣念（上海）时装贸易有限公司拥有TEENIE WEENIE、E. LAND、SCOFIELD、PRICH、SCAT、TERESIA、ROEM等商标在中国范围内的独占使用权。（使用权限包括但不限于将商标标注于商品之上进行销售、在店铺装潢上使用、自行生产或委托他人生产贴有注册商标的商品、将商标用于商品包装及广告；同时衣念（上海）时装贸易有限公司有权在授权范围内进行商标权的维护，包括但不限于商标侵权调查及投诉，标有注册商标的服装真伪鉴定、商标侵权诉讼、商标侵权索赔等。）我公司所有品牌目前在中国市场均采用的是“与百货公司签署《联营合同》”以及“购物中心专卖店”的模式进行销售。未曾授权他人经销或者代理我公司的品牌。我公司在与加工工厂之间的《委托加工合同》已经明确了委托加工的数量，并且约定因生产流程导致的超额产品的处理方式。截至目前，我公司所有品牌的服装的市场零售价没有低于吊牌价格的50%。从市场交易的常识来看，不会有经营者大量购买我公司品牌的服装，然后以低于买入价格再转手卖出；我公司全部品牌的加工成本在吊牌标价的20%～30%，所以淘宝网上价格很低且数量很大的商品侵权可能性极大。淘宝网应该对此给予足够的重视。凡是我公司生产的或者委托加工生产的服装，服装吊牌或者洗标上都有统一编码。所以。淘宝网应该要求销售我公司品牌服装的注册用户明确标注该统一编码，否则不可以在产品名称或者描述中使用我公司的注册商标或者含有我公司注册商标的词语……”被上诉人在上述通知函中随附具体链接清单，并指称该些链接指向的带有其公司注册商标的商品非其生产或者委托生产，亦未经其授权销售。同时被上诉人要求上诉人采取以下措施：立即删除所附链接信息并提供卖家身份信息；对于上诉人已经处理的侵权卖家取消其再次发布所涉商品信息，并对卖家主张继续发布的，淘宝网应对其合法性进行审查；淘宝网应对重复侵权的注册用户永久删除账号。

对于被上诉人的上述通知函，上诉人依次进行了回函。上诉人的回函包括如下内容："1. 我方发送至贵方邮箱的邮件（附件名称为无法判断链接）的内容，对于贵方指证的相关产品信息内容，根据贵方截至目前提供的资料，同时经我方查看相关的产品信息时，暂无法判断侵权成立。具体包括但不限于以下几种情况：如尚未得到贵方提供的在相应商品类别的商标注册证；商品信息为定金页面、不存在具体款式的产品信息；根据贵方提供的侵权判断依据，由于贵方提供的商标证仅在中国境内享有独占使用权，贵方指证部分产品称"韩国直送"等，故有可能存在虽不是贵方生产但并不侵犯贵方商标权等。故我们暂无法对该类产品信息进行处理，烦请贵方进一步核实，提供进一步证明资料，如贵方能确认相关指证链接为假冒产品，烦请在侵权方式中明确填写，我们收到资料后会核实处理。2. 对于除了无法判断链接外，其余链接我们已给予删除处理……”上述"无法判断链接"中，并没有杜国发的发布商品信息的链接。同时，上诉人通过发送邮件方式向被上诉人提供了卖家注册的身份信息，其中有杜国发的身份信息。

上诉人在删除杜国发网店名为"传说中 de 傀傀"的被投诉信息时，亦通知杜国发其发布的相关信息被删除及原因。杜国发接到通知后未向上诉人作出任何回应。

本院认为：被上诉人经注册商标专用权人的授权许可，依法享有第1545520号、第1326011号注册商标独占使用权，有权针对侵犯商标专用权的行为提起诉讼。根据《中华人民共和国商标法》第52条规定，销售侵犯注册商标专用权的商品的行为，属侵犯注册商标专用权。原审法院关于杜国发销售侵犯第1545520号、第1326011号注册商标权的商品构成商标侵权的认定及理由，本院认同。

上诉人作为淘宝网的经营者，其在本案中为杜国发销售侵权商品提供网络交易平台，其未直接实施销售侵权商品的行为，而属于网络服务提供者。网络服务提供者对于网络用户的侵权行为一般不具有预见和避免的能力，因此，并不因为网络用户的侵权行为而当然需承担侵权赔偿责任。但是如果网络服务提供者明知或者应当知道网络用户利用其所提供的网络服务实施侵权行为，而仍然为侵权行为人提供网络服务或者没有采取适当的避免侵权行为发生的措施的，则应当与网络用户承担共同侵权责任。

具体到本案，本院认为：首先，在案证据证明被上诉人从2006年起就淘宝网上的商标侵权向上诉人投诉，而且投诉量巨大，然而至2009年11月，淘宝网上仍然存在大量被投诉侵权的商品信息，况且在上诉人删除的被投诉商品信息中，遭到卖家反通知的比率很小，由此可见，上诉人对于在淘宝网上大量存在商标侵权商品之现象是知道的，而且也知道对于被上诉人这样长期大量的投诉所采取的仅作删除链接的处理方式见效并不明显。其次，被上诉人的投诉函明确了其认为侵权的商品信息链接及相关的理由，虽然被上诉人没有就每一个投诉侵权的链接说明侵权的理由或提供判断侵权的证明，但是被上诉人已经向上诉人提供了相关的权利证明、投诉侵权的链接地址，并说明了侵权判断的诸多理由，而且被上诉人向上诉人持续投诉多年，其所投诉的理由亦不外乎被上诉人在投诉函中所列明的几种情况，因此上诉人实际也知晓一般情况下的被上诉人投诉的侵权理由类型。上诉人关于被上诉人未提供判断侵权成立的证明，其无法判断侵权成立的上诉理由不能成立；上诉人在处理被上诉人的投诉链接时，必然要查看相关链接的商品信息，从而对于相关商品信息是否侵权有初步了解和判断。因此，通过查看相关链接信息，作为经常处理商标侵权投诉的上诉人也应知道淘宝网上的卖家实施侵犯被上诉人商标权的行为。再次，在案的公证书表明被上诉人购买被控侵权商品时杜国发在其网店内公告："本店所出售的部分是专柜正品，部分是仿原单货，质量可以绝对放心……"，从该公告内容即可明显看出杜国发销售侵权商品，上诉人在处理相关被投诉链接信息时对此当然是知道的，由此亦能证明上诉人知道杜国发实施商标侵权行为。最后，判断侵权不仅从投诉人提供的证据考查，还应结合卖家是否反通知来进行判断。通常情况下，经过合法授权的商品信息被删除，被投诉人不可能会漠然处之，其肯定会作出积极回应，及时提出反通知，除非确实是侵权商品信息。故本案上诉人在多次删除杜国发的商品信息并通知杜国发被删除原因后，杜国发并没有回应或提出申辩，据此完全知道杜国发实施了销售侵权商品行为。

综合上述因素，本院认为上诉人知道杜国发利用其网络服务实施商标侵权行为，但仅是被动地根据权利人通知采取没有任何成效的删除链接之措施，未采取必要的能够防止侵权行为发生的措施，从而放任、纵容侵权行为的发生，其主观上具有过错，客观上帮助了杜国发实施侵权行为，构成共同侵权，应当与杜国发承担连带责任。

上诉人提出被上诉人涉案的 7 次投诉，4 次投诉与被上诉人在本案中主张的商标权利无关，其余 3 次未提供判断侵权的证明，7 次投诉未针对同一商品不同时间发布，不是有效投诉。本院认为，商标权利人向网络服务提供者发出的通知内容应当能够向后者传达侵权事实可能存在以及被侵权人具有权利主张的信息。对于发布侵权商品信息的卖家，无论是一次发布行为还是多次发布行为，多次投诉针对的是同一商品还是不同商品，是同一权利人的同一商标还是不同商标，均能够足以使网络服务提供者知道侵权事实可能存在，并足以使其对被投诉卖家是否侵权有理性的认识。因此，本案被上诉人的 7 次投诉足以向上诉人表明了杜国发存在侵权行为的信息，上诉人的前述上诉理由不能成立，本院不予采信。

上诉人提出被上诉人投诉量大、投诉准确率差，且未作重复投诉标注，导致其无法发现重复投诉的情况。本院认为，在案证据证明自 2009 年 9 月 29 日至 2009 年 11 月 18 日，被上诉人投诉的侵权商品信息有 131 261条，上诉人删除了其中的 117 861条。2010 年 2 月 23 日至 2010 年 4 月 12 日，被上诉人投诉的商品信息有 153 277条，上诉人删除了其中的 124 742条。被上诉人如此大量的投诉以及上诉人如此大量的删除更加证明了上诉人仅采取删除措施并未使淘宝网上侵权现象有所改善。同时，被上诉人大量的投诉以及投诉准确率会影响到上诉人审查被投诉信息所耗费的人力和时间，但与上诉人是否能够发现重复投诉并无多大关联。因此，上诉人的该项上诉理由亦不能成立，本院不予采信。

综上所述，原审判决认定事实基本清楚，适用法律正确。上诉人的相关上诉理由不能成立，其上诉请求本院不予支持。依照《中华人民共和国民事诉讼法》第一百五十三条第一款第（一）项之规定，判决如下：

驳回上诉，维持原判。

二审案件受理费人民币800元，由上诉人浙江淘宝网络有限公司负担。

本判决为终审判决。

审　判　长　刘军华
代理审判员　桂　佳
代理审判员　陆凤玉
二〇一一年四月二十五日
书　记　员　谭　尚

（本判决书于2012年第1期《最高人民法院公报》刊登、入选最高院2011年中国法院知识产权司法保护10大案件、2011年度上海法院知识产权司法保护十大案件）

18. 黛尔吉奥品牌有限公司等诉肖绍力等侵害商标权纠纷案

——中华人民共和国上海市第二中级人民法院民事判决书

（2010）沪二中民五（知）初字第31号

原告： 黛尔吉奥品牌有限公司（DIAGEO BRANDS B. V.），住所地荷兰王国阿姆斯特丹1014BG摩兰沃夫10－12号（MOLENWERF 10-12，1014BG AMSTERDAM，THE NETHERLANDS）。

法定代表人： 葛瑞克赫森·玛格丽萨·卡塞里纳·西奥多拉·玛利亚（Gerichhausen，Margaretha Catharina Theodora Maria）和瑞华兹·罗莎琳德·凯瑟琳（Rivaz，Rosalind Catherine），该公司执行董事。

原告： 帝亚吉欧（上海）洋酒有限公司，住所地中华人民共和国上海市外高桥保税区加枫路28号2502室。

法定代表人： 黄俊熙（WHANG JOHN JOO-HEE），该公司亚太区财务总监。

上列两原告的共同委托代理人： 何放，北京市路盛律师事务所律师。

上列两原告的共同委托代理人： 翁莉，北京市路盛律师事务所律师。

被告： 肖绍力，男，上海市黄浦区力生杂货店业主，地址中华人民共和国上海市四川中路635号底层迪亚天天便利店。

委托代理人： 陈强，上海雷曼律师事务所律师。

被告： 常州碧爽生物科技有限公司，住所地中华人民共和国江苏省常州市钟楼区世纪明珠园27幢甲单元402室。

法定代表人： 郭光彬，该公司执行董事。

委托代理人： 满月辉，上海安盟律师事务所律师。

被告： 无锡永如生物美容品有限公司，住所地中华人民共和国江苏省无锡市洛社镇第一工业园区。

法定代表人： 吕钧陶，该公司执行董事。

委托代理人： 满月辉，上海安盟律师事务所律师。

原告黛尔吉奥品牌有限公司（以下简称黛尔吉奥公司）、帝亚吉欧（上海）洋酒有限公司（以下简称帝亚吉欧公司）与被告肖绍力、常州碧爽生物科技有限公司（以下简称碧爽公司）、无锡永如生物美容品有限公司（以下简称永如公司）侵犯商标专用权纠纷一案，本院于2010年2月20日受理后，依法组成合议庭，于2010年4月22日公开开庭进行了审理。两原告的共同委托代理人何放、翁莉，被告肖绍力的委托代理人陈强，被告碧爽公司、永如公司的共同委托代理人满月辉到庭参加诉讼。本案现已审理终结。

原告黛尔吉奥公司、帝亚吉欧公司共同诉称：原告黛尔吉奥公司是“JOHNNIE WALKER”文字注册商标（商标注册证第28112号）、“行走的绅士（右）”图形注册商标（商标注册证第3917685号，见附图一）和“行走的绅士（左）”图形注册商标（商标注册证第1065228号，见附图二）的专用权人。同时，原告黛尔吉奥公司已经授予原告帝亚吉欧公司上述商标在中国的普通许可使用权。长期以来上述商标一直使用于“JOHNNIE WALKER”系列威士忌酒。

“JOHNNIE WALKER”系列威士忌酒始于1820年，是世界上销售最广的苏格兰威士忌品牌，共销售于200多个国家，年销售量超过1.2亿瓶，年均销量在威士忌酒全球市场和中国市场的占有率分别为14%和27%。在“Intangible Business”（无形商务公司）发布的《2006年世界最具影响力的烈酒和葡萄酒品牌》报告中，“JOHNNIE WALKER”系列威士忌酒排名第一。自1870年“JOHNNIE WALKER”系列威士忌酒在悉尼国际展览会上获得其第一个有记录的优秀奖至今，“JOHNNIE WALKER”系列威士忌酒多次在各类国际酒类竞赛中获奖。

此外，两原告斥巨资在中国为“JOHNNIE WALKER”系列威士忌酒做了大量的户外、平面广告，电视广告及报刊媒体广告，并成为F1方程式赛车迈凯伦车队、亚洲太平洋首次高尔夫大赛的主要赞助商。近年来，“JOHNNIE WALKER”系列威士忌酒多次被他人仿冒，上海市工商行政管理局和上海市第二中级人民法院均曾认定“JOHNNIE WALKER”系列威士忌酒中的“黑牌”威士忌酒为知名商品。

两原告认为，上述事实均表明“JOHNNIE WALKER”系列威士忌酒在中国境内为相关公众广为知晓，使用在“JOHNNIE WALKER”系列威士忌酒上的“JOHNNIE WALKER”、“行走的绅士（右）”和“行走的绅士（左）”等商标具有极高的市场知名度，已成为在中国境内为相关公众广为知晓的驰名商标。

2009年，两原告发现被告碧爽公司、永如公司在其共同生产、销售的“汉之韵润肤橄榄油”、“汉之韵纯正护肤橄榄油”上，未经授权使用了“JOHNNIE WALKER”文字及与“行走的绅士（右）”、“行走的绅士（左）”商标图形极为近似的“向左的绅士”图形（见附图三）。被告肖绍力在其经营的上海市黄浦区力生杂货店（以下简称力生杂货店）销售了“汉之韵润肤橄榄油”。两原告认为，三被告的上述行为侵犯了两原告对上述三个驰名商标享有的合法权利，请求法院判令三被告：1. 立即停止对原告“JOHNNIE WALKER”、“行走的绅士（右）”、“行走的绅士（左）”注册商标专用权的侵害；2. 共同赔偿原告经济损失人民币50万元（以下币种均为人民币）。

2010年9月28日，两原告向本院提出申请称，不在本案中主张“行走的绅士（左）”商标属于驰名商标，并变更诉讼请求第一项为：请求判令三被告立即停止对原告“JOHNNIE WALKER”、“行走的绅士（右）”注册商标专用权的侵害。两原告的其余诉讼请求未作变更。

被告碧爽公司、永如公司共同辩称：1. 原告黛尔吉奥公司诉状落款系委托代理人的印鉴，故本案诉讼并非原告黛尔吉奥公司真实的意思表示；2. 两原告并未证明其系涉案“JOHNNIE WALKER”、“行走的绅士（右）”商标的权利人，且上述商标亦非驰名商标；3. “汉之韵润肤橄榄油”、“汉之韵纯正护肤橄榄油”均属化妆品中的护肤类商品。被告碧爽公司已于2007年5月向中华人民共和国国家工商行政管理总局商标局（以下简称国家商标局）申请，将“JOHNNIE WALKER”文字在第3类化妆品等商品上注册为商标，并于2010年1月20日由国家商标局初审公告。因此，被告碧爽公司、永如公司在化妆品上使用“JOHNNIE WALKER”文字的行为，属于正当的商标使用行为；4. 化妆品与涉案商标核定使用的威士忌酒等商品既不相同也不相类似。而“向左的绅士”图形与“行走的绅士（右)”商标的图形既不相同亦不近似。因此，两被告在涉案商品上使用“JOHNNIE WALKER”文字和“向左的绅士”图形的行为不会造成相关公众的混淆，没有侵犯两原告的合法权利；5. “汉之韵润肤橄榄油”、“汉之韵纯正护肤橄榄油”实际是一个商品即“汉之韵橄榄油”，该商品系案外人上海明健工贸发展有限公司（以下简称明健公司）委托被告碧爽公司设计外包装，并由被告碧爽公司安排被告永如公司生产，总计货值2.4万余元，且该商品目前已不再生产。故两原告在本案中主张的赔偿数额缺乏事实及法律的依据。综上，被告碧爽公司、永如公司请求本院驳回两原告的诉讼请求。

被告肖绍力辩称：其同意被告碧爽公司、永如公司的答辩意见，并认为其经营的力生杂货店销售的“汉之韵润肤橄榄油”均有合法来源，故被告肖绍力在本案中不应承担赔偿责任。

本院经审理查明：

一、关于涉案商标权利人的相关事实

原告黛尔吉奥公司是下列注册商标的专用权人

1. “JOHNNIE WALKER”商标，商标注册证号为第28112号，核定使用商品为第33类威士忌。该商标于1958年8月1日注册，经多次续展、转让，该商标现有效期为2008年8月1日至2018年7月31日。

2. “行走的绅士（右)”商标，商标注册证号为第3917685号，核定使用商品为第33类酒精饮料（啤酒除外)。注册有效期自2005年11月28日至2015年11月27日。

2007年8月22日，两原告共同出具声明称：原告黛尔吉奥公司是“JOHNNIE WALKER”系列威士忌酒全球品牌的所有人，享有该商品包装装潢和/或商业外观的权利，包括但不限于商标、著作权等。原告黛尔吉奥公司通过非排他许可的方式授权原告帝亚吉欧公司在中国使用上述权利。

二、关于两原告主张的涉案商标属于驰名商标的相关事实

1. 涉案商标的历史及其在中国持续使用时间的相关事实

“JOHNNIE WALKER”系列威士忌酒始于1820年的苏格兰，其创始人为约翰·沃克(JOHN WALKER)。1867年，“JOHNNIE WALKER”文字作为商标的一部分首次予以注册。1908年年底，“JOHNNIE WALKER”系列威士忌酒的广告中首次出现卡通造型，并具有头戴礼帽、身着燕尾服、脚穿长靴、手持拐杖、迈步向前特征的“绅士”图形。之后，“JOHNNIE WALKER”文字和具有上述特征的“绅士”图形，广泛出现于“JOHNNIE WALKER”系列威士忌酒在世界各地的广告宣传中。而具有上述特征的“绅士”图形经过一系列的演变，形成“行走的绅士（左)”、“行走的绅士（右)”商标的图形。

“JOHNNIE WALKER”系列威士忌酒主要包括“JOHNNIE WALKER BLACK LABEL”(“黑牌”威士忌酒)、“JOHNNIE WALKER RED LABEL”(“红牌”威士忌酒)、“JOHNNIE WALKER GOLD LABEL”(“金牌”威士忌酒)、“JOHNNIE WALKER GREEN LABEL”(“绿牌”威士忌酒)、“JOHNNIE WALKER BLUE LABEL”(“蓝牌”威士忌酒)，原告提供的证据显示上述“JOHNNIE WALKER”系列威士忌酒的外包装上均使用了“JOHNNIE WALKER”和“行走的绅士（右)”商标。

1954年12月1日，香港《南华早报》刊登的“JOHNNIE WALKER”系列威士忌酒

广告中，使用了“JOHNNIE WALKER”文字和与“行走的绅士（右）”商标图形相似的图形。1979年，原北京市粮油食品进出口公司已开始销售“黑牌”威士忌酒和“红牌”威士忌酒。

在中国，自1958年起，“JOHNNIE WALKER”文字、“行走的绅士（右）”图形、“行走的绅士（左）”图形单独或其组合，在六类商品上，被注册了25个商标，该些商标现均属原告黛尔吉奥公司所有。

2. 使用涉案商标的“JOHNNIE WALKER”系列威士忌酒的市场份额、销售区域、利税等相关事实

根据“国际葡萄酒及烈酒研究所”网站的统计，在1997年、1999年、2002年至2008年，“JOHNNIE WALKER”系列威士忌酒（9升装）的全球市场年均销量为11 951 678箱，年均市场销售份额为14.33%。其中中国市场年均销量为240 739箱，年均市场销售份额为29.34%。

2006年9月，原告帝亚吉欧公司出具《证明函》称，该公司自2003年至2005年期间共销售“JOHNNIE WALKER”系列威士忌酒（9升装）566 080箱，总销售额6.86亿元。

2010年4月9日，酩悦轩尼诗帝亚吉欧洋酒（上海）有限公司（以下简称酩悦公司）出具《证明》称，其在2006年至2009年期间共销售“JOHNNIE WALKER”系列威士忌酒（9升装）1799141箱，总计销售额29.65亿元。销售区域涵盖：广东、海南、江西、福建、四川、重庆、上海、浙江、江苏、安徽、北京、天津、黑龙江、吉林、辽宁、山东、河北、河南、山西、内蒙古、新疆等省、自治区、直辖市，销售渠道涵盖国内各地主要经销商、大卖场、酒店等。

3. 涉案商标的宣传或者促销活动的方式、持续时间、程度、资金投入和地域范围的相关事实

1993年至今，两原告主要通过赞助体育赛事及文艺活动，举办各类推广活动，发布户外立体广告、平面媒体广告、电台或电视广告的方式，在全国各地宣传、推广标示有“JOHNNIE WALKER”、“行走的绅士（左）”、“行走的绅士（右）”商标的“JOHNNIE WALKER”系列威士忌酒，并极力推广“Keep Walking”（“永远向前”）的企业理念。在2004年7月至2007年6月期间，原告帝亚吉欧公司为“JOHNNIE WALKER”系列威士忌酒共计支出4.98亿元的广告和推广费用。在2007年7月至2009年12月期间，原告帝亚吉欧公司为“黑牌”威士忌酒、“红牌”威士忌酒共计支出2.99亿元的广告和推广费用。

4. 涉案商标享有的市场声誉的相关事实

1933年，“JOHNNIE WALKER”系列威士忌酒获得英国王室供货许可证。1992年至今，“JOHNNIE WALKER”系列威士忌酒分别在国际葡萄酒和烈酒竞赛，世界烟酒/食品品质评鉴会，国际高质量奖杯，国际烈酒挑战赛，旧金山世界烈酒竞赛等比赛中获奖。1996年版的《世界最大品牌》一书中，“JOHNNIE WALKER”品牌在世界100强品牌中排名72，酒类排名中为世界第一。2001年至2003年度，由《商业周刊》与Interbrand组织评选的全球100强品牌中，“JOHNNIE WALKER”排名分别为89、97、99。2002年7月22日出版的《福布斯》杂志美国奢侈品牌排行中，“JOHNNIE WALKER”排名第十三。2003年3月，北京捷鼎咨询有限责任公司为“JOHNNIE WALKER”品牌市场认知情

况，向过往行人进行调查，并对调查结果进行统计汇总。调查结果显示，有超过64%的相关公众知道“JOHNNIE WALKER”品牌。在无形商务公司发布的2007年和2008年《世界最具影响力的烈酒和葡萄酒品牌》报告中，“JOHNNIE WALKER”系列威士忌酒在约10 000种烈酒及葡萄酒品牌中分别排名第三和第二。

5. 与涉案商标相关的其他事实

2006年9月，蓬莱市工商行政管理局在对案外人烟台坤翔酒业有限公司商标侵权及不正当竞争案件的处理中，认定“黑牌”威士忌酒为知名商品。2006年12月、2007年9月，上海工商检查总队在对案外人蓝樽（上海）酒业有限公司不正当竞争案件的处理中，认定“黑牌”威士忌酒为知名商品。2008年11月，本院在（2008）沪二中民五（知）初字第18号民事判决书中，认定“黑牌”威士忌酒为知名商品。

三、与涉案商品相关的事实

2009年9月10日，上海市黄浦公证处公证人员及北京市路盛律师事务所委托代理人吕俊，在上海市四川中路635号迪亚天天便利店购买“汉之韵润肤橄榄油”一瓶，在上海市株洲路284号迪亚天天便利店购买“汉之韵纯正护肤橄榄油”一瓶。上海市黄浦公证处对上述购买过程出具了（2009）沪黄证经字第8339号公证书。上述“汉之韵润肤橄榄油”、“汉之韵纯正护肤橄榄油”两个外包装上均使用了“JOHNNIE WALKER”文字及“向左的绅士”图形，并标有“永如公司灌装、生产许可证号：KX16－108 6315、卫生许可证号：（2003）卫妆字07－XK－0033”等文字。

2008年11月18日，案外人明健公司与被告碧爽公司签订《委托生产协议书》，协议约定，被告碧爽公司按照案外人明健公司要求及订单，由被告碧爽公司设计外包装，并安排被告永如公司加工生产“汉之韵橄榄油”，每瓶单价6.35元。合同有效期自2008年11月15日至2009年12月31日止。合同签订后，被告碧爽公司设计了使用“JOHNNIE WALKER”文字和“向左的绅士”图形，商品名称为“汉之韵纯正护肤橄榄油”的外包装。2008年11月25日，被告永如公司向案外人浙江新大印刷有限公司（以下简称新大公司）订制“汉之韵纯正护肤橄榄油”外包装3 500套。嗣后，被告碧爽公司设计了使用“JOHNNIE WALKER”文字和“向左的绅士”图形，商品名称为“汉之韵润肤橄榄油”的外包装。2009年3月20日，被告永如公司向新大公司订制“汉之韵润肤橄榄油”外包装1 000套。

2010年3月12日，明健公司出具证明称：自2008年12月至2009年5月，明健公司共计向案外人上海迪亚零售有限公司（以下简称迪亚公司）提供“汉之韵纯正护肤橄榄油”、“汉之韵润肤橄榄油”3 792瓶。

被告肖绍力系字号名称为力生杂货店个体工商户的经营者，经营场所位于上海市四川中路635号底层。2008年7月24日，被告肖绍力与迪亚公司签订《特许经营合同》，迪亚公司特许被告肖绍力经营的力生杂货店，以自负盈亏的方式，开办、经营迪亚天天折扣超市加盟店。合同约定，该店所销售的商品除合同约定的特殊情况外，均由迪亚公司供应等。合同签订后，迪亚公司即开始向力生杂货店配送包括食品、酒类、化妆品、生活用品等在内的商品。被告肖绍力提供的证据显示，在2008年7月至2009年5月期间，迪亚公司以均价7.36元/瓶的单价，共向力生杂货店配送“汉之韵橄榄油”24瓶。审理中，被告肖绍力表示该24瓶“汉之韵橄榄油”已全部销售完毕。

另查明，2003 年 8 月 6 日，被告永如公司取得（2003）卫妆准字 07 - XK - 0033 号化妆品生产企业卫生许可证，生产项目包括发用、护肤类。2004 年 9 月 19 日，被告永如公司获得编号为 XK16 - 108 6315 的全国工业产品生产许可证，产品包括：一般液态单元（护发清洁类、啫喱类）；膏霜乳液单元（护肤清洁类、发用类）。

2007 年 5 月 24 日，被告碧爽公司将“JOHNNIE WALKER”文字向国家商标局申请注册商标，申请使用的商品为第 3 类化妆品等，注册申请号为第 6068626 号。2010 年 1 月 20 日，国家商标局对上述商标予以初审公告。2010 年 9 月 27 日，国家商标局出具《商标异议申请受理通知书》，对原告黛尔吉奥公司就上述注册申请号为第 6068626 号商标提出的异议申请，予以受理。

原告黛尔吉奥公司为本案诉讼向其委托代理人出具的授权委托书上的授权范围，包括了“有权代为准备和签署起诉状、答辩状等有关文件”等。

庭审中，被告碧爽公司、永如公司表示，其在“汉之韵纯正护肤橄榄油”和“汉之韵润肤橄榄油”的外包装上使用“JOHNNIE WALKER”文字及“向左的绅士”图形的目的是提高产品的形象。

以上事实，由两原告共同提供的商标注册文件、两原告的共同声明、涉案商标的历史简介、《名酒的历史》、《帝亚吉欧股份的法定声明》及其附件、“JOHNNIE WALKER”系列威士忌酒在全球的早期广告、《南华早报》、《丰收公司证明》、公证书、公证购买的涉案商品、《审计报告》、《帝亚吉欧公司证明函》、《酩悦公司证明》、“JOHNNIE WALKER”系列威士忌酒电视广告 DVD、1993 年至 2009 年期间杂志、报纸、《广告及推广活动的说明》、《证明》、《世界最大品牌》、《商业周刊》、《福布斯》、行政处罚决定书、民事判决书、《商标异议申请受理通知书》、授权委托书，被告碧爽公司、永如公司共同提供的商标注册申请文件、《委托生产协议书》、《订货试制合同》及涉案商品的外包装设计稿，被告肖绍力提供的《情况说明》、《特许经营合同》、增值税发票及对应的送货明细和收货单，当事人诉辩意见及本院审理笔录等证据证实。

本案中，各方当事人的主要争议焦点在于：1. 提起本案诉讼是否为原告黛尔吉奥公司的真实意思表示，两原告是否为“JOHNNIE WALKER”和“行走的绅士（右）”商标的权利人；2. 涉案“JOHNNIE WALKER”和“行走的绅士（右）”商标，在本案中有无认定驰名商标的必要，可否认定为驰名商标；3. 被告碧爽公司、永如公司生产、销售“汉之韵润肤橄榄油”、“汉之韵纯正护肤橄榄油”的行为，是否构成对两原告享有的涉案商标权利的侵害；4. 被告肖绍力经营的力生杂货店销售“汉之韵润肤橄榄油”的行为，是否构成对两原告享有的涉案商标权利的侵害，应否承担赔偿责任；5. 三被告的上述行为在构成商标侵权的前提下，如何确定其所应承担的赔偿责任。

一、关于第一个争议焦点

本院认为，首先，原告黛尔吉奥公司向其代理人出具的授权委托书上的授权范围，包括了“有权代为准备和签署起诉状、答辩状等有关文件”，因此，原告黛尔吉奥公司律师签署本案起诉状，提起本案诉讼系原告黛尔吉奥公司的真实意思表示，本院对于三被告的相关答辩意见，不予采信。其次，两原告在本案中提供的第 28112 号、第 3917685 号商标注册文件及两原告的共同声明等证据表明，原告黛尔吉奥公司、帝亚吉欧公司分别系涉案“JOHNNIE WALKER”和“行走的绅士（右）”商标的专用权人和普通许可使用权人。两原告对涉案商标所享有的合法权利，受《中华人民共和国商标法》（以下简称《商标法》）的保护。故本院对于三被告的相关答辩意见，不予采信。

二、关于第二个争议焦点

1. 关于"JOHNNIE WALKER"商标有无认定驰名商标的必要。本院认为，涉案商品外包装上使用"JOHNNIE WALKER"文字与涉案"JOHNNIE WALKER"商标的文字相同，且涉案商品属于化妆品，与涉案"JOHNNIE WALKER"商标核定使用的威士忌商品，属于不相同、不相类似的商品。因此，判断"JOHNNIE WALKER"商标是否属于驰名商标，是认定被告碧爽公司、永如公司生产、销售，被告肖绍力销售涉案商品的行为是否构成商标侵权的前提。故根据《商标法》第十三条第二款和《最高人民法院关于审理涉及驰名商标保护的民事纠纷案件应用法律若干问题的解释》（以下简称《驰名商标司法解释》）第二条第（一）项的规定，在本案中确有必要就"JOHNNIE WALKER"商标是否驰名作出认定。

2. 关于"行走的绅士（右）"商标有无认定驰名商标的必要。本院认为，构成商标侵权的要件之一在于被控侵权标识需与主张权利的商标构成相同或者近似。本案中，首先，涉案商品外包装上使用了"JOHNNIE WALKER"文字和"向左的绅士"图形，相对于图形而言，涉案商品外包装上的"JOHNNIE WALKER"文字更为突出、显著。其次，将"行走的绅士（右）"商标图形与"向左的绅士"图形相比对，两者均为头戴礼帽、身着燕尾服、手持拐杖的绅士图形。但两者之间存在绅士面对方向不同，"向左的绅士"图形中，没有绅士脚穿长靴，迈步向前的特征。再次，涉案商品与"行走的绅士（右）"商标核定使用的酒精饮料商品，属于不相同、不相类似的商品。综上，本院认为，"行走的绅士（右）"商标与"向左的绅士"图形，既不相同亦不相近似，在涉案商品上单独使用"向左的绅士"图形，不会造成相关消费者的混淆和误认。两原告关于"向左的绅士"图形在涉案商品上的使用，构成对两原告"行走的绅士（右）"商标侵害的主张难以成立。因此，根据《驰名商标司法解释》第三条第（二）项"被诉侵犯商标权或者不正当竞争行为因不具备法律规定的其他要件而不成立的，人民法院对于所涉商标是否驰名不予审查"的规定，本院对于"行走的绅士（右）"商标是否驰名不予审查。

3. 关于"JOHNNIE WALKER"商标可否认定为驰名商标。本院认为，根据《商标法》第十四条，《驰名商标司法解释》第四条、第五条的规定，本案中应当根据使用商标的商品的市场份额、销售区域、利税等，商标的持续使用时间，宣传或者促销活动的方式、持续时间、程度、资金投入和地域范围，商标曾被作为驰名商标受保护的记录，享有的市场声誉以及可以证明该商标已属驰名的其他事实，来综合判断在涉案被诉侵犯商标权或者不正当竞争行为发生时，"JOHNNIE WALKER"商标是否驰名。本案中：1. 使用"JOHNNIE WALKER"商标的"JOHNNIE WALKER"系列威士忌酒在中国威士忌市场占有较高的市场份额。2. "JOHNNIE WALKER"商标自1958年已经注册并使用至今，其在中国的使用时间已经超过了五十年。3. 从1954年起，在中国就已有使用"JOHNNIE WALKER"商标的"JOHNNIE WALKER"系列威士忌酒的广告宣传。而2004年至2009年间，"JOHNNIE WALKER"系列威士忌酒的广告和推广费用近8亿元。4. 使用"JOHNNIE WALKER"商标的"JOHNNIE WALKER"系列威士忌酒在各种国际竞赛中获奖，"JOHNNIE WALKER"商标也跻身全球百强品牌。5. 使用"JOHNNIE WALKER"商标的

“黑牌”威士忌酒多次被行政、司法部门认定为知名商品。可见“JOHNNIE WALKER”商标已为相关消费者所熟知。上述事实互相印证，足以证明在被告碧爽公司将“JOHNNIE WALKER”文字在第3类化妆品等商品上申请商标前，“JOHNNIE WALKER”商标已为中国境内相关公众广为知晓。综上，本院认为，“JOHNNIE WALKER”商标属于驰名商标。

三、关于第三个争议焦点

本院认为，首先，“JOHNNIE WALKER”商标具有较高显著性，已为中国境内的相关公众广为知晓，属于驰名商标。其次，被告肖绍力经营的力生杂货店销售商品中包括了酒类和化妆品，可见酒类和化妆品商品所对应的相关公众是重合的。再次，被告碧爽公司、永如公司在庭审中明确表示其使用“JOHNNIE WALKER”文字的目的是提高商品档次。鉴于在被告碧爽公司将“JOHNNIE WALKER”文字在第3类化妆品等商品上申请商标前，涉案“JOHNNIE WALKER”商标已属驰名商标，故被告碧爽公司、永如公司在涉案商品上使用“JOHNNIE WALKER”文字的行为具有傍名牌的故意。最后，被告碧爽公司、永如公司将“JOHNNIE WALKER”文字使用在涉案商品上，足以使相关公众对使用“JOHNNIE WALKER”文字的商品来源产生误认，足以使相关公众认为涉案商品与两原告的“JOHNNIE WALKER”商标之间存在特定联系，容易导致相关公众的混淆。因此，本院认为被告碧爽公司、永如公司在其生产、销售的涉案商品上使用“JOHNNIE WALKER”文字的行为，属于《商标法》第十三条第二款规定的，在不相同或者不相类似商品上复制他人已经在中国注册的驰名商标，误导公众，致使该驰名商标注册人的利益可能受到损害的侵权行为。被告碧爽公司、永如公司应当就此承担停止侵害、赔偿损失的民事责任。

四、关于第四个争议焦点

本院认为，被告肖绍力经营的力生杂货店销售的“汉之韵润肤橄榄油”侵犯了两原告对驰名商标“JOHNNIE WALKER”商标所享有的合法权利。被告肖绍力作为力生杂货店的经营者，应当就此承担停止侵权的民事责任。此外，被告肖绍力作为零售行业的经营者，其也应当知道“JOHNNIE WALKER”商标具有较高的知名度，但是，被告肖绍力对“汉之韵润肤橄榄油”上所标识的“JOHNNIE WALKER”文字，没有尽到合理的注意义务，导致侵权商品“汉之韵润肤橄榄油”的对外销售，故被告肖绍力应当就其经营的力生杂货店销售“汉之韵润肤橄榄油”的行为，承担赔偿两原告经济损失的民事责任。本院对于被告肖绍力关于其不应承担赔偿责任的辩称意见，不予采信。

五、关于第五个争议焦点

本院认为，首先，虽然被告碧爽公司、永如公司共同实施了在其生产、销售的涉案商品上使用“JOHNNIE WALKER”文字的侵权行为，但是，两原告在本案中并未提供证据，证明被告碧爽公司、永如公司与被告肖绍力之间在涉案侵权商品的生产、销售上有过意思联络，被告碧爽公司、永如公司与被告肖绍力主观上存在共同侵权的故意。本院对于两原告要求三被告承担连带赔偿责任的诉讼请求，难以支持。故被告碧爽公司、永如公司应当就其在生产、销售的“汉之韵润肤橄榄油”、“汉之韵纯正护肤橄榄油”商品上使用“JOHNNIE WALKER”文字的侵权行为向两原告承担连带赔偿责任，被告肖绍力应当就其销售“汉之韵润肤橄榄油”的行为向两原告承担赔偿责任。其次，仅凭三被告在本案中提供的证据，在没有完整财务账册的情况下，本院尚难以确定被告碧爽公司、永如公司生产、销售“汉之韵润肤橄榄油”、“汉之韵纯正护肤橄榄油”的具体数量，以及被告肖绍力经营的力生杂货店销售“汉之韵润肤橄榄油”的具体数量。鉴于两原告在本案中也未提供证据证明，侵权人的侵权获利或者被侵权人因被侵权所受损失，对于被告碧爽公司、永如公司及被告肖绍力在本案中所应承担的赔偿数额，本院根据被告碧爽公司、永如公司及被告肖绍力各自实施的涉案侵权行为的性质、侵权行为实施的期间和后果，涉案驰名商标“JOHNNIE WALKER”商标的声誉，及两原告分别为制止被告碧爽公司、永如公司及被告肖绍力侵权行为所支出合理开支等因素酌情确定。

综上所述，依据《中华人民共和国民法通则》第一百三十四条第一款第（一）项、第（七）项，《中华人民共和国商标法》第十三条第二款、第十四条、第五十二条第（二）项和第五十六条，《最高人民法院关于审理涉及驰名商标保护的民事纠纷案件应用法律若干问题的解释》第二条第（一）项、第三条第（二）项、第四条、第五条、第九条第一款和第十条，《最高人民法院关于审理商标民事纠纷案件适用法律若干问题的解释》第十六条第一款、第二款和第十七条之规定，判决如下：

一、被告肖绍力、常州碧爽生物科技有限公司、无锡永如生物美容品有限公司停止对原告黛尔吉奥品牌有限公司、帝亚吉欧（上海）洋酒有限公司分别享有的“JOHNNIE WALKER”文字注册商标（商标注册证第28112号）专用权和普通许可使用权的侵害；

二、被告肖绍力应于本判决生效之日起十日内，赔偿原告黛尔吉奥品牌有限公司、帝亚吉欧（上海）洋酒有限公司包括合理费用在内的经济损失人民币1 500元；

三、被告常州碧爽生物科技有限公司、无锡永如生物美容品有限公司应于本判决生效之日起十日内，连带赔偿原告黛尔吉奥品牌有限公司、帝亚吉欧（上海）洋酒有限公司包括合理费用在内的经济损失人民币12万元；

四、对原告黛尔吉奥品牌有限公司、帝亚吉欧（上海）洋酒有限公司的其余诉讼请求不予支持。

如果被告肖绍力、常州碧爽生物科技有限公司、无锡永如生物美容品有限公司未按本判决指定的期间履行给付金钱义务，应当按照《中华人民共和国民事诉讼法》第二百二十九条之规定，加倍支付迟延履行期间的债务利息。

本案案件受理费人民币8 800元，由原告黛尔吉奥品牌有限公司、帝亚吉欧（上海）洋酒有限公司共同负担人民币3 344元，由被告肖绍力负担人民币50元，由被告常州碧爽生物科技有限公司、无锡永如生物美容品有限公司共同负担人民币5 406元。

如不服本判决，原告黛尔吉奥品牌有限公司可在判决书送达之日起三十日内，原告帝亚吉欧（上海）洋酒有限公司，被告肖绍力、常州碧爽生物科技有限公司、无锡永如生物美容品有限公司可在判决书送达之日起十五日内，向本院递交上诉状，并按对方当事人的人数提出副本，上诉于中华人民共和国上海市高级人民法院。

审 判 长 李国泉
审 判 员 袁秀挺
代理审判员 何 渊
二〇一一年五月二十日
书 记 员 李晶晶
书 记 员 曹 奕

附图一

“行走的绅士（右）”图形注册商标，商标注册证第 3917685 号

附图二

“行走的绅士（左）”图形注册商标，商标注册证第 1065228 号

附图三

“向左的绅士”图形

（本判决书入选 2011 年度上海法院知识产权司法保护十大案件）

19. 卡地亚国际有限公司（Cartier International N.V.）诉佛山市三水区铭坤陶瓷有限公司等侵害商标权及不正当竞争纠纷案

——中华人民共和国上海市高级人民法院民事判决书

（2011）沪高民三（知）终字第93号

上诉人（原审被告）： 佛山市三水区铭坤陶瓷有限公司，住所地中华人民共和国广东省佛山市三水区白坭镇三水大道南165号。

法定代表人： 沈朝库，该公司经理。

上诉人（原审被告）： 佛山市金丝玉玛装饰材料有限公司，住所地中华人民共和国广东省佛山市禅城区江湾三路2号中国陶瓷城228铺。

法定代表人： 章云树，该公司经理。

上诉人（原审被告）： 章云树，男，汉族，1974年12月25日出生，住中华人民共和国浙江省泰顺县仕阳镇瑞昌村排头4号，系上海闵行七宝兄弟陶瓷经营部业主，经营场所中华人民共和国上海市闵行区七宝镇九星村星中路陶瓷三期3幢1－1、1－2、1、3、5、7、9、11、13、15号。

上述三上诉人的共同委托代理人： 杨小菁，广东创誉律师事务所律师。

上述三上诉人的共同委托代理人： 邓凯涛，广东创誉律师事务所律师。

被上诉人（原审原告）： 卡地亚国际有限公司（Cartier International N. V.），住所地荷属安的列斯库拉索，萨鲁街33号。

法定代表人： Albert Kaufmann，执行董事。

法定代表人： Jaime Saleh，执行董事。

委托代理人： 宋国锋，北京市鼎业律师事务所律师。

委托代理人： 刘博韬，北京市鼎业律师事务所律师。

上诉人佛山市三水区铭坤陶瓷有限公司（以下简称铭坤公司）、上诉人佛山市金丝玉玛装饰材料有限公司（以下简称金丝玉玛公司）、上诉人章云树因侵害商标权及不正当竞争纠纷一案，不服上海市第一中级人民法院（2010）沪一中民五（知）初字第123号民事判决，向本院提起上诉。本院于2011年10月27日受理后，依法组成合议庭，于同年11月17日公开开庭审理了本案。上诉人铭坤公司、上诉人金丝玉玛公司以及上诉人章云树的共同委托代理人杨小菁、邓凯涛，被上诉人卡地亚国际有限公司（以下简称卡地亚公司）的委托代理人宋国锋到庭参加了诉讼。本案现已审理终结。

原审法院经审理查明："Cartier"品牌于1847年在法国巴黎创立。1983年12月15日，经中华人民共和国国家工商行政管理总局商标局（以下简称国家商标局）核准，卡尔蒂埃尔国际有限公司注册了核定使用在第14类贵金属或镀有贵金属的珠宝、钟表等商品上的"Cartier"商标，商标注册证号为202386，有效期经续展后至2013年12月14日。

1995 年 10 月 14 日，卡尔蒂埃尔国际有限公司注册了核定使用在第 14 类首饰、宝石、钟表等商品上的"卡地亚"商标，商标注册证号为 783315，有效期经续展后至 2015 年 10 月 13 日止。此外，卡尔蒂埃尔国际有限公司还在其他多个商品类别上注册了"Cartier"、"卡地亚"商标，但并不包括第 19 类商品。2007 年，卡尔蒂埃尔国际有限公司将其在中国已注册的"Cartier"、"卡地亚"系列商标转让给原告，并声明就前述商标转让公告之前发生的侵权行为和不正当竞争行为，原告有权以自己名义提起诉讼。

1999 年，主要使用在服装、皮具、手表商品上的"Cartier"商标被列入国家商标局编制的《全国重点商标保护名录》。2004 年 10 月至 2005 年 8 月，为保护涉外知名品牌权利人在中国的合法权益，北京市工商行政管理局、上海市工商行政管理局、天津市工商行政管理局分别发布通告，要求所属区域内的服装市场和小商品市场禁止销售未经授权带有列入通告名单中的商标的商品，"Cartier"、"卡地亚"商标被列入通告名单中。此外，国家商标局曾在（2004）商标异字第 01049 号、（2005）商标异字第 00739 号、（2008）商标异字第 02877 号、（2009）商标异字第 11209 号商标异议裁定书中认定，核定使用在宝石、首饰商品上的"Cartier"、"卡地亚"商标为驰名商标。北京市第二中级人民法院于 2010 年 4 月 26 日作出的（2010）二中民初字第 01529 号民事判决认定，注册证号为第 202386 号的"Cartier"商标以及注册证号为第 783315 号的"卡地亚"商标为驰名商标。

自 2000 年起，报纸、杂志等媒体对 Cartier（卡地亚）品牌进行了报道。如 2002 年 2 月《财经界》的一篇报道称："卡地亚被誉为欧洲皇室贵族的品牌，爱德华七世赞誉其为'帝皇的珠宝商，珠宝商的帝皇'……"2005 年 7 月 11 日《经济参考报》发表了《卡地亚中国巡展：一场名副其实的珠宝盛宴》一文，文中称："卡地亚是全球最驰名的奢华饰品公司。……今天，卡地亚已经成为高级精品市场中的佼佼者，在珠宝、钟表及名贵配饰各方面都保持着领导地位……"2006 年 3 月 7 日《中国质量报》的《卡地亚：皇帝与珠宝》一文称："在 21 世纪，卡地亚已经是全球最为顶级的奢华珠宝腕表品牌，是经典和创新设计及优越工艺的代名词，是珠宝和钟表领域中的领导者……"

2005 年至 2010 年，原告持续性地在《世界服装之苑》、《时尚芭莎》、《商务周刊》、《东方航空》等杂志上展示了多款 Cartier（卡地亚）品牌的首饰。

2009 年 9 月 5 日至 2009 年 11 月 22 日，北京故宫博物院举办了"卡地亚珍宝艺术展"。在展览活动发放的宣传册前言载明"卡地亚是享誉世界的著名珠宝腕表品牌……160 多年来，卡地亚珠宝始终保持卓越品质和超凡工艺，历代珠宝大师遵循严格标准……引领世界珠宝设计潮流。"

2009 年 12 月 30 日，原告向北京市信德公证处申请对"http：//www. kinsyoma. com"网站的相关网页内容进行证据保全公证。经公证，该网站的版权信息显示"版权所有·佛山金丝玉玛装饰有限公司"，该网站的首页显示"金丝玉玛 KINSYOMA"、"皇家城堡贵族体验"等字样。在中文版的网页中，点击"金丝玉玛"一栏，显示："佛山市三水区铭坤陶瓷有限公司是一家集研发、生产、营销、服务于一体的大型现代化陶瓷企业。金丝玉玛作为铭坤陶瓷旗下一主力品牌，以 K 金抛釉砖、马赛克作为品牌核心类产品，目前已发展成为国内规模最大、品类最齐全的 K 金抛釉砖品牌之一。……金丝玉玛现拥有和田御品、水石清华、卡地亚、华莱士、古典·新主义、大漠流金、冬宫 1.5 等数十个系列……金丝玉玛斥资在广东佛山瓷海国际陶瓷交易中心建有目前国内最大的 K 金抛釉砖艺术展馆，每年接待来自国内外的专业采购商、设计师和工程客户等近万人次。在做强国内市场的同时，金丝玉玛拥有强大的国际市场网络。目前产品已出口至三十多个国家和地区，主要市场包括欧洲、中东、北非、中亚、东亚、东南亚、美国、巴西等地，全球市场版图日益发展壮大"等内容。点击"产品展示"一栏，显示："卡地亚，世界珠宝界中最优秀的代表，被誉为'皇帝的珠宝商、珠宝商的皇帝'，金丝玉玛卡地亚系列产品以顶级珠宝的品位、高贵、坚贞、永恒作为设计灵魂，全力打造K金砖的KING。"点击"营销网络"一栏，显示"总部、东北区、西南区、华北区、西北区、华东区、华南区，佛山市禅城区季华西路瓷海国际C4座金丝玉玛艺术馆、苍南市嘉恒家居广场A区46-48号、上海市闵行区七宝镇九星综合市场星中路陶瓷区三期3栋1-1号、1-2号、绍兴市富邦·马凯龙家居市场A8039－A8042"。

经互联网查询，"http：//www.kinsyoma.com"网站的备案单位为被告金丝玉玛公司，备案许可证号为粤ICP备09219663号。

被告铭坤公司的宣传手册展示了金丝玉玛K金抛釉砖"和田御品"、"卡地亚KADIYA"等系列产品，在"卡地亚KADIYA"系列产品的展示页面上还配有与"www.kinsyoma.com"网站上"产品展示"栏目宣传内容相同的文字。此外，被告铭坤公司还在该宣传手册中作了与前述网站上"金丝玉玛"栏目内容相同的宣传。

2010年3月5日，原告在被告章云树经营的上海闵行七宝兄弟陶瓷经营部购买了规格600×600陶瓷砖一片，价格人民币210元（以下币种同）。该经营部开具的发货单及发票上注明"金丝玉玛卡地亚系列红色"等字样。

原告为本案支出了律师费50 000元、公证费800元。

另查明，被告铭坤公司于2008年12月12日成立，经营范围为加工、生产、销售陶瓷制品、艺术陶瓷、玻璃马赛克制品。被告金丝玉玛公司于2006年4月6日成立，经营范围为批发、零售陶瓷制品、玻璃马赛克制品等，该公司的法定代表人及股东之一为章云树，另一股东沈朝库系被告铭坤公司的法定代表人。

2009年6月21日，经国家商标局核准，章云树注册了核定使用在第19类砖、建筑用嵌砖、瓷砖等商品上的"金丝玉玛"商标。

被告金丝玉玛公司于2009年获得由中国名牌产品培育委员会、中国品牌调查统计中心出具的关于金丝玉玛牌抛晶砖、马赛克系列产品被荣选为中国著名品牌、全国消费者放心满意品牌的证书。

据广佛都市网报道，2009年8月26日，占地7 800平方米的金丝玉玛K金抛釉砖艺术馆在佛山瓷海国际高调亮相，以"金世之作、剑指巅峰"为主题的金丝玉玛2009新品品鉴暨经销商峰会也盛大召开，各界嘉宾共同见证了金丝玉玛七大名品系列的全球首发式。金丝玉玛全新推出的和田御品、水石清华、大漠流金、卡地亚、华莱士、古典·新主义、冬宫1.5七大系列产品……金丝玉玛董事长章云树表示，2009年金丝玉玛陶瓷不仅打造出全新的产品研发、全新的VI形象、全新的销售团队、全新的营销思路，而且实现了品牌价值的整体跃升。

2010年6月20日，金丝玉玛公司向销售商发出停止发放金丝玉玛陶瓷产品宣传册，更换新版宣传册的召回通知。

诉讼中，被告铭坤公司确认涉讼产品由其生产、销售，被告章云树确认其经营的上海闵行七宝兄弟陶瓷经营部销售过涉讼产品。被告金丝玉玛公司否认其生产、销售过涉讼产品，并称其是在“金丝玉玛”商标注册后，被告铭坤公司为防止他人将“金丝玉玛”作为公司名称使用而注册的公司，是被告铭坤公司宣传产品（不包含涉讼产品）对外交流的形象窗口，其营业场所主要用于接待来宾、参观展览，管理与协调被告铭坤公司与各地经销商之间的关系，在各地经销商的惯常思维中，其类似于被告铭坤公司的总部，故对外发文均以其名义作出。

原告在庭审中明确，被告使用“卡地亚”、“卡地亚 KADIYA”标识的行为构成对其“卡地亚”、“Cartier”两项注册商标专用权的侵犯。原告确认目前被告已经停止在“http：//www. kinsyoma. com”网站上使用“卡地亚”文字，但对于被告在宣传手册以及经营活动中是否已经停止使用“卡地亚”等标识表示不能确定。

原审法院认为，原告经受让取得核定使用在第 14 类商品上的第 202386 号“Cartier”和第 783315 号“卡地亚”注册商标，其享有的注册商标专用权应当受到法律保护。结合双方当事人的诉辩主张，本案的争议焦点主要在于以下几个方面：

一、原告的第 202386 号“Cartier”和第 783315 号“卡地亚”注册商标应否被认定为驰名商标

本案涉讼产品为陶瓷砖产品，在《商标注册用商品和服务国际分类表》和《类似商品和服务区分表》中属于第 19 类商品，而原告的涉案两项商标核定使用的商品为第 14 类的珠宝、首饰等，该两类商品分属不同的类别；同时，两者在功能、用途、生产部门、销售渠道等方面均不相同，故亦属不相类似的商品。因此，原告的两项商标能否获得跨类保护的前提是该两项注册商标在涉案被诉侵权行为发生时已属驰名商标。

根据原告提供的证据，“Cartier”品牌自 1847 年在法国巴黎创立以来已有 160 多年的历史。核定使用在第 14 类商品上的“Cartier”和“卡地亚”两项商标分别于 1983 年、1995 年就在我国获得了注册。原告多年来对该两项商标及其商品进行了持续的广告宣传，我国国内众多报刊媒体亦对 Cartier（卡地亚）品牌的发展历史和卓越品质进行了广泛报道，北京故宫博物院还举办了“卡地亚珍宝艺术展”。通过原告的广告宣传及各媒体的报道等，使“Cartier”和“卡地亚”两项商标在我国境内相关公众中具有较高的知晓程度。早在 1999 年，使用在手表等商品上的“Cartier”商标就被列入《全国重点商标保护名录》。此后，在 2004 年至 2010 年，核定使用在宝石、首饰、钟表等商品上的“Cartier”、“卡地亚”商标多次被国家商标局、人民法院认定为驰名商标。以上事实均反映了“Cartier”、“卡地亚”商标在我国境内使用、宣传以及作为驰名商标被保护的状况，足以证明该两项商标在中国境内属于相关公众广为知晓的商标。而从被告铭坤公司在相关网站及宣传手册中登载的“卡地亚，世界珠宝界中最优秀的代表，被誉为‘皇帝的珠宝商、珠宝商的皇帝’”等宣传语，亦可知该被告对原告的 Cartier（卡地亚）品牌的知名度是认可的。综上，原审法院认定原告第 202386 号核定使用在第 14 类贵金属或镀有贵金属的珠宝、钟表等商品上的“Cartier”商标，以及第 783315 号核定使用在第 14 类首饰、宝石、钟表等商品上的“卡地亚”商标在涉案侵权行为发生时已为驰名商标。

二、三被告的行为是否构成对原告上述两项注册商标专用权的侵犯

被告铭坤公司在宣传手册、“http：//www. kinsyoma. com”网站上对其生产的陶瓷砖

产品进行宣传时使用了“卡地亚”或“卡地亚 KADIYA”字样。该被告辩称，其未在商品上使用“卡地亚”或“卡地亚 KADIYA”，其将“卡地亚”及“卡地亚 KADIYA”作为商品类别的名称而非商标使用，且涉讼产品与原告商标核定使用的商品有很大差别，不会引起相关公众的误认，故该种使用行为应属于正当使用。原审法院认为，首先，“卡地亚”属于臆造词，并无固定含义，具有较强的显著性。被告铭坤公司虽将“卡地亚”作为其“金丝玉玛”品牌的系列名称，但由于“卡地亚”的显著性较强，对于相关公众而言“卡地亚”实际上已经具备了识别商品来源的作用，尤其从被告对“卡地亚 KADIYA”的实际使用形式来看，该被告显然是以商品商标的形式突出使用“卡地亚 KADIYA”标识。因此，应当认定被告将“卡地亚”、“卡地亚 KADIYA”作为商标使用。其次，商标的使用包括将商标用于商品、商品包装或者容器以及商品交易文书上，或者将商标用于广告宣传、展览以及其他商业活动中。虽然原告提供的证据不足以证明被告铭坤公司在商品上直接使用了“卡地亚”、“卡地亚 KADIYA”商标，但其在广告宣传中使用“卡地亚”、“卡地亚 KADIYA”的行为亦可认定为是商标使用行为。第三，陶瓷砖类产品与原告商标核定使用的商品的消费群体有部分是重合的，而且，虽然原告 Cartier（卡地亚）品牌的商品属于奢侈品，其消费群体有一定的限制，但通过原告的广告宣传和报刊媒体的报道等，使原告 Cartier（卡地亚）品牌为广大公众所知晓，其知名度范围并不仅限于高端消费者。因此，被告产品的消费对象中相当部分人群对原告的两项商标是熟知的。现被告使用的被诉侵权标识的汉字部分与原告“卡地亚”商标完全相同，字母部分与原告“Cartier”商标的发音非常相似，构成对原告该项商标的摹仿；同时，被告在宣传时又刻意将原告的品牌产品与其自己的金丝玉玛、卡地亚系列产品相提并论，这种行为足以使相关公众误认为被诉侵权标识与原告的两项商标具有相当程度的联系。综上，原审法院认定被告铭坤公司的行为已经侵犯了原告的两项注册商标专用权，该被告关于其属于正当使用的辩称缺乏事实和法律依据，原审法院不予采纳。

被告金丝玉玛公司与铭坤公司具有关联关系，其作为“http：//www.kinsyoma.com”网站的经营者，对于铭坤公司在该网站上发布的涉案宣传内容是明知的。同时，根据被告提供的相关网页内容、召回通知等证据，可以证明金丝玉玛公司负责铭坤公司生产的“金丝玉玛”品牌各系列（包括“卡地亚”系列）产品的推广、宣传以及与各地经销商联系等工作，而被告提供的荣誉证书则反映了金丝玉玛公司是以“金丝玉玛”品牌系列产品的生产商作为其对外的身份。结合以上事实，原审法院认定被告金丝玉玛公司和铭坤公司对于涉案商标侵权行为具有共同意思联络，两被告共同侵犯了原告的涉案两项注册商标专用权。

被告章云树销售了铭坤公司生产的金丝玉玛卡地亚系列产品，并在销售凭证上使用“卡地亚”字样，其行为亦侵犯了原告享有的“卡地亚”注册商标专用权。原告还指控该被告侵犯了“Cartier”注册商标专用权，但未能提供充分的证据予以证明，故原审法院对原告的该项诉请难以支持。

三、三被告的行为是否构成对原告的不正当竞争

被告铭坤公司在宣传手册、“http：//www.kinsyoma.com”网站上对原告的“卡地亚”品牌进行了介绍，称“卡地亚，世界珠宝界中最优秀的代表，被誉为‘皇帝的珠宝商、珠宝商的皇帝’”。其后又对自己金丝玉玛卡地亚系列产品进行了宣传，称“以顶级珠宝

的品位、高贵、坚贞、永恒作为设计灵魂，全力打造K金砖的KING”。联系上下文内容，被告这种将原告的“卡地亚”与其自己的“卡地亚”系列产品相提并论的宣传手段，会使消费者误认为被告的“卡地亚”与原告的“卡地亚”存在某种关联，也会使消费者产生被告的产品具有与原告“卡地亚”品牌一样高品质的看法。被告的这种宣传方式实则是借助原告驰名商标的商誉来宣传自己的商品，以吸引消费者的注意，提高自己商品的知名度，可见，被告主观上明显具有搭乘他人品牌知名度的故意。被告铭坤公司的这种行为违反了《中华人民共和国反不正当竞争法》第二条规定的诚实信用原则及公认的商业道德，对原告构成不正当竞争。

如前所述，鉴于金丝玉玛公司与铭坤公司的关联关系并结合金丝玉玛公司的实际行为，原审法院亦认定金丝玉玛公司与铭坤公司共同实施了不正当竞争行为。而被告章云树因原告未提供证据证明该被告实施了相关的宣传行为，故原审法院对原告指控该被告构成不正当竞争的诉请不予支持。

四、三被告应承担的民事责任

被告铭坤公司、金丝玉玛公司共同侵犯了原告的涉案两项注册商标专用权，并对原告构成不正当竞争，故应当承担停止侵权、赔偿经济损失、消除影响的民事责任。关于赔偿经济损失的数额问题，鉴于本案中没有证据能够证明两被告因商标侵权、不正当竞争行为所获得的利益或者原告因此遭受的损失，故原审法院综合考虑以下因素确定两被告应赔偿原告经济损失45万元：1. 两被告既实施了商标侵权行为又实施了不正当竞争行为；2. 两被告实施涉案侵权行为的主观恶意较为明显；3. 两被告实施涉案侵权行为的规模较大、影响范围较广；4. 原告的两项商标为驰名商标，知名度高；5. 原告为本案支出的律师费、公证费、购买涉讼产品的费用等合理费用。关于消除影响的具体方式，考虑到涉案侵权行为的实施及所造成后果的影响范围较广，原审法院判令两被告在《中国工商报》上刊登声明以消除影响。

关于被告章云树应承担的民事责任。该被告辩称，其作为销售商能够提供合法来源，故不应承担赔偿责任。根据《中华人民共和国商标法》（以下简称我国《商标法》）第五十六条第三款规定，销售不知道侵犯注册商标专用权的商品，能证明该商品是自己合法取得并说明提供者的，不承担赔偿责任。根据该条规定，销售者不承担赔偿责任的条件是其能提供合法来源且主观上没有过错。而本案中，章云树作为被告金丝玉玛公司的法定代表人，其对涉讼产品系侵犯原告注册商标专用权的商品是明知的，故章云树的行为不适用我国《商标法》第五十六条第三款规定的免责条款，其应承担停止侵权、赔偿经济损失的民事责任。但由于该被告实施的侵权行为的性质、情节等均与被告铭坤公司、金丝玉玛公司有所区别，故原告要求该被告与另两名被告承担连带赔偿责任的诉讼请求缺乏依据，原审法院不予支持，原审法院综合考虑该被告实施侵权行为的性质、情节、原告注册商标的知名度以及原告为本案支出的合理费用等因素，酌定该被告赔偿原告经济损失5万元。至于原告要求该被告承担消除影响民事责任的诉讼请求，鉴于该被告实施侵权行为的情节较轻、范围较小，而判令被告铭坤公司、金丝玉玛公司登报消除影响已足以消除因涉案侵权行为对原告造成的不良影响，故对原告要求被告章云树承担消除影响民事责任的诉讼请求，原审法院不再予以支持。

综上所述，依照《中华人民共和国民法通则》第一百三十条，《中华人民共和国商标法》第五十二条第（五）项、第五十六条第二款，《中华人民共和国反不正当竞争法》第二条第一款、第二十条第一款，《最高人民法院关于审理商标民事纠纷案件适用法律若干问题的解释》第一条第（二）项、第十六条第一款和第二款、第二十一条第一款，《最高人民法院关于审理涉及驰名商标保护的民事纠纷案件应用法律若干问题的解释》第十条之规定，判决：一、被告铭坤公司、金丝玉玛公司于判决生效之日起停止侵犯原告卡地亚公司享有的核定使用在第14类商品上的“Cartier”、“卡地亚”注册商标专用权；二、被告铭坤公司、金丝玉玛公司于判决生效之日起停止对原告卡地亚公司的不正当竞争行为；三、被告章云树于判决生效之日起停止侵犯原告卡地亚公司享有的核定使用在第14类商品上的“卡地亚”注册商标专用权；四、被告铭坤公司、金丝玉玛公司于判决生效之日起10日内共同赔偿原告卡地亚公司经济损失人民币450 000元；五、被告章云树于判决生效之日起10日内赔偿原告卡地亚公司经济损失人民币50 000元；六、被告铭坤公司、金丝玉玛公司于判决生效之日起30日在《中国工商报》上刊登声明，以消除因涉案商标侵权及不正当竞争行为给原告卡地亚公司造成的不良影响（内容须经原审法院审核，若逾期不履行，原审法院将在《中国工商报》上公布判决内容，相关费用由两被告共同负担）；七、驳回原告卡地亚公司的其余诉讼请求。本案一审案件受理费人民币8 800元，由被告铭坤公司、金丝玉玛公司共同负担人民币7 920元，被告章云树负担人民币880元。

判决后，铭坤公司、金丝玉玛公司、章云树均不服，共同向本院提起上诉，请求撤销一审判决，驳回被上诉人卡地亚公司的诉讼请求，本案一、二审诉讼费由被上诉人承担。三上诉人的主要上诉理由为：（一）一审判决将被上诉人的“卡地亚”、“Cartier”两项注册商标认定为驰名商标缺乏法律依据，属适用法律错误。1. 一审中，被上诉人提交的证据未能满足法律规定的驰名商标认定所需的五个因素，仅单一反映了涉案两项注册商标作为驰名商标受保护的记录，原审法院未依照五个因素进行逐一审查，草率认定涉案商标为驰名商标。2. 上诉人在使用被控侵权标识时未能确定知悉涉案注册商标是否成为在中国注册的驰名商标。（二）上诉人未将“卡地亚”、“Cartier”作为商品的商标使用，不足以误导公众，未对被上诉人的利益造成损害，不构成驰名商标侵权。1. 上诉人仅在公司自建的内部网站以及自编的宣传资料上少量出现“卡地亚”等文字描述，客观上并没有作为商品的商标使用。2. 上诉人使用被控侵权标识是以“金丝玉玛卡地亚系列”形式表述的，“卡地亚”只是作为商品类别的鉴别性表示，可以让公众知悉产品来源于上诉人，不构成误导公众，也未损害被上诉人的商标利益。（三）原审法院认定上诉人构成不正当竞争的理由欠妥。上诉人的“金丝玉玛”品牌是建材行业的知名品牌，上诉人经营的产品有别于被上诉人经营的产品，上诉人没有必要也不可能企图通过使用被上诉人的注册商标来提高自己产品的知名度，上诉人没有搭乘被上诉人商标知名度的故意，不构成不正当竞争。（四）原审法院判决的赔偿数额不当，违反公平原则，请求二审法院重新确定赔偿额度，减轻上诉人的赔偿责任。上诉人使用被控侵权标识的主观恶意不大，客观上对被上诉人造成的损害后果轻微，事后积极采取补救措施制止侵权，有效防止损害后果的扩大，且上诉人社会商业信誉良好，因此，原审法院对上诉人的赔偿数额的确定显然过当，有失公平公正。

被上诉人卡地亚公司答辩称：一审判决认定事实清楚，适用法律正确，请求驳回三上诉人的上诉，维持原判。（一）被上诉人注册在第14类商品上的“卡地亚”、“Cartier”两项注册商标构成驰名商标。被上诉人提交的证据证明上述两项注册商标已在中国使用了30余年，且被上诉人在全国范围内对涉案商标作了长期、大量、广泛的宣传，涉案商标在相关公众中具有极高的知名度，并已多次被作为驰名商标予以保护。（二）三上诉人使用“卡地亚”、“卡地亚KADIYA”的行为侵犯了被上诉人的注册商标专用权。商标的使用包括在产品、宣传、交易文书等上的使用。上诉人明知被上诉人的涉案注册商标世界驰名，仍故意将与被上诉人涉案注册商标相同或近似的“卡地亚”、“卡地亚KADIYA”作为商标标识使用，明显是在复制、摹仿被上诉人的驰名商标，并非法利用被上诉人驰名商标的市场声誉。上诉人的这种使用行为不仅会使消费者产生混淆，同时也严重损害了被上诉人商标的显著性，贬损被上诉人驰名商标的市场声誉，上诉人的上述行为构成商标侵权。（三）三上诉人非法利用被上诉人的商誉并进行虚假宣传的行为，构成不正当竞争。（四）三上诉人应当承担相应的侵权责任，一审判决作出的赔偿数额并不足以弥补被上诉人的损失。

二审中，上诉人铭坤公司、上诉人金丝玉玛公司、上诉人章云树以及被上诉人卡地亚公司均未向本院提交新的证据材料。

经审理查明，原审法院认定的事实属实，本院予以确认。

本院认为，被上诉人卡地亚公司是核定使用在第14类商品上的第202386号“Cartier”和第783315号“卡地亚”两项注册商标的权利人，其依法享有的注册商标专用权应当受到法律保护。

三上诉人上诉称，一审判决将被上诉人的“卡地亚”、“Cartier”注册商标认定为驰名商标缺乏法律依据，属适用法律错误。本院认为，一审中，被上诉人提交的证据可以证明：“Cartier”品牌自1847年在法国巴黎创立以来已有160多年的历史，涉案“卡地亚”、“Cartier”两项注册商标也已在我国分别注册使用了十余年及二十余年；被上诉人对上述两项注册商标在全国范围内进行了持续的广告宣传，我国国内众多报刊媒体亦对Cartier（卡地亚）品牌的发展历史和卓越品质等作了广泛报道；通过被上诉人的广告宣传以及媒体的宣传报道，涉案“卡地亚”、“Cartier”两项注册商标在相关公众中具有较高的知名度；1999年“Cartier”商标被列入《全国重点商标保护名录》，2004年至2010年，涉案“Cartier”、“卡地亚”两项注册商标多次被国家商标局、人民法院认定为驰名商标。上述事实足以证明涉案“Cartier”、“卡地亚”两项注册商标在中国境内属于相关公众广为知晓的商标。因此，原审法院综合考虑相关公众对被上诉人上述两项注册商标的知晓程度，商标使用的持续时间，商标进行宣传的持续时间、程度、地理范围，以及商标作为驰名商标保护的记录等因素，依法作出被上诉人的涉案“Cartier”、“卡地亚”两项注册商标在被控侵权行为发生时已为驰名商标的认定，并无不当。而且，从上诉人铭坤公司使用的“卡地亚，世界珠宝界中最优秀的代表，被誉为‘皇帝的珠宝商、珠宝商的皇帝’”等宣传语中可以得知，铭坤公司对被上诉人卡地亚品牌的知名度亦是知悉和认可的。故三上诉人的这一上诉理由无事实和法律依据，本院不予支持。

三上诉人上诉称，上诉人未将“卡地亚”、“Cartier”作为商品的商标使用，不足以误导公众，未对被上诉人利益造成损害，不构成驰名商标侵权。本院认为，首先，商标的使用，包括将商标用于商品、商品包装或容器以及商品交易文书上，也包括将商标用于广告宣传、展览以及其他商业活动中。本案中，上诉人铭坤公司与上诉人金丝玉玛公司在其网站页面、宣传手册上使用被控侵权标识“卡地亚”、“卡地亚 KADIYA”，上诉人章云树在其销售凭证上使用被控侵权标识“卡地亚”，上述使用行为具有识别商品来源的作用，应当认定三上诉人的上述行为系将被控侵权标识“卡地亚”、“卡地亚 KADIYA”作为商标使用。其次，“卡地亚”属于臆造词，本身具有较强的显著性，而且由于“卡地亚”、“Cartier”该两项注册商标已成为驰名商标，故其在相关公众中广为知晓。本案中，虽然三上诉人在网站、宣传手册以及销售凭证上使用了“金丝玉玛”商标，但是由于“卡地亚”、“Cartier”商标属于相关公众广为知晓的商标，三上诉人在网站、宣传手册以及销售凭证上使用与驰名商标“卡地亚”、“Cartier”文字相同、读音相似的被控侵权标识“卡地亚”、“卡地亚 KADIYA”的行为，仍然会吸引公众的注意力，使相关公众误认为上诉人的商品来源于被上诉人卡地亚公司或者与被上诉人具有相当程度的联系，从而减弱被上诉人“卡地亚”、“Cartier”注册商标的显著性，使被上诉人的利益可能受到损害，三上诉人的行为已经构成对被上诉人涉案两项注册商标专用权的侵害。故三上诉人的这一上诉理由不能成立，本院不予支持。

三上诉人上诉称，原审法院认定上诉人构成不正当竞争的理由欠妥。本院认为，本案中，上诉人铭坤公司与上诉人金丝玉玛公司在宣传手册、网站上介绍了“卡地亚”品牌，称“卡地亚，世界珠宝界中最优秀的代表，被誉为‘皇帝的珠宝商、珠宝商的皇帝’”，接着又宣传自己的金丝玉玛卡地亚系列产品，称“以顶级珠宝的品位、高贵、坚贞、永恒作为设计灵魂，全力打造 K 金砖的 KING”。被上诉人“卡地亚”品牌的品质和荣誉是专属于被上诉人的，两上诉人将被上诉人的“卡地亚”品牌与上诉人的“卡地亚”系列产品相提并论的宣传方式，主观上具有借助他人商誉宣传自己产品并提高自身产品知名度的故意，违反了诚实信用的原则以及公认的商业道德，构成对被上诉人的不正当竞争。故三上诉人的这一上诉理由不能成立，本院不予支持。

三上诉人上诉称，原审法院判决的赔偿数额不当，违反公平原则，请求二审法院重新确定赔偿额度，减轻上诉人的赔偿责任。本院认为，本案中并无证据能够证明三上诉人的侵权获利，也无证据证明被上诉人因被侵权遭受的实际损失，故原审法院综合考虑三上诉人实施侵权行为的性质、情节、规模、影响范围以及被上诉人涉案两项注册商标的知名度、被上诉人为本案支出的合理费用等因素，酌情确定上诉人铭坤公司和上诉人金丝玉玛公司共同赔偿被上诉人经济损失人民币 45 万元、上诉人章云树赔偿被上诉人经济损失人民币 5 万元，并无不当。故三上诉人的这一上诉理由不能成立，本院不予支持。

综上所述，原审法院认定事实清楚，适用法律正确，审判程序合法。上诉人铭坤公司、上诉人金丝玉玛公司、上诉人章云树的上诉请求与理由缺乏事实和法律依据，应予驳回。依照《中华人民共和国民事诉讼法》第一百五十三条第一款第（一）项、第一百五十八条之规定，判决如下：

驳回上诉，维持原判。

本案二审案件受理费人民币 8 800元，由上诉人佛山市三水区铭坤陶瓷有限公司负担人民币 3 960元，上诉人佛山市金丝玉玛装饰材料有限公司负担人民币 3 960元，上诉人章云树负担人民币 880 元。

本判决为终审判决。

审　判　长　张晓都
审　判　员　王　静
审　判　员　马剑峰
二〇一一年十二月二
书　记　员　董尔慧

（本判决书入选 2011 年度中国法院知识产权司法保护 50 件典型案例）

20. 英特尔公司诉深圳市因特佳数码科技有限公司等侵害商标权纠纷案

——中华人民共和国上海市第二中级人民法院民事判决书

（2011）沪二中民五（知）初字第89号

原告： 英特尔公司（Intel Corporation），住所地美利坚合众国加利福尼亚州圣塔克来拉市梅森大学路2200号（2200 Misson College Blvd.，Santa Clara，CA95054，USA）。

法定代表人： 露比·A. 泽弗（Ruby A. Zefo），商标品牌部助理秘书长及董事。

委托代理人： 谯荣德，北京市路盛律师事务所律师。

委托代理人： 郝利生，北京捷鼎知识产权代理有限责任公司职员。

被告： 深圳市因特佳数码科技有限公司，住所地中华人民共和国广东省深圳市龙岗区坂田永香路江南大厦三楼。

法定代表人： 陈镇耀，总经理。

被告： 陶健，男，1985年12月2日出生，住中华人民共和国江苏省宝应县泰山东路泰山东村84幢307室。

委托代理人： 陶广香，男，1963年11月11日出生，上海纳百川再生物资有限公司总经理，住中华人民共和国江苏省宝应县泰山东路泰山东村84幢307室。

被告： 上海纳百川再生物资有限公司，住所地中华人民共和国上海市普陀区真北支路77号。

法定代表人： 陶广香，总经理。

原告英特尔公司诉被告深圳市因特佳数码科技有限公司（以下简称因特佳公司）、陶健、上海纳百川再生物资有限公司（以下简称纳百川公司）侵害商标权纠纷一案，本院于2011年7月12日受理后，依法组成合议庭，于2011年10月26日公开开庭进行了审理。原告委托代理人谯荣德、郝利生，被告因特佳公司的法定代表人陈镇耀、被告陶健的委托代理人暨被告纳百川公司的法定代表人陶广香到庭参加诉讼。本案现已审理终结。

原告英特尔公司诉称：原告是一家半导体芯片生产商及销售商，其产品包括微处理器、主板芯片组、网络卡、闪存、绘图芯片、嵌入式处理器等。涉案INTEL系列商标系原告独创。其中，“INTEL”商标是原告的主商标，也是原告的简称和商号。原告对涉案INTEL系列商标早已在包括美国、加拿大、英国、德国、法国、日本等许多国家以及中国香港、中国台湾等地区进行了多类注册，并很早就在中国大陆进行了注册。以下是这些商标在中国大陆获得的在第9类商品上的部分注册情况：

商标	注册号	类别	注册日
INTEL	225222	9	1985. 4. 30
	1481984	9	2000. 11. 28
intel	220559	9	1985. 2. 15
intel	5074126	9	2008. 12. 14

上述注册商标至今仍然有效，并在原告的商业活动中广泛使用。

原告从 1971 年推出第一款商用 4004 微处理器以来，INTEL 品牌微处理器始终在 CPU 市场独占鳌头，销售范围遍及全球。原告认为，其 INTEL 品牌是公认的最知名品牌之一。在从 2001 年到 2010 年长达 10 年的全球最佳品牌排名中，始终位居前列。长期以来，原告采取各种形式对 INTEL 品牌进行广告宣传，投入了巨额资金。原告的涉案 INTEL 系列商标作为驰名商标，在世界各国受到保护，由来已久。在中国，2011 年 5 月 27 日由国家工商行政管理总局商标评审委员会通过商标异议复审、争议案件认定的 83 件驰名商标中，原告注册在第 9 类的"INTEL"、"intel"和"intel inside 及图"3 个商标，同时被公布为驰名商标。原告在第 9 类注册的"INTEL"商标早在 1999 年和 2000 年，就被国家工商行政管理总局商标局列入《全国重点商标保护名录》给予特别保护。

原告发现，被告因特佳公司未经许可，在其生产的打印机硒鼓、墨盒等产品上，在其网站域名和英文名称中，使用了"INTELJET"、"Inteljet"和"inteljet"等英文文字，并将"inteljet"和"inteljet"等图文标识用于产品及产品包装和标签上。因特佳公司使用的上述标识由原告的注册商标在其后加描述性英文单词"jet"（其基本意为"喷射"，是对喷墨打印的描述）构成，其显著部分是"INTEL"、"intel"和"intel"，因而与原告的涉案 INTEL 系列商标构成近似，其行为具有明显的主观恶意。此外，上述侵权标识并非因特佳公司的注册商标，因特佳公司却违反《中华人民共和国商标法》（以下简称《商标法》）的规定，在上述侵权商标上使用了注册标记"®"，使人误认为其使用上述侵权商标具有合法性。

被告因特佳公司的上述行为足以使相关公众误认为因特佳公司及其产品与原告之间存在某种联系。因特佳公司旨在不正当地利用原告驰名商标的市场声誉，客观上也会淡化原告的驰名商标，不正当地降低该驰名商标的显著性，对原告造成无法弥补的损失，其行为已构成对原告驰名商标权的侵犯，应依法承担相应的法律责任。

经调查，被告陶健在上海经销因特佳公司的侵权产品，被告纳百川公司在明知陶健不具备企业法人资格的情况下，以自己的名义为陶健销售侵权产品开具发票，两被告的行为已构成共同侵权，应依法承担相应的法律责任。

综上，原告依照《商标法》等相关法律规定，诉至法院，请求判令：1. 被告因特佳公司立即停止侵犯原告"INTEL"、"intel"、"intel"驰名商标的侵权行为，包括但不限于立即停止将"INTELJET"、"Inteljet"、"inteljet"、"inteljet"和"inteljet"等任何与原告"INTEL"、"intel"、"intel"相同和近似的商标（以下统称侵权商标）以任何形式，包括但不限于以商标、英文字号、域名等方式用于产品、包装、宣传资料、网站等任何载体上以及任何生产经营和广告宣传活动中；2. 被告因特佳公司就其侵权行为消除影响，在《人民日报》或者《法制日报》上刊登澄清声明，并向原告公开赔礼道歉，内容须经原告认可，道歉书不小于版面的1/8，连续刊登3期，并承担由此发生的一切费用；3. 被告陶健、被告纳百川公司立即停止销售被告因特佳公司的侵权产品和相关侵权物品，包括但不限于侵权包装、说明书和宣传资料等，立即停止任何形式的侵权行为；4. 三被告共同赔偿原告损失和因本案支出的合理费用人民币50万元；5. 三被告承担本案诉讼费用。

原告在庭审中表示放弃要求被告因特佳公司赔礼道歉的诉讼请求。

庭审后，原告向本院明确表示，在本案中放弃对第1481984号"INTEL"商标和第5074126号"intel"商标主张权利，而仅主张第225222号"INTEL"商标和第220559号"intel"商标的权利。

被告因特佳公司辩称：1. "inteljet"是其使用的中文商标"因特佳"的译名，被告自2006年起即开始使用，从未接到原告指认其侵权的通知，被告主观上没有侵权故意；2. "inteljet"的标识使用于2008年以前，现已停止使用；3. 被告生产的硒鼓、墨盒与原告商标注册的商品类别既不相同也不类似；4. 被告同意停止使用相关标识，原告主张的赔偿数额没有依据。

被告陶健和被告纳百川公司共同辩称：陶健系因特佳公司的上海地区授权代理人，纳百川公司的法定代表人陶广香与陶健系父子关系。陶健与因特佳公司于2010年6月签定代理协议，陶健并不知道所售产品是否侵权，也不具备识别商标侵权与否的能力，其所售商品均有合法来源，故不应承担赔偿责任。纳百川公司是专业从事废旧物资回收的企业，既非因特佳公司的代理人，也未实际销售因特佳公司的产品。原告提供的发票之所以由纳百川公司出具，是因为陶健当时尚未注册销售公司，应原告的要求，鉴于父子关系的特殊性，方由纳百川公司代为开具发票。纳百川公司并未实际销售因特佳公司的产品，所以不存在侵犯原告商标权的行为。

本院经审理查明：

一、关于涉案注册商标

原告是下列注册商标的权利人：

1. "INTEL"商标，商标注册证号为第225222号，核定使用商品为第9类微型计算机、微型控制器、微处理机，1985年4月30日核准注册，经续展，有效期至2015年4月29日。

2. "intel"商标，商标注册证号为第220559号，核定使用商品为第9类集成电路、自动记录器、半导体储存器，1985年2月15日核准注册，经续展，有效期至2015年2月14日。

二、关于被告的基本情况

因特佳公司成立于2003年8月8日，经营范围包括打印机耗材、电脑、电子产品的销售等，其申请并使用“inteljet. com”作为公司网站域名。在该公司网站上有其产品的介绍，其中多处出现“INTELJET”、“Inteljet”、“inteljet”。网站上注明的公司英文企业名称是“Shenzhen Inteljet Digital Technology Co. ,Ltd. ”。因特佳公司通过代理商建立营销网络，范围覆盖全国10余个省区。2010年5月24日，因特佳公司与陶健签订《因特佳耗材区域协议书》，约定陶健为因特佳公司在上海市的独家代理商，负责销售因特佳公司产品，授权期限为2010年6月20日至2015年6月19日。

纳百川公司成立于2004年4月21日，经营范围为废旧物资回收等，公司的法定代表人陶广香与陶健系父子关系。

三、关于被诉侵权行为

2009年12月10日，广东省广州市广州公证处公证人员及原告的委托代理人劳锦业，在深圳市布吉坂田江南工业园江南大厦三楼（深圳市龙岗区坂田永香路江南大厦三楼）被告因特佳公司住所地，购买硒鼓6个、墨盒18个，价款总计人民币1 272元，并取得名片1张、收据2张、宣传册2份、因特佳打印耗材合作方案1份。

2010年1月7日，北京市求是公证处公证人员及北京捷鼎知识产权代理有限责任公司的代理人，在位于北京市海淀区中关村大街18号的北京中关村科贸电子城4A108柜台购买“因特佳牌彩色墨盒H－817”2个、“因特佳牌彩色墨盒E－T0472”3个、“因特佳牌彩色墨盒E－T0473”3个、“因特佳牌彩色墨盒E－T0474”3个、“因特佳牌硒鼓2612A”3个。

2010年9月13日，上海市卢湾公证处公证人员及原告的委托代理人陈利民，在上海市真北支路89号购得“因特佳CC388A硒鼓”3个、“因特佳Q2612A硒鼓”3个、“因特佳T050墨盒”4个、“因特佳T053墨盒”2个，并取得名片1张、宣传册1份。

2010年9月13日，纳百川公司出具《上海市商业统一发票》一张，其上载明“品名规格”为“因特佳CC388A硒鼓”、“因特佳Q2612A硒鼓”、“因特佳T050墨盒”、“因特佳T053墨盒”，价款总计人民币793元。

在上述产品、物品及产品外包装上，标有“INTELJET”、“inteljet”、“inteljet”、“inteljet”等标识，其中在部分“inteljet”和“inteljet”标识的右上方，标注有“®”标记。被告因特佳公司认可上述产品是其生产、销售的。

以上事实，由原告提交的商标注册文件、公证书，被告因特佳公司提供的报价单、定货单、订单、定单，被告陶健提供的因特佳耗材区域代理协议书以及当事人诉辩意见、本院审理笔录等证据证实。

本案中，双方当事人争议的焦点在于：1. 原告的相关注册商标是否构成驰名商标；2. 各被告是否侵犯了原告的商标权利；3. 原告要求各被告承担的民事责任有无事实与法律依据。

关于第一个争议焦点，即原告的相关注册商标是否构成驰名商标，原告提供了如下证据：

第一组“商标使用基本情况”证据，包括：1.《AFFIDAVIT/声明》及翻译件；2. INTEL品牌部分处理器、芯片组、主板等商品及部分包装照片；3.《计算机组装与维护》，杨永华著，北京大学出版社出版；4.《新手电脑装机全程图解》，杰诚文化编著，中国青年出版社、中国青年电子出版社出版；5.《电脑组装维修完全手册（第二版）》，王红明等编著，中国铁道出版社出版；6.《电脑组装与维修完全学习手册》，熊巧玲、张军编著，科学出版社出版；7.《电脑组装与维修——从入门到精通》，李顺远编著，中国青年出版社、中国青年电子出版社出版；8.《完全实战装电脑》，郭再添等编著，电子工业出版社出版。

第二组“使用INTEL商标商品的销售额、利税等”证据，包括：1. 安永会计师事务所出具的《关于其他财务信息的独立会计师报告》（2011年6月15日）及翻译件；2.《AFFIDAVIT/声明》和附件一及翻译件；3. 1995年至2011年各财政年度《英特尔年度报告》及摘译（光盘版）；4. 原告年度报告在美国证券委员会网站下载过程的说明；5. 关于失实陈述刑事责任的美国法律摘译。

第三组“INTEL商标商品市场份额、行业排名与投资”证据，包括：1. 中国半导体产业协会出具的证明（2010年7月7日）；2. 中国半导体产业协会、中国电子信息产业发展研究院编写的2003年至2010年各年度《中国半导体产业发展现状报告》及2003年、2005年报告摘译；3. 北京市中信公证处（2010）京中信内经证字11563号《公证书》；4. 北京市中信公证处（2010）京中信内经证字16571号《公证书》及摘译；5.《新手电脑装机全程图解》，杰诚文化编著，中国青年出版社、中国青年电子出版社出版；6. 国家图书馆第2010-NLC-GCZM-059号《文献复制证明》（部分）；7. 国家图书馆第2010-NLC-GCZM-060号《文献复制证明》（部分）；8. 国家图书馆第2010-NLC-GCZM-072号《文献复制证明》（部分）；9. 国家图书馆第2010-NLC-GCZM-073号《文献复制证明》（部分）。

第四组“INTEL商标商品广告宣传持续投入情况”证据，包括：1.《AFFIDAVIT/声明》和附件一及翻译件；2. 1995年至2011年各财政年度《英特尔年度报告》及摘译（光盘版）；3. 原告年度报告在美国证券委员会网站下载过程的说明；4. 关于失实陈述刑事责任的美国法律摘译。

第五组“INTEL商标商品广告宣传的地理范围”证据，包括：1. 北京市中信公证处（2011）京中信内经证字15898号《公证书》；2. 北京市中信公证处（2011）京中信内经证字15900号《公证书》；3. 北京市中信公证处（2011）京中信内经证字15899号《公证书》；4. 原告制作的7个广告视频；5. 国家图书馆2010-NLC-GCZM-060号《文献复制证明》（部分）；6. 国家图书馆2010-NLC-GCZM-072号《文献复制证明》（部分）；7. 国家图书馆2010-NLC-GCZM-073号《文献复制证明》（部分）；8. 国家图书馆2010-NLC-GCZM-059号《文献复制证明》（部分）；9. 国家图书馆2011-NLC-GCZM-325号《文献复制证明》；10. 国家图书馆2011-NLC-GCZM-330号《文献复制证明》；11. 国家图书馆2011-NLC-GCZM-335号《文献复制证明》；12. 原告2009年在《都市时报》上所作的广告；13. 原告2001年在《新闻周刊》上所作的广告；14. 原告2002年、2006年、2008年、2009年在《青年文摘》上所作的广告；15.《财富》杂志（2002年）摘译；16. 原告制作的8幅平面广告；17. 原告制作的广告宣传PPT文件；18. www.diannaoya.com等网站网页《英特尔18日在中国开启历来最大规模广告宣传》；19. 原告制作的19份宣传册；20. 中国广告协会发布的《国内广告信息》；21. 戴尔电脑纸盒包装照片。

第六组“INTEL商标保护记录”证据，包括：1. 国家工商行政管理总局认定83件驰名商标公告（2011年5月27日）；2. 国家工商行政管理总局商标局《全国重点商标保护名录》；3. 国家工商行政管理总局商标局作出的 4 份关于“INTEL”商标的异议裁定书；4. 深圳市宝安区人民法院（2005）深宝刑初字第 2256 号刑事判决书；5. 国家工商行政管理总局商标局作出的 2 份关于“INTEL”商标的行政决定书；6.《AFFIDAVIT/声明》和附件三及翻译件；7. 国家工商行政管理总局商标评审委员会《关于第 1232772 号“英特尔及图”商标争议裁定书》；8. 国家工商行政管理总局商标评审委员会《关于第 1492228 号“英特尔 INTEL 及图”商标异议复审裁定书》。

第七组“INTEL 商标市场声誉”证据，包括：1. 国家图书馆 2010-NLC-GCZM-059 号《文献复制证明》（部分）；2. 国家图书馆 2010-NLC-GCZM-060 号《文献复制证明》（部分）；3. 国家图书馆 2010-NLC-GCZM-072 号《文献复制证明》（部分）；4. IT 专家网网页《2008 年度处理器最受欢迎品牌》；5.《中国教育报》网站网页《cpu 首选品牌》；6. 网易网网页《Intel 荣获“影响中国生活方式 10 大品牌”》；7. 天极网网页《以创新实现可持续领先 英特尔酷睿 2 周年纪》。

第八组“所获奖项”证据，共 19 张照片，包括：1. 信息产业部和商务部颁发“2002 年度电子信息产品出口成绩优秀企业”证书；2. 上海市浦东新区人民政府颁发“2002 年度浦东新区外贸出口特等奖”证书；3. 上海市对外经济贸易委员会颁发“2002 年度上海市外贸出口百强企业”证书；4. 上海市对外经济贸易委员会和上海市信息化办公室颁发“2002 年度上海市集成电路出口明星企业”证书；5. 上海市质量管理奖审定委员会颁发“2003 年上海市质量管理奖”证书；6.“2002 年出口绩优企业”证书；7. 上海市特别奥林匹克委员会颁发“对上海特奥事业的大力支持”奖杯；8. 上海市对外经济贸易委员会、上海市外国投资工作委员会和上海市外商投资企业协会颁发“2003 年度上海市出口创汇前 20 名外商投资企业”奖杯；9. 上海市外国投资工作委员会、上海市对外经济贸易委员会和上海市外商投资企业协会颁发“2002 年度上海市出口创汇前 20 名外商投资企业”奖杯；10.“2002 年上海最具影响力科技企业”奖杯；11. 上海市外商投资企业协会颁发“英特尔公司孙宗明先生任上海市外商投资企业协会第四届理事会理事、常务理事”证书；12. 上海市国际工业博览会组委会颁发“2003 年上海国际工业博览会金奖”证书；13.《哈佛商业评论》评选的“2003 年亚洲最佳雇主”奖杯；14. Hewitt Associates 评选的“2003 年中国最佳雇主”奖杯；15. 英特尔上海市青少年科技创新大赛组织委员会颁发“青少年科技教育杰出贡献奖”证书；16. 上海科技节组织委员会颁发“2003 年上海科技节优秀项目奖”证书；17. 上海市浦东新区上南辅读学校邀请函；18.《计算机世界》评选的“2008 年度产品奖”奖杯；19.“消防安全先进集体”证书。

第九组“其他驰名商标”证据，包括：1. 中国知网网页《“intel inside”！“intel outside”！》；2. 国家图书馆 2010-NLC-GCZM-060 号《文献复制证明》（部分）；3. 国家图书馆 2010-NLC-GCZM-072 号《文献复制证明》（部分）；4. 国家图书馆 2010-NLC-GCZM-073 号《文献复制证明》（部分）；5. 2011 年 7 月 6 日《齐鲁晚报》及电脑品牌宣传册；6.《英特尔探秘》等书摘印资料；7.《计算机研究与发展》等杂志文摘。

原告认为，上述证据充分证明原告的 INTEL 系列商标是完全符合《最高人民法院关于审理涉及驰名商标保护的民事纠纷案件应用法律若干问题的解释》（以下简称《驰名商标司法解释》）第一条规定的在中国境内为相关公众广为知晓的驰名商标。

被告因特佳公司称，对原告提供的证据不了解，认为原告提供的数据有可能夸大。因特佳公司未提供反证。

被告陶健和被告纳百川公司称，对原告提供的证据不了解，但有些数据是原告自己统计的。陶健和纳百川公司未提供反证。

本院认为，首先，本案中，被告生产、销售的涉嫌侵权商品是硒鼓、墨盒，与原告主张的第 22522 号“INTEL”商标核定使用的微型计算机、微型控制器、微处理机，以及第 220559 号“intel”商标核定使用的集成电路、自动记录器、半导体储存器，从功能、用途、生产部门、销售渠道、消费对象等方面综合来看，属于不相同也不相类似的商品。因此，判断原告的相关注册商标是否驰名商标，是认定被告的行为是否构成侵权的前提条件。根据《商标法》第十三条第二款和《驰名商标司法解释》第二条第（一）项的规定，在本案中确有必要就原告主张的商标是否驰名作出认定。

其次，原告为认定驰名商标，提供了前述各类证据，各被告总体上对证据表示“没有意见”，或“不知道”，但未提供反证。考虑到原告的 INTEL 系列商标在我国为一般公众广泛知晓的事实，同时原告提交了证明其商标驰名的基本证据，包括公众对该商标的知晓程度，使用该商标的商品的市场份额、销售区域、利税，该商标使用的持续时间，该商标的宣传活动的方式、持续时间、程度和范围，该商标作为驰名商标受保护的记录，该商标享有的市场声誉，等等，根据《驰名商标司法解释》第八条的规定，即“对于在中国境内为社会公众广为知晓的商标，原告已提供其商标驰名的基本证据，或者被告不持异议的，人民法院对该商标驰名的事实予以认定”，可以认定原告的相关注册商标为驰名商标。

最后，具体而言，原告在本案中主张的第 225222 号“INTEL”商标和第 220559 号“intel”商标分别于 1985 年 4 月 30 日和 1985 年 2 月 15 日核准注册，并使用至今，在原告注册的系列商标中，属于注册时间最早、使用范围最广、影响最大的商标，在我国境内也可谓众所周知。因此，根据本案的情况，本院认定，第 225222 号“INTEL”商标和第 220559 号“intel”商标为驰名商标。

关于第二个争议焦点，即各被告是否侵犯了原告的商标权利，原告认为，根据公证的证据，被告因特佳公司在其生产的打印机硒鼓、墨盒等产品和相关物品上以及在其网站上，使用涉案侵权商标，并且将侵权标识“Inteljet”作为英文字号、“inteljet”作为域名使用，涉案侵权商标和标识系对原告驰名商标的复制、模仿。因特佳公司的行为明显具有主观恶意，旨在不正当地利用原告驰名商标的市场声誉，误导公众，使相关公众误认为因特佳公司及其产品与原告之间存在某种联系，客观上也会淡化原告的驰名商标，降低该驰名商标的显著性，对原告造成无法弥补的损失。故违反了《商标法》第十三条第二款的规定，侵害了原告的商标权。被告陶健在上海经销因特佳公司的侵权产品，被告纳百川公司在明知陶健不具备企业法人资格的情况下，以自己的名义为陶健销售侵权产品开具发票，两被告的行为已构成共同侵权。

被告因特佳公司认可原告诉称的涉嫌侵权行为本身确有其事，但坚持辩称意见，认为其主观上不具有侵权的意思，使用“inteljet”是作为企业字号“因特佳”的翻译，而“因特佳”是“印特佳”的谐音，寓意“因为这个而特别好”。

被告陶健和被告纳百川公司认为，陶健是被告因特佳公司的代理商，不具备识别商标侵权的能力，所有商品都是合法进货；而纳百川公司仅是应要求代开发票，故无论因特佳公司是否侵犯原告的商标权，与陶健和纳百川公司均无关系，二者均不构成侵权。

本院认为，首先，被告因特佳公司在其生产的打印机硒鼓、墨盒等产品及其外包装上，以及网站上使用的“INTELJET”、“inteljet”、“inteljet”、“inteljet”等标识，与原告主张的第225222号“INTEL”商标和第220559号“intel”商标相比，基本是在原告的商标后加上“jet”一词。因原告的商标属于臆造词，而“jet”有“喷射”的含义，因特佳公司对其的使用有表明产品性质及所属行业的意图，该部分并不具有显著性，故因特佳公司使用的标识与原告的第225222号“INTEL”商标和第220559号“intel”商标构成近似。

其次，虽然被告因特佳公司称其是在企业字号的译名意义上使用上述标识，但该说法明显牵强，尤其不能解释为什么采取与原告第220559号“intel”商标相同的特有字母排列方式。此外，因特佳公司在其使用的“inteljet”和“inteljet”标识的右上方，标注注册标记“®”的行为也显有不当，表明其主观意图缺乏善意。如前述，本院在本案中已认定原告所有的第225222号“INTEL”商标和第220559号“intel”商标为驰名商标，因特佳公司理应知道原告的驰名商标，故其在商品上使用与原告驰名商标近似的标识，具有“傍名牌”的故意。

再次，被告因特佳公司生产、销售的硒鼓、墨盒等涉案商品，属于打印耗材类，虽然与原告注册商标核定使用的商品并非同类或类似商品，但两者从广义上均与电脑有关，也往往结合起来使用。另从消费者的角度来讲，两者也可能存在一定的重合，故因特佳公司的上述使用行为足以使相关公众认为其所用标识与原告的驰名商标具有相当程度的联系，不正当地利用了原告驰名商标的市场声誉，属于《商标法》第十三条第二款规定的，在不相同或者不相类似商品上复制他人已经在中国注册的驰名商标，误导公众，致使该驰名商标注册人的利益可能受到损害的侵权行为。因特佳公司应就此承担相应的民事责任。

最后，被告陶健是被告因特佳公司的代理商，其销售因特佳公司生产的侵权产品的行为本身也侵犯了原告的商标权。陶健作为经营者，应知道原告的INTEL商标具有很高的知名度，其关于不具备识别商标侵权的能力，故不构成侵权的辩称意见，于法无据，本院不予采信。至于被告纳百川公司开具发票的行为，虽有不当，但尚不足以证明其是侵权商品的销售者，故本院认定纳百川公司并未侵犯原告的商标权。

关于第三个争议焦点，原告提交了相关票据，证明其因本案支出的合理费用共计人民币102 197.2元，其中调查费7 612.2元，公证费4 360元，资料复印费8 053元，翻译费82 172元。原告认为，各被告侵犯了其商标权，原告为此支出了相关费用，由于被告的获利和原告的损失难以取证，故请求法院适用法定赔偿的方法确定被告的赔偿责任。同时，被告因特佳公司通过网络广泛传播其侵权影响，故请求在全国范围内消除影响。

被告因特佳公司认为其销量有限，不会对原告造成影响，故原告要求被告承担的民事责任没有事实依据。因特佳公司并表示，被告陶健是其代理商，涉案商品是因特佳公司销售给陶健的，所有责任由因特佳公司承担。

被告陶健和被告纳百川公司认同被告因特佳公司的意见。

本院认为，根据被告因特佳公司的陈述及其提供的证据，其实施的侵权行为至迟自2006年起，并持续至今，且侵权产品的销售范围覆盖全国10余个省市，故其所称未对原告产生影响的意见不能成立。因特佳公司应就其生产、销售侵犯原告“INTEL”和“intel”注册商标专用权的商品的行为，承担赔偿责任。本案中，原告未提供证明其经济损失的证据，而仅凭因特佳公司提供的证据，在没有完整的财务账册的情况下，亦难以查明其所获利益。本院根据因特佳公司实施侵权行为的性质、期间、后果，涉案驰名商标的声誉，及原告为制止被告的侵权行为所支出合理开支等因素，酌情确定因特佳公司赔偿原告经济损失及合理费用人民币40万元。

至于被告陶健的责任问题，如前述，本院已认定陶健应知原告的驰名商标，其仍销售涉案侵权商品，故主观上具有过错，也应承担适当的民事责任。该侵权行为的损害后果，是在被告因特佳公司的生产、销售行为与其代理商陶健的销售行为的共同作用下发生的，即由因特佳公司和陶健共同实施了该销售侵权商品行为，故二者应就此所产生的损害后果承担连带责任。因陶健单方提供的证据尚不足以证明其获利，同时原告因该侵权行为所支出的合理费用亦难以确定，故本院酌情确定陶健对因特佳公司上述给付义务中的人民币4 000元承担连带赔偿责任。

另外，被告因特佳公司的商标侵权行为客观上对原告已造成不良影响，考虑到原告驰名商标的知名度以及因特佳公司的侵权范围覆盖全国，故对原告要求因特佳公司在《法制日报》上刊登声明，消除影响的诉讼请求，可予支持。

综上，依据《中华人民共和国侵权责任法》第八条及第十五条第一款第（一）项、第（六）项、第（八）项，《中华人民共和国商标法》第十三条第二款、第十四条、第五十二条第（二）项、第五十六条第一款和第二款，《最高人民法院关于审理商标民事纠纷案件适用法律若干问题的解释》第十六条第一款、第二款，《最高人民法院关于审理涉及驰名商标保护的民事纠纷案件应用法律若干问题的解释》第二条第（一）项、第四条、第八条、第九条第二款之规定，判决如下：

一、被告深圳市因特佳数码科技有限公司、被告陶健停止对原告英特尔公司享有的“INTEL”注册商标（商标注册证第225222号）和“intel”注册商标（商标注册证第220559号）专用权的侵害；

二、被告深圳市因特佳数码科技有限公司应于本判决生效之日起十日内，赔偿原告英特尔公司包括合理费用在内的经济损失人民币40万元，被告陶健对其中的人民币4 000元承担连带赔偿责任；

三、被告深圳市因特佳数码科技有限公司应于本判决生效之日起三十日内，在《法制日报》上刊登声明，消除影响（内容需经本院审核）；

四、对原告英特尔公司的其余诉讼请求不予支持。

如果被告深圳市因特佳数码科技有限公司、被告陶健未按本判决指定的期间履行给付金钱义务，应当按照《中华人民共和国民事诉讼法》第二百二十九条之规定，加倍支付迟延履行期间的债务利息。

本案案件受理费人民币8 800元，由原告英特尔公司负担人民币880元，被告深圳市因特佳数码科技有限公司负担人民币 7 840元，被告陶健负担人民币 80 元。

如不服本判决，原告英特尔公司可在判决书送达之日起三十日内，被告深圳市因特佳数码科技有限公司、被告陶健、被告上海纳百川再生物资有限公司可在判决书送达之日起十五日内，向本院递交上诉状，并按对方当事人的人数提出副本，上诉于中华人民共和国上海市高级人民法院。

审　判　长　李国泉
审　判　员　袁秀挺
人民陪审员　马慧林
二〇一二年四月六日
书　记　员　袁　博
书　记　员　刘群燕

（本判决书入选 2012 年度上海法院知识产权司法保护十大案件）

21. 立邦涂料（中国）有限公司诉上海展进贸易有限公司等侵害商标权纠纷案

——上海市第一中级人民法院民事判决书

（2012）沪一中民五（知）终字第64号

上诉人（原审原告）：立邦涂料（中国）有限公司，住所地上海市浦东新区金桥出口加工区创业路287号。

法定代表人：黄守金（Wee Siew Kim），该公司董事长。

委托代理人：邵鸣，上海市锦天城律师事务所律师。

委托代理人：高沂，上海市锦天城律师事务所律师。

被上诉人（原审被告）：上海展进贸易有限公司，住所地上海市金山区朱行经济小区。

法定代表人：章杰，该公司总经理。

委托代理人：叶亚军，男，汉族，1979年12月26日生，住上海市长宁区古北路620号。

被上诉人（原审被告）：浙江淘宝网络有限公司，住所地浙江省杭州市余杭区五常街道丰岭路21号。

法定代表人：马云，该公司董事长。

委托代理人：张译文，女，汉族，1972年1月22日生，住北京市朝阳区东土城路甲9号中国远东国际贸易总公司。

上诉人立邦涂料（中国）有限公司（以下简称“立邦公司”）因侵害商标权纠纷一案，不服上海市徐汇区人民法院（2011）徐民三（知）初字第138号民事判决，向本院提起上诉。本院于2012年3月26日受理后，依法组成合议庭，于同年4月25日公开开庭进行了审理。上诉人立邦公司的委托代理人邵鸣、高沂，被上诉人上海展进贸易有限公司（以下简称“展进公司”）的委托代理人叶亚军以及被上诉人浙江淘宝网络有限公司（以下简称“淘宝公司”）的委托代理人张译文到庭参加诉讼。本案现已审理终结。

原审法院经审理查明：

立邦公司系第3485390号“”图形与文字组合注册商标注册人，核定使用商品为第2类的油漆凝集剂、茜素燃料、铝涂料、苯胺染料、防腐剂、漆、油漆、底漆等，注册有效期限为自2004年11月21日至2014年11月20日止。

案外人立时集团国际有限公司（NIPSEA HOLDINGS INTERNATIONAL, LIMITED）系第1692156号“立邦”文字注册商标注册人，核定使用商品为第2类的染料、颜料、印刷油墨、油漆、漆、底漆、稀料、油胶泥（腻子）、防腐剂、天然树脂，注册有效期限为自2002年1月7日至2012年1月6日止。2003年8月7日，立邦公司经商标局核准受让上述注册商标。

浙江省通信管理局颁发的编号为浙 B2-20080224 增值电信业务经营许可证，记载域名“taobao. com；taobao. com. cn；tmall. com”的运营公司为淘宝公司，有效期限为 2008 年 10 月 26 日至 2013 年 10 月 25 日。

2011 年 5 月 18 日，立邦公司向上海市东方公证处申请保全证据公证，该公证处公证员张斐、公证人员刘敏现场监督，于同年 5 月 23 日出具了（2011）沪东证经字第 4530 号公证书，主要记载内容为：使用 Internet Explorer 浏览器软件，在该软件地址栏内输入“http：//www. taobao. com”，在淘宝网淘宝商城的商铺中搜索“汇通油漆商城”。点击进入该店铺，首页顶部显示“汇通油漆商城、实物拍摄、原厂正货、七天退换、用心服务”，下方有“首页、店铺评分、代理品牌、5 折活动专区、多乐士色卡链接、立邦色卡链接、售后服务须知、防伪及物流须知、装修小常识”等页面的链接，页面中部第 2 张广告介绍品牌为立邦漆，广告上部显示“Nippon Paint 立邦漆”，页面下方为掌柜推荐宝贝、立邦漆、华润漆、多乐士等部分商品的图片、简要信息、价格、销售量等信息。页面左侧显示“公司名：上海展进贸易有限公司，所在地：上海，商家：汇通油漆商城”。还显示有“品牌木器漆：多乐士木器漆、立邦木器漆、华润木器漆、紫荆花木器漆；品牌墙面漆：多乐士墙面漆、立邦墙面漆、华润墙面漆、紫荆花墙面漆；侨波活性炭；涂刷工具”。点击首页中“代理品牌”链接，页面自上而下分别显示立邦漆、多乐士、德国汉高、来威漆、华润漆、森戈各品牌的广告，其中立邦漆广告共有 4 幅：首张广告的左上部显示“”、中部显示“ 2010 为爱上色”，第 3 张广告左上部显示“ 装饰新家，刷新幸福”，第 4 张广告左上部显示“ 小编 120 分推荐 净味性价王”。立邦公司为包括本案在内的 5 件类似纠纷进行了保全证据公证，共支付公证费人民币（以下币种同）6 000元。

2011 年 6 月 16 日，经立邦公司申请，上海市东方公证处对立邦公司员工高翔电脑中部分电子邮件的浏览、打印过程进行保全证据公证，该公证处公证员张斐、徐宏渊现场监督，于同年 6 月 20 日出具了（2011）沪东证经字第 5632 号公证书，主要记载内容为：2011 年 3 月，立邦公司认为淘宝公司运营的淘宝网淘宝商城中有 6 家店铺存在侵害其商标权的侵权行为，通过邮件向淘宝公司投诉。淘宝公司对立邦公司来函均予以答复，主要内容为要求立邦公司提供身份证明、权利证明、代理关系证明、判断侵权成立的初步证明资料及侵权商品信息的具体链接地址；并表示如果淘宝网卖家发布的商品信息是立邦公司产品，则该卖家发布商品的图片上出现立邦公司产品原有的标识及卖家在文字描述上对商品的陈述均非法律法规定义的商标侵权。立邦公司为该公证支付公证费 2 000元。

2011 年 11 月 14 日，立邦公司向上海市东方公证处申请对淘宝网相关网页内容进行保全证据公证，该公证处公证员张斐、公证人员邵知非现场监督，于同年 11 月 15 日出具了（2011）沪东证经字第 11460 号公证书，主要记载了淘宝网上刊登的淘宝规则变更公告（2011. 6. 20）的相关内容，其中针对不当使用他人权利的规则解释中，淘宝认为未经他人许可，在商品信息、店铺名、会员名、域名使用中使用他人的商标（包括文字商标、图形商标等）或作品（文字作品、图案作品）等是卖家在所发布的商品信息或所使用的店铺名、会员名、域名等中不当使用他人商标权、著作权等权利。并附图举例说明卖家发布的商品虽系正品好孩子童车，但未经权利人许可，在商品信息中使用好孩子品牌 LOGO

仍属于不当使用。

原审审理中，展进公司表示其已不在淘宝网继续经营，立邦公司对此予以确认，放弃要求展进公司、淘宝公司立即停止在淘宝公司运营的淘宝网站上侵害立邦公司享有的商标权、广告著作权行为的诉讼请求；并放弃展进公司、淘宝公司侵害其广告著作权的主张。

原审法院认为：立邦公司系第 3485390 号“”图形与文字组合注册商标、第 1692156 号“立邦”文字注册商标注册人，享有的注册商标专用权受法律保护。依据各方的诉辩意见，本案主要争议焦点即在于展进公司在淘宝网上销售立邦公司商品时使用上述注册商标进行宣传，是否侵害了立邦公司享有的商标专用权。

本案中，展进公司在淘宝公司运营的淘宝网上开设名为汇通油漆商城的店铺，经销有多乐士、立邦、华润、紫荆花等品牌油漆，并在店铺页面中为各品牌油漆进行促销宣传，其中在为立邦漆进行促销宣传时，确实使用了归属于立邦公司的“”、“立邦”注册商标。立邦公司据此认为展进公司上述行为足以使消费者误认为展进公司与立邦公司存在关联，误认为展进公司系立邦公司授权许可的销售网点，侵害其商标权。

原审法院认为，商标是商品或服务的提供者为了将自己商品或服务区别于他人提供的同种类或类似商品或服务而使用的标记，其主要作用在于区分商品或服务来源。《中华人民共和国商标法》规定，为了加强商标管理，保护商标专用权，促使生产、经营者保证商品和服务质量，维护商标信誉，以保障消费者和生产、经营者的利益，促进社会主义市场经济的发展，特制定本法。从上述法律规定可以看出，法律对商标予以保护主要目的旨在确保消费者能够根据商标的识别功能选择商品或服务，防止消费者对商品或服务来源产生混淆，以维护商标权人的商誉。本案中，原审法院关注的是展进公司在销售立邦公司商品使用立邦公司注册商标时，是否超出合理使用的范围、是否符合商业惯例。

首先，展进公司在其网络店铺中销售多种品牌油漆，对部分品牌的油漆进行了促销宣传，其在促销宣传中使用立邦公司注册商标的目的在于告知消费者，所宣传商品指向的具体品牌，促使消费者了解欲购买油漆品牌的特点，以区别于其经营的其他油漆品牌，展进公司使用立邦公司注册商标属于向消费者说明其销售商品来源的表述性使用；其次，展进公司使用立邦公司注册商标促销宣传时并没有宣传其自身，不足以导致一般社会公众误认展进公司与立邦公司存在关联关系；最后，立邦公司认为淘宝公司公布的淘宝规则变更公告（2011.6.20），属于淘宝公司自认的涉诉行为侵害了立邦公司享有的商标权，原审法院认为，淘宝公司发布的规则系其对某些行为的主观认知，而对于具体的涉诉行为是否侵权，应由法院根据法律规定、案件实际情况作出判断，不受上述规则之约束；另上述规则约束的对象是淘宝公司与进驻淘宝网进行销售的商户，并不必然对第三方发生法律效力，并且展进公司作为规则的相对方明确表示不接受上述规则约束，故展进公司在销售立邦公司商品时，促销宣传中使用涉案注册商标的方式合理，符合一般商业惯例。若限制展进公司等销售商合理使用所销售商品的注册商标，则会不当地限制销售商宣传自己经销商品的方法，直接损害了商品在市场自由流转这一市场经济赖以存在的基本原则，故立邦公司要求展进公司承担侵害立邦公司商标专用权赔偿责任的诉讼请求不予支持。鉴于展进公司未构成侵权，故立邦公司要求淘宝公司承担共同侵权赔偿责任的诉讼请求亦不予支持。

原审审理中，立邦公司确认展进公司已不在淘宝网继续经营，放弃要求展进公司、淘宝公司立即停止侵权行为的诉讼请求，并放弃展进公司、淘宝公司侵害其广告著作权的主张。原审法院认为立邦公司放弃上述诉讼请求，系处分自己的诉讼权利，与法不悖，予以准许。

据此，原审法院根照《中华人民共和国商标法》第一条、《中华人民共和国商标法实施条例》第三条之规定，判决驳回立邦公司的诉讼请求。

判决后，立邦公司不服，向本院提起上诉，请求撤销原审判决，支持上诉人的一审诉讼请求，即两被上诉人赔偿上诉人经济损失及合理费用共计 20 万元；两被上诉人在被上诉人淘宝公司运营的淘宝网站显著位置刊登声明、赔礼道歉、消除影响。

上诉人立邦公司的上诉理由是：一、原审判决认定事实错误。1. 被上诉人展进公司无证据证明其销售的立邦产品来源合法，故展进公司在其他商品上擅自使用立邦商标构成商标侵权。2. 被上诉人展进公司在其淘宝网页上使用立邦商标、代理品牌、立邦网络旗舰店等图标，故意暗示公众其为立邦品牌代理人及其开设的网点为立邦旗舰店，与上诉人存在紧密商业关系，足以造成消费者误认，不属于商标合理使用。3. 涉案立邦商标系驰名商标，被上诉人展进公司未经授权、未支付对价而擅自使用，影响了上诉人对驰名商标的监管，损害了驰名商标所包含的质量保障和信誉价值。4. 淘宝网作为电子商务平台经营者，未履行事前审查和事后补救义务，应与展进公司承担连带责任。二、原审判决适用法律错误。1. 原审法院将是否符合商业惯例作为认定侵权行为的标准，又在判决结果中将符合商业惯例作为判决被上诉人未构成侵权的主要依据，与法有悖。2. 被上诉人展进公司应构成商标法第五十二条第（五）项规定的商标侵权行为，原审法院舍弃明确的法律规则，错误援引商标法立法目的作为判案依据。

被上诉人展进公司答辩称：展进公司销售的是具有合法来源的立邦产品，虽在店铺网页中使用了上诉人产品的商标和图片，但这些使用仅是为了告诉消费者其销售的是立邦公司的产品，以及区分不同的品牌产品，不存在消费者混淆。

被上诉人淘宝公司答辩称：1. 作为淘宝卖家的展进公司在淘宝网上使用立邦公司商标，是为了如实反映所销售商品的提供者，而其销售的恰恰是立邦公司生产的产品，该商标使用符合商标的功能，不构成对上诉人的商标侵权。2. 即使展进公司构成侵权，淘宝公司作为网络服务提供商也不存在主观过错，不构成侵权。据此，请求驳回上诉，维持原判。

二审审理中，上诉人向本院提供了两份证据：

1. 第 1692156 号商标核准续展注册证明一份，证明上诉人自 2012 年 1 月 7 日至 2022 年 1 月 6 日对立邦文字商标享有专用权；

2. 淘宝网网页打印件一份，证明被上诉人展进公司未尽合法手续擅自在其网店上显示立邦网络旗舰店字样，被上诉人淘宝公司收到上诉人商标侵权投诉后未尽到事后注意义务。

被上诉人展进公司认为，证据 1、2 与本案缺乏关联性。被上诉人淘宝公司认为，证据 1 形成于一审庭审之后，系新证据，对于真实性予以认可；证据 2 在一审期间即已存在，不属于二审新证据。

被上诉人淘宝公司向本院提供了两份证据：

1. 南京市中级人民法院关于立邦案的民事判决书一份，证明淘宝卖家在店铺中使用立邦字样不构成侵权；

2. 南京市江宁区人民法院关于立邦案的民事判决书一份，证明即使淘宝卖家在店铺中使用立邦商标构成侵权，淘宝网也不构成侵权。

上诉人立邦公司认为，对两份证据的真实性无异议，但因案件事实不同，与本案没有关联性；被上诉人展进公司对两份证据真实性无异议。

根据各方当事人的举证和质证意见，本院认为，对于上诉人提交的两份证据，证据1形成于一审庭审结束之后，系对原审法院认定证据的补强，本院予以采纳；证据2不属于新证据，且与本案侵权判定不具有关联性，本院不予采纳。对于被上诉人淘宝公司提交的两份证据，鉴于两份判决均系未生效判决，且与本案缺乏关联性，本院不予采纳。

本院经审理查明，原审法院认定事实基本无误，本院予以确认。

另查明：在被上诉人展进公司的淘宝商城店铺“汇通油漆商城”中，首页的中上方是一个图片框，滚动显示三幅不同图片，其中第一幅系多乐士漆广告，第二幅系立邦漆广告（该广告上部显示“Nippon Paint 立邦漆”，下方是立邦涂料的介绍）。点击首页菜单栏中的“代理品牌”链接，页面自上而下分列几个图片框，分别系立邦漆、多乐士、德国汉高、来威漆、华润漆、森戈品牌的广告。其中立邦漆图片框中滚动显示该品牌的四幅广告图片：第一张图片系对一个网页的截图，上方显示“ ECOLOR 首页 美丽家居 工业与工程 我的立邦 网上商城”，中部是一个图片框，其中显示“ 2010 为爱上色”，该图片框下方左侧系立邦新闻信息，右侧显示有“立邦网络旗舰店马上登陆”、“漆量计算器”、“为爱上色电子书”等；第三张图片、第四张图片均系立邦漆的产品介绍，其中第三张图片左上方突出显示了“ 装饰新家，刷新幸福”，第四张图片左上方突出显示“ 小编120分推荐 净味性价王”。

本院认为：上诉人立邦公司系第3485390号、第1692156号注册商标权人，依法享有注册商标专用权，他人未经许可，在同一种商品或者类似商品上使用与其注册商标相同或者近似商标的，均构成对立邦公司商标专用权的侵害。但是，如果被控侵权行为人使用立邦商标仅为指示其所销售商品的信息，未造成相关公众混淆，亦未造成商标利益损害的，则不应被认定为商标侵权行为。

本案中，被上诉人展进公司在其淘宝网络店铺中销售立邦公司产品时使用了多幅与立邦相关的图片，其中涉及涉案两个立邦商标。从商标使用方式来看，商标系图片组成部分，图片主体内容系对立邦产品的介绍。此外，涉案网站上亦同时存在多乐士、德国汉高、华润漆等其他品牌油漆的宣传图片。而从网站的页面设置来看，首页的主体位置均系各品牌油漆商品的图片、名称、价格、销售量等信息。结合图片使用方式以及网页布局，相关公众通常会认为该商标传达的是在售商品的广告，即指示其所销售商品的品牌信息，而不是传达经营者的商号、商标或经营风格。再从被控侵权使用行为是否会使相关公众对服务来源产生混淆和误认角度来分析，该种商标指示性使用，商标直接指向的是商标注册人的商品，并非指向被上诉人展进公司，即立邦商标与立邦商品的对应性并没有受到影响，相关公众也不会认为在售立邦产品来源于被上诉人展进公司。在此情况下，不存在消费者对于商品来源认知的混淆，也不涉及商标显著性或知名度的降低，故也不存在其他商标利益的损害。综上所述，被上诉人展进公司为指示其所销售商品的信息而使用上诉人立邦公司的注册商标，未造成相关公众的混淆，也不存在其他商标利益的损害，故上诉人指控被上诉人展进公司构成商标侵权的主张不能成立。而被上诉人淘宝公司作为网络服务提供者，在被上诉人展进公司不构成商标侵权的前提下，也不应被认为构成商标侵权。

上诉人认为被上诉人展进公司无证据证明其销售的立邦产品来源合法，故展进公司在其他商品上擅自使用立邦商标构成商标侵权。本院认为，当事人对其主张的事实应提供证据予以佐证，然本案中上诉人并未提供证据证明被上诉人展进公司销售的立邦产品系假冒其注册商标的商品，而其认为应由被上诉人展进公司证明其网上销售的立邦产品具有合法来源的观点，本院亦不予认同，故对于上诉人的该项上诉理由，本院不予采信。

上诉人认为被上诉人展进公司在其淘宝网页上使用立邦商标、“代理品牌”、“立邦网络旗舰店”等图标，足以造成消费者的误认，不属于商标合理使用。本院认为，经庭审查证，“立邦网络旗舰店”系一个网页截图中的一部分文字表述，并非可单独点击的模块，且该截图与其他图片一并在“代理品牌”界面滚动显示，不足以构成整个页面中的突出显示部分，也不属于淘宝网所定义的网络旗舰店。虽然被上诉人展进公司在其网络店铺首页菜单栏中设置“代理品牌”链接，并在代理品牌界面设置众多品牌广告图片的行为确有不妥，但是该种行为并不属于商标法调整的范畴，上诉人以此主张被上诉人侵犯其商标权缺乏法律依据，本院不予支持。

上诉人认为被上诉人展进公司未经授权、未支付对价而擅自使用立邦商标，损害了立邦作为驰名商标所包含的质量保障和信誉价值。本院认为，商标的质量保障功能实质上是商业来源意义上的保障功能，保证与特定商标关联的商品具有一定的质量水平。本案中，被上诉人展进公司销售的是立邦公司的产品，不存在商品质量的降低，且在商标使用过程中，也不存在对商标的贬损，故上诉人的该项上诉理由，本院不予支持。

上诉人认为原审判决适用法律错误，本院认为，原审法院以是否符合商业惯例作为认定侵权行为的标准，并援引《商标法》第一条作为裁判依据虽有不妥，但并未影响到本案实体和程序的裁判。而上诉人认为被上诉人构成《商标法》第五十二条第（五）项规定的商标侵权行为亦缺乏依据，本院不予支持。

综上所述，原审判决认定事实基本清楚，审判程序合法，应予维持。上诉人的上诉请求及其理由缺乏依据，应予驳回。据此，依照《中华人民共和国商标法》第五十二条第（一）项、《中华人民共和国民事诉讼法》第一百五十三条第一款第（一）项之规定，判决如下：

驳回上诉，维持原判。

二审案件受理费人民币 4 300元，由上诉人立邦涂料（中国）有限公司负担。

本判决为终审判决。

审　判　长　唐　震
代理审判员　顾慧萍
代理审判员　陈瑶瑶
二〇一二年五月二十四日
书　记　员　施维莉

（本判决书入选 2012 年度中国法院知识产权司法保护 50 件典型案例、2012 年度上海法院知识产权司法保护十大案件）

专 利 民 事 纠 纷 案 件

22. 王群诉上海世博会法国馆等侵犯发明专利权纠纷案

——上海市高级人民法院民事判决书

(2010) 沪高民三 (知) 终字第 83 号

上诉人 (原审原告): 王群，男。

委托代理人: 张文祎，北京正理专利代理有限公司专利代理人。

委托代理人: 王喆，男，汉族，1981 年 9 月 7 日出生，住北京市海淀区双榆树大泥湾 1 楼 3 单元 503 号。

被上诉人 (原审被告): 上海世博会法国馆，住所地上海世博会园区 C 片区 09 地块 FRA。

法定代表人: 何塞·弗雷 (Jose Freches)，上海 2010 世博会法国馆总代表。

委托代理人: 金飒，上海市锦天城律师事务所律师。

委托代理人: 齐宝鑫，上海市锦天城律师事务所律师。

被上诉人 (原审被告): 中国建筑第八工程局有限公司，住所地上海市浦东新区世纪大道 1568 号 27 层。

法定代表人: 黄克斯，该公司董事长。

委托代理人: 吴宝锦，该公司员工。

上诉人王群因侵犯发明专利权纠纷一案，不服上海市第一中级人民法院 (2010) 沪一中民五 (知) 初字第 40 号民事判决，于 2010 年 11 月 8 日向本院提起上诉。本院依法组成合议庭，于 2010 年 11 月 26 日公开开庭审理了本案。上诉人王群及委托代理人张文祎、王喆，被上诉人上海世博会法国馆 (简称法国馆) 的委托代理人金飒、齐宝鑫，被上诉人中国建筑第八工程局有限公司 (简称中建八局) 的委托代理人吴宝锦到庭参加诉讼。本案现已审理终结。

原审法院经审理查明：中华人民共和国国家知识产权局于 2006 年 4 月 5 日授予原告名称为 "高架立体建筑物" 的发明专利权，该专利申请日为 2004 年 4 月 19 日，专利号为 ZL200410033851.2。

原告在本案中主张其要求保护的权利范围为权利要求 4、5、6、7。该专利权利要求如下：

"1. 一种高架立体建筑物，建设在地基上，其特征在于：每组高架立体建筑物由空间支架和支撑在空间支架上的房屋单元构成；固接于地基的空间支架四周空间及表面布置有若干房屋单元；该空间支架有连接地面的交通设施，该空间支架的顶面为道路。

所述空间支架为支撑于地基上的螺旋体通道，该螺旋体通道呈螺旋形盘旋上升，其下端连接地面道路构成连接地面的交通设施。

所述空间支架四周及表面布置的房屋单元为固定布置或能移动的布置。"

……

"4. 如权利要求 1 所述的高架立体建筑物，其特征在于：所述空间支架的连接地面的交通设施还包括垂直于地面的电梯、斜置滚梯及螺旋上升楼梯中的一种或其结合。"

"5. 如权利要求 1 所述的高架立体建筑物，其特征在于：所述空间支架的连接地面的交通设施还有垂直地面设置的交通设施。"

"6. 如权利要求 1 所述的高架立体建筑物，其特征在于：在所述空间支架与地基之间设置有支撑架，该支撑架为立柱、斜柱、金属网架、金属桁架、墙体中的一种或其结合。"

"7. 如权利要求 1 所述的高架立体建筑物，其特征在于：所述空间支架的顶面四周还间杂设置有停车场、商业区、娱乐设施、绿化带的一种或结合。"

……

该发明专利的说明书第 1 页记载："现有的单层或多层建筑都是沿地面布置在建设用地上的，单位建设用地面积上能建设的建筑面积不多；高层虽然在单位建设用地面积上能建设的建筑面积较多，但建筑相对封闭，人与自然、人与人之间的交流性较差，舒适度较差。"

该发明专利的说明书第 2 页还记载："本发明有以下积极有益的效果：

本发明将房子布置在空间支架的四周空间，能在单位建设用地面积上建设较多的建筑面积，节约用地，同时改善居住交流性和舒适度，并且交通工具可直接到达各户门口。"

法国馆建筑物在其由纵横交错的横梁支撑的坡道表面布置有若干房间，这些房间未占用坡道的四周空间。

被告中建八局系法国馆建筑物的承建单位。

原告诉请原审法院判令被告法国馆停止使用法国馆建筑物，两被告共同在上海世博局的网站上向原告赔礼道歉，共同在法国馆建筑物上标明原告姓名和专利标识，连带赔偿原告经济损失人民币 4 216 694元。

原审法院认为：原告的发明"高架立体建筑物"经国家知识产权局授予专利权，至今有效，依法应受保护。本案的争议焦点在于法国馆建筑物是否采用了原告的专利技术方案，从而落入了原告专利权的保护范围。

为了查明这一争议焦点，原审法院前往法国馆建筑物进行现场勘验，并结合双方提供的证据，对原告的专利技术方案和法国馆建筑物的技术特征进行了比对，发现法国馆建筑物内的房间均设置在坡道的表面，而未延伸至坡道的四周空间，这与原告专利权利要求 1 中记载的技术特征之一"空间支架四周空间及表面设置有若干房屋单元"既不相同，也不等同。专利说明书的附图中所示的两个实施例均显示房屋单元建设在空间支架的四周空间及表面。根据发明专利说明书的记载，该发明的背景技术是现有技术在单位建设用地上能建的建筑面积不多，高层建筑在单位建设用地面积上虽然能建面积较多，但又相对封闭，影响到人与自然的交流和人际交流。本发明的有益效果即在于扩张单位建设用地面积上的建筑面积，改善居住的交流性和舒适度，而实现上述发明目的和效果的技术手段就是“将房屋布置在空间支架的四周空间”。根据专利说明书的上述解释，原审法院认为，将房屋单元建设在空间支架的四周空间，即从空间支架表面延伸至其四周，是实现本发明目的的一个重要技术手段。而法国馆建筑物恰恰仅在坡道表面设置有房间，该建造方式不足以实现原告在专利文件中所描述的拓展建筑空间的功能和效果。可见，法国馆建筑物没有全面覆盖原告专利的所有必要技术特征，因此两被告建造、使用法国馆建筑物的行为不构成对原告专利权的侵犯。

原告在本案中还向原审法院提供了《北京市建筑工程费用定额》、《建筑安装工程费用项目组成》、机票、公证费发票、诉讼代理费发票、工商查询费收据、差旅费发票等证据证明原告因侵权遭受了损失并支出了维权的费用；被告法国馆向原审法院提供了《博物馆建筑设计》一书等证据以证明法国馆建筑物采用了现有技术方案，因法国馆建筑物并未落入原告专利权的保护范围，故上述证据与本案缺乏关联性，均不予采信。

据此，原审法院依照《中华人民共和国专利法》第十一条第一款、第五十九条第一款的规定，判决驳回原告王群的诉讼请求。一审案件受理费人民币40 533元，由原告王群负担。

王群不服一审判决，向本院提起上诉，请求撤销原审判决，判决支持其在一审中提出的全部诉讼请求。上诉人王群上诉的主要理由是：第一，原审法院认为“法国馆建筑物内的房间均设置在坡道的表面，而未延伸至坡道的四周空间，这与原告专利权利要求1中记载的技术特征之一‘空间支架四周空间及表面设置有若干房屋单元’既不相同，也不等同”。由于在坡道上的房屋单元必然是立体的实体和空间，是三维的，因此其必然“延伸”至空间支架的四周空间。第二，从双方当事人提供的证据以及原审法院现场勘验照片可以看出，法国馆建筑物餐厅房屋单元有部分已经“延伸”至空间支架的外围空间。第三，原审法院认为“将房屋单元建设在空间支架的四周空间，即从空间支架表面延伸至其四周，是实现本发明目的的一个重要技术手段。而法国馆建筑物恰恰仅在坡道表面设置房间，该建造方式不足以实现原告在专利文件中所描述的拓展建筑空间的功能和效果”。涉案专利发明的目的是提供一种高架立体建筑物，相对于单层建筑要解决“单位建设用地面积上能建设的建筑面积不多”的问题，相对于高层建筑要解决“建筑相对封闭，人与自然、人与人之间的交流性较差，舒适度较差”的问题。只要在空间支架的四周空间及表面布置有若干房屋单元，就能够达到涉案专利发明所述的所有有益效果。

被上诉人法国馆庭审中口头答辩称，法国馆建筑物是单体建筑，与房屋单元不同。涉案专利发明涉及的通道可以通行车辆，法国馆建筑物的通道不能满足车辆通行的要求。原审判决认定事实清楚，适用法律正确，请求驳回上诉，维持原判。

被上诉人中建八局庭审中口头答辩称，其同意法国馆的辩称意见。

二审中，上诉人王群与被上诉人法国馆、中建八局均未向本院提供新的证据材料。

经审理查明，原审判决认定的事实属实。另查明，二审庭审中，王群确认涉案专利权利要求1中，空间支架的“表面”与“顶面”之间的关系是上位概念与下位概念之间的关系，空间支架的“表面”包括“顶面”，侧面、下面均属于表面；空间支架的“顶面”指说明书附图101所示及向上延伸部分。涉案发明专利授权审查过程中，针对审查员的审查意见，王群陈述“本发明的螺旋形空间支架不仅可以作为车道使用，还可以作为房屋单元移动时的路径使用”。

涉案发明专利说明书记载“本发明的目的是提供一种高架立体建筑物，节约用地，能在单位建设用地面积上建设较多面积的建筑，同时改善居住交流性和舒适度”。

本院认为：涉案从属权利要求4的保护范围由该从属权利要求引用的独立权利要求1记载的全部技术特征加上该从属权利要求附加的技术特征共同限定。同理确定涉案从属权利要求5、6、7的保护范围。

权利要求1中记载有“空间支架四周空间及表面布置有若干房屋单元……空间支架的顶面为道路”。根据王群在二审庭审中的陈述，“表面”与“顶面”之间的关系是上位概念与下位概念之间的关系，空间支架的“表面”包括“顶面”，“顶面”指专利说明书附图101所示及向上延伸部分；再结合涉案专利说明书（包括附图）以及王群在专利授权审查过程中所作陈述“空间支架不仅可以作为车道使用，还可以作为房屋单元移动时的路径使用”，权利要求1中技术特征“空间支架四周空间及表面布置有若干房屋单元”应当被解释为“空间支架顶面及向上延伸合理高度以外的四周空间及表面布置有若干房屋单元，房屋单元的主体不设置在空间支架顶面上及向上延伸的合理高度内”。这样的解释才能够与权利要求1中记载的“空间支架的顶面为道路”相协调，也才能够与“空间支架（实指空间支架顶面）不仅可以作为车道使用，还可以作为房屋单元移动时的路径使用”的陈述相符。这样的解释也符合涉案发明专利说明书对其发明目的的描述，使得依照专利技术方案建造的高架立体建筑物，能在单位建设用地面积上建设较多面积建筑的同时，改善居住交流性和舒适度。空间支架顶面（包括及向上延伸的合理高度内）作为道路与作为房屋单元移动时的路径（不管房屋单元是固定或者可移动，房屋单元的主体不设置在空间支架顶面上），如此可以改善居住交流性和舒适度；在空间支架顶面及向上延伸合理高度以外的四周空间及表面布置房屋单元，如此可以在单位建设用地面积上建设较多面积的建筑，节约用地。

法国馆建筑物内的房间均设置在坡道的表面，而未延伸至坡道的四周空间。用涉案专利发明的术语来表述就是法国馆建筑物的房屋单元均是布置在空间支架的顶面（更准确地说是布置在顶面及向上延伸的空间内），空间支架的顶面一部分用于布置房屋单元，一部分用作道路。即使如王群所主张法国馆建筑物餐厅房屋单元有部分已经“延伸”至空间支架的外围空间，但组成法国馆建筑物的房屋单元在实质上、总体上仍是布置在空间支架顶面上的，这与权利要求1的相应技术特征“空间支架顶面及向上延伸合理高度以外的四周空间及表面布置有若干房屋单元，房屋单元的主体不设置在空间支架顶面上及向上延伸的合理高度内”存在本质区别，两者既不相同，也不等同。由于已经认定法国馆建筑物缺少权利要求1中一项技术特征，故法国馆建筑物的技术方案也就不可能落入从属于权利要求1的权利要求4、5、6、7的保护范围。基于前述理由，上诉人王群的第一条与第二条上诉理由不能成立。

涉案专利说明书明确记载其高架立体建筑物的发明目的是节约用地，能在单位建设用地面积上建设较多面积建筑的同时，改善居住交流性和舒适度。原审判决认定在坡道表面设置房间的法国馆建筑物不足以实现涉案专利文件中所描述的拓展建筑空间的功能和效果，不能实现涉案专利的发明目的，并无不当。法国馆建筑物的建造方式有可能改善房屋交流性和舒适度，但并不能在单位建设用地面积上建设较多面积建筑（因为其并没有在空间支架顶面及向上延伸以外的四周空间及表面布置房屋单元)。涉案专利的发明目的是在单位建设用地面积上建设较多面积建筑，并同时改善居住交流性和舒适度，两者同时满足，缺一不可。这也是恰当地解释权利要求1中技术特征“空间支架四周空间及表面布置有若干房屋单元”的事实依据之一。基于前述理由，上诉人王群的第三条上诉理由不能成立。

另外，需要指出的是，专利权是财产权，通常并不涉及专利权人的人格利益，故即使王群关于本案专利侵权的主张能够成立，其要求在上海世博局的网站上向其赔礼道歉的诉求，也不能获得支持。

根据专利法第十七条第一款的规定，发明人有权在专利文件中写明自己是发明人。王群作为涉案专利发明的发明人仅是有权在涉案专利文件中写明自己是发明人，故即使王群关于本案专利侵权的主张能够成立，其要求在法国馆建筑物上标明其姓名的诉求，也不能获得支持。

根据专利法第十七条第二款的规定，专利权人有权在其专利产品或者该产品的包装上标明专利标识。专利权人只是有权在其自己制造的产品上或者产品的包装上标注其专利标识（在许可他人制造其专利产品的情况下，专利权人应可以要求被许可制造其专利产品的被许可人在相应专利产品上或者产品包装上标注其专利标识)，故即使王群关于本案专利侵权的主张能够成立，由于法国馆建筑物并非由专利权人王群建造，其要求在法国馆建筑物上标明其专利标识的诉求，也不能获得支持。

综上所述，上诉人王群的上诉请求与理由没有事实和法律依据，应予驳回。依照《中华人民共和国民事诉讼法》第一百五十三条第一款第（一）项、第一百五十八条之规定，判决如下：

驳回上诉，维持原判。

本案二审案件受理费人民币40 533元，由上诉人王群负担。

本判决为终审判决。

审　判　长　张晓都
审　判　员　王　静
代理审判员　马剑峰
二〇一〇年十二月三日
书　记　员　刘　伟

（本判决书入选2010年度中国法院知识产权司法保护10大案件、2010年度上海法院知识产权司法保护十大案件）

23.3M公司诉浙江道明投资有限公司侵犯发明专利权纠纷案

——中华人民共和国上海市第二中级人民法院民事判决书

（2008）沪二中民五（知）初字第262号

原告：3M公司（3M Company），住所地美利坚合众国明尼苏达州圣保罗市3M中心（3M Center，St. Paul，MN 55144-1000，U. S. A）。

法定代表人：马歇尔·史密斯（Marschall I. Smith），公司高级副总裁，法律总监。

委托代理人：曾报春，广东智洋律师事务所律师。

委托代理人：林岳澄，广东智洋律师事务所律师。

被告：浙江道明反光材料有限公司，住所地中华人民共和国浙江省永康市象珠镇象珠工业区3号区迎宾大道。

法定代表人：胡智雄，董事长。

委托代理人：戴晓翔，浙江浙经律师事务所律师。

委托代理人：吴伟凯，男，永康市联缙专利事务所专利代理人，住中华人民共和国浙江省兰溪市兰江镇永进路9号15－202室。

原告3M公司诉被告浙江道明反光材料有限公司（以下简称道明材料公司）侵犯发明专利权纠纷一案，本院于2008年8月19日受理后，依法组成合议庭进行了审理。在答辩期内，被告对本院的管辖权提出异议。本院于2008年11月13日作出裁定，驳回了被告的管辖异议。被告道明材料公司不服提起上诉。上海市高级人民法院于2008年12月22日裁定驳回上诉，维持原裁定。2008年9月7日，被告道明材料公司向本院提出中止诉讼申请。2009年5月11日，本院作出裁定，本案中止审理。2010年12月27日，国家知识产权局专利复审委员会（以下简称专利复审委）针对本案发明专利作出维持专利有效的复审决定。2011年3月3日，本院对本案公开开庭进行了审理。原告的委托代理人曾报春、林岳澄，被告的委托代理人吴伟凯到庭参加诉讼。本案现已审理终结。

原告3M公司诉称：原告是名称为“逆反射制品及其制造方法”（专利号为ZL95193042.7）的发明专利权人，该发明专利的优先权日为1994年5月12日，申请日为1995年3月28日，授权公告日为2004年5月12日。本专利共有4项独立权利要求，其中独立权利要求1和19涉及外露微球体逆反射制品，独立权利要求10涉及逆反射制品的制造方法，独立权利要求17涉及包含有逆反射制品的穿着制品。经调查，原告发现被告大量生产荧光阻燃警示带（型号为DM1991、DM1992）以及使用该荧光阻燃警示带的反光衣（型号为DO1T13、DO1T15、DO1T19）（以下简称被控侵权产品），并通过其在中国各地的办事处以及中英文网站进行销售、许诺销售。经比对，被控侵权产品的技术特征全部落入原告发明专利的保护范围，侵犯了原告享有的发明专利权，给原告造成了重大的经济损失，故诉至法院请求判令：1. 被告立即停止专利侵权行为，包括停止生产、销售、许诺销售侵权产品，销毁侵权产品及专用模具；2. 被告赔偿原告包括合理费用在内的经济损失人民币 50 万元；3. 被告在《法制日报》、《文汇报》上向原告公开道歉、消除影响。

被告道明材料公司辩称：1. 被控侵权产品并非购自被告，被告没有实施被控侵权行为；2. 原告援引为证据的《司法鉴定意见书》是单方委托的鉴定，其中鉴材的来源不明，不是原告公证购买的产品，故被告对《司法鉴定意见书》的真实性难以认可，认为据此作出的鉴定结论不合法，缺乏真实性和关联性；3. 前述《司法鉴定意见书》所附的《检测报告》不能证明所述样品具有与原告专利一一对应的技术特征，且能实现专利的技术效果。综上，被告认为自己不存在侵犯原告发明专利权的行为，原告的诉讼请求缺乏事实与法律依据，请求法院驳回原告的诉讼请求。

本院经审理查明：

1995 年 3 月 28 日，原告就名称为“逆反射制品及其制造方法”的发明专利提出国际申请，优先权日为 1994 年 5 月 12 日，国际公布日为 1995 年 11 月 23 日。2004 年 5 月 12 日，中华人民共和国知识产权局授予该发明专利在我国享有发明专利权并予以公告，专利号为 ZL95193042.7。该专利至今有效。该专利包括四项独立权利要求。其中：

独立权利要求 1 为：一种外露微球体逆反射制品，其特征在于，它包括：a）具有第一和第二主表面的有色黏合剂层。b）一层玻璃或陶瓷微球体，微球体部分嵌在有色黏合剂层的第一主表面，部分突出于其外；黏合剂层和微球体层分为第一和第二片段，分别表现出显著不同的逆反射度，并在日间照明条件下显示出明显不同的颜色，第一片段的特征在于具有位于微球体嵌入部分的反射性金属材料，第二片段的特征在于没有功能性地位于微球体嵌入部分之后的反射金属层，其中第一片段在日间照明条件显灰色，而第二片段为荧光的。

独立权利要求 19 为一种外露微球体逆反射制品，其特征在于，它包括：a）具有第一和第二主表面的有色黏合剂层。b）一层玻璃或陶瓷微球体，微球体部分嵌在有色黏合剂层的第一主表面，部分突出于其外；黏合剂层和微球体层分为第一和第二片段，分别表现出显著不同的逆反射度，并在日间照明条件下显示出明显不同的颜色，第一片段的特征在于具有位于微球体嵌入部分的反射性金属材料，第二片段的特征在于没有功能性地位于微球体嵌入部分之后的反射金属层，其中第一片段具有宽度 1～10 厘米的条带。

独立权利要求 10 为一种制造逆反射制品的方法，其特征在于，它包括：a）用载体支撑一层微球体。b）在受支承的微球体上选择性地汽相涂覆一层反射性金属层，使得微球体层的第一部分具有功能性地涂覆于其后的反射性金属层面而第二部分则没有。c）将微球体层部分嵌入黏合剂层的第一主表面。d）将载体与微球体层分离，使得微球体层仍然部分嵌于黏合剂层的第一主表面，从而形成具有第一和第二片段的逆反射制品，其中第一片段具有功能性地汽相涂覆于微球体嵌入部分之后的反射性金属层。

独立权利要求 17 为一种穿着制品，具有适合人穿着或佩戴的尺寸和形状，其特征在于，它具有：（1）逆反射制品，它包括：a）具有第一和第二主表面的有色黏合剂层。b）部分嵌于有色黏合剂层的第一主表面的一层微球体；黏合剂层和微球体层分为第一和第二片段，分别表现出显著不同的逆反射度，并在日间照明条件下显示出明显不同的颜色，第一片段的特征在于具有位于微球体嵌入部分的反射性金属材料，第二片段的特征在于没有功能性地位于微球体嵌入部分之后的反射性金属层。（2）固定逆反射制品的底基，底基具有第一和第二表面，底基的第一表面与粘合剂层的第二表面贴合。

2009年1月13日，被告针对原告的上述发明专利向专利复审委提出无效宣告请求。2010年12月27日，专利复审委作出第15959号无效宣告请求审查决定，维持ZL95193042.7号发明专利全部有效。

2006年6月12日，上海市公证处依申请对购货过程进行保全证据公证，并制作了(2006)沪证字第7647号公证书。根据该份公证书的记载，该处公证员和案外人一同在位于上海市中山南一路的一家店铺（门口标识为“道明集团上海展示厅”）提取衣服一套、背心十件、反光材料四卷，并收到送货单一张及宣传资料两册。随后上述人员一同至上海市公证处，将上述物品装箱并加贴封条，再由公证员加贴该处封签予以固定，并对提货地点及所提取的货物等共拍摄照片十八张。上述送货单上印有“浙江道明反光材料有限公司”等字样，宣传资料上印有“DM® 道明集团 浙江道明反光材料有限公司 浙江省永康市象珠三号工业区迎宾路001号 电话：0086-579-7311111 7311678 7311789”等字样。

2006年8月15日，原告委托代理人杨洁芳向广州市白云区公证处申请保全证据公证。在该处公证员的监督下，杨洁芳通过该处的电脑浏览并打印了www.chinadaoming.com网站的相关网页。对此，该公证处制作了（2006）穗白内经证字第509号公证书予以证明，该公证书包括《公证现场勘查记录》、48页网页打印件以及录像光碟一张。根据该份公证书的记载，www.chinadaoming.com网站上载有“中国·道明集团浙江道明反光材料有限公司”、“浙江道明反光材料有限公司版权所有”等内容，在该网站的产品展示栏目中展示了DO1T13、DO1T15、DO1T19等型号反光衣的图片。

2007年4月24日，上海市公证处依申请对提货过程办理保全证据公证，并制作了(2007)沪证字第4868号公证书。根据该份公证书的记载，该处公证员与案外人一同到达上海市西藏南路1739号2座1104室提取了一卷反光材料，并取得一张送货单和一张名片。随后上述人员一同至上海市公证处，将上述取得的一卷反光材料剪下一段后，再将上述剪下的一段反光材料和剩余的一卷反光材料分别装入箱子，然后在两个箱子外部加贴封条密封，最后由公证员加贴该处封签予以固定，并对提货地点、反光材料及封存后状况等拍摄照片九张并拍摄了录像。上述送货单上印有“浙江道明反光材料有限公司”等字样，名片上印有“DM® 浙江道明反光材料有限公司”等字样。2007年11月12日，上海市公证处依申请对证物启封与再次封存的事实办理保全证据公证，并制作了（2007）沪证字第15480号公证书。根据该份公证书记载，案外人将前述（2007）沪证字第4868号公证书所封存的证物材料剪下两条片段后分别各装入一个箱子，剩余材料仍装入原封存的箱子，并对整个过程进行了摄影摄像。

2008年8月7日，原告委托代理人姜宁向广州市广州公证处申请对被告公司网站的相关内容进行公证，在公证员的监督下姜宁使用该公证处的电脑进入了www.chiandaoming.com网站，浏览、打印了部分该网站的中英文网页，并对该过程制作了录像光碟。对此，广州市广州公证处制作了（2008）粤穗广证内经字第84424号公证书予以证明，根据该公证书的记载，上述网页中显示了DO1T13、DO1T15、DO1T19等型号反光衣的图片和DM1991、DM1992等型号荧光阻燃警示带的图片。2008年8月7日，原告委托代理人姜宁向广州市广州公证处申请对被告在阿里巴巴网站之销售网页的内容进行公证，姜宁使用该公证处电脑上网浏览并打印了相关网页。对此，广州市广州公证处制作了（2008）粤穗广证内经字第84425号公证书予以证明。根据该份公证书的记载，被告在阿里巴巴网站上发布了销售反光带、反光衣及反光材料制品等产品的广告。

2008 年 8 月 13 日，杭州市东方公证处依申请对购买浙江道明光学股份有限公司反光材料的过程与购买后分装的过程进行现场监督，并制作了（2008）浙杭东证字第 015669 号公证书。根据该份公证书的记载，该处公证员与案外人在浙江省永康市象珠三号工业区 001 号的浙江道明光学股份有限公司一楼接待室购买了反光材料和反光背心，并取得了两张收据与三张名片，公证员对整个过程进行了摄影和摄像。2008 年 8 月 22 日，杭州市东方公证处依申请对购买浙江道明光学股份有限公司反光背心的过程进行现场监督，并制作了（2008）浙杭东证字第 016554 号公证书。根据该份公证书的记载，该处公证员与案外人在浙江省永康市象珠三号工业区 001 号的浙江道明光学股份有限公司一楼接待室购买了十件反光背心，并取得了收据，公证人员对所购物品进行了拍照和封存。

原告提交了一份来源于案外人浙江道明光学股份有限公司的《阻燃防静电系列》宣传册，其上记载有“DM®”标识、“中国·道明集团 浙江道明反光材料有限公司”等字样、被告公司简介及被控侵权的 DM1991 荧光黄阻燃警示带和 DM1992 荧光红阻燃警示带产品介绍等内容。此外，原告在管辖异议上诉期间从被告的上海办事处取得了一份名称为《中国·道明集团 反光安全专家》的宣传册，其上除载有“道明集团 浙江道明反光材料有限公司 浙江省永康市象珠三号工业区迎宾路 001 号 电话：0086-579-7311111 7311678 7311789”等字样外，还载有“上海办事处 上海市西藏南路 1739 号 3 号楼 1104 室 电话：0086-021-63168551”以及“欢迎访问 www. chinadaoming. com”等内容。

2008 年 1 月 15 日，原告委托北京国威知识产权司法鉴定中心对“专利《逆反射制品及其制作方法》ZL95193042.7 所保护的技术方案与 DM1991A 反光带（道明反光材料）是否相同或等同”事项进行鉴定。2008 年 6 月 30 日，该鉴定中心作出北京国威知识产权司法鉴定中心［2008］司鉴字第 11 号司法鉴定（咨询）意见书（以下简称《司法鉴定意见书》），其鉴定意见如下：（一）综合上述“五、（四）”本专利权利要求 1 与样品检测结果的比较和分析，样品包含了本专利权利要求 1 技术方案的全部技术特征，因此样品与本专利权利要求 1 所述的技术方案属于相同的技术方案；（二）综合上述“五、（五）”本专利权利要求 19 与样品检测结果的比较和分析，样品包含了本专利权利要求 19 技术方案的全部技术特征，因此样品与本专利权利要求 19 所述的技术方案属于相同的技术方案。综上所述，样品和本专利独立权利要求 1 和独立权利要求 19 所述的技术方案属于相同的技术方案。上述《司法鉴定意见书》所附的三份检测报告分别是上海市计量测试技术研究院（以下简称计量测试中心）出具的编号为 2008I34-33-028032 和 2008I34-33-023037 检测报告以及国家交通安全设施质量监督检验中心（以下简称交通部检测中心）出具的编号为 2008-CA02-071 检测报告。根据上述检测报告所附照片及备注，上述检测所用的反光材料样品均取自前述第 15480 号公证书所封存的证物。2011 年 3 月 11 日，计量测试中心出具《说明》，说明了检测报告中的“环氧树脂固化剂”是检测人员为了检测样品的前处理需要而固定于样品四周，并非样品物质结构的组成部分。

原告为证明其为本案支出的合理费用，提交了公证费发票、律师费发票和鉴定费、检测费发票等，共计金额为人民币 140 110元。

被告为证明“上海市西藏南路 1739 号 3 幢 1104 室并非是被告公司的上海办事处”这一事实，提交了一份《上海市房屋租赁合同》，该合同的承租方一栏是一个个人的签名

“李敬”。原告为证明“李敬”系被告公司员工，则提交了一张“李敬”的名片，该名片上印有被告的公司名称、地址及电话等信息。被告为证明自己生产、销售的产品不同于被控侵权产品，当庭提交了一卷反光材料实物，同时又表明该材料并非来源于被告，而是从市场上买来的。

以上事实由原告提交的专利登记簿副本、无效宣告请求决定书、8 份公证书、广告宣传册、鉴定意见书及附件、公证费发票、律师费发票、鉴定及检测费发票、被告提交的房屋租赁合同、实物等证据以及原、被告的诉辩意见和本院审理笔录等予以证明。

本院认为，本案的争议焦点为：一、被告是否实施了生产、销售、许诺销售被控侵权产品的行为；二、被控侵权产品的技术特征是否落入了原告专利的保护范围，即被告是否侵犯了原告的发明专利权；三、本案民事责任的承担问题。

一、被告是否实施了生产、销售、许诺销售被控侵权产品的行为

被告认为，首先，原告提交的第 4868 号公证书不能证明“上海市西藏南路 1739 号 3 幢 1104 室”是被告的办事处，而且从该办事处获得的送货单、名片等不能证明就是被告印制的，原告提交的宣传册也不是被告印制的；其次，虽然涉案网站是被告的网站，但从原告提交的宣传册和网站网页打印件中无法看出被控侵权产品的产品结构和技术特征，不能证明被告使用了原告的专利技术；再次，案外人浙江道明光学股份有限公司虽然与被告是关联公司，但两者毕竟是两个独立的法人，因此，销售被控侵权产品的主体是该案外人而不是被告。综上，被告认为自己并未实施生产、销售、许诺销售被控侵权产品的行为。

对此，本院认为：1. 根据原告提交的第 4868 号公证书，原告在“上海市西藏南路 1739 号 3 幢 1104 室”购买到了一卷反光材料，并且所取得的送货单和名片上均有被告的公司名称，被告也当庭承认其收到过相应的货款。此外，在原告提交的《中国 · 道明集团 反光安全专家》宣传册上也印有“上海办事处 上海市西藏南路 1739 号 3 号楼 1104 室 电话：0086-021-63168551”等内容，故本院可以认定，上述地点是被告在上海的办事处。2. 对于原告从案外人浙江道明光学股份有限公司处购买到被控侵权产品这节事实，本院认为，该案外人与被告是关联公司，且原告在该案外人处获得的《阻燃防静电系列》宣传册上印有“DM® 道明集团 浙江道明反光材料有限公司”以及“浙江道明反光材料有限公司位于中国科技五金之都永康，是专门从事研发、生产和销售反光材料及其制品的新型企业……主要产品：反光布、反光贴膜、反光革、反光制品、反光服饰等个人防护用品……”等文字内容。此外，根据原告提交的被告网站网页公证书记载，被告在其网站上展示了被控侵权产品的图片，原告从案外人处购买的产品实物以及所得宣传册上展示的产品与被告网站上显示的产品在外观和型号上也具有对应一致的关系。3. 虽然被告认为网站上的图片不能反映产品结构和技术特征，但在原告已经公证购买到被控侵权产品实物的前提下，被告仅提交了一卷反光材料实物作为反驳证据，本院认为，被告的该份证据来源不明，不足以证明自己使用的是与被控侵权产品完全不同的反光材料。综上，本院结合原、被告提交证据的情况及当庭陈述进行综合判断后，认定被告实施了生产、销售、许诺销售被控侵权产品的行为。

二、被控侵权产品的技术特征是否落入了原告发明专利的保护范围，即被告是否侵犯了原告的发明专利权

在本案中，原告要求保护的专利权利范围是权利要求 1、10、17、19。其中权利要求

1、19 和 17 均为产品专利，即一种外露微球体逆反射制品和使用该逆反射制品做成的穿着制品；权利要求 10 为方法专利，即制造逆反射制品的方法。针对权利要求 1、19 和 17，原告认为，其提交的《司法鉴定意见书》可以证明被控侵权产品落入了原告的专利保护范围。针对专利权利要求 10，原告认为在被告无法举证证明自己使用了其他方法的情况下，也应当认定被控侵权产品使用了其专利方法，进而构成专利侵权。

（一）被控侵权产品的技术特征是否落入了原告发明专利独立权利要求 1 和独立权利要求 19 的保护范围

被告认为，首先，《司法鉴定意见书》是一份单方委托的鉴定，鉴材来源不明，不能作为证据采信；其次，该《司法鉴定意见书》所附的《检测报告》存在很多问题，不能认定被控侵权产品具有原告发明专利所具有的技术特征。其主要问题包括：1. 根据《检测报告》的文字和照片显示，检测"反光带"包含多层物质：环氧树脂固化剂、微球体层 Layer1、胶粘剂层 Layer3、纤维层 Layer4、微球体之间的胶黏剂层 Layer2，即其结构为 5 层。而原告专利权利要求 1 和要求 19 保护的是由有色黏合剂层和一层玻璃或陶瓷微球体组成的仅为 2 层结构的外露微球体逆反射制品，故两者的结构是不同的。2. 根据《检测报告》显示，微球体上方覆有环氧树脂固化剂层，故微球体没有暴露和突出在外表面，不属于"外露球体"的逆反射制品。3.《检测报告》没有记载微球体材质的确切信息，尚不能确认所述微球体属于"玻璃微球或陶瓷微球"。4.《检测报告》没有记载胶粘剂层为荧光的信息，不能确认所述胶粘剂层属于"有色荧光黏合剂层"。5.《检测报告》显示的"微球体横截面"照片表明，其中的微球体之间存在明显间隙且错落分布还伴有叠置状，不能确认这些微球体是层状的并且是一层的。6.《检测报告》对银灰色区域微球体 Al 元素作检测时，其剥离微球体的检测区域没有排除含有 Al 元素的"微球体之间的区域"，且微球体剥离前与剥离后的采样区域不同，不能说明 Al 元素的确切分布位置。7.《检测报告》显示，微球体嵌入部分有一胶黏剂 Layer2，检测报告又称微球体之间区域有 Al 元素，因此 Al 元素并未与微球体在嵌入部分直接接触，样品没有体现"具有位于微球体嵌入部分的反射性金属材料"的特征。8.《检测报告》显示样品黄色区域在微球体嵌入部分不含有 Al，故该产品不具备专利中"本发明的第二片段是逆反射性"的技术效果。9. 据《检测报告》记载，在检测样品前，已对两段样品分别进行了"镶嵌处理"和"用双面胶粘"的制备，该制备处理改变了样品的原始状态，使微米级的横截面层状结构失真，得出的结论不能作为特征比对的依据。

关于《司法鉴定意见书》的鉴材的来源问题。本院认为，在本案的庭审过程中，北京国威知识产权司法鉴定中心研究员胡一鸣和高凤鸣出庭对鉴材的来源问题进行了解释，即鉴定专家得到的鉴材样品来源于交通部检测中心。根据该鉴定书所附检测报告的记载，交通部检测中心和计量测试中心所获得的反光材料样品均来源于第 15480 号公证封存的实物。综上，本院认定原告提交鉴定的鉴材是被控侵权产品，对于被告的辩称不予采信。

关于被告辩称《司法鉴定意见书》所附检测报告存在的 9 个问题。对于问题 1 和 2，原告根据测试报告的相关内容及计量测试中心出具的说明进行了解释，即样品中的胶粘剂层 Layer2 和 Layer3 属于同一层，"环氧树脂固化剂"是用来固定样品的，而非样品物质结构的组成部分，因此，样品共有三层物质结构，其中包含原告权利要求 1 和 19 中的两个技术特征：微球体层和有色粘合剂层，而且上述权利要求也没有排除织物基材作为固定底基的使用。由于“环氧树脂固化剂”不是样品的组成部分，故不存在使微球体不具有“部分嵌在有色粘合剂层，部分突出于其外”的技术特征。对于问题3，原告援引检测报告解释，样品的微球体不含C和H元素，因此不可能是树脂微球体，而只能是玻璃或陶瓷微球体。对于问题4，原告认为是否有荧光，是可以通过肉眼观察得知的。对于问题5，原告认为测试报告上的照片是显微照片，在微球体之间存在能用显微镜看到的间隙是正常的，不能以此说明样品的微球体粒没有形成微球体层。对于问题6，原告认为，检测报告显示微球体被剥离后粘胶层所暴露出的凹陷处检测出有Al元素足以证明银灰色区域具有微球体嵌入部分的Al元素。对于问题7，原告认为，只要黄色区域的微球体嵌入部分不存在Al元素，“具有位于微球体嵌入部分的反射性金属材料”这一技术特征就是存在的。对于问题8，原告援引检测报告解释，样品的黄色区域是有逆反射性的，逆反射系数为6.7cd/lx · m^2［烛光/（勒 · 米^2）］。对于问题9，原告认为“双面胶粘”和“镶嵌处理”不会影响横截面的层状结构。此外，在本案的庭审过程中，作为鉴定人之一的北京国威知识产权司法鉴定中心研究员胡一鸣对相关问题也进行了解释。对此，本院认为，原告以及鉴定人对相关问题的解释合理，可予接受，对于被告关于检测报告存在瑕疵不能证明相关技术特征存在的主张不予支持。

综上，本院认为，虽然原告提交的《司法鉴定意见书》属于单方委托鉴定形成的证据，但并不能以此否定其作为证据的证明力，被告认为该《司法鉴定意见书》作为证据在真实性、合法性、关联性方面均存在瑕疵故不应被采信，应当提交相应的证据以及充分的理由予以证明。在本案中，由于被告针对该《司法鉴定意见书》未提交任何证据予以反驳，其提出的理由也缺乏说服力，故本院采信该《司法鉴定意见书》的鉴定意见，认定被控侵权产品的技术特征落入了原告发明专利独立权利要求1和独立权利要求19的保护范围。

（二）被控侵权的反光衣产品的技术特征是否落入原告发明专利独立权利要求17的保护范围

在采信上述《司法鉴定意见书》的鉴定意见的基础上，本院将被控侵权产品中反光衣产品的技术特征与原告发明专利独立权利要求17的技术特征进行比对。独立权利要求17的技术特征为：1. 一种穿着制品，具有适合人穿着或佩戴的尺寸和形状。2. 具有逆反射制品，其特征包括：（1）具有第一和第二主表面的有色粘合剂层；（2）部分嵌于有色粘合剂层的第一主表面的一层微球体；（3）粘合剂层和微球体层分为第一和第二片段，分别表现出显著不同的逆反射度，并在日间照明条件下显示出明显不同的颜色，第一片段的特征在于具有位于微球体嵌入部分的反射性金属材料，第二片段的特征在于没有功能性地位于微球体嵌入部分之后的反射性金属层。3. 固定逆反射制品的底基，底基具有第一和第二表面，底基的第一表面与粘合剂层的第二表面贴合。被控侵权的反光衣产品的技术特征包括：1. 一种穿着制品，具有适合人穿着或佩戴的尺寸和形状。2. 具有逆反射制品，其特征包括：（1）具有上和下两个表面的黄色荧光胶粘剂；（2）一层玻璃或陶瓷微球体，微球体部分嵌在黄色荧光胶粘剂层的上表面中，部分突出于其外；（3）胶粘剂和微球体层分为银灰色区域和黄色区域，分别表现出显著不同的逆反射度，并在日间照明条件下显示出明显不同的颜色，其中一个区域在普通照明条件下显示为银灰色，另一区域显示为黄色荧光，银灰色区域具有位于微球体嵌入部分表明的反射性金属材料铝，黄色区域没有位于微球体嵌入部分表明的反射性金属铝。3. 有固定逆反射制品的布料，逆反射制品被缝制在该布料上。经比对，两者的技术特征相同，因此，本院认定，被控侵权的反光衣产品的技术特征落入原告发明专利独立权利要求17的保护范围。

（三）被控侵权产品是否使用了原告发明专利独立权利要求10记载的专利方法

《中华人民共和国专利法》第六十一条规定，专利侵权纠纷涉及新产品制造方法的发明专利的，制造同样产品的单位或者个人应当提供其产品制造方法不同于专利方法的证明。《最高人民法院关于审理侵犯专利权纠纷案件应用法律若干问题的解释》第十七条规定，产品或者制造产品的技术方案在专利申请日以前为国内外公众所知的，人民法院应当认定该产品不属于专利法第六十一条第一款规定的新产品。在本案中，原告认为专利复审委作出的第15959号无效宣告请求审查决定已经确认了原告专利的新颖性、创造性，故其无需再提交证据证明专利产品是新产品。本院认为，在涉及方法专利的侵权认定过程中，举证责任的倒置是有条件的，在本案中，专利复审委作出的无效宣告请求审查决定不能免除原告的举证责任，原告仍应当首先对于其产品或者制造产品的技术方案在专利申请日前不为国内外公众所知这一事实提供初步证据予以证明，之后举证责任才发生转移，即再由被告就其制造被控侵权产品的方法不同于专利方法进行举证证明。在原告未提交任何证据证明其专利产品是新产品的前提下，举证责任暂不转移给被告，应由原告承担其举证不能的法律后果。据此，本院认为，原告关于被控侵权产品使用了其发明专利独立权利要求10记载的专利方法的诉请证据不足，应予以驳回。

综上，本院认为，被控侵权产品的技术特征落入了原告发明专利独立权利要求1、17和19的保护范围，被控侵权产品未使用原告发明专利独立权利要求10要求保护的专利方法，故被告未经原告许可生产、销售、许诺销售其专利产品，构成对原告发明专利权的侵犯，应当承担停止侵权、赔偿损失的民事责任。

三、本案民事责任的承担问题

关于本案赔偿数额的确定。本院认为，《中华人民共和国专利法》第六十五条规定，侵犯专利权的赔偿数额按照权利人因被侵权所受到的实际损失确定；实际损失难以确定的，可以按照侵权人因侵权所获得的利益确定。权利人的损失或者侵权人获得的利益难以确定的，参照该专利许可使用费的倍数合理确定。赔偿数额还应当包括权利人为制止侵权行为所支付的合理开支。权利人的损失、侵权人获得的利益和专利许可使用费均难以确定的，人民法院可以根据专利权的类型、侵权行为的性质和情节等因素，确定给予一万元以上一百万元以下的赔偿。在本案中，原告无法举证证明原告的损失或被告的获利，故请求法院根据专利权的类型、侵权行为的性质和情节等因素酌情判决。鉴于原告未提供证据证明自己因侵权受到的损失以及被告因侵权的获利，也未提供确定的专利许可使用费数额，本院将依据专利法的有关规定，根据原、被告提交的证据材料和本案中原告专利的权利价值，如专利技术的创造性，专利技术研发成本及实施情况，专利使用许可的种类、时间、范围，市场上同类产品的平均利润，合理转让价格、合理许可费用，以及被告侵权行为方式、侵权产品生产与销售规模、侵权持续时间、侵权损害后果、侵权获利状况等因素，酌情确定赔偿数额。另外，本院也将根据原告提交的律师费、公证费、鉴定费、检测费发票等证据，并在参考司法行政部门规定的律师收费标准、实际判赔额与请求赔偿额、案件的复杂程度等因素后酌情确定合理费用的数额。

关于原告要求被告销毁侵权产品及专用模具的诉讼请求，本院认为，销毁侵权产品及专用模具不属于民事责任的承担方式，故本院对原告的该项诉请不予支持。

关于原告要求被告在《法制日报》、《文汇报》上赔礼道歉、消除影响的诉讼请求，本院认为，鉴于被告的专利侵权行为并未侵犯原告的人身权利和精神权利，原告也没有证据证明被告的侵权行为给原告的商誉造成了不良影响，故本院对于原告的该项诉讼请求不予支持。

据此，依照《中华人民共和国民法通则》第一百三十四条第（一）项、第（七）项，《中华人民共和国专利法》第十一条第一款、第五十九条第一款、第六十一条第一款、第六十五条，《最高人民法院关于审理侵犯专利权纠纷案件应用法律若干问题的解释》第十七条，《最高人民法院关于民事诉讼证据的若干规定》第二条、第四条第一款第（一）项之规定，判决如下：

一、被告浙江道明反光材料有限公司立即停止侵害原告3M公司享有的名称为“逆反射制品及其制造方法”发明专利权（专利号：ZL95193042.7）的行为；

二、被告浙江道明反光材料有限公司应于本判决生效之日起十日内赔偿原告3M公司包括合理费用在内的经济损失人民币25万元；

三、驳回原告3M公司的其余诉讼请求。

如被告浙江道明反光材料有限公司未按本判决指定的期间履行给付金钱义务，应当依照《中华人民共和国民事诉讼法》第二百二十九条之规定，加倍支付迟延履行期间的债务利息。

本案案件受理费人民币8 800元，由原告3M公司负担人民币2 200元，由被告浙江道明反光材料有限公司负担人民币6 600元。

如不服本判决，原告3M公司可在判决书送达之日起三十日内，被告浙江道明反光材料有限公司可在判决书送达之日起十五日内，向本院递交上诉状，并按对方当事人的人数提出副本，上诉于上海市高级人民法院。

审 判 长 唐玉珉
代理审判员 胡 宓
人民陪审员 李启勇
二〇一一年四月二十一日
书 记 员 袁 博
书 记 员 刘群燕

（本判决书入选2012年度上海法院知识产权司法保护十大案件）

24. 重机公司诉启翔针车（上海）有限公司专利知识产权合同纠纷案

——中华人民共和国上海市高级人民法院民事判决书

（2011）沪高民三（知）终字第105号

上诉人（原审被告）： 启翔针车（上海）有限公司，住所地中华人民共和国上海市浦东新区金桥出口加工区云桥路1185号。

法定代表人： 陈满雄，该公司董事长。

委托代理人： 陈劼，上海中城世纪律师事务所律师。

被上诉人（原审原告）： 重机公司（JUKI株式会社），住所地日本国东京都多摩市鹤牧二丁目11番地1。

法定代表人： 清原晃，该公司董事长。

委托代理人： 鲍培伦，上海市恒信律师事务所律师。

委托代理人： 张宇，上海市恒信律师事务所律师。

上诉人启翔针车（上海）有限公司（以下简称启翔公司）因其他知识产权合同纠纷一案，不服上海市第一中级人民法院（2010）沪一中民五（知）初字第113号民事判决，向本院提起上诉。本院于2011年11月29日受理后，依法组成合议庭，于同年12月13日公开开庭审理了本案。上诉人启翔公司的委托代理人陈劼，被上诉人重机公司的委托代理人张宇到庭参加了诉讼。本案现已审理终结。

原审法院经审理查明：2002年11月6日，中华人民共和国国家知识产权局授予原告重机公司“链式线迹扭结成形方法及链式线迹缝纫机”的发明专利，专利号为ZL96121017.6，上述专利现仍在有效期内。

2008年11月26日，原告重机公司委托上海华诚律师事务所徐申民、帅科律师出具律师函。该律师函称，原告发现被告启翔公司生产、销售的CSB-7130/T型号的缝纫机侵犯了原告重机公司的涉案发明专利权，故要求被告启翔公司立即停止生产、销售侵犯原告涉案专利权的产品，并告知启翔公司过去生产、销售侵权产品的数量数据。2008年12月25日，原告再次委托律师向被告启翔公司发出律师函，要求双方对侵权事宜进行协商。

2009年2月5日，被告启翔公司函复原告重机公司称，CSB-7130/T型号产品系其在“2007年中国国际缝制设备展览会”上研发试制，其中一台被重机公司购买，另一台至今在其公司样品室。由于该机型市场适用面较小，加之2008年行业经济不好，故一直未投入生产。在收到重机公司律师函后，在电话中一再申明，其以前未投入生产，现在也未投入生产，将来也不会生产。为避免同行之间的争议和冲突，将停止销售CSB-7130/T型号产品。关于重机公司购买CSB-7130/T型产品及相关费用的问题，愿意进一步进行洽谈并承担合理的费用。

2009年，双方就启翔公司生产的CSB-7130/T型号产品涉及重机公司发明专利权事宜签订和解协议。该和解协议约定：“1. ……乙方（启翔公司）确认曾试制了两台CSB-

7130/T 型号的缝纫机涉及了甲方（重机公司）ZL96121017.6‘链式线迹扭结成形方法及链式线迹缝纫机’的发明专利。为解决甲乙双方就该产品的侵权争议，乙方决定自签署本协议之日起停止生产、销售、许诺销售该款涉及甲方专利权的产品。2. 乙方确认其仅在2007 年试制了2 台 CSB-7130/T 型号的缝纫机（其中一台由甲方购买，另一台存放于乙方样品室），在2007 年之前及之后都未曾生产和销售该款型号的缝纫机产品。3. 乙方应向甲方支付因调查 CSB-7130/T 型号缝纫机产品致甲方发生的调查费、公证费及律师费用共计人民币30 000元。……5. 乙方保证其在本协议中的陈述真实，如果乙方的陈述不实，或者乙方违反在本协议中的保证，继续实施侵犯甲方 ZL96121017.6 专利权的行为，则乙方应当向甲方赔偿人民币300 000元。6. 在乙方完全履行了本协议的约定后，甲方将不再追究乙方在本协议签订之前有关生产 CSB-7130/T 型号缝纫机产品涉及甲方 ZL96121017.6 专利的侵权责任。”重机公司签署该协议时间为2009 年5 月18 日，启翔公司签署时间为2009 年4 月30 日。上海市华诚律师事务所见证了该和解协议的签订。

2009 年12 月18 日，原告代理人阎兴乐在公证人员的随同下，前往上海市浦东新区金桥出口加工区云桥路1185 号启翔针车（上海）有限公司，由阎兴乐向启翔针车（上海）有限公司购得缝纫机二台，并取得工作人员马建名片一张和《金轮工业缝纫机服装类目录》一份。上述阎兴乐取得的马建名片、《金轮工业缝纫机服装类目录》原件及其中一台缝纫机由公证处作了封存后交由申请人的委托代理人自行保存，另一台缝纫机由申请人的委托代理人自行带回。上海市闵行公证处对上述过程出具了《公证书》。

2010 年1 月11 日，原告委托上海市华诚律师事务所向启翔公司发出律师函，该函称其发现启翔公司在双方签订和解协议后仍在继续实施 CSB-7130/T 型号缝纫机的销售行为，故要求启翔公司按照和解协议的要求停止侵权并支付赔偿金人民币300 000元及合理费用人民币70 000元等。并要求启翔公司在收到该律师函后一周内予以书面答复。

一审庭审中，原审法院当场对公证处封存的产品进行启封，涉案缝纫机产品包装箱内附有检验合格证，合格证上记载了缝纫机型号为 CSB-7130/T。缝纫机机身上有铭牌，铭牌上也记载了该缝纫机型号。被告对涉案产品由其生产予以确认。

原审法院认为：依法成立的合同，对当事人具有法律约束力。原、被告双方签订的和解协议系双方真实意思表示，合法有效，双方均应按约履行。现原告要求按照和解协议第五条的约定追究被告违约责任，而被告则否认存在违约事实。故本案的争议焦点在于被告是否违约以及原告要求被告承担的违约责任是否适当。

一、关于被告是否存在违约事实

按照和解协议第五条的约定，“乙方保证其在本协议中的陈述真实，如果乙方的陈述不实，或者乙方违反在本协议中的保证，继续实施侵犯甲方 ZL96121017.6 专利权的行为，则乙方应当向甲方赔偿人民币300 000元。”因此，判断被告是否构成违约，取决于被告是否存在陈述不实或者继续实施侵犯原告涉案专利权的行为。

原告依据其在和解协议签订后再次经公证购得涉案产品的事实主张被告存在违约事实。根据和解协议第二条的约定，被告确认其仅在2007 年试制了2 台 CSB-7130/T 型号的缝纫机（其中一台由原告购买，另一台存放于被告样品室），在2007 年之前及之后都未曾生产和销售该款型号的缝纫机产品。根据原告于和解协议后通过公证购得两台涉案产品的事实，原审法院认为，被告在和解协议第二条的陈述与事实不符，且在和解协议签订后并未停止销售侵权产品，被告的行为已构成违约。被告虽辩称其未向原告销售涉案产品，但未举证予以证实，故原审法院不予采信。

二、关于原告所要求被告承担的违约责任是否适当

原告要求按照和解协议的约定判决被告支付违约金人民币30万元，被告则辩称该违约金明显超过原告实际损失而应当予以调整。原审法院认为，根据相关法律规定，当事人请求对约定违约金数额作出调整的前提是约定的违约金过分高于造成的损失。首先，本案和解协议的本质上是专利侵权和解协议，是在专利侵权行为发生后，权利人与侵权人之间就侵权行为的承认与纠纷处理达成一致的协议，其作用一方面是对已发生的专利侵权行为赔偿数额做出约定，更重要的作用在于通过双方协议一致确认而防范侵权行为的再次发生，协议中对再次侵权发生后赔偿金数额的约定属于当事人的意思自治。其次，根据相关法律规定，专利侵权赔偿数额按照权利人因侵权行为所受到的实际损失、侵权人因侵权行为所获得的利益或参照专利许可使用费的倍数予以确定，权利人的损失、侵权人的收益及专利许可使用费均难以确定的，人民法院可以根据专利权的类型、侵权行为的性质和情节等因素，确定给予一万元以上一百万元以下的赔偿。就本案而言，原、被告对于涉案产品侵犯了原告专利权均无争议。原告在和解协议签订时仅要求被告赔偿其制止侵权所支出的合理费用人民币3万元，前提是被告保证其仅试制了两台涉案产品并不再继续实施侵权行为。现被告在双方签订和解协议后继续实施侵权行为，则应依法承担相应的违约责任。在权利人的实际损失、被告的侵权获益均难以查明的情况下，和解协议所约定的30万元赔偿金数额并未超过法律规定的合理范围，原审法院予以确认。被告以违约金数额明显超过原告实际损失为由要求法院作出调整的抗辩理由，缺乏事实和法律依据，原审法院不予采纳。

综上所述，根据《中华人民共和国合同法》第八条第一款、第一百零七条、第一百一十四条第一款之规定，判决：一、被告启翔公司于判决生效之日起停止制造、销售、许诺销售侵犯原告重机公司“链式线迹扭结成形方法及链式线迹缝纫机”的发明专利权（专利号为ZL96121017.6）的产品；二、被告启翔公司于判决生效之日起三十日内支付原告重机公司违约金人民币30万元。本案一审案件受理费人民币5 800元，由被告启翔公司负担。

判决后，启翔公司不服，向本院提起上诉，请求撤销一审判决第一、二项，驳回被上诉人的一审诉讼请求。其主要上诉理由为：（一）上诉人并不存在销售CSB-7130/T型号缝纫机的违约行为，原审法院关于上诉人存在违约事实的认定有误。被上诉人提供的《公证书》所附材料中无任何有关购买获得的证据，故该份《公证书》无法证明被上诉人是有偿购得涉案CSB-7130/T型号缝纫机的事实主张。（二）原审法院以上诉人陈述不真实而认定上诉人违约，并判令上诉人承担违约责任，缺乏法律依据。双方和解协议中关于因陈述不实而设定的人民币30万元的违约责任于法无据，该违约金的设定无效，不能作为上诉人承担违约责任的合同依据。（三）双方和解协议中约定的人民币30万元的违约金明显过高，应当予以调整。

被上诉人重机公司答辩称：被上诉人完全认可一审判决。上诉人的上诉理由不能成立，请求二审法院驳回上诉人的上诉。（一）在本案证据保全公证过程中，公证员亲眼见证了被控侵权产品的购买过程，无论是否有购货发票，均不能否认公证员亲身见证的购买

行为。且买卖关系是否成立并不以销售凭据作为前提条件，上诉人作为卖方，提供票据是上诉人的义务。被上诉人是在上诉人工厂内购买了被控侵权产品，在上诉人没有提供反证的情况下，仅以没有购货发票为由抗辩购买事实不存在，依法不能成立。（二）原审法院认定的人民币30万元的违约金是恰当的。该违约金系包含了第一次侵权和第二次侵权的赔偿总和。上诉人作为生产企业，生产了不止两台被控侵权产品用于销售，被上诉人有理由认为上诉人生产、销售的被控侵权产品远远不止被上诉人查获的几台。

二审中，上诉人启翔公司、被上诉人重机公司均未向本院提交新的证据材料。

经审理查明，原审法院认定的事实属实，本院予以确认。

本院认为，上诉人启翔公司与被上诉人重机公司签订的和解协议未违反国家有关法律规定，是双方当事人的真实意思表示，因此合法有效，双方均应按照合同约定全面履行自己的义务。

上诉人上诉称，上诉人并不存在销售CSB-7130/T型号缝纫机的违约行为，原审法院关于上诉人存在违约事实的认定有误。本院认为，被上诉人为证明上诉人在和解协议签订后又对外销售了CSB-7130/T型号缝纫机的事实主张，向原审法院提交了上海市闵行公证处出具的《公证书》。原审法院并就该份《公证书》向上海市闵行公证处公证员核实了相关证据保全公证的情况，公证员的现场见证、当事人的陈述与涉案《公证书》能够相互印证，公证的程序亦符合相关法律规定，原审法院据此对该《公证书》所证明的上诉人于2009年12月18日向被上诉人销售了两台系争型号缝纫机的事实予以采信，并无不当。上诉人虽对《公证书》所记载的购买事实予以否认，但是未能提供任何证据推翻《公证书》所记载的事实。故上诉人的这一主张无事实和法律依据，本院不予支持。

上诉人上诉称，原审法院以上诉人陈述不真实而认定上诉人违约，并判令上诉人承担违约责任，缺乏法律依据。本院认为，上诉人启翔公司与被上诉人重机公司签订的和解协议第五条约定，启翔公司保证其在本协议中的陈述真实，如果启翔公司的陈述不实，或者启翔公司违反在本协议中的保证，继续实施侵犯重机公司ZL96121017.6专利权的行为，则启翔公司应当向重机公司赔偿人民币30万元。根据上述约定，上诉人在该和解协议中陈述不真实或者上诉人继续实施侵犯被上诉人涉案专利权的行为，则上诉人应当承担相应的违约责任。涉案和解协议第二条约定，启翔公司确认其仅在2007年试制了两台CSB-7130/T型号的缝纫机（其中一台由被上诉人购买，另一台存放于上诉人样品室），在2007年之前及之后都未曾生产和销售该款型号的缝纫机产品。而根据本案查明的事实，被上诉人在和解协议签订之后的2009年12月，又自上诉人处购得了两台涉案产品。因此，本案中，上诉人在涉案和解协议第二条中的陈述与事实不符，而且上诉人在和解协议签订之后并未停止销售涉案型号的缝纫机，上诉人的上述行为已经构成违约，上诉人应当依据双方和解协议的约定承担相应的违约责任，原审法院的认定并无不当。上诉人的这一上诉理由缺乏法律依据，本院不予支持。

上诉人上诉称，双方和解协议中约定的人民币30万元的违约金明显过高，应当予以调整。本院认为，涉案和解协议是在上诉人专利侵权行为发生后，上诉人与被上诉人之间就侵权行为的纠纷处理等达成的协议，该协议中对侵权再次发生后赔偿金数额的约定属于双方当事人的意思自治，且未违反法律规定，双方均应遵照执行。现上诉人在和解协议签订后继续实施专利侵权行为，则应当依约承担相应的违约责任。本案中，原审法院对双方所签和解协议中约定的赔偿金数额予以确认，并无不当。故上诉人的这一上诉理由不能成立，本院不予支持。

综上所述，原审法院认定事实清楚，适用法律正确，审判程序合法。上诉人启翔公司的上诉请求与理由缺乏事实和法律依据，应予驳回。依照《中华人民共和国民事诉讼法》第一百五十三条第一款第（一）项、第一百五十八条之规定，判决如下：

驳回上诉，维持原判。

本案二审案件受理费人民币5 800元，由上诉人启翔针车（上海）有限公司负担。

本判决为终审判决。

审　判　长　钱光文
审　判　员　王　静
审　判　员　马剑峰
二〇一一年十二月十六日
书　记　员　董尔慧

（本判决书入选2011年度上海法院知识产权司法保护十大案件）

不正当竞争纠纷案件

25. 嘉实多有限公司（英国）诉姚育新等不正当竞争纠纷案

——中华人民共和国上海市第二中级人民法院民事判决书

（2008）沪二中民五（知）初字第91号

原告：嘉实多有限公司（CASTROL LIMITED），住所地大不列颠及北爱尔兰联合王国威尔特郡斯文顿市派珀路（BURMA CASTROL HOUSE, PIPERS WAY, SWINDON, WHILTSHIER SN3 1RE, ENGLAND.）。

法定代表人：斯蒂芬·托尼·白瑞（Stephen Tony Berry），商标总监。

委托代理人：张旭，上海恒峰律师事务所律师。

委托代理人：张亮，上海恒峰律师事务所律师。

被告：姚育新，男，汉族，1954年10月17日生，住所地中华人民共和国浙江省宁波市鄞州区钟公庙街道长丰社区2幢104室。

被告：美国嘉实多国际石油集团（香港）有限公司［U. S. A. JIASHIDUO INT'L PETROLEUM GROUP (H. K.) LIMITED］，住所地中华人民共和国香港特别行政区中环皇后大道中142-146号金利商业大厦（Flat 7A, 7/F, Kimley Commercial Building, 142－146 Queen's Road Central, H. K.）。

被告：宁波市鄞州嘉帅润滑油厂，住所地中华人民共和国浙江省宁波市鄞州区集士港镇广昇村。

原告嘉实多有限公司诉被告姚育新、美国嘉实多国际石油集团（香港）有限公司（以下简称香港嘉实多公司）、宁波市鄞州嘉帅润滑油厂（以下简称嘉帅润滑油厂）、周兆洪不正当竞争纠纷一案，本院于2008年3月31日受理后，依法组成合议庭进行审理。审理中，原告申请撤回对被告周兆洪的起诉，本院裁定予以准许。2009年1月7日和2009年5月20日，本院两次对本案进行了公开开庭审理，原告委托代理人张旭到庭参加诉讼，经本院合法传唤，被告姚育新、香港嘉实多公司、嘉帅润滑油厂无正当理由拒不到庭。本案现已审理终结。

原告嘉实多有限公司诉称：原告是世界著名的石化公司，其"CASTROL"、"嘉实多"品牌的润滑油产品蜚誉全球，在中国市场也获得了巨大的声誉。原告是"CASTROL"、"嘉实多"以及商标（下称"Castrol及图"商标）的专用权人。经过原告的大力宣传，原告的"CASTROL"、"嘉实多"商标已经成为驰名商标，原告的产品已经成为知名产品。

被告姚育新在香港特别行政区设立被告香港嘉实多公司，此后委托被告嘉帅润滑油厂及其前身宁波市鄞州石矸威尔润滑油厂制造并销售“Casibar”润滑油产品。被告姚育新与被告嘉帅润滑油厂的执行合伙人蔡爱爱为夫妻关系，与第三被告的另一合伙人姚可可为父女关系。

被告嘉帅润滑油厂恶意注册了 www. casibar. com 域名，域名指向的网页为被告香港嘉实多公司的主页。三被告通过该域名和网站发布了“Casibar”各系列侵权产品信息。该域名模仿了原告的驰名商标“CASTROL”、“嘉实多”，误导了相关公众。三被告授权、生产和销售的“Casibar”润滑油产品上标注了与原告的“CASTROL”、“嘉实多”及“Castrol 及图”商标近似的商标（下称“CASIBAR 嘉帅及图”商标），标注了被告香港嘉实多公司的字号。被告香港嘉实多公司的中文字号的主要部分“嘉实多”与原告“嘉实多”商标文字完全相同，其英文字号的主要部分“JIA SHI DUO”是原告“嘉实多”商标的拼音。“Casibar”系列产品在标注被告香港嘉实多公司的中文字号时使用红色字体突出使用了“嘉实多”文字。

原告认为，原告是“CASTROL”、“嘉实多”注册商标的专用权人。被告姚育新设立被告香港嘉实多公司的目的在于利用其字号在中国大陆地区实施侵权行为。被告未经原告许可，擅自在生产销售的产品上以引人误解的方式使用被告香港嘉实多公司的字号，构成对原告的不正当竞争。请求判令：1. 三被告立即停止在中国大陆地区使用带有“嘉实多”、“JIA SHI DUO”字样的企业名称；2. 三被告在《新民晚报》上刊登声明以消除影响。

被告姚育新未应诉、答辩。

被告香港嘉实多公司未应诉、答辩。

被告嘉帅润滑油厂辩称：1. 当年受被告香港嘉实多公司授权生产相关产品，手续齐备，属合法行为；2. 被告嘉帅润滑油厂未在上海销售机油产品，也不知道上海市呈捷永久修理店，该修理店采购嘉帅润滑油厂机油之事纯属虚构，其所实施的侵权行为系其独立行为，与嘉帅润滑油厂无关；3. 如市场上有人冒充嘉帅润滑油厂产品，嘉帅润滑油厂也是受害者；4. 因生活拮据，无力赴上海应诉。

经审理查明：

原告于 1918 年依照英国法律成立，原名称为“C. C. WAKEFIELD & COMPANY, LIMITED”，1960 年更名为“CASTROL LIMITED”，是一家专业生产润滑油产品的企业。

经中华人民共和国国家工商行政管理局商标局（以下简称国家商标局）核准，原告于 1996 年 1 月 21 日注册了“CASTROL”商标，注册号为第 804091 号，有效期限至 2016 年 1 月 6 日；于 1996 年 4 月 21 日注册了“嘉实多”商标，注册号为第 832054 号，有效期限至 2016 年 4 月 20 日；于 2001 年 11 月 28 日注册了“Castrol 及图”商标，注册号为第 1672240 号，有效期至 2011 年 11 月 27 日。上述三个商标均注册于第 4 类商品类别，“CASTROL”、“嘉实多”商标核定使用的商品为工业用油及油脂、润滑剂、齿轮油、传动油（工业用）等，“Castrol 及图”商标核定使用的商品为工业用油、工业用脂、润滑剂、润滑油及脂等。

1996 年，原告开始在中国大陆投资经营，先后设立了独资企业嘉实多（深圳）有限公司及其上海分公司等，授权其在生产、销售的润滑油产品上使用原告的注册商标、产品名称、包装、装潢；还合资设立了东风嘉实多油品有限公司。根据原告提供的证据，原告及其关联公司自2005年以来在经营活动中投入大量广告费用，以各种形式对其“嘉实多”、“CASTROL”和“Castrol及图”商标进行宣传推广，包括在形象店外观上进行宣传，在上海、深圳、吉林、山西、成都、河南、青岛、福州、昆明等地投放户外广告，在《汽车博览》、《中国汽车画报》杂志刊登广告，在新浪网、太平洋汽车网网站投放网络广告，在中央人民广播电台、中国国际广播电台及北京市、上海市等地的广播电台投放广播广告，在中央电视台二套、五套以及北京、广东、江苏、浙江、山东等地的电视台投放电视广告。原告及其关联公司还以赞助汽车赛事、F1赛车车队等方式进行促销及广告宣传活动。报纸、杂志、网络、电视等各类媒体对原告及其关联公司以及相关产品、服务作了大量报道。

2005年以来，广州市、重庆市、青岛市、无锡市、佛山市、沧州市、上海嘉定区等地的工商行政管理局、质量技术监督局对侵犯原告“嘉实多”、“CASTROL”注册商标专用权的生产、销售行为进行了查处。广东省中山市人民法院、北京市丰台区人民法院分别对涉及制造、销售非法制造的“嘉实多”注册商标标识的犯罪作出一审刑事判决。

2000年，原告的“嘉实多”、“CASTROL”商标被国家工商行政管理总局列入《全国重点商标保护名录》。2008年，原告对经国家商标局初步审定并刊登在第870期《商标公告》的第3178230号“嘉实多JIA SHI DUO”商标提出异议，国家商标局于同年5月7日作出（2008）商标异字第02954号“嘉实多JIA SHI DUO”商标异议裁定书，认定原告注册并使用在“润滑油”商品上的“嘉实多”商标为驰名商标，裁定对第3178230号“嘉实多JIA SHI DUO”商标不予核准注册。

2004年12月，被告姚育新（中国护照号码：330203541017033）依据《香港公司条例》注册成立被告香港嘉实多公司，被告姚育新出资10 000港元，为公司唯一股东。2005年2月16日，被告姚育新向国家商标局申请在第4类商品类别注册“CASIBAR嘉帅及图”商标，国家商标局于2008年2月20日发布初步审定公告，原告在公告期内对上述商标提出商标异议申请，国家商标局予以受理，并于同年8月27日发布商标异议公告。

被告嘉帅润滑油厂系案外人蔡爱爱、姚可可于2005年7月12日投资设立的合伙企业，经营范围为润滑油分装。2005年7月20日，被告香港嘉实多公司（甲方）与被告嘉帅润滑油厂（乙方）签订一份委托加工协议，主要内容为：甲方将根据生产或贸易需要，委托乙方加工机油业务，该机油的所有权归甲方所有。协议有效期自签订之日到2007年7月19日。

根据原告委托的代理人的申请，上海市黄浦区第一公证处（以下简称公证处）派出公证员登陆互联网对相关网页内容进行了公证。2007年11月2日，公证处登陆互联网，输入“http：//www. paycenger. com/whois/whois. htm”进入相关页面，在“中文界面”搜索栏中输入“casibar. com”搜索，网页显示：域名casibar. com的注册人为“Ningboshi Jinzhou jiashuai runhuayouchang”，联系人为“cai aiai”，注册日期为2006年12月29日，以及注册人的地址，联系人的地址、电话、传真、电子邮箱等信息。输入“http：//www. whois-search. com”进入相关页面，在搜索栏中输入“www. casibar. com”搜索，网页显示与前述相同的注册信息。2007年7月27日，公证处登陆互联网，输入“http：//www. casibar. com”进入该网站，首页显示被告香港嘉实多公司企业名称及产品图片。“产品展示”页面显示，公司产品系列包括“摩托车机油系列”、“汽车机油系列”，图片显示的各种等级、规格的“新一代超霸”、“新一代奔程”、“新一代活能”以及“BT！奔腾”产品包装上均使用了“CASIBAR 嘉帅及图”商标标识，“联系方式”一栏中提供了国内电话、传真、手机号码及电子邮箱。“公司信息”页面显示有被告嘉帅润滑油厂企业名称、地址、电话号码、电子邮件等信息，与前述“联系方式”一栏中的相关信息相同。

2007 年 1 月及 3 月，泉州市丰泽区、昆明市官渡区工商行政管理局分别对案外人销售标注有“美国嘉实多国际石油集团（香港）有限公司出品”的摩托车机油产品作出行政处罚决定。2007 年 9 月 20 日、10 月 26 日，原告委托的代理人分别在广州市广园东路金永福汽配城的广州港豪批发部、广州市同新南路的一家商铺购买了“XYDJS！合成超力王”、“XYDJS！磁宝”汽车机油各一瓶，并分别对相关商铺的货架和位置进行了拍照。上述两桶汽车机油产品包装标贴上均使用了“CASIBAR 嘉帅及图”商标标识，并标注了“美国嘉实多国际石油集团（香港）有限公司出品”、“U. S. A. JIASHIDUO INT’L PETROLEUM GROUP (H. K.) LIMITED”，以及“美国嘉实多国际石油集团（香港）有限公司产品”字样，最后一个标注还将“美国嘉实多”文字以相对较大字体进行了突出使用。同新南路商铺内的墙体广告也将“美国嘉实多”文字进行了突出使用，展示的其他多种产品均使用了“CASIBAR 嘉帅及图”商标标识。广州市公证处对上述购买过程进行了公证。

原告另提供了一份“新一代 XYDJS！”机油产品宣传单，该宣传单上及所载产品图片显示的产品包装纸箱上都使用了“美国嘉实多国际石油集团（香港）有限公司产品”字样，其中“美国嘉实多”文字以较大字体、“嘉实多”文字以红色字体作了突出使用；宣传单另载有“网址：http：//www. casibar. com”、“E-mail：web@ casibar. com”、“美国嘉实多国际石油集团（香港）有限公司出品”、“本公司内地宁波分装基地：集仕港工业区鄞州嘉帅润滑油厂”以及电话、手机、传真号码等信息。

2007 年 4 月 3 日，上海市工商行政管理局普陀分局作出沪工商普案处字（2007）第 070200710112 号行政处罚决定书，该决定书认定：2006 年 12 月 18 日，周兆洪（原本案被告，男，1970 年 7 月 31 日生，住江苏省阜宁县羊寨镇孔苏村三组 27 号。）从上门推销人员处以每瓶人民币 7. 50 元的价格购入 30 瓶 Casibar（嘉帅）四冲程摩托车机油。周兆洪明知 Casibar 四冲程摩托车机油使用的包装容器与英国嘉实多有限公司的专利包装容器近似，并在包装上使用“美国嘉实多国际石油（香港）有限公司荣誉出品”等文字，会对消费者产生误导，仍在上海市岚皋路 13 号其经营的“永久呈捷维修店”内予以销售。至案发，尚未售出该机油，无违法所得。周兆洪的行为构成销售明知是仿冒知名商品特有的名称、包装、装潢的商品的行为。决定处罚：1. 责令停止违法行为；2. 责令并监督侵权人销毁上述侵权的机油 30 瓶。另根据该分局对侵权机油产品拍摄的照片，产品包装标贴上标注了“CASIBAR 嘉帅及图”商标标识，产品包装标贴上标注了“美国嘉实多国际石油集团（香港）有限公司出品”、“美国嘉实多国际石油集团（香港）有限公司荣誉出品”等字样，其中“嘉实多”文字另以红色或黄色作区别显示。

另查明，被告姚育新与案外人蔡爱爱系夫妻关系，与案外人姚可可系父女关系。蔡爱爱经工商行政管理部门核准曾自 2005 年 11 月起进行个体经营润滑油的灌装加工业务，其个体工商户字号为宁波市鄞州石矸威尔润滑油厂。2005 年 9 月 14 日，宁波市工商行政管理局鄞州分局作出甬鄞工商处（2005）496号行政处罚决定书。该决定书认定：蔡爱爱于2005年5月11日开始正式加工（灌装）标“美国嘉实多国际石油集团（香港）有限公司出品，地址：香港湾仔庐押道20号齐康大厦”字样的“嘉帅”四冲程摩托车机油，该机油同英国嘉实多有限公司的机油包装、装潢相近似。认定蔡爱爱的相关行为属擅自改变字号名称的行为和擅自使用与知名商品近似的包装、装潢即擅自使用他人的企业名称，引人误以为是他人的商品行为，责令改正并决定处罚：1. 对擅自改变字号名称的行为罚款780元。2. 对擅自使用与知名商品近似的包装、装潢即擅自使用他人的企业名称行为：（1）责令消除商品上的违法标识；（2）没收违法所得15 610元；（3）罚款15 610元。

以上事实，由原告提供的原告商标注册资料、商业登记资料，原告及其关联公司通过户外、广播、电视、杂志、网络、促销、宣传单等形式所作广告宣传的播出或投放广告证明、广告录音录像、照片、报纸杂志、网络页面、相关媒体报道、广告费用发票、监测报告等资料，全国重点商标保护名录、国家商标局商标异议裁定书、工商行政管理部门或质量技术监督行政管理部门行政处罚决定书及其他相关文件资料，刑事判决书，原告产品包装实物，三被告的户籍资料或工商登记资料，对购买涉嫌侵权产品过程保全证据的公证书及所购产品实物，对网络内容保全证据的公证书，工商行政处罚决定书，以及当事人诉辩意见和本院审理笔录等证据证实。

本院认为：

一、关于原告主张反不正当竞争的权利

我国与英国同为《保护工业产权巴黎公约》成员国，公约规定“本同盟成员国必须对各该国国民保证予以取缔不正当竞争的有效保护”，故作为英国公司的原告有权依照我国法律主张反不正当竞争权利。

二、关于被控侵权行为

原告诉称，三被告在生产销售的产品上所使用的被告香港嘉实多公司的企业名称“美国嘉实多国际石油集团（香港）有限公司”和英文企业名称“U. S. A. JIASHIDUO INT’L PETROLEUM GROUP（H. K.）LIMITED”中分别包含“嘉实多”、“JIA SHI DUO”文字，上述擅自使用行为构成对原告的不正当竞争。该字号与原告“嘉实多”商标文字相同。被告香港嘉实多公司的英文企业名称包含“JIA SHI DUO”文字，该文字显系与“嘉实多”中文字号对应的汉语拼音文字。

《中华人民共和国反不正当竞争法》第二条规定：“经营者在市场交易中，应当遵循自愿、平等、公平、诚实信用的原则，遵守公认的商业道德。”

本案中，原告提供的公证书、行政处罚决定书等证据证明，被控侵权机油产品的外包装上，以及网站宣传、产品宣传单等相关广告宣传中都标注了“美国嘉实多国际石油集团（香港）有限公司出品”、“U. S. A. JIASHIDUO INT’L PETROLEUM GROUP（H. K.）LIMITED”字样以及被告嘉帅润滑油厂分装生产产品的信息，被告嘉帅润滑油厂承认曾获被告香港嘉实多公司授权生产机油产品，原告提供的委托加工协议也印证了该说法，故应认定被告香港嘉实多公司和嘉帅润滑油厂共同实施了被控侵权产品的生产销售和相关的广告宣传行为。被告嘉帅润滑油厂辩称被控侵权产品系他人冒充其产品的说法，由于未提供相应证据，本院不予采信。

根据查明的事实，原告早在1996年就进入中国大陆经营，并于同年对“嘉实多”商标进行了注册，经过原告及其关联公司多年来在中国大陆地区的经营和广告宣传，“嘉实多”品牌在润滑油行业内具有较高市场知名度，为相关公众所知悉。被告香港嘉实多公司、嘉帅润滑油厂，分别成立于2004年和2005年，晚于原告对“嘉实多”商标的注册时间，作为原告的同行业企业应当知晓具有较高知名度的“嘉实多”品牌。鉴于被告香港嘉实多公司的唯一股东被告姚育新与被告嘉帅润滑油厂合伙人蔡爱爱、姚可可分别系夫妻、父女关系，被告香港嘉实多公司与被告嘉帅润滑油厂存在委托加工关系，以及该两被告在产品经营、广告宣传中存在的主体混同等事实，两被告的关系十分密切。综合上述事实，应认定两被告对突出使用“嘉实多”字号的行为具有共同的主观故意。综上，两被告以境外授权的表面合法形式为掩护，在中国大陆境内商业使用包含“嘉实多”字号的香港嘉实多公司企业名称，以此利用原告的商业信誉、商标声誉从事经营活动，使他人对市场主体及其商品的来源产生混淆，其行为违背了民事活动应当遵循公平、诚实信用的原则以及公认的商业道德，损害了原告的合法权利，破坏了公平竞争秩序，其行为构成对原告的不正当竞争，被告姚育新虽系被告香港嘉实多公司股东，但原告未能提供证据证明其作为自然人主体单独实施或与其他两被告共同实施了本案不正当竞争行为，故对原告的相关诉讼主张，本院不予支持。

关于原告要求认定“嘉实多”注册商标（注册证号第832054号）为驰名商标的请求，本院认为，根据本案的具体情况无需进行驰名商标认定，故对原告的上述请求不予支持。

三、关于民事责任承担

综上所述，被告香港嘉实多公司、嘉帅润滑油厂共同实施对原告的不正当竞争行为，依法应承担停止侵害、消除影响的民事责任。停止侵害，是指被告香港嘉实多公司、嘉帅润滑油厂在中国大陆地区不得商业使用“美国嘉实多国际石油集团（香港）有限公司”、“U. S. A. JIASHIDUO INT' L PETROLEUM GROUP（H. K.）LIMITED”企业名称。为在合理范围内消除因被告不正当竞争行为给原告造成的影响，被告香港嘉实多公司、嘉帅润滑油厂应在本院指定的《新民晚报》上刊登声明，就其实施的侵权行为消除影响。

依照《中华人民共和国民事诉讼法》第一百三十条；《中华人民共和国民法通则》第一百一十八条，第一百三十四条第一款第（一）项、第（九）项和第二款；《中华人民共和国反不正当竞争法》第二条第一款、第二款之规定，判决如下：

一、被告美国嘉实多国际石油集团（香港）有限公司、宁波市鄞州嘉帅润滑油厂停止对原告嘉实多有限公司的不正当竞争行为；

二、被告美国嘉实多国际石油集团（香港）有限公司、宁波市鄞州嘉帅润滑油厂应于本判决生效之日起三十日内，在《新民晚报》上刊登声明，为原告嘉实多有限公司消除影响（内容需经本院审核）；

三、对原告嘉实多有限公司的其余诉讼请求不予支持。

本案案件受理费人民币800元由被告美国嘉实多国际石油集团（香港）有限公司、宁波市鄞州嘉帅润滑油厂各负担人民币400元。

如不服本判决，原告嘉实多有限公司、被告美国嘉实多国际石油集团（香港）有限公司可在判决书送达之日起三十日内，被告姚育新、宁波市鄞州嘉帅润滑油厂可在判决书送达之日起十五日内向本院递交上诉状，并按照对方当事人的人数提出副本，上诉于上海市高级人民法院。

审　判　长　李国泉
代理审判员　陈燕雯
审　判　员　寿仲良
二〇〇九年六月二十五日
书　记　员　张婷婷

（本判决书入选2009年度中国法院知识产权司法保护50件典型案例）

26. 五合国际建筑设计集团（WOODHEAD INTERNATIONAL PTY. LTD.）诉上海五合国际建筑设计咨询有限公司等不正当竞争纠纷案

——中华人民共和国上海市黄浦区人民法院民事判决书

（2007）黄民三（知）初字第31号

原告： WOODHEAD INTERNATIONAL PTY. LTD.（五合国际建筑设计集团），住所地 26 CHESSER STREET ADELAIDE SA 5000 AUSTRALIA（澳大利亚南澳大利亚州阿德莱德5000切瑟街26号）。

法定代表人： GEOFFREY HOWARD LEE，董事局主席。

委托代理人： 齐宝鑫，上海市锦天城律师事务所律师

委托代理人： 陈际红，北京市中伦文德律师事务所律师。

被告： 刘力，男，1962年4月29日出生，汉族，住址北京市海淀区泉宗路2号万柳光大家园4楼1206号。

委托代理人： 张宇，上海市恒信律师事务所律师。

被告： 上海五合国际建筑设计咨询有限公司，住所地上海市黄浦区延安东路222号25层08单元。

法定代表人： 蒋伟，经理。

委托代理人： 杨军，上海市华诚律师事务所律师。

委托代理人： 贺晓博，上海市华诚律师事务所律师。

被告： 北京五合国际建筑设计咨询有限公司，住所地北京市海淀区西直门外大街168号腾达大厦2511室。

法定代表人： 刘国兴，经理。

委托代理人： 陶鑫良，上海市华诚律师事务所律师。

委托代理人： 杨军，上海市华诚律师事务所律师。

原告WOODHEAD INTERNATIONAL PTY. LTD.（五合国际建筑设计集团）（以下简称“澳大利亚五合”）与被告刘力、上海五合国际建筑设计咨询有限公司（以下简称“上海五合”）、北京五合国际建筑设计咨询有限公司（以下简称“北京五合”）不正当竞争纠纷一案，上海市第二中级人民法院于2007年2月2日指定本院审理。本院受理后，依法组成合议庭，于同年6月5日、6月26日组织双方进行证据交换，并于2007年10月30日、2009年6月29日公开开庭进行了审理。原告委托代理人齐宝鑫、陈际红，被告刘力委托代理人张宇，被告上海五合委托代理人贺晓博，被告上海五合及北京五合之共同委托代理人杨军到庭参加诉讼。本案现已审理终结。

原告诉称：原告成立于1927年，是一家从事建筑设计的知名跨国企业集团。2007年世界建筑设计公司500强排名中，位列澳大利亚国内第二位，世界第28位；在《世界建筑》杂志对世界500强排名中，原告列世界酒店设计及机场设计排名第6位等。1994年

原告进入中国，在上海、北京建立分支机构，承接酒店、度假村及住宅项目设计。凭借出色的业绩以及媒体的宣传，原告已为中国相关公众所熟知。

自2000年起，原告以中文译名“五合国际”为北京、广州等城市的客户提供建筑设计业务，其中住宅项目的设计取得三项第一：广东南国奥林匹克花园被中国房地产协会与建设部评为2001年中国名盘第一名，北京的一栋洋房别墅被评为2001年北京十大明星楼盘第一名，上海紫园别墅被评为2002年度上海十大特色别墅第一名。原告是最早在中国内地以“五合”名义开展业务，并将“五合国际”作为字号的企业。“五合国际”在中国内地的建筑业内具有相当高的知名度。

被告刘力于1999年至2005年间，曾任原告中国区的总经理，后为被告北京五合的主创设计师。被告刘力在不同场合故意混淆原告与被告北京五合的区别，致原告的正常经营活动受到严重影响。被告北京五合于2005年8月23日致函原告无理要求原告停止使用“五合国际”名称，并与被告上海五合通过其他方式禁止原告在中国内地使用“五合国际”和“五合国际建筑设计集团”的名称。同时两被告还在网站和广告宣传中使用“五合”以及“五合国际”，引起相关公众的误认，被告的行为严重侵害了原告的合法权益，故向法院起诉请求判令：1. 三被告停止使用含有“五合国际”或“五合”字样的企业名称从事经营活动；2. 三被告连带赔偿原告经济损失人民币1 000万元；3. 三被告在《中华建筑报》（除中缝外）和《世界建筑》杂志上刊登声明，向原告赔礼道歉、消除影响；4. 三被告赔偿原告为制止侵权而支出的调查费、翻译费、公证费、差旅费和律师费等合理费用共计人民币50万元。审理中，原告明确主张三被告共同侵犯了原告对“五合国际”、“五合”所享有的企业字号权。

被告刘力辩称：1. 原告的英文名称与其在诉状上的中文名称翻译并不一致，无法对应；且原告的企业名称在中国未经注册，而中国法律对企业名称的保护以经工商核准登记为前提，因此原告对“五合国际建筑设计集团”并不享有企业名称权。2. 1999年，被告刘力受聘于原告担任中国区经理。由于原告在中国内地没有任何经营实体，为完成原告任务，刘力代表原告与案外人中外建工程设计与顾问有限公司（CCI）下属的团队进行合作；以“五合”名义开展业务；对外宣传时以“Woodhead”与“五合”共同出现，混合使用。后中方团队成员分别注册了多个带有“五合”字号的企业，并与原告继续合作。正是基于中方团队与原告的合作使得原告在国内取得了知名度。3. 2004年原告在国内设立的子公司名称为上海伍哈德技术咨询有限公司，合法拥有其企业字号“伍哈德”，故在2005年原告与被告北京五合签订《备忘录》，约定各自使用自己的中文企业名称后，结束了“Woodhead”与“五合”并用的状态。4. 由于刘力与中方团队的“合作”，原告是明知的、许可的，被告刘力既无侵权的客观事实，又无导致原告受损的后果，更没有侵犯原告字号的主观恶意，故不构成对原告的侵权，不应承担法律责任。

被告北京五合和上海五合共同辩称：1. 原告的公司名称为“WOODHEAD INTERNATIONAL PTY. LTD.”与中文“五合国际建筑设计集团”不具有对应性，原告对外是以“伍哈德”作为“Woodhead”的中文翻译，“伍哈德”是英文“Woodhead”的谐音，原告在中国注册设立的子公司及其分公司亦以中文“伍哈德”为字号。2. 由于境外设计机构在中国国内承接建筑设计项目、参加建筑工程设计投标须经项目审批和资质审核，原告未经审批和资质审核就进行项目设计，且未经工商行政管理部门的登记就从事经营活动，构成非法经营，因此无论原告使用何种中文译名作为其企业名称，都不能视为合法的商业使用其企业名称及字号的行为，无权向他人主张权利。3. 自1999年原告委派刘力在国内开展业务后，就与“CCI”旗下的团队进行合作，并约定，对外双方共同使用“Woodhead”与“五合”开展经营，对内明确中文“五合”字号隶属于中方团队，英文“Woodhead”代表原告。2001年至2005年间，中方团队成员先后成立多个以“五合”为字号的公司，继续与原告合作。合作期间中方团队及其成立的公司对“五合”字号投入了大量的人力、物力广泛宣传，使“五合”在行业内具有一定的知名度，现两被告对“五合”的使用具有承继性和关联性。两被告经营使用“五合”已持续6年，亦使“五合”在业内具有较高的知名度。4. “五合”是两被告经我国工商行政管理部门核准登记企业名称中的字号，两被告对于“五合”字号享有合法的使用权。5. 2005年3月9日，原告与被告北京五合签订了《备忘录》，对相关字号的使用作了明确约定，故原告对于两被告的存在及使用“五合”字号的情况也是完全确认的。6. 两被告不存在恶意使用“五合”字号的行为，也未造成混淆。故两被告的行为不构成侵权，不应承担任何法律责任。

经审理查明：

一、原告的基本情况

1. 原告于1973年7月在澳大利亚登记备案，主要从事建筑设计。1993年12月1日，原告变更企业名称为WOODHEAD FIRTH LEE PTY. LTD.。1997年6月6日，又更名为WOODHEAD INTERNATIONAL PTY. LTD.。原告和其设计的作品在澳大利亚国内多次获评各种奖项。

2. 1994年，原告在合作参与他人在中国境内建设项目过程中，将当时的企业名称WOODHEAD FIRTH LEE PTY. LTD. 中的“WOODHEAD FIRTH LEE”译成了中文“五合富丽”。1999年3月，原告以“WOODHEAD INTERNATIONAL PTY. LTD.”和“五合国际建筑设计集团”相对照的中英文名称在国内签订了《山东大厦宾馆楼室内装饰工程设计合同》。2000年1月，原告与广州市设计院就番禺市桥奥运豪庭工程及番禺南沙广东狮子洋国际养生园工程项目规划、方案设计及投标计划等前期设计工作签订协议。同年7月，原告与华东建筑设计研究院有限公司签订青岛流亭机场设计投标的合作协议书。同年9月，原告与南京市建筑设计研究院合作，参与签订了南京圣鹰大厦建筑设计的规划、方案设计协议。在上述协议书中原告均以“五合国际建筑设计集团”作为其企业的中文名称，并在协议落款处加盖“WOODHEAD INTERNATIONAL PTY LTD”企业印章的同时，注有“五合国际建筑设计集团”中文字样。2001年至2002年期间，原告又同样以WOODHEAD INTERNATIONAL PTY LTD、五合国际建筑设计集团中英文名称相对照使用的方式签订了上海鑫都新村1#地块的设计咨询服务合同和上海市卢湾区第24号地块住宅项目配合其他建筑设计单位进行方案、扩初设计的咨询合同等。

2003年2月，原告在上海成立了独资企业，即上海伍哈德技术咨询有限公司。2005年3月，上海伍哈德技术咨询有限公司在北京设立上海伍哈德技术咨询有限公司北京分公司，负责人为刘力。

3. 2000年7月，刊登在《南方都市报》“房产周刊”版面上的《精品的番禺奥林匹克花园》一文中，有“负责番禺奥林匹克花园设计的是来自澳洲的五合国际建筑设计集团公司，这家公司是澳洲前三位的设计公司，在1999年英国世界建筑杂志的评选中综合实力名列世界第24位。据了解，五合公司在设计番禺奥林匹克花园时，会充分营造一种乡间的感觉等”的报道。在2003年10月、12月的《北京晚报》、《楼市周刊》对于世纪东方、上游别墅区、久隆凤凰城等楼盘的介绍中均有该项目的建筑设计是由澳洲五合国际担纲的内容。2004年10月的《青年报》亦有关于“峰景湾 雅墅的规划与建筑设计专门聘请澳大利亚五合国际建筑设计集团（Woodhead International）担纲，五合国际是悉尼奥运会主会场的设计公司，在全球享有极高的声誉”的内容介绍，并配以“五合国际进入中国在住宅项目中取得了三项第一，广东南国奥林匹克花园被中国房地产协会与建设部评为2001年中国楼盘第一名、北京一栋洋房别墅被评为2001年北京十大明星楼盘第一名、紫园别墅被评为2002年上海十大特色别墅第一名”等链接资料报道。2007年4月，经北京市公证处公证的搜狐财经网页上载有：“2005年中国房地产十大超级豪宅　上海紫园1号别墅，澳大利亚五合国际建筑设计集团”的文字内容；同时在奥园集团有限公司的网页上亦有“番禺奥园社区规划和建筑设计由世界50强的澳洲五合公司担纲”的宣传文字。

2001年9月，沈阳市浑南新区规划设计项目办公室为原告所完成的《中国沈阳市浑南新区暨沈阳国家高新技术产业开发区起步区规划设计国际咨询方案》颁发一级设计方案证书。2007年2月，原告在2006第三届商博会系列活动之“中国商业地产设计趋势展”评选活动中获得“2006年度最具投资价值商业地产设计大奖”、“中国商业地产设计创意奖”和“中国商业地产设计特别奖”。

审理中，原告申请证人ROBERT YEE SENG LEE到庭，证人当庭陈述了1994年原告在合作参与他人在华建设项目时，由原告与证人等共同商议原告当时企业名称的中文译名经过。ROBERT YEE SENG LEE称：由于英文“WOODHEAD”直译成中文“木头”会不好听，故最后选择以音似的，又较有良好含义的中文“五合富丽”为原告的中文译名，且原告以此中文名称参加了在华建设项目的签字仪式。

上述事实，由澳大利亚设计院2002年10月11日颁发给原告的奖状、汉森癌症研究中心致原告公司的感谢信、女皇歌剧院设计获2001年度优秀奖等获奖证明和宣传报道、（2007）京证经字第09806号公证书、2007年2月原告获奖证书及2006年度获奖证明、原告与东宇国际集团1994年在上海签订合作协议仪式的照片、澳大利亚南澳洲政府商务代表处首席代表和澳大利亚驻中国大使馆出具的证明、含有原告字号的有关报刊资料、原告使用“五合”名称与客户签订的合同、沈阳市浑南新区规划设计项目办公室出具的证书、证人ROBERT YEE SENG LEE证词和当事人庭审陈述等证据所证实。

二、被告的基本情况

1. 2004年11月，被告北京五合成立，投资人为北京五合时代建筑设计咨询有限公司、香港五合国际建筑设计集团有限公司、德国五合国际建筑设计有限公司（Werkhart Internationale Planungs GmbH）。北京五合法定代表人为刘国兴，总经理为陶滔，主要经营城市规划咨询、建筑工程设计咨询及装饰设计咨询和景观设计咨询、商务信息咨询、房地产信息咨询。

2005年5月，被告北京五合获评“中国西部最具推动力建筑机构”。同年12月，获评2005年度“中国二十大品牌影响力规划建筑、景观设计公司”。2006年1月，北京五合在“影响中国商务建筑”推介活动中入选“中国商务建筑机构10强”，相关设计获得“中国生态创新建筑”、“商业地产经典建筑”和“创新模式”称号等多项奖项。在上海社科院和《设计新潮》杂志社对2004~2005年度民用建筑市场地区业务排名中，获评北中国地区排名第10；大都会、长三角地区第37位，南中国地区第12位，中西部地区第26位，以及在2004~2005年度民用建筑设计企业分类业务排名中，获评公共建筑第40位、住宅16位、城市规划第9和景观设计第13位。

2. 2005年1月，被告上海五合成立，投资人为北京华夏五合时代建筑设计咨询有限公司、香港五合国际建筑设计集团有限公司。上海五合法定代表人为蒋伟，主要经营建筑工程设计咨询及相关的装饰设计咨询和景观设计咨询、技术开发投资咨询及培训、房地产信息的咨询。

3. 1999年9月，被告刘力受雇于原告，职位为团队领导、中国项目和国际营销部经理，负责中国客户的相关工程并负责组建和管理在中国上海的常设办事机构。2002年4月，刘力被任命为原告的地区主管和北京办事处经理，负责项目的规划、管理、质量和盈利、项目成员的业绩和发展，通过提供专业和应答性的客户服务提升公司的声誉。2005年3月，刘力任原告的董事、地区主管、北京代表，负责北京公司的操作等。同年8月，原告与刘力终止雇佣关系。嗣后，刘力成为被告北京五合和被告上海五合的总顾问。

刘力在受原告委派归国开展业务后，即与国内的原属中外建工程设计与顾问有限公司（CCI）所辖设计部门的设计人员严涛、冷进生、陶滔等进行业务合作。后又与这些人员相继出资设立的企业继续进行业务合作。2000年6月，刘力以澳大利亚五合国际建筑设计集团中国区总经理身份，在《光明日报》上发表署名文章，后刘力多次以五合国际建筑设计集团中国区总经理以及兼主设计师身份在报纸杂志发表专业文章，出席专题研讨等。在原告处任职期间，刘力将其主编的刊物封面标注为："国际著名机构·建筑设计在中国：五合国际建筑设计集团（澳大利亚）——北京五合"。

以上事实由被告刘力与原告的往来电子邮件、《北京五合——国际著名机构·建筑设计在中国》、刘力在《光明日报》刊登的文章、被告北京五合和上海五合的工商信息资料、原告与刘力的聘用协议、证明函、北京五合的获奖荣誉证书及行业机构证明、登载于《设计新潮》杂志的北京五合在行业内的排名和当事人庭审陈述等证据所证实。

三、被控侵权行为和市场混淆事实

1. 2006年9月，原告申请上海市公证处对被告北京五合经营的网站（www. werkhart. com）上的内容进行了公证保全，在该网站页面上标有中文："五合国际"字样，并在其下方配以英文"Werkhart International"，并与"5+1"数字符号组合成为网页的标识；在对陶滔、卢求、严涛、冷进生等人的页面介绍中，分别称其为：五合国际集团总经理、五合国际集团副总；在对设计项目的内容介绍中均使用了"五合国际"作为其企业的称谓。

2. 被告北京五合和上海五合共同在2005年1月的《世界建筑》杂志广告宣传中，采用了上述网站上的中英文和数字符号的组合标识，并称："自2000年进入中国以来，五合国际致力以国际化的设计理念和先进的技术手段服务中国市场……获得来自业界及社会的一致认可，成功树立了'五合'品牌。五合国际（Werkhart International）作为跨国设计机构，拥有一批欧洲先进建筑科技的专家……"在《世界建筑》杂志2005年5月、6月的期刊中，被告北京五合和上海五合也作了上述类似的广告宣传。2006年12月，被告北京五合和上海五合在《世界建筑》杂志上释义"五合国际"为："五合：Werkhart Inter-

national 的中文音译；五强联合：五合国际同德国著名的 SOBEK 结构设计、德国 TRANS-SOLAR 智能生态设计、德国 HENN 大型工业及研发设计以及澳洲 DRLL 创意设计优势互补，共同开拓中国市场；五人组合：五合国际拥有一批国际背景的资深设计师，其设计与顾问团队曾以五位领衔主笔闻名业界，并各有专长，卢求，高科技节能专家；陶滔，城市规划专家；严涛，别墅豪宅设计专家；冷进生，酒店及度假设施设计专家；刘力，商业设施设计顾问；国际：五合国际作为跨国集团，在德国、英国、澳洲，中国的上海、北京、香港设有分支机构等”。此外，在被告北京五合和上海五合共同的对外宣传资料中也有上述类似宣传。

3. 2005 年，北京五合和上海五合分别在对外签订的部分协议中，均有以下条款内容：合同相对方保证不以任何形式代理其他使用或企图使用“五合”、“五合国际”品牌商标或称谓的企业，帮助其开展市场宣传或推广（如合作栏目、举办活动或为其发表文章），在事实上对北京五合或是上海五合品牌名称形成竞争等。

4. 2007 年 3 月，在经原告申请公证的《刘力的博客》中，注明 2005 年至 2007 年期间发表的文章，对于刘力的身份介绍均为：五合国际集团或五合国际（5 + 1Werkhart International）总顾问，或五合国际主设计师，或五合国际中国经理；其中 2006 年 1 月，标题为《解读五合国际（Werkhart International）做更有影响力的项目》的文章，将“五合国际建筑设计集团”名称与“Werkhart International”对应，而在该博客上刊载的注明发表时间为 2004 年 5 月 14 日，内容相同的《做更有影响力的项目》一文中，则将“五合国际建筑设计集团”与“Woodhead International”对应。

5. 2005 年 6 月，经被告北京五合申请，北京市海淀区公证处对进入 Google 搜索网站，输入“五合”点击结果进行了公证保全。点击进入后的网页显示，除列有大量关于五合国际 Werkhart International 的信息外，同时亦显示“澳大利亚五合国际建筑设计，著名的建筑设计公司，2002 年于上海注册独资公司——上海伍哈德技术咨询有限公司”的相关文字内容。被告北京五合在于 2007 年 1 月起诉原告子公司上海伍哈德技术咨询有限公司及其北京分公司擅自使用北京五合的“五合国际”企业字号，造成市场混淆的不正当竞争案中将该公证情况作为证据提交法院。

6. 2007 年 3 月，经北京市公证处公证，在 2005 年 1 月 29 日人民网的《大型“原生态”别墅震撼上市》的文章中有关对严涛和陶滔的介绍，内容为：“澳大利亚五合国际建筑设计集团在顶级别墅、高档居住区等方面亦享有极高声誉，项目由素有豪宅教父之称的严涛和陶滔亲自操刀等”；在 2005 年 1 月的中国房地产策划师培训的网页上，对《全国房地产策划师远程培训课程》主讲人严涛的身份介绍为澳洲五合国际副总经理；2005 年 11 月的地产互动 - 新闻频道《2006 酒店式公寓北京论坛》的网页上将演讲者陶滔的身份介绍为澳大利亚五合国际建筑设计集团经理等。

以上事实由（2006）沪证经字第 10351 号公证书、《世界建筑》杂志、被告北京五合和上海五合的宣传资料、（2007）京证经字第 02607 号和 09393 号公证书、（2005）海证民字第 4675 号公证书、北京五合和上海五合对外签订的部分设计项目合同书及当事人庭审陈述等证据所证实。

另查明：

1. 2005 年 3 月 9 日，原告与被告北京五合总经理陶滔签订了《谅解备忘录》，约定：

双方愿意继续合作，并在任何可能的情况下，为双方业务增值建立牢固的关系；原告将提供专业的设计和支持人员，根据双方同意的条件按对方要求提供必要的培训；北京五合将根据原告的要求提供办公场所和设施，双方将讨论如何合理分担办公室的成本问题；在任何可能的情况下合作并共同开拓市场等。其中还约定，同意原告各方将有权使用其在营销和促销过程中依法取得的销售名称；同时双方确保各自对销售名称的使用不会引起混淆或冲突；如果一方使用的销售名称侵犯了另一方的权利，侵权方应当在收到另一方通知时立即停止侵权；双方同意，会事先审阅销售和促销材料以避免混淆或冲突，并尊重对方的身份；各方同意，如一方在另一方的主营场所所在地推广或开展项目的，应通知对方进行明确地沟通以避免任何冲突或混淆。双方还明确：本谅解备忘录的签署表明双方的合作意图、保留各自身份的同时促进业务增长；本谅解备忘录对双方没有法律约束力等。

2. 2001 年 4 月，北京华夏五合建筑设计咨询有限公司成立，投资人为严涛、冷进生，2005 年 4 月该企业注销。2002 年 10 月，北京五合方案建筑设计咨询有限公司成立，投资人为严涛、范毅。2003 年 11 月，北京五合时代建筑设计咨询有限公司成立，投资人为严涛、刘国兴，2004 年 12 月该公司更名北京华夏五合时代建筑设计咨询有限公司。

2004 年 6 月，香港五合国际建筑设计集团有限公司成立，法定代表人为冷进生。2004 年 7 月，德国五合国际建筑设计有限公司（Werkhart Internationale Planungs GmbH）登记注册，董事经理为卢求、陶滔。

3. 2003 年期间，上述在国内成立的名称中含有“五合”字样的企业，分别在《设计新潮》、《世界建筑》、《百年建筑》等期刊上进行广告宣传，所载内容均将五合国际建筑设计集团对应英文 Woodhead International，大量地宣传“五合国际（Woodhead International）成立于 1927 年，在澳大利亚和东南亚共设有十几家分公司，在英国《世界建筑》1999 年世界建筑设计 500 强的排行榜上，五合国际名列第 24 位”、“早在 1992 年五合国际就开始做中国的项目……”、“2000 年 3 月，刘力作为五合国际中国地区经理常驻中国组建公司之后，取得不俗成绩，其中广东南国奥林匹克花园被中国房地产协会与建设部评为 2001 年中国名盘第一名、北京一栋洋房别墅被评为北京十大明星楼盘第一名、上海紫园别墅被评为 2002 年上海十大特色别墅第一名……”、“北京五合是外资独资企业，北京五合倾向于多多启用海归派和兼具国际视野和中国实践经验的设计师。包括刘力在内，旅德 14 年的德国注册建筑师卢求、加拿大学成归国的陶滔以及术业有专攻的冷进生构成了北京五合的设计团队核心”、“北京五合由刘力博士创建，自 2000 年进入中国以来，现已发展成为四十余人的专业设计公司。诚邀有志建筑师、规划师等加入我们的团队”等，同时该所谓的“北京五合”的对应英文为：“Woodhead International Beijing Office”或“五合北京”（Woodhead International Beijing）。

上述事实，由相关工商查询资料，2005 年 3 月 9 日的备忘录，中方团队及其设立的公司在宣传、推广时的协议、发票、稿件及当事人庭审陈述等证据所证实。

本院认为：

一、原告有权依据我国《反不正当竞争法》保护其企业名称

由于中国与澳大利亚同为《保护工业产权巴黎公约》（1967 年斯德哥尔摩文本）的成员国，根据该公约的规定，除声明保留的条款外，各成员国有义务遵守。因此原告作为澳大利亚登记成立的企业，有权请求依据我国《反不正当竞争法》给予法律保护其企业

名称。

二、关于“五合”作为原告企业名称中文译名中的字号保护

根据我国《反不正当竞争法》第五条第（三）项规定，经营者不得擅自使用他人的企业名称或者姓名，引人误认为是他人的商品的不正当竞争手段从事市场交易，损害竞争对手。《最高人民法院关于审理不正当竞争民事案件应用法律若干问题的解释》第六条第一款规定，企业登记主管机关依法登记注册的企业名称，以及在中国境内进行商业使用的外国（地区）企业名称，应当认定为反不正当竞争法第五条第（三）项规定的“企业名称”。具有一定的市场知名度、为相关公众所知悉的企业名称中的字号，可以认定为反不正当竞争法第五条第（三）项规定的“企业名称”。

本案中，基于下列事实：

（一）原告的中英文企业名称具有对应性

1. 从原告对于其企业名称中文译名的使用情况看，自1994年开始原告将企业名称WOODHEAD FIRTH LEE PTY. LTD. 中的“WOODHEAD FIRTH LEE”已译为中文“五合富丽”，使用在其所参与的他人在国内的合作建设项目中；且原告对为何将“Woodhead”译为“五合”作出了颇具说服力的解释。1999年，原告以企业名称WOODHEAD INTERNATIONAL PTY. LTD. 与中文五合国际建筑设计集团结合使用的方式订立承接国内宾馆楼室的内装饰工程设计合同；2000年至2002年期间，原告在与国内的建筑设计院合作，进行国内相关的建筑项目设计投标、规划、方案、扩初设计和设计咨询服务时，均将注有外文的企业名称印章与中文五合国际建筑设计集团企业名称一并使用。由此可见，虽然中文五合国际建筑设计集团的企业名称未在我国工商行政管理部门备案登记，但原告在国内对其企业名称的中文译称使用已经基本固定。2. 从被告北京五合和上海五合提供的证据内容上看，在2001年至2003年期间，那些含有“五合”字号的关联企业刊登在各种期刊的稿件中，有大量关于“五合国际（Woodhead International）成立于1927年，其业务遍布澳大利亚全境，在澳大利亚和东南亚共设有十几家分公司。五合国际在英国《世界建筑》被评为世界建筑设计500强中第24位”、“刘力 澳大利亚五合国际建筑设计集团中国区经理……”等的宣传，即便当时是基于双方的业务合作，但宣传中的“Woodhead International、五合国际”所指的显然不是这些含“五合”字号的企业名称，与之对照的应当是“WOODHEAD INTERNATIONAL PTY. LTD. 五合国际建筑设计集团”即原告。在被告刘力自己发表的大量文章中，其所署的作者身份也是“澳大利亚五合国际建筑设计集团中国区总经理”，可见被告刘力也是将五合国际建筑设计集团作为原告中文企业名称在国内进行使用。此外，被告北京五合与上海五合的关于对外是与原告共同使用“Woodhead”与“五合”的辩称意见恰也说明了相关公众足以认为“Woodhead”即是“五合”。故这些证据亦充分证明了WOODHEAD INTERNATIONAL PTY. LTD. 与五合国际建筑设计集团相对应，其中最具识别意义的“Woodhead”与中文“五合”相对应使用的事实。3. 三被告辩称，原告在国内投资设立的全资子公司合法登记注册的企业名称为“伍哈德”，“伍哈德”为“Woodhead”的谐音，故“Woodhead”所对应的中文译称应是“伍哈德”。对此，本院认为，三被告的此项辩称与各自提供的证据相互矛盾；且原告与其在国内的投资企业分别为两个不同的法人，而我国《企业名称登记管理办法》规定的是企业分支机构名称应当冠以其所从属企业的名称，但对于投资企业名称是否须冠以出资企业的名称并无明文规

定，故原告在国内出资设立独资企业的企业名称并不必然与原告在国内使用的企业名称的译称相一致，因此三被告的上述辩称缺乏依据，本院不予采纳。

（二）原告中文企业名称已在我国境内进行商业性使用

被告北京五合与上海五合辩称，原告未经工商注册登记，又未经相关主管部门审批备案和资质审核，擅自承接国内建设工程项目设计，违反相关部门规定，系非法经营，原告的商业行为不具有合法性，故对在非法经营中所使用的企业名称给予保护，于法无据。对此，本院认为，虽然我国对于建筑设计行业的准入有一定的限制规定，但是我国建设行政主管部门对于境外企业提供建设工程初步设计之前的方案设计和与国内具有相关资质单位的合作，提供顾问服务、配合进行有关建筑项目的设计和招投标，未有禁止性规定；况且原告在我国现有法律框架内，以合作方式，利用各种资源对其企业及相关中英文企业名称和字号进行宣传，使国内相关公众知晓其为建筑设计服务行业的经营者，此亦应为原告所进行的商业性活动的一部分，也未与我国相关法律法规相悖。故应当认定原告在我国境内以其基本对应的中英文企业名称进行了经营性活动。被告北京五合和上海五合的相关辩称意见，不能成立。

（三）原告的“五合”字号具有知名度

正是基于原告以合作方式，大量的对外宣传，不仅使国内相关公众已知晓其系建筑设计服务的经营者，而且一定程度上也了解了其企业的发展情况、经营实力以及在世界同行业中的相关排名；并且通过对国内有关楼盘住宅等建设工程项目的方案设计的参与等，从而使原告在国内业界具有了一定的知名度，也使“五合”为相关公众所知悉。三被告对“五合”字号在相关公众中的知名度亦均予以确认，但是认为，“五合”的知名系中方团队及之后由中方团队成员设立的企业名称中含有“五合”文字的境内公司在与原告合作期间，投入大量人力、物力进行宣传的结果。被告北京五合和上海五合对“五合”的知名度具有承继性和关联性，且由于两被告经营使用“五合”字号已持续6年，亦使得其“五合”字号在业内具有了较高的知名度。对此，本院认为，首先，两被告所称的企业名称中含有“五合”文字的公司，其企业字号均非只是“五合”二字，但这些企业在期刊杂志上所作的广告宣传却都是单纯地突显“五合”，宣传“五合”的海外背景、“五合国际”在世界的排名，即使是出于双方合作期间所进行的商业宣传，但以此内容，单方面自愿投入大量人力、物力进行宣传的结果虽然客观上不可避免地加剧了相关公众对于“五合”与“woodhead”的认知，进一步地提升了原告在国内的知名度，但仍难掩其本意是为了攀附原告的海外声誉和背景，从而使公众产生其与原告是具有一定关联性的联想，借此获取更多的交易机会。此种行为也恰好印证了原告所具有的市场认同度。其次，被告北京五合和上海五合辩称通过其自身的经营活动和相关工作业绩，使得作为其企业字号的“五合”亦具有了知名度，那么且不论两被告使用该字号是否构成侵权，现两被告提供的证据不足以证明两被告通过自身的经营活动和努力，使得作为其企业字号的“五合”所具有的知名度，已经足以使相关公众与原告的“五合”字号相识别。故本院对两被告的此项辩称难以采信。

因此，“五合”作为原告企业名称所对应的中文译名中的字号，在国内经商业使用，并具有一定的知名度，依法受到我国《反不正当竞争法》的保护。

需要进一步指出的是，由于字号在企业名称中最具有识别性，原告企业名称中最具识别意义的应当是“五合”（Woodhead），而“国际”则是行业的限定语，“五合国际”（Woodhead International）当为原告企业名称的简称。现原告将“五合国际”一并作为其企业字号主张权利，依据不足，本院不予支持。

三、被告北京五合和上海五合的行为构成对原告的不正当竞争

（一）原告对“五合”文字的在先使用

由于企业字号是企业在经营活动中为区别于他人、彰显自己形象的一种标志，据此识别商品或服务的来源，因此企业的字号与企业是密切联系的，企业所拥有的字号通常亦应当源自企业的设立之时。在国内，原告对于五合国际建筑设计集团的企业名称使用始于1999年，2001年后的期刊广告中五合国际（Woodhead International）和五合（Woodhead）的宣传也已大量出现。而被告北京五合和上海五合分别成立于2004年11月和2005年1月。故原告对于“五合”字号的使用在先于被告北京五合和上海五合。现被告北京五合和上海五合以“五合”系“中方团队”所使用的名称，也是“中方团队”逐步设立的关联企业的字号，在与原告的合作期间双方混合使用，且双方有对“五合”属于中方团队的约定，故两被告企业对于“五合”字号的使用具有承继性和关联性为由进行抗辩，对此，本院认为，1.“中方团队”并不能构成法律意义上的主体，无法拥有企业名称权和与之相关的企业字号权；2.两被告的相关出资企业的成立时间除北京五合时代建筑设计咨询有限公司成立于2003年11月外，其余均在2004年期间，显然均要迟于原告对“五合”字号的使用，故从这些企业的成立时间上看，也不能证明在国内将五合作为字号使用是在先于原告，因此两被告的辩称缺乏事实依据，本院不予采纳。

（二）北京五合和上海五合的主观过错

虽然被告北京五合和上海五合的企业名称是经工商登记注册，但是作为这两被告的投资企业的股东，事实上也就是被告方称之为与原告进行合作的“中方团队”的成员，同时也是相继在国内成立的企业名称中含有“五合”文字的企业的出资人，他们在与原告的合作过程中，对于原告的海外背景、国内的经营状况、中英文企业名称及字号的使用和其在同行业中的知名度，均是明知的。本院注意到，在明知上述事实的情况下，这些“中方团队”的成员还以在境外投资注册的公司与国内这些各自成立的公司进行合资的方式，分别登记成立被告北京五合和上海五合，使得两被告的企业名称和字号的使用在形式上合法化，但实质上其对于利用原告的商誉“搭便车”，混淆商品和服务来源的主观故意仍然十分明显，北京五合和上海五合对“五合”字号的登记使用具有主观过错。

（三）混淆事实的产生

被告北京五合通过自己的网站以及与上海五合共同对外的宣传手册，将“五合”与“Werkhart”相对应地标示，甚至在杂志广告中声称“五合”系“Werkhart International”的中文音译，已足以导致相关公众难以依据原、被告的企业字号区分商品和服务来源；另从人民网等网页将被告方的负责人员混淆或误作为原告的高管作介绍的报道，也表明相关公众对于双方的商品和服务来源已经产生了混淆和误认，影响市场正常的竞争秩序，对原告产生一定的损害。而且两被告还分别采取与广告代理或制作商约定，保证不以任何形式代理其他使用或企图使用“五合”、“五合国际”品牌商标或称谓的企业，帮助其开展市场宣传或推广（如合作栏目、举办活动或为其发表文章）等禁止性条款，更加深了对原告正常经营的影响。

（四）对于《谅解备忘录》的认定

本院认为，任何协议，若需在法律框架下发生约束力，首先其内容应当是具体确定的，其次当事人必须是有受约束的意思表示。综观该《谅解备忘录》的内容，双方当事人虽大致阐明了各自的履行项目，但并未对此赋予各自权利义务的具体内容，双方事实上只是对于未来合同条款进行了预约，这一点在备忘录最后“本谅解备忘录的签署是为表明双方保留各自身份促进业务增长，彼此合作意图”的表述中可予印证；更何况签约双方在备忘录最后进一步明示，“本谅解备忘录对双方没有法律约束力”，因此签约双方不愿意受该备忘录条款内容约束的意思表示是十分明确的。而被告对此亦未举证签约一方已经就备忘录有了实际履行的事实。故三被告以此认为原、被告对相关字号的使用作了明确的意思表示，被告方对于“五合”的使用不构成侵权的辩称，依据不足，本院不予采信。

综上所述，被告北京五合和上海五合作为在后登记的企业，在明知中文“五合”已为原告在先使用，并具有一定知名度，为相关公众所知悉的情况下，仍将之作为字号进行企业名称登记，予以使用，以便于利用原告的商誉获取更多的竞争优势，具有主观上的过错，且也造成相关公众对于两被告和原告的市场主体、商品和服务来源产生混淆，使原告的利益受损，两被告的行为有违公平与诚信原则，构成了对原告的不正当竞争。

四、被告刘力的主体资格不适格

由于原告提供的证据既不足以证明刘力系被告北京五合和上海五合的实际控制人，以及刘力被控侵权的行为是其个人以营利为目的的一种经营行为；亦无法证明刘力个人与原告之间存在竞争关系，因此刘力个人作为本案的不正当竞争诉讼主体不适格，原告主张被告刘力侵犯其享有的字号权，不能成立。

五、关于被告北京五合和上海五合的责任承担

由于被告北京五合和上海五合均对原告实施了不正当竞争行为，对原告造成的损害后果也难以分割，现原告请求停止侵害、赔偿损失和在合理范围内发表声明，消除影响，本院予以支持。鉴于原告提供的证据无法证明其所遭受的实际损失和被告方的违法所得，故本院根据两被告实施侵权行为的性质、后果、主观过错等因素，以及原告为本案所支出的合理的律师费、公证认证和相关的翻译用费用，酌情确定被告北京五合和上海五合应承担的赔偿数额。

据此，依照《中华人民共和国反不正当竞争法》第二条第一款、第五条第三项、第二十条第一款，《最高人民法院关于审理不正当竞争民事案件应用法律若干问题的解释》第六条第一款、第十七条第一款之规定，判决如下：

一、被告上海五合国际建筑设计咨询有限公司、被告北京五合国际建筑设计咨询有限公司停止对原告 WOODHEAD INTERNATIONAL PTY. LTD.（五合国际建筑设计集团）的不正当竞争行为，并应于本判决生效之日起三十日内向工商行政管理部门申请变更企业名称，变更后的企业名称中不得含有“五合”文字；

二、被告上海五合国际建筑设计咨询有限公司、被告北京五合国际建筑设计咨询有限公司于本判决生效之日起六十日内在国内的《世界建筑》杂志上刊登声明，消除对原告 WOODHEAD INTERNATIONAL PTY. LTD.（五合国际建筑设计集团）所造成的影响（内容须经本院审核）；

三、被告上海五合国际建筑设计咨询有限公司、被告北京五合国际建筑设计咨询有限

公司应于本判决生效之日起十日内共同赔偿原告包括合理费用在内的经济损失共计人民币30万元；

四、对原告 WOODHEAD INTERNATIONAL PTY. LTD.（五合国际建筑设计集团）的其他诉讼请求不予支持。

案件受理人民币62 510元（原告已预交），由原告负担人民币42 510元，被告上海五合国际建筑设计咨询有限公司、被告北京五合国际建筑设计咨询有限公司共同负担人民币20 000元。

如果未按本判决指定的期间履行给付义务，应依照《中华人民共和国民事诉讼法》第二百二十九条规定，加倍支付迟延履行期间的债务利息。

如不服本判决，原告 WOODHEAD INTERNATIONAL PTY. LTD.（五合国际建筑设计集团）可在判决书送达之日起三十日内，被告刘力、被告上海五合国际建筑设计咨询有限公司、被告北京五合国际建筑设计咨询有限公司可在判决书送达之日起十五日内，向本院递交上诉状，并按对方当事人的人数提出副本，上诉于上海市第二中级人民法院。

审 判 长 凌 崧
审 判 员 金 滢
审 判 员 徐晨平
二〇〇九年十二月二十二日
书 记 员 胡嘉祺

（本判决书入选2010年度上海法院知识产权司法保护十大案件）

27. 上海人才网（集团）有限公司诉上海创汇信息科技有限公司擅自使用企业名称不正当竞争纠纷案

——上海市浦东新区人民法院民事判决书

（2010）浦民三（知）初字第249号

原告：上海人才网（集团）有限公司，住所地上海市闸北区梅园路77号1901室。

法定代表人：王钢，总裁。

委托代理人：张涛，上海人才网（集团）有限公司职员。

委托代理人：王蕴，上海国策律师事务所律师。

被告：上海创汇信息科技有限公司，注册地上海市宝山区金石路1688号101C，实际经营地上海市浦东新区东方路1365号22G。

法定代表人：何伟良，总经理。

委托代理人：李萍，上海君莅律师事务所律师。

原告上海人才网（集团）有限公司诉被告上海创汇信息科技有限公司擅自使用他人企业名称纠纷一案，本院于2010年5月10日受理后，依法组成合议庭，于2010年6月11日、7月15日公开开庭进行了审理。除被告法定代表人外，上列诉讼参与人均到庭参加了诉讼。本案现已审理终结。

原告上海人才网（集团）有限公司诉称：原告原名上海人才网信息技术有限公司，业绩良好，多次受到政府嘉奖，并于2010年2月升级为集团公司，系在上海乃至全国均享有较高知名度的从事人力资源服务的专业企业。原告在经营活动中，使用原告法定代表人王钢于2005年10月注册的“上海人才”商标和名称为“上海人才网”的网站，“上海人才”商标已于2010年4月转让给原告。自2008年12月起，原告多次接到客户有关使用百度、谷歌等搜索引擎在互联网上搜索“上海人才网”、“上海人才”但链接不到原告网站的投诉，客户由此认为原告不诚信而取消了多笔业务。经查，使用百度、谷歌等搜索引擎搜索“上海人才网”、“上海人才”，发现大部分链接的是域名为“001hr.net”、名称为“上海人才网”的网站，该网站由被告建立，被告利用该网站无证经营人才中介服务业务。原告认为，原告的“上海人才网信息技术有限公司”、“上海人才网（集团）有限公司”的企业名称经工商行政管理机关登记注册，受到法律保护。原告企业名称中的“人才网”为原告的商号，该商号经原告长期广泛使用而具有显著性、识别性，相关公众包括政府文件、新闻媒体等也简称原告为“上海人才网”或者“人才网”，故“上海人才网”、“人才网”的名称不属于通用名称。被告出于获利目的，恶意假冒原告“上海人才网”的网站名称，无证经营与原告同类的业务，足以导致相关公众产生混淆，误认为该网站是原告的网站，其行为严重侵犯了原告的名称权和商标权，导致原告商誉受损、经济损失，构成了不正当竞争。因此，请求判令被告：1. 立即停止使用假冒原告“上海人才网”名称的不正当竞争行为；2. 在相应报刊上公开向原告赔礼道歉，消除影响，恢复名誉；3. 赔偿原告经济损失费100 000元（系人民币，下同）及公证费4 000元、律师费

10 000元。

原告为证明诉讼请求所依据的事实，提供了以下6组证据：1. 原告的企业法人营业执照、企业名称变更预先核准通知书，原告的上海市工商行政管理局第3101000320100019号《企业集团登记证》、上海市闸北区人力资源和社会保障局沪闸人社第3101080003号《人力资源服务许可证》，原告缴纳税费的发票和交付房租费、物业费的发票，用于证明原告工商注册登记的基本信息、经营规模及获得的相关行政许可等事实。2. 上海市人民政府沪府函（2010）41号文件，上海市闸北区人民政府闸府函（2009）62号文件，原告的中国人才交流协会入会通知书及团体会员证书、全国人力资源服务标准化技术委员会回复函，新闻媒体对原告的相关报道材料，原告的获奖证书，用于证明原告的知名度、原告的简称等事实。3. 第3668348号商标注册证、核准商标转让证明，用于证明原告享有涉案注册商标的专用权等。4. 上海市通信管理局就涉案网站的证明材料，用于证明原、被告各自网站的备案情况等事实。5. 上海市卢湾公证处（2009）沪卢证经字第89号公证书，被告的企业入会服务合同，被告法定代表人的名片，用于证明被告对原告侵权等事实。6. 原告聘请律师代理诉讼的合同及律师费发票，公证费发票，用于证明原告为调查、制止被告侵权行为所支出的合理费用等事实。

被告上海创汇信息科技有限公司辩称：首先，通用名称不具有知识产权，将通用名称抢注成商标或者注册为企业名称是一种垄断公共资源、霸占市场的不正当竞争行为。涉案"上海人才网"网站名称中的"上海"为地区名称、"人才"为行业经营方式、"网"为网站的必备名称，故"上海人才网"的名称缺乏显著特征，不具有识别性，属于通用名称。原告使用"上海人才网"这一通用名称，并没有导致该通用名称产生了特定的第二含义即没有形成显著的识别性，故原告不享有独立、排他性地使用"上海人才网"名称的权利。其次，网络推广链接对应的是网址，区分不同网站的是网址域名而非网站名称。被告使用"上海人才网"作为网站名称，并不负有查询该网站名称是否与其他企业名称同名的法定义务。被告通过百度等搜索引擎的竞价排名，以出价更高的方式，在首页显示被告的网站，以此取得市场占有率、业界知名度，并没有利用原告的商誉来增加被告网站的点击率，且原告在业界并无显著业绩，被告实无仿冒之必要，故被告不存在不正当竞争行为。再次，被告在网站的显著位置使用了自己的商标，并未使用涉案"上海人才"商标，且原告受让的"上海人才"商标核定使用的商品限于报纸、杂志，故被告没有侵犯原告的商标专用权。"上海人才"商标涉嫌抢注通用名称，被告对此保留向有关部门提起异议的权利。因此，请求判令驳回原告的诉讼请求。

被告为证明抗辩主张所依据的事实，提供了以下证据：被告的企业法人营业执照、被告网站的域名证书，用于证明被告工商注册登记的基本信息及域名备案情况等事实。

经庭审质证，原、被告双方对对方所提交的上述证据的真实性、合法性均无异议。

基于原、被告的当庭陈述和上述证据，本院确认本案事实如下：

一、原告上海人才网（集团）有限公司原名上海人才网信息技术有限公司。上海人才网信息技术有限公司于2004年3月29日经工商行政管理机关注册成立，核准经营范围为人才信息咨询、人才推荐、人才招聘、人才培训、人才测评、人才信息网络服务、人才派遣及计算机软硬件、网络工程、电子商务、企业管理咨询等数十项（涉及行政许可的凭许可证经营），注册资本8 500万元，实收资本5 000万元，系国内合资的有限责任公司。2010 年 2 月 24 日，上海人才网信息技术有限公司经工商行政管理机关核准变更企业名称为上海人才网（集团）有限公司。上海市工商行政管理局核发的《企业集团登记证》明确原告的名称和简称均为上海人才网集团。上海市闸北区人力资源和社会保障局核发的《人力资源服务许可证》明确原告的服务范围为人才供求信息的收集、整理、储存、发布和咨询服务及人才推荐、人才招聘、人才培训、人才测评、人才信息网络服务、人才派遣。

原告的互联网网站于 2005 年 1 月 31 日在上海市通信管理局备案，该网站名称为“上海人才网”，首页网址为“www. shanghaitalent. com”，域名包括上海人才．中国、上海人才网．中国等 2 个中文域名和 dragonhr. cn、dragonhr. com 等 30 个英文域名，备案/许可证号为沪 ICP 备 06036084 号，网站开设的栏目及其主要内容为招聘、求职、培训、会员服务、留言板等。原告利用上述网站，经营人力资源服务业务。

原告的法定代表人王钢系第 3668348 号“上海人才 ShanghaiHR”图形商标即“上海人才 shanghaiHR 及图”商标的注册人，该注册商标核定使用的商品为第 16 类的报纸、期刊、杂志（期刊）、新闻刊物，有效期为 2005 年 10 月 21 日至 2015 年 10 月 20 日。上述商标由王钢于 2003 年 8 月 11 日申请注册，于 2004 年 3 月 30 日授权原告使用。2010 年 4 月 21 日，国家工商行政管理总局商标局核准原告为上述第 3668348 号注册商标的受让人。

原告的“上海人才”标贴于 2004 年 5 月获得国家知识产权局主办的中国国际专利与名牌博览会的金奖，于 2004 年 8 月获得国家知识产权局等部门主办的中国国际专利技术与名牌交易会的金奖；原告的“上海人才网”标贴于 2008 年 9 月获得国家知识产权局主办的中国国际专利与名牌博览会的金奖。2010 年 5 月 31 日，原告成为中国人才交流协会的团体会员。2010 年 6 月 9 日，全国人力资源服务标准化技术委员会批准同意原告作为开发建设全国人力资源服务标准化信息系统的项目实施单位。2010 年 6 月，有关领导在上海人才大厦察看了原告等企业，与企业负责人亲切交谈，了解人才服务业发展情况，中央级及上海市级的多家新闻媒体在报道上述新闻时均将原告公司简称为“人才网”。上海市人民政府沪府函（2010）41 号文件明确“中国上海人才市场”是上海市政府与原人事部共建的七大区域性市场之一，作为“中国上海人才市场”载体的上海人才大厦已成为提供公共人力资源服务的核心地区，上海外服、上海人才网等机构以及一些国际知名企业已陆续入驻上海人才大厦，上海市以上海人才大厦为核心建设全国首个国家级人力资源服务产业集聚区。上海市闸北区人民政府闸府函（2009）62 号文件明确原告是该区发展人才服务产业重点引进的企业，原告得到了中组部、人力资源和社会保障部及市、区有关领导的关心和支持等。

原告缴纳了 2010 年上半年的“其他个人所得税”1 376 万余元，其使用上海人才大厦的房屋租金为 17 万元/月、物业管理费为 31 060元/月。因本案纠纷，原告聘请律师代理诉讼，为此支付律师费 10 000元。

二、被告上海创汇信息科技有限公司于 2006 年 10 月 8 日经工商行政管理机关注册成立，核准经营范围为计算机信息科技领域内的技术开发、网络工程领域内的技术服务、商务信息咨询服务、设计制作各类广告、计算机软硬件和日用百货的销售（涉及行政许可的凭许可证经营），注册资本、实收资本均为 50 万元，系由 2 个自然人股东发起成立的有限责任公司。

被告的法定代表人何伟良（系被告的股东）于2005年1月6日注册了“001hr. net”的域名，域名到期时间为2011年1月6日。被告的互联网网站于2007年4月28日在国家工业和信息化部备案，备案的网站名称为“上海创汇信息科技有限公司”，备案/许可证号为沪ICP备07012346号，首页网址为“www. 001hr. com”、“www. 001hr. net”、“www. 001job. cn”，域名包括001hr. com、001hr. net、001job. cn。被告建立上述网站后，在未取得相关行政许可的情况下，以“上海人才网”为上述网站的实际名称，对外公开经营人才中介服务业务，并制作了《企业入会服务合同》。该《企业入会服务合同》系格式合同，合同明确被告的网站名称为“上海人才网”，域名为001hr. net，企业会员费为每月380元，企业会员可以在被告的上述网站上发布、更新企业介绍、招聘信息、查询及下载人才资料、进行招聘信息传递服务，并可获得被告的重点推荐、赠送的图片广告展示等。上述网站、企业入会服务合同均未使用“上海人才 shanghaiHR 及图”注册商标。

三、2009年1月9日，原告向上海市卢湾公证处申请办理证据保全公证。该公证处公证员宋澄及工作人员王恒冰监督了原告法定代表人王钢在该公证处的计算机上的相关操作，对操作过程中显示的页面即时截图、打印，并于2009年2月5日出具（2009）沪卢证经字第89号公证书，原告为此支付公证费4 000元。该公证书明确：1. 首页网址为www. 001hr. net或者www. 001hr. com或者www. 001job. cn的网站的名称为“上海人才网”，系由被告建立、运营的为社会公众提供有关人力资源咨询、培训、猎头服务等项目的经营性的专业网站，网站备案/许可证号为沪ICP备07012346号，网站开设的栏目主要有会员中心、最新招聘、最新人才、猎头服务、高级人才、培训教育、兼职信息等。2. 分别使用“百度”、“谷歌”、“搜狐”、“雅虎”等网站的搜索引擎搜索“上海人才网”五字，搜索结果的首页均显示首页网址为www. 001hr. net或者www. 001hr. com的网站，即为上述由被告建立、运营的名称为“上海人才网”的网站。

在审理中，上海市人力资源和社会保障局于2010年7月13日向本院具函确认互联网信息服务提供者专营或兼营人才信息网络中介服务的，必须申领许可证，该局没有给予被告从事人才中介服务业务的行政许可。上海人才服务行业协会于2010年7月14日向本院具函确认原告是上海人才服务行业协会的理事单位，合法开展各项业务，每年均通过上海市人力资源和社会保障局的年检，近年来经营情况良好，是行业内极具成长性的公司，受到中共中央组织部、国家人力资源和社会保障部及中共上海市委、上海市人民政府多方面领导的关心和支持，具有良好的发展前景。

在审理中，原、被告各持己见，本案纠纷未能调解解决。

本院认为：

经营者在市场经营活动中应当遵循诚实信用和公平竞争的原则，遵守公认的商业道德。经企业登记主管机关核准登记注册的企业名称在该企业登记主管机关辖区范围内享有专用权，该专用权受到法律保护。经营者擅自使用他人的企业名称包括字号，或者擅自使用与他人的企业名称包括字号近似的名称，并从事与该权利人相同或者类似的经营活动，造成相关公众对商品包括服务的来源产生误认的，属于以仿冒手段从事市场交易、损害竞争对手的不正当竞争行为。本案争议焦点在于被告在经营活动中使用“上海人才网”文字作为其互联网站名称的行为是否侵犯了原告的企业名称权，是否构成了不正当竞争。

在日常生活中，某个具体的互联网站通常被相关公众简称为某网（如新浪网、淘宝网），该类网站的简称一般均具有识别性、显著性；某个专题类别的互联网站通常被相关公众以“专题类别的名称”加“网”的方式予以概称（如商标网、汽车网），该类概称泛指某个专题类别的网站，属于某个专题类别网站的通用名称。在网站名称的语境中，可以将由“人才”与“网”组合而成的“人才网”一词理解为人力资源服务方面的与人才或者人才中介服务相关的网站，即“人才网”一词可以作为该类网站的通用名称，可以将上海地区人力资源服务方面的网站通称为“上海人才网”。但是，“人才”二字和“网”字均具有特定的几个不同的字义。“人才”具有德才兼备的人、有某种特长的人、人的相貌端正等多个含义，而“网”字既可以作名词意义上的网兜、库网等储备空间方面的理解，也可以作动词意义上的网罗、搜寻等收集活动方面的理解，网站仅是“网”的字义之一。“人才”与“网”所组合而成的“人才网”一词在整体上可以反映人才库和找人才两方面的特定含义，故如果在“人才网”一词的前面或者后面加上一定的修缀文字，则“人才网”一词在整组文字的语境中就可能具有识别性、显著性。同时，“人才网”一词如果经使用而产生了足够的影响力，则该词语也会产生特定的第二含义。在上述两种情况下，就不能仍然将“人才网”简单理解为人才或者人才中介服务类网站的通用名称。

本案中，原告上海人才网（集团）有限公司依法成立，其原名称和现名称均经工商行政管理机关核准登记注册，其中的“上海”是原告所在的行政区划，“信息技术”是原告所属的行业，“有限公司”是原告的组织形式，故“人才网”显属原告的字号（商号）。“人才网”字号是原告企业名称的重要组成部分，是原告用以标识自己并区别于其他企业的主要识别标记，系原告企业名称中的关键词。由于原告自 2004 年起经营人力资源服务业务，长期连续使用含有“上海人才网”文字的企业名称、“人才网”字号以及“上海人才 shanghaiHR 及图”的注册商标，并基于原告经多年经营，已成为在国家级人力资源服务产业集聚区经营人才中介服务的集团型公司，系中国人才交流协会的团体会员、上海人才服务行业协会的理事单位的事实，基于政府相关文件、权威新闻媒体的相关报道在提及原告时已将其简称为“上海人才网”、“人才网”的事实，再结合原告的注册资本数额、纳税额，承担全国人力资源服务标准化信息系统项目的开发建设，得到政府有关部门的肯定，有关领导视察，“上海人才”、“上海人才网”标贴多次获奖等因素，可以认为原告是在人力资源服务行业内具有较高知名度的经营规模较大的专业企业，“人才网”三字特别是“上海人才网”五字已经具备了区别原告与其他企业、与人才类网站的识别功能，“人才网”特别是“上海人才网”的名称已经特指原告这一企业。因此，本院认定原告企业名称中的“人才网”或者“上海人才网”文字，因为存在“（集团）有限公司”或者“信息技术有限公司”的文字后缀，并因为原告长期经营、连续使用所产生的影响力，而已经具有了有别于通用网站名称的特定的第二含义，具有显著性、识别性，既不能将原告企业名称中的“上海人才网”割裂解读为“上海”加“人才”加“网”的组合，更不能将此名称理解为上海地区的与人才或者人才中介服务相关的网站。据此，本院认定原告对其企业名称中的“上海人才网”名称享有知识产权，未经原告许可，他人不得在经营活动中以通用名称等为由擅自使用该名称。

设立人才中介服务机构，开展人才中介服务业务需要取得人事行政主管部门的批准。开办经营性互联网站应当具备相应的经营资质。被告上海创汇信息科技有限公司在不具备人力资源咨询服务方面的经营资质，没有取得从事人才中介服务业务的行政许可的情况下，擅自在互联网站上经营人才中介服务业务，具有违法性。被告从事专业的人才中介服务，经营地在上海，必然知道人力资源服务行业内存在原告这一具有较高知名度的企业，但其为招揽业务、获取利益而故意回避使用其在有关机构备案的网站名称，擅自使用原告企业名称中的“上海人才网”这一核心文字作为其网站名称，且该网站名称与原告的网站名称相同，故被告刻意搭原告便车、傍原告品牌，假冒原告开展经营活动的主观恶意明显。被告网站的服务内容、服务方式等与原告的业务范围、经营方式相同、近似；在互联网上使用多个搜索引擎搜索“上海人才网”这一关键词时，被告网站的名称、网址等信息在搜索结果的首页均有显示，该些首页内容及被告的相关营销合同均存在“上海人才网”的名称，被告并自认其因上述经营行为而有一定的经济收益。因此，本院认定被告将原告企业名称中的“上海人才网”作为其网站名称开展经营活动等行为，已经足以使相关公众产生混淆，误认为该“上海人才网”即系原告经营的网站或者该网站与原告存在某种特定的联系，已经足以影响、妨害原告正常的市场交易机会，给原告造成了一定的经济损失。

原告在事实主张中认为被告侵犯了其注册商标专用权，因没有证据证明被告有侵害原告“上海人才 shanghaiHR 及图”注册商标的行为，故该事实主张不能成立。

综上所述，被告擅自使用原告企业名称，侵犯了原告的企业名称权，损害了公平竞争的市场秩序和原告的合法权益，构成不正当竞争，应当依法承担民事责任。原告请求判令被告停止侵权、消除影响、赔偿损失，具有事实与法律依据，本院予以支持。鉴于赔礼道歉的责任承担方式只适用于受害人为有情感的自然人的情形，故对原告要求被告赔礼道歉的诉请，本院难以支持。鉴于被告的不正当竞争行为没有损害原告的名誉，且履行消除影响的民事责任可以在相关公众中实现澄清事实、恢复真相的目的，故对原告要求被告恢复名誉的诉请，本院亦难以支持。鉴于原告未提供其因被告不正当竞争行为所造成的具体损失数额的依据，本院也难以查明被告因侵权所获得的利益，故考虑被告侵权行为的过错程度、持续时间及被告的经营规模，原告的知名度及为调查、制止被告侵权行为的合理开支等因素，依法酌定被告的赔偿数额。据此，为保护公平竞争，制止不正当竞争行为，保护经营者的合法权益，依照《中华人民共和国民法通则》第九十九条第二款、第一百二十条及第一百三十四条第一款第（一）、（七）、（九）项，《中华人民共和国反不正当竞争法》第五条第（三）项、第二十条第一款，《最高人民法院关于审理不正当竞争民事案件应用法律若干问题的解释》第六条第一款、第十七条第一款，参照《中华人民共和国商标法》第五十六条第一款、第二款，《最高人民法院关于审理商标民事纠纷案件适用法律若干问题的解释》第十六条第一款、第二款及第十七条的规定，判决如下：

一、被告上海创汇信息科技有限公司于本判决生效之日起立即停止使用“上海人才网”名称的不正当竞争行为。

二、被告上海创汇信息科技有限公司于本判决生效之日起三十日内在《新民晚报》除中缝以外的版面上刊登声明，就其使用“上海人才网”名称的不正当竞争行为消除影响，声明内容须经本院审核。如不履行，本院将在相关媒体上公布本判决，费用由被告上海创汇信息科技有限公司承担。

三、被告上海创汇信息科技有限公司于本判决生效之日起十日内赔偿原告上海人才网

（集团）有限公司经济损失费50 000元和制止侵权行为的合理费用14 000元。

四、驳回原告上海人才网（集团）有限公司的其他诉讼请求。

负有金钱给付义务的当事人如未按判决指定的期间履行给付义务，应当依照《中华人民共和国民事诉讼法》第二百二十九条之规定，加倍支付延迟履行期间的债务利息。

本案受理费2 580元（已由原告预交），由被告上海创汇信息科技有限公司负担，应当在本判决生效之日起七日内向本院交纳。

如不服本判决，可在判决书送达之日起十五日内，向本院递交上诉状，并按对方当事人的人数提出副本，上诉于上海市第一中级人民法院。

审　判　长　许根华
人民陪审员　余继钟
人民陪审员　沈　卉
二〇一〇年八月九日
书　记　员　钱丽莹

（本判决书入选2010年度上海法院知识产权司法保护十大案件）

28. 宣达实业集团有限公司诉孟莫克公司等商业诋毁纠纷案

——中华人民共和国上海市第一中级人民法院民事判决书

(2009) 沪一中民五 (知) 初字第228号

原告：宣达实业集团有限公司，住所地浙江省永嘉县瓯北镇东瓯工业区。

法定代表人：叶际宣，董事长。

委托代理人：叶志坚，浙江天册律师事务所律师。

被告：孟莫克公司（MECS,Inc.），住所地美利坚合众国密苏里州切斯特菲尔德南外四十路14522号。

授权代表：Patrick Michael Ritschel，副总裁。

委托代理人：胡斌，上海市方达律师事务所律师。

委托代理人：佘轶峰，上海市方达律师事务所律师。

被告：孟山都（上海）有限公司，住所地上海市浦东新区外高桥保税区新灵路118号911B室。

法定代表人：汪泓。

原告宣达实业集团有限公司（以下简称宣达公司）诉被告孟莫克公司、孟山都（上海）有限公司（以下简称孟山都公司）商业诋毁纠纷一案，本院于2009年11月12日受理后，依法组成合议庭，于2010年12月15日公开开庭进行了审理。原告宣达公司的委托代理人叶志坚，被告孟莫克公司的委托代理人胡斌、佘轶峰到庭参加诉讼；被告孟山都公司经本院合法传唤，无正当理由未到庭参加诉讼，本院依法对其缺席审理。本案现已审理终结。

原告宣达公司诉称：其是国内著名的特种阀门、化工成套设备和耐腐蚀材料生产企业，是硫酸行业重要的特种材料供应商，在硫酸工业设备领域具有长期丰富的经验。2004年以来原告成功突破了耐硫酸腐蚀材料的若干技术难点，研发出了系列特种材料，并据此首家开始设计推广应用于硫酸生产线的国产热能回收装置。2005年，原告通过其下属企业上海奥格利环保工程有限公司（以下简称上海奥格利公司）为位于浙江省上虞市的浙江龙盛控股有限公司（以下简称龙盛公司）与日本伊藤忠商事株式会社（以下简称伊藤忠公司）合资设立的浙江忠盛化工有限公司（以下简称忠盛公司）成功提供了一套国产化的低温热能回收系统。被告孟莫克公司是一家在美国注册的从事环境化学工程的公司；被告孟山都公司是美国孟山都公司在上海外高桥保税区内投资设立的独资公司，注册资本为100万美元，其经营范围限于国际贸易、转口贸易以及保税区内的其他业务。近年来，两被告也在向我国硫酸行业企业推广低温热能回收系统，是原告的竞争对手。两被告为实现其垄断目的，在明知原告的技术线路完全不同于被告产品的情况下，却于2006年在上海市第一中级人民法院提起针对原告的侵犯商业秘密诉讼。在该案中，经技术鉴定，确认原告宣达公司实际使用的技术与两被告宣称的技术毫不相似。两被告在明知其系恶意诉讼的情况下，由其负责人 Patrick Michael Ritschel 本人亲自以及会同被告孟山都公司以委托律师的名义，故意失实地大肆向包括忠盛公司及其股东伊藤忠公司在内的原告用户或潜在客户、各级媒体和上虞等地区的地方政府部门持续大量地公开邮寄、散发书面资料，指责原告在硫酸行业“没有任何技术和经验”，“盗窃”、“窃取”了美国公司的技术并“恶意”、“持续”地“侵权”。并耸人听闻地声称美国公司很快会在相关诉讼中“胜诉”，相关设施会被“拆除”，相关工程的质量“存在重大隐患”，甚至赤裸裸地要求客户终止与原告的合作。在侵犯商业秘密诉讼一审判决败诉后，两被告在改换口径后仍在继续诋毁原告。被告的上述行为严重破坏了原告在硫酸行业中的商业信誉，影响了已有客户和潜在客户对原告的信任度，妨碍了地方政府主管部门对原告技术创新能力的正确判断。在近四年的时间内，原告在上虞地区已建成的工程迟迟不能正式投入使用，所有缔约谈判中的客户均流失，政府机构对原告新项目的审查批准持质疑态度，造成了原告商业信誉和产品声誉的巨大负面影响，原告在近四年中未能达成任何新的热能回收工程合同，业务停顿，造成原告巨大经济损失，构成对原告的商业诋毁。为此，原告诉至法院请求判令：1. 确认两被告的行为构成不正当竞争，诋毁原告的商业信誉，禁止两被告继续从事相同或类似行为；2. 两被告连带赔偿原告经济损失人民币 1 800万元；3. 两被告在《浙江日报》上公开消除影响。

被告孟莫克公司辩称：1. 本案诉讼主体存在错误，宣达公司不是适格的原告。原告并不是涉案硫酸热能回收装置的制造商或供应商，本案直接争议的忠盛公司在上虞地区使用的热能回收装置系上海奥格利公司提供，涉案硫酸热能回收装置的市场推广和宣传均由上海奥格利公司及浙江奥格利公司提供，即使在市场上积累了任何商誉，其归属也不是原告，原告以上海奥格利公司系其下属企业而提起商誉侵权诉讼没有法律依据。2. 被告的涉讼行为不符合《反不正当竞争法》中商业诋毁行为的构成要件。首先，被告有合理的理由相信涉案硫酸热能回收装置涉嫌侵犯了被告的商业秘密，故而提起了侵犯商业秘密诉讼，该诉讼并非恶意诉讼。被告向有关方呈递的信函，是为了防止对其商业秘密侵权损失继续扩大而采取的合理自救措施。其次，被告向有关方呈递的函件内容都属于商业秘密诉讼民事起诉状的范围内，被告为此还提供了相应的证据。被告对于商业秘密诉讼的进展情况及可能的法律后果的描述并无不妥之处。涉及高温、高压状态下的硫酸热能回收的设备，都会面临一系列需要解决的安全问题，这是行业中众所周知的，而上海奥格利公司缺乏充足的技术和经营也是不争的客观事实。因此，被告在相关函件中的陈述并非“捏造虚伪事实”的行为。再次，被告没有“散布虚伪事实”的行为，相关函件仅仅发给相对的收件人，并未在公众中公布或扩散，也未向任何媒体提供任何关于商业秘密的诉讼材料。伊藤忠公司是商业秘密诉讼案中被告忠盛公司的股东，被告向其发函属于向涉嫌侵权相对方直接交涉的行为，并非是向无关方的散布行为。被告仅向无锡东沃化能有限公司（以下简称无锡东沃公司）递送过一份函件，原告也未说明及证明何为其用户或潜在用户，故被告并不存在向原告的用户或潜在用户大量邮寄、散发书面资料的事实。上虞地区的地方政府及硫酸工业相关行业协会负有对涉案的硫酸热能回收装置及相关技术进行监督、管理的职责，被告向其致函属于反映正常诉求的行为，同样也不是向无关方的散布行为。最后，被告的行为未对原告造成任何损害，原告称其在四年的时间内未能获得任何关于涉案硫酸热能回收装置的新合同，所有缔约谈判中的客户均流失等，均与事实不符，上虞地区的涉案硫酸热能回收装置从未停止过安装、调试和使用。在商业秘密诉讼作出一审判决前，上海奥格利公司及浙江奥格利公司的涉案硫酸热能回收装置至少已经在山东、广西、江苏等地的多家企业项目中中标，无锡东沃公司也已经与上海奥格利公司签约。3. 原告提起的本案诉讼已经超过诉讼时效，其诉讼请求依法应予驳回。原告主张侵权的相关函件最迟为2007年6月4日，而原告于2009年11月12日提起本案诉讼，已经超过了两年的诉讼时效期间。

被告孟山都公司未到庭陈述答辩意见，亦未提供书面答辩材料。

原告为支持其主张，向本院提供如下证据：

1. 原告营业执照，证明原告是一家在包括硫酸等耐腐蚀特种行业有丰富经验的大型企业；

2. 上海奥格利公司企业章程，证明上海奥格利公司系原告设立的从事化学工程技术的控股子公司；

3. (2006) 沪一中民五（知）初字第110号民事判决书，证明两被告指责原告侵犯其商业秘密属重大失实，主观上有恶意；

4. 被告孟山都公司工商基本情况，证明该公司为保税区内贸易公司，并未获准在中国进行化工工程建设和技术服务；

5. 两被告发给伊藤忠公司的函件，证明两被告就忠盛公司的配套低温回收系统项目对原告公开进行诬蔑和诽谤，损害原告商业信誉；

6. 被告孟莫克公司发给杭州湾精细化工园区管委会、上虞市发改局的关于“孟莫克公司商业秘密被侵权案件”的函件，证明被告向政府机构以虚假举报方式诋毁、损害他人商业信誉；

7. 2006年9月12日《东方早报》及2006年9月13日《温州商报》，证明两被告向不特定社会公众对原告进行诋毁，损害原告商业信誉；

8. 两被告发给中国化工学会无机酸碱盐专业委员会、中国硫酸工业协会的律师函各一份，证明被告捏造虚假事实，损害原告商业信誉；

9. 两被告向无锡东沃公司发送的律师函，证明被告向原告的潜在客户发函，捏造虚假事实，损害原告商业信誉；

10. 云南云天化国际化工股份有限公司与原告的往来电子邮件及法律意见书，证明被告向原告的潜在客户发函，损害原告商业信誉，导致原告与该客户之间合同签订失败；

11. 上海奥格利公司的股东名录、股权转让协议及财务审计报告，证明因被告的侵权行为造成原告在其子公司的利润下降超过1 800万元；

12. 技术鉴定报告，证明被告向公众散发的所谓原告侵犯其商业秘密的信息是虚假的，属于捏造事实；

13. 被告孟莫克公司的声明一份，证明其对实施侵权行为的自认。

经质证，被告孟莫克公司认为：证据1的真实性认可，关联性不认可；证据2不予认可；证据3的真实性认可，关联性不认可；证据4不予认可；证据5的真实性无法认可，伊藤忠公司是商业秘密诉讼案中被告之一忠盛公司的股东，被告委托律师向其发律师函系善意、正当的提醒，并非诋毁原告商誉的行为；证据6的真实性认可；证据7中《东方早报》的真实性认可，《温州商报》的真实性、关联性不予认可；证据8、9的真实性无法认可，即便真实，其内容也没有诋毁原告商誉；证据10的真实性不予认可；证据11中的股东名录、审计报告的真实性认可，但与本案没有关联性，股东转让协议不能作为提供股权价值实际损失的依据；证据12的真实性认可，但与本案无关；证据13的真实性认可，但不能证明原告的主张。

被告孟莫克公司为支持其辩解，向本院提供如下证据材料：

1. 宣达公司网站上的“发展战略”、“宣达简介”、“宣达公司产品全集”内容及（2005）沪证经字第12408号《公证书》、原告及上海奥格利公司的工商登记资料，证明上海奥格利公司是负责经营和提供涉案DWHS技术的实体，原告并非硫酸化工设备的经营者，其诉讼主体不适格；

2. 《文氏管式稀释器的开发与应用》、《奥格利DWHS技术在300kt-a硫黄制酸装置中的应用》、《硫黄制酸装置低温位余热回收（DWHS）确认为浙江省工业新技术》及该技术通过浙江省工业新技术鉴定的文章，证明DWHS技术系上海奥格利公司提供及该技术的鉴定由浙江奥格利公司申报，原告主体不适格；

3. 《技术开发及成套设备供货合同》及宣达公司网站上关于《东佳集团低温位余热回收系统正在建设中》、《双赢合作，舍我其谁》文章，证明忠盛项目中DWHS技术有上海奥格利公司承包，宣达公司其他DWHS项目也由上海或浙江奥格利公司承包，上海奥格利公司在商业秘密事实一审判决前已与无锡东沃公司签约合作，函件未对原告产生影响；

4. 被告在商业秘密案件中的民事起诉状、证据清单、案件受理通知书、民事裁定书、洪博志与孟莫克公司之间的聘用合同、洪博志的辞职信、孟莫克公司相关人员的声明、忠盛项目的可行性研究等，证明孟莫克公司有充分证据和合理理由相信其发送信函的相关内容确为事实，并未捏造虚伪事实；

5. 《合资基本合同》、忠盛公司外商投资基本情况、《工程委托建设协议》、忠盛公司简介等，证明伊藤忠公司系忠盛项目的股东，被告要求其股东监督子公司的行为不属于散布虚伪事实；

6. 2007年5月16日照片，证明上海奥格利公司与2007年5月在广西南宁举办的中国硫磺市场及硫磺制酸座谈会上宣传其DWHS技术；

7. 上海奥格利公司的章程、股东会决议、股权转让协议，证明上海奥格利公司系在不改变实际控制人等情况下关联方之间的股权转让，不能证明上海奥格利公司的所谓损失；

8. 《硫酸系统低温余热回收项目获国家财政奖励》、《东佳集团低温余热回收系统正在建设中》、《世界第一套三合一低温回收装置在山东东佳集团建成》等文章，证明在本院未对侵犯商业秘密纠纷作出判决前，上海或浙江奥格利公司即先后中标多家公司的DWHS项目；

9. 《奥格利DWHS技术在300kt-a硫黄制酸装置中的应用》、《为外观硫酸工业设备技术改造达到国际先进水平全力服务》文章，《锅炉压力容器使用登记管理办法》及《特种设备使用登记证》，证明上海奥格利公司是经营和提供DWHS技术的主体，忠盛项目中DWHS装置确有安全隐患，其未向当地质检部门进行登记，被告对该项目的安全性提出疑问合情合理。

经质证，原告认为：证据1、2、3的真实性确认，但对其证明内容有异议，不能证明原告主体不适格；证据4中的聘用合同、孟莫克公司相关人员声明、忠盛项目可行性研究的真实性无法确认，其余证据确认其真实性；证据5认可其真实性，但与本案缺乏关联性；证据6涉及的会议系以原告名义对DWHS技术进行讲解；证据7的真实性认可；证据8的真实性认可，由于被告损害原告商业信誉，导致原告的技术一直没被确认；证据9的真实性认可，该证据恰恰证明原告是DWHS设备的提供方，忠盛项目中的锅炉是外购产品，相关登记证应由外购单位提供。

本院对原、被告证据的认证意见如下：被告孟莫克公司对原告证据1、3、6、11、12、13的真实性无异议，本院予以确认；被告孟莫克公司虽对原告证据2、4、5、8、9的真实性不予认可，但证据2原告已提供原件，证据4被告未提供相反证据，证据5、8、9孟莫克公司在之后的陈述中已经承认该事实，故本院均予以确认；证据7与本案缺乏关联性，本院不予采纳；证据10因原告未提供原件，且被告予以否认，本院也不予采纳。被告证据1、2与本案缺乏关联性，故不予采纳；证据3因原告无异议，本院予以确认；证据4、5系商业秘密诉讼案中的相关材料，本院以该案判决书来确认相关事实；证据6原告不予认可，本院不予采纳；证据7原告已提供；证据8中的《硫酸系统低温余热回收项目获国家财政奖励》与本案缺乏关联性，本院不予采纳，其余证据的内容在被告证据3中已有体现；证据9与本案缺乏直接关联，本院不予采纳。

根据上述采纳的证据以及当事人的陈述，本院确认如下事实：

原告宣达公司成立于1998年4月，注册资本为6 009万元，经营范围为生产、销售机电阀门、泵、防腐设备、环保设备等。2004年6月，原告宣达公司与两名自然人共同投资设立案外人上海奥格利公司，经营范围为环保材料和设备、机电设备、化工设备的安装与调试以及化工环保领域内的“四技”服务等。被告孟莫克公司系根据美国特拉华州法律所正式设立的公司，原公司名称为孟山都环境化学系统公司，该公司主要经营硫相关技术和设备的供应和服务，拥有较先进的热回收系统技术（HRS）。被告孟山都公司系由美国孟山都公司在中国独资设立的有限责任公司，主要经营国际贸易、转口贸易等。

2005年3月，案外人龙盛公司与伊藤忠公司合资设立忠盛公司。同年5月，忠盛公司委托案外人浙江捷盛化学工业有限公司（以下简称捷盛公司）建设生产98%硫酸及105%发烟硫酸与蒸汽所需所有设备的项目工程。同年7月，上海奥格利公司与捷盛公司签订《技术开发及成套设备供货合同》，约定由上海奥格利公司向捷盛公司有偿提供干吸塔低温热量回收（DWHS）专有技术，合同履行地为浙江上虞杭州湾精细化工园区。同年8月，浙江省温州市经济贸易委员会出具的“2005温州市技术创新重点项目计划”中第18个项目为硫黄制酸装置低温回收系统（DWHS）成套设备开发，该项目承担单位为原告宣达公司，总投资为1 500万元。

2006年4月12日，被告孟莫克公司以侵犯商业秘密为由，向本院起诉宣达公司、上海奥格利公司、捷盛公司、忠盛公司、龙盛公司、洪博志，指控宣达公司、上海奥格利公司提供的DWHS技术侵犯其商业秘密［案号为（2006）沪一中民五（知）初字第110号］。孟山都公司曾系该案原告之一，后撤回起诉。在该案审理中，经本院委托鉴定，科学技术部知识产权事务中心分别于2008年9月25日、2009年2月12日出具技术鉴定报告，明确指出孟莫克公司主张保护的HRS工艺流程与宣达公司、上海奥格利公司提供的

DWHS工艺流程不相同，也与宣达公司、上海奥格利公司提供的位于捷盛公司内的DWHS主要设备的工艺流程不相同。据此，本院于2009年8月21日作出一审判决，驳回孟莫克公司的全部诉讼请求。

2006年6月20日，被告孟莫克公司、孟山都公司委托律师向忠盛公司的股东伊藤忠公司发送律师函，要求伊藤忠公司“采取必要措施责令忠盛公司停止侵犯委托人商业秘密的行为”。函中指称，“忠盛公司涉嫌侵犯MECS的HRS技术……根据委托人了解，捷盛公司是龙盛公司另一子公司，其在杭州湾精细化工园区兴建了捷盛化工项目……捷盛公司曾经与MECS联系，拟定采用MECS的HRS技术，双方已经谈定了几乎所有的合同条款。但令人意外的是，捷盛公司却突然停止合同谈判，转而同一个从未涉足HRS技术领域的宣达公司及其子公司上海奥格利公司进行合作，由宣达公司与上海奥格利公司向捷盛项目提供一种简称为DWHS技术的低能位热量回收技术……据了解，忠盛公司从捷盛公司或上海奥格利公司所取得的DWHS技术是一名叫洪博志的MECS前员工从MECS非法窃取所得……洪博志从MECS离职后，即加入宣达公司……将HRS技术改头换面为所谓的DWHS技术，随后宣达公司专门设立上海奥格利公司，频频与MECS在中国的潜在客户联系……捷盛/忠盛项目就是宣达公司和奥格利公司通过不正当手段获得的第一个中国客户。”函中还告知了孟莫克公司已提起商业秘密侵权诉讼一事，并称“委托人在本案中非常可能获得全面的胜诉”，“一旦委托人胜诉，捷盛/忠盛项目将可能被停建乃至拆除”。

2006年9月13日，被告孟莫克公司、孟山都公司委托律师向中国化工学会无机酸碱盐专业委员会发送律师函，指称“从2004年，MECS,Inc.的前员工洪博志、宣达公司和上海奥格利公司等开始侵犯委托人的HRS技术秘密，将其改称为DWHS技术在中国市场上进行兜售”，“上述侵权人已经在杭州湾精细化工园区为捷盛公司和忠盛公司建设了300kt/a硫磺制酸装置低温回收系统，严重侵犯了委托人的商业秘密，委托人已经提起侵犯商业秘密诉讼”，“委托人提供了充分证据证明侵权人的侵权行为，相信不久将取得胜诉的判决”、“洪博志、宣达公司和上海奥格利公司将可能在会上（第26届硫酸技术交流会）宣传其DWHS技术，并且某些与会代表将被组织参观捷盛/忠盛项目，上述行为严重违反我国关于知识产权保护的相关法律，并将成为洪博志、宣达公司等继续侵权的证据”、“我们恳请贵会能够在上述交流会期间，禁止上述违法宣传侵权技术和产品的行为，取消安排与会代表参观捷盛/忠盛项目的议程”等内容。

2006年9月20日，被告孟莫克公司分别向杭州湾精细化工园区管委会刘涌江主任、上虞市发改局傅亚文局长发送“孟莫克公司商业秘密被侵权案件”的函，两份函件内容一致，主要内容为：“旨在向贵局反映捷盛公司和忠盛公司在贵省上虞市杭州湾精细化工园区建造的年产30万吨的硫酸工厂项目（捷盛/忠盛项目）侵犯我公司技术秘密并存在重大安全隐患的情况……宣达公司将其从我公司窃取的HRS技术命名为DWHS，并堂而皇之地开始了市场推广……2006年3月我公司不得不就上述侵权行为向洪博志、宣达公司等提起诉讼……我们非常有信心获得全面的胜诉。”函件同时指称捷盛/忠盛项目存在巨大安全隐患，故要求相关部门加强对该项目的监管力度，必要时暂停该项目中DWHS单元的开车和试车。

2007年4月10日，被告孟莫克公司、孟山都公司委托律师向中国硫酸工业协会齐焉常务副理事长发送律师函，指称：“宣达公司作为一个已被委托人诉至法院的侵权者，竟然还能利用贵会所组织的全国性硫酸专业会议这一全国性行业平台宣传其涉嫌侵权技术……我们恳请贵会立即阻止宣达公司在2007年5月中旬的中国硫黄市场及硫黄制酸座谈会上，以任何名义进行任何有关于涉嫌侵权的DWHS技术的宣传”等内容。

2007年6月4日，被告孟莫克公司、孟山都公司委托律师向无锡东沃公司发送律师函，指称：“宣达公司和上海奥格利公司取得所谓的DWHS技术是一名叫洪博志的MECS前员工从MECS非法窃取所得，任何第三方与宣达公司、上海奥格利公司就该等技术开展合作均可能已经违反中国法律……2006年上半年委托人以商业秘密侵权为由，向上海市第一中级人民法院提起诉讼……我们注意到，宣达公司及上海奥格利公司可能正在诱使贵司与其就向贵司销售DWHS进行相关商业磋商和谈判。需要提请贵司注意的是，宣达公司及上海奥格利公司的上述行为是违反我国法律规定的持续侵权行为。我们特意致函告知贵司，提醒贵司在了解该案件的情况和法律风险后，主动停止及拒绝与宣达公司及上海奥格利公司进行任何有关购买DWHS的磋商、谈判或合作，以避免可能面临的法律风险。”

2009年9月30日，原告在其网站上称：2009年6月24日，浙江奥格利环保工程有限公司以总投标价13 770万元一举中标广西银亿科技化工有限公司硫黄制酸项目，此项目是继我司中标山东东佳、山东建龙、无锡东沃、江苏绿陵项目的又一重大喜讯。

另查明，2007年11月14日，原告宣达公司以与本案相同的事实和理由向浙江省绍兴市中级人民法院起诉孟莫克化工成套设备（上海）有限公司（以下简称孟莫克化工公司）及孟山都公司，后该案于2008年2月15日被裁定移送本院审理［案号为（2008）沪一中民五（知）初字第261号］。被告孟莫克公司的授权代表同时兼任孟莫克化工公司的法定代表人。该案审理中，因被告孟莫克公司出具声明称，2006年9月20日向杭州湾精细化工园区管委会、上虞市发改局发送函件的行为系孟莫克公司所为。2009年10月12日，原告宣达公司撤回该案起诉，并于同年11月12日提起本案诉讼。

本院认为：

一、本案原告是否具备诉讼主体资格。我国《反不正当竞争法》第二条规定的经营者，是指从事商品经营或者营利性服务的法人、其他经济组织和个人。本案中，原告不管是直接向用户提供硫酸热能回收装置，还是通过其出资设立的上海奥格利公司提供，均属于参与市场经济的一种竞争行为，应当属于《反不正当竞争法》调整的范围。原告提起本案诉讼的诉因是被告向原告的用户或潜在客户、地方政府部门、行业协会等发送书面函件，指责原告在硫酸行业没有任何技术和经验，并窃取了孟莫克公司的商业秘密，在上述函件中都明确指向本案的原告，因此，原告以被告的上述行为损害其商业信誉而提起本案诉讼，其在本案中具备原告的诉讼主体资格。被告孟莫克公司关于原告不具备诉讼主体资格的辩解没有事实和法律依据，本院不予采纳。

二、两被告的行为是否构成对原告的商业诋毁。我国《反不正当竞争法》规定，经营者在市场交易中，应当遵循自愿、平等、公平、诚实信用的原则，遵守公认的商业道德。经营者不得捏造、散布虚伪事实，损害竞争对手的商业信誉、商品声誉。本案中，原告据以指控被告构成商业诋毁的行为主要为两被告提起的侵犯商业秘密诉讼以及在该案审理期间被告向政府部门、行业协会、有关客户等发送的函件，认为被告的上述行为损害了原告的商业信誉。被告孟莫克公司认为其有合理的理由相信涉案DWHS技术涉嫌侵犯了其商业秘密，被告没有诋毁他人商誉的主观故意，没有捏造、散布虚伪事实，更未对原告造成任何损害。对此本院认为：1. 关于两被告在本案之前提起的侵犯商业秘密诉讼，两被告在该案中向本院提供了其据以主张技术秘密的 HRS 技术资料以及指控侵权的初步证据，虽然该案因被控侵权的 DWHS 技术的工艺流程与被告孟莫克公司提供的 HRS 工艺流程不相同而被本院驳回其诉讼请求，但本案原告也没有提供证据证明两被告的该诉讼行为主观上具有恶意以及该诉讼行为的不正当性，因此，两被告的该诉讼行为并不构成对原告的商业诋毁。2. 关于被告孟莫克公司向杭州湾精细化工园区管委会、上虞市发改局发送关于“孟莫克公司商业秘密被侵权案件”的函件，以及两被告向中国硫酸工业协会和中国化工学会无机酸碱盐专业委员会发送的律师函是否构成商业诋毁。被告发送函件的对象为地方职能部门和行业协会，如果只是向这些部门反映情况，旨在督促处理存在的问题，没有商业竞争上的不当企图，不能仅仅由于激烈的言辞等而认定其散布了虚伪的情况。但是，如果向这些部门表达意见时超出了正常反映问题的范围，其不当的语言即有可能会损害被反映一方的商业信誉。本案中，被告发送的上述函件的内容除了被告孟莫克公司提起侵犯商业秘密诉讼所依据的事实及理由外，还包括了原告及上海奥格利公司向忠盛项目提供的 DWHS 技术设备“存在重大安全隐患”、原告是被诉至法院的“侵权者”，以及阻止原告在 2007 年 5 月中国硫黄市场及硫黄制酸座谈会和第 26 届硫酸技术交流会上宣传 DWHS 技术和产品的行为，取消安排与会代表参观忠盛项目的议程等内容。虽然硫酸化工行业是安全重点防护行业，但被告在没有任何证据的情况下发表忠盛项目“存在重大安全隐患”这样明示问题严重程度的否定性表述，被告的行为显然已经超出了正常反映问题的范围，政府主管部门、行业协会在接受上述表达后会对原告的生产经营产生不良影响，从而损害原告的商业信誉。3. 关于两被告的委托律师向忠盛公司的外方股东伊藤忠公司和无锡东沃公司发送的律师函中称“忠盛项目就是宣达公司和上海奥格利公司通过不正当手段获得的第一个客户”、“宣达公司及上海奥格利公司可能正在诱使贵司与其就向贵司销售 DWHS 进行相关商业磋商和谈判……上述行为是违反我国法律规定的持续侵权行为……提醒贵司在了解该案件的情况和法律风险后，主动停止及拒绝与宣达公司及上海奥格利公司进行任何有关购买 DWHS 的磋商、谈判或合作”等是否构成商业诋毁。两被告发送该律师函时本院对其提起的侵犯商业秘密诉讼尚未作出判决，两被告在没有提供相关事实依据以及司法机关未对原告等是否侵犯其商业秘密作出权威认定的情况下，擅自发布上述对原告不利的否定性评价，被告的行为已经对原告的正常经营造成了实质性影响，足以损害原告的商业信誉。虽然原告与无锡东沃公司最终就 DWHS 技术签约成功，但这一结果并不影响两被告前述行为不正当性的认定。综上所述，两被告的行为构成对原告的商业诋毁，依法应承担停止侵权、消除影响、赔偿损失等民事责任。

三、本案原告的起诉是否超过诉讼时效。被告孟莫克公司认为原告据以指控其实施所谓诋毁行为的载体即发送的相关函件的日期最迟为 2007 年 6 月 4 日，而原告于 2009 年 11 月 12 日提起诉讼，已经超过两年的诉讼时效期间。对此本院认为，被告系向第三方发送涉案函件，而非原告，被告发送函件的时间并不等于原告知道该函件内容的时间，故被告以该时间来起算本案诉讼时效没有依据。另外，原告曾以与本案相同的事实和理由于 2007 年 11 月 14 日向浙江省绍兴市中级人民法院起诉孟莫克化工公司及被告孟山都公司，后该案移送本院处理。该案审理中，被告孟莫克公司出具声明称原告主张侵权的信函发函方为其孟莫克公司。后原告于 2009 年 10 月 12 日撤回该案的起诉。鉴于被告孟莫克公司与孟莫克化工公司的关系以及被告孟莫克公司在该案出具声明的行为表明，被告孟莫克公司知道原告就涉案函件正在主张权利。因此，原告在该案起诉的行为构成诉讼时效的中断，现原告于2009年11月12日起诉被告孟莫克公司、孟山都公司，并未超过两年的诉讼时效期间。被告孟莫克公司主张的诉讼时效抗辩不能成立，本院不予采纳。

四、原告关于赔偿经济损失的诉讼请求。原告提供了上海奥格利公司的财务审计报告，以此主张其因两被告的侵权行为造成在其控股子公司的利润下降超过1 800万元。对此本院认为，上海奥格利公司的财务审计报告不能证明原告因两被告的侵权行为而遭受的损失，故原告以此主张损失没有事实和法律依据。鉴于原告未能提供证据证明因两被告的不正当竞争行为所遭受的损失，故本院将根据两被告的侵权情节、侵权范围、主观过错程度以及原告为制止侵权行为而实际发生的合理费用等因素予以酌定。

据此，依照《中华人民共和国民法通则》第一百三十四条第一款第（一）、（七）、（九）项，《中华人民共和国反不正当竞争法》第十四条，《最高人民法院关于审理不正当竞争民事案件应用法律若干问题的解释》第十七条第一款，《中华人民共和国民事诉讼法》第一百三十条之规定，判决如下：

一、被告孟莫克公司、孟山都（上海）有限公司于本判决生效之日起立即停止损害原告宣达实业集团有限公司商业信誉的不正当竞争行为；

二、被告孟莫克公司、孟山都（上海）有限公司于本判决生效之日起十日内，就其不正当竞争行为在《浙江日报》上刊登声明以消除影响（声明内容须经本院审核，如逾期不履行，由一审法院在《浙江日报》上公开判决内容，登报费用由两被告共同负担）；

三、被告孟莫克公司、孟山都（上海）有限公司于本判决生效之日起十日内赔偿原告宣达实业集团有限公司经济损失人民币20万元；

四、驳回原告宣达实业集团有限公司的其余诉讼请求。

案件受理费人民币129 800元，由原告宣达实业集团有限公司负担人民币61 800元，被告孟莫克公司、孟山都（上海）有限公司共同负担人民币68 000元。

被告孟莫克公司、孟山都（上海）有限公司如果未按本判决指定的期间履行给付金钱义务，应当依照《中华人民共和国民事诉讼法》第二百二十九条之规定，加倍支付迟延履行期间的债务利息。

如不服本判决，原告宣达实业集团有限公司、被告孟山都（上海）有限公司可在判决书送达之日起十五日内，被告孟莫克公司可在判决书送达之日起三十日内向本院递交上诉状，并按对方当事人的人数提出副本，上诉于中华人民共和国上海市高级人民法院。

审　判　长　郑军欢
代理审判员　刘俊炜
代理审判员　徐燕华
二〇一一年七月二十五日
书　记　员　刘晓静

（本判决书入选2011年度中国法院知识产权司法保护50件典型案例）

29. 上海精密科学仪器有限公司诉上海精学科学仪器有限公司等擅自使用他人企业名称纠纷案

——上海市浦东新区人民法院民事判决书

（2010）浦民三（知）初字第769号

原告：上海精密科学仪器有限公司，住所地上海市苍梧路10号。

法定代表人：樊志强，董事长。

委托代理人：王勇，上海市新华律师事务所律师。

委托代理人：沙国华，上海市新华律师事务所律师。

被告：上海精学科学仪器有限公司，住所地上海市闵行区新骏环路189号A304室。

法定代表人：杭路，总经理。

委托代理人：马文斌，北京市惠诚律师事务所上海分所律师。

委托代理人：励敏，北京市惠诚律师事务所上海分所律师。

被告：成都科析仪器成套有限公司，注册地四川省成都市锦江区二环路东五段1号，经营地四川省成都市锦江区紫东楼街东方广场B座802室。

法定代表人：杭志龙，董事长。

委托代理人：康健忠，四川天润华邦律师事务所律师。

原告上海精密科学仪器有限公司诉被告上海精学科学仪器有限公司（以下简称精学公司）、成都科析仪器成套有限公司（以下简称科析公司）擅自使用他人企业名称纠纷一案，本院受理后，依法组成合议庭，公开开庭进行了审理。原告上海精密科学仪器有限公司的委托代理人王勇、沙国华，被告精学公司的委托代理人马文斌、励敏，被告科析公司的委托代理人康健忠到庭参加诉讼。本案现已审理终结。

原告上海精密科学仪器有限公司诉称：原告是具有悠久历史底蕴的国内仪器仪表行业的大型知名企业，是国内第一台分光光度计、第一台天平仪器、第一台pH计及第一台旋光仪的诞生地。原告在20世纪80年代末由上海分析仪器总厂、上海天平仪器厂、上海雷磁仪器厂、上海物理光学仪器厂等国内分析仪器著名国企合并组成，并使用“上海精密科学仪器公司”名称（1996年变更为“上海精密科学仪器有限公司”）。经过二十年的培育和发展，原告在国内分析仪器行业内具有重要影响力，“上海精科”和“精科”在本行业迅速成为原告企业名称的简称、知名商品特有名称及未注册商标。现被告精学公司明知原告企业知名度的情况下，在2009年设立登记时使用了与原告企业名称近似的名称。被告精学公司在其设立的公司网站的页面及产品宣传上还使用“上海·精科®”标识，在生产的产品上使用“精科”商标。被告科析公司与原告有十多年的经销关系，在明知“精科”与原告的关系及影响力的情况下，于2001年8月在未告知原告的情况下向国家商标局申请在第九类商品上注册“精科”商标。在被核准注册后，长期潜伏不用，直至2010年5月才办理了许可被告精学公司使用上述商标的备案，开始使用上述商标。两被告的行为构成不正当竞争。故起诉，要求被告精学公司停止使用其企业名称、被告精学公司停止在产品或产品宣传上使用“上海·精科®”标识，两被告停止在第九类商品上使用“精科”商标，两被告赔偿原告经济损失人民币50万元。审理中，原告表示，就“上海精科”和“精科”就主张企业名称权，不再主张未注册商标和知名商品特有名称。

被告上海精学科学仪器有限公司辩称：原告对其主张不享有任何权利，其诉请无事实和法律依据，请求驳回原告诉请。

被告成都科析仪器成套有限公司辩称：原告不享有“精科”的注册商标专用权，无权提起诉讼。原告企业的字号应为“上海精密”而非“精科”。“上海精科”也不能作为原告产品名称使用。原告系自2007年起才在其产品和包装上标注“上海精科”，该行为侵犯了被告科析公司对其在先注册的商标享有的注册商标专用权，其已在成都法院另行提起侵权诉讼。故原告诉请无法律依据，应予以驳回。

根据原、被告诉辩称意见，原、被告对以下事实无异议，本院予以确认：

一、原告企业设立登记及知名度情况

1988年3月，上海光学仪器厂、上海分析仪器厂、上海雷磁仪器厂、上海天平仪器厂等15个单位签订协议书，由上述单位组建成立上海精密科学仪器公司，工商部门于1988年5月下发了核发《营业执照》通知单。1996年3月，原告上级公司上海仪电控股(集团)公司出具批复，同意改制登记上海精密科学仪器有限公司。据原告持有的企业法人营业执照记载，原告公司的成立时间为1990年11月6日，注册资本为152 959 000元，经营范围为各类科学仪器仪表、光学仪器、分析仪器、实验室仪器、测量仪器仪表、电光器件等。

原告曾于1996年、1998年、1999年被上海市科学技术委员会评为高新技术企业。1997年、1999年和2000年度原告的销售收入分别列上海工业企业销售收入的279、173和267位。信息产业部公布的2003年电子信息百强企业中，原告名列第83位。2003年6月13日，《中国电子报》在题为《上海仪电电子信息百强展现》一文中介绍了原告企业的情况及生产的产品。在2010年5月的《仪器快讯》杂志中将原告评为2009年度最受关注国内十大仪器厂商之一。

1996年8月1日起，原告自办了《精科报》(每月一期)，原告提供的1996年8月至2001年9月和2010年1月至2010年11月的《精科报》表明，该报主要用于介绍原告及旗下各分厂的经营情况及相关产品的介绍。报纸内设有“精科苑”、“精科简讯”、“精科论坛”等栏目。1996年9月1日的《精科报》上还开展了征集“精科精神”的活动，在随后的报纸中刊登了数篇原告企业职工撰写的关于如何发扬“精科精神”的文章，这些文章中，原告企业的职工均将原告公司称为精科公司或精科。1997年4月至2001年9月期间，每期报纸的第3、4版的页眉上以较大字体标有“精科的承诺：质量第一 用户至上”、“精科的产品：技术先进 品种齐全 性能可靠”的广告语宣传框。2001年8月前的报纸内容显示，原告在对外活动中以“精科公司”或“上海精科”出现。如1997年1月的报纸报道，原告于1996年12月26日至上海交通大学举行了人才招聘信息发布会，现场照片上发布会的横幅显示“精科公司招聘信息发布会”字样；1997年12月的报纸内容显示，公司于1997年11月在杭州召开了1998年产需衔接订货洽谈会，报纸刊登了部分来自江苏、浙江、上海、青岛、云南、洛阳、广东的经销商的发言，这些经销商在发言中均将原告称为精科公司或精科；1998年1月的一个版面上刊登了名为“改革奋进的一年——精科公司1997年十件大事巡礼”的相关内容；1998年12月刊登的一则关于分公司成立的照片显示，现场横幅为“精科公司零部件分公司揭牌仪式”；1999年2月至12月的报纸显示，原告根据上级公司的要求在上海漕河泾高新技术开发区启动建设了上海仪电精科工业园区；2000年1月的报头上刊登了一则贺词，主要内容为“精科公司与您携手跨入新千年”；2000年9月报纸报道，上海工业系统首家集团公司展示馆“仪电综合展示馆”开馆，原告公司的“精科”展区作为展示馆的一部分，精心展出了体现“上海精科”新面貌新形象的图片与新型产品，上海市委书记黄菊、上海市副市长蒋以任均到场参观了原告公司的展区。至于报纸报道内容中涉及原告时，则多以“上海精科”、“精科公司”或“上海精科公司”出现。

2000年8月24日的《新华每日电讯》报纸的第7版上刊登了一则广告，该广告系对原告生产的“上分”、“棱光”、“上平”、“双圈”品牌的各类产品的介绍，在广告页的首尾和右侧均标有“上海精科与您共创美好明天”广告语、页面左上角标有“上海精科科技领先 产品齐全 品质卓越”的字样。

2010年6月10日，中国仪器仪表行业协会出具情况说明，主要内容有：原告系中国仪器仪表协会常务理事单位，是分析仪器分会副理事长单位，是目前国内最大的科学仪器制造集团之一。该公司是国内第一台分光光度计、第一台天平仪器、第一台pH计以及第一台旋光仪的诞生地，是中国分析仪器产业的重要发源地之一。该公司产品在国内市场享有很高的声誉和市场占有率，是国内分析仪器产业的龙头企业之一。“上海精科”是原告在仪器仪表行业内以及国内市场的简称，并被同行所完全认同。只要说到“上海精科”就是表示指原告。对于“精科”的品牌及它的影响，我们在“上海精科”的企业介绍和产品样本中获悉并熟知它的语义，至于其他“精科”牌分析仪器，既没有看到过任何产品，也没有听说过。

2010年7月7日，上海仪器仪表行业协会出具情况说明，主要内容有：原告1996年就是上海仪器仪表行业协会的会员单位，且是连续多届副理事长单位。原告历来简称上海精科公司，在行业中具有相当的知名度，而且是国内最大的科学仪器制造、销售服务单位之一，是该行业协会中举足轻重的单位。

二、被告商标注册及使用情况

被告精学公司于2009年10月30日登记成立，注册资本为200万元，经营范围为精密科学仪器（除医疗器械）加工、生产、销售，仪器仪表、一类医疗器械等的销售，从事精密科学仪器领域内技术开发、技术咨询、技术转让、技术服务等。

被告科析公司成立于1999年9月27日，注册资本500万元，经营范围为科学仪器仪表的生产、销售等，其于2001年8月向商标局申请注册商标并获注第1916351号“精科”商标，该商标被核定使用的商品为第9类的光度计、恒温器、精密天平、理化试验和成分分析用仪器和量器、实验室试验用烘箱、天平（秤）、物理学设备和仪器、显微镜、黏度计、砝码。注册有效期限自2002年11月28日至2012年11月27日止。

2009年11月，两被告与案外人上海舜宇恒平科学仪器有限公司（以下简称舜宇公司）签订《定牌制造（OEM）协议书》，协议约定，被告科析公司将其在第9类上的第1916351号“精科”注册商标许可被告精学公司委托舜宇公司在生产的分光光度计、电子天平等相关产品上使用。许可使用的期限自2009年12月18日起至2012年11月26日止。两被告就此向商标局办理了商标许可使用合同的备案手续。

2009年12月，中国中轻产品质量保障中心将被告科析公司生产的“精科”牌分析仪器系列产品评为国家合格评定质量信得过产品和中国知名品牌。

2010年6月11日，被告科析公司委托公证处对由其自行生产的产品进行拍照取证，现场拍摄的照片显示，被告科析公司生产的产品有焚烧炉、箱式电阻炉、管式电阻炉、生化培养箱、恒温培养箱、恒温干燥箱、恒温水浴锅、可调电炉、食品细菌培养箱，上述产品均标有“精科®”标识，公证处对上述公证过程出具了（2010）川国公证字第69397号公证书。

据被告科析公司提供的（2011）川国公证字第7092号公证书记载，被告科析公司提供的722N型“可见分光光度计”的《操作手册》和仪器上均署有被告精学公司的名称，并标明制造商为舜宇公司、品牌授权方为被告科析公司。《操作手册》和仪器上还标有“精科® 仪器”字样。

2010年11月4日，原告委托代理人沙国华向上海市长宁公证处申请对“www.shjkyq.com”网页中的相关内容进行证据保全。当日，在公证处公证员的监督下，沙国华在公证处的计算机上进行了以下主要操作步骤：进入网址为www.shjkyq.com的“上海精学科学仪器有限公司”主页，首页页面左上角显示“上海·精科®”标识，网页中关于公司产品的介绍中有“光谱分析仪器”、“可见光分光光度计”、“荧光分光光度计”、“色谱仪”、“天平衡器”等，其中在名为“721可见光分光光度计”的产品照片上显示，产品上标有“上海·精科®”标识，产品售价为1 580元。公证处对上述过程出具了（2010）沪长证字第4851号公证书。

上述事实由工商登记资料、原告获奖证明、《中国电子报》和《仪器快讯》对原告的报道、《新华每日电讯》刊登的广告、原告自办的《精科报》、中国仪器仪表行业协会、上海仪器仪表行业协会出具的情况说明、商标注册证、两被告与舜宇公司签订的协议书、工商局出具的商标许可备案通知书、被告科析公司的获奖证书、（2010）川国公证字第69397号公证书、（2011）川国公证字第7092号公证书、（2010）川国公证字第102950号公证书、（2010）沪长证字第4851号公证书及原、被告在庭审中的陈述证实。

原、被告对以下证据或事实存在争议：

一、原告提供的39家经销商证明效力问题

为证明原告使用“上海精科”及《精科报》的发行情况，原告提供了39家经销商的证明，证明“上海精科”就是指原告上海精密科学仪器有限公司，原告旗下有诸多品牌，原告在其所有的产品上都统一标注了注册商标和“上海精科”字样。经销商对这些产品也统称为“上海精科”产品，这在仪器仪表行业内是非常清楚也是约定俗成的。在出具的证明上，39家经销商还证明自与原告建立经销关系以来，原告都会定期寄给各经销商《精科报》及各类公司广告宣传文本等资料（其中22家经销商于2001年8月前就与原告建立了经销关系）。两被告认为，出具证明的经销商与原告具有利害关系，证明的内容都是一致的，应系原告统一制作后由经销商盖章，故对上述证明的真实性不予确认。本院对上述证明系由39家经销商出具的事实予以确认，但鉴于原告与各经销商的业务关系，双方之间存在一定的利害关系，故对上述证明内容是否采纳还需原告提供其他证据予以佐证。上述证明中与本案争议焦点有关的内容体现在三个方面，1. 证明中称“上海精科”就是指原告上海精密科学仪器有限公司，为证明“上海精科”即为原告企业名称的简称，原告还提供了《新华每日电讯》刊登的广告及中国仪器仪表行业协会、上海仪器仪表行业协会出具的情况说明，上述证据能够证明原告将“上海精科”作为企业名称的简称使用的情况，故经销商证明中关于“上海精科”即为原告的证明内容与原告提供的其他证据能够相互印证，本院对该部分证明内容予以采纳，作为本案证据使用。2. 证明中称“原告在其所有的产品上都统一标注了注册商标和上海精科字样”，但原告未能提供其他证据证明在被告科析公司2001年8月申请注册涉案商标之前原告在其产品上使用“上海精科”标识的事实，故本院对证明中涉及的该部分内容不予采信。至于原告是否在被告科析公司申请注册涉案商标之后在产品上使用“上海精科”标识的事实，与本案争议焦点无关，本院不做认定。3. 证明中称原告定期邮寄各经销商《精科报》的事实。就该节事实，原告还提供了大量《精科报》予以佐证，鉴于原告定期出版《精科报》的事实，同时考虑到《精科报》虽然系原告的内部刊物，但该报实时反映了原告及其下属各厂的经营情况，将相关情况定期以内部刊物的形式向相关客户传达，符合企业的经营模式；报纸还刊登了“向全国广大客户朋友们恭贺新年”和告知新老客户的“迁址通知”等内容，也能够证明报纸向相关客户发行的事实。因此，本院认定自《精科报》1996年8月1日创刊起，原告定期向经销商邮寄上述报纸。

二、被告科析公司申请注册涉案商标前是否知晓原告将“上海精科”、“精科”作为企业名称的简称使用的问题

原告提供了以下证据，1. 2001年2月5日，其与被告科析公司签订的特约经销商协议、附件及其销售发票；2. 2002年11月18日，上海精密科学仪器有限公司物理光学仪器厂与被告科析公司签订的合作协议；3. 2001年12月4日，案外人成都科析电子商务有限公司（原告认为该公司与被告科析公司系关联公司）拟与原告签订的商务合同书文本；4. 2002年6月6日原告与被告科析公司签订的业务洽谈纪要。被告科析公司对上述证据中发票的真实性予以确认，对其余证据的真实性均不予确认。本院认为，上述证据只有证据1的形成时间早于被告科析公司申请注册涉案商标时间，本院对该份证据是否采纳予以阐述，其余证据与本案争议焦点无关，是否采纳本院不作认定。对证据1，被告科析公司对发票无异议，本院予以确认。就特约经销商协议，协议书有两页，在第二页的尾部分别盖有原告的公章和名为“成都科析仪器成套有限公司”的公章，被告科析公司表示公司公章已经过数次变更，现在使用的公章与公司以前使用的公章已不同，故对协议书上公章的真实性不予确认。对协议书第一页及附件的内容，被告科析公司认为没有页码和骑缝章，不能证明协议书第一、二页和附件系一个整体。即便法院认定上述协议和附件的真实性，这是企业之间为方便行文方便而书写，并不能证明原告对“精科”或“上海精科”拥有相关权利，亦不能对抗被告科析公司依法取得的注册商标专用权。本院认为，关于公章问题，被告科析公司虽然否认协议上公章的真实性，但未能举证。该公章与被告科析公司现使用的公章虽有差别，但协议形成时间为2001年，被告科析公司这几年内也多次变更过公章，本院确认该公章为被告科析公司的公章。关于协议书第一页和附件未盖章问题，本院确认协议两页内容和附件内容的整体性，该协议和附件内容均指向被告科析公司，应为被告科析公司与原告签订的协议书和附件的内容。理由如下，1. 按照通常的交

易习惯，签订协议的双方一般在协议尾部签订方盖章即可；2. 协议第一页和第二页的内容前后连贯为一整体，协议中多次提到的附件内容与协议所附的两份附件内容一致；3. 原告旗下有分析仪器总厂等多个分厂，各厂生产不同的产品。在协议中也约定了被告科析公司承诺销售原告的产品包括分析仪器总厂在内的各分厂的产品金额。原告提供的发票显示，被告科析公司在2001年2月时与上海精密科学仪器有限公司分析仪器总厂确实存在关于光度计等产品的业务往来，能够证明双方已就协议进行了履行。因此，本院对证据1予以认定，作为本案证据使用。该证据表明，在原告与被告科析公司2001年2月签订的特约经销商协议及附件涉及对原告企业名称的表述中，将原告公司分别称为“精科公司”和“上海精科”。

三、被告科析公司使用涉案注册商标的时间点确定问题

原告主张被告科析公司在注册涉案商标后并不立即使用，直至2010年5月才以许可被告精学公司使用的方式进行使用。被告科析公司认为其注册后即在相关产品上使用了涉案注册商标。被告科析公司提供了销售发票、公证书、定牌制造协议书、商标使用许可合同备案通知书等证据以证明其主张。原告对上述证据的真实性予以确认，但认为，销售发票无产品和品牌名称，不能证明被告科析公司使用涉案注册商标的情况。根据定牌制造协议书约定的内容只能确认两被告于2009年起才在相关产品上使用涉案注册商标。本院采纳原告的质证意见，鉴于销售发票上未能体现产品的品牌，不能证明发票涉及的产品商标使用情况，况且被告科析公司在2001年时即成为原告经销商，不能排除上述发票上的产品系原告生产的产品。现被告科析公司未能举证证明其自2002年注册涉案商标后即开始在产品上使用的事实，本院根据原告的质证意见确认，两被告自2009年起才在相关产品上使用涉案注册商标。

本院认为：本案争议焦点在于“上海精学科学仪器有限公司”企业名称的使用以及“精科”商标的注册、使用行为是否构成不正当竞争。

一、被告精学公司使用其企业名称的行为认定

本院注意到，原告企业名称中使用的“精密科学仪器”实际上是一类产品的名称，因此，原告的企业名称采用了地名+行业名称+公司组织形式的组合方式。而企业名称中具有识别意义的系企业的字号，原告企业名称的组合方式，恰恰缺失了最具有识别意义的要素。这种使用方式，使原告的企业名称存在显著性和识别性较弱的先天缺陷。虽然原告提供的证据表明，经过原告的持续经营，原告的企业名称取得了较高的知名度，但并不能弥补企业名称缺失字号的先天缺陷。被告精学公司的企业名称采用了地名+字号+行业名称+公司组织形式的组合方式。对同在本市从事科学仪器生产、销售的企业而言，被告精学公司使用的企业名称中地名、行业名称和公司组织形式的表述方式系行业内通用的一种表示方式，而“精学”系被告精学公司的字号。因此，虽然原告与被告精学公司系同业竞争者，两者的企业名称之间仅存在“精密”和“精学”的差别，但原告名称中的“精密”系产品名称的组成部分，被告精学公司中的“精学”系作为字号使用。因此，原告与被告精学公司的企业名称全称，各自代表了不同的企业，本院对原告要求被告精学公司停止使用其企业名称的主张不予支持。

二、关于注册和使用“精科”商标的行为认定

1.“上海精科”、“精科”是否是具有知名度的原告企业名称的简称问题。原告提供

的证据表明，在被告科析公司2001年8月申请注册涉案商标前，原告已将“上海精科”和“精科”作为企业名称的简称在使用，并取得一定的知名度。体现在：（1）中国仪器仪表行业协会证明，“上海精科”系原告在仪器仪表行业内以及国内市场内原告企业名称的简称，并被同行完全认同。协会对于“精科”的品牌和影响，系在原告将“上海精科”作为企业介绍和产品样本中获悉并熟知它的语义。上海仪器仪表行业协会亦证明原告历来简称“上海精科公司”，在行业中具有相当的知名度。（2）原告早在2000年8月的《新华每日电讯》上刊登的广告中，就将原告企业名称简称为“上海精科”。（3）原告的39家经销商证明，“上海精科”即指原告，这些经销商中22家经销商于2001年8月前就与原告建立了经销关系。（4）原告自1996年8月1日起即自办了《精科报》，2001年8月前的报纸内容显示，报纸内设有“精科苑”、“精科简讯”、“精科论坛”等栏目，报纸的页眉上标有“精科的承诺：质量第一 用户至上”、“精科的产品：技术先进 品种齐全 性能可靠”的广告语。报纸刊登的内容显示无论在对外活动中还是涉及对原告企业经营情况的报道内容中，原告多以“精科公司”、“上海精科”或“上海精科公司”出现。原告的39家经销商均证明，在与原告建立经销关系期间均定期收到上述报纸。原告在《精科报》上长期采用突出“上海精科”和“精科”的使用方式，已起到了宣传和商业使用的意义。原告的经销商与原、被告均为同行业，这些经销商遍布全国各大城市。因此，“上海精科”和“精科”已作为原告企业名称的简称使用的识别作用在原、被告行业内的影响范围较大。综合上述因素，在被告科析公司申请注册涉案商标前，“上海精科”和“精科”已作为原告的企业名称的简称予以使用，并具有一定的知名度。

2. 企业名称的简称能否作为企业名称予以保护问题。原告主张将“上海精科”和“精科”保护的依据为反不正当竞争法第五条第（三）项，故关键在于能否将企业名称的简称作为企业名称予以保护。本院认为，对于具有一定市场知名度、为相关公众所熟知、已实际具有商号作用的企业名称的简称，应视为企业名称予以保护。原告提供的证据表明，“上海精科”和“精科”在其行业内已具有一定的知名度，其长期将“上海精科”和“精科”作为其企业名称的简称对外使用的行为已使相关公众将“上海精科”和“精科”与原告企业建立了直接的联系和指向作用，“上海精科”和“精科”已起到了识别原告商品来源的作用，已实际具有商号作用，故本案中，“上海精科”和“精科”应视为原告的企业名称予以保护。

3. 被告科析公司的行为认定。本院注意到，被告科析公司作为同行业经营者，并且在2001年8月前即成为原告的经销商，应知晓原告对“上海精科”和“精科”的使用情况；在其与原告签订的经销商协议中涉及对原告的称呼时也采用了“上海精科”和“精科公司”的表述方式，也应知晓原告将“上海精科”和“精科”作为其企业名称的简称使用并具有一定知名度的事实。因此，无论从“上海精科”和“精科”取得的知名度，还是从原告与被告科析公司履行协议过程中，被告科析公司在将“精科”申请注册商标时，就已知晓原告将“上海精科”和“精科”作为其企业名称的简称使用的事实。在原告与被告科析公司均从事科学仪器仪表的生产销售，具有同业竞争关系的情况下，被告科析公司将“精科”作为商标申请在第9类的光度计等仪器仪表产品上注册，注册后又长期不用，到2009年才在相关产品上使用的行为，主观上具有攀附原告企业知名度的故意，客观上会造成相关公众对原、被告商品来源的误认，损害了原告的合法利益。因此，被告科析公司将原告在先使用的企业名称简称“精科”注册为商标及予以使用的行为，构成对原告企业名称权的侵犯，属不正当竞争行为。

4. 被告精学公司的行为认定。被告精学公司存在两节行为：一是在网站及网站发布的产品照片上使用“上海・精科®”标识；二是经被告科析公司许可在委托他人生产的产品上使用“精科”商标。对上述行为，被告精学公司抗辩其系获得被告科析公司的商标许可而使用。本院认为，就第一节行为，“上海精科”系原告企业名称的简称，并具有一定知名度，应予以保护。被告精学公司在网站和产品宣传上使用的“上海・精科®”标识中将“上海”与“精科”连用的使用方式与原告企业名称的简称相同，这种使用方式会造成相关公众对原告和被告精学公司的商品来源产生混淆，被告精学公司的行为构成不正当竞争，应立即停止该侵权行为。原告主张就上述行为，两被告构成共同侵权，但原告未能举证在被告精学公司实施上述行为时，两被告之间存在共同的意思联络或被告科析公司共同参与实施了该行为。故本院对原告认为被告科析公司与被告精学公司共同实施上述行为的主张不予采信，该节侵权行为所产生的后果由行为实施人即被告精学公司独立承担。就第二节行为，被告精学公司与被告科析公司构成共同侵权。因为，被告科析公司注册涉案商标后既可自行使用，也可许可他人使用，但他人经商标权人许可使用其注册商标的行为也视为商标权人的使用行为。现被告科析公司注册并使用涉案注册商标的行为侵犯了原告在先的企业名称权，则被告精学公司作为涉案注册商标的使用人亦应当共同承担侵权责任。但鉴于被告科析公司作为商标权人在许可被告精学公司使用涉案注册商标时，应当负有保证该商标的正当性、合法性，保证被告精学公司能够正常使用涉案注册商标的合同义务。故就第二节行为，被告精学公司与被告科析公司共同承担本案侵权责任后，有权依据其与被告科析公司之间的商标许可使用合同追究被告科析公司的违约责任。

综上，两被告的行为构成对原告的不正当竞争行为，理应立即停止侵权行为，并赔偿因此给原告造成的损失。关于两被告应承担的赔偿金额，原、被告对两被告的侵权行为对原告造成的损失及两被告的获利情况均未能举证，本院根据原告企业名称的简称的知名度、两被告的过错程度、两被告实施的侵权行为的持续时间、两被告的经营规模等相关因素予以酌定。据此，依照《中华人民共和国反不正当竞争法》第五条第（三）项、第二十条，《最高人民法院关于审理不正当竞争民事案件应用法律若干问题的解释》第十七条，《最高人民法院关于审理注册商标、企业名称与在先权利冲突的民事纠纷案件若干问题的规定》第一条第一款之规定，判决如下：

一、被告上海精学科学仪器有限公司于本判决生效之日立即停止在商品和商品宣传上使用“上海・精科”标识；

二、被告成都科析仪器成套有限公司、上海精学科学仪器有限公司于本判决生效之日起立即停止侵犯原告上海精密科学仪器有限公司企业名称权的不正当竞争行为；

三、被告上海精学科学仪器有限公司就其在商品和商品宣传上使用“上海・精科”标识的不正当竞争行为，于本判决生效之日起十日内赔偿原告上海精密科学仪器有限公司经济损失人民币5万元；

四、被告成都科析仪器成套有限公司、上海精学科学仪器有限公司就其侵犯原告企业名称权的不正当竞争行为，于本判决生效之日起十日内赔偿原告上海精密科学仪器有限公司经济损失人民币10万元；

五、驳回原告上海精密科学仪器有限公司的其余诉讼请求。

负有金钱给付义务的当事人如未按判决指定的期间履行给付义务，应当依照《中华人民共和国民事诉讼法》第二百二十九条之规定，加倍支付延迟履行期间的债务利息。

案件受理费人民币8 800元，由原告上海精密科学仪器有限公司负担1 100元、被告上海精学科学仪器有限公司负担5 100元、被告成都科析仪器成套有限公司负担2 600元。

如不服本判决，可在判决书送达之日起十五日内向本院递交上诉状，并按对方当事人的人数提出副本，上诉于上海市第一中级人民法院。

审　判　长　杜灵燕
人民陪审员　盛美芬
人民陪审员　沈　卉
二〇一一年八月十一日
书　记　员　刘　斌

（本判决书入选2011年度上海法院知识产权司法保护十大案件）

30. 衢州万联网络技术有限公司诉周慧民等侵害商业秘密纠纷案

——上海市高级人民法院民事判决书

（2011）沪高民三（知）终字第100号

上诉人（原审被告）： 周慧民，男，1976年2月24日出生，汉族，住浙江省衢州市柯城区荷花新村市报社宿舍。

委托代理人： 郐民江，上海润言律师事务所律师。

被上诉人（原审原告）： 衢州万联网络技术有限公司，住所地浙江省衢州市百岁苑64号。

法定代表人： 邱奇，董事长。

委托代理人： 邱德耀，男，1956年2月6日出生，汉族，住浙江省衢州市衢江区杜泽镇忠房厅路21号。

委托代理人： 郑杰，浙江无剑律师事务所律师。

原审被告： 冯晔，男，1980年11月10日出生，汉族，住福建省福安市城南街道新华南路13号。

原审被告： 陈云生，男，1983年8月3日出生，汉族，住福建省福安市赛岐镇宅里村德星路11号。

原审被告： 陈宇锋，男，1984年6月15日出生，汉族，住福建省福安市赛岐镇下港街下港路18号。

原审被告： 陈永平，男，1977年2月7日出生，汉族，住山西省阳泉市城区工矿西三区7楼5单元2号。

上诉人周慧民因侵害商业秘密纠纷一案，不服上海市第二中级人民法院（2010）沪二中民五（知）初字第57号民事判决，向本院提起上诉。本院于2011年11月1日受理后，依法组成合议庭，于2012年2月8日不公开开庭审理了本案。上诉人周慧民及其委托代理人郐民江，被上诉人衢州万联网络技术有限公司（以下简称万联公司）的法定代表人邱奇及其委托代理人邱德耀、郑杰到庭参加了诉讼。原审被告冯晔、原审被告陈宇锋、原审被告陈云生、原审被告陈永平经本院合法传唤未到庭参加诉讼。上诉人周慧民在上诉状中将冯晔、陈宇锋、陈云生、陈永平列为被上诉人，由于上诉人对冯晔、陈宇锋、陈云生、陈永平均未提出诉讼请求，故庭审中周慧民向本院提出将冯晔、陈宇锋、陈云生、陈永平由被上诉人变更为原审被告，对此，本院予以准许。本案现已审理终结。

原审法院经审理查明：2001年5月28日，原告万联公司成立，法定代表人是邱奇，公司注册资本人民币10万元，公司注册经营范围为网络制作、计算机软件开发、信息服务。公司成立时的股权份额为：邱奇占60%，姜琼艳占40%。

2001年6月1日，原告与被告周慧民签订了《聘用合同书》，约定："甲方（原告）聘请乙方（周慧民）利用业余时间为甲方进行网站制作和软件程序的开发"、"聘用时间自2001年6月1日起至2003年5月31日止，暂定两年”、“甲方每月付给乙方底薪伍佰元整，月月付清”、“无论是合同期内或合同期满后，或中途经双方同意，解除合同后，乙方都无权未经甲方同意将属于公司所有权的软件程序泄密，转让和用于他人（非本公司业务使用），一经发现甲方有追究乙方违约的权力（利）”。在上述《聘用合同》到期之后，合同双方未续签，但被告周慧民仍继续为原告公司工作。

2002年3月13日，原告向中国万网注册了www.boxbbs.com网站（以下简称涉案网站）的网络域名，运营“BOX网络游戏社区”网站，并缴纳了国际域名年费。

自2002年12月16日至2003年7月18日，原告与案外人北京北极冰科技发展有限公司、北京华义联合软件开发有限公司等就购买涉案网站广告等合作事宜签订了多份合作合同、合作协议，上述合作合同、合作协议上均盖有原告公章。

2003年1月，邱奇曾与被告周慧民签订过一份《股权转让合同》，承诺将公司30%的股权给予被告周慧民。

2003年11月26日，原告召开股东会，接纳易龙游戏网（www.egamecn.com）的冯晔、陈宇锋、陈云生三人为新股东，原告的公司股权重新分配为：邱奇占67%、姜琼艳占3%、陈云生占12%、陈宇锋占9%、冯晔占9%。

2004年5月底6月初，五被告准备离开原告处，重新注册新的网站，具体由被告周慧民负责技术操作，包括网站设计、下载数据库、修改涉案网站的程序，被告陈宇锋、被告陈永平负责程序的后续开发，被告陈云生负责网站设计及注册新的域名www.box2004.com，被告冯晔负责市场推广。

2004年6月7日，五被告发表《Box01工作组成立联合声明》，称：“鉴于对Boxbbs.com原创业人员股权无法得到确认的前提之下。原团队核心成员周慧民、冯晔、陈云生、陈宇锋、陈永平，在于Box目前版权以及法律无法认可情况下，决定全体离职，成立新Box01工作组，并将注册新公司。启用新域名box2004.com，域名归公司所有。……新成立的Box01将回收原BOXBBS源程序以及数据库资料。该源程序和数据库资料属于新公司所有。……BOX01工作组所面对的法律相关责任由周慧民、冯晔、陈云生、陈宇锋、陈永平，五人共同承担。”

2004年6月9日，被告陈云生注册了一个新的www.box2004.com网站（以下简称被控侵权网站1）的网络域名，被告周慧民从涉案网站下载了用户数据库，并利用原先设计开发的用于涉案网站的软件程序开通了被控侵权网站1，同时对涉案网站的软件程序的配置文件进行修改，使涉案网站无法运行，并通过在其他网站上发布公告、在QQ群里发通知等方式将涉案网站的注册用户引导到被控侵权网站1。

2004年8月20日，五被告以案外人李都都注册的北京大宗企业管理顾问有限公司的名义在中国新网注册了www.ibox.com.cn网站（以下简称被控侵权网站2）的网络域名，该网站的名称是“ibox盒子娱乐在线”，网站运营内容是网络游戏媒体，替换并停止了原先的被控侵权网站1。

2004年10月19日，由于涉案网站已无法正常运行，原告与案外人中青赛网签订了《网站转让协议书》，原告以人民币10.8万元的价格将涉案网站卖给了中青赛网。

2005年3月4日，五被告成立了“北京世纪新橡网络科技有限公司”（以下简称新橡公司），该公司经营网络游戏论坛网站，公司股东为周慧民、冯晔、陈永平、陈云生、陈宇锋，所持股份分别为35%、17.5%、15%、17.5%、15%，周慧民任法定代表人，陈永平任经理，冯晔和陈宇锋任董事，陈云生任监事。2005年4月7日，域名为www.ibox.com.cn的被控侵权网站2转到了该公司名下。

2005年12月12日，新橡公司与案外人上海悦维计算机信息技术有限公司（以下简称悦维公司）签订了《转让协议》，约定将被控侵权网站2以人民币200万元的价格卖给悦维公司。2006年2月10日，被控侵权网站2的域名变更到悦维公司名下。

2006年9月27日，衢州市公安局决定对周慧民涉嫌侵犯商业秘密犯罪立案侦查，同年11月11日，被告周慧民和冯晔被刑事拘留，同年12月18日经衢州市人民检察院批准逮捕。

2006年11月11日，在衢州市公安局对被告陈云生所作的询问笔录中，被告陈云生陈述："……2003年10月、11月左右，我、陈宇锋、冯晔三人的易龙游戏网就和邱奇合作了。邱奇当时有一家自己的公司叫万联网络技术有限公司，邱奇公司当时主要是做boxbbs.com这个网络游戏论坛网站。……boxbbs.com这个域名是邱奇个人注册还是万联网络技术有限公司名义注册的，我也不清楚。在大家心中是认为boxbbs.com网站就是万联网络技术有限公司所有的。""公司当时没有和员工签合同，很多人也是没有工资的，就发基本的生活费。因为当时公司没有固定经济收入，大家凑在一起干都认为公司的网站有发展的前景，所以大家没工资还是愿意干。""周慧民当时还没有正式到万联网络技术有限公司上班，他是在报社上班的，在我们万联网络技术有限公司作兼职，负责写程序和技术操作。我们大家一起用心做boxbbs.com网站，boxbbs.com网站发展得比较好……"

2006年11月11日，在衢州市公安局对被告陈永平所作的询问笔录中，被告陈永平陈述："……当时邱奇是以万联网络技术有限公司的名义做boxbbs.com游戏论坛网站……但我知道万联网络技术有限公司是他母亲开网吧的公司，做boxbbs.com网站是借万联公司名义，而且当时公司的员工都是没有签合同的……做到2002年7月，我不太想做了，因为邱奇一直没有实际兑现15%的股份，而且和我也没有签任何协议或合同，平时也没有工资……""那时周慧民还在报社上班的，是空余时间帮邱奇做boxbbs.com网站，他平时不太来上班，一般是网站运行遇到技术问题他才来……"

2006年11月11日，在衢州市公安局对被告陈宇锋所作的询问笔录中，被告陈宇锋陈述："2003年底之前，冯晔、陈云生和我在福安经营www.egamecn.com网站。2003年底三个人以该网站入股衢州万联，到万联工作期间就认识了周慧民。当时周慧民是万联公司最主要的技术员。……"

2006年11月14日，在衢州市公安局对被告周慧民所作的询问笔录中，被告周慧民陈述："2004年初，我、冯晔、陈永平、陈宇锋、陈云生5人都是在衢州万联网络技术有限公司跟邱奇一起做的，网站域名是boxbbs.com，是邱奇注册的……"2006年12月11日，在衢州市公安局对被告周慧民所作的询问笔录中，被告周慧民陈述："……我现在说几点意见：第一，我对两边（boxbbs与ibox）数据库鉴定相同率是99.99%是没有意见的，这是肯定的，因为我们的ibox.com.cn确实是沿用boxbbs.com的数据库的……第二，对于数据库采取保密措施也是没意见的……第三，我认为数据库不能说是万联公司所有，我也是所有权拥有者之一……"2007年1月12日，在衢州市公安局对被告周慧民所作的询问笔录中，被告周慧民陈述："box2004开通前，我对boxbbs网站的程序配置文件进行了修改，修改后在表面上是看不出来的，修改了数据库文件链接字符串，连接到重庆的数据库服务器。修改时间是在 2004 年 6 月 9 日的凌晨，修改的目的是为 box2004 网站的开通做准备……”

2006 年 11 月 14 日，在衢州市公安局对被告冯晔所作的询问笔录中，被告冯晔陈述：“2003 年 11 月，因业务上的互补关系，我、陈云生、陈宇锋以 10 万元现金及我们做的易龙网站入股衢州万联网络技术有限公司，我们三人共占万联公司 30% 的股份……陈云生主要做网站制作和内容编辑，我主要负责市场销售、陈宇锋主要做美工设计及产品规划，公司法人代表是邱奇，他掌握着公司的决策权，周慧民当时还没有和我们一起上班，他还在衢州报社上班，但 boxbbs. com 网站的核心技术都是周慧民掌握的……boxbbs. com 网站的运行及维护工作是他负责的……”

2006 年 10 月 30 日，衢州市公安局委托上海公信扬知识产权司法鉴定所进行司法鉴定，鉴定内容为：“1. 衢州市公安局提供的 ibox. com. cn 网站的数据库（被比对物）与衢州市公安局提供的衢州万联网络技术有限公司原经营的 boxbbs. com 网站的数据库（比对物）的内容及程序相比对，是否相同、相似或复制。2. 衢州万联网络技术有限公司原经营的 boxbbs. com 的数据库（比对物）的内容、程序是否具有公知性，是否采取了保密措施。”

2006 年 11 月 9 日，上海公信扬知识产权司法鉴定所作出了沪公鉴著字［2006］第 021 号《司法鉴定书》，该《司法鉴定书》的分析与论证部分载明：“本鉴定限定注册时间区域为 2001 年 11 月 18 日 17 点 18 分 40 秒至 2004 年 4 月 28 日 20 点 32 分 6 秒，比对数据表和被比对数据表在该时间区域的记录数分别为 534 958条和 534 965条。……根据英文词义和记录内容分析，比对物数据表和被比对物数据表均有三个含义相同的字段：客户的注册用户名字段；客户的注册密码字段和客户的注册时间字段。……比对比对物数据表和被比对物数据表中三对名称相同的对应字段的记录得到如下结果：注册用户名和注册时间均相同的记录数有 534 952个，两者的相同率为 99. 99% 。而注册用户名、注册时间和注册密码均相同的记录数有 177 231个，两者的相同率为 33. 13% 。考虑到注册用户能够修改注册密码但不能修改注册时间，因此上述三个字段的记录同时相同的相同率远小于二个字段的记录同时相同的相同率是合理的，对该项比对的相同率的认定应以注册用户名和注册时间的相同率为准。”“……在比对数据库和被比对数据库取得时，双方都输入了网站数据库超级管理用户名及密码，这说明双方对数据库都采取了技术保密措施。据此，可以认为双方数据库的客户名单本身并不为公众所知悉……”最终，该司法鉴定意见为：“注册用户名是双方数据库的核心内容，注册时间不能由注册用户修改，双方数据库中注册用户和注册时间均相同的记录相同率达 99. 99% 。根据双方数据库的取证过程，说明双方的数据库均采用了技术保密措施。鉴定组成员一致认为，两个数据库的核心内容相同率为 99. 99% ，两者可视为同一；双方对数据库均采用了技术保密措施。”

2006 年 12 月 7 日，衢州市价格认证中心提供对 BOX 网络游戏社区 www. alexa. com 网站的页面打印件。被告周慧民对上述证据的真实性均不予认可。

被告周慧民为证明涉案网站的权利归属问题，提交了一份（2009）浙衢市证民字第 1208 号公证书，根据该份公证书及附件的记载，2009 年 11 月 13 日，被告周慧民的委托代理人徐芳向浙江省衢州市华夏公证处申请网上保全证据公证，公证的内容为 http：//

web. archive. org 网站上保存的涉案网站的网页历史记录，其中在 http：//web. archive. org/web/20021206185523/www. boxbbs. com/bbs/网页的最底端载有“（ALLrightsreserved. www. boxbbs. com 版权所有：中国联通浙江分公司 BOX 网游社区”等内容。被告周慧民为证明自己是涉案网站的设计者，还提交了一张载有该网站源程序代码的光盘。对此，原告认为，上述证据仅能证明被告周慧民是涉案网站论坛程序的开发者，但不能证明其是该网站的所有者。

被告周慧民提交了两份有邱奇签名的字据，一份是《借款凭条》，内容为“兹有邱奇收到周慧民借款壹万圆整，特立此字据，并承诺还款最大期限不超过叁个月。立据人：邱奇 2003 年 2 月 27 日”。另一份字据的内容为“本人收到陈永平肆仟圆整，在 2003 年 6 月底前归还，特此证明。邱奇 2003 年 4 月 4 日”。原告及其法定代表人邱奇对该节事实予以确认。

原告以衢价鉴（2006）323 号价格鉴定结论书的鉴定结论作为本案赔偿诉请的事实依据。此外，原告为证明自己支出的合理费用，提交了三张鉴定费发票，共计金额为人民币 82 000元。

原审法院认为，本案的争议焦点为以下四个：

一、涉案网站数据库的权利归属问题

原审法院认为，首先，自 2002 年 3 月 13 日至 2004 年 6 月 8 日期间，原告以公司的名义向中国万网注册了涉案网站的域名，且该网站在对外进行商业运营的过程中均是以原告作为实际经营者。其次，原、被告提交的证据以及五被告在衢州市公安局的询问笔录中所作的陈述可以证明，自 2001 年 6 月至 2004 年 6 月期间，被告周慧民和被告陈永平是原告公司的员工，被告冯晔、被告陈宇锋和被告陈云生均是原告公司的股东兼员工，被告周慧民与原告法定代表人邱奇围绕原告的公司股权分配进行过协商等事实。据此，原审法院可以认定，在原告处工作期间，五被告对于涉案网站是原告注册的网站以及五被告是为原告公司工作这节事实应该是明知的。再次，五被告关于涉案网站是个人网站而非公司网站的辩称亦没有相应的证据予以证明。即使原告与五被告之间没有正式的劳动合同，原告没有定期向五被告支付过工资，但从五被告在衢州市公安局的询问笔录中所作的陈述可以看出，五被告对于自己实际上是为原告工作以及同意在不领工资的前提下继续为原告工作的事实是认可的。五被告参与涉案网站的技术开发、维护及商业运营等事务的行为属于公司员工履行工作职责的行为，此外，五被告与邱奇之间存在借款关系的事实也不能证明涉案网站为个人网站而非公司网站。因此，自 2002 年 3 月 13 日至 2004 年 6 月 8 日期间，原告作为涉案网站的域名所有者和实际经营者对该网站在运营过程中形成的数据库享有所有权。对于五被告关于涉案网站属于个人网站，故五被告对该网站的数据库亦享有所有权的辩称，原审法院认为没有事实与法律依据，对此不予采信。

二、涉案网站数据库中的用户信息，包括客户名单数据表中的注册用户名字段、注册密码字段和注册时间字段等信息，是否属于商业秘密

原审法院认为，本案中，原告所主张的商业秘密是涉案网站数据库中的用户信息，包括客户名单数据表中的注册用户名字段、注册密码字段和注册时间字段等信息。根据沪公鉴著字［2006］第 021 号《司法鉴定书》以及原审法院查明的事实，原审法院认为，首先，上述用户信息是涉案网站在长期的经营活动中形成的经营信息，原告为吸引网络游戏

爱好者在该网站注册并参与交流付出了一定的创造性劳动，虽然单个用户的注册用户名、注册密码和注册时间等信息是较容易获取的，但是该网站数据库中的50多万个注册用户名、注册密码和注册时间等信息形成的综合的海量用户信息却不容易被相关领域的人员普遍知悉和容易获得；其次，上述用户信息证明了涉案网站作为游戏网站具有较大的用户群和访问量，而网站的访问量又与网站的广告收入等经济利益密切相关，因此上述用户信息能为原告带来经济利益，具有实用性；最后，原告为涉案网站的数据库设置了密码，并且该密码只有作为主要技术人员的被告周慧民和原告的法定代表人邱奇知晓，在原告与被告周慧民签订的《聘用合同书》中也有保密条款，因此可以认定原告对上述用户信息采取了保密措施。综上，原审法院认定涉案网站数据库中的用户信息，包括客户名单数据表中的注册用户名字段、注册密码字段和注册时间字段等信息，属于商业秘密，受法律保护。

三、五被告的行为是否构成侵犯商业秘密

原审法院认为，根据《中华人民共和国反不正当竞争法》的相关规定，以盗窃、利诱、胁迫或者其他不正当手段获取权利人的商业秘密的行为以及披露、使用或者允许他人使用以前项手段获取的权利人的商业秘密的行为，属于侵犯他人商业秘密的不正当竞争行为。在本案中，原告作为涉案网站数据库的权利人，对该数据库中用户信息的商业秘密享有所有权，被告周慧民未经原告许可利用自己掌握的数据库密码从原告公司的涉案网站复制下载并使用了包含注册用户名字段、注册密码字段和注册时间字段等用户信息的数据库的行为侵犯了原告的商业秘密。同时，虽然具体实施复制数据库行为的是被告周慧民，但根据本案查明的事实，其他四名被告仅由于分工不同而未直接实施复制行为，但对被告周慧民的复制下载行为主观上明知，也均参与了使用该数据库的行为，五被告也发表声明承诺共同承担由此产生的法律后果。因此，原审法院认定，五被告在主观上具有共同侵权的故意，五被告的行为共同侵犯了原告的商业秘密，应当共同承担赔偿损失的民事责任。

四、本案的赔偿问题

原审法院认为，本案作为侵犯商业秘密纠纷案件，系争的商业秘密是涉案网站数据库中的用户信息，而原告提交的衢价鉴（2006）323号价格鉴定结论书是针对整个网站价值的价格鉴定，作为商业秘密的用户信息的价值与该网站的整体价值存在差异，因此该价格鉴定结论书不能作为本案赔偿经济损失的依据，但原审法院将以此作为一个重要的参考因素。因此，鉴于原告的实际损失以及被告的获利皆无法确定，原审法院依法参照专利法的有关规定，根据原、被告提交的证据材料，综合考虑原告网站的知名度，本案商业秘密的开发成本，实施该项商业秘密的收益、可得利益、可保持竞争优势的时间，衢价鉴（2006）323号价格鉴定结论书的鉴定结论，以及五被告侵权的范围、主观过错程度、侵权行为持续的时间及获利状况等因素，酌情确定包括合理费用在内的赔偿数额。

综上，依照《中华人民共和国民事诉讼法》第一百三十条；《中华人民共和国民法通则》第一百三十四条第一款第（七）项；《中华人民共和国反不正当竞争法》第十条第一款第（一）项、第（二）项及第三款，第二十条；《最高人民法院关于审理不正当竞争民事案件应用法律若干问题的解释》第九条、第十条、第十一条、第十四条、第十七条第一款之规定，判决：被告周慧民、被告冯晔、被告陈云生、被告陈宇锋、被告陈永平于判决生效之日起十日内共同赔偿原告万联公司包括合理费用在内的经济损失人民币1 000 000元。本案一审案件受理费人民币46 856元，财产保全费人民币5 000元，共计人民币 51 856元，由原告万联公司负担人民币 25 461. 3元，由被告周慧民、被告冯晔、被告陈云生、被告陈宇锋、被告陈永平共同负担人民币 26 394. 7元。

判决后，周慧民不服，向本院提起上诉，请求撤销一审判决，查清事实后改判，本案诉讼费由被上诉人万联公司承担。其主要上诉理由为：（一）一审判决关于“自 2001 年 6 月至 2004 年 6 月期间，被告周慧民和陈永平是原告公司的员工”的认定错误，事实上周慧民与被上诉人万联公司不存在劳动关系。（二）一审判决关于万联公司注册了涉案网站的认定没有事实依据，涉案网站是个人网站而非公司网站。（三）一审判决认定被上诉人万联公司对涉案网站及其用户信息享有权利，缺乏事实依据。一审判决依据万联公司注册了涉案网站的域名、以万联公司的名义签订对外履约的合同来认定万联公司系涉案网站的权利人，不符合事实。事实上，万联公司不是涉案网站的合法经营者，涉案网站的数据库是上诉人周慧民等长期经营该网站的人员共同所有的财产。（四）一审判决认定涉案网站数据库中的用户信息，包括客户名单数据表中的注册用户名字段、注册密码字段和注册时间字段信息是商业秘密的密点，属于认定错误。（五）一审判决认定上诉人周慧民的行为构成侵犯商业秘密，属于认定错误。万联公司并非涉案网站的权利人，也非涉案网站数据库的实际维护、管理人。周慧民系涉案网站数据库程序及数据库汇编作品的著作权人，有权进行下载、复制，周慧民没有侵权的故意，也不存在侵权行为。（六）即使侵权成立，一审判决认定人民币 100 万元的赔偿金额过高。

被上诉人万联公司答辩称：（一）万联公司是涉案网站的域名所有人、实际运营者，也是涉案网站的内容所有人，涉案网站的所有权归万联公司所有。（二）万联公司与周慧民之间只有“聘用与被聘用”的关系，周慧民与邱奇从未以个人名义合作过涉案网站。万联公司与周慧民签订的聘用合同明确约定周慧民的职责是为万联公司制作网站和软件程序，其设计制作开发的软件程序应归万联公司所有，且无论是合同期内或期满后，周慧民均无权未经公司同意将属于万联公司所有的软件程序泄密、转让或用于他途。邱奇与周慧民未签订过任何个人合作协议。（三）大量网络用户可以为网站带来实际收益，数据库中的密点用户名及其密码等是不为公众知悉的信息，万联公司对涉案网站的用户数据库采取了加密措施，故涉案网站的用户数据是商业秘密。周慧民是涉案网站的程序开发者、数据库结构的设计者，并非是网站用户数据的创造者，涉案网站的用户数据是由网站实际运营者万联公司运营得来。（四）价格鉴定结论书、被控侵权网站 2 的转让价格等均可作为涉案网站价值认定的参考因素。

原审被告冯晔、原审被告陈云生、原审被告陈宇锋、原审被告陈永平均未向本院提交书面答辩意见。

二审中，上诉人周慧民向本院提交以下新的证据材料：1.《变更登记情况》，欲证明万联公司成立时股东为邱奇和赵骏，而非一审判决认定的邱奇和姜琼艳；2. 万联公司 2001 ~2004 年的《资产负债表》及《损益表》，欲证明 2001 年至 2004 年，涉案网站无盈利，价格鉴定结论书关于涉案网站月收入人民币 10 万元的认定无依据；3. 浙江省公安厅浙公赔复决字［2009］10 号《国家赔偿复议决定书》、衢州市人民检察院衢市检赔决［2011］1 号《刑事赔偿决定书》，欲证明一审判决关于周慧民构成商业秘密侵权的认定错误；4.（2011）沪徐证字第 7766 号《公证书》，欲证明涉案网站的域名所有人不确定，万联公司在冯晔等人入股之前不是涉案网站域名的持有人，涉案网站版权属于中华网游、中国联通浙江分公司等案外人，涉案网站是个人网站，涉案网站域名最初由邱奇个人注册。

针对上诉人周慧民提交的上述证据材料，被上诉人万联公司质证认为：对上述证据材料的真实性没有异议，但上述证据材料在一审中均已存在，不属于二审程序中的新的证据。关于证据材料1，万联公司的股东变更情况并非本案的争议焦点。关于证据材料2，该材料不能直接反映万联公司的具体经营情况和盈利情况，公司经营有无收入不能推出网站是否盈利。关于证据材料3，该两份决定书均不是人民法院的生效裁判，不能作为定案证据，且能证明上诉人存在侵权行为。关于证据材料4，域名所有人的归属应当以注册资料为依据，《公证书》中关于网站版权的相关内容与本案侵害商业秘密纠纷无关，相关论坛发表的言论不能正确反映客观事实。

原审被告冯晔、原审被告陈云生、原审被告陈宇锋、原审被告陈永平均未针对上诉人周慧民提交的上述证据材料提出质证意见。

根据上诉人周慧民提交的上述证据材料以及被上诉人万联公司的质证意见，本院认为：（一）被上诉人万联公司对证据材料1的真实性不持异议，该证据材料可以证明万联公司的股东变更情况，本院对上诉人提交的证据材料1予以采信。（二）证据材料2的《资产负债表》及《损益表》并不能客观反映涉案网站当时的实际收入情况，且原审法院并未将价格鉴定结论书作为确定本案赔偿数额的依据，仅将该价格鉴定结论书作为确定赔偿数额的参考因素之一；证据材料3是公安部门、检察部门对周慧民作出的国家赔偿决定，并不能直接证明与本案商业秘密侵权相关的事实；证据材料4仅仅是对一些网站内容的公证，并不足以证明上诉人欲证明的事实主张，故本院对上诉人提交的证据材料2～4均不予采纳。

被上诉人万联公司、原审被告冯晔、原审被告陈云生、原审被告陈宇锋、原审被告陈永平均未向本院提交新的证据材料。

经审理查明，2001年5月28日，原告万联公司成立，公司成立时的股权份额为：邱奇占60%，赵骏占40%。2001年12月18日，股东赵骏变更为姜琼艳，姜琼艳的股权份额为40%。

原审法院认定的其余事实属实，本院予以确认。

本院认为，被上诉人万联公司主张保护的涉案网站数据库中的用户信息，能为被上诉人带来经济利益且具有实用性，且该50多万个注册用户名、注册密码和注册时间等信息不易为相关领域人员普遍知悉和容易获得，且被上诉人对上述信息采取了保密措施，故上述信息符合商业秘密的构成要件，是被上诉人万联公司拥有的商业秘密，依法应受法律保护。上诉人周慧民、原审被告冯晔、原审被告陈云生、原审被告陈宇锋、原审被告陈永平未经被上诉人许可擅自复制、使用上述信息，其行为共同侵犯了被上诉人万联公司享有的上述商业秘密，依法应当承担赔偿损失的民事责任。

上诉人上诉称，一审判决关于“自2001年6月至2004年6月期间，被告周慧民和陈永平是原告公司的员工”的认定错误，事实上周慧民与被上诉人万联公司不存在劳动关系。对此，本院认为，2001年6月1日，万联公司与周慧民签订了《聘用合同书》，约定万联公司聘用周慧民利用业余时间为万联公司进行网站制作和软件程序开发，聘用时间为2001年6月1日起至2003年5月31日止。在上述合同到期后，万联公司与周慧民未续签聘用合同，但是周慧民仍继续为万联公司工作。上述事实由《聘用合同书》以及上诉人周慧民与各原审被告在衢州市公安局所作的询问笔录等证据为证。原审法院根据上述事实作出周慧民在2001年6月至2004年6月期间是万联公司员工的认定，并无不当。故上诉人的这一上诉理由无事实依据，本院不予支持。

上诉人上诉称，一审判决关于万联公司注册了涉案网站的认定没有事实依据，涉案网站是个人网站而非公司网站；一审判决认定被上诉人万联公司对涉案网站及其用户信息享有权利，缺乏事实依据。对此，本院认为，首先，北京万网志成科技有限公司出具的证明材料显示，2002年3月13日被上诉人万联公司以公司名义向中国万网注册了涉案网站的域名“boxbbs. com”。上诉人周慧民虽对该事实提出异议，但未能提交有效的证据推翻上述事实。根据本案查明的事实，2002年3月13日至2004年6月8日期间，涉案网站的域名系由万联公司注册并拥有。其次，涉案网站系以万联公司作为网站的实际经营者对外进行商业运作。再次，周慧民、陈永平系万联公司员工，冯晔、陈宇锋和陈云生均是万联公司的股东兼员工，因此上诉人周慧民与四名原审被告参与涉案网站的技术开发、维护及商业运营等行为属于公司员工履行工作职责的行为。本案中，周慧民对于涉案网站系个人网站而非公司网站的主张，亦未能提交充分的证据加以证明，本院对其相关主张难以采信。涉案网站数据库中的信息是万联公司在2002年3月13日至2004年6月8日期间运营涉案网站的过程中形成的，因此万联公司对该数据库享有所有权，原审法院的相关认定并无不当。故上诉人的该两点上诉理由均不能成立，本院不予支持。

上诉人上诉称，一审判决认定涉案网站数据库中的用户信息，包括客户名单数据表中的注册用户名字段、注册密码字段和注册时间字段信息是商业秘密的密点，属于认定错误。对此，本院认为，商业秘密是指不为公众所知悉、能为权利人带来经济利益、具有实用性并经权利人采取保密措施的技术信息和经营信息。首先，虽然单个用户的注册用户名、注册时间等可能易于获取，但是涉案网站数据库中50多万个注册用户名、注册密码和注册时间等一一对应的信息组成的综合海量用户信息并不易被相关领域的人员普遍获悉和容易获得。其次，网站的广告收入等经济利益与网站的访问量密切相关，上述海量的用户信息证明涉案网站作为游戏网站具有较大的用户群和访问量，因此上述用户信息能为万联公司带来经济利益，具有实用性。再次，万联公司为涉案网站数据库设置了密码，该密码只有主要技术人员周慧民和万联公司的法定代表人邱奇知晓，且在万联公司与周慧民签订的《聘用合同书》中约定了保密条款，因此可以认定万联公司对上述用户信息采取了保密措施。综上所述，涉案网站数据库中的用户信息，包括客户名单数据表中的注册用户名字段、注册密码字段和注册时间字段等信息，构成商业秘密。故上诉人的这一上诉理由不能成立，本院不予支持。

上诉人上诉称，一审判决认定上诉人周慧民的行为构成侵犯商业秘密，属于认定错误。对此，本院认为，本院已在上文详细阐述，万联公司系涉案网站数据库中相关用户信息的所有人，且上述用户信息中的注册用户名字段、注册密码字段和注册时间字段等信息构成万联公司的商业秘密。上诉人周慧民在未经万联公司许可的情况下，利用自己掌握的数据库密码擅自从万联公司的涉案网站复制、使用了包含上述商业秘密的数据库，该行为侵犯了被上诉人万联公司的商业秘密。本案是商业秘密侵权纠纷，数据库程序的著作权归属问题与本案并无直接关联。且本案系争的注册用户名、注册密码和注册时间等信息是万联公司在运营涉案网站过程中形成的，而非周慧民创作完成。因此，上诉人的这一上诉理由无事实和法律依据，本院不予支持。

上诉人上诉称，即使侵权成立，一审判决认定人民币 100 万元的赔偿金额过高。对此，本院认为，《最高人民法院关于审理不正当竞争民事案件应用法律若干问题的解释》第十七条第一款规定，确定反不正当竞争法第十条规定的侵犯商业秘密行为的损害赔偿额，可以参照确定侵犯专利权的损害赔偿额的方法进行；《中华人民共和国专利法》第六十五条第二款规定，权利人的损失、侵权人获得的利益和专利许可使用费均难以确定的，人民法院可以根据专利权的类型、侵权行为的性质和情节等因素，确定给予一万元以上一百万元以下的赔偿。本案中被上诉人万联公司的实际损失以及上诉人周慧民和四名原审被告的侵权获利均无确切的证据证明，原审法院综合考虑涉案网站的知名度、本案商业秘密的开发成本及实施该项商业秘密的收益、可得利益、可保持竞争优势的时间，以及上诉人和四名原审被告侵权的范围、主观过错程度、侵权行为的持续时间等因素，酌情确定包括合理费用在内的人民币 100 万元的赔偿数额，并无不妥。故上诉人的这一上诉理由不能成立，本院不予支持。

综上所述，上诉人周慧民的上诉请求无事实和法律依据，应予驳回。依照《中华人民共和国民事诉讼法》第一百三十条、第一百五十三条第一款第（一）项、第一百五十七条、第一百五十八条之规定，判决如下：

驳回上诉，维持原判。

本案二审案件受理费人民币 13 800元，由上诉人周慧民负担。

本判决为终审判决。

审 判 长 钱光文
审 判 员 马剑峰
审 判 员 王 静
二〇一二年二月二十四日
书 记 员 董尔慧

（本判决书入选 2012 年最高法院知识产权司法保护十大创新性案例、2012 年度上海法院知识产权司法保护十大案件）

31. 北京珂兰信钻网络科技有限公司诉上海辛迪加影视有限公司等不正当竞争纠纷案

——上海市浦东新区人民法院民事判决书

（2011）浦民三（知）初字第694号

原告： 北京珂兰信钻网络科技有限公司，住所地北京市宣武区平原里21号楼9层B1011室，实际经营地北京市东城区鼓楼外大街安德路甲61号红都商务中心4层。

法定代表人： 郭峰，总经理。

委托代理人： 朱彦煜，北京市时代九和律师事务所律师。

委托代理人： 薛志宏，北京市时代九和律师事务所律师。

被告： 上海辛迪加影视有限公司，住所地上海市崇明县长江农场长江大街260号6幢239室，实际经营地上海市黄浦区淮海中路283号香港广场南座38楼。

法定代表人： 吴涛，总经理。

委托代理人： 孙黎卿，上海天闻律师事务所律师。

委托代理人： 仇昊，上海天闻律师事务所律师。

被告： 上海卓美珠宝有限公司，住所地上海市浦东新区川沙路6999号B区5号楼255室。

法定代表人： 唐倩，总经理。

委托代理人： 谢东升，湖南崇民律师事务所律师。

委托代理人： 胡云峰，湖南精彩律师事务所律师。

原告北京珂兰信钻网络科技有限公司与被告上海辛迪加影视有限公司（以下至判决主文前简称“辛迪加公司”）、上海卓美珠宝有限公司（以下至判决主文前简称“卓美公司”）不正当竞争纠纷一案，本院受理后，依法适用普通程序，由审判员徐飞与人民陪审员盛美芬、杨红娣组成合议庭，于2012年4月24日公开开庭进行了审理。原告委托代理人朱彦煜，被告辛迪加公司委托代理人孙黎卿，被告卓美公司委托代理人谢东升、胡云峰到庭参加诉讼。本案现已审理终结。

原告北京珂兰信钻网络科技有限公司诉称，原告委托设计师创作完成美术作品《天使之翼吊坠》，并于2008年3月8日在北京首次发表。之后，原告开始按照上述美术作品图样生产、销售《天使之翼吊坠》实物产品。2009年2月24日，原告将该美术作品进行了著作权登记，并取得《著作权登记证书》，原告以委托作品著作权人身份依法享有除署名权之外的著作权。

原告发现，在安徽卫视、东方卫视等各大电视台热播并在优酷网、百度奇艺、搜狐视频、土豆网等多个视频网站上传播的电视剧《夏家三千金》第二集约第24分钟至26分钟处出现了一款与前述《天使之翼吊坠》美术作品几乎完全相同的吊坠产品。该产品所用的包装盒上醒目地印有被告卓美公司克徕帝珠宝的品牌标识“CRD”。该剧由被告辛迪加公司参与共同出品及摄制，并由其负责办理《电视剧拍摄制作备案》。

原告认为，两被告未经原告授权许可，擅自在电视剧中使用与原告受著作权保护的《天使之翼吊坠》美术作品和实物产品构成实质相似的吊坠产品，不但误导了广大观众和消费者，而且严重地侵犯了原告的合法著作权，也构成虚假宣传及违反诚实信用原则的不正当竞争行为。故请求法院判令两被告：1. 在《法制日报》、新浪网首页（http：//www. sina. com. cn）、CRD 克徕帝官网首页（http：//www. crd999. com）分别向原告公开赔礼道歉；2. 连带赔偿原告经济损失人民币 15 万元（以下币种相同）及原告为制止侵权行为所支付的合理开支 7 521元。后，原告撤回对著作权侵权的起诉。

被告辛迪加公司辩称，其仅作为终端消费者使用系争作品，剧中项链的使用由导演自由发挥，被告无主观过错，依法不应承担任何法律责任。

被告卓美公司辩称，被告没有实施生产、销售侵权产品的行为，不应承担法律责任。剧中珠宝产品由剧组自备，被告只提供了拍摄场地。剧中使用系争产品不是被告主动策划的，产品也不是被告提供给剧组的，对于展示珠宝的过程被告并不知情。原告没有证据证明被告实施了不正当竞争行为。

经审理，本院查明以下事实：

原告于 2007 年 9 月注册成立，经营范围包括广告设计、制作，销售珠宝首饰、黄金饰品等。2008 年 2 月 18 日，案外人张萌创作完成作品《天使之翼吊坠》共三幅。同月 23 日，张萌与原告共同出具《职务创作说明》，内容为：“本作品《天使之翼吊坠》是本公司员工张萌接受单位任务委派，利用单位工作资源，在单位规定的工作时间内完成的创作，版权归属于公司所有，作者仅享有署名权。”2009 年 9 月 24 日，国家版权局依原告申请发出著作权登记证书。证书载明：《天使之翼吊坠》（共三幅）于 2008 年 3 月 8 日在北京首次发表，原告“以委托作品著作权人身份依法享有著作权（署名权除外）”。原告依上述作品生产了项链吊坠。其主体造型为一对翅膀，翅根镶嵌有钻石并可以转动，翅尖有孔洞供绳或项链穿过。当绳或项链同时穿过两个孔洞时，两个翅膀相对或相背可表现出两种不同的形态；当绳或项链只穿过一个孔洞时，两个翅膀呈竖直状态，即第三种形态。三种形态的项链吊坠分别再现了原告进行著作权登记的《天使之翼吊坠》的三幅作品。

2010 年 7 月，《夏家三千金》剧组工作人员来到被告卓美公司在厦门的加盟商厦门鹭屿克徕帝珠宝有限公司的经营场所。双方商定：《夏家三千金》剧组使用厦门店的经营场所进行拍摄，不支付场地费；剧组在拍摄中将把包括 LOGO 在内的店面的整体形象都拍摄到位并在鸣谢中体现被告品牌名称及广告语，为其免费做广告。在拍摄过程中，该剧周国栋导演在该店购买了一款项链，并除该项链所用首饰盒外又多要了一个带有“克徕帝”英文标识“CRD”的首饰盒，告知将作为道具根据剧情使用，但没有说明用于何种剧情。

2011 年 4 月 22 日，北京市方圆公证处根据原告申请，进行了以下证据保全：1. 上网播放《夏家三千金》视频，在第二集中有以下情节：皓天与其母亲至珠宝店选购首饰，该店显示有明显的“CRD 克徕帝”标识……在夏家，皓天将首饰送给友善，在打开首饰盒的特写镜头中可见首饰盒上明显的“CRD”标识及盒中项链，项链吊坠与原告项链吊坠翅膀相对时的造型基本相同，项链特写镜头持续有 4 秒钟。随后，皓天帮友善戴上项链。画面显示有带着项链的友善的连续镜头。……电视剧片尾字幕显示“CRD 克徕帝 浪

漫一刻 幸福一生”字样。2. 进入被告官方网站“crd999. com”。点击“克徕帝新闻”中的“CRD 克徕帝携手《夏家三千金》”，结果页面显示“CRD 克徕帝携手《夏家三千金》太过爱你”的文章。文中写到：“《夏家三千金》在 CRD 克徕帝取景的镜头，CRD 克徕帝愿随着《夏家三千金》走进每个人的心中……”，并附有“皓天跟妈妈在 CRD 克徕帝挑选钻饰”、“选好东西从店面出来”、“哇，红色的 CRD 克徕帝首饰盒，大爱哦”、“谢幕，CRD 克徕帝，浪漫一刻，幸福一生”等文字及相关剧照。

另查明，被告辛迪加公司经营范围包括电视节目制作、发行，数字新媒体和传统媒体影视节目领域内的投资等。辛迪加公司系《夏家三千金》的著作权人，也系该剧的摄制者及主要出品人，并负责该剧的宣传、发行等。该剧在各卫视频道及主流网站均进行了播放。剧中所涉项链由剧组从广州市白云区银亮饰品商行购得。

被告卓美公司经营范围包括首饰的销售，饰品的零售、设计、开发，各类广告的设计、制作等。“克徕帝”、“CRD”为被告卓美公司品牌，该公司所有加盟店均以该品牌经营。卓美公司知晓其厦门加盟店与被告辛迪加公司在《夏家三千金》拍摄中的合作，但卓美公司及其各加盟店并未生产或销售过系争款式的项链吊坠。

再查明，原告为本次诉讼支付公证费 2 521元、律师费 5 000元。

上述事实，有原告提供的登记号为 2009-F-015597 的《著作权登记证书》及其附件、吊坠实物及照片、创作底稿、职务创作声明、（2011）京方圆内经证字第 09997 号公证书、公证费发票、律师费发票、被告辛迪加公司提供的购物发票以及被告卓美公司提供的情况说明、商品质量保证单、首饰成品库存查询记录等证据，及当事人当庭陈述等在案佐证，本院予以确认。原告认为剧中所用项链由被告卓美公司提供，但未提供证据，而两被告提供的证据能够证明项链由案外人处购得，故本院对原告的上述事实主张不予认可。

本院认为，《中华人民共和国反不正当竞争法》规定，经营者不得利用广告或者其他方法，对商品的质量、制作成分、性能、用途、生产者、有效期限、产地等作引人误解的虚假宣传。广告的经营者不得在明知或者应知的情况下，代理、设计、制作、发布虚假广告。依据上述规定及查明的事实，本院认为：

一、电视剧《夏家三千金》的相关情节构成对被告卓美公司品牌的广告宣传

商业广告是商品经营者或服务提供者自己或委托他人通过一定的媒介和形式介绍和推销其商品或服务的一种宣传活动。本案中，首先，从两被告之间的关系来看，被告卓美公司免费为被告辛迪加公司的电视剧提供拍摄场地，辛迪加公司免费在该剧中为卓美公司的品牌进行宣传。双方之间虽无书面合同，但形成了事实上的广告合作关系。其中，卓美公司是实际的广告主，辛迪加公司是实际的广告经营者，对价即为相互免除的场地费和广告费。其次，从电视剧的相关内容来看，在《夏家三千金》剧中，主人公先在有着明显“CRD 克徕帝”标识的珠宝店中选购首饰；后又在家中打开带有明显“CRD”标识的首饰盒；片尾还显示“CRD 克徕帝 浪漫一刻 幸福一生”字幕，该些内容具有明显的植入广告的特征，构成对“克徕帝”、“CRD”品牌的广告宣传。其中，系争项链吊坠与首饰盒一同出现，已成为植入广告的组成部分，客观上能够起到广告宣传的效果，亦构成对被告卓美公司品牌的广告宣传。

二、系争植入广告容易引人误解，损害了原告的合法权益

广告宣传，必须客观、真实，与被宣传对象的实际情况相符合。在珠宝首饰的广告宣

传中，独特的首饰款式能够迅速引起消费者的关注，提高品牌的吸引力。本案中，被告卓美公司并不设计、生产或销售系争款式的项链吊坠，但被告辛迪加公司却在电视剧的植入广告中将该款式的项链吊坠与卓美公司的品牌标识一并使用，向相关公众展示了打开带有明显“CRD”标识的首饰盒，并显示出系争项链吊坠，继而主人公将项链戴于颈上的情节，且首饰盒与系争项链均为特写镜头，项链特写镜头的持续时间更有4秒之久，加之选购场景及片尾字幕中的“CRD克徕帝”标识，足以使相关公众误认为该吊坠款式由“CRD”品牌设计、生产或销售。使得喜欢该吊坠款式的公众对“CRD”品牌产生一定的兴趣，吸引其进一步了解该品牌或购买该品牌产品，从而为卓美公司争取到更多的商业机会，使其不正当地取得一定的竞争优势，进而获取一定的商业利益。

原告与被告卓美公司均系珠宝首饰产品的经营者，相互存在竞争关系。原告作为《天使之翼吊坠》美术作品的著作权人，享有将该美术作品复制到首饰产品上并获得收益的权利。系争植入广告利用原告的饰品款式为被告卓美公司的品牌进行宣传，势必对原告因该特有款式而产生的竞争优势产生影响，或使相关公众误认为原告饰品仿照了被告的款式，损害了原告的合法权益，构成对原告的不正当竞争。

三、两被告应对虚假宣传行为承担连带责任

本案中，辛迪加公司是电视剧《夏家三千金》的制作者和发行者，同时也是系争植入广告的制作者和发布者。其明知系争项链吊坠与被告卓美公司无关，却将其与有着明显被告品牌标识的首饰盒一并使用，导致引人误解的后果，损害了原告的合法权益，应当就原告损失承担赔偿责任。被告卓美公司作为实际上的广告主，虽然没有主动参与剧情设计，但提供了带有其品牌标识的首饰盒，并且知道该首饰盒将根据剧情被使用，也知道该剧将为其品牌进行宣传，却未对宣传内容及可能产生的宣传后果尽到合理的注意义务，亦应对原告损失承担赔偿责任。

至于赔偿数额的确定，由于原告未就其损失或被告获利进行举证，本院将综合考虑被告不正当竞争行为的性质、情节、主观过错程度、虚假宣传的影响范围以及原告合法权益受到损害的程度等酌情予以确定。本院注意到，被告除将系争项链吊坠与“CRD”品牌的首饰盒一并使用外，并无其他虚假宣传行为；且消费者在实际选购首饰时，除款式外，还会考虑产品质量、品牌知名度等其他因素，故根据赔偿数额与损害结果相当的原则，酌情确定2万元的赔偿额。关于原告所支出的律师费、公证费，属于制止侵权的合理支出，本院予以支持。关于原告要求两被告赔礼道歉的诉讼请求，由于赔礼道歉系人身权利受到侵害时的救济方式，而本案并不涉及原告人身权利受到侵害的情形，故原告该诉讼请求，于法无据，本院不予支持。原告可以通过其他形式，消除因被告的虚假宣传行为对其造成的影响。

综上，依据《中华人民共和国反不正当竞争法》第九条、第二十条之规定，判决如下：

一、被告上海辛迪加影视有限公司、上海卓美珠宝有限公司赔偿原告北京珂兰信钻网络科技有限公司经济损失人民币2万元及原告为制止侵权支出的合理费用人民币7 521元；两被告互负连带责任。

二、驳回原告北京珂兰信钻网络科技有限公司的其余诉讼请求。

负有金钱给付义务的当事人未按本判决指定的期间履行给付金钱义务，应当依照

《中华人民共和国民事诉讼法》第二百二十九条之规定，加倍支付迟延履行期间的债务利息。

案件受理费人民币3 450元（原告已预付），由原告北京珂兰信钻网络科技有限公司承担1 424元，被告上海辛迪加影视有限公司、上海卓美珠宝有限公司承担2 026元。

如不服本判决，可在判决书送达之日起十五日内向本院递交上诉状，并按对方当事人的人数提出副本，上诉于上海市第一中级人民法院。

审　判　长　徐　飞
人民陪审员　盛美芬
人民陪审员　杨红娣
二〇一二年五月二十二日
书　记　员　袁　田

（本判决书入选2012年度上海法院知识产权司法保护十大案件）

32. 上海长途汽车客运总站有限公司诉铭万信息技术有限公司等侵犯计算机网络域名纠纷案

——上海市黄浦区人民法院民事判决书

（2011）黄民三（知）初字第62号

原告：上海长途汽车客运总站有限公司，住所地上海市闸北区中兴路1666号。

法定代表人：郭卫，董事长。

委托代理人：宋裒，上海市锦天城律师事务所律师。

委托代理人：周芳，上海市锦天城律师事务所律师。

被告：铭万信息技术有限公司，住所地深圳市福田区滨河大道上沙创新科技园五栋二楼2C01。

法定代表人：张紫君，总经理。

被告：铭万信息技术有限公司上海分公司，住所地上海市普陀区宁夏路201号13楼G室。

负责人：张元达，经理。

上述两被告共同委托代理人：刘美静，铭万信息技术有限公司上海分公司员工。

被告：张家港市日易机械有限公司，住所地江苏省张家港市乐余镇常丰村。

法定代表人：冯建成，总经理。

委托代理人：倪惠萍，该公司员工。

原告上海长途汽车客运总站有限公司（以下简称长途客运总站公司）与被告铭万信息技术有限公司（以下简称铭万公司）、被告铭万信息技术有限公司上海分公司（以下简称铭万上海分公司）、被告张家港市日易机械有限公司（以下简称日易公司）网络域名纠纷一案，由原上海市黄浦区人民法院于2011年3月17日受理后，原上海市黄浦区人民法院因撤二建一被撤销，2011年10月11日起由新上海市黄浦区人民法院继续审理。本院依法组成合议庭，于2011年7月29日组织双方当事人进行了证据交换，并于同年10月25日、12月14日公开开庭进行了审理。原告长途客运总站公司的委托代理人宋裒、周芳，被告铭万公司及被告铭万公司上海分公司的共同委托代理人刘美静到庭参加诉讼，被告日易公司在2011年10月25日、12月14日的开庭审理中经传票传唤，无正当理由拒不到庭，本院依法缺席审理。本案现已审理终结。

原告长途客运总站公司诉称，原告于2005年1月正式投入运营，是亚洲最大的长途汽车客运总站，被上海市政府有关部门确定为上海市航空、铁路、长途汽车、航运四大门户窗口单位之一，且被核定为一级客运站。2010年年底，为降低旅客购票成本及时间，满足不同旅客的需求，原告向中国互联网络信息中心申请注册“上海长途汽车客运总站”的中文网络域名，却被告知上述域名均已被日易公司注册，注册服务机构为铭万公司。原告在与铭万公司及铭万上海分公司的交涉中获知，日易公司通过铭万公司申请注册了

"上海长途汽车客运总站 . cn"、"上海长途汽车客运总站 . 中国"、"上海长途汽车客运总站 . 公司"、"上海长途汽车客运总站 . 网络"、"上海长途汽车客运总站 . com"、"上海长途汽车客运总站 . net"、"上海长途汽车客运总站 . cc" 7 个网络域名，但上述域名注册后从未实际使用过。铭万上海分公司还建议原告有偿收购上述 7 个域名，并主动表示由其负责商讨具体收购价格，被原告严词拒绝。原告认为，日易公司抢注涉案域名的行为侵犯了原告的在先权利，铭万公司及铭万上海分公司无视普通人从字面上就可以看出日易公司不具有使用"上海长途汽车客运总站"的正当理由，为商业目的直接帮助日易公司侵犯原告合法权益，破坏公共秩序，应当承担相应的法律责任，还应当协助原告办理涉案网络域名的变更手续。原告遂诉至法院，请求判令：1. 被告日易公司立即注销"上海长途汽车客运总站 . cn"、"上海长途汽车客运总站 . com"、"上海长途汽车客运总站 . net"、"上海长途汽车客运总站 . cc"、"上海长途汽车客运总站 . 中国"、"上海长途汽车客运总站 . 公司"、"上海长途汽车客运总站 . 网络" 7 个网络域名，被告铭万公司、被告铭万上海分公司予以协助；2. 三被告共同支付原告进行调查取证而发生的工商查档费人民币 40 元、公证费人民币 5 000元；3. 诉讼费由三被告共同承担。

被告铭万公司辩称，因持有或使用域名而侵害他人合法权益的责任，应由域名持有者承担，铭万公司作为域名注册服务机构，无需承担侵权责任。铭万公司愿意协助办理相关变更手续，但不同意支付原告的调查取证费。

被告铭万上海分公司辩称，同意铭万公司的答辩意见，且系争域名是铭万苏州分公司代理日易公司进行注册的，铭万上海分公司与本案没有关系，不同意原告诉请。

被告日易公司辩称，日易公司与"上海长途汽车客运总站"无关，其是基于铭万苏州分公司关于域名投资的推销而注册系争域名，注册后没有使用，也没有向原告或他人高价出售，故没有侵权故意，不应当承担侵权责任。

经审理查明：长途客运总站公司成立于 2001 年 7 月 31 日，注册资本人民币伍仟万元，经营范围包括客运站经营、物业管理、停车场。2005 年 8 月，其经营管理的上海长途汽车客运总站正式投入运营，是 2010 年上海世博会的重要配套交通基础设施。2007 至 2010 年度连续两届被上海市人民政府评为上海市文明单位；2009 年被中国道路运输协会评为年度全国道路运输百强诚信客运站；2010 年被中共上海市闸北区委员会、上海市闸北区人民政府评为"世博工作优秀集体"。

日易公司成立于 2006 年 6 月 9 日，经营范围包括塑料机械、通用机械、自动化控制系统制造、加工、销售。

2006 年 8 月 21 日，被告日易公司与铭万信息技术有限公司苏州分公司（以下简称铭万苏州分公司）、北京铭万智达科技有限公司（以下简称铭万智达公司）签订《域名/通用网址订单》一份，约定日易公司委托铭万苏州分公司和铭万智达公司注册域名"上海长途汽车客运总站 . cn"、"上海长途汽车客运总站 . 公司"、"上海长途汽车客运总站 . 网络"、"上海长途汽车客运总站 . com"、"上海长途汽车客运总站 . net"、"上海长途汽车客运总站 . cc" 及通用网址"上海长途汽车客运总站"，上述域名及通用网址的注册年限均为 10 年，服务费合计为人民币 24 000元。铭万苏州分公司和铭万智达公司按约定共同行使和承担本订单赋予服务方的权利和责任，《订单》下方加盖了铭万公司的合同专用章。同日，日易公司成功注册上述 6 个网络域名，并基于域名注册管理机构的优惠同时注册了网络域名“上海长途汽车客运总站．中国”，域名注册服务商均为铭万公司。其中，“上海长途汽车客运总站．cn”、“上海长途汽车客运总站．中国”、“上海长途汽车客运总站．公司”、“上海长途汽车客运总站．网络”、“上海长途汽车客运总站．cc”5个域名的到期日期为2016年8月21日，“上海长途汽车客运总站．com”、“上海长途汽车客运总站．net”2个域名的到期日期为2015年8月21日。日易公司注册上述7个域名后，未实际投入使用。

以上事实，有原告提供的《中国交通报》、《新民晚报》、《劳动报》的相关报道，多份《荣誉证书》，上海市东方公证处出具的（2011）沪东证经字第10426号公证书，被告铭万公司及铭万上海分公司提供的《域名/通用网址订单》、网页打印件以及当事人陈述等在案佐证。

本院认为，经营者在市场经营活动中应当秉承诚实信用原则及公平竞争的理念，遵守公认的商业道德。原告于2001年成立之日起即以上海长途汽车客运总站作为字号对外经营，上海长途汽车客运总站系原告企业名称中具有识别性的组成部分，至2005年上海长途汽车客运总站正式运营后，上海长途汽车客运总站作为原告的企业字号更是被广泛使用，并获得多项荣誉，具有一定社会知名度，因此，原告对“上海长途汽车客运总站”享有合法的民事权益。系争7个域名的可识别部分均为“上海长途汽车客运总站”，与原告字号完全相同，足以导致相关网络用户对系争域名与原告之间的关系产生混淆、误认。被告日易公司的经营范围不包含客运站经营，且未提供证据证明其享有与“上海长途汽车客运总站”有关的任何权利和权益，其注册上述域名不具有正当理由。虽然被告日易公司辨称其未曾向原告或他人发出高价出售的要约，但鉴于其为获取投资收益而注册系争域名的主观目的及注册域名后并未使用的实际情况，可以认定被告日易公司注册系争7个域名的行为具有主观恶意。综上，被告日易公司注册系争7个域名的行为违背了诚实信用原则，损害了原告对其企业名称享有的合法权益，系争7个域名应当予以注销。

原告主张被告铭万公司及铭万上海分公司为商业目的直接帮助日易公司侵犯原告合法权益，应承担相应责任，并提供了重庆市高级人民法院的多份民事判决书作为证据。对此，本院认为，被告铭万公司及被告铭万上海分公司作为域名注册服务机构，在经营中应当自觉遵守国家相关法律、行政法规和规章，公平、合理地为用户提供域名注册服务。根据《中国互联网络域名管理办法》的规定，因持有或使用域名而侵害他人合法权益的责任，由域名持有者承担。就本案而言，原告提供的证据虽然证明被告铭万公司在他案中确存在恶意推销知名企业域名的情形，但尚不足以证明被告铭万公司及其苏州分公司在本案中实施了向被告日易公司推销系争域名的行为；被告日易公司关于其是基于被告铭万公司的推销而注册系争域名的辨称亦没有证据予以证明；同时，原告提交的公证书虽表明被告铭万上海分公司曾建议原告购买系争域名，但同样不足以证明被告铭万上海分公司参与了系争7个域名的推销、注册。因此，在各方当事人均没有证据证明被告铭万公司及被告铭万上海分公司就系争域名的注册存在过错和违反相关法律规定的情形下，本院难以在本案中认定被告铭万公司及被告铭万上海分公司与被告日易公司构成共同侵权并进而要求上述两被告支付原告主张的合理调查费用。鉴于原告主张的公证费人民币5 000元及工商查档费人民币40元，均系原告调查被告铭万公司及被告铭万上海分公司所支付的费用，与被告日易公司没有关联性，若判令被告日易公司承担该两笔费用，亦有失公允，故对于原告要求三被告共同支付原告合理调查费用的诉讼请求，本院难以支持。

根据《中国互联网络域名管理办法》的规定，域名持有人或其代理人申请注销域名或者依据人民法院、仲裁机构或域名争议解决机构作出的裁判，应当注销的，原域名注册服务机构应当予以注销。本案中，被告日易公司应当在本判决生效后的合理期限内申请注销系争域名，被告铭万公司应当予以注销，此乃域名注册服务机构的法定义务，故本院在判决主文中不再累述。

综上，依照《中华人民共和国反不正当竞争法》第二条第一款，《最高人民法院关于审理涉及计算机网络域名民事纠纷案件适用法律若干问题的解释》第四条、第五条第一款第（四）项、第八条，《中华人民共和国民事诉讼法》第一百三十条之规定，判决如下：

一、被告张家港市日易机械有限公司应于本判决生效之日起三十日内注销域名“上海长途汽车客运总站.cn”、“上海长途汽车客运总站.com”、“上海长途汽车客运总站.net”、“上海长途汽车客运总站.cc”、“上海长途汽车客运总站.中国”、“上海长途汽车客运总站.公司”、“上海长途汽车客运总站.网络”；

二、对原告上海长途汽车客运总站有限公司的其他诉讼请求不予支持。

案件受理费人民币50元，由被告张家港市日易机械有限公司负担。

如不服本判决，当事人可在判决书送达之日起15日内向本院递交上诉状，并按对方当事人的人数提出副本，上诉于上海市第二中级人民法院。

审 判 长 凌 崧
人民陪审员 梅德金
代理审判员 孙巾淋
二〇一一年十二月十四日
书 记 员 张歆瑾

（本判决书入选2011年度上海法院知识产权司法保护十大案件）

33. 岳彤宇诉周立波域名权属、侵权纠纷案

——上海市第二中级人民法院民事判决书

（2011）沪二中民五（知）初字第171号

原告： 岳彤宇，女，汉族，1972年4月1日生，住北京市海淀区遗光寺八号院西区辛8楼东门202号。

委托代理人： 高错，北京市大成律师事务所上海分所律师。

委托代理人： 许乐乐，男，住上海市杨浦区四平路1239号，在北京市大成律师事务所上海分所工作。

被告： 周立波，男，汉族，1967年4月22日生，住上海市黄浦区茂名南路59号。

委托代理人： 谭圆媛，上海市华荣律师事务所律师。

委托代理人： 朱平晟，上海市华荣律师事务所律师。

原告岳彤宇与被告周立波网络域名权属、侵权纠纷一案，本院受理后，依法组成合议庭，于2012年3月28日公开开庭审理了本案。原告岳彤宇的委托代理人高错、许乐乐，被告周立波及其委托代理人谭圆媛、朱平晟到庭参加诉讼。本案现已审理终结。

原告岳彤宇诉称：其于2007年10月7日注册了zhoulibo. com域名（以下简称涉案域名）。2011年12月7日，因被告周立波投诉，亚洲域名争议解决中心（以下简称亚洲域名中心）裁决将涉案域名转移给被告周立波。原告岳彤宇认为，亚洲域名中心的上述裁决不符合相关法律的规定。首先，被告周立波既未取得"周立波zhoulibo及图"的注册商标专用权，又与"zhoulibo"之间不存在一一对应关系，且被告周立波在原告岳彤宇注册涉案域名之前并未知名，故被告周立波对"zhoulibo"并不享有权利；其次，原告岳彤宇注册、使用涉案域名是为宣传、介绍中国当代作家周立波，故原告岳彤宇对涉案域名的使用不会导致公众将涉案域名指向的网站与被告周立波相混淆；再次，原告岳彤宇注册涉案域名后，建立了宣传、介绍中国当代作家周立波的网站，故原告岳彤宇对涉案域名享有合法权益；最后，原告岳彤宇建立宣传、介绍中国当代作家周立波网站的行为，足以表明原告岳彤宇对涉案域名的注册、使用没有主观恶意。综上，原告岳彤宇请求法院判令：1. 原告岳彤宇注册、使用涉案域名的行为不具有恶意，不侵犯被告周立波的合法权益；2. 涉案域名不应转移给被告周立波，应由原告岳彤宇注册、使用。

被告周立波辩称：1. 本案中原告岳彤宇尚未证明其系涉案域名的注册人。2. 被告周立波一直使用其姓名周立波进行大量的商业演出，使其姓名周立波及其拼音"zhoulibo"享有极高的知名度，故被告周立波对其姓名"周立波"及其拼音"zhoulibo"享有的合法权益应受法律保护。3. 被告周立波的姓名及其拼音"zhoulibo"享有极高的知名度，涉案域名的主要部分"zhoulibo"与被告周立波姓名的拼音完全相同，已足以使相关公众产生涉案域名与被告周立波相关联的误认；而原告岳彤宇将涉案域名和被告周立波相关联，使相关公众产生涉案域名与被告周立波相关联的误认。4. 原告岳彤宇并未证明其确系为宣

传、介绍中国当代作家周立波而注册、使用涉案域名，故原告岳彤宇注册、使用涉案域名没有合法理由。5. 原告岳彤宇不仅将涉案域名与被告周立波相关联，还以要约高价出售的方式转让涉案域名。原告岳彤宇注册、使用涉案域名显然具有恶意。综上，被告周立波请求本院驳回原告岳彤宇的诉讼请求。

本院经审理查明：

2007 年 10 月 7 日，“HongYiShen”通过域名注册商 GoDaddy. com，Inc. （以下简称涉案域名注册商）注册了涉案域名。注册信息显示，“HongYiShen”的联系电话为 1339175 × × × ×，电子邮箱为 HongYiShen@ hotmail. com。

2011 年 4 月 19 日，原告岳彤宇向涉案域名注册商支付 24. 68 美元。2011 年 5 月 2 日，涉案域名注册商向原告岳彤宇出具收据称，其收到的 24. 68 美元中包括了涉案域名的相关费用。

2011 年 5 月 10 日，涉案网站显示要约出售涉案域名的信息，其中有：“我们认为海派清口表演者周立波先生与其他愿意购买及使用此域名的人士相比，可能具有更高的知名度，并且我们也很喜欢他的表演，我们很乐意这个域名可以由周先生来购买和使用”、“如果询价者确实有意购买此域名，请您先慎重考虑您的预算是否达到以人民币十万元为单位，以免无谓浪费您的宝贵时间”、“周立波 zhoulibo. com 本域名诚意转让出售中，期待有识者联系”等表述。上述信息中并附有易介网（EJEE. com）的相关链接，所链接的网页显示“一口价：zhoulibo. com”、“卖方定价为人民币 10 万元”等信息。上海市静安区公证处就上述事实出具（2011）沪静证经字第 1899 号公证书（以下简称涉案公证书）。

2011 年 9 月 29 日，被告周立波以其对拼音“zhoulibo”享有合法民事权益，涉案域名的核心部分“zhoulibo”与被告周立波姓名的拼音形式完全相同，且“HongYiShen”对涉案域名既不享有合法权益，又高价转让涉案域名，其注册、使用涉案域名具有明显恶意等为由，向亚洲域名中心提出投诉，要求将涉案域名转移给被告周立波所有。

2011 年 11 月 14 日，“HongYiShen”向亚洲域名中心出具答辩状，以其注册、使用涉案域名系为建立作家周立波的文学爱好者网站，被告周立波对涉案域名不享有合法权益为由，请求亚洲域名中心驳回被告周立波的上述投诉。上述“HongYiShen”答辩状上的签名为“洪义深”。

2011 年 11 月 14 日，北京易介华通科技有限公司（以下简称易介公司）出具《关于 zhoulibo. com 域名在 EJEE. com 出售事宜的说明》，该说明称：其于近日接到涉案域名所有人投诉，声称网站被篡改，涉案域名被人恶意提交至易介公司网站（EJEE. com）进行出售。经核实，提交该域名出售账号的信息、注册邮箱及相关联系信息并非涉案域名所有人相关信息。易介公司在核对相关信息后已经删除了上述出售链接。

2011 年 12 月 7 日，亚洲域名中心以涉案域名的主要部分“zhoulibo”与被告周立波姓名的拼音完全一致，足以造成相关消费者混淆，“HongYiShen”对涉案域名不享有合法权益，且“HongYiShen”注册、使用涉案域名具有明显恶意为由，作出行政专家组裁决（案件编号：CN-1100503），裁决将涉案域名转移给被告周立波。2011 年 12 月 16 日，原告岳彤宇向本院提起本案诉讼。

2012 年 2 月 13 日，原告岳彤宇为其所有的号码为 13391759075 的手机，办理了乐享 3G 套餐 2012 版的资费变更手续，并支付了相应的资费。

本案审理中，本院登陆涉案网站，该网站网页显示："缅怀周立波（1908～1979）"。该网页中还有作家周立波的生平及《暴风骤雨》、《山乡巨变》等小说的链接。

本案审理中，被告周立波提交的证据显示如下事实：被告周立波，海派清口创始人。1981年考入上海曲艺剧团（原上海滑稽剧团），师从滑稽泰斗周柏春。1984年毕业后正式成为上海滑稽剧团的一名演员，人称"小滑稽"、"上海活宝"。在上海滑稽剧团期间，先后出演滑稽戏《不是冤家不聚头》、《摩登面具》、《第二次投胎》、《浪荡鬼》、《梦的衣裳》、《今夜星辰》、《笑看明天》、《美景佳缘》、《步步高》等，并分别参演电影《王先生之欲火焚身》和电视剧《家里比较烦》等。2006年12月至2007年1月期间，周立波推出《海派清口》专场。2008年12月后，周立波分别推出《笑侃三十年》、《笑侃大上海》、《我为财狂》、《民生大盘点》等海派清口专场，担任《唐伯虎点秋香2》主演，《壹周立波秀》主持人，《中国达人秀》评委等。此外，《第一财经周刊》、《亚洲周刊》、《时尚》等杂志均对周立波有过专访报道。周立波还曾参加《杨澜访谈录》、《鲁豫有约》等电视节目。

本案审理中，原告岳彤宇确认其仅对涉案网站的文件进行了两次更新。

以上事实，由原告岳彤宇提供的涉案域名WHOIS查询记录、号码为13391759075的手机续费合同及缴费凭证、涉案域名注册商出具的收费收据、原告岳彤宇招商银行对账单、亚洲域名中心CN-1100503裁决书、涉案网站截图、易介公司《关于涉案域名在EJEE.com出售事宜的说明》，被告周立波提供的"洪义深"向亚洲域名中心递交的答辩状、涉案公证书，周立波2006年至2007年《海派清口》专场演出海报，上海滑稽剧团证明，《第一财经周刊》、《亚洲周刊》、《时尚》、《新民晚报》、《解放日报》、《新闻晚报》、《上海电视》、《新闻午报》、《文汇报》、《新闻晨报》等报纸、杂志，《第二次投胎》、《王先生之欲火焚身》、《杨澜访谈录》、《鲁豫有约》等视频光盘，当事人诉辩称意见及本院审理笔录等证据证实。

本院认为，本案中，各方当事人主要的争议焦点是：1. 原告岳彤宇是否为涉案域名的注册人；2. 涉案域名应由原告岳彤宇注册、使用，还是应转移给被告周立波。

一、关于第一个争议焦点

原告岳彤宇称其以"HongYiShen"的名义注册了涉案域名，其系涉案域名的注册人。原告岳彤宇并提供了其系涉案域名登记信息上显示的手机号码所有人以及其支付涉案域名相关费用的证据。

被告周立波则认为亚洲域名中心答辩状上的签名为"洪义深"而涉案域名的注册人为"HongYiShen"，故原告岳彤宇尚未在本案中证明其系涉案域名的注册人。

本院认为，因域名注册并未要求实名注册，故确实存在登记的域名注册人名称与实际的域名注册人名称不一致的情况。本案中，首先，虽然登记的涉案域名注册人名称为"HongYiShen"，但涉案域名登记信息上显示的手机号码为原告岳彤宇所有；其次，涉案域名的相关费用系原告岳彤宇向涉案域名注册商支付；最后，原告岳彤宇在本案中确认涉案域名系其以"HongYiShen"名称登记注册，亚洲域名中心关于涉案域名的争议系其以"洪义深"名称应诉，而本案诉讼亦由原告岳彤宇提起。故本院认为，上述事实互相印证，可以证明原告岳彤宇系涉案域名的注册人。本院对于被告周立波关于原告岳彤宇并非涉案域名注册人的辩称意见，不予采信。

二、关于第二个争议焦点

原告岳彤宇认为，被告周立波对涉案域名不享有在先权利，原告岳彤宇注册、使用涉案域名的时间早于被告周立波成名的时间，且原告岳彤宇注册、使用涉案域名是为宣传、介绍中国当代作家周立波的有关内容，不仅没有恶意也不会导致相关公众的混淆。故涉案域名应由原告岳彤宇注册、使用。

被告周立波则认为，被告周立波对其姓名及其拼音“zhoulibo”享有合法的民事权益。原告岳彤宇注册、使用涉案域名不仅没有合法理由，且原告岳彤宇将涉案域名和被告周立波相关联，使相关公众产生涉案域名与被告周立波相关联的误认，原告岳彤宇并以要约高价出售的方式转让涉案域名，故原告岳彤宇注册、使用涉案域名具有恶意。涉案域名应当转移给被告周立波。

本院认为，《最高人民法院关于审理涉及计算机网络域名民事纠纷案件适用法律若干问题的解释》（以下简称《域名司法解释》）第四条规定，人民法院审理域名纠纷案件，对符合以下各项条件的，应当认定被告注册、使用域名等行为构成侵权或者不正当竞争：（一）原告请求保护的民事权益合法有效；（二）被告域名或其主要部分构成对原告驰名商标的复制、模仿、翻译或音译，或者与原告的注册商标、域名等相同或近似，足以造成相关公众的误认；（三）被告对该域名或其主要部分不享有权益，也无注册、使用该域名的正当理由；（四）被告对该域名的注册、使用具有恶意。故本案中如需确认涉案域名应由原告岳彤宇注册、使用，还是应转移给被告周立波，尚需对原告岳彤宇对涉案域名或其主要部分是否享有权益，有无注册、使用涉案域名的正当理由；被告周立波对其姓名及其拼音“zhoulibo”是否享有民事权益；涉案域名或其主要部分是否与被告周立波在本案中主张的姓名及其拼音“zhoulibo”相同或近似，是否足以造成相关公众的误认以及原告岳彤宇对涉案域名的注册、使用是否具有恶意等，进行分析和认定。

（一）原告岳彤宇对涉案域名或其主要部分是否享有权益，有无注册、使用涉案域名的正当理由

本院认为，首先，原告岳彤宇就涉案域名的注册行为本身并不能产生权利或民事权益，原告岳彤宇在本案中亦未举证证明其与涉案域名或其主要部分有关联，并享有合法的民事权益；其次，庭审中原告岳彤宇的陈述表明，其在获得涉案域名的四年期间内仅对涉案网站进行了两次文件更新，且原告岳彤宇在本案中提供的证据尚不足以证明在亚洲域名中心审理涉案域名争议之前，其已在涉案网站上宣传、介绍作家周立波。故本院对于原告岳彤宇关于其系作家周立波的文学爱好者，其注册、使用涉案域名具有宣传、介绍作家周立波的正当理由的诉称意见，难以采信。综上，本院认为，原告岳彤宇对涉案域名或其主要部分既不享有合法权益，又无注册、使用涉案域名的正当理由。

（二）被告周立波对其姓名及其拼音“zhoulibo”是否享有民事权益

本院认为，《中华人民共和国反不正当竞争法》第五条第（三）项规定，擅自使用他人的企业名称或者姓名，引人误认为是他人的商品，属于以不正当手段从事市场交易、损害竞争对手的不正当竞争行为。《最高人民法院关于审理不正当竞争民事案件应用法律若干问题的解释》第六条第二款规定，在商品经营中使用的自然人的姓名，应当认定为反不正当竞争法第五条第（三）项规定的“姓名”。具有一定的市场知名度、为相关公众所知悉的自然人的笔名、艺名等，可以认定为反不正当竞争法第五条第（三）项规定的

“姓名”。上述法律规定表明，在商品经营中使用具有一定市场知名度，为相关公众所知悉的自然人的姓名、笔名、艺名等享有禁止他人擅自使用或禁止他人以不正当手段从事市场交易等经营活动的合法权益。本案中，自1984年起，被告周立波一直使用其姓名“周立波”参加各类商业性演出，主演了《浪荡鬼》、《今夜星辰》、《笑看明天》、《美景佳缘》等多部脍炙人口的滑稽戏，参演了《王先生之欲火焚身》和《家里比较烦》等影视剧，特别是在2006年12月推出《海派清口》专场。可见，在2007年10月7日，原告岳彤宇注册涉案域名之前，被告周立波的姓名“周立波”已经因其商业表演，在相关公众中具有一定的知名度，为相关公众所知悉。在2007年10月后，被告周立波作为表演者推出了《笑侃三十年》、《笑侃大上海》等海派清口专场，参与了《壹周立波秀》、《中国达人秀》等节目，接受了多家媒体的专访，被誉为海派清口创始人。以上事实足以证明被告周立波在其海派清口等商业性演出中使用了其姓名“周立波”，被告周立波的姓名已因其商业性演出具有较高的知名度，而“zhoulibo”是被告周立波姓名拼音的表现形式，两者具有一一对应关系，故被告周立波的姓名及其拼音“zhoulibo”已为相关公众所知悉。综上，本院认为，被告周立波对其姓名“周立波”及其拼音“zhoulibo”享有禁止他人擅自使用或禁止他人以不正当手段从事市场交易等经营活动的合法权益。

（三）涉案域名或其主要部分是否与被告周立波在本案中主张的姓名及其拼音“zhoulibo”相同或近似，是否足以造成相关公众的误认

本院认为，首先，涉案域名的主要部分“zhoulibo”与被告周立波姓名的拼音完全相同；其次，被告周立波已因其商业性演出使其姓名“周立波”具有较高的知名度，被告周立波的姓名“周立波”及其拼音“zhoulibo”亦为相关公众所知悉。而根据相关公众所处的语言环境和一般语言习惯，相关公众一般会以汉语拼音的方式识别涉案域名的主要部分“zhoulibo”，此亦足以使相关公众产生涉案域名与被告周立波相关联的误认；最后，涉案公证书中涉案网站上关于“我们认为海派清口表演者周立波先生与其他愿意购买及使用此域名的人士相比，可能具有更高的知名度，并且我们也很喜欢他的表演，我们很乐意这个域名可以由周先生来购买和使用”、“周立波 zhoulibo. com 本域名诚意转让出售中，期待有识者联系”等表述，亦足以使相关公众将被告周立波与涉案域名相关联。综上，本院认为，涉案域名的主要部分“zhoulibo”与被告周立波的姓名“周立波”相近似，与被告周立波姓名的拼音“zhoulibo”相同，足以造成相关公众将涉案域名与被告周立波相关联的误认。

（四）原告岳彤宇对涉案域名的注册、使用是否具有恶意

本院认为，首先，涉案公证书中涉案网站上存在以人民币10万元要约高价出售涉案域名的信息。原告岳彤宇虽称上述要约出售涉案域名的信息系他人篡改网页所致，但其提供的易介公司证明尚无法证明上述要约出售涉案域名的信息确系他人篡改网页并非原告岳彤宇自行发布。故本院认为，系原告岳彤宇自行发布了上述要约出售涉案域名的信息。其次，《域名司法解释》第五条第一款第（三）项规定，曾要约高价出售、出租或者以其他方式转让该域名获取不正当利益的，应当认定被告对该域名的注册、使用具有恶意。本案中，涉案公证书显示原告岳彤宇在涉案网站发布的要约出售涉案域名的信息中有“我们认为海派清口表演者周立波先生与其他愿意购买及使用此域名的人士相比，可能具有更高的知名度，并且我们也很喜欢他的表演，我们很乐意这个域名可以由周先生来购买和使

用”、“如果询价者确实有意购买此域名，请您先慎重考虑您的预算是否达到以人民币十万元为单位，以免无谓浪费您的宝贵时间”、“周立波 zhoulibo. com 本域名诚意转让出售中，期待有识者联系”等表述。可见，原告岳彤宇将涉案域名与被告周立波相关联，并以人民币 10 万元要约高价出售的方式转让涉案域名，以期获得不正当利益。综上，本院认为，原告对涉案域名的注册、使用具有恶意。

综上所述，本院认为，被告周立波对其姓名“周立波”及其拼音“zhoulibo”享有禁止他人擅自使用或禁止他人以不正当手段从事市场交易等经营活动的合法权益。原告岳彤宇对涉案域名或其主要部分既不享有合法权益，又无注册、使用涉案域名的正当理由。且原告岳彤宇在明知涉案域名的主要部分“zhoulibo”与被告周立波的姓名“周立波”相近似，与被告周立波姓名的拼音“zhoulibo”相同，已足以使相关公众产生涉案域名与被告周立波相关联的误认的情况下，擅自将涉案域名与被告周立波相关联，并以人民币 10 万元高价要约出售的方式转让涉案域名，以期获得不正当利益。故原告岳彤宇注册、使用涉案域名具有明显恶意，其注册、使用涉案域名的行为属于擅自使用他人姓名，足以造成相关公众误认的不正当竞争行为。《域名司法解释》第八条规定，人民法院认定域名注册、使用等行为构成侵权或者不正当竞争的，可以判令被告停止侵权、注销域名，或者依原告的请求判令由原告注册使用该域名。故涉案域名应由被告周立波注册、使用。原告岳彤宇关于其注册、使用涉案域名的行为不具有恶意，不侵犯被告周立波的合法权益，涉案域名不应转移给被告周立波，应由原告岳彤宇注册、使用的诉讼请求，于法无据，本院不予支持。据此，依照《中华人民共和国反不正当竞争法》第五条第（三）项，《最高人民法院关于审理不正当竞争民事案件应用法律若干问题的解释》第六条第二款，《最高人民法院关于审理涉及计算机网络域名民事纠纷案件适用法律若干问题的解释》第四条、第五条第一款第（三）项、第八条之规定，判决如下：

驳回原告岳彤宇的诉讼请求。

本案案件受理费人民币 1 000元，由原告岳彤宇负担。

如不服本判决，可在判决书送达之日起十五日内，向本院递交上诉状，并按对方当事人的人数提出副本，上诉于上海市高级人民法院。

审　判　长　芮文彪
审　判　员　何　渊
人民陪审员　赵福生
二〇一二年四月二十六日
书　记　员　姜广瑞
书　记　员　李晶晶

（本判决书入选 2012 年度中国法院知识产权司法保护 50 件典型案例、2012 年度上海法院知识产权司法保护十大案件）

知识产权刑事案件

34. 上海长正物资有限公司、谭天销售假冒注册商标的商品罪案

——上海市浦东新区人民法院刑事判决书

(2009) 浦刑初字第1824号

公诉机关：上海市浦东新区人民检察院。

被告单位：上海长正物资有限公司，住所地上海市松江区泗泾镇泗砖公路103号钢结构区B103号。

诉讼代表人：冯冬香，上海长正物资有限公司法定代表人。

辩护人：贾晓慧，上海浦瑞律师事务所律师。

被告人：谭天（曾用名谭昊），男，1976年1月8日出生，汉族，高中文化程度，上海长正物资有限公司总经理，户籍地湖北省武汉市江岸区解放公园路103-3号1楼2号，现住上海市宝山区江杨南路1428弄2号。因本案于2009年5月6日被刑事拘留，同年6月12日被逮捕。现羁押于上海市浦东新区看守所。

辩护人：黄保龙，上海浦瑞律师事务所律师。

辩护人：洪治纲，上海浦瑞律师事务所律师。

上海市浦东新区人民检察院以沪浦检刑诉［2009］20145号起诉书指控被告单位上海长正物资有限公司（以下简称长正公司）、被告人谭天犯销售假冒注册商标的商品罪，于2009年9月9日向本院提起公诉。本院依法适用普通程序，于2009年10月16日公开开庭进行了审理。被告单位长正公司的诉讼代表人冯冬香及其辩护人贾晓慧，被告人谭天及其辩护人黄保龙、洪治纲到庭参加诉讼。上海市浦东新区人民检察院指派检察员肖凯、杨永勤出庭支持公诉。本案现已审理终结。

经审理查明，“金洲及图”商标于1995年经我国商标局核准注册，注册人为浙江湖州金辉企业集团公司，注册号为780665号，核定使用商品为第6类钢管等。2004年2月，“金洲及图”商标被商标局认定为驰名商标。2008年2月28日，浙江湖州金辉企业集团公司将该商标转让给其下属公司浙江金洲管道科技股份有限公司。

被告单位长正公司成立于2006年7月12日，注册资金人民币50万元，股东为冯冬香（系被告人谭天的母亲）和朱某，被告人谭天任该公司总经理。

2007年1月，被告单位长正公司成为上海市安装工程有限公司（以下简称安装公司）材料供应商，主要供应镀锌钢管等施工材料。双方分别于2007年、2008年、2009年签订

了《物资供应合作意向书》。2008 年 7 月，安装公司承包了上海世博会中国馆机电安装工程。

2008 年 11 月底，被告人谭天以 456 000元的价格，从一上门推销的陈姓男子处购买了 8 种规格共 90 多吨标有“金洲及图”商标的镀锌钢管，该男子未开具发票，也无送货单。2008 年 12 月至2009 年 3 月期间，被告单位长正公司先后 5 次向安装公司销售其购买的上述镀锌钢管，价值 444 663. 12元，并向该公司提供了由被告单位长正公司加盖了“上海大丰物资有限公司”印章的产品质量证明书。安装公司支付了上述货款。

2009 年 4 月 7 日，被告单位长正公司再次向安装公司出售标有“金洲及图”商标的镀锌钢管，价值 208 625. 1元。安装公司在对上述货物抽检中发现有质量问题，随即通知了被告人谭天，并作退货处理。安装公司于 4 月 23 日通知涉案商标权利人金洲公司，要求该公司对该批钢管进行鉴别。4 月 24 日，金洲公司至世博场馆工地查验，确认该批钢管为假冒“金洲及图”注册商标的产品。同日，金洲公司就此向上海市工商行政管理局浦东新区分局（以下简称工商浦东分局）投诉。

4 月 25 日，金洲公司派员随同工商浦东分局检查支队至世博场馆工地，对尚未使用的 1 034根钢管进行鉴别，结果为上述钢管系假冒“金洲及图”注册商标的产品。同日，工商浦东分局向安装公司发出《实施行政强制措施通知书》，对上述 1 034根钢管予以扣留。同时委托上海市建筑材料及构件质量监督检验站对上述钢管予以抽检。5 月 11 日，该检验站出具检验报告，检验结果为被抽检的钢管质量均不合格。随后，安装公司将已使用的钢管予以拆除。

5 月 26 日，金洲公司对世博场馆工地拆下的 2 296根标有“金洲及图”商标的镀锌钢管进行检查，经鉴别，上述钢管均为假冒“金洲及图”注册商标的产品。

5 月 6 日，被告人谭天根据工商浦东分局的通知主动到案供述了相关事实。当日，该局将被告单位长正公司销售假冒“金洲及图”注册商标的钢管一案移送上海市公安局浦东分局，上海市公安局浦东分局决定立案侦查。被告人谭天向上海市公安局浦东分局投案，并供述了相关事实。当晚被告人谭天被刑事拘留。

经比对，被告单位长正公司销售的镀锌钢管上印有的“金洲”文字及图形标识，与金洲公司的“金洲及图”注册商标基本一致。

上述事实，被告人谭天在开庭审理过程中亦无异议，且有证人沈永泉、胡国信、宋子铭、林辉健等人的证言；金洲公司、被告单位长正公司的工商登记资料、“金洲及图”商标注册证、核准商标转让证明、产品质量证明书、物资供应合作意向书、送货单、销货清单、增值税专用发票、现场照片；上海市建筑材料及构件质量监督检验站出具的检验报告、金洲公司出具的鉴定结论；被告人谭天的供述等证据证实，足以认定。

本院认为，“金洲及图”商标经我国国家工商行政管理局商标局核准注册，金洲公司的注册商标专用权依法受法律保护。被告单位长正公司、被告人谭天明知是假冒注册商标的商品仍予以销售，既侵犯了金洲公司的注册商标专用权，也破坏了我国的商标管理制度，扰乱了社会主义市场经济秩序，且销售数额巨大，其行为已构成销售假冒注册商标的商品罪。被告单位长正公司是经工商行政管理局核准注册的有限责任公司，被告人谭天是被告单位的总经理，主要负责公司的经营活动，其以被告单位的名义与安装公司签订合同销售镀锌钢管，并收取货款，利益归属于被告单位，故本案系单位犯罪。被告人谭天曾经多次经销过“金洲”牌钢管，应当对“金洲”商标有相当的认知，并熟悉该商标钢管的价格和销售流程，但被告人谭天仍以明显的低价从非正规渠道购买假冒的“金洲”牌镀锌钢管，还伪造了产品质量证明书。上述事实足以认定被告人谭天明知其销售的是假冒注册商标的商品。被告人谭天作为被告单位长正公司的总经理，是该公司实施犯罪行为的直接责任人员，依法应负刑事责任。公诉机关指控被告单位长正公司、被告人谭天犯销售假冒注册商标的商品罪，罪名成立，应予支持。

被告单位长正公司、被告人谭天主动接受工商行政管理局的调查和公安机关的讯问，如实供述犯罪事实，应认定为自首，依法可从轻或减轻处罚；被告单位长正公司、被告人谭天自愿认罪，认罪态度较好，可酌情从轻处罚；同时，被告单位长正公司、被告人谭天积极与商标权人协商侵权赔偿事宜，并支付了赔偿款，弥补了权利人的经济损失。综合以上因素，本院决定对被告单位长正公司和被告人谭天减轻处罚。但2010年的上海世博会是举世瞩目的盛大活动，是向全世界展现我国形象的重要平台，被告单位长正公司及被告人谭天的行为破坏了世博工程建设，社会危害性较大。被告人谭天的辩护人提出对被告人谭天适用缓刑的意见本院不予采纳。据此，为严肃国家法制，规范市场经济秩序，保护知识产权权利不受侵犯，根据被告单位及被告人的犯罪情节、社会危害程度、认罪悔罪态度等，依照《中华人民共和国刑法》第二百一十四条、第二百二十条、第三十条、第三十一条、第六十七条第一款、第六十四条，《最高人民法院、最高人民检察院关于办理侵犯知识产权刑事案件具体应用法律若干问题的解释》第二条第二款，《最高人民法院、最高人民检察院关于办理侵犯知识产权刑事案件具体应用法律若干问题的解释（二）》第四条、第六条之规定，判决如下：

一、被告单位上海长正物资有限公司犯销售假冒注册商标的商品罪，判处罚金人民币十八万元（于本判决生效后一个月内缴纳）。

二、被告人谭天犯销售假冒注册商标的商品罪，判处有期徒刑二年，罚金人民币十万元（于本判决生效后一个月内缴纳）。

三、查获的假冒“金洲及图”注册商标的镀锌钢管予以没收。

如不服本判决，可在接到判决书的第二日起十日内，通过本院或者直接向上海市第一中级人民法院提出上诉。书面上诉的，应当提交上诉状正本一份，副本二份。

审　判　长　丁寿兴
代理审判员　冯　祥
代理审判员　倪红霞
二〇〇九年十月十六日
书　记　员　叶菊芬

（本判决书入选2009年度中国法院知识产权司法保护50件典型案例）

35. 张剑伟、游皇光侵犯著作权犯罪案

——上海市第二中级人民法院刑事判决书

（2010）沪二中刑初字第85号

公诉机关：上海市人民检察院第二分院。

被告人：张剑伟，男，1983年8月7日出生于江西省乐安县，汉族，高中文化，无业，户籍地江西省乐安县鳌溪镇东英角路93号。因涉嫌犯侵犯著作权罪，于2009年11月19日被刑事拘留，同年12月24日被逮捕。现羁押于上海市第二看守所。

辩护人：王成，上海海耀律师事务所律师。

辩护人：洪稀涛，上海海耀律师事务所律师。

被告人：游皇光，男，1983年2月4日出生于江西省乐安县，汉族，初中文化，无业，户籍地江西省乐安县鳌溪镇乐安大道27号。因涉嫌犯侵犯著作权罪，于2009年11月19日被刑事拘留，同年12月24日被逮捕。现羁押于上海市第二看守所。

辩护人：乔祺，上海海耀律师事务所律师。

辩护人：何建贵，浙江九极律师事务所律师。

上海市人民检察院第二分院以沪检二分刑诉［2010］34号起诉书指控被告人张剑伟、游皇光犯侵犯著作权罪，于2010年4月15日向本院提起公诉。本院受理后，依法组成合议庭，于同年6月7日公开开庭审理了本案。上海市人民检察院第二分院指派检察员许靖、代理检察员邢菲菲出庭支持公诉。被告人张剑伟及其辩护人王成、洪稀涛，被告人游皇光及其辩护人乔祺、何建贵均到庭参加诉讼。在审理期间，公诉机关提出延期审理建议，本院予以准许。现已审理终结。

上海市人民检察院第二分院起诉指控：被告人张剑伟、游皇光于2008年间为牟取非法利益，未经上海久游网络科技有限公司（以下简称久游公司）授权，从互联网私自下载“劲舞团”网络游戏程序，并在电脑上进行单机游戏测试。后两名被告人在江西省九江市电信机房租赁服务器，注册www.35au.com网络域名，私自架设“劲舞团”客户端程序、服务端程序等，用于在互联网非法经营“劲舞团”私服，并通过腾讯QQ聊天等方式为网络游戏玩家提供客户服务。2009年5月起，两名被告人通过在www.zhifuka.net第三方支付网站上注册的账户“zcg117”销售游戏点卡，并将游皇光名下的卡号为6228481750153569610的中国农业银行卡捆绑于上述支付网站账户，用于销售游戏点卡后进行套现。截至2009年11月19日，张、游两人通过该支付平台非法获利人民币10万余元。

为证实上述指控的事实，公诉人当庭宣读、出示了久游公司《报案材料》、上海市公安局《扣押物品、文件清单》、游皇光卡号为6228481750153569610的中国农业银行卡

《存款/汇款情况清单》、上海磐石数码信息技术有限公司《司法鉴定意见书》、证人李金云的证言及被告人张剑伟、游皇光的供述等证据。

公诉机关认为，被告人张剑伟、游皇光以营利为目的，未经著作权人许可，复制发行计算机软件，非法经营数额人民币10万余元，其行为已构成侵犯著作权罪，应依照《中华人民共和国刑法》第二百一十七条第（ ）项规定追究两被告人的刑事责任。鉴于被告人游皇光有立功表现，可适用《中华人民共和国刑法》第六十八条第一款。

被告人张剑伟及其辩护人对起诉指控的事实没有异议。张剑伟的辩护人以张剑伟系初犯、偶犯，主观恶意较小、认罪态度较好等为由，恳请对张剑伟从轻处罚并适用缓刑。

被告人游皇光及其辩护人乔祺对起诉指控的事实没有异议，但游皇光的辩护人乔祺以游皇光系初犯、偶犯，没有犯罪前科、认罪态度较好、具有立功表现等为由，恳请对游皇光从轻处罚并适用缓刑。游皇光的辩护人何建贵认为，被告人游皇光在本案中没有“非法经营数额”，且违法所得的事实不清、证据不足，故游皇光不构成犯罪。

经审理查明：

2008年间，被告人张剑伟与被告人游皇光合谋开设“劲舞团”网络游戏私服牟取非法利益。嗣后，两名被告人未经“劲舞团”网络游戏在中国大陆地区的合法运营商久游公司的授权，私自从互联网下载“劲舞团”网络游戏程序，并在电脑上进行单机游戏测试及修改。两名被告人在江西省九江市电信机房租赁、存放服务器，将上述修改完毕的“劲舞团”网络游戏（以下简称：35au劲舞团游戏）程序复制在上述租赁的服务器上，设置35au劲舞团游戏服务器端。两名被告人注册www.35au.com网络域名，并将所注册域名指向上述35au劲舞团游戏服务器端，向网络游戏玩家提供35au劲舞团游戏。两名被告人还注册腾讯QQ账号，通过腾讯QQ聊天等方式为网络游戏玩家提供客户服务。2009年5月起，两名被告人通过在www.zhifuka.net第三方支付网站上注册的账户“zcg117”销售其经营的35au劲舞团游戏中的虚拟货币，并将游皇光名下的卡号为6228481750153569610的中国农业银行卡捆绑于上述支付网站账户，用于销售上述虚拟货币后进行套现。截至2009年11月19日，被告人张剑伟、游皇光通过该支付平台销售的其经营的35au劲舞团游戏虚拟货币达人民币105 814.15元。所得款项在扣除开支后，由被告人张剑伟、游皇光均分。

2009年11月19日，被告人张剑伟、游皇光被公安机关抓获。

认定上述事实的证据如下：

1. 证人卢彬的证言及上海市公安局《接受刑事案件登记表》、《关于“35au”私服案的工作情况》等证据证实：2009年9月16日，上海市公安局治安总队接久游公司报案，对“35au”私服在大陆私自架设服务器，非法运营“劲舞团”游戏牟利，侵犯久游公司“劲舞团”游戏著作权一案，予以立案侦查。该局在针对“35au”私服涉及人员及服务器架设等进行先期调查后，于11月18日，派员前往江西省南昌市、九江市、抚州市乐安县进行抓捕。11月19日晚8时许，公安人员在抚州市乐安县鳌溪镇网吧内，抓获正在上网和“35au”私服玩家聊天的游皇光。经审讯，游皇光交代还有一名同伙，后在游皇光带领下，公安人员在江西省乐安县鳌溪镇东英角路145号内抓获张剑伟。经审讯，张剑伟交代开设“35au”私服的事实。在抓获游皇光和张剑伟的同时，公安人员在江西省九江市电信机房内扣押“35au”私服4台服务器中的8块硬盘。

2. 久游公司的《报案材料》（包括上海润星网络科技有限公司的《营业执照》、《公司变更登记申请书》、《准予变更登记通知书》，久游公司《营业执照》、《工商行政管理注册号变化证明》、《程序登记证》、（2005）沪黄一证外经字第59号公证书、《转让在线游戏“劲舞团”的证明》、《公司设立登记》、《公司设立登记之企业名称变更》、《网络游戏授权书》、（2007）沪静证经字第3476号公证书、《中华人民共和国文化部进口网络游戏产品公测通知单》、《网络文化经营许可证》、《国家版权局著作权合同登记批复》、《互联网出版许可证》、《中华人民共和国增值电信业务经营许可证》）证实，久游公司是“劲舞团”网络游戏在中国大陆地区的唯一合法运营商。

3. 上海市公安局《扣押物品、文件清单》证实，公安人员在江西省九江市电信机房内查获并扣押张剑伟所有的服务器硬盘8块，从被告人游皇光处扣押卡号为6228481750153569610的中国农业银行卡一张等物品。

4. 游皇光卡号为6228481750153569610的中国农业银行卡《存款/汇款情况清单》证实，该账户自2007年9月11日至2009年9月20日的进出账情况；游皇光在www.zhifuka.net第三方支付网站上注册的账户“zcg117”的进账及结算清单，证实该账户的资金变动情况，截至2009年11月19日，两名被告人共从该账户提现人民币105 814.15元，且该账户资金变动情况与卡号为6228481750153569610的中国农业银行卡的相关进出账情况相互吻合。

5. 上海磐石数码信息技术有限公司《司法鉴定意见书》证实，扣押的8块硬盘中，标号分别为2009063HD04和2009063HD05两块硬盘内提取到的涉案35au劲舞团游戏中的服务端程序与久游公司“劲舞团”网络游戏中的服务端程序具有同一性。

6. 证人李金云的证言证实，两名被告人租用江西省九江市的服务器合伙经营“劲舞团”网络游戏的事实。

7. 被告人张剑伟、游皇光到案后，对明知未得到著作权人授权或许可，而在互联网上非法设立“劲舞团”私服招揽玩家，通过www.zhifuka.net第三方支付网站销售游戏虚拟货币并提现人民币10万余元的犯罪事实进行了多次供述，且与上述证据相互印证。

上述证据，均经当庭出示、辨认、质证等法庭调查程序查证属实，证据确实、充分，应予确认。

本院认为，被告人张剑伟、游皇光以营利为目的，未经著作权人许可，复制发行计算机软件，非法经营额计人民币10万余元，情节严重，其行为均已构成侵犯著作权罪，依法应予惩处。上海市人民检察院第二分院指控的罪名成立。对于被告人游皇光的辩护人提出被告人游皇光在本案中没有“非法经营数额”，且“违法所得”的事实不清、证据不足，故被告人游皇光不构成犯罪的辩护意见，本院认为，本案中，两名被告人将35au劲舞团游戏复制在租赁的服务器上，并通过销售虚拟货币的方式收费，向网络游戏玩家提供游戏服务，非法经营数额达人民币10万余元的事实清楚，证据确凿。由此可见，被告人张剑伟、游皇光在实施上述侵犯劲舞团网络游戏的著作权行为时，具有非法经营数额在五万元以上的其他严重情节，故对于被告人游皇光辩护人提出的相关辩护意见不予采纳。被告人张剑伟、游皇光能自愿认罪，均可酌情从轻处罚。被告人游皇光到案后有立功表现，依法可从轻处罚。但根据两名被告人的犯罪情节、退赔情况等不应对两名被告人宣告缓刑，故辩护人要求宣告两名被告人缓刑的意见，本院不予采纳。为维护社会主义法制，保护他人知识产权不受侵犯，依照《中华人民共和国刑法》第二百一十七条第（一）项、第二十五条第一款、第六十八条第一款、第六十四条，《最高人民法院、最高人民检察院关于办理侵犯知识产权刑事案件具体应用法律若干问题的解释》第五条第一款第（一）项、第十二条第一款、第二款和《最高人民法院、最高人民检察院关于办理侵犯知识产权州事案件具体应用法律若干问题的解释（二）》第二条第一款、第四条之规定，判决如下：

一、被告人张剑伟犯侵犯著作权罪，判处有期徒刑一年，并处罚金人民币六万元。

（刑期从判决执行之日起计算。判决执行以前先行羁押的，羁押一日折抵刑期一日，即自二〇〇九年十一月十九日起至二〇一〇年十一月十八日止。罚金自判决生效之日起三个月内向本院缴纳。）

二、被告人游皇光犯侵犯著作权罪，判处有期徒刑十个月，并处罚金人民币四万元。

（刑期从判决执行之日起计算。判决执行以前先行羁押的，羁押一日折抵刑期一日，即自二〇〇九年十一月十九日起至二〇一〇年九月十八日止。罚金自判决生效之日起三个月内向本院缴纳。）

三、违法所得的一切财物予以追缴，并发还被害单位上海久游网络科技有限公司；不足部分责令退赔；作案工具予以没收。

如不服本判决，可在接到判决书的第二日起十日内，通过本院或者直接向上海市高级人民法院提出上诉。书面上诉的，应当提交上诉状正本一份，副本一份。

审　判　长　李国泉
代理审判员　何　渊
审　判　员　费　晔
二〇一〇年七月二十日
书　记　员　李晶晶

（本判决书入选 2010 年度上海法院知识产权司法保护十大案件）

36. 上海芯略电子科技有限公司、张钊锋侵犯商业秘密犯罪案

——上海市浦东新区人民法院刑事判决书

（2009）浦刑初字第2609号

公诉机关：上海市浦东新区人民检察院。

被害单位：鼎芯通讯（上海）有限公司，注所地上海市浦东新区张江高科技园区碧波路328号A座112室，实际经营地上海市浦东新区张江高科技园区碧波路5号13楼。

法定代表人：陈凯，公司总裁。

委托代理人：陈际红，北京市中伦律师事务所律师。

委托代理人：徐韬峰，北京市中伦律师事务所上海分所律师。

被告单位：上海芯略电子科技有限公司，注册地上海市浦东新区金海路2588号1幢325室。

法定代表人：张钊锋，公司总裁。

诉讼代表人：谢婷婷，女，公司负责人，住上海市浦东新区高斯路965弄7号302室。

辩护人：倪娜，上海严诞生律师事务所律师。

被告人：张钊锋，男，1972年6月29日出生，汉族，博士研究生，上海芯略电子科技有限公司法定代表人，住上海市浦东新区广兰路1155弄62号401室。因本案于2009年2月9日被刑事拘留，同年3月17日被逮捕，同年7月16日被取保候审。2010年7月15日，经本院决定，继续取保候审。

辩护人：姜丽君，上海严诞生律师事务所律师。

辩护人：徐德红，上海严诞生律师事务所律师。

上海市浦东新区人民检察院以沪浦检刑诉［2009］20141号起诉书指控被告单位上海芯略电子科技有限公司、被告人张钊锋犯侵犯商业秘密罪，于2009年11月25日向本院提起公诉。本院依法组成合议庭，不公开开庭审理了本案。上海市浦东新区人民检察院指派检察员杨永勤出庭支持公诉，被害单位鼎芯通讯（上海）有限公司陈凯及委托代理人陈际红、徐韬峰，被告单位上海芯略电子科技有限公司、被告人张钊锋及辩护人姜丽君、徐德红到庭参加诉讼。期间，经公诉机关及被告人张钊锋的辩护人先后建议，本案各决定延期审理二次。经被告单位上海芯略电子科技有限公司的辩护人申请，本案延期审理一次。现已审理终结。

上海市浦东新区人民检察院指控：被告人张钊锋原系鼎芯通讯（上海）有限公司（以下简称“鼎芯公司”）副总裁、首席科学家，主管鼎芯公司所有的技术项目，包括无绳电话、小灵通、调频收音机等芯片系列的研发、设计工作。期间，被告人张钊锋还同鼎芯公司签订了《保密及工作成果协议》、《非竞争、保密及工作成果协议》等。

2007 年 2 月，鼎芯公司研发的芯片产品 CL6010A4 进入第四次流片阶段，被告人张钊锋违反公司规定，擅自备份了 CL6010A4 芯片设计的全部数据库文件。

2007 年 8 月，被告人张钊锋辞去鼎芯公司职务，其后成立了上海芯略电子科技有限公司（以下简称“芯略公司”），由张钊锋任公司法定代表人兼总裁。被告人张钊锋还以个人名义在英属维尔京群岛注册成立了 Cresilicon Technology 公司，在渣打银行深圳分行开设了离岸账户，专门用于和境内外客户结算芯略公司芯片的加工费和货款。

被告人张钊锋将之前擅自备份的 CL6010A4 芯片的数据库文件复制到芯略公司内网服务器上，并将目录位置告诉相关技术人员，要求相关人员在设计时参考使用。2007 年 12 月起，芯略公司委托江苏长电科技股份有限公司为其进行芯片的组装及测试。2008 年 2 月起，芯略公司开始将芯片产品销售给客户。

经上海辰星电子数据司法鉴定中心鉴定，芯略公司 CS1000、CS1000A2、CS1000A3、CS1400、CS1691 芯片与鼎芯公司 CL6010FM 芯片存在实质性相似。

经上海公信中南会计师事务所鉴定，芯略公司通过境外的 Cresilicon Technology 公司销售 CS1000 芯片所获毛利为 330 694.11美元，折合人民币 2 249 017.57元。

公诉机关据此认定被告单位上海芯略电子科技有限公司、被告人张钊锋的行为触犯《中华人民共和国刑法》第二百一十九条第一款第（三）项、第三款、第四款及第二百二十条之规定，构成侵犯商业秘密罪。提请本院依法判处。

被告单位上海芯略电子科技有限公司、被告人张钊锋对公诉机关的指控基本无异议。

被告人张钊锋的辩护人提出：

1. 本案认定张钊锋构成侵犯商业秘密罪的主要证据为三份鉴定报告，但鉴定报告均存在诸多不足之处，缺乏科学性，不应被采信。因此，公诉人指控张钊锋构成犯罪的证据不足，张钊锋并不构成犯罪。（1）侦查机关及公诉机关颠倒了正常的鉴定顺序，导致比对鉴定缺乏查新鉴定的基础，而损失鉴定结论又建立在错误的比对鉴定基础之上，严重影响鉴定结论的科学性。（2）上海辰星电子数据司法鉴定中心出具的沪辰司鉴中心［2009］鉴字第 42 号司法鉴定意见书缺乏查新鉴定作为支撑，鉴定人不具备相应鉴定资质，且内容存在诸多错误和不当之处，不应作为认定相关事实的依据。（3）公信中南会计师事务所出具的公信中南［2009］鉴字第 55 号司法鉴定意见书建立在错误的沪辰司鉴中心［2009］鉴字第 42 号司法鉴定意见书的基础之上，且计算方法不当，将通路（香港）有限公司当成 Eweely 公司，不应作为认定被告人获利的依据。（4）工业和信息化部软件与集成电路促进中心知识产权司法鉴定所出具的工信促司鉴中心［2010］知鉴字第 004 号司法鉴定意见书未考虑芯片功能定位、锁相环的外围电路及芯片版图等对鉴定结论的影响，在认可相关技术原理及设计图为公知信息的基础上，依旧得出鼎芯公司产品具有四项非公知技术，结论科学性值得商榷。鼎芯公司所采用的低中频系统架构技术信息系公知信息，已在美国专利技术中进行了披露，且采用低中频架构系 FM 调频器发展的趋势。CL6010A4 芯片的混频器技术信息实现设计结构的电路参数可依据基本结构和基本原理等公知信息演绎出来，且 CS1000A0 的混频器版图与 CL6010A4 存在较大差异。CS1000A0 对模拟锁相环技术的应用不同于 CL6010A4，两者在该技术信息上不构成实质性相似。关于数字解调技术，CS1000A0 与 CL6010A4 均借鉴了美国专利所披露的内容。因此，三份鉴定报告均存在不足之处，依法不应作为认定涉案技术是否构成商业秘密、被告人是否侵犯商业秘密以及因侵权所获利润的依据。

2. 即使法院认定被告人张钊锋构成犯罪，基于张钊锋犯罪情节显著轻微的事实，被告人张钊锋没有侵犯被害人商业秘密的恶意，给被害人造成的损害较轻微，社会危害性较小，在量刑上，请求法院对张钊锋免予刑事处罚或者适用缓刑。

经审理查明，2002 年 12 月 26 日，被告人张钊锋（乙方）与鼎芯半导体（上海）有限公司（甲方）签订劳动合同，合同雇佣期为 1 年，自 2001 年 11 月 16 日起至 2002 年 11 月 15 日止，甲方安排乙方到技术部门从事设计总监工作。之前的 2002 年 12 月 16 日，甲乙双方签订《非竞争、保密及工作成果协议》，协议定义的保密信息包括但不限于公司内部文件、计算机软件、产品开发、客户数据、市场资料等信息。协议定义的工作成果指雇佣期内及雇佣期满后 2 年内，由雇员单独或与他人共同构想、开发或取得的全部或部分的发现、发明、研究、产品、技术方法等或其可合理预见的结果或衍生等。在雇佣期及此后的任何时候，在为完成合同目的之外，雇员均不可以直接或间接地使用任何保密信息，或以任何形式向公司以外的第三方披露任何保密信息。协议中的非竞争条款约定，在雇佣期内及雇佣关系因任何情况而终止后的 2 年内，雇员不得以任何方式直接或间接地参加任何与公司构成竞争的业务或活动，不得参加其他公司与甲方已经参与或即将参与的业务存在竞争的任何实体或与其产生联系，或作为该等实体的股东拥有其股份或以其他方式形成关联关系，或与其发生利益共享或战略合作关系。在雇佣关系因任何原因终止时，雇员需将所有的工作成果、保密信息、计算机软件、文件等返还公司，雇员不得保留任何它们的复本。后双方签订续签协议，约定雇佣期续展，自 2003 年 11 月 15 日起至 2004 年 12 月 31 日止。

2003 年 12 月 12 日，鼎芯通讯（上海）有限公司（甲方）与被告人张钊锋（乙方）签订劳动合同。合同约定，甲方聘用乙方到技术部门从事技术总监，聘用期限为 1 年，自 2004 年 1 月 1 日起至 2004 年 12 月 31 日止。之前的 2003 年 12 月 11 日，双方签订《保密及工作成果协议》。协议中的保密信息指雇员在履行劳动合同为公司提供服务的过程中获得的有关公司的客户、经营和业务以及任何及所有属于公司或者公司的客户、顾客、顾问、再许可方或关联企业的不为公众所知悉且由公司采取合理保密方式持有的、任何形式的商业秘密、技术信息、经营信息、专有信息及其他资料与信息。保密信息包括但不限于公司内部的工作流程、投资过程及跟踪管理的一系列规范和具体操作步骤及关键点、公司内部文件、计算机软件、商业计划与构想、产品开发、发明、客户数据、市场资料、财务信息、科研信息以及任何及所有公司拥有的知识产权或工业产权，并包括公司或者其任何客户、顾客、顾问、再许可方或关联企业视为或作为保密的其他信息。协议定义的工作成果指雇佣期内及雇佣期满后 2 年内，由雇员单独或与他人共同构想、开发或取得的全部或部分的发现、发明、研究、产品、技术方法等或其可合理预见的结果或衍生等。在雇佣期及此后的任何时候，在为完成合同目的之外，雇员均不可以直接或间接地使用任何保密信息，或以任何形式向公司以外的第三方披露任何保密信息。所有的工作成果及其所含的知识产权均应为公司的专有财产。雇员同意放弃其对工作成果可能拥有的包括知识产权在内的任何及所有权利。在雇佣关系因任何原因终止时，雇员需将所有的工作成果、保密信息、计算机软件、文件等返还公司，雇员不得保留任何它们的复本。

被告人张钊锋任鼎芯公司副总裁、首席科学家，主管鼎芯公司所有的技术项目，包括无绳电话、小灵通、调频收音机等芯片系列的研发、设计工作。

鼎芯公司中研发的FM芯片产品CL6010A4于2005年5月立项，当时由邓志超主管负责，2006年9月，转由被告人张钊锋接收负责。2007年2月，鼎芯公司中研发的芯片产品CL6010A4进入第四次流片阶段，被告人张钊锋违反公司规定，擅自备份了CL6010A4芯片设计的全部数据库文件。

2007年8月，被告人张钊锋辞去鼎芯公司职务。2007年10月17日，芯略公司成立，公司注册资本人民币464万元，其中张钊锋出资349万元，王纯莉出资15万元，北京伟清创新科技有限公司出资50万元，深圳幻音科技有限公司出资50万元。由张钊锋任公司法定代表人兼总裁。公司类型为有限责任公司（外商投资企业与内资合资），经营范围为从事电子产品领域内的技术开发、技术咨询、技术服务，电子产品的销售。

2007年9月6日，被告人张钊锋以个人名义在英属维尔京群岛注册成立了Cresilicon Technology公司，在渣打银行深圳分行开设了离岸账户，专门用于和境内外客户结算芯略公司芯片的加工费和货款。

2007年8月，被告人张钊锋将之前擅自备份的CL6010A4芯片的数据库文件复制到芯略公司内网服务器上。同年9月，被告人张钊锋以电子邮件的方式将上述数据库位置告诉相关技术人员。在公司会务上，其要求相关技术人员在设计时对该数据库参考使用。2007年12月起，芯略公司委托江苏长电科技股份有限公司为其进行芯片的组装及测试。2007年12月起，芯略公司开始将芯片产品销售给客户。

2008年5月6日，芯略公司（甲方）与通路（香港）有限公司（乙方）签订《关于CS1000芯片独家代理合作协议》，约定甲方授权乙方作为甲方开发的调频收音机芯片CS1000产品在中国地区的销售代理事宜。协议自双方签字盖章之日起开始生效，并持续到2009年4月30日止。代理方式为乙方在代理区域内为独家代理。

2009年1月19日，因发现芯略公司对外销售的CS1000芯片涉嫌侵权，鼎芯公司向上海市公安局浦东分局报案，同年2月9日，公安机关至芯略公司办公地进行搜查，遂案发。

经上海市公安局浦东分局委托，2009年6月11日，上海辰星电子数据司法鉴定中心出具沪辰司鉴中心［2009］鉴字第42号计算机司法鉴定书，鉴定结论为芯略公司CS1000、CS1000A2、CS1000A3、CS1400、CS1691芯片与鼎芯公司CL6010FM芯片存在实质性相似。

2010年4月12日，上海市浦东新区人民检察院出具聘请书给工业和信息化部软件与集成电路促进中心知识产权司法鉴定所，要求对鼎芯FM芯片产品中所包含的技术信息是否不为公众所知悉以及对鼎芯FM芯片与芯略FM芯片之间是否存在相同或相似进行司法鉴定。2010年6月11日，工业和信息化部软件与集成电路促进中心知识产权司法鉴定所出具工信促司鉴中心［2010］知鉴字第004号司法鉴定意见书，鉴定意见为：

（一）鼎芯CL6010A4芯片包含的如下（1）~（4）点的技术信息在2008年5月1日前不为公众所知悉。（1）非公知技术1：系统架构技术信息中的低中频技术信息；（2）非公知技术2：混频技术信息中的电路参数技术信息；（3）非公知技术3：模拟锁相环技术信息中的电路参数技术信息；（4）非公知技术4：数字信号处理调解技术信息中的设计定义及其实现代码技术信息。

（二）芯略CS1000A0芯片与鼎芯公司CL6010A4芯片中包含的不为公众所知悉的技术信息比对结果，两者如下（1）～（4）点具有同一性：（1）芯略公司CS1000A0芯片的低中频架构技术与非公知技术1相同，都采用相同的低中频；（2）芯略公司CS1000A0芯片的混频器技术与非公知技术2相同，具有相同的电路参数技术信息；（3）芯略公司CS1000A0芯片的模拟锁相环技术与非公知技术3相同，具有相同的电路参数技术信息；（4）芯略公司CS1000A0芯片的数字信号处理调解技术与非公知技术4实质相同，具有大量完全相同和实质相似的RTL代码。

鉴于以上分析，鉴定组认为，芯略CS1000A0芯片与鼎芯公司CL6010A4芯片实质相似。

经上海公信中南会计师事务所鉴定，芯略公司通过境外的Cresilicon Technology公司销售CS1000（即CS1000A0）芯片所获毛利为330 694.11美元，折合人民币2 249 017.57元。

案发后，Cresilicon Technology公司在渣打银行（中国）有限公司深圳分行账号为501510032764的账户被冻结201 464.41美元。

上述事实，有下列证据予以证实：

1. 证人肖川的证言，证实芯略公司是2008年10月其与张钊锋一起设立的，设立的目的是为了做一颗调频的收发一体芯片。2008年10月或11月，张钊锋通知开会，称决定做单接收的调频收音机芯片，与鼎芯公司竞争。其表示反对，后找律师咨询，律师称如果完全不用原来的技术，并且因为没有签过竞业禁止协议，所以做竞争产品应该没有问题。后张钊锋又去问了几个律师，律师都说没有法律问题。2009年2月4日，鼎芯公司总裁提出市场部、销售部要削减一半的人，其不同意，就提出辞职。其到芯略公司的时候，公司的CS1000产品已经开始批量生产。

2. 证人刘小葵的证言，证实其2002年10月至2007年9月在鼎芯公司工作期间，签订过保密协议。2008年9月底10月初，因为鼎芯公司资金链即将断裂，不能按时发工资，担心被裁员，在张钊锋的劝说下，大家集体辞职到了芯略公司。芯略公司总共约20人，他们在鼎芯公司从事过芯片的研发、生产、销售工作，对业务熟悉，积累了大量的工作经验，到芯略公司不需要培训，可以立即开展工作。芯略公司下设五个部门，张钊锋主管研发、行政、人事、财务，肖川主管销售，王险峰是首席架构师，黄一鸣也做架构设计，朱立振和刘彦做数字设计，李明是系统应用工程，谢婷婷主管生产和电路设计，刘欢艳、张开友、孙文、周云负责电路设计，其和周卫俊主管版图设计，上述人员均是以前在鼎芯公司的同事。李娜和沈丽娟负责人事财务工作。其在鼎芯公司从事过FM芯片的研发、设计工作，对FM芯片CL6010的版图设计非常熟悉，CL6010芯片鼎芯公司从研发到量产花费2年时间，而芯略公司的CS1000芯片前后只花费3个月，而且鼎芯公司该项目的研发团队和芯略公司差不多。张钊锋曾告诉技术人员芯略公司PRJ目录下有个数据库可以共享，该库里有线路和版图。CS1000的电路图设计要求是由张钊锋为首的研发团队设计的。

3. 证人刘欢艳的证言，证实其是电路设计人员，后因为鼎芯公司资金链即将断裂，公司裁员，2008年8月底，其和谢婷婷等人集体辞职后加盟张钊锋的芯略公司。其与鼎芯公司签订过劳动合同、保密及工作成果协议。芯略公司实际研发和鼎芯公司CL6010芯片功能类似的FM芯片，张钊锋在鼎芯公司也是抓CL6010芯片的研发工作，对CL6010的研发相当熟悉，当时张钊锋称咨询过律师，搞和CL6010功能类似的芯片不会侵权。

4. 证人张开友的证言，证实2007年8月左右，其应张钊锋邀请，答应从鼎芯公司跳槽至芯略公司。2007年10月左右，在芯略公司办公地开过产品研发方向的会议，与会人员有张钊锋、谢婷婷、刘欢艳、刘小葵、周卫俊及其本人。

5. 证人王险峰的证言，证实2005年9月至2008年4月，其在鼎芯公司工作，担任首席架构师。其于2008年4月20日左右经招聘进入芯略公司，任架构设计主管。芯略公司的总负责人是张钊锋，张同时也是公司芯片研发项目的总负责人。芯略公司研发FM芯片，型号如CS1000系列。鼎芯公司的FM芯片项目最初是由邓志超负责，邓于2006年年底左右离开，由张钊锋接手。鼎芯公司做FM芯片的研发大概用了两年的时间才完成。在鼎芯公司的FM芯片项目中，其架构中的频点选择经过多方面的考虑和论证。芯略公司的FM芯片的频点是由张钊锋负责选定的，为何也选择与鼎芯公司产品同样的频点其不知道。两公司的FM芯片项目功能的实现方式应该基本一致，大的框架应该一致，但具体到一些芯片内部的细节设计，可能会有些不同。

6. 证人孙文的证言，证实2008年4月，其经王险峰介绍，从鼎芯公司跳槽至芯略公司。其在鼎芯公司负责压控振荡器。在芯略公司，其根据架构设计师王险峰的技术指标，设计电路中的锁相环。

7. 证人周卫俊的证言，证实其应张钊锋之邀，至芯略公司工作。其在芯略公司做FM版图设计，之前在鼎芯公司做DT版图设计。

8. 证人黄一鸣的证言，证实其是应张钊锋之邀，从鼎芯公司跳槽到芯略公司，其原先在鼎芯公司时同公司签订过保密协议。研发CS1000芯片时主要参考飞利浦和SILILAB和鼎芯公司，与CL6010产品在功能上一致，但外围器件不一样。

9. 证人沈莉娟的证言，证实其2008年9月通过网络应聘进入芯略公司任会计，职责主要负责公司总账的编制工作。张钊锋负责公司全部的日常经营活动，公司产品的研发由几个主管负责，如刘小葵、张开友、刘欢艳、谢婷婷等。芯略公司的主要经营项目是FM半导体芯片，型号为CS1000、CS1010、CS1020、CS1100等芯片的开发、研究和销售。其在进行账务处理时，做两本账，一本以人民币记账，对应芯略公司；美金账户对应的是一个境外注册的叫Cresilicon Technology的公司，账户设在深圳渣打银行，该公司的老板也是张钊锋。两个公司一套人马，这样操作的原因可能是为了经营方便，也可能是为了规避税收。公司的客户共有8家，公司对外销售的是FM芯片。根据账目反映，芯略公司销售情况中CS1000芯片的销售毛利共330 694.11美元。

10. 证人丁国华的证言，证实2008年4、5月，因张钊锋销售的芯片对其所在的无锡硅动力微电子股份有限公司销售形成压力，经谈判后，双方于2008年7月签订合作开发CMOS FM芯片及承销协议，在芯略公司现有CS1000芯片基础上增加耳机功效功能，芯略公司负责设计加工，其公司负责封装、测试，芯略公司拥有知识产权，其公司拥有知识产权使用权。

11. 证人黄建良的证言，证实长电科技股份有限公司自2007年12月起，与芯略公司张钊锋签订来料加工合同，为芯略公司加工组装CS1000芯片并测试，具体业务量有账可查。

12. 证人李东的证言，证实其系亿威利科技有限公司的法定代表人，亿威利与芯略公司无业务往来。通路（香港）有限公司与芯略公司有 CS1000 芯片业务往来，大约有 150 万美金业务量。鼎芯公司同亿威利公司有关于 CL6010 的芯片贸易。

13. 证人李振彪的证言，证实其在鼎芯公司任技术副总裁，负责公司所有的研发项目。鼎芯公司的 FM 芯片项目的研发从 2005 年 5 月正式开始，由邓志超担任项目总负责人。后邓志超离职，由张钊锋接手。2007 年 8 月，鼎芯公司 CL6010FM 芯片成功实现产业化。鼎芯公司所有的员工都与公司签订过保密协议。鼎芯 FM 芯片的总体系统架构所采用的六个方面的技术是经过自主开发和大量实验经验总结的结果，是 CL6010 系列 FM 芯片的核心技术。张钊锋从鼎芯公司离职后，在短时间创立芯略公司并从事与鼎芯公司同样的 FM 单芯片的制造，且在很短时间内实现量产。故其公司怀疑张钊锋违反了与其公司签订的保密协议，侵犯了公司的商业秘密。故公司通过公证部门在市场上购买了芯略公司的 CS1000 系列的 FM 芯片，经过对该产品的电路设计进行全逆向电子显微镜分析，发现该产品中的三点核心技术与鼎芯公司的 FM 芯片产品完全一致。可以认定芯略公司侵犯了鼎芯公司的商业秘密。

14. 证人马德群的证言，证实鼎芯公司整个 FM 的系统架构由邓志超负责，其负责数字锁相环技术研发，团队经反复研究从十几种 FM 系统架构中选定了最终的中频架构。2007 年 3 月，其离开鼎芯公司，由刘欢艳接手研发数字锁相环。数字锁相环技术运用在 FM 系统单芯片中鼎芯公司是第一家。该技术从来没有对外公布过，只有鼎芯公司内部从事项目研发的人员才知道，从构思设计到实现模块运作花了七八个月时间。

15. 证人崔福良的证言，证实其 2004 年 8 月进入鼎芯公司任高级工程师，2006 年 8 月离开，期间从事 CL6010 芯片模拟锁相环模块的设计，其在模拟锁相环技术上前后花了六七个月，之后由刘欢艳接手。CL6010FM 芯片项目于 2005 年上半年立项，芯片架构是鼎芯公司最先采用的，该架构由邓志超设计。

16. 证人孙朝霞的证言，证实其所在单位北京大学微电子研究院同芯略公司的张钊锋签订过合作公约，将其公司在张江高科技园区盛夏路的办公场地提供给芯略公司使用。

17. 《关于 CS1000 芯片独家代理合作协议》，证明 2008 年 5 月 6 日，通路（香港）有限公司与芯略公司签订代理合作协议，由通路（香港）有限公司作为芯略公司开发的调频收音机芯片 CS1000 产品在中国地区的销售代理。

18. 通路（香港）有限公司订购单，证明通路（香港）有限公司向芯略公司订购 RD2008（CS1000）芯片产品的时间、数量及价格。其中部分订购单中交货栏内容为货交亿威利香港仓库。

19. 档案机读材料、企业法人营业执照，证明鼎芯公司、芯略公司的注册及股东情况。

20. 开户许可证、查询存（汇）款通知书证，Cresilicon Technology 公司在渣打银行深圳分行的账户开设及账目往来情况明细。

21. 劳动合同、保密协议，证实张钊锋、刘小葵、谢婷婷、刘欢艳等人同鼎芯公司签订过劳动合同、《非竞争、保密及工作成果协议》。

22. 搜查证、搜查笔录、扣押物品文件清单，证实公安机关于 2009 年 2 月 9 日至浦东盛夏路 608 号 203-204 室芯略公司的办公地点，扣押到电脑服务器、电脑主机、账册凭证等物品。

23. 上海表星电子数据司法鉴定中心沪辰司鉴中心［2009］鉴字第42号司法鉴定意见书，证实芯略公司CS1000芯片与鼎芯公司CL6010FM芯片存在实质性相似。

24. 上海公信中南会计师事务所公信中南［2009］鉴字第55号司法鉴定意见书，证实芯略公司通过境外公司Cresilicon Technology公司销售CS1000芯片所获毛利为330 694.11美元，折合人民币2 249 017.57元。

25. 工业和信息化部软件与集成电路促进中心知识产权司法鉴定所［2010］知鉴字第004号司法鉴定意见书，证实鼎芯CL6010A4芯片包含的系统架构技术信息中的低中频技术信息、混频器技术信息中的电路参数技术信息、模拟锁相环技术信息中的电路参数技术信息、数字信号处理调解技术信息中的数字解调的设计定义及其实现代码技术信息包含的技术信息在2008年5月1日前不为公众所知悉。芯略生产销售的CS1000A0芯片与鼎芯公司CL6010A4芯片中所包含的不为公众所知悉的技术信息比对结果：芯略公司CS1000A0芯片的低中频架构技术与非公知技术1相同，都采用相同的低中频；芯略公司CS1000A0芯片的混频器技术与非公知技术2相同，具有相同的电路参数技术信息；芯略公司CS1000A0芯片的模拟锁相环技术与非公知技术3相同，具有相同的电路参数技术信息；芯略公司CS1000A0芯片的数字信号处理调解技术与非公知技术4实质相同，存在大量完全相同和实质相似的RTL代码。鉴于以上的分析，鉴定组认为芯略公司CS1000A0芯片与鼎芯公司CL6010A4芯片实质性相似。

26. 案发经过，证明案发情况及被告人张钊锋的到案情况。

27. 被告人张钊锋的供述。

上述证据，均经庭审质证属实，足以认定。

本院认为：（一）被告人张钊锋与鼎芯公司约定有保密义务。2003年12月11日，双方签订《保密及工作成果协议》。协议中对保密信息有明确的定义，包括公司内部文件、计算机软件、科研信息等信息。在雇佣期及此后的任何时候，在为完成合同目的之外，雇员均不可以直接或间接地使用任何保密信息，或以任何形式向公司以外的第三方披露任何保密信息。在雇佣关系因任何原因终止时，雇员需将所有的工作成果、保密信息、计算机软件、文件等返还公司，雇员不得保留任何它们的复本。被告人张钊锋作为鼎芯公司副总裁，其应当明确其与公司签订过该保密协议，并应遵守保密协议，而不应擅自备份CL6010A4芯片设计的数据库，更不应在芯略公司的类似产品生产时使用上述数据库。

（二）鼎芯公司CL6010A4芯片含有非公知信息，芯略公司CS1000A0芯片与鼎芯公司CL6010A4芯片中包含的不为公众所知悉的技术信息构成实质性相似。2010年6月11日，工业和信息化部软件与集成电路促进中心知识产权司法鉴定所出具司法鉴定意见书，鉴定意见为，鼎芯CL6010A4芯片包含的系统架构技术信息中的低中频技术信息；混频技术信息中的电路参数技术信息；模拟锁相环技术信息中的电路参数技术信息；数字信号处理调解技术信息中的设计定义及其实现代码技术信息在2008年5月1日前不为公众所知悉。芯略CS1000A0芯片与鼎芯公司CL6010A4芯片中包含的不为公众所知悉的技术信息进行比对，结果显示，低中频架构技术都采用相同的低中频；混频器技术具有相同的电路参数技术信息；模拟锁相环技术具有相同的电路参数技术信息；数字信号处理调解技术具有大量完全相同和实质相似的RTL代码。鉴定组认定芯略CS1000A0芯片与鼎芯公司

CL6010A4 芯片实质相似。上述鉴定程序合法，结论明确，本院予以确认。

被告人张钊锋的辩护人提出鉴定顺序颠倒问题，上海辰星电子数据司法鉴定中心根据公安机关的委托事项进行鉴定后出具了沪辰司鉴中心［2009］鉴字第42号司法鉴定意见书，该意见书已经认定芯略公司CS1000芯片与鼎芯公司CL6010FM芯片存在实质性相似，但因其未对鼎芯公司芯片所包含的技术信息密点及两公司芯片是否包含相同技术信息进行具体剖析，故后再由公诉机关委托，由工业和信息化部软件与集成电路促进中心知识产权司法鉴定所出具了［2010］知鉴字第004号司法鉴定意见书。且两者的鉴定结论并不矛盾，只是后者的内容更具体全面，更有针对性，能直接说明鼎芯公司芯片所包含的技术密点及芯略公司芯片与其密点的相似性。后一份鉴定意见书，是正常工作程序的需要，不存在顺序颠倒的问题，故被告人张钊锋的辩护人提出的上述意见，本院不予采纳。

被告人张钊锋的辩护人提出沪辰司鉴中心［2009］鉴字第42号司法鉴定意见书缺乏查新鉴定作为支撑，鉴定人不具备相应的鉴定资质。上海辰星电子数据司法鉴定中心作为专门的鉴定机构，可以对涉案的技术问题组织专家鉴定，其指定的专家都具有相应资质，因此具有鉴定能力。其鉴定系经上海市公安局浦东分局委托，程序合法，结论明确，且与本案中查明的事实相吻合，应予采信。故被告人张钊锋的辩护人提出的上述意见，本院不予采纳。

被告人张钊锋的辩护人提出［2010］知鉴字第004号司法鉴定意见书未考虑芯片功能定位、锁相环的外围电路及芯片版图等对鉴定结论的影响，结论的科学性值得商榷。因工业和信息化部软件与集成电路促进中心知识产权司法鉴定所是国家专业的司法鉴定机构，可以对专门技术问题组织专家鉴定。该份鉴定的程序公开合法，鉴定组成员均为相关领域的专家，对所需要鉴定的CL6010A4芯片产品所包含的不为公众所知悉的密点及该芯片与CS1000A0芯片技术信息的比对分析作出科学的论断，本院能够予以确认。被告人张钊锋的辩护人提出CL6010A4芯片与CS1000A0芯片在功能定位，锁相环的外围电路及芯片版图等方面均存在区别，因此两个产品存在较大差异。但被害单位并未对上述内容主张商业秘密，本案的审理范围仅针对本案所涉的四个技术秘密点。被告人张钊锋的辩护人提出的相关辩护意见，本院不予采纳。

被告人张钊锋的辩护人提出［2010］知鉴字第004号司法鉴定意见书中鉴定的四项技术信息均已公开，因此不构成技术秘密。本院认为，鼎芯公司所采用的低中频系统架构中的低中频是其投入人力物力研发的结果，FM解调器架构中的低中频技术是公知技术，但鉴定组经检索没有发现其余采用鼎芯公司选择的低中频FM解调器架构，被告人的辩护人所指的美国专利技术中的频率是指基带信号的采样时钟频率，与鼎芯公司芯片中的低中频不同，因此该技术属于非公知技术。混频器技术信息实现结构中的电路参数实质是电路的晶体管参数（宽长），而这些参数的设计是非公知的，不同的设计人员会有不同的设计选择。鉴定组根据委托方提供的鉴定材料，分别对构成两者混频器的电路参数进行比对，一致认为CS1000A0芯片与CL6010A4芯片混频器电路参数相同。此外，两者锁相环核心模块中包括的鉴频鉴相器（PFD）、电荷泵（CP）以及压控振荡器（VCO）的实现结构中的电路参数（晶体管的宽长参数）是非公知的，不同的设计人员会有不同的设计选择。而CS1000A0芯片的锁相环模块中只是增加了提供分频选择的二分频器，该二分频器不影响锁相环的实质特性。因此，两者构成实质相似。关于芯片数字解调技术信息的设计定义及其实现代码，虽然数字解调的基本原理和应用在公开出版物中有披露，但具体应用中，针对不同的功能和性能要求，其设计定义和具体代码编写千差万别，CL6010A4 芯片中的数字解调的实现代码在公开出版物上没有披露，鉴定组从被告人张钊锋的辩护人提供的硕士论文中也没有发现 RTL 代码，因此，CL6010A4 芯片中数字信号处理调解技术的实现代码是非公知的。被告人张钊锋的辩护人提出的上述意见，本院不予采纳。

（三）芯略公司及张钊锋对使用鼎芯公司技术存在主观故意。公诉机关指控的罪名，行为人主观上应具有故意才能构成犯罪。被告人张钊锋的辩护人提出因市场及其他原因被告公司才决策做 FM 芯片。被告人曾多次咨询相关律师，在相关法律专业人士答复不涉及侵权后，才继续进行研发。被告人作为总裁抓公司全面的工作，由于精力有限，才导致部分技术环节涉嫌侵权。张钊锋并无侵犯被害人商业秘密的故意。但是证据表明，被告人张钊锋将擅自备份的被害单位 CL6010A4 芯片复制到芯略公司内网上，并以邮件方式将该数据库位置告诉相关技术人员，还在公司会务上要求相关技术人员在设计芯片时对该数据库参考使用。故本院认定被告单位及被告人张钊锋有使用他人芯片数据库的故意。被告人张钊锋的辩护人提出的上述意见，本院不予采纳。

（四）鼎芯公司是否存在损失问题。审理中，被害单位未举证证明其因本案造成芯片销售业务实际损失的金额。公诉机关指控，芯略公司销售 CS1000 芯片所获毛利为 330 694.11美元，折合人民币 2 249 017.57元。被告人张钊锋的辩护人认为，鉴定报告中关于芯略公司利润的计算方法缺乏法律依据，未考虑侵权技术占整个产品技术的比例问题，将通路（香港）有限公司当成 Eweely 公司。本院认为，侵犯商业秘密的行为侵犯的是权利人的无形财产权，与侵犯有形财产权不同，其损失并不一定体现为财产的直接减少，而是体现为无形财产价值的贬损和产品销售市场的被侵占，继而造成权利人在正常情况下获利的减少。侵犯技术秘密行为的获利就是技术秘密所有人的获利，侵权人无偿使用权利人的技术秘密，对技术所有人本身就是损失。因此，商业秘密权利人的经营损失难以计算时，应以侵权人的非法获利计算。本案中，由于通路（香港）有限公司的部分订购单上明确交货地址为亿威利香港仓库，故上海公信中南会计师事务在审计报告中将通路（香港）有限公司当成深圳亿威利科技有限公司，但这不影响对芯略公司获利的计算，其根据芯略公司提供的账簿资料为基础计算芯略公司销售 CS1000 产品获得的毛利，计算结果并无不当。故本院确认芯略公司的实际非法获利额为 330 694.11美元，折合人民币 2 249 017.57元。被告单位及被告人的行为对被害单位造成重大经济损失，具有较大的社会危害性。被告人张钊锋的辩护人提出本案损害较轻微，社会危害性较小的意见，本院不予采纳。

综上，本院认为，鼎芯公司经过长期研发成功的 CL6010A4 芯片技术中含有不为公众所知悉的内容，属于鼎芯公司的专有技术，该技术具有实用性和经济价值。且鼎芯公司对该技术信息通过制定保密规定，与关键技术人员订立保密协议予以保密。因此，符合我国刑法规定的商业秘密的构成要件。故本院确认鼎芯公司 CL6010A4 芯片中专家鉴定确认的四方面密点有关的内容，属于鼎芯公司的商业秘密。被告人张钊锋直接参与了 CL6010A4 芯片的研发，在离开鼎芯公司后，向芯略公司披露了其之前擅自备份的 CL6010A4 芯片数据库。芯略公司获取并使用他人技术秘密后，生产侵权产品的数量造成鼎芯公司的经营损失已达到刑事追诉标准。因被告人张钊锋是芯略公司的法定代表人，芯略公司所获非法利益均归入芯略公司，故被告单位芯略公司构成单位犯罪，应依法判处罚金。被告人张钊锋对商业秘密权利人负有保密义务，但其违背保密承诺，披露并允许其本人担任法定代表人的芯略公司使用该技术秘密，造成权利人重大损失，是直接负责的主管人员，其个人也构成了侵犯商业秘密罪。公诉机关指控的罪名成立，本院予以支持。被告单位及被告人归案后交代态度较好，对被害单位作出了一定的经济赔偿，均可酌情从轻处罚。被告人张钊锋的辩护人提出对张钊锋适用缓刑的意见，本院予以采纳。

为严肃国家法制，保护知识产权权利不受侵犯，根据被告单位和被告人行为的性质、危害后果、认罪态度等，依照《中华人民共和国刑法》第二百一十九条、第二百二十条、第七十二条、第七十三条、第五十三条、第六十四条，《最高人民法院、最高人民检察院关于办理侵犯知识产权刑事案件具体应用法律若干问题的解释》第七条第一款，《最高人民法院、最高人民检察院关于办理侵犯知识产权刑事案件具体应用法律若干问题的解释（二）》第四条之规定，判决如下：

一、被告单位上海芯略电子科技有限公司犯侵犯商业秘密罪，判处罚金人民币一百一十五万元（于判决生效后一个月内缴纳）。

二、被告人张钊锋犯侵犯商业秘密罪，判处有期徒刑二年，缓刑二年，罚金人民币一百一十万元（于判决生效后一个月内缴纳）。

（缓刑考验期限，从判决确定之日起计算。）

被告人回到社区后，应当遵守法律、法规，服从监督管理，接受教育，做有益社会的公民。

三、违法所得予以追缴发还被害单位。

如不服本判决，可在接到判决书的第二日起十日内，通过本院或者直接向上海市第一中级人民法院提出上诉。书面上诉的，应当提交上诉状正本一份，副本二份。

审　判　长　倪红霞
人民陪审员　盛美芬
代理审判员　冯　祥
二〇一〇年九月五日
书　记　员　郭　杰

（本判决书入选2010年度上海法院知识产权司法保护十大案件）

37. 应雪萍、王彩芬销售假冒注册商标的商品犯罪案

——上海市浦东新区人民法院刑事判决书

（2010）浦刑初字第1823号

公诉机关：上海市浦东新区人民检察院。

被告人：应雪萍，女，1973年10月5日出生，汉族，小学文化程度，农民，户籍地浙江省台州市路桥区蓬街镇启明村4区171号，暂住上海市浦东新区雪野二村34弄33号104室。因涉嫌犯销售假冒注册商标的商品罪于2010年6月4日被刑事拘留，同年6月30日被逮捕。现羁押于上海市浦东新区看守所。

辩护人：张开华，上海市万方律师事务所律师。

被告人：王彩芬，女，1969年2月4日出生，汉族，文盲，农民，户籍地浙江省台州市路桥区蓬街镇启明村4区167号，暂住上海市浦东新区雪野二村34弄33号104室。因涉嫌犯销售假冒注册商标的商品罪于2010年6月4日被刑事拘留，同年6月30日被逮捕。现羁押于上海市浦东新区看守所。

辩护人：胡文兵，上海市万方律师事务所律师。

上海市浦东新区人民检察院以沪浦检刑诉［2010］20136号起诉书指控被告人应雪萍、王彩芬犯销售假冒注册商标的商品罪，于2010年7月28日向本院提起公诉。本院依法适用普通程序，于2010年8月25日公开开庭进行了审理。被告人应雪萍及其辩护人张开华、被告人王彩芬及其辩护人胡文兵到庭参加诉讼。上海市浦东新区人民检察院指派代理检察员李小文出庭支持公诉。本案现已审理终结。

经审理查明：

上海世博会事务协调局经我国国家工商行政管理局商标局核准注册了以下商标：

注册商标	注册号	核定使用商品	注册有效期限
	6405744	第14类（钥匙圈<小饰物或短链饰物>等）	2020.3.6止
	6405803	第28类（玩具等）	2020.4.27止
	4395034	第21类（玻璃艺术品等）	2019.3.13止
	4395042	第25类（帽等）	2018.11.6止

2010年2月，被告人应雪萍、王彩芬与王香娇（另行处理）共同租赁上海市浦东新区雪野二村34弄33号104室。同年6月，三人为牟取非法利益，明知是假冒注册商标的

商品，仍然从上海市城隍庙购入大量印有上述注册商标的帽子、水晶海宝中国馆、钥匙扣、海宝手机链、塑料海宝挂件、海宝橡胶手机链。6 月 4 日，上海市公安局浦东分局的公安人员和上海市工商行政管理局浦东新区分局的执法人员在被告人应雪萍、王彩芬租住的浦东新区雪野二村 34 弄 33 号 104 室当场查获待销售的上述 6 种商品共计 58 864件，包括：印有“ ”注册商标的帽子 2 573顶；印有“ ”和“ ”注册商标的水晶海宝中国馆 1 311只；印有“ ”注册商标的海宝钥匙扣 21 530只；海宝手机链 26 150只；塑料海宝挂件 6 600只；海宝橡胶手机链 700 只。被告人应雪萍、王彩芬被当场抓获。经上海市浦东新区价格认证中心鉴定，上述假冒注册商标的商品共计价值人民币 1 380 412元。

经比对，被查获的假冒注册商标的商品上使用的商标与上述注册商标一致。

上述事实，被告人应雪萍、王彩芬在开庭审理过程中亦无异议，并有证人陈志伟的证言、房屋租赁合同、先行登记保存证书、财务清单、相关商标注册证、上海市浦东新区价格认证中心物品财产价格鉴定结论书、公安机关出具的案发经过及被告人应雪萍、王彩芬的供述等证据证实，足以认定。

本院认为，“ ”、“ ”等商标经我国国家工商行政管理局商标局核准注册，依法受法律保护，任何人未经权利人许可均不得擅自使用上述注册商标。2010 年的上海世博会引起了全世界的关注，尤其是上海世博会的吉祥物“海宝”随着世博会举办前的宣传以及世博会的举办，其形象已深入人心，被社会公众广泛接受和牢记。被告人应雪萍、王彩芬为牟取不正当利益，明知是假冒上述注册商标的商品仍予以销售，且待销售额按照被侵权商品的市场中间价计算达 138 万余元，数额巨大，其行为已构成销售假冒注册商标的商品罪。且两被告人的犯罪行为发生于世博会举办期间，社会影响很大。公诉机关指控被告人应雪萍、王彩芬犯销售假冒注册商标的商品罪，罪名成立，应予支持。由于涉案侵权商品上未予标价，其实际销售价格亦无法查清，故鉴定机构根据被侵权商品的市场中间价计算侵权商品的价值符合法律规定，辩护人关于鉴定方法不合理的辩护意见本院不予采信。被告人应雪萍、王彩芬经预谋后共同实施犯罪行为，系共同犯罪。被告人应雪萍、王彩芬已经着手实行犯罪，由于意志以外的原因而没有得逞，系犯罪未遂，依法可以比照既遂犯从轻或者减轻处罚。被告人应雪萍、王彩芬自愿认罪，认罪态度较好，可酌情从轻处罚。据此，为严肃国家法制，规范市场经济秩序，保护知识产权权利不受侵犯，根据被告人的犯罪情节、社会危害性、认罪悔罪态度等，依照《中华人民共和国刑法》第二百一十四条、第二十三条、第二十五条第一款、第五十二条、第五十三条、第六十四条，《最高人民法院、最高人民检察院关于办理侵犯知识产权刑事案件具体应用法律若干问题的解释》第二条第二款，《最高人民法院、最高人民检察院关于办理侵犯知识产权刑事案件具体应用法律若干问题的解释（二）》第四条之规定，判决如下：

一、被告人应雪萍犯销售假冒注册商标的商品罪，判处有期徒刑二年六个月，并处罚金人民币二十万元。

（刑期从判决执行之日起计算。判决执行以前先行羁押的，羁押一日折抵刑期一日，即自 2010 年 6 月 4 日起至 2012 年 12 月 3 日止。罚金于本判决生效后一个月内缴纳。）

二、被告人王彩芬犯销售假冒注册商标的商品罪，判处有期徒刑二年六个月，并处罚金人民币二十万元。

（刑期从判决执行之日起计算。判决执行以前先行羁押的，羁押一日折抵刑期一日，即自2010年6月4日起至2012年12月3日止。罚金于本判决生效后一个月内缴纳。）

三、查获的假冒注册商标的商品予以没收。

如不服本判决，可在接到判决书的第二日起十日内，通过本院或者直接向上海市第一中级人民法院提出上诉。书面上诉的，应当提交上诉状正本一份，副本二份。

审　判　长　倪红霞
人民陪审员　沈　卉
人民陪审员　余继钟
二〇一〇年九月九日
书　记　员　叶菊芬

（本判决书入选2010年度上海法院知识产权司法保护十大案件）

38. 张乐、黄谦等侵犯著作权罪案

——上海市浦东新区人民法院刑事判决书

（2010）浦刑初字第 3240 号

公诉机关： 上海市浦东新区人民检察院。

被告人： 张乐，男，1984 年 11 月 6 日出生，汉族，大专文化，无业，户籍地湖北省武汉市武昌区丁字桥路 110 号，现住湖北省松滋市新江口镇中国工商银行城关分理处家属楼 3 楼。因本案于 2010 年 9 月 29 日被刑事拘留，同年 10 月 22 日被逮捕。现羁押于上海市浦东新区看守所。

辩护人： 何棣伟，中豪律师集团（上海）事务所律师。

被告人： 黄谦，男，1983 年 9 月 28 日出生，汉族，高中文化，无业，户籍地广西壮族自治区桂平市西山镇县府街 198 号，暂住广西壮族自治区南宁市人民西路 82 号 3 栋 4 单元 202 室。因本案于 2010 年 9 月 20 日被刑事拘留，同年 10 月 22 日被逮捕。现羁押于上海市浦东新区看守所。

辩护人： 张毅霞，上海恒杰律师事务所律师。

辩护人： 楼盼盼，上海恒杰律师事务所律师。

被告人： 梁文宇，男，1977 年 10 月 17 日出生，汉族，中专文化，个体经营户，户籍地广东省茂名市高州市工业大道 57 号，暂住广东省茂名市高州市潘州街道文笔路 174 号 402 室。因本案于 2010 年 9 月 17 日被刑事拘留，同年 10 月 22 日被逮捕。现羁押于上海市浦东新区看守所。

辩护人： 杨山，广东海法（东莞）律师事务所律师。

被告人： 阮晓霞，女，1985 年 10 月 19 日出生，汉族，高中文化，无业，户籍地广东省茂名市茂南区新湖北街 311 号 701 房，现住广东省茂名市茂南区高山镇高山路 572 号 307 房。因本案于 2010 年 9 月 17 日被刑事拘留，同年 10 月 22 日被逮捕。现羁押于上海市浦东新区看守所。

指定辩护人： 丁国利，上海泰瑞洋律师事务所律师。

指定辩护人： 程晓菲，上海泰瑞洋律师事务所律师。

被告人： 刘阳，男，1983 年 2 月 6 日出生，汉族，初中文化，无业，户籍地辽宁省沈阳市和平区南宁南街 134 甲 1 号 433。因本案于 2010 年 10 月 27 日被刑事拘留，同年 11 月 24 日被逮捕。现羁押于上海市浦东新区看守所。

辩护人： 李欣，上海李欣律师事务所律师。

上海市浦东新区人民检察院以沪浦检刑二［2010］20339 号起诉书指控被告人张乐、黄谦、梁文宇、阮晓霞、刘阳犯侵犯著作权罪，向本院提起公诉。本院于 2010 年 12 月 15 日受理后，依法组成合议庭，于同年 12 月 28 日公开开庭审理了本案。上海市浦东新区人民检察院指派检察员杨永勤出庭支持公诉。被告人张乐及其辩护人何棣伟，被告人黄谦及其辩护人张毅霞、楼盼盼，被告人梁文宇及其辩护人杨山，被告人阮晓霞及其辩护人丁国利、程晓菲，被告人刘阳及其辩护人李欣到庭参加诉讼。期间，经辩护人申请，本院决定延期审理四次。本案现已审理终结。

上海市浦东新区人民检察院指控，《冒险岛》是经文化部、新闻出版总署审批同意引进的互联网游戏出版物，上海盛大网络发展有限公司系该游戏出版物中国大陆独家代理运营商。自2007年起，被告人张乐未经许可，同被告人黄谦一起，制作了该游戏的外挂程序，并将之命名为“CS辅助”予以销售。该外挂程序以内存挂钩方式入侵《冒险岛》网络游戏客户端程序，通过改变部分数据的数值、参数，加强游戏功能。自2010年2月起，被告人张乐以月卡、周卡的形式将“CS辅助”外挂程序交被告人梁文宇总代理销售，其本人和被告人黄谦负责继续对外挂程序进行修改，以应对《冒险岛》游戏的技术更新。被告人梁文宇明知受托销售的“CS辅助”未经授权，仍对外批发该外挂程序，2010年6月至2010年9月，销售金额为人民币1 565 822元（以下币种均为人民币）。被告人阮晓霞、刘阳明知“CS辅助”系外挂程序，仍自梁文宇处购买，并在其开设的淘宝网网店中通过广告对外销售。其中被告人阮晓霞购进金额为537 850元，销售金额为478 802元；被告人刘阳购进金额为870 800元，销售金额为364 461元。

公诉机关认为：被告人张乐、黄谦共同制作外挂程序，是一种共同的复制行为。被告人梁文宇明知张乐在制作外挂程序的情况下，承担了总代理的销售工作。三被告人以营利为目的，未经著作权人许可，复制发行其计算机软件，情节特别严重，其行为均已触犯《中华人民共和国刑法》第二百一十七条第（一）项之规定，构成侵犯著作权罪。被告人阮晓霞、刘阳系从梁文宇处批发侵权软件，在网店以广告形式销售，属于司法解释规定的发行行为，应分别对其认定为侵犯著作权罪。对五名被告人都应在刑法规定的三年以上七年以下幅度内量刑，并处罚金。被告人张乐、黄谦、梁文宇系共同犯罪，尽管行为方式和作用大小上有所区别，但在本案中的作用均不可或缺、必不可少，没有明显的主次之分，不应当区分主从犯，但仍可区别其作用酌情量刑。被告人梁文宇能够交代同案犯张乐的有关情况，可酌情予以从轻。建议法庭针对各被告人的不同认罪、悔罪态度酌情区别量刑。

被告人张乐对起诉书指控无异议。其辩护人辩称：张乐与被告人梁文宇并非共同犯罪，故其犯罪数额不应以梁文宇的销售数额认定；张乐并不掌握外挂制作的核心技术，在犯罪中的作用不大，且制作外挂比复制整个软件危害性小；张乐系初犯，认罪态度好，请求从轻处罚并适用缓刑。

被告人黄谦对起诉书指控无异议。其辩护人辩称：黄谦系初犯，其只是在被告人张乐指使下制作了外挂程序中的一小部分，应定其从犯；黄谦银行账户中的钱款有一部分是向张乐的借款，并非全是违法所得。故请求从轻处罚并宣告缓刑。

被告人梁文宇对起诉书指控无异议。其辩护人辩称：梁文宇未与被告人张乐、黄谦事先通谋制作外挂，也未共享制作外挂的利润，其行为与被告人阮晓霞、刘阳的行为性质无区别，应适用刑法第二百一十八条的规定；梁文宇归案后，主动交代了张乐的QQ号码等信息，为司法机关抓捕其归案提供了协助，属立功，应从轻或减轻处罚；梁文宇确有悔过自新的表现，系初犯，且其家庭极为困难，建议减轻处罚并宣告缓刑。

被告人阮晓霞认为其本人触犯的应该是刑法第二百一十八条的销售侵权复制品罪，而非指控的罪名。其辩护人辩称：相关司法解释规定了侵权产品的持有人通过广告、征订等方式推销侵权产品的，属于刑法规定的发行行为。但对刑法中的广告应严格界定，阮晓霞在网店上的产品介绍不属于广告，其行为是销售侵权复制品。而刑法第二百一十八条又规定此行为非法所得数额巨大才构成犯罪。阮晓霞归案后认罪、悔罪态度良好，且是初犯，主观恶性小。恳请从轻判处拘役或免予刑事处罚。

被告人刘阳对起诉书指控无异议。其辩护人辩称：刘阳仅是单纯的销售行为，与刑法第二百一十七条的复制发行完全不同，不构成侵犯著作权罪，也未达到刑法第二百一十八条非法所得数额巨大的条件。鉴于刘阳的一贯表现及家庭困难，请求对其免予刑事处罚。

经审理查明，《冒险岛》（MAPLE STORY）网络游戏版权所有人为韩国内克松（NEXON）公司，2004 年由我国国内企业取得韩国 NEXON 公司许可并经中华人民共和国文化部、新闻出版总署批准运营和网络出版。

2007 年起，被告人张乐伙同被告人黄谦针对《冒险岛》网络游戏研究制作外挂程序。2010 年 2 月起，被告人黄谦专门负责制作外挂的功能模块，被告人张乐编写外挂主程序，进行模块整合、功能细化，将外挂程序细分为周卡、月卡，取名为“CS 辅助”。“CS 辅助”通过内存挂钩方式入侵《冒险岛》网络游戏客户端程序，获得对该程序内存地址、数据修改的控制权，调用、复制了《冒险岛》124 项客户端软件功能数据的数据命名、数据结构、运行方式，通过改变数据的数值、参数，以加强应用功能。2010 年 6 ~9 月，被告人黄谦收到张乐转账的违法所得 19.9 万元。为集中打开销售渠道，被告人张乐与梁文宇通谋，2010 年 2 月起，由张乐提供外挂，梁文宇担任外挂的销售总代理负责销售外挂。梁文宇还受张乐委托租用服务器用于防止网络攻击。被告人张乐与梁文宇之间以“CS 辅助”周卡每张 4 元、月卡每张 14 元的价格结算，2010 年 6 月 22 日 ~9 月 16 日，梁文宇支付给张乐外挂结算款 1 412 100元。梁文宇通过其在淘宝网上的店铺将“CS 辅助”以周卡约 5.5 元、月卡约 16 元的价格对外销售，2010 年 6 月 30 日 ~9 月 16 日，梁文宇销售给被告人阮晓霞、刘阳等人外挂的金额为 1 565 822元。

2010 年 2 月起，被告人阮晓霞以营利为目的，明知系外挂程序于 2010 年 6 月 18 日 ~9 月 14 日向梁文宇购买“CS 辅助”金额为 537 850元，事后在其淘宝网上的店铺以周卡 10 元、月卡 30 元的价格对外销售。网店首页上部有“品质保证，信誉专卖”字样，分设有不同的销售产品栏目。期间，阮晓霞对外销售外挂金额为 478 802元。

2010 年 6 月起，被告人刘阳以营利为目的，明知系外挂程序于 2010 年 6 月 17 日 ~9 月 14 日向梁文宇购买“CS 辅助”金额为 870 800元，事后在其淘宝网上的店铺以周卡 10 元，月卡 18 元、25 元或 30 元不等的价格对外销售。网店页面上有“祝大家 2010 年发财冒险岛”等字句，另挂有各类销售“宝贝”，其中有涉案的外挂。2010 年 8 月 11 日 ~9 月 15 日，刘阳对外销售外挂金额为 364 461元。

2010 年 7 月，上海市公安局浦东分局（以下简称浦东公安分局）接到上海盛大网络发展有限公司（以下简称盛大公司）报案。同年 9 月 17 日，浦东公安分局先后将被告人梁文宇和阮晓霞抓获，并在现场分别扣押台式电脑硬盘 1 块、U 盘 1 个和台式电脑硬盘 4 块。同年 9 月 20 日，浦东公安分局在被告人黄谦的住处将其抓获，现场扣押台式电脑硬盘 2 块和笔记本电脑 1 台。被告人梁文宇被抓获后，主动交代了其上家的淘宝网用户名、QQ 号及昵称。浦东公安分局经进一步查证，于同年 9 月 29 日在被告人张乐的住处将其抓获，现场扣押笔记本电脑 1 台、移动硬盘 1 块和 U 盘 1 个。同年 10 月 21 日，辽宁省沈阳市公安局抓获被告人刘阳。

上述事实，有下列证据予以证实：

（一）物证、书证

1. 浦东公安分局《扣押物品清单》证实：2010年9月17日从被告人梁文宇处扣押序列号为WCAS20596100的台式电脑硬盘1块和“Kingston”牌U盘1个；同日从阮晓霞处扣押台式电脑硬盘4块，序列号分别为WMAMF2082866、WCAS23100237、WCAS25575541和WMAT20957145；同年9月20日从黄谦处扣押台式电脑硬盘2块，序列号分别为WMAV2D859243和WMAM9KC73957，及“ASUS”牌笔记本电脑1台；同年9月29日从张乐处扣押“苹果”牌笔记本电脑1台、“SAMSUNG”牌移动硬盘1块和“KINGMAX”牌U盘1个。

2. 浦东公安分局《扣押物品清单》证实：浦东公安分局于2010年9月17日分别从深圳市易信科技有限公司（以下简称深圳易信公司）和南通互联盛世网络科技有限公司（以下简称南通互联公司）扣押被告人张乐租用的服务器中的“WD”牌硬盘、“Seagate”牌硬盘各1块，及“10k”品牌机箱服务器1台（内含3块硬盘）。

3. 查明的版权资料证实：《冒险岛》游戏的著作权人是韩国NEXON公司，被许可提供该游戏网络服务的公司有盛趣信息技术（上海）有限公司（以下简称盛趣公司）、上海数龙计算机科技有限公司（以下简称数龙公司）等公司，盛大网络有限公司是允许的分授许可方。

4. 文化部《进口网络游戏产品批准单》证实：盛大公司2004年12月2日被批准进口《冒险岛》游戏。

5. 新闻出版总署《关于同意上海盛大网络发展有限公司引进出版互联网游戏出版物〈冒险岛online〉（MapleStory）的函》证实：该游戏于2004年12月17日被同意引进。

6. 由浦东公安分局在网上调取并固定的被告人在淘宝网上的店铺信息页面证实：被告人梁文宇以“梁宇冒险岛”为用户名在淘宝网上开设名为“梁宇网游专卖”的店铺，出售“CS辅助”月卡、周卡，售价为月卡30元、周卡10元。被告人阮晓霞在淘宝网上开设名为“靓靓の小店”的店铺出售“CS辅助”月卡、周卡，售价为周卡一口价10元、月卡一口价30元。被告人刘阳以“我要幸福521”为用户名，在淘宝网上开设名为“阳阳专卖”的店铺出售“CS辅助”月卡、周卡，售价为周卡一口价10元，月卡一口价18元、25元或30元。

7. 《查询存款通知书（回执）》证实：被告人张乐、梁文宇、阮晓霞（户名陈瑞荣）绑定于支付宝的银行卡卡号。

8. 《调取证据通知书》及调取的淘宝网注册和交易资料证实：浦东公安分局向浙江淘宝网络有限公司调取被告人张乐、梁文宇、刘阳的淘宝网账号、支付宝账号的有关情况。

9. 《主机托管业务合同书》证实：2010年4月16日黄丽荣与深圳易信公司签订合同，将IP地址为121.12.168.6的服务器委托深圳易信公司管理。

（二）证人证言

1. 《委托授权书》和《报案材料》证实：数龙公司、盛大公司等作为《冒险岛》游戏的运营商，委托上海盛聚网络科技有限公司（以下简称盛聚公司）调查对《冒险岛》

游戏的侵权行为并报案。盛聚公司经调查，于2010年7月向浦东公安分局报案。

2. 浦东公安分局出具的《案发经过》证实：公安机关于2010年7月接到盛大公司报案后抓获五名被告人，其中被告人张乐是在梁文宇提供一定线索后由公安机关进一步查证后抓获。

3. 证人李信、张利明的证言证实：两证人为深圳易信公司员工，IP地址为121.12.168.6的服务器由黄丽荣托管于该公司；被告人梁文宇向黄丽荣租用该服务器并通过支付宝付费给黄丽荣。

4. 证人顾均的证言、南通互联公司出具的说明证实：证人顾均是南通互联公司员工，2010年5月19日，南通海盛网络技术有限公司的经理薛晓伟受朋友之托将一台服务器（内包含三块硬盘）委托南通互联公司管理和维护，该服务器的IP地址为58.221.254.105。

5. 证人陈立熙、滕德宗、高俊杰、朱慧宏的证言证实：陈立熙曾以6元的单价向被告人梁文宇购买了十几个涉案外挂周卡。滕德宗曾向被告人刘阳购买了5个涉案外挂月卡，其中3个的单价为25元，2个的单价为18元。高俊杰曾以30元的单价向被告人阮晓霞购买了2个涉案外挂月卡。朱慧宏曾分别以30元和35元的单价向被告人阮晓霞购买2个涉案外挂月卡。

（三）鉴定结论

1. 上海东方计算机司法鉴定所出具的［2010］沪东方IT司鉴字第027号司法鉴定意见书证实："CS辅助"通过内存挂钩方式入侵《冒险岛》网络游戏客户端程序，获得对该程序内存地址、数据修改的控制权，调用、复制了《冒险岛》124项客户端软件功能数据的数据命名、数据结构、运行方式，通过改变数据的数值、参数，以加强应用功能。

2. 上海公信中南会计师事务所有限公司（以下简称公信中南所）出具的公信中南［2010］鉴字第104号司法会计鉴定意见书证实：被告人张乐2010年6月22日~9月16日通过支付宝收取被告人梁文宇外挂款为1 412 100元；被告人梁文宇2010年6月30日~9月16日对外销售外挂后通过支付宝收款的金额为1 565 822元；被告人阮晓霞2010年6月18日~9月14日向被告人梁文宇购买外挂通过支付宝付款金额为537 850元，2010年6月17日~9月14日对外销售外挂通过支付宝收款金额为478 802元；被告人刘阳2010年6月17日~9月14日向被告人梁文宇购买外挂通过支付宝付款金额为870 800元，2010年8月11日~9月15日对外销售外挂通过支付宝收款金额为364 461元。

3. 公信中南所出具的公信中南［2010］鉴字第116号司法会计鉴定意见书证实：被告人黄谦2009年9月~2010年9月共获取张乐通过银行转账的金额317 346元，其中2010年6月~9月为199 000元。

（四）勘验、检查笔录

上海市公安局出具的检查意见书2份、浦东公安分局出具的工作情况2份证实：浦东公安分局将从各被告人处扣押的12件电子设备送检。浦东公安分局对上述电子设备中的电子文档进行了两次提取，并在"good.gd"网站上下载外挂程序的客户端，将上述内容刻录至光盘，连同由盛大公司提供的《冒险岛》游戏客户端，送交上海东方计算机司法鉴定所进行鉴定。

（五）五名被告人的供述

1. 被告人张乐的供述证实：张乐自2007年起与被告人黄谦针对《冒险岛》网络游戏研究制作外挂程序；2010年2月起，由黄谦专门负责制作外挂的功能模块，由张乐编写外挂主程序，进行模块整合、功能细化，将外挂程序细分为周卡、月卡，取名为“CS辅助”；为方便管理和一心研发外挂程序，张乐与被告人梁文宇商定，自2010年2月起由梁文宇作为销售总代理负责销售外挂；张乐通过银行卡向黄谦支付其“收入”，通过支付宝与梁文宇结算外挂款；张乐委托梁文宇租借服务器用于防止网络攻击。

2. 被告人黄谦的供述证实：黄谦与被告人张乐2006年在网上聊熟后开始一起研制外挂；2010年春节后黄谦负责寻找内存地址、研制外挂程序的功能代码交给被告人张乐；张乐通过银行卡向黄谦支付“工资”。

3. 被告人梁文宇的供述证实：自2010年2月起，由被告人张乐提供外挂，由梁文宇担任外挂的销售总代理对外销售，并通过www.1632899.com网站发布外挂的下载链接，该网站共有两个下载地址，一个是“down.qiannao.com”，一个是“good.gd”；梁文宇帮助张乐租用服务器；梁文宇与张乐之间通过支付宝结算外挂款；被告人阮晓霞和刘阳是梁文宇的主要销售对象。

4. 被告人阮晓霞的供述证实：阮晓霞明知“CS辅助”系外挂程序，2010年2月起多次从被告人梁文宇处购买该外挂后在淘宝网上对外销售；阮晓霞与梁文宇之间通过支付宝结算外挂款。

5. 被告人刘阳的供述证实：刘阳明知“CS辅助”系外挂程序，2010年6月起，从被告人梁文宇处多次购买该外挂后在淘宝网上对外销售；刘阳与梁文宇之间通过支付宝结算外挂款。

上述证据均经庭审质证属实，本院予以确认。

本院认为：由韩国NEXON公司享有著作权的《冒险岛》网络游戏，经由我国国内企业取得著作权人许可并经我国文化部、新闻出版总署批准运营和网络出版，该网络游戏的计算机软件著作权应受我国法律保护。

被告人张乐与黄谦未经权利人许可，共同研发、制作该游戏软件的外挂程序，是共同复制游戏软件客户端程序的行为。被告人张乐又与被告人梁文宇合谋分工，由张乐提供外挂，梁文宇作为销售总代理负责销售。其互相明知，分工明确，符合共犯的特质。三被告人以营利为目的，未经著作权人许可共同复制发行《冒险岛》网络游戏软件客户端程序，且非法经营数额巨大，情节特别严重，依照《中华人民共和国刑法》第二百一十七条的规定，构成侵犯著作权罪。公诉机关指控的罪名成立，本院予以支持。在共同犯罪中，被告人张乐系犯意的提起者，且策划并具体实施犯罪；被告人黄谦积极参与，起了十分重要的作用；被告人梁文宇积极实施发行行为，对于犯罪目的的实现起到了重要作用。故对三名被告人不区分主从犯，但可以据情在量刑时适当区分。被告人张乐的辩护人认为张乐与被告人梁文宇不构成共犯的辩护意见，以及被告人梁文宇的辩护人认为梁文宇与张乐、黄谦不是共同犯罪，应适用刑法第二百一十八条的辩护意见，缺乏事实和法律依据，本院不予采纳。被告人黄谦的辩护人辩称被告人张乐给黄谦的钱款中含有部分借款，张乐也承认黄谦确多次向他借款。但两人均无法说清借款时间与数额，数年内黄谦也从未还款。鉴于两人在犯罪过程中张乐多次大量地向黄谦转移资金，张乐和黄谦之间所谓的借款关系有违常理，且没有支撑的理由，本院不予采纳。

被告人阮晓霞、刘阳以营利为目的，明知《冒险岛》外挂程序侵犯游戏软件著作权人权利，仍然大量购进并销售。鉴于其与外挂制作人没有事先通谋，因此不构成共同犯罪；两被告人的网店页面虽有被售品的图案和价格，但广告痕迹不明显，亦无店铺页面以外的广告推销行为，故不属于通过广告推销的发行行为。两被告人明知是侵权复制品而予以销售，且销售金额、未销售的侵权复制品货值金额超过了最高人民检察院、公安部关于销售侵权复制品罪的追诉标准，其行为均已构成销售侵权复制品罪。被告人阮晓霞及两被告人的辩护人关于两被告人行为性质的辩护意见，本院予以采纳。公诉机关指控两被告人犯侵犯著作权罪不当，本院予以纠正。鉴于被告人阮晓霞和刘阳的行为，无论从情节、数额以及对权利人的侵害均具有相当的严重性，不符合情节轻微、危害不大的免处规定，本院对辩护人提出的对其免处的意见，不予采纳。

被告人梁文宇的辩护人还提出梁文宇构成立功的辩护意见。鉴于梁文宇仅提供了被告人张乐的淘宝网用户名、QQ号及昵称，侦查机关必须通过技术手段及进一步的侦查才确定了张乐的真实身份并将其抓获，不能认定为协助司法机关抓捕同案犯，故被告人梁文宇的行为不应认定为立功。该辩护意见本院不予采信。但梁文宇提供了有利于侦查破案的线索，可在量刑时予以酌情从轻。

鉴于五被告人到案后认罪态度较好，被告人黄谦的亲属还主动代黄谦退缴了部分违法所得，本院将据情酌情从轻处罚。为严肃国家法制，保护知识产权权利不受侵犯，根据五名被告人行为的性质、危害后果、认罪态度等，依照《中华人民共和国刑法》第二百一十七条、第二百一十八条、第二十五条第一款、第五十二条、第五十三条、第六十四条，《最高人民法院、最高人民检察院关于办理侵犯知识产权刑事案件具体应用法律若干问题的解释》第五条第二款第（一）、（二）项及第十二条第一、二款，《最高人民法院、最高人民检察院关于办理侵犯知识产权刑事案件具体应用法律若干问题的解释（二）》第四条之规定，判决如下：

一、被告人张乐犯侵犯著作权罪，判处有期徒刑五年（刑期从判决执行之日起计算；判决执行以前先行羁押的，羁押一日折抵刑期一日，即自2010年9月29日起至2015年9月28日止），罚金人民币一百三十万元（于判决生效后一个月内缴纳）；

二、被告人黄谦犯侵犯著作权罪，判处有期徒刑四年（刑期从判决执行之日起计算；判决执行以前先行羁押的，羁押一日折抵刑期一日，即自2010年9月20日起至2014年9月19日止），罚金人民币七十万元（于判决生效后一个月内缴纳）；

三、被告人梁文宇犯侵犯著作权罪，判处有期徒刑三年六个月（刑期从判决执行之日起计算；判决执行以前先行羁押的，羁押一日折抵刑期一日，即自2010年9月17日起至2014年3月16日止），罚金人民币六十万元（于判决生效后一个月内缴纳）；

四、被告人阮晓霞犯销售侵权复制品罪，判处拘役六个月（刑期从判决执行之日起计算；判决执行以前先行羁押的，羁押一日折抵刑期一日，即自2010年9月17日起至2011年3月16日止），罚金人民币三十万元（于判决生效后一个月内缴纳）；

五、被告人刘阳犯销售侵权复制品罪，判处拘役六个月（刑期从判决执行之日起计算；判决执行以前先行羁押的，羁押一日折抵刑期一日，即自2010年10月21日起至2011年4月20日止），罚金人民币二十万元（于判决生效后一个月内缴纳）；

六、各被告人的违法所得及被扣押的电子设备予以没收。

如不服本判决，可在接到判决书的第二日起十日内，通过本院或者直接向上海市第一中级人民法院提出上诉。书面上诉的，应当提交上诉状正本一份，副本二份。

审 判 长 陆文德
审 判 员 马超杰
审 判 员 陈惠珍
二〇一一年五月五日
书 记 员 叶菊芬

（本判决书入选2011年度中国法院知识产权司法保护50件典型案例、2011年度上海法院知识产权司法保护十大案件）

39. 傅旭义、晏儒火等侵犯著作权犯罪案

——上海市普陀区人民法院刑事判决书

（2011）普刑初字第346号

公诉机关：上海市普陀区人民检察院。

被告人：傅旭义，男，1972年1月3日生，汉族，出生地湖南省浏阳市，初中文化，农民，户籍地湖南省浏阳市官桥乡保华村长坡片马家组178号，暂住本市赤峰路372弄2号104室。因涉嫌犯侵犯著作权罪，于2010年11月23日被上海市公安局普陀分局刑事拘留，2010年12月28日被依法逮捕。现羁押于普陀区看守所。

辩护人：陈玲，上海恒隆律师事务所律师。

被告人：晏儒火，男，1981年12月30日生，汉族，出生地江西省九江市，初中文化，农民，户籍地江西省九江市修水县白岭镇清水桥村十六组，暂住本市新镇路158弄36号。因涉嫌犯侵犯著作权罪，于2011年2月11日被上海市公安局普陀分局刑事拘留，同年3月22日被依法逮捕。现羁押于普陀区看守所。

辩护人：张宇翔，上海捷阳律师事务所律师。

辩护人：周敏，上海豪派律师事务所律师。

被告人：沈辉煌，男，1983年8月16日生，汉族，出生地湖南省株洲市，高中文化，农民，户籍地湖南省株洲县姚家坝乡芷钱桥村桥头坝组10号，暂住本市四平路580弄5号106室。因涉嫌侵犯著作权罪于2010年11月25日被上海市公安局普陀分局取保候审。

被告人：蹇明菊，女，1975年3月10日生，汉族，出生地四川省达县，系上海丽霸印务有限公司财务主管，户籍地四川省达县管村镇下场街36号，暂住本市化工路68弄18号。曾于2006年6月因虚开增值税专用发票罪被上海市奉贤区人民法院判处有期徒刑一年，缓刑一年，并处罚金人民币二万元。因涉嫌侵犯著作权罪于2011年3月23日被上海市公安局普陀分局取保候审。

上海市普陀区人民检察院以沪普检刑诉〔2011〕182号起诉书指控被告人傅旭义、晏儒火、沈辉煌、蹇明菊犯侵犯著作权罪，于2011年5月12日向本院提起公诉。本院依法组成合议庭，公开开庭审理了本案。上海市普陀区人民检察院指派检察员刘汉松出庭支持公诉，被告人傅旭义及其委托的上海恒隆律师事务所律师陈玲，被告人晏儒火及其委托的上海捷阳律师事务所律师张宇翔、上海豪派律师事务所律师周敏，被告人沈辉煌、蹇明菊均到庭参加诉讼。审理中，公诉机关以补充证据为由，申请延期审理一次，本院予以准许。现已审理终结。

经审理查明，香港唐艺设计资讯集团有限公司拥有图书《无界·顶级酒店建筑》（每

册标价人民币 938 元）的版权，并授权湖南美术出版社、广州唐艺文化传播有限公司出版发行。

2010 年 10 月中旬，被告人傅旭义伙同吴德光、颜洪熙（均在逃）未经著作权人香港唐艺设计资讯集团有限公司的同意，商定共同出资，出版复制发行图书《无界·顶级酒店建筑》（以下简称《无界》）。后经人介绍，被告人傅旭义、吴德光、颜洪熙与被告人晏儒火口头约定，由被告人傅旭义提供样书，被告人晏儒火以每册人民币 140 元的价格承接印制《无界》2 000册。被告人沈辉煌得知此事后，出资于傅旭义名下并加入傅旭义、吴德光、颜洪熙复制发行该盗版图书的活动。

被告人晏儒火与被告人蹇明菊原有业务往来，双方口头约定，由被告人晏儒火提供盗版图书《无界》的菲林，被告人蹇明菊以每册人民币 110 元的价格承接印制该图书 2 000册。

同年 11 月 1 日，被告人蹇明菊与其他公司签订印刷合同，以总价人民币 6 万余元的价格交该公司印制该图书 2 000册。

广州唐艺文化传播有限公司在得知被告人傅旭义欲向批发商销售盗版图书《无界》后，多次警告被告人傅旭义等人停止销售行为无果。同年 11 月 18 日，为防止盗版图书流入市场，广州唐艺文化传播有限公司法定代表人康建国与被告人傅旭义签订协议，由该公司以每册人民币 210 元的价格收购盗版图书《无界》2 000册，但未授权被告人傅旭义等人复制发行该图书。

被告人傅旭义、吴德光、颜洪熙、沈辉煌等四人商议，先由傅旭义用一辆车将部分图书运至交易地点，在傅旭义发出交易安全的信息后，再由吴德光、颜洪熙、沈辉煌将两辆装有剩余盗版图书的车开至该处。同年 11 月 22 日，被告人傅旭义将盗版图书《无界》运往本市江宁路 1251 弄 4 号广州唐艺文化传播有限公司上海办事处交货时，警方将其当场抓获，并缴获盗版图书《无界》384 册。被告人沈辉煌等人在得知被告人傅旭义可能被抓后，按照指示将剩余的 1 617册盗版图书《无界》藏匿于本市剑漕路 399 号上海北凯物流公司仓库，并将其中 960 册盗版图书运往湖南省株洲市，现均被扣押。

2011 年 2 月 22 日，被告人蹇明菊接公安机关电话通知，主动前往并如实供述。

上述事实，被告人傅旭义、晏儒火、沈辉煌、蹇明菊在开庭审理过程中均无异议，并有证人蹇明波、傅双术、康建国、屠振国、石红洲、袁纯钢、季平、阳梦良、彭仁学、张克学、龚道春的证言，批准函、证明、图书出版合同、版权证明，唐艺设计咨询集团有限公司提供的相关书证，协议书，上海市公安局普陀分局查询存款/汇款通知书二份及相关的银行批准等，合同书，货物运单、货物受理单，上海市公安局普陀分局搜查笔录及扣押、文件清单，刑事判决书，上海市出版物鉴定书，公安机关出具的工作情况等证据证实，足以认定。

本院认为，被告人傅旭义、沈辉煌以营利为目的，未经著作权人许可，共同出版复制发行他人图书，其行为均已构成侵犯著作权罪；被告人晏儒火、蹇明菊，以营利为目的，未经著作权人许可，亦未严格审查委托复制者的合法手续，复制他人图书，其行为分别独立构成侵犯著作权罪。公诉机关指控的犯罪事实清楚，罪名成立。被告人傅旭义非法经营数额达人民币 42 万元、被告人晏儒火非法经营数额达人民币 28 万元、沈辉煌非法经营数额达人民币 42 万元，属于有特别严重情节；被告人蹇明菊非法经营数额达人民币 22 万元，属于有其他严重情节。被告人傅旭义、沈辉煌系共同犯罪。其中被告人傅旭义在共同犯罪中起主要作用，系主犯；被告人沈辉煌在共同犯罪中起次要作用，系从犯，应当从轻处罚。鉴于被告人蹇明菊系自首，可以从轻处罚。被告人傅旭义、晏儒火、沈辉煌到案后，能如实供述犯罪事实，认罪悔罪态度较好，可以从轻处罚。辩护人提出的对被告人傅旭义、晏儒火判处三年以下有期徒刑并适用缓刑的辩护意见，不予采纳。被告人沈辉煌、蹇明菊在被司法机关取保候审期间均能遵纪守法，到案后自愿认罪，可酌情从轻处罚，并适用非监禁刑，予以考验。公诉机关的量刑建议，予以采纳。

综上，为严肃国家法制，规范市场经济秩序，保护知识产权权利不受侵犯，根据被告人犯罪的事实、性质、情节及对于社会的危害程度，依照《中华人民共和国刑法》第二百一十七条第一项和第二项、第二十五条第一款、第二十六条、第二十七条、第六十七条第一款和第三款、第七十二条、第七十三条、第五十三条、第六十四条，及《最高人民法院、最高人民检察院关于办理侵犯知识产权刑事案件具体应用法律若干问题的解释》第五条、第十一条、第十二条第一款，《最高人民法院、最高人民检察院关于办理侵犯知识产权刑事案件具体应用法律若干问题的解释（二）》第四条之规定，判决如下：

一、被告人傅旭义犯侵犯著作权罪，判处有期徒刑三年六个月，并处罚金人民币十四万元。

（刑期从判决执行之日起计算。判决执行以前先行羁押的，羁押一日，折抵刑期一日，即自2010年11月22日起至2014年5月21日止。罚金款应于本判决生效之日起一个月内缴纳。）

二、被告人晏儒火犯侵犯著作权罪，判处有期徒刑三年，并处罚金人民币五万元。

（刑期从判决执行之日起计算。判决执行以前先行羁押的，羁押一日，折抵刑期一日，即自2011年2月11日起至2014年2月10日止。罚金款应于本判决生效之日起一个月内缴纳。）

三、被告人沈辉煌犯侵犯著作权罪，判处有期徒刑二年六个月，缓刑二年六个月，并处罚金人民币十万元。

（缓刑考验期限，从判决确定之日起计算；罚金款应于本判决生效之日起一个月内缴纳。）

四、被告人蹇明菊犯侵犯著作权罪，判处有期徒刑二年，缓刑二年，并处罚金人民币五万元。

（缓刑考验期限，从判决确定之日起计算；罚金款应于本判决生效之日起一个月内缴纳。）

被告人沈辉煌、蹇明菊回到社区后，应当遵守法律、法规，服从监督管理，接受教育，完成公益劳动，做一名有益社会的公民。

五、违法所得依法予以追缴；扣押在案的盗版图书及菲林，依法予以没收。

如不服本判决，可在接到判决书的第二日起十日内，通过本院或者直接向上海市第二中级人民法院提出上诉。书面上诉的，应当提交上诉状正本一份，副本四份。

审 判 长 金 红

代理审判员 竺盈琼

审 判 员 严伟雄

二〇一一年七月十三日

书 记 员 周 建

（本判决书入选2011年度上海法院知识产权司法保护十大案件）

40. 余刚、曹志华等侵犯著作权犯罪案

——上海市徐汇区人民法院刑事判决书

（2011）徐刑初字第984号

公诉机关：上海市徐汇区人民检察院。

被告人：余刚，男，1973年10月7日生，汉族，大学文化，重庆大猫网络科技有限公司法定代表人，户籍地重庆市九龙坡区西郊路28号4幢9-3号，现住重庆市九龙坡区西郊路28号4幢20-4号。2011年1月26日因涉嫌非法经营罪被上海市公安局徐汇分局刑事拘留，同年3月4日，因涉嫌侵犯著作权罪经上海市徐汇区人民检察院批准，当日由该局执行逮捕。2011年4月29日，经报请上海市人民检察院第一分院批准，延长侦查羁押期限一个月。现羁押于上海市徐汇区看守所。

辩护人：高国荣，上海天铭律师事务所律师。

被告人：曹志华，男，1981年7月1日生，汉族，大学文化，原重庆大猫网络科技有限公司股东，户籍地湖南省湘乡市望春门办事处东风社区居委会云门商贸步行街1栋502号，现住湖南省长沙市长沙县星沙镇万家丽北路红树湾小区2栋604房。2011年3月3日因涉嫌非法经营罪被上海市公安局徐汇分局刑事拘留，同年4月8日，因涉嫌侵犯著作权罪经上海市徐汇区人民检察院批准，当日由该局执行逮捕。现羁押于上海市徐汇区看守所。

辩护人：李维世，上海东方华银律师事务所律师。

辩护人：徐月英，上海明伦律师事务所律师。

被告人：冯典，男，1990年7月11日生，汉族，高中文化，原重庆大猫网络科技有限公司股东，户籍地四川省平昌县江口镇新华街东段南一巷34号1幢2单元9室，现住四川省成都市永盛南街爱家馨城4栋3单元10楼47室。2011年3月6日因涉嫌非法经营罪被上海市公安局徐汇分局刑事拘留，同年4月8日，因涉嫌侵犯著作权罪经上海市徐汇区人民检察院批准，当日由该局执行逮捕。现羁押于上海市徐汇区看守所。

辩护人：谢茂林，上海博和律师事务所律师。

辩护人：王思维，上海博和律师事务所律师。

被告人：古靖渲，女，1976年5月2日生，汉族，大专文化，重庆大猫网络科技有限公司股东，户籍地重庆市九龙坡区西郊路28号4幢9-3室，现住重庆市九龙坡区西郊路28号4幢20-4室。2011年1月27日因涉嫌非法经营罪被上海市公安局徐汇分局取保候审。

被告人：赖怿，男，1982年9月30日生，汉族，高中文化，重庆大猫网络科技有限公司副总经理，户籍地四川省成都市成华区长天路16号1栋3单元2楼4号，现住重庆市九龙坡区中新城上城10栋1909室。2011年3月10日因涉

嫌非法经营罪被上海市公安局徐汇分局刑事拘留，同年4月14日，因涉嫌侵犯著作权罪经上海市徐汇区人民检察院批准，当日由该局执行逮捕。现羁押于上海市徐汇区看守所。

辩护人： 於传宏，上海市申汇律师事务所律师。

被告人： 陈侬，男，1975年6月27日生，汉族，大学文化，重庆大猫网络科技有限公司行政部经理，户籍地重庆市渝北区新牌坊三路218号A楼18-3室。2011年1月27日因涉嫌非法经营罪被上海市公安局徐汇分局刑事拘留，同年3月4日，因涉嫌侵犯著作权罪经上海市徐汇区人民检察院批准，当日由该局执行逮捕。2011年4月29日，经报请上海市人民检察院第一分院批准，延长侦查羁押期限一个月。现羁押于上海市徐汇区看守所。

辩护人： 田玉秀，上海申浩律师事务所律师。

辩护人： 李璐佳，上海申浩律师事务所律师。

被告人： 张荣鑫，男，1983年9月16日生，汉族，大学文化，户籍地重庆市潼南县正兴街所十一段广宇路122号2幢2单元1-1，现住重庆市潼南县梓潼街道办事处广宇路122号1幢3单元1-1。2011年3月8日因涉嫌非法经营罪被上海市公安局徐汇分局刑事拘留，同年4月14日，因侵犯著作权罪经上海市徐汇区人民检察院批准，当日由该局执行逮捕。现羁押于上海市徐汇区看守所。

被告人： 马潇（曾用名：马龙），男，1988年2月19日生，汉族，初中文化，户籍地重庆市潼南县正兴街所三段正兴街802号附886号，现住重庆市潼南县体育馆农业银行白云城私房。2011年3月8日因涉嫌非法经营罪被上海市公安局徐汇分局刑事拘留，同年4月14日，因涉嫌侵犯著作权罪经上海市徐汇区人民检察院批准，当日由该局执行逮捕。现羁押于上海市徐汇区看守所。

被告人： 刘京松（曾用名：刘坎灵），男，1984年5月28日生，汉族，大学文化，重庆市潼南县人力资源和社会保障局工作，户籍地重庆市潼南县正兴街所三十二段文化路9号1幢1单元4-2，现住重庆市潼南县潼柏路155号附1号国税宿舍2单元3-2号。2011年3月8日因涉嫌非法经营罪被上海市公安局徐汇分局刑事拘留，同年4月14日，因涉嫌侵犯著作权罪经上海市徐汇区人民检察院批准，当日由该局执行逮捕。现羁押于上海市徐汇区看守所。

辩护人： 何农，上海金英律师事务所律师。

辩护人： 陆婕，上海金英律师事务所律师。

被告人： 陈娅，女，1977年4月15日生，汉族，中专文化，户籍地重庆市渝中区菜家石堡15号12-4室。2011年3月10日因涉嫌非法经营罪被上海市公安局徐汇分局取保候审。

被告人： 刘川，男，1985年3月17日生，汉族，大专文化，户籍地重庆市垫江县新民镇渝巫路北街20号，现住重庆市九龙坡区白马凼上方新人居A1-13-6。2011年3月10日因涉嫌非法经营罪被上海市公安局徐汇分局取保候审。

上海市徐汇区人民检察院以沪徐检刑诉（2011）338号起诉书指控被告人余刚、曹志华、冯典、古靖渲、赖怿、陈依、张荣鑫、马潇、刘京松、陈娅、刘川犯侵犯著作权罪，于2011年11月25日向本院提起公诉。本院依法组成合议庭，公开开庭进行了审理。上海市徐汇区人民检察院指派检察员许军出庭支持公诉。被告人余刚及其辩护人高国荣、被告人曹志华及其辩护人李维世、徐月英，被告人冯典及其辩护人谢茂林、王思维，被告人古靖渲，被告人赖怿及其辩护人於传宏，被告人陈依及其辩护人田玉秀、李璐佳，被告人张荣鑫、马潇，被告人刘京松及其辩护人何农、陆婕，被告人陈娅、刘川均到庭参加了诉讼。期间，因辩护人的申请，本案曾延期审理。现已审理终结。

上海市徐汇区人民检察院指控：2007年11月30日，上海盛大网络发展有限公司（以下简称盛大公司）与韩国艾登特提游戏有限公司（EYEDENTITY GAMES Inc.）签订著作权合作授权书，引进该公司拥有著作权等全部知识产权的互联网游戏出版物《Dragon Nest》（中文名称为《龙之谷》），并于2009年6月23日获国家版权局认证通过。2010年2月4日，新闻出版总署批复同意盛大公司引进上述互联网游戏出版物。2010年7月，盛大公司授权其旗下上海数龙计算机科技有限公司（以下简称数龙公司）正式在互联网运营《龙之谷》网络游戏。

2008年8月，被告人余刚、冯典、曹志华与胡辉、纪宏在重庆市注册成立了重庆大猫网络科技有限公司（以下简称大猫公司），余刚为公司法定代表人、董事长。后股东胡辉、纪宏分别于2009年5月、2010年4月将所持股份全部转让给了余刚。大猫公司成立后经营业务是搜索网站开发设计等，但由于缺少稳定的收入来源，公司成立了“工作室”，利用余刚、曹志华等人开发制作的自动操作型脱机外挂软件，通过大量获取网络游戏虚拟货币用于销售获利，以维持公司的日常开支。后大猫公司又招募加盟商合作“生产”虚拟货币，约定由加盟商成立“工作室”并交纳每台电脑1 000元的加盟费及一定数额的保证金，即可使用大猫公司开发的脱机外挂软件获取虚拟货币，交由大猫公司统一销售获利后按比例分成。大猫公司先后制作了国外游戏运营商运营的《永恒之塔》、《倚天》等游戏的脱机外挂软件，并以上述方式“生产”虚拟货币牟利。

2010年7月，被告人余刚、曹志华、冯典通过反编译手段破译了数龙公司运营的《龙之谷》游戏的客户端程序及相应的通信协议，并在此基础上，利用从上述客户端程序中复制的1 000余个涉及地图、物品、怪物、触发事件等代码的游戏核心数据库文件、登录文件及完全模拟的通信协议，加入由余刚、曹志华、冯典制作的各类实现游戏自动操作功能的脚本程序，制作了能实现自动后台多台登录、自动动作操作、自动转移物品等自动功能的脱机外挂软件。

2010年7月底至2011年1月，被告人余刚和大猫公司负责加盟商管理的副总经理被告人赖怿先后招募被告人张荣鑫、陈依、马潇、刘京松、陈娅、刘川等人成为加盟商，由赖怿负责为上述加盟商安装、设置上述外挂程序，随后由上述加盟商利用该外挂软件登录大量账号“生产”《龙之谷》游戏金币，交由被告人古靖渲负责的市场部通过淘宝、5173等网站统一销售后分成。经审计，大猫公司通过销售《龙之谷》游戏金币，共收入人民币4 637 448.30元，其中大猫公司本部销售收入529 888.80元，陈依工作室销售收入人民币898 555.90元，张荣鑫和合伙人徐振宇、彭伟的工作室销售收入人民币1 257 751.64元，马潇和合伙人刘京松的工作室销售收入人民币989 124.58元，陈娅的工作室销售收入人民币706 049.19元，刘川的工作室销售收入人民币256 078.18元。

2010年9月，被告人冯典和曹志华拿走68万元销售款和《龙之谷》游戏外挂源代码后离开大猫公司，大猫公司的股东变更为余刚和古靖渲二人。

经上海辰星电子数据司法鉴定中心（以下简称辰星鉴定中心）鉴定，《龙之谷》游戏外挂程序可以使《龙之谷》游戏系统在不运行游戏客户端的情况下，直接运行该游戏；该外挂软件还提供了《龙之谷》游戏本身并不具有的自动操作功能，对整个《龙之谷》游戏系统的正常运行方式造成了破坏。该外挂软件还对官方游戏客户端程序的1 000余个文件进行了复制，上述文件经盛大公司证明均系《龙之谷》游戏中与登录、防外挂及地图、物品代码等相关的逻辑关系数据库文件，均系该游戏具有自主知识产权的核心数据库文件。

2011年1月27日，被告人陈依、陈娅主动向公安机关投案，并交代了自己的全部犯罪事实。2011年3月10日，被告人刘川主动向公安机关投案，并交代了自己的全部犯罪事实。

公诉机关认定被告人余刚伙同被告人曹志华、冯典、古靖渲、赖怿、陈依、张荣鑫、马潇、刘京松、刘川、陈娅以营利为目的，未经著作权人许可，复制其计算机软件，其中，被告人余刚、曹志华、冯典、古靖渲、赖怿非法经营额共计人民币400余万元，被告人陈依非法经营额共计人民币898 555.90元，被告人张荣鑫非法经营额共计人民币1 257 751.64元，被告人马潇、刘京松的非法经营额共计人民币989 124.58元，被告人陈娅非法经营额共计人民币706 049.19元，被告人刘川的非法经营额共计人民币256 078.18元，均属情节特别严重，根据《中华人民共和国刑法》第二百一十七条第（一）项、第二十五条第一款之规定，应当以侵犯著作权罪追究其共同犯罪的刑事责任。其中被告人余刚、曹志华、冯典、古靖渲、赖怿在共同犯罪中起主要作用，根据《中华人民共和国刑法》第二十六条第一款、第四款之规定，系主犯。被告人陈依、张荣鑫、马潇、刘京松、刘川、陈娅在共同犯罪中起辅助作用，系从犯，根据《中华人民共和国刑法》第二十七条之规定，应当减轻处罚。被告人陈依、陈娅、刘川系自首，根据《中华人民共和国刑法》第六十七条第一款之规定，可以从轻处罚。被告人余刚、曹志华、冯典、古靖渲、赖怿、张荣鑫、马潇、刘京松到案后如实供述自己的犯罪事实，根据《中华人民共和国刑法》第六十七条第三款之规定，可以从轻处罚。提请依法审判。

被告人余刚辩称，其与他人注册公司未想过要做违法的事，各被告人均系技术人员，对法律认识不足。起诉书描述的是事实，对本案的证据有些看不明白，对指控的罪名也不懂，服从法院的认定。

被告人余刚的辩护人认为，本案总体上是事实不清，证据不足，报案人异地报案，无法排除人情案、关系案的嫌疑。盛大公司将龙之谷游戏授权给不拥有互联网游戏出版业务经营范围的数龙公司运营，本身亦属违法。大猫公司并不是因为本案的犯罪目的而设立，有正常经营活动，且出售游戏币的利益也归属于单位，故本案即使成立也应认定为系单位犯罪。会计师事务所对涉案金额的统计与事实不符，且无法排除其中存在其他业务的收入。辰星鉴定中心的鉴定报告，第一次对检材进行了修改，第二次系与已升级多次的游戏程序作比对，故均不合法，结论也不会准确。外挂软件并未对游戏运行造成破坏，按司法解释规定，被告人并未达到复制的成罪标准，其制作外挂软件后，并未对外销售该软件，非法经营额不能成立。现行法律并未禁止使用外挂软件打币及再销售，故本案不构成犯罪，应该宣告无罪。

被告人曹志华对事实及罪名基本无异议，但提出其已经于2010年9月离开公司，之后的涉案金额应与其无关。

被告人曹志华的辩护人辩称，对指控的罪名没有异议，2010年9月起曹志华已离开公司，之后的犯罪金额应与其无关，外挂软件非其独立开发完成，且外挂未对游戏程序造成实质性损害，利用外挂软件生产游戏币而获罪之前并无先例，曹志华也不知是犯罪。被告人认罪态度好，也愿意退赃，请求法院能对其判处缓刑。

被告人冯典对起诉书的指控没有异议，希望法院能从轻处罚。

被告人冯典的辩护人辩称，对辰星鉴定中心出具的文件相似度的鉴定结论不予认可：第一份鉴定的相似度是84.92%，但单纯文件目录的相似不会造成两个文件的相似，故结论不可用；第二份相似度84.5%的结论，因其鉴定方法的错误，未将所有文件做分母与外挂文件作比对，故结论也是错误的。外挂软件的编写主要有破坏技术保护措施、编写逻辑主程序文件、复制调取资源文件等步骤，《刑法》第二百一十七条不规制破坏技术保护措施的行为，外挂主程序文件与盛大公司的是不相同的，调取资源文件是复制还是改编也值得研究，即使各被告人的行为存在复制，也仅占游戏程序所有文件的极少比例。本案也未对盛大公司造成财产性的损害，盛大公司的盈利模式是玩家通过人民币购买高级装备，游戏币是购买低端装备的，两者间没有联系。本案的非法经营额也认定不当，其中并无外挂软件的销售所得，即使存在违法所得，也必须扣除成本。冯典不是本案的主犯，其不参加公司的经营管理，加入的时间也很短，其仅仅是参与制作了外挂软件的一部分，单纯的复制不是犯罪，使用外挂必须是各方配合的结果，其应仅对两个月的金额负责，念其年少无知，建议法院对其判处缓刑。

被告人古靖渲辩称，其对技术上的东西不懂，不知道自己是触犯了法律，账目都是财务在做，对涉案金额也不清楚。

被告人赖怿辩称，其系主动到案，应认定为自首。

被告人赖怿的辩护人辩称，赖怿不应认定为主犯，搞外挂不是赖怿出的主意，其也未参与制作，未招揽过加盟商，未决定过分成比例，仅是做了一些管理工作，赖怿是接公安电话后主动投案，应认定为自首，赖怿认罪态度好，建议判处缓刑。

被告人陈依对罪名及事实基本无异议，对其涉案金额有异议，认为仅有30多万元。

被告人陈依的辩护人辩称，陈依不构成侵犯著作权罪的共犯，其没有参与外挂软件的开发、复制，也没有参与游戏币的销售，单纯打游戏币不应认定为犯罪。对外挂软件相似度的鉴定结论不予认可。对非法经营额不予认可，本案中没有侵权产品的价值，故也不存在非法经营额。30余万元如果是违法所得，则需要扣除保证金、加盟费、办公成本等，剩余的也就11万余元。被告人系自首，初犯，妻子无工作，孩子尚小，请求法院判处缓刑。

被告人张荣鑫对事实无异议，其认为涉案金额应为40余万元。

被告人马潇对事实无异议，但认为涉案金额非起诉书认定的数额。

被告人刘京松认为涉案金额应为30余万元，其余无异议。

被告人刘京松的辩护人辩称，本案中没有外挂软件的销售行为，上海盛聚网络科技有限公司（以下简称盛聚公司）的举报不实。被告人开发外挂软件在前，盛大公司从韩国取得著作权在后，用盛大的游戏程序与外挂作鉴定比对是对象错误，而且鉴定方法不对，相似度的认定仅是个人的主观意见。盛大公司经济上没有任何实际损失，服务器负担加重、系统瘫痪等破坏性结果也没证据证实，余刚等人的行为应认定为公司行为，刘京松没有参与外挂软件的复制，打金币不是复制行为，销售游戏币的收入也不是复制发行外挂软件的收入，刘京松只是马潇的合伙人，其余另有两人未受追究，故不应认定为从犯。本案比较新颖，需慎重处理。

被告人陈娅认为公安机关当时给其看的金额没那么多，其余无异议。

被告人刘川认为涉案金额没那么多，其余无异议。

经审理查明，2008 年 8 月，被告人余刚、冯典、曹志华与胡辉、纪宏注册成立了大猫公司，余刚为法定代表人（2009 年 5 月、2010 年 4 月胡辉、纪宏分别将所持股份转让给余刚）。公司成立后主要经营搜索网站开发设计等，后由于缺乏稳定收入来源，余刚等人即开发设计脱机型外挂软件，通过操作外挂软件获取相关网络游戏虚拟货币销售后牟利。

2010 年 7 月，被告人余刚、曹志华、冯典等利用自己掌握的电脑专业技术，通过反编译手段破译了数龙公司运营的《龙之谷》游戏的客户端程序及相应的通信协议，并利用从上述客户端程序中复制的大量涉及地图、物品、怪物、触发事件等代码的游戏核心数据库文件、登录文件及完全模拟的通信协议，加入被告人制作的各类能实现游戏自动操作功能的脚本文件，开发了涉案能实现自动后台多台登录、自动操作诸多游戏功能的脱机外挂软件。

2010 年 7 月底至 2011 年 1 月，被告人余刚、赖怿等先后以大猫公司名义招募被告人张荣鑫、陈依、马潇、刘京松、陈娅、刘川等人作为加盟商成立“工作室”，由赖怿负责日常管理，在交纳每台电脑 1 000元的加盟费及一定数额的保证金后，使用开发的脱机外挂软件登录大量账号，合作“生产”《龙之谷》游戏虚拟货币，并交由被告人古靖渲负责的市场部在相关网站上统一销售后分成。经审计查明，大猫公司《龙之谷》游戏金币总计销售额为 4 637 448. 30元，其中公司本部销售额为 529 888. 80元，张荣鑫等人的工作室销售额为 1 257 751. 64元，陈依的工作室销售额为 898 555. 90元，马潇、刘京松的工作室销售额为 989 124. 58元，陈娅的工作室销售额为 706 049. 19元，刘川的工作室销售额为 256 078. 18元。

2010 年 9 月，被告人冯典、曹志华离开大猫公司，并带走了《龙之谷》游戏外挂源代码及 68 万元销售款，大猫公司的股东变更为余刚和古靖渲。

2011 年 1 月，被告人余刚、古靖渲、陈依到案；2011 年 3 月，被告人曹志华、冯典、赖怿、张荣鑫、马潇、刘京松、陈娅、刘川到案。其中陈依、陈娅、刘川系主动向公安机关投案及交代。

另查明，2007 年 11 月 30 日，盛大公司与韩国艾登特提游戏有限公司（EYEDENTITY GAMES Inc.）签订著作权合作授权书，引进该公司拥有著作权的互联网游戏出版物《Dragon Nest》（即《龙之谷》），并于 2009 年 6 月 23 日获国家版权局认证通过。2010 年 2 月 4 日，国家新闻出版总署批复同意盛大公司引进上述游戏出版物。2010 年 7 月，盛大公司授权数龙公司正式在互联网运营《龙之谷》游戏。

2011年9月，经辰星鉴定中心鉴定，将涉案外挂程序和样本《龙之谷》游戏客户端程序进行比对后，两者的文件目录结构相似度为84.92%，文件相似度为84.5%，两者存在实质性相似。

以上事实，有以下经庭审质证的证据证实：

1. 数龙公司《企业法人营业执照》、《授权委托书》，盛聚公司《企业法人营业执照》，韩国EYEDENTITY GAMES公司《合作授权书》、《授权委托书》，国家新闻出版总署《关于同意盛大公司引进出版互联网游戏出版物〈龙之谷〉的批复》，盛聚公司出具的《龙之谷脱机挂报案材料》及报案人徐俊的陈述笔录，证实《龙之谷》游戏系由韩国EYEDENTITY GAMES公司开发，由盛大公司引进并授权数龙公司运营，数龙公司又授权盛聚公司代理打击外挂软件、私服及相关维权，盛聚公司向公安机关举报了本案线索。

2. 大猫公司工商登记材料、公司章程、股权转让协议、工商变更登记材料，证实大猫公司成立及股东变更的状况。大猫公司出纳刘霞、行政程慧林、测试部主管陈诚、开发部主管张凯林等的证言，证实大猫公司的主要收入就是通过在网络游戏中打出的游戏币再转卖给其他玩家而获得，主要是《龙之谷》游戏，以前还有其他游戏，很大一部分收入是不做在公司账上的，游戏币由公司市场部负责销售，古靖渲系直接负责人，出纳每月会将各加盟商打出的金币数、销售后的收入、按分成比例计算后的实际收入等制作成报表交古靖渲。大猫公司共设四个部门，市场部主管古靖渲，行政部主管赖怿，开发部主管张凯林，测试部主管陈诚。测试部对《龙之谷》游戏也出过评测报告，主要是每天统计生产商打币数、电脑工作台数、服务器数量、账号数量等数据，备份后交公司作为分成依据。开发部主要做网站设计开发，但目前仅进行了很小一部分工作，不知公司是否有盈利项目。

3. 上海市公安局徐汇分局扣押物品、文件清单、银行账户查询材料、搜查笔录等，证实公安机关在案发后从大猫公司、余刚、古靖渲、冯典、赖怿等被告人处扣押了涉案的电脑、硬盘、移动硬盘、银行卡等。

4. 上海公信中南会计师事务所司法鉴定意见书，证实2010年7月至2011年1月，涉案外挂软件所"生产"的《龙之谷》游戏虚拟金币的销售额共计人民币4 637 448.30元。

5. 辰星鉴定中心司法鉴定及鉴定人郭弘的证言，证实《龙之谷》外挂程序可以取代游戏客户端程序与服务器进行交互，直接获取《龙之谷》游戏服务器传输给游戏客户端的数据并向游戏服务器发送指令，使游戏服务器产生相应的变化。外挂程序与官方客户端程序的文件目录结构、文件的相似度分别为84.92%和84.5%，存在实质性相似。

6. 盛聚公司情况说明及技术人员蒋渭华的证言，证实鉴定意见书中列举的398个文件均系与《龙之谷》游戏登录、防外挂、地图数据有关的关键文件，涉案外挂破解了《龙之谷》游戏官方客户端程序中4个核心pak文件，从中复制了545个地图文件，通过改名的方式存在于该外挂中。

7. 被告人余刚、曹志华、冯典、古靖渲、赖怿、陈依、张荣鑫、马潇、刘京松、陈娅、刘川的供述，证实了公诉机关指控的事实。

针对本案各被告人及其辩护人对公诉机关认定的事实及指控的罪名提出的意见，本院根据查明的事实及认定的证据，就相关争议焦点作如下评判：

1. 涉案外挂程序与《龙之谷》游戏客户端程序是否"实质性相似"，从而构成对他人享有著作权的计算机软件的非法复制？鉴定机构所采用的鉴定程序和方法是否准确？

本院认为，我国《刑法》第二百一十七条第一项规定："未经著作权人许可，复制发行其文字作品、音乐、电影、电视、录像作品、计算机软件及其他作品的"，属侵犯著作权的情形，其中"复制发行"是构成此罪的行为要件。我国《计算机软件保护条例》第二条规定"计算机软件是指计算机程序及其有关文档"，第三条规定，"计算机程序是指为了得到某种结果而可以由计算机等具有信息处理能力的装置执行的代码化指令序列，或者可以被自动转换成代码化指令序列的符号化指令序列或者符号化语句序列"。"外挂"本身系计算机程序的一种，通常是指针对一个或多个网络游戏，通过改变游戏软件的部分程序制作而成的作弊程序，其原理是截取、修改游戏客户端和服务器之间通过通信数据包传输的数据，模拟服务器发给客户端，或模拟客户端发给服务器，从而达到修改游戏、实现各种游戏功能增强的目的。外挂程序制作及运行的过程决定其必须对官方客户端程序的大量数据进行收集、复制和修改。本案涉及的脱机型外挂，是一种需要了解、掌握游戏客户端和服务器之间的通信数据包完整内容后才能制作完成的程序，与其他外挂需挂接到客户端程序不同，它可以脱离游戏的客户端程序，模拟官方的客户端进行登录、游戏，并能实现官方客户端所没有的一些功能，如自动打怪、交易等，因此脱机型外挂系脱胎于官方客户端程序，理论上除非掌握该游戏的内部技术秘密，一般技术层面很难完成，但本案中被告人余刚、曹志华、冯典即是利用了其掌握的计算机专业技术，破译了《龙之谷》游戏客户端和服务器间通信协议，大量复制官方客户端程序中的游戏对话文件、基础数据文件、地图文件、登录文件等关键及核心文件，制作完成了涉案脱机外挂程序。经鉴定，外挂程序与官方客户端程序的文件目录结构、文件的相似度分别为84.92%和84.5%，存在实质性相似。本案中余刚、曹志华、冯典等被告人通过非法手段，获取他人享有著作权的计算机软件中的相关核心程序文件，制作外挂软件并与其他被告人结伙使用牟利，该外挂程序虽与官方客户端程序所有文件并不完全一致，但主体结构、功能系实质性相同，故被告人的行为应属于我国《刑法》所规制的非法复制计算机软件的行为，应以侵犯著作权罪定罪处罚。

对于被告人余刚、冯典等的辩护人对辰星鉴定中心出具的司法鉴定意见书所提出的检材对比有误、鉴定方法错误、被告人行为不构成复制等的意见，本院认为，本案送检之《龙之谷》外挂程序检材均系公安机关从相关被告人处获取，鉴定部门在受检时按行业规范对检材进行了检查，并采取了数据的固定保全，检材的清洁性、一致性应予确认。本案的对比样本系盛大公司提供，作为一款玩家众多的大型网络游戏，为打击外挂、增强娱乐性、维护正常游戏环境，就部分文件和数据定期或不定期升级是惯例和必需，游戏的主要功能及整体框架并不会因此而改变，且著作权人有权对软件行使修改权并对修改后的软件继续享有著作权，故盛大公司提供《龙之谷》游戏客户端程序升级版本作为样本进行对比并无不妥。至于鉴定方法，鉴定中心严格依据相关行业标准，将外挂程序目录下文件与游戏客户端目录下文件进行比对，398/471得出84.5%的文件相似度，进而从专业角度得出两者存在实质性相似的结论，方法正确，结论客观，故对相关辩护人的意见不予采纳。综合本案相关证据，足以认定被告人实施了非法复制《龙之谷》游戏客户端核心程序文件的行为，外挂程序与客户端程序两者虽有一定的不同之处，但程序文件的实质性相似应理解为系著作权法意义及刑法意义上的复制，且《计算机软件保护条例》亦将部分复制著作权人软件同样视为可以依照刑法侵犯著作权罪追究刑事责任的行为，故相关辩护人关于被告人行为不构成复制的意见本院同样不予采纳。

2. 本案应认定为单位犯罪还是各被告人共同犯罪？

本案公诉机关向本院起诉各被告人构成个人共同犯罪，余刚、刘京松的辩护人提出大猫公司并不是因为本案的犯罪目的而设立，有正常经营活动及收入，且本案出售游戏币的收益也归属于单位，故即使侵犯著作权罪成立也应认定为系大猫公司单位犯罪。本院认为，单位犯罪是指公司、企业、事业单位、机关、团体为本单位牟取不正当利益，经单位集体决定或者由负责人决定实施的犯罪。《最高人民法院关于审理单位犯罪具体应用法律有关问题的解释》规定，“个人为进行违法犯罪活动而设立的公司、企业、事业单位实施犯罪的，或者公司、企业、事业单位设立后，以实施犯罪为主要活动的，不以单位犯罪论处”。从本案现有证据看，余刚等人成立大猫公司后，虽有部分人员在开发一种搜索引擎系统，但尚处研发阶段，只有投入而无任何产出，公司一直处于亏损状态，公司的主要业务系制作外挂，日常运转靠使用外挂打币后出售游戏币的收入来维持，该收入亦未在公司账册上予以记载，与公司的正常经营活动不存在联系，故大猫公司设立后，是以制作、使用外挂实施侵犯著作权犯罪为主要活动，不应以单位犯罪论处，对相关辩护人的辩称不予采纳。

3. 本案中被告人未直接销售侵权外挂软件，其非法经营额应如何认定？

被告人余刚、冯典、陈依、刘京松的辩护人辩称，被告人制作外挂软件后，并未对外销售该软件，现行法律并未禁止使用外挂软件打币及再销售，本案中没有侵权产品的价值，销售游戏币的收入不是复制发行外挂软件的收入，故本案的非法经营额无法予以认定。本院认为，根据《最高人民法院、最高人民检察院关于办理侵犯知识产权刑事案件具体应用法律若干问题的解释》第十二条规定，本解释所称“非法经营额”，是指行为人在实施侵犯知识产权行为过程中，制造、储存、运输、销售侵权产品的价值。对于计算机软件而言，其价值以著作权价值为完全或主要价值，软件的著作权价值包括软件产品本身通过发行、出租、许可、转让等实现的利益，也包括利用软件实现其功能而形成的附属物品进入流通后产生的价值。本案涉及的《龙之谷》游戏的盈利是采用“免费游戏 + 虚拟物品买卖”的模式，即玩家免费游戏，付费获得该游戏的道具、装备等增值服务，软件的著作权价值主要体现为游戏衍生品市场形成的利益，本案中被告人系制造了侵权外挂软件，然后使用该侵权软件获取相关游戏虚拟货币并销售后牟利，应以侵权软件衍生物品的销售价格作为非法经营额的认定依据，对相关辩护人的意见本院不予采纳。

4. 本案中各被告人的作用、地位、所涉犯罪金额应如何认定？

被告人曹志华的辩护人提出，曹志华已经于 2010 年 9 月离开公司，之后的涉案金额应与其无关。被告人冯典的辩护人提出，冯典不是本案的主犯，其不参加公司的经营管理，其应仅对两个月的金额负责。被告人赖怿的辩护人辩称，赖怿不应认定为主犯，其也未参与制作外挂，仅是做了一些管理工作，赖怿是接公安电话后主动投案，应认定为自首。被告人张荣鑫、陈依、马潇、刘京松、陈娅、刘川等均对公诉机关指控的涉案金额有异议。本院认为，被告人曹志华、冯典是本案外挂程序的主要制作者，在本次犯罪中起主要作用，应认定为系本案的主犯，其完成外挂制作后虽已于 2010 年 9 月离开了大猫公司，未再参与之后的相关犯罪活动，但涉案外挂程序的制作系本案侵犯著作权犯罪的源头和关键，本案的非法经营额均系使用该侵权软件获取相关游戏虚拟货币并销售后而产生，故曹志华、冯典应对本案的非法经营额负全部责任，其参与时间的长短可以在量刑时作为相关情节予以考虑，对其辩护人的辩称不予采纳。被告人赖怿作为公司的运营主管及副总经理，在本案中参与了加盟商的招募、沟通、日常管理等，系主要犯罪环节的直接责任人员，应认定为主犯。其到案后，未主动供述自己相关的犯罪事实，故不能认定为自首。对其辩护人的辩称不予采纳。本案的非法经营额系以侵权软件衍生物品的销售价格作为认定依据，故被告人张荣鑫、陈依、马潇、刘京松、陈娅、刘川等均应以制造的游戏虚拟货币的销售额而非实际所得来计算各自的犯罪金额，各被告人对各自涉案金额提出的异议本院不予采纳。

综上所述，本院认为，被告人余刚伙同被告人曹志华、冯典、古靖渲、赖怿、陈依、张荣鑫、马潇、刘京松、陈娅、刘川以营利为目的，未经著作权人许可，复制其计算机软件，并利用侵权软件获取游戏虚拟货币并销售后牟利，其中被告人余刚、曹志华、冯典、古靖渲、赖怿非法经营额共计人民币400余万元，被告人陈依非法经营额共计人民币89万余元，被告人张荣鑫非法经营额共计人民币125万余元，被告人马潇、刘京松非法经营额共计人民币98万余元，被告人陈娅非法经营额共计人民币70万余元，被告人刘川非法经营额共计人民币25万余元，均属情节特别严重，其行为均已构成侵犯著作权罪，应予处罚，公诉机关指控成立。各被告人的犯罪行为发生在2011年4月30日以前，依法应适用2011年4月30日以前的《中华人民共和国刑法》。各被告人系共同犯罪，其中被告人余刚、曹志华、冯典、古靖渲、赖怿在共同犯罪中起主要作用，是主犯，被告人陈依、张荣鑫、马潇、刘京松、陈娅、刘川在共同犯罪中起次要、辅助作用，系从犯，依法应当减轻处罚。被告人陈依、陈娅、刘川系自首，依法可以从轻处罚。被告人余刚、曹志华、冯典、古靖渲、赖怿、张荣鑫、马潇、刘京松到案后能如实供述自己的犯罪事实，依法可以从轻处罚。各被告人在庭审中均自愿认罪、悔罪，可酌情予以从轻处罚。据此，依照2011年4月30日以前的《中华人民共和国刑法》第二百一十七条第（一）项、第二十五条第一款、第二十六条第一款和第四款、第二十七条、第五十三条、第六十四条、第六十七条第一款、第七十二条、第七十三条第二款和第三款，《中华人民共和国刑法》第十二条第一款、第六十七条第三款，以及《最高人民法院、最高人民检察院关于办理侵犯知识产权刑事案件具体应用法律若干问题的解释》第五条第二款之规定，判决如下：

一、被告人余刚犯侵犯著作权罪，判处有期徒刑四年，并处罚金人民币四十万元。

（刑期从判决执行之日起计算。判决执行以前先行羁押的，羁押一日折抵刑期一日，即自2011年1月26日起至2015年1月25日止。罚金自本判决生效之日起一个月内向本院缴纳。）

二、被告人曹志华犯侵犯著作权罪，判处有期徒刑三年，并处罚金人民币三十万元。

（刑期从判决执行之日起计算。判决执行以前先行羁押的，羁押一日折抵刑期一日，即自2011年3月3日起至2014年3月2日止。罚金自本判决生效之日起一个月内向本院缴纳。）

三、被告人冯典犯侵犯著作权罪，判处有期徒刑三年，并处罚金人民币三十万元。

（刑期从判决执行之日起计算。判决执行以前先行羁押的，羁押一日折抵刑期一日，即自2011年3月6日起至2014年3月5日止。罚金自本判决生效之日起一个月内向本院缴纳。）

四、被告人古靖渲犯侵犯著作权罪，判处有期徒刑三年，缓刑三年，并处罚金人民币三十万元。

（缓刑考验期限，从判决确定之日起计算。罚金自本判决生效之日起一个月内向本院缴纳。）

五、被告人赖怿犯侵犯著作权罪，判处有期徒刑三年，缓刑三年，并处罚金人民币三十万元。

（缓刑考验期限，从判决确定之日起计算。罚金自本判决生效之日起一个月内向本院缴纳。）

六、被告人陈依犯侵犯著作权罪，判处有期徒刑二年六个月，缓刑二年六个月，并处罚金人民币二十万元。

（缓刑考验期限，从判决确定之日起计算。罚金自本判决生效之日起一个月内向本院缴纳。）

七、被告人张荣鑫犯侵犯著作权罪，判处有期徒刑二年六个月，缓刑二年六个月，并处罚金人民币二十万元。

（缓刑考验期限，从判决确定之日起计算。罚金自本判决生效之日起一个月内向本院缴纳。）

八、被告人马潇犯侵犯著作权罪，判处有期徒刑二年三个月，缓刑二年三个月，并处罚金人民币十万元。

（缓刑考验期限，从判决确定之日起计算。罚金自本判决生效之日起一个月内向本院缴纳。）

九、被告人刘京松犯侵犯著作权罪，判处有期徒刑二年三个月，缓刑二年三个月，并处罚金人民币十万元。

（缓刑考验期限，从判决确定之日起计算。罚金自本判决生效之日起一个月内向本院缴纳。）

十、被告人陈娅犯侵犯著作权罪，判处有期徒刑二年，缓刑二年，并处罚金人民币十万元。

（缓刑考验期限，从判决确定之日起计算。罚金自本判决生效之日起一个月内向本院缴纳。）

十一、被告人刘川犯侵犯著作权罪，判处有期徒刑一年九个月，缓刑一年九个月，并处罚金人民币五万元。

（缓刑考验期限，从判决确定之日起计算。罚金自本判决生效之日起一个月内向本院缴纳。）

十二、被告人余刚、曹志华、冯典、古靖渲、赖怿、陈依、张荣鑫、马潇、刘京松、陈娅、刘川的违法所得予以追缴；查扣的电脑、移动硬盘、硬盘等与本案犯罪有关的物品予以没收。

古靖渲、赖怿、陈依、张荣鑫、马潇、刘京松、陈娅、刘川：在社区中，应当遵守法律、法规，服从监督管理，接受教育，完成公益劳动，做一名有益社会的公民。

如不服本判决，可在接到判决书的第二日起十日内，通过本院或直接向上海市第一中级人民法院提出上诉。书面上诉的，应当提交上诉状正本一份，副本一份。

审 判 长 王利民
审 判 员 李晓平
人民陪审员 刘晓燕
二〇一二年十月二十三日
书 记 员 张 蕾

（本判决书入选2012年度上海法院知识产权司法保护十大案件）

41. 上海镭友实业有限公司等非法制造注册商标标识犯罪案

——上海市杨浦区人民法院刑事判决书

（2012）杨刑（知）初字第21号

公诉机关：上海市宝山区人民检察院。

被告单位：上海镭友实业有限公司，住所地上海市嘉定区南翔镇德园路45号，法定代表人肖若宽。

诉讼代表人：陈玲玲，女，1949年1月15日生，系上海镭友实业有限公司员工。

辩护人：刁小锋，上海市国和律师事务所律师。

被告人：肖若宽，男，1974年3月22日出生于浙江省苍南县，汉族，高中文化，上海镭友实业有限公司法定代表人，户籍在浙江省温州市苍南县金乡镇新南巷62号，住上海市普陀区远景路97弄48号2101室。因涉嫌非法制造注册商标标识犯罪于2011年9月27日被上海市公安局刑事拘留，同年10月25日被逮捕。现羁押于上海市看守所。

辩护人：任文风，上海市国和律师事务所律师。

被告人：张勇，男，1981年1月6日出生于四川省仁寿县，汉族，初中文化，上海镭友实业有限公司员工，户籍在四川省眉山市仁寿县河口乡月亮村7组。因涉嫌非法制造注册商标标识犯罪于2011年9月27日被上海市公安局刑事拘留，同年10月25日被逮捕。现羁押于上海市看守所。

辩护人：汤红梅，上海市国和律师事务所律师。

上海市宝山区人民检察院以沪宝检刑诉［2012］410号起诉书指控被告单位上海镭友实业有限公司，被告人肖若宽、张勇犯非法制造注册商标标识罪，向上海市宝山区人民法院提起公诉。经上海市第二中级人民法院指定，本案由本院审判。本院于2012年4月26日受理后，依法组成合议庭，公开开庭审理了本案。上海市宝山区人民检察院指派代理检察员刘阳春出庭支持公诉，被告单位的诉讼代表人陈玲玲，被告人肖若宽、张勇及辩护人刁小锋、任文风、汤红梅到庭参加诉讼。期间，经公诉人、辩护人建议，本院决定延期审理共三次。本案现已审理终结。

公诉机关指控，自2011年3月始，被告单位上海镭友实业有限公司（以下简称“镭友公司”）通过其法定代表人被告人肖若宽在上海市宝山区共康路852弄89号公司厂房内，以公司名义接受他人委托后，单独或组织员工被告人张勇生产假冒“茅台”、“芙蓉王”、“中华”等烟酒类商品的注册商标防伪标和包装材料，被告人张勇明知是伪造标识仍积极参与。2011年9月27日，上海市公安局在上述地点查获假冒“茅台”、“芙蓉王”、“中华”等注册商标的防伪标和包装材料共计2 504 580件，用于印制“剑南春”、“中华”等注册商标包装材料的金属模板16块。

2011年9月27日，被告人肖若宽、张勇被民警抓获，其到案后如实供述了上述犯罪事实。

公诉机关确认，被告单位镭友公司、被告人肖若宽、张勇的行为均已构成非法制造注册商标标识罪，提请依法惩处。

被告单位镭友公司，被告人肖若宽、张勇对起诉书指控均无异议。

被告单位镭友公司的辩护人对起诉书指控的罪名无异议，同时提出：在非法制造商标标识的过程中，部分为半成品，属于制造未遂；非法制造的标识没有流入市场，本案社会危害性不大；被告单位自愿认罪，望予以从轻处罚。

被告人肖若宽的辩护人认为：商标和商标标识是两个概念，不能把一件商标标识里面的组成部分累计重复计算为一件标识，对公诉机关把印有“中华”字样的香烟内衬纸上一个商标作为一件标识持有异议，应以一包“中华”牌香烟内衬纸所需的尺寸为商标标识的计量单位；本案中商标标识没有流入市场，社会危害性不大；公诉人提供的证据中部分压扁的瓶盖系废品，不能使用，有大量半成品，应属于犯罪未遂，应当对被告人肖若宽予以从轻或者减轻处罚。

被告人张勇的辩护人对本案定性及罪名无异议，但对部分犯罪事实有异议。认为被告人张勇的工作是压膜，涉案的茅台酒商标标识在压膜时仅有拼音，不能认定属于完整商标，其不明知自己的行为违法；所有商标没有流入市场，没有造成更大的危害；被告人张勇在犯罪中的作用较小，应当认定为从犯，应当从轻或减轻处罚。

庭审中，公诉人变更“芙蓉王”商标标识数量为76 650个。

经审理查明，镭友公司于2004年6月设立，被告人肖若宽担任法定代表人。自2011年3月始，被告单位镭友公司的法定代表人被告人肖若宽在本市宝山区共康路852弄89号公司实际经营地的厂房内，未经商标权利人许可，组织员工生产假冒“茅台”、“芙蓉王”等烟酒类商品的注册商标标识等，被告人张勇明知是伪造标识仍积极参与。2011年9月27日，上海市公安局在上述地点查获假冒“茅台”、“芙蓉王”等注册商标的标识共计167 450件，其中印有“茅台”图文商标  （商标注册证第3159143号）的标识90 800件、印有“芙蓉王”文字商标（商标注册证第1454927号）的标识76 650件以及印制注册商标的金属模板16块等。

2011年9月27日，被告人肖若宽、张勇被民警抓获，其到案后均如实供述了上述犯罪事实。

审理中，被告单位镭友公司，被告人肖若宽、张勇分别向本院缴纳了人民币40 000元、10 000元、5 000元。

以上事实，有下列证据予以证实：

1. 上海市公安局提供的上海镭友实业有限公司的工商登记资料、公司银行账户基本资料及账户明细查询、正常业务资料等证实，镭友公司系2004年依法成立的有限责任公司并拥有独立的账户；2007年至2012年镭友公司开展过多次正规业务。

2. 证人郭小琴、李增的证言证实，其系镭友公司的员工，2011年3月始至案发，被告人肖若宽组织被告人张勇在公司厂房内生产假冒“茅台”等烟酒类商品的注册商标标识，被告人肖若宽负责制作，被告人张勇负责压膜等。

3. 上海市公安局出具的《扣押物品、文件清单》及《工作情况》、《情况说明》等证实，公安机关依法扣押镭友公司生产制作的假冒“茅台”、“芙蓉王”等商标标识的数量及扣押了制作假冒商标标识的金属模板16块和电脑主机一台等情况。

4. 贵州茅台酒股份有限公司、湖南中烟工业有限责任公司等提供和出具的《企业法人营业执照》、《商标注册证》、《核准续展注册证明》、《核准商标转让证明》、《证明》以及相关鉴定材料等证实，“茅台”、“芙蓉王”等注册商标均系他人合法所有商标，经鉴定，镭友公司生产制造的“茅台”、“芙蓉王”等注册商标标识均系假冒。

5. 证人黄仰周的证言证实，其系上海永升包装材料有限公司的车间主任，2011年7月份，被告人肖若宽让上海永升包装材料有限公司为其公司生产的两批覆膜镭射商标镀铝。

6. 上海市公安局经侦总队四支队出具的《案发经过》证实，本案的案发情况及被告人肖若宽、张勇的到案经过。

7. 被告人肖若宽、张勇的供述。

上述证据均经庭审质证属实，足以认定。

关于起诉书指控伪造“芙蓉王”商标标识部分。公安机关扣押的是成卷的镭射膜，镭射膜上“芙蓉王”商标标识经清点为15万个。庭审中，公诉人变更“芙蓉王”商标标识数量为76 650个。根据《最高人民法院、最高人民检察院关于办理侵犯知识产权刑事案件具体应用法律若干问题的解释》第十二条规定，伪造他人的注册商标标识是以标有完整商标图样的一份标识为1件来认定犯罪数量。本案中查获的76 650个“芙蓉王”商标标识均符合已制作完成标有完整“芙蓉王”商标图样的标识，应予认定。被告人肖若宽的辩护人提出扣押的系成卷的镭射膜，无法直接使用，应认定为犯罪未遂的辩护意见，不予采纳。

关于起诉书指控伪造“茅台”商标标识部分。“茅台”图文商标 （商标注册证第3159143号，指定颜色）系经中华人民共和国国家工商行政管理局商标局核准的注册商标。公安机关出具的《扣押物品、文件清单》及《工作情况》、《情况说明》等显示扣押的假冒“茅台”商标标识数量共计220 800个，上述数量的商标标识均以“茅台”图文商标 作为一个计量单位，其中：酒瓶盖套数量为76 800件、未成型的酒瓶盖套数量为14 000件、成卷镭射膜上共含有130 000个 商标标识（未着色）。经审核已成型的酒瓶盖套76 800件及未成型的酒瓶盖套上的14 000件商标均符合标有完整的 商标标识，应予认定。辩护人关于部分压扁的瓶盖系废品，不能使用，部分是半成品，系犯罪未遂的辩护意见，均不予采纳。至于成卷镭射膜上的130 000个 商标标识，经审查认为，虽该膜上的图文商标与商标注册证上一致，但不符合商标注册证上“指定颜色”的要求，并非完整的商标标识，故不能作为犯罪数量认定。

被告人张勇的辩护人提出被告人张勇的工作是压膜，涉案的“茅台”酒商标标识在压膜时仅有拼音，不能认定属于完整商标，其不明知自己的行为违法的辩护意见。经审查认为，被告人张勇在被告单位的工作是压膜，根据其本人及被告人肖若宽的供述等证实其是明知生产伪造的商标标识而参与，其当庭也作了供认，包括参与“茅台”、“芙蓉王”等商标标识的压膜，而压膜是非法制造商标标识不可或缺的环节，故其辩护人的相关辩护意见，不予采纳。

关于起诉书指控伪造“中华”商标标识部分。因公诉机关仅提供了第100328号“中华”牌香烟盒展开图案的商标注册证，而未能提供“中华”字样作为文字注册商标的相关证据，故本案涉及伪造“中华”字样商标标识的数量，本院难以认定。

关于被告人张勇的辩护人提出应当认定被告人张勇为从犯，予以从轻或减轻处罚的意见，本院审核认为，本案系单位犯罪，被告人张勇作为被告单位内部的直接责任人员承担相应的刑事责任，不区分主从犯。

本院认为，被告单位上海镭友实业有限公司未经注册商标所有人许可，非法制造两种以上注册商标标识，情节特别严重，被告人肖若宽系直接负责的主管人员，被告人张勇系直接责任人，其行为均已构成非法制造注册商标标识罪，公诉机关指控的罪名成立，对被告单位上海镭友实业有限公司，被告人肖若宽、张勇依法应予惩处。被告单位上海镭友实业有限公司及被告人肖若宽、张勇能如实供述自己的罪行，并预缴了罚金，依法可以从轻处罚。为严肃国法，维护社会主义市场经济秩序，保护知识产权，根据被告单位上海镭友实业有限公司及被告人肖若宽、张勇的犯罪情节、社会危害性、认罪悔罪态度等，依照《中华人民共和国刑法》第二百一十五条、第三十条、第二百二十条、第六十七条第三款、第七十二条第一款和第三款、第七十三条第二款和第三款、第五十三条、第六十四条，《最高人民法院、最高人民检察院关于办理侵犯知识产权刑事案件具体应用法律若干问题的解释》第三条第二款第（二）项及《最高人民法院、最高人民检察院关于办理侵犯知识产权刑事案件具体应用法律若干问题的解释（二）》第六条之规定，判决如下：

一、被告单位上海镭友实业有限公司犯非法制造注册商标标识罪，判处罚金人民币四万元（已预缴）。

二、被告人肖若宽犯非法制造注册商标标识罪，判处有期徒刑三年三个月，罚金人民币一万元（已预缴）。

（刑期从判决执行之日起计算。判决执行以前先行羁押的，羁押一日折抵刑期一日，即自2011年9月27日起至2014年12月26日止。）

三、被告人张勇犯非法制造注册商标标识罪，判处有期徒刑三年，缓刑三年，罚金人民币五千元（已预缴）。

（缓刑考验期限，从判决确定之日起计算。）

张勇回到社区后，应当遵守法律、法规，服从监督管理，接受教育，完成公益劳动，做一名有益社会的公民。

四、查获的非法制造注册商标标识、犯罪工具等均予以没收。

如不服本判决，可在接到判决书的第二日起十日内，通过本院或者直接向上海市第二中级人民法院提出上诉。书面上诉的，应当提交上诉状正本一份，副本四份。

审　判　长　陈蔓莉
代理审判员　董文涛
人民陪审员　阮美芳
二〇一二年十一月六日
书　记　员　黄汉章

（本判决书入选2012年度上海法院知识产权司法保护十大案件）

知识产权行政案件

42. 上海全能科贸有限公司不服专利侵权纠纷处理决定案

——上海市第二中级人民法院行政判决书

（2009）沪二中行初字第15号

原告：上海全能科贸有限公司，住所地上海市中山北一路191号5幢228室。

法定代表人：魏玮。

委托代理人：吴克俭，该公司职员。

被告：上海市知识产权局，住所地上海市巨鹿路915号。

法定代表人：吕国强，上海市知识产权局局长。

委托代理人：陆林辉，上海市知识产权局工作人员。

委托代理人：王惠香，上海市一平律师事务所律师。

第三人：上海佳动力环保科技有限公司，住所地上海市制造局路787号204室。

法定代表人：葛永乐，董事长。

委托代理人：李平，上海市华诚律师事务所律师。

原告上海全能科贸有限公司不服被告上海市知识产权局2009年6月19日作出的沪知局处字［2008］第22号专利侵权纠纷处理决定，向本院提起行政诉讼。本院于2009年7月15日立案受理后，依法组成合议庭进行审理，因上海佳动力环保科技有限公司与本案有法律上的利害关系，本院于2009年7月23日追加其作为第三人参加诉讼。2009年9月7日、11月11日，本院两次公开开庭审理了本案。原告委托代理人吴克俭，被告委托代理人陆林辉、王惠香，第三人法定代表人葛永乐及委托代理人李平到庭参加诉讼。本案现已审理终结。

2009年6月19日，被告作出沪知局处字［2008］第22号专利侵权纠纷处理决定，认定原告（该案被请求人）制造、销售的“空调节能雾化器”产品（以下简称涉嫌侵权产品），全面覆盖了“空调器用节能雾化装置”（专利号为ZL200510029351.6）发明专利权的保护范围，侵犯了该发明专利权的独占被许可人第三人（该案请求人）的合法权益，根据《中华人民共和国专利法》第十一条第一款、第五十六条第一款和第五十七条第一款的规定，责令原告立即停止对名称为“空调器用节能雾化装置”（专利号为ZL200510029351.6）发明专利权的侵害。

原告上海全能科贸有限公司诉称：原告从未生产制造、经营销售过违反《中华人民共和国产品质量法》规定的名称为“空调器用节能雾化装置”（专利号为

ZL200510029351.6）无标产品，处理决定与事实不符。原告根据案外人宁波荣盛电器有限公司（以下简称荣盛公司）的许可，实施其“空调节能雾化器”实用新型专利（专利号为ZL200720106248.1）和外观设计专利（专利号为ZL200730110936.0），经营“空调节能雾化器”产品，应受法律保护。原告所使用的技术基于公知技术并有所创新，生产的产品先于第三人的产品，且在结构、名称、商标等均与第三人的专利或产品不同。原告认为，被告所作出的专利侵权纠纷处理决定，认定事实不当，适用法律错误，执法程序不合法，故请求撤销市知产局于2009年6月19日作出的沪知局处字［2008］第22号专利侵权纠纷处理决定。

被告上海市知识产权局辩称：被告作出沪知局处字［2008］第22号专利侵权纠纷处理决定程序合法，认定事实清楚，适用法律正确，请求法院维持该决定。

第三人上海佳动力环保科技有限公司与被告的意见一致。

被告为证明其被诉具体行政行为的合法性，在法定期限内提交了相关的证据和法律依据，本院对此进行了审查。

一、关于被告的职权依据

审理中，被告提供了沪府办发［2000］64号《上海市人民政府办公厅关于印发上海市知识产权局职能配置、内设机构和人员编制规定的通知》证明其负有依法处理上海市专利纠纷的职责。经质证，原告、第三人对被告的执法权限均无异议，本院对被告的执法权限依法予以确认。

二、关于被诉具体行政行为执法程序的证据

审理中，被告为证明其执法程序的合法性，在法定期限内向本院提供了以下证据：

1. 第三人的专利侵权调处请求书，该份证据用以证明第三人于2008年9月17日向被告提出专利侵权纠纷处理请求；

2. 沪知局处字［2008］第22002号、第22003号专利侵权纠纷处理请求受理通知书，沪知局处字［2008］第22004号答辩通知书及送达回证，原告的答辩书，沪知局处字［2008］第22005号、第22006号口头审理通知书及口头审理回执，沪知局处字［2008］第22007号、第22008号口头审理通知书及口头审理回执，被告2008年11月12日的口头审理笔录，沪知局处字［2008］第22号专利侵权纠纷处理决定书及送达回证和国内邮政回执，以上证据证明被告在收到第三人的专利侵权纠纷处理请求后，经过了立案受理、当事人答辩、召开口头审理会、作出专利侵权纠纷处理决定、向当事人送达决定书等程序，执法程序合法。

经庭审质证，原告、第三人对上述证据的证据效力均未提出异议。本院认为，被告提供的上述证据真实、合法、与待证事实有关联，可以作为本案的定案证据，据此，本院对上述证据的证明效力予以确认。

三、关于被诉具体行政行为认定事实的证据

审理中，被告为证明其被诉具体行政行为认定事实清楚，在法定期限内提供了以下证据材料：

1. 专利号为ZL200510029351.6的《发明专利证书》和专利年费收据、发明专利说明书、专利实施许可合同和专利实施许可合同备案证明，以上证据用以证明第三人是专利号为ZL200510029351.6的发明专利的独占被许可人，该专利真实有效以及该专利的保护范围；

2. “空调节能雾化器 RSW5000A”的雾化器实物、原告空调节能雾化器的产品说明书、发票号码为 04401068 的上海市商业统一发票、原告的营业执照，以上证据用以证明原告制造销售的“空调节能雾化器 RSW5000A”的雾化器全面覆盖了专利号为 ZL200510029351.6 的发明专利的全部必要技术特征；

3. 名称为“空调节能雾化器”（专利号为 ZL200720106248.1）实用新型专利说明书和名称为“空调节能雾化器”（专利号为 ZL200730110936.0）外观设计专利公告文件、44 份专利说明书摘录、2007 年宁波市第一批工业新产品试产计划项目汇总表、上海市质量监督检验技术研究院检验报告、案外人荣盛公司关于无刷直流电动机和空调雾化器技术服务协议的企业标准备案、专利号为 ZL01256349.8 和专利号为 ZL200410066600.4 的专利公告文件，以上证据用以证明作为被请求人的原告所递交的证据不能构成现有技术抗辩，也不能以在后申请的专利权抗辩。

经庭审质证，原告、第三人对上述证据本身未提出异议，但原告认为上述证据不能证明被告所认定的原告“空调节能雾化器”产品属侵犯专利权产品的事实。

经审查，本院认为，被告提供的上述证据真实合法，与本案的待证事实具有关联，可以作为本案的定案证据。

四、关于被诉具体行政行为的法律依据

审理中，被告提供了《专利法》第十一条第一款、第五十六条第一款和第五十七条第一款作为其作出被诉具体行政行为的法律依据。原告认为上述法律规定均不应适用于本案，因为原告的产品是根据国家合法授权的专利生产的，因而是合法的。第三人对于被告的法律依据没有异议。

经审查，本院认为，被告提供的法律规范可以作为作出被诉具体行政行为的法律依据，本院予以确认。

审理中，原告为证明其主张，向本院提供以下三组证据材料：

第一组：

1. “空调节能雾化器”产品工作原理，该证据用以说明原告的空调节能雾化器的工作原理，与第三人发明专利相同的都是公知的，不相同的都是原告方的创意。2. 专利号为 ZL200520044748.8 的雾化冷却式空调器用雾化装置的控制电路装置实用新型专利说明书。3. 专利号为 ZL200520040406.9 的喷水冷却分体式空调器实用新型专利说明书。4. 专利申请号为 200510029351.6 的空调器用节能雾化装置发明专利申请公开说明书。证据 2 ~4证明上述专利申请有违法之处。5. 上海市产品质量监督检验所检验报告，该证据证明第三人的产品是家用空调，规格为 JDL-35GW，该产品与原告经营的产品无关。6. 专利号为 ZL200720106248.1 的“空调节能雾化器”实用新型专利说明书。7. 专利号为 ZL200730110936.0 的“空调节能雾化器”外观设计专利证书。8. 上海市质量监督检验技术研究院检验报告。9. 专利收费收据。10. 商标注册申请书、合同书、注册申请受理通知书。11. “立能”商标申请注册的受理通知书。12. 2007 年度宁波市工业新产品计划项目申报表、2007 年宁波市第一批工业新产品试产计划项目汇总表。13. 专利代理人名片复印件。14. 案外人荣盛公司无刷直流电动机、空调雾化器企业标准及技术服务协议备案材料。15. 案外人荣盛公司与原告签订的知识产权转让委托合同、案外人荣盛公司的授权委托书。16. 专利实施许可合同在浙江省知识产权局的备案材料。17. 空调节能雾化器RSW5000A进厂检验指导书、检验和试验规定、不合格品的控制办法、检验要求（定期检查）。18. 2007年以来原告和案外人荣盛公司各类参展活动的材料、荣誉证书。19. 上海环境能源交易所项目挂牌转让服务协议及挂牌费发票。20. 与原告所作公证相关的公证受理告知等材料。21. 原告为举证所购雾化器实物及发票。证据6～21用以证明原告经营的产品出自案外人荣盛公司的专利授权等，来源合法。

第二组证据为23份实用新型专利说明书，具体如下：

1. 专利号为ZL96213165.2的电动喷雾器；2. 专利号为200420011322.8的高效轻便农用喷雾器；3. 专利号为ZL200420015841.1的一种弥雾机喷头；4. 专利号为ZL95228127.9的一种微功率电动喷雾器；5. 专利号为ZL94242515.4的一种新型电动喷雾器；6. 专利号为ZL03219104.9的迷雾机喷头；7. 专利号为ZL91230083.3的空调喷水节能器；8. 专利号为ZL98243731.5的空调冷凝水雾化器；9. 专利号为ZL02261354.4的空调冷凝器喷雾冷却节能器；10. 专利号为ZL200420011257.9的空调滴水雾化器；11. 专利号为ZL97242917.4的空调滴水雾化器；12. 专利号为ZL03245955.6的空调冷凝水雾化器；13. 专利号为ZL01213934.3的分体空调冷凝水喷雾器；14. 专利号为ZL01130815.X的用于空调器的冷凝水的处理装置；15. 专利号为ZL93226666.5的空气调节和增湿的弥雾装置；16. 专利号为ZL97240570.4的空调器冷凝水处理装置；17. 专利号为ZL200420036205.7的空调节能提效装置；18. 专利号为ZL200410055494.X的夏季空调节能降耗冷凝水处理装置；19. 专利号为ZL91225068.2的便携式电动喷雾器；20. 专利号为ZL93204108.6的便携式电动喷雾器；21. 专利号为ZL93228585.6的离心式喷雾器；22. 专利号为ZL99254762.8的冷凝水集流雾化器；23. 专利号为ZL200520030649.4的利用空调冷凝水的空调室外机。上述证据用以证明雾化器早已有之，为公知技术，原告产品是依据公知技术生产的。

第三组证据：

1. "空调节能雾化器"与产品"空调器用节能雾化装置"比对意见；2. "立能"商标注册申请受理通知书；3. "立能"商标申请注册的受理通知书；4. 商标注册申请书；5. "空调节能雾化器"实用新型专利实施许可合同备案证明；6. "空调节能雾化器"外观设计专利实施许可合同备案证明；7. 宁波润泽电器有限公司关于"立能"商标的授权委托书；8. 案外人荣盛公司关于"立能"商标的授权委托书；9. 知识产权转让委托合同；10. 原告申请保全网页证据所得的公证书。上述证据用以证明涉嫌侵权产品取得外观设计专利的实施许可、商标使用许可等事实。

经庭审质证，被告认为：关于第一组证据，证据1未在行政程序中提交过，也不能确认其真实性；证据2～21均与本案无关。原告提供的第二组证据1、3、4、5、6、11、19、20、21在行政程序中提供过，其余均未提供。关于原告补充提供的第三组证据，亦与本案不具关联性。第三人同意被告质证意见，但补充认为原告提供的第二组证据在行政程序中未提供，现在诉讼程序中提出不能作为定案证据。

经审查，本院认为，《专利法》第五十九条第一款规定，"发明或者实用新型专利权的保护范围以其权利要求的内容为准，说明书及附图可以用于解释权利要求的内容。"据此，认定是否构成侵犯发明专利权，应以涉嫌侵权产品的技术特征与发明专利的必要技术特征进行比较。原告提供的第一组证据中，证据1系原告的意见说明，不符合证据形式要求；证据2～4因原告用以证明相关专利申请的违法性，其所欲证明的事实非属本案审理范围，与本案均不具有直接关联；证据5因原告用以证明第三人产品的类别、型号等与原告产品不同，与本案均不具有直接关联；证据8原告用以证明曾对涉嫌侵权产品进行检测，与本案不具关联性；证据10～11，原告未提供原件，且从证明目的看与本案无关联性，证据14原告提供的企业标准并无具体内容，不能确定与本案具有关联；证据17关于对涉嫌侵权产品进行检验等的规定，与本案无关联性；证据18、19关于被告参展的情况，与本案不具有关联性；证据20被告所作公证，与本案无关联性；证据21原告购买的上海科学院与第三人联合制造的“空调节能小神童”产品实物、邮购获得的“弥雾电机”实物，与本案不具关联性。第三组证据系原告作为补充证据提供，其中证据1系原告的意见说明，不符合证据要求；证据2～4与第一组证据中证据10、11中部分证据材料重复，原告未提供原件；证据7、8关于“立能”商标的授权使用，与本案不具关联性；证据10系原告所作网络保全公证，与本案不具关联性。综上，上述证据与本案均不具关联性，本院不予采纳。原告提供的其他证据用以证明涉嫌侵权产品的技术特征与第三人使用的专利的必要技术特征不相同，以及支持其公知抗辩，与本案虽有关联，并具有真实性、合法性，但不能证明原告所主张的事实，本院亦不予采纳。

本院根据上述经审查确认的证据，认定本案事实如下：

专利权人葛永乐、李建军、王泰胜于2005年9月2日提出名称为“空调器用节能雾化装置”的发明专利申请，2007年11月7日得到国家知识产权局授权，专利号为200510029351.6，现为有效专利。2007年11月18日，上述专利权人就此专利与第三人签订了独占实施许可合同，第三人为该发明专利权的独占被许可人，该合同于2008年8月18日在国家知识产权局备案。

“空调器用节能雾化装置”发明专利的权利要求书载明如下独立权利要求：1. 一种分体式空调器用节能雾化装置，该分体式空调器由室内机和室外机组成，其特征在于，所述雾化装置加装于空调器的室外机，该雾化装置产生的雾化液体，喷洒到冷凝器表面，以形成蒸发冷却，从而降低冷凝器的冷凝温度。该雾化装置是由微型电机和安装在电机主轴上的雾化盘组成，所述雾化盘为圆盘状，所述雾化盘的雾化表面设有致密的放射状或螺旋状排列的凹凸槽或凸点。

2008年7月21日，第三人向原告购买了名称为“空调节能雾化器”的产品，原告开具了发票。该产品及包装上均标有“上海全能科贸有限公司”字样，型号为RSW5000A。该产品的组成部分包括：一个安装架和与安装架固紧的支架，支架的一端连接一个微电机，微电机的转动轴上连接一个雾化盘，在微电机和雾化盘之间设有一个进水管和出水管，出水管与雾化盘内腔相对应，雾化盘为圆盘状，雾化盘的表面设有致密的放射状的凹凸槽。同时根据该产品使用说明书中记载内容的描述，该产品可以用于分体式空调，并且是安装于空调器室外机上的雾化节能装置，产生的雾化液体喷洒到冷凝器表面，以形成风冷和雾化冷却的混合式冷却，从而降低冷凝器的冷凝温度和冷凝压力。

2007年2月2日，案外人荣盛公司申请了名称为“空调节能雾化器”的实用新型专利，并于2008年1月2日获得国家知识产权局授权，专利号为ZL200720106248.1；2007年2月1日申请了名称为“空调节能雾化器”的外观设计专利，并于2008年1月16日获得授权，专利号为 ZL200730110936.0。

2008 年 9 月 17 日，被告收到第三人的专利侵权调处请求，第三人认为原告未经专利权人许可擅自制造和销售一种“空调节能雾化器”产品（型号为 RSW5000A）的行为侵犯了作为独占被许可人第三人的合法权益，请求被告责令原告立即停止侵权行为，停止生产、销售侵权产品，并对第三人的经济损失及支付的律师费用等合理费用的赔偿事宜进行调解。被告于 2008 年 9 月 22 日予以受理，并于同日向原告发出答辩通知书。原告于 2008 年 9 月 26 日收到答辩通知书。2008 年 10 月 3 日，原告提交了答辩书。同日，被告向第三人和原告分别发出了口头审理通知书。2008 年 11 月 12 日，被告进行了口头审理，第三人和原告均参加审理。2009 年 6 月 19 日，被告作出沪知局处字［2008］第 22 号专利侵权纠纷处理决定，认为原告未经专利权人许可，为生产经营目的制造、销售涉嫌侵权产品的行为，侵犯了第三人的合法权益，应当依法承担停止侵权责任，遂作出处理决定：原告立即停止对名称为“空调器用节能雾化装置”（专利号为 ZL200510029351.6）发明专利权的侵害。该决定书已向双方当事人送达。

本院认为：被告具有作出被诉专利侵权纠纷处理决定的法定职权，其执法程序合法。当事人的争议焦点在于被诉专利侵权纠纷处理决定认定原告制造、销售涉嫌侵权产品侵犯第三人的合法权益的事实是否清楚，适用法律是否正确。

一、第三人是涉案发明专利的独占实施被许可人

2007 年 11 月 18 日，第三人通过与“空调器用节能雾化装置”（专利号为 ZL200510029351.6）发明专利的专利权人所签订的独占实施许可合同，成为该发明专利权的独占被许可人，享有对该发明专利的相应权益。

二、涉嫌侵权产品技术特征与涉案专利的必要技术特征相同

经将涉嫌侵权产品技术特征与涉案专利必要技术特征进行对比，两者属于相同的技术主题，即：均涉及一种分体式空调器用节能雾化装置，该分体式空调器由室内机和室外机组成；雾化装置均加装于空调机的室外机，雾化装置产生的雾化液体均是喷洒到冷凝器的表面，形成蒸发冷却从而降低冷凝器的冷凝温度；雾化装置均由一个微型电机和安装在电机主轴上的雾化盘组成；雾化盘均为圆盘状，涉嫌侵权产品的雾化盘表面设有致密的放射状凹凸槽，涉案发明专利的雾化盘表面设有致密的放射状或螺旋状排列的凹凸槽或凸点。综上，涉嫌侵权产品技术特征与涉案发明专利的必要技术特征相同，涉嫌侵权产品落入涉案发明专利权的保护范围。

三、原告的现有技术抗辩不成立

原告为证明涉嫌侵权产品是依据现有技术生产的，在专利行政程序中递交了 44 份专利文件资料，在本案行政诉讼中提供了 23 份专利文件资料。在专利行政程序中递交的 44 份专利文件资料里，有 42 份是关于使用在农业喷洒领域的技术，而非加装于分体式空调器的室外机的雾化装置的技术；其余两份专利号分别为 ZL01256349.8 和 ZL200410066600.4 的专利文件，虽与空调技术有关，但均未涉及雾化装置的结构。因此，原告在专利行政程序中递交的相关证据材料，不能支持其现有技术抗辩。

原告在本案行政诉讼提供的 23 份专利文件资料中，有 2 份文件资料，即原告第二组证据中的证据 18、23，其所涉及的实用新型专利的公开日晚于涉案专利申请日；有 9 份文件资料，即原告第二组证据中的证据 1～6 和证据 19～21，其所涉及的是农业喷洒领域

的技术；其余12份文件资料，即原告第二组证据中的证据7～17和证据22，涉及空调器技术。经分析比对，证据7～10、13、16、17、22，未公开雾化盘的结构和雾化盘有电机带动的技术特征；证据11、12公开的雾化技术与原告涉嫌侵权产品的雾化盘的结构特征不同；证据14未公开冷凝水进行雾化和降低冷凝器温度的技术方案；证据15涉及的技术主题不同，解决的是对空气的调节和增湿的问题，采用的是与原告涉嫌侵权产品不同的技术方案。综上，原告所提供的23份专利文件资料均不能证明涉嫌侵权产品所使用的技术属于现有技术。因此，原告的现有技术抗辩不成立。

综上所述，被告认为原告未经专利权人许可，为生产经营目的制造、销售涉嫌侵权产品的行为，侵犯了第三人的合法权益，责令原告立即停止侵权行为认定事实清楚，适用法律正确。该被诉具体行政行为依法应予维持。原告的诉讼请求和诉讼理由不能成立，本院不予支持。据此，本院根据《中华人民共和国专利法》（2000年8月25日修正）第十一条第一款、第五十六条第一款、第五十七条第一款及《中华人民共和国行政诉讼法》第五十四条第（一）项之规定，判决如下：

维持上海市知识产权局2009年6月19日作出的沪知局处字［2008］第22号专利侵权纠纷处理决定。

案件受理费人民币100元，由原告上海全能科贸有限公司负担。

如不服本判决，可在判决书送达之日起十五日内，向本院提交上诉状，并按对方当事人的人数提交上诉状副本，上诉于上海市高级人民法院。

审 判 长 芮文彪
审 判 员 李国泉
代理审判员 张 璇
二〇〇九年十二月二十四日
书 记 员 李晶晶
书 记 员 陆 华

（本判决书于2011年第1期《最高人民法院公报》刊登）

Civil Dispute Cases over Copyright

1. Shanghai Dichuang Network Technology Co. , Ltd. , *et al.* v. Beijing Namex Media Science and Technology Co. , Ltd. , *et al.* Infringement upon Computer Software Copyright

——Civil Judgment of Pudong New Area People's Court of Shanghai (2008) PU-Min-San- (Zhi) -Chu-Zi No. 453

Plaintiff: Shanghai Dichuang Network Technology Co. , Ltd. ; Domicile: Block D, 6/F, 51 East Wenshui Road, Shanghai.

Legal representative: Wang Zhangda, Board Chairman.

Plaintiff: Shanghai Avantech Bioscience Co. , Ltd. ; Domicile: 3370 Zhenbei Road, Putuo District, Shanghai.

Legal representative: Zhou Xuexun, Board Chairman.

Entrusted agent of the aforesaid two Plaintiffs: Wang Tao, an employee of Shanghai Dichuang Network Technology Co. , Ltd.

Entrusted agent of the aforesaid two Plaintiffs: Wang Peng, an employee of Shanghai Dichuang Network Technology Co. , Ltd.

Defendant: Beijing Namex Media Science and Technology Co. , Ltd. Shanghai Office; Domicile: Rm 9B, 971 Dongfang Road, Pudong New Area, Shanghai.

Legal representative: Wang Lin, person-in-charge.

Defendant: Beijing Namex Media Science and Technology Co. , Ltd. ; Domicile: Rm 501, Full Tower, Middle Dongsanhuan Road, Chaoyang District, Beijing.

Legal representative: Qian Guiyu, Board Chairman.

Entrusted agent of the aforesaid two Defendants: Chu Zhan, a lawyer from Anhui Zhongcheng Gaoxin Law Firm.

The Plaintiffs, Shanghai Dichuang Network Technology Co. , Ltd. and Shanghai Avantech Bioscience Co. , Ltd. , sued the Defendants, Beijing Namex Media Science and Technology Co. , Ltd. Shanghai Office and Beijing Namex Media Science and Technology Co. , Ltd. for infringement upon computer software copyright. After accepting the case, this court set up a collegial panel under law and then held an open trial. Wang Tao, the entrusted agent of the two Plaintiffs, Shanghai Dichuang Network Technology Co. , Ltd. and Shanghai Avantech Bioscience Co. , Ltd. , and

Chu Zhan, the entrusted agent of the two Defendants Beijing Namex Media Science and Technology Co. ,Ltd. Shanghai Office and Beijing Namex Media Science and Technology Co. ,Ltd. , were both present at the court for the trial. Now, the trial of the case has been closed.

The Plaintiffs, Shanghai Dichuang Network Technology Co. ,Ltd. and Shanghai Avantech Bioscience Co. ,Ltd. , alleged that: at the beginning of 2005, the two Plaintiffs jointly developed the software WebDraw V2. 0 (hereinafter referred to as WebDraw), and completed the development and released the software on September 15, 2005. On February 27, 2006, they successfully registered the computer software copyright at the National Copyright Administration of the PRC, with the copyright certificate RUAN-Zhu-Deng-Zi No. 049895. In early 2008, the Plaintiffs discovered that website *www. namex. cn* run by the Defendants used the aforesaid software WebDraw to provide their clients with name card design. The Defendants' act had infringed on the legal rights and interests of the Plaintiffs, therefore, the Plaintiffs filed the lawsuit, requiring the Defendants to immediately stop such infringement, remove all programs using WebDraw and compensate the Plaintiffs with RMB 200,000 for its losses and RMB 3,346 for its reasonable expenses in stopping the infringement.

The Defendants, Beijing Namex Media Science and Technology Co. , Ltd. Shanghai Office and Beijing Namex Media Science and Technology Co. ,Ltd. argued that: the two Defendants and Whir Network (Hefei) Technology Co. ,Ltd. ("WNT") were founded by the same shareholder. WNT entered into an agreement concerning the use of the disputed software with the Plaintiffs successively in October and November 2006, and paid expenses related to such use. According to the above agreements, the website using the disputed software was *www. namex. cn*. WNT used the disputed software for the purpose of doing business on *www. namex. cn*, which was online design and production of name cards. Later, WNT registered and incorporated the two Defendants for doing business of Namex, and thus the website with the domain name *www. namex. cn* was operated and run by the second Defendant. The agreements made by and between WNT and the Plaintiffs would expire on October 30, 2007. Upon the expiration, WNT failed to pay the use fees to the Plaintiffs due to its negligence and the Plaintiffs never reminded WNT of such expiration. Now, the two Defendants were willing to pay to the Plaintiffs the use fees at the price of RMB 4,000/year.

After trial, it was found that: the legal representative of WNT and the second Defendant was both Qian Guiyu. On February 27, 2006, the two Plaintiffs obtained the registration certificate of computer software copyright for WebDraw V2. 0 (WebDraw). On October 10 of the same year, the Second Plaintiff, Shanghai Avantech Bioscience Co. , Ltd. , issued a power of attorney authorizing the First Plaintiff to exercise all property rights related to the copyright ownership, including licensing others to use and entering into relevant contracts, to the software WebDraw2. 0 jointly developed by the two Plaintiffs. On October 23 of the same year, WNT entered into an end user license agreement concerning the software WebDraw with the First Plaintiff, with which WNT bought WebDraw from the First Plaintiff for the period from November 1, 2006 to October 30, 2007 and the website using such software was *www. namedia. cn*. The license fee was RMB

4,000. The First Plaintiff authorized WNT to use the software through a license (serial number) which was only valid during the paid use period and was bundled with the domain name of WNT's only website. Without the consent of the First Plaintiff, WNT should not rent, lend, transfer or sell the said software product. After the agreement was entered into, WNT paid the First Plaintiff RMB 4,000 as the license fee for Webdraw on October 30, 2006. On November 14 of the same year, WNT and the First Plaintiff signed another end user license agreement concerning the software Webdraw. In the agreement, the website using the software was changed to *www. namex. cn* and the use fee to RMB 1,500, and the rest remained the same as that signed by the two parties on October 30, 2006. On November 16 of the same year, WNT paid another RMB 1,500 as Webdraw license fee to the First Plaintiff. The First Plaintiff bundled the disputed software with the website *www. namex. cn*, and set up a serial number according to the website address and expiry date of the license. When the period that the software was licensed to use expires, the system would pop out prompt message requiring the user to buy a new serial number before further use. On January 24, 2007, the Second Defendant was founded. Since its establishment, the Second Defendant was in charge of the operation and management of the website *www. namex. cn* (which was still registered under the name of WNT), and used the Plaintiffs' software Webdraw to do business of NameX on the said website. On May 11 of the same year, the First Defendant was established. Since its establishment, the First Defendant was engaged in the same business in Shanghai as the Second Defendant. According to the introduction of the background management system of NameX, on January 16, 2008, NameX participated in the "Alisoft SaaS Platform Launch Conference and Strategic Partners Signing Ceremony" held by Alibaba in Beijing as one of Alisoft strategic partners. In the "Software Wins" Competition sponsored`by Alisoft, NameX ranked second among "Enterprise Products". NameX had become one of the affiliates of Alibaba Group. After it joined the Alisoft SaaS Platform, NameX provides online name card purchase services to more than 60 million e-business clients of Alibaba Group.

On April 30, 2008, Wang Zhangda, the entrusted agent of the two Plaintiffs, under the supervision of Liu Jun, a notary of Shanghai Minhang Notary Public Office, and Xu lin, an employee of the same office, operated as follows on the internet: access the internet and enter the website address *www. namex. cn* in the address bar; and then display the homepage of NameX, which indicates that the website is mainly dedicated to designing and producing name cards by way of self service using the templates provided by the website or directly order name cards from the service operators of the website. The copyright of the website was owned by the Second Defendant. Randomly click one of the name cards on this webpage, and it indicates that the widget ActiveX (namely, the name card designer of NameX) is required; click on "install ActiveX Widget" and after the installation, it displays the name card templates; double click the "Webdraw Widget", and it displays the "version" of "Webdraw Widget Property", which shows the version information of Webdraw widget is 2, 0, 1, 5. The copyright of the Webdraw widget is owned by Shanghai Dichuang Network Technology Co., Ltd. Click the "Become an Agent", "Join Us" and "Method for Joining Us" on the page, and then it displays that it requires RMB

600 000 to become a flagship store and 30,000 to become a satellite store. NameX now has seven stores in China.

On November 6, 2008, Kong Aiju, the attorney of the second Defendant, under the supervision of He Xian, a notary of Beijing Fangyuan Notary Public Office, and Han Mingjie, an employee of this office, operated as follows in the notary office: reboot the computer; launch IE browser, and enter *http: //www. webdraw. cn/default. htm* in the address bar, and then it displays the webpage of the First Plaintiff's website. This website recommends the clients and "NameX" is shown in the typical application box; click the "Application Cases" on the page and NameX was listed among the clients.

The Plaintiff had paid notarial fees of RMB 1,500, travel fees of RMB 1,790, and design fees of RMB 56 for buying name cards from the First Defendant online for the purpose of this case.

The foregoing facts were evidenced by the registration certificate of computer software copyright, notarial certificates ((2008) HU-Min-Zheng-Jing-Zi No. 1345 and (2008) JING-Fang-Yuan-Nei-Jin-Zheng-Zi No. 77038), the power of attorney issued by the Second Plaintiff on October 10, 2006, the end user license agreements concerning the software WebDraw by and between the First Plaintiff and WNT respectively on October 23 and November 14, 2006, telegraphic transfer voucher, invoice, name card design purchase order, design fee, notarial fee, taxi invoice, railway ticket, air ticket and the statements of the parties on court, which were affirmed by the court.

The court held that: as the two Plaintiffs obtained the registration certificate of computer software copyright for WebDraw V2.0 (WebDraw for short), they were the copyright owners of the software and others should not infringe upon the copyright of the disputed software owned by the two Plaintiffs without their consent. The Second Plaintiff had issued a power of attorney in respect of the use of the disputed software, fully authorizing the First Plaintiff to exercise all property rights related to the copyright ownership, including licensing others to use the software and entering into relevant contracts. According to this power of attorney, the First Plaintiff solely entered into two license agreements with the outsider, WNT, which presented the true intention of the parties and the parties shall abide by. After the execution of the agreements, WNT paid use fees before it used the disputed software on the designated website. Later, the website was transferred to the Second Defendant for operation and management due to the need of business. The agreements between WNT and the First Plaintiff provided that, without the consent of the First Plaintiff, WNT, may not rent, lend, transfer or sell the said software product. However, when WNT transferred the website wholly to the Second Defendant for use, it did not reproduce the disputed software. For this reason, the use of the disputed software by the Second Defendant for operating and managing the website *www. namex. cn* during the licensed period ending on October 30, 2007 had been licensed by the First Plaintiff and relevant fees had been paid. The use of the disputed software during this period by the Second Defendant did not infringe upon the Plaintiffs' legal rights and interests. The two Plaintiffs, after charging WNT for the license fee for this period, repeatedly claimed to the Second Defendant, which had no ground in laws. Therefore, this court did not support it. As to the use of the disputed software by the two Defendants after October 30, 2007: The disputed software controls the use period of a user via the serial number for use. When the licensed period of a user expires, the software will require the user to buy new serial number in order to continue the use. In this case, however, the two Defendants could use the disputed software even after the licensed period expired. In this regard, the two Plaintiffs thought that it was because the two Defendants technically cracked the serial number of the disputed software, which the two Defendants denied. The two Defendants stated that, after the licensed period expired, the system did not pop out any prompt message and the two Defendants normally used the software without cracking the password. The court held that, the arguments made by the two Defendants went against the agreements between WNT and the First Plaintiff in the license agreements concerning the use of serial number and against the common sense. Now, as the two Defendants failed to provide evidence proving that it could normally use the software upon expiration because the system went wrong during the process of use, the court would take in the Plaintiffs' opinion, that is, upon the expiration of the licensed period, the two Defendants technically cracked the serial number of the software in order to continue using the software. The act of the two Defendants infringed upon the copyright in the disputed software owned by the two Plaintiffs. They shall immediately stop such infringement and bear the liability for damages according to laws. Now, given that the two Defendants had no longer used the disputed software since the middle of December 2008, the two Plaintiffs applied for withdrawing the claim requiring the two Defendants to stop the infringement and remove programs of the disputed software. This was not against laws and therefore, the court approved such application. Because the losses suffered by the two Plaintiffs and the profits earned by the two Defendants could not be determined, the court determined the damages payable by the two Defendants with reference to the license fee rate agreed by and between the First Plaintiff and the outsider, WNT, the period during which the two Defendants used the software upon the expiration of the licensed period, and the degree of the two Defendants' fault. The two Defendants confirmed the fees which the two Plaintiffs claimed were incurred for this case, and the court determined relevant fees as the reasonable expenses incurred by the two Plaintiffs for this case and payable by the two Defendants. On the above grounds, in accordance with Article 47 (6) and 48 of the *Copyright Law of the People's Republic of China*, Articles 14.1 (3) and 14.1 (25) of the *Regulations on the Protection of Computer Software*, and Articles 25.1, 25.2 and 26.1 of the *Interpretation of the Supreme People's Court Concerning the Application of Laws in the Trial of Civil Disputes over Copyright*, the court made the following ruling:

The Defendants, Beijing Namex Media Science and Technology Co., Ltd. Shanghai Office and Beijing Namex Media Science and Technology Co., Ltd., shall compensate the Plaintiffs, Shanghai Dichuang Network Technology Co., Ltd. and Shanghai Avantech Bioscience Co., Ltd. RMB 10, 000 for their losses and RMB 3, 346 for their reasonable expenses incurred within ten (10) days after effective date of this ruling.

The Defendants Beijing Namex Media Science and Technology Co. , Ltd. Shanghai Office and Beijing Namex Media Science and Technology Co. , Ltd. , if failing to perform its obligation of pecuniary payment within the period given in this ruling, shall pay in double the interest of such payments accrued for the delayed period in accordance with Article 229 of the *Civil Procedure Law of the People's Republic of China.*

The court fee for this case is RMB 4, 350, of which, the Plaintiffs, Shanghai Dichuang Network Technology Co. , Ltd. and Shanghai Avantech Bioscience Co. , Ltd. , shall pay RMB 2,032 and the Defendants, Beijing Namex Media Science and Technology Co. , Ltd. Shanghai Office and Beijing Namex Media Science and Technology Co. , Ltd. , shall pay RMB 2,318.

Either party that refuses to accept this ruling as final may, within fifteen (15) days after service of this judgment, appeal to Shanghai No. 1 Intermediate People's Court by submitting an appeal petition to the court together with a sufficient number of copies for each person of the opposing party to have one.

Chief Judge: Ni Hongxia
People's Juror: Sun Guoying
Acting Judge: Du Lingyan
February 5, 2009
Court Clerk: Qian Jing

(The judgment has been selected into 2009 China's 50 Typical Cases on Judicial Protection of Intellectual Property)

2. SUNGENTERPRISE, INC. v. Zhuhai Publishing House *et al.* Case of Dispute over Infringement on Property Rights in Works

——Civil Judgment of Shanghai Huangpu District People's Court of the People's Republic of China

(2007) Huang-Min-San- (Zhi) -Chu-Zi No. 75

Plaintiff: SUNGENTERPRISE, INC. Domicile: 8 WANDERINGRILL, IRVINE, CA, USA 92612.

Legal representative: TEH-LINGDAVIDSUNG, President.

Entrusted agent: Wang Fan, a lawyer of Shanghai Delson Law Firm.

Entrusted agent: Gong Hongbing, a lawyer of Shanghai Delson Law Firm.

Defendant: Zhuhai Publishing House. Domicile: 3/F, Zhuhai Baoye Building, No. 566 Yinhua Road, Xiangzhou District, Zhuhai City, Guangdong Province, PRC.

Legal representative: Lv Weiwei, President.

Entrusted agent: Peng Xiaodi, a lawyer of Guangdong Jia Tong Law Firm.

Defendant: Shanghai XinHua Media Co., Ltd. Domicile: 127-131 Shijia Street, Gaoqiao Town, Pudong New Area, Shanghai, PRC.

Legal representative: Ha Jiuru, Chairman.

Entrusted agent: Wang Junli, staff member of the company.

The Plaintiff, SUNGENTERPRISE, INC. sued the Defendants, Zhuhai Publishing House and Shanghai XinHua Media Co., Ltd. (hereinafter referred to as "Xinhua Media") for infringement on property right in copyright. After accepting this case, the court organized a collegiate bench by law and then held an open trial on April 23, 2008. The Plaintiff's entrusted agents, Wang Fan and Gong Hongbing, and Peng Xiaodi, entrusted agent of the Defendant, Zhuhai Publishing House, and Wang Junli, entrusted agent of the Defendant, Xinhua Media, appeared in court. The trial of the case has now been concluded.

The Plaintiff alleged that the outsider, Taiwan Zhenshanmei Press, engaged the writer XiongYaohua (pen name: Gulong) from 1960 to 1966 for creation of six Kungfu novels, namely *The Legend of Chu Liuxiang*) (former name: *The Legend of Iron and Blood*), *Love Arrow*, *The Spirit of Sword* (*HuanHua Xi Jian Lu*), *Daqi Heroes*, *Xiangfei Sword*, and *The Legend of A Lonely Star* (hereinafter the "Involved Works"). Both parties agreed that, upon the completion of the Involved Works, the "copyrights and any other rights" pertaining to the Involved Works would be owned by Zhenshanmei Press and Sung Jinren, father of TEH-LING DAVID SUNG. In 1984, the outsider, Sung Jinren passed away and the outsider, TEH-LING DAVID SUNG inherited Zhenshanmei Press and the copyrights in all works owned by it (including the Involved Works). In 1996, TEH-LING DAVID SUNG assigned all copyrights owned by Zhenshanmei Press (including those in the Involved Works) to the Plaintiff incorporated by TEH-LING DAVID SUNG in the United States. In April 2006, the Plaintiff found in the Defendant, Xinhua Media that the Defendant, Zhuhai Publishing House published and released the "Collection of Gulong Works" without the Plaintiff's authorization, including the Involved Works in which the Plaintiff owned the copyrights. The Plaintiff viewed that the Defendant, Zhuhai Publishing House published and released the Involved Works without due authorization and the Defendant, Xinhua Media sold the Involved Works, infringing upon the Plaintiff's copyrights, and therefore requested the court to rule that 1. the Defendant, Zhuhai Publishing House shall immediately stop the infringement, destroy the infringing products and apologize to the Plaintiff in the *Nanfang Daily* and *Wen Hui Bao*; 2. the Defendant, Zhuhai Publishing House shall compensate the Plaintiff RMB 532,600 yuan for its financial losses; 3. the Defendant, Zhuhai Publishing House shall compensate the Plaintiff RMB 30,000 yuan for the reasonable expenses incurred by the Plaintiff for the purpose of having the infringement stopped; 4. the Defendant, Xinhua Media shall be jointly and severally liable for the payment of financial losses and reasonable expenses; and 5. the court fee for this case shall be borne by the two Defendants.

The Defendant, Zhuhai Publishing House argued that I. the evidence was not sufficient to prove that the Plaintiff had the copyrights in the Involved Works; II. the Defendant, Zhuhai Publishing House had performed its duty of due care. On November 5, 2004, the Defendant, Zhuhai Publishing House and the outsider Zhao Zhenzhong, the authorized representative of the outsider Taiwan Gulong Works Management and Development Committee and Gulong Works Development Studio, entered into a book publication contract concerning the Collection of Gulong Works and registered the same with Copyright Bureau of Guangdong Province. As a result, the Defendant, Zhuhai Publishing House had no intention to infringe upon other's copyright and performed its duty of due care; III. there was no legal ground for the amount of damages claimed by the Plaintiff. Therefore, they requested the court to dismiss the claims of the Plaintiff.

The Defendant, Xinhua Media argued that the Defendant, Xinhua Media did not know that the Involved Works were infringing other's copyright and it had a legal source. If the said books were proved to be infringing on other's copyrights, Xinhua Media would stop selling the books, but should not be held liable for the damages.

After the trial, the court found that:

From September 1958 to October 1966, the outsider, XiongYaohua entered into six *Property Rights in Works Assignment Contracts* with Sung Jinren, the representative of Zhenshanmei Press, agreeing that I. XiongYaohua, as the "Assignor", assigned the "copyrights and any other rights" in the six works, namely *The Legend of Chu Liuxiang* (former name: *The Legend of Iron and Blood*), *Love Arrow*, *The Spirit of Sword* (*HuanHua Xi Jian Lu*), *Daqi Heroes*, *Xiangfei Sword*, and *The Legend of A Lonely Star*, to the "Assignee" Sung Jinren, "the representative of Zhenshanmei Press" and that these rights will be permanently owned by the assignee; II. after the contracts were executed, "the assignee may dispose of the said works at his own discretion"; and III. the Involved Works were released with XiongYaohua's penname "Gulong". The parties also agreed on "the author's remuneration".

From August 1982 to January 1986, the owner of the copyrights in five of the Involved Works, namely *The Legend of Chu Liuxiang*, *The Legend of A Lonely Star*, *Love Arrow*, *Daqi Heroes*, and *The Spirit of Sword* (*HuanHua Xi Jian Lu*), was changed to TEH-LING DAVID SUNG.

The Profit-Seeking Business Registration Certificate issued by authority of Taiwan on November 4, 1986 (numbered "Bei-Shi-Jian-Yi-Shang-Hao- (53) -Zi No. 050821") showed that Zhenshanmei Press was run by and solely funded by TEH-LING DAVID SUNG.

On December 2, 1995, the Defendant, Zhuhai Publishing House signed an Agreement with Zhenshanmei Press, which provided that I. Zhenshanmei Press owned the copyrights in the Involved Works and the Defendant, Zhuhai Publishing House published such works in March 1995 without permission, thus infringing the copyrights of Zhenshanmei Press; II. the Defendant, Zhuhai Publishing House should extend apologies to Zhenshanmei Press for the said infringement and immediately stop such infringement; III. the Defendant Zhuhai Publishing House shall pay the copyright royalty RMB 235,000 yuan to Zhenshanmei Press for the said infringement; IV. Zhenshanmei Press would not investigate into the legal liabilities of the Defendant, Zhuhai Publishing House after it performs all the obligations mentioned above; and V. the Defendant, Zhuhai Publishing House guaranteed that it would never infringe on the copyrights of Zhenshanmei Press without its consent. This Agreement was signed by the person in charge of Zhenshanmei Press and sealed by the Defendant, Zhuhai Publishing House.

On December 30, 1996, TEH-LING DAVID SUNG, Zhenshanmei Press entered into the *Copyright Assignment Contract* with the Plaintiff in this case, agreeing that TEH-LING DAVID SUNG and Zhenshanmei Press would transfer the copyrights in its all Kungfu novels to the Plaintiff in this case. It is specified in the attachment to this contract the list of works assigned, including six of the Involved Works in this case.

On April 27, 2006 and November 27, 2007, the Plaintiff respectively bought one set of *The Collection of Gulong Works* published by the Defendant, Zhuhai Publishing House from Shanghai Book Mall (East Nanjing Road Store) as well as from Shanghai Book Mall located at No. 465 Fuzhou Road, Shanghai, China, which were owned by the Defendant, Xinhua Media, at the price of RMB 1,300 yuan only for each set. Each set of the collection contained 40 books authored by Gulong (in 66 volumes), including six of the Involved Works in this case (in 13 volumes). On the flap of the said books printed one black-and-white photo of the author Gulong, followed by the note: "Gulong, autonym XiongYaohua..."; on the copyright page noted that: "Published and Released by Zhuhai Publishing House", "Edition: 3rd Edition in August 2005", and "Print count: 1-5,000".

During the trial, the Defendant, Zhuhai Publishing House stated in court that, it printed 5,000 sets of The Collection of Gulong Works published by it in 2005. The Plaintiff refused to believe this statement but failed to provide effective evidence to prove the contrary.

The said facts were evidenced by the *Property Rights in Works Assignment Contracts*, *Apograph of Copyright Register*, *Profit-Seeking Business Registration Certificate*, *Agreement*, *Copyright Assignment Contract*, invoices, the Involved Works in kind and the statements of the parties.

The focuses of dispute in this case are I. about ownership of property right in works of the Involved Works; II. whether the act of the Defendant, Zhuhai Publishing House constituted infringement; and III. about the legal liabilities the two Defendants should assume.

I. About Ownership of Property Right in Works of the Involved Works

The *Copyright Law of the People's Republic of China* (hereinafter referred to as "*Copyright Law*") provides that, the owner of a copyright may wholly or partially transfer the property rights in a work, including the reproduction right and release right, and be paid for such transfer.

In this case, XiongYaohua (Gulong), the author of the Involved Works, assigned the property rights in the Involved Works to Zhenshanmei Press, who later assigned such rights to the Plaintiff in this case. The Plaintiff hence owned the property rights in the Involved Works and its legal rights and interests related hereto were protected under laws. The Defendants raised their doubts in the objectiveness and authenticity of evidence to prove the aforesaid ownership, alleging that the *Property Rights in Works Assignment Contracts* provided by the Plaintiff were formed in the 1960s, and, due to the long time span, its objectiveness and authenticity remained to be proven. But the Defendants did not provide evidence in favor of their allegation. On the contrary, evidence provided by the Plaintiff to prove it had the property rights in the Involved Works corresponded with transfer process of the property rights in the Involved Works claimed by it, forming a relatively complete chain of evidence. As a result, this court will not take in the arguments made by the Defendants that the property rights in the Involved Works were not owned by the Plaintiff.

This court recognized that the Plaintiff owned the property rights in the Involved Works.

II. Whether the Act of the Defendant, Zhuhai Publishing House Constituted Infringement

The *Copyright Law* provides that, it constitutes an infringement by reproducing or releasing a work without the consent of the owner of the copyright in such work.

In this case, the Defendant, Zhuhai Publishing House argued that it published the Involved Works with the consent of the copyright owners Gulong Works Management and Development Committee and Gulong Works Development Studio. To prove this, it submitted evidence, including the *Book Publication Contract* and *Authorization Letter of Gulong Works Management* and *Development Committee* executed by it with Gulong Works Management and Development Committee and Gulong Works Development Studio, to prove that it has performed its duty of due care.

In response, the Plaintiff submitted the *Agreement* by and between the Defendant, Zhuhai Publishing House and Zhenshanmei Press dated December 2, 1995 as rebuttal evidence. The Plaintiff alleged that the Defendant, Zhuhai Publishing House knew the publication was infringing before it executed the *Book Publication Contract* and the copyrights in the Involved Works were not owned by Gulong Works Management and Development Committee and Gulong Works Development Studio.

The Defendant, Zhuhai Publishing House denied the authenticity of this *Agreement*, arguing that the body text of this *Agreement* was on a page different from that on which the common seal of the Defendant, Zhuhai Publishing House was stamped. Therefore, it was likely that the body text and the common seal were extracted from two different documents. True as the common seal was, the *Agreement* was not true. This court held that the *Agreement* had 3 pages in total and in Page of this *Agreement* stamped the common seal of the Defendant, Zhuhai Publishing House, the authenticity of which was confirmed by the Defendant, Zhuhai Publishing House. In page 2 of the contract, in addition to the said common seal the signature of TEH-LING DAVID SUNG, the person in charge of Zhenshanmei Press, it also bore the last clause of the *Agreement*, which was coherent to page 1 of the *Agreement*. Thus, they constituted a complete contract. Page 3 of the *Agreement* was an attachment specifying the list of works in which Zhenshanmei Press owned the copyrights. The content of this attachment corresponded to Clause 7 in Page 1. Thus, these 3 pages formed the complete Agreement. Furthermore, the Defendant, Zhuhai Publishing House failed to tell the actual object on which this common seal was intended to use, thus effectively refuting the authenticity of this Agreement. Therefore, this court recognized this Agreement as true.

This court also held that since the Defendant, Zhuhai Publishing House had entered into the *Agreement*, thus knowing the Involved Works were once owned by Zhenshanmei Press. Zhuhai Publishing House, as a professional press, had the full ability and obligation to examine whether Gulong Works Management and Development Committee and Gulong Works Development Studio owned the copyrights in the Involved Works before it executed the *Book Publication Contract.* To the contrary, the Defendant, Zhuhai Publishing House did not conduct such examination. On this ground, the court did not take in the argument of the Defendant, Zhuhai Publishing House that it had performed its duty of due care. In a conclusion, this court held that the Defendant, Zhuhai Publishing Houses had obvious intention to infringe by reproducing and releasing the Involved Works without the consent of their copyright owners, and its act constituted the infringement upon the Plaintiff's copyright.

III. About the Legal Liabilities the two Defendants Should Assume

The *Copyright Law* provides that where a copyright is infringed, the infringer shall pay the amount of damages based on the actual losses suffered by the copyright owner; where the actual losses cannot be determined, the amount of damages may be determined according to the profits illegally earned by the infringer. The amount of damages shall include the reasonable expenses paid by the right owner for the purpose of having the infringement stopped.

In this case, neither the Plaintiff nor the Defendant submitted effective evidence to prove the actual losses of the Plaintiff or the profits illegally earned by the Defendant. In this regard, this court will determine the amount of damages according to the category and reputation of the works, the significance of the Defendant's fault, the quantity of infringing products, duration of the infringement, and the reasonable expenses paid by the Plaintiff for the purpose of having the infringement stopped.

The Defendant, Xinhua Media sold the infringing works, which infringed upon the Plaintiff's copyrights. However, as it provided the court with the legal source of the books sold by it, it was only required to assume the civil liability of stopping selling the infringing products and not required to assume the liability for damages.

As to the claim by the Plaintiff requiring the Defendant, Zhuhai Publishing House to publicly apologize in relevant media, this court held that, public apology was one of the approaches to assume civil liabilities in case of any infringement on personal rights, and as this case involved no personal rights, there was no legal ground for this claim of the Plaintiff. Therefore, this court will not support it. In addition, according to the *Copyright Law*, ordering to destroy infringing products is one of the administrative penalty measures taken by appropriate copyright administration authorities, rather than one approach to assume civil liabilities. As a result, this claim of the Plaintiff had no legal ground either, and this court will not support it.

In summary, the court ruled in accordance with Article 10. 3. 47. 1 (1), 48, and 52 of the *Copyright Law of the People's Republic of China*, and Article 19, 25. 1 and 25. 2 of the *Interpretation of the Supreme People's Court Concerning the Application of Laws in the Trial of Civil Disputes over Copyright* that:

I. The Defendant, Zhuhai Publishing House and the Defendant, Shanghai XinHua Media Co. ,Ltd. shall stop the infringement on the copyrights in the six works, namely *The Legend of Chu Liuxiang* (former name: *The Legend of Iron and Blood*), *Love Arrow*, *The Spirit of Sword* (*HuanHua Xi Jian Lu*), *Daqi Heroes*, *Xiangfei Sword*, and *The Legend of A Lonely Star*, owned by the Plaintiff SUNGENTERPRISE, INC. immediately when this ruling takes effect.

II. The Defendant, Zhuhai Publishing House shall compensate the Plaintiff, SUNGENTERPRISE, INC. RMB 400,000 yuan in total for its financial losses and reasonable expenses within ten days after this ruling takes effect;

III. The other claims of the Plaintiff SUNGENTERPRISE, INC. are not supported.

If the Defendant, Zhuhai Publishing House fails to perform its obligation of pecuniary payment within the period given by this ruling, the Defendant shall pay in double the interest on such payments accrued for the period of such delay in accordance with Article 229 of the Civil Procedure Law of the People's Republic of China.

The legal fee for this case is RMB 9,100 yuan (prepaid by the Plaintiff), among which, the Plaintiff, SUNGENTERPRISE, INC. shall pay RMB 1,117 yuan, and the Defendant, Zhuhai Publishing House RMB 7,983 yuan.

Either party that refuses to accept this ruling as final may, within 30 (thirty) days after service of this judgment to the Plaintiff, SUNGENTERPRISE, INC. or within 15 (fifteen) days to the Defendant, Zhuhai Publishing House and the Defendant, Shanghai XinHua Media Co. , Ltd. , appeal to Shanghai No. 2 Intermediate People's Court by submitting an appeal petition to this court together with a sufficient number of copies for each person of the opposing party to have one.

Chief Judge: Qian Guangwen

Judge: Xu Chenping

People's juror: Lu Yun

November 25, 2008

Court Clerk: Hu Jiaqi

(This civil judgment was selected into 2009 China's 50 Typical Cases on Judicial Protection of Intellectual Property)

3. Inter IKEA Systems B. V. v. Taizhou Zhongtian Plastic Co. , Ltd. Case of Dispute over Infringement on Copyright

——Civil Judgment of Shanghai No. 2 Intermediate People's Court of the People's Republic of China
(2008) Hu-Er-Zhong-Min-Wu- (Zhi) -Chu-Zi No. 187

Plaintiff: Inter IKEA Systems B. V. , Domicile: Olof Palmestraat 1, 2616 LN, Delft, The Netherlands.

Legal representative: Maria Gabrielle Olsson Skalin, Managing Director.

Entrusted agent: Zhu Miaochun, a lawyer of Shanghai Zhu Miao Chun Law Firm.

Entrusted agent: Jin Manli, a lawyer of Liaoning Dingsheng Law Firm.

Defendant: Taizhou Zhongtian Plastic Co. , Ltd. Domicile: No. 2 Hongjia Dahuan Road, Jiaojiang District, Taizhou City, Zhejiang Province, PRC.

Legal representative: Chen Aihua, General Manager.

Entrusted agent: Zhou Xiangen, a lawyer of Zhejiang Li Qun Law Firm.

Entrusted agent: Zhu Meicong, a lawyer of Zhejiang Li Qun Law Firm.

The Plaintiff, Inter IKEA Systems B. V. sued the Defendant, Taizhou Zhongtian Plastic Co. , Ltd. for infringement on copyright, and this court had accepted this case on June 27, 2008, organized a collegiate bench according to laws and held a trial. The Defendant raised an objection in the jurisdiction during the defense period, which this court decided on August 6, 2008 to reject. The Defendant refused to accept it and appealed to Shanghai High People's Court, who decided to reject the appeal after the final trial on September 8, 2008 and uphold the former decision. On January 16, 2009 and March 25, 2009, this court tried this case for public hearing. Zhu Miaochun and Jin Manli, entrusted agents of the Plaintiff, and Zhou Xiangen and Zhu Meicong, entrusted agents of the Defendant, appeared in court. The trial of the case has now been concluded.

The Plaintiff, Inter IKEA Systems B. V. alleged that the Plaintiff, founded in 1943, was the largest furniture retail company in the world and had more than 190 stores in 31 countries and regions. Mammut children's furniture was designed by the designer Morten Kjelstrup and the fashion designer Allan Östgaard under the instruction of and on behalf of the Plaintiff. In 1994, Mammut children's chair won the "Furniture of the Year" award in Sweden and Mammut products had been reported in a number of commodity catalogues and books many years before. Several years ago, the Plaintiff discovered that the Defendant plagiarized the design of Mammut products in which the Plaintiff owned the copyright without the Plaintiff's consent, produced and sold children's chairs and stools with the models ZTY-522, ZTY-525, ZTY-525A and ZTY-525B, and showcased the infringing commodities on its website. Such infringement lasts until now. Since 2004, the Plaintiff had demanded that the Defendant stop its infringement through lawyer's letters for several times, whereas the Defendant turned a blind eye to them and even applied for design patent for its infringing designs, which were afterwards declared invalid by the examination authority. The Plaintiff claimed that manufacturing, selling and online promoting the infringing products by the Defendant infringed on the copyright owned by the Plaintiff and caused enormous economic losses to the Plaintiff. It hence requested the court to order that 1. the Defendant shall immediately desist from infringing the Plaintiff's copyright in Mammut products; 2. the Defendant shall immediately recall all infringing products that had been put into market, destroy all infringing products in stock and moulds and moulage for the production thereof, and destroy all packages and advertising materials carrying the infringing products; 3. the Defendant shall immediately remove images of infringing products as shown on *www. ztpc. cc*; 4. The Defendant shall compensate the Plaintiff RMB 500,000 yuan for its economic losses including the reasonable expenses; and 5. the Defendant shall public a statement on its infringement on the *Xinmin Evening* and *Qianjiang Evening* to eliminate the adverse effects.

The Defendant, Taizhou Zhongtian Plastic Co. ,Ltd. argued that 1. the Plaintiff was not eligible to be a party to this case; 2. the Plaintiff had no evidence to prove that it owned the copyright in Mammut products and, even if the Plaintiff had relevant rights, Mammut products were not work of applied art, but practical industrial goods as they did not have the attributes such as innovative and artistic that a work of applied art should be; 3. before the design of the Plaintiff's products was completed, furniture generally identical with its products had appeared in cartoon works; and 4. products produced by the Defendant were independently designed by the Defendant's designer and did not infringe upon other's copyright. On these grounds, it requested the court to reject the Plaintiff's claims.

Through the trial, the court found that:

The Plaintiff was a limited liability company founded on October 31, 1983 in the Netherlands. The outsider, IKEA of Sweden Aktiebolag was a Swedish company incorporated on November 21, 1960.

The Mammut children's chairs and stools disputed in this case were jointly designed and completed by the two designers Morten Kjelstrup and Allan Östgaard (collectively, "M. K + A. φ") under the employment of IKEA of Sweden Aktiebolag and were officially delivered to IKEA of Sweden Aktiebolag in January 1992. According to the *Statement on the Ownership of Intellectual Property Rights* by and between the Plaintiff and IKEA of Sweden Aktiebolag and the Statement on "*Copyright in Mammut Works*" released by M. K + A. φ on June 6, 2008, the copyrights related to Mammut works had been transferred to the Plaintiff on February 8, 1992. Magazines and books, including *Artistic Family* (1994) and *Popular Design* (1995), also reported on the disputed Mammut children chairs and stools.

On June 10, 2006, the outsider Huang Ye bought three children stools and two children chairs at Suite 1508, No. 33, Building 11, Alley 187, Qingjian Road, Shanghai, and got one invoice, one business card and one brochure after payment. Huang Ye also took 18 pictures of the shop and the children chairs and stools purchased. The above process was supervised by Huang Xin and Ding Zhenhua, two notaries of the Notary Public Office of Shanghai, for which, this office produced a notarial deed ((2006) Hu-Zheng-Zi No. 7549). The said invoice showed the special invoice stamp of "Taizhou Zhongtian Plastic Co. ,Ltd. ". The words, "Li Wei, Shanghai Regional Manager of Taizhou Zhongtian Plastic Co. ,Ltd. " were printed on the business card. The brochure contained such words as "Zhongtian Plastic" and "ZTPC".

The Plaintiff also provided one sales invoice and one delivery checklist for Amutong chairs and stools purchased in the name of Shanghai Yongguan Trading Co. ,Ltd. . The special invoice stamp of Taizhou Zhongtian Plastic Co. ,Ltd. was affixed to the invoice.

On April 10, 2008, Li Chunjuan, an agent with Gaoluyun (Beijing) Intellectual Property Agency Co. ,Ltd. preserved evidence on the relevant content on *www. ztpc. cc* together with the notaries of Beijing Chang'an Notary Office at Shouchuang Mansion situated at 6 Chaoyangmen North Street, Dongcheng District, Beijing, and printed 34 pages of the copied screens in total. Beijing Chang'an Notary Public Office produced a notarial deed ((2008) Jing-Chang-An-Nei-Jing-Zheng-Zi No. 2664 for this process. According to this notarial deed, the said website showcased 15 models of products that the Plaintiff alleged as infringing, namely ZTT-326, ZTT-322, ZTT-325, ZTY-534, ZTY-533, ZTY-537, ZTY-525S, ZTY-525M, ZTY-525L, ZTY-542, ZTY-536, ZTY-541, ZTY-538, ZTY-521 and ZTY-535.

Chen Aihua, legal representative of the Defendant, applied to the State Intellectual Property Office on February 10, 2004, October 25, 2004 and August 8, 2005 respectively for five design patents on Chair (Amutong), Chair (ZTY-521), Stool (ZTY-537), Stool (ZTY-536), and Chair (ZTY-538), with patent numbers being 200430019946. X, 200430083416. 1, 200430083418. 0, 200430083419. 5 and 200530114174. 2. Among them, the design patent numbered 200430019946. X was declared null and void by the Patent Reexamination Board of the State Intellectual Property Office of the PRC on August 30, 2006.

By comparison, among the 15 models of products showed on *www. ztpc. cc* that were alleged to be infringing products, children stools (ZTY-525S, ZTY-525M and ZTY-525L) were basically identical with Mammut children stools of the Plaintiff in the general shape. Children stools (ZTY-534, ZTY-533, ZTY-537, ZTY-536, ZTY-541, ZTT-322, ZTT-325, ZTT-326 and ZTY-542) were slightly different in the shape of stool surface from Mammut children stools but were basically identical with Mammut children stools in the shape of legs, and therefore were similar in the general structure to the Plaintiff's Mammut children stools. Children chairs (ZTY-521, ZTY-538 and ZTY-535) were slightly different in the shape of chair back from Mammut children chairs but were basically identical with Mammut children chairs in the shape of chair legs, and therefore were similar in the general structure to the Plaintiff's Mammut children chairs. By comparison, Amutong children chairs and stools of the Defendant which were bought by the Plaintiff under notarization were basically identical with Mammut children chairs and stools in the general shape.

The facts said above were evidenced by the proofs including the notarized statements, liability agreement, magazines and books, product brochure, design draft, notarial deeds, physical evidence, the inquiry results from the website of the State Intellectual Property Office and a decision on an application for declaration of invalid patent, and the pleadings of the Plaintiff and the Defendant as well as the trial record prepared by this court.

This court held that the focus of dispute in this case was whether Mammut children chairs and stools were works of applied art protected under the *Copyright Law of China.*

The Plaintiff claimed that Mammut children chairs and stools were of high artistic level, and, as furniture of utility, were works of applied arts protected under laws of China. The Defendant argued that the said children chairs and stools did not reach the required artistic level in terms of design and hardly differentiate themselves from other chairs produced in China or any other country or region. They gave more considerations to the utility of furniture. Therefore, they were not works of applied art.

This court held that, a work of applied art meant a result of intellectual creation with utility, artistry and other elements of a work. That is to say, a work of applied art should be of utility, artistry, originality and replicability. According to the copyright laws of China, works of applied art that are categorized into works of fine art are protected under the copyright laws of China. A work of fine art means a two- or three-dimensional shape of work created in lines, colors or other medium, with esthetic effects, such as a painting, calligraphy or sculpture. Therefore, the artistry of a work of applied art must reach the minimum requirements for that of a work of fine art so as to be protected under the copyright laws. The Mammut children chairs disputed in this case consisted of three parts, namely chair back, cushion and legs. Chair back was made up of three rectangular battens and a piece of trapezoidal solid wood which took up about half of the space of the whole chair back. Chair cushion had the basic structure of ordinary chairs. Chair legs were four upright cones which were narrow on the top and broad at the bottom. The Mammut children stools consisted of stool surface and legs. The stool surface was a round solid surface with equal top and bottom sides, and had the same shape of ordinary children stools. The stool legs were four spindle-link rods. This court held that the key design of the disputed Mammut children chairs and stools was embodied in the line modeling, but this design idea could not completely separate itself from that of other ordinary children products. The design of Mammut children chairs and stools was relatively simple and did not reach the artistic level that a work of fine art needed to reach. As a result, they were not works of applied arts within the category of works of fine arts and thus not protected under the copyright laws of China. Therefore, the said act of the Defendant did not infringe upon the Plaintiff's copyrights.

In summary, the court ruled in accordance with Article 3 (4) of the *Copyright Law of the People's Republic of China* and Article 4 (8) of the *Regulation for the Implementation of the Copyright Law of the People's Republic of China* that the claims of the Plaintiff, Inter IKEA Systems B. V. were dismissed.

The court fee for this case is RMB 8,800 yuan, which shall be paid by the Plaintiff, Inter

IKEA Systems B. V.

Either party that refuses to accept this ruling as final may, within 30 (thirty) days after service of this judgment to the Plaintiff, Inter IKEA Systems B. V. or within 15 (fifteen) days to the Defendant, Taizhou Zhongtian Plastic Co., Ltd., appeal to Shanghai High People's Court by submitting an appeal petition to this court together with a sufficient number of copies for each person of the opposing party to have one.

Chief Judge: Li Guoquan
Acting Judge: Xu Zhong
Acting Judge: Hu Mi
August 22, 2009
Court Clerk: Zhang Tingting
Court Clerk: Lu Hua

(The civil judgment was published on the *Gazette of the Supreme People's Court*, Issue 7 in 2010).

4. Microsoft Corporation v. Dazhong Insurance Co. , Ltd. Copyright Infringement

——Civil Judgment of Pudong New Area People's Court of Shanghai of the People's Republic of China
(2009) PU-Min-San- (Zhi) -Chu-Zi No. 128

Plaintiff: Microsoft Corporation, Domicile: One Microsoft Way Redmond, Wa 98052-6399, USA.

Authorized representative: Benjamin O. Orndorff, Assistant Secretary.

Entrusted agent: Tan Ruiqiong, female, an employee of the Legal Affairs Department of Microsoft (China) Co. ,Ltd.

Entrusted agent: Yuan Xinzhong, a lawyer from Shanghai Lingyun & Yongran Law Firm.

Defendant: Dazhong Insurance Co. , Ltd. , Domicile: F/6, 1033 West Yan'an Road, Changning District, Shanghai.

Legal representative: Shi Fuliang, Board Chairman.

Entrusted agent: Li Jun, male, a legal consultant for Dazheng Insurance Co. ,Ltd.

Entrusted agent: Li Zhiqiang, a lawyer from Shanghai Jinmao Partners.

After accepting the case of Microsoft Corporation, the Plaintiff, suing Dazhong Insurance Co. ,Ltd. , the Defendant, for infringement upon copyright of computer software, the court set up the collegial panel pursuant to law and held an open trial. Tan Ruiqiong and Yuan Xinzhong, entrusted agents of Microsoft Corporation, the Plaintiff, and Li Jun, entrusted agent of Dazhong Insurance Co. ,Ltd. , the Defendant, were present for the trial. Now, the trial of the case has been closed.

Microsoft Corporation, the Plaintiff, made the following allegations: The Plaintiff developed Microsoft Server series software (including Microsoft Windows Server 2008, Microsoft Windows Server 2003, Microsoft SQL Server 2000, and Microsoft SQL Server 2005) and shall own the copyright of such series which shall be protected by laws of China. The Defendant is a joint-stock commercial insurance company incorporated in Shanghai in early 1995. It now has 8 subsidiaries (with 51 sales departments, marketing service departments or sub-branches) all over China and a provincial representative office. It is learnt that the Defendant installed and used Microsoft Server series software without authorization. During the period from September 2008 and March 2009, the Plaintiff authorized Shanghai Lingyun & Yongran Law Firm to communicate with the Defendant on the unauthorized use of the software whose copyright was owned by the Plaintiff for many times. On February 16, 2009, both parties reached some consensuses after full negotiation and signed a "Minutes of Meeting" which specified that the Defendant would resolve the valid use of some Microsoft software through buying authorized edition of software from the Plaintiff. The Defendant also promised to sign a relevant procurement contract before February 20, 2009. However, the Defendant failed to perform the duty at the agreed date. As a result, the Plaintiff communicated with the Defendant again on March 13, 2009, urging the latter to perform the commitment that it had made in the "Minutes of Meeting". But the Defendant only agreed to purchase Microsoft software worth RMB 300,000 and unreasonably required the Plaintiff to promise to not hold it responsible for the previous infringement after the purchase any more and acknowledge that it has made all Microsoft software authorized after finishing the said purchase. No agreement was reached between the two parties due to the unreasonable requirement of the Defendant. The Plaintiff held that the Defendant's act of using the software without its authorization infringed the copyright of software owned thereby, and the act lasted long and involved a big number of software, thus constituting severe infringement. Therefore, the Plaintiff filed the suit, requesting the court to order that: 1. the Defendant shall immediately cease the infringement and uninstall all Microsoft Server series software duplicated and installed without authorization, the copyright of which was owned by the Plaintiff; 2. the Defendant shall compensate the Plaintiff with RMB 100,000 for economic losses including reasonable expenses such as direct economic losses, translation and notary fees and attorney fees; and 3. the Defendant shall publish an apologetic statement on the non-center joint page of Xinmin Evening News to the Plaintiff. The Plaintiff withdrew the first one of the above requests during the trial. After lodging the suit, the Plaintiff applied to the court for evidence conservation. Based on the conservation, the Plaintiff modified the second request of the above suit, requesting the Defendant to compensate it for economic losses of RMB 1,170,304. It modified the amount to RMB 1,169,792 during the trial.

Dazhong Insurance Co., Ltd., the Defendant, argued that the suit of the Plaintiff was not supported by legal, valid and sufficient evidence, and the request raised by the Plaintiff to modify the claims was beyond the legal time limit, and thus, should not be acknowledged pursuant to law.

After trial, the court found out that on November 1, 2000, the Plaintiff applied and registered the copyright of Microsoft SQL Server 2000 (Microsoft SQL Server 2000 Enterprise) with the US Copyright Office as the author. The registration number is TX5-195-890. According to the registration form, the software was completed in 2000 and firstly published in the US on August 31, 2000. On December 12, 2006, the Plaintiff applied and registered the copyright of Microsoft SQL Server 2005 (Microsoft SQL Server 2005 Enterprise Edition) with the US Copyright Office as the author. The registration number is TX6-486-660. According to the registration form, the software was completed in 2005 and firstly published in the US on October 26, 2005. On October 2, 2003, the Plaintiff applied and registered the copyright of Microsoft Windows Server 2003 (Microsoft Windows Server 2003 Enterprise Edition) with the US Copyright Office as the author. The registration number is TX6-811-026. According to the registration form, the software was completed in 2003 and firstly published in the US on April 24, 2003. On March 18, 2008, the Plaintiff applied and registered the copyright of Microsoft Windows Server 2008 Enterprise (Microsoft Windows Server 2008 Enterprise Edition) with the US Copyright Office as the author. The registration number is TX6-880-740. According to the registration form, the software was completed in 2008 and firstly published in the US on February 27, 2008. Windows Server 2003 (Standard Edition) was affixed with "2005 Microsoft Corporation Right Reserved".

On September 22, 2009, Yuan Xinzhong, the lawyer representative from Shanghai Lingyun & Yongran Law Firm issued a lawyer's letter to the Defendant, stating that in the database registered by users, a disparity had been found between the software purchase records and actual software use thereof, thus requesting the Defendant to check its use of Microsoft software on September 26, 2008 and give feedback on the results and its opinions on solutions. On December 29 of the same year, Lawyer Yuan Xinzhong issued another lawyer's letter to the Defendant, stating that the Plaintiff and its lawyer had communicated with the Defendant on the issue whether the Defendant used the computer software of Microsoft Corporation in a lawful manner for many times and it was regretful that the Defendant had not responded actively by then. The Defendant was expected to reply in writing before January 5, 2009 to confirm whether the Microsoft software it used had been authorized validly by Microsoft Corporation. If the Defendant did replicate and use Microsoft software at its own discretion without authorization, it hoped that the Defendant would cease using the unauthorized Microsoft software immediately and purchase authentic software. If the Defendant failed to give an active response, the Plaintiff would turn to the legal measures to protect its legal rights and interests.

On February 16, 2009, the Plaintiff and the Defendant negotiated about the purchase of software and reached the "Minutes of Meeting". Zhang Zhijun, Yuan Xinzhong, and Jiang Lijuan from the Plaintiff and Zhu Yan (Supervisor and General Manager of the Legal Compliance and Audit Department), Che Liansheng (Assistant Manager of the Legal Compliance and Audit Department), Rao Zhenhua (Head of the IT Department) and Zhao Donghui (an employee of the IT Department) from the Defendant attended the meeting. The contents of the "Minutes of Meeting" included: both parties agreed that Dazhong Insurance Co., Ltd. would purchase the following products: 210 sets of Office Standard, 210 sets of Windows Server cal, 210 sets of Windows Vista business, 1 set of SQL Svr Standard Edtn 2008 ChnSimp OLP NL 1 Proc and 4 sets of Windows server standard; both parties showed good faith to legalize the Microsoft software used by Dazhong Insurance through business negotiation. Dazhong Insurance agreed to try to sign a sales contract on the above-mentioned products before February 20, 2009. After that, both parties had another negotiation in which the Defendant stated that it would purchase software worth no more than RMB 300,000, on which the Plaintiff did not agree. Then the Defendant did not perform the purchase plan as specified in the "Minutes of Meeting". Therefore, the Plaintiff lodged the suit.

On April 16, 2009, Microsoft (China) Co., Ltd. produced the "Verification Certificate", proving that after checking the customer database of the company, it had been discovered that by April 16, 2004, the Defendant only purchased in bulk 10 sets of Office XP licenses and 4 pieces of licensed Win Cal 2000 client software, of which the Plaintiff owned the copyright. During the court trial, the Defendant confirmed that it had bought the above-mentioned software from the Plaintiff and that it had not bought the involved software from the Plaintiff.

Besides, it was found through investigation that the Defendant was established in 1995 with registered capital of RMB 756 million, with 8 branches in Shanghai, Jiangsu, Suzhou, Ningbo, Zhejiang, Anhui, Fujian and Qingdao, none of which was a legal-person entity. The information on the Defendant's website indicated that the Defendant had a representative office in Beijing; its Shanghai branch has established Sales Department I, the Business Development Department and 10 sub-branches; Jiangsu branch had 5 divisions; Suzhou branch had 6 sub-branches; Ningbo branch has 8 sub-branches and 2 marketing service departments; Zhejiang branch has 1 sub-branches and 9 marketing departments; Anhui branch has 1 marketing service department; Qingdao branch has 4 marketing service departments; and Fujian branch has 3 marketing service departments.

Shanghai East-Glow Digital Technology Co., Ltd. sold Microsoft Windows Server 2003 (Standard Edition) to Shanghai Hairi Intelligent Technology Co., Ltd. at the price of RMB 4,600 in February 2008. Shanghai East-Glow Digital Technology Co., Ltd. sold Microsoft Windows Server 2003 (Enterprise Edition) to Shanghai Summit Metal Products Co., Ltd. at the price of RMB 20,756 in February 2008. Shanghai East-Glow Digital Technology Co., Ltd. sold Microsoft SQL Server 2005 (Enterprise Edition) at the unit price of RMB 225,548 and Microsoft Windows Server 2008 (Enterprise Edition) at the unit price of RMB 22,237 to Shanghai Media Group Broadband Co. Ltd. (SMGBB) in July 2008. Shanghai Nanyang Software System Integration Co., Ltd. sold Microsoft SQL Server 2000 (Enterprise Edition) to UTi (Shanghai) Co., Ltd. at the unit price of RMB 213,600 in January 2006.

The expenses that the Plaintiff paid to investigate and stop the Defendant from infringement included translation fees of RMB 900 (the court held the amount to be RMB 700), attorney fees of RMB 45,000, notary fees of RMB 2,966, and industrial and commercial file review fees of RMB 220 (the court held the amount to be RMB 73), which amounted to RMB 49,086 (the court held the amount to be RMB 48,739).

The foregoing facts were evidenced by the copyright registration certificate and software, the "Minutes of Meeting", two lawyer's letters, industrial and commercial investigation materials, information on the website of the Defendant, the verification certificate, attorney fee invoice, notary fee invoice, translation fee invoice, file review fee invoice, sales invoice as well as the statements made by the Plaintiff and the Defendant during the court trial, about which the court acknowledged.

On June 8, 2009, the court visited the operating premises of the Defendant to conserve the evidence for the involved software used by the Defendant according to the application of the Plaintiff. The court inspected 11 servers in the Defendant's computer room by sampling. It was discovered that of the sampled 11 servers, two used the involved Microsoft Windows Server 2003 (Standard Edition), five used Microsoft Windows Server 2003 (Enterprise Edition), one used Microsoft Windows Server 2008 (Enterprise Edition), one used Microsoft SQL Server 2000 (Enterprise Edition) and two used Microsoft SQL Server 2005 (Enterprise Edition).

The court held that:

Firstly, the Plaintiff owned the copyright of the involved software and was protected by the Copyright Law of China. The registration certificates and software certificates produced by the US Copyright Office that were provided by the Plaintiff proved that the Plaintiff was the copyright owner of the involved software. Article 5. 1 of the *Berne Convention for the Protection of Literary and Artistic Works* provides that "with respect to a work protected by the Convention, the author shall enjoy the rights of the people of countries given or will be given by their laws other than the origin country of the work as well as the rights particularly authorized by the Convention". Article 2. 2 of the *Copyright Law of the People's Republic of China* provided that "the ownership of copyright of works of foreigners or those without nationalities shall be protected by the Law according to the agreement that China reached with the country or habitual residence country of the author or the international treaties which both countries joined". Article 5. 3 of the *Regulations on Computer Software Protection* provided that "the ownership of copyright of software developed by foreigners or those without nationalities shall be protected by the Regulations according to the agreement that China reached with the country or habitual residence country of the developer or the international treaties which both countries joined". The Plaintiff was a business entity established in the US. Both China and the US are members of the *Berne Convention for the Protection of Literary and Artistic Works*. Therefore, pursuant to the above provisions, the copyright of the involved software shall be protected by the laws of China. Without permission of the Plaintiff, the replication of such software was an infringement on the copyright of the software owned by the Plaintiff.

Secondly, the Plaintiff's request to modify the claims was not made later than the period for presenting evidence. The *Some Provisions of the Supreme People's Court on Evidence in Civil Procedures* provide that the parties concerned shall supplement and modify claims or make countersuit before the expiration of the period for presenting evidence. It is also provided that if the people's court organizes the parties concerned to exchange evidence, the period for presenting evidence expires on the date of exchanging evidence. Therefore, the Plaintiff applied for claim modification when the court organized the evidence exchange according to the conservation of evidence, which was not later than the expiry date of the period. The court allowed the Plaintiff to modify the claims, which was in compliance with the above provisions.

Thirdly, the Defendant infringed upon the copyright of computer software owned by the Plaintiff. Article 21 of the *Interpretation of the Supreme People's Court Concerning the Application of Laws in the Trial of Civil Disputes over Copyright* specified that computer software users who use computer software for business purposes without permission or beyond permission shall bear civil liability according to Article 47. 1 of the Copyright Law and Article 24. 1 of the *Regulations on Computer Software Protection.* The Defendant is a commercial insurance company. Therefore, its use of involved software in computers should be determined as an act for commercial purpose. The evidence provided by the Plaintiff indicated that the Plaintiff had once sent lawyer's letters to the Defendant when it discovered the infringement committed by the Defendant. Both parties had negotiated and communicated on issues concerning purchase of the Plaintiff's software by the Defendant. The Plaintiff and the Defendant specified in the "Minutes of Meeting" signed on February 16,

2009 that the Defendant planned to purchase software from the Plaintiff to solve the legalization of its using of the latter's software. Besides, the evidence conservation of the court further proved that the Defendant used a big number of involved software without permission. The Defendant rejected the fact of infringement in the court trial. However, despite the explanation by the court for several times, the Defendant still failed to provide any evidence to prove its valid use of the involved software. Though the Defendant alleged that the software it used was developed by other companies, it failed to provide any evidence to prove its valid use of software of other companies. On the contrary, when the court conducted evidence conservation, Rao Zhenhua, the Head of the IT Department, confirmed that among 11 sampled servers, 8 used Windows Server series software and 3 used SQL Server series. Therefore, it was certain that the Defendant installed and used the involved software. The Defendant still raised the following defense opinions in the court trial: 1. The software in its computers was not installed by the company but by its employees themselves. The court held that the computers used at the business premises of the Defendant were provided by the Defendant and were used for business activities, and the Defendant were obliged to provide validly licensed software to its employees. Where the employees committed infringement due to the Defendant's failure in providing validly licensed software, their infringement liability should be assumed by the Defendant. 2. The software in the Defendant's computers was installed by other companies such as the suppliers. The court held that the Defendant should have known whether the computers had been installed with validly licensed edition of software including the operating system when it purchased the computers. If the Defendant continued to use the computers even it knew that they had been installed with infringing computer software, this constituted infringement upon the copyright of such software. 3. The "Minutes of Meetings" was signed by its employees, which could not represent the opinions of the Defendant. The court held that after communication with the Plaintiff on its infringing use of the Plaintiff's software, the Defendant appointed four representatives including the general manager of its Legal Compliance and Audit Department and the Head of the IT Department to negotiate with the Plaintiff. Therefore, the results reached through negotiation should be an intention of the Defendant and the Defendant shall assume the corresponding liability. 4. The progress of evidence conservation was not just, therefore the conserved results should not serve as the basis of determination. The court held that in evidence conservation, six persons designated by the court including judges, Court Clerks and technicians, and two technicians and the lawyer of the Plaintiff, as well as relevant persons in charge, technicians and lawyers of the Defendant were all present on the site. The contents conserved were copied to U-disks and mobile hard disk drives, and a list of conservation was made. All conservation materials were confirmed by Rao Zhenhua, Head of IT Department of the Defendant, and then sealed up by the court, and then signed by Rao Zhenhua. Rao also signed on the list of conservation for confirmation. In addition, the statement on the use of software made by Rao Zhenhua was consistent with the conservation results. Therefore, the conservation results reflected the use of the Plaintiff's software by the Defendant in an objective and truthful manner. 5. Though the branches of the Defendant were not independent legal persons, they were qualified to take civil liability independently. Therefore, the branches should assume their own civil liability. The court held that all branches of the Defendant were not independent legal persons, it was not inappropriate for the Plaintiff to require the Defendant to take civil liability for its branches. In conclusion, the court refused to accept the above defense opinions of the Defendant as evidence. Therefore, the court held that the Defendant's act of using the involved software for commercial purpose without permission of the Plaintiff infringed the copyright of such software owned by the Plaintiff pursuant to law. The Defendant should take the civil liability to cease the infringement and compensate the Plaintiff for its losses. The Plaintiff withdrew the claims of requesting the Defendant to cease infringement and uninstall the involved software, which did not violate laws and the court approved the request.

Fourthly, the determination of the compensation amount. Article 49 of the *Copyright Law of the People's Republic of China* specified that in the event of infringement on copyright or copyright relating rights, the infringer shall compensate the right holder according to the actual losses; where the actual losses cannot be calculated, compensation can be made according to the illegal income made by the infringer. The amount of compensations shall also include the reasonable expenses paid by the right holder to stop the infringement. Where neither the actual losses of the right holder nor the illegal income made by the infringer can be determined, the people's court shall made a judgment on compensation not more than RMB 500,000 based on the severity of the infringement. The Plaintiff claimed to calculate its economic losses based on the evidence conservation and the formula: the quantity of the software used by the Defendant × the market price of the involved software. The court held that though the Defendant confirmed to have applied Windows Server series software in 27 servers, the specific quantity of each type of involved software used by the Defendant could not be determined and the price of each type of software was different. Therefore, the economic losses of the Plaintiff cannot be determined. Since neither the Plaintiff's losses nor the Defendant's benefits could be determined, the amount of compensations to be paid by the Defendant shall be determined by the court as appropriate according to the Defendant's business scale, prices of involved software, quantity of the involved software used by the Defendant, the evidence conservation by the court and the claims made by the Plaintiff as well as the types of involved works, measures and severity of the Defendant's infringement, the time range and scope of infringement and the degree of subjective fault of the infringer. The court supports the Plaintiff's claim that the industrial and commercial file review fees belong to the reasonable expenses it paid to stop such infringement. The Plaintiff claimed translation fees of RMB 700. Since one translation fee invoice involved three types of software while this case only involved one, the court deemed translation fee to be RMB 200. The translation fee of another RMB 100 belonged to reasonable fee, which the court supported. According to the appeal made by the Plaintiff, the workload of the lawyer and the charge standard of attorney fees, the attorney fees claimed by the Plaintiff were reasonable, which the court supported. The notarization of the Letter of Authorization to its entrusted agent, Yu Weidong, and its Copyright Certificate was to verify the consistency between the duplicates and the original. The Plaintiff should have provided the originals of such Letter of Authorization and the Copyright Certificate. Therefore, the court did not support the Plaintiff's claim that the notary fees shall be borne by the Defendant.

Fifthly, the Court did not support the Plaintiff's request for the Defendant's apology because the Defendant infringed the property right of the Plaintiff but not its rights of person.

In summary, in accordance with Article 2. 2, Article 10. 1 (5), Article 48 (1) and Article 49 of the *Copyright Law of the People's Republic of China* (2010 Revision), Article 5. 3, Article 24. 1 (1) and Article 25 of the Regulations on Computer Software Protection, and Article 21, Article 25. 1, Article 25. 2 and Article 26 of the *Interpretation of the Supreme People's Court Concerning the Application of Laws in the Trial of Civil Disputes over Copyright*, the ruling is made as follows:

1. The Defendant, Dazhong Insurance Co. ,Ltd. , shall compensate the Plaintiff, Microsoft Corporation, for its economic losses of RMB 1. 1 million and reasonable expenses of RMB 47,673 within ten (10) days from the effective date of the ruling.

2. Other claims made by the Plaintiff, Microsoft Corporation, are rejected.

If the Defendant, Dazhong Insurance Co. ,Ltd. ,, fails to perform its obligation to pay the said money within the period defined in the ruling, it shall pay doubled interests of debt for the period of delayed performance in accordance with the provisions of Article 229 of the *Civil Procedure Law of the People's Republic of China.*

The court fee of the case totals RMB 15,328, of which the Plaintiff, Microsoft Corporation, shall bear RMB 458 and the Defendant, Dazhong Insurance Co. ,Ltd. , shall bear RMB 14,870. The evidence conservation fees of RMB 30 shall be borne by the Defendant, Dazhong Insurance Co. ,Ltd.

In the event of refusing to accept this ruling as final, Microsoft Corporation, the Plaintiff, may appeal to Shanghai No. 1 Intermediate People's Court by submitting an appeal petition to the court together with a sufficient number of copies for each person of the opposing party to have one, within thirty (30) days after service of this ruling, and the Defendant Dazhong Insurance Co. , Ltd. may do the same within fifteen (15) days.

Chief Judge: Ni Hongxia
People's Juror: Sun Guoying
People's Juror: Shen Hui
April 22, 2010
Court Clerk: Ye Jufen

(The judgment has been selected into the 2010 China's 50 Typical Cases on Judicial Protection of Intellectual Property and the 2010 Shanghai's 10 Cases on Judicial Protection of Intellectual Property)

5. JOY. CN Corporation Limited v. Shanghai TuDou Network Technology Co. , Ltd.

——Civil Judgment of Yangpu District People's Court of Shanghai

(2009) HUANG-Min-San-(Zhi)-Chu-Zi No. 133

Plaintiff: JOY. CN Corporation Limited; Domicile: Rm 688, 1618 Yishan Road, Minhang District, Shanghai.

Legal representative: Lv Wensheng, Board Chairman.

Entrusted agent: Yu Jicheng, an employee of JOY. CN Corporation Limited.

Entrusted agent: Sun Xiangyuan, an employee of JOY. CN Corporation Limited.

Defendant: Shanghai TuDou Network Technology Co. ,Ltd; Domicile: Rm 105, Building D, 2500 Longdong Avenue, Zhangjiang Hi-Tech Park, Shanghai.

Legal representative: Zhang Xiaoyun, General Manager.

Entrusted agent: Wu Minping, an employee of Shanghai TuDou Network Technology Co. , Ltd.

Entrusted agent: Fu Gang, a lawyer of Co-effort Law Firm LLP.

After accepting the case of JOY. CN Corporation Limited, the Plaintiff, suing Shanghai TuDou Network Technology Co. ,Ltd. for infringement upon right to network dissemination of information, the court set up the collegial panel pursuant to law and held open trials on July 15 and November 30, 2009. Yu Jiyuan and Sun Xiangyuan, entrusted agents of the Plaintiff, and Wu Minping and Fu Gang, entrusted agents of the Defendant were present in court for the trial. Now, the trial of the case has been closed.

The Plaintiff alleged that, at the end of 2008, Uyoung (Beijing) Media Co. ,Ltd. , one of the copyright owners of the film "Pleasant Goat and Big Big Wolf: the Super Snail Adventure", granted the rights to the film enjoyed thereby to Uyoung (Shanghai) Animation Media Co. , Ltd. , which, together with the other two copyright owners of the film, Shanghai Media Group and Creative Power Entertaining Co. ,Ltd. , granted the exclusive right to network dissemination of information of the film to Shanghai Wings Media Co. ,Ltd. , and the Plaintiff, with the authorization of Shanghai Wings Media Co. ,Ltd. , obtained the right to network dissemination of information of the film "Pleasant Goat and Big Big Wolf: the Super Snail Adventure". In March 2009, the Plaintiff discovered that the Defendant, without the permission of the Plaintiff, made bold to provide the services of online play and download of "Pleasant Goat and Big Big Wolf: the Super Snail Adventure" and make profit by publishing advertisements on the play interface of the film. The Plaintiff held that the act of the Defendant seriously infringed upon the legal rights and benefits of the Plaintiff and caused great economic losses hereto. Therefore, the Plaintiff filed a lawsuit, requesting the court to order that (1) the Defendant to stop the service of disseminating the film "Pleasant Goat and Big Big Wolf: the Super Snail Adventure" over internet; (2) the Defendant to publish apologetic statement on *China Film News* and the homepage of the website operated thereby (*www. tudou. com*) to the Plaintiff for ten days; (3) the Defendant to compensate RMB 100,000 to the Plaintiff for the economic losses of the Plaintiff as well as RMB 1,000 for the expenses paid by the Plaintiff on investigation over the said infringement; and the litigation costs to be borne by the Defendant. In trial, the Plaintiff withdrew its second claim.

The Defendant argued that: (1) the evidence of the Plaintiff was not sufficient to prove that it had obtained the right to network dissemination of information of the film through authorization, and the Plaintiff, not an eligible subject of the case, has no right to lodge the lawsuit. (2) There is a gap of 31 days between the time of evidence conservation notarization against the website of the Defendant provided by the Plaintiff and the time that the notarial certificate is issued, and this is in conflict with the rule of notarization procedures. Therefore, the certificate is not valid. Moreover, in terms of contents, the evidence only showed that the website of the Defendant had had video segments of the film involved in the case and could not prove that they are in consistency with the film in dispute. (3) The segments of the involved film were uploaded by users, and the Defendant, as a serviced provider of network storage space, had not made any arrangement and done any editing to the video uploaded by such users. In addition, the Defendant has taken measures to monitor, filter and screen uploaded films that may involve infringement. Nonetheless, if some individual users circumambulated relevant screening measures, the Defendant could not discover and control such act due to the limitation of current technical measures, and it was of certain limitation to carry out random inspection manually. The Defendant had evidence to prove that it had deleted videos of hot films during different theater schedules uploaded by users including "Pleasant Goat and Big Big Wolf: the Super Snail Adventure". Therefore, the Defendant had already fulfilled its reasonable duty of care. However, the Plaintiff failed to perform its duty of notification, so the Defendant was eligible for legal exemption from liability as provided in law. (4) With the authorization of relevant right holder of the involved film, the Defendant had the right to publicize segments and bloopers of the involved film, so it was nothing wrong that the website of the Defendant had shown some video segments of the involved film. Thus, the Defendant shall not assume the liability of compensation. (5) As what the Plaintiff claimed was the property right of copyright, it was groundless to ask the Defendant to publish apologetic statement. Meanwhile, it was not on a legal basis for the Plaintiff to request such high compensation.

After trial, it was found that:

1. On December 31, 2008, the State Administration of Press, Publication, Radio, Film and Television of the PRC issued the film release license (YING-Shen-Dong-Zi [2008] No. 05) for "Pleasant Goat and Big Big Wolf: the Super Snail Adventure", on which it was specified that the production organizations of the film of 80 minutes were Shanghai Media Group, Creative Power Entertaining Co., Ltd., and Uyoung (Beijing) Media Co., Ltd., and shooting organization was Shanghai Media Group. Later, Uyoung (Beijing) Media Co., Ltd. granted all of its rights to "Pleasant Goat and Big Big Wolf: the Super Snail Adventure" (including but not limited to all

the property right of copyright of the film) in China from December 31, 2008 to February 15, 2012 to Uyoung (Shanghai) Animation Media Co. ,Ltd. exclusively. In February 2009, Shanghai Media Group, Creative Power Entertaining Co. ,Ltd. , and Uyoung (Shanghai) Animation Media Co. ,Ltd. granted the exclusive right to network dissemination of information and re-licensing right, as well as the exclusive digital TV televising right and re-licensing right of the film in Chinese Mainland (excluding Hong Kong, Taiwan and Macao) to Shanghai Wings Media Co. , Ltd. , which had the right to eliminate any infringing acts of using the granted program in identical ways by resorting to litigation or non-litigation means in the period from February 16, 2009 to February 15, 2012. In February 2009, Shanghai Wings Media Co. ,Ltd. granted the Defendant the exclusive right to network dissemination of information and re-licensing right, as well as the exclusive digital TV televising right and re-licensing right of the film in Chinese Mainland (excluding Hong Kong, Taiwan and Macao), including the internet and IPTV presenting rights (excluding the presentation on the new media information network transmitting platform under Shanghai Media Group (hereinafter referred to as "SMG"), so the Defendant had the right to eliminate any infringing acts of using the granted program in identical ways by resorting to litigation or non-litigation means in the period from February 16, 2009 to February 15, 2012.

2. On April 3, 2009, with the application of the Plaintiff, Sun Xiangyuan, an agent of the Plaintiff, operated on the internet under the supervision of notarial personnel, and Shanghai Jing'an Notary Public Office made evidence conservation notarization for the process of viewing webpages and playing videos on internet and contents viewed and played. On May 4, 2009, the office issued the notary certificate ((2009) HU-Jing-Zheng-Jing-Zi No. 1902, which is attached with printed webpage screenshots and a disc recording some contents played. It is indicated by the notary certificate and printed webpage screenshots: Input "*www. tudou. com*" in the IE address bar to enter the homepage of *Tudou. com.* Input "Pleasant Goat and Big Big Wolf: the Super Snail Adventure" in the search bar on the homepage, and click "search". Then, the webpage displays: 27 videos related to "Pleasant Goat and Big Big Wolf: the Super Snail Adventure" have been found, and lists out 27 video icons in the section of "Dou List of Videos", with the length of time, podcast name, playing times and uploading time being indicated below each of the icons. Of them, the lengths of time of four videos are respectively noted to be 1: 25: 39, 1: 25: 20, 1: 25: 39, and 1: 25: 39, their podcast names are respectively 4691078, *pstara*, ~歌雪痕, *etc.*, and they were respectively uploaded two days, two days, one day and one day ago. Click "喜羊羊与灰太狼之牛气冲天 DVD 高清晰" (Pleasant Goat and Big Big Wolf: the Super Snail Adventure DVD HD), namely the video of 1: 25: 39 in length at the podcast of 4691078, and play the video. Then, the page displays the words "Pleasant Goat and Big Big Wolf: the Super Snail Adventure DVD HD" and "*tudou. com*" at the upper left corner of the playing box, whereas advertisements are presented on both sides of the playing box. The Plaintiff paid a total of RMB 3,000 as fees for the notarization.

3. In December 2008, SMG Film & Drama Center provided a "Certificate for Authorized Network Promotion", which says: SMG Film & Drama Center authorizes the Defendant to carry

out constant and uninterrupted network promotion for the involved film after its release to the public. The specific authorization is the right to network dissemination of information to the trailers, bloopers, theme song and interludes (the length of time for each piece of video or audio shall not exceed 5 minutes) and segments (not more than 3 minutes in length) of the film for purpose of promoting the film. The center acknowledged the foregoing relevant contents of the film and recognized their validity.

Moreover, in the course of playing the CD recording the involved film provided by the Plaintiff, the last captions also indicated the words "media support by Tudou. com" in addition to the statement "a film jointly produced by SMG", Creative Power Entertaining Co. ,Ltd. , and Uyoung (Beijing) Media Co. ,Ltd.

The above facts are proved with the notary certificates (2009) HU-Jing-Zheng-Jing-Zi No. 1992, 1993, 1994, and 1995, the notary certificate (2009) HU-Jing-Zheng-Jing-Zi No. 1902, and invoices of notarial fees provided by the Plaintiff, the certificate of SMG Film & Drama Center provided by the Defendant, as well as the notes of the statements of the parties in the trial and the supplementary interrogation notes.

The court held:

1. About the rights of the Plaintiff. Pursuant to the provisions of China's *Copyright Law*, *the copyrights of film works and works created in a way similar to film production shall belong to the producers.* In accordance with the film release license issued by the State Administration of Press, Publication, Radio, Film and Television of the PRC and captions of the involved film, SMG, Creative Power Entertaining Co. ,Ltd. , and Uyoung (Beijing) Media Co. ,Ltd. are producers of the involved film "Pleasant Goat and Big Big Wolf: the Super Snail Adventure". The right evidence provided by the Plaintiff could form an evidence chain proving that it had obtained the right to network dissemination of information of the involved film in the contract period by way of valid authorization. The Defendant held that the Plaintiff hadn't enjoyed the right to network dissemination of information of the involved film, but could provide any opposing evidence. Therefore, the court did not accept the counterclaim.

2. About infringement of the Defendant. The court held: 1. Article 67 of the *Civil Procedure Law* of the PRC provides: "The people's court shall take the acts, facts and documents legalized by notarization according to legal procedures as the basis for ascertaining facts, unless there is evidence to the contrary sufficient to invalidate the notarization". The Defendant held that the notarization process was not valid on the ground that there was a gap of 31 days between the time of evidence conservation notarization and the time that the notarial certificate was issued, and the evidence was not valid with insufficient ground. With regard to the segments of the involved film played in the process of notarization, the Defendant held that the consistency between such video segments played in the process of notarization and the involved film could not be proved on that ground. In this regard, the court held that the Plaintiff had found the video "Pleasant Goat and Big Big Wolf: the Super Snail Adventure" by searching videos available at the website of the Defendant, the characters, scenes and dialogues appeared during the process of playing the video were consistent with the involved film, and the film name "Pleasant Goat and Big Big Wolf: the

Super Snail Adventure" was also displayed during the playing process. In addition, the Defendant failed to provide evidence to prove that the video played was another work. Therefore, although the length of video played for notarization was short, it could still be determined that the video played at the website of the Defendant was the film "Pleasant Goat and Big Big Wolf: the Super Snail Adventure", for which the Plaintiff claimed for right. Therefore, the objection raised by the Defendant against the notarization evidence was insufficient to negate the effect of the evidence and the Defendant had no opposing evidence to invalidate the notarial certification. Based on the ground, the court did not accept this part of deraignment raised by the Defendant.

2. The involved film "Pleasant Goat and Big Big Wolf: the Super Snail Adventure" is a work with certain popularity in China. In particular, in the hot show period of the film then, relevant obliges usually would not permit others or initiatively put the film on the website of others for the public to download or play free of charge. Furthermore, based on the opinions and testimonies that the Defendant argued and provide evidence to prove its deletion of hot films on its website including "Pleasant Goat and Big Big Wolf: the Super Snail Adventure", it can also be proved that the Defendant had full awareness to the situation that users uploaded the film "Pleasant Goat and Big Big Wolf: the Super Snail Adventure" to *Tudou. com* ad libitum without authorization. Therefore, the Defendant was expected to fulfill a higher duty of care to such a film with high popularity which was uploaded to its website by users ad libitum. Nonetheless, the name of the uploaded video shown on the notarized page of the Defendant's website was specifically noted as "Pleasant Goat and Big Big Wolf: the Super Snail Adventure DVD HD", and the Defendant failed to provide evidence to prove that users had taken technical measures to circumambulate the monitoring and screening measures set thereby. Thus, as a professional website taking certain technical measures, the Defendant shall be able to discover and control such acts through its corresponding technologies. To say the least, even the Defendant argued that it had obtained the authorization to carry out publication and promotion for the bloopers and segments of the film "Pleasant Goat and Big Big Wolf: the Super Snail Adventure", but based on the contents of the authorization certificate issued by SMG Film & Drama Center, which was provided by the Defendant regarding such authorization, what the Defendant had obtained was the right to play on the internet segments of the involved film not more than 3 minutes in length, or relevant trailers and bloopers not more than 5 minutes in length. Therefore, the Defendant also assumed the corresponding duty of care for the dissemination of the involved film within the scope of authorization, and could for sure control the playing length of the uploaded videos with technical measures. Nonetheless, there were at least four videos indicated in the notary certificate exceeding 1 hour in length. Even if the notary certificate indicated that such videos had been uploaded 1-2 days before the evidence conservation notarization, the Defendant failed to provide evidence to prove that it had deleted the involved videos within a reasonable time. Meanwhile, the page where the involved film was played online attached to the notary certificate indicated that the Defendant had also published advertisements. Consequently, the Defendant shall bear corresponding civil liability as, with regard to the online playing of the involved film with high popularity on *Tudou. com* affiliated thereto, it neglected to perform its due duty of care in rou-

tine maintenance, allowed the occurrence of such infringing acts, assisted others in conducting such infringing act, and obtained corresponding economic benefits.

3. About the amount of compensations. As the Plaintiff failed to provide evidence to prove its actual losses arising from such infringement, or the profits received by the Defendant therefrom, the court, based on the actual circumstances, determines the amount of compensations that the Defendant shall pay by taking into overall consideration various factors including the popularity of the involved film, nature of such infringement act, time, seriousness and consequence of infringement, and subjective fault of the Defendant. Based on the above grounds, in accordance with the provisions of Article 130 of the *General Principles of the Civil Law of the People's Republic of China*, Article 10. 1 (12), Article 47. 1 and Article 48 of the *Copyright Law of the People's Republic of China*, Article 3 of *the Interpretation of the Supreme People's Court on Several Issues Concerning the Application of Law in the Trial of Cases Involving Copyright Disputes over Computer Network, and* Articles 25. 1 and 25. 2 and Article 26 of *the Interpretation of the Supreme People's Court Concerning the Application of Laws in the Trial of Civil Disputes over Copyright*, the ruling is made as below:

1. Shanghai TuDou Network Technology Co. , Ltd. , the Defendant, shall lose no time to stop its infringement upon the right to network dissemination of information enjoyed by JOY. CN Corporation Limited, the Plaintiff, regarding the film "Pleasant Goat and Big Big Wolf: the Super Snail Adventure" as from the effective date of the ruling;

2. Shanghai TuDou Network Technology Co. , Ltd. , the Defendant, shall compensate JOY. CN Corporation Limited, the Plaintiff, RMB 20,000 for the latter's economic losses including reasonable investigation expenses within ten (10) days after the ruling comes into effect;

If Shanghai TuDou Network Technology Co. ,Ltd. , the Defendant, fails to perform its obligation to pay the said money within the period defined in the ruling, it shall pay doubled interests of debt for the period of delayed performance in accordance with the provisions of Article 229 of the *Civil Procedure Law of the People's Republic of China.*

The court fee of the case is RMB 2,320, which has been paid by the Plaintiff, of which JOY. CN Corporation Limited, the Plaintiff, shall bear RMB 320 and Shanghai TuDou Network Technology Co. ,Ltd. , the Defendant, shall bear RMB 2,000.

Either party that refuses to accept this ruling as final may, within fifteen (15) days after service of this judgment, appeal to Shanghai No. 2 Intermediate People's Court by submitting an appeal petition to the court together with a sufficient number of copies for each person of the opposing party to have one.

Chief Judge: Jing Ying
Judge: Xu Chenping
Assistant Judge: Yan Jun
April 22, 2010
Court Clerk: Zhang Ying

(The judgment has been selected into 2010 Shanghai's 10 Cases on Judicial Protection of Intellectual Property)

6. Shanghai Xuanting Entertainment Information Technology Co. , Ltd v. Beijing Baidu Network Information Technology Co. , Ltd. *et al.* Case of Dispute over Infringement on Copyright

——Civil Judgment of Shanghai Luwan District People's Court

(2010) LU-Min-San- (Zhi) -Chu-Zi No. 61

Plaintiff: Shanghai Xuanting Entertainment Information Technology Co. , Ltd. Domicile: No. 208 Juli Road, Zhangjiang Hi-Tech Park, Shanghai.

Legal representative: Hou Xiaoqiang, executive director of the company.

Entrusted agent: Fu Gang, lawyer of Shanghai Co-Effort Law Firm LLP.

Entrusted agent: You Minjian, lawyer of Shanghai Co-Effort Law Firm LLP.

Defendant: Beijing Baidu Network Information Technology Co. , Ltd. Domicile: No. 10 Shangdishi Street, Haidian District, Beijing.

Legal representative: Liang Zhixiang, manager of the company.

Entrusted agent: Yang Jun, lawyer of Watson & Band Shanghai Office.

Entrusted agent: Tan Jun, in-house counsel of the company.

Defendant: Shanghai Source Networking Technology Co. ,Ltd. Domicile: Tower C, Building 5, No. 125 Gongnong Street, Caojing Town, Jinshan District, Shanghai.

Legal representative: Dai Yunjie, Chairman of the company.

Entrusted agent: Yu Shuying, staff member of the company.

Entrusted agent: Dai Yi, staff member of the company.

This court accepted the case of dispute over infringement on copyright filed by the Plaintiff, Shanghai Xuanting Entertainment Information Technology Co. , Ltd. against the Defendant, Beijing Baidu Network Information Technology Co. , Ltd. (hereinafter referred to as Baidu) and Shanghai Source Networking Technology Co. , Ltd. (hereinafter referred to as Source Networking) and then organized a collegiate bench by law for public hearing. The Plaintiff's entrusted agents, Fu Gang and You Minjian, the Defendant Baidu's entrusted agents, Yang Jun and Tan Jun, and the Defendant Source Networking's entrusted agents, Yu Shuying and Dai Yi, appeared before the court. The trial of the case had been concluded.

The Plaintiff alleged that it, as a leader of China's internet literature, was operator of *www. Qidian. com*, an original literature works portal. The five novels, *Fight under The Sky* (*Dou Po Cang Qiong*), *To Become A God* (*Fan Ren Xiu Xian Zhuan*), *The Card Maker* (*Ka Tu*), *Bodyguard* (*Jin Shen Bao Biao*) and *King of A Time* (*Tian Wang*) (hereinafter individually or collectively referred to as the "Involved Works") were popular internet novels released on *www. qidian. com* and were braced by a large number of readers. By January 12, 2010, the *novel Fight under The Sky* had won a total click of 46,142,620 on *www. qidian. com*, ranking the first in "Top Ten Novels" of *www. baidu. com* run by the Defendant, Baidu; *To Become A God* had won a total click of 36,907,562 on *www. qidian. com*, ranking the second in "Top Ten Novels" of *www. baidu. com* run by the Defendant, Baidu; *The Card Maker* had won a total click of 20,369,209 on *www. qidian. com*, ranking the fourth in "Top Ten Novels" of *www. baidu. com* run by the Defendant, Baidu; and *Bodyguard* had won a total click of 12,580,491 on *qidian. com*, ranking the eighth in "Top Ten Novels" of *www. baidu. com* run by the Defendant, Baidu; and *King of A Time* had also won a total click of 17,987,068 on *www. qidian. com*. The Plaintiff had all copyrights in the Involved Works, including the right of reproduction, adaptation, and to network dissemination of information.

The Plaintiff found out that, Baidu search services provided by the Defendant, Baidu (*www. baidu. com*) offered the public many unauthorized links to the Involved Works in which the Plaintiff owned the exclusive right to network dissemination of information for a very long term. The Plaintiff communicated with the Defendant, Baidu for many times and required it to delete the infringing links by law. It also served Baidu a legal letter to which the certificate of copyright in the Involved Works and addresses of piracy links were attached, urging Baidu to respond to the notice within 24 hours, remove corresponding infringing links, keep Xuanting updated on the result of removing each infringing link alleged by it, and retrieve and remove all infringing information in certain websites according to samples of infringing links, works' title and author name provided by the Plaintiff. However, though Baidu was fully aware of the Plaintiff's exclusive right to network dissemination of information in the Involved Works, and the Plaintiff had listed the infringing links one by one, it made no clear response whether or not it would delete the infringing links notified of by the Plaintiff and failed to delete many infringing links listed in the legal letter. Even when the Plaintiff officially declared that it would file a lawsuit concerning the infringement upon those works at a press conference, the Defendant, Baidu was still negligent in performing its obligation to delete, and some links the Plaintiff required deleting still existed. During the investigation, the Plaintiff found that some links that the Defendant was reluctant to delete directed to websites with which the Defendant, Baidu forged a cooperation relationship. These websites were involved in the "Baidu Net League Promotion" launched by the Defendant, Baidu, and entered into revenue-sharing agreements with Baidu based on search traffic volumes. It showed that the Defendant, Baidu had both the fault and the malice by refusing to delete the infringing links. The Defendant, Baidu did not perform its duty of due care for the infringing content of its advertisement cooperators and even failed to delete the infringing links as specifically notified by the Plaintiff. The above acts of the Defendant, Baidu had materially damaged the legal rights and interests of the Plaintiff. Subjectively, the Defendant, Baidu had faults. Objectively, it helped the websites of a third party infringe upon copyrights and caused damages. Therefore, this constituted the joint infringement with the third party website directly committing infringement and the Defendant, Baidu should assume the joint and several civil liability.

The Defendant, Baidu also recommended the Involved Works on its secondary domain *wap. baidu. com* by initiating "The Hottest Rankings" and "Best Recommendation" columns, and reproduced the Involved Works in full texts on its website, allowing the public to directly read or download full Involved Works without visiting any third party website and even the Plaintiff's website, which completely replaced the legal source of the works and constituted direct infringement upon the copyrights in Involved Works.

The Defendant, Baidu was not only negligent in deleting the infringing links, but also directly disseminated the piracy works, causing the extensive dissemination of the infringing works and gaining benefits from such dissemination. As a result of such acts, the click rate and charges of the Plaintiff's genuine novels have substantially reduced, making the Plaintiff sustain huge economic losses.

The Defendant, Source Networking, is the producer and actual operator of "7999 Website Collection" (*www. 7999. com*). As a member of Baidu Union with Baidu Union's green certification, "7999 Website Collection" entered into a revenue-sharing agreement with Baidu based on search results and embedded a Baidu search bar at a clearly visible place on its web page. When any name of the Involved Works is entered on this website to search, millions of links can be found for each of the Involved Works, most of which contain infringing links to the Involved Works. The Defendant, Source Networking, jointly promoted Baidu Search with the Defendant, Baidu and gained profits from such promotion, contributing to expand the dissemination scope of those infringing and piracy links and causing substantial losses to the Plaintiff, and therefore should assume the liability for joint infringement together with Baidu.

According to the *Tort Law*, the *Copyright Law* and the *Regulation on Protection of the Right to Network Dissemination of Information* of China, the acts of the two Defendants had materially infringed upon the Plaintiff's right to network dissemination of information, and therefore the Plaintiff requested the court to order that: I. the Defendant, Baidu shall cease the infringement and immediately remove from its websites (including *www. baidu. com* and *wap. baidu. com*) the piracy links and content related to the five novels, *Fight under The Sky*, *To Become A God*, *The Card Maker*, *Bodyguard* and *King of A Time*; II. the two Defendants shall jointly and severally compensate the Plaintiff RMB 1,000,000 yuan for its economic losses and RMB 84,500 yuan for its reasonable expenses incurred hereby; and III, the two Defendants shall jointly pay the legal fee of this case.

The Plaintiff had provided the court with following evidence to prove the facts claimed by it:

(I) The Plaintiff provided the following evidence to prove it has the exclusive right of reproduction and to network dissemination of information in the Involved Works:

Exhibit 1-*Agreement of Creation on Commission* (No. FC20090455), Exhibit 21-the book *Fight under The Sky* (4.64 million words) and Exhibit 35-*Declaration of Authorization* (No. 20090900) to prove that the Plaintiff is the holder of copyright in *Fight under The Sky* and has the exclusive right of reproduction and to network dissemination of information;

Exhibit 2-*Agreement of Creation on Commission* (No. WC-20090204), Exhibit 22-the book *To Become A God* (5.3 million words) and Exhibit 36-Declaration of Authorization

(No. 20091017) to prove that the Plaintiff is the holder of copyright in *To Become A God* and has the exclusive right of reproduction and to network dissemination of information;

Exhibit 3-*Declaration of Authorization* (No. 20081778), Exhibit 23-the book *The Card Maker* (2. 09 million words) and Exhibit 38-*Agreement of Creation on Commission* (No. BJ20090004) to prove that the Plaintiff is the holder of copyright in *The Card Maker* and has the exclusive right of reproduction and to network dissemination of information;

Exhibit 4- *Agreement of Creation on Commission* (No. 20090118), Exhibit 25-the book *Bodyguard* (2. 08 million words) and Exhibit 37-*Declaration of Authorization* (No. 20090160) to prove that the Plaintiff is the holder of copyright in *Bodyguard* and has the exclusive right of reproduction and to network dissemination of information;

Exhibit 5-*Declaration of Authorization* (No. 20091871), Exhibit 24-the book *King of A Time* (2. 09 million words) and Exhibit 39-*Agreement of Creation on Commission* (No. BJ20090008) to prove that the Plaintiff is the holder of copyright in *King of A Time* and has the exclusive right of reproduction and to network dissemination of information.

(II) The Plaintiff provided the following evidence to prove the two Defendants had committed indirect infringement:

Exhibit 8-Notarial Deed ((2009) Hu-Lu-Zheng-Jing-Zi No. 3308) to prove that the Plaintiff has served the Defendant, Baidu a letter of notification on October 21, 2009, requiring it to delete the infringing links. The letter of notification included the Plaintiff's proof of identification, authorization certificate and other documents related to its right, the method to search for piracy links and 1,252 links, and a clear statement notifying the Defendant, Baidu that it has never permitted any third party to disseminate the Involved Works to the public through Internet and that any content of the Involved Works released on any website other than the Plaintiff's was infringing. The Plaintiff had provided the preliminary materials proving the infringement and performed its duty of notification, and the Defendant, Baidu, was aware of the ownership in Involved Works and the infringing links;

Exhibit 9-Notarial Deed ((2009) Hu-Lu-Zheng-Jing-Zi No. 3917) to prove that because the Defendant, Baidu did not delete the piracy links in time, the quantity of relevant links increased. On December 4, 2009, the Plaintiff sent another letter to the Defendant, Baidu, requiring it to delete 2,500 infringing links, including those notified in the first letter of notification. The Defendant, Baidu was aware of the ownership in Involved Works and the infringing links;

Exhibit 10-Notarial Deed ((2009) Hu-Lu-Zheng-Jing-Zi No. 3853) to prove that the Plaintiff, in viewing of no response from the Defendant, Baidu, randomly clicked open 142 links to verify and notarize whether or not the links in letters of notification were deleted, finding that the Defendant, Baidu, did not delete them and apparently infringing content, such as the titles, authors, full texts, latest chapters and full texts download of the Involved Works, could be clearly viewed in the summary of relevant links on its websites. This evidence proved that the Defendant, Baidu, was negligent in performing its obligation of deletion and that a lot of piracy links existed even in one and a half month after the Plaintiff had officially sent the letters of notification;

Exhibit 11-Notarial Deed ((2010) Hu-Lu-Zheng-Jing-Zi No. 11) to prove that the Defendant, Baidu, was negligent in performing its obligation of deletion. Three months after the Plaintiff officially sent letters of notification and though the Plaintiff officially held a press conference to warn against the Defendant, Baidu, there were still a lot of piracy links on its websites. The Defendant, Source Networking, as the cooperator of the Defendant, Baidu, has expanded the dissemination scope of the infringing links;

Exhibit 12-Print Copy of the Web Page "Partner Supporting Measures of Baidu Big Union Certification Program" to prove that, the Defendant, Source Networking was a partner in Baidu Big Union and shared profits from search traffic with the Defendant, Baidu;

Exhibit 13-Print Copy of Web pages from Baiqi Zhongwen Website, Exhibit 14-Print Copy of Web pages from Time-Travelling Novel Reading Website and Exhibit 15-Print Copy of Web pages from Baishuku Website to prove that the Defendant, Baidu failed to perform the duty of due care for its cooperators joining "Baidu Net League Promotion". It subjectively had the fault and objectively helped third party websites infringe upon the copyrights, thus causing material damages;

Exhibit 27-Notarial Deed ((2010) Hu-Lu-Zheng-Jing-Zi No. 1823) to prove that the Defendant, Baidu, was negligent in performing its obligation of deletion. There were still a lot of piracy links to the Involved Works on its websites even ten months after the Plaintiff had officially sent the notification. Most of these links contained advertisements promoted by Baidu, proving that the Defendant, Baidu, shared profits therein;

Exhibit 30-Notarial Deed ((2010) Hu-Lu-Zheng-Jing-Zi No. 2874) and Exhibit 31-Notarial Deed ((2010) Hu-Lu-Zheng-Jing-Zi No. 2875) to prove the links specified in the official notice from the Plaintiff were web pages infringing the Involved Works including *Fight under The Sky*;

Exhibit 32-Notarial Deed ((2010 Hu-Lu-Zheng-Jing-Zi No. 2876) to prove that the Defendant, Baidu, was negligent in performing its obligation of deletion. There were still some piracy links to the Involved Works on its websites even ten months after the Plaintiff had officially sent the notification. Most of these links contained advertisements promoted by Baidu, proving that the Defendant, Baidu shared profits therein;

Exhibit 33-Notarial Deed ((2009) Hu-Lu-Zheng-Jing-Zi No. 4062) and Exhibit 34-Notarial Deed ((2009) Hu-Lu-Zheng-Jing-Zi No. 4164) to prove that the Defendant, Baidu, listed the Involved Works on the top of its "Baidu Billboard" and was negligent in performing its obligation of deletion though it was aware of the infringement. Two months after the Plaintiff had officially sent letters of notification and though the Plaintiff had officially held a press conference to warn against the Defendant Baidu, there were still a lot of piracy links on its websites.

(III) The Plaintiff provided the following evidence to prove the Defendant, Baidu, had committed direct infringement:

Exhibit 26-Notarial Deed ((2010) Hu-Lu-Zheng-Jing-Zi No. 2121) to prove that the Defendant, Baidu, provided vertical searches to the Involved Works such as *Fight under The Sky* under the category of "Novels" on its website Baidu WAP channel (*wap. baidu. com*). The search of each of the Involved Works produced only over 30 results, which did not include the Plaintiff's genuine website, and Baidu had sifted and edited the search results;

Exhibit 28-Notarial Deed ((2010) Hu-Lu-Zheng-Jing-Zi No. 2237) proves that, the Defendant, Baidu, provided lists and recommendations about many internet literature works including *Fight under The Sky*, *Bodyguard* and *To Become A God* under the category of "Novels" on its website Baidu WAP channel (*wap. baidu. com*) and offered piracy works directly online. The readers may view the full texts of Involved Works on its websites and such works were reproduced on the server of the Defendant, Baidu, in full text;

Exhibit 29-Notarial Deed ((2010) Hu-Lu-Zheng-Jing-Zi No. 2784) to prove that the Defendant, Baidu, provided vertical searches to the Involved Works such as *Fight under The Sky* under the category of "Novels" on its website Baidu WAP channel (*wap. baidu. com*) and offered piracy works directly online, which were reproduced on the server of the Defendant, Baidu, in full text.

(IV) The Plaintiff provided the following evidence to prove the reasonable expenses incurred to safeguard its right:

Exhibit 16-Invoice of the Notarial Deed ((2009) Hu-Lu-Zheng-Jing-Zi No. 3308) to prove that the Plaintiff has reasonably spent RMB 500 yuan for the purpose of safeguarding its right;

Exhibit 17-Invoice of the Notarial Deed ((2009) Hu-Lu-Zheng-Jing-Zi No. 3917) to prove that the Plaintiff has reasonably spent RMB 1,000 yuan for the purpose of safeguarding its right;

Exhibit 18-Invoice of the Notarial Deed ((2009) Hu-Lu-Zheng-Jing-Zi No. 3853) to prove that the Plaintiff has reasonably spent RMB 1,500 yuan for the purpose of safeguarding its right;

Exhibit 19-Invoice of the Notarial Deed ((2010) Hu-Lu-Zheng-Jing-Zi No. 11) to prove that the Plaintiff has reasonably spent RMB 1,500 yuan for the purpose of safeguarding its right;

Exhibit 20-Invoice for attorney fees to prove that the Plaintiff has reasonably spent RMB 80,000 yuan for the purpose of safeguarding its right.

Evidence cross-examination by the Defendant, Baidu: it raised four questions against the notarial deeds provided by the Plaintiff as evidence. 1. In the attached photos, the bottom of browser showed the computer was accessed to Intranet and no presentation was made on whether or not it was accessed to Internet; 2. In the notarization steps, the browser Internet Explorer was used, while the web pages in attached photos showed 360 browser; 3. The process of notarization was interrupted, inducing the possibility of offline editing, modification or replacement; and 4. Part of the notarization steps was inconsistent with the printed web pages.

In response to the first question, Shanghai Luwan Notary Public Office explained that as the broadband speed in its office was limited and the Internet would be accessed via routers after the screening of firewalls and anti-virus software, it added websites frequently used such as Baidu and Sina into the safety zone of its "Intranet" to increase the access speed, and this would not mean Baidu website was in the local area network where the computer was.

In response to the second and fourth questions, Shanghai Luwan Notary Public Office has made corrections.

In response to the third question, Baidu had no evidence to prove that possibility.

Baidu did not recognize the relevancy of the 1st group of evidence provided by the Plaintiff.

Baidu did not recognize the relevancy of the 2nd group of evidence provided by the Plaintiff. It held that Baidu had deleted many links as notified, most of which were dead links. The failure of the Plaintiff to open links acquired by searching with titles of the Involved Works as key words could not prove that these links had provided the Involved Works.

Baidu did not recognize the relevancy of the 3rd group of evidence provided by the Plaintiff. It held that Baidu WAP search transcoded Web pages without editing, modifying or storing any content of these web pages, which could not constitute direct infringement. Baidu wap provided wireless search services, rather than providing works online. The notarial deed also showed that the content came from the third party websites.

With regard to the 4th group of evidence, Baidu thought it should not be held liable for the expenses as it did not make infringement.

The Defendant, Source Networking alleged that the said evidence showing "7999 Website Collection was a navigation website produced by VeryCD" could not prove Source Networking was the operator of *7999. com*, and that it made no comments on the remaining evidence as they bore no relevance with it.

The Defendant, Baidu, argued that 1. there was no evidence sufficient to prove the Plaintiff held the rights in the Involved Works. 2. Baidu who conducted no act contributing to the infringement should not be accused of infringement together with the third party websites, and not be held liable for compensations as those alleged links were already disabled. The Plaintiff should be deemed to give no warnings because the legal letter delivered by it did not conform to requirements specified by laws and such legal letter was attached only with statements on the Involved Works and lists of allegedly infringing links. The Plaintiff did not furnish evidence to prove these listed link addresses contained any infringing content and hence Baidu had no duty to review or even disable those links. Upon screening, those links remaining unbroken primarily included invalid links, links having nothing to do with any infringing content, links to website homepages (displaying brief introduction about the Involved Works only), links on web pages where the Involved Works were reasonably cited, and pages of the table of contents of the Involved Works. Baidu had performed its duty of due care and deleted links mentioned by the Plaintiff in a timely manner, and therefore should not be held liable for compensation. 3. The fact that Baidu provided WAP services did not constitute infringement. WAP is an international network communication protocol. It transforms the hypertext markup language of which the web page documents are composed into wireless markup language, allowing corresponding Internet information to display on wireless terminals such as mobile phones. Results from WAP searches integrate webpage resources in the forms of both Web and WAP. Currently, browsers used on the majority of mobile terminals support only web pages in WAP form. Instead of being viewed directly, Web pages appearing in search results must be transformed into Web pages before they can be viewed in the browsers of mobile phones. The transcoding service provided by Baidu is an auxiliary product serving for this purpose and for WAP search. WAP did not store any content of the third party websites. The function of WAP search is realized through two parts, namely web search which is consistent with services provided by Baidu search (*www. baidu. com*), (i. e. the search engine, upon receiving a request from a user to search with key words, will organize the retrieval data related to the user's instructions in index database in accordance with technical regulations, and generate temporary links to offer to the user), and adaptation for mobile devices which is a process that the search results are adapted by means of transcoding services to web pages for mobile devices and reversed back to the user. The adaptation process is: user requesting for Baidu transcoding service- > transcoding service analyzing URL to obtain the link address of Web pages of the third parties - > transcoding service requesting for Web pages of the third parties- > transcoding service converting Web pages into WAP pages - > transcoding service reversing WAP pages back to the user's mobile terminal browser- > user viewing the WAP pages. Such process shows that the entire process involves only real-time operations based on the user's instructions. Baidu does not and cannot store the massive content from the third party websites in advance since it is impossible to predict the instructions given by users. Meanwhile, as a universal browser initiates requests for viewing in reliance on the URL in address bar, such requests, if without any technical interventions, will be directly directed to third party websites and Web pages thus obtained cannot be displayed on ordinary mobile phones. For the purpose of adaptation for mobile phones, proxy is required. In other words, Baidu's domain name was used in first part of the URL in the address bar of the browser, and the actual target website address became a URL parameter (namely, the last part of URL in the address bar). Any modification in the last part of URL would lead to access to corresponding third party websites. In this regard, Baidu used the URL beginning with "*wap. baidu. com*" which is technologically necessary to complete the adaptation for mobile phones and did not reproduce or store any content from third party websites. Therefore, the Plaintiff's accusation that Baidu reproduced and stored third party websites by reason of its use "*wap. baidu. com*" to begin the URL of allegedly infringing web pages could not stand up. The transcoding services of Baidu WAP did not involve in editing and modifying any content of web pages and therefore Baidu did not commit direct infringement. Moreover, the Plaintiff never sent any notice concerning the WAP search of Baidu Company and in this case, Baidu had disabled the infringing links in a timely manner after it received the evidence from the Plaintiff and performed its duty of due care. It should not be held liable for indirect infringement.

The Defendant, Baidu, provided this court with the following evidence in favor of its claims:

The 1st group of evidence proved that Baidu had deleted links to Involved Works in a timely manner. On August 4 and 19 of 2010, and February 14 and 17 and March 1 of 2011, Baidu had its process of evidence collection notarized, proving that links in the Plaintiff's evidence were searched for and reviewed and the result was "cannot find this URL" or "no webpage related to

URL found".

The Plaintiff responded that, the notarial deeds in connection with Baidu's deletion of links was issued one year after the Plaintiff notified it to delete and covered only a few links notified and that it could not prove that Baidu had deleted those links in a timely manner or that all infringing links notified were deleted.

The 2nd group of evidence proved that the links covered in the Plaintiff's legal letter carried no infringing content and the content of third party websites kept changing at any time. 1. On August 4, 2010, Baidu had its process of evidence collection notarized, proving that the links covered in the Plaintiff's legal letter carried no infringing content. This included the following circumstances: the webpage cannot be found, not found, unauthorized to view the webpage, other content (advertisements and other links), website expiring, unregistered website or website with illegal information, messy code, system error, no existence of topic designated; 2. On August 13, 17 and 31 of 2010, Baidu had its process of evidence collection notarized, proving that though specialized search engines such as Baidu, Sousou, Google, Yahoo and Sougou provided relevant results for an address, it would turn out that the "webpage not found, webpage deleted or not exist, actual content of the website inconsistent with that displayed for search, webpage is works with same name but different content" if the results were further clicked on; 3. On February 16 and March 21 of 2011, Baidu had its process of evidence collection notarized, proving that it had reviewed some links mentioned in the Plaintiff's evidence, which turned out to be blank page, webpage not found, irrelevant to the Involved Works, or web pages cannot be displayed, and no infringing content was found; and 4. Some links alleged by the Plaintiff were entered in search engines such as Google, Bing and Sousou, and the search results turned out to be dead links if further clicking was done.

The Plaintiff responded that, some links covered in the notarization of Baidu were not included in the links notified to delete. As the notarization was conducted one year after the date of notification, it only indicated the status of relevant web pages during the notarization, not their status at the time the Plaintiff sent the notification.

The 3rd group of evidence proved that Baidu did not commit infringement by providing the WAP services and had performed its duty to delete as notified. 1. Baidu had its process of evidence collection notarized, proving that by clicking into the search results from Baidu WAP search, Sousou, Easou, and Google WAP search, corresponding third party websites all had their URL address beginning with such WAP search engine and the address of website in search results only displayed one-level URL (the URL of the homepage of the third party website); 2. Any modification in the last part of URL address displayed in the address bar of WAP page which was one of the WAP search results from Baidu, Sousou, Easou and Google would lead to the access to the corresponding third party website; 3. When K-Touch and Lenovo mobile phones are used to scan third party websites, only WAP web pages could be viewed and the "original webpage" could not be accessed to view the content of Web pages; when OPPO mobile phones are used to scan the third party websites, the "original webpage" could not be accessed to view the content of Web pages; 4. On January 28, 2011, no search results were found by entering the Involved Works in *wap. baidu. com*.

The Plaintiff responded that *wap. baidu. com* was the second-level domain of Baidu and directed to Baidu wireless channel. There were "The Hottest Rankings" and "Best Recommendation" on the web page, proving that Baidu had actively disseminated the Involved Works in full awareness of their infringing nature and reproduced the specific contents of such works on Baidu Server, allowing the users to directly read on Baidu Server, and such act constituted direct infringement.

The Defendant, Source Networking argued that it was not an eligible Defendant in this case. According to the MIIT ICP registration materials, "7999 Website Collection" (*www. 7999. com*) was sponsored by the individual Dai Yunjie and produced by Source Networking. Source Networking was not the actual operator of this website and requested the court to reject the claims of the Plaintiff.

The Defendant, Source Networking, provided this court with its MIIT ICP registration materials in favor of its claims.

This court admitted evidence related to the copyrights claimed by the Plaintiff in the Involved Works, notarized legal letter, indirect infringement of Baidu, direct infringement and proof of reasonable expenses, did not admit evidence by which the Defendant Baidu thought its act did not constitute indirect and direct infringement upon the Plaintiff's right to network dissemination of information, and admitted the authenticity of evidence provided by the Defendant Source Networking.

During the trial, this court found that:

I. Facts of the Plaintiff's Rights

The Plaintiff had the property rights in the Involved Works, including the reproduction right and the right to network dissemination of information. The Plaintiff entered into an *Agreement of Creation on Commission* or *Copyright Transfer Agreement* with the authors and paid a large amount of money and legally obtained the exclusive authorization concerning the Involved Works, including the reproduction right, the right to network dissemination of information and compilation right. According to the agreements said above, anyone other than the Plaintiff, including the author, cannot exercise the said rights during the validity of these agreements. The author and the Plaintiff also agreed on the use of pseudonym when they signed the agreements of creation on commission and the pseudonym and the true name of the author's were corresponded in the agreement, which was attached with the outline of the works and information about the true identify and domicile of the author. For the purpose of safeguarding rights, the author of Involved Works also confirmed the transfer of the copyrights to the Plaintiff, declared that no one could exercise the said rights without the written authorization of the Plaintiff and acknowledged that the Plaintiff would exercise the right to safeguard rights.

The books provided by the Plaintiff as the Involved Works were bestsellers legally published, and the cover and the copyright page bore the author's name and the Plaintiff's website and network address.

II. Facts of Alleged Infringement

The Defendant, Baidu, was the operator of the search service website *www. baidu. com.*

(I) Facts related to the indirect infringement of the Defendant Baidu Company.

On October 21, 2009, the Plaintiff's agent Wang Zheng sent a legal letter to the Defendant Baidu via EMS under the supervision of notary from Shanghai Luwan Notary Public Office. The letter wrote:

The Plaintiff was the operator of *www. qidian. com*, an original literature works portal in China. The Plaintiff found that the website of Baidu, *www. baidu. com*, provided the public with many infringing and piracy links to the contracted literature works in which the Plaintiff had exclusive right to network dissemination of information and other relevant copyrights. Examples of Internet addresses of infringing links provided by Baidu to the public as well as titles and authors of the Involved Works were given as follows:

King of A Time Author: Tiao Wu *www. xiaoshuo520. com/Book/66175/Index. aspx*

The Card Maker Author: Fang Xiang *www. xiaoshuo520. com/Html/Book/8/65436/*

Bodyguard Author: Liu Xiahui *www. xiaoshuo520. com/Html/Book/68/66136/.*

The literature works to which Baidu provided the public with links were contracted works in which the Plaintiff had exclusive right to network dissemination of information, compilation right and other copyrights, and authors of the works in question signed agreements on exclusive transfer of copyright or exclusive authorization with the Plaintiff. The Plaintiff had the exclusive right to network dissemination of information and other copyrights in the said literature works from the very beginning and had stated that these works were exclusively published by *www. qidian. com* and not allowed any transshipment. The Plaintiff never permitted any third party to disseminate the said works to the public through Internet and any content of the said works published on any website rather than the Plaintiff's was infringing upon the Plaintiff's right to network dissemination of information and other copyrights. Up until now, Baidu were still providing links to infringing content, thus allowing any third party to easily scan, read, reproduce and store the works in which the Plaintiff had copyrights through the infringing links provided by Baidu. Such act of Baidu had materially damaged the Plaintiff's legal rights and caused the Plaintiff to sustain substantial economic losses. Baidu should assume legal liability for its act. The Plaintiff hereby served the letter to demand Baidu as follows:

First, upon receiving this letter, Baidu shall immediately disable, delete and stop providing the links infringing upon the Plaintiff's copyrights as specified in this letter and its attachments on all operation platforms of Baidu including *www. baidu. com* and other websites owned by it and software and platforms developed by it;

Second, upon receiving this letter, Baidu shall conduct search on *www. baidu. com* using the book titles and authors provided in the letter and basic search methods, and then immediately disable, delete and stop providing the links to the infringing information about the said works published on websites other than the Plaintiff's.

Third, if Baidu did not complete the requirements in above two paragraphs by November 5, 2011, the Plaintiff would seek to hold Baidu liable and to compensate all losses and expenses sustained by the Plaintiff through all legal means, including but without limitation to judicial lawsuits and administrative report. The Plaintiff would disclose all the above said contents through media.

The Plaintiff listed the links to the Involved Works on the Plaintiff's website and 1,252 links to allegedly infringing web pages in the Attachment 1 hereto and provided the proof of identification of the Plaintiff and the authorization letters issued by the authors.

On December 2, 2009, the Plaintiff's agent Wang Zheng, under the supervision of notary from Shanghai Luwan Notary Public Office, used a computer in this office to verify whether or not the Defendant, Baidu, had deleted or screened off the piracy links to the Involved Works listed in the letter sent by the Plaintiff on October 21, 2009. The main operation steps were as follows: open IE browser, and enter *www. baidu. com* in the address bar to access Baidu web page; in the middle of the web page accessed in previous step, enter "*33xs. com/files/article/info/193/193414. html*" in the blank search box, click on "Baidu Yi Xia" to enter, take a screen shot of the webpage displayed and store it. In the middle of the web page accessed in previous step, enter *www. xiaoshuoxiazai. net/tags. php/近身保镖/* in the blank search box, click on "Baidu Yi Xia" to enter, take a screen shot of the web page displayed and store it. In the middle of the web page accessed in previous step, enter *http://www. txtgogo. com/up/download_ ebook26/* in the blank search box, click on "Baidu Yi Xia" to enter, take a screen shot of the webpage displayed and store it. The Plaintiff's agent had searched and verified 141 links specified in the letter, which could be found on Baidu. In the webpage displaying search results, Baidu provided a summary to the web page corresponding to each link, presenting apparently infringing content such as the title, author, full texts, latest chapters and full texts download of the Involved Works.

On December 4, 2009, the Plaintiff's agent Wang Zheng, under the supervision of notary from Shanghai Luwan Notary Public Office, sent another legal letter to the Defendant, Baidu, via EMS. This letter was basically consistent with the first letter sent by the Plaintiff. In addition to the infringing links to the five Involved Works specified in the first letter, it further added about 2,500 piracy links newly discovered. In the Attachment 1 to this letter, the Plaintiff specifically listed the links to the Involved Works on the Plaintiff's website and about 2,500 links to allegedly infringing web pages, and provided the proof of identification of the Plaintiff and the authorization letters issued by the authors.

On December 17, 2009, the Plaintiff's agent Bai Yu, under the supervision of notary from Shanghai Luwan Notary Public Office, used a computer in this office to check on the rankings on the Defendant Baidu involving the Involved Works and existence of piracy links. The primary operation steps were as follows: open IE browser, and enter *www. baidu. com* to open the web page; in the middle of the web page accessed in previous step, enter "Fight under The Sky " in the blank search box, click on "Baidu Yi Xia" to open a new web page; return to the web page in the second step, enter "To Become A God" in the blank search box in the middle, click on

"Baidu Yi Xia" to open a new web page; at the upper and bottom parts of each webpage displaying search results, there were links to the Involved Works advertised by the Plaintiff on the Defendant, Baidu. Return to Baidu homepage, click on "More > >" under the blank search box to enter a new webpage; in the webpage accessed in previous step, click on "Feng Yun Bang" in the second column and the fifth row to enter a new webpage; in the web page accessed in previous step, click on "Wan Zheng Bang Dan (Full Rankings) 'under' Re Men Sou Suo (Hottest Search)" to enter a new webpage, take a screen shot of the webpage and save it as "截图.doc"; in the webpage of "Feng Yun Bang", move the mouse to "Novel" page under "Entertainment"; click on "Wan Zheng Bang Dan (Full Rankings)" to enter a new web page. It could be seen that the novel *Fight under The Sky* ranked the first in the "Top Ten Novels" on Baidu, *To Become A God* the second, *The Card Maker* the seventh, and *Bodyguard* the fifth. Enter *www. baidu. com* in the IE browser, click on "About Baidu" at the bottom to enter a new web page; in the web page accessed in previous step, click on the "About the Union" at the bottom to enter a new web page and then show "Big Union Certification", "Partner Supporting Measures of Baidu Big Union Certification Program", "How Baidu Big Union Certification Program Operates", "Baidu Big Union Certification Procedures", "Support of Baidu Big Union for Each Certification Level", "Basic Standards for Baidu Big Union Certification Program", "Certified Member Obligations of Baidu Big Union", "How to Join in Baidu Big Union Certification", "How to Apply for Certified Membership of Baidu Big Union", "Cooperation on Net League Promotion" and "How to Optimize Theme Promotion Businesses of Literature Websites".

On January 4, 2010, the Plaintiff's agent Wang Zheng, under the supervision of notary from Shanghai Luwan Notary Public Office, used a computer in this office to verify whether or not the Defendant Baidu had deleted or screened off the piracy links to the Involved Works listed in the letter sent by the Plaintiff on October 21, 2009. The primary operation steps were as follows: open IE browser, and enter *www. baidu. com* in the address bar to access Baidu web page; in the middle of the web page accessed in previous step, enter "*33xs. com/files/article/info/193/193414. html*" in the blank search box, click on "Baidu Yi Xia" to enter, take a screen shot of the webpage displayed and save it; in the middle of the web page accessed in previous step, enter *www. xiaoshuoxiazai. net/tags. php/近身保镖/* in the blank search box, click on "Baidu Yi Xia" to enter, take a screen shot of the web page displayed and save it; in the middle of the web page accessed in previous step, enter *http: //www. txtgogo. com/up/download_ ebook26/* in the blank search box, click on "Baidu Yi Xia" to enter, take a screen shot of the web page displayed and save it. The Plaintiff's agent had searched and verified 56 links specified in the letter, which could be found on Baidu. In the web page displaying search results, Baidu provided a summary to the web page corresponding to each link, presenting apparently infringing content such as the title, author, full texts, latest chapters and full texts download of the Involved Works. From page 1 to 31 of the attachment to Notarial Deed ((2010) Hu-Lu-Zheng-Jing-Zi No. 11), it recorded that the *Beijing Daily*, the *Southern Metropolis Daily*, the *Wenhui Bao*, Sina, Tencent and CCTV reported the Plaintiff had held a press conference in Beijing and declared it would sue

Baidu for piracy; in the page 3 of the attachment, it recorded that the reporter from the *Southern Metropolis Daily* interviewed Yang Haijun, head of Public Relations Department of Baidu, indicating that Baidu was aware of the Plaintiff's action in safeguarding its rights. In the page 42-53 of the Notarial Deed, it showed that Yinzhi was a member of Baidu Big Union and shared profits from search traffic volume with the Defendant, Baidu.

On August 19, 2010, the Plaintiff's agent Wang Zheng, under the supervision of notary from Shanghai Luwan Notary Public Office, used a computer in this office to check how the Defendant, Baidu treated the piracy links to the Involved Works on its website. The primary operation steps were as follows: open 360 security browser, and enter *www. baidu. com* in the address bar to access Baidu web page; in this web page, enter "Fight under The Sky Tian Can Tu Dou", click on "Baidu Yi Xia" to enter a new web page; click on the fifth search result "Latest Chapter of Fight under The Sky-Full Text of Fight under The Sky-Tian Can Tu Dou Novel League" to enter a new web page; in this web page, click on the mark "Baidu Promotion" at the bottom right corner of advertising banner in the upper part to enter a new web page, the address of which was *cpro. baidu. com*; in this web page, successively click on "Enter Baidu Net League Promotion", "Four Leading Advantages", "Media Focus", "Baidu Gathers 300,000 Websites to Initiate Net League Promotion", and "How Will My Promotion Result Be Displayed?". Among them "Charge based on effects: obtain massive display without charge and pay per clicks" proved that the promotion business of Baidu was of high profit and massive scale. On October 28, 2010, the Plaintiff's agent Wang Zheng, under the supervision of notary from Shanghai Luwan Notary Public Office, used a computer in this office to verify whether or not the Defendant Baidu had deleted or screened off the piracy links to the Involved Works listed in the letter sent by the Plaintiff on October 21, 2009. The primary operation steps were as follows: open 360 security browser, and enter *www. baidu. com* in the address bar to access Baidu web page; in search box of this webpage, enter *cilook. com/html/8573. html*, click on "Baidu Yi Xia" to enter a new web page; in this webpage, click on "Fight under The Sky txt download-Latest Chapter of Fight under The Sky-Tian Can Tu Dou-Silu Zhongwen" to enter a new webpage; in this webpage, click on "Chapter 1008 Dang Nian Jiu Shi (Memories)" to enter a new web page, take a screen shot of the webpage displayed and save it; enter *www. hy05. com/Html_ wy/37552/ in* the search box of Baidu, click on "Baidu Yi Xia" to enter a new webpage; in this webpage, click on "Latest Chapter of Fight under The Sky TXT Version of Complete Fight under The Sky Xin Ling Wen Yuan" to enter a new webpage, take a screen shot of the webpage displayed and save it. The Plaintiff's agent had searched and verified 8 links specified in the letter. In the web page displaying search results, Baidu provided a summary to the web page corresponding to each link, presenting apparently infringing content such as the title, author, full texts, latest chapters and full texts download of the Involved Works. Clicking into the web pages corresponding to the said links, full infringing content could be seen and there were advertisements of "Baidu Promotion" at the upper and flanks of the web pages.

On October 28, 2010, the Plaintiff's agent Wang Zheng, under the supervision of notary from Shanghai Luwan Notary Public Office, used a computer in this office to check on the web pages corresponding to piracy links to the Involved Works listed in the letter served on October 21, 2009. The primary operation steps were as follows: open a 360 security browser, enter "*33xs. com/files/article/info/193/193414. html*" in the address bar to enter the webpage, take a screen shot of the webpage and save it. The Plaintiff had searched and verified 62 links. In the web pages verified, the piracy content related to the Involved Works could be seen and there were advertisements of "Baidu Promotion" at the upper and both sides of the web pages.

(II) Facts of direct infringement by the Defendant, Baidu.

The Defendant, Baidu acknowledged that wap. baidu. com was its secondary domain name.

On August 17, 2010, the Plaintiff's agent Wang Zheng, under the supervision of notary from Shanghai Luwan Notary Public Office, used a computer in this office to check on the dissemination of the Involved Works on the wireless channel of the Defendant, Baidu. The primary operation steps were as follows: open 360 security browser, enter *wap. baidu. com* in the address bar to enter the web page; in this web page, click on "Novel" to enter a new web page; in the new web page, click on "[Xuan Huan] Fight under The Sky (Tian Can Tu Dou)" at the upper part to enter another new webpage. In such web page, click on "Next Page" at the bottom to enter a new web page titled "2-Fight under The Sky Tian Can Tu Dou-Baidu Novel", and keep clicking on "Next Page". It could be seen that Baidu had initiated "The Hottest Rankings" and "Best Recommendation" on the homepage of its novel channel, in which the Involved Works were involved. The search results of each of the Involved Works showed more than 30 pinned websites, from which the Plaintiff's website was excluded.

From September 7 to 10 of 2010, the Plaintiff's agent Wang Zheng, under the supervision of notary from Shanghai Luwan Notary Public Office, used a computer in this office to check on the dissemination of the Involved Works on the wireless channel of the Defendant, Baidu. The primary operation steps were as follows: open a 360 security browser, enter *wap. baidu. com* in the address bar to enter the webpage; in this web page, and click on "Novel" to enter the homepage of its novel channel. It could be seen that Baidu had initiated "The Hottest Rankings" and "Best Recommendation" on the homepage of its novel channel, in which the Involved Works were involved. Click on " [Urban] Bodyguard (Liu Xiahui)" under "Best Recommendation" in this web page to display the search results of this novel; click on one of the search results, showing a full table of contents related to this novel. The website address in the address bar indicated that this web page was one sub web page of *wap. baidu. com* and at the lower left corner of the contents page was an "Original Webpage" option. Click on any chapter in the contents, showing the specific content of such chapter. The website address in the address bar also indicated that this web page was one sub web page of *wap. baidu. com* and at the lower left corner of the contents page was an "Original Webpage" option. Click on "1. [Xuan Huan] Fight under The Sky (Tian Can Tu Dou)" under [The Hottest Rankings] on the homepage of the novel channel to display the search results of this novel; click on one of the search results, showing a full table of contents related to this novel. The website address in the address bar indicated that this web page was one sub web page of *wap. baidu. com* and at the lower left corner of the contents page was an "Original Webpage" option. Click on any chapter in the contents, showing the specific content of such chapter. The website address in the address bar also indicated that this web page was one sub web page of *wap. baidu. com* and at the lower left corner of the contents page was an "Original Webpage" option. Click on the web page showing thc tcxt of the novel to check the web page properties, it was found out that the properties also indicated the web page was one sub web page of *wap. baidu. com*.

On October 25, 2010, the Plaintiff's agent Wang Zheng, under the supervision of notary from Shanghai Luwan Notary Public Office, used a computer in this office to further check on the dissemination of the Involved Works on the wireless channel of the Defendant, Baidu. The primary operation steps were as follows: open a 360 security browser, enter *wap. baidu. com* in the address bar to enter the web page; in this web page, and click on "Novel" to enter the homepage of its novel channel. It could be seen that Baidu had initiated "The Hottest Rankings" and "Best Recommendation" on the homepage of its novel channel. Successively enter the titles of the five Works concerned and click on "Search" to access the search results of each novel; click on one of the search results, showing a full table of contents related to this novel. The website address in the address bar indicated that this web page was one sub web page of *wap. baidu. com* and at the lower left corner of the contents page was an "Original Webpage" option. Click on any chapter in the contents, showing the specific content of such chapter. The website address in the address bar also indicated that this web page was one sub web page of *wap. baidu. com* and at the lower left corner of the contents page was an "Original Webpage" option. Click on "Original Webpage" to enter such original web page in corresponding. It was found out that this original web page had advertisements put by "Baidu Promotion" and the name and logo of the website owning the original web page, as well as lists of other programs on this website, which did not exist on corresponding Baidu web pages, and that the two corresponding web pages had different layouts.

(III) Facts of Reasonable Expenses Incurred.

The Plaintiff had paid notarization fee RMB 4,500 yuan and attorney fee RMB 80,000 yuan for the case.

This court found that the focuses of dispute in this case were:

1. The Plaintiff's right in the Involved Works.

Article 11 of *the Copyright Law of the People's Republic of China* provides that, the citizen, legal entity or other organization whose name is mentioned in connection with a work shall, in the absence of proof to the contrary, be deemed as the author of the work. In combination of the five groups of evidence including the books concerned, transfer agreement related to the works and *Declaration of Authorization*, a chain of evidence in proof of the Plaintiff's rights was formed. On this ground, the Plaintiff, as the right holder of the Involved Works, shall be legally entitled to the lawsuit qualification and investigating into the infringement liability of the Defendant, Baidu in this case, as the Defendant, Baidu failed to provide any evidence to the contrary, and this court hereby acknowledged so.

2. Whether or Not the Plaintiff's Notice of Deletion Was Conforming.

The Plaintiff's legal letter was conforming to Article 14 of the *Regulation on the Protection of the Rights to Network Dissemination of Information*, which included 1) the name, contact and address of the Plaintiff; 2) the title and network address of the infringing work which was requested to be removed or to which the links was requested to be disconnected; and 3) the material constituting preliminary proof of infringement. It verified that the Plaintiff never permitted any third party to disseminate the Involved Works to the public through Internet and that any content of the Involved Works released on any website other than the Plaintiff's was infringing, and it could be presumed that the Defendant Baidu was aware of the ownership in the Involved Works and the infringing links because of the Plaintiff's legal letter.

3. Whether or not Baidu Company Had Committed Indirect Infringement.

Article 36 of *the Tort Law of the People's Republic of China* provides that, a network user or network service provider who infringes upon the civil right or interest of another person through network shall assume the tort liability. Where a network user commits a tort through the network services, the victim of the tort shall be entitled to notify the network service provider to take such necessary measures as deletion, block or disconnection. If, after being notified, the network service provider fails to take necessary measures in a timely manner, it shall be jointly and severally liable for any additional harm with the network user. Where a network service provider knows that a network user is infringing upon a civil right or interest of another person through its network services, and fails to take necessary measures, it shall be jointly and severally liable for any additional harm with the network user. Article 14 of the *Regulation on Protection of the Rights to Network Dissemination of Information* provides that, where a right owner believes that a work, performance, or sound or video recording involved in the service of a network service provider who provides information storage space or provides searching or linking service has infringed on the right owner's right of communication through information network, or that the right owner's electronic rights management information attached to such work, performance, or sound or video recording has been removed or altered, the right owner may deliver a written notification to the network service provider, requesting it to remove the work, performance, or sound or video recording, or disconnect the link to such work, performance, or sound or video recording. Article 15 provides that, a network service provider shall, upon receiving a notification from a right owner, promptly remove the work, performance, or sound or video recording suspected of infringement, or disconnect the link to such work, performance, or sound or video recording; Article 23 provides that, a network service provider which provides searching or linking service to a service recipient and which, upon receiving a written notification of the right owner, disconnects the link to an infringing work, performance, or sound or video recording in accordance with the provisions of these regulations bears no liability for compensation. However, if it knows or has reasonable grounds to know that the linked work, performance, or sound or video recording is an infringement, it shall bear the liability for contributory infringement. The notarized evidence provided by the Plaintiff including the notice of deletion indicated that Baidu knew about the Plaintiff's exclusive right to network dissemination of information in the Involved Works and the existence of infringing links, but failed to remove the infringing information as notified by the Plaintiff or disconnect the links in a timely manner, thus constituting indirect infringement.

VI. Whether or not Baidu Had Committed Direct Infringement.

The Defendant, Baidu argued that Baidu wap search transcoded web pages and involved no edit, modification or storage of the content of any third party web pages. As Baidu wap provided wireless search service and did not directly provide the works online, this should not constitute direct infringement. The court held that, under normal circumstances, a search engine is used to help Internet users inquire and locate the information they want from massive information, provide users with information index from source websites and network address links, and guide users to scan the search results on a third party's website, instead of substituting the third party's website to directly provide users with content. The Plaintiff in this case had the evidence notarized that *wap. baidu. com* was accessed via Internet from computers, rather than by browsing the wireless channels from mobile phones, and the notarization also showed that *wap. baidu. com* had recommended the Involved Works and edited and modified the search results. The Defendant, Baidu, provided users with full texts of the Involved Works in the search results of WAP channel and click-to-read function. From the address bar of click-to-read web page to the print result of each web page, the address displayed all belonged to Baidu servers, and the web page displayed even had the texts of "Baidu" and "Recommend: essential for mobile surfing, all in new palm Baidu!". By looking into the web page attributes, we could see the fact that the web page's master data were stored in Baidu web server. Baidu also displayed "Original Webpage" at the bottom of each web page to prove that the web page was a duplicate, but the duplicate web page had obviously been pruned and rearranged, not automatically generated upon the request of visiting users. The format conversion alleged by the Defendant Baidu technically requires copying the content of a WEB page into the memory of Baidu server or the hard disk before it is processed and converted into a WAP page. Badu's act of providing the content of the Involved Works through WAP search and allowing users to obtain full texts without visiting a third party's website had gone beyond the normal scope of search engine services and was not eligible for liability exemption specified by laws. Therefore, it could be determined that Baidu, by directly and fully placing the Involved Works on its servers and providing users with Involved Works via click-to-read function, had duplicated and uploaded the works, and disseminated them through network, constituting direct infringement.

V. Whether or Not Source Networking Should Jointly and Severally Bear Infringement Liability.

It can be seen from evidence provided by the Plaintiff that, the fact that "7999 Website Collection" website, as a member of Baidu Union with Baidu Union's green certification, embedded a Baidu search bar at a clearly visible place on its web page was not sufficient to prove Source Networking had any subjective fault in and engaged in the infringement act committed by Baidu and, as a result, the court did not support the Plaintiff's claim for holding Source Networking jointly liable for the infringement.

VI. Determination of Compensation Amount.

This court will determine at its own discretion the compensation amount in consideration of the reputation, degree of originality and length, selling price, circulation, characteristics of works disseminated on Internet, and click rates on the Plaintiff's website of the five involved works, as well as the losses the Plaintiff may sustain there from and the nature and circumstance of the Defendant, Baidu's infringing act, and will support the reasonable expenses incurred by the Plaintiff to stop the infringement to the extent it may deem reasonable.

In witness thereof, the court ruled according to Article 36 of the *Tort Law of the People's Republic of China*, Article 14, 15, 18. 1 & 23 of the *Regulation on Protection of the Right to Network Dissemination of Information*, Article 10. 1 (12), 48. 1, & 49 of the *Copyright Law of the People's Republic of China*, and Article 25. 1, 25. 2, & 26 of the *Interpretation of the Supreme People's Court Concerning the Application of Laws in the Trial of Civil Disputes over Copyright* that:

I. The Defendant, Beijing Baidu Network Information Technology Co. ,Ltd. , shall cease the infringing act against the right to network dissemination of information in the *Fight under The Sky*, *To Become A God*, *The Card Maker*, *Bodyguard* and *King of A Time* in which the Plaintiff, Shanghai Xuanting Entertainment Information Technology Co. ,Ltd. , has the copyright immediately after this ruling takes effect;

II. The Defendant, Beijing Baidu Network Information Technology Co. ,Ltd. shall compensate the Plaintiff, Shanghai Xuanting Entertainment Information Technology Co. , Ltd. RMB 500,000 yuan for its economic losses and RMB 44,500 yuan for its reasonable expenses incurred hereby within ten days after this ruling takes effect;

III. Other Claims of the Plaintiff Shanghai Xuanting Entertainment Information Technology Co. ,Ltd. were Overruled.

The Defendant, Beijing Baidu Network Information Technology Co. ,Ltd. , if failing to perform its obligation of pecuniary payment within the period given by this ruling, shall pay in double the interest on such payments accrued for the period of such delay in accordance with Article 229 of the *Civil Procedure Law of the People's Republic of China.*

The court fee for this case is RMB 13,800 yuan, among which, the Plaintiff, Shanghai Xuanting Entertainment Information Technology Co. ,Ltd, shall pay RMB 3,500 yuan and the Defendant, Beijing Baidu Network Information Technology Co. ,Ltd. shall pay RMB 10,300 yuan.

Either party who refuses to accept this ruling may file a petition to this court within fifteen days after this civil judgment is served and provides copies of such petition per persons of the other party involved to appeal to Shanghai No. 1 Intermediate People's Court.

Chief Judge: Gu Wenkai
Acting Judge: Wang Weijia
Acting Judge: Xu Hao
May 10, 2011
Court Clerk: Chen Min

(The civil judgment has been selected into 2011 Shanghai's 10 Cases on Judicial Protection of Intellectual Property)

7. Zhuang Zedong and Atsuko Sasaki v. Shanghai Source Networking Technology Co. , Ltd. Case of Dispute over Infringement on Right to Network Dissemination of Information

——Civil Judgment of Shanghai No. 1 Intermediate People's Court (2011) Hu-Yi-Zhong-Min-Wu- (Zhi) -Zhong-Zi No. 33

Appellant (Plaintiff of First Instance): Zhuang Zedong, male, born on August 7, 1940, Han. **Domicile:** No. 1101, 5/F, Building 1, Xiangheyuan Street, Beijing City.

Appellant (Plaintiff of First Instance): Atsuko Sasaki, female, born on October 10, 1944. Domicile: No. 1101, 5/F, Building 1, Xiangheyuan Street, Beijing City.

Agent entrusted by the two Appellants: Zhang Qihuai, lawyer of Beijing Lanpeng Law Firm.

Agent entrusted by the two Appellants: Zhao Hongna, lawyer of Beijing Lanpeng Law Firm.

Appellee (Defendant of First Instance): Shanghai Source Networking Technology Co. , Ltd. Domicile: Tower C, Building 5, No. 125 Gongnong Street, Caojing Town, Jinshan District, Shanghai.

Legal representative: Dai Yunjie, Executive Director of the company.

Entrusted agent: Liao Yingqing, female, born on April 16, 1990. Domicile: No. 555, Longyuan Road, Songjiang District, Shanghai City, staff member of the company.

Entrusted agent: Yu Shuying, female, born on September 8, 1987. Domicile: Room 301, No. 10, Zone 11, Lane 1467, Caobao Road, Minhang District, Shanghai City, staff member of the company.

The Appellants, Zhuang Zedong and Atsuko Sasaki, who refused to accept the civil judgment issued by Shanghai Luwan District People's Court ((2010) Lu-Min-San- (Zhi) -Chu-Zi No. 193) over the case in which the Appellee, Shanghai Source Networking Technology Co. , Ltd. (hereinafter referred to as "Source Networking") had allegedly infringed upon the right to network dissemination of information, appealed to this court. This court had organized a collegiate bench by law on February 15, 2011 after it accepted the petition and held hearings in public on April 21 and July 11 of 2011. The Appellant, Atsuko Sasaki appeared in court for the first hearing; Zhang Qihuai and Zhao Hongna, the agents jointly entrusted by the two Appellants, and Liao Yingqing and Yu Shuying, the agents of the Appellee, Source Networking, appeared in court for the two hearings. The trial of the case had been concluded.

The court of first instance found out after the trial that:

From July 1998 to July 2008, Red Flag Press published the book *Deng Xiaoping Approves*

Our Marriage which mentioned Zhuang Zedong and Atsuko Sasaki as the contributors.

On March 26, 2010, Zhuang Zedong and Atsuko Sasaki entrusted their agent Zhang Yu to go to Beijing Fangyuan Notary Public Office and operate a computer in this office to conduct primary evidence preservation as follows: enter "*www. baidu. com*" in the address bar of IE browser and then access Baidu; enter the *Deng Xiaoping Approves Our Marriage* in the search box and click on "Baidu It". The search results showed that "*Deng Xiaoping Approves Our Marriage*, authors: Zhuang Zedong and Atsuko Sasaki [ISO] VeryCD Dian..", which led to the web page with the address *http: //www. verycd. com/topics76121*. and Browsing this webpage, Zhang Yu downloaded the Thunder software, clicked on "Copy the selected link" on the said web page, used the Thunder software to download " [小说连播 (Novel Broadcasting)] 庄则栋著 (Author: Zhuang Zedong) - [邓小平批准我们结婚 (Deng Xiaoping Approves Our Marriage)] - 32kbps. ISO", and then randomly selected Episode "01", "06", "13", "22", and "23" to play and listen. The notary Xu Min and other staff of Beijing Fangyuan Notary Public Office witnessed the operation process said above and prepared the Notarial Deed ((2010) Jing-Fang-Yuan-Nei-Min-Zheng-Zi No. 06323), including the recording of CDs. Zhuang Zedong and Atsuko Sasaki paid RMB 6,260 yuan (same currency applies below) for such notarization.

During the trial, the court of first instance organized entrusted agents of both parties to watch the notarized CDs, which showed that the user publishing the Involved Works on the web pages of VeryCD was "nobodyvssomebody" and that the address of resource download links, when the Thunder software was used to download the works, was *ed2k: // | file | %5B%E5%B0%8F%E8%AF%B4%E8%BF%9E%E6%*.

The facts said above was evidenced by the book *Deng Xiaoping Approves Our Marriage*, the Notarial Deed ((2010) Jing-Fang-Yuan-Nei-Min-Zheng-Zi No. 06323), invoice for the book bought, invoice of notarization fee and record of evidence exchange and trial record.

The court of first instance held that Zhuang Zedong and Atsuko Sasaki had the copyright in the book *Deng Xiaoping Approves Our Marriage*, and such copyright was protected by laws. As to the claim made by Zhuang Zedong and Atsuko Sasaki that Source Networking adapted the said book into an audio book and disseminated it on the Internet, thus infringing upon their copyright, it was found out through investigation that the said audio book, as published by the user "nobodyvssomebody", was not stored in the server of Source Networking, so did the link address for resource download, and that Source Networking provided linking services. Hence there was no sufficient ground to support the claim made by Zhuang Zedong and Atsuko Sasaki that Source Networking had committed direct infringement. Meanwhile, as linking content provided by users was massive, it is impossible to require Source Networking to download and review the resources published by users one by one. Moreover, different from film or television works, audio books cost little to produce, and common fans may also upload online the links to audio books they make for the purpose of sharing with Internet users. It could not be taken for granted that Source Networking knew or had reasonable ground to know that the said audio book was not authorized by the right owner, but still provided the links with the only reference to information published by the users. Source Networking did not commit contributory infringement. Since Source Networking had blocked the title of the said audio book as key words upon receiving the Complaint, it had performed its duty as a network service provider. On these grounds, the claims by Zhuang Zedong and Atsuko Sasaki were rejected.

Zhuang Zedong and Atsuko Sasaki refused to accept the ruling delivered by the court of first instance and appealed to this court, requesting this court to reverse the ruling by the court of first instance and order Source Networking to stop infringement, compensate Zhuang Zedong and Atsuko Sasaki RMB 530,000 yuan for their economic loss. The reasons were that: 1. VeryCD run by Source Networking not only provided the network link service to the infringing works, but also produced dedicated space for display by category, image, and content introduction, in which it placed commercial advertisements to attract users to visit its website and download materials. This was an act of direct infringement; 2. The former owner of VeryCD, Shanghai VeryCD Co., Ltd. (hereinafter referred to as VeryCD Company), was sued because of the same user "nobodyvssomebody" who allegedly infringed upon the copyright of another person. After it was assigned to operate the website VeryCD, Source Networking did not enhance its examination and administration over its users and the resources uploaded by them, and, instead, intentionally modified users' creation time to protect them; 3. Source Networking provided the complaining right owners with noneffective contact as the phone calls were not answered and mails not responded to, and the right owners could no exercise their rights in a timely manner, proving the fact that Source Networking did commit contributory infringement.

The Appellee, Source Networking responded that: 1. it ran the website VeryCD and provided an Internet resource sharing platform based on P2P. On the platform users posted the resource links on the website of Source Networking and Source Networking would not edit, store and modify such links but only classify them in terms of region. It was not true that Source Networking had produced dedicated space; 2. As the resources uploaded by users were massive, it was impossible to review one by one. The said work was published at an early time and enjoyed a limited reputation. The audio books adapted from the said work had a low production cost and small dissemination scope and could be uploaded on website VeryCD by any user. Source Networking could not know or have reasonable ground to know the audio books were infringing; 3. The creation time and registration time of VeryCD users were different, and Source Networking did not alter the creation time of the user "nobodyvssomebody". The contact email set up by the website was also readily available. The emails were not responded to because the senders of these emails could not be identified. Source Networking had performed its duty of due care as a network service provider and therefore should not assume the infringement liability. It requested the court to uphold the ruling by the court of first instance.

During the trial of second instance, the Appellants, Zhuang Zedong and Atsuko Sasaki provided the following evidence to this court in favor of their claims: 1. The civil judgment issued by Shanghai Pudong New District People's Court ((2009) Pu-Min-San- (Zhi) -Chu-Zi No. 157), which served to prove that the network user "nobodyvssomebody" released the audio version of the book *Hei Dao* on VeryCD website run by VeryCD Company on November 27, 2005, giving rise to the lawsuit filed by Cui Yabin against VeryCD Company and Huang Yimeng concerning the infringement upon copyright, and that Ye Jigang, the agent in the lawsuit, was an employee of VeryCD Company at the time and the same person acting as the agent of Source Networking during the trial of first instance; 2. the civil judgment issued by this court ((2009) Hu-Yi-Zhong-Min-Wu- (Zhi) -Chu-Zi No. 46), which served to prove that the network user "BBBlvw1997" released the movie *Da Si Xi* on VeryCD website run by VeryCD Company in October 2008, giving rise to the lawsuit filed by Shanghai JOY. CN Corporation Limited against VeryCD Company concerning the infringement upon copyright, and that Ye Jigang, the agent in the lawsuit, was an employee of VeryCD Company at the time and the same person acting as the agent of Source Networking during the trial of first instance; 3. the Notarial Deed issued by Beijing Chang'an Notary Public Office (Chang-An-Nei-Min-Zheng-Zi No. 775), which served to prove that the network user "nobodyvssomebody" was an advanced user of VeryCD website (golden-disk level, second only to the Emule Level, also the highest level), who had uploaded 88 resources onto VeryCD website since November 2005, including 86 essential resources involving many well-known authors and works, and that VeryCD website implanted commercial advertisements in the resources released by such user to gain profits and had intentionally modified the creation time of the said user to connive at the infringement by this user; 4. the testimony of the witness Zhang Yong (CTO of Beijing Digital Spider Technology Development Limited), which served to prove that: (1) VeryCD website was not a website simply providing P2P technical services, but rather a website combining its software with P2P technologies in order to realize resource linkups, and categorizing and illustrating with texts and pictures the resources uploaded to facilitate the download by network users; (2) the registration time of a website member was automatically generated by the system, which could be modified only by the website administrators; and (3) to encourage its members to release more valuable resources, when the information released by a member is highly readable and has a high click rate, the website's administration system will automatically upgrade the information as elite and recommend it to the elite zone so that the notability of such information will be improved; 5. the Notarial Deed issued by Beijing Chang'an Notary Public Office ((2011) Jing-Chang-An-Nei-Min-Zheng-Zi No. 5292), which served to prove that: (1) Huang Yimeng (online name: "Dash") is the founder of VeryCD website and acts as the boss, website administrator and general manager of VeryCD website from September 2003 till now; (2) Source Networking is another company controlled by Huang Yimeng and the operating entity of VeryCD website was changed from VeryCD Company into Source Networking in November 2009; (3) Huang Yimeng's phone number is 13816170576; and (4) Dai Yunjie is a co-founder of VeryCD website; 6. the machine-read archives of VeryCD Company and application for deregistration and deregistration settlement report provided by the Archive Office, Changning Branch, Shanghai Administration for Industry & Commerce, which served to prove that: (1) Huang Yimeng is the legal representative of VeryCD Company and Huang Yimeng and Dai Yunjie are shareholders of this company; (2) Huang Yimeng's phone number is 13816170576; and (3)

VeryCD applied for deregistration on August 20, 2009 and was deregistered on December 22 of this year; 7. the machine-read archives of Source Networking and its application for registration change provided by the Archive Office, Minhang Branch, Shanghai Administration for Industry & Commerce, which served to prove that Dai Yunjie is the shareholder and legal representative of Source Networking, holding 90% of the shares; and 8. Filed information inquiry of *VeryCD. com* and information inquiry of its sponsoring entities provided by Telecommunications Administration under the Ministry of Industry and Information Technology and Shanghai Communications Administration, which served to prove that: (1) though VeryCD website changed its filed operating entity, but its ICP remains unchanged, its operation has never stopped or suspended due to the change of operating entity and the assets are inherited by Source Networking ; and (2) the contact reserved on VeryCD website run by Source Networking is still Huang Yimeng's email and phone number.

After the cross-examination in court, the Appellee Source Networking had no objection in the authenticity and legitimacy of Exhibit 1, 2, 3, 4, 6, 7 and 8 listed in aforesaid evidence materials, but considered them irrelevant to this case, in that the Defendant involved in the two civil judgments in Exhibit 1 and 2 was VeryCD Company, not Source Networking; the content of Exhibit 3 was insufficient to prove the direct infringement by Source Networking; the testimony of the said witness in Exhibit 4 was insufficient to prove that VeryCD website had stored or edited the resources uploaded by network users either; Exhibit 6, 7 and 8 did not show that Huang Yimeng was a shareholder of Source Networking and did not prove that Source Networking should be liable for the creditor's rights and debts of VeryCD Company. It did not acknowledge the authenticity of Exhibit 5 because the Notarial Deed recorded content from the reports of relevant websites and in shortage of objectivity and authenticity.

The Appellee, Source Networking, provided the following evidence materials to this court in favor of its arguments: 1. Screenshot 1 of VeryCD webpage showing the community and paradise web pages of the network user "nobodyvssomebody"; 2. Screenshot 2 of VeryCD web page showing the community and paradise web pages of the user "sdj198688" randomly selected from the community; and 3. Screenshot 3 of VeryCD web page showing the community and paradise web pages of the first user of VeryCD website, "Dash" (the online name of the website founder Huang Yimeng), the three screenshot said above served to prove that the registration time of a network user on VeryCD website and his creation time entering Emule Paradise were different and the registration time of the network user "nobodyvssomebody" on VeryCD website was March 29, 2010 and his creation time entering Emule Paradise was February 3, 2010; 4. Screenshot 4 of VeryCD webpage showing the sub-item "About Us", which served to prove that VeryCD website provided true contact information including its business office and contact email but excluding contact phone number; 5. Screenshot of SVN log, which served to prove that Emule Paradise was created on July 28, 2009; and 6. the testimony of the witness Pan Yang (CTO of Source Networking), which served to prove that: (1) VeryCD website is a platform for resource release and its content is completed by network users. The website resources are categorized depending on the suggestions offered by users at the early stage and on the statistics from third party websites at the later stage. A user is entitled to select and change the categorization of the resources released by him and input the introduction and information like the address to the uploaded resources through operation steps guided by website program; (2) the registration time and registered IP address of all network users have never been modified since the development of this website, and the network user "nobodyvssomebody" registered on VeryCD website on March 29, 2005 and the online testing time of Emule Paradise was July 28, 2009, which meant the creation time of any user in Emule Paradise could not be earlier than July 2009; and (3) the ad web pages are stored on the server of VeryCD website, the templates of which are regularly modified by the website, but corresponding data are generated by users.

After the cross-examination in court, the Appellants Zhuang Zedong and Atsuko Sasaki had objections in the authenticity, legitimacy and relevancy of Exhibit 1, 2, 3, 4 and 5 listed in aforesaid evidence materials in that the evidence was not new and not collected through the notarization procedure, and had objection in the legitimacy of Exhibit 6 in that the witness was an employee of Source Networking and had a stake in Source Networking, rendering his testimony lack of impartiality.

In consideration of the evidence and cross-examination opinions of the parties, this court acknowledged respectively as follows:

I. About Evidence Materials Provided by Zhuang Zedong and Atsuko Sasaki As to Exhibit 1, as Source Networking had no objection in the authenticity and legitimacy of this evidence, and the network user "nobodyvssomebody" was the same as the one involving in this case, uploaded resources of same category as the one involving in this case, therefore, Exhibit 1 bore relevancy to this case and thus shall be adopted; as to Exhibit 2, the network user "BBBlvw1997" was an outsider of this case and resources released by him were movies, therefore, Exhibit 2 bore no relevancy in this case and thus shall not be adopted; as to Exhibit 3, 4, 6, 7 and 8, as Source Networking had no objection in the authenticity and legitimacy of these evidence materials, and the objection in the relevancy as mentioned involved in the proving effectiveness of evidence, rather than the eligibility of evidence, therefore, the objection of Source Networking did not stand up and the evidence shall be adopted; as to Exhibit 5, as this Notarial Deed contained both information released on the official web pages of VeryCD and relevant reports published on Baidu, Tencent, and Phoenix which proved each other, and Source Networking had no objection in the authenticity of the information on the official web pages of VeryCD website, therefore, this court decided to adopt this evidence.

II. About Evidence Materials Provided by Source Networking. As to Exhibit 1, 2, 3, 4 and 5 in whose authenticity, legitimacy and relevancy Zhuang Zedong and Atsuko Sasaki had no objection, as the webpage screenshots listed in the evidence was demonstrated during the witness Pan Yang's operation in court, and these evidence materials were provided by Source Networking to oppose the allegation made by Zhuang Zedong and Atsuko Sasaki that it had modified the creation time of the network user "nobodyvssomebody" and provided invalid notification means, which, if not included in the trial, might lead to unfair judgment, the court decided to adopt the evidence; as to Exhibit 6, this court held that any entity or individual knowing about a case is obliged to testify in court in accordance with Article 70 of the *Civil Procedure Law*. The fact that the witness is an employee of Source Networking did not impede the performance of his obligation to testify in court. The objection raised by Zhuang Zedong and Atsuko Sasaki in the legitimacy of the witness's testimony essentially involved in the proving effectiveness of evidence, rather than their eligibility, therefore, the court decided to adopt the witness's testimony.

Based on the evidence acknowledged above, the court found out that:

VeryCD website was founded by Huang Yimeng, Dai Yunjie and others, and operated by VeryCD Company. Huang Yimeng acts as the shareholder and legal representative of VeryCD Company and Dai Yunjie is another shareholder of VeryCD Company. On November 2, 2009, VeryCD Company assigned VeryCD website to Source Networking who also inherited all rights in VeryCD website. On December 22, 2009, VeryCD Company was deregistered with the appropriate industrial and commercial administration. According to website information filed with Telecommunications Administration under the Ministry of Industry and Information Technology and Shanghai Communications Administration, the person in charge of VeryCD website was changed as Dai Yunjie, the shareholder and legal representative of Source Networking, on January 17, 2011, but the basic information such as email address and phone number of the person in charge of the website remain the personal information of Huang Yimeng. Relevant information on the official VeryCD website showed that the Huang Yimeng was the boss and website administrator of VeryCD from September 2003 till now.

VeryCD website is an Internet resource sharing platform based on P2P technology. The introductions and link addresses to online resources were entered by network users through the guiding program set up by the website. The website categorizes these resources depending on the suggestions offered by users or on statistics from the third party websites. When the resources uploaded are highly readable and have a high click rate, the website's administration system will automatically upgrade such resources as elite and recommend them to the elite zone. The ads on the website are generated by corresponding advertisement clients and the ad web pages are stored on the server of the website, the templates of which are regularly modified by the website.

The registration time of the network user "nobodyvssomebody" on VeryCD website was March 29, 2005 and his creation time in Emule Paradise of VeryCD website was February 3, 2010. Since October 17, 2005, "nobodyvssomebody" had released 88 resources on VeryCD website, including two categories, namely [Variety] and [Materials]. Among them, there were 82 elite resources and 6 ordinary resources. The elite resources included [Variety] Open Books for Eight Minutes 07. 02. 20 Life Ups and Downs-Special Program for Spring Festival-Lunar New Year [RMVB]; [Variety] Slsy's News 2007. 01. 30. Desinicization in Taiwan's History Textbooks; [Materials] Red Sentry authored by Wu Jicheng and narrated by Zhang Yao, seven Episodes MP3 [ISO]; [Materials] Dream of A Wealthy Family authored by Liang Fengyi and narrated by Chen Axi, 22 Episodes [ISO]; [Materials] My Uncle Zhou Enlai authored by Zhou Bingde and recorded by Tie Zhuwei, 35 Episodes WMA Format [ISO]; [Materials] Grand Judge authored by Zhang Hongsen, 55 Episodes MP3 [ISO]; and [Materials] An Angel's Fury, radio drama, 16 Episodes MP3 (EBook attached therein) [ISO].

On November 27, 2005, the network user "nobodyvssomebody" released the radio drama version of the book *Hei Dao* on VeryCD website, giving rise to the lawsuit filed by Cui Yabin against VeryCD Company and Huang Yimeng concerning the infringement upon copyright. The agent co-entrusted by the Defendants VeryCD Company and Huang Yimeng in this lawsuit was Ye Jigang, an employee of VeryCD Company.

On January 13, 2006, the network user "nobodyvssomebody" released the audio version of the Book *Deng Xiaoping Approves Our Marriage* on VeryCD website. By March 26, 2010 when Zhuang Zedong and Atsuko Sasaki had the infringement evidence notarized and preserved, this resource had been viewed for 2,315 times and added into favorites for 3 times. On August 18, 2010, Zhuang Zedong and Atsuko Sasaki filed a lawsuit to Shanghai Luwan District People's Court, suing Source Networking for infringing upon their right to network dissemination of information in the said book. The agent of Source Networking in the first instance was Ye Jigang, an employee of Source Networking.

Zhuang Zedong and Atsuko Sasaki spent RMB 26.90 yuan in buying the book during the trial of first instance, RMB 6,260 yuan as notarization fee and RMB 10,000 yuan as attorney fee.

The findings of first instance, which were supported by evidence confirmed in court and the parties to the case had no objection in, were acknowledged by this court.

This court held that, according to the claims of the parties hereto and the said findings, the focuses of dispute in this case were as follows:

I. Whether or Not the Appellee, Source Networking Shall be Held Liable for Infringement

The court held that VeryCD website run by Source Networking is an internet resource sharing platform based on P2P technology. Due to the use of PSP technology, network users can realize point-to-point data exchange, instead of transfer through the server in network center. In this case, the audio version of the book in this case was released by the network user "nobodyvssomebody" and did not store in the server of Source Networking, and the link address for resource download was not on the website of Source Networking. Though Source Networking did display the uploaded resources by category, it did not directly conduct the act of disseminating the work through Internet. On this ground, the claim by Zhuang Zedong and Atsuko Sasaki that Source Networking directly infringed upon their right to network dissemination of information was not based on sufficient facts and thus not be supported by this court.

In response to the claim by Zhuang Zedong and Atsuko Sasaki that Source Networking had helped network users disseminate the audio version of the book concerned in this case, thus committing indirect infringement, Source Networking stated that as the resources which P2P software users provide online links to were massive, it was impossible for it to download and review the resources uploaded by network users one by one. Considering that any user may uploaded any audio book produced on his own to VeryCD website, and the said work was published at a early time and enjoyed a limited reputation, Source Networking did not know or had no reasonable ground to know that such audio version of the said work was infringing. The court held that, when a P2P software user illegally disseminates any work of another person, it should not simply be based on objective results to determine the network service provider providing P2P technology as liable for the infringement upon the copyright of another person though this network service provider providing P2P technology objectively helps such user disseminate the infringing work. According to Article 23 of the *Regulation on Protection of the Right to Network Dissemination of Information*, if a network service provider providing search and link services knows or has reasonable grounds to know that the linked target is an infringement, it shall bear the liability for contributory infringement. That is to say, the network service provider providing P2P technology would be held liable for contributory infringement only when it had subjective fault. It requires the objective determination whether a network service provider has any subjective fault in consideration of the operation act conducted by such network service provider.

Firstly, VeryCD website is a well-known Internet website in China. As a network service provider, Source Networking should have had a good understanding of relevant commercial information of VeryCD website when it is assigned by VeryCD Company to operate this website, such as its operation philosophy, development history, marketing means, profitability manner, and lawsuit history. The network user "nobodyvssomebody", as an advanced user of VeryCD website, released the audio version of the book *Hei Dao* on VeryCD website, giving rise to the lawsuit filed by Cui Yabin against VeryCD Company and Huang Yimeng concerning the infringement upon copyright. Dai Yunjie, former shareholder of VeryCD Company, is the shareholder and legal representative of Source Networking who is the current operating entity of VeryCD website; Huang Yimeng, former shareholder and legal representative of VeryCD Company previously operating VeryCD website, is the website administrator of VeryCD Company; Ye Jigang attending the lawsuit under the engagement of VeryCD Company and Hang Yimeng was formerly an employee of VeryCD Company and now an employee of Source Networking. In consideration of these facts, the court believed that, Source Networking was supposed to know that the network user "nobodyvssomebody" had allegedly infringed upon the copyright of another person. Secondly, the network user "nobodyvssomebody" released resources on VeryCD website involving many works written by famous authors. Even a common network user can recognize the suspected major infringement due to the resources released by this user, let alone Source Networking who is a professional network service provider specialized in internet resource sharing and should be more capable of discovering the suspected major infringement by this user. Thirdly, the notability of a resource uploaded by a network user is closely related to the commercial profits gained by the network service provider from selling ad positions. The higher the click rate of an uploaded resource is, the more motivated an advertiser is to place ads and the more the profits gained by the network service provider therefrom are. The equivalency of rights and obligations further intensifies a network service provider's duty of due care and responsibility of examination for so-called elite resources with a high click rate. As a result, Source Networking, upon being assigned to operate VeryCD website, should give special care and prudent examination to the network user "nobodyvssomebody" and resources uploaded by him, preventing VeryCD website from being a platform on which the user committed Internet infringement. However, this case arose to some extent due to Source Networking's negligence in performing its duty of due care as a network service provider and its indifference to the fact that its advanced user "nobodyvssomebody" was suspected of infringement. Fourthly, any infringing act conducted by a company as a market entity with legal personality is in fact carried out by the operator of this company. Given that the actual operators of VeryCD Company and Source Networking in charge of the operation of VeryCD website were almost identical and Source Networking stated in court that it could not provide agreements on creditor's rights and debts concluded between VeryCD Company and Source Networking concerning the assignment of VeryCD website because it involved their business secret, it can be presumed in accordance with Article 75 of the *Some Provisions of the Supreme People's Court on Evidence in Civil Procedures* that the claim by Zhuang Zedong and Atsuko Sasaki that Source Networking shall assume infringement liability stands up. In summary, this court held that Source Networking had subjective fault while the network user "nobodyvssomebody" released the audio version of the book *Deng Xiaoping Approves Our Marriage* on VeryCD website and thus infringed upon the right of Zhuang Zedong and Atsuko Sasaki to network dissemination of information in this work, and should be held liable for contributory infringement.

In regard of the claim provided by Zhuang Zedong and Atsuko Sasaki that Source Networking had modified the creation time of its network user "nobodyvssomebody", thus conniving his infringement, this court held that the operations by the witness Pan Yang in court and corresponding webpage screenshots had proved the registration time of a user on VeryCD website and his creation time in Emule Paradise of VeryCD website were different, and therefore refused to support this claim of Zhuang Zedong and Atsuko Sasaki. As to the claim provided by Zhuang Zedong and Atsuko Sasaki that Source Networking failed to provide effective complaint channels and thus was suspected of contributory infringement, given that the complaint phone number 400636639 provided by Zhuang Zedong and Atsuko Sasaki during the trial of first and second instance was obtained through Baidu search, not the contact information displayed on the official webpage of VeryCD website, it could not prove that there was no effective complaint channels set up on VeryCD website; because Zhuang Zedong and Atsuko Sasaki failed to provide evidence to reflect the content of emails sent to the email address displayed on the official webpage of VeryCD website, this court could not determine whether or not Zhuang Zedong and Atsuko Sasaki had given warnings in compliance with legal requirements, or whether or not Source Networking had any duty to reply in a timely manner; therefore, this court refused to support this claim of Zhuang Zedong and Atsuko Sasaki.

II. Whether or Not the Appellee, Source Networking Shall Assume Civil Liability

The request of Zhuang Zedong and Atsuko Sasaki to enjoin the infringement by Source Networking was based on laws and therefore supported by this court. As to the compensation amount claimed by Zhuang Zedong and Atsuko Sasaki, Article 48 of the *Copyright Law of the People's Re-*

public of China provides that an infringer infringing upon the copyright of another person shall pay compensations according to the actual loss of right owners and the illegal gains of such infringer. If the actual loss of the right owner or the illegal gains of such infringement is indeterminable, the statutory compensations shall apply. In this case, while Zhuang Zedong and Atsuko Sasaki claimed for a compensation of RMB 530,000 yuan from Source Networking, they did not provide evidence to prove the losses sustained by them or the profits gained by Source Networking due to such infringement. Therefore, this court determined the compensation amount in comprehensive consideration of the type of the work, nature of the infringement, duration, consequences and the subjective fault of Source Networking. The work concerned in this case was written by a famous author and had been printed for three times since its publication in July of 1998. The audio version of this work was uploaded to VeryCD website in January of 2006, causing its repeated reproduction due to the use of P2P technology and thus affecting the normal sales of the work concerned. In addition, Source Networking was negligent in performing its duty of due care and hence had subjective fault for the occurrence of such infringement. On this ground, this court determined at its own discretion that Source Networking shall pay RMB 50,000 yuan for losses. Meanwhile, Zhuang Zedong and Atsuko Sasaki had paid reasonable expenses for the purpose of stopping the infringement by Source Networking, including the expenses for investigation and evidence collection and attorney fees. In combination with the degree of difficulty in investigation and evidence collection, this court determined at its own discretion that Source Networking shall bear the reasonable expenses RMB 5,000 yuan.

On these grounds, this court ruled in accordance with Article 153. 1(3) of the *Civil Procedure Law of the People's Republic of China*, Article 47(1) and 48 of the *Copyright Law of the People's Republic of China* (amended in 2001) and Article 23 of the *Regulation on the Protection of the Rights to Network Dissemination of Information* as follows:

I. Reverse the civil judgment issued by Shanghai Luwan District People's Court ((2010) Lu-Min-San-(Zhi)-Chu-Zi No. 193;

II. Enjoin the infringement by the Appellee, Shanghai Source Networking Technology Co., Ltd. upon right to network dissemination of information owned by the Appellants, Zhuang Zedong and Atsuko Sasaki in the book *Deng Xiaoping Approves Our Marriage*;

III. Order the Appellee, Shanghai Source Networking Technology Co., Ltd. to compensate the Appellants, Zhuang Zedong and Atsuko Sasaki RMB 55,000 yuan for their economic losses and reasonable expenses within fifteen days after this ruling takes effect; and

IV. Reject the remaining claims made by the Appellants, Zhuang Zedong and Atsuko Sasaki.

The Appellee, Shanghai Source Networking Technology Co., Ltd., if failing to perform its obligation of pecuniary payment within the period given by this ruling, shall pay in double the interest on such payments accrued for the period of such delay in accordance with Article 229 of the *Civil Procedure Law of the People's Republic of China.*

The court fee for the first trial is RMB 9,093.50 yuan, among which the Appellants,

Zhuang Zedong and Atsuko Sasaki shall pay RMB 4,093.50 yuan and the Appellee shall pay RMB 5,000 yuan. The court fee for the second trial is RMB 9,093.50 yuan, among which the Appellants, Zhuang Zedong and Atsuko Sasaki shall pay RMB 4,093.50 yuan and the Appellee shall pay RMB 5,000 yuan.

This ruling made by the court shall be final.

Chief Judge: Song Xuedong
Judge: Liu Junhua
Judge: Tang Zhen
July 21, 2011
Court Clerk: Shi Weili

(This civil judgment was selected into 2011 China's 50 Typical Cases on Judicial Protection of Intellectual Property and 2011 Shanghai's 10 Cases on Judicial Protection of Intellectual Property)

8. Hu Jinqing and Wu Yunchu v. Shanghai Animation Film Studio Dispute over Copyright Ownership

——Civil Judgment of Shanghai No. 2 Intermediate People's Court
(2011) HU-Er-Zhong-Min-Wu-(Zhi)-Zhong-Zi No. 62

Appellant (Plaintiff of First Instance): Hu Jinqing, male, born on April 15, 1936, Han Nationality; Domicile: Rm 502, No. 3, Sub-lane 35, Lane 63, Wanchun Street, Jing'an District, Shanghai.

Appellant (Plaintiff of the First Instance): Wu Yunchu, male, born on December 13, 1941, Han Nationality; Domicile: Rm 502, No. 1288, West Wuding Road, Jing'an District, Shanghai.

Jointly entrusted agent: Sun Changlin, a lawyer from Shanghai SG & CO PRC Lawyers.

Appellee (Defendant of First Instance): Shanghai Animation Film Studio; Domicile: No. 618, Wanhangdu Road, Jing'an District, Shanghai.

Legal representative: Wang Tianyun, Vice President of Shanghai Film (Group) Co., Ltd.

Entrusted agent: Cao Ling, a lawyer from Shanghai Guotai Law Firm.

Entrusted agent: Tao Hong, a lawyer from Shanghai Friendly Law Firm.

Hu Jinqing and Wu Yunchu, the Appellants, not satisfied with the civil ruling (2010) HUANG-Min-San-(Zhi)-Chu-Zi No. 28 made by Huangpu District People's Court of Shanghai on the copyright infringement case, lodged an appeal to the court. After accepting the appeal, the court set up a collegial panel and held two open trials respectively on September 22, 2011 and December 2, 2011. Sun Changlin, the entrusted agent of the appellants, Hu Jinqing and Wu Yunchu, and Cao Ling and Tao Hong, the entrusted agents of the Appellee, Shanghai Animation Film Studio (hereinafter referred to as "Animation Film Studio"), were present for the trails, and Yan Dingxian and Jiang Youyi served the court as witnesses. Now, the trials of the case have been closed.

After trial, the court of first instance found that:

I. Working Experience of the Two Plaintiffs at the Defendant

In 1953, Hu Jinqing was employed by the Animation Film Studio and served as animation designer, action designer, image designer, director and deputy director of the Arts Committee successively. In August 1964, Wu Yunchu was employed by the Animation Film Studio and served as action designer, image designer, production supervisor and director successively. They were rated as level-1 director and level-1 art designer respectively in March 1988 and October 1996.

II. Background for the Creation of Involved Films

On November 9, 1985, the Animation Film Studio submitted its theme plan for 1986 to the Film Bureau of the Ministry of Culture of the PRC, in which there were 40 film scripts of diverse themes under the tentative programs, including 8 paper-cut film scripts for *Seven Brothers* (a Chinese folktale). On January 12, 1987, Shanghai Film Corporation stated in the "Overview on the Work of Shanghai Film Corporation in 1986" submitted to Shanghai Municipal Government that "the major breakthrough in animation films lies in the attempts made in serials according to the requirements of the audience, particularly children. Five serials, including the paper-cut film *Calabash Brothers*, gained good reputation of different degrees after preview, meeting the demands of the society for domestically produced animation films."

The witnesses, Shen Rudong (an action designer of the involved films then) and Gong Jinfu (an action designer and scenic painter of the disputed films then), and Shen Shoulin (an action designer of the disputed films then) testified that around 1986, film creators such as directors all had to accomplish the tasks designated by the Creation Office of Animation Film Studio each year. Directors had to shoot a feature length film (about 20 minutes) and two short films (about 10 minutes) each year, which were mainly designated by the Animation Film Studio. Other film creators completed corresponding workload together with directors, and the created products belonged to the Studio.

III. Image Design of "Calabash Brothers" and Creation of the Films

In 1984, the literary screenwriter of the Animation Film Studio, Yang Yuliang, composed the outline of the literary script *Seven Brothers* based on the folktale of *Seven Brothers*. At the end of 1985, the Animation Film Studio set up the camera crew for the film *Seven Brothers*, appointing Hu Jinqing, Zhou Keqin and Ge Guiyun as directors and Hu Jinqing and Wu Yunchu as image designers, who drafted the character image of "Calabash Brother". The "Calabash Brothers" have consistent images, sharing the following common features: square face, short and thick eyebrows, bright eyes, and stocky figure. They are wearing calabash top on the head, calabash leaf necklace, sleeveless jacket and shorts and calabash leaf apron. The seven Calabash Brothers' clothes are in seven colors, i. e. red, orange, yellow, green, cyan, blue and purple respectively. Hu Jinqing totally drew story board scripts for 13 episodes of *Calabash Brothers*. To accelerate the shooting progress, the Animation Film Studio set up two camera crews from January to December 1986. After the comparison, the images of "Calabash Brothers" in the story board scripts are basically the same as those in the film in appearance. The former are in white and black and simplified drawing with discrepancies in details of the images in different parts. The latter are colored and delicate, without discrepancy at all. In 1988, Hu Jinqing, totally drew story board scripts for six episodes of *Calabash King Kong* and the image of "Calabash King Kong" and is generally the same as those of "*Calabash Brothers*". Different from "Calabash Brothers", "Calabash King Kong" was dressed in white and wearing golden glittering calabash-shaped pendant around the neck, representing the integration of the seven Calabash Brothers.

IV. Authorship of the Involved Film

The film catalogue formulated by the Film Industry Administration of the State Administration of Radio, Film and Television of the PRC (hereinafter referred to as the "Film Industry Administration") indicted that Wu Yunchu, Jin Qing and Chang Baosheng were affixed to almost every episode of *Calabash Brothers* and *Calabash King Kong* as art designers. The completed story board scripts for each episode of *Calabash Brothers* and the credit title at the run-out part of each episode of the VCD of Calabash Brothers series produced by the Animation Film Studio in 1996 indicated that: creators of singularly numbered episodes include scriptwriters Yao Zhongli, Yang Yuliang and Mo Du, directors Hu Jinqing and Ge Guiyun, and image designers Wu Yunchu and Jin Qing; and creators of evenly numbered episodes include directors Hu Jinqing and Zhou Keqin, and image designers Wu Yunchu and Jin Qing. The credit title at the run-out part of the completed story board scripts for each episode of *Calabash King Kong* indicated that scriptwriters were Yao Zhongli and Mo Du, image designers Wu Yunchu and Jin Qing, and chief director Hu Jinqing.

V. Release and Presenting of the Involved Films

The film catalogues in 1986 and 1987 compiled and printed by the Film Industry Administration respectively in March 1987 and March 1988 indicated that in 1986, the first nine episodes of *Calabash Brothers* were completed and in 1987, another four episodes were completed. The film catalogues in 1989, 1990 and 1991 compiled and printed by the Film Industry Administration respectively in March 1989, March 1990 and March 1991 indicated that in 1989, the first three episodes of *Calabash King Kong* were produced, in 1990, another two episodes were completed and in 1991, the last sixth episode was finished. The involved films were firstly presented in as paper-cut animation films on television and then released to the public in cinemas. In 1996, the Animation Film Studio made these two involved films into six VCDs for publishing. The cover of the publication indicated that it was produced by Shanghai Animation Film Studio and published by Shanghai Film, Audio and Video Publishing House. In 2008, the Animation Film Studio integrated the thirteen episodes of *Calabash Brothers* into a film and released it to the public in cinemas. All expenses on shooting, copying and development, publishing, and broadcasting on television and in cinemas, and releasing in the audio and video market were contributed by the Animation Film Studio.

VI. Distribution of Awards Concerning Involved Films

On January 15, 1988, the Creation Office of the Animation Film Studio recommended four films including the paper-cut film *Calabash Brothers* (the third and forth episodes) to the Film Industry Administration for the appraisal of Excellent Films in 1986. On May 20, 1988, the Animation Film Studio submitted the name list for the award-giving meeting of Excellent Films in 1986 and 1987 to the Film Industry Administration, including Director Hu Jinqing and Action Designer Shen Rudong of the film *Calabash Brothers*. On August 19, 1988, the Animation Film Studio granted a bonus of RMB 7,000 to creators of the film *Calabash Brothers* for the film was listed as an excellent film in 1986. Besides, *Calabash Brothers* also won the "Calf Award" for children's films in 1987.

The court of first instance held that the disputes of this case focused on the following points: 1. whether the character images of "Calabash Brothers" constituted works and who created them; 2. the nature of the character image artwork of "Calabash Brothers"; 3. whether the character images of "Calabash Brothers" could be used separately and whether the creators could exert the copyright separately or not; and 4. the relationship between the images of "Calabash Brothers" and the character image artwork of "Calabash Brothers".

With respect to the first point, the court of first instance held that the creators of the images of "Calabash Brothers" drew the basic images of "Calabash Brothers" with lines, creating vivid, strong, innocent and lovely images of the characters with bright eyes brimming with radiating vigor. They used seven different colors to distinguish the seven brothers, illustrating their ingenuity and drawing skills. The specific and stereotyped visual images of characters "Calabash Brothers" manually created with lines, outline, garments and colors were no longer an abstract concept or idea. They were artistic, original and replicable, which met the essential conditions for works defined in the Copyright Law of the PRC. Therefore, they should be protected by the Copyright Law. The image of "Calabash King Kong" was basically the same as "Calabash Brothers". It did not constitute a new work for it was only slightly different from "Calabash Brothers" in color of clothes and the pedant around its neck. It could be viewed as a character image of "Calabash Brothers". Therefore, the character images of "Calabash Brothers" should be determined as an artwork.

As for the designers of the character images of "Calabash Brothers", the evidence provided by Hu Jinqing and Wu Yunchu was insufficient to prove that they created the character image artwork of "Calabash Brothers" independently. However, the film catalogue of the involved films, the story board scripts for each episode and the credit title at the run-out part of each VCD of the *Calabash Brothers* series produced by the Animation Film Studio in 1996 all indicated that the images were designed by Wu Yunchu and Jin Qing. Both parties had no objection on the right of authorship in the film since the production of the films. The Animation Film Studio also acknowledged the contribution made by Hu Jinqing and Wu Yunchu to the disputed images. According to the Copyright Law of the PRC, where there is no contrary evidence, a citizen, legal person or other organization whose name is affixed to a work shall be viewed as the creator of the work. On this ground, it can be determined that Hu Jinqing and Wu Yunchu jointly created the image of the artwork of "Calabash Brothers".

With respect to the second point, the court of first instance held that; First, viewing from the social background of the time, China was at the time of planned economy when the involved films were created, and the Animation Film Studio was a state-owned entity. It had to perform strict administrative approval procedures for film creation, and the publishing and release of films should strictly comply with the plan and arrangement of the government. For example, it reported to the superior entity the annual plan for the themes of creation based on the annual tasks assigned by the former and appointed staff to carry out the plan made at the beginning of the year. The created products should belong to the entity which then submitted them to relevant entity for unified publishing and reported to the superior entity and the governmental departments on the fulfillment of the allocated tasks at the end of the year. When the films were created, it was a responsibility of Hu Jinqing and Wu Yunchu to complete the tasks allocated by the Studio as the image designers of the Animation Film Studio. It was also a business practice that the works they created should be undoubtedly owned by the unit. It was an established practice of the society then. Second, viewing from the rules and regulations, the *Copyright Law* was not yet issued at that time. Article 94 of the *General Principles of the Civil Law of the People's Republic of China* only stipulates in principle that citizens and legal persons own the literary property (copyright) and have the right of authorship, release, publishing, receiving payments, and other rights. However, no provision had been set down on the ownership of copyright of films. Nor provisions had been made on copyright of what kind of films could be used separately and used by the creator separately. The repealed *Regulations for Protection of Copyright of Books and Periodicals (Trial)* could be used for reference. However, it only provided that the copyright of works published in the name of an entity such as department, group, enterprise and public institution or other collective should belong to such entity or collective. Furthermore, we could not require that the parties of this case have reached specific agreement on the ownership of the copyright of the disputed images in a form of contract at the time when they were created according to the *Copyright Law* coming into effect as from June 1, 1991. Therefore, the court determined that it was not well grounded that Hu Jinqing and Wu Yunchu owned the copyright of the works at the time when they were created. Third, viewing from the rules and regulations of the employing entity, according to the rules and regulations of the Animation Film Studio, when the disputed films were created, all directors had to complete the tasks allocated by the Creation Office of the Studio each year, and other creation staff had to undertake corresponding workload together with directors. The Animation Film Studio set up a camera crew for the disputed films, appointing Hu Jinqing as the director and Hu Jinqing and Wu Yunchu as image designers to complete the tasks allocated by the Studio. Therefore, accomplishing the tasks assigned by the legal person for salary, bonus and relevant welfare such as medical care and house allotment with the works created belonging to the legal person was in line with the common acknowledgement of the public but also a code of conduct generally accepted by the public at that time. Fourth, viewing from the bonus, according to relevant rules and regulations, the Animation Film Studio adopted the remuneration system for creation staff since January 1, 1986 and increased the bonus for directors, which indicated the encouragement and respect given by the government to major creators of the films and acknowledgement on their value under the historical conditions at that time. Hu Jinqing and Wu Yunchu had received remuneration and awards far higher than their salary bonus for the disputed images. There was no evidence proving that they had raised any objection against the Animation Film Studio on the copyright of the disputed images during the 24 years from the premiere of the involved film in 1986 to 2010 before the suit was lodged. In conclusion, according to the historical background and conditions for the creation of the disputed images as well as the above-mentioned acts of both parties, it can be determined that the copyright of the artwork of "*Calabash Brothers*" shall be owned by the Animation

Film Studio and Hu Jinqing and Wu Yunchu only own the right of identifying themselves as the designers of the images.

On the other hand, Hu Jinqing and Wu Yunchu were employees of the Studio and it was their responsibility to design the images. The disputed images were created by them under the leadership of the Studio to complete their tasks allocated by the Studio, and it was the Studio who took liability for the images. However, the will of a legal person shall not be viewed as equivalent to tasks allocated by the Studio, principle requirements raised about the creation or suggestions to revise and improve the images. The creation of disputed artwork needed no physical technological conditions of the Studio and the progress of creation reflected the ideas, emotion, intention and personalities of the creators rather than the will of the Studio. Though other members of the camera crew and the department head of the Animation Film Studio had once put forwarded comments on revision of the images, this did not affect the fact that it was still the creators who made substantive contribution to the character images of "Calabash Brothers". In addition, viewing from the names affixed at the film run-out, the image design was also attributed to the Plaintiffs. Therefore, the character image artwork of "Calabash Brothers" is not the creation representing the intention of the legal person, thus shall not be determined as works of the legal person.

With respect to the third point, the court of first instance held that Article 15. 2 of the *Copyright Law of the PRC* specifying that "for works that can be used separately such as scripts and music in films and works created in ways similar to film production, the creator of such works shall have the right to use the copyright separately" was applicable under the precondition that the copyright of the works belonged to the creator. In this case, however, the copyright of the disputed artwork belonged to the Animation Film Studio. Hu Jinqing and Wu Yunchu only had the right to identify themselves as designers of the images. Therefore, they did not have the precondition for using copyright separately and could not resort to this Article for legal protection.

With respect to the fourth point, the court of first instance held that the wide popularity and recognition of the cartoon images of "Calabash Brothers" among the audience mainly relied on the following factors: first, the decision made by the Animation Film Studio in 1986 to shoot the paper-cut film of *Calabash Brothers* series; second, the 19 episodes of paper-cut animation films of *Calabash Brothers* and *Calabash King Kong* successively promoted by the Animation Film Studio during the period from 1986 to 1991; and third, the Animation Film Studio publicized the disputed films and images of "Calabash Brothers" in a public, wide, consistent and all-round manner by means of TV broadcasting, public show in cinemas and VCD publication, making images of "Calabash Brothers" the representatives of lovely Chinese boys with the spirits such as wit, courage, justice and cooperativeness. It produced sound public effects among children and even adults, enjoying high reputation among the public. Hu Jinqing and Wu Yunchu did not raise any objection against the above-mentioned acts of the Animation Film Studio such as investment and publication. Therefore, based on the equity principle of the Civil Law, the integrity of the image and the reputation of "Calabash Brothers" should be attributed to the Animation Film Studio, the court thus did not support the claim made by Hu Jinqing and Wu Yunchu that the copyright of the images of "Calabash Brothers" in the films should belong to them.

In conclusion, in accordance with Article 3.4, Article 11.1, Article 11.2, Article 11.4, Article 15, Article 16.2.2, Article 60 and Article 61 of the *Copyright Law of the People's Republic of China*, Article 4.8, Article 4.11 and Article 11.1 of the *Regulation for the Implementation of the Copyright Law of the People's Republic of China*, and Article 4 of the *General Principles of the Civil Law of the People's Republic of China*, the court of first instance did not affirm the request of Hu Jinqing and Wu Yunchu, the Plaintiffs, for confirming their claims that the copyright of the original artwork of "Calabash brothers" in *Calabash Brothers* and its sequel *Calabash King Kong* series (including Calabash Brothers and Calabash King Kong), paper cutting animation films, shall belong to them.

After the judgment was made, Hu Jinqing and Wu Yunchu, not satisfied with the ruling, lodged an appeal to the court, requesting to overrule and amend the ruling made by the court of first instance to confirm that the copyright of the original works of "Calabash Brothers" (including "Calabash Brothers" and "Calabash King Kong") in the serial paper-cut films *Calabash Brothers* and its sequel *Calabash King Kong*, belong to the Appellants Hu Jinqing and Wu Yunchu. Their major reasons for the appeal were as follows: 1. the images of "Calabash Brothers" in the story board scripts for the first three episodes provided by the appellants are original artwork of the images of "Calabash Brothers" and "Calabash King Kong" created by the Appellants in 1984, about which the court of first instance made wrong determination; 2. The Appellants should own a complete set of copyright of the work, "Calabash Brothers", created in the course of employment rather than only the right of authorship. Article 16.2 of the *Copyright Law of the PRC* applied by the court of first instance belongs to false application of laws.

The Appellee, the Animation Film Studio, argued that it did not agree on the appeal request made by the Appellants. The story board scripts could not prove that the Appellants owned the copyright of the images for these story board scripts were completed after the images had been determined. The Appellee insisted on its points of view of the first instance that the film *Calabash Brothers* and the images of "Calabash Brothers", which were completed under the collective leadership of the Animation Film Studio, were works of legal person.

In the trial of second instance, the Appellants submitted three issues of the magazine *Comic King*, including Issue 6 in 1986, Issue 2 in 1987 and Issue 3 in 1987, to prove that the comic strip *Calabash Brothers* had been serialized on the magazine run by the Appellee with their names affixed as authors before the public release of the films. Therefore, the Appellee encouraged and acknowledged that the copyright of the image of "Calabash Brothers" belonged to the Appellants and the Appellants actually enjoyed the economic benefits brought by the artwork of images of "Calabash Brothers". The Appellee acknowledged that fact that the comic strip of "Calabash Brothers" had been published before the public release of the films, but held that this fact could not prove that the Appellants owned the copyright of the images of "Calabash Brothers".

According to the request of the Appellants, the court notified Yan Dingxian (former president of Animation Film Studio then) and Jiang Youyi (former director of the Creation Office of the Animation Film Studio then) to serve as witnesses in the trial of second instance. Based on the testimony of witnesses and relevant evidence, the court found out that Animation Film Studio advocated the creation of serial animation films since the middle of 1980s. In 1984, Yang Yuliang composed the outline of the literary scripts *Seven Brothers* which was recognized by the Studio. After that, Hu Jinqing created several story board scripts and image drafts for *Calabash Brothers* independently. Having been revised and amended by Wu Yunchu, the images of "Calabash Brothers" were firstly submitted to the Creation Office for review and then to the president of Animation Film Studio for approval. In November 1985, the project for *Calabash Brothers* (which was initially named *Seven Brothers*) was officially initiated, and the camera crew was set up, starting the shooting. At that time, the Animation Film Studio did not have any rules or regulations on the ownership of the copyright. Neither the Studio nor the authors had the concept of copyright. It was a "pretty shameful" thing to talk about rights and benefits. During the production of the animation film *Calabash Brothers*, Jiang Youyi once explicitly required that the creation staff should not contribute the comic strip to other entities. However, the Studio did not intervene in whether they contributed to other entities when the film was completed.

After trial, the court found out that all other facts found by the court of first instance were true and the court confirmed such facts.

The court held that viewing from the creation of animation films, the character images in such animation films should have static images at first which should be protected by the *Copyright Law* if they constituted an artwork. In this case, both parties confirmed that the disputed images of "Calabash Brothers" were firstly created by Hu Jinqing and then amended by Wu Yunchu. The Appellee stated that the images were designed by taking the collective ideas of the camera crew into consideration and they represented its intention. However, according to existing evidence, before the project of the animation film *Calabash Brothers* was officially initiated, Hu Jinqing had created the image drafts of "Calabash Brothers" independently which were submitted to relevant departments of the Animation Film Studio for approval after being revised and amended by Wu Yunchu. Though the final images of "Calabash Brothers" were formed after times of revision by other creation staff of the Animation Film Studio, they were not substantively different from the original ones, thus did not constitute new works. Therefore, it could not be proved that the images of "Calabash Brothers" were created under the leadership of the Appellee and indicated the intention of the Appellee. Besides, there was the outline of the literary script of *Seven Brothers* at that time. The contents of the script were quite different from those of the later *Calabash Brothers*. Besides, there were not character images then. Therefore, the conclusion that the images of "Calabash Brothers" were based on *Seven Brothers* could not be drawn accordingly. In conclusion, the court determined that the disputed artwork of images of "Calabash Brothers" did not belong to the situations specified in Article 11.3 of the *Copyright Law*, that is to say, they were not "legal person works".

On the other hand, the Appellants submitted the story board scripts for the first three episodes of *Calabash Brothers* as the evidence for the original artwork of the images of "Calabash

Brothers". The story board scripts were not accepted by the court of first instance as evidence for they did not meet the formal requirements, against which the court did not raise any objection. However, the story board scripts proved that the copyright of the works were not necessarily connected with the carrier thereof. In other words, even if the Appellants failed to provide the originals of the images whose copyright they claimed, it did not mean that their rights and interests were denied. In this case, the right of authorship of the animation film *Calabash Brothers*, the testimony of witnesses and the statement on the creation made by both parties were sufficient enough to determine that it was the Appellants who created the artwork of the disputed images of "Calabash Brothers" to fulfill their tasks allocated by the Studio. Therefore, the disputed works were works created in the course of employment specified in Article 16 of the *Copyright Law*. The key of this case lies in the ownership of copyright of these works created in the course of employment.

The artwork of the disputed images in this case was created before the implementation of the *Copyright Law* when no laws, regulations and policies had set down provisions on the ownership of copyright of works created in the course of employment. Since the disputed works were still in the copyright protection period, this case should be settled according to the applicable prevailing *Copyright Law*. Article 16 of the *Copyright Law* specified the ownership of copyright of works created in the course of employment under different circumstances. The court held that the disputed work belonged to the "special works created in the course of employment" defined in Article 16. 2 (2) that "works created in the course of employment whose copyrights are owned by a legal person or other organization under laws, administrative regulations or agreements and contracts. Reasons were given as follows:

First of all, in this case, both parties did not sign a written contract on the ownership of copyright to the disputed work. This was an act under specific historical conditions. Just as indicated in the ruling of first instance, it was unreasonable to require the parties of this case to enter into a specific agreement on the ownership of copyright to the works created in the course of employment in advance according to the *Copyright Law* at the time when the work was created. Meanwhile, there were no laws and regulations on such issues at that time. Therefore, in-depth study should be made to explore the specific forms and real intentions of the parties at the time of acting, based on which the ownership of copyright of the disputed work created in the course of employment can be determined.

Second, viewing from the legal environment of the time, China has not enacted copyright laws or regulations and the public were not aware of protecting the copyrights, on which both parties acknowledged. Therefore, just as the witnesses stated, it was a "pretty shameful" thing at that time to talk about rights and benefits. In respect of the whole creation of the animation films, the finished products should belong to the Studio, which was commonly acknowledged by the public at that time. Besides, during the shooting of the animation film *Calabash Brothers*, former director of the Creation Office of the Animation Film Studio Jiang Youyi at that time once explicitly required the creators not to contribute their works to other entities, against which the Appellants of this case as the creators, did not raise any objection. The existing evidence also could not prove that the Appellants contributed the comic strip to *Comic King* during the shooting of the animation film *Calabash Brothers*. That is to say, the Appellants observed the rules made by the Appellee through actual behaviors. This fact indicated that both parties acknowledged that the Appellee could raise the above requirements on creation staff including the Appellants. That is to say, the Appellee had the right to use the character images in the animation films. Therefore, viewing from the perspective of integrity, the Appellants should not have expressed adverse intentions to claim the copyright of the artworks of the disputed character images.

Third, viewing from the acts of the Appellee, the Appellee did not intervene in the acts of the Appellants to contribute and publish the comic strip *Calabash Brothers*, which did not mean that it waived its rights. The Appellee only did not exert its rights, giving up the economic benefits brought by the works. During this process, the copyright of the Appellee was not questioned and the copyright ownership dispute in this case did not arise. Therefore, the Appellee's act cannot be viewed as the expression of its attitude towards the copyright ownership. Similarly, the fact that the Appellee did not claim for relevant rights and interests in subsequent infringement litigation in the identity of plaintiff can also be interpreted as above rather than it did not have the qualification for copyright holder as stated by the Appellants.

Lastly, in this case, the artwork of the disputed characters "Calabash Brothers" was indeed created by Hu Jinqing and Wu Yunchu and indicated their personal intentions. Therefore, the Appellants shall be respected as the creators of the work. To be specific, pursuant to Article 16. 2 of the *Copyright Law*, the right of authorship in "special works created in the course of employment" such as the disputed work shall be owned by the creators while other rights and interests of the copyright shall be owned by the Appellee.

In conclusion, the artwork of the disputed images of "Calabash Brothers" belong to works created in the course of employment created by the Appellants under specific historical conditions, whose copyrights excluding for the right of authorship shall be owned by the Appellee. Therefore, the court of first instance had made a clear finding of fact and applied correct laws, and the appeal lodged by the Appellants, Hu Jinqing and Wu Yunchu, was overruled. In accordance with Article 153. 1 (1) and Article 158 of the *Civil Procedure Law of the People's Republic of China*, the court hereby made the following ruling:

Reject the appeal and affirm the original ruling.

The court fee for the second trial of this case is RMB 800, which shall be borne by the Appellants, Hu Jinqing and Wu Yunchu.

The ruling is final.

Chief Judge: Rui Wenbiao
Judge: Li Guoquan
Judge: Yuan Xiuting
March 30, 2012

Court Clerk: Yuan Bo
Court Clerk: Li Jingjing

(The judgment has been published on Issue 4 of the *Gazette of the Supreme People's Court of the People's Republic of China* in 2013 and has been selected into the 2012 China's 10 Cases on Judicial Protection of Intellectual Property and the 2012 Shanghai's 10 Cases on Judicial Protection of Intellectual Property)

9. Shanghai Xuanting Entertainment Information Technology Co. ,Ltd v. Wang Zhong and Beijing Huanxiang Zongheng Network Technology Co. , Ltd. Case of Dispute over Copyright Contract

——Civil Judgment of Shanghai No. 1 Intermediate People's Court
(2011) Hu-Yi-Zhong-Min-Wu- (Zhi) -Zhong-Zi No. 136

Appellant: Wang Zhong (Defendant of First Instance and Counter-Plaintiff), male, Han, born on September 13, 1984; Domicile: Room 1203, Building 6, Xize Yunjia Garden, Chengxi, Wuling District, Changde City, Hunan Province.

Entrusted agent: Shang Jianwang, lawyer of Shanghai operation of Dacheng Law Offices.

Appellant (third party of first instance): Beijing Huanxiang Zongheng Network Technology Co. ,Ltd; Domicile: E701, Building 1, Yard 1, East Shangdi Road, Haidian District, Beijing City.

Legal representative: Zhu Qi, General Manager of the company.

Entrusted agent: Yang Jun, lawyer of Watson & Band Shanghai Office in Shanghai.

Entrusted agent: Liu Yizhou, lawyer of Watson & Band Shanghai Office in Shanghai.

Appellee (Plaintiff in First Instance and Counter-Defendant): Shanghai Xuanting Entertainment Information Technology Co. ,Ltd; Domicile: Room 106-D, No. 739 Zhongxin Road, Zhangjiang Town, Pudong New Area, Shanghai.

Legal representative: Wu Wenhui, General Manager of the company.

Entrusted agent: Lin Hua, male, Han, born on January 21, 1975, staff member of Shanghai Xuanting Entertainment Information Technology Co. ,Ltd..

Entrusted agent: Fu Gang, lawyer of Shanghai Co-Effort Law Firm LLP.

The Appellants, Wang Zhong and Beijing Huanxiang Zongheng Network Technology Co. , Ltd. (hereinafter referred to as "Huanxiang Company") refused to accept the civil judgment issued by Shanghai Pudong New Area People' Court ((2010) Pu-Min-San- (Zhi) -Chu-Zi No. 424 for the case of dispute over copyright contract and appealed to this court. This court organized a collegiate bench by law upon accepting the appeal on June 7, 2011, and tried the case in public on August 16, 2011, March 2, 2012 and March 22, 2012. Shang Jiangang, Liu Yizhou, and Fu Gang, respectively the entrusted agents of the Appellants, Wang Zhong, Huanxiang Company, and the Appellee, Shanghai Xuanting Entertainment Information Technology Co. ,Ltd. (hereinafter referred to as "Xuanting Company") attended three trials, and Lin Hua, the agent of Xuanting Company, attended the first and third trials. This trial of the case has been concluded.

The court of first instance found that:

Xuanting Company was the operator of *www. qidian. com*, an original literature works portal. Since 2006, Wang Zhong had published several works on the website of Xuanting Company including *Buddha is Tao* (Fo Ben Shi Dao) and *Mountain Devil* (Hei Shan Lao Yao), and entered into several agreements with Xuanting Company whereby exclusively authorized or assigned to Xuanting Company the copyrights in relevant works, such as the right to network dissemination of information. During this period, Xuanting Company successively paid remunerations to Wang Zhong, totaling more than RMB 2 million yuan.

On January 18, 2010, Xuanting Company (Party A) and Wang Zhong (Party B) entered into the *Agreement on Works of Platinum Writer*, which provided in Article 3. 2. 1 that Party B agrees and acknowledges to permanently assign to Party A the right to network dissemination of information in and the right to electronically compile, adapt, reproduce and publish all works created by him within four years after this agreement takes effect (the "Agreement Work" referred in this agreement, including all versions in different languages and regardless of whether the Agreement Works is completed, namely including both the completed and incomplete Agreement Work). Party B acknowledges and agrees that the assignment mentioned above includes the exclusion of Party B from exercising on his own or assigning, or authorizing any third party to exercise or assign the said rights after the Agreement is entered into. In Article 4. 2. 4 of the Agreement, Party B represents and warrants that it never electronically publishes, uses or develops, or authorizes any third party to electronically publish, use or develop the said works (including Agreement Works) worldwide. Where any of the circumstances said above occurs to Party B or any Agreement Work created By Party B, Party B shall be deemed as breaching the Agreement. In such case, Party B agrees to refund all relevant remunerations and fees paid by Party A and Party A has the right to suspend or cancel and terminate the Agreement; Party B shall assume all legal liabilities caused thereby and indemnify Party A for its losses, if any. Article 7. 2. 2 of the Agreement also provides that, where Party B violates Article 3. 2. 5, 3. 2. 6, 3. 2. 8, 4. 2. 4 or 4. 2. 5 of the Agreement, it shall pay Party A RMB TEN THOUSAND Yuan and liquidated damages ten times of the total amount of relevant fees obtained by Party B from Party A. If such liquidated damages are insufficient to cover the losses sustained by Party A, Party B shall indemnify Party A for all its losses in addition to such liquidated damages, and Party A shall have the right to immediately suspend or cancel and terminate the Agreement.

On the same day, Xuanting Company (Party A) also signed an *Agreement on Creation of Commissioned Works* with Wang Zhong (Party B). This agreement provides in Article 3. 2. 1 that, Party B is an exclusive writer and the parties agree that the copyrights in and all rights derived from the Agreement Works created by Party B on the commission of Party A (works that Party A commissions Party B to create, including but not limited to all categories provided in Article 3 of the *Copyright Law of the People's Republic of China*) are exclusively owned by Party A (the exclusivity specified in this agreement includes the exclusion of Party B and in regardless of whether Party B completes the creation of any Agreement Work or delivers all Agreement Works to Party A; Party A exclusively owns the complete copyright in any Agreement Work completed and delivered to Party A by Party B or any work created under the organization of Party A), including but not limited to all personal rights and property rights in copyrights specified in Article 10 of the *Copyright Law of the People's Republic of China.* Article 1. 1. 7 of this agreement specifies that, without the written consent of Party A, Party B, being an "Exclusive Writer", shall not assign any category of works created by Party B in his real name, penname or any other name or title during the term of this agreement, including Agreement Works, to any third party to publish, use or develop, or authorize any third party to do so, or create any category of works for any third party, including but not limited to all categories listed in Article 3 of the Copyright Law of the People's Republic of China. Party B is an exclusive writer during the term of this agreement. Article 1. 1. 4 of this agreement specifies that, "Term of Agreement" begins when this agreement is executed and ends when Party B completes all Agreement Works and delivers all Agreement Works to Party A. If Party B fails to complete any of the works for any reason, or any of the works completed by Party B does not meet the requirements set in the outline of such work or does not fulfill the purpose for which Party A commissions the literary creation, the term of agreement shall expire on the date when all the Agreement Works recognized by Party A are completed. For the purpose of this agreement, the term of agreement does not mean that this agreement will lose its binding force over Party A and Party B and legal force thereafter, but represents semantically a period of time and a definition of the period in which the agreement is performed. Article 3. 2. 3 of the agreement provides that, Party A will pay remunerations to Party B as exclusive writer and Party B warrants that it will create works for Party A only or create only the Agreement Works during the term of agreement, and that the copyrights in and any other rights derived from any work created within the term of agreement are exclusively owned by Party A (including the works created by Party B under the commission of Party A within the term of agreement and Agreement Works, and any work created by Party B without the written consent of Party A or for any third party without Party A's permission during the term of agreement). The copyright in a work mentioned above includes but is not limited to the personal rights and property rights in the copyright specified in Article 10 of the *Copyright Law of the People's Republic of China.* Otherwise, Party B agrees to refund relevant amount received from Party A and assume the liability for violation of the agreement. Article 4. 1. 6 of the agreement provides that, when the copyright in any other work created by Party B rather than Agreement Works beyond the term of agreement involves the use, assignment and use authorization of such work, Party A shall precede over any third party, all things being equal, to obtain the said assignment and use authorization, and Party B shall provide Party A with necessary convenience to exercise such preemptive right; unless Party A fails to exercise its preemptive right within 30 days after it receives a written notice from Party B requiring Party A so, Party B shall not assign any other work said above or permit any third party to exercise any right included in relevant copyright. Otherwise, Party B will be deemed as violating the agreement. Article 4. 2. 1 of the agreement provides that, Party B shall begin to submit to Party A no later than January 25, 2011 and the word count submitted in every month shall be no less than 100,000. Article 5. 1. 1 of the agreement provides that, the remuneration of Party B shall be settled based on the word count of Agreement Works created by Party B at the rate of pretax RMB 330 yuan per one thousand words. Article 5. 2. 1 of the agreement provides that, Party A shall pay RMB 100,000 yuan only to Party B as advance payment (from which the remuneration payable to Party B may be deducted) within thirty working days after this agreement is executed and takes effect. Article 7. 2. 1 of the agreement provides that, Party B, if violating Article 4. 2 of the agreement, shall pay Party A RMB FOUR HUNDRED THOUSAND YUAN and the liquidated damages equal to the remuneration of Party B incurred. Where such liquidated damages is insufficient to cover the losses sustained by Party A, Party B shall be liable to compensate Party A for all its losses in addition to such liquidated damages, and Party A shall have the right to immediately suspend or cancel and terminate this agreement. Article 7. 2. 2 of the agreement provides that, if Party B violates Article 3. 2, 4. 1. 6 and 7. 2. 3 of this agreement, or assigns or exercises (including assigns to any third party or authorizes any third party to exercise) any right (including the preemptive right owned by Party A under the agreement) attributable to Party A in a manner in violation of this agreement, it shall pay Party A, in addition to the liquidated damages provided in Article 7. 2. 1, liquidated damages at the rate of RMB TEN THOUSAND YUAN per 10,000 words of the work (including Agreement Work) which Party B assigns or exercises any right in without the written consent of Party A. Where such liquidated damages is insufficient to cover the losses sustained by Party A, Party B shall be liable to compensate Party A for all its losses in addition to such liquidated damages, and Party A shall have the right to immediately suspend or cancel and terminate this agreement.

On February 10, 2010, Xuanting Company, in accordance with the aforesaid agreement, prepaid Wang Zhong RMB 100,000 yuan as the funds for creation.

On June 18, 2010, Wang Zhong (Party B) and Huanxiang Company (Party A) signed a Labor Contract, providing that Wang Zhong would act as the director of game design department in Huanxiang Company with a term of 5 years and that the monthly salary of Wang Zhong was RMB 5,000 yuan. It also provides in the contract that the copyright in any work for hire created by Party B according to the requirements of Party A shall be owned by Party A, and any third party dispute incurred by any work for hire shall be settled by Party A. Party B's job responsibilities are: Party B shall create works for hire according to the requirements of Huanxiang Company; the monthly update to each work for hire created by Party B shall have no less than 100,000 words and no more than 350,000 words; each of the works for hire shall have more than 2 million words; any work for hire created by Party B with 300,000 words released on *www. zongheng. com* shall rank beyond top 10 of the click rate ranking on the website; all works for hire created by Party B shall be original and infringe no intellectual property of any other person; in addition to the basic salary, Huanxiang Company will give Party B certain bonuses depending on the results of Party B's work, and, however, Huanxiang Company will reduce the bonus in proportion if Party B violates or fails to perform the above job responsibilities. Both parties also signed an *Agreement and Intellectual Property Ownership and Confidentiality*.

On July 18, 2010, Wang Zhong began to release the work *The Immortality* (Yong Sheng) *on www. zongheng. com* with the penname "Meng Ru Shen Ji". By March 3, 2011, this work had 1,792,144 words released and was still being updated.

Parties in first instance respectively claimed as follows: Xuanting Company filed the lawsuit requesting the court to order that: 1. Wang Zhong shall continue to perform the *Agreement on Works of Platinum Writer* and *Agreement on Creation of Commissioned Works*, and stop the act of releasing any works created by him on any other website (including but without limitation to www. zongheng. com); 2. Wang Zhong shall pay the liquidated damages RMB 1.01 million yuan; and 3. The copyright in *The Immortality* (Yong Sheng) created by Wang Zhong shall be owned by Xuanting Company. Wang Zhong counterclaimed requesting the court to order to rescind 1). *the Agreement on Works of Platinum Writer*; and 2) terminate *the Agreement on Creation of Commissioned Works.*

The court of first instance held that the focus of dispute in this case lay in: 1. Whether or not the *Agreement on Works of Platinum Writer* should be rescinded; 2. Whether or not the *Agreement on Creation of Commissioned Works* should be cancelled; 3. Ownership of the copyright in *The Immortality* (Yong Sheng); and 4. Handling of liquidated damages.

As to the first focus of dispute, the court of first instance held that, the *Agreement on Works of Platinum Writer* was not grossly unconscionable and therefore should not be rescinded. The reasons were as follows: firstly, the objective element for a contract to be grossly unconscionable specified in the contract law of China was that the parties to the contract have seriously unequal rights and obligations and grossly imbalanced economic profits. Imbalanced profit is represented by the large disparity between price and value of the subject matter and obvious unreasonableness of responsibility and risk distribution. This is based on the fact that the profit can be determined according to certain prices or charging standards. The doctrine of unconscionability is not applicable for certain goods or special services whose actual value is difficult to calculate. The work in this case was actually a literature result of intellectual creation which was original and could be reproduced in certain tangible form, and therefore could not be applied to the doctrine of unconscionability. Secondly, the *Contract Law of China* provides that, where the parties to a contract conclude the contract in writing, the contract shall be valid when the parties sign or seal it. A contract established according to laws shall be valid upon its establishment. The agreements involved in this case were entered into by two equal entities, namely Xuanting Company and Wang Zhong, and represented their true intentions. In terms of its content, the contract had clearly specified the rights and obligations of the two parties, which is, Wang Zhong shall create works to gain remunerations and improve his reputation and attract the readers via the network platform of Xuanting Company and Xuanting Company shall exercise the copyright assigned or authorized to gain corresponding economic profits. The agreement was reciprocal to both parties and conformed to the principles of equality, free will and mutual benefit of the contract law. Therefore, the *Agreement on Works of Platinum Writer* was not grossly unconscionable and did not meet the conditions for revocation provided in the contract law. A contract established according to laws shall be protected under the laws and binding over the parties to the contract, who shall perform their obligations as agreed. As the agreement is still in the period of performance, the court of first instance supported the claims of Xuanting Company and decided that Xuanting Company and Wang Zhong should continue to perform the *Agreement on Works of Platinum Writer* disputed in this case.

As to the second focus of dispute, the court of first instance held that the *Agreement on Creation of Commissioned Works* was legal and valid and shall continue to be performed. The reasons were as follows: Wang Zhong required cancelling the agreement according to Article 410 of the *contract law*, which provides that "the principal or the entrustee may cancel the entrustment contract at any time". However, this case involved a dispute over copyright contract. An agreement on commissioned creation of literature works is different from the commission contract defined in contract laws. A commission contract defined in contract laws is a contract whereby the principal and trustee agree that the trustee shall handle the principal's affairs, and for the purpose of handling affairs for another person. After the conclusion of such commission contract, any act committed by the trustee within the commissioned authority equals the act committed by the principal himself. Any literature work concerned in an agreement on commissioned creation must rely on the creative intellectual labor of the author. Even if the principal has any requirements in thoughts and tenets, it only represents a defined scope in which the trustee creates literature work but cannot substitute the trustee's intellectual creation. For this reason, the two kinds of agreements are apparently different in terms of nature, content and law application, and therefore, Article 410 of the *Contract Law* was not applicable in this case. Moreover, though the Agreement Works in the agreement on commissioned creation disputed in this case remained unnamed, it is not uncommon in consideration of the specificity of the creation of literature works and their characteristic of reliance on the author's intellectual creation. The facts that the agreement did not set limitations on the ideas and thoughts of the works, but specified that Wang Zhong should begin to deliver submissions no later than one year after the execution of the contract, and that Xuanting Company prepaid RMB 100,000 yuan to Wang Zhong as the funds for creation, showed that Xuanting Company had given Wang Zhong adequate time to conceive and create the outline and even the works. In this regard, the agreement did not have the conditions for legal cancellation. As Xuanting Company did not agree to cancel and the agreement was still in the period of performance, the court of first instance upheld the opinion of Xuanting Company and decided that the *Agreement on Creation of Commissioned Works* disputed in this case should continue to be performed.

Xuanting Company and Wang Zhong shall continue the performance of the *Agreement on Works of Platinum Writer* and the *Agreement on Creation of Commissioned Works*, in which, Wang Zhong was required to create works for Xuanting Company only during the term of agreements as an exclusive writer. This was also among the obligations Wang Zhong must perform under the disputed agreements. Xuanting Company also clearly stated in the trial that Wangzhong only released *The Immortality* (Yong Sheng) in serial on *www. zongheng. com* except for the website of Xuanting Company. In these considerations, the infringement by Wang Zhong should be enjoined.

As to the third focus of dispute, the court of first instance held that the copyright in *The Im-*

mortality was owned by Xuanting Company. The reasons were as follows: though Wang Zhong and Huanxing Company declared that *The Immortality* was the work for hire created by Wang Zhong as an employee of Huanxiang Company and provided relevant evidence in favor of the existence of their employment relationship, whether or not the employment relationship between Wang Zhong and Huanxiang Company exists was not the sole basis to judge whether or not *The Immortality* was a work for hire. It should also be considered from the characteristics of the work, such as the creation process and presentation form. According to the statements of Wang Zhong and Huanxiang Company about the creation process of *The Immortality*, the work was primarily created by Wang Zhong with the general support of others. Wang Zhong created the work primarily in his hometown, as well as the outline, and published it in his penname. Though Huanxiang Company claimed that what Wang Zhong created was the script for a game, what actually displayed on the website was the novel. What the ordinary readers read was the internet novel created by Wang Zhong. The novel *Yong Sheng* (*the Immortality*) shall be the work of Wang Zhong. But according to the period of its creation, it fell into the period agreed upon by Xuanting Company and Wang Zhong. Hence, the copyright of the novel shall belong to Xuanting Company.

As to the fourth focus of dispute, the court of first instance held that Wang Zhong had breached the agreements and should be liable to pay liquidated damages. The reasons were as follows: According to Article 3. 2. 1 of the *Agreement on Works of Platinum Writer* and Article 3. 2. 2 of the *Agreement on Creation of Commissioned Works*, Wang Zhong shall not create any work for any third party arbitrarily within the term of agreement without the consent of Xuanting Company. In this case, however, Wang Zhong paid no respect to the two agreements concluded with Xuanting Company by releasing the literature works created by him on the websites of Huanxiang Company. Legally or morally, Wang Zhong had the obvious intention of breach and should be held liable for such breach. The liquidated damages, as a part of the agreement, are compensatory and punitive. As such damages are mainly for the purpose of compensation, they shall not exceed the actual losses suffered by Xuanting Company. Despite the grounds and methods agreed upon by both parties in the agreement for calculating the liquated damages, Xuanting Company failed to present evidence of its actual losses. In actuality, that Wang Zhong published his novel on the website of Huanxiang Company means the loss of click ratio for Xuanting Company, and now there is no relevant standard available to translate such click rate into economic loss. Moreover, as both parties need to continue the performance of the agreements, the liquidated damages may be reduced appropriately.

Based on the above grounds, in accordance with Article 8, Article 44, Article 60, Article 107 and Article 114 of *the Contract Law of the People's Republic of China*, Article 10, Article 11 and Article 25. 1 of *the Copyright Law of the People's Republic of China* and Article 2 of *Some Provisions of the Supreme People's Court on Evidence in Civil Procedures*, the court ruled that 1). Xuanting Company and Wang Zhong shall continue the performance of the *Agreement on Works of Platinum Writer* concluded by both parties on January 18, 2012; 2). Xuanting Company and Wang Zhong shall continue the performance of the *Agreement on Creation of Commissioned Works* concluded by both parties on January 18, 2010; 3). Wang Zhong shall stop publishing of the novel *Yong Sheng* (*the Immortality*) on the website designated by Huanxiang Company; 4). Wang Zhong shall pay Xuanting Company the liquidated damages of RMB 200,000 within ten (10) days after the ruling takes effect; 5). Copyright of the novel *Yong Sheng* (*the Immortality*) created by Wang Zhong (apart from the rights that cannot be transferred under law) shall belong to Xuanting Company; 6). Other claims of Xuanting Company are dismissed; 7). All claims of Wang Zhong are dismissed.

After the ruling was issued, the Appellant, Wang Zhong refused to accept it and appealed to this court, requesting the court of second instance to reverse 1) to 7) items in the ruling of first instance, reject all claims of the Appellee, and support the counter-claims of the Appellant. The reasons for appeal were: 1. The copyright in *Yong Sheng* (*the Immortality*) was owned by Huanxiang Company. Wang Zhong and Huanxiang Company entered into a labor contract, which required Wang Zhong to create *Yong Sheng* (*the Immortality*) jointly with other employees of Huanxiang Company and according to the requirements of Huanxiang Company, and therefore, the novel was created by Wang Zhong within his job duty in Huanxiang Company and thus a work for hire. It is also specified in the employment agreement between Wang Zhong and Huanxiang Company that the copyright in any work created by Wang Zhong to complete his job duty during his employment would be owned by Huanxiang Company. 2. As it is not agreed in the *Agreement on Creation of Commissioned Works* on the title or content of any work, the Appellee had no right to determine on its own any Agreement Work, let alone claiming any right in *Yong Sheng* (*the Immortality*) and requiring stopping the release. As it is not agreed in the *Agreement on Creation of Commissioned Works* on the title or content of any work, the Appellee had no right to determine on its own any Agreement Work, let alone claiming any right in *Yong Sheng* (*the Immortality*) and requiring stopping the release. The *Agreement on Creation of Commissioned Works* was concluded to establish a contract relationship between Wang Zhong and the Appellee concerning the commission of internet literature work creation on the basis of trust, and the activity of intellectual creation was strongly person-specific. Now, as the basis of trust between the parties had been undermined, and Wang Zhong clearly showed no intention to continue the performance, there is no possibility for the continuing performance of the agreement no possibility. Also, the nature of obligations under such agreement decided that enforced performance could not apply, and Wang Zhong, if being forced to continue the performance of such agreement, would suffer from mental fear and no guarantee for income. 3. The *Agreement on Works of Platinum Writer* was a contract concluded in a circumstance that the Appellee took advantage of its advantageous position in the industry and Wang Zhong was short of experience, and the content of such agreement violated the principles of equity and valuable consideration, particularly so as it gave no considerations at all to exclude the Appellant's major rights. For example, while it is agreed in the agreement that Wang Zhong should not create any work for any third party, the Appellee paid no considerations for such exclusion. Moreover, it is also agreed that the options to examination and acceptance of any work and the setup and lift of any non-free chapters were completely owned by the Appellee and Wang Zhong had no right therein. In this regard, the agreement excluded Wang Zhong's right to freely publish his works in the circumstance that no income guarantee was provided, and no considerations for such exclusion would be paid. It was obviously unfair and should be reversed. 4. The court of first instance had no *de facto* or legal basis to rule that Wang Zhong should bear the liquidated damages RMB 200,000 yuan. The Appellee did not pay any fee based on the *Agreement on Works of Platinum Writer* and failed to provide any evidence to prove the actual losses sustained by it. 5. Article 3. 2. 1 of the *Agreement on Works of Platinum Writer* provided that, Wang Zhong agreed and acknowledged to permanently assign to the Appellee the right to network dissemination of information in and the right to electronically compile, adapt, reproduce and publish all works created by him within four years after this agreement took effect. Article 1. 1. 4 of the *Agreement on Creation of Commissioned Works* provided that, "Term of Agreement begins when this agreement is executed and ends when Wang Zhong completes all Agreement Works and delivers all Agreement Works to the Appellee". This showed that the *Agreement on Creation of Commissioned Works* had changed the period of commissioned creation agreed in the *Agreement on Works of Platinum Writer*. Therefore, it is incorrect for the court of first instance to confirm facts based on the said content agreed in the *Agreement on Works of Platinum Writer*. 6. The court of first instance had erred in law application and violated Article 110 of the *Contract Law of China* by ruling that the *Agreement on Creation of Commissioned Works* and *Agreement on Creation of Commissioned Works* should continue to be performed, which was actual physical coercion against the Appellant, Wang Zhong. 7. *Yong Sheng* (*the Immortality*) was a work created by Wang Zhong to complete his job duty in Huanxiang Company. Materials for creation provided by Huanxiang Company had been used in the creation process and other employees of Huanxiang Company participated in the creation which played an important role in the authorship. The court of first instance had erred in determining *Yong Sheng* (*the Immortality*) was primarily created by Wang Zhong.

The Appellant, Huanxiang Company appealed requesting the court to reverse the third and fifth items in the ruling given by the court of first instance. Its primary reasons for the appeal were: 1. *Yong Sheng* (*the Immortality*) was created by Wang Zhong during his employment to complete his job duty in Huanxiang Company and a work for hire created jointly with other employees of Huanxiang Company. The creation of *Yong Sheng* (*the Immortality*) by Wang Zhong was an act to perform the employment agreement between him and Huanxiang Company, rather than to perform the *Agreement on Creation of Commissioned Works* between him and the Appellee; as Wang Zhong and Huanxiang Company agreed in the employment agreement that the copyright in any work for hire would be owned by Huanxiang Company, the copyright in *Yong Sheng* (*the Immortality*) was owned by Huanxiang Company. The ruling given by the court of first instance that *Yong Sheng* (*the Immortality*) was not a work for hire was not supported by any facts or legal basis. 2. This case was a contract dispute between Wang Zhong and the Appellant. Huanxiang Company had lawfully obtained the copyright in the disputed work *Yong Sheng* (*the Immortality*). It is an apparent mistake in legal procedures that the court of first instance directly added Huanxiang Company as a third person without independent claims to participate in the lawsuit, as requested by the Appellee. Even if Huanxiang Company participated in the lawsuit, it should be a third person with independent claims. During the first instance participated by Huanxiang Company as a third person without independent claims, though Huanxiang Company clearly claimed on the copyright in *Yong Sheng* (*the Immortality*), the judgment given by the court of first instance concerning the ownership of the copyright in *Yong Sheng* (*the Immortality*) went against the lawsuit procedures. 3. The obligation of creation specified in the *Agreement on Creation of Commissioned Works* involved in a physical reliance. An author provides his intellectual achievements in the form of works which rely on the intellectual labor of the author. If any measure of performance is forced, it means to some extent physical coercion against the author. In this regard, the contractual obligation of an author under any contract on commissioned creation is an exception to continuing performance provided in Article 110 of the *Contract Law*, and is not applied for continuing performance according to laws. In this case, Wang Zhong had clearly expressed that he would not continue to perform the disputed agreement on commissioned creation, and thus the commission contract between him and the Appellee should not continue to be performed. The ruling of the court of first instance requiring continuing performance did not conform to laws.

After the trial, this court found that the facts found by the court of first instance were true and this court hereby acknowledged them.

This court also found that: in March 2006, Wang Zhong and the Appellee entered into an *Exclusive Assignment Agreement* on Literature Works, whereby Wang Zhong exclusively assigned the Appellee the worldwide right to network dissemination of information and compilation right in *Buddha is Tao* (Fo Ben Shi Dao) during the valid terms of this agreement, and the valid term of this agreement began from the date of execution and ended on the fifth anniversary of the completion of the agreement works. In July of 2006, Wang Zhong and the Appellee entered into an *Exclusive Assignment Agreement on Literature Works of Platinum Writer*, which further provided on the content of the agreement said above. The validity of the agreement was valid from the date of execution to the seventh anniversary of the completion of the agreement works, and increased correspondingly the remuneration of the author. The term of contracted authorship was three years. In April 2007, both parties entered into a supplemental agreement concerning the new contracted work *Mountain Devil* (Hei Shan Lao Yao). In June 2008, the parties entered into another supplemental agreement concerning the contracted work "*The Story of Dragons and Snakes* (*Long She Yan Yi*)", which also provided that the worldwide copyright property in this work, other than in electronic form, should be entirely assigned to the Appellee within one year as of the date when the agreement was executed.

In May 2008, Wang Zhong and the Appellee entered into an *Exclusive Assignment Agreement on Literature Works*, which provided that Wang Zhong had assigned the Appellee any form of worldwide intellectual property (excluding the right to publish paper books in simplified Chinese and traditional Chinese in the territory of China) in the contracted work *Mountain Devil* (Hei Shan Lao Yao) from the date of execution to the third anniversary of the completion of the work. During the same period, the parties also entered into a similar Assignment Agreement on

Literature Works concerning the book *Buddha is Tao* (Fo Ben Shi Dao).

In May 2009, Wang Zhong and the Appellee entered into the *Agreement on Creation of Commissioned Works* concerning the contracted work *The Story of Dragons and Snakes* (*Long She Yan Yi*), under which Wang Zhong was an exclusive writer and the copyright in the contracted work was owned by the Appellee.

It was also found out that: the Appellant, Wang Zhong and the Appellee, Xuanting Company both acknowledged in court that the parties entered into first the *Agreement on Works of Platinum Writer* and then the *Agreement on Creation of Commissioned Works.* The latter supplemented and elaborated the former with changes in part of the provisions. Article 3. 2. 6 of the *Agreement on Works of Platinum Writer* provided that, Party A and Party B agreed and acknowledged that when Party B assigns the copyright in or authorizes the right to use any other new work created by Party B rather than Agreement Works (namely, the works created by Party B beyond the term of agreement), Party B shall notify Party A in writing and all things being equal, Party A shall precede over any third party to obtain the said assignment and use authorization, and Party B shall provide Party A with necessary convenience to exercise such preemptive right; unless Party A fails to exercise its preemptive right within 30 days after it receives a written notice from Party B requiring Party A so, Party B shall not assign any right said above or permit any third party to exercise any right included in relevant copyright. Article 3. 2. 8 provided that, Party B warrants that, without the written consent of Party A, it will not conclude or enter into any agreement, electrical, oral or written, with any third party concerning the ownership, assignment, authorization of the agreement work after the execution of this agreement; in order to guarantee the quality of the agreement works, Party B warrants that it will not conclude or enter into any agreement, electrical, oral or written, with any third party concerning the ownership, assignment, authorization of the agreement work after the execution of this agreement and before the completion of the agreement work. Otherwise, the agreement of Party B and any third party on the content, ownership and other affairs and their legal force will not be used to defend against and exceed the corresponding content in this agreement.

During the trial of second instance, it is mentioned in the article "Meng Ru Shen Ji's New Book Release Activity, Shenji Bar's Ipad Gift for readers" in "By-Talk", "Book News Channel" on *http: //www. zongheng. com* that: on February 5, 2012, *Yong Sheng* (*the Immortality*), after creating numerous miracles, was completed. The new book by Meng Ru Shen Ji will make its debut on *www. zongheng. com* at 10: 00, March 1, 2012. This had been evidenced by the evidence confirmed by this court through cross-examination relevant Chinese web pages of *www. zongheng. com* provided by the Appellee.

This court held that a contract concluded according to laws shall be binding over the parties hereto and the non-breaching party shall be entitled to require the breaching party to assume liabilities such as continuing performance, payment of liquidated damages and compensation for losses. However, where the subject matter of a liability is not fit for enforced performance, the non-breaching party shall have no right to require the breaching party to continue the performance.

In this case, Xuanting Company and Wang Zhong entered into two contracts successively on January 18, 2010, namely the *Agreement on Works of Platinum Writer* and *Agreement on Creation of Commissioned Works*. These two contracts shared some common and some difference in terms of content. According to the statements made the parties to the contracts in court, these two contracts, though bearing the same date of execution, were actually concluded on different dates, and the *Agreement on Creation of Commissioned Works* was entered into later. Therefore, the *Agreement on Creation of Commissioned Works* may be deemed as to modify, supplement and elaborate the *Agreement on Works of Platinum Writer*. Rights and obligations of the parties thereto should be determined according to the provisions of these two contracts. In case of any conflict or inconsistency, the *Agreement on Creation of Commissioned Works* shall prevail. These two contracts represented the true intention of the parties and conformed to the enforcement provisions specified in laws. The parties shall perform their obligations under the contracts as agreed. During the performance of the above agreements, Wang Zhong made it clear with his statement and conduct that he would no longer perform the contractual obligations there under, which constituted violation of such contractual obligations. He shall bear the corresponding liability for breach of contract pursuant to law.

However, Xuanting Company requested the court to order that Wang Zhong continue to perform the *Agreement on Works of Platinum Writer* and the *Agreement on Creation of Commissioned Works*, cease the act of publishing his works on other websites (including but not limited to *www. zongheng. com*), and confirm that the copyright of the novel *Yong Sheng* (*the Immortality*) created by Wang Zhong belongs to Xuanting Company. The request, in nature, asked Wang Zhong to bear the liability for breach of contract with regard to the continued performance of contractual obligations. This court noticed that, in the *Agreement on Creation of Commissioned Works*, both parties agreed that Wang Zhong was the "Exclusive Writer" of Xuanting Company and shall solely create the "Agreed Works". He may not create works for others or hand over works to any third party for publishing. Moreover, apart from the delivery date, word counts and other aspects provided in the agreements, Xuanting Company also had the right of first refusal to Wang Zhong's works created beyond the term of the agreements. These obligations involved in Wang Zhong's freedom of creation. In respect of its personal attribute, it is not fit for enforced performance. Moreover, if Wang Zhong is forced to create any work rather than the Agreement Works, it is not consistent with the legislation purpose of the Copyright Law to encourage creation. When Wang Zhong breached the agreements, Xuanting Company shall not request his continuous performance and can only request him to pay the liquidated damages or make compensation for its losses. However, the ownership of rights to created works shall not fall into the enforceable obligation, and copyright of the novel *Yong Sheng* (*the Immortality*) claimed by Xuanting Company in accordance with the agreements had the legal basis. Therefore, this court found it difficult to support the request of Xuanting Company for continuing performance as it involved the enforcement on Wang Zhong's creation. But, Xuanting Company's request for claiming the copyright in *Yong Sheng* (*the Immortality*) had ground in laws, and will be supported by this court. Wang Zhong may certainly claim for separate remunerations and compensations for *Yong Sheng* (*the Immortality*) created by him. In the meantime, as the obligations under the contracts said above were not fit for enforced performance and the purpose of the contracts could not be fulfilled due to the breach of Wang Zhong, Wang Zhong's request for cancelling the contracts would be supported by this court, but Wang Zhong should assume the liabilities for such breach, including the payment of liquidated damages.

Xuanting Company requested the court to order Wang Zhong to pay liquidated damages RMB 1.01 million yuan on the ground of Article 7.2.2 in the *Agreement on Works of Platinum Writer*. For the purpose of this clause, acts of breach include fundamental breaches such as assignment of any right in any work to another person or entity. As a result, it may be deemed as compensations for breach in lieu of performing the benefits. In the circumstance that Xuanting Company claimed on continuing performance at the same, the court was not supposed to support it. But as the contractual obligations were not fit for the continued performance, Xuanting Company had the legal basis to claim for the liquidated damages under law. As it shall be decided that the copyright of the novel *Yong Sheng* (*the Immortality*) is owned by Xuanting Company, it can be construed that part of contractual performance interest has been fulfilled and hence the liquidated damages shall be decreased to RMB 600,000 yuan accordingly.

For the request of the Appellant, Wang Zhong that the *Agreement on Works of Platinum Writer* was grossly unconscionable and therefore should be rescinded, the court of first instance had clearly given reasons for not supporting, and this court will not reiterate any more. For the claim of the Appellant, Huanxiang Company that it went against the legal procedures that the court of first instance noticed it to participate in the lawsuit as a third person and judge on the ownership in *Yong Sheng* (*the Immortality*), as the Appellee, Huanxiang Company legally had a stake in the settlement of contract disputes between the Plaintiff and Defendant of the first instance in this case, it was not inappropriate for the court of first instance to notify Huanxiang Company to attend the trial and the Appellant, Huanxiang Company raised no objections about its position in the lawsuit. The judgment on the ownership of copyright in *Yong Sheng* (*the Immortality*) was made based on the agreements between the Plaintiff and Defendant of first instance in the contracts, which was also part of the contract dispute, and it was not inappropriate in the judgment issued by the court of first instance a judgment. Therefore, this court will not adopt its claim. The two Appellants also claimed respectively that *Yong Sheng* (*the Immortality*) should be deemed as a work for hire created by the Appellant, Wang Zhong during his employment in Huanxiang Company, or that the work was created jointly with other persons. This court held that, according to the agreements by and between the Plaintiff and Defendant of first instance, the property right in the work *Yong Sheng* (*the Immortality*), after being completed, shall be owned by Xuanting Company, and there is no sufficient evidence to prove whether *Yong Sheng* (*the Immortality*) was created jointly with other persons. On this ground, this court should reject such claims for appeal.

In summary, this court ruled in accordance with Article 153.1 (2) of the *Civil Procedure*

Law of the People's Republic of China, Article 94 (4), 107, 110 (1), 114. 2 and 114. 2 of the *Contract Law of the People's Republic of China* that:

I. Uphold the fifth item in the civil judgment ((2010) Pu-Min-San- (Zhi) -Chu-Zi No. 424) given by Shanghai Pudong New Area People's court, which is, the copyright in *Yong Sheng* (*the Immortality*) created by Wang Zhong (excluding the rights non-assignable according to laws) was owned by Shanghai Xuanting Entertainment Information Technology Co. ,Ltd. ;

II. Reverse the first, second, third, fourth, sixth and seventh items in the civil judgment ((2010) Pu-Min-San- (Zhi) -Chu-Zi No. 424) given by Shanghai Pudong New Area People's court;

III. The *Agreement on Works of Platinum Writer* and *Agreement on Creation of Commissioned Works* executed on January 18, 2010 by and between the Appellant, Wang Zhong and the Appellee, Shanghai Xuanting Entertainment Information Technology Co. ,Ltd shall be cancelled on the date when this ruling takes effect;

IV. The Appellant, Wang Zhong shall pay the Appellee, Shanghai Xuanting Entertainment Information Technology Co. ,Ltd. RMB 600,000 yuan as a liquidated damage within ten days after this ruling takes effect;

V. Reject the remaining claims for appeal by the Appellant, Wang Zhong;

VI. Reject the remaining claims for appeal by the Appellant, Beijing Huanxiang Zongheng Network Technology Co. , Ltd. ;

VII. Reject the remaining claims for appeal by the Appellant, Shanghai Xuanting Entertainment Information Technology Co. ,Ltd. .

The Appellant, Wang Zhong, if failing to perform its obligation of pecuniary payment within the period given by this ruling, shall pay in double the interest on such payments accrued for the period of such delay in accordance with Article 229 of the *Civil Procedure Law of the People's Republic of China.*

The court fee for the first instance is RMB 13,890 yuan, among which, the Appellant, Wang Zhong shall pay RMB 9,260 yuan and the Appellee, Shanghai Xuanting Entertainment Information Technology Co. , Ltd. RMB 4,630 yuan; the counter-claim fee is RMB 400 yuan which shall be equally shared by the Appellants, Wang Zhong and Shanghai Xuanting Entertainment Information Technology Co. ,Ltd. The court fee for the second instance is RMB 4,700 yuan, among which, the Appellant, Wang Zhong shall pay RMB 1,570 yuan, the Appellant, Beijing Huanxiang Zongheng Network Technology Co. ,Ltd. RMB 1,570 yuan and the Appellee, Shanghai Xuanting Entertainment Information Technology Co. ,Ltd. RMB 1,560 yuan.

This ruling made by the court is final.

Chief Judge: Liu Junhua

Acting Judge: Lu Fengyu

Acting Judge: Hu Yu

May 4, 2012

Court Clerk: Shen Xiaoling

(The civil judgment has been selected into 2012 China's 50 Typical Cases on Judicial Protection of Intellectual Property and 2012 Shanghai's 10 Cases on Judicial Protection of Intellectual Property)

Civil Dispute Cases over Trademark

10. LOUIS VUITTON MALLETIER (France) v. Lin Yizhong et. al. Case of Dispute over Infringement on Exclusive Right to Use a Trademark

——Civil Judgment of Shanghai No. 1 Intermediate People's Court of the People's Republic of China

(2009) Hu-Yi-Zhong-Min-Wu- (Zhi) -Chu-Zi No. 34

Plaintiff: LOUIS VUITTON MALLETIER; Domicile: 2R DU PONT NEUF 75001 PARIS FRANCE.

Legal representative: Nathalie Moulle-Berteaux, Intellectual Property Director of the company.

Entrusted agent: Luo Zhenghong, lawyer of Beijing Xiangkun Law Firm.

Entrusted agent: Lv Xiaolin, lawyer of Shanghai Guanghui Law Firm.

Defendant: Lin Yizhong, male, Han, born on January 10, 1957; Domicile: Room C, 16/F, No. 1, Lane 568, Jvlu Road, Jing'an District, Shanghai, PRC.

Entrusted agent: Yang Bo, lawyer of Shanghai Delson Law Firm.

Defendant: Shanghai Zhongwen Trade Co., Ltd; Domicile: Room 043, No. 370 Nianjiabang Road, Zhoupu Town, Nanhui District, Shanghai, PRC. Mailing address: No. 1-2, Lane 232, South Shaanxi Road, Shanghai.

Legal representative: Wu Beiwen, manager of the company.

Entrusted agent: Yang Bo, lawyer of Shanghai Delson Law Firm.

Defendant: Wu Beiwen, female, Han, born on November 17, 1971; Domicile: Room C, 16/F, No. 1, Lane 568, Jvlu Road, Jing'an District, Shanghai, PRC, legal representative of Shanghai Zhongwen Trade Co., Ltd.

Entrusted agent: Yang Bo, lawyer of Shanghai Delson Law Firm.

The Plaintiff, LOUIS VUITTON MALLETIER sued against the Defendants, Lin Yizhong, Shanghai Zhongwen Trade Co., Ltd. (hereinafter referred to as "Zhongwen Company"), and Wu Beiwen for infringing upon the exclusive right to use the trademark, and this court accepted this case on January 13, 2009, organized a collegiate bench according to laws and then held a trial for public hearing on April 9, 2009. Luo Zhenghong and Lv Xiaolin, the Plaintiff's entrusted agents, and Yang Bo, the agent under the joint engagement of the Defendants, Lin Yizhong, Zhongwen Company and Wu Beiwen, appeared in court. The trial of the case has been concluded.

The Plaintiff alleged that it was the owner of registered trademarks including "LV" and "LOUIS VUITTON", trademark registration No. 241081 in Mainland China, with a valid period from January 15, 1986 to January 14, 2016, and certified use for Class 18 goods: leather bags and suit cases. According to the findings of Shanghai Public Security Bureau and Shanghai Administration for Industry & Commerce and the confession of the Defendants, Lin Yizhong and Wu Beiwen to the public security bureau after they were arrested, the Defendants, Lin Yizhong and Wu Beiwen began to sell fake bags, purses and accessories with internationally well-known trademarks including "LV", "LOUIS VUITTON", "CHANEL" and "GUCCI" since 2000. Since April 30, 2001 when the Defendant, Zhongwen Company was founded, the three Defendants began to jointly sell commodities with fake trademarks said above. In September, on April 16, 2004 and August 2, 2008, Shanghai Public Security Bureau ferreted out a large number of fake commodities bearing trademarks including "LV", "LOUIS VUITTON" and "CHANEL" sold by the Defendants, Lin Yizhong and Wu Beiwen, with a value of RMB 70,615 yuan, RMB 14,650 yuan and RMB 1.63 million yuan respectively. At about 5: 00 pm on April 10, 2008, Celine Dion, a worldwide famous singer, and Xia Taifeng, a famous Taiwan actress, bought a lot of fake "LV" and "LOUIS VUITTON" products at No. 1, Lane 232, South Shaanxi Road, Shanghai where the three Defendants sold fakes. The Defendants, Lin Yizhong and Wu Beiwen purchased many house properties using the profits gained from selling commodities with fake trademarks. In addition, the Plaintiff believed that the Defendant, Zhongwen Company took the illegal sales of commodities with fake trademarks as its main business since its establishment in 2001, and the Defendants, Lin Yizhong and Wu Beiwen sold commodities with fake trademarks jointly, individually or in the name of the Defendant, Zhongwen Company. They maintained no bookkeeping for the sales of fakes. Therefore, the three Defendants could not be distinguished for their liabilities and shall jointly and severally bear liabilities. It held that, the three Defendants used, without the Plaintiff's consent, a mark identical with its registered trademark, on commodities of the same class as its registered trademark was certified to use on, thus infringing its exclusive right to use the registered trademark and causing gross economic losses to the Plaintiff. During the trial, the Plaintiff furthered stated that it only accused the three Defendants of their infringement upon its exclusive right to use the registered trademarks "LV" and "LOUIS VUITTON" and waived its right to claim on the Plaintiff's other registered trademarks involved in by fake commodities. On these grounds, it requested the court to order, in accordance with Article 130 of the *General Principles of the Civil Law of the People's Republic of China*, Article 52.2 (2) of the *Trademark Law of the People's Republic of China*, and Article 16.2 of the *Interpretation of the Supreme People's Court Concerning the Application of Laws in the Trial of Cases of Civil Disputes Arising from Well-known Trademark Protection*, as well as China's judicial policies for civil justice, that: 1. The three Defendants shall stop selling commodities infringing the Plaintiff's exclusive right to use its claimed registered marks; 2. The three Defendants shall jointly and severally compensate the Plaintiff RMB 1 million yuan for its economic losses; and 3. The three Defendants shall pay the legal fee, attorney fee, investigation fee and other fees and expenses payable by the Plaintiff.

The three Defendants jointly argued that they had no objection for the existence of infringement upon the Plaintiff's exclusive right to use its registered trademarks. However, the Defendant, Zhongwen Company was legally incorporated in 2001 and was engaged in the operation of leather goods, daily goods, cultural goods and clothes. It had long-term business cooperation with Shanghai Arts and Crafts Shop for many years and the operation activities within the said business scope generated the main income of the company. As a result, it was an eligible corporate legal person. The Defendant, Wu Beiwen was a shareholder and legal representative of this company, and the Defendant, Lin Yizhong was one of the persons responsible for this company. Their operation acts were acts performing their duty on behalf of the company. In this regard, it is not inconsistent with national laws to require the Defendants, Lin Yizhong and Wu Beiwen to individually assume the liability for compensation. Though the Defendant, Zhongwen Company set up loose supervision over the operation, thus causing the infringement arising, the Defendants, Lin Yizhong and Wu Beiwen as employees of the company should not be held jointly and severally liable for compensation for the fault of the company. The Plaintiff's claim that the singer Celine Dion bought infringing commodities from the Defendants was based on speculation. The claim that the Defendants bought many house properties using profits gained from infringement was purely fabricated by the Plaintiff. And the requirement that the Defendants should compensate RMB 1 million yuan had no de facto and legal basis. Therefore, the Defendants requested the court to reject the lawsuit claims made by the Plaintiff and ordered the Plaintiff to pay the legal fees incurred in this case. During the trial, the three Defendants also claimed that the limitation of actions had expired for the right of claim for damages due to the infringement before 2008.

The Plaintiff submitted the following evidence to this court:

The 1st group of evidence - Exhibit 1. Notarized certification of the Plaintiff's trademark registration. This evidence intended to prove the Plaintiff has the exclusive right to use the infringed trademark.

The 2nd group of evidence, penalty record and letter of proposal for prosecution. It includes Exhibit 2 . Decision on Administration Penalty (HU-Gong-Shang-Xu-An-Chu-Zi- (2002) No. 040200211543); Exhibit 3. Decision on Administration Penalty (HU-Gong-Shang-Xu-An-Chu-Zi- (2004) No. 040200410224); Exhibit 4. Lists of detained articles and documents by Shanghai Public Security Bureau and photos of infringing commodities; Exhibit 5. Letter of Proposal for Prosecution issued by Shanghai Public Security Bureau ((2008) Hu-Gong-Jing-Su-Zi No. 092). The aforesaid evidence is intended to prove the facts that the three Defendants were investigated and that the three Defendants jointly committed infringement.

The 3rd group of evidence was gains from infringement, facts of infringement and basis of infringement. It includes Exhibit 6. Property status and information of property owner in *Shanghai Property Register*; Exhibit 7. Report of news media that Celine Dion bought fakes; Exhibit 8. Cao Jianming: Enhance Overall Intellectual Property Trial and Provide Strong Judicial Protection to

Build An Innovative-Oriented Nation and Develop A Harmonious Society-Speech at the colloquia concerning intellectual property trials by national courts (January 18, 2007); Exhibit 9. Criminal Sentence (08 Xu-Xing-Chu-Zi No. 914). The aforesaid evidence is intended to prove the facts of infringement by the Defendants and the profits gained by them from such infringement, as well as the civil and judicial policies based on which the Plaintiff requested for the amount of compensation.

The 4th group of evidence: record of penalty by appropriate administration for industry and commerce. It includes Exhibit 10. Dossier of Administrative Penalty (Hu-Gong-Shang-Xu-An-Chu-Zi- (2002) No. 040200211543); Exhibit 11. Dossier of Administrative Penalty (Hu-Gong-Shang-Xu-An-Chu-Zi- (20024) No. 040200410224). The aforesaid evidence is intended to prove the Defendants had continued to infringe upon the Plaintiff's right.

The 5th group of evidence: materials related to part of commodities involved in the infringement by the three Defendants upon the Plaintiff's right in 2008. It includes Exhibit 12. Lists of detained articles and documents by Shanghai Public Security Bureau; Exhibit 13. Photos of suspected commodities detained; Exhibit 14. Authentication Report; Exhibit 15. Result Report of Price Evaluation. The aforesaid evidence is intended to prove the actual conditions of part of commodities involved in the Defendants' infringement on the Plaintiff's right.

The 6th group of evidence: records of the Defendants' and witnesses' statements. It includes Exhibit 16. Record of interrogation of the Defendant, Lin Yizhong by Economic Investigating Squadron of Shanghai Public Security Bureau; Exhibit 17. Record of interrogation of the Defendant, Wu Beiwen by Economic Investigating Squadron of Shanghai Public Security Bureau; Exhibit 18. Record of interrogation of the witness Huang Shubai by Economic Investigating Squadron of Shanghai Public Security Bureau; Exhibit 19. Record of interrogation of the witness Dong Xiaoli by Economic Investigating Squadron of Shanghai Public Security Bureau. The aforesaid evidence is intended to prove the records related to the Defendants' infringement upon the Plaintiff's right.

The 7th group of evidence - Exhibit 20. materials related to the annual audit of the Defendant, Zhongwen Company. This evidence is intended to prove the conditions of annual audit of the Defendant.

After cross-examination, the three Defendants gave opinions as follows concerning the Plaintiff's evidence aforesaid:

1. They had no objection in the 1st group of evidence, Exhibit 2, 3 and 4 in the 2nd group of evidence, and Exhibit 12 in the 5th group of evidence;

2. They had no objection in the authenticity and legality of Exhibit 5 in the 2nd group of evidence, but had objection in its relevance, holding that this evidence only involved a stage in the investigation of criminal cases and the final handling should depend on the criminal sentence. Therefore, this evidence cannot prove that the Defendants had infringed;

3. They had no objection in the authenticity and legality of Exhibit 6 and 7 of the 3rd group of evidence, but had objection in their relevance, holding that Exhibit 6 cannot prove the Defend-

ants, Lin Yizhong and Wu Beiwen bought the housing properties using the illegal gains from selling fakes, and there was no photo of Celine Dion in Exhibit 7, thus incapable of proving that she had bought infringing products from the Defendants;

4. They had no objection in the authenticity and legality of Exhibit 10 and 11 of the 4th group of evidence, but had objection in their relevance, holding that they could not prove the continuing infringement by the Defendants. Therefore, it went against the laws for the Plaintiff to claim the Defendants for RMB 1 million yuan based on the evidence mentioned above;

5. They had no objection in the authenticity and legality of Exhibit 13-15 of the 5th group of evidence, but had objection in their relevance, holding that the amount involved in the infringement had been computed repeatedly in the above evidence and the amount determined in the criminal sentence, i. e. more than RMB 1. 2 million yuan, should prevail;

6. They had no objection in the authenticity and legality of Exhibit 16-19 of the 6th group of evidence, but had objection in their relevance, because it was recognized in the criminal sentence that this was a corporate crime rather than individual crime. The Plaintiff had no defacto and legal basis to accuse the first and third Defendants of infringement;

7. They had objection in the legality of Exhibit 20 of the 7th group of evidence, because the Plaintiff claimed that this evidence came from Xuhui Administration for Industry and Commerce while the seal on the material indicated that it came from the Archive Office of Nanhui Administration for Industry and Commerce and the capability of this evidence was insufficient.

The Defendants, Lin Yizhong, Zhongwen Company and Wu Beiwen submitted the following evidence to this court:

1. Corporate Business License, intended to prove the business scope of the second Defendant, Zhongwen Company did not include the sales of fakes; 2. Employment Contract, intended to prove that the Defendant, Lin Yizhong was employed by Shanghai Arts and Crafts Shop as the Chief Consultant for Marketing Plan and was an expert in jewelry operation with legal business and income; 3. Employment Contract, intended to prove that the Defendant, Lin Yizhong was employed by Shanghai Arts & Sales Service Center Co. ,Ltd. as the Chief Consultant for Artwork and Jewelry Marketing and was an expert in jewelry operation with legal business and income; 4. Donation Certificate and relevant materials, intended to prove that the Defendant, Lin Yizhong showed great enthusiasm in public welfare, and had donated bags and cash for many times, which won the recognition of relevant authorities; 5. Donation Certificate, intended to prove that the Defendant, Zhongwen Company showed great enthusiasm in social public welfare, not a company taking infringement as its main business; 6. Record of Interrogation, intended to prove that the Defendant, Wu Beiwen was punished in 2004 due to the infringement by the company; 7. Criminal Ruling, intended to prove that the Defendants, Wu Beiwen and Lin Yizhong were investigated for their legal liabilities as individuals directly responsible for the company, not because of criminals as natural persons; 8. Business License, identity certification of the legal representative and identity card, intended to prove that the Defendants were a party in this lawsuit.

After cross-examination, the Plaintiff gave opinions as follows concerning the three

Defendants' evidence aforesaid:

1. It had no objection in the authenticity of Exhibit 1, but had objection in its relevance, as it could not prove the business scope specified on the business license and the decisive relevance with the actual operation items of the Defendant, Zhongwen Company;

2. It had no objection in the authenticity of Exhibit 2 and 3 because the employers were business partners of the Defendant, Zhongwen Company. However, as the revenue of the Defendant, Zhongwen Company was less than RMB 10,000 yuan over years, it was unlikely that the Defendant, Lin Yizhong could get any commercial profits by serving as consultants;

3. It had no objection in the authenticity of Exhibit 4, but had objection in its relevance, holding that this evidence bore no relevance with this case;

4. It had no objection in the authenticity of Exhibit 5, but had objection in its relevance, holding that this evidence could not prove that the Defendant Lin Yizhong would not sell fakes and that the donated bags were also fake commodities;

5. It had no objection in the authenticity of Exhibit 6 and 7, but held that Exhibit 6 proved the Defendant Wu Beiwen operated the sales of fakes through the company's employees and Exhibit 7 proved that it was recognized in the criminal ruling the Defendant Lin Yizhong as the actual operator of the Defendant, Zhongwen Company.

According to the examination of evidence submitted by each party, this court found that:

1. Exhibit 1 in the 1st group of evidence, Exhibit 2, 3 and 4 in the 2nd group of evidence, and Exhibit 12 in the 5th group of evidence, all submitted by the Plaintiff, had true content and legal source, and thus would be adopted by this court.

2. Exhibit 5 in the 2nd group of evidence whose relevance the Defendants had objection in would not be adopted by this court because the Letter of Proposal for Prosecution could not serve as the Plaintiff's evidence and the criminal ruling should prevail. Exhibit 9 in the 3rd group of evidence submitted by the Plaintiff, civil judgment (08 Xu-Xing-Chu-Zi No. 914) would be adopted by this court.

3. Exhibit 6 and 7 in the 3rd group of evidence submitted by the Plaintiff would not be adopted by this court because they bore no relevance and were not be supported by other evidence from the Plaintiff; Exhibit 8 would not be adopted as it was civil and judicial policies and could not be used as evidence.

4. The 4th, 5th, and 6th groups of evidence submitted by the Plaintiff would be adopted by this court as they had true content, legal source and relevance, capable of proving the facts of the Defendants' infringement.

5. The 7th group of evidence would be adopted by this court because, though the seal on the material indicated that it came from the Archive Office of Nanhui Administration for Industry and Commerce, this evidence actually was retrieved by Xuhui Administration for Industry and Commerce from Nanhui Administration for Industry and Commerce.

6. Exhibit 1, 7 and 8 submitted by the Defendants would be adopted by this court because they had true content and were capable of proving each other. Exhibit 2, 3, 4, 5, and 6 would

not be adopted by this court because Exhibit 2, 3, 4 and 5 had no relevance and Exhibit 6 could not prove the Defendants' claim.

This court found out the following facts based on the adopted evidence and the statements and confessions of the parties:

The Plaintiff was the owner of the exclusive right to use the registered trademarks "LV" and "LOUIS VUITTON" which were certified to be used on goods of Class 18, such as leather bags and suit cases. The trademark registration number for "LV" was 241081 and that for "LOUIS VUITTON" was 241019, and the exclusive right to use the two trademarks was both valid.

The Defendant Zhongwen Company was incorporated on April 30, 2001, the business scope of which included leather goods, daily goods, cultural goods and clothes. The Defendant Wu Beiwen was the legal representative of this company and the Defendant Lin Yizhong was the manager of this company. They were the actual operators in charge of this company. The Defendant Lin Yizhong is the husband of the Defendant Wu Beiwen.

In September 2002, Xuhui Office of Shanghai Administration for Industry and Commerce investigated into the Defendant Zhongwen Company for selling commodities with fake registered trademarks and detained 1,014 commodities, including leather bags and purses with fake "LV" and "CHANEL" trademarks. In December 2002, Xuhui Office of Shanghai Administration for Industry and Commerce issued a Decision on Administrative Penalty against the said sales of commodities with fake registered trademarks. It identified the illegal revenue of the Defendant Zhongwen Company as RMB 70,615 yuan and confiscated 1,014 infringing commodities. The Defendant Zhongwen Company was ordered to immediately stop the infringement and fined RMB 28,000 yuan only.

In April 2004, Xuhui Office of Shanghai Administration for Industry and Commerce investigated into the Defendant Wu Beiwen for selling commodities with fake registered trademarks and detained 1,015 commodities, including those with fake "LV" and "PRADA" trademarks. In June 2004, Xuhui Office of Shanghai Administration for Industry and Commerce issued a Decision on Administrative Penalty against the said sales of commodities with fake registered trademarks. It identified the illegal revenue of the Defendant Wu Beiwen as RMB 14,650 yuan and confiscated 1,015 infringing commodities. The Defendant Wu Beiwen was ordered to immediately stop the infringement and fined RMB 5,000 yuan only.

On August 2, 2008, the Defendants were arrested for criminal detention by Shanghai Public Security with the suspected crime of selling commodities with fake registered trademarks. Shanghai Public Security Bureau found and detained 251 commodities with fake internationally well-known trademarks such as "LV", "CHANEL", "GUCCI" and "ROLEX" on the business premise of the Defendant Zhongwen Company. Among them, there were 49 leather bags and two pairs of glasses with fake "LV" mark, 1 leather bag, leather purse, cell phone case, glasses and other commodities with fake "LOUIS VUITTON" mark, totaling 55 pieces. After the conclusion of the investigation into the crime committed by the three Defendants, Shanghai Public Security Bureau applied to Shanghai Xuhui District People's Procuratorate for filing a lawsuit to Shanghai Xuhui

District People's Court. After the trial, Shanghai Xuhui District People's Court held that the value of infringing commodities to be sold was over RMB 1.22 million yuan, and the act of the three Defendants constituted the attempted crime of selling commodities with fake registered trademarks. On December 25, 2008, Shanghai Xuhui District People's Court entered a judgment over this case, fining the Defendant Zhongwen Company RMB FIFTY THOUSAND YUAN, sentencing the Defendant, Lin Yizhong for imprisonment of five months and fining him RMB THIRTY THOUSAND YUAN; sentencing the Defendant Wu Beiwen for imprisonment of five months with a probation of five months and fining her RMB THIRTY THOUSAND YUAN. This ruling had taken effect.

According to the confessions of the Defendants Lin Yizhong and Wu Beiwen during the investigation period of the said criminal case, the three Defendants, though investigated and punished by competent authority for industry and commerce for several times from the incorporation of the Defendant Zhongwen Company to August of 2008 when they were detained by Shanghai Public Security, did not stopped selling commodities with fake registered trademarks, successively leased the shop at No. 234 South Shaanxi Road, Shanghai and bought the properties at No. 1 and 2 Lane 232, South Shaanxi Road as the business premise to sell commodities with fake registered trademarks. In the actual operation activities, the Defendant Wu Beiwen was primarily responsible for purchasing goods, and the Defendant Lin Yizhong for soliciting customers. They usually issued no invoice for commodities with fake registered trademarks and maintained no bookkeeping for such sales.

According to the statements of the Plaintiff during the trial, the administration for industry and commerce had notified the Plaintiff of the punishment on the Defendants for their acts of selling fakes in 2002 and 2004.

The price certification table submitted by the Plaintiff to the Economic Crime Investigation Squadron of Shanghai Public Security showed that, the unit prices of authentic Louis Vuitton commodities in China were respectively: each Louis Vuitton, RMB 5,550 yuan in minimum, and RMB 158,000 yuan in maximum; each Louis Vuitton package for men, RMB 4,400 yuan in minimum and RMB 10,200 yuan in maximum; each Louis Vuitton cell phone case, RMB 2,500 yuan in minimum and RMB 3,750 yuan in maximum; each pair of Louis Vuitton glasses, RMB 2,500 yuan in minimum and RMB 5,550 yuan in maximum. In contract, according to the record of interrogation maintained by the public security bureau on August 5, 2008, the Defendant, Wu Beiwen stated the prices were: the purchase price of each Louis Vuitton bag was RMB 35-800 yuan, the selling price RMB 600-1600 yuan; purchase price of each Louis Vuitton leather purse was RMB 50-150 yuan, the selling price RMB 100-300 yuan; the purchase price of each pair of Louis Vuitton glasses was RMB 60-140 yuan, the selling price RMB 150-200 yuan.

This court held that:

According to Article 52 (2) of the *Trademark Law of the People's Republic of China*, selling goods that infringe on the exclusive right to the use of a registered trademark shall constitute an infringement on the exclusive right to the use of a registered trademark. In this case, the three

Defendants were imposed upon with administrative penalties or sentenced to corresponding criminal penalty in 2002, 2004 and 2008 due to the sales of commodities with fake registered trademarks. Among the commodities with fake registered trademarks detained by competent administrative authorizes, there were those with fake registered trademarks "LV" and "LOUIS VUITTON" which were owned by the Plaintiff. Therefore, it could be determined that the three Defendants had committed the act infringing upon the Plaintiff's exclusive right to use the said registered trademarks and should bear corresponding civil liabilities according to laws. Though Shanghai Xuhui District People's Court convicted the three Defendants of attempted crime during the trial of the criminal case, the confessions of the Defendants Lin Yizhong and Wu Beiwen during the investigation period indicated that the three Defendants' act of selling commodities with fake registered trademarks was continuous. For this reason, the conviction of attempted crime in the criminal case did not affect the establishment of infringement in this case. The three Defendants argued that the Defendants Lin Yizhong and Wu Beiwen did not infringe on the Plaintiff's right to use the registered trademarks as their acts of selling commodities with fake registered trademarks were their duty behavior, and thus should not bear joint liability for compensation. This argument was inconsistent with the confessions of the Defendants Lin Yizhong and Wu Beiwen to officers of the public security bureau. Moreover, the Defendants were also convicted of the crime of selling commodities with fake registered trademarks in the criminal ruling given by Shanghai Xuhui District People's Court. Therefore, this court will not adopt such argument. This court noticed that, the Plaintiff clearly stated that, though the Defendant s had infringed upon the Plaintiff's exclusive rights to use several registered trademarks, it only claimed its rights in the registered trademarks "LV" and "LOUIS VUITTON" and waived its right to claim on the other registered trademarks involved. This court confirmed it.

According to Article 118 of the *General Principles of the Civil Law of the People's Republic of China*, and Article 56. 1 and 56. 2 of the *Trademark Law of the People's Republic of China*, if the rights to exclusive use of registered trademarks are infringed, the owner shall have the right to demand that the infringement be stopped, its ill effects be eliminated and the damages be compensated for. The amount of damages for trademark infringement shall be the profit that the infringer has earned as a result of the infringement during the period of the infringement or the losses that the infringed has suffered as a result of the infringement during the period of the infringement, including any reasonable expenses the infringed has incurred in its effort to stop the infringement. Where the profits earned by the infringer or losses suffered by the infringed cannot be determined, a People's Court shall award damages up to RMB 500,000 yuan, depending on the facts of the case. In addition, according to Article 130 of the *General Principles of the Civil Law of the People's Republic of China*, if two or more persons jointly infringe upon another person's rights and cause the person to suffer damages, they shall bear joint liability.

Given that the three Defendants, by selling commodities with fakes of the Plaintiff's registered trademarks, had infringed upon the Plaintiff's exclusive right to use its registered trademarks, the Plaintiff had sufficient legal ground to request the court to order the three Defendants to stop selling commodities infringing the Plaintiff's exclusive right to use its registered trademarks, and this court should support such request.

In this case, the acts of the three Defendants jointly caused the consequence that the Plaintiff's registered trademarks were infringed. According to Article 130 of the *General Principles of the Civil Law of the People's Republic of China*, they should bear joint liability. Given that profits gained by the three Defendants from selling commodities with fake registered trademarks in which the Plaintiff had exclusive right to use and the losses suffered by the Plaintiff there from cannot be found out, this court should determine the amount of damages the three Defendants should pay based on the facts of infringement in this case.

In this case, the Plaintiff requested to order the three Defendants to pay damages of RMB ONE MILLION yuan which exceeded the upper limit of legal damage RMB 500,000 yuan. This court held that, in order to carry our the principle of overall compensation, it may consider a reasonable amount of damages exceeding the upper limit of legal damages if there is evidence to prove the losses suffered by the Plaintiff or the profits gained by the Defendants apparently exceeds RMB 500,000 yuan. The Plaintiff to this case alleged that the Defendants, Lin Yizhong and Wu Beiwen bought many housing properties using the profits gained from selling commodities with fake trademarks, and on this basis required determining the amount of damages payable by the three Defendants. However, this allegation is not supported with direct evidence, and the facts found out in this case indicated that the three Defendants sold commodities with many fake registered trademarks. As a result, it was difficult to determine that the profits gained by the three Defendants all came from the infringement upon the Plaintiff's exclusive right to use its registered trademarks. No matter which method for loss computation was employed, it should consider that the principle of full compensation primarily means for compensation and therefore the amount of damages should be reasonably determined in consideration of the actual losses probably suffered by the Plaintiff. This court noticed that, the commodities sold by the Defendants with fakes of the Plaintiff's registered trademarks were sold at prices quite different from those of the Plaintiff's, and it was hardly possible that relevant public may buy commodities sold by the Defendants due to misconception or confusion about the source. In this regard, the possibility to cause the dilution of the distinctive function of the Plaintiff's trademarks and the derogation of the Plaintiff's goodwill was low, which should be taken into account by this court in determining the amount of damages. As the three Defendants had been imposed criminal penalties upon due to the sales of commodities with fake registered trademarks, and relevant facts of infringement had been determined in the criminal verdict, it might not be very difficult for the Plaintiff to investigate into the infringement and the expenses incurred for such investigation should be low, which should be taken into account by this court in determining the reasonable expenses of the Plaintiff. As a conclusion of the analysis above, this court found that there was no de facto and legal ground for the Plaintiff's claim to determine the amount of damages payable by the three Defendants beyond the amount of legal damages. Therefore, this court will not support it.

This court noticed that, the three Defendants had obvious subject intention to sell commodities with fakes of the Plaintiff's registered trademarks, such act lasted for a long time, and the motive and effects of riding on the extremely high reputation and goodwill of the Plaintiff's registered trademarks to gain profits were very clear, which should be taken into account by this court in determining the amount of damages as aggravating circumstance. This court noticed that, among the commodities with fake registered trademarks detained from the three Defendants for several times, the commodities with fakes of the registered trademarks made up the majority, which should be carefully taken into account by this court in determining the amount of damages.

This court noticed that, the three Defendants had been penalized by the administration for industry and commerce in 2002 and 2004 for their acts of selling fakes, which the Plaintiff was timely notified of but failed to claim for civil compensations against the Defendant s. From the time of two previous penalties to the time this case was filed, the limitation of action had been expired for two years. For this reason, this court held that the defense of limitation of action claimed by the Defendants was effective in terms of the damages suffered by the Plaintiff due to the infringement before 2004 when the three Defendant s were penalized. In determining the amount of damages, this court should only consider to make up the losses that the Plaintiff may suffer due to the infringement committed by the three Defendant s after they were penalized in 2004. However, this court should take the repeated infringement as an aggravating circumstance in the infringement.

Given that the three Defendants did not actually gain profits from commodities detained by the public security authority, the value involved in this case as recognized in the civil judgment given by Shanghai Xuhui District People's Court could not serve as the base to determine the amount of damages payable by the three Defendants. Therefore, relevant claims made by the three Defendants will not be adopted by this court.

In summary, this court determined the total amount of economic losses and reasonable expenses jointly payable by the three Defendants to the Plaintiff as RMB 500,000 yuan, in consideration of the degree of subject fault, duration of infringement, severity of consequences caused by the infringement and the reasonable expenses incurred by the Plaintiff to stop the infringement.

The court ruled in accordance with Article 118 and 130 of the *General Principles of the Civil Law of the People's Republic of China* and Article 52 (2), 56. 1 and 56. 2 of the *Trademark Law of the People's Republic of China* that:

I. The Defendants, Lin Yizhong, Shanghai Zhongwen Trade Co., Ltd. and Wu Beiwen, shall immediately stop selling commodities with registered trademarks in which the Plaintiff has the exclusive right to use as of the date when this ruling takes effect;

II. The Defendant Lin Yizhong, the Defendant Shanghai Zhongwen Trade Co., Ltd. and the Defendant Wu Beiwen shall jointly pay the Plaintiff LOUIS VUITTON MALLETIER RMB FIVE HUNDRED THOUSAND YUAN as of the date when this ruling takes effect;

III. The other claims of the Plaintiff LOUIS VUITTON MALLETIER are rejected.

The Defendant Lin Yizhong, the Defendant Shanghai Zhongwen Trade Co., Ltd. and the Defendant Wu Beiwen, if failing to perform its obligation of pecuniary payment within the period given by this ruling, shall pay in double the interest on such payments accrued for the period of such delay in accordance with Article 229 of the *Civil Procedure Law of the People's Republic of China.*

The court fee and application fee for this case are RMB 13,800 yuan, among which, the Defendant Lin Yizhong shall pay RMB 4,000 yuan, the Defendant Shanghai Zhongwen Trade Co., Ltd. RMB 4,000 yuan, the Defendant Wu Beiwen RMB 4,000 yuan and the Plaintiff, LOUIS VUITTON MALLETIER RMB 1,800 yuan.

Either party that refuses to accept this ruling as final may, within 30 (thirty) days after service of this judgment to the Plaintiff, LOUIS VUITTON MALLETIER or within 15 (fifteen) days to the Defendant, Lin Yizhong, the Defendant, Shanghai Zhongwen Trade Co., Ltd. and the Defendant, Wu Beiwen, appeal to Shanghai High People's Court of PRC by submitting an appeal petition to the court together with a sufficient number of copies for each person of the opposing party to have one.

Chief Judge: Liu Junhua
Acting Judge: Shen Qiang
Acting Judge: Liu Jing
July 23, 2009
Court Clerk: Tan Shang

(The civil judgment was selected into 2009 China's 50 Typical Cases on Judicial Protection of Intellectual Property)

11. LACOSTE S. A. v. Shanghai Longhua Clothing & Gift Market Management Co. , Ltd. Case of Dispute over Infringement on Exclusive Right to Use a Registered Trademark

——Civil Judgment of Shanghai No. 1 Intermediate People's Court of the People's Republic of China

(2009) Hu-Yi-Zhong-Min-Wu- (Zhi) -Chu-Zi No. 211

Plaintiff: LACOSTE S. A. Domicile: 8 rue de Castiglione, 75001 Paris, France.

Legal representative: Michel Lacoste, Chairman.

Entrusted agent: Yang Fengquan, lawyer of Beijing Wan Hui Da Law Firm.

Entrusted agent: Zou Jianguo, lawyer of Beijing Wan Hui Da Law Firm.

Defendant: Shanghai Longhua Clothing & Gift Market Management Co. , Ltd. Domicile: No. 2465 Longhua Road, Shanghai, PRC.

Legal representative: Zheng Gaofu, Chairman.

Entrusted agent: Wei Jinguo, staff member of Shanghai Longhua Clothing & Gift Market Management Co. , Ltd.

The Plaintiff, LACOSTE S. A. (hereinafter referred to as "LACOSTE Company") sued against the Defendant, Shanghai Longhua Clothing & Gift Market Management Co. , Ltd. (hereinafter referred to as "Longhua Company") for infringing upon the exclusive right to use the trademark, and this court accepted this case on September 21, 2009, organized a collegiate bench according to laws and then held a trial for public hearing on October 26, 2009. Zou Jianguo, entrusted agent of the Plaintiff LACOSTE Company, and Wei Jinguo, entrusted agent of the Defendant, Longhua Company, appeared in court. The trial of the case has been concluded.

The Plaintiff alleged that the trademarks of crocodile image and text were registered by the Plaintiff in China according to laws. Since 1980, the crocodile series of trademarks, including No. 141102 " LACOSTE ", No. 141103 " ", No. 1318589 " " and No. G581924 " ", were successively registered in China. As an internationally well-known clothes manufacturer, the Plaintiff's trademarks said above were of high fame and good market reputation. The Trademark Office of The State Administration for Industry & Commerce of China (State Trademark Office) had listed the Plaintiff's crocodile registered trademarks into the *Directory of Trademarks under National Key Protection* respectively 1999 and 2000. In 2005, the Plaintiff's trademark of crocodile image was recognized as a well-known trademark in a ruling given by Changchun Intermediate People's Court. All trademarks aforesaid were valid. After an investigation, the Plaintiff found that Shanghai Longhua Clothing & Gift Market (Longhua Company) were selling clothes bearing the Plaintiff's aforesaid registered trademarks to the public at a low price. In August 2008, the Plaintiff sent a letter to the Defendant requiring Longhua Company to stop the infringement upon the Plaintiff's exclusive right to use the crocodile trademarks and the Defendant replied showing its agreement with the Plaintiff. However, the Defendant did not stop the said infringement. In view of this, the Plaintiff sent another letter to the Defendant in December of 2008 requiring it to stop the infringement. Again, the Defendant replied that it would immediately stop the infringement, but failed to do what it said. The Defendant was still infringing up till now. The Plaintiff held that the act of the Defendant had infringed on the Plaintiff's exclusive right to use the registered trademarks said above, and, after two warnings from the Plaintiff, continued the infringement, showing obvious subject malice, and therefore requested the court to order that: 1. The Defendant shall immediately stop the trademark infringement; 2. The Defendant shall compensate the Plaintiff RMB 100,000 yuan as economic losses including reasonable expenses paid by the Plaintiff to have the infringement stopped.

The Defendant, Longhua Company argued that: firstly, the Defendant was in nature a legal person organizing operators in the market to collectively conduct spot transactions and engaged in market operation, service and management. It took service and management as its main responsibilities and held no power of sale and operation. According to the *Agreement on Tax Levy by Proxy* entered into between the Defendant and Xuhui District Taxation Bureau, for the benefit of taxpayers, the Defendant shall levy taxes payable by counter tenants within the market managed by it, collect, use, keep and submit relevant tax payment certificates as required by relevant management rules of the competent taxation authority, and issue invoices on behalf of the taxation authority. Therefore, the Defendant issued invoices for clothes bought by the Plaintiff out of the need of tax levy by proxy, and the Defendant was not the seller of allegedly infringing commodities. Secondly, the Defendant had performed its duty of management as a market management enterprise. According to the *Shop Lease Contract* entered into between the Defendant and operators on the premises, it was agreed that the operators are obliged to observe business ethics and operate businesses in good faith, "no producing, selling, storing fakes and no fraud". Upon receiving the Plaintiff's letter, the Defendant immediately replied and performed its duty of supervision and management by requiring the suspected infringers to sign on a letter of guarantee and ordering them to stop infringement and destroy their stock. The Defendant now had terminated its agreements with operators on the premise who had signed on the letter of guarantee, Hu Jiazhen (Stall 1 - 046), Pan Qing (Stall 1 - 048), Li Nianqiang (Stall 2 - 049), and Zhou Daiming (Stall 1 - 073). Cheng Yebing (Stall 1 - 093) and Li Shishi (Stall 2 - 104) had stopped the infringement though they continued the operation. As a market manger, the Defendant can only supervise, manage, lecture and correct the operators in the market who are involved in illegal operation, and has no right to impose administrative penalties on them. In this regard, the Defendant had performed its duty of management and supervision to the greatest extent and should not be held liable for the infringement. Therefore, the claims of the Plaintiff should be rejected.

It was found in the trial that the Plaintiff was approved to register the following trademarks: 1. Text trademark “LACOSTE” (No. 141102), certified to be used on goods of Class 25: clothing, valid from October 30, 2000 to October 29, 2010; 2. Image trademark “ ” (No. 141103), certified to be used on goods of Class 25: clothing, valid from October 30, 2000 to October 29, 2010; 3. Image trademark “ ” (No. 1318589), certified to be used on goods of Class 25: clothing, button-down shirts, T-shirts, sport shirts, sweat shirts, etc., valid from September 28, 1999 to September 27, 2009; 4. Text-and-image trademark “ ” (No. G581924), certified to be used on goods of Class 25: clothing, footwear and headgear, valid from January 27, 1992 and January 27, 2012.

On August 7, 2008, the Defendant replied in a letter to Beijing Wan Hui Da Intellectual Property Agency, saying that: “we have received your letter dated August 4, 2008, ... we have immediately required shops concerned to: 1. Stop selling commodities with fake ‘LACOSTE’ crocodile trademarks, and conduct rearrangement and clean-up; 2. Give written guarantees.... Attached are letters of guarantee given by Shop 1 - 046, 1 - 093, 2 - 068 and 2 - 104.”

On December 8, 2008, the Plaintiff's agent arrived at “Shanghai Longhua Clothing & Gift Market” at No. 2465 Longhua Road, Shanghai, accompanied by employees from Shanghai Oriental Notary Public Office, and bought two pieces of clothes from a saleswoman who introduced herself as “Miss Hu” working in Shop 2F - 068 in this market and paid RMB 100 yuan in total. Later, the Plaintiff's agent was issued to an invoice numbered 01138688, which specified that the commodity was “T-shirts”, and quantity 2, unit price RMB 50 yuan and total price RMB 100 yuan, and was stamped with the Defendant's special seal for invoices. After buying the clothes, the notaries took photos of the entrance of this market and sealed up the clothes bought together with the package bags after photos of them were taken. Photos of the said market entrance and clothes, name card and invoices were attached to the notarial deed.

On December 15, 2008, the Defendant replied in another letter to Zhu Gang, a lawyer of Beijing Wan Hui Da Law Firm, saying that: “the letter dated December 9, 2008 has been received. Your firm mentioned in the letter the infringements of few shops found in our market selling fake LACOSTE crocodile commodities, which has caught the attention of the management department of our market, ... On December 12, 2008, the market management department conducted onsite rectification of shops mentioned in your letter and warned them that they would be responsible for all consequences resulting from any recurring infringement. It also required the shops to make guarantee as follows: I. immediately stop selling fake ‘LACOSTE’ crocodile products; II. Immediately destroy all fake ‘LACOSTE’ crocodile products and infringing promotion materials... Attached were letters of guarantee given by Shop 1 - 32, 48, 73, 2 - 49, 68 and 104.”

The letter of guarantee issued by Zhang Deli to the Defendant on December 20, 2008 provided that, “as the person in charge of Shop 2 - 68 in Longhua Clothing & Gift Market, he extends his apologies for infringing upon the legal intellectual property rights of LACOSTE S. A. , and warrants that: it will I.) immediately stop selling fake 'LACOSTE' crocodile products; Ⅱ.) immediately destroy all fake 'LACOSTE' crocodile products and infringing promotion materials. "

On January 5, 2009, the Plaintiff's agent arrived again at Longhua Market, accompanied by employees from Shanghai Oriental Notary Public Office, and bought two pieces of allegedly infringing clothes from a salesman in Shop 2F - 68 at the price of RMB 90 yuan. The salesman also gave a name card bearing the name of "Miss Hu". The Plaintiff's agent paid the price and was issued to an invoice by the Defendant, which specified the commodity was "T-shirt". After buying the clothes, the notaries took photos of the entrance of this market and sealed up the clothes bought together with the package bags after photos of them were taken. Photos of the said market entrance and clothes, name card and invoices were attached to the notarial deed.

The Plaintiff stated in court that, the breast logo printed on the allegedly infringing products bought by the Plaintiff's agent from Shop 2F - 68 in Longhua Market (Notarial Deed (No. 2008-Hu-Dong-Zheng-Jing-Zi No. 7399)), one white T-shirt and one blue T-shirt, had infringed No. 1318589 trademark, the collar label No. 141102 and 141103 trademarks, and the package bags No. 141102 trademark. On January 5, 2009, the clothes bought by the Plaintiff's agent from Shop 2F - 68 in Longhua Market infringed the Plaintiff's trademarks in a manner basically the same as those previously bought did, despite of their different colors. The Defendant affirmed the aforesaid statements of the Plaintiff.

The Plaintiff had paid the attorney fee RMB 50,000 yuan for this case.

It was also found out that the Defendant, Shanghai Longhua Clothing & Gift Market Management Co. ,Ltd. was incorporated on June 22, 2006, primarily engaged in affording market management services for operators of daily goods, textiles, tourist souvenirs, electronic products and hardware and electrical equipment in Longhua Market at No. 2465 Longhua Road, Shanghai City. On December 17, 2008, Zhejiang Tiantai Hongsheng Industry & Trade Co. ,Ltd. (the tenant), the Defendant, Longhua Company (the managing party) and Zhang Deli entered into a *Lease Contract*, agreeing that Shanghai Office of Zhejiang Tiantai Hongsheng Industry & Trade Co. , Ltd. and the Defendant, Longhua Company would, as Party A, lease the shop at 2/F, No. 2465 Longhua Road to Party B (Zhang Deli) who would use it as a shop selling clothes. The lease period was from January 1, 2009 to December 31, 2009 and Party B should pay rentals RMB 16,680 yuan and property management fees RMB 2,450 yuan. In Article 4 of this contract, "Rights and Obligations of Party A", it provides that: "Party A has the right to collective management and regulated management over operators in the market; If Party B violates any law, regulation or market management rules, Party A shall have the right to immediately have it stopped and urge it to make corrections, and even require it stop its business to make rearrangements and deduct its deposit for breach of contract in accordance with Market Management Rules and Implementation Bylaws for Code of Conducts in Doing Business with Civility". In Article 5 of this contract, "Rights and Obligations of Party B", it provides that: "Party B shall observe business ethics and operate businesses in good faith, 'no producing, selling, storing fakes and no fraud' and 'no fake trademarks, no false advertisements, no unfair competition, no infringement and no forced business'. Party B selling commodities of franchised brands must have the certification of license of the procuring party". In Article 7 of this contract, "Contract Cancellation", it provides that: "If Party B has any of the following circumstances during the lease period, Party A shall have the right to cancel the contract and not refund the rentals and deposit for breach of contract paid by Party B: 1. Party B materially violates the market management rules during the lease period and fails to make corrections upon the written suggestion of stopping business and rearrangement, thus causing great adverse effect on Party A ... " Article 1 of the Attachment 1 to this contract, the *Market Management Rules*, provided that: " (the operators) should improve their awareness of rule by law, observe the laws and regulations of China, and spontaneously achieve the goal of no producing, selling, storing fakes and no fraud, and no fake trademarks, no false advertisements, no unfair competition, no infringement and no forced business based on the measures for regulated management of Shanghai shop trade market. " Article 27 of the Attachment 3 to this contract, *Implementation Bylaws for Code of Conducts in Doing Business with Civility*, provides that: "If an operator is found involving in law violation or incompliant operations, the deposit for breach of contract paid by it will be deducted and administrative penalties will be imposed: 1. for the first violation, give written warnings and order rectification within a given period; 2. For the second violation, have its business stopped for rearrangement for 3-7 days; 3. For third or more violation, remove the operator from the premise. " Zhang Deli was issued with its individual business license in the name of "Shanghai Xuhui District Lingliang Clothes Shop", whose operation premise was Shop 2 – 67 and 2-68 in Longhua Clothing & Gift Market and business scope the retail of clothes, daily goods, and footwear and headgear.

On September 27, 2006, Shanghai Xuhui District Office, SAT and Xuhui Office, Shanghai Municipal Bureau of Local Taxation (Party A) entered into the Agreement on Tax Levy by Proxy with the Defendant (Party B), agreeing that Party A entrusts Party B to levy taxes payable by all operators of leased counters within the market managed by the Defendant on its behalf in accordance with the *Law of the People's Republic of China on Tax Administration*, valid from October 1, 2006 to December 31, 2007, and that Party B shall timely deliver tax payments based on the required entry levels according to the requirements of Party A, and issue certificates of tax payment provided by Party A. Party B shall collect, use, keep and submit relevant tax payment certificates as required by relevant management rules of the competent taxation authority, and issue invoices on behalf of the taxation authority. On December 26, 2007, the parties entered into another Agreement on Tax Levy by Proxy, agreeing that Party B shall continue to levy taxes payable by all operators of leased counters within the market managed by it as agreed in the above agreement from January 1, 2008 to December 31, 2009.

The facts said above were supported by the trademark registration certificates, notarial deeds, legal letter from the Defendant and invoice of attorney fees provided by the Plaintiff, as well as the *Agreement on Tax Levy by Proxy*, *Lease Contract*, *Letter of Guarantee* and trial transcript provided by the Defendant. The other evidence materials provided by the Plaintiff and the

Defendant bore no relevance with this case and thus were not adopted by this court.

This court held that, without the consent of the owner of a registered trademark, the use of a mark identical with or similar to such registered trademark on commodities of same class or similar commodities infringes the owner's exclusive right to use the registered trademark. As the allegedly infringing commodities were identical with those on which the trademarks of the Plaintiff, LACOSTE S. A. were certified to use, and the marks used on the allegedly infringing commodities were identical with the Plaintiff's registered trademarks said above, the allegedly infringing commodities sold in Shanghai Longhua Market infringed on the Plaintiff's exclusive rights to use the aforesaid registered trademarks.

The Defendant issued invoices for allegedly infringing products bought by the Plaintiff and for this reason, the Plaintiff claimed that the Defendant sold the allegedly infringing commodities and requiring investigating into the infringement liability of the Defendant. In response, the Defendant argued that it issued invoices for commodities sold by operators on the premises due to its obligation of tax levy on behalf of taxation authorities, and it was not the seller of allegedly infringing commodities. It could be seen that one of the focuses of dispute in this case was whether the Defendant should be recognized the seller of the allegedly infringing commodities. This court held that, the act of buying and selling requires one party to pay the price and another party to transfer the ownership in the subject matter. During the process of evidence collection, the Plaintiff's agent bought the allegedly infringing commodities from the sales person in Shop 2F-68. The parties had showed their intention to sell and buy the products and reached a consensus. Therefore, the actual person selling the allegedly infringing commodities was the operator of this shop. Though the Defendant issued invoices for the said acts, the Defendant was indeed paying taxes on behalf of operators of leased shops in Longhua Market as required by taxation authorities according to the *Agreement on Tax Levy by Proxy*, *Lease Contract* by and between the Defendant and Xuhui District Taxation Bureau.

The second focus of dispute in this case was whether the Defendant should be held liable for the infringement. Though the Defendant did not directly sell the allegedly infringing commodities, the completion of transactions of the allegedly infringing commodities was closely related to the act of the Defendant. As the managing party of this market, the Defendant should have enhanced its supervision and management over relevant shops since the Plaintiff sent more than one letter notifying the Defendant of the sales of commodities infringing the Plaintiff's exclusive rights to use its registered trademarks in the market managed by it. While the Defendant argued that it had no power of administrative enforcement, it provided in the contracts and the attachments hereto between the Defendant and the shop tenants that if an operator of the leased shop was found of selling commodities infringing another person's exclusive right to use his registered trademarks, the Defendant has the right to give a period for rearrangement, deduct the deposit for breach of contract, cancel the contract and even remove such operator from the premise. Now, the Defendant only required relevant owners of relevant shops to give written letters of guarantee, subjectively failing to perform its duty of due care as a manager in good faith and objectively providing convenience for the infringement, thus leading to the recurrence of such infringement. For this reason, the court held that the Defendant and operators of relevant shops directly selling the allegedly infringing commodities committed joint infringement. The court supported the Plaintiff's litigation to require the Defendant to stop the infringement, compensate for the economic losses as well as the reasonable expenses incurred for stopping the infringement. Because the Plaintiff failed to provide evidence to prove the actual losses suffered by it due to the Defendant's infringement and the actual amount of profits gained by the Defendant from such infringement, this court will determine at its own discretion the amount of damages payable by the Defendant in consideration of the nature of such infringement, the facts and the reasonableness of expenses actually incurred by the Plaintiff.

On these grounds, the court ruled in accordance with Article 130, 134. 1 (1) and 134. 1 (7) of the *General Principles of the Civil Law of the People's Republic of China*, and Article 3. 1, 52 (5), 56. 1 and 56. 2 of the *Trademark Law of the People's Republic of China* that:

I. The Defendant, Shanghai Longhua Clothing & Gift Market Management Co. ,Ltd. shall immediately stop the infringement on the Plaintiff, LACOSTE S. A. 's exclusive rights to use its registered trademarks No. 141102 " LACOSTE ", No. 141103 "", No. 1318589 "" and No. G581924 "" as of the date when this ruling takes effect;

II. The Defendant, Shanghai Longhua Clothing & Gift Market Management Co. , Ltd. shall pay the Plaintiff, LACOSTE S. A. RMB 10,000 yuan for its economic losses and RMB 5,000 yuan for its reasonable expenses within ten days after this ruling takes effect.

The Defendant, Shanghai Longhua Clothing & Gift Market Management Co. ,Ltd. , if failing to perform its obligation of pecuniary payment within the period given by this ruling, shall pay in double the interest on such payments accrued for the period of such delay in accordance with Article 229 of the *Civil Procedure Law of the People's Republic of China*.

The court fee for the case is RMB 2,300 yuan, among which the Plaintiff, LACOSTE S. A. shall pay RMB 978 yuan and the Defendant, Shanghai Longhua Clothing & Gift Market Management Co. ,Ltd. RMB 1,322 yuan.

Either party that refuses to accept this ruling as final may, within 30 (thirty) days after service of this judgment to the Plaintiff, LACOSTE S. A. or within 15 (fifteen) days to the Defendant, Shanghai Longhua Clothing & Gift Market Management Co. ,Ltd. , appeal to Shanghai High People's Court directly or through this court by submitting an appeal petition, one original and one copy.

Chief Judge: Hu Zhenyuan
Acting Judge: Hu Yu
Acting Judge: Lu Fengyu
October 26, 2009
Court Clerk: Liu Xiaojing

(This civil judgment was published in the *Gazette of the Supreme People's Court*, Issue 10 in 2010)

12. Abbott Laboratories v. Shangtou Abbott Foodstuff Co. , Ltd Case of Dispute over Infringement on Exclusive Right to Use a Trademark and Unfair Competition

——Civil Judgment of Shanghai No. 1 Intermediate People's Court of the People's Republic of China

(2010) Hu-Yi-Zhong-Min-Wu- (Zhi) -Chu-Zi No. 9

Plaintiff: Abbott Laboratories. Domicile: Abbott Park, Illinois, USA.

Authorized representative: Paul Yasger, Assistant Secretary.

Entrusted agent: You Minjian, lawyer of Shanghai Co-Effort Law Firm LLP.

Entrusted agent: Sha Haitao, lawyer of Shanghai Co-Effort Law Firm LLP.

Defendant: Shangtou Abbott Foodstuff Co. , Ltd. Domicile: No. 6-8, Lane Four, Middle Siying Road, Liangying Town, Chaonan District, Shantou City, Guangdong Province, PRC.

Legal representative: Wu Shengwu.

Defendant: Zhu Chunlan (business owner of Jinji Department Store, Minhang District, Shanghai), female, Han, born on April 5, 1988. Registered permanent residence: No. 062, Xinzhai Village, Xiaotao Town, Yong'an City, Fujian Province, PRC.

Entrusted agent: Zhang Jimin, lawyer of Shanghai Kingsway Law Firm.

The Plaintiff, Abbott Laboratories sued the Defendants, Shangtou Abbott Foodstuff Co. , Ltd ("Shanto Abbott") and Zhu Chunlan for infringement upon the exclusive right to use registered trademarks and unfair competition, and this court accepted the case on January 6, 2010 and then organized a collegiate bench according to laws. On March 29, 2010, this court held a trial for public hearing, and Sha Haitao, the Plaintiff's agent, and Zhang Jimin, the Defendant, Zhu Chulan's agent, appeared in court. The Defendant, Shantou Abbott failed to appear in court without due reason though it was summoned. This court tried by default according to laws. The trial of the case has been concluded.

The Plaintiff claimed that the Plaintiff is an infant formula milk power manufacturer with world-wide fame and one of the Fortune Global 500 companies, whose brand was No. 1 recommendation of American pediatricians for many years. "雅培 (Ya Pei)" was both the unique trade name of the Plaintiff and a well-known trademark, embracing high recognition and commercial value in China. The Plaintiff's trademark "雅培" was registered in October 1999 and August 2004 respectively for milk and milk products in goods of Class 29 and for food for babies and dietetic food and substances adapted for medical use in goods of Class 5. In 2007, the trademark "雅培" registered and used by the Plaintiff on dietary supplements for medical use in goods of Class 5 and on milk products in goods of Class 29 was recognized as a well-known trademark.

The Defendant, Shantou Abbott is a company engaged in the production of candies and rice and flour products. Its shareholders Wu Shengwu and Zhang Zeliang, knowing that "雅培" was a well-known trademark, maliciously registered "雅培" as its trade name. Also, Wu Shengwu maliciously incorporated Sino-US Yapei (International) Pharmaceutical Shares Co., Limited in Shanghai in 2009 (Sino-US Abbott). The Defendant, Shantou Abbott not only maliciously used the names of the two companies said above on infant milk products, used "中美·雅培 (ZM·YAPEI)" as a trademark, but also promoted the said "中美·雅培 (ZM·YAPEI)" infant food on the website *http://zmyapei.com*. These acts of the Defendant, Shantou Abbott were sufficient to cause great confusion in the market and mislead the public to believe that the Plaintiff and the Defendant share a certain relationship, thus illegitimately riding on the reputation of the Plaintiff's well-known trademark and materially infringing upon the Plaintiff's exclusive right to use the registered trademark. The Defendant, Zhu Chunlan operated a store engaged in commodity retail and sold infants food said above which also constituted trademark infringement. In addition, the act of the Defendant, Shantou Abbott, maliciously registering "雅培" and using it on same products, was sufficient to cause confusion in the market and thus constituted unfair competition.

On this ground, the Plaintiff requested this court to order that: 1. The two Defendants shall immediately stop producing and selling the infringing products bearing "雅培" and "ABBOTT"; 2. The Defendant, Shantou Abbott shall immediately stop using the trade name containing "雅培"; 3. The Defendant, Shantou Abbott shall immediately stop promoting the infringing products bearing "雅培" and "ABBOTT" on the website; 4. The two Defendants shall jointly compensate the Plaintiff RMB 500,000 yuan for its losses and reasonable expenses; and 5. The Defendant, Shantou Abbott shall bear the legal fees of this case. During the proceeding, the Plaintiff applied to withdraw its claims that the Defendant, Shantou Abbott shall stop producing and selling the infringing products bearing "ABBOTT" and stop promoting the infringing products bearing "ABBOTT" on the website and that the Defendant, Zhu Chulan shall be liable for the damages RMB 500,000 yuan, and this court had approved such application.

The Defendant, Shantou Abbott did not respond.

The Defendant, Zhu Chunlan agreed on the first claim of the Plaintiff.

After the trial, it was found out that:

I. Fact that the Plaintiff Had Rights in the Trademark

On October 14, 1999, the Plaintiff (the name of the registrant is ABBOTT LABORATORIES) was authorized to register the trademark "雅培" (No. 1324114), which was certified to be used on milk, milk products, edible oil and edible fats in goods of Class 29. The valid period of registration had been extended to October 13, 2019.

On August 7, 2004, the Plaintiff was authorized to register the trademark "雅培" (No. 3907887), which was certified to be used on dietary supplements for medical use of Class 5. The valid period of registration would expire on August 6, 2014.

On April 21, 2009, the Plaintiff was authorized to register the trademark "雅培" (No. 5326593), which was certified to be used on non-medical nutrition liquids, non-medical nutrition powders, non-medical nutrition capsules, flour and preparations made from cereals of Class 30. The valid period of registration would expire on April 20, 2019.

It was also found out that there were positive reports about the Plaintiff in *Global Food Industry* (Issue 4, 2001), *Medicine Today* (Combined, 10/11, 2001), *Food and Life* (Issue 6, 2004), *International Advertising* (Issue 10, 2006) and *China Economic Weekly* (Issue 11, 2007). Among them, the Plaintiff was introduced as one of the global 500 companies and U. S. Top 100 companies in *Global Food Industry* (Issue 4, 2001).

On September 13, 2007, Trademark Office of the State Administration for Industry & Commerce of China ("State Trademark Office") recognized in the Verdict of "雅培" Trademark Dispute ((2007) Shang-Biao-Yi-Zi No. 04747) that the trademark "雅培" registered and used by the Plaintiff on "medicinal products for human use" and "milk products" was a well-known trademark.

II. Facts Related to Alleged Trademark Infringement and Unfair Competition of the Defendant

On January 31, 2008, the Defendant, Shantou Abbott was registered with the approval of appropriate administration for industry and commerce. It operated in the industry of candy, chocolate and preserved fruit manufacture, and was engaged in the production and sales of sugar (glucose) and rice & flour products (non-infant rice powder). Its legal representative was Wu Shengwu and the registered capital was RMB 80,000 yuan.

On May 27, 2009, Sino-US Yapei was registered and incorporated in Hong Kong Special Administrative Region, and its founder was Wu Shengwu.

On November 26, 2009, under the supervision of notaries of Shanghai Huangpu Notary Public Office, the Plaintiff's entrusted agent accessed to the Internet using a computer in this office and visited the homepage of the website *http: //zmyapei. com*. On the left top corner of this webpage showed that the mark "中美 · 雅培 ZM · YAPEI" (Chinese on top, and Pinyin at the bottom, size of Chinese texts obviously larger than that of Pinyin, see attached picture). Click on "Know About ZM · YAPEI" and enter the webpage "About Us", which introduces that "ZM · YAPEI Diary Company Limited is a multi-national group company specialized in the research, development, production and sales of infant food for a long term". "As a leading expert in the production of infant food, ZM · YAPEI is always engaged in the production of safe, healthy and high-quality infant food. Till today, it still cooperates closely with global medicine experts to develop and produce food most fitful for babies in various fields of nutrition." Enter the webpage "Our Products", which displays pictures of infant food, including Gold Baby Milk Mate-Kaiweibao, Gold Baby Milk Mate-Qinghuobao, Prebiotic Infant Nutriments, prebiotic colostrum (formula) milk and rice powder (Stage 1), prebiotic colostrum (formula) milk and rice powder, colostrum nutriments (box-packed), colostrum nutriments, IgG (formula) milk and rice powder (Stage 2), IgG (formula) milk and rice powder, carrot Vc crude fiber milk and rice powder, milk mate, prebiotic fish, meat and vegetables nutritious rice powder, DHA&AA yam and pearl barley rice powder, colostrum Fe, Zn & Ca rice powder (1) and colostrum Fe, Zn & Ca rice powder. It can be clearly seen that the packaging materials of products in the pictures bear the mark "中美 · 雅培 ZM · YAPEI" at visible locations. Enter the web page "Distribution Network", which shows that the points of sales for its products are spread across China. Enter the web page "Contact Us", which shows the names and addresses of Sino-US Abbott and Shantou Abbott.

On December 4, 2009, under the supervision of notaries of Shanghai Oriental Notary Public Office, the Plaintiff's entrusted agent bought one tin of colostrum nutriments, prebiotic colostrum (formula) milk and rice powder, Prebiotic Infant Nutriments, milk mate (Stage 1), milk mate (Stage 2), and α-lactalbumin infant glucose, and one box of prebiotic colostrum (formula) milk and rice powder (Stage 1), IgG (formula) milk and rice powder (Stage 2), carrot Vc crude fiber milk and rice powder (Stage 3), Gold Baby Milk Mate-Kaiweibao, Gold Baby Milk Mate-Qinghuobao, colostrum Fe, Zn & Ca rice powder (1), α-lactalbumin infant carrot rice powder (2), and IgG tomato Vc rice powder (3). The packaging boxes (tins) of the said infant food also bore the mark "中美 · 雅培 ZM · YAPEI" in the front side. On the back side, it wrote that Sino-US Abbott authorized the manufacturer and distributor Shangtou Abbott Foodstuff Co., Ltd. to further separate the packaging and stated that the products were fit for infants of different stages. On the back side of package materials of part of the infant food, it also wrote "Website: *www.zmyapei.com*". It is specified on the packaging materials of most of the said infant food that the number of food hygiene license was 0501A00554, but the number of food hygiene license specified on milk mate (Stage 1) and milk mate (Stage 2) was 0501A00344 and that for prebiotic colostrum (formula) milk and rice powder (Stage 1), IgG (formula) milk and rice powder (Stage 2), colostrum Fe, Zn & Ca rice powder (1), α-lactalbumin infant carrot rice powder (2), and IgG tomato Vc rice powder (3) was 0000A00442.

It was also found out that: the said infant food sold by Jinji Store was procured from Shantou Abbott which issued a list of delivery and sales invoice to Jinji Store on November 8, 2009. The list of sold products also bore the mark "中美 · 雅培 ZM · YAPEI" and provided the names and addresses of Sino-US Abbott and Shanto Abbott. It is specified in the sales invoice that the unit price for each carton of nutriments was RMB 312 yuan, milk rice powder (454g) RMB 83.86 yuan, milk rice powder (227g) RMB 169.73 yuan, Gold Baby Milk Mate (96g) RMB 275.56 yuan, nutrition rice powder RMB 74.88 yuan, milk mate (160g) RMB 149.76 yuan, and glucose RMB 74.88 yuan. The total price of this batch of products was RMB 10,075.87 yuan.

Shantou Abbott also provided Jinji Store with photocopies of its business license, tax registration certificate, and food hygiene license and the quality inspection report. According to the business license, its registered capital was RMB 800,000 yuan, and the number of food hygiene license was Yue-Wei-Shi-Zheng-Zi (2008) No.0501A00554. The photocopies of business license for enterprise legal person, tax registration certificate and food hygiene license showed that its business scope (licensed scope) was the production and sales of sugar (glucose), rice & flour products (nutrition rice powder), and milk products (nutriments).

III. Facts Related to the Expenses Expended by the Plaintiff in Its Effort to Investigate into and Stop the Infringement

The Plaintiff engaged Shanghai LJ Enterprise Management Consultant Co. , Ltd to retrieve materials from relevant administration for industry and commerce and paid RMB 1,200 yuan for such materials. It also paid the attorney fee RMB 122,886 yuan. Abbott Laboratories Trading (Shanghai) Co. , Ltd. paid RMB 230 yuan in total for the purpose of notarizing the purchase of infant food said above. Shanghai Co-Effort Law Firm LLP where the Plaintiff's agents worked paid the translation fee RMB 420 yuan, material retrieval fee RMB 400 yuan and notarization fee RMB 6,000 yuan.

The facts mentioned above were evidenced by the trademark registration certificate, renewal certification, verdict of trademark dispute, registration materials of machine-readable archive for enterprises, company registration certificate, notarial deed, invoice, receipt and magazines provided by the Plaintiff, and the business license, tax registration certificate, food hygiene license (which were provided in the form of photocopies), inspection report, list of delivery, and invoice provided by the Defendant, Zhu Chunlan.

This court held that the Plaintiff's exclusive right to use the registered trademark "雅培" should be protected under laws as the trademark was registered with the approval of the Trademark Office and still valid.

In this case, the Plaintiff bought from the Defendant, Zhu Chunlan 14 kinds of infant food, the packaging materials of which indicated that Shantou Abbott was the manufacturer, distributor or packer. The packaging materials of those food bore the mark "中美·雅培 ZM·YAPEI" at visible locations. This mark not only appeared on the products of the Defendant, Shantou Abbott, but also on the homepage of *http://zmyapei.com* and in the product pictures displayed. Many pictures of the infant food promoted on this website matched with products sold by the Defendant, Shantou Abbott to Zhu Chunlan. Part of the products also wore the website on their packages and the web page "Contact Us" on this website specified the name of the Defendant, Shantou Abbott. Therefore, this court affirmed the facts that the Defendant, Shantou Abbott used the disputed trademark on its products and its website.

Article 52 of the *Trademark Law of the People's Republic of China* provides that, "using a trademark that is identical with or similar to a registered trademark in connection with the same or similar goods without the authorization of the owner of the registered trademark", "selling goods that violate the exclusive right to use a registered trademark", or "causing prejudice to another party's exclusive right to use its registered trademark" constitutes an infringement of the exclusive right to use a registered trademark. Article 1 (1) of the *Interpretation of the Supreme People's Court Concerning the Application of Laws in the Trial of Cases of Civil Disputes Arising from Trademarks* provides that "using any word or text identical with or similar to another person's registered trademark as the trade name of a company or on same or similar goods in a highlighted manner which is likely to mislead relevant public" is an act causing prejudice to another party's exclusive right to use its registered trademark as provided in Article 52 (5) of the *Trademark Law*. As a result, it had to conduct an analysis in combination with the laws said above to determine whether the act of the Defendant, Shantou Abbott constituted a trademark infringement:

I. Whether the Highlighted Use by the Defendant, Shantou Abbott as Its Trade Name Constituted a Trademark Infringement

The Defendant, Shantou Abbott did register "Abbott" as the trade name in its company name and the logo "中美·雅培 ZM·YAPEI" used by it did contain "雅培" in it. However, depending on facts found by this court, it was difficult for this court to affirm the Plaintiff's claim that the Defendant committed trademark infringement by using the trade name of Shanto Abbott in a highlighted manner. Firstly, the legal representative of the Defendant, Shantou Abbott registered and incorporated not only Shantou Abbott in Mainland China, but also the Sino-US Abbott in Hong Kong Special Administration Region, both of which use "雅培" as their trade name. Secondly, it is written on the products that it is authorized by Sino-US Abbott and there was also an introduction to Sino-US Abbott on the disputed website, indicating that the infringement was not conducted by the Defendant, Shantou Abbott alone. Thirdly, the logo used was "中美·雅培", instead of "汕头雅培". Therefore, the court could not recognize that the Defendant, Shantou Abbott was using its trade name in a highlighted manner.

II. Whether The Use of A Similar Logo by the Defendant, Shantou Abbott Constituted A Trademark Infringement

Firstly, was the logo "中美·雅培 ZM·YAPEI" identical with or similar to the Plaintiff's trademark "雅培"? In terms of the overall visual effect, it was different from the trademark "雅培". However, the Chinese characters and pinyin in this logo were arranged vertically and the size of the Chinese characters was apparently larger than that of pinyin. "中美·雅培" could be regarded as the main identifiable part in this logo. Moreover, "雅培" was identical with the Plaintiff's trademark in Chinese. As a result, this logo was apparently similar to the Plaintiff's trademark "雅培" depending on the general attention of relevant public.

Secondly, the registration information of the Plaintiff's trademark showed that, the word "Abbott" in the Plaintiff's company name was initially translated into Chinese as "阿波特" and "雅培" was not the standard Chinese translation of this word. Therefore, this court may recognize "雅培" as a homophonic word fabricated by the Plaintiff in combination of the properties of its commodities, and this text trademark had a high significance. Furthermore, the Plaintiff's trademark "雅培" was registered since October 1999 (No. 1324114) and certified to be used on milk and milk products in goods of Class 29. Materials found by the Plaintiff also showed that, the Plaintiff had begun to use "雅培" as the trade name in its Chinese translations in China since at least from April 2001, consistent with the Plaintiff's Chinese registered trademark. In August 2004, the Plaintiff's trademark "雅培" (No. 3907887) was registered on goods of Class 5, including dietary supplements for medical use and baby food. The unity of the Plaintiff's trademark and trade name further highlighted the function of the trademark "雅培" to identify the source of goods and gently generated its function to recognize the quality of goods. In September 2007, the trademark "雅培" registered by the Plaintiff on "milk products (No. 1324114) was recognized by the State Trademark Office as a well-known trademark. This court had the ground to believe that the influence of this trademark would automatically extend to the trademark "雅培" consequently registered on and certified to be used on medical nutrition, baby food and non-medical nutrition powders. Therefore, the Plaintiff's trademark was not only of high significance, but also of high reputation.

Thirdly, were the Plaintiff's and the Defendant's commodities identical or similar? The colostrum nutriments, milk and rice powder, milk mate, nutrition rice powder and glucose operated by the Defendant, Shantou Abbott introduced themselves as fit for infants. Therefore, the products were infant food, which was classified into the scope in which the Plaintiff's registered trademark "雅培" (No. 3907887) was certified to use and which was the same products as baby food this trademark was certified to be used on. In addition, part of the products operated by the Defendant, Shantou Abbott, such as colostrum nutriments, used milk products as their primary ingredients and could be deemed as goods similar to the milk products on which the Plaintiff's well-known trademark "雅培" was certified to be used.

In summary, use of logo "中美·雅培 ZM·YAPEI" by the Defendant, Shantou Abbott on infant food and its website without the permission of the Plaintiff would apparently confuse relevant public about the source of the Plaintiff's and the Defendant, Shantou Abbott's milk products and infant food. Such use had constituted the trademark infringement and the Defendant, Shantou Abbott should stop using the logo including "雅培" and be liable for damages. The Defendant, Zhu Chunlan had also been infringed by selling aforesaid commodities infringing upon the Plaintiff's exclusive right to use the registered trademark and should assume the civil liability of stopping infringement.

In this case, the Plaintiff also claimed that the Defendant, Shantou Abbott's act of registering "雅培" as its trade name constituted unfair competition. According to evidence in this case, the Plaintiff had used "雅培" as the trade name in its Chinese translation as early as from April 2001 and was rated as one of the Global 500 and US Top 100 companies. Correspondingly, "雅培" as a registered trademark also demonstrated its good economic value. By September 2007, the trademark "雅培" registered and used by the Plaintiff on "medical products for human use" and "milk products" was recognized by the State Trademark Office as a well-known trademark, further enhancing the value of the Plaintiff's registered trademark. In this regard, "雅培", as a trade name or a trademark, had strong market power and huge commercial value. The commercial efforts made by the Plaintiff to achieve this should be respected and its legitimate interests in competition should be protected according to laws.

In contrast, the acts of the Defendant, Shantou Abbott, registering the trade name in its company name as "雅培" and using it in the operation of infant food, showed obvious subjective intention to the greatest extent. The Defendant, Shantou Abbott was founded in January 2008 and before that, the Plaintiff's trademark "雅培" had been recognized as a well-known trademark. It had already raised doubt about the legitimacy that Defendant, Shantou Abbott chose "雅培" as its trade name without due cause. As a limited company with the registered capital of RMB 80,000 yuan only, the Defendant, Shantou Abbott was not licensed to operate infant rice powders. However, according to the photocopy of its business license provided by it to the Defendant, Zhu Chunlan, its registered capital changed into RMB 800,000 yuan, and the "rice & flour products (excluding infant rice powders)" in the original business scope was also changed into "rice & flour products (nutrition rice powders), milk products (nutriments)". Even the number of its food hygiene license appeared on the packaging materials of some infant food operated by the Defendant, Shantou Abbott was inconsistent with that specified in the photocopy provided by it to the Defendant, Zhu Chunlan. These changes suddenly qualified and enabled the Defendant, Shantou Abbott to produce and sell infant food and thus make it possible for the Defendant, Shantou Abbott to compete with the Plaintiff. This court had adequate reasons to believe that, the Defendant, Shantou Abbott subjectively had the intention to ride on the trademark "雅培", thus violating the principles of fair competition and good faith, as well as the generally recognized business ethics. As analyzed above, its act would necessarily, objectively confuse relevant public about the sources of the Plaintiff's and the Defendant's commodities and cause inevitable economic losses to the Plaintiff. The Defendant, Shantou Abbott should assume civil liabilities, such as stopping unfair competition and compensation for the losses, for its act of unfair competition, namely, malicious registration of its trade name.

According to the laws in PRC, the amount of damages payable by the Defendant, Shantou Abbott may be calculated with the losses of the trademark owner or the profits earned by the infringer. Nevertheless, the existing evidence did not tell the specific amount of the Plaintiff's losses or the profits earned by the Defendant, Shantou Abbott. As a result, this court would determine the specific amount of damages payable by the Defendant, Shantou Abbott by applying statutory damages and comprehensively considering the following factors: the fact that the Plaintiff's trademark "雅培" was recognized as a well-known trademark, the brand effect generated by the unity of trademark and trade name as "雅培", the extent of business success and the market position in infant food industry achieved by the Plaintiff, the degree of the Defendant, Shantou Abbott's subjective malice in free-riding, the duration of the trademark infringement and unfair competition, the infringement mode through the unity of trademark and trade name, the distribution network across China and sales prices, as well as the reasonable expenses paid by the Plaintiff and its agent for investigations and evidence collection in the effort to stop the infringement.

On these grounds, the court ruled in accordance with Article 130 of the *Civil Procedure Law of the People's Republic of China*, Article 13. 1 (1) & (7) of the *General Principles of the Civil Law of the People's Republic of China*, Article 52 (1) & (2) and 56 of the *Trademark Law of the People's Republic of China*, Article 2. 1 and 2. 2 of the *Anti-Unfair Competition Law of the People's Republic of China*, and Article 16. 1 and 16. 2 of the *Interpretation of the Supreme People's Court Concerning the Application of Laws in the Trial of Cases of Civil Disputes Arising from Trademarks* that:

I. The Defendant, Shangtou Abbott Foodstuff Co. , Ltd shall immediately stop using marks containing "雅培" and the Defendant, Zhu Chunlan shall immediately stop selling commodities bearing the aforesaid logo.

II. The Defendant, Shangtou Abbott Foodstuff Co. , Ltd shall immediately stop using the company name containing "雅培";

III. The Defendant, Shangtou Abbott Foodstuff Co. ,Ltd shall compensate the Plaintiff, Abbott Laboratories RMB 500,000 yuan for its economic losses and reasonable expenses within ten days after this ruling takes effect.

The Defendant, Shangtou Abbott Foodstuff Co. ,Ltd, if failing to perform its obligation of pecuniary payment within the period given by this ruling, shall pay in double the interest on such payments accrued for the period of such delay in accordance with Article 229 of the *Civil Procedure Law of the People's Republic of China.*

The court fee for this case is RMB 8,800 yuan, which shall be paid by the Defendant, Shangtou Abbott Foodstuff Co. ,Ltd.

Either party that refuses to accept this ruling as final may, within 30 (thirty) days after service of this judgment to the Plaintiff, Abbott Laboratories or within 15 (fifteen) days to the Defendant, Shangtou Abbott Foodstuff Co. , Ltd and the Defendant, Zhu Chunlan, appeal to Shanghai High People's Court of PRC by submitting an appeal petition to the court together with a sufficient number of copies for each person of the opposing party to have one.

Chief Judge: Hu Zhenyuan
Acting Judge: Hu Yu
Acting Judge: Lu Fengyu
April 22, 2010
Court Clerk: Shi Weili

Attached Pattern

中美·雅培
ZM·YAPEI

(The civil judgment has been selected into 2010 China's 50 Typical Cases on Judicial Protection of Intellectual Property and 2010 Shanghai's 10 Cases on Judicial Protection of Intellectual Property)

13. The North Face Apparel Corp v. MEI JOHN CHAO *et al.* Case of Infringement on Exclusive Right to Use a Trademark

——Civil Judgment of Shanghai High People's Court of the People's Republic of China

(2010) Hu-Gao-Min-San- (Zhi) -Zhong-Zi No. 14

Appellant (Defendant in First Instance): MEI JOHN CHAO, male, born on November 19, 1970, a citizen of the United States (Passport No.: 105329851). Domicile: 94 Glem Street, Maldem Massachusetls 02148 U. S. A.

Entrusted agent: Zhang Xuezhong, lawyer of Shanghai Ding, Sun & Huang Law Office.

Appellee (Plaintiff in First Instance): The North Face Apparel Corp. Domicile: 2711 Centerville Road, City of Wilmington 19808, County of New Castel, Delaware, U. S. A.

Authorized representative: Helen L. Winslow, Vice President of the company.

Entrusted agent: She Yifeng, lawyer of Shanghai Fangda Partners.

Entrusted agent: Xie Tao, lawyer of Shanghai Fangda Partners.

Defendant in First Instance: Shanghai Haobai Clothing Co., Ltd. Domicile: 164, Zone A, No. 4268 Zhennan Road, Shanghai, PRC.

Legal representative: Wu Lei, Chairman of the company.

Entrusted agent: Mao Guoping, lawyer of Shanghai Shenguang Law Firm.

Defendant in First Instance: Hangzhou Boerhao Industry & Trade Co., Ltd. Domicile: Pingyao Town, Yuhang District, Hangzhou City, PRC.

Legal representative: Ren Hongcai, Chairman of the company.

Defendant in First Instance: Anji Swan Clothing Co., Ltd. Domicile: Henglu Village, Tianhuangping Town, Anji Town, Zhejiang Province, PRC.

Legal representative: Yan Qinghua, manager of the company.

The Appellant, MEI JOHN CHAO refused to accept the civil judgment issued by Shanghai No. 2 Intermediate People's Court ((2008) Hu-Er-Zhong-Min-Wu- (Zhi) -Chu-Zi No. 185) over the case of dispute over trademark infringement and appealed to this court. This court organized a collegiate bench according to laws and held a trial for public hearing on April 9, 2010. Zhang Xuezhong, entrusted agent of the Appellant, MEI JOHN CHAO, Xie Tao, entrusted agent of the Appellee, The North Face Apparel Corp (North Face Company), and Mao Guoping, entrusted agent of the Defendant in First Instance, Shanghai Haobai Clothing Co., Ltd. (Haobai Company), appeared in court. The Defendant in First Instance, Hangzhou Boerhao Industry & Trade Co., Ltd. (Boerhao Company) and the Defendant in First Instance, Anji Swan Clothing Co., Ltd. (White Swan Company), failed to appear in court without due reason though they were summoned. The trial of the case has been concluded.

After the trial, the court of first instance found that on December 14, 2003, with the approval of Trademark Office of The State Administration for Industry & Commerce of China ("State Trademark Office"), the Plaintiff was issued to by the State Trademark Office a trademark registration certificate for the trademark combining English text and an image, " ". The trademark was registered with the number 2018929 and was certified to be used on goods in Class 25, including infants sleeping bags, swimsuits, mountain insulated jackets, and mountain down jackets, valid from December 14, 2003 to December 13, 2013.

On June 21, 2004, with the approval of the State Trademark Office, the Plaintiff was assigned with the exclusive right to use the registered trademark "THE NORTH FACE". The trademark was registered with the number 1113227 and was certified to be used on goods in Class 25, including coats, garments, waistcoats, raincoats and duffle coats, valid from September 28, 1997 to September 27, 2017.

On July 14, 2004, with the approval of the State Trademark Office, the Plaintiff was assigned with the exclusive right to use the registered trademark, the image " ". The trademark was registered with the number 2018931 and was certified to be used on goods in Class 25, including garments, coats, jackets, waistcoats, and duffle coats, valid from December 14, 2003 to December 13, 2013.

On August 1, 2005, the Defendant, Haobai Company received an authorization letter titled Re: Approve Authorized Suppliers (THE) NORTH FACE Trademark sent by John McGill, Legal Director of W. J GORE &Associates, Inc ("WJ Company"), by fax (Authorization Letter Involved). It wrote that WJ Company was affiliated to (The) North Face; "I", John McGill, hereby authorized the Defendant, Haobai Company to use the trademark (The) North Face in the territory of the People's Republic of China to produce tops for men, women and boys, 3000 pieces for each. The period for such use was from August 1, 2005 to November 31, 2005.

Afterwards, Wu Lei, the legal representative of the Defendant, Haobai Company, added "Shanghai Haobai Clothing Co., Ltd. authorizes Hangzhou Boerhao Industry & Trade Co., Ltd." in it and turned over the Authorization Letter Involved to the Defendant, Boerhao Company.

On August 25, 2005, the Defendant, Haobai Company and the Defendant, Boerhao Company entered into the *Purchase and Sale Contract of Hangzhou Boerhao Industry & Trade Co., Ltd.* with the contract no. 20050823 - 1. It was agreed in this contract that the Defendant, Haobai Company shall order down jackets of Style 189, 190, 208, 207 and 206 involved in this case, with a total quantity of 11,000 pieces and total value RMB 2,026,000 yuan; the dates of delivery were September 21 and September 31 of 2005; the quality requirements and standards shall be determined by customers; the place of delivery was the designated warehouse in Shanghai. On October 13 of the same year, the Defendant, Haobai Company and the Defendant, Boerhao Company entered into another *Purchase and Sale Contract of Hangzhou Boerhao Industry & Trade*

Co., *Ltd.* with the contract no. 20050917 – 1. In this contract, it was agreed that the Defendant, Haobai Company shall order from the Defendant, Boerhao Company down jackets of Style 208, 207 – 1 and 364, with a total quantity of 6,600 pieces and total value RMB 1,306,000 yuan; The date of delivery was November 10, 2005; the quality requirements and standards shall be determined by clients; the place of delivery was the designated warehouse in Shanghai. Moreover, the Defendant, Haobai Company also provided the Defendant, Boerhao Company with the process sheets, production drawings, price tags for the production of down jackets involved in this case, and gave specific instructions on the placement of trademarks on the down jackets involved.

The two contracts said above were executed, the Defendant, Boerhao Company immediately instructed the Defendant, White Swan Company to produce the down jackets involved, and provided the Defendant, White Swan Company with the aforesaid process sheets, production drawings, price tags and fabrics and auxiliary materials procured by the Defendant, Boerhao Company.

During the process of production by the Defendant, White Swan Company, the Defendant, Haobai Company had visited the Defendant, White Swan Company, and tracked the orders, conducted acceptance examination and took delivery of the down jackets involved. The 15 outbound orders provided by White Swan Company ("Outbound Orders Involved") showed that, between September 17, 2005 and September 25, 2006, the Defendant, Haobai Company had taken 8,094 pieces of down jackets from the Defendant, White Swan Company in total.

On February 9, 2006, the Defendant, MEI JOHN CHAO and Wu Lei, the legal representative of the Defendant, Haobai Company, executed a *Confirmation Letter*. The parties confirmed that the Defendant, MEI JOHN CHAO and his company engaged the Defendant, Haobai Company as their office in Shanghai for the purpose of expanding their business in China and appointed Wu Lei as the representative of the office.

On June 28, 2006, the Defendant, White Swan Company delivered 1,080 pieces of down jackets involved to the Defendant, Haobai Company. The jackets were hunted down by Luwan District Administration for Industry and Commerce during transportation. In the following day, Luwan District Administration for Industry and Commerce randomly drew 3 pieces from the detained down jackets and demanded the Plaintiff to authenticate them. On July 5 of the same year, the Plaintiff issued a letter of authentication to Luwan District Administration for Industry and Commerce, confirming that the detained down jackets involved were commodities bearing fakes of the Plaintiff's registered trademarks involved. On December 13 of the same year, Luwan District Administration for Industry and Commerce reported to Huzhou Administration for Industry and Commerce that the down jackets which the Defendant, White Swan Company was suspected of processing and producing had infringed upon the exclusive right to use the registered trademarks involved in this case. After investigation, Huzhou Administration for Industry and Commerce concluded that, the Defendant, White Swan Company had, by processing and producing down jackets involved with marks identical with the registered trademarks involved in this case without permission, infringed upon the exclusive right to use the registered trademarks. On September 29, 2007, Huzhou Administration for Industry and Commerce released a penalty decision (Hu-Gong-Shang-Jing-Chu-Zi (2007) No. 9), imposing administrative penalties on the Defendant, White Swan Company, including having the infringement stopped, confiscating the sealed 5,300 pieces of down jackets and fining RMB 100,000 yuan.

During the trial of first instance, the court of first instance asked to present one of the down jackets detained by Luwan District Administration for Industry and Commerce, which bore marks identical with the registered trademark involved in this case on the collar, left bosom, right back, zipper, and price tag.

The outbound orders provided by the Defendant, Haobai Company (Outbound Order Involved) showed that, the date of order placement was March 21, 2005, and the date of shipment September 30, 2005; the order included 3,000 pieces of NORTHFACE men cotton coats, 3,500 pieces of NORTHFACE women cotton coats, and 3,500 pieces of NORTHFACE boys cotton coats; coats of same color and size were packaged into one pack……small plastic bags were separately, directly shipped to the USA, one for each coat. The outbound order involved in this case also bore the English signatures and the note in Chinese saying that "the size of boys (cotton coats) is a little smaller than that of last year, make it one size larger this time". The list of price tags (List of Price Tags Involved) provided by the Defendant, Haobai Company showed that, the price tags for NORTHFACE men cotton coats, NORTHFACE women cotton coats and NORTHFACE boys cotton coats also bore English signatures.

On May 7, 2009, upon the request of the Defendant, Haobai Company, the court of first instance trusted the Center of Forensic Science, Institute of Forensic Science ("IFS") to conduct handwriting authentication, checking on whether it was the Defendant, MEI JOHN CHAO who wrote the signature of John McGill in the fax copy of the authorization letter involved, the English signature in the outbound orders involved and the English signature on the list of price tags involved. On October 12, 2009, Institute of Forensic Science, issued a *Letter of the Center of Forensic Science, Institute of Forensic Science on Authentication Opinion* (Si-Jian-Zhong-Xin-[2009] -Ji-Jian-Zi No. 657) (Forensic Authentication Letter), in which, it concluded that the signature of John McGill in the fax copy of the authorization letter involved was the handwriting of the Defendant, MEI JOHN CHAO; the English signature on the list of price tags involved was the handwriting of the Defendant, MEI JOHN CHAO; it could not be determined whether two signatures on the outbound orders involved were handwriting of the Defendant, MEI JOHN CHAO depending on existing samples, but the note saying that "the size of boys (cotton coats) is a little smaller than that of last year, make it one size larger this time" was the handwriting of the Defendant, MEI JOHN CHAO.

During the trial of first instance, the Defendant, Haobai Company stated to the court of first instance that, the Defendant, Haobai Company had shipped the down jackets involved taken from the Defendant, White Swan Company to the United States upon the request of the Defendant, MEI JOHN CHAO. The Defendant, Haobai Company and the Defendant, Boerhao Company both stated that, during the performance of the contracts concerning the processing of down jackets involved in this case, the Defendant, MEI JOHN CHAO was accompanied by Wu Lei to negotiate with Ren Ning, the legal representative of the Defendant, Boerhao Company, about the placement of more orders and inspection in Hangzhou.

The court of first instance held that the Plaintiff was the owner of the exclusive right to use the registered trademarks involved in this case and its legal rights and interests were protected by the *Trademark Law of the People's Republic of China* ("*Trademark Law*"). In this case, parties to this case had the primary focuses of dispute in: 1. If the four Defendants jointly produced and sold the down jackets involved in this case; 2. If the four Defendants should bear civil liabilities; 3. If there were any de facto and legal grounds for the Plaintiff's request in this case that the four Defendants should jointly pay RMB 1,567,716.84 yuan to the Plaintiff for its economic losses including reasonable expenses.

I. Concerning the First Focus of Dispute

1. If the four Defendants jointly produced the down jackets involved in this case

Firstly, the conclusion of the *Forensic Authentication Letter* demonstrated that the signature of John McGill in the fax copy of the authorization letter involved was the handwriting of the Defendant, MEI JOHN CHAO, so was the English signature on the list of price tags involved. The Defendant, MEI JOHN CHAO did not make reasonable explanations for this. On this ground, according to the statements made by the Defendant, Haobai Company and the Defendant, Boerhao Company that the Defendant, MEI JOHN CHAO provided the authorization letter involved and that the Defendant, MEI JOHN CHAO placed more orders and inspected the down jackets involved in this case in Hangzhou, it is reasonable to believe that the Defendant, MEI JOHN CHAO not only forged the authorization letter involved without the permission of the Plaintiff, but also required the Defendant, Haobai Company to produce the down jackets involved and actively participated in relevant matters including the placement of more orders of and inspection of down jackets involved. Therefore, the court of first instance did not adopt the Defendant, MEI JOHN CHAO's argument that he never engaged the Defendant, Haobai Company to produce the down jackets involved. Secondly, after it received the authorization letter involved from the Defendant, MEI JOHN CHAO, the Defendant, Haobai Company immediately conducted re-authorization requiring the Defendant, Boerhao Company to produce the down jackets involved and providing the Defendant, Boerhao Company with the process sheets, production drawings, price tags for the production of down jackets involved in this case, and giving specific instructions on the locations where the marks identical with the registered trademarks involved should be placed. Thirdly, after it received the authorization letter involved with the note of the Defendant, Haobai Company, the Defendant, Boerhao Company procured fabrics and auxiliary materials for the down jackets involved, requiring the Defendant, White Swan Company to produce the down jackets involved, and providing the Defendant, White Swan Company with the process sheets, production drawings, price tags for the production of down jackets involved in this case. Fourthly, the Defendant, White Swan Company produced the down jackets involved using registered trademarks involved according to the specific requirements of the Defendant, Boerhao Company. It could be seen that the final completion of the down jackets involved was closely related to the aforesaid acts of the four Defendants. Therefore, the court of first instance held that the four Defendants jointly produced the down jackets involved.

According to the *Trademark Law*, it constitutes an infringement of the exclusive right to use a registered trademark by using a trademark that is identical with or similar to a registered trademark in connection with the same or similar goods without the authorization of the owner of the registered trademark. In this case, the four Defendants jointly produced the down jackets involved using marks identical with the registered trademarks involved without the authorization of the Plaintiff, thus infringing the Plaintiff's exclusive rights to use the registered trademarks involved.

2. If the four Defendants jointly sold the down jackets involved in this case

Firstly, according to the fact that the Defendant, MEI JOHN CHAO had forged the authorization letter involved in this case and the conclusion of the *Forensic Authentication Letter* that the note saying that "the size of boys (cotton coats) is a little smaller than that of last year, make it one size larger this time" was the handwriting of the Defendant, MEI JOHN CHAO, as well as the statements of the Defendant, Haobai Company that it had shipped the down jackets involved taken from the Defendant, White Swan Company to the United States upon the request of the Defendant, MEI JOHN CHAO, it is reasonable to believe that the Defendant, MEI JOHN CHAO instructed the Defendant, Haobai Company to ship the down jackets involved to the United States. It showed that the Defendants, MEI JOHN CHAO and Haobai Company had realized the outbound sales of the down jackets involved in this case. Secondly, the Defendant, Boerhao Company instructed the Defendant, White Swan Company to produce the down jackets involved according to the specific requirements of the Defendant, Haobai Company. The Defendant, White Swan Company produced and delivered the down jackets involved in this case according to the specific production requirements of the Defendant, Haobai Company conveyed by the Defendant, Boerhao Company. In consideration of these, it was a contractual relationship between the Defendant, MEI JOHN CHAO and the Defendant, Haobai Company and the Defendant, Boerhao Company, and between the Defendant, Boerhao Company and the Defendant, White Swan Company. The delivery of down jackets involved from the Defendant, White Swan Company and the Defendant, Boerhao Company to the Defendant, MEI JOHN CHAO and the Defendant, Haobai Company could not be deemed as an act of selling. Thirdly, there was no evidence to prove that the Defendant, Boerhao Company and the Defendant, White Swan Company participated in the outbound sales of the said down jackets by the Defendant, MEI JOHN CHAO and the Defendant, Haobai Company. On this ground, the court of first instance held that the Defendant, MEI JOHN CHAO and the Defendant, Haobai Company jointly sold the down jackets, and did not adopted the Plaintiff's statement that the four Defendants jointly sold the down jackets involved.

According to the *Trademark Law*, the act of selling goods that violate the exclusive right to use a registered trademark constitutes an infringement of the exclusive right to use a registered trademark. In this case, the Defendant, MEI JOHN CHAO and the Defendant, Haobai Company jointly sold the down jackets involved which infringed the Plaintiff's exclusive right to use the registered trademarks involved, thus infringing the Plaintiff's exclusive right to use such registered trademarks.

II. Concerning the Second Focus of Dispute

Firstly, the fact that the Defendant, MEI JOHN CHAO prepared the authorization letter involved without the permission of the Plaintiff adequately showed that the Defendant, MEI JOHN CHAO knew the production and sales of the down jackets involved were infringements and that the Defendant, MEI JOHN CHAO had obvious subjective malice. Secondly, the Defendant, Haobai Company in this case acknowledged that it was the office of the Defendant, MEI JOHN CHAO in Shanghai and that it did not examine the authorization letter involved with due care after it received the letter. Therefore, the Defendant, Haobai Company should have known the production and sales of down jackets involved were infringements and thus had obvious subjective fault. Thirdly, the Defendant, Boerhao Company and the Defendant, White Swan Company, after receiving the authorization letter involved, did not conduct examination with due care to check the relationship between WJ Company mentioned in the authorization letter and the Plaintiff and the fundamental facts such as whether WJ Company was lawfully authorized by the Plaintiff. As a result, the Defendant, Boerhao Company and the Defendant, White Swan Company should also have known the production of down jackets involved was an infringement. The Defendant, Boerhao Company and the Defendant, White Swan Company had subjective fault. On this ground, the Defendant, MEI JOHN CHAO, the Defendant Haobai Company, the Defendant, Boerhao Company and the Defendant, White Swan Company should be held liable to stop the infringement of joint production of down jackets involved and compensate losses incurred by such infringement, and the Defendant, MEI JOHN CHAO and the Defendant, Haobai Company liable to stop the infringement of joint sales of down jackets involved and compensate losses incurred by such infringement according to laws. The court of first instance did not adopt the arguments made by the Defendant, Haobai Company, the Defendant, Boerhao Company and the Defendant, White Swan Company that they had no subjective fault and should not assume civil liabilities.

III. Concerning the Third Focus of Dispute

The court of first instance held that according to the *Trademark Law*, the amount of damages for trademark infringement shall be the profit that the infringer has earned as a result of the infringement during the period of the infringement or the losses that the infringed has suffered as a result of the infringement during the period of the infringement, including any reasonable expenses the infringed has incurred in its effort to stop the infringement. Where the profits earned by the infringer or losses suffered by the infringed cannot be determined, a people's court shall award damages up to RMB 500,000 yuan, depending on the facts of the case. According to the *Interpretation of the Supreme People's Court Concerning the Application of Laws in the Trial of Cases of Civil Disputes Arising from Trademarks*, when a people's court determines an infringer's liability for damages in accordance with paragraph 1 of Article 56 of the *Trademark Law*, it may calculate the amount of damages using the method chosen by the right owner. The profits earned by the infringer referred to in paragraph 1 of Article 56 may be calculated by multiplying the quantity of infringing commodities sold by the unit profit of each commodity; where the unit profit cannot be found out, the unit price of commodities with registered trademark will apply. As the Plaintiff in this case specifically required calculating the amount of damages using the profits earned by the Defendants from their infringements, the court of first instance determined the amount of damages payable by each of the four Defendants in this case according to laws mentioned above.

Quantities of down jackets jointly produced by the four Defendants and of those jointly sold by the Defendant, MEI JOHN CHAO and the Defendant, Haobai Company. Firstly, because Huzhou Administration for Industry and Commerce confiscated 5,300 pieces of down jackets involved on the premise of the Defendant, White Swan Company and no evidence could prove that the Defendant, Boerhao Company and the Defendant, White Swan Company were already paid for processing these 5,300 pieces of down jackets involved, the four Defendants did not earn any profits from jointly producing these 5,300 pieces of down jackets involved. The Defendant, MEI JOHN CHAO did not achieve the sales of these 5,300 pieces of down jackets involved. It can be seen that these 5300 pieces of down jackets involved did not cause any loss to the Plaintiff. Secondly, the outbound orders involved showed that, the Defendant, White Swan Company delivered 8,094 pieces of down jackets to the Defendant, Haobai Company, and the Defendant, Haobai Company had acknowledged in the trial that these 8,094 pieces of down jackets had been shipped according to the instructions given by the Defendant, MEI JOHN CHAO. Therefore, it is reasonable to believe that the four Defendants jointly produced, and the Defendant, MEI JOHN CHAO and the Defendant, Haobai Company jointly sold at least 8,094 pieces of down jackets involved.

Amount of damages that the four Defendants should assume for the joint production of down jackets involved. The court of first instance held that, as there was no evidence to prove the unit profit available as a result of the production of each down jacket involved, it would determine at its own discretion the amount of damages that that the four Defendants should assume for joint production of down jackets involved, depending on the quantity of down jackets jointly produced and sold by the four Defendants, the general unit profit available as a result of processing each down jacket involved by the Defendant, Boerhao Company and the Defendant, White Swan Company, and the reasonable expenses paid by the Plaintiff to have the infringing joint production of down jackets by the four Defendants stopped.

Amount of damages that the Defendants, MEI JOHN CHAO and Haobai Company, should assume for the joint sales of down jackets involved. The Plaintiff provided no evidence to prove the unit profit earned by the Defendant, MEI JOHN CHAO and the Defendant, Haobai Company from each of the down jackets sold and the unit profit gained by the Plaintiff for selling each of commodities bearing registered trademarks involved. However, the profits earned by the Defendant, MEI JOHN CHAO and the Defendant, Haobai Company from selling 8,094 pieces of down jackets had exceeded the upper limit of statutory damages, namely RMB 500,000 yuan, even if it was calculated with the general unit profit from selling commodities of same kind. On this basis, the court of first instance would determine the amount of damages that the Defendant, MEI JOHN CHAO and the Defendant, Haobai Company in excess of the upper limit of statutory damages, namely RMB 500,000 yuan, in due consideration of the subjective fault of the Defendant, MEI JOHN CHAO and the Defendant, Haobai Company in this case, the reputation of the Plaintiff's registered trademarks involved, the nature and facts of infringements by the Defendant, MEI JOHN CHAO and the Defendant, Haobai Company, and the reasonable expenses paid by the Plaintiff in its effort to stop the infringing joint sales of down jackets involved by the Defendant, MEI JOHN CHAO and the Defendant, Haobai Company.

In summary, the Defendant, MEI JOHN CHAO, the Defendant, Haobai Company, the Defendant, Boerhao Company and the Defendant, White Swan Company, jointly producing the down jackets involved without the Plaintiff's permission, had infringed upon the Plaintiff's exclusive rights to use the registered trademarks involved. The Defendant, MEI JOHN CHAO and the Defendant, Haobai Company, jointly selling down jackets involved, had infringed upon the Plaintiff's exclusive rights to use the registered trademarks involved. The Defendant, MEI JOHN CHAO, the Defendant, Haobai Company, the Defendant, Boerhao Company and the Defendant, White Swan Company, and the Defendant, MEI JOHN CHAO and the Defendant, Haobai Company should assume civil liabilities for stopping infringing and for damages respectively for the infringing joint production of down jackets involved and infringing joint sales of down jackets involved. On these grounds, the court of first instance ruled in accordance with Article 52 (1), 52 (2) and 56 of the *Trademark Law of the People's Republic of China*, and Article 13 and 14 of the *Interpretation of the Supreme People's Court Concerning the Application of Laws in the Trial of Cases of Civil Disputes Arising from Trademarks* that I. the Defendant, MEI JOHN CHAO, the Defendant, Haobai Company, the Defendant, Boerhao Company and the Defendant, White Swan Company shall stop the infringement upon the exclusive rights of the Plaintiff, The North Face Apparel Corp to use " ", a registered trademark combining English text and image (No. of trademark registration certificate: 2018929), and "THE NORTH FACE", an English-text registered trademark (No. of trademark registration certificate: 1113227), and " ", an image registered trademark (No. of trademark registration certificate: 2018931); II. the Defendant, MEI JOHN CHAO and the Defendant, Haobai Company shall jointly compensate the Plaintiff, The North Face Apparel Corp RMB 600,000 yuan for its economic losses including reasonable expenses within ten days after this ruling takes effect; III. the Defendant, Boerhao Company and the Defendant, White Swan Company shall jointly compensate the Plaintiff, The North Face Apparel Corp RMB 200,000 yuan for its economic losses including reasonable expenses within ten days after this ruling takes effect; IV. the Defendant, MEI JOHN CHAO and the Defendant, Haobai Company shall jointly and severally bear the liability for damages provided in previous sentence together with the Defendant, Boerhao Company and the Defendant, White Swan Company; and V. the other claims of the Plaintiff, The North Face Apparel Corp are not supported.

The court fee for the case trial in first instance is RMB 18,909 yuan, among which, the Plaintiff, The North Face Apparel Corp shall pay RMB 4,630 yuan, the Defendant, Haobai Company and the Defendant, MEI JOHN CHAO jointly shall bear RMB 10,710 yuan, the Defendant, Boerhao Company RMB 2,499 yuan, and the Defendant, White Swan Company RMB 1,070 yuan. The application fee for property preservation was RMB 972 yuan which shall be paid by the Defendant, MEI JOHN CHAO. The fee for handwriting authentication was RMB 19,000 yuan, among which, the Defendant, MEI JOHN CHAO shall pay RMB 14,000 yuan and the Defendant, Haobai Company shall pay RMB 5,000 yuan.

MEI JOHN CHAO refused to accept the ruling of first instance and appealed to this court requesting to reverse parts of the ruling of first instance related to him and to remand for a retrial or to amend the ruling according to laws. The Appellant, MEI JOHN CHAO filed the appeal primarily for the following reasons: firstly, the court of first instance erred by recognizing MEI JOHN CHAO had committed the infringements jointly with the other three Defendants of first instance. The court of first instance did not found out how the fax copy of the authorization letter dated August 1, 2005 mentioned in this case was produced and there was no evidence to prove such fax copy were sent by MEI JOHN CHAO; the court of first instance convicted MEI JOHN CHAO of joint infringement based on six price tags, among which, four of them did not identify "NORTH FACE" clothes, and only on the top left corner of the other two printed "NORTH FACE" men cotton coats. Secondly, the court of first instance did not find out when, via which person and through which channel, the claimed 8,094 pieces of clothes were shipped to the United States.

The Appellee, The North Face Apparel Corp argued that, the English signature John McGill appearing in the authorization letter involved was the handwriting of the Appellant, MEI JOHN CHAO according to the result of handwriting authentication conducted by IFS. Moreover, Haobai Company and Boerhao Company in the first instance also stated to the court of first instance that the authorization letter involved was provided by the Appellant, MEI JOHN CHAO, which further supported the result of handwriting authentication. According to the authentication result of IFS, the English signature appearing in the list of price tags involved and the note saying that "the size of boys (cotton coats) is a little smaller than that of last year, make it one size larger this time" were the handwriting of MEI JOHN CHAO. This showed that MEI JOHN CHAO did participate in selling the relevant infringing goods. The court was on the ground of adequate facts to determine the quantity of infringing clothes sold. As to the issue claimed by the Appellant, MEI JOHN CHAO that when, via which person and through which channel, the infringing clothes involved in this case were shipped abroad, it was essentially the operations of the Appellant, MEI JOHN CHAO to carry out specific infringing activities, which did not affect the court of first instance to recognize the quantity of infringing clothes sold by him depending on existing evidence. The Appellee, The North Face Apparel Corp held that the court of first instance found facts clearly, applied laws correctly, and thus requested the court of second instance to reject the appeal and uphold the judgment of the court of first instance.

The Defendant in First Instance, Haobai Company argued that, except for its liability for damages payable by it decided in the ruling of first instance, which was a little heavier, the facts based on which the ruling of first instance was made were objective.

The Defendant of first instance, Boerhao Company and the Defendant of first instance, White Swan Company did not respond.

During the trial of second instance, neither parties to the case provided new evidence materials to this court.

After the trial, it was found out that the facts recognized in the ruling of first instance were true.

This court held that according to the authentication result of IFS, the signature of John McGill in the fax copy of the authorization letter involved was the handwriting of the Defendant, MEI JOHN CHAO. Assuming that someone utilized the blank signature of MEI JOHN CHAO or his signature on any other document to prepare a false fax copy, such signature utilized should be "MEI JOHN CHAO" rather than "John McGill". Furthermore, other evidence in this case, including the English signature on the list of price tags for NORTHFACE men cotton coats, NORTHFACE women cotton coats and NORTHFACE boys cotton coats, the note saying that "the size of boys (cotton coats) is a little smaller than that of last year, make it one size larger this time", the *Confirmation Letter* executed by MEI JOHN CHAO and Wu Lei, the legal representative of Haobai Company, and relevant statements made by Haobai Company and Boerhao Company in the proceedings of first instance, verified that the fax copy of the authorization letter involved was sent by MEI JOHN CHAO. As a result, it was not inappropriate for the court of first instance to recognize that MEI JOHN CHAO prepared the authorization letter involved without the permission of The North Face Apparel Corp. The court of first instance recognized the joint infringement of MEI JOHN CHAO on grounds more than six price tags, which also included the fax copy of the authorization letter involved, the handwriting saying "the size of boys (cotton coats) is a little smaller than that of last year, make it one size larger this time" on the outbound orders involved, the *Confirmation Letter* executed by MEI JOHN CHAO and Wu Lei, the legal representative of Haobai Company, and relevant statements made by Haobai Company and Boerhao Company in the proceedings of first instance. The fact claimed by the Appellant, MEI JOHN CHAO that four price tags did not identity "NORTH FACE" clothes could not overturn the recognition of the court of first instance that MEI JOHN CHAO participated in the trademark infringement. The Appellant, MEI JOHN CHAO's reason for appeal that the court of first instance erred by recognizing MEI JOHN CHAO had committed the infringements jointly with the other three Defendants of the first instance could not stand up.

Given that the quantity of down jackets agreed in the *Purchase and Sale Contract of Hangzhou Boerhao Industry & Trade Co.*, *Ltd.* dated August 25, 2008 was 11,000, that in the *Purchase and Sale Contract of HangZhou Boerhao Industry & Trade Co.*, *Ltd.* dated October 13 of the same year 6,600, that of cotton coats specified in the outbound orders involved 10,000, that of down jackets specified in the outbound orders involved 8,094, and that of down jackets hunted down by Luwan Administration for Industry and Commerce 1,080, and that of down jackets confiscated and sealed by Huzhou Administration for Industry and Commerce 5,300, it was not inappropriate for the court of first instance to recognize at least 8,094 down jackets involved were sold in this case. As to the issue claimed by the Appellant, MEI JOHN CHAO that the court of first instance did not find out when, via which person and through which channel these 8,094 down jackets were shipped to the United States, it did not affect the court of first instance to recognize the above fact. The Appellant, MEI JOHN CHAO's corresponding reason for appeal did not stand up.

In conclusion, the Appellant, MEI JOHN CHAO's requests and reasons for appeal had no de facto and legal basis and should be rejected. In accordance with Article 130, 153.1 (1), 157 and 158 of the *Civil Procedure Law of the People's Republic of China*, the court ruled as follows:

The appeal is rejected and the ruling of first instance is upheld.

The court fee for the case trial of second instance is RMB 11,800 yuan, which shall be paid by the Appellant, MEI JOHN CHAO.

This ruling made by the court shall be final.

Chief Judge: Zhang Xiaodu
Acting Judge: Ma Jianfeng
Acting Judge: Li Lan
May 12, 2010
Court Clerk: Dong Erhui

(The civil judgment has been selected into China's 50 Typical Cases on Judicial Protection of Intellectual Property)

14. Swarovski Aktiengesellschaft v. Wang Chenyun, *et al.* Infringement upon Exclusive Right to Use Trademark

——Civil Judgment of Huangpu District People's Court of Shanghai of the People's Republic of China (2009) HUANG-Min-San-(Zhi)-Chu-Zi No. 283

Plaintiff: SWAROVSKI AKTIENGESELLSCHAFT; Domicile: Dröschistrasse 15, FL-9495 Triesen/Liechtenstein.

Legal representative: Rudolf Haugg.

Entrusted agent: Wang Hui, female, Han, born on January 27, 1981, staff member of Kangxin Partners, P. C. Address: Service Center for Scholarly Exchange of the Ministry of Education, No. 15 Xueyuan Road, Haidian District, Beijing.

Entrusted agent: Li Xin, female, Han, born on August 24, 1983, staff member of Kangxin Partners, P. C. Address: No. 94, Weijin Road, Nankai District, Tianjin.

Defendant: Wang Chenyun, male, Han, born on July 21, 1981. Address: Room 205, No. 12, Lane 1072, Zhaixi Road, Luwan District, Shanghai.

Defendant: Shanghai Wangxing Information Technology Co., Ltd. Address: Room 2692, No. 6188, Zhufeng Highway, Liantang Town, Qingpu District, Shanghai.

Legal representative: Wang Chenyun, Executive Director of Shanghai Wangxing Information Technology Co., Ltd.

Entrusted agent of the aforesaid two Defendants: Shang Jiangang, lawyer of Shanghai Diligence Law Firm.

Entrusted agent of the aforesaid two Defendants: Sun Ying, lawyer of Shanghai Diligence Law Firm.

A Case of Dispute over Infringement of the Exclusive Right to Use Trademark between the Plaintiff, SWAROVSKI AKTIENGESELLSCHAFT and the Defendants, Wang Chenyun and Shanghai Wangxing Information Technology Co., Ltd. After accepting the case, the court set up a collegial bench and heard the case in curia. The entrusted agents of the Plaintiff, SWAROVSKI AKTIENGESELLSCHAFT, Wang Hui and Li Xin, and agents co-entrusted by the Defendants, Wang Chenyun and Shanghai Wangxing Information Technology Co., Ltd. (hereafter referred to as "Wangxing Company"), Shang Jiangang and Sun Ying also attended the trial. The trial of this case has been concluded.

The Plaintiff, SWAROVSKI AKTIENGESELLSCHAFT claimed that the Company founded in 1968 with its brand originally created by Mr. Daniel SWAROVSKI in Austria was an entity mainly engaged in manufacturing and distribution of cut crystals, which has become a top cut crystals producer in the world. From 1987 to 2004, the Plaintiff obtained four registered trademarks within validity, namely "SWAROVSKI" (No. 384001), "施华洛世奇 (SWAROVSKI in literal Chinese)" (No. 385013), " " (No. 346372), and " " (3520173) in tandem under the approval of the Trademark Office of the State Administration for Industry and Commerce of the People's Republic of China (hereafter referred to as the "State Trademark Office") The commodities approved to use these trademarks fell into Class 14 of the international classification of goods. The Plaintiff entered the market in Mainland China in the 1980s, and then set up subsidiaries, branches, and offices in quite a number of cities with its own marketing system established. All of its products sold in Mainland China are distributed through franchised stores. Through decades of incessant efforts, the subordinate companies of the Plaintiff have been honored with various awards by Chinese government as well as relevant organizations, and Swarovski was recognized as a quality brand with extreme influence in many countries across the world, China included. The trademarks of Swarovski series have gained great popularity and reputation in the region of Mainland China.

The Defendant, Wang Chenyun is the legal representative of the Defendant, Wangxing Company. The Defendant, Wangxing Company registered a domain name *chinaswarovski. com* on June 21, 2008, and the two Defendants registered 3 domain names *swarovski-shop. cn*, *swarovski8. cn* and *chinaswarovski. cn* on July 16 in the same year. On the 4 websites built on the aforesaid 4 domain names, the two Defendants prominently used the registered trademarks of the Plaintiff in large numbers, publicized and sold crystal products bearing counterfeited registered trademarks of the Plaintiff. These products displayed on the websites actually were not produced by the Plaintiff. In an attempt to reap profits at the expense of the Plaintiff, the two Defendants created an association of the Plaintiff with its products so as to cause confusion and misunderstanding among the relevant public. In this sense, the aforesaid three acts of the Defendants have infringed upon the exclusive right of the Plaintiff to use the registered trademarks. Moreover, the Defendant, Wang Chenyun registered another three domain names separately, namely *itunion. com*, *chinawsw. com* and *wangxing. com* to carry out e-commerce and online business training activities and he was very influential in the e-commerce field. In addition, the aforesaid websites were interlinked. The personal blog of Wang Chenyun *wangchenyun. com* also linked with the website *swarovski8. cn*, on which the infringing products were sold. The great influence brought by these websites has caused huge economic loss to the Plaintiff while the two Defendants reaped huge commercial profit. Hence the Plaintiff filed a lawsuit in the court and requested the court to rule that (1) the two Defendants should immediately cease their acts of infringing the exclusive right of the Plaintiff to use the registered trademark, including the immediate stop to using the domain names: *swarovski-shop. cn*, *swarovski8. cn*, *chinaswarovski. cn* and *chinaswarovski. com*, to using the registered trademarks of the Plaintiff on the websites and selling the commodities infringing the exclusive right of the Plaintiff to use the registered trademarks; (2) the 4 domain names, namely *swarovski-shop. cn*, *swarovski8. cn* and *chinaswarovski. cn* registered by the two Defendants and *chinaswarovski. com* registered by Wangxing Company should be registered and used by the Plaintiff within ten days upon the date on which the ruling takes effect. (3) the two Defendants should publish relevant statements on the *People's Court Daily* (excluding the gutter) and *www. itunion. com*, the homepage of the website of 3-commerce counseling centre of Wang Chenyun once respectively; (4) the two Defendants should jointly compensate RMB 400,000 yuan (all the payment hereinafter should be made in RMB) in total for the economic loss and reasonable expense of the Plaintiff; (5) the two Defendants should bear the litigation costs of the case.

The Defendant, Wang Chenyun alleged that the owner of the aforesaid four domain names was Wangxing Company, and he was only a contact of domain name, who was entrusted by the Defendant, Wangxing Company to be in charge of the domain name registration and the follow-up liaison with the registrar. Moreover, the actual operator of the websites was the Defendant, Wangxing Company, whereas Wang Chenyun did not perform the aforesaid three infringing acts claimed by the Plaintiff. Hence he should not be a Defendant to the case and requested the court to dismiss all the claims of the Plaintiff against the Defendant, Wang Chenyun.

The Defendant, Wangxing Company alleged that (1) although the company registered the aforesaid four domain names, and that there were similarities between the domain names in dispute and the registered trademarks of the Plaintiff, they were registered legally according to domain name registration procedures with relevant fees paid. Hence the use of the four domain names was the indicative use, i. e., the domain names were used to guide the consumers to purchase products rather than using the trademarks on the products or in the services. Such bona fide use was reasonable. (2) All of the aforesaid four domain names were for the same website, shared the same IP address and had exactly the same content on the corresponding web pages except the different layouts of the web pages. The Defendant, Wangxing Company was in charge of the operation and management of the websites, who did not build the websites until the end of 2008 after the domain names were registered. In June 2009 as it stopped using the domain names in dispute and deleted relevant websites, there was no infringement of the trademark right of the Plaintiff; (3) the laws prohibit the acts of marking the registered trademarks on infringing products or manufacturing the counterfeited marks. All information about and introduction to the Swarovski crystal products on the websites came from a merchant on *www. taobao. com*, who DIY the crystal products to sell online. The Defendant, Wangxing Company purchased these DIY products and then sold them on its own websites. In this sense, the acts of reminding of and selling Swarovski crystal products do not constitute infringement of trademark right of the Plaintiff; (4) All of the crystal products sold by the Defendant, Wangxing Company were purchased from a merchant called "心花怒放 jjy (Joyous jjy in literal Chinese)" on *www. taobao. com* through customer orders. As the merchant, one with business integrity under the program of "providing customers with guaranteed service", made the commitment of "100% authentic products sold", the Defendant had a good reason to believe that purchased goods were authentic Swarovski crystal products. It is known that the involved products were made of STRASS bare crystal series delivered from Austria. Given that the company sold the products of the Plaintiff from legitimate sources and there was no misunderstanding, the company should not bear liabilities for tort. (5) As the fundamental facts based on which the two Defendants were accused of joint infringement by the Plaintiff were not established, and the Defendant, Wangxing Company did not perform the acts of infringement, the company should not bear liabilities for compensation.

It is found after the trial that:

I. Facts Related to Ownership of Trademarks for Swarovski Series

On July 30, 1987, Swarovski Aktiengesellschaft registered the trademark "SWAROVSKI" (No. 384001) under the approval of the State Trademark Office for the commodities approved to be used as imitation jewelries in Class 14. The validity of the registered trademark was extended twice to July 29, 2017. On December 14, 2009, the name of the registrant of the trademark was changed to be the Plaintiff. On April 20, 1989, the Plaintiff registered the trademark " " (346372) under the approval of the State Trademark Office for commodities approved to be used as gold and silver jewelry and their imitations in Class 14. The validity of the registered trademark was extended twice to April 19, 2019. On August 30, 1989, the Plaintiff registered the trademark "施华洛世奇" (No. 385013) under the approval of the State Trademark Office for commodities approved to be used in Class 14. The validity of the registered trademark was extended twice to August 29, 2019. On November 7, 2004, Swarovski Aktiengesellschaft registered the trademark " SWAROVSKI 施华洛世奇 " (No. 3520173) under the approval of the State Trademark Office for commodities approved to be used in Class 14. The trademark is valid till Nov. 6, 2014. On December 14, 2009, the name of the trademark registrant was changed to be the Plaintiff.

II. Fact of Great Popularity of Trademarks for Swarovski Series

It was ascertained in the document the *Ruling on the Objection against Trademark of No. 1195227 "SWAROVSKI and Figures"* ((2000) Shang-Biao-Yi-Zi No. 59) issued by the State Trademark Office on February 24, 2000 that " 'SWAROVSKI' was the trade name of the Plaintiff, which was originally created by the Plaintiff and has been used as the enterprise brand of the Plaintiff since 1965". Presently, the Plaintiff's "SWAROVSKI and the swan figure" trademarks have been registered in many countries and regions across the world (China included) for multiple categories of products, especially the artifact made of glass and crystal. The products enjoy great popularity.

It was ascertained in the civil judgment of appeal No. 612/2003-1a issued by Section 15 of the Barcelona Provincial Court in Spain on May 20, 2005 that SWAROVSKI was a top company of engraved crystal products and crystal jewel. The company was not only popular in the industry, but also based in Spain for quite a long time. Its elegant swan pattern was very distinctive.

It was also ascertained in the Civil Judgment ((2008) Gao-Min-Zhong-Zi No. 1376) issued by the Higher People's Court of Beijing Municipality that there was nothing inappropriate in the determination made in the first instance that "SWAROVSKI" trademark No. 384001 and "施华洛世奇 (Swarovski in literal Chinese)" trademark No. 385013 of SWAROVSKI AKTIENGE-

SELLSCHAFT were well-known trademarks.

It was ascertained by the opinion of the expert panel in the verdict of the administrative expert panel at Beijing Secretariat of Asian Domain Name Dispute Resolution Centre (Case No. : CN 080200) issued on July 18, 2008 that the Plaintiff enjoyed exclusive right to use the trademark "SWAROVSKI" and was ascertained to enjoy great popularity in China by the State Trademark Office.

It was ascertained by the opinions of the expert panel of China International Economic and Trade Arbitration Commission Online Dispute Resolution Center ((2009) Zhong-Guo-Mao-Zhong-Wu-Cai-Zi NO. 0002) issued on April 23, 2009 that the trademark composed of the Chinese characters "施华洛世奇" with the right enjoyed by SWAROVSKI AKTIENGESELLSCHAFT enjoyed extremely high popularity.

III. Facts Relevant to the Alleged Infringement Acts of The Two Defendants

The Defendant, Wangxing Company was established on July 18, 2001, whose approved business scope covers technology development, technology transfer, technology consulting and technology services (four technology services of IT field), computer network engineering service and business information consulting service, etc. The company is a limited liability company (domestic joint venture). The Defendant, Wang Chenyun is the legal representative and shareholder of the Defendant, Wangxing Company.

In response to the application of Kangxin Partners, P. C. (hereafter referred to Kangxin Partners) for evidence preservation, Beijing Guoxin Notary Public Office dispatched notaries on April 30, 2009 with the agent from Kangxin Partners to carry out the following operations on the Local Area Network in the Notary Public Office: Check the connection between computer, network and printer, access the Internet, input *http: // www. swarovski-shop. cn/* in the browser's address bar and then enter the homepage of "Swarovski Crystal Franchise Website". Marked on the top of the webpage were the combination of "Swarovski, 施华洛世奇 and starfish shape", the combination of "Swarovski Hearts" with numerous heart-shaped figures, and the combination of " " with "Swarovski". Below were columns of "Recommended Articles" and "New Arrivals". On the left were 28 classified columns of "施华洛世奇" crystal products. Then, the agent input the website *http: // www. swarovski8. cn/* and entered the homepage of "Swarovski Franchise Website". Marked on the top of the webpage were the combination of "Swarovski, 施华洛世奇专卖网" with starfish shapes, combination of "Swarovski Hearts" with multiple heart-shaped figures, and combination of " " with "Swarovski". Below were columns of "New Arrivals" and "Recommended Articles". On the left were columns of "Article Classification" "Sales Ranking" and "Special Offers". Next, after inputting the website *http: // www. chinaswarovski. cn /*, the agent entered the homepage of "Swarovski Franchise Website". The content of the webpage was substantially the same as that of the homepage shown by inputting the website *http: // www. swarovski8. cn/*. The agent input the website *http: // www. chi-*

naswarovski. com / and entered the webpage, on which there were combination of "Swarovski Hearts" with many heart-shaped figures, combination of " " with "Swarovski", and combination of "STRASS", "Swarovski Crystal" with trapezoid figures. Below the combinations were columns of "Recommended Articles" and "New Arrivals". On the left were columns of "Article Classification" and "Sales Ranking". On all of the homepages of the aforesaid four websites, there was such information as pictures, names and prices of crystal products. Each article was crowned with the wording "施华洛世奇水晶" (Swarovski crystal). Upon the input of *http: // www. cnnic. net/* and entry of the website of China Internet Network Information Center, the agent clicked the "Inquiry" under the "WHOIS" query field to enter the webpage "WHOIS 查询 (Query in literal Chinese)", then input successively "*swarovski-shop. cn*", "*swarovski8. cn*" and "*chinaswarovski. cn*" in the "Query" field and clicked "Inquiry" to enter the web pages of query result showing that the contact of the aforesaid three domain names were the Defendant, Wang Chenyun.

In response to the application of Kangxin Partners for evidence preservation, Beijing Guoxin Notary Public Office dispatched notaries on April 21, 2009 to supervise agents of Kangxin Partners to carry out the following operations on the Local Area Network in the Notary Public Office: check the connection between computer, network and printer, access the Internet, input *http: // www. swarovski-shop. cn/* in the browser's address bar and then enter the homepage of "Swarovski Crystal Franchise Website". On the homepage, click "Swarovski Luxury Items (under 39mm)" below the column "Article Classification". After entering the webpage, click the picture of the first item on the left in the second row and enter the webpage of "Swarovski 28mm Golden Shadow Shell Crystal Pendant" showing "Market price: RMB 523 yuan; Your price: RMB 288 yuan". Then the agent clicked successively "Add to Cart" and "Next" to enter the webpage "User Login". On the page, the agent input username and password, click "Log in" to enter "Member Management Center". On this webpage, the agent clicked successively "Cart" and "Next" to enter the webpage of "Filling out the Purchase Order". On the page, the agent input relevant content and clicked "Submission of Purchase Order". Then the generated order No. was 109042111023507, the total amount of the order wan RMB 313 yuan, and 50 points were granted.

After the aforesaid online ordering operation was finished, the notaries conducted on-site supervision on the same day over the act of remitting RMB 313 yuan to the account confirmed in the aforesaid online ordering in Beihuan (North Ring) Sub-branch of China Construction Bank Corporation Limited Beijing Branch conducted by the agent of Kangxin Partners. On April 30, 2009, the notaries conducted on-site supervision over the act of receiving the ordered "Swarovski 28MM Golden Shadow Shell Crystal Pendant" (Order No.: 109042111023507) conducted by the agent of Kangxin Partners at Suite A, Yingdu Mansion, NO. 48 A, Zhichun Road, Haidian District, Beijing, took photos and sealed them up for safekeeping on the site.

As was certified by the notarial deed ((2009) Jing-Guo-Xin-Nei-Min-Zheng-Zi No. 05234) provided by the Plaintiff, the following operations were conducted: access the Internet, input *http: //www. itunion. com/* in the browser's address bar, enter the homepage "Wang Chenyun's Online Training Centre", click "Personal Information", then click "Introduction to Subordinate Websites" at the bottom of the page to enter the webpage. Next click "Wang Chenyun's Blog" to enter the blog. It was found, however, after entering the blog that there was not any introduction or guidance to relevant infringing websites or products. Thirty-eight websites were shown in the links on the webpage. Click "施华洛世奇水晶" (Swarovski crystal in literal Chinese) to access the website *swarovski8. cn*. The content of the webpage was substantially similar to that shown when Beijing Guoxin Notary Public Office entered the webpage for evidence preservation on April 30, 2009.

It was proved on April 19, 2010 by the printed electronic domain name certificate that the full name of the registrant or the registrant organization of the three domain names ending with "cn" was the Defendant, Wangxing Company, and the full name of the domain name ending with "com" was also the Defendant, Wangxing Company. The registration date was June 21, 2008, and the expiration date was June 21, 2011.

On March 11, 2010, the Defendant, Wangxing Company entrusted Fujian Zhongzheng Judicial Identification Center to fix the evidence, which involved the host IP address of the 4 involved websites, domain name registration information, transaction information on *www. taobao. com*, and the content on the linked web pages. On the 22nd of the same month, the center issued a written inspection report ([2010] Shu-Jian-Zi No. 22 (1)). The inspection result were (1) the host IP addresses of all the 4 involved websites were the same one, namely "96. 0. 30. 1"; (2) the registrants of the three involved domain names ending with "cn" were the same person Li Li, and the Registrant of the involved domain name ending with "com" was the Defendant Wangxing Company; (3) as for "Swarovski 28mm Golden Shadow Shell C Crystal Pendant" purchased by A user whose account name was "jinbeibei0603" at 13: 39 on April 21, 2009, the Order No. was "1732245979" on *www. taobao. com* and Alipay Transaction No. was "2009042134718205"; (4) the evidence of the web page content of 18 website links provided by the network access inspection party was fixed.

After verification of the fixed web page content of the aforesaid 18 website links together with the acknowledgement made by the Plaintiff, it was proved that from February 10 to June 6 of 2009, a Taobao user whose account name was "jinbeibei0603" (a staff member of the Defendant, Wangxing Company) successively purchased 22 pieces of various kinds of Swarovski crystal products from a seller on *www. taobao. com*, "心花怒放 jjy" at the buying price RMB 2,115 yuan. From February 10 to June 6 of 2009, the Defendant, Wangxing Company successively sold 22 pieces of various kinds of Swarovski crystal products on the websites corresponding to the four domain names at the selling price of RMB 6,145 yuan. At 11: 02 am on April 21, 2009, a purchaser named "李波" (Li Bo) and the recipient named "王丽萍" (Wang Liping) purchased 1 piece of "Swarovski 28mm Golden Shadow Shell Crystal Pendant" at the price of RMB 288 yuan. At 13: 39 on April 21, 2009, a user whose account name on *www. taobao. com* was "jinbeibei0603" purchased 1 piece of "Swarovski 28mm Golden Shadow Shell C Crystal Pendant" from a seller named "心花怒放 jjy" at the price of RMB 46 yuan.

On May 19, 2010, the Plaintiff issued a judicial expert report to authenticate whether the "Swarovski 28mm Golden Shadow Shell Crystal Pendant" purchased under supervision of notaries were brand products produced and sold by the Plaintiff. The conclusion is that the company of the Plaintiff does not have necklace products whose design is the same as that of the alleged infringing commodities, and the packaging and necklace products of the alleged infringing are not those of the Swarovski brand produced and sold by the Plaintiff. Firstly, the packaging of the Swarovski brand products has two layers. The outer layer is a dark-blue casket with bidirectional opening. On the front of the casket is printed registered trademarks " " and "SWAROVSKI" of the company of the Plaintiff. At one side of the opening of the casket has a white label, on which is marked product model and bar code. At the bottom of the casket is a transparent label, on which is labeled product name, place of origin, agent name, address and telephone. The inner layer is a flip-open casket, whose inner layer is covered with dark-blue velvet. On both the inside and outside of the casket is printed the registered trademarks " " and "SWAROVSKI" of the company of the Plaintiff. The packaging features exquisite printing and clear line. In comparison, the packaging of the alleged infringing commodities is only one-layered without outer packaging box. It has only a flip-open packaging box. The printing of the identifiers on the surface of and inside the casket was rough. The line of pictorial trade mark was obscure. Besides, such information as product name, product model, bar code, place of origin, agent name, address and telephone was not printed on the casket. Secondly, on all Swarovski brand products there is a dark-blue plastic label, the background color of the front side is dark-blue. On the label, there are protruded " " and "SWAROVSKI". The back side of the label is white, on which is marked product model and bar code. On all the products is hung a swan-shaped pendant with exquisite workmanship, whose back is engraved on " ". The " " identifier is also engraved on the hook of the products. On the alleged infringing commodities, there are no labels attached. The swan-shaped hooks are in rough work and there is no " " on the back. The material used for the string features inferior quality and shoddy workmanship. Besides, there is no " " on the hook. In addition, there are associated mark of " " and "SWAROVSKI" inside and outside of the packaging box of the alleged infringing commodities.

The court has also found out that between May and July in 2010, the court sent the letter of confirmation respectively to China Internet Network Information Center (CNNIC), Xiamen eName Network Technology Co, Ltd. and Xiamen 35.COM Technology Co., Ltd., asking their assistance in investigating the owner, contact person and expiration date the four involved domain names and information concerning their change. On May 20, 2010, China Internet Network Information Center (CNNIC) replied the letter and confirmed the following. The domain names, *chinaswarovski. cn* and *swarovski8. cn*, were both registered on July 16, 2008. The names of their registrant and registrant organization were respectively Wang Chenyun and Wangxing Company. On March 7, 2010, the name of the registrant of the aforesaid 2 domain names was changed into Li Li, an outsider not involved in this case, whereas the name of the registrant organization was not changed. The domain *name*, *swarovski-shop. cn*, was registered on March 13, 2007. The names of the registrant and the registrant organization were Zhang Qinghua and Litu Computer Technology Co. ,Ltd. in Yunfu City of Guangdong Province respectively. On July 16, 2008, the names of the registrant and the registrant organization were changed into Wangxing Company. On March 7, 2010, the name of the registrant was changed into Li Li. The names of registrants for the aforesaid three domain names were the contact persons of the domain names, and those of the registrant organizations were domain name owners. The expiration date of all 3 domain names was July 16, 2010. On August 30, 2010, Xiamen 35. COM Technology Co. ,Ltd. replied the letter and confirmed that the domain name *chinaswarovski. com* was registered on June 21, 2008, and the names of the registrant, manager, technician, and payer were the same - the Defendant Wang Chenyun. From the date of registration to February 8, 2010, information about the domain name owner and contact person was unchanged. On June 20, 2010, Xiamen eName Network Technology Co. ,Ltd. replied the letter and confirmed that both the registrant and contact person of the domain name *chinaswarovski. com* were the Defendant, Wangxing Company. The management of the domain name was transferred to Wangxing Company on February 8, 2010. Since then there has not been change in registration information. The expiration date of expiration of domain name was June 21, 2011. Given that the three domain names ending with "cn' expired on July 16, 2010, Swarovski (Shanghai) Trading Co. ,Ltd. , the affiliated company of the Plaintiff, registered the aforesaid 3 domain names on September 25 in the same year. During the trial, the Plaintiff changed its first claim into requesting the court to order the two Defendants should immediately cease their act of infringing the exclusive right to use the registered trademarks of the Plaintiff, which specifically include the immediate stop to use the domain name *chinaswarovski. com*, to use the registered trademarks of the Plaintiff "SWAROVSKI" (No. 384001), "施华洛世奇" (No. 385013), "" (No. 346372), and "SWAROVSKI 施华洛世奇" (No. 3520173), and to sell commodities infringing the exclusive right of the Plaintiff to use these four registered trademarks. The Plaintiff changed its second claim into requesting to order that the domain name *chinaswarovski. com* registered by the Defendant, Wangxing Company shall be registered and used by the Plaintiff within ten (10) days from the date on which the ruling takes effect.

During the trial, the Defendant, Wangxing Company admitted that the real operator of the corresponding websites established by using the four involved domain names was the Defendant, Wangxing Company while the online ordering, online distribution and collection were operated by employees of the company. The domain name with the suffix "com" was registered by the

Defendant, Wang Chenyun for the company, to which the domain name has been transferred. The company expressed on November 3, 2010 in writing that it was willing to be bound by the ruling of the people's court with regard to transfer of the domain name to Wangxing Company. The Plaintiff confirmed that from April 2010 the Defendant, Wangxing Company stopped using the four involved domain names and closed the websites corresponding to the aforesaid domain names, stopped using the registered trademarks of the Plaintiff, and stopped selling the involved commodities.

The Plaintiff paid RMB 3,000 yuan, RMB 1,000 yuan and RMB 1,000 yuan respectively for notarial deeds (2009) Jing-Guo-Xin-Nei-Min-Zheng-Zi No. 04619, No. 04620 and No. 05234, and paid RMB 315 yuan for the infringing products purchased.

The findings of the facts were based on the four registered trademarks, namely "SWAROVSKI" (No. 384001), "施华洛世奇" (No. 385013), " " (No. 346372) and " " (No. 3520173), three certificates on approval of registration extension, two copies of certificates on change of registered trademarks, *Ruling on the Objection against Trademark of No.* 1195227 "*SWAROVSKI and Figures*" ((2000) Shang-Biao-Yi-Zi No. 59) issued by the State Trademark Office, No. 612/2003-1a written judgment issued by Court of Appeal Barcelona in Spain, Civil Judgment ((2008) Gao-Min-Zhong-Zi No. 1376) issued by the Higher People's Court of Beijing Municipality, the verdict made the administrative expert panel at Beijing Secretariat of Asian Domain Name Dispute Resolution Centre (Case No.: CN 080200), Award of China International Economic and Trade Arbitration Commission Online Dispute Resolution Center ((2009) Zhong-Guo-Mao-Zhong-Wu-Cai-Zi NO. 2), archived machine-readable materials of the Defendant, Wangxing Company; notarial deeds ((2009) Jing-Guo-Xin-Nei-Min-Zheng-Zi No. 04619, No. 04620, and No. 05234) issued by Beijing Guoxin Notary Public Office, judicial expert report issued by the company of the Plaintiff, three invoices of notarial fees, deposit slip and voucher of operational charge of China Construction Bank, and printout of the webpage of the Whois search result on October 31, 2010 provided by the Plaintiff, Corporate Business License (Duplicate), Certificate of Identity of Legal Representative, four certificates of electronic domain name registration, written inspection report ((2010) Shu-Jian-Zi No. 22 (1)) issued by Fujian Zhongzheng Judicial Identification Center, and Letter of Commitment by Wangxing Company on November 3, 2010 provided by the Defendant, replies and job logging from China Internet Network Information Center (CNNIC), Xiamen eName Network Technology Co, Ltd., and Xiamen 35. COM Technology Co., Ltd., and statement of the Plaintiff and the Defendant obtained by the court via investigation.

In view of the claims of both parties and facts found by the court, the court held that the focuses of dispute in this case were:

I. Whether the Registered Trademarks of The Plaintiff Enjoy Great Popularity and Were Used Earlier

The court held that SWAROVSKI, whose translated name in Chinese was "施华洛世奇", originated from the family name of its founder—Mr. Daniel Swarovski. The main business of the company covered production and distribution of crystal products. From 1987 to 2004, the trademarks, “SWAROVSKI” (No. 384001), “施华洛世奇” (No. 385013), “ ” (No. 346372), and “SWAROVSKI 施华洛世奇” (3520173) registered by the Plaintiff and approved by the State Trademark Office were legitimate and valid. The exclusive right to use the aforesaid registered trademarks enjoyed by the Plaintiff was protected by the *Trademark Law of the P. R. C.* From 2000 to 2009, there were records of the registered trademarks of the company of the Plaintiff being protected by judicial and arbitration organs and other organs. Particularly it was ascertained in the civil judgment of the Higher People's Court of Beijing Municipality in 2009 that the trademarks “SWAROVSKI” (No. 384001) and “施华洛世奇” (No. 385013) were well-known trademarks. Hence the products produced and sold by the Plaintiff enjoy great reputation in China and even the world at large, and are widely known by consumers. As for the two Defendants, they did not register the words similar to the registered trademarks of the Plaintiff as domain names until June and July, 2008, thus the registration and use of the trademarks for Swarovski series by the Plaintiff is obviously earlier than that by the Defendants. In summary of the aforesaid evidence, the court held that the aforesaid four registered trademarks owned by the Plaintiff were known to the relevant public, had great popularity and reputation, and they were registered and used earlier by the Plaintiff.

II. Whether the Two Defendants Performed the Acts of Infringing the Exclusive Right of the Plaintiff to Use the Registered Trademarks

(I) Whether the two Defendants' acts of registration and use of the domain names constituted infringement

1. Whether the Defendant, Wangxing Company had malicious intent or not.

The Defendant, Wangxing Company registered three domain names, *chinaswarovski. cn*, *swarovski8. cn* and *swarovski-shop. cn* on July 16, 2008. The Defendant, Wang Chenyun registered the domain name *chinaswarovski. com* On June 21, 2008, which was later obtained by the Defendant, Wangxing Company on February 8, 2010 through transfer. By comparison, the main parts of the four domain names in dispute were completely consistent with the registered trademarks of the Plaintiff. The only difference was that the two Defendants added a prefix “china” or the postfix “-shop” or “8” to the trademark “SWAROVSKI” of the Plaintiff. Afterwards, the Defendant, Wangxing Company used the four domain names in dispute to establish four websites with similar content, and sold so-called Swarovski brand commodities on the websites. The Defendant, Wang Chenyun argued that though he once registered a domain name with the suffix “com”, he did so only because of the entrustment by the Defendant, Wangxing Company, who had also admitted that the act of using the domain names to establish relevant websites for business operation was corporate conduct. For the reason that the Defendant, Wang Chenyun did not use the domain name for personal commercial purposes, that Wang Chenyun has transferred the domain name to Wangxing Company, and that the Defendant, Wangxing Company has also agreed in writing to be bound by the ruling of the people's court, it can be determined that the Defendant, Wangxing Company registered and used the four domain names in dispute. The Defendant, Wangxing Company supposedly knew that the registered trademarks of the Plaintiff had great popularity in the market when registering the domain names. Despite that, Wangxing Company still used the aforesaid domain names for commercial purposes to establish corresponding websites for online business operation, which demonstrated the intention to take advantage of the popularity of the registered trademarks of the Plaintiff to cause confusion and misunderstanding among relevant consumers, induce users to visit its websites and buy relevant products so that the company could gain economic benefits. In this sense, the Defendant, Wangxing Company had malicious intent in registering and using the domain names in dispute.

2. The Defendant, Wangxing Company's acts of registering and using the domain names for e-commerce constituted infringement

Firstly, the exclusive right of the Plaintiff to use the registered trademarks for Swarovski series is legitimate and valid and shall be protected by law. Secondly, the domain names registered and used by the Defendant, Wangxing Company, are similar to the registered trademarks of the Plaintiff, which is likely to cause the relevant public to misunderstand or believe that there are specific connections between the source of the Wangxing Company's products and the products on which the registered trademarks of the Plaintiff are used. Thirdly, the Defendant, Wangxing Company failed to produce evidence to prove that it may enjoy the existing prior rights or other rights and interests with regard to the domain names in dispute, nor did it elaborate just causes for registering and using the domain names in issue. Fourthly, the Defendant, Wangxing Company had malicious intent in registering and using the domain names in dispute. According to the argument of the Defendant, Wangxing Company, the four domain names point to the same IP address and thus should be determined as one website. But the court did not accept the aforesaid claim of the Defendant, Wangxing Company for the reason that if one inputs four different domain names on the computer and will be able to enter four corresponding websites, all these websites publicize Swarovski crystal products, and each has conditions for selling commodities independently. In this way, the court did not ascertain that the company used only one of the domain names since their websites shared similar content or they corresponded to the same IP address. It is ascertained that the Defendant, Wangxing Company, used four domain names to establish four websites. In summary, the acts of Wangxing Company's registration and use of the four domain names similar to the registered trademarks of the Plaintiff have constituted infringement.

According to Article 1 (c) of the *Interpretation of the Supreme People's Court Concerning the Application of Laws in the Trial of Cases of Civil Disputes Arising from Trademarks*, registering the words or characters identical or similar to the registered trademark of another person as a domain name and engaging in the electronic commerce of relevant commodities via the domain name so that the relevant general public are liable to be misled shall be an act of causing other damages to the registered trademark of other people as provided in the *Trademark Law of PRC*. In this case, the Defendant, Wangxing Company registered domain names with the words and characters similar to the registered trademarks of the Plaintiff, established four websites sharing the similar contents via the domain names, engaged in the electronic commerce of relevant crystal products, and publicized that the commodities on sale were Swarovski crystal products. However, the company failed to provide evidence to justify the legal source of its products. The aforesaid act of the Defendant was highly probable to mislead relevant public, fell into the category that causes other damages to the registered trademark of other people and constituted infringement of the exclusive right of the Plaintiff to use the registered trademarks.

(II) Whether the acts of the Defendant, Wangxing Company's use of the registered trademarks of the Plaintiff constituted infringement

The court held that the use of trademarks included the use of trademarks on commodities, commodity packaging or vessels, in instruments about commodity transaction, or for advertisement, publicity, exhibitions and other commercial activities. As is stipulated by the *Trademark Law of the People's Republic of China*, using a trademark identical with or similar to the registered trademark on the same kind of commodities or similar commodities without a license from the registrant of that trademark shall be an infringement upon the right to exclusive use of a registered trademark. Without permission of the Plaintiff, the Defendant, Wangxing Company used and highlighted "SWAROVSKI", "施华洛世奇" and the associated trademark of " " and "Swarovski" of the Plaintiff when the company sold the so-called Swarovski crystal products on the four websites corresponding to the four domain names. The acts have constituted the infringement of the registered trademarks of the Plaintiff. Though the Internet is a virtual space, the online store in essence moves physical the stores to the Internet. Just like a physical store, online store is also able to sell commodities. The acts of the Defendant, Wangxing Company, publicized its commodities undoubtedly by using highlighted registered trademarks of the Plaintiff to solicit and attract customers, and misled consumers to buy the products crowned with the brand of Swarovski. Such acts have violated the aforesaid laws. As stipulated by the *Regulations for the Implementation of the Trademark Law of the People's Republic of China*, using on identical or similar commodities or using a sign which is identical or similar to the registered trademark of other people as the name of commodity or as the decoration of commodity so that the general public are misled, such acts shall be an act of infringing upon the exclusive right to use a registered trademark. Without authorization or permit of the Plaintiff, the Defendant, Wangxing Company, crowned the commodities it sold on the four websites corresponding to the four domain names with Swarovski crystal products, which was an act of using words and characters identical with the Plaintiff's registered trademarks as the name of the commodities of the Defendant. The inside and outside of the packaging box of the "Swarovski 28mm Golden Shadow Shell Crystal Pendant" purchased under supervision of notaries had the associated trademarks of " " and "Swarovski". The upper of the principal part of the product was also the iconic " " of the Plaintiff, which constituted an act of using the registered trademark of the Plaintiff for decoration of the commodities. As the aforesaid acts of using the registered trademarks of the Plaintiff were very probable to mislead relevant public, they constituted an infringement of the exclusive right of the Plaintiff to use the registered trademarks. Given that Defendant, Wangxing Company, argued that all the content on its websites came from *www. taobao. com*, and its act of publicizing the commodities of the Plaintiff and using the trademarks of the Plaintiff did not constitute infringement, the court did not accept such claim as it was obviously an act of infringing the exclusive right of the Plaintiff to use trademarks. Firstly, Wangxing Company failed to produce evidence to prove the legitimate source of its products sold online. Secondly, the purpose of the company's publicity was to sell commodities, and the company used the trademarks for commercial purposes without permission of the Plaintiff or satisfying the statutory exemption conditions.

(III) Whether the Defendant, Wangxing Company, sold commodities that had infringed the exclusive right of the Plaintiff to use the registered trademarks

The court held that to judge whether the Defendant, Wangxing Company, sold commodities which had infringed the exclusive right of the Plaintiff to use registered trademarks was to judge whether the products purchased under supervision of notaries were infringing products, and who sold them. It is found through investigation that firstly, the inside and outside of packaging box together with the principal part of the product had such trademark symbols like " " and "Swarovski" of the Plaintiff. As the registrant of the aforesaid registered trademarks, the Plaintiff is entitled to authenticate the product manufactured by Wangxing Company. The court held after the authentication that the Plaintiff had never produced or sold the necklace products and the aforesaid products were the ones bearing counterfeited registered trademark of the Plaintiff. Moreover, the Defendant failed to prove the legitimate source of its products, nor did it provide any disproof. Hence the court decided that the alleged infringing product was a product bearing counterfeited registered trademarks of the Plaintiff. Secondly, the Plaintiff purchased the infringing product on the website whose corresponding domain name was *swarovski-shop. cn* under the supervision of notaries. Because the website was managed by the Defendant, Wangxing Company, it could be decided that the selling act was conducted by the Defendant, Wangxing Company. During the trail, the Defendant, Wangxing Company, also admitted that from February 10, 2009 to June 6 in the same year, it successively sold 22 pieces of different kinds of Swarovski crystal products through the websites corresponding to the four domain names at a total price of RMB 6,145 yuan. In summary, the court decided that the Defendant, Wangxing Company, sold the commodities which had infringed the exclusive right of the Plaintiff to use the registered trademarks and performed acts of infringing the exclusive right of the Plaintiff to use such registered trademarks.

III. Whether the Two Defendants Should Assume Liabilities for Tort

(I) Whether the Defendant, Wang Chenyun, should assume liabilities for tort

During the trial, the domain name with the suffix "com" held by the Defendant, Wang Chenyun, was transferred to the Defendant, Wangxing Company, who agreed in writing to accept the ruling of the people's court. Hence the act of transfer was established. However, the court did not accept the claim of the Plaintiff that the two Defendants jointly performed the infringement acts, because (1) the Defendant, Wang Chenyun, was neither the actual owner of the four domain names in dispute, nor the actual operator of the involved websites; (2) the Plaintiff failed to produce any evidence to prove, as far as the three infringement acts charged by the Plaintiff were concerned, the commonality of subjective intention of the two Defendants, collaborative feature of the tortious action, and uniformity of damages caused by the two Defendants. The Plaintiff held that the Defendant, Wang Chenyun, separately registered another three domain names with the suffix "com" under his personal name to carry out activities of e-commerce and e-business training, the aforesaid websites were interlinked, and the personal blog of Wang Chenyun was linked with the infringing website *www. swarovski8. cn* to sell infringing products. As for these claims of the Plaintiff, the court was unable to determine that the Defendant, Wang Chenyun, jointly performed the infringement acts as (1) the claims were taken by the Plaintiff as only the basis for claims for compensation instead of infringement acts; (2) there was no introduction or guidance to relevant infringing websites or infringing products on the personal blog of Wang Chenyun, and the links were only ordinary links; (3) during the trial, the Defendant, Wangxing Company, closed the four websites corresponding to the four domain names. At present, the Plaintiff has requested the Defendant to bear the civil liabilities to stop infringing, eliminate adverse effect and compensate for the loss. In this sense, the court did not support aforesaid claims.

(II) Whether the Defendant, Wangxing Company, should assume liabilities for tort

The Defendant, Wangxing Company, registered words and characters similar to the registered trademarks of the Plaintiff as four domain names and established four websites via the four domain names. Besides, without permission of the Plaintiff, the Defendant used and highlighted the registered trademarks of the Plaintiff on its websites and sold commodities which had infringed the exclusive right of the Plaintiff to use the registered trademarks. The acts of the Defendant have violated law and infringed the exclusive right of the Plaintiff to use the registered trademarks. But according to the *Trademark Law of the People's Republic of China*, if goods infringing the right to exclusively use a registered trademark are sold without knowledge of such infringement, and the seller is able to prove that the goods are legally acquired and provide the supplier, the seller will not bear any liability for compensation. In this case, the products sold by the Defendant, Wangxing Company, were crystal products similar to those of the Plaintiff in the first place. As the trademarks for Swarovski series owned by the Plaintiff have high popularity and great brand value in China, the selling prices of its crystal products are also quite high. According to the statement of the Defendant, Wangxing Company, the purchasing price of the involved product bought under supervision of notaries was only RMB 46 yuan. Based on common sense and experience, as a professional retailer of crystal products, the Defendant, Wangxing Company, supposedly knew that the commodities the company purchased from *www. taobao. com* at such a low price were not products of the Plaintiff. Secondly, as a professional retailer of crystal products, the Defendant, Wangxing Company, had full capability to and was obliged to examine the source of the commodities to be sold. For example, the company may ask the supplier to provide trademark right certificate or trademark licensing certificate, other documents and inventory certificate in next step. But the Defendant, Wangxing Company, stated at court that despite that the company knew perfectly well that some merchants on *www. taobao. com* DIY crystal products and sold them online, the company purchased and sold them on its own websites. Obviously the Defendant, Wangxing Company, did not fulfill its obligation of due care, nor did it provide any evidence to prove the legitimate source of its commodities. Hence the Defendant, Wangxing Company, cannot be exempted from liabilities by law for its subjective fault and objective acts of infringing the trademark right of the Plaintiff. To sum up, the Defendant, Wangxing Company, shall assume the civil liability to stop the infringement, eliminate adverse effects and compensate for the loss. Now the Plaintiff requests the court to, as far as the domain name with suffix "com" is concerned, rule that the Defendant, Wangxing Company, should immediately stop its acts of infringing the exclusive right of the Plaintiff to use the registered trademarks. The request may be approved according to law. As the affiliated company of the Plaintiff, Swarovski (Shanghai) Trading Co., Ltd., had registered the three domain names with the suffix "cn" on September 25, 2010, now the claim of the Plaintiff for change is to request that the domain name *chinaswarovski. com* registered by the Defendant, Wangxing Company, should be registered and used by the Plaintiff. In accordance with relevant provisions in the *Interpretation of the Supreme People's Court on Application of Laws in the Trial of Civil Disputes Over Domain Names of Computer Network*, the request may be approved by law. As for the claim of the Plaintiff that the Defendant, Wangxing Company, should publish statement on the *People's Court Daily* (excluding the gutter) to eliminate adverse effects, the court may approve by law because the requested scope of effect elimination corresponds to the scope of influence of the infringement act. Given that the Plaintiff failed to produce any evidence to prove the loss it suffered due to the infringement or the interests gained by the Defendant from the infringement, the court will determine the amount of compensation based on such factors as the popularity of the registered trademarks of the Plaintiff, the degree of subjective fault of the Defendant, the circumstances of the infringement acts, the damage arising from infringement, selling price of the infringing products, and the sales quantity and sale price admitted by the Defendant. Reasonable expenditure on the cease of the infringement acts claimed by the Plaintiff included notarial feesRMB 7,000 yuan, expense on purchasing the product for notarization RMB 315 yuan, and traveling expense RMB 6,455.50 yuan. Though the two Defendants raised an objection to the relevance of the expenditure, the court still supported the reasonable part by law. On these grounds, in accordance with Article 134 of *General Principles of the Civil Law of the People's Republic of China*, Article 52 (1), (2), and Article 56 of the *Trademark Law of the People's Republic of China*, Article 3 and Article 50 (1) of *Regulations for the Implementation of the Trademark Law of the People's Republic of China*, Article 1 (3), Article 16. 1, and Article 16. 2 of the *Interpretation of the Supreme People's Court Concerning the Application of Laws in the Trial of Cases of Civil Disputes Arising from Trademarks*, Article 4, Article 5 (1) (b), Article 7 and Article 8 of the *Interpretation of the Supreme People's Court on Application of Laws in the Trial of Civil Disputes Over Domain Names of Computer Network*, the court hereby rules that:

(1) The Defendant, Shanghai Wangxing Information Technology Co., Ltd., shall immediately cease to use the domain name *chinaswarovski.com*, to use the registered trademarks, “SWAROVSKI” (No. 384001), “施华洛世奇” (No. 385013), “ ” (No. 346372) and “ ” (No. 3520173) and to sell the commodities which have infringed the exclusive right of the Plaintiff to use the aforesaid four registered trademarks.

(2) The domain name *chinaswarovski.com* registered by the Defendant, Shanghai Wangxing Information Technology Co., Ltd., shall be registered and used by the Plaintiff, SWAROVSKI AKTIENGESELLSCHAFT, within thirty days from the date on which the ruling takes effect.

(3) The Defendant, Shanghai Wangxing Information Technology Co., Ltd., shall publish a statement (the content shall be examined and approved by the court) once on *People's Court Daily* (excluding the gutter) within thirty days from the date on which the ruling takes effect to eliminate the adverse effect.

(4) The Defendant, Shanghai Wangxing Information Technology Co., Ltd., shall compensate a total amount of RMB 98,000 yuan for the economic loss suffered by SWAROVSKI AKTIENGESELLSCHAFT, including the reasonable expenses.

(5) The other claims of the Plaintiff, SWAROVSKI AKTIENGESELLSCHAFT, are not supported.

Should the Defendant, Shanghai Wangxing Information Technology Co., Ltd., fail to perform the obligation of payment within the period appointed in the ruling, the Defendant shall pay double interest on the debt for the belated payment pursuant to Article 229 of the *Civil Procedure Law of the People's Republic of China*.

With regard to the court fee RMB 7,300 yuan (which has been prepaid by the Plaintiff), the Plaintiff, SWAROVSKI AKTIENGESELLSCHAFT, shall share RMB 2,300 yuan while the Defendant, Shanghai Wangxing Information Technology Co., Ltd., shall pay RMB 5,000 yuan.

In case that any party refuses to accept the ruling, the Plaintiff, SWAROVSKI AKTIENGESELLSCHAFT, within thirty (30) days after service of this judgment while the two Defendants, within fifteen (15) days after service of this judgment, may appeal to Shanghai No. 2 Intermediate People's Court by submitting an appeal petition to the court with copies of such appeal according to the number of the opposing parties.

Chief Judge: Jin Minzhen

Judge: Ling Song

Judge: Qi Jimin

November 3, 2010

Court Clerk: Zhang Ying

(The civil judgment was selected into 2011 Shanghai's 10 Cases on Judicial Protection of Intellectual Property)

15. Shanghai Double Happiness Co. , Ltd. v. Hualian Group GMS Shopping Center Co. , Ltd. , *et al.* Infringement upon Exclusive Right to Use Registered Trademark

——Civil Judgment of Shanghai No. 2 Intermediate People's Court
(2010) HU-Er-Zhong-Min-Wu- (Zhi) -Chu-Zi No. 56

Plaintiff: Shanghai Double Happiness Co. , Ltd. Domicile: Room 56, No. 4022, Xinjie Road, Jinshan District, Shanghai.

Legal representative: Huang Yongwu, Chairman of the Board.

Entrusted agent: Gao Zhigang, male, Han, born on May 14, 1961, staff member of this company.

Entrusted agent: Chen Rong, a lawyer of Shanghai Tianming Law Firm.

Defendant: Hualian Group GMS Shopping Center Co. , Ltd. Domicile: No. 157, East Jiangwan Road, Shanghai.

Legal representative: Zhang Wei, Chairman of the Board.

Entrusted agent: Jiang Yunxia, female, Han, born on April 22, 1962, staff member of this company.

Entrusted agent: Chen Jian, a lawyer of Shanghai Mingzhi Law Firm.

Defendant: Shanghai Wangwei Trading Co. , Ltd; Domicile: No. 1580-4, Hu-Song Highway, Jiuting Township, Songjiang District, Shanghai.

Legal representative: Dai Zhiwei, Chairman of the Board.

This court, after filing on April 26, 2010 the case Shanghai Double Happiness Co. , Ltd. (the Plaintiff) v. Hualian Group GMS Shopping Center Co. , Ltd. (hereinafter referred to as GMS Company) and Shanghai Wangwei Trading Co. , Ltd. (hereinafter referred to as Wangwei Trading) (the Defendants) for infringement of exclusive right to use the registered trademarks, duly formed a collegiate panel and held an open trial on June 11, 2010. The entrusted agents of the Plaintiff, Gao Zhigang and ChenRong together with the entrusted agents of the Defendant, JMS Company, Jiang Yunxia and Chen Jian and the legal representative of the Defendant, Wangwei Trading, Dai Zhiwei, attended the trial. The trial of this case has been concluded.

The Plaintiff, Shanghai Double Happiness Co. , Ltd. , claimed that the company was the holder of the exclusive right to use the Chinese registered trademark "红双喜 (Double Happiness in literal Chinese)" (No. 1232279) and the English trademark "DHS" (No. 1246537). The Double Happiness series were well-known trademarks in China and famous brands across the world, which were highly appreciated and extensively praised by sport fans. In January 2010, the Plaintiff found in a shopping mall of the Defendant, GMS Company, that the Defendant, Wangwei Trading, was selling table tennis bats and badminton rackets bearing counterfeited brands of

Double Happiness. The Plaintiff held that the two Defendants' selling of inferior products bearing the counterfeited Double Happiness brands had infringed its exclusive right to use the trademarks, and thus the Defendants should assume the corresponding liabilities. Based on the above-said grounds, the Plaintiff brought the case to the court and asked the court to rule that (1) the two Defendants should immediately stop their infringement act; (2) the two Defendants should jointly compensate the Plaintiff RMB 200,000 yuan for the economic losses; (3) the two Defendants should publish an open apology on the *Xinmin Evening News*; and (4) the two Defendants should bear reasonable fees RMB 18,000 yuan paid by the Plaintiff for the case.

The Defendant, GMS Company argued that (1) there was franchise relation between the two Defendants as they had signed a *Franchise Contract*. According to the contract, the Defendant, Wangwei Trading, shall operate GMS Super Life Plaza Jiuting Branch and assume all liabilities arising from the operation independently. According to the aforesaid grounds, the Defendant, GMS Company, should not bear any joint and several liabilities. (2) The Defendant, GMS Company, was unable to discern the authenticity of the alleged infringing products, namely Double Happiness table tennis bats and badminton rackets, and GMS Company thought the products were authentic Double Happiness products instead of counterfeited ones. (3) The claim of the Plaintiff for apologies lacks factual and legal basis. (4) According to law, those who sell commodities with legitimate source shall not bear any liability for compensation. In conclusion, the Plaintiff asks the court to dismiss claims of the Plaintiff.

The Defendant, Wangwei Trading argued that (1) The alleged infringing commodities sold by it were purchased by an outsider, Wang Qiaoyong. The Defendant, Wangwei Trading did not know whether the commodities were counterfeited or not. Besides, Wangwei Trading had removed the remaining commodities off the shelves immediately after the company was involved in the lawsuit. (2) The amount of compensation requested by the Plaintiff was excessively large. Hence the Defendant, Wangwei Trading asked the court to dismiss the claims of the Plaintiff.

The court found after trial that:

The Plaintiff was the holder of the exclusive right to use the trademarks, "红双喜 (Double Happiness in literal Chinese)" and "DHS", whose trademark registration certificate numbers were No. 1232279 and No. 1246537 respectively. The class of commodities on which the use of the registered trademark "红双喜 (Double Happiness in literal Chinese)" has been approved is Class 28 for rackets/bats for games, nets for sports, darts, table for table tennis, weight lifting apparatus, fencing equipment and sport equipment. The class of commodities on which the use of the registered trademark "DHS" is Class 28 for balls for games, tables for table tennis, rackets/bats for games, bowling apparatus, nets for sports, ball racks, weight lifting apparatus, fitness equipment, fencing equipment, chest expanders [exercisers] /exercisers [expanders and bowling machinery. The aforesaid registered trademarks were within their validity. On December 29, 1999, the Trademark Office of the State General Administration for Industry and Commerce of the People's Republic of China (State Trademark Office) recognized that the trademark "红双喜 (Double Happiness in literal Chinese)" was a well-known brand.

On January 26, 2010, the Plaintiff, applied to Shanghai Oriental Notary Public Office for notarization of evidence preservation. The notary public office supervised on the site the act of the person designated by the Plaintiff to purchase five sets of table tennis bats and two sets of badminton rackets on the 2nd floor of GMS Super Life Plaza Jiuting Branch by, and then issued (2010) HU-Dong-Zheng-Jing-Zi No. 665 Notarial Deed, to which was attached one invoice, one cash machine receipt and five photos taken on the site. The face of the invoice was stamped the special invoice seal of the Defendant, Wangwei Trading, and the cash machine receipt was printed such wording as "吉买盛（九亭店）" (GMS (Jiuting Branch) in literal Chinese)". On the aforesaid table tennis bats, table tennis balls, badminton rackets and their outer packaging were printed such wording as "红双喜（Double Happiness in literal Chinese)" and "DHS". According to the photos taken on the site, such eye-catching words as "吉买盛（GMS in literal Chinese)", "GMS" and "Super Life Plaza Jiuting Branch" were printed on the shop sign of the aforesaid shopping mall. On January 26, 2010, the Plaintiff identified the authenticity of the aforesaid products purchased and issued a written product appraisal, according to which the aforesaid products were all counterfeited ones.

On October 14, 2009, the Defendant, GMS Company signed a *Franchise Contract* with the Defendant, Wangwei Trading, in which both parties agreed as below: 2. 1 At the time when this contract is signed, both parties shall exist independently and legally and can bear liabilities independently. There is not any co-investment, agency, employment, or contracting relationship between the parties; 6. 2 During the franchise period, any business practices and management responsibilities in the process of Party B's actual operation shall be irrelevant to Party A apart from the business logo, business techniques and written guiding opinion provided by Party A. 8. 3 … With regard to the commodities which are sold in the franchised store of Party B but not provided by the suppliers of Party A or the famous-branded, special, quality and new commodities purchased by the franchised store of Party B from suppliers of its own, the qualification of the suppliers shall conform to the requirements of the quality management system of Party A, and shall be spot checked by Party A at any time.

The Defendant, Wangwei Trading, admitted that the alleged infringing products in the case were sold in GMS Super Life Plaza Jiuting Branch it operated, and also acknowledged that Wangwei Trading was a franchised alliance business of the Defendant, GMS Company. In order to prove the source of the alleged infringing products, the Defendant, Wangwei Trading, submitted a *Purchase and Sales Contract* signed between the company and an outsider, Wang Qiaoyong, who was the owner of an individually-owned business in the petty commodities market of Changshu, the delivery note of the Distribution Center of Changshu Deli Cultural and Sports Goods Supermarket; and a certified document issued by the outsider as evidence.

To prove the reasonable expenditure spent on this case, the Plaintiff submitted invoices of notarial fees and attorney fee, which totaled RMB 18, 000 yuan. Based on the content in the invoice of the notarial fees, the notarial fees RMB 4,000 yuan included costs of preparing two notarial deeds while in this case there was only one notarial deed involved.

The abovementioned facts were proved by a trademark registration certificate, the *Notice on Affirming the Trademark of Double Happiness as a Well-known Brand*, a written product appraisal, a notarial deed, and invoices of notarial fees and attorney fee provided by the Plaintiff, a *Franchise Contract*, *Purchase and Sales Contract*, explanation, certification and delivery note and others provided by the two Defendants, the pleading opinions of both the Plaintiff and the Defendants as well as the trial transcript of the court.

The court held that given that the two Defendants did not have any objection to the exclusive right of the Plaintiff to use the registered trademarks "红双喜 (Double Happiness in literal Chinese)" and "DHS", and the dispute of the cases focused on (1) whether the two Defendants had performed acts of infringing upon the exclusive right of the Plaintiff to use the registered trademarks "红双喜 (Double Happiness in literal Chinese)" and "DHS"; (2) the issue of compensation in this case.

I. Whether the two Defendants Had Performed the Acts of Infringing upon the Exclusive Right of the Plaintiff to Use the Registered Trademarks "红双喜 (Double Happiness in literal Chinese)" and "DHS"

Concerning whether the alleged infringing products are products bearing the counterfeited "红双喜 (Double Happiness in literal Chinese)" brand, the two Defendants stated that they were unable to identify the authenticity of the alleged infringing products and held that the alleged infringing products were authentic "红双喜 (Double Happiness in literal Chinese)" brand products. Hence the acts of trademark infringement were not established. The court held that since the Plaintiff was the manufacturer of the authentic "红双喜 (Double Happiness)" brand products, under the circumstance that the two Defendants were unable to provide any counterevidence, the court accepted the claims of the Plaintiff based on the conclusions reached after the Plaintiff's own appraisal of the alleged infringing products as well as the explanations of the Plaintiff on detailed differences between authentic and counterfeited products and thus affirmed that the alleged infringing products were counterfeited "红双喜 (Double Happiness)" brand products.

Concerning the pleading on whether the alleged infringing commodities have legal source, the court held that the registered trademarks "红双喜 (Double Happiness)" and "DHS" in dispute in the case enjoyed high popularity in sports goods industry, and the distribution channels and sale prices of the Plaintiff's "红双喜 (Double Happiness)" brand products were open and can be accessed through inquiry. Despite that, the Defendant, Wangwei Trading, still replenished its stock from an individually-owned business in the petty commodities market in Changshu. Even if the evidence the company submitted on the commodity source was authentic, the company did not have any evidence to prove that the individually-owned business was a legitimate supplier. Hence the pleading of the Defendant, Wangwei Trading, could not be established, and the court did not accept it.

Besides, the Defendant, GMS Company argued that the relationship between the company and the Defendant, Wangwei Trading, was franchise. As the actual operator and a franchisor of GMS Super Life Plaza Jiuting Branch, the Defendant, Wangwei Trading, should independently assume civil liabilities, hence it should not assume joint and several liabilities. As for this point, the court held that the prominent wording like "吉买盛" and "GMS" were printed on the shop-sign of GMS Super Life Plaza Jiuting Branch. The wording "吉买盛" were also printed on the cash machine receipt of the alleged infringing products purchased under supervision of notaries. The Defendant, GMS Company, shall assume corresponding liabilities for the external management approved by it in its own name. Though the two Defendants concluded a franchise contract, the agreement on external liabilities in the contract actually was an internal agreement between the two Defendants, and shall not be used to act against a third person. In addition, according to the agreement in this contract, the Defendant, GMS Company, shall be obliged to examine the suppliers' qualification of the Defendant, Wangwei Trading. As a well-known enterprise in the supermarket industry, the Defendant, GMS Company, shall be obliged to supervise the daily operating activities of its franchisors so as to protect the legitimate rights and interests of consumers. Therefore, the court held that the Defendant, GMS Company, shall bear joint and several liabilities for the alleged infringing act of the Defendant, Wangwei Trading.

In summary, the court decided that the Defendant, Wangwei Trading, had constituted the infringement upon the exclusive right of the Plaintiff to use the registered trademarks, "红双喜" and "DHS" as the company sold commodities which infringed such right and Wangwei Trading shall accordingly assume the civil liabilities to stop infringement and compensate for the loss. The Defendant, GMS Company, shall also bear corresponding liabilities for authorizing others to operate in its name.

II. Issues on the Compensation in the Case

In this case, the Plaintiff did not submit corresponding evidence on the pleading on the part of economic compensation. Since the actual loss of the Plaintiff and the profits reaped by the two Defendants were unable to be confirmed, the court would determine the compensation amount inclusive of reasonable expenses according to the actuality by taking such factors into consideration as the popularity of the trademarks of the Plaintiff; subjective fault of the two Defendants, scope of infringement, duration of the infringement and profitability. As far as the claim on the part of reasonable expenses are concerned, the two Defendants held that for the notarial fees totaling RMB 4,000 yuan in the reasonable expenses requested to be compensated by the two Defendants, half of the amount was irrelevant to this case and shall not be borne by the two Defendants. Concerning this issue, the court held that according to the invoices of the notarial fees submitted by the Plaintiff and the Plaintiff's statement in court, the notarial fees in this case shall be RMB 2,000 yuan.

Besides, with regard to the Plaintiff's request that the two Defendants should publish open apologies on the *Xinmin Evening News*, the court held that given that the trademark infringement acts of the two Defendants did not infringe the personal right of the Plaintiff, the court did not support the claim of the Plaintiff on apologies.

Pursuant to Item (II) of Article 52 and Article 56 of the *Trademark Law of the People's Republic of China*, and Article 16.1 and Article 16.2 of the *Interpretation of the Supreme People's*

Court Concerning the Application of Laws in the Trial of Cases of Civil Disputes Arising from Trademarks, the court ruled that:

I. The Defendant, Hualian Group GMS Shopping Center Co., Ltd., and the Defendant, Shanghai Wangwei Trading Co., Ltd., shall immediately stop the infringement of the exclusive right of the Plaintiff, Shanghai Double Happiness Co., Ltd., to use the registered trademarks, "红双喜 (Double Happiness in literal Chinese)" (registration certificate No.: 1232279) and "DHS" (registration certificate No.: 1246537).

II. The Defendant, Hualian Group GMS Shopping Center Co., Ltd., and the Defendant, Shanghai Wangwei Trading Co., Ltd., shall, within ten (10) days since the date when the judgment came into effect, bear the relevant compensation of RMB 120,000 yuan to the Plaintiff, Shanghai Double Happiness Co., Ltd., for its economic loss, including the reasonable expenses.

III. Other claims of the Plaintiff, Shanghai Double Happiness Co., Ltd., were dismissed.

Should they fail to perform the obligation of payment within the period appointed in this judgment, the Defendant, Hualian Group GMS Shopping Center Co., Ltd., and the Defendant, Shanghai Wangwei Trading Co., Ltd., shall, pursuant to Article 229 of the *Civil Procedure Law of the People's Republic of China*, pay double interest on the debt for the belated payment.

The court fee of the case was RMB 4,570 yuan, in which RMB 1,256.75 yuan should be paid by the Plaintiff, Shanghai Double Happiness Co., Ltd., and RMB 3,313.25 yuan shall be jointly paid by the Defendant, Hualian Group GMS Shopping Center Co., Ltd., and the Defendant, Shanghai Wangwei Trading Co., Ltd.

Either party that refuses to accept this ruling as final may, within fifteen (15) days after service of this judgment, appeal to Shanghai High People's Court by submitting an appeal petition to this court together with a sufficient number of copies for each party to have one.

Chief Judge: Wu Denglou
People's Juror: Lyu Meian
Acting Judge: Hu Mi
July 20, 2010
Court Clerk: Rong Xuelei

(The civil judgment has been selected in the 2010 Shanghai's 10 Cases on Judicial Protection of Intellectual Property)

16. Softstar Entertainment Inc. v. Shanda Networking Co. , Ltd. Infringement upon Exclusive Right to Use Registered Trademark

——Civil Judgment of Shanghai No. 1 Intermediate People's Court
(2007) HU-Yi-Zhong-Min-Wu- (Zhi) -Zhong-Zi No. 23

Appellant (Plaintiff of First Instance): Softstar Entertainment Inc. Domicile: Room 3, 16 F, No. 166, Jian 1st Road, Zhonghe District, Taibei County, Taiwan.

Person-in-charge: Eric Lee (Lee Yongjin), General Manager of Softstar Entertainment Inc.

Entrusted agent: Li Jingfang, lawyer of Beijing Dongfang Law Office.

Entrusted agent: Xu Aiping, lawyer of Beijing Dongfang Law Office.

Appellee (Defendant of First Trial): Shanghai Shanda Networking Co. , Ltd. Registered Address: Room 402-B, No. 727, Zhangjiang Road, Pudong New Area, Shanghai; Principal Place of Business: No. 208, Juli Road, Pudong New Area, Shanghai.

Legal representative: Chen Tianqiao, Chairman of the Board of the Shanghai Shanda Networking Co. , Ltd.

Entrusted agent: Zhang Qing, male, Han, born on November 28, 1977. Address: Room 1602, No. 6, Lane 373, Quwo Road, Zhabei District, Shanghai. Staff member of Shanghai Shanda Networking Co. , Ltd.

Entrusted agent: You Minjian, lawyer of Co-effort Law Firm LLP.

The Appellant, Softstar Entertainment Inc. (hereinafter referred to as Softstar Company) lodged an appeal to the court against (2006) Pu-Min-San- (Zhi) -Chu-Zi No. 125 Civil Judgment made by Pudong New Area People's Court of Shanghai on the case for dispute over infringement of exclusive right to use the registered trademark. The court, after filing the case on November 13, 2007, duly formed a collegiate panel and held an open trial on December 13, 2007. Appearing at the court were Li Jingfang, entrusted agent of the Appellant and Xu Aiping, lawyer of the Appellant, and Zhang Qing, entrusted agent of the Appellee. The trial of the case has been concluded.

According to the investigation of the court of first trial,

(I) Registration and use of the game "大富翁" by Softstar Company

Softstar Company, a joint stock company limited incorporated in Taiwan Province of China, registered the word mark "大富翁" in Mainland China On March 21, 2005 and obtained No. 3606240 trademark registration certificate of the Trademark Office of the State Administration for Industry & Commerce of the People's Republic of China (hereinafter referred to as the State Trademark Office). The class of the approved service items for which the trademark is to be used is Class 41, whose scope covers the provision of online games (on the computer network), *etc*. The expiration date of the registration is March 20, 2015. The trademark of Softstar Company consists of 3 Chinese complex characters of the simplified characters "大富翁". Softstar Company has used the characters "大富翁" for standalone games it developed in the past. The use is as follows. In all five (5) agreements signed between Softstar Company and an outsider, "大富翁" was called a software "product". For example, "Party B authorizes Party A ... to publish and issue its electronic publication of multi-media PC version (CD-ROM) of '大富翁 4' (hereinafter referred to as the Product)", "Party A agrees to authorize Party B to manufacture, issue and distribute the simplified Chinese version of the PC game software belonging to Party A, "大富翁 5", to name just a few. In the six (6) agreements provided by Softstar Company, which were signed between Softstar Technology (Beijing) Co., Ltd., a wholly-funded company of Softstar Company and an outsider, "大富翁" was mentioned either as the name of a product authorized for distribution or as an authorized software name, except that ordinal numbers and other distinctive words were added to different versions of "大富翁 (Richman)", such as "大富翁 6Enhanced Version · Let's Rob Money)", "大富翁 7", "大富翁 7 Touring the Treasure Island" and "大富翁 8". On the three real objects of "大富翁" games provided by Softstar Company, such words as "大富翁 6", "大富翁 7 Touring the Treasure Land" and "大富翁 8" are obviously marked, in which the typeface of the three words "大富翁" are in art fonts. Besides, on many places of the outer packaging of the three real objects, the labels of graph and word registered trademarks of "softstar" are marked. However, as for the Class 41 service items of the "大富翁" word trademark registered by Softstar Company, by far no "大富翁" online games have been launched, nor has there been any network operation with "大富翁" as the trademark.

(II) Right and use of Shanghai Shanda Networking Co., Ltd. (hereinafter referred to as Shanda Company) to "盛大富翁"

Shanda Company obtained No. 3231899 "盛大" word trademark registration certificate from the State Trademark Office. The service items approved to be used for fall into Class 41, and the scope covers "providing online games (on the computer network)", etc.

On August 22, 2005, National Copyright Administration of the People's Republic of China issued Ruan-Zhu-Deng-Zi No. 040838 computer software copyright registration certificate.

The registration certificate specifies such content as Software name: "盛大富翁" online game software [simplified name: 盛大富翁] V 1.0; Copyright holder: Shengqu Information Technology (Shanghai) Co., Ltd.; Right acquisition mode: original acquisition; Date of original publication: July 16, 2005. The copyright holder, Shengqu Information Technology (Shanghai) Co., Ltd., —an affiliated company of Shanda Company, has authorized Shanda Company to operate the game.

On July 18, 2005 and on August 12, 2005, Softstar Company authorized Softstar Technology (Beijing) Co., Ltd. to entrust Beijing Haidian District Public Notary Office to preserve the evidence appearing on the two websites *http://rich.poptang.com* and *http://rich.sdo.com/web1.0/index.asp* respectively. The evidence included "盛大富翁" graph, word mark, and the pages with the name of "盛大富翁" game used in the introduction and online guidance of the game by Shanda Company. On March 16, 2006, Softstar Company entrusted the Chan Meng-Lung Notary Public Office of Taiwan Banqiao District Court, R. O. C. to witness and notarize the "盛大富翁" mark appearing on the webpage of www. sdo. com of Shanda Company and the use of the game name, "盛大富翁". As is shown by the aforesaid notarized webpage, when Shanda Company operates the online game "盛大富翁", it introduces and provides online guidance of the game. On the webpage are two kinds of "盛大富翁" logos. Major part of one logo consists of words of "盛大富翁" in orange art typeface and a colorful graph of the outline of nine buildings. Below the logo, there are art English words "SNDA RICHMAN" in red; The other logo consists of orange "盛大富翁" in art typeface and art English words "SNDA RICHMAN" in red below the Chinese words. The dot stroke in the character "富 (Rich in literal Chinese)" is replaced by a green glittery round bead, and the "田 (part of the character '富')" part in the word is replaced by a white-dotted red dice. The introduction text in the column of "About the Game" on the notarized webpage of *http://rich. poptang. com* of Softstar Company is that " '盛大富翁' is an online casual game researched and developed independently by Shanda Company." The words shown in the Q1 in the "Newbie Question" column on the notarized webpage *http://rich. sdo. com/web1. 0/index. asp* of Softstar Company are that " '盛大富翁' is an online casual fighting game in the mode of " online room booking". Players may shoot dices to move forward with a view to defeating the opponent in terms of financial and become a zillionaire through commercial activities such as buying lands and building houses." The introduction to the game in words in the "Financial News" column is that " '盛大富翁' is a green casual game researched, developed, and launched independently by Shanda Company, with shooting dices, buying land, building houses and using card props as the basic mode." On the notarized webpage www. sdo. com of Softstar Company, "盛大在线" (Shanda Online) and "盛大富翁, the First Permanently Free Online Zillionaire Game" are marked in the URL column. Besides, on web pages of *http://rich. sdo. com/web1. 0/index. asp* and *www. sdo. com* are marked with the copyright holder of the websites, Shanda Company and serial numbers of the *Value-added Telecom Service License*, the *Internet Publishing Permit* and the *Internet Culture Operation License*. At the left bottom of the web-pages are marked with clear logos of "SNDA" and "SHANDA 盛大网络". As Softstar Company printed flash pictures only in the notarization of the webpage *http://rich. poptang. com*, there is no copyright statement in the notarial deed. But Softstar Company has identified during the notarization that the website was owned by Shanda Company.

(III) Cognition and use of "大富翁" by operators in the same industry and consumers

Shanda Company provided 37 pieces of evidence to prove that "大富翁" was an extensively popular board game in the world, and the name "大富翁" has been used for PC games, online games and mobile games. As the evidence was in wide varieties with large amount of information, they are listed as abstracts in categories as follows:

With regard to the birth and booming of "大富翁", the evidence provided by Shanda Company shows that it is a board game by shooting dices and simulating property trading with fake money firstly that appeared in America in the 1930s. At that time, America was in the "Great Depression" which began in 1929. An unemployed American, Charles Darrow, designed a game called "Monopoly", which enabled people trapped in adversities to buy land to build houses and hotels on a piece of paper board to satisfy the craving for being a zillionaire (Exhibit A-8 Hong Kong the *Sing Tao Daily* and Exhibit A-35 the book *Everything I Know about Business I Learned from Monopoly*). An American, Darrow, obtained a patent to this game in America in 1935, which is called "disk-type game device" (Exhibit A-33 American patent registration data). Once it was launched, the game became a best-seller in America and was spread throughout the world. So far about 200 million sets of the game have been sold across the world, and more than 600 million people have played it (Exhibit A-35). "强手大富翁 (Handmark Monopoly)" board game is still being distributed in the market of China (Exhibit A-36). In the circulation, the name of the game is "Monopoly" in English and "大富翁" in Chinese. As is shown by Exhibit A-1, 2, 12, 18 provided by Shanda Company, the two words correspond with each other. In the press on the "大富翁" game, the English name on the product packaging in the picture is "Monopoly".

With regard to the evolvement of the "大富翁" game, the evidence provided by Shanda Company shows that "大富翁" has a ready market throughout the world in multiple languages and versions. The method is substantially the same, with only slight differences in places and currencies in the game. After computers, the Internet and mobile phones came into being, new forms of "大富翁" games arose and have developed into PC version, online version and mobile phone version of the game. These games are still played by shooting dices and they simulate the real business operating. For example:

According to Exhibit A-12, the "*Monopoly*" *Chinese Version* in the *Hong Kong Economic Times* reported on March 11, 2002 that "The global hit, the 'Monopoly' game, has been launched in 26 languages. Now its Chinese version is also available, which takes metropolises in China as themes..."

According to Exhibit A-15, the *Monopoly PPC Version Makes Your Spring Holiday Fun* in *the Hong Kong Oriental Daily* reported on January 20, 2002 that "From boxed games to computer games, 'Monopoly' has always been able to guarantee its sales volume. It never lacks customers and all that requires is to slightly modify or change the theme."

According to Exhibit A-21, the *Origin and Development of Monopoly* in the *Hong Kong Oriental Daily* reported on November 5, 2000 that "In the 1930s, an American called Charles B. Darrow invented the 'Monopoly' game, hoping to inspire everyone's dream of success and prosperity. At first he recommended the game to Parker Brothers for sale, but they refused such offer given 52 loopholes found in the game. Hence Charles made the games and published them on his own, which turned out to be a big hit. Finally at the request of Charles, Parker Brothers made 'Monopoly' more popular. For over three decades, people around the world who have played the game are estimated to have exceeded 0.5 billion! By now the game has been translated into over 30 languages, which enable the users of different ages in various countries to have fun. The "Monopoly" game is now manufactured by the American toy maker Hasbro Inc. The playing method of the game is substantially the same around the world with only differences in places and currencies."

According to Exhibit A-22, the *Online "Monopoly" May Buy Yahoo and eBay* in the *Hong Kong Economic Times* on November 3, 2000 reported that "The online Monopoly game launched by Hasbro, the second largest toy manufacturer in America, made around 30 hottest online companies in the 'new economic era' available as real estate in the Monopoly game for players to buy and sell. The players may also play with other opponents through the Internet, so that they can still enjoy the fun of playing with mates in the traditional way by shooting dice. The 'Monopoly' game appeared firstly in 1935 when America was in an unprecedented period of economic recession. To satisfy people's crave for making a fortune and escape from poverty in reality, designers put the then most valuable real estates in the game, such as Boardwalk, Park Place and Marvin Gardens to enable players to 'trade' and become zillionaires they dreamt of. As the seasons replace one another, we have also entered a world of high technology, and the aforesaid expensive real estate may no longer be recognized, which have been replaced by Internet upstarts such as Yahoo and eBay."

According to Exhibit A-25, the article *PILI. RICH II* on P141 in the magazine *Popular Software*, 2002 (9) published in Mainland China reported that "*PILI. RICH II* tells a story about how a band of heroes engage in business deals. As many as 24 characters have shown in the game. They are divided into 3 schools, the decent, the evil and the neutral. Such famous characters as the Buddha and Pluto are also included. Each character has his/her unique Q-version role model, dubbing and rich background of stories."

According to Exhibit A-27, the article *PILI. RICH II* on P101 of *Fantasy Computer & Game Monthly*, Issue 4 published in 2002 in Mainland China reported that "*PILI. RICH II* uses basic elements in 'Monopoly'. The game is also played by shooting a dice. Players may build houses to collect rentals when they reach corresponding properties."

According to Exhibit A-30, the article *Full Contact with Monopoly Plam Version* on P_{83} of *the New Electronic*, Issue 3 published in 2001 in Mainland China reported that "The popular PC game *Monopoly* has lately launched its Plam version... Thanks to the sophisticated network, you may download the trial version of Monopoly on such Plam websites as *www. yapn. com.* tw, a famous website in Taiwan, before purchasing the copyrighted software."

According to Exhibit A-31, the article "小燕子决战大富翁 (Decisive Battle: Xiao Yanzi vs. Richman)" on P_{111} of the *PC Magazine*, Issue 6 published in 2001 in Mainland China reported that "A computer game resembling *Monopoly-Decisive Battle: Xiao Yanzi vs. The Rich Man* combines the character 'Xiao Yanzi' who is extremely popular across the Straits and 'Monopoly' which is suitable for people at all ages to play. The originality of the producer is highly admired..."

According to Exhibit A-32, the article "老夫子大富翁 (Old Master Q Monopoly)" on P_{20} of the *Computer & Network*, Issue 13 published in 2001 in Mainland China reported that "It is not something new to add the element of cards to the Monopoly. However, it is really something unique for '老夫子大富翁 (Old Master Q Monopoly)' to name the card with 'four-word phrases'."

With regard to the effect of Monopoly on consumers, the evidence of Shanda Company shows that after Monopoly came into being, it was favored by consumers. A special international "Monopoly" competition is even held in Hong Kong on a regular basis (e. g. Exhibit A-21 and Exhibit A-23). Consumers experience how to deploy business strategies in the Monopoly game (e. g. Exhibit A-35, the book *Everything I Know about Business I Learned from Monopoly*).

For the litigation in this case, Softstar Company paid RMB 23,929.87 yuan for attorney fees and RMB 3,500 yuan for notarial fees. Softstar Company paid RMB 11,292.30 yuan for traveling expense. After the deduction of the traveling expense for the entourage except the agent, the reasonable traveling expense shall be RMB 7,833.30 yuan.

The court of first trial held that the infringement with which Shanda Company is charged by Softstar Company mainly referred to the act of Shanda Company's use of the graph and word mark of "盛大富翁" on its website and use of "盛大富翁" as a game name in its introduction and online guidance. Under the circumstance that it had been found that the copyright holder of the game software "盛大富翁" was an outsider, Softstar Company insisted on no change in the filing of a lawsuit. Given that Softstar Company wants Shanda Company to be held responsible for its act of using "盛大富翁" logo and game name only, it does not affect trial of the case that Softstar Company takes Shanghai Shanda Networking Development Co., Ltd. as a Defendant in the first trial only. According to the *Trademark Law of PRC*, as the registrant of the trademark "大富翁", Softstar Company shall enjoy exclusive right to use the registered trademark, and the right shall be protected by the law. However, it is also specified by the *Regulations for the Implementation of the Trademark Law of the People's Republic of China* that the exclusive right holder of a registered trademark shall not be entitled to prohibit other people from using in normal ways the common name, logo, model which is implied in the registered trademark or the quality, main raw materials, functions, uses, weight, quantity or other features or the geographic name which is directly expressed by the registered trademark. Hence whether "大富翁" has become the common name of a category of games is not only the key to determining whether Shanda Company has the right to use "盛大富翁" as a game name, but also one of the key focuses of dispute by both parties to this case. Even if Shanda Company has the right to use "盛大富翁" as a game name, the company should avoid similarity and confusion with the registered trademark of Softstar Company in the way of using the mark and game name so as to prevent consumers from mistaking. Hence whether the specific way of Shanda Company's use of "盛大富翁" logo and game name constitutes similarity to that of the registered trademark of Softstar Company is another key to determining whether the act of Shanda Company has constituted trademark infringement, and the second focus of dispute by both parties to this case.

I. Whether "大富翁" is a Common Name of Goods

Regarding the accusation of trademark infringement by Softstar Company, Shanda Company defended on the ground that the word trademark "大富翁" of Softstar Company was a common name of goods and then provided 37 pieces of evidence to prove that "大富翁" was truly a common name of a category of intellectual games. Softstar Company did not raise any objection to the authenticity of the evidence, but held that Softstar Company obtained exclusive right to use the registered trademark with approval of the State Trademark Office, which was sufficient to prove that Softstar Company's acquisition of the registered trademark conformed to provisions in the *Trademark Law of PRC.* The chess-class game proved by the evidence of Shanda Company emerged in the 1930s - 1950s while electronic computer games did not come into being until in the 1980s. Besides, the chess-class games and online games fall into the goods of Class 28 and the services of Class 41 respectively, which are totally two different classes. Based on the aforesaid grounds, the evidence of Shanda Company on common name is irrelevant to this case. The Softstar Company still held that Shanda Company had constituted infringement of the "大富翁" trademark of Softstar Company.

The court of first trial held that the common name of goods refers to the name of a category of goods which is widely used within a scope, including normative commodity name, conventional commodity name and abbreviated name of a commodity. Its major function is to distinguish different kinds of commodities and summarize briefly features of commodities such as quality, function and purpose so as to distinguish one kind of commodities from another and facilitate the social public to call and identify the commodities. Common names of commodities usually consist of words and can be divided into two categories by text description. Category one is to directly describe such features of commodities as raw materials, functions, intended purposes and method of application, e. g. computer, electric fan, and bicycle, which are the most common. Category two falls into created words which do not have specific meaning themselves, or conventional names, despite of literal meanings, of a kind of specific commodities, such as 阿司匹林 (aspirin), 沙发 (sofa) and 手机 (mobile phone). Trademarks and commodity names play different roles. The function of the former lies in identifying different sources of commodities or services, whereas that of the latter is to distinguish different categories of commodities. Trademarks exist due to their attachment to commodities. Trademarks and commodity names play their respective roles usually when they are used together, such as xx brand electric fan and xx brand bicycle. Consumers may identify some brands and purchase to satisfy their demands for goods, whereas operators use the trademarks to guide consumers to purchase.

To investigate whether the disputed trademarks include common names or consists only of common names of commodities, the following factors should be taken into overall consideration: (1) meaning of the words in dispute; (2) cognition and use of the words by registrants of the trademarks in dispute; (3) cognition and use of the words by operators in the same industry and consumers.

From the literal meaning of "大富翁", according to *The Contemporary Chinese Dictionary* (2002 enlarged edition), "大" refers to larger than ordinary or compared objects in volume, area, quantity, power and intensity, etc.; Antonym: "小". "富翁" refers to a person with a large number of properties. And "大富翁" means a person that has more properties than an ordinary person with a large number of properties. According to *A New English-Chinese Dictionary* (Century Edition, Shanghai Translation Publishing House), "monopoly" can refer to "垄断 (complete control), 垄断者 (people who have complete control), 垄断权 (monopoly right); 专利 (patent)、专利者 (patent holder)、专利权 (patent right)", etc. However, "Monopoly" means "skilled person's chess (a chess game which simulates property trading with fake money and is played according to the number of points on the dice)" It thus can be said that both the Chinese and English literal meanings of "大富翁" and "Monopoly" do not relate directly to the name of a category of games. The only reason why this "chess game which simulates real business transaction according to the number of points on the dice" corresponds with "Monopoly" is that the inventor of the game named such a game "Monopoly". Though the relevance between the Chinese "大富翁" and such games cannot be verified, the evidence provided by Shanda Company was sufficient to prove that the English word "Monopoly" corresponds with the Chinese "大富翁" and they refer to the same thing.

From the use of Softstar Company, "大富翁" has been used as the name of the PC games it invented whether in authorization agreement or for PC game commodities it actually sold. However, with regard to Class 41 goods to which the registered trademark in dispute in this case was approved to be applied, Softstar Company has never carried any relevant operating activities. Hence it is impossible to judge the way in which the company uses the registered trademark of "大富翁".

From the cognition and use of the words by operators in the industry and consumers, the evidence provided by Shanda Company is sufficient to prove that it is a common phenomenon that consumers of "Monopoly" or "大富翁" see "Monopoly" or "大富翁" as a kind of "chess game which simulates real business transaction and is played according to the number of points on the dice". Therefore, the fact that "大富翁" is a common name of a kind of "chess game which simulates real business transaction and is played according to the number of points on the dice" can be ascertained. Such games appeared firstly in the form of chess class game. After entering the era of electronic computers, operators of games introduced "大富翁" to such fields as PC games, online games and mobile games. Just as traditional chesses and pokers later had their computer and the Internet versions with such conventional names general among consumers as "computer chess" and "Internet poker", "大富翁" did not change its essence of "a chess game which simulates real business transaction and is played according to the number of points on the dice" after entering the new Internet realm, which made "大富翁" a common name for "a chess game which simulates real business transaction and is played according to the number of points on the dice", and extended in the fields of PC game, mobile game and Internet game.

In this sense, though the services to which the registered trademark of Softstar Company was approved to apply fall into Class 41, Softstar Company cannot forbid others from the fair use of "大富翁" when it refers to a kind of "chess game which simulates real business transaction and is played according to the number of points on the dice" due to establishment of the fact of "大富

翁" as a common name of a kind of games.

II. Whether the "盛大富翁" Logo and Game Name is Similar to the Registered Trademark "大富翁" of Softstar Company

Softstar Company held that in its trademark "大富翁", "大" was an adjective modifying the words "富翁". In "盛大富翁" of Shanda Company, "富翁" is also a noun, and "盛" and "大" have the same meaning as in "大宴会" (big banquet) and "盛大宴会" (grand banquet). Softstar Company also cited Article 14 in the *Standards for Trademark Examination and Adjudication of the P. R. C.* that "where two trademarks consist of a prior trademark of others and modifying adjectives or adverbs and other words whose significance is weaker in the trademark, and the meanings of such two trademarks are substantially the same, so that relevant public mistake the source of the commodities or services, the two trademarks shall be determined to be similar trademarks." Hence Softstar Company held that the meanings of "大富翁" and "盛大富翁" were substantially same. Shanda Company held that though the three Chinese words in the trademark of Shanda Company were the same with the trademark of Softstar Company, according to *Standards for Trademark Examination and Adjudication of the P. R. C.* "where the pronunciations of the initial words or character patterns (of two trademarks) are distinctively different or the holistic meanings are different, which make the two trademarks distinctively different as a whole, thus it is not likely to make relevant public mistake the sources of commodities and services, it shall not belong to confusion." The "盛大" logo of Shanda Company left a strong visual impact and impression on Chinese netizens, and all of the consumers understand "盛大富翁" as "盛大 + 富翁" and will not violate grammatical rules to read it as "盛 + 大富翁". Therefore, the two trademarks are not similar, nor will the consumers confuse the two.

The court of first trial held that though the "盛大富翁" logo used by Shanda Company was not registered, it was used in eye-catching positions on the website of the company, and played the role of identifying and distinguishing service sources. In this sense, its use fell into the use of a commercial logo. Both the trademark of Softstar Company as well as the logo and game names used by Shanda Company contain the three Chinese characters "大富翁". The trademark of Softstar Company was registered to be used for Class 41 service items, which include the item of "providing online games (on computer network)" while the range of application of logos and words of Shanda Company corresponds to Class 41 (providing online games (on computer network)), too. Hence the two trademarks are in the same class. In accordance with judicial interpretation of the Supreme People's Court concerning the trial of cases of civil disputes arising from trademarks, "similar trademarks" in this case refers to that the trademark charged of infringement and the registered trademark of Softstar Company are similar in the font style, pronunciation, meaning of the characters, or in the composition and color of the pictures, or in the overall structure of all the elements combined, or in the cubic form or combination of colors so that the relevant public may be confused about the origin of the commodity or believe that there are certain connections between the origin and the commodity which is registered by the registered trademark of Softstar Company. To determine that two trademarks are similar to each other should be based on the criterion of general attention of relevant public as well as the comparison of overall structure and comparison of important parts in the state of isolation. Besides, consideration should also be given to the significance and popularity of the trademark requested to be protected. Therefore, to judge whether two trademarks are similar to each other, one should compare the two trademarks and analyze whether the use of the alleged infringing trademark will cause the confusion among the relevant public.

Firstly, from the comparison between the two trademarks, the trademark of Softstar Company consists of three complex Chinese characters, whereas the logo of Shanda Company consists of both pictures and words, thus the two differ greatly from each other in overall image. But the major part in the logo of Shanda Company is words, which are composite forms of sound, forms and meanings and have more function in identification. Hence it is of great significance to judge the sound, forms and meanings of the words in the logo. From the front style of the words, the two trademarks are different in typefaces. From the sound and meanings, the logo of Shanda Company are used on the website of Shanda Company; the name of the company is "盛大" while "富翁" is a general item, and there is also introduction to the game "盛大富翁" on the website. Hence relevant public will definitely know the logo of "盛大" when entering the website of Shanda Company. It is highly possible that they will recognize, read and understand "盛大富翁" as "盛大 + 富翁", and there is little possibility that they will recognize, read and understand the phrase as "盛 + 大富翁".

Secondly, in terms of the use by Shanda Company, Shanda Company uses the picture and word logo of "盛大富翁" on the website of the online game "盛大富翁" it operates and has specific introduction of the launcher of the game. Besides, the name of the website owner, i. e. Shanda Company, is also marked on the webpage. The message that Shanda Company intends to deliver is that "盛大富翁" is a kind of "大富翁 (Monopoly)" game launched by Shanda Company, and the website using the logo "盛大富翁" is "a website operated by Shanda Company." In this sense, the use of "盛大富翁" by Shanda Company as a logo and words has directly reflected not only the origin of the service, but also the relationship between the logo and Shanda Company.

Thirdly, from the significance and popularity of the registered trademark of Softstar Company, a conclusion has been drawn from the aforesaid analysis that "大富翁" is a common name of a kind of "chess game which simulates real business transaction and is played according to the number of points on the dice". Whether a common name can be registered as a trademark should be examined and verified by the trademark administration authority. The court will not make judgment on that. However, once a common name is registered as a trademark, the significance of such registered trademark will be congenitally deficient surely. Softstar Company has never used "大富翁" as a trademark after its registration, thus it is impossible to draw a conclusion that the significance of the registered trademark is strengthened through use so that the trademark has acquired its "secondary meaning". It is hard for the registered trademarks which have never been used to gain popularity among relevant public. Hence both the significance and popularity of the word trademark "大富翁" of Softstar Company are quite weak.

In this way, the "盛大富翁" picture, word logo and game name used by Shanda Company do not constitute similarity to the registered word trademark "大富翁" of Softstar Company.

In conclusion, the court of first trial held that though Softstar Company obtained the approval to use the word trademark "大富翁" for Class 41 service items, "大富翁" was a common name of a kind of "chess game which simulates real business transaction and is played according to the number of points on the dice". The use of "盛大富翁" as a game name by Shanda Company indicates that " '盛大富翁' is a kind of 大富翁 (Monopoly) game launched by Shanda Company", and the company's use of "盛大富翁" as a logo shows that "this website is operated by Shanda Company for online games". When relevant public enter the website of Shanda Company, they will relate the words in the logo of "盛大富翁" to the name of Shanda Company, "盛大公司" in literal Chinese, and understand the words as "盛大 + 富翁". As the trademark registered by Softstar Company is a common name of a kind of "chess game which simulates real business transaction and is played according to the number of points on the dice", and has never been put to use practically, its significance and popularity are extremely limited. So when relevant public enter the website of Shanda Company, they are not likely to interpret the words in the logo "盛大富翁" and the game name of "盛大富翁" as "盛 + 大富翁". Hence the act of Shanda Company's use of "盛大富翁" as a logo and a game name does not constitute infringement of the exclusive right of Softstar Company to use the registered trademark "大富翁". It is hard for the court to support the claims of Softstar Company. In accordance with Article 4. 3 and Article 52. 1 (1) of the *Trademark Law of the People's Republic of China*, Article 49 of the *Regulations for the Implementation of the Trademark Law of the People's Republic of China*, Article 9. 2 and Article 10 of the *Interpretation of the Supreme People's Court Concerning the Application of Laws in the Trial of Cases of Civil Disputes Arising from Trademark*, the court ruled that claims of Softstar Company were not supported. The court fee for the first trial of the case RMB 10,378 yuan should be borne by Softstar Company.

Following the judgment, Softstar Company refused to accept it as final and lodged an appeal to the court. Its major grounds for appeal are (1) the court of first trial's determination of "大富翁" as a common name for a kind of games based on newspapers published in Hong Kong, American patent authorization data and foreign works and other materials provided by the Appellee not only confused the concepts of commodity name and Internet service name, but also violated the territoriality of the registered trademarks. whether "大富翁" should be determined as a common name should not be based on the situation in foreign countries or Hong Kong. Because "大富翁" is a registered trademark of the Appellant approved to be used for online services, and "大富翁" is by no means a common name of computer network online games, the Appellee should not use it arbitrarily for computer network online games it operates. (2) The court of first trial mistakenly determined that the "盛大富翁" picture, word logo and game name used by the Appellee do not constituted similarity to the registered word trademark of the Plaintiff, "大富翁". In fact, "盛大富翁" does not change the basic meaning of "大富翁", and the two constitutes similarity in various aspects such as word combination, meaning and pronunciation, which has caused confusion and misunderstanding among many game users. (3) The court of first trial also confused the concept of unused registered trademark with the concept of a registered trademark not used for a service. Besides, for protecting the exclusive right to use trademarks, the first-to-file principle should be applied rather than the principle of the first to use. Hence it lacked legal basis not to support the claims of the Appellant on the grounds that the registered trademark "大富翁" was never actually used. Accordingly, the Appellant requests to abrogate the judgment of first trial and amend the judgment by law to support all the claims of the Appellant, i. e., to order the Appellee to immediately stop infringement and compensate for economic loss of the Appellant RMB 500,000 yuan and RMB 44,825 yuan for other losses (including attorney fee RMB 300,000 yuan; notarial fees RMB 3,500 yuan and traveling expense RMB 11,325 yuan).

The Appellee, Shanda Company manifested the acceptance of the judgment of first trial and requested to affirm the original judgment.

During the second trial, the Appellant submitted to the court some printing materials concerning information about the registered trademarks containing the words "大富翁" from the website of trademark search so as to prove that "大富翁", more than a game name, also covers various kinds of commodities or services. After cross-examination, the Appellee held that (1) such evidence materials did not fall into new evidence formed in the second trial; (2) all materials provided by the Appellant were downloaded from websites without notarization, hence it is unable to determine their authenticity; (3) the aforesaid evidence materials cannot prove the purpose of the Appellant. For example, GOLF has been registered as a trademark of car, but it does not affect the determination that it is also a common name of a class of sport. The court held that all the three points in the cross-examination opinion raised by the Appellee could be established, i. e. it lacked relevance between the evidence materials provided by the Appellant and the factum probandum. Hence the court did not admit them as evidence.

The court identified the fact after trial that the findings of facts of the court of original trial were substantially true.

The court also identified the fact that on July 30, 2007, Shanda Company applied for the cancellation of No. 3606240 "大富翁" trademark registered by Softstar Company on the grounds that "大富翁" was a common name of a kind of economic games. After examining the case of dispute over the registered trademark "大富翁", State Administration for Industry & Commerce of the People's Republic of China Trademark Appeal Board (the Trademark Appeal Board) held that the evidence provided by Shanda Company was not sufficient to prove that "大富翁" was a name specified by national standard or industrial standard, or a conventional name, nor were they sufficient to prove that "大富翁" was specified to be used for such services as "providing online games (on computer network)", that it directly showed the main features of services, or that there were other circumstances under which relevant public was hard to recognize the source of services or significant features were lacked. Hence the Trademark Appeal Board ruled on November 24, 2009 that the trademark in dispute was sustained.

The court held that the approved services to be used with the trademark “大富翁” registered by the Appellant, Softstar Company fell into Class 41 – “the provision of online games (on computer network)”. Anyone, if, without permission of Softstar Company, uses a trademark identical with or similar to the registered trademark “大富翁” for the service identical with or similar to the service for which the registered trademark is approved to be used, shall constitute infringement of the exclusive right of Softstar Company to use the registered trademark. However, it shall not be determined to be an trademark infringement act if someone other than the Appellant fairly uses the words “大富翁” to summarize or describe the fighting purpose, rules, characters and content of games.

In this case, the Appellee, Shanda Company, used “盛大富翁” in two ways. One way is to use it as a game name in written introduction to the game. The other way is to display “ ” in the upper left corner of relevant web pages or “ ” in the upper right corner of game pictures, etc. With regard to the judgment on whether the aforesaid act of use has constituted trademark infringement, such factors should be taken into overall consideration as the meaning of the words “大富翁” and the use, purpose and effect of the alleged infringing logo. Evidence shows that before Softstar Company applied for registration of “大富翁” as a trademark for Class 41 services, “大富翁” had been widely known as a computer “game simulating real business transaction and played according to the number of points on the dice”. In the eyes of relevant public, a close corresponding relationship between “大富翁” and such commercial adventure games has been established. Therefore, though the words “大富翁” were registered by Softstar Company as a trademark for “providing online game” services, they still carry the meaning of the aforesaid commercial adventure game. Softstar Company cannot forbid others from the fair use of such meaning. After viewing the mode and purpose of the Appellee, Shanda Company's use of the alleged infringing logo, the court found that Shanda Company did not use the alleged infringing logo for all online game services on its website, but used such logo only for online game services relevant to the game “in which players shoot dices to move forward and whose goal is to defeat the opponent economically and become a zillionaire through such commercial activities as buying land and building houses” it provided. It shows that the Appellee's use of the alleged infringing logo “ ” or “ ” is to indicate in description the content and fighting purpose of the online game it provides with the words “大富翁” contained in the logo. From the perspective whether the act of alleged infringing use will cause confusion among relevant public on the origin of services to mistake one for another, only by entering the website of Shanda Company can game players combat in the game. Besides, it is clearly stated in the website “Introduction to the Game” that “‘盛大富翁’ is a recreational online game researched and developed independently by Shanda Company”. In addition, as the name “盛大” enjoys considerable popularity, generally relevant public will not mistake the “大富翁” game of Shanda Company as the “大富翁” game of Softstar Company, nor will they be confused about the origin of services of the two. It thus can be seen that the alleged infringement act of Shanda Company falls into the fair use of the game category corresponding to the stated service. As the exclusive right holder of the service trademark "大富翁", Softstar Company is not entitled to forbid such act.

The Appellant emphasized that "大富翁" was the registered trademark of its network online game service, and the Appellee shall not arbitrarily use the logo similar to the registered trademark for the computer network online game it operates. The court held that the evidence submitted by the Appellant during the litigation of this case showed that the Appellee, Shanda Company, did not use the alleged infringing logo for other network services of online games except the "game which simulates real business transaction and is played according to the number of points on the dice", and that acts presented by notarized evidence preservation also fell into the category of fair use.

The Appellant held that the court of first trial mistakenly determined that the "盛大富翁" picture, word logo and game name did not constitute similarity to the registered word trademark, "大富翁", and that it lacked legal basis not to support the claims of the Appellant on the grounds that the registered trademark "大富翁" was never actually used. The court held that the registered trademark never put into actual use was not the only judgment basis for the court of first trial, nor was there direct relevance between the judgment on fair use of the trademark and whether the involved logos were similar. Hence whether the aforesaid grounds of appeal of the Appellant were established does not affect the handling of this case.

In summary, the findings of facts by the court of first trial are substantially true, and the judicial procedure is legitimate. The court affirms the original judgment. The appeals of the Appellant and the grounds are not sufficient to reverse the result of the judgment made in the first trial, and thus shall be rejected. In accordance with Article 153. 1 (1) of the *Civil Procedure Law of the People's Republic of China*, the court ruled that the appeal should be rejected, and the original judgment should be affirmed.

The court fee for the second trial of the case RMB 9,248 yuan should be borne by the Appellant, Softstar Entertainment Inc.

The ruling made by the court shall be final.

Chief Judge: Liu Junhua

Acting Judge: Shen Qiang

Acting Judge: Liu Jing

December 24, 2010

Court Clerk: Tan Shang

(The civil judgment was published on the *Gazette of the Supreme People's Court*, Issue 12 in 2011)

17. E · Land International Fashion (Shanghai) Co. Ltd v. Zhejiang Taobao Network Co. Ltd., *et al.* Dispute over Trademark Right Infringement

——Civil Judgment of Shanghai No. 1 Intermediate People's Court (2011) HU-Yi-Zhong-Min-Wu- (Zhi) -Zhong-Zi No. 40

Appellant (Defendant of First Trial): Zhejiang Taobao Network Co., Limited. Domicile: No. 21, Fengling Road, Wuchang Street, Yuhang District, Hangzhou City, Zhejiang Province.

Legal representative: Ma Yun, Chairman of the Board.

Entrusted agent: Zhang Yiwen, staff member of Zhejiang Taobao Network Co., Limited.

Entrusted agent: Yan Yidong, lawyer of Beijing Longan Law Firm Shanghai Branch.

Appellee (Plaintiff of First Trial): E · Land International Fashion (Shanghai) Co., Ltd. Domicile: No. 21, Lane 4999, South Hongmei Road, Minhang District, Shanghai.

Legal representative: Jin Guagnlai, Chairman of the Board.

Entrusted agent: Dai Shanyin, staff member of E · Land International Fashion (Shanghai) Co., Ltd.

Entrusted agent: Shanghai AllBright Law Offices.

Defendant of first trial: Du Guofa, male, Han, born on April 1, 1979. Address: Room 802, No. 99, Lane 860, Yangsi Road, Pudong New Area, Shanghai. Address for service of legal instrument: Room 501, No. 63, Lane 3288, South Yanggao Road, Pudong New Area, Shanghai.

The Appellant, Zhejiang Taobao Network Co., Limited (hereinafter referred to as Taobao Company), did not accept (2010) Pu-Min-San- (Zhi) -Chu-Zi No. 426 Civil Judgment made by Pudong New Area People's Court of Shanghai on the case for dispute over trademark infringement and lodged an appeal to our court. The court, after filing the case on February 17, 2011, duly formed a collegiate panel and held an open trial on March 23, 2011.

Appearing at the court for debate were Zhang Yiwen and Yan Yidong, entrusted agents of the Appellant, Taobao Company, Dai Shanyin and Chen Bo, entrusted agents of the Appellee, E · Land International Fashion (Shanghai) Co. (hereinafter referred to as E · Land Company), and the Defendant of first trial, Du Guofa. The trial of the case has been concluded.

The court of first trial identified facts by trial that

The outsider, E. LAND LTD., is a South Korean Company. It is the holder of the No. 1545520 registered trademark, " ", and No. 1326011 registered trademark, " ". The commodities for which No. 1545520 registered trademark is approved to be used are garments in Class 25, and those for which No. 1326011 registered trademark is approved to be used are

Class 25, which covers jackets (clothing), shorts, overalls, T-shirts, shirts/blouses, underwear, scarves, half hoses, hats and sports shoes. On January 1, 2009, E. LAND LTD. issued a *Power of Attorney on Trademark Maintenance*, stating that E. LAND LTD. entrusts E · Land International Fashion (Shanghai) Co. (hereafter referred to as E · Land Company) to be the sole agent to exclusively use in Mainland China No. 1545520 and No. 1326011 registered trademarks of E. LAND LTD. and conduct trademark maintenance activities, including investigation on information about the infringing party, evidence collection, product authentication, infringement complaint and lawsuit, and requesting the infringing party to compensate for the loss. In September 2009, Shanghai Garment Headwear and Shoes Commercial Association issued a Certificate to state that "The market share in terms of sales volume of TEENIE WEENIE brand women's casual wear manufactured by E · Land Company ranked in the top three among the like products in the industry, and ranked in the top five among the like products in China from 2006 to 2008. TEENIE WEENIE and E. LAND women's casual wear manufactured by E · Land Company were recommended by Shanghai Famous Brand Recommendation Committee as 2009 Famous Brand in Shanghai.

The Defendant, Taobao Company, is the manager of the website, *www. taobao. com.* Taobao Company provides users with online trading platform services. There are two kinds of trading platforms on *www. taobao. com*, namely shopping mall (Business to Customer (B2C)) platforms and non-shopping mall (Customer to Customer (C2C)) platforms. Individual who has no business license may also apply for opening online shops (C2C) on *www. taobao. com.* The Defendant, Du Guofa, is a C2C seller. *www. taobao. com* does not collect any charge for trading on the website between C2C sellers and buyers. *www. taobao. com* applies real name authentication of individual sellers. Seller should firstly register an account at *www. taobao. com.* Information about real name, ID Card No., contact and others is required for the registration. Taobao Company will then identify the identity information filled in by the sellers through such channels as identity card number inquiry system of the Ministry of Public Security. Only after passing the real name authentication can users on *www. taobao. com* open the online shops. Sellers may publish information about commodities for sale in the shop, including prices, sizes, colors, and pictures of the commodities. According to the statistics from Taobao Company, the turnover of *www. taobao. com* reached RMB 80.9 billion yuan, and its members totaled 145 million in the first half of 2009.

Taobao Company formulated and issued the *Online Trading Services Agreement of www. taobao. com*, the *Rules for Management of Goods Release* and the *Rules for Management of User Behaviors on www. taobao. com*, in which it is mentioned multiple times that users are forbidden to release commodity information infringing other's intellectual properties, and relevant punishment measures are also developed. The *Rules for Management of (C2C) User Behaviors on www. taobao. com* effective on September 15, 2009 stipulates that it will constitute irregularities if a Taobao user infringes upon others' intellectual properties in such information or carriers as commodity names and commodity introduction. The irregularities on infringement upon other's intellectual properties include all the acts in violation of relevant clauses in the *Rules for Management of*

Prohibited and Restricted Items for Trading or such laws and regulations as the *Trademark Law*, the Copyright Law and the *Patent Law*. Besides, the rules also stipulate the corresponding punitive measures. If a Taobao user conducts such irregularities as trademark infringement or patent infringement, such user shall be punished by restricting the release of commodities for 14 days, removing all commodity information and public announcement of the punishment (warning) for 14 days. On top of those, there will be 6 points deducted on the record. Deducing the points on the record due to irregularities of Taobao users is a way to record such irregularities of Taobao users. The point deduction on the record for irregularities is done regularly on a calendar year basis (from January 1 to December 31). If the points deducted for irregularities of a user reach 12, Taobao Company will freeze the account, and only after such user passes the check will Taobao Company unfreeze the account. Only after a period for education can the user take part in the assessment. The duration of the education period should be the result of the freezing times in the point recording period multiplied by 3, e. g., the duration of the education period for the first-time freezing is 1 ×3 =3 days, and that for the second-time freezing is 2 ×3 =6 days. After the account is frozen, the user may still access *www. taobao. com*, but commodity information released by him/her is restricted while all the commodity information of the user will be removed. Taobao Company is entitled to ban the account of the user permanently with regard to irregularities with particularly serious circumstances. On June 10, 2010, Taobao Company issued the *Rules for Management of User Behaviors on www. taobao. com* (*Revised Version*) for both B2C and C2C platforms, which further refine the irregularities of Taobao users and adjust the punitive measures. The rules specify three classes of punitive measures against irregularities infringing upon others' intellectual property. Class I is to deduct 48 points if there is conclusive evidence to prove that the seller distributes any counterfeited commodity and the circumstance is particularly serious. Class II is to deduct 12 points if there is conclusive evidence to prove that the seller distribute any counterfeited commodity. Class III is to deduct 4 points if any issued or used commodity, picture and shop name and other aspect of the shop has infringed upon the trademark right, copyright, patent right, or mislead the consumers. When the deducted points reach or exceed 12 points but less than 24 points, the member will be given a punishment of shop shielding, restriction on commodity distribution, restriction on sending private messages, restriction on all the functions in the community and public warning for 14 days. When the deducted points reach or exceed 36 but less than 48, the member will be given a punishment of removing of all commodities from the online shelves, restriction on sending private messages, restriction on all functions in the community, closing the shop and public warning for 21 days. If the deducted points reach or exceed 48, the member will be banned permanently from *www. taobao. com.*

www. taobao. com has also published channels for complaint on intellectual property infringement. The right holders may lodge complaints to Taobao Company via such channels as telephone, letter, or e-mail. In the trial of the case, Taobao Company elaborated its flow of processing complaints on intellectual property infringement. I. Complaint of right holders. A right holder should provide the following data when lodging a complaint, namely (1) certificate of rights and proof of identification; (2) infringement link; (3) preliminary proof or sufficient reason to judge establishment of infringement; (4) for repeated complaints against the same seller, specific time and times of repeated complaint should be marked. The preliminary proof for judging establishment of infringement may be obvious infringing information on web pages, proof of notarized purchase, or self-admission by the seller in chatting. The ground for judging infringement must be the statutory one of infringement establishment instead of price or unauthorized distribution, to name just a few. If a right holder judges that the complained product is not produced by him/her, the unilateral statement made by him/her can be taken as the certificate to prove the infringement. II. Disposal after establishment of infringement. After the right holder provides complete complaint data, Taobao Company will examine relevant data in such aspects as (1) whether the trademark right still exists and continues to exist validly; (2) whether the right as principal of the right holder exists validly; (3) whether the grounds and/or evidence for judging trademark right infringement are preliminarily established; (4) whether there is any corresponding relationship between the grounds on which the right holder judges trademark right infringement and the link result provided by the right holder (identifying the infringing object). After the aforesaid formal examination of four-step procedure, the following measures will be taken: (1) delete the links suspected of being involved in infringement; (2) if the right holder, for the purpose of further claiming rights through judicial procedure, asks for information about the suspected infringer, Taobao Company may provide the name, contact and ID Card No. of the suspected member; (3) punish the complained seller.

E · Land Company held that there were a large number of sellers who release information about infringing commodities. Using the search function provided by *www. taobao. com*, E · Land Company found commodities suspected of being involved in infringement by inputting keywords, then screened the search result manually and sent the websites with information on infringing commodities through e-mail to Taobao Company. In the mean time, E · Land Company sent a written notification letter and relevant trademark right ownership certification materials to Taobao Company, requesting the latter to delete the information about infringing commodities and provide authentic information about the sellers. Upon the receipt of the complaints from E · Land Company, Taobao Company checked the submitted trademark right ownership certification materials, examined and verified the information about the commodities complained by E · Land Company piece by piece manually, deleted the commodity information that Taobao Company considered to constitute infringement, and informed E · Land Company of the information about identity of the sellers publishing the information about the infringing commodities. As there are large amount of information regarding the infringing commodities on *www. taobao. com* identified by E · Land Company, the company lodges complaints to Taobao Company almost every business day, and the number of the pieces of information on complained commodities every day ranges from thousands to tens of thousands. According to statistics, from September 29, 2009 to November 18, 2009, there were altogether 131,261 pieces of information on infringing commodities complained by E · Land Company to Taobao Company, among which 117,861 pieces were deleted by Taobao Company after examination and verification. From February 23, 2010 to April 12, 2010, there were altogether 153,277 pieces of information on commodities complained by E · Land Company to Taobao Company, among which 124,742 pieces were deleted by Taobao Company after examination and verification. The quantity of information about commodities deleted by Taobao Company accounted for 85% of the total quantity of information complained by E · Land Company. There were totally 14 trademarks, such as TEENIE WEENIE and Eland involved in the complaints lodged by E · Land Company. After Taobao Company deleted the commodity information according to complaint of E · Land Company, some sellers raised objections to Taobao Company and provided preliminary evidence that the commodities they sold had legal source. Taobao Company would then transfer the objections of these sellers to E · Land Company, who would sometimes withdraw its complaint for either wrong complaints or not being able to judge whether it belonged to infringement or not temporarily. There were 7 complaints made by E · Land Company aiming at Du Guofa from September 29, 2009 to November 11, 2009 in the aforesaid ones, in which 3 complaints involved TEENIE WEENIE trademark and 4 involved another registered trademark, SCAT, of E. LAND LTD. Taobao Company immediately deleted the commodity information released by Du Guofa upon the receipt of the complaint made by E · Land Company. Du Guofa did not raise any objection to E · Land Company and Taobao Company, nor did Taobao Company take any punitive measure against Du Guofa. Taobao Company did not punish Du Guofa by deducting points, etc. until September 2010.

The entrusted agent of E · Land Company applied to Shanghai Changning Notary Public Office (hereafter referred to as Changning Notary Office) for evidence preservation notarization on November 19, 2009. On November 20, 2009, Changning Notary Office issued (2009) HU-Chang-Zheng-Zi No. 6449 Notarial Deed, which stated mainly the following content. We opened IE browser, input *http://shop35344840.taobao.com* into the address bar to enter the shop named "传说中 de 傀傀" (legendary puppet). It was shown on the homepage of the online shop: seller's credit: 606, buyer's credit: 109, number of goods: 1,037, date of the shop founding: February 7, 2008. The "Latest Announcement" on the homepage stated that some products for sale in the shop were certified products sold over the counter, while some others were imitations based on original samples. You may rest assured that our products are absolutely dependable in quality... Among the category columns on the left of the page, there were such columns as "PORTS", "LEE", "TEENIE WEENIE", and "E-LAND", etc. We chose a garment named "品牌原单 TW 小熊 (PNR2) 后绣花小熊连帽磨毛卫衣" (hooded TW bear fleece (PNR2) with rear embroidery). The introductory page of the garment showed: price of the garment: RMB 75; inventory: 72 pieces; pieces sold in 30 days: 0; a photo of the garment was also attached. We could see from photos that on the garment was embroidered with a picture of a cartoon bear, and on the hang tag of the garment printed Teenie Weenie and a heart-shaped pattern. The agent of the E · Land Company paid RMB 80 yuan (inclusive of RMB 5 yuan for express fee) for the aforesaid garment. After receiving the express package of the garment, the agent of E · Land Company applied again to Changning Notary Public Office for evidence preservation notarization on December 28, 2009. Changning Notary Public Office photographed the overall process of the agent's acts of the package unwrapping and re-sealing. On January 6, 2010, Changning Notary Public Office issued (2010) HU-Chang-Zheng-Zi No. 391 notarial deed. In the trial, Du Guofa confirmed that the shop named "传说中 de 傀傀" was operated by him.

During the trial, the court of first trial sealed off and examined the articled sealed up at Changning Notary Public Office. The item for notarization was a black sweatshirt, whose hang tag was printed the words "Teenie Weenie" and a heart-shaped pattern. On the front and back of the garment were embroidered a cartoon bear respectively in different postures.

The court also identified that E · Land Company had notarized the content of the e-mail replied by Taobao Company to preserve the evidence. On June 30, 2010, Shanghai Songjiang Notary Public Office issued (2010) HU-Song-Zheng-Jing-Zi No. 817 Notarial Deed regarding the aforesaid content. The notarial fee was RMB 2,800 yuan. E · Land Company stated that it paid RMB 1,000 yuan notarial fee for the deed (2010) HU-Chang-Zheng-Zi No. 391, but the company did not present the invoice of the notarial fee. Besides, E · Land Company also paid RMB 100 yuan for file consulting fee, RMB 50,000 yuan for attorney fee, and RMB 1,000 yuan notarial fee for the deed (2009) HU-Chang-Zheng-Zi No. 6449.

The court of first trial held that authorized by E. LAND LTD., E. Land Company enjoyed the exclusive permitted right to use No. 1545520 registered trademark, " ", and No. 1326011 registered trademark, " ". The exclusive right enjoyed by the Plaintiff to use the registered trademarks was protected by law. Others shall not sell commodities infringing the exclusive right to use these registered trademarks. In this case, the commodities for which No. 1545520 trademark was approved to be used were garments, which were the same as the commodities sold by Du Guofa. By comparison, the bear head picture on the involved commodities sold by Du Guofa looked extremely similar to the picture on No. 1545520 trademark in facial form, the five sense organs, accessories on the head and posture. Based on the standard of general attention paid by relevant public, there was no difference between the two in visual perception, and hence the two trademarks constituted identical ones. The commodities for which No. 1326011 trademark was approved to be used were jackets (clothing), shorts, overalls, T-shirts, shirts/blouses, underwear, scarves, half hoses, hats and sports shoes. The involved commodities sold by Du Guofa were different from the commodities for which the registered trademark was approved to be used, but the two were substantially the same in such aspects as function, production department, and distribution channel. According to general perception of relevant public, the two should be similar commodities. On the hang tags of the involved commodities sold by Du Guofa were the words, Teenie Weenie, and a heart-shaped pattern, which were the same as the No. 1326011 trademark, " ". The difference was that there were 2 lines of English words, "Fly To Dreams!" and "CHARACTER STUDIO" in heart-shaped pattern on the hang tag. Because the words, Teenie Weenie, and the heart-shaped pattern constituted the major content of the pattern on the hang tag of the involved garment, it was sufficient to make consumers mistake origins of the commodities, and the two constituted similar trademarks. In conclusion, the involved commodities sold by Du Guofa should be determined as commodities which have infringed the exclusive right to use the No. 1545520 and No. 1326011 registered trademarks. Du Guofa argued that the products he sold have legal sources and that he did not know that the commodities sold by him had infringed other's exclusive right to use the registered trademarks. According to Article 56. 3 of the *Trademark Law of the People's Republic of China* (2011 *Amendment*), if goods infringing the right to exclusively use a registered trademark are sold without knowledge of such infringement, and the seller is able to prove that the goods are legally acquired and provide the supplier, the alleged infringer shall not be liable for damages. As Du Guofa failed to provide evidence to prove that the commodities he sold were obtained legally, and he ought to know, after many times of complaints by E · Land Company and deletion of the commodity information that he released by Taobao Company, that the commodities he sold had infringed upon other's exclusive right to use the registered trademarks. As his defense could not be established, he shall assume the tort liabilities by law.

Where an online user uses network to conduct infringement act, the infringed is entitled to notify network service providers to take necessary measures such as deletion, shielding and disconnection of the link. From September 29, 2009 and November 11, 2009, E · Land Company observed that after Du Guofa sold the infringing commodities on *www. taobao. com*, he sent letters of notification on infringement to Taobao Company for 7 times in tandem. Taobao Company deleted the commodity information released by him for 7 times after examination and verification. Taobao Company held that the company had taken necessary measures. The court held that network provider's timely deletion of infringing information upon the receipt of notification was one of the conditions under which such provider shall be exempted from bearing liabilities for damage, but was not a sufficient condition. If, after the network provider deletes the information, the user still utilizes the network service provided to continue the infringement act, the network provider should take further necessary measures to stop such infringement. Which measures are necessary ones should be determined based on such factors as type of network service, technical feasibility, cost and circumstances of infringement. Specific to service providers of online trading platform, these measures may be public warning to network users, lowering their credit ratings, restricting their release of commodity information, and even closing these users' accounts. As the biggest online trading platform service provider, Taobao Company is fully capable of managing the irregularities of the network users. Taobao Company has actually formulated and issued a series of codes of conduct for network users, and also punished some users for their irregularities. If Taobao Company handles the irregularities strictly according to the rules it formulates, it can add the difficulty in the network users' infringement though such infringement acts may not be completely eradicated, so that the goal of reducing infringement can be attained. As far as this case is concerned, Taobao Company, upon the receipt of the notice on complaint from E · Land Company, examined and verified the content of complaint and deleted the commodity information released by Du Guofa. According to the then effective rules for management of user behaviors of *www. taobao. com*, after Taobao Company received, examined and verified the complaint from E · Land Company, it should also take such punitive measures against Du Guofa as restricting the release of commodity information, deducting points, and even freezing accounts. However, Taobao Company did not take any other punitive measure apart from deleting the commodity information. Given 7 times of effective complaint, Taobao Company supposedly knew that Du Guofa utilized his online trading platform for selling infringing commodities, but Taobao Company did not take necessary measures to stop the infringement, which enabled Du Guofa to continue the release of information on infringing commodities without any restriction. Based on aforesaid grounds, the court held that despite that Taobao Company had the condition and capability to take measures against the specific infringer, Du Guofa, Taobao Company, under the circumstance that it knew Du Guofa had issued information on infringing commodities for many times, did not strictly execute the rules for management, and continued to provide network service for Du Guofa, which had indulged Du Guofa with continuous infringement acts. Taobao Company's deliberate intention to provide convenience for Du Guofa's distribution of infringing commodities has constituted contributory infringement. Taobao Company had subjective fault and shall thus bear joint and several liabilities for compensation.

As for the amount of compensation, because neither the Plaintiff nor the Defendants provided evidence to prove that Du Guofa gained profit from the infringement or E · Land Company suffered loss due to the infringement, the court determined the compensation for economic loss to be RMB 3,000 yuan by taking into the circumstances as well as the factors such as great popularity of the involved trademarks, relatively small business of Du Guofa's online shop and small amount of profit into overall consideration. With regard to the Plaintiff's claim for expenditure such as attorney's fee, notarial fee and file consulting fee, the court, considering the credibility, relevance, necessity and rationality of the expenditure, supported the reasonable expenses RMB 7,000 yuan. As the Defendant's infringement of the exclusive right of the Plaintiff to use the trademark does not involve interest of personality, the court did not support the claim of the Plaintiff that the Defendant should apologize to the Plaintiff.

In summary, pursuant to Article 130 of the *General Principles of the Civil Law of the People's Republic of China*, Article 52. 2, *Court on Several Issues Concerning the Implementation of the General Principles of the Civil Law of the People's Republic of China* (*For Trial Implementation*), Article 16. 1, 16. 2, and Article 17 of the *Interpretation of the Supreme People's Court Concerning the Application of Laws in the Trial of Cases of Civil Disputes Arising from Trademarks*, and Article 50. 2 of the *Regulation for the Implementation of the Trademark Law of the People's Republic of China*, the court hereby ruled that (1) the Defendants, Du Guofa and Taobao Company shall, within ten (10) days since the date when the ruling comes into effect, jointly pay RMB 3,000 yuan to the Plaintiff, E · Land Company as compensation for economic loss; (2) the Defendants, Du Guofa and Taobao Company shall, within ten (10) days since the date when the ruling comes into effect, jointly pay RMB 7,000 yuan to the Plaintiff, E · Land Company as compensation for reasonable expenses; (3) Other claims of the Plaintiff, E · Land Company, shall be dismissed.

After the court's ruling, the Defendant, Taobao Company, did not accept it as final and lodged an appeal to the court, requesting the court to amend the judgment to dismiss all the claims made by E · Land Company for Taobao Company. The grounds on which the Appellant, Taobao Company, loaded an appeal are:

1. The 7 involved complaints made by the Appellee were not valid complaints as the Appellee did not provide any certification to judge the infringement. In this sense, the Appellant was unable to know that the Appellee had complained for many times and to examine and verify whether the complained information constituted infringement. At last, the Appellant was not able to take further measures on the complained seller. (1) In the 7 involved complaints about the Appellee, 4 involved another registered trademark, "SCAT", of E. LAND LTD., which was irrelevant to No. 1545520 and No. 1326011 registered trademarks claimed by the Appellee in this case. The other 3 complaints were not valid ones as there was no certification for judging infringement submitted. A valid complaint should include preliminary evidence or reasons for judging the establishment of infringement. Otherwise, even if the Appellant receives the complaint, what such Appellant sees is still the commodity information itself. Under the circumstance that the seller does not admit the commodity information has been infringed, the Appellant does not know there is infringement after receiving the complaint. Besides, the 7 complaints are not valid unless they aim at information about the same commodity released at different time. However, the court of first trail did not identify such fact as well as whether the commodity information in the 7 complaints constituted infringement. Hence the court of first trial was wrong to determine that the 7 complaints were valid. (2) The Appellee did not submit certification for judging infringement when complaining to the Appellant, thus the Appellee was unable to examine and verify whether the complained information constituted infringement. The Appellant had to perform the duty of care by temporarily deleting relevant complained commodity information. Since the Appellant could not examine and verify whether the complained information constituted infringement, it was unable to punish the complained seller. The court of first trial found that the Appellant examined and verified the information complained by the Appellee manually and deleted the commodity information which it considered to be infringing information, which were wrong findings of facts. (3) The Appellee, E · Land Company used such keywords as "TW" and "小熊 (little bear)" in its keyword search. The search results were poor in both relevance and accuracy. Moreover, there was irrelevant link information regarding customization of personalized desk calendars with photos of Winnie bear in the information suspected of being involved in infringement, which was attached to the letter of notification on commodity infringement of the Appellee. Besides, the number of the pieces of complained information from the Appellee every day was very large, resulting in that the Appellant was unable to judge whether there were repeated information about complaints among tens of thousands of pieces of complaining information. (4) For 7complaints, the Appel-

lee did not mark the specific time, and the number of times of the repeated complaints according to requirements of *www. taobao. com.*

II. The Appellant did not know that Du Guofa performed infringement acts, and thus was not at fault with regard to the infringement act of Du Guofa. There was lack of legal basis that the court of first trial decided that the Appellant knew that Du Guofa had released information about infringing commodities for many times on the grounds that the Appellant deleted complaining information. Nor was there any factual or legal basis in deciding that the Appellant indulged Du Guofa with the continuous infringement and deliberately provided convenience for Du Guofa to sell infringing commodities.

The Appellee argued that despite that the Appellant was fully aware of the infringement act of Du Guofa, it did not take any measures to prevent the infringement act from happening again. Instead, the Appellant provided help with network service for the infringement act.

I. All the Appellee's letters of complaint stated preliminary evidence and grounds to judge the establishment of infringement. The Appellee pointed out multiple reasons in the letters such as the commodities in the related link were not produced by its company or other entrusted companies, and further specified that selling products of its company were done in direct sales, and the Appellee did not authorize others to distribute the products or act as its agents. Its company and its entrusted manufacturing factory produced in fixed quantity, and agreed on ways to dispose above-quota products, such as destruction by melting or burning. All of the present sales prices in its direct-sale stores of the company are more than 50% of the prices marked on the hang tags, thus it contradicts with common sense of transaction that others purchase products of its company and sell them with less than 50% concession in price.

II. In the reply of the Appellant to the complaint letter of the Appellee, it is shown that after reviewing relevant information, the Appellant could not temporarily judge whether the infringement is established or not. However, the Appellant never mentioned to the Appellee that in the complaint letter of the Appellee, there were circumstances which did not conform to requirements, such as not providing certification or grounds to judge infringement. Furthermore, though there have been frequent complaints about information on infringing commodities on *www. taobao. com* since 2006, the Appellant never indicated to the Appellee that the complaints of the Appellant were invalid. The Appellant can determine that relevant links were infringing based on the judgment standard and methods provided by the Appellee as well as unilateral statement, and the Appellant has deleted the links and provided information on the infringing sellers which was attached to the mails sent by the Appellants. The registration information of Du Guofa was also contained in the aforesaid e-mails. The Appellant did not put the information of Du Guofa in the "list of links unable to be judged". In addition, Du Guofa did not raise objections to the deletion of the complaining information by the Appellant in a period as long as 2 months.

III. According to stipulation of the Appellant, to complain, the right holder should provide the preliminary evidence to judge the establishment of infringement, which may be obvious infringing information on web pages, certification of notarized purchase, and self-admission of the seller in chatting. Such requirements not only make the right holder overwhelmed, but also contradict the spirit of law.

IV. As the largest domestic online shopping platform, *www. taobao. com* is fully capable of managing the irregularities of users. However, concerning multiple complaints by the Appellee, the Appellant simply handled them by deleting commodity information and did not take further appropriate measures. It could have stopped the irregularities of the seller if the Appellant punished the infringing user by adhering strictly with the rules it had formulated.

The Defendant of first trial, Du Guofa, stated that as a manufacturer's agency, he did not know that the commodities he released information were infringing ones. He agreed with the opinions of the Appellant.

During the second instance, the Appellee provided following 3 pieces of evidence to the court, namely

(1) A subpoena issued by the court of first trial for (2010) Pu-Min-San- (Zhan) -Chu-Zi No. 69 case which was heard on March 12, 2010, a letter of commitment issued by Du Guofa to prove that the Appellant knew Du Guofa issued a letter of commitment and knew perfectly well that Du Guofa had conducted trademark infringement.

(2) A file record of No. 5199073 registered trademark, "SCAT", to prove that the Appellee has the trademark right to the trademark.

(3) A record of No. 1326011 registered trademark, "Teenie weenie", to prove the authenticity of the trademark file whose original was not provided in the first trial.

The Appellant held that there was no objection to the authenticity of Exhibit 1, but it was not relevant to this case, nor could it prove that the Appellant knew that Du Guofa had any infringement. Exhibit 2 was not the registered trademark claimed by the Appellee in this case, which was irrelevant to this case, and thus should not be taken as the trial object of this case. The authenticity of Exhibit 3 was also accepted. The court held that the Appellee of this case charged that after it complained for multiple times to the Appellant from September 29, 2009 to November 11, 2009, it found that Du Guofa infringed again on *www. taobao. com* on November 19. The Appellant should assume liabilities for tort. The court did not accept Exhibit 1 into evidence, for it occurred after the aforesaid period and was not directly relevant to infringement determination. Exhibit 2 did not constitute new evidence, thus the court would not start cross-examination. The court accepted Exhibit 3 into evidence as the Appellant had no objection to it and it was the reinforcement to the evidence determined by the court of first trial.

The court identified the fact by trial that the findings of facts of the court of first trial were substantially correct, thus the court affirmed them.

It was also found that the Appellee began as early as in 2006 to complain to the Appellant on the act of selling commodities which had infringed the right to its registered trademark on *www. taobao. com*. The 7 complaints made by the Appellee to the Appellant from September 29, 2009 to November 11, 2009, which include the *Letter of Notification on Trademark Infringement* on the shop operated by Du Guofa, covered the following content: "We, E · Land International

Fashion (Shanghai) Co. ,enjoys the exclusive right to use such trademarks in China as TEENIE WEENIE, E · LAND, SCOFIELD, PRICH, SCAT, TERESIA and ROEM. (right of using includes but is not limited to marking trademarks on commodities for sale, using them in shop decoration, producing by itself or entrusting others to produce commodities on which the registered trademark is stuck, and using trademarks for commodity packages and advertisements. Meanwhile, E · Land International Fashion (Shanghai) Co. is entitled to maintain its trademark right within authorized scope, which includes but is not limited to trademark infringement investigation and complaint, identification of the authenticity of garments with the registered trademarks, trademark infringement lawsuit and claim for trademark infringement.) Presently, all the brand products of our company in the Chinese market are sold in the model of "signing *Consolidation Contract* with department stores" and "exclusive shops in shopping centers". We did not authorize others to distribute or act as agent of brands of our company. The *Commission Processing Contract* signed between our company and the manufacturing factory specified quantities of the products to be manufactured on a commission basis, and agreed on the methods to handle the above-quota products resulting from process flow. Up until now, none of the market retail prices of the garments of all our brands are lower than 50% of the prices marked on the hang tags. According to the common sense in market dealing, it is unlikely that some operators purchase garments bearing the brands of our company in large quantity and then sell them at prices lower than the purchase prices. The processing cost of the products bearing all the brands of our company accounts for 20% ~30% of the price marked on hang tags. Therefore, it is highly possible that the commodities in large quantity sold at such low price on *www. taobao. com* are infringing commodities. *www. taobao. com* should have attached sufficient importance to such phenomenon. Unified serial numbers are given on the hang tags or care labels of all the garments manufactured by our company or other manufactures on a commission basis. Hence *www. taobao. com* should have asked the registered users distributing the brand garments of our company to clearly mark unified serial numbers, otherwise they should be forbidden to use the registered trademarks of our company or words containing the registered trademarks of our company in product names or product description. . . " The Appellee attached a detailed list of links to the aforesaid *Letter of Notification*, and stated that the commodities bearing registered trademarks of the company to which the links are directed were not produced by the company or the manufacturer commissioned by the company, nor did it authorize others to sell the products. In the mean time, the Appellee requested the Appellant to take the following measures: immediately delete the information about the attached links and provide identity information about sellers; with regard to infringing sellers whom the Appellant has punished, the repeatedly released information about the involved commodities by such seller should be removed. If they insist on the continuous releasing, *www. taobao. com* should examine and verify such legitimacy. *www. taobao. com* should permanently delete the accounts that repeatedly infringe upon others.

The Appellant replied to the aforesaid *Letters of Notification* of the Appellee successively. The reply of the Appellant contain the following content: "1. With regard to the content of the mail, we sent to your e-mail address, (the name of whose attachment is 'links unable to be judged'), as far as the content of the information about relevant products testified by you, we temporarily cannot make the judgment that the infringement is established based on the data you have provided till now and the product information we have reviewed. Specifically it includes the circumstances but is not limited to the following: the trademark registration certificates of corresponding commodity categories provided by you have not been obtained. The information about the products actually is web pages of down payments where there is no information about the products with specific styles. According to the infringement judgment basis provided by you, as the trademark certificates provided by you enjoy exclusive right in only China, and you testified that some of your products are "directly delivered from South Korea", it is likely that though some products are not produced by you, they do not infringe upon your trademark right. In this sense, temporarily we were unable to process such kind of product information. Please further verify to provide us further certification materials. If you could confirm that relevant testified links direct to counterfeited products, we would appreciate it if you could fill in the column of the infringement way. We will verify and process after receiving your materials. 2. We have deleted all the links except those unable to be judged, ..." Among the aforesaid "links unable to be judged", there is no link to the commodity information released by Du Guofa. Besides, the Appellant provided identity information registered by sellers by means of sending emails, and the information included the identity information of Du Guofa.

When the Appellant deleted the complained information about the shop name "传说中 de 傀傀", it notified Du Guofa of the deletion of relevant information he released and reasons for the deletion. Du Guofa did not make any response to the Appellant after receipt of the notice.

The court held that with authorization of the holder of the exclusive right to the registered trademark, the Appellee had the exclusive right to No. 1545520 and No. 1326011 registered trademarks by law, and was entitled to file a lawsuit against the act of infringement of exclusive right to such trademarks. Pursuant to Article 52 of the *Trademark Law of the People's Republic of China*, selling goods which infringe upon the right to exclusively use a registered trademark shall be an infringement upon the right to exclusively use a registered trademark. The court agreed to the determination of the court of first trial that Du Guofa's sales of commodities that infringed No. 1545520 and No. 1326011 registered trademark rights had constituted trademark infringement and the reasons for such determination.

As the operator of *www. taobao. com*, the Appellant provided online trading platform for Du Guofa to sell infringing commodities in the case. However, it did not directly perform the act of selling infringing commodities and shall fall into a network service provider. Generally, network service providers do not have the ability to foresee and avoid infringement act of network users. Hence they do not necessarily need to bear tort liabilities for compensation due to infringement acts of network users. However, network providers should jointly bear tort liabilities with network users if they still provide network service or do not take appropriate measures to prevent infringement acts from happening again provided that they know perfectly well or supposedly know that network users conduct infringement acts by utilizing the network service it provides.

Specific to this case, the court held that firstly, evidence on record showed that the Appellee began to complain to the Appellant about trademark infringement on *www. taobao. com* as early as in 2006, and the amount of the complaint information was very large. But there was still large amount of information about the commodities complained of trademark infringement in November 2009. Besides, among the information about the complained commodities deleted by the Appellant, the ratio of counter notice from sellers was very low. It thus could be seen that the Appellant was aware that there were a lot of commodities which infringed trademarks on *www. taobao. com*, and that the only deletion of the links to deal with the long-term large amount of complaints from the Appellees was not effective. Secondly, the letter of complaint from the Appellee specified the links believed to be links to information about infringing commodities and relevant reasons for infringement. Although the Appellee did not explain reasons for each link complained of infringement or provide evidence to judge infringement, the Appellee has provided for the Appellant relevant certificates of rights and addresses of the links complained of infringement, and specified many reasons for which it judged infringement. Besides, the Appellee has kept complaining to the Appellant for many years. The reasons for the complaints were nothing else but the several circumstances listed in the letters of complaint. Therefore, the Appellant actually knew the types of the infringement reasons complained by the Appellee under general circumstances. With regard to the grounds of appeal of the Appellant that it was unable to judge whether the infringement was established because the Appellee did not provide certification on judgment of infringement, they were not established. The Appellant would definitely view information about the commodities in the relevant links when the Appellant processed the complaint links complained by the Appellee, so that it would get a preliminary understanding and judgment about whether the relevant commodity information was infringing information. Therefore, by viewing the relevant link information, the Appellant, who often processes complaints about trademark infringement, ought to know that sellers on www. taobao. com have conducted the act of infringing trademark right of the Appellee. Thirdly, it was stated clearly in the notarial deed on record that when the Appellant purchased the alleged infringing commodity, Du Guofa put up a public announcement in its online shop that "Some products for sale in this shop are certified products, while some others are imitations based on original samples. You may rest assured that our products are absolutely dependable in quality..." It was clearly shown in this announcement that Du Guofa was selling infringing commodities. The Appellant was surely aware that when it was processing relevant complained link information. Thus it could also prove that the Appellant knew that Du Guofa conducted the act of trademark infringement. Last, for judging infringement, whether the seller sent a counter notice should also be taken into consideration besides the evidence provided by the complaining party. Under normal circumstances, if information about legally authorized commodities is deleted, the respondent is not likely to remain indifferent. Instead, he/she will definitely respond actively and send a counter notice timely, unless the information is confirmed to be about infringing commodities. In this case, Du Guofa did not respond or defend himself after the commodity information he released was deleted and was notified of the deletion. On this ground the court knows perfectly well that Du Guofa conducted the act of selling infringing commodities.

Taking all of the aforesaid factors into consideration, the court held that despite that the Appellant knew of the trademark infringement act of Du Guofa by utilizing its network service, the Appellant simply passively took the ineffective measure of deletion according to notice of the right holder without taking necessary measures which can prevent the infringing act from happening again, so that it indulged the infringement acts. The Appellant had faulted subjectively and helped Du Guofa conducted the infringement act objectively, thus the Appellant constituted joint infringement and shall bear joint and several liabilities with Du Guofa.

The Appellant proposed that of the 7 complaints in which the Appellee was involved, 4 complaints were irrelevant to the trademark right claimed by the Appellee in this case. With regard to the other 3 complaints, certification on judging the infringement was not provided. The 7 complaints were not released toward the same commodity at different time, which were not valid complaints. The court held that the notice sent by the trademark right holder to a network service provider should convey to the latter that the fact of infringement may exist and that the infringed has the right to claim. Whether the information about infringing commodities was released by the seller once or more than once, whether the complaints aimed at the same commodity or different commodities, whether it was the same trademark of the same right holder or different trademarks, the complaints were enough to inform a network service provider of the possibility of the existence of the infringement fact, and were enough to make the network service provider have a reasonable understanding of whether the complained seller infringed or not. Therefore, the 7 complaints of the Appellee in this case were sufficient to have clearly shown to the Appellant that Du Guofa conducted infringement acts. The aforesaid grounds of appeal of the Appellant cannot be established, which the court did not accept.

The Appellant proposed that the complaints made by the Appellee feature large quantity and poor accuracy. Besides, the mails of complaints were not labeled, thus the Appellant was unable to find repeated complaints. The court held that the evidence on record proved that from September 29, 2009 to November 18, 2009, the pieces of information about infringing commodities complained by the Appellee reached 131,261, in which 117,861 were deleted by the Appellant. From February 23 to April 12, 2010, the pieces of commodity information complained by the Appellee reached 153,277, in which 124,742 were deleted by the Appellant. Such large quantities of complaints of the Appellee and deletion of the complaints by the Appellant further proved that the only measure of deletion taken by the Appellant did not improve the infringement on www. taobao. com. Besides, large quantities of complaints of the Appellee and the low accuracy rate of the complaints certainly affected the manpower and time consumed by the Appellant's examination and verification of the complaint information, but they were not much relevant to whether the Appellant could find repeated complaints. Therefore, the grounds of appeal of the Appellant cannot be established either, which would not be accepted by this court.

To sum up, the court of first instance made a clear finding of fact, and applied the law correctly. The relevant grounds of appeal of the Appellant are not established, thus the court does not support its appeal. Pursuant to Article 153. 1 (1) of the *Civil Procedure Law of the People's Republic of China*, the court ruled that

The appeal was rejected, and the original judgment was affirmed.

The court fee for the second trial of the case is RMB 800 yuan, which shall be borne by the Appellant, Zhejiang Taobao Network Limited.

The ruling made by the court shall be final.

Chief Judge: Liu Junhua
Acting Judge: Gui Jia
Acting Judge: Lu Fengyu
April 25, 2011
Court Clerk: Tan Shang

(The civil judgment was published on the *Gazette of the Supreme People's Court*, Issue 1 in 2012 and was selected into 2011 China's 10 Cases on Judicial Protection of Intellectual Property and 2011 Shanghai's 10 Cases on Judicial Protection of Intellectual Property)

18. Diageo Brands B.V., *et al.* v. Xiao Shaoli, *et al.* Dispute over Trademark Right Infringement

——Civil Judgment of Shanghai No. 2 Intermediate People's Court of the People's Republic of China

(2010) HU-Er-Zhong-Min-Wu- (Zhi) -Chu-Zi No. 31

Plaintiff: DIAGEO BRANDS B. V. Domicile: MOLENWERF 10-12, 1014BG AMSTERDAM, THE NETHERLANDS.

Legal representative: Gerichhausen, Margaretha Catharina Theodora Maria and Rivaz, Rosalind Catherine, executive directors of the company.

Plaintiff: Diageo (Shanghai) Ltd. Domicile: Room 2502, No. 28, Jiafeng Road, Shanghai Waigaoqiao Free Trade Zone, P. R. C.

Legal representative: WHANG JOHN JOO-HEE, Chief Financial Officer of the Asia Pacific Region.

Agent co-entrusted by the aforesaid two Plaintiffs: He Fang, lawyer of Beijing Lusheng Law Firm.

Agent co-entrusted by the aforesaid two Plaintiffs: Weng Li, lawyer of Beijing Lusheng Law Firm.

Defendant: Xiao Shaoli, male, proprietor of Lisheng Grocery Store, Huangpu District, Shanghai. Address: DIA Tian Tian Convenience Store, ground floor, No. 635, Middle Sichuan Road, Shanghai, P. R. C.

Entrusted agent: Chen Qiang, lawyer of Lehman Lee & Xu LLP.

Defendant: Changzhou Bishuang Biological Technology Co., Ltd. Domicile: Room 402, Unit A, Building No. 27, Century Pearl Garden, Zhonglou District, Changzhou City, Jiangsu Province.

Legal representative: Guo Guangbin, executive director of the company.

Entrusted agent: Man Yuehui, lawyer of Shanghai Anman Law Firm.

Defendant: Wuxi Yongru Biological Cosmetics Co., Ltd. Domicile: No. 1 Industrial Park, Luoshe Township, Wuxi City, Jiangsu Province.

Legal representative: Lü Juntao, executive director of the company.

Entrusted agent: Man Yuehui, lawyer of Shanghai Anman Law Firm.

The court, after filing on February 20, 2010 the case between the Plaintiffs, DIAGEO BRANDS BV (hereinafter referred to as DIAGEO Company), Diageo (Shanghai) Ltd. (hereinafter referred to as Diageo Company) (Plaintiffs) and the Defendants, Xiao Shaoli, Changzhou Bishuang Biological Technology Co., Ltd. (hereinafter referred to as Bishuang Company) and Wuxi Yongru Biological Cosmetics Co. , Ltd. (hereinafter referred to as Yongru Company) for the dispute over infringement of exclusive right to use a registered trademark, duly formed a collegiate panel and held an open trial on April 22, 2010. Appearing at the court for debate were He Fang and Weng Li, agents co-entrusted by the two Plaintiffs, Chen Qiang, entrusted agent of Xiao Shaoli, and Man Yuehui, agent co-entrusted by Bishuang Company and Yongru Company. The trial of the case has been concluded.

The Plaintiffs, DIAGEO Company and Diageo Company co-alleged that the Plaintiff, DIAGEO Company, stand the exclusive right holders of the registered word trademark, "JOHNNIE WALKER" (trademark registration certificate No. : 28112), the graphic registered trademark, "行走的绅士（右）" (Walking Gentleman in literal Chinese (right)) (trademark registration certificate No. : 3917685, see attached Figure 1), and the graphic registered trademark, "行走的绅士（左）" (Walking Gentleman (left)) (trademark registration certificate No. : 1065228, see attached Figure 2). On the other hand, the Plaintiff, DIAGEO Company, has granted another Plaintiff, Diageo Company, the non-exclusive license to use the aforesaid trademarks within China. For a long time, the aforesaid trademarks have always been used for "JOHNNIE WALKER" series of whisky products.

Starting in the Year 1820, "JOHNNIE WALKER" series of whisky products are a Scottish Whisky brand which sells most extensively in the world. It is sold in over 200 countries with the annual sales volume exceeding 120 million bottles and the market shares of its annual average sales volumes in the global Whisky market and Chinese market at 14% and 27% respectively. In the report of *The World's Most Powerful Spirit and Wine Brands in* 2006 issued by Intangible Business, JOHNNIE WALKER series of whisky products ranked first. Since 1870 when JOHNNIE WALKER series of whisky products were awarded the first recorded award of excellence at Sydney International Exhibition, it has been honored many prizes in various kinds of international wine competitions.

Besides, the two Plaintiffs injected huge capital in a lot of outdoor advertisements, print advertisements, television advertisements and press and media advertisements for "JOHNNIE WALKER" series of whisky products in China, and have become main sponsors of Vodafone McLaren Mercedes Formula 1 and the Johnnie Walker Classic in the Asia-Pacific region. In recent years, the "JOHNNIE WALKER" series of whisky products have been counterfeited by others for many times. Both Shanghai Administration for Industry & Commerce and Shanghai No. 2 Intermediate People's Court have once identified the "Black Label" in the "JOHNNIE WALKER" series of whisky products as well-known commodity.

The two Plaintiffs held that all the aforesaid facts indicated that "JOHNNIE WALKER" series of whisky products were widely well-known by relevant public within the territory of China, and the trademarks used for "JOHNNIE WALKER" series of whisky products, including "JOHNNIE WALKER", "行走的绅士（右）" (Walking Gentleman (right)), and "行走的绅士（左）" (Walking Gentleman (left)), enjoyed great popularity in the market, and they have become widely well-known trademarks among relevant publics.

However in 2009, the two Plaintiffs found that the Defendants, Bishuang Company and Yongru Company, used the words "JOHNNIE WALKER" and a graphic named "向左的绅士" (a gentleman facing the left) (see attached Figure 3) which was extremely similar to the graphics in the trademarks of "行走的绅士(右)(Walking Gentleman (right))" and "行走的绅士(左)(Walking Gentleman (left)" without authorization on the products, "汉之韵润肤橄榄油 (HanZhiYun moisturizing olive oil)" and "汉之韵纯正护肤橄榄油 (HanZhiYun pure moisturizing olive oil)", which were co-produced and sold by the two Defendants. The Defendant, Xiao Shaoli, sold "汉之韵润肤橄榄油 (HanZhiYun moisturizing olive oil)" in Lisheng Grocery Store, Huangpu District, Shanghai (hereinafter referred to as Lisheng Grocery Store) he runs. The two Plaintiffs held that the aforesaid acts of the three Defendants had infringed lawful right of the Plaintiff to the aforesaid well-known trademarks, and thus requested the court to order the three Defendants to (1) immediately stop their infringement of the exclusive right of the Plaintiffs to the registered trademarks, "JOHNNIE WALKER", "行走的绅士(右)(Walking Gentleman (right)" and "行走的绅士(左) (Walking Gentleman (left)"; 2. jointly compensate RMB 500,000 yuan to the Plaintiffs for economic loss.

On September 28, 2010, the two Plaintiffs filed an application to the court that they did not claim the trademark "行走的绅士(左) (Walking Gentleman (left)" as a well-known trademark and changed the claim 1 into requesting the court to rule the three Defendants to immediately stop the infringement upon the exclusive right of the Plaintiffs to use the registered trademarks, "JOHNNIE WALKER" and "行走的绅士(右)(Walking Gentleman (right)". Other claims of the two Defendants would not be changed.

The two Defendants, Bishuang Company and Yongru Company, co-argued that 1. the plaint filed by the Plaintiff, DIAGEO Company, was signed by its entrusted agent (seal), hence the lawsuit in this case was not the true expression of the intention of the Plaintiff, DIAGEO Company. 2. the two Plaintiffs did not prove that they were the holder of the right to use the trademarks, "JOHNNIE WALKER" and "行走的绅士(右)(Walking Gentleman (right)", nor were the aforesaid trademarks well-known trademarks. 3. both "汉之韵润肤橄榄油 (HanZhiYun moisturizing olive oil)" and "汉之韵纯正护肤橄榄油 (HanZhiYun pure moisturizing olive oil)" were skin care products in the class of cosmetics. The Defendant, Bishuang Company, applied to the Trademark Office of State Administration for Industry & Commerce of the P. R. C. (hereinafter referred to as the State Trademark Office) in May of 2007 to register the words, "JOHNNIE WALKER", as trademarks to be used for Class 3 commodities including cosmetics, and the State Trademark Office released the announcement of preliminary examination result on January 20, 2010. Hence the act of using the words, "JOHNNIE WALKER", on cosmetic products by the two Defendants, Bishuang Company and Yongru Company, fell into reasonable act of trademark use. 4. Cosmetic products were neither the same with nor similar to the commodities on which the involved trademarks were approved to be used, such as whisky. Hence the graphic "向左的绅士 (a gentleman facing the left)" and "行走的绅士(右)(Walking Gentleman (right)" were neither the same with nor similar to each other. The two Defendants' act of using the words

"JOHNNIE WALKER" and the graphic "向左的绅士 (Gentleman facing the left)" in the involved commodities would not cause confusion among relevant public, nor did such act infringed the lawful rights of the two Plaintiffs. 5. "汉之韵润肤橄榄油 (HanZhiYun moisturizing olive oil)" and "汉之韵纯正护肤橄榄油 (HanZhiYun pure moisturizing olive oil)" were actually the same product, "汉之韵橄榄油 (HanZhiYun olive oil)", which was arranged by the Defendant, Bishuang Company, to be produced by the Defendant, Yongru Company. The outer pack of the product was designed by the Defendant, Bishuang Company based on a commission of an outsider, Shanghai Mingjian Industry and Trade Development Co. ,Ltd. (hereafter referred to as Mingjian Company). The total value of the commodities produced was over RMB 24,000 yuan, and the products are no longer produced at present. In this sense, the amount of compensation claimed by the two Plaintiffs in this case lacked factual and legal basis. In summary, the two Defendants, Bishuang Company and Yongru Company, requested the court to dismiss the claims of the two Plaintiffs.

The Defendant, Xiao Shaoli, argued that he agreed with the answers to the complain made by the Defendants, Bishuang Company and Yongru Company, and held that all of the "汉之韵润肤橄榄油 (HanZhiYun moisturizing olive oil)" sold in Lisheng Grocery Store operated by him had legal sources. Hence the Defendant, Xiao Shaoli, should not bear any liability for compensation in this case.

The court found after trial that:

I. Regarding Relevant Facts on the Holder of the Right to the Involved Trademarks

The Plaintiff, DIAGEO Company, is the holder of the exclusive right to the following registered trademarks:

1. "JOHNNIE WALKER" trademark (trademark registration certificate No. 28112), the commodities on which the use of the registered trademark has been approved are whisky in Class 33. The trademark was registered on August 1, 1958, whose present validity is from August 1, 2008 to July 31, 2018 following several extensions and transfers.

2. "行走的绅士(右) (Walking Gentleman (right)" trademark (trademark registration certificate No. 3917685), the commodities on which the use of the registered trademark has been approved are alcoholic beverages (except beer) in Class 33. Its validity extends from November 28, 2005 to November 27, 2015.

On August 22, 2007, the two Plaintiffs jointly issued a statement that the Plaintiff, DIAGEO Company, the owner of the whisky products bearing the global brand, "JOHNNIE WALKER", had the right to the packaging decoration and/or trade dress of the commodities, including but not limited to the trademark right and copyright. The Plaintiff, DIAGEO Company, authorized the Plaintiff, Diageo Company, to use the aforesaid right in China in the way of non-exclusive license.

II. Regarding Relevant Facts Claimed by the Two Plaintiffs that the Involved Trademarks Were Well-Known Trademarks

1. History of involved trademarks and relevant facts on the duration of the trademarks' contin-

uous use in China

The "JOHNNIE WALKER" series of whisky product started in Scotland in 1820, whose founder is JOHN WALKER. In 1867, the words, "JOHNNIE WALKER", were registered for the first time as a part of a trademark. At the end of 1908, cartoon figures appeared in the advertisements of "JOHNNIE WALKER" series of whisky products for the first time, so did the graphic of a "gentleman" walking ahead, wearing a bonnet, a tuxedo and knee boots and holding a walking stick. Afterwards, the words "JOHNNIE WALKER" and the graphic of "gentleman" with the aforesaid features appeared extensively in advertisements of "JOHNNIE WALKER" series of whisky products throughout the world. The graphic of "gentleman" with the aforesaid features evolved into the graphics of the trademarks, "行走的绅士（左）(Walking Gentleman (left)" and "行走的绅士（右）(Walking Gentleman (right))".

The "JOHNNIE WALKER" series of whisky products mainly include "JOHNNIE WALKER BLACK LABEL", "JOHNNIE WALKER RED LABEL", "JOHNNIE WALKER GOLD LABEL", and "JOHNNIE WALKER GREEN LABEL" and "JOHNNIE WALKER BLUE LABEL". The evidence provided by the Plaintiff presented that both trademarks, "JOHNNIE WALKER" and "行走的绅士（右）(Walking Gentleman (right))", were used on the outer packing of the aforesaid "JOHNNIE WALKER" series of whisky products.

On December 1, 1954, the words "JOHNNIE WALKER" and a graphic similar to the trademark graphic of "行走的绅士（右）(Walking Gentleman (right)" were used in the advertisements for "JOHNNIE WALKER" series of whisky products published on Hong Kong *South China Morning Post*. The former Beijing Cereals, Oils and Foodstuff Imp. & Exp. Co. began to sell "BLACK LABEL" whisky products and "RED LABEL" whisky products as early as in 1979.

Since 1958, the words, "JOHNNIE WALKER", the graphic "行走的绅士（右）(Walking Gentleman (right))", and the graphic "行走的绅士（左）(Walking Gentleman (left)" have been registered independently or in combination as 25 trademarks in China for 6 classes of commodities. All of these trademarks now belong to the Plaintiff, DIAGEO Company.

2. Facts relevant to the market share, sales territory, and profit and tax and others of whisky product series bearing the involved trademark "JOHNNIE WALKER"

According to statistics on the website of "International Wine & Spirit Research", in 1997, 1999 and the period from 2002 to 2008, the average annual sales volume of "JOHNNIE WALKER" series of whisky products (9-litre case) in global markets was 11,951,678 cases, and the average annual market share was 14.33%. The average annual sales volume and market share in China in the same periods were respectively 240,739 cases and 29.34%.

In September 2006, the Plaintiff, Diageo Company, issued a *Certificate Letter*, stating that from 2003 to 2005, the company sold 566,080 cases of series of "JOHNNIE WALKER" series of whisky products (9-litre case), and the total value of sales amounted to RMB 686 million yuan.

On April 9, 2010, MOET HENNESSY DIAGEO (hereinafter referred to as MHD) issued a *Certificate* stating that from 2006 to 2009, it sold 1,799,141 cases of "JOHNNIE WALKER" series of whisky products (9-litre case), and the total sales amounted to RMB 2.965 billion yuan. The sales territory covered such provinces, autonomous regions and municipalities directly under the Central Government as Guangdong, Hainan, Jiangxi, Fujian, Sichuan, Chongqing, Shanghai, Zhejiang, Anhui, Beijing, Tianjin, Heilongjiang, Jilin, Liaoning, Shandong, Hebei, Henan, Shanxi, Inner Mongolia, and Xinjiang with marketing channels including major dealers, hypermarkets and hotels throughout the country.

3. Facts relevant to methods, time of duration, degree, funding and territorial scope of the publicity or sales promotion of the involved trademarks

From 1993 till now, the two Plaintiffs have been publicizing and popularizing the "JOHNNIE WALKER" series of whisky products bearing the trademarks, "JOHNNIE WALKER", "行走的绅士（左）(Walking Gentleman (left))" and "行走的绅士（右）(Walking Gentleman (right))", and vigorously popularizing the corporate philosophy of "Keep Walking" throughout the country by sponsoring sports events and cultural and artistic activities, organizing various kinds of promotion activities, and publishing outdoor three-dimensional advertisements, print media advertisements, and radio or TV advertisements. From July 2004 and June 2007, the Plaintiff, Diageo Company paid a total sum of RMB 498 million yuan for advertising and popularizing the "JOHNNIE WALKER" series of whisky products. From July 2007 to December 2009, the Plaintiff, Diageo Company, paid a total sum of RMB 299 million yuan for advertising and popularizing "BLACK LABEL" and "RED LABEL" whisky products.

4. Relevant Facts on the market reputation enjoyed by the involved trademarks

In 1933, "JOHNNIE WALKER" series of whisky products were granted Royal Warrant by British Royal Family. From 1992 till now, "JOHNNIE WALKER" series of whisky products have won prizes respectively at International Wine & Spirits Competition, Monde Selection, the World's Finest Quality Cup, International Spirits Challenge, and San Francisco World Spirits Competition, to name just a few. In *The World's Biggest Brands* published in 1996, the brand "JOHNNIE WALKER" ranks 72nd among the world's top 100 biggest brands, and 1st among wine and liquor brands. In 2001, 2002 and 2003, "JOHNNIE WALKER" ranked respectively 89th, 97th and 99th among the world's top 100 brands jointly rated by *Business Week* and Interbrand. In the list of American luxury brands in *Forbes* Magazine published on July 22, 2002, "JOHNNIE WALKER" ranked 13th. In March 2003, Beijing Jieding Consulting Co., Ltd. carried out an investigation into the marketplace perception of the "JOHNNIE WALKER" brand among passers-by, and made statistical summary of the investigation result. As was shown by the investigation result, over 64% relevant general public knew of "JOHNNIE WALKER" brand. In the reports entitled *The World's Most Powerful Spirit and Wine Brands* published by Intangible Business in 2007 and 2008, "JOHNNIE WALKER" series of whisky products ranked respectively 3rd and 2nd among around 10,000 spirit and wine brands.

5. Other facts relevant to the involved trademarks

In September 2006, Penglai Administration for Industry & Commerce identified "BLACK LABEL" whisky products as famous commodities when the authority dealt with the case on trademark infringement and unfair competition by an outsider, Yantai Kunxiang Wine Co., Ltd. In December 2006 and September 2007, Shanghai Municipal Administration of Industry and Commerce Inspection Team identified "BLACK LABEL" whisky products as famous commodities when the authority dealt with the case on unfair competition by an outsider, Blueblood (Shanghai) Wine Co. ,Ltd. In November 2008, the court identified "BLACK LABEL" whisky products as famous commodities in (2008) HU-Er-Zhong-Min-Wu- (Zhi) -Chu-Zi No. 18 civil judgment.

III. Facts Relevant to Involved Commodities

On September 10, 2009, a notary of Shanghai Huangpu Notary Public Office and Lü Jun, entrusted agent of Beijing Lusheng Law Firm, purchased a bottle of "汉之韵润肤橄榄油 (HanZhiYun moisturizing olive oil)" in DIA Tiantian Convenience Store, No. 635, Middle Sichuan Road, Shanghai, and a bottle of "汉之韵纯正护肤橄榄油 (HanZhiYun pure moisturizing olive oil)" in DIA Tiantian Convenience Store, No. 284, Zhuzhou Road, Shanghai. Shanghai Huangpu Notary Public Office issued (2009) HU-Huang-Zheng-Jing-Zi No. 8339 Notarial Deed on the aforesaid purchase process. On the outer packing of the aforesaid "汉之韵润肤橄榄油 (HanZhiYun pure moisturizing olive oil)" and "汉之韵纯正护肤橄榄油 (HanZhiYun pure moisturizing olive oil)" were the words, "JOHNNIE WALKER" and the picture of "向左的绅士 (Gentleman facing the left)"; besides, such words, "永如公司灌装、生产许可证号：KX16 - 108 6315、卫生许可证号：(2003) 卫妆字 07 - XK - 0033" (filled by Yongru Company with production certificate No. KX16 - 108 6315; hygienic license No. (2003) Wei-Zhuang-Zi 07 - XK - 0033) were also marked.

On November 18, 2008, an outsider, Mingjian Company signed an *Agreement on Sub-Contract Production* with the Defendant, Bishuang Company, according to which the Defendant, Bishuang Company, shall arrange the Defendant, Yongru Company, to produce "汉之韵橄榄油 (HanZhiYun pure moisturizing olive oil)" according to requirements and orders of the outsider, Mingjian Company. The outer package of the products shall be designed by Bishuang Company, and the unit price is RMB 6. 35/RMB Yuan. The validity of the contract was from November 15, 2008 to December 31, 2009. After the conclusion of the contract, the Defendant, Bishuang Company, designed the outer packing of the commodities named "汉之韵纯正护肤橄榄油 (HanZhiYun pure moisturizing olive oil)", on which the words, "JOHNNIE WALKER", and the graphic of "向左的绅士 (Gentleman facing the left)" were used. On November 25, 2008, the Defendant, Yongru Company ordered 3,500 sets of outer packing of "汉之韵纯正护肤橄榄油 (HanZhiYun pure moisturizing olive oil)" from an outsider, Zhejiang Xinda Printing Co. , Ltd. (hereinafter referred to Xinda Company). The Defendant, Bishuang Company, designed the outer packing of the commodities named "汉之韵润肤橄榄油 (HanZhiYun moisturizing olive oil)", on which the words, "JOHNNIE WALKER", and the picture of "向左的绅士 (Gentleman facing the left)" were used thereafter. On March 20, 2009, the Defendant, Yongru Company, ordered 1,000 sets of outer packing of "汉之韵润肤橄榄油 (HanZhiYun moisturizing olive oil)" from Xinda Company.

On March 12, 2010, Mingjian Company issued a certification stating that from December 2008 to May 2009, Mingjian Company sold 3,792 bottles of "汉之韵纯正护肤橄榄油

(HanZhiYun pure moisturizing olive oil)" and "汉之韵润肤橄榄油 (HanZhiYun moisturizing olive oil)" in total to an outsider, Shanghai DIA Retail Co. ,Ltd. (hereafter referred to as DIA Company).

The Defendant, Xiao Shaoli, is the operator of the individual business named Lisheng Grocery Store, which is located at ground floor, No. 635, Middle Sichuan Road, Shanghai. On July 24, 2008, the Defendant, Xiao Shaoli, and DIA Company signed a *Franchising Contract.* According to the contract, DIA Company granted special license to Lisheng Grocery Store operated by the Defendant, Xiao Shaoli, to open and operate a franchised outlet of DIA Tiantian Discount Supermarket through assuming sole responsibility for its profits or losses. As was agreed in the contract, all the commodities sold in this store, except on special occasions agreed in the contract, shall be supplied by DIA Company. Once the contract was signed, DIA Company began to supply commodities to Lisheng Grocery Store, which included foodstuff, liquor, cosmetics, and articles of daily use, *etc.* As was shown by the evidence provided by the Defendant, Xiao Shaoli, from July 2008 to May 2009, DIA Company supplied 24 bottles of "汉之韵橄榄油 (HanZhiYun olive oil)" in total to Lisheng Grocery Store at the average price of RMB 7.36 yuan/bottle. During the trial, the Defendant, Xiao Shaoli, indicated that all 24 bottles of "汉之韵橄榄油 (HanZhiYun olive oil)" had been sold out.

It was also found that on August 6, 2003, the Defendant, Yongru Company, obtained (2003) Wei-Zhuang-Zhun-Zi No. 07 – XK – 0033 Hygiene License for Production Enterprises of Cosmetics with the approved range of products covering hair care and skin care products. On September 19, 2004, the Defendant, Yongru Company, obtained No. XK16 – 108 6315 Production License for Industrial Products with the approved production range covering common liquid products (hair care and cleansing products, and hair gel products), and cream and lotion products (skin care and cleansing products and hair products).

On May 24, 2007, the Defendant, Bishuang Company applied to the State Trademark Office to register the words, "JOHNNIE WALKER", as a trademark. The commodities applied to be used on were cosmetics and others in Class 3. The application number was 6068626. On January 20, 2010, the State Trademark Office announced the result of preliminary examination of the aforesaid trademark. On September 27, 2010, the State Trademark Office issued a *Notice on Acceptance of Trademark Opposition Application* and accepted the application of the Plaintiff, Diageo Company, on the opposition to the aforesaid application No. 6068626 trademark.

The scope of authority specified in the *Power of Attorney* issued for the purpose of this lawsuit by the Plaintiff, Diageo Company, to its entrusted agent covered "the right to prepare and sign relevant documents, such as pleadings and answer briefs", to name just a few.

In the trial, the Defendants, Bishuang Company and Yongru Company, stated that their use of the words "JOHNNIE WALKER" and the graphic "向左的绅士 (Gentleman facing the left)" on the outer packing of "汉之韵纯正护肤橄榄油 (HanZhiYun pure moisturizing olive oil)" and "汉之韵润肤橄榄油 (HanZhiYun moisturizing olive oil)" was to improve the image of their products.

The facts mentioned above have been proved by evidence provided jointly by the two Plaintiffs, including trademark registration documents, joint statement of the two Plaintiffs, brief introduction to the history of the involved trademarks, *History of Vintage Wines*, *Statutory Declaration of Shares of Diageo* and its appendixes, early global advertisements for "JOHNNIE WALKER" series of whisky products, *South China Morning Post*, *Certificate of Fengshou Wine Company*, Notarial Deed, involved commodities purchased under notarization, *Audit Report*, *Letter of Certification of Diageo Company*, *Certificate of Moët & Chandon*, DVD of the TV advertisements for "JOHNNIE WALKER" series of whisky products, magazines and journals from 1993 to 2009, *Explanation on Advertisements and Popularity Activities*, *Certificates*, *The World's Biggest Brands*, *Business Week*, *Forbes*, written decision of administrative penalty, civil judgments, *Notice on Acceptance of Trademark Opposition Application*, and Power of Attorney; evidence jointly provided by the Defendants, Bishuang Company and Yongru Company, including documents on trademark registration application, *Agreement on Sub-Contract Production*, *Ordering and Trial-manufacture Contract*, and design manuscript of the outer packing of involved commodities; evidence provided by the Defendant, Xiao Shaoli, including *Presentation of Condition*, the *Franchise Contract*, invoice of added-value tax and corresponding delivery bill and receiving note; pleading opinions of the involved parties and court record made in the court.

In this case, the focuses of dispute of the parties are (1) whether filing of this lawsuit has reflected the true intention of the Plaintiff, Diageo Company, and whether the two Plaintiffs are the holders of the right to the trademarks, "JOHNNIE WALKER" and "行走的绅士（右）(Walking Gentleman (right)"; (2) whether it is necessary in this case to determine the involved trademarks, "JOHNNIE WALKER" and "行走的绅士（右）(Walking Gentleman (right)", as well-known trademarks, and whether they can be determined as well-known trademarks; (3) whether the act of production and selling of "汉之韵润肤橄榄油 (HanZhiYun moisturizing olive oil)" and "汉之韵纯正护肤橄榄油 (HanZhiYun pure moisturizing olive oil)" by the Defendants, Bishuang Company and Yongru Company, have constituted infringement upon the right of the two Plaintiffs to the involved trademarks; (4) whether the act of selling "汉之韵润肤橄榄油 (HanZhiYun moisturizing olive oil)" by Lisheng Grocery Store operated by the Defendant, Xiao Shaoli, has constituted infringement of the right of the two Plaintiffs to the involved trademarks, and whether the Defendant, Xiao Shaoli, should bear liabilities for compensation; (5) how to determine the liability for compensation to be borne by the three Defendants under the premise that the aforesaid acts of the three Defendants have constituted the trademark infringement.

I. On the First Focus of Dispute

The court held that firstly, the scope of authority specified in the Power of Attorney issued by the Plaintiff, Diageo Company, to its entrusted agent covered "the right to prepare and sign relevant documents, such as pleadings and answer briefs". Hence it has reflected the true intention of the Plaintiff, Diageo Company, that the lawyer of the Plaintiff, Diageo Company, signed the pleadings in this case and filed this lawsuit. The court does not accept relevant replies of the three

Defendants. Secondly, it has been proved by such evidence provided by the two Plaintiffs in this case as No. 28112 and No. 3917685 trademark registration documents and joint statement of the two Plaintiffs that the Plaintiffs, DIAGEO Company and Diageo Company, were respectively holder of exclusive right and holder of non-exclusive right to the involved trademarks, "JOHNNIE WALKER" and "行走的绅士（右）(Walking Gentleman (right))". The legitimate rights of the two Plaintiffs to the involved trademarks are protected by the *Trademark Law of the People's Republic of China* (hereinafter referred to as the *Trademark Law*). Hence the court does not accept replies of the three Defendants.

II. On the Second Focus of Dispute

1. With regard to whether it is necessary to determine the trademark, "JOHNNIE WALKER", as a well-known trademark the court held that the words, "JOHNNIE WALKER" used on the outer packing of the involved commodities were the same as those of the involved trademark, "JOHNNIE WALKER". Besides, the involved commodities were cosmetics, which were neither identical with nor similar to the whisky commodities on which the involved trademark, "JOHNNIE WALKER", were approved to be used. In this sense, judging whether the trademark, "JOHNNIE WALKER", is a well-known trademark constitutes the premise for determining whether the acts of producing and selling the involved commodities conducted by the Defendants, Bishuang Company and Yongru Company as well as the acts of selling the involved commodities by the Defendant, Xiao Shaoli, have constituted trademark infringement. Pursuant to Article 13. 2 of the *Trademark Law* and Article 2. 1 of *Interpretation of the Supreme People's Court on Several Issues Concerning the Application of Law to the Trial of Cases of Civil Disputes over the Protection of Well-known Trademarks* (hereinafter referred to as the *Judicial Interpretation on Well-known Trademarks*), it is necessary to determine whether the trademark, "JOHNNIE WALKER", is well-known brand or not.

2. On the necessity to determine whether the trademark, "行走的绅士（右）(Walking Gentleman (right))", is well-known brand or not. The court held that one of the essential conditions of trademark infringement was identity or similarity between the alleged infringing logo and the claimed trademark. In this case, firstly, the words, "JOHNNIE WALKER" and the graphic of "向左的绅士 (Gentleman facing the left)" were used on the outer packing of the involved commodities. Compared with the graphic, the words were more prominent and outstanding. Secondly, by comparing the graphic of the trademark, "行走的绅士（右）(Walking Gentleman (right))", with the graphic of "向左的绅士 (Gentleman facing the left)", both were graphics of a gentleman wearing a bonnet and a tuxedo and carrying a walking stick. By contrast, the directions faced by the two gentlemen are different. In the graphic of "向左的绅士 (Gentleman facing the left)", the gentleman is not wearing any knee boots or stepping forward. Thirdly, the involved commodities and the commodities of alcoholic beverages on which the trademark "行走的绅士（右）(Walking Gentleman (right))" is approved to be used are different commodities without similarity. In summary, the court held that the trademark "行走的绅士（右）(Walking Gentleman (right))" and the graphic "向左的绅士 (Gentleman facing the left)" were neither

identical with nor similar to each other. Using the graphic "向左的绅士 (Gentleman facing the left)" independently on the involved commodities did not make relevant consumers confuse or mistake the different commodities. The claim of the two Plaintiffs that the use of the graphic "向左的绅士 (Gentleman facing the left)" on the involved commodities has constituted infringement upon the trademark "行走的绅士 (右) (Walking Gentleman (right))" of the two Plaintiffs could not be established. According to the provision of Article 3. 2 of the *Judicial Interpretation on Well-known Trademarks* that "the People's Court will not examine whether the trademark involved is well-known trademark or not if the trademark infringement or unfair competition is not established because of failure to satisfy with other factors as required by the laws", the court will not examine whether the trademark "行走的绅士 (右) (Walking Gentleman (right))" is a well-known brand or not.

3. On whether the trademark "JOHNNIE WALKER" can be determined as a well-known trademark. The court held that pursuant to Article 14 of the *Trademark Law* and Article 4 and Article 5 of the *Judicial Interpretation on Well-known Trademarks*, overall consideration shall be given to determine whether the trademark "JOHNNIE WALKER" is a well-known trademark when the acts of infringing the involved trademark or unfair competition happen based on market share, sales territories and profit and tax of the commodities bearing the trademark, duration in which the trademark was continuously used, method, duration, degree, capital injection and territorial scope of the publicity or sales promotion, records that the trademark was once protected as a well-known one, market reputation that the trademark enjoys, and other facts which can prove that the trademark has been a well-known one. In this case: 1. the series of whisky products bearing the trademark "JOHNNIE WALKER" have occupied a great market share in the whiskey market in China; 2. the trademark "JOHNNIE WALKER" has been used in China for over 50 years since it was registered in 1958; 3. since 1954, there have been advertisements for "JOHNNIE WALKER" series of whisky products, in which the trademark "JOHNNIE WALKER" has been used. From 2004 to 2009, expenditures on advertising and popularizing "JOHNNIE WALKER" series of whisky products amounted to nearly RMB 800 million yuan; 4. the "JOHNNIE WALKER" series of whisky products bearing the trademark "JOHNNIE WALKER" have won prizes in various kinds of international competitions, and the trademark "JOHNNIE WALKER" elevated into one of the world top 100 brands; 5. the "BLACK LABEL" whisky products using the trademark "JOHNNIE WALKER" have been recognized as famous commodities for multiple times by administrative and judicial authorities. It can be seen that the trademark "JOHNNIE WALKER" is well-known to relevant consumers. The aforesaid facts mutually corroborated each other, which were sufficient to prove that before the Defendant, Bishuang Company, applied to use the words "JOHNNIE WALKER" on commodities including cosmetics in Class 3, the trademark "JOHNNIE WALKER" had been extensively known by relevant public. To sum up, the court held that the trademark "JOHNNIE WALKER" was a well-known trademark.

III. On the Third Focus of Dispute

The court held that firstly as the trademark "JOHNNIE WALKER" was highly distinctive, and had been widely known by relevant public in China, it was a well-known trademark. Secondly, the commodities sold in Lisheng Grocery Store operated by the Defendant, Xiao Shaoli, included liquors and cosmetics, it could be seen that the relevant public of liquors and cosmetics have overlapped. Thirdly, the Defendants, Bishuang Company and Yongru Company clearly stated in the trial that their use of the words "JOHNNIE WALKER" was to upgrade the grade of product. Given that before the Defendant, Bishuang Company, applied to use the words "JOHNNIE WALKER" on commodities including cosmetics in Class 3, the involved trademark "JOHNNIE WALKER" had been a well-known trademark, the act of using the words "JOHNNIE WALKER" on the involved commodities by the Defendants, Bishuang Company and Yongru Company, featured deliberate intention of siding top brands. Last but not the least, the Defendants, Bishuang Company and Yongru Company, used the words "JOHNNIE WALKER" on the involved commodities, which has been sufficient to cause relevant public to be confused about the origin of the commodities bearing the words "JOHNNIE WALKER" or believe that there are certain connections between the involved commodities and the trademark "JOHNNIE WALKER" of the two Plaintiffs, it was likely to cause relevant public to confuse commodities of the two parties. Hence the court held that the act of using the words "JOHNNIE WALKER" on the involved commodities produced and sold by the Defendants, Bishuang Company and Yongru Company, was an infringing act of copying a well-known trademark of another party that had been registered in China on different or dissimilar goods, which misled the public and might cause damage to the interests of the registrant of the well-known trademark, pursuant to Article 13. 2 in the *Trademark Law*. The Defendants, Bishuang Company and Yongru Company, shall bear civil liability for stopping the infringement and compensating for the loss.

IV. On the Fourth Focus of Dispute

The court held that the "汉之韵润肤橄榄油 (HanZhiYun moisturizing olive oil)" sold in Lisheng Grocery Store operated by the Defendant, Xiao Shaoli, had infringed lawful right of the two Plaintiffs to the well-known trademark, "JOHNNIE WALKER". As the operator of Lisheng Grocery Store, the Defendant, Xiao Shaoli, shall bear civil liability for stopping the infringement. Besides, as an operator in the retail industry, the Defendant, Xiao Shaoli, supposedly knew that the trademark "JOHNNIE WALKER" enjoyed great popularity. However, he failed to fulfill his duty of reasonable care about the words "JOHNNIE WALKER" marked on "汉之韵润肤橄榄油 (HanZhiYun moisturizing olive oil)", resulting in the distribution of the infringing commodity, "汉之韵润肤橄榄油 (HanZhiYun moisturizing olive oil)" externally. In this sense, the Defendant, Xiao Shaoli, shall bear the civil liability for compensating for the economic loss of the two Plaintiffs due to his act of selling "汉之韵润肤橄榄油 (HanZhiYun moisturizing olive oil" in Lisheng Grocery Store operated by him. The court did not accept the pleading opinion of the Defendant, Xiao Shaoli, that he should not bear liability for compensation.

V. On the Fifth Focus of Dispute

The court held that firstly, although the Defendants, Bishuang Company and Yongru Company, jointly performed the infringement act of using the words "JOHNNIE WALKER" on the involved commodities they produced and sold, the two Plaintiffs did not provide evidence in this case to prove that there was intension liaison between the Defendants, Bishuang Company and Yongru Company, and the Defendant, Xiao Shaoli, in production and distribution of the alleged infringing commodities, or that the three had joint intention of infringement. The court found it hard to support the claim of the two Plaintiffs that the three Defendants should bear joint and several liabilities for compensation. In this way, the Defendants, Bishuang Company and Yongru Company, shall bear joint and several liabilities for compensation to the two Plaintiffs for their infringement act of using the words "JOHNNIE WALKER" on "汉之韵润肤橄榄油 (HanZhiYun moisturizing olive oil)" and "汉之韵纯正护肤橄榄油 (HanZhiYun pure moisturizing olive oil)" produced and sold by them. The Defendant, Xiao Shaoli, shall bear the liability for compensation to the two Plaintiffs for selling "汉之韵润肤橄榄油 (HanZhiYun moisturizing olive oil)". Secondly, it was hard for the court to determine, with merely evidence provided by the three Defendants, the specific quantity of "汉之韵润肤橄榄油 (HanZhiYun moisturizing olive oil)" and "汉之韵纯正护肤橄榄油 (HanZhiYun pure moisturizing olive oil)" produced and sold by the Defendants, Bishuang Company and Yongru Company together with the specific quantity of "汉之韵润肤橄榄油 (HanZhiYun moisturizing olive oil)" sold by Lisheng Grocery Store operated by the Defendant, Xiao Shaoli, under the circumstance that there were no complete financial books. As the two Plaintiffs did not provide evidence in this case to prove the profit gained by the infringers from the infringement or the loss incurred to the infringed due to the infringement, with regard to the amount of compensation which should be borne by the Defendants, Bishuang Company, Yongru Company and Xiao Shaoli, the court would determine according to such factors as the nature, duration of the infringement act and consequences of the involved infringement acts of the three Defendants, reputation of the involved well-known trademark "JOHNNIE WALKER", and respective reasonable expenses paid by the two Plaintiffs on stopping the infringement acts of the three Defendants.

In conclusion, pursuant to Article 134. 1 (1), (7) of the *General Principles of the Civil Law of the People's Republic of China*, Article 13. 2, Article 14, Article 52. 2 and Article 56 of the *Trademark Law of the People's Republic of China*, Article 2. 1, Article 3. 2, Article 4, Article 5, Article 9. 1 and Article 10 of the *Interpretation of the Supreme People's Court on Several Issues Concerning the Application of Law to the Trial of Cases of Civil Disputes over the Protection of Well-known Trademarks* and Article 16. 1, 16. 2 and Article 17 of the *Interpretation of the Supreme People's Court Concerning the Application of Laws in the Trial of Cases of Civil Disputes Arising from Trademarks*, the court hereby ruled that:

1. The Defendants, Xiao Shaoli, Changzhou Bishuang Biological Technology Co., Ltd., and Wuxi Yongru Biological Cosmetics Co., Ltd., shall immediately stop their infringement of the exclusive right and non-exclusive right of the respective Plaintiffs, DIAGEO BRANDS B. V. and Diageo (Shanghai) Ltd., to the registered word trademark, "JOHNNIE WALKER" (trademark registration certificate No. 28112).

2. The Defendants, Xiao Shaoli, shall, within ten (10) days since the date when the

judgment comes into effect, pay RMB 1,500 yuan to the Plaintiffs, DIAGEO BRANDS B. V. and Diageo (Shanghai) Ltd., as compensation for their economic loss, including reasonable expenses.

3. The Defendants, Changzhou Bishuang Biological Technology Co., Ltd., and Wuxi Yongru Biological Cosmetics Co., Ltd., shall, within ten (10) days since the date when the judgment comes into effect, bear joint and several liabilities to pay RMB 120,000 yuan to the Plaintiffs, DIAGEO BRANDS B. V. and Diageo (Shanghai) Ltd., as compensation for their economic loss, including reasonable expenses.

4. Other claims of the Plaintiffs, DIAGEO BRANDS B. V. and Diageo (Shanghai) Ltd., would not be supported.

Should the Defendants, Xiao Shaoli, Changzhou Bishuang Biological Technology Co., Ltd., and Wuxi Yongru Biological Cosmetics Co., Ltd., fail to perform the obligation of payment within the period appointed by this judgment, they shall, pursuant to Article 229 of the *Civil Procedure Law of the People's Republic of China*, pay double interest on the debt for the belated payment.

The court fee for the case is RMB 8,800 yuan, in which RMB 3,344 yuan shall be jointly paid by the Plaintiffs, DIAGEO BRANDS B. V. and Diageo (Shanghai) Ltd., RMB 50 yuan shall be paid by the Defendant, Xiao Shaoli, and RMB 5,406 yuan shall be jointly paid by the Defendants, Changzhou Bishuang Biological Technology Co., Ltd., and Wuxi Yongru Biological Cosmetics Co., Ltd.

Either party that refuses to accept this ruling as final may, within thirty (30) days (for the Plaintiff, DIAGEO BRANDS B. V.) or fifteen (15) days (for the Plaintiff, Diageo (Shanghai) Ltd., and the Defendants, Xiao Shaoli, Changzhou Bishuang Biological Technology Co., Ltd., and Wuxi Yongru Biological Cosmetics Co., Ltd.) after service of this judgment, appeal to Shanghai High People's Court of the P. R. C. by submitting an appeal petition to this court together with a sufficient number of copies for each party to have one.

Chief Judge: Li Guoquan
Judge: Yuan Xiuting
Acting Judge: He Yuan
May 20, 2011
Court Clerk: Li Jingjing
Court Clerk: Cao Yi

Attached Pattern 1

Graphic registered trademark, “行走的绅士（右）（Walking Gentleman（right））”, trademark registration certificate No. 3917685

Attached Pattern 2

Graphic registered trademark, “行走的绅士（左）（Walking Gentleman（left））”, trademark registration certificate No. 1065228

Attached Pattern 3

Pattern of “向左的绅士（Gentleman facing the left）”

(The civil judgment was selected in the2011 Shanghai’s 10 Cases on Judicial Protection of Intellectual Property)

19. Cartier International N. V. v. Foshan Sanshui District Mingkun Ceramic Company, *et al.* Dispute over Trademark Right Infringement and Unfair Competition

——Civil Judgment of Shanghai High People's Court of the People's Republic of China

(2011) HU-Gao-Min-San- (Zhi) -Zhong-Zi No. 93

Appellant (Defendant of first instance): Foshan Sanshui District Mingkun Ceramics Co., Ltd. Domicile: No. 165, South Sanshui Avenue, Baini Township, Sanshui District, Foshan City, Guangdong Province, P. R. C.

Legal representative: Shen Chaoku, manager of the company.

Appellant (Defendant in first instance): Foshan Kinsyoma Decoration Material Co., Ltd. Domicile: No. 228 Shop, China Ceramics Market, No. 2, Jiangwan 3rd Road, Chancheng District, Foshan City, Guangdong Province, P. R. C.

Legal representative: Zhang Yunshu, manager of the company.

Appellant (Defendant of first instance): Zhang Yunshu, male, Han, born on December 25, 1974. Address: No. 4 in leading row, Ruichang Village, Shiyang Township, Taishun County, Zhejiang Province, P. R. C. Proprietor of Shanghai Minhang District Qibao Brothers Ceramics Shop, which is located at No. 1-1, 1-2, 1, 3, 5, 7, 9, 11, 13, 15, No. 3 Building of Ceramic Zone, 3rd Phase, Xingzhong Road, Jiuxing Village, Qibao Township, Minhang District, Shanghai, P. R. C.

Agent entrusted by the aforesaid three Appellants: Yang Xiaojing, a lawyer of Guangdong ChuangYu Law Firm.

Agent entrusted by the aforesaid three Appellants: Deng Kaitao, a lawyer of Guangdong ChuangYu Law Firm.

Appellee (Plaintiff in first instance): Cartier International N. V. Domicile: No. 33, Scharlooweg 33, Curacao, Netherlands Antilles.

Legal representative: Albert Kaufmann, executive director.

Legal representative: Jaime Saleh, executive director.

Entrusted agent: Song Guofeng, a lawyer of B. D. L. International Law Firm.

Entrusted agent: Liu Botao, a lawyer of B. D. L. International Law Firm.

The Appellants, Foshan Sanshui District Mingkun Ceramics Co., Ltd. (hereinafter referred to as Mingkun Company), Foshan Kinsyoma Decoration Material Co., Ltd. (hereinafter referred to as Kinsyoma Company) and Zhang Yunshu, did not accept (2010) HU-Yi-Zhong-Min-Wu-(Zhi)-Chu-Zi No. 123 civil judgment made by Shanghai No. 1 Intermediate People's Court on the case for dispute over trademark infringement and unfair competition, and instituted an appeal to the court. The court, after filing the case on October 27, 2011, duly formed a collegiate panel and held an open trial on November 17, 2011. Appearing at the court for debate were Yang Xiao-jing and Deng Kaitao, agents entrusted by the Appellants, Mingkun Company, Kinsyoma Company and Zhang Yunshu together with Song Guofeng, entrusted agent of the Appellee, Cartier International N. V. (hereinafter referred to Cartier Company). The trial of the case has been concluded.

The court of first instance identified that the brand "Cartier" was founded in Paris, France in 1847. On December 15, 1983, approved by the Trademark Office of the State Administration for Industry & Commerce of the People's Republic of China (hereinafter referred to as the State Trademark Office), Cartier International B. V. registered "Cartier" as a trademark to be used on commodities such as jewelry and watches made of or gilded with precious metals in Class 14. The trademark registration certificate No. is 202386, and its validity extends to December 14, 2013 after the renewal. On October 14, 1995, Cartier International B. V. registered "卡地亚 (Cartier in literal Chinese)" as a trademark approved to be used on commodities such as jewelry, gemstones and watches in Class 14. The trademark registration certificate No. is 783315, and its validity extends to October 13, 2015 after the renewal. In addition, Cartier International B. V. also registered the trademarks, "Cartier" and "卡地亚", on quite a number of other commodity classes, excluding commodities in Class 19. In 2007, Cartier International B. V. transferred the series of trademarks of "Cartier" and "卡地亚" which had been registered in China to the Plaintiff and stated that the Plaintiff was entitled to file a lawsuit in its own name on the infringement act and unfair competition which had happened before the announcement of the aforesaid trademark transfer.

In 1999, the trademark "Cartier" which was mainly used on garments, leather ware and watches was listed in the *Directory of Trademarks under National Key Protection* compiled by the State Trademark Office. From October 2004 to August 2005, in order to protect legal rights and interests of holders of right to foreign famous brands in China, Beijing Administration for Industry and Commerce, Shanghai Administration for Industry & Commerce and Tianjin City Administration for Industry & Commerce issued public notice respectively to require that the clothing markets and petty commodities markets in their areas shall be forbidden to sell commodities bearing the trademarks listed in the announcement without authorization, such as "Cartier" or "卡地亚". On the other hand, the State Trademark Office has confirmed in (2004) Shang-Biao-Yi-Zi No. 01049, (2005) Shang-Biao-Yi-Zi No. 00739, (2008) Shang-Biao-Yi-Zi No. 02877 and (2009) Shang-Biao-Yi-Zi No. 11209 trademark opposition adjudications that "Cartier" or "卡地亚" approved to be used on gems or jewelry commodities was well-known brand. Beijing No. 2 Intermediate People's Court decided that the trademark "Cartier" (registration certificate No. 202386) and the trademark "卡地亚" (registration certificate No. 783315) as well-known trademarks in (2010) Er-Zhong-Min-Chu-Zi No. 01529 civil judgment on April 26, 2010.

Since 2000, the "Cartier (卡地亚)" brand has been reported in such media as newspapers and magazines. For example, an article in *Money China* in February 2002 reported that "Cartier is reputed as the brand for European royal families. Edward VII praised it as 'the jeweler of emperors and the emperor of jewelers'..." According to the article *Cartier Itinerant Exhibition in China-A Genuine Jewelry Feast* published in *Economic Information Daily* on July 11, 2005, "Cartier is the world's best-known luxury jewelry company. Today, Cartier has become an outstanding leader in the market of high-end quality goods, occupying a leading position in various fields of jewelry, watches and famous and precious accessories..." It was reported by *Cartier: Emperors and Jewelry* in *China Quality News* on March 7, 2006 that "In the 21st century, Cartier has become the top brand of deluxe jewelry and watches, a synonym of classic and innovative design and excellent workmanship, and the leader in the field of jewelry and watches..."

From 2005 and 2010, the Plaintiff has been exhibiting various styles of Cartier (卡地亚) jewelry in a raw in such magazines as *ELLE* (Chinese edition), *Harper's BAZAAR*, *Business Watch Magazine*, and *China Eastern.*"

From September 5, 2009 to November 22, 2009, Beijing Palace Museum held an exhibition of "Cartier Treasures". As was stated in the foreword of the brochure handed out before the exhibition, "Cartier is a world-famous brand of jewelry and watches... For over 160 years, Cartier jewelry has always been leading the world trend of jewelry design with consistently excellent quality and extraordinary workmanship. Generation of jewelry masters strictly follows the standards..."

On December 30, 2009, the Plaintiff applied to Beijing Xinde Notary Public Office to preserve the evidence regarding the contents of relevant web pages on "*http://www.kinsyoma.com.*" By notarization, the copyright information shown on the website is "All right reserved by Foshan Kinsyoma Decoration Material Co., Ltd."; and such words as "金丝玉玛 KINSYOMA" and "皇家城堡贵族体验 (experience of nobles in royal castles)" are shown on the homepage of the website. It will be shown after entering the Chinese webpage and clicking the column "金丝玉玛 (Kinsyoma)" that "Foshan Sanshui District Mingkun Ceramics Co., Ltd. is a large-scale modern ceramic enterprise integrating R&D, manufacturing, marketing and service. As a major brand of Mingkun Ceramics, Kinsyoma has now developed into one of the brands of K-gold glazed ceramic tiles with the large scale and the complete categories in China with K-gold glazed ceramic tiles and mosaic tiles as its core products... Presently, Kinsyoma has dozens of series such as 和田御品 (Hetian Imperial), 水石清华 (Spectacular Garden Scenery), 卡地亚, 华莱士 (Wallace), 古典·新主义 (Classics·Nunism), 大漠流金 (Golden Desert) and 冬宫 1.5 (Winter Palace 1.5) ... Kinsyoma invested to build the largest domestic art gallery of K-gold glazed ceramic tiles up till now in Guangdong Foshan Ceramics International Trading Center. The art gallery receives around 10,000 person-times of domestic and foreign professional purchasers, designers and clients of various projects per annum. When making all efforts to strengthen its power in domestic market, Kinsyoma has built a powerful international market network. Currently the products have been exported to more than 30 countries and regions with major markets covering Europe, Middle East, North Africa, Central Asia, East Asia, Southeast Asia, America, and Brazil. The territory in the global market has been larger and larger. " After the click of the column "Product Display", it will present that "卡地亚, the most outstanding representative in the world's jewelry world, is reputed as ' the jeweler of emperors and the emperor of jewelers'. 卡地亚 series of Kinsyoma make all efforts to be the KING of K-gold tiles with the taste, nobility, faith and eternity of top jewelry as its spirit of design. " It will show after the click of the column "Marketing Network" that "Headquarters; Northeast Region; Southwest Region; North China Region; East China Region; South China Region; Kinsyoma Art Gallery, C4, Ceramics International, West Jihua Road, Chancheng District, Foshan City; No. 46-48, Zone A, Jiaheng Home Furnishing Plaza, Cangnan City; No. 1-1, 1-2, Building No. 3 of Ceramic Zone, 3rd Phase, Xingzhong Road, Jiuxing Wholesale Market, Qibao Township, Minhang District, Shanghai; A8039-A8042, Fubang · Makailong Home Furnishing Plaza, Shaoxing City".

Based on the query result on the Internet, the registrant of the website *http://www.kinsyoma.com* on record is the Defendant, Kinsyoma Company. The record license No. is Yue-ICP-Bei No. 09219663.

The brochure of the Defendant, Mingkun Company, has also exhibited such series of Kinsyoma K-gold glazed ceramic tile products, such as "和田御品 (Hetian Imperial)" and "卡地亚 KADIYA". On the exhibition page of the "卡地亚 KADIYA" series, there are also the same words as those in the column "Product Display" on the website *www.kinsyoma.com*. In addition, the Defendant, Mingkun Company, has also publicized the same content as that in the column "Kinsyoma" on the aforesaid website in the brochure.

On March 5, 2010, the Plaintiff purchased a 600 × 600 ceramic tile in Shanghai Minhang District Qibao Brothers Ceramics Shop operated by the Defendant, Zhang Yunshu, at the price of RMB 210 yuan (the same currency will be applied below). Such words as "金丝玉玛卡地亚系列红色" (Kinsyoma 卡地亚 series, red) were marked on the delivery note and invoice issued by the shop.

The Plaintiff has paid RMB 50,000 yuan and RMB 800 yuan regarding the case respectively for attorney fee and notarial fee.

It is also identified that the Defendant, Mingkun Company, was established on December 12, 2008 with its scope of business covering the processing, production and selling of ceramic products, art ceramics and glass mosaic products. The Defendant, Kinsyoma Company, was established on April 6, 2006 with its scope of business covering the wholesale and retail of ceramic products and glass mosaic products, to name just a few. One of the legal representatives and shareholders of the company is Zhang Yunshu. Another shareholder is Shen Chaoku, who also serves as the legal representative of the Defendant, Mingkun Company.

On June 21, 2009, approved by the State Trademark Office, Zhang Yunshu registered "金丝玉玛" (Kinsyoma) as a trademark to be used on commodities such as mosaics for buildings and tiles in Class 19.

The Defendant, Kinsyoma Company, obtained a certificate in 2009 issued by China Famousbrand Product Grows Committee and China Brands Investigation and Statistics Centre, stating that the polished crystal tiles and series of mosaic tile products bearing the brand "Kinsyoma" were selected as a famous Chinese brand and a national satisfying brand among consumers.

As was reported by *www. citygf. com*, on August 26, 2009, Kinsyoma Art Gallery of K-gold Glazed Ceramic Tiles covering an area of 7,800 m^2 made its debut in a high profile in Foshan Ceramics International Trading Center. On the same day, 2009 Kinsyoma New Product Appreciation & Dealer Summit themed by "Stepping to Be No. 1 with Amazing Works" was opened grandly. Guests from various circles jointly witnessed the ceremony of the launch of Kinsyoma's seven series in the world. The newly launched seven series were 和田御品 (Hetian Imperial), 水石清华 (Spectacular Garden Scenery), 大漠流金 (Golden Desert), 卡地亚, 华莱士 (Wallace), 古典·新主义 (Classics·Nunism), and 冬宫 1.5 (Winter Palace 1.5) ... Zhang Yunshu, Chairman of the Board of Kinsyoma indicated that in 2009, Kinsyoma not only created a brand-new product R&D and VI image, formed a brand-new sales team and brand-new marketing ideas, but also realized holistic elevation of the brand value.

On June 20, 2010, Kinsyoma Company issued a recall notice to retailers, asking them to stop handing out brochures about Kinsyoma ceramic products and change a new-edition of brochures.

In the lawsuit, the Defendant, Mingkun Company, confirmed that it was the producer and distributor of the involved products. The Defendant, Zhang Yunshu, confirmed that he once sold the involved products in Shanghai Minhang Qibao Brothers Ceramics Shop operated by him. The Defendant, Kinsyoma Company, denied that it had produced or sold the involved products, and claimed that after the trademark "金丝玉玛" was registered, the Defendant, Mingkun Company, was established in order to prevent others from using "金丝玉玛" as a company name. It was a window of image for Mingkun Company to publicize its products (excluding involved products) and exchange with the outside world. Its site of business was mainly used for receiving guests, exhibiting, managing and coordinating the relationship between the Defendant, Mingkun Company, and dealers across the country. In the habitual way of thinking by dealers, it was similar to the headquarters of the Defendant, Mingkun Company. Hence all of the outgoing messages were sent in Mingkun Company's name.

The Plaintiff specified in the trial that the act of the Defendant's use of logos, "卡地亚" and "卡地亚 KADIYA", had constituted infringement of the exclusive right to use of the two registered trademarks, "卡地亚" and "Cartier". The Plaintiff confirmed that presently the Defendant had stopped using the words "卡地亚" on the website *http://www. kinsyoma. com*. However, with regard to whether the Defendant had stopped using such logos as "卡地亚" in its brochures and operational activities, the Plaintiff was not able to confirm.

The court of first instance held that the Plaintiff obtained the registered trademarks, No. 202386 "Cartier" and No. 783315 "卡地亚", approved to be used on commodities in Class 14 through transfer. In this way, the exclusive right to use of the registered trademarks should be protected by law. In view of the claims of both parties, the focuses of dispute in this case are

I. Whether the Registered Trademarks, No. 202386 "Cartier" and No. 783315 "卡地亚", Should be Determined as Well-known Trademarks

The involved products in this case is ceramic tile products, which are commodities in Class 19 according to the *Classification Table of Commodities and Services for the International Registration of Trademarks* and the *Classification Table of Similar Commodities and Services* while the commodities on which the two involved trademarks of the Plaintiff are approved to be used are jewelries in Class 14. The two commodities are in different classes. Meanwhile, the two also differ in such aspects as functions, purposes of use, producers and marketing channels. Hence the two are dissimilar commodities. The premise for whether the two trademarks of the Plaintiff can obtain cross-class protection is that the two registered trademarks have already been well-known trademarks when the involved infringing act happens.

According to the evidence provided by the Plaintiff, the brand "Cartier" has had a history of over 160 years since it was founded in Paris, France in 1847. Whereas the trademarks "Cartier" and "卡地亚" approved to be used on commodities in Class 14 were respectively registered in China in 1983 and 1995. For many years, the Plaintiff has been publicizing the two trademarks and their commodities in advertisements in a row while many domestic newspapers and periodicals have also extensively reported the development and top quality of the brand "Cartier (卡地亚)". In addition, Beijing Palace Museum once held the exhibition of "Cartier Treasures". The advertising publicity of the Plaintiff and media report have made the two trademarks, "Cartier" and "卡地亚", enjoy great popularity among relevant public in China. As early as in 1999, the trademark "Cartier" used on watches and other commodities was listed in the *Directory of Trademarks under National Key Protection*. Afterwards, from 2004 to 2010, the trademarks, "Cartier" and "卡地亚", approved to be used on such commodities as gems, jewelries and watches have been recognized as well-known trademarks for multiple times by the State Trademark Office and the people's courts. All of the above facts reflect the status quo of the trademarks "Cartier" and "卡地亚" being used, publicized and protected as well-known trademarks in China, which are sufficient to prove that the two trademarks are the ones widely known by relevant public in China. According to the slogans publicized by Mingkun Company on relevant websites and in brochures, such as "卡地亚, the most outstanding representative in the world's jewelry world, is reputed as 'the jeweler of emperors and the emperor of jewelers'", it can also be known that the Defendant has accepted the popularity of the brand "Cartier (卡地亚)" of the Plaintiff. In conclusion, the court of first instance recognized the two trademarks of the Plaintiff, No. 202386 "Cartier" approved to be used on jewelry and watches and other commodities made of or gilded with precious metal in Class 14 and No. 783315 "卡地亚" approved to be used on jewelry and watches and others in Class 14, to be well-known trademarks when the involved infringing acts happened.

II. Whether the Acts of the Three Defendants have Constituted Infringement upon Exclusive Right of the Plaintiff to Use the Aforesaid Registered Trademarks

The Defendant, Mingkun Company, used such words as "卡地亚" and "卡地亚

KADIYA" when it was publicizing the ceramic tile products it produced on brochures and the website, *http*: *//www. kinsyoma. com*. The Defendant alleged that it did not use the words, "卡地亚" or "卡地亚 KADIYA" on its commodities, but used "卡地亚" and "卡地亚 KADIYA" only as names of classes of commodities instead of trademarks. Besides, the involved products differed greatly from the commodities on which the trademarks of the Plaintiff were approved to be used. Hence it would not make relevant public to confuse, and such act of using should be fair use. The court of first instance held that firstly, "卡地亚" was a coined word without fixed meaning, yet it featured strong significance. Although the Defendant, Mingkun Company, chose "卡地亚" as one of the sub-brand names of its brand "金丝玉玛", to relevant general public, "卡地亚" actually played the role of identifying origin of commodities due to its strong significance. Particularly from the actual form of the Defendant's use of "卡地亚 KADIYA", apparently the Defendant highlighted the logo "卡地亚 KADIYA" in the form of commodity trademark. Therefore, it should be determined that the Defendant used "卡地亚" and "卡地亚 KADIYA" as trademarks. Secondly, the use of trademarks includes using the trademarks on commodities, commodity packing and in commodity transaction documents, or using trademarks in advertising publicity, exhibitions and other commercial activities. Although the evidence provided by the Plaintiff was not sufficient to prove that the Defendant, Mingkun Company, directly used the two trademarks, "卡地亚" and "卡地亚 KADIYA", on commodities, the act of the Defendant's using "卡地亚" and "卡地亚 KADIYA" in advertising publicity could also be determined to be act of using trademarks. Thirdly, some consumers of ceramic tile products and commodities on which the trademarks of the Plaintiff were approved to be used have overlapped. Besides, although the commodities bearing the brand "Cartier (卡地亚)" of the Plaintiff belonged to luxuries with limited consumer groups, due to advertising publicity and report of media such as magazines, the brand "Cartier (卡地亚)" has been widely known by the general public, and their scope of popularity did not cover high-end consumers only. Hence a considerable proportion of people among consumers of the products of the Defendant have known the two trademarks of the Plaintiff well. Part of Chinese characters in the alleged infringing logos used by the Defendant was exactly the same as the trademark "卡地亚" of the Plaintiff, and the pronunciation of the letter parts and that of the trademark "Cartier" of the Plaintiff were very similar, thus the alleged infringing logo of the Defendant has constituted the imitation of the Plaintiff's trademark. Meanwhile, during publicity, the Defendant deliberately mentioned the brand products of the Plaintiff and its own Kinsyoma "卡地亚" series of products in the same breath. Such act was sufficient to make relevant public believe that there was a fair degree of connections between the alleged infringing logos and the two trademarks of the Plaintiff. In conclusion, the court of first instance determined that the act of the Defendant, Mingkun Company, had infringed the exclusive right of the Plaintiff to use of the two registered trademarks, and the court of first instance did not accept the argument of the Defendant on fair use lacked factual and legal basis.

The Defendant, Kinsyoma Company, was affiliated to Mingkun Company. As the operator of the website, *http*: *//www. kinsyoma. com*, Kinsyoma Company knew the content of involved publicity published on the website of Mingkun Company well. Besides, it could be proved by such evidence provided by the Defendant as relevant webpage content and recall notice that Kinsyoma Company was in charge of popularizing and publicizing all the series of products bearing "金丝玉玛" sub-brands (including "卡地亚" series), and liaison with dealers throughout the country. The certificates of honor provided by the Defendant reflected that Kinsyoma Company presented itself to the outside as the manufacturer of the series of "金丝玉玛" brand products. Based on the aforesaid facts, the court of first instance determined that there was joint intension liaison between the Defendants, Kinsyoma Company and Mingkun Company, in the act of involved trademark infringement, and the two Defendants had jointly infringed the exclusive right of the Plaintiff to use of the two registered trademarks.

The Defendant, Zhang Yunshu, sold Kinsyoma 卡地亚 series of products produced by Mingkun Company, and used the words "卡地亚" on sales documents. This act also infringed the exclusive right of the Plaintiff to use of the registered trademark "卡地亚". The Plaintiff also accused the Defendant of infringing the exclusive right of the Plaintiff to use of registered trademark "Cartier", but failed to provide sufficient evidence to prove. Therefore, the court of first instance found it hard to support the claim of the Plaintiff.

III. Whether the Acts of the Three Defendants Constituted Unfair Competition with the Plaintiff

According to the introduction by the Defendant, Mingkun Company, to the brand "卡地亚" of the Plaintiff in brochures and on the website *http://www.kinsyoma.com*, "卡地亚, the most outstanding representative in the world's jewelry world, was reputed as 'the jeweler of emperors and the emperor of jewelers'". Later, Mingkun Company publicized its Kinsyoma 卡地亚 series of products as "the KING of K-gold tiles are made with full efforts to have the taste, nobility, faith and eternity of top jewelry as its soul of design". From the context, it can be seen that such publicity of the Defendant by mentioning its own "卡地亚" series of products and the "卡地亚" products of the Plaintiff in the same breath has made consumers believe that there were some connections between the "卡地亚" of the Defendant and the "卡地亚" of the Plaintiff, which would cause consumers to generate a view that the products of the Defendant are of the same quality as that of the products bearing the brand "卡地亚" of the Plaintiff. In fact, the Defendant publicized its own commodities with the help of the business reputation of the well-known trademark of the Plaintiff in such publicity so as to attract attention of consumers and improve its own brand awareness. It thus can be seen that the Defendant had obvious subjective intention of siding other's well-known brand. Such act of the Defendant, Mingkun Company, violated the principle of honesty and credibility and generally recognized business ethics as provided in Article 2 of the *Law of the People's Republic of China for Countering Unfair Competition*.

As previously mentioned, given the association between Kinsyoma Company and Mingkun Company and the actual act of Kinsyoma Company, the court of first instance also determined that Kinsyoma Company and Mingkun Company jointly conducted act of unfair competition. However, as the Plaintiff failed to provide evidence to prove that the Defendant, Zhang Yunshu had performed relevant act of publicity, the court of first instance did not support the accusation of the Plaintiff that Zhang Yunshu's act had constituted unfair competition.

IV. Civil Liabilities Borne by the Three Defendants

The Defendants, Mingkun Company and Kinsyoma Company, have jointly infringed exclusive right of the Plaintiff to use the two registered trademarks, and their acts have constituted unfair competition with the Plaintiff. Therefore, they should bear the civil liabilities to stop infringement, compensate for economic loss and eliminate adverse effects. As for the amount of compensation for the economic loss, given that there was no enough evidence in this case to prove the interests gained by the two Defendants from the trademark infringement and unfair competition or the loss the Plaintiff suffered thereby, the court of first instance determined that the two Defendants shall pay RMB 450,000 yuan to the Plaintiff as compensation for its economic loss by taking into consideration the following factors: 1. the two Defendants performed both act of trademark infringement and act of unfair competition; 2. the subjective malice of the two Defendants in performing the involved infringement act was rather evident; 3. the scale of the involved infringement act performed by the two Defendants was large, and the scope of influence of the act was wide. 4. The two trademarks of the Plaintiff were well-known trademarks with high popularity. 5. The reasonable expenses paid by the Plaintiff in this case, including attorney fee, notarial fee and the expense on purchasing the involved products. As for the specific way to eliminate the bad effect, given that the scope of influence and the consequences of the performance of the involved infringement act, the court of first instance ruled the two Defendants to publish statement on the *China Industry & Commerce News* to eliminate adverse effect.

As for the civil liability which should be borne by the Defendant, Zhang Yunshu, the Defendant alleged that he should not bear any liability for compensation as he could provide legal source of the commodities as a retailer. According to Article 56. 3 of the *Trademark Law of the People's Republic of China* (hereafter referred to as the *Trademark Law*), if any person sells the commodities that have, not knowing the facts, infringed upon the right to exclusive right of a trademark and is able to prove that it has obtained those commodities legally and to specify the provider, it shall not bear the liability for compensation. Based on such article, the conditions on which the sellers shall not bear the liability for compensation are proof on legal source of commodities and no subjective fault. However, in this case, as the legal representative of the Defendant, Kinsyoma Company, Zhang Yunshu well knew that the involved products were commodities infringing the exclusive right of the Plaintiff to use of the registered trademarks. Hence the exceptions in Article 56. 3 of the *Trademark Law* are not applicable to the act of Zhang Yunshu, who shall still bear the civil liability to stop infringement and compensate for economic loss. But as the infringement act of the Defendant, Zhang Yunshu differed from that of the other two Defendants, Mingkun Company and Kinsyoma Company, in nature, circumstances and other aspects, the Plaintiff's claim that the Defendant should jointly bear the joint and several liability with the other two Defendants lacked basis. The court of first instance did not support the claim. By taking such factors as the nature and circumstances of the infringement act of the Defendant, popularity of the registered trademark of the Plaintiff and reasonable expense paid by the Plaintiff on this case into overall consideration, the court of first instance decided that the Defendant shall pay RMB 50,000 yuan to the Plaintiff as compensation for economic loss. As for the claim of the Plaintiff that the Defendant should bear the civil liability to eliminate adverse effect, the court of first instance did not support as the infringement of the Defendant yielded minor consequences with small scope of influence, and secondly the court's ruling of the Defendants, Mingkun Company and Kinsyoma Company, to eliminate adverse effect by publishing statement on a newspaper has been sufficient to eliminate such effect on the on the Plaintiff due to the involved infringing acts.

In summary, pursuant to Article 130 of the *General Principles of the Civil Law of the People's Republic of China*, Article 52. 5 and Article 56. 2 of the *Trademark Law of the People's Republic of China*, Article 2. 1 and Article 20. 1 of the *Law of the People's Republic of China Against Unfair Competition*, Article 1. 2, Article 16. 1, 16. 2, and Article 21. 1 of the *Interpretation of the Supreme People's Court Concerning the Application of Laws in the Trial of Cases of Civil Disputes Arising from Trademarks*, and Article 10 of the *Interpretation of the Supreme People's Court on Several Issues Concerning the Application of Law to the Trial of Cases of Civil Disputes over the Protection of Well-known Trademarks*, the court hereby ruled that 1. the Defendants, Mingkun Company and Kinsyoma Company, shall, since the date when the judgment comes into effect, stop the infringement of the exclusive right of the Plaintiff, Cartier Company, to use the registered trademarks "Cartier" and "卡地亚" approved to be used on commodities in Class 14; 2. The Defendants, Mingkun Company and Kinsyoma Company, shall, since the date when the judgment comes into effect, stop their act of unfair competition with the Plaintiff, Cartier Company; 3. The Defendant, Zhang Yunshu, shall, since the date when the judgment comes into effect, stop infringement of the exclusive right of the Plaintiff, Cartier Company, to use the registered trademark "卡地亚" approved to be used on commodities in Class 14; 4. The Defendants, Mingkun Company and Kinsyoma Company, shall, within ten (10) days since the date when the judgment comes into effect, jointly pay RMB 450,000 yuan to the Plaintiff, Cartier Company, as compensation for the economic loss; 5. The Defendant, Zhang Yunshu, shall, within 10 days since the date when the judgment comes into effect, pay RMB 50,000 yuan to the Plaintiff, Cartier Company, as compensation for the economic loss; 6. The Defendants, Mingkun Company and Kinsyoma Company, shall, within thirty (30) days since the date when the judgment comes into effect, publish statement on the *China Industry & Commerce News* to eliminate the adverse effect on the Plaintiff, Cartier Company, due to the involved trademark infringement and unfair competition (the content of the statement shall be examined and verified by the court of first instance. Should they fail to perform the duty, the court of original trial will publish the content of the judgment on *China Industry & Commerce News*, and relevant fees shall be jointly borne by the two Defendants); 7. Other claims of the Plaintiff, Cartier Company, were dismissed. The court fee for the first trial of the case was RMB 8,800 yuan, in which RMB 7,920 yuan shall be jointly paid by the Defendants, Mingkun Company and Kinsyoma Company, and RMB 880 yuan shall be paid by the Defendant, Zhang Yunshu.

Following the court's ruling, all of the three, Mingkun Company, Kinsyoma Company and Zhang Yunshu, refused to accept the judgment as final, and filed an appeal to the court, requesting to abrogate the judgment of first instance and reject the claims of the Appellee, Cartier Company, and that the cost of lawsuit of both first instance and second trial should be paid by the Appellee. The major grounds for appeal of the three Appellants are (I). That the two registered trademarks of the Appellee, "卡地亚" and "Cartier", were recognized as well-known trademarks in the judgment of first instance lacked legal basis, which were wrong application of laws. 1. In the first instance, the evidence submitted by the Appellee failed to satisfy the five factors stipulated by law for identifying well-known trademarks, and reflected only the records of the two involved registered trademarks protected as well-known trademarks. The court of first instance did not examine the five factors of the trademarks one by one, and carelessly determined the involved trademarks as well-known ones. 2. When the Appellants were using the alleged infringing logo, they did not confirm whether the involved registered trademarks were well-known ones registered in China. (II). The Appellants did not use "卡地亚" and "Cartier" as trademarks of commodities, which was not sufficient to mislead the public, nor did it cause damage to interests of the Appellee or constitute infringement of well-known trademarks. 1. Word description containing the words "卡地亚", etc. accounted for only a small proportion of the content of the internal website of the company and self-compiled publicity material, "卡地亚" was not used as a trademark of commodities objectively. 2. The alleged infringing logos used by the Appellants were expressed in the form of "金丝玉玛卡地亚系列" (Kinsyoma 卡地亚 series), in which "卡地亚" was used merely as an identifier of commodities for the purpose of informing the public that the products came from the Appellants, thus it did not mislead the public, nor did it damage the trademark interest of the Appellee. (III). The reasons for which the court of first instance determined that acts of the Appellants constituted unfair competition were not appropriate. The brand "金丝玉玛" of the Appellants is a famous brand in building material industry. The products of the Appellants are different from products of the Appellee, and it was not necessary or possible for the Appellant to attempt to improve the popularity of their products by using the registered trademarks of the Appellee. The Appellants did not have the intention of leaning on the famous trademark of the Appellee, and unfair competition was thus not constituted. (IV). The amount of compensation determined by the court of first instance was inappropriate, which also violated the principle of justice, thus the Appellants request the court of second instance to re-determine the amount of compensation and mitigate the liability of the Appellants for compensation. The degree of subjective malice of the Appellants in using the alleged infringing logos was not great. Objectively the consequences of damage caused to the Appellee were minor. On the other hand, the remedial measures were taken actively after the event to stop the infringement. The expansion of the consequences of the damage was prevented effectively, and the social and business reputation of the Appellants was good. Based on these grounds, the amount of compensation to the Appellants determined by the court of first instance was obviously too much, which was neither just nor fair.

The Appellee, Cartier Company, replied that the findings of fact in the judgment made in first instance were clear and laws applied were correct. The Appellee thus requests the court to reject the appeal of the three Appellants and affirm the judgment made in first instance. I. The two registered trademarks, "卡地亚" and "Cartier", registered by the Appellee approved to be used on commodities in Class 14 constitute well-known trademarks. It is proved by the evidence submitted by the Appellee that the aforesaid two registered trademarks have been used in China for over 30 years, and the Appellee has been publicizing the involved trademarks across the country extensively in large sum for a long time. Thus the involved trademarks have enjoyed great popularity among relevant public, and have been protected as well-known trademarks multiple times. II. The act of use of "卡地亚" and "卡地亚 KADIYA" by the three Appellants infringed the exclusive right of the Appellee to use the registered trademarks. Use of trademarks included the uses on commodities, in publicity and instruments of commodity transaction. Despite that the Appellants knew well that the involved registered trademarks of the Appellee were world-famous, they still used "卡地亚" and "卡地亚 KADIYA" identical with or similar to the involved registered trademarks of the Appellee as trademark symbols, which were obviously copying and imitating the well-known trademarks of the Appellee and illegally using the market reputation of the well-known trademarks of the Appellee. Such use of the Appellants would not only confuse the consumers, but also has seriously damaged the significance of the Appellee's trademarks and harmed the market reputation of the well-known trademarks of the Appellee. The aforesaid act of the Appellants has constituted trademark infringement. (III). The illegal use of the business reputation of the Appellee and misleading publicity by the three Appellants has constituted unfair competition. (IV). The three Appellants shall bear corresponding liabilities for infringement, and the amount of compensation determined in the judgment of first instance was not enough to make up for the loss of the Appellee.

In the second trial, none of the Appellants, Mingkun Company, Kinsyoma Company and Zhang Yunshu, or the Appellee, Cartier Company, submitted new evidence materials.

The court found after trial that the facts found by the court of first instance were true, and the court thus affirmed.

The court held that as the Appellee, Cartier Company, was the right holder of the two registered trademarks, No. 202386 "Cartier" and No. 783315 "卡地亚", which were approved to be used on commodities in Class 14, the exclusive right of the Appellee to use of the registered trademarks should be protected by law.

The three Appellants alleged in appeal that it lacked legal basis that the judgment made in first instance had determined the registered trademarks of the Appellee, "卡地亚" and "Cartier" as well-known trademarks, which were wrong application of laws. The court held that the evidence submitted by the Appellee of first instance could prove that the two registered trademarks, "卡地亚" and "Cartier", had been used after registration in China for over 20 or 30 years. The Appellee has also been publicizing the aforesaid two trademarks in a row in advertisements across China while quite a number of domestic newspapers and periodicals also extensively reported the history and top quality of the brand "Cartier (卡地亚)". The advertising publicity of the Appellee and report of media have made the two trademarks, "Cartier" and "卡地亚", enjoy great popularity among relevant public. In 1999, the trademark "Cartier" was listed in the *Directory of Trademarks under National Key Protection*. From 2004 to 2010, the involved trademarks, "Cartier" and "卡地亚", have been recognized as well-known trademarks multiple times by the State Trademark Office and the people's courts. All of the above facts were sufficient to prove that the two involved registered trademarks, "Cartier" and "卡地亚", were trademarks widely known by relevant public in China.

Therefore, there was nothing inappropriate in the determination made by the court of first instance according to law by taking factors such as the brand awareness, time of duration in which the trademarks were used, time of duration, degree, and geographical range of publicity of the trademarks, and record of the trademarks being protected as well-known trademarks into consideration that the two registered trademarks of the Appellee, "Cartier" and "卡地亚", had been well-known trademarks when the alleged infringing acts happened. Besides, from the slogans publicized by the Appellant, Mingkun Company, such as "卡地亚, the most outstanding representative in the world's jewelry world, is reputed as 'the jeweler of emperors and the emperor of jewelers'", it can be seen that Mingkun Company knew of and accepted the popularity of the brand "卡地亚" of the Appellee. Therefore, the court did not support the appeal as the grounds of appeal of the three Appellants lacked factual and legal basis.

The three Appellants also appealed that the Appellants did not use "卡地亚" or "Cartier" as trademarks of commodities, which was not sufficient to mislead the public, nor did the Appellants cause damage to interests of the Appellee or constitute infringement of well-known trademarks. In the court's view, firstly the use of trademarks included the use of the trademarks on commodities, commodity packing or vessels and in commodity transaction documents as well as use of the trademarks in advertising publicity, exhibitions and other commercial activities. In this case, the Appellants, Mingkun Company and Kinsyoma Company used the alleged infringing symbols, "卡地亚" and "卡地亚 KADIYA", on their web pages and in their brochures while the Appellant, Zhang Yunshu, used the alleged infringing symbol, "卡地亚", on his sales documents. These aforesaid uses played a role as identifiers of commodity origins, thus it should be determined that the aforesaid acts of the three Appellants used the alleged infringing symbols, "卡地亚" and "卡地亚 KADIYA", as trademarks. Secondly, "卡地亚" is a coined word with strong significance. In addition, the two registered trademarks, "卡地亚" and "Cartier", have become well-known trademarks, thus they are widely known in relevant public. In this case, "卡地亚" and "Cartier" were trademarks widely known by relevant public. Although the three Appellants used the trademark "金丝玉玛" on their websites and in brochures and sales documents, their use of the alleged infringing symbols, "卡地亚" and "卡地亚 KADIYA", which were identical in words with and similar in pronunciation to the well-known trademarks, "卡地亚" and "Cartier", on their websites and in brochures and sales documents would still draw attention of the public and make relevant public believe that the commodities of the Appellants source from the

Appellee, Cartier Company, or that there are connections to a great extent between the commodities of the Appellants and those of the Appellee. In this way, the significance of the registered trademarks of the Appellee, "卡地亚" and "Cartier", has been weakened, and the interests of the Appellee may have been damaged. The act of the three Appellants has constituted infringement of the exclusive right of the Appellee to use the involved two registered trademarks. Therefore, the ground of appeal of the three Appellants cannot be established and the court did not support such ground.

The three Appellants appealed that the ground on which the court of first instance determined that the Appellants constituted unfair competition was inappropriate. The court held that in this case, the Appellants, Mingkun Company and Kinsyoma Company, introduced the brand "卡地亚" in their brochures and on their website as "卡地亚, the most outstanding representative in the world's jewelry world, is reputed as 'the jeweler of emperors and the emperor of jewelers'", and then publicized its Kinsyoma 卡地亚 series of products that "make all efforts to be the KING of K-gold tiles with the taste, nobility, faith and eternity of top jewelry as its spirit of design". The quality and honor of the brand "卡地亚" of the Appellee belong exclusively to the Appellee. It can be seen from the way of publicity of the two Appellants in which they mentioned their "卡地亚" series of products and the brand "卡地亚" of the Appellee in the same breath that subjectively they had intention to publicize their own products and improve their own product popularity by taking advantage of other's business reputation. They have violated the principle of honesty and credibility and the generally recognized business ethics, and constituted unfair competition with the Appellee. Hence the ground of appeal of the three Appellants cannot be established and the court did not support.

The three Appellants appealed that the amount of compensation determined by the court of first instance was inappropriate and had violated the principle of justice, thus they requested the court of second instance to re-determine the amount of compensation and mitigate the liability of the Appellants for compensation. The court held that as there was no evidence in this case to prove the profit gained by the three Appellants from the infringement or the actual loss incurred to the Appellee due to the infringement, there was nothing inappropriate that the court of first instance determined that the Appellants, Mingkun Company and Kinsyoma Company, shall jointly pay RMB 450,000 yuan to the Appellant as compensation for economic loss and that the Appellant, Zhang Yunshu, shall pay RMB 50,000 yuan to the Appellee as compensation for economic loss by taking factors such as nature, circumstances, scale and scope of influence of the infringement act of the three Appellants, popularity of the two involved registered trademarks of the Appellee, and reasonable expenses paid by the Appellee on this case into overall consideration. Hence the ground of appeal of the three Appellants cannot be established and the court did not support.

To sum up, the findings of fact by the court of first instance were clear, the laws applied were correct, and the judicial procedure was eligible. The appeals and grounds of the Appellants, Mingkun Company, Kinsyoma Company, and Zhang Yunshu, lacked factual and legal basis and shall be rejected. Pursuant to Article 153. 1 (1) and Article 158 of the *Civil Procedure Law of the*

People's Republic of China, the court ruled that the appeal should be rejected and the original judgment should be affirmed.

The court fee for the second trial of the case was RMB 8,800 yuan, in which RMB 3,960 yuan shall be paid by the Appellant, Foshan Sanshui District Mingkun Ceramics Co., Ltd., RMB 3,960 yuan shall be paid by the Appellant, Foshan Kinsyoma Decorative Material Co., Ltd., and RMB 880 yuan shall be paid by the Appellant, Zhang Yunshu.

The ruling made by the court shall be final.

Chief Judge: Zhang Xiaodu
Judge: Wang Jing
Judge: Ma Jianfeng
December 2, 2011
Court Clerk: Dong Erhui

(The civil judgment was selected in the 2011 China's 50 Typical Cases on Judicial Protection of Intellectual Property)

20. Intel Corporation v. Shenzhen Inteljet Digital Technology Co. , Ltd. , *et al.* Infringement upon Exclusive Right to Use a Trademark

——Civil Judgment of Shanghai No. 2 Intermediate People's Court of the People's Republic of China

(2011) HU-Er-Zhong-Min-Wu- (Zhi) -Zhong-Zi No. 89

Plaintiff: Intel Corporation, domicile: 2200 Misson College Blvd. , Santa Clara, CA95054, USA.

Legal representative: Ruby A. Zcfo, Assistant Secretary-General and Director of the Trademark and Brand Department.

Entrusted agent: Qiao Rongde, a lawyer from Beijing Lusheng Law Firm.

Entrusted agent: Hao Lisheng, an employee of Beijing Jieding Intellectual Property Agency Co. , Ltd.

Defendant: Shenzhen Inteljet Digital Technology Co. , Ltd. , domicile: 3/F, Jiangnan Mansion, Yongxiang Road, Bantian Sub-district, Longgang District, Shenzhen, Guangdong Province, PRC.

Legal representative: Chen Zhenyao, General Manager.

Defendant: Tao Jian, male, born on December 2, 1985; Domicile: Rm 307, Building 84, East Taishan Village, East Taishan Road, Baoying County, Jiangsu Province, PRC.

Entrusted agent: Tao Guangxiang, male, born on November 11, 1963, General Manager of Shanghai Nabaichuan Resources Recycling Co. , Ltd. , domicile: Room 307, Building 84, East Taishan Village, East Taishan Road, Yingbao County, Jiangsu Province, PRC.

Defendant: Shanghai Nabaichuan Resources Recycling Co. , Ltd. , domicile: No. 77, Zhenbei Branch Road, Putuo District, Shanghai, PRC.

Legal representative: Tao Guangxiang, General Manager.

Intel Corporation, the Plaintiff, filed a suit against Shenzhen Inteljet Digital Technology Co. , Ltd. (hereinafter referred to as "Inteljet"), Tao Jian, and Shanghai Nabaichuan Resources Recycling Co. , Ltd. (hereinafter referred to as "Nabaichuan") for infringement upon trademark right. After accepting the case on July 12, 2011, the court set up a collegial panel according to laws and held an open trial on October 26, 2011. Qiao Rongde and Hao Lisheng, the entrusted agents of the Plaintiff, Chen Zhenyao, the legal representative of the Defendant, Inteljet, and Tao Guangxiang, the entrusted agent of the Defendant, Taojian, and legal representative of the Defendant, Nabaichuan, were all present at the court for the trial. Now, the trial of the case has been closed.

The Plaintiff, Intel Corporation, alleged that it was a manufacturer and distributor of semiconductor chips, with a product line including microprocessors, motherboard chipsets, network cards, flash memories, graphic chips and embedded processors. The involved INTEL series trademarks were created by the Plaintiff. Specifically, the trademark "INTEL", the main trademark of the Plaintiff, was also the abbreviation and trade name of the Plaintiff. The Plaintiff has registered the INTEL series trademarks in many countries and regions including the US, Canada, UK, Germany, France, Japan, Hong Kong SAR and Taiwan of China for multiple classes. It also made registration in the Mainland China long ago. Some information on registration of the trademarks for the ninth class of commodities in the Mainland China is as follows:

Trademark	Registration No.	Class	Date of Registration
INTEL	225222	9	1985. 4. 30
	1481984	9	2000. 11. 28
intel	220559	9	1985. 2. 15
intel	5074126	9	2008. 12. 14

The above-mentioned registered trademarks are still valid and widely used in business activities of the Plaintiff.

Since the Plaintiff launched the first commercial microprocessor 4004 in 1971, INTEL branded microprocessors have been leading the CPU market with a distribution presence all over the world. The Plaintiff held that the brand INTEL is one of the most well-known brands acknowledged by the public. It always topped the list of the world's best brands in the decade from 2001 to 2010. The Plaintiff has invested a large amount of funds in advertising and promotion of the brand INTEL by various means for a long time. It is a long-standing fact that the involved INTEL series trademarks of the Plaintiff have been protected in all countries around the world as well-known trademarks. In China, the Trademark Appeal Board of the State Administration for Industry and Commerce of the PRC approved 83 well-known trademarks through trademark objection review and determination of dispute cases on May 27, 2011. Three trademarks the Plaintiff registered for products of Class 9, including "INTEL", "intel" and "intel inside and images", were among the approved trademarks and announced to be well-known ones. The trademark "INTEL" registered by the Plaintiff for commodities of Class 9 was listed into the *List of Key Trademarks under Protection* and given special protection early in 1999 and 2000 by the Trademark Office of the State Administration for Industry & Commerce of the PRC.

The Plaintiff discovered that the Defendant, Inteljet, used English texts such as "INTELJET", "Inteljet" and "inteljet" on the products that it manufactured such as printer toner cartridges and ink cartridges, the domain name of its website, and its English name, without permission of the Plaintiff. Furthermore, it also used the logos with patterned texts such as "inteljet" and "inteljet" on the products as well as their packages and tags. The above-mentioned logos used by Inteljet are composed of the registered trademark of the Plaintiff and a descriptive English word "jet" (which basically means "shoot out", describing ink-jet printing), whose distinctive parts are "INTEL", "intel" and " " which are similar to the registered INTEL series trademarks of the Plaintiff involved in this case. The act of the Defendant indicated an apparent subjective malice. Besides, the aforesaid infringing logos are not registered trademarks of Inteljet. However, Inteljet used them with registered mark "?", which violated the provisions of the *Trademark Law of the People's Republic of China* (hereinafter referred to as the "Trademark Law", misleading the public to assume the above infringing trademarks to be legitimate.

The above-mentioned acts of Inteljet sufficed to mislead the relevant public to think that Inteljet and its products had some relationship with the Plaintiff. Inteljet aimed at illegally capitalizing on the market reputation of the well-known trademarks of the Plaintiff, which also objectively diluted the influence of the Plaintiff's well-known trademarks, and illegally impaired the distinctiveness of such well-known trademarks, causing irretrievable losses to the Plaintiff. The act of the Defendant has constituted infringement on the well-known trademarks of the Plaintiff. Therefore, the Defendant shall bear corresponding legal liability under law.

It is found in the investigation that Defendant Tao Jian engaged in distribution of the infringing products of Inteljet and Defendant Nabaichuan issued invoices for the infringing products sold by Tao Jian in its own name even though it knew that Tao Jian did not have the corporate entity qualification. The acts of the two defendants have constituted joint infringement and shall bear corresponding legal liability.

In conclusion, the Plaintiff lodged the suit to the court in accordance with the Trademark Law and other relevant laws, requesting the court to order that: 1. The Defendant, Inteljet, shall immediately stop the infringement on the well-known trademarks of the Plaintiff, such as "INTEL", " " and " ", including without limitation to immediately stopping using any logo identical with or similar to the trademarks "INTEL", " " and " " of the Plaintiff such as "INTELJET", "Inteljet", "inteljet", " " and " " (hereinafter referred to as the "infringing trademarks") in any form including without limitation to trademarks, English name or domain name used on any carrier such as products, packages, publicity materials and websites or any production and operating activities or advertising and promotional campaigns. 2. The Defendant, Inteljet, shall eliminate the adverse impact of its infringement, publishing declaration on the *People's Daily* or *Legal Daily* and making apology to the Plaintiff publicly. The contents of the declaration and apology shall be acknowledged by the Plaintiff. The letter of apology shall cover at least one eighth of the whole page and shall be published for three issues in succession. All the expenses incurred shall be borne by the Defendant. 3. The Defendants, Tao Jian and Nabaichuan, shall immediately stop selling infringing and relevant products of Inteljet, including without limitation to the infringing packaging, instruction and publicity materials. They shall immediately stop all infringement in any form. 4. The three defendants shall jointly make compensations of RMB 500,000 to the Plaintiff for its losses and reasonable expenses arising out of this case. 5. The legal costs of this case shall be borne by the three defendants.

The Plaintiff stated in the trial that it waived the claim of requesting Inteljet to make apology.

After trial, the Plaintiff explicitly stated to the court that it waived the claims for the rights in the "INTEL" trademark No. 1481984 and the trademark "intel" No. 5074126 and only maintained the claim for the rights in the "INTEL" trademark No. 225222 and the trademark "intel" No. 220559.

The defendant Inteljet argued that: 1. "inteljet" was the English translation of its Chinese trademark "因特佳" on which it never received any notice of infringement from the plaintiff since it adopted in 2006, indicating it had no subjective intention to infringe; 2. the mark "inteljet" had been used before 2008 and was no longer in use; 3. the toner and ink cartridges it produced were neither identical with nor similar to the classes of goods for which the plaintiff's trademarks were registered; 4. it agreed to cease using relevant marks but argued that the amount of compensation claimed by the plaintiff was groundless.

The Defendants, Tao Jian and Nabaichuan, jointly argued that: Tao Jian was the authorized agent of Inteljet in Shanghai and Tao Guangxiang, the legal representative of Nabaichuan, was the father of Tao Jian. When Tao Jian entered into the agency agreement with Inteljet in June 2010, he had neither knowledge about nor ability to identify whether the products were infringing. All products he sold came from legitimate sources. Therefore, he should not be held liable for damages. Nabaichuan, a company engaging in recycling waste and obsolete goods and materials, was neither an agent of Inteljet. Nor did it actually sell any product of Inteljet. Naibaichuan issued invoices in its name because Tao Jian had not established the sales company at that time and the plaintiff, in consideration of the special relationship between Tao Jian and Nabaichuan, issued invoices upon the request of the plaintiff. Nabaichuan did not actually sell any product of Inteljet. Therefore, there was no act infringing on the plaintiff's trademarks.

After trial, the court found that:

I. About the Registered Trademarks Involved

The Plaintiff was the right holder of the following registered trademarks:

1. The trademark "INTEL", with the registration certificate No. 225222, which was approved to be used on commodities of Class 9 such as microcomputers, microcontrollers, microprocessors on April 30, 1985, with the validity extended to April 29, 2015.

2. The trademark "inteljet", with the registration certificate No. 220559, which was approved to be used on commodities of Class 9 such as integrated circuits, automatic recorders, and semiconductor storages on February 15, 1985, with the validity extended to February 14, 2015.

II. Basic Information on the Defendants

Inteljet, established on August 8, 2003, engaged in distribution of printer supplies, computers and electronic products. It applied and used "inteljet. com" as the domain name of its website. There were introductions to products on the website of the company using "INTELJET", "Inteljet" and "intel" for many times. The website indicated that the English name of the company was "Shenzhen Inteljet Digital Technology Co. Ltd". Inteljet had established a distribution network covering more than ten provinces with agents. On May 24, 2010, Inteljet and Tao Jian entered into the Regional Agreement on Inteljet Supplies which specified that Tao Jian was the exclusive agent selling products of Inteljet in Shanghai. The authorization period extended from June 20, 2010 to June 19, 2015.

Nabaichuan, established on April 21, 2004, specialized in recycling waste and obsolete supplies. Tao Guangxiang, the legal representative of the company, was the father of Tao Jian.

III. About the Alleged Infringement

On December 10, 2009, Lao Jinye, a notary from Guangzhou Municipal Notary Office of Guangdong Province and the entrusted agent of the Plaintiff bought six toner cartridges and 18 ink cartridges amounting to a total of RMB 1,272 and obtained one business card, two receipts, two brochures and a copy of cooperation proposal on printing supplies of Inteljet at the domicile of the Defendant: 3/F, Jiangnan Building, Bantian Jiangnan Industrial Park, Buji, Shenzhen (3/F, Jiangnan Building, Yongxiang Road, Bantian, Longgang District, Shenzhen).

On January 7, 2010, a notary from Beijing Qiushi Notary Office and the entrusted agent from Beijing Jieding Intellectual Property Agency Co. ,Ltd. bought two "Inteljet color ink cartridges H-817", three "Inteljet color ink cartridges E-T0472", three "Inteljet color ink cartridges E-T0473", three "Inteljet color ink Cartridge E-T0474" and three "Inteljet color toner cartridges 2612A" at the counter No. 4A108 in Beijing Zhongguancun Kemao Electronics City at No. 18, Zhongguancun Revenue, Haidian District, Beijing.

On September 13, 2010, Chen Limin, a notary from Shanghai Luwan Notary Office and the entrusted agent of the Plaintiff, bought three "Inteljet CC388A toner cartridges", three "Inteljet Q2612A toner cartridges", four "Inteljet T050 ink cartridges" and two "Inteljet T053 ink cartridges", and obtained one business card and one brochure at No. 89, Zhenbei Branch Road, Shanghai.

On September 13, 2010, Nabaichuan issued a Shanghai Uniform Commercial Invoice which indicated that the "product specification" was "Inteljet CC388A Toner Cartridge", "Inteljet Q2612A Toner Cartridge", "Inteljet T050 Ink Cartridge" and "Inteljet T053 Ink Cartridge", amounting to RMB 793 in total.

The aforesaid products, articles and the outer packages of the products were all labeled with logos such as "INTELJET", "inteljet", "inteljet" and "inteljet", and "®" was marked at the at the right upper part of the trademarks of "inteljet" and "inteljet". The Defendant, Inteljet, acknowledged that the aforesaid products were produced and sold by it.

The above facts were proved by the trade registration documents and the notarial certificates provided by the Plaintiff, the price sheet and order form provided by the Defendant, Inteljet, the Regional Agency Agreement on Inteljet Supplies provided by the Defendant, Tao Jian, the argument and defense made by the concerned parties of the case as well as the records of trial of the court.

In this case, the dispute of both parties focuses on: 1. whether the Plaintiff's registered trademarks concerned are well-known or not; 2. whether the Defendants have infringed upon the trademark right of the Plaintiff; and 3. are there any factual or legal bases for the Plaintiff's claims for the Defendants to take civil liability.

With respect to the first focus of dispute that whether the Plaintiff's registered trademarks concerned are well-known trademarks, the Plaintiff provided the following evidence:

The first group of evidence for the "basic information on use of trademarks" includes: 1. AFFIDAVIT/Statement and its translation. 2. Some INTEL products such as processors, chipsets and motherboards as well as some package photos. 3. The book *Computer Assembly and Maintenance* written by Yang Yonghua and published by Peking University Press. 4. The book *Whole-progress Graphical Illustration of Computer Assembly for Green Hands* composed by Jiecheng Culture and published by China Youth Publishing House and China Youth Electronic Publishing House. 5. The book *Complete Reference for Computer Assembly and Maintenance* (Edition 2) composed by Wang Hongming, *et al.* and published by China Railway Publishing House. 6. The book *Complete Learning Reference for Computer Assembly and Maintenance* composed by Xiong Qiaoling and Zhang Jun and published by Science Press. 7. The book *Computer Assembly and Maintenance-from Rudiment to Proficiency* composed by Li Shunyuan and published by China Youth Publishing House and China Youth Electronic Publishing House. 8. The book *Complete Computer Assembly Practice* composed by Guo Zaitian, *et al.* and published by the Publishing House of Electronics Industry.

The second group of evidence for the "sales volume and profits and taxes of the products with the INTEL trademarks" includes: 1. the Independent Auditor's Report on Other Financial Information (dated June 15, 2011) produced by Ernst & Young and its translation. 2. AFFIDAVIT/Statement and Appendix I and its translation. 3. Annual reports of Intel Corporation for the fiscal years from 1995 to 2011 and the translated excerpt (CD version). 4. Explanation on the download process of the Plaintiff's annual reports from the website of the US Securities and Exchange Commission. 5. Translated excerpt of the US laws on criminal liability for misrepresentations.

The third group of evidence for the "market shares, industry ranking and investment of the products with the INTEL trademarks" includes: 1. the certificate produced by China Semiconductor Industry Association (dated July 7, 2010); 2. the annual *Status Report on the Development of China's Semiconductor Industry* for the years from 2003 to 2010 and the abstracted report translation for the years from 2003 to 2005; 3. the Notarial Certificate (2010) JING-Zhong-Xin-Nei-Jing-Zheng-Zi No. 11563 issued by Beijing Zhongxin Notary Office; 4. the Notarial Certificate (2010) JING-Zhong-Xin-Nei-Jing-Zheng-Zi No. 16571 issued by Beijing Zhongxin Notary Office and its translated excerpt; 5. the book *Whole-progress Graphical Illustration of Computer Assembly for Green Hands* composed by Jiecheng Culture and published by China Youth Publishing House and China Youth Electronic Publishing House; 6. Literature Copy Certificate No. 2010-NLC-GC-ZM-059 (excerpt) of the National Library of China; 7. Literature Copy Certificate No. 2010-NLC-GCZM-060 (excerpt) of the National Library of China; 8 Literature Copy Certificate No. 2010-NLC-GCZM-072 (excerpt) of the National Library of China; and 9. Literature Copy Certificate No. 2010-NLC-GCZM-073 (excerpt) of the National Library of China.

The fourth group of evidence for the "continuous investment in advertising and publicity of products with the INTEL trademarks" includes: 1. AFFIDAVIT/Statement and Appendix I and their translations. 2. Annual reports of Intel Corporation for the fiscal years from 1995 to 2011 and the translated excerpt (CD version). 3. Explanation on the download process of the Plaintiff's annual reports from the website of the US Securities and Exchange Commission. 4. Translated excerpt of the US laws on criminal liability for misrepresentations.

The fifth group of evidence for the "geographical scope of the advertising and publicity of the products with the INTEL trademarks" includes: 1. the Notarial Certificate (2011) JING-Zhong-Xin-Nei-Jing-Zheng-Zi No. 15898 issued by Beijing Zhongxin Notary Office; 2. the Notarial Certificate (2011) JING-Zhong-Xin-Nei-Jing-Zheng-Zi No. 15900 issued by Beijing Zhongxin Notary Office; 3. the Notarial Certificate (2011) JING-Zhong-Xin-Nei-Jing-Zheng-Zi No. 15899 issued by Beijing Zhongxin Notary Office; 4. seven advertisement videos made by the Plaintiff; 5. Literature Copy Certificate No. 2010-NLC-GCZM-060 (excerpt) of the National Library of China; 6. Literature Copy Certificate No. 2010-NLC-GCZM-072 (excerpt) of the National Library of China; 7. Literature Copy Certificate No. 2010-NLC-GCZM-073 (excerpt) of the National Library of China; 8. Literature Copy Certificate No. 2010-NLC-GCZM-059 (excerpt) of the National Library of China; 9. Literature Copy Certificate No. 2011-NLC-GCZM-325 (excerpt) of the National Library of China; 10. Literature Copy Certificate No. 2011-NLC-GCZM-330 (excerpt) of the National Library of China; 11. Literature Copy Certificate No. 2011-NLC-GCZM-33 (excerpt) of the National Library of China; 12. the advertisements the Plaintiff published on *Urban Times*, a newspaper in Kunming of Yunnan Province in 2009; 13. the advertisements the Plaintiff published on *Newsweek* in 2001; 14. the advertisements the Plaintiff published on *Youth Digest* in 2002, 2006, 2008 and 2009; 15. the translated excerpts of *Fortune Magazine* (2002); 16. eight billboards made by the Plaintiff; 17. PPTs made by the Plaintiff for the purpose of advertising and publicity; 18. the webpages of websites such as www. diannaoya. com on which "Intel Launched the Largest Advertising and Publicity in China on May 18"; 19. Nineteen brochures prepared by the Plaintiff; 20. the Information on Domestic Advertising issued by the China Advertising Association; and 21. photos of the paper packaging box of Dell computers.

The sixth group of evidence for the "records of protection for the INTEL trademarks" includes: 1. the Publicity of 83 Well-known Trademarks Recognized by the Trademark Office of the State Administration for Industry & Commerce of China (dated May 27, 2011); 2. the *List of Key Trademarks under Protection in China* issued by the Trademark Office of the State Administration for Industry & Commerce of China; 3. four objection decisions concerning INTEL trademarks presented by the Trademark Office of the State Administration for Industry & Commerce of China; 4. the Criminal Judgment of Bao'an District People's Court of Shenzhen (2005) SHEN-Bao-Xing-Chu-Zi No. 2256; 5. two administrative decisions concerning the INTEL trademarks made by the Trademark Office of the State Administration for Industry & Commerce of China; 6. AFFIDAVIT/Statement and Appendix III and their translations; 7. Verdict on the Dispute Concerning Trademarks of "INTEL and Pattern" No. 1232772 made by the Trademark Appeal Board of the Trademark Office of the State Administration for Industry and Commerce of China; and 8. The Verdict of Review on Objection Concerning Trademarks of "INTEL and Pattern" No. 1492228 made by the Trademark Appeal Board of the Trademark Office of the State Administration for Industry and Commerce of China.

The seventh group of evidence for the "market reputation of the INTEL trademarks" includes: 1. Literature Copy Certificate No. 2010-NLC-GCZM-059 (excerpt) of the National Library of China; 2. Literature Copy Certificate No. 2010-NLC-GCZM-060 (excerpt) of the National Library of China; 3. Literature Copy Certificate No. 2010-NLC-GCZM-072 (excerpt) of the National Library of China; 4. the webpage titled "The Most Popular Brand of Processors in 2008" on ctocio. com. cn; 5. the webpage titled "The First-Choice Brand of CPU" on the website of China Education Daily; 6. the webpage titled "Intel Wins the 'Top 10 Brands Influencing the Life Style in China'" on NetEase. com; and 7. the webpage titled "Achieve Sustainable Development through Innovation, Documentary of the Second Anniversary for Intel Core" on Yesky. com.

The eighth group of evidence for the "honors and awards of the INTEL trademarks" includes 19 photos: 1. the certificate of "2002 Enterprises Outstanding in Electronic Information Product Export" awarded by the Ministry of Industry Information and the Ministry of Commerce; 2. the certificate of "2002 Special Award for Foreign Trade Export in Pudong New Area" awarded by Shanghai Pudong New Area People's Government; 3. the certificate of "2002 Foreign Trade Export Enterprises Top 100 in Shanghai" awarded by Shanghai Foreign Trade & Economic Relations Commission; 4. the certificate of "2002 Star Enterprises in Integrated Circuit Export in Shanghai" jointly granted by Shanghai Commission of Trade & Foreign Relations and Shanghai Informatization Office; 5. the certificate of "2003 Shanghai Quality Management Award" granted by Shanghai Quality Management Award Review and Approval Committee; 6. the "2002 Enterprises with Excellent Performance in Export"; 7. the trophy for "Great Support to Shanghai Special Olympic Cause" awarded by Shanghai Special Olympic Committee; 8. the trophy for "2003 Top 20 Enterprises with Foreign Investment Generating Most Foreign Exchange in Shanghai" jointly granted by Shanghai Commission of Trade & Foreign Relations, Shanghai Commission of Foreign Investment Affairs and Shanghai Association of Enterprises with Foreign Investment; 9. the trophy for "2002 Top 20 Enterprises with Foreign Investment Generating Foreign Exchange in Shanghai" jointly granted by Shanghai Commission of Trade & Foreign Relations, Shanghai Commission of Foreign Investment Affairs and Shanghai Association of Enterprises with Foreign Investment; 10. the trophy for "2002 Most Influential IT Enterprises in Shanghai"; 11. the certificate of "Mr. Sun Zongming of Intel Corporation Serving as Member of the Fourth Council and Managing Member of

Shanghai Association of Enterprises with Foreign Investment" issued by Shanghai Association of Enterprises with Foreign Investment; 12. the certificate of the "Gold Prize of 2003 Shanghai International Industrial Expo" awarded by Shanghai International Industrial Expo Committee; 13. the trophy for "2003 Best Employers in Asia" ranked by Harvard Business Review; 14. the trophy for "2003 Best Employers in China" ranked by Hewitt Associates; 15. the certificate of "Outstanding Contribution to Youth Education of Science & Technology Award" granted by the Organizing Committee of Intel Shanghai Youth Science & Technology Contest; 16. the certificate of "2003 Shanghai Science & Technology Festival Outstanding Program Award" granted by the Organizing Committee of Shanghai Science & Technology Festival; 17. the invitation from Shangnan Fudu School in Pudong New Area; 18. the trophy for "2008 Product Award" awarded by China Computerworld; and 19. the certificate of "Outstanding Collective for Fire Safety".

The ninth group of evidence for "other well-known trademarks" includes: 1. the webpage titled "Intel inside"! "Intel outside"! on cnki. net; 2. Literature Copy Certificate No. 2010-NLC-GCZM-060 (excerpt) of the National Library of China; 3. Literature Copy Certificate No. 2010-NLC-GCZM-072 (excerpt) of the National Library of China; 4. Literature Copy Certificate No. 2010-NLC-GCZM-073 (excerpt) of the National Library of China; 5. *Qilu Evening News* dated July 6, 2011 and computer brand brochures; 6. Copied excerpts of books such as *Discovery of Intel Corporation*; and 7. Abstracts from journals such as *Journal of Computer Research and Development.*

The Plaintiff held that the above evidence was sufficient to prove that its INTEL series trademarks completely conformed to the definition of well-known trademarks enjoying wide popularity in relevant public in the territory of China specified by Article 1 of the Interpretation of the Supreme People's Court on Issues Concerning the Application of Laws in the Trial of Cases of Civil Disputes over the Protection of Well-known Trademarks (hereinafter referred to as "Judicial Interpretation on Well-known Trademarks").

The Defendant, Inteljet, alleged that it did not understand the evidence provided by the Plaintiff and held that the data provided might have been overestimated. However, Inteljet did not provide any counterevidence.

The Defendants, Tao Jian and Nabaichua, alleged that they did not understand the evidence provided by the Plaintiff and held that some data had been calculated by the Plaintiff itself. However, Tao Jian and Nabaichuan, failed to provide any counterevidence.

First, the court holds that the alleged infringing commodities produced and sold by the Defendants are toner cartridges and ink cartridges, which are neither identical with nor similar to microcomputers, microcontrollers and microprocessors on which No. 22522 "INTEL" trademark claimed by the Plaintiff has been approved to be used and integrated circuits, automatic recorders, and semiconductor memories on which No. 220559 "intel" trademark has been approved to be used, taking function, use, production sector, distribution channel, and target consumers into comprehensive consideration. Therefore, to determine whether relevant registered trademarks of the Plaintiff are well-known trademarks or not is the precondition to determine whether the act of the Defendants constituted infringement. In accordance with Article 13. 2 of the Trademark Law and Article 2 (1) of the Judicial Interpretation on Well-known Trademarks, it is necessary to determine whether the trademarks claimed by the Plaintiff in this case are well-known trademarks or not.

Secondly, the Plaintiff provided the aforesaid evidence for the determination of well-known trademarks, to which all the Defendants responded with "No comments" or "No idea" but failed to provide any counterevidence. Considering the fact that the INTEL series trademarks have become known to the general public in China and the Plaintiff has provided the basic evidence proving that its trademarks were well-known, including the public awareness about the trademarks, market share, sales regions and profits and taxes of the products with such trademarks, the use period of such trademarks, the ways, duration, popularity and scope of publicity activities for such trademarks, historical records of the protection for such trademarks as well-known ones and their market reputation, "if the Plaintiff has provided basic evidence proving that its trademarks, which are highly popular with the public in the territory of China, are well-known ones, or the Defendant raises no objection, the people's court shall recognize the fact that such trademarks are well-known", as provided in Article 8 of Judicial Interpretation on Well-known Trademarks, relevant trademarks of the Plaintiff can be determined as well-known ones.

Thirdly, to be specific, the registration of the trademarks "INTEL" (No. 225222) and "intel" (No. 220559) claimed by the Plaintiff have been approved respectively on April 30, 1985 and February 15, 1985. They have been used to date. They are the earliest registered, most widely used and most influential trademarks among the series trademarks registered by the Plaintiff, and are popular in China. Therefore, based on the situation of this case, the court holds that the trademarks "INTEL" (No. 225222) and "intel" (No. 220559) are well-known trademarks.

With respect to the second focus of dispute, or whether or not the Defendants have infringed on the trademark right, the Plaintiff held that according to the notarized evidence, the Defendant, Inteljet, used the disputed infringing trademarks on the products, such as toner cartridges and ink cartridges it produced for printers and relevant materials, and its website, and used the infringing marks "Inteljet" as its English name and "inteljet" as its domain name, and the disputed infringing trademarks and logos constituted reproduction and imitation of the well-known trademarks of the Plaintiff. The act of Inteljet indicated apparent subjective malice which aimed at illegally capitalizing on the market reputation of the well-known trademarks of the Plaintiff to mislead the public, making relevant public to assume that Inteljet and its products have some connection with the Plaintiff, and this objectively weakened the well-known trademarks of the Plaintiff, impairing the distinctiveness of such well-known trademarks and bringing irretrievable damage to the Plaintiff. Therefore, it has violated Article 13. 2 of the Trademark Law and infringed upon the trademark right of the Plaintiff. The Defendant, Tao Jian, engaged in distribution of the infringing products of Inteljet and the Defendant, Nabaichuan, issued invoices for the infringing products sold by Tao Jian in its own name even though it knew that Tao Jian did not have the corporate entity qualification. The acts of the two defendants have constituted joint infringement.

The Defendant, Inteljet, though acknowledged that it was indeed involved in the suspected infringement, insisted on its defense that it had no subjective intention for the infringement. Instead, it used "inteljet" as the translation of its Chinese company name "因特佳" which was homophonic with "印特佳" meaning "to be the best for this".

The Defendants, Tao Jian and Nabaichuan, held that Tao Jian was an agency of Inteljet who was incapable of identifying the infringement on trademarks, and all products he sold were from legal resources; Nabaichuan only issued invoices upon request. Therefore, whether Inteljet had infringed on the trademark right of the Plaintiff or not should have no relationship with Tao Jian and Nabaichuan and neither of them had committed infringement.

The court holds that firstly, the Defendant, Inteljet used logos such as "INTELJET", "inteljet", "inteljet" and "inteljet" on the products it produced such as toner cartridges and ink cartridges for printers and their outer packages as well as its website. Compared with the trademarks "INTEL" (No. 225222) and "intel" (No. 220559) claimed by the Plaintiff, the above logos were composed by simply adding the word "jet" after the trademark of the Plaintiff. Since the trademarks of the Plaintiff were fabricated and the word "jet" bears the meaning of "shoot out", the use of Inteljet indicated its intention of identifying the nature and industry of the products, which therefore, was not distinctive. Therefore, the logos used by Inteljet were similar to the trademarks "INTEL" (No. 225222) and "intel" (No. 220559) of the Plaintiff.

Secondly, the Defendant, Inteljet, alleged that it used the aforesaid logos as the translation of its company name, which was apparently not persuasive, particularly unpersuasive to explain why it arranged the letters in the same sequence as that of the Plaintiff's trademark "intel" (No. 220559). Besides, it was also inappropriate for Inteljet to use the registration mark "?" on the right top of the logos it used, indicating that Inteljet lacked subjective good faith. As mentioned above, in this case, the court has determined that both the trademarks "INTEL" (No. 225222) and "intel" (NO. 220559) of the Plaintiff are well-known trademarks, about which Inteljet should have known. Therefore, it had an intention of "riding on" well-known brands in using logos similar to the Plaintiff's well-known trademarks on the products.

Thirdly, the disputed products produced and sold by the Defendant, Inteljet, such as toner cartridges and ink cartridges, all belong to printing supplies. Though they are not identical with or similar to the products on which the Plaintiff's registered trademarks have been approved to be used, they are related to computers in a broad sense and usually used together. Besides, they may overlap with each other to customers. Therefore, the aforesaid acts of Inteljet are sufficient to mislead relevant public to believe that the logos it used may have certain connection with the well-known trademarks of the Plaintiff, illegally leveraging the market reputation of such trademarks. Therefore, they belong to the infringing acts which may cause damage to the interests of the owner of well-known trademarks by using others' well-known trademarks that have been registered in China on products not identical with or similar to the products where such trademarks have been approved to be used as specified in Article 13. 2 of the *Trademark Law*. Inteljet shall assume relevant civil liability for such acts.

Lastly, the Defendant, Tao Jian, the agency of the Defendant, Inteljet, also infringed upon the trademark right of the Plaintiff by selling the infringing products produced by Inteljet. As a business operator, Tao Jian should have known that the trademark "INTEL" of the Plaintiff enjoyed high popularity. Therefore, his allegation that he was incapable of identifying the infringing trademark so that he did not commit the infringement was groundless, and the court did not accept the counterclaim. The act of Nabaichuan issuing invoices, though inappropriate, was not sufficient to prove that it was the distributor of the infringing products. Therefore, the court ruled that Nabaichuan had not infringed upon the trademark right of the Plaintiff.

With respect to the third focus of dispute, the Plaintiff submitted relevant bills and documents and proved that the reasonable expenses on this case totaled RMB 102,197. 2, including investigation fees of RMB 7,612. 2, notary fee of RMB 4,360, material copy fee of RMB 8,053, and translation fee of RMB 82,172. The Plaintiff held that the Defendants infringed upon its trademark right, for which it had paid relevant expenses. Since the evidence on the profits made by the Defendants and the losses of the Plaintiff was hard to obtained, the Plaintiff requested the court to determine the Defendants' liability for damages according to applicable method of statutory compensation. Meanwhile, since the Defendant Inteljet spread the infringing impact through Internet, the Plaintiff requested to eliminate the impact nationwide.

Inteljet held that it would not impact the Plaintiff for its sale volume was limited. Therefore, it held that the request of the Plaintiff that it should take the civil liability was groundless. Besides, Inteljet also indicated that the Defendant, Tao Jian, was its agency and the products sold thereby were provided by Inteljet, therefore, it was Inteljet that should take all liability.

The Defendants, Tao Jian and Nabaichuan, agreed with the statement of Inteljet, the Defendant. The court holds that according to the statement made by the Defendant, Inteljet, and the evidence it provided, the infringement has been committed from 2006 till now, and the infringing products have been sold in more than ten provinces and municipalities. Therefore, the allegation it made that it had not impacted the Plaintiff is groundless. Inteljet should bear liability for damages arising out of its production and distribution of products infringing upon the exclusive right to use the registered trademarks "INTEL" and "intel" of the Plaintiff. In this case, the Plaintiff failed to provide any evidence for its economic losses. Only based on the evidence provided by Inteljet but not complete financial account books, it is hard to determine the benefits Inteljet has gained. Therefore, the court determined it as appropriate that Inteljet should compensate the Plaintiff with RMB 400,000 for its economic losses and reasonable expenses according to the nature, duration and consequences of the infringement as well as the reputation of the disputed well-known trademarks and other factors such as the reasonable expenses paid by the Plaintiff on stopping the Defendant from infringement.

As for issues concerning the liability of the Defendant, Tao Jian, just as mentioned above, the court has determined that Tao Jian should have known that the trademarks of the Plaintiff are well-known, but still sold disputed infringing products. Therefore, he has subjective fault and shall assume some civil liability as appropriate. The consequent damages of the infringement were attributable to the joint effect of both the production and sales of the Defendant, Inteljet, and the distribution of Inteljet's agency, Tao Jian. That is to say, Inteljet and Tao Jian jointly committed the infringement of selling the infringing products. Therefore, they shall take the joint and several liability for the damages resulting from the infringement. Since the evidence provided by Tao Jian is not sufficient to prove that he has made profits and the reasonable expenses paid by the Plaintiff on stopping such infringement is hard to determine, the court determined it as appropriate that Tao Jian should borne RMB 4,000 for joint and several liability in the aforesaid damages of Inteljet.

Besides, the trademark infringement of the Defendant, Inteljet, has objectively exerted adverse impact on the Plaintiff, considering the popularity of the well-known trademarks of the Plaintiff and the nationwide infringement of Inteljet, the court supported the Plaintiff's request on Inteljet to publish statement on *Legal Daily* to eliminate the impact.

In conclusion, in accordance with Article 8, Article 15. 1 (1), Article 15. 1 (6), and Article 15. 1 (8) of the *Tort Law of the People's Republic of China*, Article 13. 2, Article 14, Article 52 (2), Article 56. 1, and Article 56. 2 of the *Trademark Law of the People's Republic of China*, Article 16. 1 and Article 16. 2 of the *Interpretation of the Supreme People's Court Concerning the Application of Laws in the Trial of Cases of Civil Disputes Arising from Trademarks*, and Article 2 (1), Article 4, Article 8 and Article 9. 2 of the *Interpretation of the Supreme People's Court on Issues Concerning the Application of Laws in the Trial of Cases of Civil Disputes over the Protection of Well-known Trademarks*, the court made the following ruling:

I. The Defendants, Shenzhen Inteljet Digital Technology Co., Ltd. and Tao Jian, shall stop their infringement upon the exclusive right to use the registered trademarks "INTEL" (trademark registration certificate No. 225222) and "intel" (trademark registration certificate No. 220559) of the Plaintiff;

II. The Defendant, Shenzhen Inteljet Digital Technology Co., Ltd., shall compensate the Plaintiff, Intel Corporation, with RMB 400,000 for its economic losses including reasonable expenses, of which the Defendant, Tao Jian, shall bear RMB 4,000 for joint and several liability, within ten days after the effective date of this ruling;

III. The Defendant, Shenzhen Inteljet Digital Technology Co., Ltd., shall publish statement on *Legal Daily* to eliminate the adverse impact (the contents should be reviewed and approved by the court) within 30 days after the effective date of this ruling.

IV. The court does not support other claims made by the Plaintiff, Intel Corporation.

If Shenzhen Inteljet Digital Technology Co. ,Ltd. and Tao Jian, the Defendants, fail to perform its obligation to pay the said money within the period defined in the ruling, they shall pay doubled interests of debt for the period of delayed performance in accordance with the provisions of Article 229 of the *Civil Procedure Law of the People's Republic of China*.

The court fee of this case is RMB 8,800, of which the Plaintiff, Intel Corporation, shall bear RMB 880, the Defendant, Shenzhen Inteljet Digital Technology Co. ,Ltd. , RMB 7,840, and the Defendant, Tao Jian, RMB 80.

In the event of refusing to accept this ruling as final, Intel Corporation, the Plaintiff, may lodge an appeal to Shanghai High People's Court, the People's Republic of China, by submitting an appeal petition to this court together with a sufficient number of copies for each person of the opposing party to have one, within thirty (30) days as of the date of service of this ruling, and the Defendants, Shenzhen Inteljet Digital Technology Co. ,Ltd. , Tao Jian and Shanghai Nabaichuan Resources Recycling Co. ,Ltd. , may do the same within fifteen (15) days as of the date of service of this ruling for the Defendants.

Chief Judge: Li Guoquan
Judge: Yuan Xiuting
People's Juror: Ma Huilin
April 6, 2012
Court Clerk: Yuan Bo
Court Clerk: Liu Qunyan

(The judgment has been selected into 2012 Shanghai's 10 Cases on Judicial Protection of Intellectual Property)

21. Nippon Paint (China) Co., Ltd. v. Shanghai Zhanjin Trade Co., Ltd., *et al.* Dispute over Trademark Right Infringement

——Civil Judgment of Shanghai No. 1 Intermediate People's Court (2012) HU-Yi-Zhong-Min-Wu- (Zhi) -Zhong-Zi No. 64

Appellant (Plaintiff in first instance): Nippon Paint (China) Co., Ltd. Domicile: No. 287, Chuangye Road, Jinqiao Export Processing Zone, Pudong New Area, Shanghai.

Legal representative: Wee Siew Kim, Chairman of the Board of the company.

Entrusted agent: Shao Ming, a lawyer of Shanghai AllBright Law Offices.

Entrusted agent: Gao Yi, a lawyer of Shanghai AllBright Law Offices.

Appellee (Defendant in first instance): Shanghai Zhanjin Trade Co., Ltd., Zhuhang Economic Community, Jinshan District, Shanghai.

Legal representative: Zhang Jie, General Manager of the company.

Entrusted agent: Ye Yajun, male, Han, born on December 26, 1979. Address: No. 620, Gubei Road, Changning District, Shanghai.

Appellee (Defendant in first instance): Zhejiang Taobao Network Limited, No. 21, Fengling Road, Wuchang Street, Yuhang District, Hangzhou City, Zhejiang Province.

Legal representative: Ma Yun, Chairman of the Board of the company.

Entrusted agent: Zhang Yiwen, female, Han, born on January 22, 1972. Address: China Far East International Trading Corporation, No. A 9, Dongtucheng Road, Chaoyang District, Beijing.

The Appellant, Nippon Paint (China) Co., Ltd. (hereinafter referred to as Nippon Company) did not accept (2011) Xu-Min-San- (Zhi) -Chu-Zi No. 138 civil judgment made by Xuhui District People's Court of Shanghai Municipality on the case for infringement of trademark right as final and filed an appeal to the court. The court, after filing the case on March 26, 2012, duly formed a collegiate panel and held an open trial on April 25, 2012.

Appearing at the court for debate were Shao Ming and Gao Yi, the entrusted agents of the Appellant, Nippon Company; Ye Yajun, entrusted agent of the Appellee, Shanghai Zhanjin Trade Co., Ltd. (hereinafter referred to as Zhanjin Company); and Zhang Yiwen, entrusted agent of the Appellee, Zhejiang Taobao Network Limited (hereinafter referred to as Taobao Company). The trial of the case has been concluded.

The court after the trial found that:

Nippon Company was the registrant of No. 3485390 registered trademark of combined graphics and words, " ", which had been approved to be used on commodities in Class 2, including paint agglutinants, alizarin fuel, aluminum paint, aniline dye, preservative, paint, oil paint and primer. The registered validity was from November 21, 2004 to November 20, 2014.

The outsider NIPSEA HOLDINGS INTERNATIONAL, LIMITED, was the registered word trademark registrant of No. 1692156 "立邦", which had been approved to be used on commodities in Class 2, including dye, pigment, printing ink, oil paint, paint, primer, thinner, lacquer putty, preservative and natural resin. Its validity of registration was from January 7, 2002 to January 6, 2012. On August 7, 2003, approved by the State Trademark Office, Nippon Company obtained the aforesaid registered trademark through transfer.

As was recorded in No. B2-20080224 Value-added Telecom Service License issued by Zhejiang Communications Administration, the website of the domain name "taobao. com; taobao. com. cn; tmall. com" was operated by Taobao Company with validity from October 26, 2008 to October 25, 2013.

On May 18, 2011, Nippon Company applied to Shanghai Oriental Notary Public Office for notarization of evidence preservation. Zhang Fei and Liu Min, notaries of the Notary Office supervised on the site and issued (2011) HU-Dong-Zheng-Jing-Zi No. 4530 notarial deed on May 23, 2011. The recorded main processes were: Open the browser, Internet Explorer, enter "*http: // www. taobao. com*" in the address bar, search the Tmall on taobao. com for "汇通油漆商城" (Huitong Paint Mall) by inputting "汇通油漆商城" in the search bar, click to enter the shop. At the top of the webpage was displayed "汇通油漆商城、实物拍摄、原厂正货、七天退换、用心服务" (Huitong Paint Mall, In-kind shooting, Genuine goods from original factory, Refundable within seven days, Whole-hearted service), below them were displayed web page links of "首页、店铺评分、代理品牌、5折活动专区、多乐士色卡链接、立邦色卡链接、售后服务须知、防伪及物流须知、装修小常识" (Homepage, Shop ratings, Distributed brands, Half-price Area, Link to Dulux color atla, Link to Nippon color atla, Instruction on after service, Instruction on anti-counterfeiting and logistics and Tips on decoration). The content of the 2nd advertisement in the middle of the page was Nippon paint. On the top of the advertisement was displayed "Nippon Paint 立邦漆". On the bottom of the page were displayed pictures, brief information, price and sales volume of some of the commodities, such as Items recommended by owners, Nippon paint, Huarun paint, and Dulux paint. On the left of the webpage were displayed "公司名：上海展进贸易有限公司，所在地：上海，商家：汇通油漆商城" (Company name: Shanghai Zhanjin Trade Co. ,Ltd. ; Location: Shanghai; Merchant: Huitong Paint Mall), and "品牌木器漆：多乐士木器漆、立邦木器漆、华润木器漆、紫荆花木器漆；品牌墙面漆：多乐士墙面漆、立邦墙面漆、华润墙面漆、紫荆花墙面漆；侨波活性炭；涂刷工具" (Brand wood lacquer: Dulux wood lacquer, Nippon wood lacquer, Huarun wood lacquer, Bauhinia wood lacquer; Brand wall paint: Dulux wall paint, Nippon wall paint, Huarun wall paint, Bauhinia wall paint; Qiaobo activated carbon; Painting tools). Click the link to "Distributed Brands" and displayed on the webpage top down were respectively advertisements of Nippon paint, Dulux paint, German Henkel, Levis Paint, Huarun Paint, and Thinker brands, including 4 pictures of advertisements of Nippon paint. On the upper left of the first advertisement was displayed " ", and in the middle of the first advertisement was displayed " 2010 为爱上色" (2010 color the love). On the upper left of the 3rd advertisement was displayed " 装饰新家，刷新幸福" (decorate your new home and paint your happiness with new colors). On the upper left of the 4th advertisement was displayed " 小编 120 分推荐 净味性价王" (Recommended odor remover by editors-king of cost performance). Nippon Company had 5 similar disputes including the case herein notarized for evidence preservation, and paid altogether RMB 6,000 yuan for the notarization.

On June 16, 2011, applied by Nippon Company, Shanghai Oriental Notary Public Office notarized for evidence preservation of the process of browsing and printing some e-mails from the computer of Gao Xiang, an employee of Nippon Company. Zhang Fei and Xu Hongyuan, notaries of the Notary Office, supervised on the site, and issued (2011) HU-Dong-Zheng-Jing-Zi No. 5632 notarial deed. The main contents were in March 2011, Nippon Company complained to Taobao Company via e-mail that it believed that 6 shops in the Tmall operated by www. taobao. com had conducted act of infringing its trademark right. Taobao Company replied all the emails from Nippon Company. In the replies, Taobao Company requested the latter to provide identity certificate, right certificate, agency relation certificate, preliminary supporting materials to judge the establishment of the infringement, and detailed link of infringing commodity information. Besides, it was indicated in the replies that if the commodity information released by seller on www. taobao. com was about products of Nippon Company, then appearance of original logos of Nippon Company on the pictures of the commodities released by the seller and description of the commodities in word by the seller did not belong to trademark infringement as defined by laws and regulations. Nippon Company paid RMB 2,000 yuan on the notarization.

On November 14, 2011, Nippon Company applied to Shanghai Oriental Notary Public Office for notarization of evidence preservation of content of relevant web pages. Zhang Fei and Shao Zhifei, notaries of the Notary Office, supervised on the spot, and issued on November 15, 2011 (2011) HU-Dong-Zheng-Jing-Zi No. 11460 notarial deed. It mainly recorded relevant content of announcement on changes of rules on www. taobao. com published on www. taobao. com (June 20, 2011). With regard to the interpretation of the rule on the misuse of others' right in the announcement, Taobao Company believed that without authorization of others, using others' trademarks (including word trademark and graphic trademark, etc.) or works (written works and graphic works), etc. in commodity information, shop name, member name, and domain name fell into the misuse of others' trademark right and copyright, etc. A figure was also attached to illustrate that although the commodity in the information about the commodity released by the seller was genuine "好孩子 (Goodbaby)" children's bike, using the logo of the brand "好孩子 (Goodbaby)" in commodity information without authorization of the right holder still fell into the misuse.

In the trial of first instance, Zhanjin Company stated that it had stopped operation on *www. taobao. com*. Nippon Company confirmed so and waived its claim that Zhanjin Company and Taobao Company immediately stop their act of infringing the trademark right and advertising copyright enjoyed by Nippon Company on *www. taobao. com* operated by Taobao Company, and waived its claim that Zhanjin Company and Taobao Company had infringed their advertising copyright.

The court of first instance held that Nippon Company was the registrant of No. 3485390 registered trademark of combined graphic and words, “ ”, and No. 1692156 registered word trademark, “立邦”. The exclusive right of Nippon Company to use the registered trademarks is protected by law. According to plea of both parties, the major focus of dispute in this case is whether Jinzhan Company's use of the aforesaid registered trademarks for publicity while selling commodities of Nippon Company on *www. taobao. com* has infringed the exclusive right of Nippon Company to use the trademarks.

In this case, Zhanjin Company opened a shop named “汇通油漆商城 (Huitong Paint Mall)” on *www. taobao. com* operated by Taobao Company, selling brand paints such as Dulux, Nippon, Huarun and Bauhinia, and publicized all the brands of paints on its shop webpage for promotion. When it was publicizing Nippon paint for promotion, it indeed used the registered trademarks of Nippon company, “ ” and “立邦”. Nippon Company held accordingly that what Zhanjin Company had done to infringe its trademark was sufficient to mislead consumers and make them believe that there are certain connections between Zhanjin Company and Nippon Company, and that Zhanjin Company is an authorized distribution outlet of Nippon Company.

The court of first instance held that a trademark was a symbol used by commodity or service providers for distinguishing their own commodities or services from those provided by others of the same or similar kind. Its main function was to distinguish the origins of commodities or services. As is stipulated by the *Trademark Law of the People's Republic of China*, the law is formulated for intensifying the administration of trademarks, protecting the right to exclusive use of trademarks and encouraging producers and operators to guarantee the quality of their goods and services and maintain the reputation of their trademarks so as to protect the interests of consumers and of producers and operators, and to promote the development of the socialist market economy. It can be concluded from the aforesaid regulation that the major purpose of trademarks protection is to make sure that consumers can choose commodities or services according to the identifying function of trademarks, so as to prevent consumers from confusing the origins of commodities or services and maintain the business reputation of trademark right holders. In this case, what concerned the court of first instance was whether it exceeded the scope of fair use and whether it conformed to business practice when Zhanjin Company used the registered trademarks of Nippon Company while it was selling commodities of Nippon Company.

Firstly, Zhanjin Company sold various brands of paints in its online shop, and publicized some brands of paints for promotion. The purpose of its use of registered trademarks of Nippon

Company in its promotional publicity was to inform consumers of the specific brands of the commodities publicized, and make consumers know about the characteristics of the paint brand, so as to distinguish it from other paint brands it operated. Zhanjin Company's use of registered trademarks of Nippon Company fell to descriptive use that stated commodity origin to consumers. Secondly, Zhanjin Company did not publicize itself during its promotional publicity in which the registered trademarks of Nippon Company were used, which was not sufficient to mislead general public to believe that there are connections between Zhanjin Company and Nippon Company. Thirdly, Nippon Company held that the announcement on changes of rules on *www. taobao. com* released by Taobao Company (June 20, 2011) means that Taobao Company admitted that the involved act had infringed trademark right of Nippon Company. The court of first instance held that the rules released by Taobao Company were subjective perception of some acts by Taobao Company. Specifically whether the involved act was an infringement should be judged by the court according to laws, regulations and actual circumstances of the case, and should not be bound by the aforesaid rules. In addition, the targets bound by the aforesaid rules are Taobao Company and merchants selling on *www. taobao. com*, thus the rules are not necessarily legally effective to the third parties. Furthermore, as an opposite party of the rules, Zhanjin Company explicitly indicated that it did not accept the binding of the aforesaid rules. The way through which Zhanjin Company used the involved registered trademarks in its promotional publicity while it sold the commodities of Nippon Company is reasonable and conforms to general business practice. Restricting Zhanjin Company and others to reasonably use the registered trademarks of commodities for sale will inappropriately restrict the ways that distributors publicize their commodities for sale, which directly compromises the fundamental of free commodity circulation in market that is indispensable for market economy to rely for existence. Hence the claim of Nippon Company that Zhanjin Company should bear the liability to compensate for infringement of the right of Nippon Company to exclusively use its trademarks is not supported. Given that Zhanjin Company did not constitute the infringement, the claim of Nippon Company that Taobao Company should bear the liability to jointly compensate for infringement is not supported either.

During the trial of first instance, Nippon Company confirmed that Zhanjin Company had ceased operation on *www. taobao. com* and waived its claim that Zhanjin Company and Taobao Company immediately stop their infringement act and the claim that Zhanjin Company and Taobao Company infringed their advertising copyright. The court of first instance approved Nippon Company's waiver of the aforesaid claims as the court held that it was disposition of its own litigious right, which was not against the law.

Pursuant to Article 1 of the *Trademark Law of the People's Republic of China* and Article 3 of the *Regulations for the Implementation of the Trademark Law of the People's Republic of China*, the court of first instance ruled to dismiss the claims of Nippon Company.

Nippon Company refused to accept such ruling as final and lodged an appeal to this court, requesting to abrogate the judgment made in the first trial and support the claims of the Appellant in first instance, i. e. , the two Apples should pay altogether 200,000 to the Appellant as compensation for economic loss and reasonable expenses, and the two Apples should publish statement of apology in prominent positions of *www. taobao. com* operated by the Appellant, Taobao Company, so as to eliminate adverse effect.

The grounds of appeal of the Appellant, Nippon Company, are that I. the findings of fact in the original judgment are wrong. 1. The Appellee, Zhanjin Company, has no evidence to prove that the Nippon products it sells have legal source. In this sense, Zhanjin Company's use of Nippon Company' trademarks without authorization on other commodities has constituted infringement. 2. The Appellee, Zhanjin Company, used such icons as Nippon trademarks, distributed brands and Nippon's online flagship store in its webpage on *www. taobao. com*, which deliberately suggested the public that it was an agent of Nippon brand and that the outlet it operated was Nippon's flagship store, and that it had a close business relationship with the Appellant. The aforesaid acts were sufficient to mislead consumers and did not belong to reasonable use of trademarks. 3. The involved Nippon trademarks were well-known trademarks. The Appellee, Zhanjin Company, used the trademarks without authorization or paying consideration, which affected the Appellant's supervision over the well-known trademarks and damaged the quality guarantee and reputation value contained in the well-known trademarks. 4. As the operator of an e-commerce platform, *www. taobao. com* did not fulfill its obligations of prior review and remedy after the event, it should bear joint and several liabilities with Zhanjin Company. II. The application of law in the original judgment was wrong. 1. It is against the law that the court of first instance took whether business practice had been followed as the standard for the determination of infringement act, and also took following the business practice as the major basis to judge that the Appellee did not constitute infringement in the result of judgment. 2. The acts of the Appellee, Zhanjin Company, should constitute trademark infringement as provided in Article 52. 5 of the *Trademark Law*. The court of first instance abandoned specific rules of law and wrongly quoted the legislative intent of the *Trademark Law* as the judgment basis.

The Appellee, Zhanjin Company, argued that the Nippon products sold by it had legal sources. Though Zhanjin Company used the trademarks and pictures of products of the Appellant on its shop webpage, the purpose of the use was merely to inform consumers that what Zhanjin sold was products of Nippon Company and to distinguish products of different brands. There was no confusion among the consumers.

The Appellee, Taobao Company, argued that 1. Zhanjin Company, as a seller on *www. taobao. com*, used trademarks of Nippon Company to truthfully reflect the provider of the commodities sold by the company, and what it sells was exactly the products of Nippon Company. Hence Zhanjin Company's use of the trademarks conformed to functions of trademarks and did not constitute trademark infringement of the Appellant. 2. Even though Zhanjin Company has constituted infringement, Taobao Company, as a network service provider, was not at fault subjectively, nor did it constitute infringement. Based on all these grounds, Taobao Company requested the court to dismiss the appeal and affirm the original judgment.

In the second trial, the Appellant submitted two pieces of evidence to this court:

1. One copy of approved registration extension certificate for No. 1692156 trademark, certifying that the Appellant enjoys right to exclusive use of Nippon word trademark from January 7, 2012 to January 6, 2022.

2. One copy of a webpage printout on *www. taobao. com*, certifying that the Appellee, Zhanjin Company, displayed the words of "立邦网络旗舰店 (Nippon online flagship store)" on its online shop without authorization or going through legal procedures, and that the Appellant, Taobao Company, did not fulfill its duty of care after receiving complaint on trademark infringement.

The Appellee, Zhanjin Company, held that Exhibit 1 and Exhibit 2 lacked the relevance to this case. The Appellee, Taobao Company, held that Exhibit 1 was formed after the trial of first instance and thus fell into new evidence, whose authenticity was accepted. Whereas Exhibit 2 existed in the first trial, it did not constitute new evidence in the second trial.

The Appellee, Taobao Company, submitted two pieces of evidence to the court, namely

1. One copy of civil judgment issued by Nanjing Intermediate People's Court on the Nippon case, certifying that the seller on *www. taobao. com* who used the words "立邦" in its online shop did not constitute infringement.

2. One copy of civil judgment issued by Jiangning District People's Court of Nanjing on the Nippon case, certifying that *www. taobao. com* did not constitute infringement even if a seller on *www. taobao. com* used trademarks of Nippon in his/her shop and constituted infringement.

The Appellant, Nippon Company, held that it had no objection to the authenticity of the two pieces of evidence, but they were irrelevant to this case due to different facts in cases. The Appellee, Zhanjin Company, did not have objections to the authenticity of the two pieces of evidence, either.

According to the opinions of proof and cross-examination of various parties to the case, the court held that with regard to the two pieces of evidence submitted by the Appellant, Exhibit 1 was formed after the trial of first instance, and the court accepted such evidence as it reinforced the evidence admitted by the court of first instance. Whereas Exhibit 2 did not belong to new evidence, and was irrelevant to infringement judgment in this case, hence the court did not accept. With regard to the two pieces of evidence submitted by the Appellee, Taobao Company, the court did not accept given that the two judgments have not come into effect and were irrelevant to this case.

The court found after trial that the facts found by the court of first instance were substantially true, and the court thus affirmed the facts.

The court also found after trial that on the homepage of the shop "汇通油漆商城 (Huitong Paint Mall)" on *www. taobao. com* of the Appellee, Zhanjin Company, in the mid-upper position was a picture box, which was scrolling to display three different pictures. The first picture was an advertisement of Dulux paint, the second an advertisement of Nippon paint (on the upper part of the advertisement was displayed "Nippon Paint 立邦漆", below which was introduction to

Nippon paint). If someone clicked the link to “代理品牌” (Distributed brands) in the menu on the homepage, several picture boxes would be listed from the top down, which were respectively advertisements of Nippon paint, Dulux paint, German Henkel paint, Levis Paint, Huarun Paint, and Thinker brand paint. In the picture box of Nippon paint was scrolling to display four advertisement pictures of the brand. The first picture was a snapshot of a webpage. On its upper part was displayed “ ECOLOR 首页 美丽家居 工业与工程 我的立邦 网上商城” (ECOLOR Homepage, Beautiful home, Industry and engineering, My Nippon, Online mall) was displayed. In its middle part was a picture box, in which “ 2010 为爱上色” (2010 color the love) was displayed. Below the picture box, Nippon news was displayed on the left side and “立邦网络旗舰店 马上登陆” (Nippon online flagship shop; Log in), “漆量计算器 (Paint calculator)” and “为爱上色电子书 (e-book for “color the love”)” and other contents were displayed on the right side. In the 3th and 4th pictures were introductions to products of Nippon paint. On the upper left of the 3th picture “ 装饰新家，刷新幸福” (decorate your new home and paint your happiness new colors) were displayed prominently, and on the upper left of the 4th picture “ 小编 120 分推荐 净味性价王” (Recommended by editor the odor remover-king in cost performance) was displayed prominently.

This court held that the Appellant, Nippon Company, was the owner of No. 3485390 and No. 1692156 registered trademarks, and enjoyed right to the exclusive use of registered trademarks by law. The act of using a trademark identical with or similar to the registered trademark of Nippon Company in respect of the same or similar goods without the authorization of the owner of the registered trademarks shall be an infringement of the exclusive right of Nippon Company to use the registered trademarks. However, if the alleged infringer used a trademark of Nippon Company merely for indicating information of the commodities for sale, and there was no confusion among relevant public, nor did such act cause damage to trademark interests, the act shall not be determined as an act of trademark infringement.

In this case, the Appellee, Zhanjin Company, used several pictures relevant to Nippon Company when selling products of Nippon Company in its online shop on *www. taobao. com*, and the pictures involved two trademarks of Nippon Company. From the way in which the trademarks were used, the trademarks were components of the pictures, and their major contents were introduction to products of Nippon Company. In addition, on the involved website there were also advertising pictures of paints of other brands, such as Dulux, German Henkel, and Huarun Paint. From the webpage set-up of the website, in subject positions of the homepage were pictures, names, prices and sales volume and others of different brands of paint commodities. In view of the webpage layout and the way that the pictures were used, relevant public would generally believe that what the trademark would like to convey was to advertise the commodities for sale instead of the trade name, trademark or operation style of their dealer. It the analysis is conducted from the perspective whether the alleged infringement of trademark use would confuse and mislead relevant public on source of service. Such use belongs to indicative use. The trademarks directly refer to the commodities of trademark registrant rather than the Appellee, Zhanjin Company. In this way, the correspondence between Nippon trademark and Nippon commodities was not affected, nor would relevant public believe that the Nippon products for sale came from the Appellee, Zhanjin Company. Under such circumstance, there would be no consumers' confusion in perception of the origin of commodities or degradation of significance or popularity of trademarks. Hence there was no damage to other trademark interests. In conclusion, in order to indicate information about the commodities for sale, the Appellee, Zhanjin Company, used the registered trademarks of the Appellant, Nippon Company. No confusion among relevant public was caused, nor was there damage to other trademark interests. Therefore, the accusation of the Appellant that the Appellee, Zhanjin Company, constituted trademark infringement cannot be established either. However, as a network service provider, the Appellee, Taobao Company, should not be considered having constituted trademark infringement even in the premise that the Appellee, Zhanjin Company, did not constitute trademark infringement.

The Appellant held that the Appellee, Zhanjin Company, did not have evidence to prove that the Nippon products it sold had legal source. Hence Zhanjin Company's use of Nippon trademarks on the commodities constituted trademark infringement. The court held that any party to the case should provide supporting evidence for the facts claimed by it. However, the Appellant in this case did not provide any evidence to prove that the Nippon products sold by the Appellee, Zhanjin Company, were commodities bearing counterfeited registered trademarks. With regard to the Appellee's opinion that the burden of proof should be borne by the Appellee, Zhanjin Company, to prove that the Nippon products it sold on line had legal source, the court did not approve, either. Therefore, the court did not accept the ground of the appeal of the Appellant.

The Appellant held that the Appellee, Zhanjin Company's use of Nippon trademarks and such icons as "代理品牌" (Distributed brands) and "立邦网络旗舰店" (Nippon Online Flagship Store) on web pages of *www. taobao. com* was sufficient to mislead consumers and make them confuse, such use shall not fall into the reasonable use of trademarks. The court also held that after trial, the court found that "立邦网络旗舰店" (Nippon Online Flagship Store) was a part of word expression in a webpage snapshot rather than a module which could be clicked independently. Besides, the snapshot and other pictures were made scrolling display together in the interface of "代理品牌" (Distributed brands), which was not sufficient to constitute the prominently displayed part of the whole page, nor did it fall into the online flagship shop defined by *www. taobao. com*. Although it was inappropriate that the Appellee, Zhanjin Company, set a link of "代理品牌" (Distributed brands) in the menu column on the homepage of its online shop and set many pictures of brand advertisement in the interface, such acts did not fall in the scope to be adjusted by the *Trademark Law*. Therefore, it lacked legal basis that the Appellant claimed that the Appellee had infringed its trademark right on the ground of appeal of the aforesaid inappropriate act, and the court did not support such claim.

The Appellant held that the Appellee, Zhanjin Company, used Nippon trademarks without authorization or paying consideration, which had damaged the quality guarantee and reputation value contained in the well-known trademarks of Nippon Company. This court held that the function of quality guarantee of trademarks was in essence the guarantee function in the sense of business origin, which guaranteed that the commodities represented by specific trademarks had reached certain standard of quality. In this case, what the Appellee, Zhanjin Company, sold are products of Nippon Company, thus the degradation of commodity quality was not involved, nor was the degradation of trademarks involved in the process of trademark use. In this sense, the ground of appeal of the Appellant was not supported by this court.

The Appellant held that the application of law in the judgment of original trial was wrong. In the court's opinion, it was inappropriate that the court of first instance took conformance to business practice as the standard for the determination on the infringement act and quoted Article 1 of the *Trademark Law* as the basis of judgment. However, it did not affect the judgment of entity and procedure of this case. It lacked legal basis that the Appellant held that the Appellee had constituted the act of trademark infringement as defined in Article 52. 5 of the *Trademark Law*, thus the court did not support such claim.

To sum up, facts found in the judgment of original trial were substantially clear and the judicial procedure was legitimate, thus they should be affirmed. Both the appeal and grounds the Appellant lacked basis, and they shall be rejected. Accordingly, pursuant to Article 52. 1 of the *Trademark Law of the People's Republic of China* and Article 153. 1 (1) of *Civil Procedure Law of the People's Republic of China*, the court hereby ruled that

The appeal was rejected and the original judgment was affirmed.

The court fee for the second trial of the case was RMB 4,300 yuan, which shall be borne by the Appellant, Nippon Paint (China) Co. ,Ltd.

The ruling made by the court shall be final.

Chief Judge: Tang Zhen
Acting Judge: Gu Huiping
Acting Judge: Chen Yaoyao
May 24, 2012
Court Clerk: Shi Weili

(The civil judgment was selected into 2012 China's 50 Typical Cases on Judicial Protection of Intellectual Property and 2012 Shanghai's 10 Cases on Judicial Protection of Intellectual Property)

Civil Dispute Cases over Patents

22. Wang Qun v. French Pavilion of Shanghai World Expo Invention Patent Infringement

——Civil Judgment of Shanghai High People's Court
(2010) HU-Gao-Min-San- (Zhi) -Zhong-Zi No. 83

Appellant (Plaintiff of First Instance): Wang Qun, male.

Authorized proxy: Zhang Wenwei, patent agent from Beijing Janlea Patent Agency Co., Ltd.

Authorized proxy: Wang Zhe, male, Han, born on September 7, 1981; domicile: No. 503, Unit 3, Floor 1, Shuangyushu Daniwan, Haidian District, Beijing.

Appellee (Defendant of First Instance): French Pavilion of Shanghai World Expo; domicile: FRA, Plot 09, Block C, Shanghai World Expo Park.

Legal representative: Jose Freches, General Representative of French Pavilion of 2010 Shanghai World Expo.

Authorized proxy: Jin Sa, a lawyer from Shanghai AllBright Law Offices.

Authorized proxy: Qi Baoxin, a lawyer from Shanghai AllBright Law Offices.

Appellee (Defendant of First Instance): China Construction Eight Engineering Division. Domicile: Floor 27, No. 1568, Century Avenue, Pudong New Area, Shanghai.

Legal representative: Huang Kesi, Board Chairman of the Company.

Authorized proxy: Wu Baojin, an employee of the Company.

The appellant, Wang Qun, not satisfied with the Civil Judgment of (2010) HU-Yi Zhong-Min-Wu- (Zhi) -Chu-Zi No. 40 by Shanghai No. 1 Intermediate People's Court on the dispute over invention patent infringement, brought an appeal to the court on November 8, 2010. The court thereby set up a collegial panel, and held an open trial on November 26, 2010. The appellant, Wang Qun, and his authorized proxies, Zhang Wenyi and Wang Zhe, the authorized proxies of the appellee French Pavilion of Shanghai World Expo ("French Pavilion"), Jin Sa and Qi Baoxin, the authorized proxy of the appellee China Construction Eight Engineering Division ("CCEED"), Wu Baojin were present for the trial. The hearing has now been ended.

After trial, the court of first instance found that: the State Intellectual Property Office of the People's Republic of China had granted the invention patent entitled "*Elevated Three-dimensional*

Building" to the plaintiff on April 5, 2006, with the application date of April 19, 2004 and the patent No. of ZL200410033851. 2.

The rights claimed for protection by the plaintiff in this case include claims 4, 5, 6, 7. The claims about the disputed patent are as follows: "1. a type of elevated three-dimensional construction built on the foundation with the following features: each group of elevated three-dimensional construction is composed of a spatial frame and housing units supported by the frame; a number of housing units are located around and on the frame fixed on the foundation; the frame is equipped with traffic facilities connecting to the ground, and it is road on the top surface of the frame;

The said frame is a spiral channel based on the foundation, which spirals up with its lower part connecting to the ground road, forming the traffic facilities connecting to the ground;

The housing units located around and on the said spatial frame are either fixed or mobile.

...

"4. As described in claim 1, the feature of the said elevated three-dimensional construction is: the traffic facilities connecting to the ground of the said spatial frame also include the elevator perpendicular to the ground, the inclined escalator, and the spiral staircase or the combination of the above."

"5. As described in claim 1, the feature of the said elevated three-dimensional construction is: the traffic facilities connecting to the ground of the said spatial frame also include the traffic facilities perpendicular to the ground."

"6. As described in claim 1, the feature of the said elevated three-dimensional construction is: there installed with a support frame between the said spatial frame and the foundation, which may be an upright column, batter post, metal grid, metal rake frame or wall, or the combination of the above".

"7. As described in claim 1, the feature of the said elevated three-dimensional construction is: there is parking lot, commercial district, entertainment facilities or green belt, or the combination of the above around the top of the said spatial frame."

...

As stated in the first page of the specification of the involved patent, "the modern single-storey and multi-storey buildings are all laid out on the construction site along the ground, and there is not much floor area for unit construction area. Though high-rise buildings can realize more floor area for unit construction area, it is relatively closed and less comfortable for the lack of human-nature interaction and interpersonal communication."

In addition, the second page of the specification stated that "the invention would bring the following positive and beneficial effects:

According to this invention, the houses are placed in the space around the spatial frame so that more floor area for unit construction area is available for the land will be saved and meanwhile, the interpersonal communication and comfortableness will also improved. What's more, vehicles reach to the door of households."

In the France Pavilion, there are a number of rooms placed on its ramp surface supported by crisscrossed beams, which does not occupy any space around the ramp.

Defendant CCEED was the construction unit of the French Pavilion.

The Plaintiff requested the court of first instance to order that Defendant France Pavilion should cease using the building of the pavilion and the two defendants should apologize to the Plaintiff on the website of Shanghai World Expo Bureau, mark his name and patent identification on the France Pavilion building, and jointly compensate his economic losses of RMB 4,216,694.

The court of first instance held that: the invention "Elevated Three-dimensional Building" of the Plaintiff has been granted with the patent right by the State Intellectual Property Office, which is still valid and shall be protected by laws. The dispute of this case focuses on whether the France Pavilion building has adopted the patented technical solution of the Plaintiff, thus falling into the protection scope of the Plaintiff's patent right.

To ascertain the focus of dispute, the court of first instance went to the France Pavilion building for an on-site inspection compared the patented technical solution of the Plaintiff with the technical features of the France Pavilion building. Based on the evidences provided by both parties, it found that all rooms in the France Pavilion building are built on the surface of the ramp and are not extended to the space around the ramp, which is neither identical with nor equivalent to the technical feature that "a number of housing units are located on the surface of and the space around the spatial frame" as stated in claim 1 of the involved patent of the Plaintiff. The two embodiments in figures of the specification of the involved patent show that the housing units are built on the surface of and the space around of the spatial frame. As stated in the specification of the involved patent, the background art of this invention is that: there is not much floor area for unit construction area with the current available technologies. Though the high-rise building can realize more floor area for unit construction area, it is relatively closed and affected human-nature interaction and interpersonal communication. The beneficial effect of this invention is to expand the floor area for unit construction area, improve the interpersonal communication and comfortableness, while the technical means for realizing the above-mentioned purpose and effect is "construct the houses in the space around the spatial frame". According to the above explanation of the specification of the involved patent, the court of first instance held that, building the housing units in the space around the spatial frame, or extending from the surface of the spatial frame to its surrounding space, is an important technical means for the purpose of this invention. However, the rooms in the France Pavilion building are just built on the surface of the ramp, and such construction method is not enough to realize the function and effect of expanding the architectural space as described in the patent document of the Plaintiff. It can be seen that the France Pavilion building does not comprehensively cover all necessary technical features of the Plaintiff's patent. Therefore, the act of the two defendants' constructing and using of the France Pavilion building did not infringe the Plaintiff's rights to the involved patent.

The Plaintiff also submitted other evidence including the Beijing Construction Engineering Cost Quota, the Composition of Construction and Installation Expenditure, air tickets, invoices for notary fees, invoices for litigation fees, receipt of the industrial and commercial file inquiry fees, invoices for travel expenses and etc. to the court of first instance to prove that it had incurred a loss and spent the right protection fees due to the infringement, while the Defendant, France Pavilion, submitted the Pavilion Architectural Design and other evidence to the court of first instance to prove that the France Pavilion building adopts the existing technical solution. Because the France Pavilion does not fall into the protection scope of the Plaintiff's patent right, the above evidence is irrelevant to this case and inadmissible.

In accordance with Article 11. 1 and Article 59. 1 of *the Patent Law of the PRC*, the court of first instance decided to overrule the claims of Plaintiff Wang Qun. The court fee for the first trial of the case was RMB 40,533, and shall be borne by Plaintiff Wang Qun.

Wang Qun, not satisfied with ruling of the first instance, brought an appeal and requested that the court should quash the original ruling, and support all claims he made in the first instance. Appellant Wang Qun made the appeal mainly based on the following reasons: First, the court of first instance held that "all rooms in the France Pavilion building are built on the surface of the ramp and are not extended to the space around the ramp, which is neither identical with nor equivalent to one of the technical features "a number of house units are located on the surrounding spaces and surfaces of the space frame" as stated in claim 1 of the Involved Patent of the Plaintiff". Since the housing units on the ramp are bound to be three-dimensional object and space, they shall certainly be "extended" to the space around the spatial frame. Second, as can be seen from the evidence provided by both parties and the photos of on-site inspection by the court of first instance, the restaurant unit of the France Pavilion building was partly "extended" to the peripheral space of the spatial frame. Third, the court of first instance held that "building the housing units in the space around the spatial frame or extending the units from the surface of the spatial frame to its surrounding space, is an important technical means to realize this invention. However, the rooms in the France Pavilion building are just built on the surface of the ramp, and such construction method is not sufficient to realize the function and effect of expanding the architectural space as described in the patent document of the Plaintiff". The purpose of the involved patent is to provide a type of elevated three-dimensional building, which can solve the problem of "inadequate floor area for unit construction area" with respect to single-storey buildings, and to improve the condition that "the building is relatively closed and less comfortable as well as lack of human-nature interaction and interpersonal communication" with respect to high-rise buildings. All the beneficial effects as stated in the specification of the involved patent can be realized provided a number of housing units are built on the surface of and in the space around the spatial frame.

Appellee France Pavilion argued verbally in the trial that: the France Pavilion building is an individual building, which is different from the housing unit. Vehicles can pass through the channel as mentioned in the specification of the involved patent, while the channels in the France Pavilion building can not meet the requirements of vehicle traffic. The original judgment made a clear finding of fact, and applied the law correctly. Therefore, the Appellee requested the court to reject the appeal and affirm the original judgment.

Appellee CCEED argued verbally in the trial that it agreed with the views of France Pavilion.

In the second instance, neither Appellant Wang Qun nor appellees France Pavilion and CCEED provided any new evidence to the court.

After trial, the court determined that the finding of fact by the ruling of first instance was true. Furthermore, in the trial of second instance, Wang Qun confirmed that: in claim 1 concerning the involved patent, the relationship between the "surface" and "top surface" of the spatial frame refers to the relationship between the upper and lower concepts. The "surface" of the spatial frame refers to the "top surface", while both the side surface and the undersurface belong to outer surface. The "top surface" of the spatial frame refers to the part as shown in Figure 101 in the specification and its upward extension part. In the licensing review of the involved patent, Wang Qun stated, against the review comments of the examiner, that "the spiral spatial frame of the involved patent can be used as not only a lane but also a pathway for moving the house units."

It is stated in the specification of the involved patent that "the purpose of the involved patent is to provide a type of elevated three-dimensional building to save the land, realize more floor areas for unit construction area, and, meanwhile, to improve the interpersonal communication among residents and their comfortableness".

The court held that: the protection scope of Dependent claim 4 concerning the involved patent shall be defined by taking into comprehensive consideration of all technical features described in Independent claim 1 cited by such dependent claim and the additional technical features of such dependent claim. The protection scopes of the involved dependent claims 5, 6 and 7 can be defined in the same way.

It is stated in claim 1 that "a number of housing units are located on the surrounding space and surface of the spatial frame... There are roads on the top surface of the spatial frame". In accordance with the statement of Wang Qun in second instance, the relationship between "surface" and "top surface" belongs to the upper and lower concepts, and the "surface" of the spatial frame refers to the "top surface", which refers to the part shown in Figure 101 in the specification and its upward extension part. Based on the specification (including the figures) of the involved patent and the statement made by Wang Qun in the licensing review of the patent, or "the spiral spatial frame can be used as not only a lane but also a pathway for moving the house units", the technical feature in claim 1 that "a number of housing units are located on the surface of and the space around the spatial frame" shall be interpreted as "a number of housing units are located on the top surface and the surrounding space beyond a reasonable height extending upward and the surface of the spatial frame, and the main parts of the housing units are neither on the top surface of the spatial frame nor within a reasonable height extending upward". Only such an interpretation can keep in line with the description in claim 1 that "there are roads on the top surface of the spatial frame", and conform to the statement that "the spatial frame (actually refers to the top surface of the spatial frame) can be used as not only a lane, but also a pathway for moving the housing units". And such an interpretation also meet the invention purpose described in the specification of the involved patent, so that the elevated three-dimensional building built as per the technical solution of the involved patent can realize more floor areas for unit construction area, and improve the interpersonal communication among residents and their comfortableness. The way that the top surface (including the space within a reasonable height extending upward) of the spatial frame is designed to be used as a lane and pathway for moving the housing units (no matter they are fixed or removable, the main parts of the housing units are not on the top surface of the spatial frame) can improve interpersonal communication among residents and their comfortableness. The way that housing units are located on the top surface and the surrounding space beyond a reasonable height extending upward and the surface of the spatial frame can realize more floor areas for unit construction area and save the land.

Rooms in the France Pavilion building are arranged on the surface of the ramp and are not extended to the surrounding spaces of the ramp. It can be expressed in special terms of the involved patent that all housing units of the France Pavilion building are on the top surface (to be more accurate, on the top surface and within the space extending upward) of the spatial frame. The top surface of the spatial frame partly is used for housing units and partly for roads. Even if it is as claimed by Wang Qun that the restaurant unit of the France Pavilion building has been partly "extended" to the peripheral space of the spatial frame, the housing units of the France Pavilion building are substantially and generally on the top surface of the spatial frame, which has substantial difference from the corresponding technical feature in claim 1 that "a number of housing units are located on the top surface and the surrounding space beyond a reasonable height extending upward and the surface of the spatial frame, and the main parts of the housing units are neither on the top surface of the spatial frame nor within a reasonable height extending upward", and they are neither identical nor equivalent. As the France Pavilion building has been identified as lack one technical feature in claim 1, its technical solution will be impossible to fall into the protection scopes of dependent claims 4, 5, 6, and 7 of claim 1. In summary, the first and second grounds of the Appellant, WANG Qun, could not be established.

As clearly defined in the specification of the involved patent, the invention purposes of the patented elevated three-dimensional building are to save the land, realize more floor areas for unit construction area, and meanwhile, to improve the interpersonal communication among residents and their comfortableness. The ruling of first instance determined that the France Pavilion building with rooms on the surface of the ramp is far from realizing the function and effect of expanding the architectural space described in the documents concerning the involved patent and can not realize the invention purposes of the involved patent. Therefore, there is nothing inappropriate. The construction mode of the France Pavilion building may improve the interpersonal communication and comfortableness of residents in the housing units. However, it can not realize more floor areas for unit construction area (because no housing unit in the France Pavilion building is arranged on the top surface and the surrounding space beyond space extending upward and the surface of the spatial frame). The invention purposes of the involved patent are to realize more floor areas for unit construction area and meanwhile, improve the interpersonal communication among residents and their comfortableness, both of which are indispensable. It is also a factual basis for appropriate explanation of the technical feature that "a number of housing units are arranged on the surface of and in the space around the spatial frame" in claim 1. In summary, the third ground of appeal given by Appellant Wang Qun could not stand.

Furthermore, it shall be noted that the patent right is property right, which usually does not involve the personal interest of the patentee. Therefore, even if the claims of Wang Qun on patent infringement in this case could be established, his appeal that the Appellee should apologize on the website of Shanghai World Expo Bureau shall not be supported.

In accordance with Article 17. 1 of the *Patent Law*, the inventor shall have the right to specify the inventor's name in the patent documents. As the inventor of the involved patent, Wang Qun shall only have the right to indicate himself as the inventor in the documents concerning the involved patent. Therefore, even if the claims of Wang Qun on patent infringement in this case could be established, his appeal that his name and patent mark shall be indicated on the France Pavilion building shall not be supported.

In accordance with the Article 17. 2 of the *Patent Law*, the patentee shall have the right to indicate the patent mark on the patented products or the packages of such products. The patentee shall only have the right to indicate the patent mark on the self-manufactured products and the packages of such products (in case that others are licensed to manufacture the patented products, the patentee may ask the licensee with the manufacture license of the patented products to indicate the patent mark on corresponding patented products or the packages of such products). So even if the claims of Wang Qun on patent infringement in this case could be established, his appeal that the France Pavilion building shall be affixed with the patent mark shall not be supported because the building was not constructed by the patentee Wang Qun.

In conclusion, the appeal of Appellant Wang Qun does not have legal and factual basis, and shall be rejected. In accordance with Article 153. 1. 1 and Article 158 the *Civil Procedure Law of the PRC*, the court hereby made the following ruling:

Reject the appeal and affirm the ruling of first instance.

The court fee of RMB 40,533 for the second instance shall be borne by Appellee Wang Qun.

The ruling shall be final.

Chief Judge: Zhang Xiaodu

Judge: Wang Jing

Acting Judge: Ma Jianfeng

December 3, 2010

Court Clerk: Liu Wei

(The judgment has been selected into the 2010 China's Ten Cases on Judicial Protection of Intellectual Property and the 2010 Shanghai's Ten Cases on Judicial Protection of Intellectual Property)

23.3M Company v. Zhejiang Daoming Investment Co. ,Ltd. Invention Patent Infringement

——Civil Judgment of Shanghai No. 2 Intermediate People's Court of the People's Republic of China

(2008) HU-Er-Zhong-Min-Wu- (Zhi) -Chu-Zi No. 262

Plaintiff: 3M Company. Domicile: 3M Center, St. Paul, MN 55144-1000, U. S. A

Legal representative: Marschall I. Smith, Senior Vice President and General Counsel.

Entrusted agent: Zeng Baochun, a lawyer from Guangdong United Intellectus Law Firm.

Entrusted agent: Lin Yuecheng, a lawyer from Guangdong United Intellectus Law Firm.

Defendant: Zhejiang Daoming Reflective Materials Co. , Ltd. Domicile: Yingbin Road, 3rd Xiangzhu Industrial Zone, Yongkang City, Zhejiang Province, China.

Legal representative: Hu Zhixiong, Chairman.

Entrusted agent: Dai Xiaoxiang, a lawyer from Zhejiang Z&J Law Firm.

Entrusted agent: Wu Weikai, male, patent agent of Yongkang Lianjin Patent Office. Address: Room 15-202, No. 9 Yongjin Rd. , Lanjiang Town, Lanxi City, Zhejiang Province, China.

Having accepted case on invention patent infringement lodged by Plaintiff 3M Company against Defendant Zhejiang Daoming Reflective Materials Co. , Ltd. (hereinafter referred to as "Daoming Materials") on August 19, 2008, the court set up a collegial panel and held a trial according to laws. During the reply, the Defendant challenged the jurisdiction of the court. And the court made a ruling on November 13, 2008, dismissed the Defendant's objection to its jurisdiction. Defendant Daoming Materials, not satisfied with such decision, brought an appeal. Shanghai High People's Court determined to dismiss the appeal and affirm the original judgment on December 22, 2008. On September 7, 2008, Defendant Daoming Materials filed with the court a request for abatement of action. On May 11, 2009, the court determined to suspend the trial. On December 27, 2010, the Patent Reexamination Board of the State Intellectual Property Office (hereinafter referred to as the "Patent Reexamination Board") made a reexamination decision that the disputed patent maintained valid. On March 3, 2011, the court held an open trail on this case. Zeng Baochun and Lin Yuecheng, entrusted agents of the Plaintiff, and Wu Weikai, the Defendant's entrusted agent, presented at the court for the trial. The case has been closed.

Plaintiff 3M Company made the following allegations that: it was the patentee of "Retroreflective products and its manufacturing method" (patent number ZL95193042. 7). The priority date of the said patent was May 12, 1994, the application date was March 28, 1995, and the date of granf was May 12, 2004. The said patent consists of four independent Claims in total, of which Independent Claim 1 and 19 involve exposed microsphere retroreflective products, Independent Claim 10 involves a manufacturing method of retroreflective products, and Independent Claim 17 involves a type of wearable product with retroreflective products. After investigation, the Plaintiff found that the Defendant was producing in large quantity fluorescent retardant warning tapes (Model No. DM1991 and No. DM1992) and reflective vests with such fluorescent retardant warning tapes (Model No. DO1T13, No. DO1T15, and No. DO1T19) (hereinafter referred to as the "alleged infringing products"), which were sold and offered for sale through its offices across China and its Chinese and English websites. By comparison, the technical features of the alleged infringing products all fell into the protection scope of the Plaintiff's patent for invention, thus infringed the patent right for the invention of the Plaintiff, bringing significant economic losses to the Plaintiff. Therefore, the Plaintiff requested the court to order the Defendant to: 1. cease the patent infringement immediately, including to stop the production, sales and offering for sale of the infringing products, and to destroy the infringing products and special moulds; 2. compensate the Plaintiff for its economic losses of RMB 500,000, inclusive of reasonable expenses; and 3. apologize publicly to the Plaintiff on *Legal Daily* and *Wenhui News* to eliminate the impact.

Defendant Daoming Materials argued that: 1. the alleged infringing products were not purchased from it, so it did not constitute the alleged infringement; 2. the *Judicial Expert Report* cited by the Plaintiff as an evidence was based on an unilateral commissioned review, whose source of materials for verification was unidentified and such materials were not the products purchased by the Plaintiff for notarization. Therefore, the Defendant did not accept the authenticity of the *Judicial Expert Report* and held that the conclusions made thereby were illegal and lack of authenticity and relevance; 3. the *Test Report* attached to the said *Judicial Expert Report* could not prove that the said sample had the technical features corresponding to those of the Plaintiff's patent or and realize the technical effects of the said patent. In conclusion, the Defendant held that it did not infringe the patent for invention owned by the Plaintiff, and the claims of the Plaintiff did not have legal or factual basis, so it requested the court to dismiss the claims of the Plaintiff.

After trial, the court found that:

On March 28, 1995, the Plaintiff filed an international application for invention patent entitled "Retroreflective product and its manufacturing method", with the priority date and international publication date on May 12, 1994 and November 23, 1995 respectively. On May 12, 2004, the State Intellectual Property Office of the PRC granted the patent for invention (patent No. ZL95193042. 7) in China, and made an announcement on it. The said patent is still valid, including four independent Claims.

Independent Claim 1 involves: an exposed microsphere retroreflective product, with the features that it includes: a) a colored adhesive layer with the first and second main surfaces; and b) a layer of glass or ceramic microspheres, which is partly embedded in and partly protruding from the first surface of the colored adhesive layer. The adhesive layer and the microsphere layer are divided into the first and the second segments, respectively showing significantly different retroreflectivity and distinctly different colors in the daytime lighting condition. The characteristic of the first segment is that it has the reflective metal materials located on the embedded part of the microspheres, and the feature of the second segment is that it has no reflective metal layer functionally located behind the embedded part of the microspheres; wherein, the first segment is displayed in gray, while the second one is in fluorescent, in the daytime lighting condition.

Independent Claim 19 involves an exposed microsphere retroreflective product, which features that it includes: a) a colored adhesive layer with the first and second main surfaces; b) a layer of glass or ceramic microsphere, which is partly embedded in and partly protruding from the first surface of the colored adhesive layer. The adhesive layer and the microsphere layer are divided into the first and the second segments, respectively showing significantly different retroreflectivity and distinctly different colors in the daytime lighting condition. The first segment is featured that it has the reflective metal materials located on the embedded part of the microspheres, and the second segment is featured that it has no reflective metal layer functionally located behind the embedded part of the microspheres; wherein, the first segment has a stripe of 1-10 cm wide.

Independent Claim 10 involves a manufacturing method of retroreflective products, characterized in that it includes: (a) a layer of microspheres supported with a carrier; (b) a reflective metal layer selectively coated in vapor phase on the microspheres supported, so that the first part of the microsphere layer has a reflective metal layer functionally coated behind it, while the second part does not have; (c) a part of the microsphere layer is embedded into the first main surface of the adhesive layer; (d) the carrier is separated from the microsphere layer, so that the microsphere layer is still partially embedded in the first main surface of the adhesive layer, thus form the retroreflective product with the first and second segments, of which the first segment has a reflective metal layer functionally coated in vapor phase behind the embedded part of the microspheres.

Independent Claim 17 involves a type of wearable product with the size and shape suitable for people, characterized in that it consists of: (1) a retroreflective product, which includes: a) a colored adhesive layer with the first and second main surfaces; and b) a layer of microspheres partially embedded in the first main surface of the colored adhesive layer. The adhesive layer and the microsphere layer are divided into the first and the second segments, respectively showing significantly different retroreflectivity, and distinctly different colors in the daytime lighting condition. The first segment is featured that it has the reflective metal materials located on the embedded part of the microspheres, while the second segment is featured that it has no reflective metal layer functionally located behind the embedded part of the microspheres; (2) the substrate fixing the retroreflective product, which has the first and the second surfaces, and the first surface of the substrate is affixed to the second surface of the adhesive layer.

On January 13, 2009, the Defendant requested the Patent Reexamination Board to announce the above-said patent for invention of the Plaintiff to be invalid. On December 27, 2010, the Patent Reexamination Board made the Review Resolution No. 15959 on request for invalidation review and affirmed that the patent with the patent number ZL95193042.7 to be all valid.

On June 12, 2006, Shanghai Notary Public Office conducted the evidence preservation notarization for the purchase process according to the application, and issued the Notarial Certificate (2006) HU-Zheng Zi No. 7647. In accordance with the said Notarial Certificate, a notary of the said Notary Public Office together with a person not involved in this case took a set of vests, ten vests and four rolls of reflective materials from a store (marked with "Shanghai Exhibition Hall of Daoming Group" at the gate) at No. 1 South Zhongshan Road, and received a delivery note and two copies of promotional materials. Then, the above-said personnel went to Shanghai Notary Public Office together, packed the above-mentioned articles and sealed with strip seal. And then the notary affixed the closure stamp on it, and took eighteen pictures in total of the place and articles taken. The above-said delivery note was printed with words as "Zhejiang Daoming Reflective Materials Co., Ltd.", and the promotional materials were printed with words as "DM ® Daoming Group Zhejiang Daoming Reflective Materials Co., Ltd.; No. 001, Yingbin Road, 3rd Xiangzhu Industrial Zone, Yongkang, Zhejiang, China, Tel: 0086-579-7311111, 7311678, 7311789".

On August 15, 2006, the entrusted agent of the Plaintiff, Yang Jiefang, filed with Guangzhou Baiyun Notary Public Office an application for evidence preservation notarization. Under the supervision of the notary of the said Office, Yang Jiefang browsed and printed relevant pages of the website *www.chinadaoming.com* with the computer of the said Office. And the said Notary Public Office made the Notarial Certificate (2006) HUI-Bai-Nei-Jing-Zheng-Zi No. 509 as evidence, which includes the Notarization Site Investigation Records, 48 pages of webpage prints and a video CD. In accordance with the Notarial Certificate, the website *www.chinadaoming.com* contains the contents of "China · Daoming Group, Daoming Optics & Chemicals Co., Ltd.", "Copyright Reserved Zhejiang Daoming Reflective Materials Co., Ltd.", etc. And the product display column of the said website displayed the pictures of reflective vests (such as Model No. DO1T13, DO1T15, and DO1T19).

On April 24, 2007, Shanghai Notary Public Office conducted the evidence preservation notarization for the purchase process according to the application, and prepared the Notarial Certificate (2007) HU-Zheng Zi No. 4868. In accordance with the Notarial Certificate, the notary of the said Office together with a person not involved in this case went to Room 1104, Building 2, No. 1739, South Xizang Road, Shanghai, to obtain one roll of reflective materials, and received a delivery note and a business card. After that, the above-mentioned personnel went to Shanghai Notary Public Office together, sheared a fragment from the acquired roll of reflective materials, and put the sheared fragment of reflective material and the remaining roll of reflective materials into two boxes separately, which then were sealed up with strip seals. The notary then affixed the closure stamp on the boxes, and took nine pictures of the place where the said reflective materials were acquired, the reflective materials, and the sealed boxes. The entire process was shot into a video. The above-said delivery note was printed such with words as "Zhejiang Daoming Reflective Materials Co., Ltd.", and the business card was printed with such words as

"DM ® Zhejiang Daoming Reflective Materials Co. , Ltd". On November 12, 2007, Shanghai Notary Public Office conducted the evidence preservation notarization for the process of unsealing and re-sealing of the evidence according to the application, and prepared the Notarial Certificate (2007) HU-Zheng Zi No. 15480. In accordance with the Notarial Certificate, the said person not involved in this case sheared two strips of fragments of the evidence mentioned in the above-mentioned Notarial Certificate (2007) HU-Zheng Zi No 4868, and then put the two fragments into a boxes separately, with the remaining materials still in the original box. The entire process was shot into a video.

On August 7, 2008, Jiang Ning, the entrusted agent of the Plaintiff, filed with Guangzhou Notary Public Office an application for notarization of the relevant contents on the company website of the Defendant. Under the supervision of the Notary, Jiang Ning visited the website *www. chinadaoming. com* with the computer of the said Office, browsed and printed part of the Chinese and English pages of the website. And the entire process was shot into a video CD. Guangzhou Notary Public Office made the Notarial Certificate (2008) YUE-Hui-Guang-Zheng-Nei-Jing Zi No. 84424 as evidence. In accordance with the said Notarial Certificate, on the above-mentioned web pages, pictures of reflective vests (such as Model No. DO1T13, DO1T15, and DO1T19) and fluorescent retardant warning tapes (such as Model No. DM1991 and DM1992) were displayed. On August 7, 2008, Jiang Ning, the entrusted agent of the Plaintiff, filed with Guangzhou Notary Public Office an application for notarization of the contents of the Defendant's sales pages on Alibaba. Jiang Ning browsed the Internet and printed relevant WebPages with the computer of the said Office. Guangzhou Notary Public Office prepared the Notarial Certificate (2008) YUE-Hui-Guang-Zheng-Nei-Jing Zi No. 84425 as evidence. In accordance with the said Notarial Certificate, the Defendant published some advertisements on reflective tapes, reflective vests, reflective material products, etc. on *Alibaba. com*.

On August 13, 2008, Hangzhou Oriental Notary Public Office conducted an on-site supervision on the purchase process of the reflective materials of Daoming Optics & Chemicals Co. , Ltd. and the post-purchase packing process according to the application, and made the Notarial Certificate (2008) ZHE-Hang-Dong-Zheng Zi No. 015669. In accordance with the said Notarial Certificate, the notary of the said Office together with a person not involved in this case purchased reflective materials and reflective vests in the reception room at the first floor of Daoming Optics & Chemicals Co. , Ltd. located at No. 001, 3rd Xiangzhu Industrial Zone, Yongkang City, Zhejiang Province, China, and received two receipts and three business cards. The entire process was photographed and shot into a video by the notary. On August 22, 2008, Hangzhou Oriental Notary Public Office conducted an on-site supervision on the process of buying reflective vests from Daoming Optics & Chemicals Co. , Ltd. according to the application, and prepared the Notarial Certificate (2008) ZHE-Hang-Dong-Zheng Zi No. 016554. In accordance with the said Notarial Certificate, the notary of the said Office together with a person not involved in this case purchased ten reflective vests in the reception room at the first floor of Daoming Optics & Chemicals Co. , Ltd. located at No. 001, 3rd Xiangzhu Industrial Zone, Yongkang City, Zhejiang Province,

China, and received the receipt. The notary photographed and sealed the purchased items.

The Plaintiff submitted a brochure entitled *Flame Retardant & Anti-static Series* from a person not involved in this case, Daoming Optics & Chemicals Co. ,Ltd. , which was printed with the logo "DM ® ", such texts as "China · Daoming Group Zhejiang Daoming Reflective Materials Co. ,Ltd. ", the introduction of the Defendant as well as the introduction of the alleged infringing fluorescent yellow retardant warning tapes DM1991 and DM1992. Besides, the Plaintiff obtained a brochure entitled *China · Daoming Group Expert in Reflective Safety* from Shanghai Office of the Defendant during the appeal of objection to the jurisdiction. The said brochure was printed with "Daoming Group, Zhejiang Daoming Reflective Materials Co. ,Ltd. , No. 001, 3rd Xiangzhu Industrial Zone, Yongkang City, Zhejiang Province, China, Tel: 0086-021-63168551" as well as contents such as "welcome to *www. chinadaoming. com*".

On January 15, 2008, the Plaintiff entrusted Beijing Guowei Judicial Expertise Center of Intellectual Property to examine issues concerning "whether the technical solution protected by the patent *Retroreflective Product and its Manufacturing Method* with patent number ZL95193042. 7 is identical with or equivalent to reflective tape DM1991A (Daoming reflective materials)". On June 30, 2008, the said Expertise Center made the Judicial Expert Report of Beijing Guowei Judicial Expertise Center of Intellectual Property [2008] SI-Jian Zi No. 11 (hereinafter referred to as the "Judicial Expert Report"), stating the following opinions: (1) based on the above "5. (4)" comparison and analysis of Claim 1 with the sample testing results, the sample includes all technical features of the technical solution in Claim 1. Therefore it can be concluded that the sample and the technical solution described in Claim 1 are identical; (2) based on the above "5. (5)" comparison and analysis of Claim 19 with the sample testing results, the sample includes all technical features of the technical solution in Claim 19. Therefore, it can be concluded that the sample and the technical solution described in Claim 19 are identical. In conclusion, the sample and the technical solution described in Independent Claim 1 and 19 are identical. The three testing reports attached to the above-mentioned *Judicial Expert Report* are respectively the testing reports No. 2008I34-33-028032 and No. 2008I34-33-023037 issued by Shanghai Institute of Measurement and Testing Technology (hereinafter referred to as "SIMT") and the testing report No. 2008-CA02-071 issued by the National Center for Quality Supervision & Inspection of Traffic Safety Facilities (hereinafter referred to as the "Testing Center of the Ministry of Transport"). In accordance with the photos and remarks attached to the above-mentioned testing reports, the above reflective material samples for testing are all from the foregoing sealed evidence indicated in the Notarial Certificate No. 15480. On March 11, 2011, SIMT issued a Declaration, specifying that the "epoxy curing agents" in the testing reports were fixed around the samples by the testing personnel for the pre-treatment of testing samples and was not an integral part of the material structure of the sample.

The Plaintiff submitted the invoices for notarial fee, attorney fee and the appraisal fee and testing fee totaling RMB140,110 as the proof of the reasonable expenses it paid for this case.

The Defendant, in order to prove the fact that "the address of Room 1104, Building 3,

No. 1739, South Xizang Road, Shanghai was not where Shanghai Office of the Defendant located", submitted a copy of Shanghai House Leasing Contract, in which the lessee column of the said contract was signed with a personal signature "Li Jing". To prove that "Li Jing" was an employee of the Defendant, the Plaintiff submitted a business card of "Li Jing", which was printed with the Defendant's name, address, telephone and other information. The Defendant, in order to prove that the products it manufactured and sold were different from the alleged infringing products, submitted in court a roll of reflective material in kind. Besides, it also indicated that the said roll of reflective material was not from the Defendant but from the market.

The above-mentioned facts were proved by the duplicate of patent rolls, the resolution on request for invalidation, 8 notarial certificates, advertising brochures, judicial expert reports and appendices, invoices for notarial fee, attorney fee and appraisal and testing fees submitted by the Plaintiff, the house leasing contract, and material objects submitted by the Defendant, as well as the arguments of the Plaintiff and the Defendant, and the court records.

The court held that the dispute of this case focused on: 1. Whether the Defendant had engaged in manufacturing, sales, or offering for sale of the alleged infringing products. 2. Whether the technical features of the alleged infringing products fell into the protection scope of the Plaintiff's patent, or whether the Defendant had infringed the Plaintiff's patent for invention. 3. Issues concerning the assumption of civil liability of this case.

I. Whether the Defendant Had Engaged in Manufacturing, Sales, or Offering for Sale of the Alleged Infringing Products

The Defendant holds that: firstly the Notarial Certificate No. 4868 submitted by the Plaintiff could not prove that the "Room 1104, Building 3, No. 1739, South Xizang Road, Shanghai" is the address of the Defendant's office. It could not be proved that the delivery notes, business cards, etc. obtained from the said office are printed by the Defendant, and the brochures submitted by the Plaintiff are not printed by the Defendant. Secondly, though the involved website is the website of the Defendant, the product structures and technical features of the alleged infringing products can not be concluded from the brochures and the printouts of the web pages submitted by the Plaintiff. Thirdly, though the person not involved in this case, Daoming Optics & Chemicals Co., Ltd., is a related party of the Defendant, they are, after all, two independent legal persons. Therefore, the entity selling the alleged infringing products is rather the person not involved in this case than the Defendant. In summary, the Defendant holds that it has not engaged in manufacturing, sales, or offering for sale of the alleged infringing products.

In view of this, the court held that: 1. In accordance with the Notarial Certificate No. 4868 provided by the Plaintiff that the Plaintiff "purchased a roll of reflective material at "Room 1104, Building 3, No. 1739, South Xizang Road, Shanghai", and both the delivery notes and business cards obtained were printed with the company name of the Defendant. In addition, the Defendant also acknowledged in court that it had received corresponding payment for these products. Besides the brochure entitled *China · Daoming Group Expert in Reflective Safety* submitted by the Plaintiff is also printed with such contents as "Shanghai Office Room 1104, Building 3,

No. 1739, South Xizang Road, Shanghai, Tel: 00860-021063168551". Therefore, the court can conclude that the above-mentioned place is the office of the Defendant in Shanghai. 2. For the fact that the Plaintiff purchased the alleged infringing products from the person not involved in this case, Daoming Optics & Chemicals Co. ,Ltd. , the court held that, such person not involved in this case is a related party of the Defendant, and the brochure entitled Flame Retardant & Anti static Series the Plaintiff obtained from the said person not involved in this case is printed with such texts as "DM ® Daoming Group Zhejiang Daoming Reflective Materials Co. , Ltd. " and "Zhejiang Daoming Reflective Materials Co. ,Ltd. , located in China Hardware City Yongkang, is an innovative enterprise specializing in R&D, manufacturing and sales of reflective materials and products... Its main products include reflective fabric, reflective foil, reflective leather, reflective products, reflective clothing and other personal protective equipment... ". Besides, according to the Notarial Certificate concerning the web pages of the Defendant submitted by the Plaintiff, the Defendant displays pictures of the alleged infringing products on its website, and the products in kind the Plaintiff purchased from the person not involved in this case and the products on the obtained brochure corresponds to the products displayed on the Defendant's website in terms of appearance and models. 3. Though the Defendant held that the pictures on the website could not reflect the structures and technical features of the products, on the premise that the Plaintiff has purchased the alleged infringing products in kind with notarization, the Defendant only submitted a roll of reflective material in kind as rebuttal evidence, the court held that the source of the Defendant's evidence is unidentified, and the said evidence is not sufficient to prove that the reflective materials it used were completely different from the alleged infringing products. In conclusion, taking into comprehensive consideration of the evidence submitted by the Plaintiff and the Defendant as well as their statements in court, the court determined that the Defendant had engaged in manufacturing, sales and offering for sale of the alleged infringing products.

II. Whether the Technical Features of the Alleged Infringing Products Fell into the Protection Scope of the Plaintiff's Patent for Invention, or Whether the Defendant Had Infringed the Plaintiff's Patent for Invention

In this case, the protection scope of the patent as claimed by the Plaintiff includes Claim 1, 10, 17 and 19, of which Claims 1, 19 and 17 involve the product patent, or a type of exposed microsphere retroreflective product and the wearable product made of such retroreflective product, while Claim 19 involves the method patent, or the method of manufacturing the retroreflective products. According to Claim 1, 19 and 17, the Plaintiff held that the *Judicial Expert Report* it submitted can prove that the alleged infringing products fell into the protection scope of the its patent. According to Claim 10, the Plaintiff held that if the Defendant failed to provide evidence to prove that it had applied other method, it shall be determined that it had applied the patent method of the Plaintiff in the alleged infringing products, which, therefore, constituted the patent infringement.

i. Whether the technical features of the alleged infringing products fell into the protection scope of Independent Claim 1 and 19 of the Plaintiff's patent for invention.

The Defendant held that: Firstly, the Judicial E*xpert Report* is a unilateral commissioned appraisal, and the source of the materials was unidentified. Therefore, it can not be accepted as evidence. Secondly, there were many problems in the *Testing Report* attached to the *Judicial Expert Report*. Therefore, it can not be determined that the alleged infringing products have the technical features which the Plaintiff's patent for invention has. The main issues are as follows: 1. According to the texts and photos of the *Testing Report*, the tested "reflective tape" contains multiple layers of materials: epoxy curing agent, microspheres layer Layer1, adhesive layer Layer3, fiber layer Layer4, adhesive layer between the microspheres Layer2, which means that the said "reflective tape" has 5 layers. However, what Claim 1 and 19 of the Plaintiff's patent protects is a type of exposed microsphere retroreflective product with a structure of only 2 layers (or a layer of colored adhesive and a layer of glass or ceramic microsphere). Therefore, the structures of layers are different. 2. According to the *Testing Report*, the microspheres are coated with a layer of epoxy curing agent, so that the microspheres are not exposed and protruding from the external surface, which do not belong to the "exposed sphere" retroreflective product. 3. Since the *Testing Report* does not give any exact information on the materials of the microsphere, it still can not be determined that the said microspheres belong to the "glass or ceramic microsphere". 4. The *Testing Report* does not mention that the adhesive layer is fluorescent, therefore, it can not be determined that the said adhesive layer belongs to "the colored fluorescent adhesive layer". 5. As shown in the photo of "the cross section of the microspheres" in the *Testing Report*, there is noticeable space between the microspheres, which are distributed irregularly and stacked. Therefore, it can not be determined that these microspheres are layered or in the same layer. 6. According to the Testing Report, when testing the AL element of the microspheres in the silver gray area, the testing area, whose microspheres are stripped, does not exclude "the area between the microspheres" containing AL element, and the sampling areas before and after the microspheres stripped are different. Therefore, it can not explain the exact distribution of AL element. 7. As shown in the *Testing Report*, the embedded part of the microspheres contains the adhesive layer Layer2. The Testing Report indicates that the area between the microspheres contains AL element. Therefore, AL element does not directly contact with the embedded part of the microspheres, and the sample does not reflect the feature that "having the reflective metal materials in the embedded part of the microspheres". 8. As shown in the *Testing Report*, the yellow area of the sample does not contain AL in the embedded part of the microspheres. Therefore the said product does not have the technical effect as stated in the patent that "the second segment of this invention is retroreflective". 9. According to the Testing Report, before testing the sample, the two segments of the sample have been prepared through "mosaic treatment" and "adhering with double-sided adhesive" respectively, which change the original state of the sample, causing the layered structure of the micron-sized cross section distorted. Therefore the conclusions can not be adopted as the basis for feature comparison.

As for the issue concerning the source of the materials, which the *Judicial Expert Report* was based on, the court held that, during the trial of this case, Hu Yiming and Gao Fengming, researchers from Beijing Guowei Judicial Expertise Center of Intellectual Property, were present in court to explain the issue concerning the source of the examination materials, or the material sample for examination that the examination expert obtained was from the Testing Center of the Ministry of Transport. According to the testing report attached to the said export report, the reflective material samples obtained by the Testing Center of the Ministry of Transport and SIMT were all from Notarial Certificate No. 15480 sealed in kind. In conclusion, the court determined that the materials submitted by the Plaintiff for examination were the alleged infringing products and rejected the arguments made by the Defendant.

Of the 9 issues existing in the testing report attached to the *Judicial Ex*pert Report as argued by the Defendant, with respect to issue 1 and 2, according to relevant contents of the testing report and the declaration issued by SIMT, the Plaintiff explained that the adhesive layers Layer2 and Layer3 in the sample were in the same layer, and the "epoxy curing agent" was used to fix the sample rather than being an integral part of the material structure of the sample. Therefore, the sample had three layers of materials in total, including the two technical features stated in Claim 1 and 19 of the Plaintiff, namely the microsphere layer and the colored adhesive layer. The above claims did not exclude base fabric material to be used as the immovable substrate. Since the "epoxy curing agent" was not a component of the sample, there was no technical feature that makes the microspheres being "partly embedded in and partly protruding from the colored adhesive layer". With respect to issue 3, the Plaintiff cited the testing report that the microspheres of the sample did not contain C and H elements; therefore it can not be resin microspheres, but glass or ceramic microspheres. With respect to issue 4, the Plaintiff held that it was visible whether it was fluorescent or not. With respect to issue 5, the Plaintiff held that since the photos in the testing report were micrographs, it was normal that visible space between the microspheres was under microscope. Therefore, it can not be concluded that the microsphere particles of the sample did not form a microsphere layer for this reason. With respect to issue 6, the Plaintiff held that the testing report indicated that, AL element was found in the depression exposed on the adhesive layer after the microspheres were stripped, which was sufficient to prove that the silver gray area contained the AL element in the embedded part of the microspheres. With respect to issue 7, the Plaintiff held that as long as the embedded part of the microspheres in the yellow area did not contain AL element, the technical feature that "having reflective metal materials in the embedded part of the microspheres" did exist. With respect to issue 8, the Plaintiff cited the testing report that the yellow area of the sample was retroreflective, with a coefficient of retroreflectivity of 6. 7cd/1/m3. With respect to issue 9, the Plaintiff held that the "mosaic treatment" and "adhering with double-sided adhesive" would not have any impact on the layered structure of the cross section. In addition, Hu Yiming, the researcher of Beijing Guowei Judicial Expertise Center of Intellectual Property, as one of the examiners, also explained on relevant issues during the trial of this case. Therefore, the court held that the explanations made by the Plaintiff and the examiners on relevant issues were reasonable and admissible. Therefore, it did not support the

Defendant's claim that the testing report was deficient so it can not prove the existence of relevant technical features.

In conclusion, the court held that, though the *Judicial Expert Report* submitted by the Plaintiff was a unilateral commissioned examination, its probative force as evidence can not be denied. Therefore, the Defendant's claim that the said *Judicial Expert Report* had some flaws in authenticity, legitimacy and relevance as evidence shall not be accepted, and the Defendant should submit corresponding evidence and sufficient grounds to support its claim. In this case, since the Defendant did not submit any evidence to refute the said *Judicial Expert Report*, and its grounds were not persuasive, the court admitted the examination opinions of the said *Judicial Expert Report* and determined that the technical features of the alleged infringing products fell into the protection scope of Independent Claim 1 and 19 of the Plaintiff's patent for invention.

ii. Whether the technical features of the alleged infringing reflective clothing products fell into the protection scope of Independent Claim 17 of the Plaintiff's patent for invention.

On the basis of accepting the *Judicial Expert Report*, the court also compared the technical features of the alleged infringing reflective clothing products with those of Independent Claim 17 of the Plaintiff's patent for invention. The technical features of Independent Claim 17 are as follows: 1. It is a kind of wearable product, with the size and shape suitable for people. 2. It is designed with a retroreflective product, which is featured by: (1) a colored adhesive layer with the first and second main surfaces; (2) a layer of microspheres partly embedded in the first surface of the colored adhesive layer; and (3) the adhesive layer and the microspheres layer consists of the first and the second segments, respectively showing significantly different retroreflectivity and distinctly different colors in the daytime lighting condition. The feature of the first segment is that it has the reflective metal materials on the embedded part of the microspheres, and that of the second segment is that it does not have the reflective metal layer functionally located behind the embedded part of the microspheres. 3. It has a substrate fixing the retroreflective product, which has the first and the second surfaces. The first surface of the substrate is affixed to the second surface of the adhesive layer. The technical features of the alleged infringing reflective clothing products include: 1. it is a kind of wearable product, with the size and shape suitable for people. 2. It was designed with a retroreflective product, which is featured by: (1) yellow fluorescent adhesive with upper and lower surfaces; (2) a layer of glass or ceramic microsphere, which is partly embedded in and partly protruding from the upper surface of the yellow fluorescent adhesive layer; and (3) the adhesive and microsphere layers consist of silver gray area and yellow area, respectively with significantly different retroreflectivity and in distinctly different colors in the daytime lighting condition. Wherein, one area displays silver gray in general lighting conditions, while the other displays yellow fluorescent. The silver gray area has the reflective metal material, aluminum, on the embedded part surface of the microspheres, while the yellow area does not. 3. Clothing is used to fix the retroreflective products, where the retroreflective products are sewed. Comparison indicates that the technical features of both are similar. Therefore, the court determined that the technical features of the alleged infringing reflective clothing products fell into the protection scope of Independent Claim 17 of the Plaintiff's patent for invention.

iii. Whether the patented method described in Independent Claim 10 of the Plaintiff's patent for invention had been applied in the alleged infringing products.

In accordance with Article 61 of the *Patent Law of the PRC*, where patent infringement involves the patent for invention of the manufacturing method of a new product, the unit or individual manufacturing the same product shall provide the evidence proving that its product manufacturing method is different from the patented method. In accordance with Article 17 of the *Interpretation of the Supreme People's Court on Several Issues concerning the Application of Law in the Trial of Patent Infringement Dispute Cases*, where a technical solution for products or product manufacturing is known to the public both at home and abroad before the patent application date, the People's Court shall determine such product is not a new product specified in Article 61. 1 of the *Patent Law*. In this case, the Plaintiff held that the Review Resolution No. 15959 on request for invalidation review made by the Patent Reexamination Board had confirmed the novelty and inventiveness of the Plaintiff's patent, so no evidence shall be needed to prove that the Plaintiff's patented product is a new product. The court held that, in determination of the infringement involving patented method, the inversion of the burden of proof is conditioned. In this case, the Review Resolution issued by the Patent Reexamination Board can not exempt the Plaintiff from the burden of proof. Therefore, the Plaintiff should still provide preliminary evidence to prove the fact that the Plaintiff's technical solution for products or product manufacturing was not known to public both at home and abroad before the patent application date. Then the burden of proof would be transferred, which means that the Defendant should provide evidence to prove that the method the Defendant adopted to manufacture the alleged infringing products was different from the patented method. On the premise that the Plaintiff failed to provide any evidence to prove that its patented product belonged to a new product, the burden of proof should not be transferred to the Defendant temporarily, and the Plaintiff should bear the legal consequences of being unable to provide the evidence. In view of this, the court held that the Plaintiff's claim that the patented method as described in Independent Claim 10 of its patent for invention had been applied in production of the alleged infringing products lacked sufficient evidence, which thus should be dismissed.

In conclusion, the court held that the technical features of the alleged infringing products fell into the protection scope of Independent Claim 1, 17 and 19 of the Plaintiff's patent for invention, but the patented method protected by Independent Claim 10 of the Plaintiff's patent for invention had not been applied in production of the alleged infringing products. Therefore, the act of Defendant's manufacturing, sales and offering for sale of the Plaintiff's patented products without the Plaintiff's approval has infringed the patent for invention of the Plaintiff, and the Defendant shall bear the civil liability to stop the infringement and compensate the Plaintiff for its losses.

III. Issues on Undertaking of Civil Liability of This Case

With respect to the determination of the amount of compensation for this case, the court held that according to Article 65 of *the Patent Law of PRC*, the amount of compensation for patent infringement shall be determined based on the actual loss of the patentee incurred by the infringement; in case that the actual loss is difficult to be determined, it can be determined according to the benefits gained by the infringer from the infringement. In case that the loss of the patentee or the benefits gained by the infringer is difficult to be determined, it shall be reasonably determined with reference to the multiple of the said patent license fee. The amount of compensation shall also include the reasonable expenses of the patentee for stopping the infringement. In case that the loss of the patentee, the benefits gained by the infringer and the patent license fee are all difficult to be determined, the people's court can, according to the type of patent right, the nature and circumstances of the infringement and other factors, determine a compensation of no less than RMB 10,000 but no more than RMB 1,000,000. In this case, the Plaintiff could not provide any evidence to prove its loss or the benefits of the Defendant, and requested the court to determine at judicial discretion according to the type of patent right, the nature and circumstances of the infringement and other factors. Since the Plaintiff neither provided any evidence to prove the its loss incurred by the infringement or the Defendant's benefits gained from the infringement, nor exact amount of patent license fee, the court shall determine the amount of compensation at judicial discretion according to *the Patent Law of PRC*, the evidence submitted by the Plaintiff and the Defendant, and the right value of the Plaintiff's patent in this case, such as the inventiveness of the patented technology, the R&D expenditure and implementation of the patented technology, the type, validity and scope of patent license, the average profit of products of the same type in the market, the reasonable transfer price, the reasonable license fee, and ways of infringement of the Defendant, the scale of production and sales of the infringing product, the duration of infringement, the resulting consequences due to the infringement, and the profits gained therefrom. Besides, the court shall also determine at its discretion the amount of reasonable expenses according to the evidence submitted by the Plaintiff, such as the invoices for attorney fee, notary fee, examination fee, testing fee, with reference to the lawyer charges specified by relevant administrative authority of justice, the actually determined amount of compensation and the requested amount of compensation, the complexity of the case and other factors.

As for the Plaintiff's claims that the Defendant should destroy the infringing products and the special mould, the court held that destroying infringing products and special moulds were not ways of taking civil liability. Therefore the court did not support the said claims of the Plaintiff.

As for the Plaintiff's claims that the Defendant should apologize publicly on *Legal Daily* and *Wenhui News* to eliminate the impact, the court held that since the Defendant's patent infringement did not infringe the Plaintiff's personal right and moral right and the Plaintiff did not have any evidence to prove that the Defendant's patent infringement had any adverse impact on the Plaintiff's goodwill, the court did not support the said claims of the Plaintiff.

In view of this, according to Article 134 (1) and Article 134 (7) of the *General Principles of the Civil Law of the PRC*, Article 11. 1, Article 59. 1, *Article* 61. 1 *and Article* 65 *of the Patent Law of the PRC*, *Article* 17 *of the Interpretation of the Supreme People's Court on Several Issues concerning the Application of Law in the Trial of Patent Infringement Dispute Cases*, *Article* 2 *and Article* 4. 1 (1) *of the Some Provisions of the Supreme People's Court on Evidence in Civil*

Procedures, the court made the following ruling:

1. The Defendant, Zhejiang Daoming Reflective Materials Co., Ltd., should immediately cease infringing the patent for the invention entitled "Retroreflective product and its manufacturing method" owned by the Plaintiff, 3M Company (patent number ZL95193042.7);

2. The Defendant, Zhejiang Daoming Reflective Materials Co., Ltd., should compensate the Plaintiff, 3M Company, for its economic losses of RMB 250,000 inclusive of reasonable expenses within ten days after this ruling takes effective;

3. Other claims of the Plaintiff, 3M Company, are overruled.

In case that the Defendant, Zhejiang Daoming Reflective Materials Co., Ltd., fails to fulfill its payment obligation, according to Article 229 of *the Civil Procedure Law of the PRC*, it should pay double of the interest on the debt generated during the delay in performance.

The court fee for this case was RMB 8,800, of which the Plaintiff, 3M Company, shall bear RMB 2,200 and the Defendant, Zhejiang Daoming Reflective Materials Co., Ltd. shall bear RMB 6,600.

In case of objection against this ruling, an appeal shall be presented via this court to Shanghai High People's Court within 30 days as of the date of service of this ruling for Plaintiff 3M Company and within 15 days as of the date of service of this ruling for Defendant Zhejiang Daoming Reflective Materials Co., Ltd., and the copies shall be provided according to the number of the persons of the opposite party.

Chief Judge: Tang Yumin
Acting Judge: Hu Mi
People's Juror: Li Qiyong
April 21, 2011
Court Clerk: Yuan Bo
Court Clerk: Liu Qunyan

(This judgment has been selected into the 2012 Shanghai's Ten Cases on Judicial Protection of Intellectual Property)

24. JUKI v. Chee Siang Sewing Machine Shanghai Co, Ltd. Patent Intellectual Property Contract Infringement

——Civil Judgment of Shanghai High People's Court of the People's Republic of China

(2011) HU-Gao-Min-San- (Zhi) -Zhong-Zi No. 105

Appellant (Defendant of First Instance): Chee Siang Sewing Machine (Shanghai) Co., Ltd; Domicile: No. 1185, Yunqiao Road, Jinqiao Export Processing Zone, Pudong New Area, Shanghai.

Legal representative: Chen Manxiong, Chairman of the company.

Entrusted agent: Chen Jie, a lawyer from Shanghai Zhongcheng Century Lawyers.

Appellee (Plaintiff of First Instance): JUKI Corporation; Domicile: 2-11-1, Turumaki, Tama-Shi, Tokyo 206-8551, Japan.

Legal representative: Kiyohara Akira, Chairman of the corporation.

Entrusted agent: Bao Peilun, a lawyer from Shanghai Hengxin Law Office.

Entrusted agent: Zhang Yu, a lawyer from Shanghai Hengxin Law Office.

Appellant Chee Siang Sewing Machine (Shanghai) Co., Ltd. (hereinafter referred to as "Chee Siang Company"), not satisfied with the Civil Judgment (2010) HU-Yi-Zhong-Min-Wu-(Zhi) -Chu-Zi No. 113 by Shanghai No. 1 Intermediate People's Court for the dispute over patented intellectual property contract, brought an appeal to the court. Having accepted the Appellant's claims on November 29, 2011, the court set up a collegial panel and held an open trial on December 13 of the same year. Chen Jie, the entrusted agent of Appellant Chee Siang Company, and Zhang Yu, the entrusted agent of Appellee JUKI Corporation, were present in court for the trial. The case has been closed.

After trial, the court of first instance found that: on November 6, 2002, the State Intellectual Property Office of the People's Republic of China granted the patent for invention entitled "chain type stitch knot forming method and chain type stitch sewing machine" to Plaintiff JUKI Corporation, with the patent number ZL96121017.6, which is still valid.

On November 26, 2008, Plaintiff JUKI Corporation commissioned Xu Shenmin and Shuai Ke, lawyers from Shanghai WATSON & BAND, to produce a lawyer's letter. According to the lawyer's letter, the Plaintiff found that the sewing machine CSB-7130/T manufactured and sold by the Defendant had infringed its rights to the involved patent. Therefore, the Plaintiff requested that Defendant Chee Siang Company should immediately stop manufacturing and selling the products infringing the involved patent owed by the Plaintiff and inform the Plaintiff of the data on the quantities of the infringing products manufactured and sold by Chee Siang Company. On December

25, 2008, the Plaintiff commissioned the lawyer to send another lawyer's letter to Defendant Chee Siang Company, requesting a negotiation on the infringement.

On February 5, 2009, Defendant Chee Siang Company, replied Plaintiff JUKI Corporation by letter, asserting that the products of CSB-7130/T model were prototypes on "China International Sewing Machinery & Accessories Show 2007" developed by Chee Siang Company, of which one was purchased by JUKI Corporation, and the other was still in the sample room of Chee Siang Company. Due to its limited market applicability, and the industry economy was not promising in 2008, this model had not been put into production yet. After receiving the lawyer's letter from JUKI Corporation, Chee Siang Company declared repeatedly that it had not, is not and will not put the said model into production. To avoid disputes and conflicts between the peers, it will stop selling the products of CSB-7130/T model. As for the issues that JUKI Corporation had purchased the product of CSB-7130/T model and paid relevant expenses, Chee Siang Corporation was willing to further discuss the matter and bear reasonable expenses.

In 2009, both parties signed a dispute settlement agreement concerning the matter that the product of CSB-7130/T model manufactured by Chee Siang Company involved the right to patent for invention of JUKI Corporation. The agreement specified that: "1. ... Party B (Chee Siang Company) confirms that it has trial-manufactured two sewing machines of CSB-7130/T model, which involve the patent for invention entitled "chain type stitch knot forming method and chain stitch sewing machine" (patent number ZL96121017.6) of Party A (JUKI Corporation). To solve the infringement dispute of the said product between both parties, Party B decides to cease the manufacturing, sales and offering for sale of the product involving the patent held by Party A from the date of signing this Agreement. 2. Party B confirms that it has only trial-manufactured two sewing machines of CSB-7130/T model in 2007 (one was purchased by Party A, and the other is still in the sample room of Party B), and did not manufacture or sell any sewing machine of this model before and after 2007. 3. Party B should pay Party A investigation charge, notary fee and attorney fee totaling RMB 30,000 for investigation in the sewing machine of CSB-7130/T model incurred by Party A. ... 5. Party B commits that its statement in this Agreement is true. Where the statement of Party B is not true, or Party B violates its commitment in this Agreement, and continues infringing the patent of Party A with the patent number ZL96121017.6, Party B should compensate Party A with RMB 300,000. 6. After Party B completely fulfills the agreement, Party A will not recourse the infringement liability of Party B on manufacturing the sewing machines of CSB-7130/T model that involve Party A's patent (patent number ZL96121017.6) before signing this Agreement. JUKI Corporation signed this Agreement on May 18, 2009, and Chee Siang Company signed on April 30, 2009. Shanghai WATSON & BAND witnessed the signing of this Agreement.

On December 18, 2009, Yan Xingle, the entrusted agent of the Plaintiff, together with a notary, went to Chee Siang Sewing Machine (Shanghai) Co., Ltd. at No. 1185 Yunqiao Road, Jinqiao Export Processing Zone, Pudong New Area, Shanghai, and purchased two sewing machines from Chee Siang Sewing Machine (Shanghai) Co., Ltd., and obtained a business card of the employee Ma Jian and a copy of the Golden Wheel Garment Sewing Machines Catalogue. After sealed by the Notary Public Office, the above-mentioned business card of MA Jian, the original copy of the *Golden Wheel Garment Sewing Machines Catalogue* and one sewing machine that Yan Xingle obtained were preserved by the entrusted agent of the applicant, while the other sewing machine was brought back by the entrusted agent of the applicant. Shanghai Minhang Notary Public Office issued a *Notarial Certificate* for the above process.

On January 11, 2010, the Plaintiff commissioned Shanghai WATSON & BAND to send a lawyer's letter to Chee Siang Company, indicating that it found that Chee Siang Company was still selling the sewing machines of CSB-7130/T model after both parties signed the dispute settlement agreement, thus requested Chee Siang Company to cease the infringement and pay a compensation of RMB 300,000 and reasonable expenses of RMB 70,000, according to the dispute settlement agreement. Besides, the Plaintiff requested Chee Siang Company to reply in writing within one week upon receipt of the lawyer's letter.

In trial of first instance, the court of first instance unsealed the articles sealed by the notary public office on the spot. An inspection certificate was enclosed in the packing case of the involved sewing machine, indicating that the model of the sewing machine was CSB-7130/T. On the sewing machine's body, there was a nameplate which also indicated the model of the sewing machine. And the Defendant also confirmed that it was the manufacturer of the involved product.

The court of first instance held that: the contract signed according to laws shall be legally binding to both parties. The dispute settlement agreement signed between the Plaintiff and the Defendant was the true intention of both parties, which should be legally effective and should be fulfilled by both parties. In this case, the Plaintiff requested to investigate the Defendant's liability for breach of the agreement according to Article 5 of the dispute settlement agreement, while the Defendant denied its act of default. Therefore, the dispute of this case focuses on whether the Defendant has breached the contract and whether the claim of the Plaintiff that the Defendant shall bear the liability for the breach is appropriate.

I. As for Whether It is A Fact that the Defendant has breached the Contract

According to Article 5 of the dispute settlement agreement, "Party B commits that its statement in this Agreement is true. Where the statement of Party B is not true, or Party B violates its commitment in this Agreement, and continues infringing the patent of Party A with the patent number ZL96121017.6, Party B should compensate Party A with RMB300,000". Therefore, whether the Defendant has breached the agreement depends on whether the Defendant has made an untrue statement or continued infringing the right to the involved patent owned by the Plaintiff.

The Plaintiff claimed that the Defendant had breached the contract based on the fact that the Plaintiff purchased the involved product again with notarization after signing the agreement. According to Article 2 of the dispute settlement agreement, the Defendant confirmed that it had only trial-manufactured two sewing machines of CSB-7130/T model in 2007 (one was purchased by the Plaintiff, and the other was still in the sample room of the Defendant), and did not manufacture or sell any sewing machine of this model before and after 2007. Based on the fact that the Plaintiff purchased two involved products after signing the dispute settlement agreement, the court of first instance held that the statement made by the Defendant in Article 2 of the Agreement was not consistent with the fact. Besides, the Defendant has not ceased selling the infringing product after signing the agreement. In summary, the act of the Defendant has constituted a breach of contract. The Defendant argued that it did not sell the involved product to the Plaintiff, but did not provide any evidence to prove. Therefore, the court of first instance did not accept.

II. As for Whether It is appropriate that the Plaintiff Requests the Defendant to Bear the Liability for Breach

The Plaintiff claimed that the Defendant should be ruled to pay the liquidated damages of RMB 300,000 according to the dispute settlement agreement, while the Defendant argued that the compensation obviously exceeded the actual loss of the Plaintiff and should be adjusted. The court of first instance held that according to relevant laws, a party concerned can request to adjust the amount of agreed liquidated damages when the agreed amount of liquidated damages is much higher than the loss actually incurred. Firstly, the dispute settlement agreement in this case is a patent infringement settlement in nature, which is agreed after the occurrence of patent infringement between the patentee and the infringer concerning the recognition and dispute settlement of the patent infringement. The purposes of such agreement are, on one hand, to reach an agreement on the amount of compensation for the patent infringement occurred, and on the other hand, which is more important, to prevent the reoccurrence of infringement through mutual agreement, and the agreed amount of compensation for reoccurrence of infringement in the agreement is the autonomy of will of both parties. Secondly, according to relevant laws, the amount of compensation for patent infringement shall be determined based on the actual loss of the patentee incurred by the infringement, the benefits gained by the infringer from the infringement, or with reference to the multiple of the said patent license fee. In case that the loss of the patentee, the benefits gained by the infringer and the patent license fee are all difficult to determine, the people's court can, according to the type of patent right, the nature and circumstances of the infringement and other factors, determine a compensation of no less than RMB 10,000 but no more than RMB 1,000,000. As for this case, neither the Plaintiff nor the Defendant has dispute on the fact the involved product has infringed the patent right of the Plaintiff. When signing the dispute settlement agreement, the Plaintiff only requested the Defendant to compensate it for the reasonable expenses of RMB 30,000 incurred to cease the infringement, under the premise that the Defendant commits that it has only trial-manufactured two involved products and will not continue the act of infringement. However, the Defendant continued the act of infringement after both parties signed the dispute settlement agreement. Therefore, it should bear corresponding liability for breach. In the circumstances that the actual loss of the patentee and the benefits gained by the infringer from the infringement are difficult to determine, the agreed compensation of RMB 300,000 specified in the dispute settlement agreement does not exceed the reasonable limit prescribed by laws. Therefore, the court of first instance confirmed the compensation. The Defendant requested the court to make adjustment on the ground that the amount of liquidated damages obviously exceeds the actual loss of the Plaintiff, which lacks legal and factual basis, and the court of first instance refused to accept.

In conclusion, according to Article 8. 1, Article 107 and Article 114. 1 of *the Contract Law of the PRC*, the court decided that: (1) Defendant Chee Siang Company shall, from the date when this decision took effective, cease manufacturing, selling and offering for sale the products infringing the rights to the patent for invention entitled "chain type stitch knot forming method and chain stitch sewing machine" owned by Plaintiff JUKI Corporation (patent number ZL96121017. 6); (2) Defendant Chee Siang Company shall, within ten days after this decision took effective, pay the liquidated damages for breach of contract of RMB 300,000 to Plaintiff JUKI Corporation. The court fee for the first trial of the case was RMB 5,800, which should be borne by the defendant, Chee Siang Company.

Chee Siang Company, not satisfied with such decisions, brought an appeal and requested that the court quash the first and second decisions in the ruling of first instance and dismiss the claims of first instance of the Appellee. The aforesaid appeal was mainly based on the following grounds: (1) the Appellant did not sell the sewing machine CSB-7130, and the finding of fact by the court of first instance that the Appellant had breached the contract was not true. The materials attached to the Notarial Certificate submitted by the Appellee contained no evidence concerning the paid acquisition. Therefore the said Notarial Certificate can not support the fact proposition that the Appellee paid to acquire the involved sewing machine CSB-7130. (2) The decision of the court of first instance that the Appellant has breached the contract based on the untrue statement of the Appellant so that the Appellant should bear the liability for breach lacked legal basis. The liability for breach amounting to RMB 300,000, concerning untrue statement specified in the dispute settlement agreement by both parties lacked legal basis. Therefore the said liquidated damages for breach of contract shall be invalid and can not be served as the contractual basis for the Appellant to bear the liability for breach. (3) The liquidated damages of RMB 300,000 for breach of contract agreed in the dispute settlement agreement by both parties was significantly too high and should be adjusted.

Appellee JUKI Corporation argued that it completely accepted the ruling of first instance, and requested the court of second instance to dismiss the claims of the Appellant as the grounds on which the Appellant's the aforesaid appeal based on could not be established. (1) In the notarization process of the evidence preservation of this case, the notary witnessed the purchase process of the alleged infringing product. Therefore no matter whether there was a purchase invoice or not, the act of purchase witnessed by the notary should not be denied. Besides, the sales voucher is not a prerequisite for a trading relationship, and the Appellant, as the seller, has the obligation to provide the voucher. The Appellee purchased the alleged infringing product in the plant of the Appellant. Therefore, in case that the Appellant could not provide any disproof, its argument that the purchase fact did not exist because of lack of purchase invoice should not be established according to laws. (2) The liquidated damages of RMB 300,000 for breach of contract determined by the court of first instance is appropriate. This amount of liquidated damages is the sum of the compensations for the first and second infringements. The Appellant, as a manufacturing enterprise, had manufactured more than two alleged infringing products for sales. The Appellee shall have reasons to believe that the quantity of alleged infringing products manufactured and sold by the Appellant are more than that discovered by the Appellee.

In the second instance, neither Appellant Chee Siang Company nor Appellee JUKI Corporation has submitted any new evidence materials to the court.

After trial, the court held that the finding of fact by the court of first instance was true.

The court held that the dispute settlement agreement between Appellant Chee Siang Company and Appellee JUKI Corporation did not violate relevant national laws and is the true intention of both parties with legal effectiveness. Therefore both parties should fully fulfill their own obligations according to the agreement.

According to the Appeal brought by the Appellant, the Appellant did not sell the sewing machine CSB-7130, and the finding of fact by the court of first instance that the Appellant had breached the contract was not true. The court held that to prove its fact proposition that the Appellant had sold the sewing machine CSB-7130 again after signing the dispute settlement agreement, the Appellee submitted the *Notarial Certificate* issued by Shanghai Minhang Notary Public Office to the court of first instance. The court of first instance verified relevant evidence preservation notarization with the notary from Shanghai Minhang Notary Public Office with respect to the said *Notarial Certificate*. The witness by the notary, the statements of both parties and the involved *Notarial Certificate* can be mutually confirmed, and the notarization process also complied with relevant laws and regulations. Therefore the court of first instance accepted the fact proved by the said *Notarial Certificate* that the Appellant had sold two sewing machines of the alleged model to the Appellee on December 18, 2009, and held that it was appropriate. Though the Appellant denied the purchase fact recorded in the *Notarial Certificate*, it failed to provide any evidence to overturn the fact recorded in the *Notarial Certificate*. Therefore, the claim of the Appellant did not have factual and legal basis, and the court did not support its claim.

The Appellant argued that the decision of the court of first instance that the Appellant had breached the contract based on the untrue statement of the Appellant so that the Appellant should bear the liability for breach lacked legal basis. The court held that according to Article 5 of the dispute settlement agreement between Appellant Chee Siang Company and Appellee JUKI Corporation, Chee Siang Company committed that its statement in this agreement was true, and where the statement of Chee Siang Company was not true, or Chee Siang Company violated its commitment in this agreement, and continued infringing the patent of JUKI Corporation with the patent number ZL96121017.6, Chee Siang Company should compensate JUKI Corporation with RMB 300,000. According to the foregoing agreement, if the statement of the Appellant is not true, or the Appellant continues infringing the patent of the Appellee, the Appellant should bear corresponding liability for breach. According to Article 2 of the involved dispute settlement agreement, Chee Siang Company confirmed that it had trial-manufactured only two sewing machines of CSB-7130/T model in 2007 (one was purchased by the Appellee, and the other was still in the sample room of the Appellant), and did not manufacture or sell any sewing machine of this model before and after 2007. However, according to the finding of fact in this case, the Appellee purchased another two involved products from the Appellant on December, 2009, after signing the dispute settlement agreement. Therefore, in this case, the statement made by the Appellant in Article 2 of the involved dispute settlement agreement was not consistent with the fact, and the Appellant did not cease selling the sewing machines of the involved model after signing the dispute settlement agreement. The above acts of the Appellant have constituted breach of contract, and the Appellant should bear corresponding liability for breach according to the agreement between both parties. Therefore, the decision of the court of first instance was not inappropriate. The appeal of the Appellant based on the aforesaid grounds lacked legal basis, to which the court did not support.

The Appellant argued that the liquidated damages RMB 300,000 for breach of contract agreed in the dispute settlement agreement by both parties was obviously too high, and should be adjusted. The court held that the involved dispute settlement agreement was concluded after the patent infringement by the Appellant between the Appellant and the Appellee concerning the dispute settlement of the patent infringement. The term on the amount of compensation for reoccurrence of infringement in the agreement was the consenfual will of both parties, and did not violate laws and regulations. Therefore, both parties should abide by the agreement. However, the Appellant continued the infringement after signing the dispute settlement agreement. Therefore, it should bear corresponding liability for breach. In this case, the court of first instance confirmed that the agreed amount of compensation in the dispute settlement agreement signed by both parties was not inappropriate. Therefore, the grounds of the Appellant for the aforesaid appeal could not be established, which the court did not support.

In conclusion, the court of first instance have made a clear finding of fact and applied correct laws and legal trial procedures. The appeal of Appellant Chee Siang Company lacks factual and legal basis, thus should be dismissed. According to Article 153.1 (1) and Article 158 of the *Civil Procedure Law of the PRC*, the court made the following ruling:

Reject the appeal and affirm the ruling of the first instance.

The court fee of RMB 5,800 for the second instance shall be borne by Appellant Chee Siang Sewing Machine (Shanghai) Co.,Ltd.

The ruling shall be final.

Chief Judge: Qian Guangwen

Judge: Ma Jianfeng

December 16, 2011

Court Clerk: Dong Erhui

(The judgment has been selected into the 2011 Shanghai's Ten Cases on Judicial Protection of Intellectual Property)

Unfair Competition Cases

25. Castrol Co. ,Ltd. (UK) v. Yao Yuxin *et al.* Unfair Competition

——Civil Judgment of Shanghai No. 2 Intermediate People's Court of the People's Republic of China

(2008) HU-Er-Zhong-Min-Wu- (Zhi) -Chu-Zi No. 91

Plaintiff: Castrol Limited. Domicile: Burma Castrol House, Pipers Way, Swindon, Whiltshier Sn3 LRE, England.

Legal representative: Stephen Tony Berry, Trademark Director.

Entrusted agent: Zhang Xu, a lawyer from Shanghai Hengfeng Law Firm.

Entrusted agent: Zhang Liang, a lawyer from Shanghai Hengfeng Law Firm.

Defendant: Yao Yuxin, Male, Han nationality, born on October 17, 1954. Address: Room 104, Building 2, Changfeng Community, Zhonggongmiao Residential District, Yinzhou District, Ningbo City, Zhejiang Province, the PRC.

Defendant: U. S. A. Jiashiduo Int'l Petroleum Group (H. K.) Limited; Domicile: Flat 7A, 7/F, Kimley Commercial Building, 142 - 146 Queen's Road Central, H. K.

Defendant: Ningbo Yinzhou Jiashuai Lubricants Plant; Domicile: Guangsheng Village, Jishigang Town, Yinzhou District, Ningbo City, Zhejiang Province, the PRC.

Having accepted the case of dispute on unfair competition of between the Plaintiff Castrol Limited and the defendants Yao Yuxin, U. S. A. Jiashiduo Int'l Petroleum Group (H. K.) Limited (hereinafter referred to as "Jiashiduo (Hong Kong)"), Ningbo Yinzhou Jiashuai Lubricants Plant (hereinafter referred to as "Jiashuai Lubricants Plant") and Zhou Zhaohong, on March 31, 2008, the court set up a collegial panel and held an open trial. During the trial, the Plaintiff applied to cancel its charge against Zhou Zhaohong, which the court approved. The court held an open trial for this case respectively on January 7, 2009 and May 20, 2009. Zhang Xu, the entrusted agent of the Plaintiff was present in court for the trial, while the defendants Yao Yuxin, Jiashiduo (Hong Kong) and Jiashuai Lubricants Plant refused to appear in court without any justified reason despite the summoned of the court. The case has been closed.

Plaintiff Castrol Limited made the following allegations that: the Plaintiff is a world-known petrochemical company, whose lubricant products under the brands "CASTROL" and "嘉实多" boost a global reputation and have also gained a great reputation in the Chinese market. The Plaintiff is the person owns the exclusive right to use the trademarks "CASTROL", "嘉实多" and "Castrol and pattern" (hereinafter referred to as "Castrol and Pattern" trademark). Thanks to the vigorous promotion by the Plaintiff, the Plaintiff's trademarks "CASTROL" and "嘉实多" have already become well-known trademarks, and the Plaintiff's products have become famous products.

Defendant Yao Yuxin established Defendant company Jiashiduo (Hong Kong) in Hong Kong Special Administrative Region and then entrusted Defendant Jiashuai Lubricants Plant and its predecessor Ningbo Yinzhou Shigan Wei'er Lubricants Plant to manufacture and sell "Casibar" lubricant products. Defendant Yao Yuxin and the managing partner of Defendant Jiashuai Lubricants Plant Cai Ai'ai, are husband and wife, while Defendant Yao Yuxin and another partner of the third Defendant Yao Keke are father and daughter.

Defendant Jiashuai Lubricants Plant maliciously registered the domain name *www. casibar. com*, which directed to the homepage of Defendant Jiashiduo (Hong Kong). Through the said domain name and the website, the three defendants have released information on the infringing products of "Casibar" series. The aforesaid domain name has copied the well-know trademarks "CASTROL" and "嘉实多" of the Plaintiff, misleading the public. The "Casibar" lubricant products authorized, manufactured and sold by these three defendants are labeled with the trademark (hereinafter referred to as "CASIBAR Jiashuai and Pattern" trademark) which is similar to the Plaintiff's trademarks "CASTROL", "嘉实多" and " Castrol and Pattern", as well as labeled with the trade name of Defendant Jiashiduo (Hong Kong). The main part of the Chinese trade name of Defendant Jiashiduo (Hong Kong) is "嘉实多", which is completely the same as the Plaintiff's trademark text "嘉实多", and the main part of its English trade name, "JIA SHI DUO", is the Chinese Pinyin of the Plaintiff's trademark "嘉实多". The products of "Casibar" series, when labeled with the Chinese trade name of Defendant Jiashiduo (Hong Kong), used red font to highlight the text "嘉实多".

The Plaintiff held that it is the person owned the exclusive right to use the registered trademarks "CASTROL" and "嘉实多". The purpose of Defendant Yao Yuxin for establishing Defendant Jiashiduo (Hong Kong) is to perform the infringement in mainland China by using the Plaintiff's trade name. And the Defendant, without permission of the Plaintiff, used the trade name of Defendant Jiashiduo (Hong Kong) on the products it manufactured and sold in a misleading way without authorization, which has constituted an unfair competition against the Plaintiff. Therefore, the Plaintiff requested the court to order the three defendants to: 1. cease immediately using the company name with the texts "嘉实多" and "JIA SHI DUO" in mainland China; 2. publish a statement in *Xinmin Evening News* to eliminate the adverse effects.

Defendant Yao Yuxin neither responded to the suit nor made argument.

Defendant Jiashiduo (Hong Kong) neither responded to the suit nor made argument.

Defendant Jiashuai Lubricants Plant argued that: 1. It was authorized to produce relevant products by Defendant Jiashiduo (Hong Kong) with complete formalities. Therefore, its production was legal. 2. Defendant Jiashuai Lubricants Plant neither sold oil products in Shanghai nor had any idea of Shanghai Chengjie Yongjiu Repair Shop. It was purely fictitious that the said repair shop purchased oil of Jiashuai Lubricants Plant. Besides, the infringement by the said shop was its independent act which had nothing to do with Jiashuai Lubricants Plant. 3. Jiashuai Lubricants Plant was also a victim if someone sold fake products of Jiashuai Lubricants Plant. 4. Jiashuai Lubricants Plant was unable to respond to the suit in Shanghai because of financial difficulties.

It was found in trial that:

The Plaintiff, established in 1918 according to the UK laws and renamed Castrol Limited in 1960 from its former name of C. C. WAKEFIELD & COMPANY, LIMITED, is a company specialized in producing lubricant products.

As approved by the Trademark Office of the State Administration for Industry & Commerce of the PRC (hereinafter referred to as the "State Trademark Office"), the Plaintiff registered the trademark "CASTROL" on January 21, 1996, with the registration No. 804091 and the expiry date of January 6, 2016. It registered the trademark "嘉实多" on April 21, 1996, with the registration No. 832054 and the expiry date of April 20, 2016 and the trademark "Castrol and Pattern" on November 28, 2001, with the registration No. 1672240 and the expiry date of November 27, 2011. The aforesaid three trademarks were registered for goods of Class 4, of which the trademarks "CASTROL" and "嘉实多" were approved to be used on commodities such as industrial oil and greases, lubricants, gear oil, and transmission oil (for industrial purpose), and the trademark "Castrol and Pattern" was approved to be used on commodities such as industrial oils, industrial greases, lubricants, lubricating oils and greases.

In 1996, the Plaintiff began to invest and operate in mainland China, and successively set up wholly-owned enterprises including Castrol (Shenzhen) Co., Ltd. and Castrol (Shanghai), authorizing them with the right to use the registered trademarks, product names, packaging and decorations of the Plaintiff on lubricant products they manufactured and sold. It also set up a joint venture named Dongfeng-Castrol Oil Products Co., Ltd. According to the evidence provided by the Plaintiff, the Plaintiff and its affiliates have invested much capital in advertisement to promote its trademarks "嘉实多", "CASTROL" and "Castrol and Pattern" in various forms since 2005, including the publicity of the image of stores, outdoor advertising in Shanghai, Shenzhen, Jilin, Shanxi, Chengdu, Henan, Qingdao, Fuzhou, Kunming, etc., *publishing advertisements* on *Auto Motor Sport* and *China Auto Pictorial*, online advertising on *Sina. com* and *pcauto. com. cn*, radio advertising on CNR, CRI and local radio stations of Beijing, Shanghai, etc., and the TV commercials on CCTV 2, CCTV 5 and local TV stations of Beijing, Guangdong, Jiangsu, Zhejiang, Shandong, etc. They has also sponsored the auto racing and F1 racing team for promotions and advertising. Various media such as newspapers, magazines, Internet, and TV have covered the Plaintiff and its affiliates, as well as their related products and services a lot.

Since 2005, the Administration for Industry & Commerce and the Bureau of Quality and Technical Supervision of Guangzhou, Chongqing, Qingdao, Wuxi, Foshan, Cangzhou and Shanghai Jiading District have investigated into and punished the manufacturing and selling acts infringing the exclusive rights to "嘉实多" and "CASTROL" owned by the Plaintiff. Both Guangdong Zhongshan District People's Court and Beijing Fengtai District People's Court have made criminal ruling of first instance on the crimes involving either production or sale of illegally manufactured products with the registered trademark "嘉实多".

In 2000, the Plaintiff's trademarks "嘉实多" and "CASTROL" were included in the List of Key Trademarks under Protection in China. In 2008, the Plaintiff filed an objection to the trademark "嘉实多 JIA SHI DUO" (No. 3178230), which was preliminarily approved by the State Trademark Office and published on Trademark Gazette Issue 870. The State Trademark Office issued the "嘉实多 JIA SHI DUO" Trademark Objection Decision (2008) SHANG-Biao-Yi-Zi No. 02954 on May 7 of the same year, determining that the trademark "嘉实多" registered and used on "lubricant" products of the Plaintiff was a famous trademark, and ruled that the trademark "嘉实多 JIA SHI DUO" (No. 3178230) could not be approved for registration.

In December 2004, Defendant Yao Yuxin (Chinese passport number: 330203541017033) contributed HKD 10,000 and incorporated Defendant Jiashiduo (Hong Kong) according to the Hong Kong Companies Ordinance. He was the only shareholder of the company. On February 16, 2005, Defendant Yao Yuxin filed an application to the State Trademark Office for registering the trademark "CASIBAR Jiashuai and Pattern" for products of Class 4, and the State Trademark Office issued the preliminary approval announcement on February 20, 2008. Nevertheless, the Plaintiff filed an application for trademark opposition against the aforesaid trademark within the announcement period. The State Trademark Office accepted and issued the trademark opposition announcement on August 27 of the same year.

Defendant Jiashuai Lubricants Plant, a partnership established by Cai Aiai and Yao Keke who are not involved in the case, on July 12, 2005, specializes in sub-packaging of lubricants. On July 20, 2005, Defendant Jiashiduo (Hong Kong) (Party A) and Defendant Jiashuai Lubricants Plant (Party B) signed a consigned processing agreement, whose main contents are as follows: Party A will, according to production or trade needs, entrust Party B to handle oil processing business, and Party A shall possess the ownership of the oil. The agreement shall be valid from the signing date till July 19, 2007.

According to the application of the entrusted agent of the plaintiff, Shanghai Huangpu District No. 1 Notary Office (hereinafter referred to as the "Notary Office") designated a notary to notarize the contents of relevant web pages on Internet. On November 2, 2007, the notary visited the relevant page *http://www.paycenger.com/whois/whois.htm* at the Notary Office and entered "*casibar.com*" in the search bar of "interface in Chinese". After that, the webpage displayed that the registrant of the domain name *casibar.com* was "Ningboshi Jinzhou jiashuai runhuayouchang", the contact person was "cai aiai", the registration date was December 29, 2006, as well as the registrant's address, the contact person's address, telephone, fax and email, and other information. Visiting the relevant page *http://www.whois-search.com*, the notary entered the "*www.casibar.com*" in the search bar, and the webpage displayed the same registration information. On July 27, 2007, the notary visited the website *http://www.casibar.com* at the Notary Office, and the homepage displayed the company name and product images of Defendant

Jiashiduo (Hong Kong). The "Products" page displayed the product lines of the company, including "motorcycle oils" and "automobile engine oils". The products of "新一代超霸", "新一代奔程", "新一代活能" and "BT! 奔腾" of various grades and specifications as well as their packages were all attached with the trademark "CASIBAR Jiashuai and Pattern". The "Contact" column provided information such as domestic telephone, fax, cell phone number and email address. The "Company Profile" page displayed the information on Defendant Jiashuai Lubricants Plant, including company name, address, phone number, email address, etc., which was the same as relevant information in the aforesaid column of "Contact".

In January and March 2007, the administrations for industry & commerce of Quanzhou Fengze District and Kunming Guandu District respectively made a decision of administrative penalty on the person not involved in this case for selling the motorcycle oil products indicating "Made by U. S. A. Jiashiduo Int'l Petroleum Group (H. K.) Limited". On September 20, 2007, the entrusted agent of the Plaintiff purchased two bottles of "XYDJS! 合成超力王" and "XYDJS! 磁宝" respectively from Guangzhou Ganghao Wholesale Store in Jinyongfu Auto Parts Mall at East Guangyuan Road, Guangzhou City and a store at South Tongxin Road, Guangzhou City on October 26 of the same year, and took pictures of the shelves and positions of relevant stores respectively. The packaging labels of the aforesaid two barrels of automobile engine oil products all employed the trademark "CASIBAR Jiashuai and Pattern", and labeled with "Produced by U. S. A. Jiashiduo Int'l Petroleum Group (H. K.) Limited", "U. S. A. Jiashiduo Int'l Petroleum Group (H. K.) Limited", and "Product of U. S. A. Jiashiduo Int'l Petroleum Group (H. K.) Limited". And the text "U. S. A. JIASHIDUO" on the last label was highlighted by relatively larger font. The wall advertising at the store at South Tongxin Road also highlighted the text "U. S. A. JIASHIDUO", and many other products displayed all employed the trademark "CASIBAR Jiashuai and Pattern". Guangzhou Notary Office notarized the aforementioned purchase process.

Besides, the Plaintiff also provided a leaflet on "New Generation XYDJS!" (新一代 XYDJS!). The product packaging boxes, as shown in the said leaflet, and the product image applied in the leaflet, all used the text "Product of U. S. A. Jiashiduo Int'l Petroleum Group (H. K.) Limited" of which the text "U. S. A. JIASHIDUO" was highlighted in larger font and "JIASHIDUO" was highlighted in red font. In the leaflet, there also included the information including "website: *http://www.casibar.com*", "E-mail: web@casibar.com", "Product of U. S. A. Jiashiduo Int'l Petroleum Group (H. K.) Limited", and "Ningbo Sub-packaging Base: Yinzhou Jiashuai Lubricants Plant in Jishigang Industrial Park", as well as telephone number, cell phone number and fax number.

On April 3, 2007, the Putuo Office of Shanghai Administration for Industry & Commerce issued the Administrative Penalty Decision HU-Gong-Shang-Pu-An-Chu-Zi (2007) No. 070200710112, which ascertained that: on December 18, 2006, Zhou Zhaohong (Plaintiff of first instance of in this case, male, born on July 31, 1970. Address: No. 27, 3rd Group, Kongsu Village, Yangzhai Town, Funing County, Jiangsu Province.) purchased 30 bottles of

Casibar (Jiashuai) four-stroke motorcycle oil at a unit price of RMB7.50 from a door-to-door salesman, and offered such products for sale in his private business "Yongjiu Chengjie Repair Shop" at No. 13 Langao Road, Shanghai, knowing that the packaging container of Casibar four-stroke motorcycle oil was similar to the patented packaging container of Castrol Limited and that the text "Honor produced by U. S. A. Jiashiduo Int'l Petroleum Group (H. K.) Limited" on the package of the products he sold would mislead consumers. Though Zhou Zhaohong did not sell out any of such motorcycle oil, nor did he obtain any illegal income to the date of this action, his behavior has constituted an illegal act of unauthorized sale of the products counterfeiting the name, package and decoration unique to well-known products. Therefore, the court decided to: 1. order him to cease the illegal act; 2. order and supervise the infringer to destroy the above-mentioned 30 bottles of infringing motorcycle oils. In addition, according to the photos of infringing motorcycle oil products taken by the said Office, the product packages were labeled with trademarks "CASIBAR Jiashuai and Pattern" or texts such as "Produced by U. S. A. Jiashiduo Int'l Petroleum Group (H. K.) Limited", "Honor produced by U. S. A. Jiashiduo Int'l Petroleum Group (H. K.) Limited", etc., and among the text "JIASHIDUO" was distinguished in red or yellow.

Furthermore, Defendant Yao Yuxin and Cai Aiai the person not involved in this case are husband and wife. Defendant Yao Yuxin and Yao Keke the person not involved in this case are father and daughter. Cai Aiai started the self-employed lubricant filling and processing business since November 2005 upon approval of the administration for industry & commerce with the trade name of Ningbo Yinzhou Shigan Weier Lubricants Plant. On September 14, 2005, Yinzhou Office of Ningbo Administration for Industry & Commerce issued the Administrative Penalty Decision YONG-Yin-Gong-Shang-Chu-Zi (2005) No. 496, which ascertained that: Cai Aiai officially started processing (filling) "JIASHUAI" four-stroke motorcycle oil marked with the texts "produced by U. S. A. Jiashiduo Int'l Petroleum Group (H. K.) Limited. Address: Dannies House, 20 Luard Road, Wanchai, HongKong", which has similar package and decoration as the motorcycle oil products of Castrol Limited. And relevant acts of Cai Aiai belonged to illegal acts of unauthorized modification of trade name and packages and decoration similar to well-known products, that is, illegal acts of unauthorized use of others' company name, which misled people to taken her products as well-known products. Therefore, the court ordered her to rectify and decided to: 1. impose a penalty of RMB780 for unauthorized modification to shop name; 2. with respect to the illegal act of unauthorized use of package and decoration similar to well-known products or the illegal act of unauthorized use of others' enterprise name: (1) order Cai Aiai to remove the illegal marks on her products; (2) confiscate the illegal gain of RMB 15,610; and (3) impose a penalty of RMB 15,610.

The above facts are confirmed by the following evidence: the Plaintiff's trademark registration information, business registration information, materials such as the certificates on broadcasting or launch of advertisements, the advertising audio and video recordings, photos, newspapers and magazines, web pages, relevant media reports, advertising cost invoices, monitoring reports on advertisements of the Plaintiff and its affiliates by means of outdoor activities, radio and TV programs, magazines, Internet, promotion, leaflets, documents such as List of Key Trademarks under Protection in China, trademark objection decision of the State Trademark Office, Administrative Penalty Decisions of the administration for industry & commerce or the administration for quality & technology supervision criminal judgment and the product packages provided by the Plaintiff, the household registration data or business registration information of the three defendants; evidence preservation notarial certificate for the purchasing of allegedly infringing products and the purchased products, evidence preservation notarial certificate for the online contents, penalty decision by the administration for industry & commerce; the arguments of the parties, and trial records, etc.

The court held that:

I. With Regard to the Plaintiff's Claim for Rights against Unfair Competition

The United Kingdom and China are member countries of the Paris Convention for the Protection of Industrial Property. According to the Convention, "member countries shall provide their people with effective protection against unfair competition". As a result, the Plaintiff, as a company in the United Kingdom shall be entitled with the right to claim for the rights against unfair competition according to the laws of China.

II. With Regard to the Alleged Infringement

The Plaintiff alleged that the Chinese company name "美国嘉实多国际石油集团（香港）有限公司" and the English trade name "U. S. A Jiashiduo Int'l Petroleum Group (H. K.) Limited" of Defendant Jiashiduo (Hong Kong) used on the products manufactured and sold by the three defendants included the texts "嘉实多" and "JIA SHI DUO" respectively. Therefore, the above acts of unauthorized use constituted unfair competition against the Plaintiff. The said trade name is the same as the trademark text "嘉实多" of the Plaintiff. The English trade name of Defendant Jiashiduo (Hong Kong) includes the text "JIA SHI DUO", which is the corresponding Chinese pinyin text of the Chinese trade name "嘉实多".

According to Article 2 of the *Ant-Unfair Competition Law of the People's Republic of China*, "a business operator shall follow the principles of free will, equality, fairness, honesty and credibility and observe the generally accepted business ethics in market transactions".

In this case, as proved by the notarial certificate and administrative penalty decision provided by the Plaintiff, the outer packing of the alleged infringing motorcycle oil products and the website promotions, leaflets and relevant advertisements were marked with the texts such as "produced by U. S. A. Jiashiduo Int'l Petroleum Group (H. K.) Limited", "U. S. A Jiashiduo Int'l Petroleum Group (H. K.) Limited" and the information of products packaged by Defendant Jiashuai Lubricants Plant. Defendant Jiashuai Lubricants Plant also acknowledged that it had been authorized by Jiashiduo (Hong Kong) to produce the motorcycle oil products, which was confirmed by the Entrusted Processing Agreement provided by the Plaintiff. Therefore, it should be determined that the defendants Jiashiduo (Hong Kong) and Jiashuai Lubricants Plant have jointly conducted production, sale and relevant advertising of the alleged infringing products. However, with regard to the argument of Defendant Jiashuai Lubricants Plant that the alleged infringing products were forged by others, the court did not accept for no corresponding evidence was provided.

According to the facts confirmed, the Plaintiff started doing business in mainland China early in 1996 and registered the trademark "嘉实多" in the same year. The brand "嘉实多" enjoys a relatively wide popularity in the lubricant industry and is known by relevant public through the operation and advertising of the Plaintiff and its affiliates in mainland China for years. The defendants Jiashiduo (Hong Kong) and Jiashuai Lubricants Plant were established in 2004 and 2005 respectively, later than the registration of "嘉实多" by the Plaintiff. The two defendants, as peer companies of the Plaintiff, should have known the brand "嘉实多" with wide popularity. Given that Defendant Yao Yuxin, the only shareholder of Defendant Jiashiduo (Hong Kong) with Cai Aiai and Yao Keke, partners of Defendant Jiashuai Lubricants Plant, are husband and wife and father and daughter respectively, Defendant Jiashiduo (Hong Kong) and Defendant Jiashuai Lubricants Plant have a relationship of entrusted processing, and these two defendants have used the same subject in product operation and advertisements, it can be determined that the relationship between these two defendants is very close. Based on the above facts, it should be determined that the two defendants shared a common subjective intent by highlighting the trade name "嘉实多". In conclusion, shielded by the apparently legal form of overseas authorization, the two defendants have used the company name of "香港嘉实多公司" which contains the trade name of "嘉实多" for commercial purposes in mainland China, taking advantages of business reputation and brand reputation of the Plaintiff for business activities, which made others confused about the market subject and their sources of goods. Their acts have violated the principles of fairness, honesty and credibility and the generally accepted business ethics for civil activities, harmed the legal right of the Plaintiff, and destroyed the order of fair competition, constituting an unfair competition against the Plaintiff. Though Defendant Yao Yuxin is the shareholder of Defendant Jiashiduo (Hong Kong), the Plaintiff failed to provide any evidence proving that Yao Yuxin, a natural person, had implemented on his own or jointly with the other two defendants the said unfair competition. Therefore, the court did not support relevant claims of the Plaintiff.

As for the Plaintiff's request for determining the registered trademark "嘉实多" (registration No.: 832054) as a famous trademark, the court held that the determination of famous trademark was not necessary based on the specific circumstances. Therefore, the court did not support the said request of the Plaintiff.

III. With Regard to Civil Liabilities

In summary, the defendants Jiashiduo (Hong Kong) and Jiashuai Lubricants Plant have jointly conducted the unfair competition against the Plaintiff, thus according to laws should bear the civil liabilities of ceasing the infringement and eliminating the effects. Cessation of infringement means that the defendants Jiashiduo (Hong Kong) and Jiashuai Lubricants Plant shall not use the company names of "美国嘉实多国际石油集团(香港)有限公司" and "U. S. A Jiashiduo Int'l Petroleum Group (H. K.) Limited" for commercial purposes in mainland China. In order to eliminate the effects on the Plaintiff from the unfair competition of the defendants within a reasonable scope, the defendants Jiashiduo (Hong Kong) and Jiashuai Lubricant Plant should publish a statement on *Xinmin Evening News* as specified by the court to eliminate the effects of their infringement.

According to Article 130 of the *Civil Procedure Law of the PRC*, Articlc 118, Article 134.1 (1), Article 134.1 (9) and Article 134.2 of the *General Principles of the Civil Law of the PRC*, Article 2.1 and Article 2.2 of the Anti-Unfair Competition *Law of the People's Republic of China* the court made the following ruling:

1. The defendants U.S.A. Jiashiduo Int'l Petroleum Group (H.K.) Limited and Ningbo Yinzhou Jiashuai Lubricants Plant should cease the unfair competition against Plaintiff Castrol Limited;

2. The defendants U.S.A. Jiashiduo Int'l Petroleum Group (H.K.) Limited and Ningbo Yinzhou Jiashuai Lubricants Plant should publish a statement (the contents shall be approved by the court) on *Xinmin Evening News* within thirty days after this decision takes effect to eliminate the effects on Plaintiff Castrol Limited;

3. Other claims of Plaintiff Castrol Limited shall not be supported.

The court fee for this case was RMB800, of which the defendants U.S.A. Jiashiduo Int'l Petroleum Group (H.K.) Limited and Ningbo Yinzhou Jiashuai Lubricants Plant shall bear RMB400 respectively.

If not satisfied with this ruling, Plaintiff Castrol Limited and Defendant U.S.A. Jiashiduo Int'l Petroleum Group (H.K.) Limited, can within 30 days since the service of the ruling, and the defendants Yao Yuxin and Ningbo Yinzhou Jiashuai Lubricants Plant, can within 15 days since the service of the ruling, file an appeal to Shanghai High People's Court via the court, and submit the copies according to the number of persons of the opposite party.

Chief Judge: Li Guoquan
Acting Judge: Chen Yanwen
Judge: Shou Zhongliang
June 25, 2009
Court Clerk: Zhang Tingting

(This judgment has been selected into the 2009 China's 50 Typical Cases on Judicial Protection of Intellectual Property)

26. Woodhead International Pty. Ltd. v. Shanghai Werkhart International Consulting Co. , Ltd. Unfair Competition

——Civil Judgment of Shanghai Huangpu District People's Court of the People's Republic of China

(2007) HUANG-Min-San- (Zhi) -Chu-Zi No. 31

Plaintiff: Woodhead International Pty. Ltd. Domicile: No. 26 Chesser Street Adelaide SA 5000 Australia.

Legal representative: Geoffrey Howard Lee, President of the Board of Directors.

Entrusted agent: Qi Baoxin, a lawyer from Shanghai AllBright Law Offices.

Entrusted agent: Chen Jihong, a lawyer from Beijing Zhonglun W&D Law Firm.

Defendant: Liu Li, male, born on April 29, 1962, Han Domicile: No. 1206, 4F, Wanliu Guangda Jiayuan, No. 2, Quanzong Road, Haidian District, Beijing.

Entrusted agent: Zhang Yu, a lawyer from Shanghai Hengxin Law Firm.

Defendant: Shanghai Werkhart International Architecture Design and Consultation Co. , Ltd. ; Domicile: Unit 08, 25F, No. 222, East Yan'an Road, Huangpu District, Shanghai.

Legal representative: Jiang Wei, Manager.

Entrusted agent: Yang Jun, a lawyer from Watson & Band Shanghai Law Office

Entrusted agent: He Xiaobo, a lawyer from Watson & Band Shanghai Law Office

Defendant: Beijing Werkhart International Architecture Design and Consultation Co. ,Ltd. ; Domicile: Room 2511, Tengda Plaza, No. 168, Xizhimenwai Street, Haidian District, Beijing.

Legal representative: Liu Guoxing, Manager.

Entrusted agent: Tao Xinliang, a lawyer from Watson & Band Shanghai Law Office.

Entrusted agent: Yang Jun, a lawyer from Watson & Band Shanghai Law Office.

This court was appointed by Shanghai No. 2 Intermediate People's Court on February 2, 2007 to hear the case filed by Plaintiff Woodhead International Pty. Ltd. (hereinafter referred to as "Woodhead in Australia") against the defendants Liu Li, Shanghai Werkhart International Architecture Design and Consultation Co. , Ltd. (hereinafter referred to as "Shanghai Werkhart"), and Beijing Werkhart International Architecture Design and Consultation Co. ,Ltd. (hereinafter referred to as "Beijing Werkhart") with respect to the dispute over unfair competition. Having accepted the case, the court duly formed a collegial panel, organized the two parties to exchange evidence on June 5 and June 26, 2007, and held open trials on October 30, 2007 and June 29, 2009. Plaintiff's entrusted agent Qi Baoxin and Chen Jihong, Defendant Liu Li's entrusted agent Zhang Yu, Defendant Shanghai Werkhart's entrusted agent He Xiaobo and the jointly entrusted agent of Defendant Shanghai Werkhart and Beijing Werkhart Yang Jun were present in court for the trials. The case has now been closed.

The Plaintiff alleged that it was a famous multinational group established in 1927. Among the World Top 500 enterprises specializing in architectural design in 2007, it was ranked No. 2 in Australia and No. 28 in the world. Among the World Top 500 enterprises specializing in architectural design ranked by *World Architecture*, it was listed No. 6 in hotel and airport design. In 1994, the Plaintiff entered China and set up branches in Shanghai and Beijing, undertaking the design of hotels, resorts and residential projects. With outstanding achievements and media publicity, the Plaintiff had been well known by related public in China.

Since 2000, the Plaintiff started to provide architectural design service for clients in Beijing, Guangzhou and other cities in the Chinese translated name "五合国际". It has won three first places in design of residential projects-Guangdong Nanguo Olympic Garden was ranked at the first place among China's famous real estates in 2001 by China Real Estate Association and the Ministry of Construction; a foreign-style villa in Beijing was ranked at the first place among Beijing's Ten Star Properties in 2001, and Shanghai Ziyuan Villa was ranked at the first place among Shanghai's Top Ten Featured Villas in 2002. At the very beginning, the Plaintiff carried out business in mainland China in the name of "五合", and took "五合国际" as its trade name. "五合国际" enjoys a very wide popularity in the building industry in mainland China.

During 1999 and 2005, Defendant Liu Li once served as the general manager of Plaintiff in China, later serves as the chief designer of Defendant Beijing Werkhart. Defendant Liu Li deliberately confounded the Plaintiff with Defendant Beijing Werkhart on different occasions, which seriously impacted the normal business activities of the Plaintiff. On August 23, 2005, Defendant Beijing Werkhart wrote a letter to the Plaintiff, unreasonably demanding the Plaintiff to stop using the name "五合国际 (Woodhead International)", and prohibited the Plaintiff using the names "五合国际 (Woodhead International)" and "五合国际建筑设计集团 (Woodhead International Pty. Ltd.)" in mainland China with Defendant "Shanghai Werkhart" in other ways. Meanwhile, the two defendants also used "五合" and "五合国际" on websites and advertising to mislead relevant public. The acts of the defendants have seriously infringed the legitimate rights and interests of the Plaintiff. Therefore, the Plaintiff brought a case to the court, requesting the court: 1. to order the three defendants to stop using the company name containing "五合国际" or "五合" in business activities; 2. to order the three defendants to compensate the Plaintiff for economic losses of RMB10 million jointly and severally; 3. to order the three defendants to publish statements on *China Construction News* (excluding the column on the folding line) and *World Architecture* to apologize to the Plaintiff and eliminate adverse impact; and 4. to order the three defendants to compensate reasonable expenses paid by the Plaintiff for stopping the infringement, including investigation fee, translation fee, notarial fee, traveling expenses, and attorney fee, amounting to RMB 500,000 in total. In trial, the Plaintiff clearly claimed that the three defendants had jointly infringed the trade name right of the Plaintiff in "五合国际" and "五合".

Defendant Liu Li argued that: 1. the English name of the Plaintiff was not in line with its

Chinese name on the indictment, which could not match with each other. Moreover, the company name of the Plaintiff had not been registered in China, and the protection of company name in Chinese law was under the premise that the company name had been approved by and registered with the administration for industry and commerce. Therefore, the Plaintiff shall not own the company name right of "五合国际建筑设计集团". 2. In 1999, Defendant Liu Li was hired by the Plaintiff as the general manager in China. For the Plaintiff did not have any operational entity in mainland China, to accomplish the task of the Plaintiff, Liu Li, on behalf of the Plaintiff, cooperated with the outsider, which was a team subordinate to China International Engineering Design & Consult Co., Ltd. (CCI), and conducted business in the name of "Woodhead (五合)". "Woodhead" and "五合" appeared together and were used as the same in publicity. Afterwards, the Chinese team members successively registered several companies with the trade name "Werkhart (五合)" and continued the cooperation with the Plaintiff. On the basis of the cooperation between the Chinese team and the Plaintiff, the Plaintiff gained popularity in China. 3. In 2004, the subsidiary named Shanghai Woodhead Technical Consulting Co., Ltd. founded by the Plaintiff got its legitimate company name "Woodhead (伍哈德)". Therefore, in 2005, the Plaintiff signed a Memorandum of Understanding with Beijing Werkhart, agreeing to end the joint use of "Woodhead" and "五合" after adopting their own Chinese company names. 4. Since the Plaintiff had known and approved the "cooperation" between Liu Li and the Chinese team, Defendant Liu Li neither committed infringement nor brought losses to the Plaintiff, l*et al.* one subjective malice to infringe the trade name of the Plaintiff. Therefore, Liu Li did not commit infringement on the Plaintiff and shall not bear any legal liability.

The defendants Beijing Werkhart and Shanghai Werkhart jointly argued that: 1. the company name of the Plaintiff was "Woodhead International Pty. Ltd." which was not in line with the Chinese name "五合国际建筑设计集团". In publicity, "Woodhead" was translated into "伍哈德" in Chinese, which was a homophone of "Woodhead", and both the subsidiary and the branch company registered in China by the Plaintiff used the Chinese trade name "伍哈德". 2. The Plaintiff, as a foreign design institution, needed to go through the approval and qualification examination formalities before undertaking architectural design projects and participating in the tendering of architectural engineering design in China. However, it carried out the design without approval and qualification examination and engaged in business activities without being registered with the administration for industry and commerce, which constituted illegal operations. Therefore, no matter what Chinese translated name the Plaintiff used, it shall be neither regarded to have used its company name and trade name legally, nor entitled to claim its right against others. 3. Since the Plaintiff appointed Liu Li to carry out business in China in 1999, it had cooperated with the team subordinate to "CCI" and agreed that both parties could use "Woodhead' and "五合" in business activities, while internally the Chinese "五合" belonged to the Chinese team and the English "Woodhead" represented the Plaintiff. During 2001 and 2005, the Chinese team members successively registered several companies with the trade name "Werkhart (五合)" and continued the cooperation with the Plaintiff. During the cooperation, the Chinese team and its companies invested a large amount of manpower and material resources in extensive publicity, which increased the popularity of "五合" in the industry to some extent, so the two defendants had inheritance and relevance with each in use of "五合". The two defendants had operated and used "五合 (Werkhart)" for six years, gaining the popularity of "五合" in the industry. 4. "五合" was the trade name of the two defendants, which had been approved by and registered with the administration for industry and commerce of China. Therefore, the two defendants had legal right to use the trade name "五合". 5. On March 9, 2005, the Plaintiff signed a Memorandum of Understanding with Beijing Werkhart, which clearly specified the use of the related trade name. Therefore, the Plaintiff had confirmed the existence of the two defendants and their use of the trade name "五合". 6. The two defendants had not used the trade name "五合" maliciously, nor had they caused any confusion. Therefore, the acts of the two defendants did not constitute an infringement, and they shall not bear any legal liability.

It is ascertained the following facts after trial:

I. Basic Information of the Plaintiff.

1. The Plaintiff, registered in Australia in July 1973, is mainly engaging in architectural design. It was renamed to Woodhead Firth Lee Pty. Ltd. on December 1, 1993. It was renamed Woodhead International Pty. Ltd. on June 6, 1997. The Plaintiff and its designs have won various awards in Australia.

2. When cooperating with another party in a construction project in China in 1994, the Plaintiff translated the "Woodhead Firth Lee" in the company name "Woodhead Firth Lee Pty. Ltd." in use at that time into "五合富丽" in Chinese. In March 1999, the Plaintiff signed the *Contract of Interior Decoration Design of Shandong Hotel* using the English name "Woodhead Firth Lee Pty. Ltd." and the Chinese name "五合国际建筑设计集团". In January 2000, the Plaintiff signed an agreement with Guangdong Design Institute on the designs such as planning, scheme design and bidding of the Panyu Shiqiao Olympic Mansion and Guangdong Shiziyang International Health Park in Nansha District of Panyu. In July, the Plaintiff signed a cooperation agreement with East China Architectural Design & Research Institute Co., Ltd. on design bidding of Qingdao Liuting Airport. In September, the Plaintiff cooperated and signed the agreement on the planning and schematic design of architectural design of Nanjing Holy Eagle Edifice with Nanjing Academy of Urban Planning & Design. In the aforesaid agreement, the Plaintiff used its Chinese name and attached with the corporate seal with its English name "Woodhead International Pty. Ltd." stamped on the signature and marked with the Chinese characters "五合国际建筑设计集团". From 2001 to 2002, the Plaintiff signed the agreement providing design consultation service to plot No. 1 of New Xindu Village in Shanghai and the consultation contract on supporting other architectural design units in implementing plans and developing preliminary designs of plot No. 24 residential project in Luwan District of Shanghai with the English name "Woodhead International Pty. Ltd." and the corresponding Chinese name "五合国际建筑设计集团".

The Plaintiff established a wholly owned enterprise in Shanghai, namely Shanghai Woodhead Technological Consultation Co., Ltd., in February 2003. In March 2005, Shanghai Woodhead

Technology Consultation Co. ,Ltd. established its Beijing branch, for which Liu Li was the person in charge.

3. In July, 2000, an article titled *Bountique Panyu Olympic Park* on the real estate page of *Southern Metropolis Daily* reported that "Woodhead Firth Lee Pty. Ltd. from Autralia is responsible for the design of Panyu Olympic Park. It is a group company ranking among top three design enterprises in Australia. It ranked No. 24 in the world in comprehensive strength according to the evaluation of British magazine *World Architecture*. It is said that Woodhead Firth Lee Pty. Ltd. has made efforts to create a pastoral atmosphere in designing Panyu Olympic Park". Articles published on *Beijing Evening News* and *Real Estate Market Weekly* in October and December 2003, introducing premises including Century Orient, Upstream Villas and Jiulong Phoenix City, which also mentioned that Woodhead in Australia designed the buildings of the projects. . . . *Youth Daily* also published the report saying that "Woodhead International from Australia was invited to work on the planning and architectural design of Hasa Villas at Fengjing Gulf. Woodhead International designed the main venue of Sydney Olympic Games and enjoys extremely high reputation in the world" attached with data sources like "Woodhead has won three first places in design of residential projects after entering China: Guangdong Nanguo Olympic Garden was ranked at the first place among China's famous real estates in 2001 by China Real Estate Association and the Ministry of Construction; a foreign-style villa in Beijing was ranked at the first place among Beijing's Ten Star Properties in 2001, and Shanghai Ziyuan Villa was ranked at the first place among Shanghai's Top Ten Featured Villas in 2002. " In April 2007, the text that "China's Top Ten Super Mansions of Real Estate in 2005: Villa No. 1 of Shanghai Ziyuan Villas, Woodhead Firth Lee Pty. Ltd. of Australia" was published on the website *business. sohu. com* verified by Beijing Notary Public Office. Meanwhile, there was also publicity text "Woodhead in Australia undertakes the community planning and architectural design of Panyu Aoyuan" on the website of China Aoyuan Property Group Limited.

In September 2001, the Plaintiff was awarded with Class-1 Designing Scheme Certificate by Planning and Design Project Office of Hunnan New Area of Shenyang City for the *International Consulting Scheme of Planning and Design of Hunnan New Area of Shenyang* (*Starting Area of Shenyang High-tech Industrial Development Zone*) made by the Plaintiff. In February 2007, the Plaintiff won the "2006 Commercial Property Design with the Highest Investment Value", "China Creative Commercial Property Design Award" and "China Special Commercial Property Design" in "China Commercial Property Design Trend Fair", one activity conducted during the Third CPE China in 2006.

During the trial, the witness Robert Yee Seng Lee was present in the court in accordance with the application of the Plaintiff. The witness described his negotiation with the Plaintiff on the Chinese version of the company name used at that time when the Plaintiff cooperated with the other parties in construction projects in China. Robert Yee Seng Lee stated that they finally adopted the "五合富丽" with good implication as the Plaintiff's Chinese name rather than the unpleasant "木头" (a piece of wood) through literally translating "Woodhead", and the Plaintiff attended the signing ceremony of the projects based in China in the Chinese name.

The above facts are verified by the following evidence: the certificate issued by Australian Institute of Architects on October 11, 2002, a letter of thanks from Hansen Cancer Research Center to the Plaintiff, award certificates, publicity and report coverage on the award of excellence for the design of Her Majesty's Theatre in 2001, the Notarial Certificate (2007) JING-Zheng-Jing-Zi No. 09806, the Plaintiff's certificate of award in February 2007 and proof of annual award in 2006, photo taken in the signing ceremony of cooperation agreement between the Plaintiff and Dongyu International Group in Shanghai in 1994, proof issued by the chief delegate of Representative Office of Commerce of Government of South Australia and Australian Embassy in China, relevant journals containing the trade name of the Plaintiff, contracts made between the Plaintiff and clients in the name "五合", certificate issued by the planning and design office of Hunnan New Area of Shenyang City, testimony of the witness Robert Yee Seng Lee and the statement made by the parties in court.

II. Basic Information of the Defendants.

1. Defendant Beijing Werkhart was established in November 2004. Its investors are Beijing Werkhart Architecture Design and Consultation Co., Ltd., Hong Kong Werkhart Architecture Design Co., Ltd., and Werkhart Internationale Planungs GmbH from Germany. Liu Guoxing is the legal representative of Beijing Werkhart and Tao Tao the general manager. It is mainly engaged in urban planning consultation, architectural engineering design consultation, decoration design consultation, landscape design, business information consultation and real estate information consultation.

Defendant Beijing Werkhart was awarded with the honor "Architecture Institution with the Strongest Impetus in West China" in May 2005 and "Top 20 Influential Brand of Architectural Planning and Landscape Design" in December. In the campaign "Business Building Influencing China" held in January 2006, Beijing Werkhart was elected into the "China Top Ten Business Building Institutions", and its relevant designs won awards such as "China Ecological Innovative Building", "Classic Building of Commercial Property" and "Innovative Mode". In the ranking made by Shanghai Academy of Social Science and *Architecture Design* magazine on the regional business of civil architecture market from 2004 to 2005, it listed No. 10 in North China, No. 37 in Yangtze River Delta, No. 12 in South China and No. 26 in Central and West China. In the ranking on classified business of civil architecture design enterprises from 2004 to 2005, it listed No. 40 in public building, No. 16 in residential building, No. 9 in urban planning and No. 13 in landscape design.

2. In January 2005, Defendant Shanghai Werkhart was established. The investors are Beijing Huaxia Werkhart Architecture Design and Consultation Co., Ltd. and Hong Kong Werkhart International Architecture Design Group Inc. Jiang Wei is the legal representative of Shanghai Werkhart. It mainly engages in consultation on architectural engineering design and relevant decoration, landscape design, technological development, training and real estate information.

3. In September 1999, Defendant Liu Li worked for the Plaintiff as a team leader, manager

of the Chinese Project and International Marketing Department, responsible for relevant projects of Chinese clients, and organization and management of the permanent office in Shanghai, China. In April 2002, Liu Li was appointed by the Plaintiff as regional director and manager of Beijing Office to take charge of planning, management, quality control and profit making of projects and the performance and development of project members, promoting the reputation of the company by supplying professional and responsive customer services. In March 2005, Liu Li was appointed by the Plaintiff as director, regional supervisor and representative of Beijing Office, in charge of business operation of the company in Beijing. In August of the same year, the Plaintiff terminated the employment of Liu Li. Liu Li subsequently became the general counsel of Defendant Beijing Werkhart and Shanghai Werkhart.

Shortly after being entrusted by the Plaintiff back to China for business, Liu Li started his business cooperation with former designers of China International Engineering Design & Consult Co., Ltd. ("CCI") including Yan Tao, Leng Jinsheng and Tao Tao. He later cooperated in business with the enterprises established by these designers. In June 2000, Liu Li published an article in his own name on *Guangming Daily* as the general manager (China) of Woodhead Firth Lee Pty. Ltd. from Australia. Later, Liu Li published many professional articles and attended symposiums as general manager (China) and general designer of Woodhead Firth Lee Pty. Ltd. During his employment by the Plaintiff, Liu Li marked the cover of the journal for which he worked as the chief editor with "World Famous Institution Architecture Design in China—Woodhead Firth Lee Pty. Ltd. (Australia) —Beijing Woodhead".

The above facts are verified by the following evidence: the e-mails between Liu Li and the Plaintiff, the article Beijing Woodhead—*World Famous Institution Architecture Design in China*, articles published by Liu Li on *Guangming Daily*, industrial and commercial information and materials of Beijing Werkhart and Shanghai Werkhart, the engagement agreement between the Plaintiff and Liu Li, the correspondence of certification, the certificate of honor and the certificate of industry institution of Beijing Werkhart, the industry ranking of Beijing Werkhart published on *Architecture Design* magazine and the statement made by the parties in court.

III. Accused Infringement Acts and Fact of Market Confusion.

1. In September 2006, upon the request of the Plaintiff, Shanghai Notary Public Office preserved the content of website (*www. werkhart. com*) operated by Defendant Beijing Werkhart through notarization. On the web page, there are characters "五合国际" matched with "Werkhart International" below, which form the web's logo together with the number combination of "5 + 1". Besides, on pages introducing Tao Tao, Lu Qiu, Yan Tao, and Leng Jinsheng *et al.*, they are called as general manager or deputy general manager of "五合国际". And on pages introducing design projects, "五合国际" is used as the name of the company.

2. Both the defendants Beijing Werkhart and Shanghai Werkhart used the logo comprising the Chinese and English names and the number combination on the aforesaid website in their advertisements on *World Architecture* published in January 2005, and claimed that "since entering China in 2000, Werkhart International has been serving Chinese market with internationalized design

concepts and advanced technological methods... It has been generally recognized by the industry and the society, and successfully built the brand 'Werkhart'. Werkhart International (五合国际), as a multinational design institution, has a group of excellent building experts from Europe..." Similar advertisements of the defendants Beijing Werkhart and Shanghai Werkhart are also found on *World Architecture* in May and June 2005. In December 2006, the defendants Beijing Werkhart and Shanghai Werkhart explained "五合国际" in *World Architecture* as: "'五合' is the transliteration of 'Werkhart International'; '五强联合' means Werkhart International works together with well-known SOBEK, TRANSSOLAR and HENN in Germany and DRL in Australia to tap into the Chinese market; '五人组合' should be interpreted that Werkhart International has a group of senior designers with international backgrounds, and its design and consultant teams are led by five well-known experts in different fields, namely Lu Qiu, an expert in high-tech energy saving, Tao Tao, an expert in urban planning, Yan Tao, an expert in luxury villa design, Leng Jinsheng, an expert in hotel and resort facilities design, and Liu Li, a consultant in commercial facilities design; '国际' (International) means that Werkhart International, as a transnational group, has opened its branches in Germany, British, Australia, Shanghai, Beijing, and Hong Kong". Besides, similar publicity is also found in publicity materials of the defendants Beijing Werkhart and Shanghai Werkhart.

3. Parts of the agreements signed in 2005 by Beijing Werkhart and Shanghai Werkhart separately with related parties cover the following content: the counterparty of the contract must guarantee that it will not, in any forms, act as an agent of other enterprises using or intending to use "Werkhart" or "Werkhart International" as their brand mark or title, or help such enterprises to carry out marketing or promotion activities (such as cooperation in programs, activity organization, or article publishing), which will substantially compete with the brands of Beijing Werkhart or Shanghai Werkhart.

4. In March 2007, *Liu Li's Blog* which was notarized upon the application the Plaintiff indicated that in all articles published during 2005 and 2007, Liu Li was introduced as the general counsel, chief designer or manager (China) of 5 + 1 Werkhart International. An article titled *Interpreting Werkhart International to Undertake More Influential Projects* published in January 2006 matched "Werkhart International" with "五合国际建筑设计集团"; while in the article *Undertake More Influential Projects* which is identical to the aforesaid in content with the indicated publishing date of May 14, 2004, "五合国际建筑设计集团" was matched with "Woodhead International".

5. In June 2005, upon the request of the defendants, Beijing Haidian District Notary Public Office preserved the research results of "Werkhart" on Google through notarization. Entering the website, it can be found that the website also displays information related to Woodhead in Australia, well-known architecture design enterprises, and Shanghai Woodhead Technical Consulting Co., Ltd, a sole corporation registered in Shanghai 2002, in addition to large amount of information about Werkhart International. In January 2007, Defendant Beijing Werkhart prosecuted Shanghai Woodhead Technical Consulting Co., Ltd, a subsidiary of the Plaintiff, and its branch

company in Beijing for unauthorized use of trade name "五合国际". In the case on unfair competition causing market confusion, the notarization was submitted to the court as evidence.

6. In March 2007, it was notarized by Beijing Notary Public Office that the introduction to Yan Tao and Tao Tao in the article *Large "Ecological" Villa Goes Public* released on *www.people.com.cn* on January 29, 2005, saying that "Australia Woodhead International Pty Co., Ltd is highly recognized in fields like the design of top-grade villas and high-end residential districts, and the project is to be designed by Tao Tao and Yan Tao, who are known as 'godfathers of villa' in this circle". On the website of China Real Estate Planner Training, lecturer Yan Tao of Remote Training Courses on National Real Estate Planner was introduced as the Deputy Manager of Australia Woodhead International in January 2005. Besides, on the website of news channel of Real Estate Interaction, lecturer Tao Tao of the 2006 Beijing Forum on Serviced Apartment was identified as the Manager of Australia Woodhead International Pty. Co., Ltd in November 2005.

The above mentioned facts are proved by the Notarial Certificate (2006) HU-Zheng-Jing-Zi No. 10351, *World Architecture*, publicity materials of the defendants Beijing Werkhart and Shanghai Werkhart, the Notarial Certificate (2007) HU-Zheng-Jing-Zi No. 02607 and the Notarial Certificate (2007) HU-Zheng-Jing-Zi No. 09393, the Notarial Certificate (2005) HU-Zheng-Jing-Zi No. 4675, parts of the design contracts of Beijing Werkhart and Shanghai Werkhart signed with related parties and the statements of the parties in court.

Other facts identified by the court are as follows:

1. On March 9, 2005, the Plaintiff concluded and signed a Memorandum of Understanding ("MOU") with General Manager Tao Tao of Defendant Beijing Werkhart, agreeing on that: both parties are desirous to continue cooperation and in any possible case, to build a strong business relationship for value-added services of both parties concerned. The Plaintiff provides professional design and supporting staff, as well as necessary trainings as requested by the other party based on mutually agreed conditions. Beijing Werkhart provides office space and facilities as requested by the Plaintiff, and both parties shall discuss to share the office expenses reasonably. And in any possible case, both parties shall cooperate and exploit market jointly etc. Besides, it is also stipulated that the Plaintiff is entitled to use the sales name legally obtained during its marketing and promotion. It is also stipulated that both parties shall prevent its own sales name from stirring confusion or conflict with that of the other party. In case that the sales name of one party infringes the right of the other party, the infringer shall stop the infringement immediately upon receiving notice of the other party related. In addition, both parties agree to review its sales and promotion materials in advance to prevent confusion or conflict and show due respect to the other party's identity. It is agreed by both parties that in the event of promotion or programs in the main places of the other party, an notice shall be sent to the other party concerned for clear communication so as to avoid any conflict or confusion. Both parties also point out that the execution of this MOU is to express the cooperation intention of both parties and to drive business growth while remaining their own identities; and this MOU is not legally binding to both parties

thereof.

2. In April 2001, Beijing Huaxia Werkhart Architectural Design & Consulting Co., Ltd. was jointly founded by Yan Tao and Leng Jinsheng. In April 2005, the company was cancelled. In October 2002, Beijing Werkhart Scheme Architectural Design & Consulting Co., Ltd. was jointly founded by Yan Tao and Fan Yi. In November 2003, Beijing Werkhart Times Architectural Design & Consulting Co., Ltd. was jointly founded by Yan Tao and Liu Guoqing, which was renamed as Beijing Huaxia Werkhart Times Architectural Design & Consulting Co., Ltd. in December 2004.

In June 2004, Hong Kong Werkhart International Architectural Design Group Co., Ltd. was founded, with Leng Jinsheng as its legal representative. In July 2004, Werkhart International Planungs GmbH from Germany was registered, with Lu Qiu and Tao Tao as its managing directors.

3. In 2003, the aforesaid enterprises founded in China with "五合" in their names did publicities on periodicals such as *Architecture Design*, *World Architecture* and *ARCHI* 100, which matched "五合国际建筑设计集团" with "Woodhead International" and published that "Woodhead International, founded in 1927, has opened a dozen of subsidiaries in Australia and Southeast Asia. It is listed No. 24 on the ranking of World Top 500 Architecture Enterprises conducted by the British magazine *World Architecture* in 1999. "It has undertaken projects in China since 1992...". "General Manager Liu Li of Woodhead International China has made great achievements since he started working permanently in China in March 2000. Guangdong Nanguo Olympic Garden was elected the most outstanding project in 2001 by China Real Estate Association and the Ministry of Construction; a villa in Beijing ranked top among the Ten Star Buildings in Beijing; Shanghai Ziyuan Villa was elected into the Top Ten Featured Villas in Shanghai in 2002...". "Woodhead International Beijing Office is a wholly-owned foreign-funded enterprise, which tends to employ returned overseas Chinese and designers with both international vision and practical experience in China. The design team of Woodhead International Beijing comprises Liu Li, Lu Qiu, an architect registered in Germany who had studied in Germany for 14 years, Tao Tao, an overseas Chinese returned from Canada after completing his study, and specialist Leng Jinsheng". "Woodhead International Beijing was founded by Doctor Liu in 2000. Now it has developed into a professional design company with over 40 employees. We sincerely invite and encourage interested architects and planners to join us". In the meantime, they matched "北京五合" or "五合北京" with corresponding English text "Woodhead International Beijing Office" or "Woodhead International Beijing".

The facts above are proved by relevant inquiry materials provided by the administration for industry and commerce, the MOU dated March 9, 2005, the agreements, invoices and manuscripts relating to publicity and promotion provided by its Chinese branch and offices, and the statements of the parties in court.

The court holds that:

I. The Plaintiff has the Right to Protect Its Company Name According to the *Anti-Unfair Com-*

petition Law of the PRC

Since both China and Australia are members of *Paris Convention for the Protection of Industrial Property* (the 1967 Stockholm Version), each member country shall abide by the terms and regulations of the Convention, except for the terms it has announced to reserve. Therefore, the Plaintiff, as an enterprise registered in Australia, is entitled to request legal protection for its company name based on the *Anti-Unfair Competition Law* of the PRC.

II. Trade Name Protection for "五合" as the Chinese Translation of the Plaintiff's Company Name

As stipulated in Article 5 (3) of the *Anti-Unfair Competition Law of the PRC*, operators shall not conduct transactions in the market or cause damage to competitors by using the company name or personal names of others without permission, leading purchasers to mistake their products as those of others. It is stipulated in Article 6 (1) of the *Interpretation of the Supreme People's Court on Some Issues Concerning the Application of Law in the Trail of Civil Cases Involving Unfair Competition* that the enterprise registration authority shall register and check the company name and that of companies from other countries (areas) for commercial purpose in China, without violating the "company name" stipulated in Article 5 (3) of the *Anti-Unfair Competition Law*. The act of using characters contained in a company name with certain market awareness and popularity among relevant public may be determined as violating the stipulation and regulation on "company name" in Article 5 (3) of the *Anti-Unfair Competition Law*.

In this case, based on the following facts:

i. The English and Chinese company names of the Plaintiff are well-matched

1. Viewing from the use of the Plaintiff's company name in Chinese translation, the Plaintiff translated "Woodhead Firth Lee" in its company name "Woodhead Firth Lee Pty. Ltd." into "五合富丽" in 1994 and has applied it in cooperation projects with other parties in China. Moreover, the Plaintiff submitted persuasive explanation on the reason why it translated "Woodhead" into "五合". In 1999, the Plaintiff reached and signed contracts concerning interior decoration engineering design for hotels and buildings in China using both "Woodhead International Pty. Ltd." and "五合国际建筑设计集团". From 2000 to 2002, when the Plaintiff cooperated with architecture design institutes in China and provided services on design bidding, planning, scheme, development design, and design consulting to relevant construction projects in China, both the seal of company name in English and the Chinese company name of "五合国际建筑设计集团" were used. Thus, although the company name of "五合国际建筑设计集团" has not been filed at the Administration for Industry and Commerce of the PRC for record, the Plaintiff has almost fixed the Chinese version aforesaid of its company name. 2. Viewing from the evidence submitted by the defendants Beijing Werkhart and Shanghai Werkhart, there were large amount of publicities containing "Woodhead" of affiliated enterprises on various periodicals from 2001 to 2003 using texts such as "Woodhead International, founded in 1927, has business across Australia, having a dozen of subsidiaries in Australia and Southeast Asia. Woodhead International was elected as No. 24 among World Top 500 architecture design enterprises by the British Magazine *World Ar-*

chitecture", "Liu Li, manager of Australia Woodhead International in China. . . ". Even though the publicity was based on business cooperation, "Woodhead International and 五合国际" contained therein are obviously not any of those company names with "五合". The corresponding version should be "Woodhead International Pty. Ltd. 五合国际建筑设计集团", or the Plaintiff. Since the author, Defendant Liu Li in this case, published a large number of articles as "General Manager (China) of Australia Woodhead International Pty. Ltd", indicating that Defendant Liu Li also used "五合国际建筑设计集团" as the Chinese version of the Plaintiff's company name in China. Besides, Defendant Beijing Werkhart and Shanghai Werkhart argued that they shared "Woodhead" and "五合" with the Plaintiff in dealing external business, which exactly justified that it was sufficient for relevant public to take "五合" as "Woodhead". Therefore, the facts that "五合国际建筑设计" is well-matched with "Woodhead International Pty. Ltd. ", in particular the fact that the most recognizable "五合" is used in correspondence with "Woodhead", are fully proved by the evidence listed above. 3. The three defendants argued that the company name of the wholly-owned subsidiary invested and founded by the Plaintiff in China was registered as "哈伍德", which is a literal translation of "Woodhead". Therefore, the corresponding Chinese translation of "Woodhead" shall be "哈伍德". Therefore, the court holds that the arguments of the three defendants are contradict with the evidence they submitted. Moreover, the Plaintiff and the enterprise it invested in China are two different legal persons. However, the *Provisions on Administration of Enterprise Name Registration* provided that the name of a subsidiary shall be preceded by the name of the enterprise to which it is affiliated. Nevertheless, there is no explicit stipulation on whether the name of an invested enterprise shall be preceded by the name of its contributing enterprise. Therefore, the name of the wholly-owned enterprise invested by the Plaintiff in China is not necessarily the same with the translation of the Plaintiff's company name used in China. Therefore, the court would not accept the aforesaid arguments of the three defendants for they are groundless.

ii. The Chinese company name of the Plaintiff has already been used for commercial purposes in China.

Defendants Beijing Werkhart and Shanghai Werkhart argued that the Plaintiff undertook designs of construction engineering projects without registration with the administration for industry and commerce or performing approval, filing and qualification review formalities at relevant competent authorities, which violated the regulations of relevant authorities and was illegal. The Plaintiff's business act was not legitimate, so it has no legal basis for the protection of its company name used in illegal business. In this regard, the court holds that although China has certain restrictions on access to the architectural design industry, the construction administrative department has no prohibitive provisions on foreign enterprises' providing project designs before the preliminary design of construction projects and their cooperation with domestic units with relevant qualifications, providing consultancy services and cooperating in design and bidding of relevant construction projects. Moreover, the Plaintiff carried out publicity activities for itself and related Chinese and English company names and trade names in terms of cooperation under the existing framework of China, making relevant domestic public know that it was a provider of construction design services. This should also be a part of the business activities conducted by the Plaintiff and did not violated relevant laws and regulations of China. Therefore, the Plaintiff shall be deemed to have carried out business activities in its Chinese and English company names in China. The related arguments of Defendant Beijing Werkhart and Shanghai Werkhart cannot be established.

iii. The Plaintiff's trade name "五合" enjoys wide popularity

Based on the Plaintiff's massive publicity in a cooperative manner, it made relevant domestic public not only know it was a provider of construction design services but also, to some extent, understand learn about its development, business strength and relevant ranking in the same industry in the world. Through its participation in design of residential real estate projects and other construction projects in China, the Plaintiff has built certain popularity in the domestic industry and "五合" has been known to relevant public. The three defendants also acknowledged the popularity of the trade name "五合" trade name among relevant public. However, they believed that the popularity of "五合" was resulted from the propaganda with a large quantity of human and material resources firstly invested by the Chinese team and later by the domestic company established by Chinese team members whose name contained "五合" during its cooperation between the Plaintiff. The defendants Beijing Werkhart and Shanghai Werkhart have inheritance and relevance on the popularity of "五合", and they have been operating and using the trade name "五合" for 6 years, which also made "五合" enjoy relatively wide popularity in the industry. In this regard, the court holds that first of all, the companies alleged by two defendants, whose names contained "五合", not only included "五合" in their trade names, but highlighted "五合" and promoted the overseas background of "五合", and the world ranking of "五合国际" in their advertising on periodicals and magazines. Even if it was the commercial publicity for business cooperation between the two parties, the defendants spontaneously invested a large amount of manpower and materials in the publicity. Despite the result that relevant public cognition of "五合" and "Woodhead" has been inevitably enhanced and the awareness of the Plaintiff in China has been further improved, it still indicated the defendants' intention to capitalize the overseas reputation and background of the Plaintiff to make the public assume that they had connection with the Plaintiff so as to obtain more trading opportunities. This act also confirmed the market recognition of the Plaintiff. Secondly, the defendants Beijing Werkhart and Shanghai Werkhart argued that their own business activities and relevant work performance also achieved popularity for their trade name "五合". However, no matter the two defendants' use of this trade name constituted infringement or not, the evidence they provided is insufficient to prove that they have gained popularity for their trade name "五合" enough to be distinguished from the Plaintiff's trade name "五合" by the public through their own business activities and efforts. Therefore, it is difficult for the court to accept the two defendants' argument as evidence.

Thus, as the corresponding trade name of the Chinese translation of the Plaintiff's company name, "五合" has been used for commercial purposes in China and has built a certain popularity, which should be protected by the *Anti-Unfair Competition Law* of the People's Republic of

China.

It should be further noted that since trade name bears the most distinctiveness in the company name, the most distinctive part of the Plaintiff's company name should be "五合" (Woodhead), while "International" is only a qualifier in the industry. And "五合国际" (Woodhead International) shall be the abbreviation of the Plaintiff's company name. Now, the Plaintiff claimed its right taking "五合国际" as its company trade name but provided inadequate evidence, so the court did not support it.

III. The Acts of Defendants Beijing Werkhart and Shanghai Werkhart Constitutes Unfair Competition against the Plaintiff

i. The Plaintiff began using the characters "五合" earlier than the Defendants

Since trade name is a sign for an enterprise to be distinguished from others and highlights its image in operating activities, pursuant to which the source of goods or services is identified. Therefore, trade name of an enterprise is closely related to the enterprise, and its trade name shall generally be derived from the date when the enterprise was established. In China, the Plaintiff has been using the company name 五合国际建筑设计集团 (Woodhead International) since 1999. After 2001, the publicity of 五合国际 (Woodhead International) and 五合 (Woodhead) also appeared in large numbers on periodicals. However, the defendants Beijing Werkhart and Shanghai Werkhart were established in November 2004 and January 2005 respectively. Therefore, the Plaintiff started using the trade name "五合" earlier than the defendants Beijing Werkhart and Shanghai Werkhart. The defendants Beijing Werkhart and Shanghai Werkhart argued that they have inheritance and relevance on the use of "五合", because it not only had been used by the "Chinese team" but also were names of related enterprises successively established by the "Chinese team" during its cooperation with the Plaintiff, and both parties have agreed that "五合" belonged to the Chinese team. In this regard, the court holds that: 1. the "Chinese team" is not an entity in legal sense and cannot have the rights to company name and associated trade name; 2. Except Beijing Werkhart Era Architecture Design & Consulting Ltd. which was established in November 2003, all other investors were established in 2004 by the two defendants, which is obviously later than the date when the Plaintiff started using the trade name "五合". From the establishment time of these enterprises, we cannot prove that they had used the trade name 五合 in China earlier than the Plaintiff. Therefore, the argument of the two defendants lacks factual basis, and the court reject accepting it as evidence.

ii. The subjective fault of Beijing Werkhart and Shanghai Werkhart

Although the company names of Defendant Beijing Werkhart and Shanghai Werkhart have been registered with the administration for industry and commerce. However, as the shareholders of the enterprises invested by the two defendants, who are actually members of the "Chinese team" called by the defendants and investors of the enterprises with "五合" in their company names successively established in China during the cooperation with the Plaintiff. They have known the Plaintiff's overseas background, domestic business condition, its use of company names and trade names both in Chinese and English as well as its popularity in the industry. The court noticed that even though they have known the above facts, the "Chinese team" members still registered and established the defendants Beijing Werkhart and Shanghai Werkhart through joint venture between the companies invested and registered overseas and the companies they established in China, legalizing the use of two defendants' company name and trade name in form. However, they are actually "free riders" taking advantage of the Plaintiff's goodwill to confuse the public about the source of goods and services. Their subjective intent was so apparent that the registration of Beijing Werkhart and Shanghai Werkhart and the use of the trade name "五合" was out of subject fault.

iii. The occurrence of the fact of confusion

Defendant Beijing Werkhart marked "五合" in correspondence with "Werkhart" through its own website and the brochures made jointly with Shanghai Werkhart and claimed that "五合" was the Chinese transliteration of "Werkhart International" on magazine advertisements, which was sufficient to make it hard for relevant public to distinguish the source of goods and services according to the trade names of the Plaintiff and the defendants. The reports on *People. com. cn* and other websites which confused or mistook the persons in charge of the defendants for the executives of the Plaintiff also indicated that relevant public was confused about the sources of goods and services between the two parties, which impacted the normal market competition order and brought damage to the Plaintiff. Moreover, the two defendants promised not to act on behalf of other enterprises using or with an attempt to use the brand trademarks or appellations of "五合" and "五合国际" or help them with promotion or marketing (such as cooperative columns, campaigns or article publishing) by reaching agreements with advertising agencies and advertising producers with prohibitive articles, which further deepened the impact on the normal operation of the Plaintiff.

iv. Determination of the MOU

The court holds that for an agreement to be binding in the legal framework, firstly, the contents of the agreement should be specifically identified, and secondly the parties must have the intention to be bound by the agreement. Viewing the contents of the MOU, although both parties generally described the obligations they would perform, they did not give specific details on such obligations. In fact, both parties just made an appointment on the contract terms for the future, which may be confirmed by the expression of their intents to cooperate with each other in the last part of the Memorandum which indicated that the signing of this MOU was to show that the parties would keep their own identity to promote business growth. Furthermore, both parties further expressed in the last part of the Memorandum that this MOU was not legally binding on both parties. Therefore, the intention of the contracting parties that they did not want to be bound by the terms of the Memorandum was very clear. In this regard, the defendants did not provide evidence to prove that one contracting party had actually fulfilled the Memorandum. Therefore, the argument of the three defendants that the defendants' use of "五合" did not constitute infringement for the Plaintiff and the defendants had explicitly expressed their attitudes towards the use of relevant trade name lacked sufficient basis, and the court refused to accept it as evidence.

In summary, as the enterprises registered later than the Plaintiff, Defendant Beijing

Werkhart and Shanghai Werkhart still registered and used their company names with "五合" as their trade names in the case that they have known that the Chinese "五合" had already been used by the Plaintiff with certain popularity among relevant public, so as to take advantage of the Plaintiff's goodwill to increase their competitiveness. They had a subjective fault and also made relevant public confused the market players and the sources of goods and services of the two defendants and the Plaintiff, which harmed the Plaintiff's interests. Therefore, the two defendants' act violated the principle of fairness and integrity, constituting unfair competition against the Plaintiff.

IV. Defendant Liu Li is Not a Qualified Subject

Since the evidence provided by the Plaintiff is insufficient to prove that Liu Li is the actual controller of Defendant Beijing Werkhart and Shanghai Werkhart and that the infringement of Liu Li is a personal operating act for personal benefits. The evidence also cannot prove the competitive relationship between Liu Li and the Plaintiff, so Liu Li is not a qualified subject of unfair competition lawsuit in this case. Therefore, the Plaintiff's claim that Defendant Liu Li infringed its right in trade name cannot be established.

V. The Liabilities of Beijing Werkhart and Shanghai Werkhart

Since both the defendants Beijing Werkhart and Shanghai Werkhart have engaged in unfair competition against the Plaintiff and caused damage to the Plaintiff which is difficult to be defined, the Plaintiff hereby requested the defendants to stop the infringement, compensate for its losses and publish a statement within a reasonable range to eliminate the adverse effect, to which the court supports. In view of that the evidence provided by Plaintiff failed to prove its actual losses and the illegal income gained by the defendants, the court determined the amount of compensation that the defendants Beijing Werkhart and Shanghai Werkhart should bear as appropriate, according to the nature, consequences, subjective fault and other factors of the infringement committed by the two defendants as well as reasonable attorney fee, notarial certification fee and relevant translation cost the Plaintiff spent on this case.

Therefore, in accordance with the Article 2. 1, Article 5. 3 and Article 20. 1 of the *Anti-Unfair Competition Law* of the PRC and Article 6. 1 and Article 17. 1 of the *Interpretation of the Supreme People's Court on Some Issues Concerning the Application of Law in the Trial of Civil Cases Involving Unfair Competition*, the ruling is hereby made as follows:

1. Defendants Shanghai Werkhart and Beijing Werkhart shall stop the unfair competition acts against the Plaintiff Woodhead International Pty. Ltd. and shall apply to the administration for industry and commerce for changing the company names within thirty days from the date when the ruling takes effect, and the company names shall not contain the characters "五合" after change;

2. Defendants Shanghai Werkhart and Beijing Werkhart shall publish a statement on the Chinese magazine *World Architecture* within sixty days from the date when the ruling takes effect to eliminate the effects on Plaintiff Woodhead International Pty. Ltd. (The content of the statement is subject to review by the court);

3. Defendants Shanghai Werkhart and Beijing Werkhart shall jointly compensate the Plaintiff

a total economic loss of RMB 300,000 including reasonable expenses within ten days from the date when the ruling takes effect;

IV. Other claims of the Plaintiff Woodhead Firth Lee Pty. Ltd. are not supported.

The court fee is RMB 62,510 (which has been prepaid by the Plaintiff), of which RMB 42,510 should be paid by the Plaintiff, and RMB 20,000 should be jointly paid by the defendants Shanghai Werkhart and Defendant Beijing Werkhart.

If the payment obligations are not fulfilled according to this ruling within a specified period, the interest of payment for delay shall be doubled during the delay period in accordance with Article 229 of the *Civil Procedure Law of the People's Republic of China.*

In case of objection to the judgment, Plaintiff Woodhead Firth Lee Pty. Ltd., within thirty days as of the date of the service of the judgment, and the defendants Liu Li, Shanghai Werkhart and Beijing Werkhart, within fifteen days as of the date of the service of this judgment, can submit a petition to Shanghai No. 2 Intermediate People's Court via the court and submit the copies according to the number of the opposite parties.

Chief Judge: Ling Song

Judge: Jin Ying

Judge: Xu Chenping

December 22, 2009

Court Clerk: Hu Jiaqi

(This judgment has been selected into the 2010 Shanghai's Ten Cases on Judicial Protection of Intellectual Property)

27. Shanghai Talent Net (Group) Co., Ltd. v. Shanghai Chuanghui Information Technology Co., Ltd. Unfair Competition via Unauthorized Usc of the Enterprise Name

——Civil Judgment of Shanghai Pudong New Area People's Court (2010) PU-Min-San- (Zhi) -Chu-Zi No. 249

Plaintiff: Shanghai Talent Net (Group) Co., Ltd. Domicile: Room 1901, No. 77, Meiyuan Road, Zhabei District, Shanghai.

Legal representative: Wang Gang, CEO.

Entrusted agent: Zhang Tao, an employee of Shanghai Talent Net (Group) Co., Ltd.

Entrusted agent: Wang Yun, a lawyer from Shanghai Guoce Law Firm.

Defendant: Shanghai Chuanghui Information Technology Co., Ltd. Registered address: 101C, No. 1688, Jinshi Road, Baoshan District, Shanghai. Business address: 22G, No. 1365, Dongfang Road, Pudong New Area, Shanghai.

Legal representative: He Weiliang, General Manager.

Entrusted agent: Li Ping, a lawyer from Shanghai Junli Law Firm.

Plaintiff Shanghai Talent Net (Group) Co., Ltd. filed a suit against Defendant Shanghai Chuanghui Information Technology Co., Ltd. for using its trade name without its permission. Having accepted this case, the court formed a collegial panel and held open trials on June 11 and July 15, 2010 according to laws. All the above-mentioned involved participants were present in court for the trials except the legal representative of the Defendant. The case has been closed.

Plaintiff Shanghai Talent Net (Group) Co., Ltd. alleged that: Shanghai Talent Net (Group) Co., Ltd., which was formerly known as Shanghai Talent Net IT Corporation Ltd., achieved and kept good records of business performance and has been praised by the government for many times. It was upgraded into a group company in February 2010. It is a professional company providing human resources services with high reputation in Shanghai and even in China. In its business activities, the Plaintiff used the trademark "Shanghai Talent" registered by its legal representative Wang Gang in October 2005 and the website named "Shanghai Talent Net". Wang has transferred the trademark "Shanghai Talent" to the Plaintiff in April 2010. Since December 2008, the Plaintiff had received many complaints from clients about failure to find the Plaintiff's website when searching "Shanghai Talent Net" and "Shanghai Talent" on the internet through search engines such as *Baidu* and *Google*. Therefore, many clients canceled their business out of the doubts about the integrity of the Plaintiff. It is found in investigation that when searching "Shanghai Talent Net" and "Shanghai Talent" with search engines such as *Baidu* and *Google*, most of the links were directed to the website named "Shanghai Talent" whose domain name was "*001hr. net*", which was built and used by the Defendant to provide human resources services without a license. The Plaintiff held that its company names of "Shanghai Talent Net IT Corporation Ltd." and "Shanghai Talent Net (Group) Co., Ltd." had been registered with the administration for industry and commerce, thus should be protected by laws. "Talent Net" in the Plaintiff's company names is its trade name which had been widely used for a long time, thus enjoying great distinctiveness and identifiability. The Plaintiff's name has been also referred to by relevant public (including government documents and news media) as "Shanghai Talent Net" or "Talent Net" for short, therefore, names such as "Shanghai Talent Net" and "Talent Net" were not generic names. The Defendant built a fake website with the Plaintiff's name "Shanghai Talent Net" out of malicious intention and provided the same services as Plaintiff's without a license with an aim to make profits, which was sufficient for the relevant public to mistake the website for the Plaintiff's website. Its acts infringed seriously upon Plaintiff's rights to company name and trademark, impairing the goodwill of the Plaintiff and bringing economic loss to the Plaintiff, which had constituted unfair competition. Therefore, the Plaintiff requested the court to order the Defendant: 1. to immediately cease the act of unfair competition of using the counterfeit name of "Shanghai Talent Net"; 2. To apologize publicly to the Plaintiff on newspapers so as to eliminate all adverse impact and rehabilitate its reputation; 3. to compensate the Plaintiff for economic losses of RMB 100,000, notarial fee of RMB 4,000 and attorney fee of RMB 10,000.

To prove the facts on which its claim is based, the Plaintiff provided the following six groups of evidence: 1. the Plaintiff's Business License, Notice on Pre-approval of Company Name Change, Business Registration Certificate No. 3101000320100019 issued by Shanghai Administration for Industry and Commerce, Human Resource Permit HU-Zha-Ren-She No. 3101080003 issued by Shanghai Zhabei District Human Resource and Social Security Bureau, invoices on taxes, rental fees and property fees to approve the facts including basic information, business scope registered with the administration for industry and commerce and relevant administrative proof. 2. Document HU-Fu-Han (2010) No. 41, Document ZHA-Fu-Han (2009) No. 62 of Shanghai Zhabei District People's Government, the Plaintiff's Admission Notice and Group Member Certificate from China Association for Exchange of Personnel, reply letter from the National Technical Committee for Standardization of Human Resource Services, relevant report materials about the Plaintiff by news media, the Plaintiff's honor certificates to prove the facts including the popularity and the abbreviation of the Plaintiff. 3. Trademark Registration Certificate No. 3668348 and Approved Trademark Transfer Certificate to prove that the Plaintiff owns the exclusive right to the disputed registered trademarks. 4. Supporting evidence provided by Shanghai Communications Administration concerning the website involved to prove the facts including the filing records of both the Plaintiff and the Defendant. 5. Notarial Certificate (2009) HU-Lu-Zheng-Jing No. 89 issued by Shanghai Luwan Notary Public Office, the Defendant's corporate membership service contract and business card of its legal representative to prove the facts that the Defendant has infringed on the Plaintiff's rights. 6. Lawyer Engagement Contract, invoices for attorney fee and notarial fee as proof of reasonable fees paid by the Plaintiff for investigation and stopping the Defendant's infringement.

Defendant Shanghai Chuanghui Information Technology Co. ,Ltd. argued that: Firstly, there was no intellectual property right in generic names and it was an act of unfair competition monopolizing public resources and occupying the market to register generic names as trademarks or company names. The term "Shanghai" in the website name "Shanghai Talent Net" involved was a geographical name, "Talent" referred to the industry mode of operation and "Net" was an essential name for any website. Therefore, the name "Shanghai Talent Net", lacked distinguishing feature and identifiability, was a generic name. The use of the generic name "Shanghai Talent Net" by the Plaintiff did not create a specific second meaning of the generic name, or the name did not form any significant identifiability. Therefore, the Plaintiff did not own the independent and exclusive right to use the name of "Shanghai Talent Net". Secondly, network referral links corresponded with websites and the key point to distinguish different websites was the domain name, not the site name. The Defendant was not obliged to check whether its site name was the same as other companies' names when using "Shanghai Talent Net" as its site name. The Defendant bided with competitive offer for front-page display in the paid ranking of search engines such as *Baidu* to gain market share and popularity. It did not use the Plaintiff's goodwill to increase its website click rate. Furthermore, the Plaintiff has no prominent achievements in business performance in the industry and there was no need for the Defendant to counterfeit. Therefore, the Defendant's act did not constitute an act of unfair competition. Thirdly, the Defendant posted its own trademark instead of the disputed trademark "Shanghai Talent" at the noticeable place on the website. Besides, the trademark "Shanghai Talent" obtained by the Plaintiff through transfer was approved to be used on such items as journals and magazines, so the Defendant did not infringe on the Plaintiff's exclusive right to use trademark. On the contrary, the trademark "Shanghai Talent", a generic name, was suspected of being registered maliciously, the Defendant reserved its right to make an objection to the department concerned. The Defendant therefore requested the court to dismiss the Plaintiff's claims.

To prove the facts on which its claim is based, the Defendant provided the following evidence: Business License and domain certificate of the website of the Defendant to prove such facts as the basic information registered with the administration for industry and commerce and filing records of the domain of the Defendant.

Through cross-examination of court trial, the Plaintiff and the Defendant both have no objection to the authenticity and validity of the above evidence they submitted respectively.

Based on the statements made by the Plaintiff and the Defendant in court and the above evidence they provided, this court ascertained the fact of this case as follows:

I. Plaintiff Shanghai Talent Net (Group) Co. , Ltd. used to be called Shanghai Talent Net Information Technology Co. ,Ltd. Shanghai Talent Net Information Technology Co. ,Ltd. was established on March 29, 2004 upon registration with the administration for industry and commerce with a registered capital of RMB85 million and a paid-up capital of RMB50 million, with an approved business scope of talent information consultation, talent recommendation, talent recruitment, talent training, talent assessment, talent information network service, talent dispatch, computer hardware and software, network engineering, electronic commerce and corporation management consultation (those items which should obtain administrative licensing for operation must obtain licenses). It was a domestic joint-venture limited liability company. On February 24, 2010, Shanghai Talent Information Technology Co., Ltd. was renamed Shanghai Talent Net (Group) Co., Ltd. upon approval of the administration for industry and commerce. *Business Registration Certificate* issued by Shanghai Administration for Industry and Commerce indicated that the Plaintiff's name and abbreviation were both Shanghai Talent Net Group. *Human Resource Service Permit* issued by Shanghai Zhabei District Human Resource and Social Security Bureau indicated that the business scope of the Plaintiff included talent recommendation, talent recruitment, talent training, talent assessment, talent information net service, talent dispatch as well as collection summary, storage, disclosure on the information of talent demand and supply and consulting service.

The official website of the Plaintiff was put on records with Shanghai Communications Administration, with "Shanghai Talent Net" as its name and homepage address of "*www. shanghaitalent. com*". Its domain names include two in Chinese names--上海人才.中国 and 上海人才网.中国 and 30 in English including *dragonhr. cn* and *dragonhr. com*. The filing /license number is HU-ICP-Bei No. 06036084. The columns and main contents of the website included recruitment, job application, training, membership service, message board, etc. The Plaintiff managed human resource services through the above website.

Wang Gang, the legal representative of the Plaintiff, is the registrant of the figurative trademark No. 3668348 上海人才 ShanghaiHR — "Shanghai HR and Figure" trademark. This registered trademark was approved to be used on products of Class 16 such as newspapers, periodicals, magazines (periodicals) and newsletters, with the validity dating from October 21, 2005 to October 20, 2015. The above trademark was registered by Wang Gang on August 11, 2003, and the Plaintiff was authorized to use it on March 30, 2004. On April 21, 2010, the Trademark Office of State Administration for Industry and Commerce approved the Plaintiff to be the transferee of the above-mentioned registered trademark No. 3668348.

The logo "Shanghai Talent" of the Plaintiff won the Gold Award of China International Patent and Famous Brand Expo sponsored by the State Intellectual Property Office in May 2004 and the Gold Award of China International Patented Technology and Famous Brand Trade Fair sponsored by the State Intellectual Property Office in August 2004; and the logo "Shanghai Talent Net" of the Plaintiff won the Gold Award of China International Patent and Famous Brand Expo sponsored by the State Intellectual Property Office in September 2008. On May 31, 2010, the Plaintiff became a group member of the China Association for Exchange of Personnel. On June 9, 2010, the National Technical Committee for Standardization of Human Resource Services approved the Plaintiff to be the implementation unit developing the national information system for the standardization of human resource services. In June 2010, leaders concerned looked around the Plaintiff and other enterprises in Shanghai Talent Building and had a cordial talk with persons in charge of enterprises, learning about the development of talent service industry. Many news media at central or municipal level referred to the Plaintiff as "Talent Net" while reporting the above news. Document HU-Fu-Han (2010) No. 41 of Shanghai Municipal People's Government indicated that "China Shanghai Talent Market" was one of the seven major regional markets co-established by Shanghai Municipal People's Government and the former Ministry of Personnel. As the carrier of "China Shanghai Talent Market", Shanghai Talent Building has become the center providing public human resource services, with such institutions as Shanghai Foreign Service Co., Ltd. and Shanghai Talent Net and some world-famous enterprises entering it successively. Shanghai has built the first national HR service industry cluster district in China, with Shanghai Talent Building as the core. Document ZHA-Fu-Han (2009) No. 62 of Shanghai Zhabei District People's Government indicated that the Plaintiff was a key enterprise introduced for the development talent service industry in this district, which had obtained concern and support from relevant leaders at municipal and district levels as well as the Organization Department of the Central Committee of the CPC and the Ministry of Human Resources and Social Security of the PRC.

The Plaintiff has paid "other personal income tax" of over RMB13.76 million for the first half of 2010, including house rent of RMB 170,000 and property management fee of RMB 31,060 each month in Shanghai Talent Building. Due to the dispute of this case, the Plaintiff engaged a lawyer for representative action, for which it paid an attorney fee of RMB 10,000.

II. Defendant Shanghai Chuanghui Information and Technology Co., Limited was established on October 8, 2006 upon registration with the administration for industry and commerce with a registered capital and a paid-up capital of RMB 500,000 and an approved business scope of technological development of computer information technology, technical services, commercial message consulting services, design and production of various advertisements, computer hardware and software and sales of articles of daily use in the network engineering sector (those items which should obtain administrative licensing for operation must obtain licenses). It is a limited liability company co-founded by two individual shareholders.

He Weiliang, legal representative and shareholder of the Defendant, registered the domain name "*001hr. net*" on January 6, 2005, which will expire on January 6, 2011. The website of the Defendant was put on records at the Ministry of Industry and Information Technology as "Shanghai Chuanghui Information Technology Co., Ltd.", with the filing/license number of HU-ICP-Bei No. 07012346 and website homepages of "*www. 001hr. com*", "*www. 001hr. net*" and "*www. 001job. cn*", whose domain names include *001hr. com*, *001hr. net* and *001job. cn*. The Defendant used "Shanghai Talent Net" as the actual name of the website without relevant administrative permission after establishing the above websites and openly engaged in human resource consulting services and formulated the Corporate Membership Service Contract. This contract is in standard form, which explicitly indicated that the website of the Defendant was named "Shanghai Talent Net" with the domain name *001hr. net* and membership fee of RMB380 per month. Those enterprise members could disclose and upgrade company information and recruitment information, inquire about and load down talent materials and send recruitment information to them through the above mentioned websites. In addition, they would be particularly recommended by the Defendant with access to free advertising picture display. The above websites and the contract did not use the registered trademark "Shanghai HR and Figure".

III. On January 9, 2009, the Defendant applied to Shanghai Luwan Notary Public Office for evidence preservation notarization. The notary Song Cheng and work staff Wang Hengbing supervised Wang Gang, the legal representative of the Defendant, for his operations on the computer in the notary office, instantly shot and printed pages displayed in the operation, and provided Notarial Certificate (2009) HU-Lu-Zheng-Jing No. 89, for which the Plaintiff paid a notarial fee of RMB 4,000. The Notarial Certificate indicated: 1. the name of the website whose homepage is *www. 001hr. net* or *www. 001hr. com* or *www. 001job. cn* is "Shanghai Talent Net", and it is a professional website found and run by the Defendant for commercial purpose, providing the public with such services as HR consulting, training and headhunting. The website, whose filing/license number is HU-ICP-Bei No. 07012346, has mainly set up such columns as member center, latest recruitment, latest talents, headhunting service, senior talents, training and education and part-time jobs. 2. Searching on such search engines as "*Baidu*", "*Google*", "*Sohu*" and "*Yahoo*" for "*Shanghai Talent Net*" respectively, the first record of the searching results is the homepage of *www. 001hr. net* or *www. 001hr. com*, the above-mentioned website named "Shanghai Talent Net" established and run by the Defendant.

During trial, Shanghai Municipal Human Resources and Social Security Bureau confirmed with a letter on July 13, 2010 that Internet information service providers specializing or sidelining in talent information net intermediary services must apply for licenses, and it had not granted the Defendant with the administrative license for human resource consulting services. On July 14, 2010, Shanghai Human Resources Consulting Association ("SHRCA") presented this court a letter indicating that the Plaintiff was a council member of SHRCA, who had been doing various businesses legally. It passed the annual inspection of SHRCA every year. With sound business performance in the past years, it was a company with the greatest potential in the industry and a promising prospect for future development which has gained concern and support from leaders in the Organization Committee of the CPC, the Ministry of Human Resources and Social Security, Shanghai Municipal Party Committee of CPC and Shanghai Municipal People's Government.

During the trials, the Plaintiff and the Defendant insisted on their own views. No agreement has been reached on disputes of this case through meditation.

The court holds that:

Market players shall abide by the principle of good faith and fair competition in market operating activities and comply with the acknowledged business ethics. The company whose company name has been approved by and registered with the competent enterprise registration authority shall have exclusive right to the registered company name within the area under the jurisdiction of such authority, and the exclusive right shall be protected by laws. Unauthorized use of other company name and trade name or unauthorized use of names similar to other company name and trade name and engagement in the same or similar business activities of the oblige which result in misunderstanding among relevant public about the origin of products and services constitute acts of unfair competition engaging in market transaction and damaging the competitor by counterfeit means. The dispute of this case focuses on whether the Defendant's act of using the text "Shanghai Talent Net" as their website name in business activities have infringed on right of the Plaintiff in company name, and whether it constitutes unfair competition.

In daily life, a certain specific Internet website is usually called by relevant public as a certain website for short (such as *Sina* and *Taobao*). The abbreviations of these websites generally have distinctiveness and noticeable characteristics. The websites with special themes are generally called by relevant public as "the name of the special theme" plus "net" for short (such as Trademark net and Auto net). Such abbreviation generally refers to a special theme and is a generic name of websites with special themes. In the context of website name, the word "talent net" consists of "talent" and "net" can be interpreted as the name of a website providing talents or HR agency services relating to human resource services. That is to say, the word "Talent Net" can be used as a generic name for such type of websites and all websites concerning human resource services in Shanghai can be generally called "Shanghai Talent Net". However, the characters "talent" and "net" have certain different literal meanings on their own. A "talent" means a person of virtues and talents, a person of certain expertise, or a person with good looking appearance; and the word "net" can be either noun such as tuck net and database net of storage space or a verb meaning catching with a net for catching and searching concerning collection activities. The "net" used in websites is just one literal meaning of "net". The phrase "Talent Net" combined with "talent" and "net" as a whole can reflect the specific meaning concerning both talent pool and talent selection. Therefore, if added with specific modifying words before or after it, the phrase "Talent Net" may have identifiable and significant characteristics. Besides, if the phrase "Talent Net" exerts significant influence in use, it would have a specific secondary meaning. Under the two above-mentioned circumstances, "Talent Net" cannot still be interpreted as a generic name of talents or HR agency service websites.

In this case, Plaintiff Shanghai Talent Net (Group) Co., Ltd. was lawfully established, whose former name and current name were both approved by and registered with the administration for industry and commerce, in which "Shanghai" indicated the administrative location of the Plaintiff, "information technology" indicated the business industry of the Plaintiff, and "Co., Ltd." is the organizational form of the Plaintiff. Therefore, "Talent Net" is apparently the trade name of the Plaintiff. The trade name "Talent Net" is a significant part of the Plaintiff's company name, an identification mark the Plaintiff uses to distinguish itself from other enterprises. It is a key word in the company name of the Plaintiff. The Plaintiff has been engaging in HR services since 2004, and has use the enterprise name containing "Shanghai Talent Net", and the trade name "Talent Net" as well as the registered trademark "Shanghai HR and Figure" over a long period of time. Meanwhile, based on years of business operation, the Plaintiff has developed into a group company at the national level, providing HR consulting services in the HR service industry cluster district. In consideration of the fact that the Plaintiff is group member of China Association for Exchange of Personnel and council member of Shanghai Human Resources Consulting Association, based on the fact that it was called "Shanghai Talent Net" and "Talent Net" for short in relevant government documents, authoritative news media, the amounts of registered capital and tax of the Plaintiff, and the fact that the Plaintiff undertakes the development of the national information system project for standardization of national HR services approved by relevant government departments, inspection of relevant leaders, as well as the fact that "Shanghai talent" and "Shanghai Talent Net" have won several awards, it can be deemed that the Plaintiff is a professional enterprise with high reputation and large business scale in the HR service industry. "Talent net", especially "Shanghai Talent Net", has the identifying function of distinguishing the Plaintiff from other enterprises and talent websites. The name "Talent net", especially "Shanghai Talent Net" has referred in particular to the Plaintiff. Therefore, the court holds that the texts "Talent Net" and "Shanghai Talent Net" in the Plaintiff's company name have had the specific secondary meaning with distinct and identifiable characteristics which differs from a common website name, due to the suffix "（Group）Co. ,Ltd" or "Information Technology Co. ,Ltd. " and the influence from long-term operation and use. "Shanghai Talent Net" in the Plaintiff' company name shall neither be interpreted as the combination of independent words of "Shanghai", "talent" and "net", nor shall it be construed as a website concerning talent or HR consulting services in Shanghai. Therefore, the court holds that the Plaintiff owns the intellectual property of "Shanghai Talent Net" in its company name. No one can use this name as a generic name and the like in business activities without the authorization of the Plaintiff.

Approval shall be obtained from competent personnel administrative departments to establish HR service agencies to engage in HR agency service business. Corresponding business qualifications shall be acquired to establish and run an operating website. Without business qualifications for HR consulting service and the administrative license for HR agency services, Defendant Shanghai Chuanghui Information Technology Co. ,Ltd. engaged in online HR agency services without authorization, which is illegal. Conducting professional HR agency services in Shanghai, the Defendant should have known the Plaintiff, an enterprise with a higher reputation in the HR service industry. However, in order to promote business and make profits, the Defendant deliberately avoids using its company name which had been submitted to relevant authorities for filing but used the key word "Shanghai Talent Net" in the Plaintiff's company name as its website name which is the same as the Plaintiff's website name. Therefore, the Defendant deliberately took advantages of the Plaintiff, capitalizing on the Plaintiff's brand and carrying out business activities by counterfeiting the Plaintiff, with apparent malicious intention. The service contents and service mode of the Defendant's website are the same as or similar to the Plaintiff's business scope and business mode. Searching the key word "Shanghai Talent Net" on the internet through several search engines, the information of the Defendant including website name and URL will all display on the search result page. The contents such home pages and relevant marketing contracts of the Defendant all include the name of "Shanghai Talent Net" and the Defendant confessed that it had made some economic benefits from the above-mentioned business operation. Therefore, the court ascertains that the Defendant's acts of using "Shanghai Talent Net" in the Plaintiff's company name as its website name to conduct business activities are sufficient to lead relevant public to take this "Shanghai Talent Net" for the Plaintiff's website or assume that the website bears specific connection with the Plaintiff, which is sufficient to impact and impair the normal market transaction opportunity of the Plaintiff, bringing economic losses to the Plaintiff.

The Plaintiff alleged that the Defendant infringed upon its exclusive right to use registered trademark. However, the claim cannot be established for no evidence has been provided to prove that the Defendant has involved in acts of infringing upon the Plaintiff's registered trademark of "Shanghai HR and Figure".

In conclusion, the Defendant's acts of using the company name the Plaintiff without authorization has infringed the Plaintiff's right to it company name, impaired the market order of fair competition and the legitimate rights and interests of the Plaintiff, and thus constituted unfair competition. The Defendant shall bear civil liability pursuant to the laws. The Plaintiff requested the court to rule and order the Defendant to stop infringement, eliminate adverse effects and compensate for the losses with factual and legal basis, to which the court supports. Considering that apology is only applicable to cases where the victim is a natural person with human emotion, it is difficult for this court to support the Plaintiff's request for the Defendant's apology. Considering that the acts of unfair competition of the Defendant have not impaired the reputation of the Plaintiff, and that the civil liability for eliminating adverse effects performed by the Defendant would clarify the fact and restore the truth in relevant public, it is difficult for this court to support the Plaintiff request that the Defendant should be ordered to restore its reputation. Since the Plaintiff failed to provide evidence to testify specific amounts of losses caused by the Defendant's acts of unfair competition, and it is also difficult for this court to determine the Defendant's benefits and interests gained from the infringement, the court determines the amount of compensation of the Defendant as appropriate pursuant to the laws, in consideration of the factors including the degree of fault, duration of the infringement and the business scale of the Defendant, the reputation of the Plaintiff, as well as reasonable expenses paid by the Plaintiff for investigation and stopping the infringement. Therefore, to protect fair competition, prevent the act of unfair competition and protect the legitimate rights and interests of market players, according to Article 99. 2, Article 120, Article 134. 1 (1), Article 134. 1 (7), Article 134. 1 (9) of the *General Principles of the Civil Law of the People's Republic of China*, Article 5 (3) and Article 20. 1 of the *Anti-Unfair Competitiion Law of the People's Republic of China*, and Article 6. 1 and Article 17. 1 of the *Interpretation of the Supreme People's Court on Some Issues Concerning the Application of Law in the Trial of Civil Cases Involving Unfair Competition*, with reference to Article 56. 1 and Article 2 of the *Trademark Law of the People's Republic of China*, and Article 16. 1, Article 16. 2 and Article 17 of the *Interpretation of the Supreme People's Court Concerning the Application of Laws in the Trial of Cases of Civil Disputes Arising from Trademarks*, the court hereby makes the ruling as follows:

1. Defendant Shanghai Chuanghui Information Technology Co. ,Ltd. shall, on the date when

the ruling comes into effect, immediately cease the act of unfair competition using the name of "Shanghai Talent Net";

2. Defendant Shanghai Chuanghui Information Technology Co., Ltd. shall, within thirty days since the date when the ruling comes into effect, publish a statement to eliminate adverse effects of its act of unfair competition by using "Shanghai Talent Net" on the non-centre joint page of *Xinmin Evening News*. The content of the statement shall be examined and approved by the court. If the Defendant fails to do so, the court will disclose this ruling to relevant media for which Defendant Shanghai Chuanghui Information Technology Co., Ltd. shall bear the cost;

3. Defendant Shanghai Chuanghui Information Technology Co., Ltd. shall, within ten days since the date when the ruling comes into effect, pay RMB 50,000 to Plaintiff Shanghai Talent Net (Group) Co., Ltd. for its economic losses and RMB 14,000 for its reasonable expenses to stop the infringement;

4. The court does not support other claims of Plaintiff Shanghai Talent Net (Group) Co., Ltd.

In case that the party with the obligation of payment fails to perform the obligation of payment within the period specified in this ruling, it shall pay double of the liability interest occurs during the delayed period in accordance with Article 229 of *the Civil Procedure Law of the People's Republic of China*.

The court fee of this case is RMB 2,580 (which has been prepaid by the Plaintiff), which shall be borne by Defendant Shanghai Chuanghui Information Technology Co., Ltd. within seven days after the ruling comes into effect.

In case of objection against this ruling, either party may submit to the court and appeal to Shanghai No. 1 Intermediate People's Court within fifteen days as of the date of service of this ruling, and submit the copies according to the number of the opposite party.

Chief Judge: Xu Genhua
People's Juror: Yu Jizhong
People's Juror: Shen Hui
August 9, 2010
Court Clerk: Qian Liying

(The judgment has been selected into the 2010 Shanghai's Ten Cases on Judicial Protection of Intellectual Property)

28. Xuanda Industrial Group Co. , Ltd v. MECS Commercial Defamation Dispute Case

——Civil Judgment of Shanghai No. 1 Intermediate People's Court of the People's Republic of China
(2009) HU-Yi-Zhong-Min-Wu- (Zhi) -Chu-Zi No. 228

Plaintiff: Xuanda Industrial Group Co. , Ltd. Domicile: Dong'ou Industrial Park, Oubei Town, Yongjia County, Zhejiang Province.

Legal representative: Ye Jixuan, Chairman of the Board of Directors.

Entrusted agent: Ye Zhijian, a lawyer from Zhejiang T&C Law Firm.

Defendant: MECS, Inc. . Domicile: 14522 S. Outer Forty Rd. Chesterfield, MO, USA.

Authorized representative: Patrick Michael Ritschel, Vice President.

Entrusted agent: Hu Bin, a lawyer from Fangda Partners.

Entrusted agent: She Yifeng, a lawyer from Fangda Partners.

Defendant: Monsanto (Shanghai) Co. , Ltd. . Domicile: Room 911B, No. 118, Xinling Road, Waigaoqiao Free Trade Zone, Pudong New Area, Shanghai.

Legal representative: Wang Hong.

Having accepted the case filed by Xuanda Industrial Group Co. , Ltd. (hereinafter referred to as "Xuanda Company") (the plaintiff) against MECS Inc. and Monsanto (Shanghai) Co. , Ltd. (hereinafter referred to "Monsanto Company") (the defendants) for business discrediting, the court duly formed a collegial panel according to laws and held an open trial on December 15, 2010.

Ye Zhijian, entrusted agent of the Plaintiff Xuanda Company, and Hubin and She Yifeng, entrusted agents of the Defendant MECS Inc all appeared at court for the litigation. The Defendant Monsanto Company did not appear at the court for the litigation without justified reasons after being served with a legal subpoena. This court heard the case with its absence according to laws. The case has been closed.

The Plaintiff Xuanda Company alleged that it was a famous domestic manufacturer of valves for special purposes, chemical equipment in sets and corrosion-resistant materials, and an important supplier of special materials in sulfuric acid industry, with long and rich experience in the field of industrial equipment for sulfuric acid. Since 2004, the Plaintiff has successfully made breakthroughs in several technological difficulties in materials resistant to corrosion of sulfuric acid, and has developed a series of special materials. Accordingly, it took the lead in designing domestic heat recovery devices which could be popularized and applied to sulfuric acid production lines. In 2005, the Plaintiff successfully provided, through its subordinate enterprise Shanghai

Allgreen Environmental Engineering Co. ,Ltd. (hereinafter referred to "Shanghai Allgreen Company"), a set of domestically made low-temperature heat recovery system for Zhejiang Zhongsheng Chemical Co. ,Ltd. (hereinafter referred to as "Zhongsheng Company"), a joint venture established by Zhejiang Longsheng Group Co. ,Ltd. (hereinafter referred to as "Longsheng Company") located in Shangyu City, Zhejiang Province and ITOCHU Corporation. Defendant MECS Inc. is a company registered in the US engaging in chemical and environmental engineering. The Defendant Monsanto Company is a wholly-funded company established by the US based Monsanto Company in Waigaoqiao Free Trade Zone in Shanghai. The registered capital of the company is USD 1 million and its business scope covers international trade, entrepot trade and other businesses in the free trade zone. In recent years, the two defendants promoted low-temperature heat recovery systems among enterprises in sulfuric acid industry in China, becoming competitors of the Plaintiff. To monopolize the market, the two defendants, even though they were fully aware that the technical lines of products of the Plaintiff are completely different from those of their products, filed a lawsuit on infringement of business secrets against the Plaintiff to Shanghai No. 1 Intermediate People's Court in 2006. In this case, it is confirmed through technical appraisal that the technology actually used by the Plaintiff Xuanda Company is nothing similar to the technology claimed by the two defendants. Being perfectly aware that the lawsuit they filed were malicious prosecution, the two defendants, in the names of Patrick Michael Ritschel, the person in charge of a defendant, and the entrusted lawyer of the Defendant Monsanto Company, delivered openly and handed out written materials which were inconsistent with the facts in large quantities by mails to users or potential users of the Plaintiff, including Zhongsheng Company and its shareholders, ITOCHU Corporation, media at different levels, and local government departments in areas such as Shangyu in a deliberate and reckless manner, accusing the Plaintiff of "having no technology or experience" in the sulfuric acid industry and "steeling" or "having stolen" the technology of its company in the US and "infringing its rights" "maliciously" and "consistently". Besides, they deliberately and exaggeratedly claimed that the US-based company would soon "win" relevant lawsuits and relevant facilities would be "demolished". The alleged that "there are material hidden dangers" in relevant projects in quality, and even barely asked the clients to terminate their cooperation with the Plaintiff. Having lost the lawsuit according to the judgment of first instance on infringement of business secret, the two defendants continued discrediting the Plaintiff with modified statements. The aforesaid act of the defendants seriously damaged the business reputation of the Plaintiff in sulfuric acid industry, affected its credibility among their clients and potential clients, and hampered the ability of the local government authority to judge the technological innovative ability of the Plaintiff. In about four years, the projects which had been completed by the Plaintiff in Shangyi area were delayed to be put into use for a long time, all its clients in negotiation for treaty conclusion were lost, and the government bodies held a skeptical attitude towards examination and approval of new projects of the Plaintiff, which had enormous negative effects on both business and product reputation of the Plaintiff, leading to the Plaintiff's failure in reaching new contracts on heat recovery projects in about four years and the Plaintiff's business were stayed at a standstill in such a long period. The acts of the defendants have caused enormous economic loss to the Plaintiff and constitute business discrediting to the Plaintiff. Therefore, the Plaintiff filed a lawsuit to the court and requested the court to: 1. confirm that the acts of the two defendants constitute unfair competition and has discredited business reputation of the Plaintiff, and forbid the two defendants from further involvement in the same or similar acts; 2. order the two defendants to bear joint and several liability and pay RMB18 million as compensation to the Plaintiff for economic losses; 3. order the two defendants to eliminate negative effects openly on *Zhejiang Daily*.

Defendant MECS Inc. alleged that: 1. the subject of lawsuit in this case Xuanda Company is not an eligible plaintiff. The Plaintiff is neither the manufacturer nor the supplier of the involved sulfuric acid heat recovery device. The controversial heat recovery device in this case used by Zhongsheng Company in Shangyu area, whose promotion and publicity was carried out by Shanghai Allgreen Company and Zhejiang Allgreen Company, was provided by Shanghai Allgreen Company. Though it has built some business reputation in the market, the Plaintiff does not own such business reputation. Therefore, it lacks legal basis for the Plaintiff to have filed the lawsuit on business reputation infringement on the ground that Shanghai Allgreen Company is its subordinate company. 2. The involvement of the Defendant in the lawsuit does not conform to the constitutive requirement for act of business discrediting defined in the *Anti-Unfair Competition Law of the People's Republic of China*. Firstly, the Defendant has reasonable grounds to suspect the involved sulfuric acid heat recovery device of infringing its business secret and filed the lawsuit on infringement upon business secret, which is not a malicious action. The letters delivered by the Defendant to relevant parties are a reasonable self-help measure it took to prevent further losses caused by infringement upon its business secret. Secondly, the contents of the letters presented by the Defendant to relevant parties fall into the scope of civil complaints on lawsuit of business secret, for which the Defendant provided relevant evidence. There is nothing inappropriate in the Defendant's description of the progress and possible legal consequences of the lawsuit of business secrets. It is well know in the industry that all sulfuric acid heat recovery devices may come across a series of safety problems under high temperature and high pressure. It is also an indisputable fact that Shanghai Allgreen Company lacks sufficient technologies and business experience. Therefore, the Defendant's statement in relevant letters was not "fabrication of facts". Thirdly, the Defendant has not "disseminated fabricated facts". Relevant letters were delivered only to relevant parties but not disclosed to or disseminated among the public. Nor did the Defendant provide any media with any materials on claim about the business secret. ITOCHU Corporation is a shareholder of the Defendant Zhongsheng Company in the case. The Defendant's act of sending letters to ITOCHU Corporation is rather an act of direct negotiation with the opposite party suspected of involving in infringement than an act of disseminating to irrelevant parties. The Defendant has only sent one letter to Wuxi Dongwo Chemical Energy Co., Ltd. (hereinafter referred to as "Wuxi Dongwo Company"), and the Plaintiff did not specify or prove who its users or potential users were. Therefore, the fact that the Defendant mailed and handed out written materials in large quantities to users or potential users of the Plaintiff does not exist. The local government of Shangyu and relevant sulfuric acid industry associations are in charge of supervision and management of the involved sulfuric acid heat recovery devices and relevant technologies. The Defendant's act of sending letters to them is rather an act of filing normal appeal rather than an act of disseminating to irrelevant parties. Lastly, the acts of the Defendant did not cause any damage to the Plaintiff. The Plaintiff's claims that it failed to conclude any new contracts on the involved sulfuric acid heat recovery devices in the past four years and that all its clients in negotiations for treaty conclusion were lost do not conform to the facts. The installation, debugging and use of the involved sulfuric acid heat recovery devices in Shangyu never stopped. Before the judgment of first instance on the lawsuit of business secret was made, the involved sulfuric acid heat recovery devices of Shanghai Allgreen Company and Zhejiang Allgreen Company had already won the bidding of several enterprise projects in Shandong Province, Guangxi Province and Jiangsu Province, and Wuxi Dongwo Company had signed an agreement with Shanghai Allgreen Company. 3. The lawsuit filed by the Plaintiff after the prescribed period for litigation, and the claim of the Defendant should be rejected according to laws. The latest date of relevant letters claimed by the Plaintiff to be infringing letters was June 4, 2007. But the Plaintiff filed this lawsuit on November 12, 2009, which is later than the prescribed two-year period for litigation.

Defendant Monsanto Company neither appeared at the court to state its defense opinions nor provided written defense materials.

The Plaintiff provided the court with the following evidence to support its claims:

1. Business license of the Plaintiff, which certifies that the Plaintiff is a large-scale enterprise with rich experience in the special industry of anticorrosive products including sulfuric acid.

2. The Articles of Association of Shanghai Allgreen Company, which proves that Shanghai Allgreen Company is a wholly-owned subsidiary established by the Plaintiff engaging in the chemical engineering technology.

3. The Civil Judgment (2006) HU-Yi-Zhong-Min-Wu-(Zhi)-Chu-Zi No. 110, which proves that the two defendants' accusation that the Plaintiff infringed their business secret is greatly inconsistent with the facts, indicating the subjective malice of the two defendants.

4. Basic information about industrial and commercial registration of Defendant Monsanto Company, which proves that the company is a trading company approved to engage in chemical engineering construction and technical service in the free trade zone in China.

5. Letters sent by the two defendants to ITOCHU Corporation, which proves that the two defendants openly defamed and slandered the Plaintiff on the supporting project of low-temperature heat recovery system of ITOCHU Corporation, and impaired business reputation of the Plaintiff.

6. Letters on "the case on infringement of business secret of MECS Inc." sent by Defendant MECS Inc. to the Administrative Committee of Hangzhou Bay Fine Chemical Zone and the Development and Reform Bureau of Shangyu District in Shaoxing City, which prove that the defendants discredited and damaged other's business reputation by false report.

7. *Oriental Morning Post* dated September 12, 2006 and *Wenzhou Economic Daily* dated Sep-

tember 13, 2006, which prove that the two defendants discredited the Plaintiff among unspecific public and impaired business reputation of the Plaintiff.

8. Lawyer's letters the two defendants sent to the Inorganic Acid-Base-Salt Council of the Chemical Industry and Engineering Society of China and the China Sulphuric Acid Industry Association, which prove that the defendants fabricated facts and impaired business reputation of the Plaintiff.

9. Lawyer's letters the two defendants sent to Wuxi Dongwo Company, which prove that the defendants had sent letters to potential clients of the Plaintiff, fabricated facts and impaired business reputation of the Plaintiff.

10. E-mails and legal opinions between Yunnan Yuntianhua International Chemical Co., Ltd. and the Plaintiff, which prove that the defendants had sent letters to potential clients of the Plaintiff, impairing business reputation of the Plaintiff and leading to failure in contract conclusion between the Plaintiff and its clients.

11. List of shareholders, equity transfer agreements and financial audit report of Shanghai Allgreen Company, which prove that the profit of the subsidiaries of the Plaintiff dropped by over RMB18 million due to the infringement of the defendants.

12. Technical expert report which proves that the so-called information on the Plaintiff's infringement of business secret of the defendants the latter disseminated to the public is false and is fabricated.

13. A statement of Defendant MECS Inc., which proves the self-admission of the Defendant on performing the infringement.

After cross-examination, Defendant MECS Inc. held that it acknowledged the authenticity but not the relevance of Evidence 1. It did not acknowledge Evidence 2. It acknowledged the authenticity but not the relevance of Evidence 3. It did not acknowledge Evidence 4. It found hard to acknowledge the authenticity of Evidence 5 because ITOCHU Corporation is a shareholder of Defendant Zhongsheng Company in this case. Sending lawyer's letters to the company via its entrusted lawyer was rather a well-meaning and legitimate reminding than discrediting business reputation of the Plaintiff; it acknowledged the authenticity of Evidence 6. It acknowledged the authenticity of *Oriental Morning Post* in Evidence 7. but not the authenticity and relevance of *Wenzhou Economic Daily*. It found hard to acknowledge the authenticity of Evidence 8 and Evidence 9. Despite the authenticity, its contents did not discredit business reputation of the Plaintiff. It acknowledged the authenticity of the shareholder list and the audit report in Evidence 11, but they are irrelevant to this case. It held that the equity transfer agreement should not be taken as the basis of actual loss of value of stock rights. It acknowledged the authenticity of Evidence 12 but it thought it was irrelevant to this case. It acknowledged the authenticity of Evidence 13 but it thought it could not prove the claim of the Plaintiff.

To support its defense opinion, Defendant MECS Inc. provided this court with the following evidence:

1. The contents of "Development Strategy", "Company Profile", and "Xuanda Product

Collections" on the website of Xuanda Company, the Notarial Certificate (2005) HU-Zheng-Jing-Zi No. 12408, and materials on industrial and commercial registration of the Plaintiff and Shanghai Allgreen Company, which prove that Shanghai Allgreen Company is the entity in charge of operating and providing the involved DWHS technology and that the Plaintiff is not the operator of sulfuric acid chemical device thus is not an eligible subject of lawsuit.

2. Books and articles such as the *Development and Application of Venturi Tube Diluter*, *Application of Allgreen DWHS Technology to 300kt-a Sulfur-based Sulfuric Acid Plant*, *DWHS of Sulfur-based Sulfuric Acid Plant Recognized as New Industrial Technology of Zhejiang* Province and articles on the technology passing the appraisal of new industrial technologies of Zhejiang Province, which prove that DWHS technology, provided by Shanghai Allgreen Company, was reported by Zhejiang Allgreen Company for appraisal; therefore, the subject of the Plaintiff is not eligible.

3. The Contract on Technology Development and Supply of Complete Sets of Equipment and articles titled *DWHS System of Doguide Group is Under Construction* and *Win-win Cooperation, No One Else Can Do*, which prove that the DWHS technology in the projects of Zhongsheng Company was contracted by Shanghai Allgreen Company while other DWHS projects of Xuanda Company were contracted by Shanghai or Zhejiang Allgreen Company. Besides, Shanghai Allgreen Company had signed an agreement on cooperation with Wuxi Dongwo Company before the judgment of first instance on business secret. Therefore, the letters did not have impact on the Plaintiff.

4. Civil Indictment of the Defendant in the case on business secret, list of evidence, Notice on Case Acceptance, Civil Ruling Paper, Employment Contract between Hong Bozhi and MECS Inc., letter of resignation of Hong Bozhi, statement made by related personnel of MECS Inc., and the feasibility study report on projects of Zhongsheng company, which prove that MECS Inc. had sufficient proof and reasonable grounds to believe that the relevant contents sent by MECS Inc. by mail are not fabricated but true.

5. *Prime Contract on Joint Venture*, basic information about foreign investment of Zhongsheng Company, *Entrusted Project Construction Agreement*, and profile of Zhongsheng Company, which prove that ITOCHU Corporation is a shareholder of Zhongsheng projects; therefore, the act of the defendants' requesting the shareholder to supervise its subsidiary did not belong to fabricating facts.

6. Photos taken on May 16, 2007, which prove that Shanghai Allgreen Company publicized its DWHS technology at the Forum on China's Sulfur Market and Sulfur-Based Sulfuric Acid held in Nanning City, Guangxi Province in May 2007.

7. The Articles of Association of Shanghai Allgreen Company, shareholders' meeting resolutions, and equity transfer agreements, which prove that the equities of Shanghai Allgreen Company have been transferred between affiliated parties without changing the actual controller, which cannot prove the so-called losses to Shanghai Allgreen Company.

8. Articles such as *DWHS Project of Sulfuric Acid System Gains National Financial Rewards*, *DWHS System of Doguide Group is Under Construction*, and *The First Set of Three-in-One Low-temperature Heat Recovery Device Completed in Doguide Group in Shandong Province*, which prove

that before this court made ruling on the dispute over infringement of business secret, Shanghai or Zhejiang Allgreen Company had won biddings of several companies on DWHS projects.

9. Articles titled *Application of Allgreen DWHS Technology to 300kt-a Sulfur-based Sulfuric Acid Plant*, *Spare No Effort to Develop Technical Transformation of Sulfuric Acid Industrial Device to the World Level*, and *the Administrative Measures for Use Registration of Boilers* and *Pressure Vessels and the Special Equipment Use Registration Certificate*, which prove that Shanghai Allgreen Company is the subject operates and supplies DWHS technology, and there were indeed safety loopholes in the DWHS device of Zhongsheng projects, which had not been registered at the local quality supervision department. Therefore, it is reasonable for the Defendant to raise questions on the safety of the projects.

After cross-examination, the Plaintiff held that it acknowledged the authenticity of Evidence 1, 2 and 3 but had objection against their contents, which failed to prove that the Plaintiff is not eligible as a subject. It found hard to acknowledge the authenticity of the Employment Contract, the statement of related personnel of MECS Inc., and the feasibility study report of Zhongsheng project, but it confirmed the authenticity of other evidence. It acknowledged the authenticity of Evidence 5, which however, it believed was irrelevant to this case. The meeting involved in Evidence 6 is an explanation to DWHS technology in the name of the Plaintiff. It acknowledged the authenticity of Evidence 7 and 8. However, the Plaintiff's technology has not been confirmed yet due to the impairment to business reputation brought by the Defendant. The Plaintiff acknowledged the authenticity of Evidence 9, which proves that the Plaintiff is the supplier of the DWHS device and the boilers in Zhongsheng project were outsourced from another supplier, who thus shall provide relevant registration certificates.

This court ascertained the evidence submitted both by the Plaintiff and the two defendants as follows: Defendant MECS Inc. held no objection to the authenticity of Evidence 1, 3, 6, 11, 12, and 13 of the Plaintiff, which this court confirmed. Though Defendant MECS Inc. did not acknowledge the authenticity of Evidence 2, 4, 5, 8, and 9 of the Plaintiff, this court confirms such evidence because the Plaintiff provided the original copy of Evidence 2, and the defendants did not provide counterevidence of Evidence 4 and it has admitted Evidence 5, 8, and 9 as facts. Since Evidence 7 is irrelevant to this case, this court did not confirm it. Evidence 10 has not been confirmed by this court because the Plaintiff did not provide the original copy and its authenticity was denied by the defendants. Of the evidence provided by the defendants, Evidencel and 2 were not admitted by this court for they are irrelevant to this case. The court confirmed Evidence 3 for the Plaintiff had no objection against it. Since Evidence 4 and 5 are relevant materials of the case on infringement of business secret, this court confirmed relevant facts based on the judgment of this case. Evidence 6 is not accepted by the Plaintiff, thus is not admitted by the court, Evidence 7 has been provided by the Plaintiff. *The DWHS Project of Sulfuric Acid System Gains National Financial Rewards* included in Evidence 8 is irrelevant to this case, thus is not admitted by this court. The rest contents of Evidence 8 have been embodied in Evidence 3 provided by the Defendant. Evidence 9 lacks direct relevance to this case, thus is not admitted by this court.

According to the aforesaid accepted evidence and the statements of the parties, the court identified facts as follows:

Plaintiff Xuanda Company, established in April 1998 with registered capital of RMB 60.09 million, engages in production and sales of electromechanical valves, pumps, anticorrosive equipment and environmental protection equipment. In June 2004, Plaintiff Xuanda Company invested with two natural persons and established Shanghai Allgreen Company, the outsider of this case. It engages in mounting and debugging of environmental materials and equipment, electromechanical equipment and chemical equipment, and "four technical businesses" in the field of chemical and environmental protection, namely technical development, technical transformation, technical consultation and technical service. Defendant MECS Inc. is a company formally established according to laws of Delaware State of the US who was originally named Monsanto Enviro-Chem System Inc. It, in possession of advanced technology of heat recovery system (HRS), mainly engages in supply and service of relevant technologies and equipment. Defendant Monsanto Company, a wholly-owned limited liability company established in China by Monsanto Company in the U. S., mainly engages in international trade and entrepot trade.

In March 2005, Longsheng Company, an outsider of this case, and ITOCHU Corporation established Zhongsheng Company through joint venture. In May of the same year, Zhongsheng Company entrusted an outsider, Zhejiang Jiesheng Chemicals Co., Ltd. (hereinafter referred to as "Jiesheng Company") to construct a project of equipment needed to produce 98% sulfuric acid, 105% fuming sulfuric acid and steam. In July, Shanghai Allgreen Company and Jiesheng Company signed the *Contract on Technology Development and Supply of Complete Sets of Equipment*, according to which Shanghai Allgreen Company shall provide Jiesheng Company with the exclusive technology of DWHS for which Jiesheng Company shall pay, and the place of contract performance is Hangzhou Bay Fine Chemical Zone in Shangyu City, Zhejiang Province. In August, the Economic & Trade Commission of Wenzhou City, Zhejiang Province issued the "2005 Wenzhou Key Projects of Technological Innovation", in which the 18th project involves development of complete sets of equipment of the DWHS system of Sulfur-based Sulfuric Acid Plant. The project is undertaken by Plaintiff Xuanda Company. The total investment in the project is RMB15 million.

On April 12, 2006, Defendant MECS Inc. prosecuted Xuanda Company Shanghai Allgreen Company, Jiesheng Company, Zhongsheng Company, Longsheng Company and Hong Bozhi to this court on the ground of business secret infringement. It accused that the DWHS technology provided by Xuanda Company and Shanghai Allgreen Company infringed its business secret [Case No.: (2006) HU-Yi-Zhong-Min-Wu- (Zhi) -Chu-Zi No. 110]. Monsanto Company was one of the plaintiffs of this case. However, it withdrew the prosecution later. During the trial of this case, entrusted by this court, the Intellectual Property Affairs Center of the Ministry of Science and Technology of the P. R. C. issued two technical expert reports respectively on September 25, 2008 and February 12, 2009, which explicitly pointed out that the HRS technological process, for which MECS Inc. claimed protection, is different from the DWHS technological process provided by Shanghai Allgreen Company. Accordingly, this court made the judgment of first instance on August 21, 2009 and rejected all claims made by MECS Inc.

On June 20, 2006, the defendants MECS Inc. and Monsanto Company entrusted a lawyer to send a lawyer's letter to ITOCHU Corporation, a shareholder of Zhongsheng Company, requesting ITOCHU Corporation to "take necessary measures to order Zhongsheng Company to stop its infringement on business secret of the principals". According to this letter, "Zhongsheng Company is suspected of involving in infringement upon the HRS technology of MECS. Inc.... To the knowledge of the principals, Jiesheng Company is another subsidiary of Longsheng Company. It undertook the chemical project of Jiesheng Company in Hangzhou Bay Fine Chemical Zone... Jiesheng Company once contacted MECS Inc. for the plan to adopt the HRS technology of the latter. The two parities nailed down almost all contract terms. Surprisingly, Jiesheng Company suddenly stopped the contract negotiation and established cooperation with Xuanda Company, which had never set foot in the HRS field, and Shanghai Allgreen Company, a subsidiary of Xuanda Company. According to their agreement, Xuanda Company and Shanghai Allgreen Company shall provide a low-energy heat recovery technology named DWHS for the projects of Jiesheng Company... It is learnt that the DWHS technology obtained by Zhongsheng Company from Jiesheng Company or Shanghai Allgreen Company is stolen from MECS Inc. by Hong Bozhi, a former employee of MENCS Inc.... Having left the former position, Hong Bozhi immediately joined Xuanda Company... He turned the HRS technology into the so-called DWHS technology, and soon after that, Xuanda Company established Shanghai Allgreen Company, frequently contacting potential clients of MECS in China... Jiesheng/Zhongsheng project is the first Chinese client obtained by Xuanda Company and Allgreen Company by illegal means." The letter also indicated that MECS Inc. had filed the lawsuit on business secret infringement, stating that "Our client is very likely to win the lawsuit overwhelmingly" and "Once our client wins the lawsuit, Jiesheng/Zhongsheng project may be suspended and even demolished".

On September 13, 2006, the entrusted lawyer of the defendants MECS Inc. and Monsanto Company sent a lawyer's letter to the Inorganic Acid-Base-Salt Council of the Chemical Industry and Engineering Society of China. According to the letter, "in 2004, Hong Bozhi, a former employee of MECS Inc., together with Xuanda Company and Shanghai Allgreen Company, began infringing the technical secret of HRS of our clients and renamed it as DWHS technology and sold in the Chinese market", "the aforesaid infringers have developed a low-temperature recovery system for 300kt/a sulfur-based sulfuric acid plant, which gravely infringed business secret of our clients"; "our clients have filed lawsuit on infringement of business secret", "our client has provided sufficient evidence to prove the infringement of the infringer, and we believe the judgment will be made in favor of our client"; "Hong Bozhi, Xuanda Company and Allgreen Company may publicize their DWHS technology at the meeting (the 26th Exchange Meeting on Sulfuric Acid Technology), and some participants will be organized to visit Jiesheng/Zhongsheng project. The aforesaid acts seriously violated relevant laws on protection of intellectual property in

China and will become evidence of continued infringement by Hong Bozhi and Xuanda Company". "We earnestly request you to, during the Exchange Meeting, forbid the aforesaid acts of illegal publicity of infringing technology and products and cancel the agenda for participants to visit Jiesheng/Zhongsheng project".

On September 20, 2006, Defendant MECS Inc. sent a letter titled "MECS Inc. Business Secret Infringement Case" respectively to the director of the Administrative Committee of Hangzhou Bay Fine Chemical Zone and the director general of the Development and Reform Bureau of Shangyu District in Shaoxing City. The main contents of the letter are as follows: "we are writing to report the infringement upon our technical secret and the major hidden dangers of the sulfuric acid plant project with annual output capacity of 300,000 tons constructed by Jiesheng Company and Zhongsheng Company in Hangzhou Bay Fine Chemical Zone in Shangyu City, Zhejiang Province... Xuanda Company renamed the HRS technology stolen from our company as DWHS and promoted it in the market openly... In March 2006, our company had no choice but to file a lawsuit against Hong Bozhi and Xuanda Company for the aforementioned infringement... We are confident to win the lawsuit overwhelmingly." The letter also alleged that there were major hidden dangers in the Jiesheng/Zhongsheng project. Therefore, it requested relevant authorities to enhance supervision of the project, and even suspend the machine operation and test run of the DWHS unit if necessary.

On April 10, 2007, the entrusted lawyer of the defendants MECS Inc. and Monsanto Company sent a lawyer's letter to the standing deputy director of the China Sulphuric Acid Industry Association. The letter stated that "Xuanda Company, an infringer who has been sued to the court by my client, still publicized its technology which has been suspected of involving infringement through the national industry platform of the national professional sulfuric acid meeting... We earnestly request you to immediately stop Xuanda Company from publicizing the suspected DWHS technology in any name by any means".

On June 4, 2007, the entrusted lawyer of the defendants MECS Inc. and Monsanto Company sent a lawyer's letter to Wuxi Dongwo Company, stating that "the so-called DWHS technology obtained by Xuanda Company and Shanghai Allgreen Company has been stolen illegally by a former employee of MECS Inc. named Hong Bozhi from MECS Inc. Any cooperation concerning this technology of any third party with Xuanda Company and Shanghai Allgreen Company would violate laws of China... In the first half of 2006, our client accused Xuanda Company and Shanghai Allgreen Company to Shanghai No. 1 Intermediary People's Court of business secret infringement... We noticed that Xuanda Company and Shanghai Allgreen Company are probably inducing you to exchange ideas and negotiating with the purpose of selling DWHS to you. We feel obliged to remind you that the aforesaid acts of Xuanda Company and Shanghai Allgreen Company constitute continuous infringement, which violates laws and regulations of China. We hereby are writing to remind you to, after learning about the case and legal risks, stop exchanging ideas and negotiating or cooperating on DWHS with Xuanda Company and Shanghai Allgreen Company, so as to avoid any possible legal risks".

On September 30, 2009, the Plaintiff stated on its website that: on June 24, 2009, Zhejiang Allgreen Environmental Protection Engineering Co. ,Ltd. won the bidding of sulphur-burning sulphuric acid project of Guangxi Yinyi Science and Technology Co. ,Ltd. with a total tender price of RMB137. 7 million. This is another piece of good news of our company after winning the bidding of projects of Shandong Dongjia, Shandong Jianlong, Wuxi Dongwo, and Jiangsu Lüling.

It is also found in investigation that on November 14, 2007, the Plaintiff Xuanda Company sued MECS Chemical Plants Equipment (Shanghai) Co., Ltd. (hereinafter referred to as "MECS Chemical Company") and Monsanto Company to Shaoxing Intermediate People's Court in Zhejiang Province based on the same facts and grounds as those in this case. This case was then transferred to this court for trial on February 15, 2008 (Case No.: (2008) HU-Yi-Zhong-Min-Wu- (Zhi) -Chu-Zi No. 261). The authorized representative of Defendant MECS Inc. is also the legal representative of MECS Chemical Company. During the trial of this case, Defendant MECS Inc. made a statement that it was MECS Inc. who sent letters to the Administrative Committee of Hangzhou Bay Fine Chemical Zone and the Development and Reform Bureau of Shangyu District in Shaoxing City, on September 20, 2006. On October 12, 2009, Plaintiff Xuanda Company withdrew the appeal and filed a lawsuit on this case on November 12 in the same year.

Our court made the following decision:

I. On the dispute whether the Plaintiff of this case is eligible as the subject of lawsuit. Market players specified in Article 2 of the *Anti-Unfair Competition Law of the People's Republic of China* refer to legal persons, other economic organizations and individuals engaging in trading of goods or profit-making services. In this case, the act of the Plaintiff, either providing users with sulfuric acid heat recovery devices directly or through Shanghai Allgreen Company it established, belongs to of competitive act participating in the market economy and shall fall into the scope adjusted by the *Anti-Unfair Competition Law*. The reason why the Plaintiff filed the lawsuit of this case is that the defendants sent written letters to users or potential clients of the Plaintiff, local government authorities, and industrial associations, accusing the Plaintiff for not having any technology or experience in the sulfuric acid industry and stealing the technology of MECS Inc. All of the above accusations point specifically to the Plaintiff in this case. Therefore, the Plaintiff is eligible as the subject of lawsuit, for it filed this lawsuit because the aforesaid act damaged its business reputation. The argument made by Defendant MECS Inc. that the Plaintiff is not eligible as the subject of this lawsuit lacks factual and legal basis, which, therefore, is not accepted by this court.

II. Whether the act of the two defendants constitutes business discrediting to the Plaintiff. As is specified by the *Anti-Unfair Competition Law of the People's Republic of China*, market players shall follow the principle of willingness, equality, fairness, honesty and credibility, and observe commonly accepted business ethics. Market players shall not fabricate or disseminate falsehoods to damage the reputation of their competitors or their goods. In this case, the Plaintiff accused the defendants of conducting business discrediting on the basis of the lawsuit filed by the two defendants on infringement of business secret, and the letters sent by the two defendants during the trial to government authorities, industry associations and relevant clients, holding that the aforesaid acts of the defendants have damaged business reputation of the Plaintiff. Defendant MECS Inc. held that it had reasonable grounds to believe that the involved DWHS technology was suspected of infringing its business secret. It had no intent to discredit others' business reputation or fabricate or disseminate falsehoods, let alone caused any damage to the Plaintiff. In this respect, this court held that: 1. with regard to the lawsuit on infringement of business secret filed by the two defendants before filing of this case, the two defendants provided this court with technical data of HRS on which its claim for technical secret was based and the preliminary proofs on which their accusation against the Plaintiff of infringement was based. Although in this case, claims of the Plaintiff were rejected by this court for the difference between the alleged infringing DWHS technology and the HRS provided by Defendant MECS Inc. in technological process, the Plaintiff in this case did not provide evidence to prove that the action at law of the two defendants indicated their malicious intent or inappropriateness of the action at law. Therefore, the action at law of the two defendants did not constitute business discrediting to the Plaintiff. 2. Whether the letters on "the case on infringement of business secret of MECS, Inc." sent by the Defendant, MECS Inc. to the Administrative Committee of Hangzhou Bay Fine Chemical Zone and Development and Reform Bureau of Shangyu District in Shaoxing City and the lawyer's letters sent by the two defendants to the China Sulphuric Acid Industry Association and the Inorganic Acid-Base-Salt Council of the Chemical Industry and Engineering Society of China constituted business discrediting. The recipients of the letters sent by the defendants are local functional departments and industry associations. If the defendants sent the letters only to report relevant information to these departments for the purpose of supervising and urging to solve the existing problems without improper attempt in commercial competition, it should be determined that the defendants disseminated falsehood on the ground of their fierce rhetoric only. However, if the opinions provided to these departments went beyond the scope of normally reported questions, their inappropriate diction may damage the business reputation of the reported party. In this case, apart from facts and reasons based on which the Defendant MECS, Inc. filed the lawsuit on infringement of business secret, the contents of the letters sent by the defendants also covered such information as "major hidden dangers" existing in the DWHS technical equipment provided by the Plaintiff and Shanghai Allgreen Company for Zhongsheng project, and that the Plaintiff was the accused "infringer", and the act of preventing the Plaintiff from publicizing DWHS technology and products at domestic sulfur market and the Symposium on Sulfur-based Sulfuric Acid Making in May 2007 as well as the 26th Exchange Meeting on Sulfuric Acid Technology. Although the sulfuric acid chemical industry is under key safety protection, the defendants expressed the negative opinion that there were "major hidden dangers" in Zhongsheng project, which indicated serious problems without any evidence. The act of the defendants obviously went beyond the problem to be normally reported, which would create negative effects on the production and operation of the Plaintiff, which in turn damaged the business reputation of the Plaintiff. 3. Whether the contents of the lawyer's letter sent by the entrusted lawyer of the two defendants to ITOCHU Corporation, a foreign shareholder of Zhongsheng Company, and Wuxi Dongwo Company constituted business discrediting by stating that "Zhongsheng project is the first client obtained by Xuanda Company and Allgreen Company by illegal means", and that "Xuanda Company and Shanghai Allgreen Company may be inducing you to exchange views and negotiate with them about selling DWHS to you... The aforesaid act of Xuanda Company and Shanghai Allgreen Company belongs to an act of continuous infringement which violates the laws and regulations of China... We hereby are writing to remind you to, after learning about the case and legal risks, stop exchanging ideas and negotiating or co-operating on DWHS with Xuanda Company and Shanghai Allgreen Company". By the time when the two defendants delivered the lawyer's letter, the court has not ruled on the lawsuit filed by the defendants on infringement of their business secret. Under the circumstance that no related factual basis was provided and that the judicial office had not made authoritative affirmation on whether the Plaintiff had infringed business secret of the defendants, the two defendants delivered the aforesaid negative evaluation against the Plaintiff without authorization. The acts of the defendants had caused substantial effect on the normal business operation of the Plaintiff, which was bad enough to damage the business reputation of the Plaintiff. Though the Plaintiff and Wuxi Dongwo Company finally signed a contract on DWHS technology, it did not impact the determination on the inappropriateness of the aforesaid acts of the two defendants. In summary, the acts of the two defendants constituted business discrediting to the Plaintiff, therefore, they should bear civil liabilities to stop infringement, eliminate bad effect and compensate for losses.

III. Whether the prosecution of the Plaintiff of this case exceeded the specified period for litigation. The Defendant MECS, Inc. held that the carrier on which the Plaintiff accused the defendants of performing the so-called act of discrediting, or the last date on which the infringing letters should be sent was June 4, 2007. However, the Plaintiff filed this lawsuit on November 12, 2009, which has exceeded the specified period for litigation of two years. This court holds that the defendants had sent the involved letters to a third party instead of the Plaintiff. The time when the letters were sent is not the time when the Plaintiff got to known the contents of the letters. Therefore, it is groundless for the defendants to calculate the period for litigation based on that time. Besides, on November 14, 2007, the Plaintiff sued MECS Chemical Company and the Defendant Monsanto Company to Shaoxing Intermediate People's Court in Zhejiang Province based on the same facts and reasons as those of this case. This case then was transferred to this court for trial. During the trial of this case, Defendant MECS Inc. issued a statement, saying that the sender of the letters claimed by the Plaintiff for infringement was MECS Inc. itself. On October 12, 2009, the Plaintiff withdrew the prosecution of this case. Viewing from the relationship between Defendant MECS Inc. and MECS Chemical Company and MECS Inc.'s act of issuing the statement, Defendant MECS Inc. should have known that the Plaintiff was claiming rights in terms of the involved letters. Therefore, the prosecution of the Plaintiff in this case suspended the specified period for litigation. Therefore, the lawsuit made by the Plaintiff against the defendants MECS Inc. and Monsanto Company on November 12, 2009 did not exceed the specified period of litigation of two years. The pleading on the specified period of litigation made by Defendant MECS Inc. could not be established and thus was not accepted by this court.

IV. The claim of the Plaintiff on compensation for economic losses. The Plaintiff provided the financial audit report of Shanghai Allgreen Company, based on which it claimed that the profit of the subsidiary of the Plaintiff was dropped by over RMB18 million due to the infringement of the defendants. However, the court holds that the financial audit report of Shanghai Allgreen Company cannot prove the loss suffered by the Plaintiff resulting from the infringement of the two defendants. Therefore, the claim of the Plaintiff lacks factual and legal basis. Considering that the Plaintiff failed to provide evidence to prove its losses resulting from unfair competition of the two defendants, the court makes the decision taking factors such as circumstances and scope of the infringement, degree of subjective fault of the two defendants, and reasonable expenses of the Plaintiff actually incurred to stop the infringement into comprehensive consideration.

Therefore, in accordance with Article 134. 1 (1), Article 134. 1 (7) and Article 134. 1 (9) of the *General Principles of the Civil Law of the People's Republic of China*, Article 14 of the *Anti-Unfair Competition Law of the People's Republic of China*, Article 17. 1 of the *Interpretation of the Supreme People's Court on Some Issues Concerning the Application of Law in the Trial of Civil Cases Involving Unfair Competition*, and Article 130 of the *Civil Procedure Law of the People's Republic of China*, the ruling is hereby made as follows:

I. The defendants MECS Inc. and Monsanto (Shanghai) Co. Ltd. shall immediately stop their acts of unfair competition which impair the business reputation of the Plaintiff Xuanda Industrial Group Co. ,Ltd.

II. The defendants MECS Inc. and Monsanto (Shanghai) Co. , Ltd. shall, within 10 days since the date when this ruling comes into effect, publish a statement on *Zhejiang Daily* on their act of unfair competition to eliminate negative effect (The content of the statement shall be examined and approved by this court. Should they fail to fulfill their obligation beyond the time limit, the court of first instance shall publish the content of the ruling on *Zhejiang Daily*, and the publishing fee shall be jointly paid by the two defendants).

III. The defendants MECS Inc. and Monsanto (Shanghai) Co. , Ltd. shall, within 10 days since the date when this ruling comes into effect, pay RMB 200,000 to the Plaintiff Xuanda Industrial Group Co. ,Ltd. as compensation for economic losses.

IV. Other claims of the Plaintiff Xuanda Industrial Group Co. ,Ltd. , are rejected.

The court cost is RMB 129,800, of which RMB 61,800 shall be paid by the Plaintiff Xuanda Industrial Group Co. , Ltd. and RMB68,000 shall be jointly paid by the defendants MECS Inc. and Monsanto (Shanghai) Co. ,Ltd. .

Should they fail to perform the obligation of payment within the period specified in this ruling, the defendants MECS Inc. and Monsanto (Shanghai) Co. ,Ltd. , shall pay double of the liability interest incurred during the deferred period in accordance with Article 229 of the *Civil Procedure Law of the People's Republic of China.*

In case of objection against this ruling, the Plaintiff Xuanda Industrial Group Co. ,Ltd. and the Defendant Monsanto (Shanghai) Co. Ltd. , within 15 (fifteen) days and the Defendant MECS Inc. , within 30 (thirty) days, after service of this judgment, may appeal to Shanghai

High People's Court by submitting an appeal petition to this court. The copies of the appeal petition shall be submitted according to the number of persons of the opposite party.

Chief Judge: Zheng Junhuan
Acting Judge: Liu Junwei
Acting Judge: Xu Yanhua
July 25, 2011
Court Clerk: Liu Xiaojing

(The judgment has been selected into the 2011 China's 50 Typical Cases on Judicial Protection of Intellectual Property)

29. Shanghai INESA Scientific Instrument Co. , Ltd. v. Shanghai Jingke Scientific Instrument Co. , Ltd. Unauthorized Use of Enterprise Name Infringement

——Civil Judgment of Shanghai Pudong New Area People's Court

(2010) PU-Min-San- (Zhi) -Chu-Zi No. 769

Plaintiff: Shanghai Precision & Scientific Instrument Co. , Ltd. . Domicile: No. 10, Cangwu Road, Shanghai.

Legal representative: Fan Zhiqiang, Chairman of the Board of Directors.

Entrusted agent: Wang Yong, attorney of Shanghai Xinhua Law Firm.

Entrusted agent: Sha Guohua, a lawyer from Shanghai Xinhua Law Firm.

Defendant: Shanghai Jingke Scientific Instrument Co. , Ltd. Domicile: Room A304, No. 189, Xinjun Ring Road, Minhang District, Shanghai.

Legal representative: Hang Lu, General Manager.

Entrusted agent: Ma Wenbin, a lawyer from Beijing Huicheng Law Firm Shanghai Branch.

Entrusted agent: Li Min, a lawyer from Beijing Huicheng Law Firm Shanghai Branch.

Defendant: Chengdu Kexi Whole Set of Instruments Co. , Ltd. Registration place: No. 1, Section No. 5, 2nd Ring Road, Jinjiang District, Chengdu, Sichuan Province. Place of business: Room 802, Building B, Oriental Plaza, Zidonglou Street, Jinjiang District, Chengdu, Sichuan Province.

Legal representative: Hang Zhilong, Chairman of the Board of Directors.

Entrusted agent: Kang Jianzhong, a lawyer from Sichuan Tian Run Hua Bang Law Firm.

Having accepted the lawsuit filed by the Plaintiff Shanghai Precision & Scientific Instrument Co. , Ltd. (hereinafter referred to as "Jingxue Company") against the Defendant Shanghai Jingke Scientific Instrument Co. , Ltd. (hereinafter referred to "Kexi Company") for using its company name without authorization, the court duly formed a collegial panel and held an open trial according to laws.

Wang Yong and Sha Guohua, entrusted agents of the Plaintiff Shanghai Precision & Scientific Instrument Co. , Ltd. , Ma Wenbin and Li Min, entrusted agents of the Defendant Jingxue Company, and Kang Jianzhong, entrusted agent of Defendant Kexi Company appeared in court for the litigation.

The case has been closed.

The Plaintiff Shanghai Precision & Scientific Instrument Co. , Ltd. alleged that it is a well-known large company with a long history in the domestic instrument and meters sector. It created the first spectrophotometer, scale, PH calculator and domestic polarimeter in China. The Plaintiff was established at the end of the 1980s with the name "Shanghai Precision & Scientific Instrument Company" (which was renamed "Shanghai Precision & Scientific Instrument Co., Ltd." in 1996) through mergers of the then well-known state-owned enterprises engaging in analytical instrument including Shanghai Instrument Group Co., Ltd., Shanghai Balance Instrument Factory, Shanghai Leici Instrument Factory, and Shanghai Physical Optical Instrument Plant. After two decades of cultivation and development, the Plaintiff has formed great influence in the domestic analytical instrument industry. "Shanghai Jingke" and "Jingke" have become the abbreviations of the company name of the Plaintiff, special names of well-known commodities and unregistered trademarks in the industry. The Defendant Jingxue Company, though perfectly aware of the popularity of the Plaintiff, used a name similar to the company name of the Plaintiff when registered for establishment in 2009. The logo "上海 · 精科®" (Shanghai · Jingke®) is still used on the webpage of the website and product publicity materials of the Defendant Jingxue Company, and the trademark "精科" (Jingke) is still used on the products of the Defendant. Defendant Kexi Company has dealership with the Plaintiff for over a decade. Being perfectly aware of the relationship between "Jingke" and the Plaintiff and their influence, Kexi Company applied to the Trademark Office for registration of the trademark "精科" (Jingke) for goods of Class 9 in August 2001. Though the trademark had been approved to be registered, the Defendant did not use it until May 2010, when it put on records permitting the Defendant Jingxue Company to use the aforesaid trademark. The acts of the two defendants constitute unfair competition. Therefore, the Plaintiff lodged the suit, requesting the Defendant Jingxue Company to stop its company name and the logo "上海 · 精科®" on products or for product publicity. It also requested the two defendants to stop using the trademark "精科" on goods of Class 9 and pay RMB500, for its economic losses. During the trial, the Plaintiff stated that it only claimed for the right to company names of "上海精科" and "精科" and would no longer claim for unregistered trademark and special name of well-known goods.

The Defendant Shanghai Jingke Scientific Instrument Co., Ltd. argued that the Plaintiff did not own any right; therefore, the claims made by the Plaintiff lacked factual and legal basis. It therefore requested the court to reject the claim of the Plaintiff.

The Defendant Chengdu Kexi Whole Set of Instruments Co., Ltd. argued that the Plaintiff did not own the exclusive right to use of the registered trademark of "精科", thus had no right to file the lawsuit. The abbreviation of the company name of the Plaintiff should be "上海精密" (Shanghai Jingmi) instead of "精科" (Jingke). Nor could "上海精科" be used as the name of the products of the Plaintiff. The Plaintiff did not use "上海精科" on its products and packages until 2007, which infringed the right of Defendant Kexi Company to exclusive use of its registered trademark. Kexi Company has filed a separate lawsuit on infringement in the people's court in Chengdu. Therefore, the appeal of the Plaintiff lacked legal basis and should be rejected.

According to the arguments of the Plaintiff and the defendants, this court confirms the following facts, to which they have no objection:

I. Establishment Registration and Popularity of the Plaintiff

In March 1988, 15 units including Shanghai Optical Instrument Plant, Shanghai Analytical Instrument Factory, Shanghai Leici Instrument Factory and Shanghai Balance Instrument Factory signed an agreement to merge into Shanghai Precision & Scientific Instrument Company. The administration for industry and commerce issued the letter of notice on approving and issuing Business License in May 1988. In March 1996, Shanghai INESA Holding Co.,Ltd., the parent company of the Plaintiff, issued an official written reply, approving to restructure and register Shanghai Precision & Scientific Instrument Co.,Ltd. According to the business license of the Plaintiff, the Plaintiff was established on November 6, 1990 with a registered capital of RMB 152,959,000 and a business scope covering a variety of scientific instrument and meters, optical instrument, analytical instrument, laboratory instrument, measuring instrument and meters, and electro-optical devices.

The Plaintiff was rated as a hi-tech enterprise by Shanghai Municipal Education Commission in 1996, 1998, and 1999. The sales revenue of the Plaintiff in 1997, 1999 and 2000 ranked No. 279, No. 173 and No. 267 respectively among industrial enterprises in Shanghai. Among the top 100 enterprises of electronic information published in 2003, the Plaintiff ranked No. 83. On June 13, 2003, an article titled *Presentation of Top* 100 *Enterprises of Instrument and Electronics and Electronic Information in Shanghai* published on *China Electronics News* introduced the information and products of the Plaintiff. The magazine *Instrument Express* in May 2010 rated the Plaintiff as one of the most popular domestic instrument manufacturers in 2009.

The Plaintiff founded and issued the first *Jingke Monthly* on August 1, 1996. The *Jingke Monthly* from August 1996 to September 2001 and those from January 2010 to November 2010 provided by the Plaintiff indicate that the journal mainly introduces of the business operation and relevant products of the Plaintiff and its subsidiaries. On the newspaper there are such columns as "精科苑" (Jingke Center), "精科简讯" (Jingke News in Brief), and "精科论坛" (Jingke Forum). An essay soliciting activity on "精科精神" (Jingke Spirit) was published on *Jingke Monthly* dated September 1, 1996. On newspapers issued subsequently, several articles written by employees of the Plaintiff about how to carry forward "精科精神" (Jingke Spirit) were published. In these articles, the employees of the Plaintiff referred to the Plaintiff as Jingke Company or Jingke. During April 1997 and September 2001, on the page header of page 3 and page 4 of each issue of the newspaper, there is an advertising column where the following Chinese texts in big fonts were printed: "精科的承诺：质量第一 用户至上 (Promise of Jingke: Being Quality Centered and Customers Oriented)", "精科的产品：技术先进 品种齐全 性能可靠 (Products of Jingke: Featured by Advanced Technology, Complete Range, and Reliable Performance)". The contents of the newspapers published before August 2001 shows that the Plaintiff has presented itself in public activities with "精科公司" (Jingke Company) or "上海精科" (Shanghai Jingke). For example, it was reported on the newspaper issued in January 1997 that the Plaintiff held a recruitment information meeting in Shanghai Jiao Tong University on December 26, 1996. Such texts as "精科公司招聘信息发布会" (Jingke Company Recruitment Information Meeting) were shown by the banner in photos of the meeting. The content of the newspaper dated December 1997 indicated that the company held 1998 Production and Supply & Order Taking Meeting in Hangzhou in November 1997. The newspaper published speeches made by dealers from Jiangsu, Zhejiang, Shanghai, Qingdao, Yunnan, Luoyang, and Guangdong. All these dealers referred to the Plaintiff as Jingke Company or Jingke. A page of the newspaper issued in January 1998 published an article titled "改革奋进的一年　　精科公司1997年十件大事巡礼" (A Progressive Year of Reform-Ten Major Events of Jingke Company in 1997). A photo about the establishment of a branch of the company published in December 1998 showed the banner saying "精科公司零部件分公司揭牌仪式" (Kick-off Ceremony of Jingke Company Components Branch). According to the newspapers from February to December 1999, the Plaintiff launched Shanghai Instrument and Electronics Jingke Industrial Park in Shanghai Caohejing Hi-Tech Development Zone according to the requirements of its parent company. On the masthead of the newspaper in January 2000, there published a speech of congratulation, saying that "精科公司与您携手跨入新千年" (Jingke Company Strides into the New Millennium with You Hand in Hand). It was reported by the newspaper in September 2000 that the exhibition hall of the first group company in the industrial system of Shanghai called "仪电综合展示馆" (Comprehensive Instrument and Electronics Exhibition Hall) was opened to the public. As a part of the exhibition hall, the "精科" pavilion of the Plaintiff elaborately exhibited photos and new products displaying new look and new image of "上海精科". Huang Ju, Secretary of Shanghai Municipal Committee of the CPC, and Jiang Yiren, Deputy Mayor of Shanghai Municipality, visited the pavilion of the Plaintiff. The Plaintiff was referred to as "上海精科" (Shanghai Kejing), "精科公司" (Kejing Company) or "上海精科公司" (Shanghai Kejing Company) in the report on newspapers.

Xinhua Daily Telegraph published an advertisement on page 7 on August 24, 2000. The advertisement introduced a variety of products of the Plaintiff bearing such brands as "上分", "棱光", "上平" and "双圈". At the top and bottom and the right side of the advertisement page marked the advertisement slogan "上海精科与您共创美好明天" (Shanghai Kejing Creates the Bright Future with You Together). At the upper left corner of the page marked such texts as "上海精科科技领先 产品齐全 品质卓越" (Shanghai Kejing features advanced technology, complete products and excellent quality).

On June 10, 2010, China Instruments Manufacturers Association issued a statement indicating such major content as: the Plaintiff was a standing council unit of China Instruments Manufacturers Association, a vice president unit of the society of analytical instruments, and one of the largest scientific instrument manufacturing groups in China at the time. The company has developed the first spectrophotometer, scale, PH calculator and polarimeter in China. It is an important headstream of the analytical instrument industry of China. Enjoying great reputation and a large market share in China, the company is one of the leading enterprises in the analytical instrument industry of China. "上海精科 (Shanghai Jingke)" is an abbreviated name of the Plaintiff in the instrument and meter industry and the domestic market, which has been completely accepted by its peers in the industry. We know immediately that "上海精科" refers to the

Plaintiff on hearing that abbreviation. As for the brand "精科" and its influence, we have already learned from the introduction to "上海精科" and product samples and are familiar with its semantic meaning. We did not see or hear of other analytical instrument branded as "精科".

On July 7, 2010, Shanghai Instruments Manufacturers Association issued a statement, mainly indicating that the Plaintiff had became a member unit of Shanghai Instruments Manufacturers Association early in 1996, and has been a vice president unit for several terms in a row. The Plaintiff has always been abbreviated as Shanghai Kejing Company, which enjoys great popularity in the industry. It is one of the largest domestic manufacturers and seller of scientific instrument, playing a significant role in the industry association.

II. Registration and Use of the Trademark of the Defendants

The Defendant Jingxue Company was registered for establishment on October 30, 2009 with a registered capital of RMB 2 million. Its scope of business covers processing, production and distribution of precision and scientific instrument (except medical apparatus and instruments), distribution of instruments and meters and medical apparatus and instruments of Class 1, and technical development, technical consultation, technical transfer and technical service in the precision and scientific instrument field.

Defendant Kexi Company was established on September 27, 1999 with a registered capital of RMB 5 million. Its business scope covers production and distribution of scientific instruments and meters. In August 2001, it applied to the Trademark Office for registration of the trademark "精科" and was approved (registration No. 1916351) to be used on goods of Class 9 including photometers, thermostats, precision balances, instruments and measuring vessels for physical and chemical tests and component analysis, microscopes, viscosity meters and weights used on balances. The valid period of registration lasts from November 28, 2002 to November 27, 2012.

In November 2009, the two defendants signed the OEM Agreement with an outsider called Shanghai Sunny Hengping Scientific Instrument Co., Ltd. (hereinafter referred to as "Sunny Company"). According to the Agreement, Defendant Kexi Company authorized the Defendant Jingxue Company to entrust Sunny Company to use registered trademark No. 1916351 "精科", which was approved to be used on goods of Class, on spectrophotometers, and electronic scales and relevant products from December 18, 2009 to November 26, 2012. The two defendants went through filing formalities on trademark license contract at the Trademark Office.

In December 2009, China Light Industry Products Quality Guarantee Centre rated the series of "精科" brand analytical instrument produced by Defendant Kexi Company as national quality trustworthy products and famous Chinese brand.

On June 11, 2010, Defendant Kexi Company entrusted a notary office to take photos of the products it made as evidence. The photos taken on the site show that the products made by Defendant Kexi Company include incinerators, chamber electric furnaces, tube type resistance furnaces, biochemical incubators, constant temperature incubators, constant temperature ovens, thermostat water bathes, variable electric stoves, and edible bacteria incubators, all of which were marked with the logo "精科". The notary office issued the Notarial Certificate (2010)

CHUAN-Guo-Gong-Zheng-Zi No. 69397 on the aforesaid notarization.

In the Notarial Certificate (2011) CHUAN-Guo-Gong-Zheng-Zi No. 7092 indicated that both the Operation Manual of the visible spectrophotometer 722N and the instrument provided by Defendant Kexi Company were marked with the name of the Defendant Jingxue Company. Besides, the manufacturer Sunny Company and the brand authorizer Defendant Kexi Company were also indicated. On the Operation Manual and the instrument, the texts "精科仪器" were also marked.

On November 4, 2010, Sha Guohua, entrusted agent of the Plaintiff, applied to Shanghai Changning Notary Public Office for evidence preservation of relevant contents on the webpage "*www. shjkyq. com*". On that day, supervised by notaries of the Notary Office, Sha Guohua mainly carried out the following operation steps on the computer at the Notary Office: entered the homepage of "上海精学科学仪器有限公司" (Shanghai Jingke Scientific Instrument Co. ,Ltd.) at *www. shjkyq. com* and found that at the upper left corner of the homepage the logo "上海 · 精科®" was displayed and the product introduction mentioned "光谱分析仪器" (optical spectrum analyzer), "可见光分光光度计" (visible spectrophotometer), "荧光分光光度计" (fluorospectro photometer), "色谱仪" (chromatographic instrument), and "天平衡器" (scale and weighing apparatus). The photo of the product named "721 visible spectrophotometer" indicated that the logo "上海 · 精科®" and the price of RMB 1,580 were marked. The Notary Office issued the Notarial Certificate (2010) HU-Chang-Zheng-Zi No. 4851 on the aforesaid process.

The fact mentioned above was proved by the following evidence: materials on industrial and commercial registration, certificates of award of the Plaintiff, reports on the Plaintiff by *China Electronics News* and *Instrument Express*, advisements published on *Xinhua Daily Telegraph* and *Jingke Monthly* the journal founded by the Plaintiff itself, statements issued by China Instruments Manufacturers Association and Shanghai Instruments Manufacturers Association, trademark registration certificates, agreement signed between the two defendants and Sunny Company, notice on filing on trademark licensing issued by the Administration for Industry and Commerce, certificates of award of Defendant Kexi Company, the Notarial Certificate (2010) CHUAN-Guo-Gong-Zheng-Zi No. 69397, the Notarial Certificate (2011) CHUAN-Guo-Gong-Zheng-Zi No. 7092, the Notarial Certificate (2010) CHUAN-Guo-Gong-Zheng-Zi No. 102950, the Notarial Certificate (2010) HU-Chang-Zheng-Zi No. 4851, and the statements of the defendants in trial.

The Plaintiff and the defendants have disputes over the following evidence or facts:

I. The issue concerning the efficacy of the certificates of 39 dealers provided by the Plaintiff

To prove its use of "上海精科" and the circulation of *Jingke Monthly*, the Plaintiff provided certificates of 39 dealers, which prove that "上海精科" (Shanghai Jingke) indeed refers to Shanghai Precision & Scientific Instrument Co. ,Ltd. , which owns a number of brands, and that it marks the registered trademark and the characters "上海精科" on all of its products. Dealers also referred to these products collectively as products of "上海精科" (Shanghai Jingke), which was very clear and has become conventional in the instruments and meters industry. The certificates issued by the 39 dealers also prove that since the establishment of their dealership with the Plaintiff, they received *Jingke Monthly* and various kinds of materials, including texts of advertisement and publicity from the Plaintiff regularly by mail. Of the 39 dealers, 22 had established the dealership with the Plaintiff before August 2001. The two defendants held that the dealers who issued certificates were at stake with the Plaintiff. They believed that the consistent contents of the certificates suggested that such certificates could have been made collectively by the Plaintiff, on which the dealers affixed their stamps. Therefore, the two defendants did not acknowledge the authenticity of the aforesaid certificates. This court confirmed the fact that the aforesaid certificates were issued by the 39 dealers. However, considering the business relationship between the Plaintiff and the dealers and the stake between the two parties, other evidence should be provided by the Plaintiff for the court to determine whether the contents of the aforesaid certificates should be accepted. The contents of the aforesaid certificates which are relevant to the focuses of dispute of this case are reflected in the following three aspects: 1. The certificates indicate that "上海精科" (Shanghai Jingke) refers to Shanghai Precision & Scientific Instrument Co., Ltd.. To prove that "上海精科" (Shanghai Jingke) is the abbreviation of its company name, the Plaintiff also provided advertisements published on *Xinhua Daily Telegraph* and the statements issued by China Instruments Manufacturers Association and Shanghai Instruments Manufacturers Association, which prove the use of "上 海 精 科" by the Plaintiff as its company name. Therefore, the contents of the certificates issued by the dealers that "上海精科" (Shanghai Jingke) refers to the Plaintiff are in line with other evidence provided by the Plaintiff. Therefore, this court accepts this part of the contents of the certificates as evidence of this case. 2. According to the certificates, "the Plaintiff marked registered trademarks and the texts Shanghai Jingke on all of its products". However, the Plaintiff failed to provide other evidence to prove that it had been using the logo "上海精科" (Shanghai Jingke) on its products before Defendant Kexi Company applied to register the involved trademark in August 2001. Therefore, this court does not accept this part of the certificates. Whether the Plaintiff used the logo "上海精科" after Defendant Kexi Company applied to register the involved trademark is irrelevant with the focuses of dispute of this case, thus this court does not ascertain it. 3. With regard to the fact mentioned in the certificates that the Plaintiff mailed *Jingke Monthly* regularly to the dealers, the Plaintiff provided a large quantity of *Jingke Monthly*. Considering that the Plaintiff publishes *Jingke Monthly* regularly and the newspaper reflects the business operation of the subordinate factories of the Plaintiff though it is an internal periodical of the Plaintiff, it conforms to operation model of an enterprise to deliver relevant information to relevant clients in the form of internal periodical. Besides, the newspaper also published such content as "向全国广大客户朋友们恭贺新年" (Wish our clients throughout the country a happy new year) and "迁址通知" (Relocation Notice) to new and old clients, which also proves the fact that the periodical is circulated among relevant clients. Accordingly, this court determines that the Plaintiff has been mailing *Jingke Monthly* to dealers regularly since the periodical was founded on August 1, 1996.

II. The issue concerning whether Defendant Kexi Company had knew that the Plaintiff had used "上海精科" and "精科" as abbreviations of its company name before it applied for registration of the involved trademark

The Plaintiff provided the following evidence. 1. The franchised dealer agreement signed between the Plaintiff and Defendant Kexi Company and annexes, and sales invoice of the Plaintiff. 2. The cooperation agreement signed between Physical Optical Instrument Plant of Shanghai Precision & Scientific Instrument Co., Ltd., and Defendant Kexi Company on November 18, 2002. 3. The business contract text the outsider Chengdu Kexi E-commerce Co., Ltd. planned to sign with the Plaintiff on December 4, 2001 (the Plaintiff believed that it is a related company of Defendant Kexi Company). 4. Minutes of business signed on June 6, 2002 between the Plaintiff and Defendant Kexi Company. Defendant Kexi Company acknowledged the authenticity of the invoices in the aforesaid evidence, but did not acknowledge the authenticity of other evidence. This court holds that among the aforesaid evidence, only Evidence 1 was formed earlier than application made by Defendant Kexi Company for registration of the involved trademark. This court will elaborate on whether this evidence should be adopted, but will not determine whether the other evidence should be adopted because they are irrelevant to the focuses of dispute of this case. With regard to Evidence 1, Defendant Kexi Company had no objection to the authenticity of the invoices, which is also confirmed by this court. The franchised dealer agreement consists of two pages. At the end of the second page, the official seal of the Plaintiff and the official seal of Chengdu Kexi Whole Set of Instruments Co., Ltd. are affixed. Defendant Kexi Company indicated that its official seal had changed several times. The one using currently was different from those used in the past; Kexi Company thus did not acknowledge the authenticity of the official seal on the agreement. With regard to the contents of the first page of the agreement and its annexes, Defendant Kexi Company held that it cannot prove that the first and the second pages and the annexes are an integral whole, for there are no page numbers marked or cross-page seals. The defendants also held that even if the court ascertained the authenticity of the aforesaid agreement and its annexes, they were made and formulated between enterprises for the purpose of formulating subsequent official documents, which could not prove that the Plaintiff owned relevant right to "精科" or "上海精科", nor could it be used to contend with the right obtained according to laws by Defendant Kexi Company to exclusive use of the registered trademark. This court holds that with regard to the issue on the official seal, Defendant Kexi Company failed to put to the proof, though it denies the authenticity of the official seal on the agreement. Though there are differences between this official seal and the one used currently by Defendant Kexi Company, this court affirms that this official seal is the official seal of Defendant Kexi Company because the agreement was made in 2001 and the Defendant has changed its official seal for several times in these years. With regard to the issue that no seals were stamped on the first page and the annexes of the agreement, this court confirms the integrity of the two pages and the annexes of the agreement, because the contents of both the agreement and the annexes direct to Defendant Kexi Company. Therefore, they should be the contents of the agreement and annexes signed between Defendant Kexi Company and the Plaintiff. The grounds are as follows: 1. According to common transaction practices, only seals of the signing parties are needed at the end of the agreement signed between the two parties. 2. The contents of the first page and those of the second page are consistent and are an integral whole. The contents of the annexes, which have been mentioned for several times in the agreement, are consistent with those of the two annexes attached to the agreement. 3. The Plaintiff has several subordinate branches producing different products, including the analytical instrument factory. The agreement also specified the total amount of the products of the Plaintiff Defendant Kexi Company agreed to sell, including the products of subordinate branches of the Plaintiff, including the analytical instrument factory. The invoices provided by the Plaintiff showed that there was indeed business contact in photometers between the Defendant Kexi Company and Analytical Instrument Factory of Shanghai Precision & Scientific Instrument Co. , Ltd. in February 2001, which prove that the two parties have honored the agreement. Therefore, this court adopts Evidence1 as evidence of this case. As is shown by the evidence, the Plaintiff was referred to respectively as "精科公司" and "上海精科" in the franchised dealer agreement and its annexes signed in February 2001 between the Plaintiff and Defendant Kexi Company.

III. The issue concerning determination on the point of time at which Defendant Kexi Company used the involved registered trademark

The Plaintiff claimed that after Defendant Kexi Company registered the involved trademark, it did not use the trademark until May 2010 in the way of authorizing the Defendant Jingxue Company to use it. Defendant Kexi Company held that it used the involved registered trademark immediately on relevant products after the registration, for which it provided sales invoices, notarial certificates, OEM Agreement, notice on filing on trademark licensing contract, etc. The Plaintiff confirmed the authenticity of the aforesaid evidence, but held that name and brand of the products were not indicated on the sales invoices; therefore, they could not prove the use of the involved registered trademark by Defendant Kexi Company. According to the contents of the OEM Agreement, it can only be confirmed that the two defendants did not use the involved registered trademark on relevant products until 2009. This court adopts the opinion of the Plaintiff during the cross-examination. Since they did not indicate the brand of the products, the sales invoices cannot prove the use of the trademark involved in the invoices. Besides, Defendant Kexi Company became a dealer of the Plaintiff early in 2001, thus it cannot be ruled out that the products on the aforesaid invoices were produced by the Plaintiff. Since Defendant Kexi Company failed to provide evidence to prove that it had began using the involved trademark on its products early in 2002 after the trademark was registered, based on the opinion of the Plaintiff during the cross-examination, this court holds that the two defendants did not use the involved registered trademark on relevant products until 2009.

This court holds that the disputes of this case focus on whether the use of "上海精学科学仪器有限公司" (Shanghai Jingke Scientific Instrument Co. , Ltd.) as a company name and whether the act of registration and use of the trademark "精科" (Jingke) constitute unfair competition.

I. Determination on the act of the Defendant Jingxue Company of using its company name

This court noticed that "精密科学仪器" (precision and scientific instrument) in the company name of the Plaintiff is actually a generic name of a category of products; therefore, the company name of the Plaintiff was consists of place name + industry name + corporate structure. It is the trade name that identifies the company from other companies in the company name. The way in which the company name of the Plaintiff consisted of lacks the integral element with the most distinctiveness, resulting in a congenital deficiency in distinctiveness and identifiability of the company name of the Plaintiff. Though the evidence provided by the Plaintiff show that through constant operation the company name of the Plaintiff has gained great popularity, it cannot make up for the congenital deficiency of lacking trade name. The company name of the Defendant Jingxue Company is consisted of place name + trade name + corporate structure. For enterprises engage in production and distribution of scientific instruments in this city, the expression of the company name with place name + industry name + corporate structure adopted by the Defendant Jingxue Company is a generic expression in the industry, and "精学" is its trade. Therefore, though the Plaintiff and the Defendant Jingxue Company are competitors, the difference between the two in their company names only lies in "精密" and "精学". However, "精密" in the company name of the Plaintiff is also a constituent part of its products, whereas "精学" in that of the Defendant Jingxue Company is used as its trade name. Therefore, the company names of the Plaintiff and the Defendant Jingxue Company represent different enterprises respectively. This court does not support the claim of the Plaintiff that the Defendant Jingxue Company should stop using its company name.

II. Determination on the Act of Registration and Use of the Trademark "精科"

1. The issue concerning whether "上海精科" and "精科" are company names with popularity of the Plaintiff. The evidence provided by the Plaintiff indicates that before Defendant Kexi Company applied to register the involved trademark in August 2001, the Plaintiff has used "上海精科" and "精科" as abbreviations of its company name and gained some popularity on the ground that (1) It is proved by China Instruments Manufacturers Association that "上海精科" is an abbreviated name of the Plaintiff in the instruments and meters industry and the domestic market, which has been completely recognized by its peers. With regard to the brand of "精科" and its influence, the Association has learned about and got familiar with its semantic meaning from the Plaintiff's introduction to "上海精科" as an enterprise and its product samples. Shanghai Instruments Manufacturers Association also proved that the name of the Plaintiff has always been abbreviated as "上海精科公司" (Shanghai Jingke Company), which enjoys great popularity in the industry. (2) In the advertisement published by the Plaintiff on *Xinhua Daily Telegraph* early in August 2000, the Plaintiff referred to itself as "上海精科" (Shanghai Jingke). (3) Thirty-nine dealers of the Plaintiff prove that "上海精科" refers to the Plaintiff. Twenty-two out of the 39 dealers had established dealership with the Plaintiff before August 2001. (4) The Plaintiff founded *Jingke Monthly* as early as on August 1, 1996. The contents of the periodical before August 2001 shows that it had such columns as "精科苑" (Jingke Center), "精科简讯" (Jingke News in Brief), and "精科论坛" (Jingke Forum). The page header of the periodical was marked with "Promise of Jingke: Being Quality Centered and Customers Oriented", "Products of Jingke: Featured by Advanced Technology, Complete Range, and Reliable Performance".

The contents published on the periodical shows that the Plaintiff presented itself as "精科公司" (Jingke Company) or "上海精科公司" (Shanghai Jingke Company) in both public activities and reports on business operation of the Plaintiff. The 39 dealers of the Plaintiff prove that all of them received the aforesaid periodical during the period when they were in the dealership with the Plaintiff. The Plaintiff highlighted "上海精科" and "精科" on *Jingke Monthly* in a long time, playing its role in publicity and for commercial purposes. The dealers of the Plaintiff are peers of both the Plaintiff and the defendants. These dealers are from large cities all over China. Therefore, the identifying role of "上海精科" and "精科" as abbreviations of the company name of the Plaintiff has great influence in the industry of the Plaintiff and the defendants. Based on t he above factors, it is concluded that before Defendant Kexi Company applied for registration of the involved trademark, "上海精科" and "精科" had been used as abbreviations of the company name of the Plaintiff and had build up some popularity.

2. The issue on whether an abbreviation of a company name can be protected as company name. The Plaintiff made the claim that "上海精科" and "精科" should be protected as company name on the basis of Article 5. 3 of the *Anti-Unfair Competition Law of the People's Republic of*. Therefore, the key to the dispute of the case is whether an abbreviation of a company name should be protected as company name. This court holds that abbreviations of company names with certain market popularity, which are familiar to relevant public and actually play the role of trade names, shall be protected as company names. The evidence provided by the Plaintiff indicates that "上海精科" and "精科" have built up some popularity. The Plaintiff's act of using "上海精科" and "精科" as abbreviations of its company name to the outside for a long time has led relevant public directly connect and refer "上海精科" and "精科" to the Plaintiff. "上海精科" and "精科" play the role of indicating the source of the goods of the Plaintiff and actually function as trade names. Therefore, in this case, "上海精科" and "精科" should be regarded and be protected as company names of the Plaintiff.

3. Determination on the act of Defendant Kexi Company. This court noticed that as a competitor in the industry of the Plaintiff, Defendant Kexi Company had become a dealer of the Plaintiff before August 2001. Therefore, the Defendant should have known about use of "上海精科" and "精科" by the Plaintiff. In the dealer agreement signed between the Defendant and the Plaintiff, the expressions of "上海精科" and "精科公司" were also adopted at refer to the Plaintiff. Besides, it should also have known the fact that the Plaintiff used "上海精科" and "精科" as abbreviations of its company name, which enjoyed some popularity. Therefore, either from the popularity gained by "上海精科" and "精科" or from the performance of the contract signed with the Plaintiff, Defendant Kexi Company should have known the fact that the Plaintiff used "上海精科" and "精科" as abbreviations of its company name when applying for registration of "精科" as a trademark. Under the circumstance that both the Plaintiff and Defendant Kexi Company engage in production and distribution of scientific instruments and meters and involves competition in the same industry, Defendant Kexi Company applied to register "精科" as a trademark to be used on Class 9 products of instruments and meters, such as

photometers. However, it did not use the trademark on relevant products after it was registered for a long time until 2009. The aforesaid act of Defendant Kexi Company revealed its subjective intention to take advantage of the popularity of the Plaintiff, which objectively would confuse relevant public about the sources of commodities of the Plaintiff and the Defendant, damaging the legal interests of the Plaintiff. Therefore, the act of Defendant Kexi Company registering and using "精科", the abbreviation of the company name of the Plaintiff which has been used earlier by the Plaintiff, as a trademark constitutes infringement upon the company name of the Plaintiff and belongs to an act of unfair competition.

4. Determination on the act of the Defendant Jingxue Company. The Defendant Jingxue Company conducted two acts: first, using the logo "上海·精科®" on its website and photos of the products released on the website, and second, with the authorization of Defendant Kexi Company, using the trademark "精科" on the products produced by a third party it entrusted. With regard to the aforesaid acts, the Defendant Jingxue Company argued that its use of the logo and the trademark had been authorized by Defendant Kexi Company. This court holds that as for the first act, "上海精科" is the abbreviation of the company name of the Plaintiff, which has some popularity, thus should be protected. Used in a combined way by the Defendant Jingxue Company on its website and product publicity, "上海" and "精科" are used as a logo "上海·精科®", which is identical with the abbreviation of the company name of the Plaintiff. This would confuse relevant public about the sources of the goods of the Plaintiff and the Defendant Jingxue Company. The act of the Defendant Jingxue Company constitutes unfair competition and shall be stopped. The Plaintiff claimed that with respect to the aforesaid act, the two defendants committed contributory infringement. However, the Plaintiff failed to provide evidence on joint intention liaison between the two defendants or that Defendant Kexi Company jointly performed the act. This court does not accept the claim of the Plaintiff that Defendant Kexi Company and the Defendant Jingxue Company jointly performed the aforesaid act. The consequences of the infringement act shall be independently taken by its performer, or the Defendant Jingxue Company. As for the second act, the Defendant Jingxue Company and Defendant Kexi Company committed contributory infringement. After registering the involved trademark, Defendant Kexi Company could either use it itself or authorize others to use it. The use of the registered trademark by others with the authorization of the trademark right holder shall also be deemed as the use by the trademark right holder. Now that the act of registration and use of the involved registered trademark of Defendant Kexi Company infringed the Plaintiff's company se name right, the Defendant Jingxue Company as a user of the involved registered trademark, shall jointly bear the tortious liability. However, as the trademark right holder, Defendant Kexi Company shall, while authorizing the Defendant Jingxue Company to use the involved registered trademark, bear contractual obligations to guarantee the legitimacy and legality of the trademark and that the Defendant Jingxue Company can use the involved registered trademark normally. Therefore, as for the second act, the Defendant Jingxue Company is entitled to, investigate in the responsibility of Defendant Kexi Company for breach of contract according to the trademark licensing contract between them, after jointly bearing the tor-

tious liability in this case with Defendant Kexi Company.

In conclusion, the act of the two defendants constitutes act of unfair competition; they should immediately stop the infringement and compensate for the losses of the Plaintiff. With regard to the amount of compensation to be paid by the two defendants, considering that both the Plaintiff and the two defendants failed to provide evidence on the losses of the Plaintiff or the benefit gained by the two defendants, this court determines the amount based on such factors as the popularity of the abbreviations of the company name of the Plaintiff, severity of fault of the two defendants, duration of the infringement performed by the two defendants, and scale of business operation of the two defendants. Therefore, in accordance with Article 5. 3 and Article 20 of the *Anti-Unfair Competition Law of the People's Republic of China*, Article 17 of the *Interpretation of the Supreme People's Court on Some Issues Concerning the Application of Law in the Trial of Civil Cases Involving Unfair Competition*, Article 1. 1 of the *Provisions of the Supreme People's Court on Issues Concerned in the Trial of Cases of Civil Disputes over the Conflict between Registered Trademark or Enterprise Name with Prior Right*, this court made the ruling as follows:

I. The Defendant Shanghai Jingke Scientific Instrument Co. , Ltd. shall immediately stop its use of the logo "上海·精科" on its products and product publicity materials on the date when this ruling takes effect.

II. The defendants Chengdu Kexi Whole Set of Instruments Co. , Ltd. and Shanghai Jingke Scientific Instrument Co. ,Ltd. shall immediately stop their act of unfair competition, or the infringement of company name right of Shanghai Precision & Scientific Instrument Co. ,Ltd. on the date when this ruling takes effect.

III. With respect to the act of unfair competition of using the logo "上海·精科" on goods and product publicity materials, the Defendant Shanghai Jingke Scientific Instrument Co. , Ltd. shall pay RMB 50,000 to the Plaintiff Shanghai Precision & Scientific Instrument Co. ,Ltd. as compensation for its economic losses within 10 (ten) days since the date when this ruling takes effect.

IV. With respect to the act of unfair competition or the infringement of the company name right of the Plaintiff, the defendants Chengdu Kexi Whole Set of Instruments Co. ,Ltd. and Shanghai Jingke Scientific Instrument Co. ,Ltd. shall pay RMB 100,000 to the Plaintiff Shanghai Precision & Scientific Instrument Co. ,Ltd. as compensation for its economic losses within 10 (ten) days since the date when this ruling takes effect.

V. Other claims of the Plaintiff Shanghai Precision & Scientific Instrument Co. ,Ltd. are rejected.

If the parties with the obligation of payment fail to perform the obligation of payment within the period specified by this ruling, they shall, according to Article 229 of the *Civil Procedure Law of the People's Republic of China*, pay double of the liability interest incurred during the deferred period.

The court cost of this case is RMB 8,800, in which RMB 1,100 shall be paid by the Plaintiff Shanghai Precision & Scientific Instrument Co. ,Ltd. , RMB 5,100 shall be paid by the Defendant Shanghai Jingke Scientific Instrument Co. , Ltd. , and RMB 2,600 shall be paid by the Defendant Chengdu Kexi Whole Set of Instruments Co. , Ltd.

Either party that refuses to accept this ruling as final may, within 15 (fifteen) days after service of this ruling, appeal to Shanghai No. 1 Intermediate People's Court by submitting an appeal petition to this court and copies according to the number of persons of the opposite.

Chief Judge: Du Lingyan
People's Juror: Sheng Meifen
People's Juror: Shen Hui
August 11, 2011
Court Clerk: Liu Bin

(The judgment has been selected into the 2011 Shanghai's Ten Cases on Judicial Protection of Intellectual Property)

30. Quzhou Wanlian Network Technology Co. , Ltd. v. Zhou Huimin *et al* Business Secret Infringement

——Civil Judgment of Shanghai High People's Court

(2011) HU-Gao-Min-San- (Zhi) -Zhong-Zi No. 100

Appellant (Defendant of First Instance): Zhou Huimin, male, born on February 24, 1976 with Han nationality. Address: dormitory of the city's newspaper office, Hehua New Village, Kecheng District, Quzhou City, Zhejiang Province.

Entrusted agent: Wu Minjiang, a lawyer from Shanghai Tan & Geng Law Firm.

Appellee (Plaintiff of First Instance): Quzhou Wanlian Network Technology Co., Ltd. Domicile: No. 64, Baisuiyuan Park, Quzhou City, Zhejiang Province.

Legal representative: Qiu Qi, Board Chairman.

Entrusted agent: Qiu Deyao, male, born on February 6, 1956 with Han nationality. Address: No. 21, Zhongfangting Road, Duze Town, Qujiang District, Quzhou City, Zhejiang Province.

Entrusted agent: Zheng Jie, a lawyer from Zhejiang Wujiang Law Firm.

Defendant of First Instance: Feng Ye, male, born on November 10, 1980 with Han nationality. Address: No. 13, Xinhua South Road, Chengnan Street, Fu'an City, Fujian Province.

Defendant of First Instance: Chen Yunsheng, male, born on August 3, 1983 with Han nationality. Address: No. 11, Dexing Road, Zhaili Village, Saiqi Town, Fu'an City, Fujian Province.

Defendant of First Instance: Chen Yufeng, male, born on June 15, 1984 with Han nationality. Address: No. 18, Xiagang Road, Xiagang Street, Saiqi Town, Fu'an City, Fujian Province.

Defendant of First Instance: Chen Yongping, male, born on February 7, 1977 with Han nationality. Address: No. 2, 7F, Unit 5, West Gongkuang Block 3, Yangquan City, Shanxi Province.

Appellant Zhou Huimin lodged an appeal to the court against the civil ruling of (2010) HU-Er-Zhong-Min-Wu- (Zhi) -Chu-Zi No. 57 on a case concerning business secrets infringement. After accepting the appeal on November 1, 2011, the court set up a collegial panel in accordance with laws and held a non-public trial of the case on February 8, 2012. Appellant Zhou Huimin with his entrusted agent Wu Minjiang and Appellee Quzhou Wanlian Network Technology Co., Ltd. (hereinafter referred to as "Wanlian") with its legal representative Qiu Qi and its entrusted agents Qiu Deyao and Zheng Jie were present on court for the trial. Feng Ye, Chen

Yufeng, Chen Yunsheng and Chen Yongping, defendants of first instance, were not present on court upon legitimate calling of the court. Appellant Zhou Huimin listed Feng Ye, Chen Yufeng, Chen Yongsheng and Chen Yongping as appellees in his appeal. But since he did not lodge any claim against Feng Ye, Chen Yufeng, Chen Yunsheng and Chen Yongping, the request made by Zhou Huimin to change Ye Feng, Chen Yufeng, Chen Yunsheng and Chen Yongping from appellees to defendants of first instance during the trial was approved by the court. Now the case has been closed.

The court of first instance ascertained after hearing that: Plaintiff Wanlian was founded with a registration capital of RMB 100,000 on May 28, 2001, for the business scope covering network-based production, computer software development and information services. Qiu Qi served as its legal representative, and the equity shares were held by Qiu Qi and Jiang Qiongyan by 60% and 40% respectively.

On June 1, 2001, the Plaintiff and Defendant Zhou Huimin signed the Employment Contract and thereupon agreed that: "Party A (the Plaintiff) employs Party B (Zhou Huimin) to design websites and develop software programs in his spare time", "the engagement shall last from June 1, 2001 to May 31, 2003 for a provisional period of two years", "Party A shall pay Party B RMB 500 per month in full amount on a monthly basis", "No matter during the contract term, or after expiration of the contract or after termination of the contract during the term upon agreement of both parties, Party B shall have no right to divulge the secrets of the software programs owned by the company, transfer them or use them for others (not for the business purposes of the company) without the consent of Party A, and once such behavior is discovered, Party A shall have the right to hold Party B responsible for breaching the contract". After the above-mentioned Employment Contract expired, the two sides did not renew the contract, but Defendant Zhou Huimin continued working for the Plaintiff.

On March 13, 2002, the Plaintiff registered the domain name of *www. boxbbs. com* (hereinafter referred to the "involved site") at *http: //www. net. cn/* to operate the website of "BOX Online Games Community" and paid the annual fee for the international domain name.

From December 16, 2002 to July 18, 2003, the Plaintiff signed several cooperation contracts and agreements with Beijing Arctic Ice Science and Technology Development Co., Ltd. and Beijing Wayi Joint Software Development Co., Ltd. on the purchase of advertising of the involved site and other cooperation issues. All the above contracts and agreements were stamped with the official seal of the Plaintiff.

In January 2003, Qiu Qi and Defendant Zhou Huimin signed an Equity Transfer Contract, specifying that the former promised to transfer 30% the company's shares to Zhou Huimin.

On November 26, 2003, the Plaintiff held a shareholders' meeting to introduce Feng Ye, Chen Yufeng and Chen Yunsheng from Elong Game (*www. egamecn. com*) as their new shareholders and the company's equity shares were reallocated as follows: 67% to Qiu Qi, 3% to Jiang Qiongyan, 12% to Chen Yunsheng, 9% Chen Yufeng and 9% to Feng Ye.

In late May and early June 2004, the five defendants planned to leave the Plaintiff and registered a new site. Defendant Zhou Huimin was in charge of its technical operation, including website design, downloading database and modification to programs of the involved site; Defendants Chen Yufeng and Chen Yongping were in charge of the subsequent development of the programs; Defendant Chen Yunsheng was responsible for the website design and registration of the new domain name—*www. box*2004. *com*; and Defendant Feng Ye was responsible for marketing.

On June 7, 2004, the five defendants published the Joint Statement on Box01 Working Group's Establishment, which stated that: "Considering that the former founders of *Boxbbs. com* are unable to have their equity shares confirmed under the circumstance that the current copyright of Box are not recognized by laws, Zhou Huimin, Feng Ye, Chen Yunsheng, Chen Yufeng and Chen Yongping, the former core team members, decide to resign collectively, set up a new Box01 working group and register a new company. The new domain of *box2004. com* will be enabled and owned by the company.... the newly established Box01 will recover source program and database information of the former BOXBBS. The source program and database belong to the new company.... the related legal liability encountered by BOX01 working group will be assumed jointly by Zhou Huimin, Feng Ye, Chen Yunsheng, Chen Yufeng and Chen Yongping".

On June 9, 2004, Defendant Chen Yunsheng registered the network domain for the new website—*www. box2004. com* (hereinafter referred to as the "allegedly infringing website A"); Defendant Zhou Huimin downloaded the user database from the involved site, launched the allegedly infringing website A with the software program that he originally designed and developed for the involved site, modified its software program configuration files to disable the involved site and directed the registered users of the involved site to the allegedly infringing website A through announcements on other sites and via QQ groups and other channels.

On August 20, 2004, in the name of Beijing Dazong Corporate Management Consulting Co., Ltd. registered by Li Dudu who was not involved in the case, the five defendants registered the network domain name of *www. ibox. com. cn*, a new website named "iBox Entertainment Online" (hereinafter referred to as the "allegedly infringing website B"), mainly engaging in online game media, and the allegedly infringing website A was closed and replaced.

On October 19, 2004, as the involved website had been out of normal operation, the plaintiff signed a "Website Transfer Agreement" with China Youth Competition Website, which was not involved in the case, selling the involved website to China Youth Competition Website at the price of RMB 108,000.

On March 4, 2005, the five defendants set up Beijing New Century Xinxiang Network Technology Co., Ltd. (hereinafter referred to as "Xinxiang"), which operated online game forums. Its shareholders included Zhou Huimin, Feng Ye, Chen Yongping, Chen Yunsheng and Chen Yufeng, who were holding shares of 35%, 17.5%, 15%, 17.5% and 15% respectively. Zhou Huimin was its legal representative, Chen Yongping manager, Feng Ye and Chen Yufeng directors and Chen Yunsheng supervisor. On April 7, 2005, the allegedly infringing website B with the domain name of *www. ibox. com. cn* was transferred to the company.

On December 12, 2005, Xinxiang signed a "Transfer Agreement" with Shanghai Joywell

Computer Information Technology Co. , Ltd. (hereinafter referred to "Joywell"), who was not involved in the case, and agreed to sell the allegedly infringing website B at the price of RMB 2 million to Joywell. On February 10, 2006, the domain name of the allegedly infringing website B was transferred to Joywell.

On September 27, 2006, Quzhou Municipal Public Security Bureau decided to place the case of Zhou Huimin's alleged infringement upon business secrets on file and began the investigation. On November 11 of the same year, defendants Zhou Huimin and Feng Ye were put in criminal detention. On December 18, their arrest was approved by People's Procuratorate of Quzhou.

On November 11, 2006, during his interrogation by Quzhou Municipal Public Security Bureau, Defendant Chen Yunsheng stated that "... in around October and November, Elong Game, owned by Chen Yufeng, Feng Ye and I, began to cooperate with Qiu Qi. Qiu Qi then had already owned a company called Quzhou Wanlian Technology Co. , Ltd. mainly operating the online game forum website named *oboxbbs. com*.... I did not know whether the domain name *boxbbs. com* was registered by Qiu Qi himself or in the name of Wanlian Technology Co. , Ltd. We all tended to consider Wanlian Technology Co. , Ltd. as the owner of *boxbbs. com*". "The company had not signed any contract with the employees and many of them were not paid, except for the basic living expenses. Although the company then made no regular income, we worked together, even without salary, for we had faith in the prospect of the company's website". "Zhou Huimin, not yet a regular employee of Wanlian Technology Co. , Ltd. , was working for a newspaper. He wrote programs and doing technical work for Wanlian Technology Co. , Ltd. in his spare time. We joint our efforts to develop the website of *boxbbs. com* diligently and the website kept developing well".

On November 11, 2006, during his interrogation by Quzhou Municipal Public Security, Defendant Chen Yongping stated that "... at that time, Qiu Qi was operating the game forum website of *boxbbs. com* in the name of Wanlian Technology Co. , Ltd.... but I know Wanlian Technology Co. , Ltd. was his mother's company for her Internet cafe. He used the name of Wanlian to operate *boxbbs. com*. At that time, the company had not signed contract with its employees... In July 2002, I wanted to quit, because Qiu Qi had not honored his promise of offering me 15% shares and I had not signed any agreement or contract with the company and had been working without pay... " "Zhou Huimin then was still working for the newspaper and only working at *boxbbs. com* for Qiu Qi in his spare time. Zhou never showed up in the company unless the website encountered technical problems".

On November 11, 2006, during his interrogation by Quzhou Municipal Public Security Bureau, Defendant Chen Yufeng stated that "before the end of 2003, Feng Ye, Chen Yunsheng and I had been running *www. egamecn. com* in Fu'an. At the end of 2003, we three became shareholders of Quzhou Wanlian in the name of the website, and we met Zhou Huimin, who was the main technician of Wanlian.... "

On November 14, 2006, during his interrogation by Quzhou Municipal Public Security Bureau, Defendant Zhou Huimin stated that "in early 2004, Feng Ye, Chen Yongping, Chen

Yufeng, Chen Yunsheng and I worked together at Quzhou Wanlian Technology Co. ,Ltd. with Qiu Qi. The domain name of the website was *boxbbs. com* registered by Qiu Qi. " On December 11, 2006, during his interrogation by Quzhou Municipal Public Security Bureau, Defendant Zhou Huimin stated that "... I would like to add a few points. First, I have no objection to the identification result that the databases of two websites (boxbbs and ibox) are 99.99% identical, which is true, because our *ibox. com. cn* indeed used the database of *boxbbs. com*... Second, I have no objection to the security measures taken by the database as well... ; Third, I think that the database was not fully owned by Wanlian, for I am one of the owners... " On January 12, 2007, during his interrogation by Quzhou Municipal Public Security Bureau, Defendant Zhou Huimin stated that "before box2004 was opened, I modified the configuration files of *boxbbs* which was not discernible on the surface. The connection string of the database files was modified so that it could connect to the database server in Chongqing. The modification took place in the early morning of June 9, 2004, preparing for the opening of the website *box2004*".

On November 14, 2006, during his interrogation by Quzhou Municipal Public Security Bureau, Defendant Feng Ye stated that "in November 2003, due to our complementary business relationship, Chen Yunsheng, Chen Yufeng and I became shareholders of Wanlian Technology Co., Ltd. and bought 30% of the company's shares with RMB 100,000 in cash and our website *Elong*... Chen Yunsheng is mainly in charge of website design and content editing, Chen Yufeng is responsible for graphic design and product planning, and I marketing. The legal representative of the company is Qiu Qi, who was in charge of decision-making of the company. Zhou Huimin, still an employee of *Quzhou Newspaper*, did not join us at that time, but was in charge of all core technology and maintenance of *boxbbs. com*... "

On October 30, 2006, Shanghai Gongxinyang Intellectual Property Judicial Expertizing Office conducted forensic identification on the commission of Quzhou Municipal Public Security Bureau to identify "1. whether the database of *ibox. com. cn* provided by Quzhou Municipal Public Security Bureau and the database of boxbbs. com originally operated by Quzhou Wanlian Technology Co. ,Ltd. (object for contrast) are identical in content and program. 2. Whether the database of boxbbs. com originally operated by Quzhou Wanlian Technology Co. ,Ltd. are public intellectual in terms of its content and program and whether it has taken security measures".

On November 9, 2006, Shanghai Gongxinyang Judicial Intellectual Property Expertizing Office produced the Judicial Expertise Report (HU-Gong-Jian-Zhu-Zi (2006) No. 021), whose analysis and argument section stated that "the Report applies only to the contents registered from 17: 18: 40 on November 18, 2001 to 20: 32: 06 on April 28th, 2004 and the two data sheets for comparison within that period of time involve 534,958 and 534,965 records respectively.... According to the analysis of the meaning of English words and the contents of the records, both of the data sheets share three fields with identical meaning, including field for clients' registered user names, field for clients' registration passwords and field for clients' registration time.... The result of comparing the three pairs of fields with identical names of the two data sheets is as follows: there are 534,952 records with identical registered user names and registration time, with a rate of 99.99%. There are 177,231 records with identical registered usernames, registration time and registration passwords with a rate of 33.13%. Considering that the registered users can change their passwords but not their registration time, it is justifiable that the three pairs of fields are far less likely to be identical at the same time than two of the three are and that the identification of similarity shall be determined based on the similarity rate of registered user names and registration time". "... When accessing the comparing and the compared databases, we found that both sides had entered super administrator user names and passwords, which meant that both sides have taken technology security measures. Accordingly, it can be inferred that the customer lists from both databases are not known by the public". Ultimately, the judicial expertise report concluded that "registered user names are core contents of both databases, registration time can not be modified by the registered users and 99.99% of the records from the two databases have identical registered user names and registration time. The evidence collected from both databases shows that both sides have taken technology security measures. The identification group members unanimously agreed that both databases are 99.99% similar in core contents, which can be considered as identical; and both sides have taken technology security measures for their databases".

On December 7, 2006, Quzhou Price Authentication Center provided the copy of the web pages of BOX online games community (*www. alexa. com*). Defendant Zhou Huimin refused to recognize the authenticity of the above-mentioned evidence.

To prove the ownership of the involved website, Defendant Zhou Huimin submitted the Notarial Certificate (2009) ZHE-Qu-Shi-Zheng-Min-Zi No. 1208. According to the Notarial Certificate and its appendices, on November 13, 2009, Xu Fang, Defendant Zhou Huimin's entrusted agent, applied to Zhejiang Quzhou Huaxia Notarial Office for the online evidence conservation notarization. The evidence for notarization included the historical records of the involved website preserved at *http: //web. archive. org*, on which the page *http: //web. archive. org/web/20021206185523/www. boxbbs. com/bbs/* was marked with "*www. boxbbs. com* all rights reserved: China Unicom Zhejiang Division BOX Online Community" at the bottom of the webpage. To prove that he was one of the designers of the website, Defendant Zhou Huimin also submitted a disc containing the source code of the website. In this regard, the Plaintiff believed that such evidence could only prove that Defendant Zhou Huimin was a developer of the forum programs of the involved website, but could not prove that he was the owner of the website.

Defendant Zhou Huimin submitted two receipts with Qiu Qi's signature. One was "Borrowing Receipt" saying "Qiu Qi is in receipt of TEN THOUSAND RMB Only from Zhou Huimin. The note is hereby made and Qiu Qi promises to repay within three months from this date from borrower Qiu Qi on February 27, 2003". The other bore the statement that "I am in receipt of FOUR THOUSAND RMB Only from Chen Yongping which is to be repaid by the end of June, 2003. The note is hereby written. Qiu Qi, April 4, 2003". The Plaintiff and Qiu Qi, its legal representative, confirmed the fact.

The Plaintiff based its claim in this case on the identification results of the Price Identification Conclusion Report QU-Jia-Jian (2006) No. 323. In addition, in order to justify the reasonable expenses it made, the Plaintiff submitted three invoices of identification fees with a total amount of RMB 82,000.

The court of first instance held that there were four focuses of dispute in this case:

I. The Ownership of the Database of the Involved Website

According to the court of first instance, first of all, from 13 March, 2002 to 8 June, 2004, the plaintiff registered the involved website's domain name at *www. net. cn* in the name of the company and was appeared as the website's actual operator in its commercial operation. Second, the evidence submitted by the Plaintiff and the defendants and the statements of the five defendants in the records of interrogation made by Quzhou Municipal Public Security Bureau could prove that during the period from June 2001 to June 2004, defendants Zhou Huimin and Chen Yongping were employees of the Plaintiff, defendants Feng Ye, Chen Yufeng and Chen Yunsheng were shareholders and employees, and defendants Zhou Huimin and Qiu Qi, the plaintiff's legal representative, had negotiated with each other on the allocation of stock rights of the company. On these grounds, the court of first instance could determine that during the period when the Plaintiff was open for business, the five defendants should have known that the involved website was registered by the Plaintiff and that they were working for the Plaintiff. Third, there was no evidence to prove the five defendants' claim that the involved site was a personal website rather than one of a company. Even though the Plaintiff and the five defendants did not sign any formal labor contract and the Plaintiff did not pay the five defendants, judging from the statements of five defendants made in interrogation by Quzhou Municipal Public Security Bureau, they acknowledged voluntarily to have worked for the Plaintiff and continued working for the Plaintiff without pay. The five defendants took part in the technical development, maintenance and commercial operation of the involved website for it was their duties as employees to perform such responsibilities. Besides, the fact that Qiu Qi borrowed money from the five defendants could not prove that the involved website was a personal site rather than one of a company, either. Therefore, from 13 March, 2002 to 8 June, 2004, the Plaintiff, as the owner of the domain name and actual operator of the website, enjoyed the ownership of the database formed in operation. As for the five defendants' claim that they also enjoyed the ownership of the website's database because the involved site was a personal one, which the court of first instance decided to dismiss for lack of fact or legal basis.

II. Whether the User Information in the Database of the Involved Website, Including the Registered User Name Field, Registration Password Field and Registration Time Field on the Client List Data Sheet, Fell into the Category of Commercial Secrets

The court of first instance concluded that in this case, the business secrets claimed by the Plaintiff referred to the user information in the database of the involved website, including the registered user name field, registration password field and registration time field on the client list data sheet. According to the Judicial Expertise Report HU-Gong-Jian-Zhu-Zi (2006) No. 021 and the facts found in its investigation, the court of first instance concluded that: first, the above-mentioned user information of the involved website was its business information collected during its long-term operation, the Plaintiff devoted certain creative labor to attract online game enthusiasts to register on the website and participate in the exchange. Though information of single users, such as registered user name, registration password and registration time, was readily available, the huge amount of comprehensive user information including user names, passwords and registration time of more than 500,000 users were not commonly known and easily accessible to those in related fields. Second, the above user information proved that the involved website, as a game website, had a rather large user base and amount of visits, which were closely related to the website's return from advertising display and other economic benefits. Therefore, the above user information, which was useful, could also bring economic benefits to the Plaintiff. Lastly, as the Plaintiff had set passwords to the database of the involved website, which was only known to Defendant Zhou Huimin, who was a technical expert, and Qi Qiu, the Plaintiff's legal representative, and the Employment Contract signed by the Plaintiff with Defendant Zhou Huimin included a confidentiality clause. These could be ascertained that the plaintiff had taken security measures to protect the above-mentioned user information. In summary, the court of first instance affirmed that the user information in the database of the involved website, including the registered user name field, registration password field and registration time field on the client list data sheet, was business secrets which should be protected by laws.

III. Whether the Five Defendants' Acts Constituted Infringement on Commercial Secrets

The court of first instance concluded that in accordance with the *Anti-Unfair Competition Law of the People's Republic of China*, obtaining business secrets from their owners through theft, inducement, coercion or other improper means and disclosing, using or allowing others to use the business secrets obtained by the above-mentioned means, shall be determined as unfair competition with infringement on business secrets. In this case, as owner of the database of the involved website, the Plaintiff enjoyed the ownership of the business secrets of the user information in the database. Therefore, Defendant Zhou Huimin infringed the Plaintiff's business secrets by replicating, downloading and using the database containing the registered user name field, password field, registration time field and other user information from the involved website of the Plaintiff after without the Plaintiff's permission using the password of the database. Meanwhile, although Defendant Zhou Huimin was the one who replicated the database, according to the investigation, the other four defendants did not directly take part in the replication simply because of different division of responsibilities. However, since they had known Zhou Huimin's act of replicating and downloading the information and were also involved in using the database, they issued a statement declaring that they were responsible jointly for the legal consequences arising therefrom. Therefore, the court of first instance ascertained that the five defendants had subjective intention for joint infringement and thus should jointly bear the civil liability for damages.

IV. Compensation

The court of first instance held that the case was an infringement of business secrets, and the disputed business secrets were the user information in the database of the involved website, while the Price Identification Conclusion Report QU-Jia-Jian- (2006) No. 323 was a price identification report on the value of the whole website. As the value of user information as business secrets was different from that of the whole website, the price identification report shall not be accepted as the basis for the compensation for economic losses in this case. However, the court of first instance took it as an important reference. Therefore, considering that the Plaintiff's actual loss and the defendants' profits could not be ascertained, the court of first instance determined the compensation amount including reasonable expenses based on the evidence submitted by the Plaintiff and the defendants, the popularity of the Plaintiff's website, development costs of the business secrets in this case, profits from using the business secrets, possible benefits, time of maintaining the competition edge, conclusions of the Price Identification Conclusion Report QU-Jia-Jian (2006) No. 323 and the five defendants' infringement scope, intention, duration of infringement, profitability and other factors, with reference to relevant provisions of patent laws.

In summary, in accordance with Article 130 of the *Civil Procedure Law of the People's Republic of China*, Article 134. 1 (7) of the *General Principles of the Civil Law of the People's Republic of China*, Article 10. 1 (1), Article 10. 1 (2), Article 10. 3 and Article 20 of the *Anti-Unfair Competition Law of the People's Republic of China*, Article 9, Article 10, Article 11, Article 14 and Article 17. 1 of the *Interpretation of the Supreme People's Court on Some Issues Concerning the Application of Law in the Trial of Civil Cases Involving Unfair Competition*, the following ruling was made: defendants Zhou Huimin, Feng Ye, Chen Yunsheng, Chen Yufeng and Chen Yongping should pay the Plaintiff Wanlian RMB 1,000,000 in compensation for its economic losses including reasonable expenses within ten days after the ruling took effect. In this case, the first instance cost RMB 46,856 of court fee and RMB 5,000 of property preservation fee, totaling to RMB 51,856. Plaintiff Wanlian should pay RMB 25,461. 3 while defendants Zhou Huimin, Feng Ye, Chen Yunsheng, Chen Yufeng and Chen Yongping should pay RMB 26,394. 7 jointly.

After the ruling, Zhou Huimin, dissatisfied with such decision, lodged an appeal to the court, requesting to cancel the ruling of the first instance and overrule the judgment after finding the facts. He also claimed that the case costs should be paid by Appellee Wanlian. His main grounds for appeal were as follows: (1) the rule of the first instance made a mistake in ascertaining that "defendants Zhou Huimin and Chen Yongping were employees of the Plaintiff from June, 2001 to June, 2004" because Zhou Huimin did not have any labor relation with Appellee Wanlian; (2) In the ruling of the first instance, the decision that Wanlian had registered the involved website lacked factual basis for the involved website was a personal one rather than one of a company. (3) The decision of the ruling of first instance that Appellee Wanlian owned the involved website and its user information lacked factual basis Besides, the decision of the rule of first instance that Wanlian was the owner of the involved website: on the ground that it registered the domain name of the involved website and signed external contracts in the name of Wanlian was not true, for in fact, Wanlian was not the legitimate operator of the involved website and its database was jointly owned by its long-term personnel, such as Zhou Huimin. (4) In the ruling of first instance, the user information in the database of the involved website, including registered user name field, registration password field and registration time field on the client list data sheet were determined as business secrets which was a false determination. (5) The ruling of first instance that the act of Appellant Zhou Huimin constituted infringement of business secrets was a false decision as Wanlian was neither the owner nor the maintainer or administrator of the involved website and Zhou Huimin, the copyright owner of its database programs and database compilation who had the right to download and replicate them, had no intention of infringement and did not commit infringement. (6) Even if infringement was committed, the compensation amount of RMB 1 million in the ruling of first instance was too high.

Appellee Wanlian defended that: (1) Wanlian was not only the domain name owner and actual operator of the involved website, but also the content owner of the disputed website. The ownership of the involved website belonged to Wanlian. (2) Zhou Huimin, only an employee of Wanlian, had never cooperated with Qiu Qi personally concerning the involved website. The employment contract signed between Wanlian and Zhou Huimin expressly provided that it was Zhou's responsibility to design the website and software programs for Wanlian and that since the software programs he designed and developed were owned by Wanlian, he had no right to disclose, transfer and use them for other purposes without permission of the company within the validity or after the expiration of the contract. Qiu Qi and Zhou Huimin did not sign any personal cooperation agreement. (3) A large number of network users could bring real benefits to the website and the user names and passwords in the database, not known to the public, were protected by security measures taken by Wanlian and were thus belonged to business secrets. Zhou Huimin was a program developer of the involved website and designer of the database structure. However, he was not the creator of the user data of the website, which were collected during the operation of Wanlian, its actual operator. (4) Factors such as the price identification conclusion report and the transfer price of the allegedly infringing website B could be taken into consideration in determining the value of the involved website.

Feng Ye, Chen Yunsheng, Chen Yufeng and Chen Yongping, defendants of first instance, did not submit any written defense to the court.

In the second instance, Appellant Zhou Huimin submitted new evidence materials to the court, including: 1. Change of Registration to prove that Qiu Qi and Zhao Jun, not Qiu Qi and Jiang Qiongyan as ascertained in the first instance, were the shareholders of Wanlian when it was founded. 2. Wanlian's balance sheets and income statements from 2001 to 2004 to prove that from 2001 to 2004, the involved website did not earned any profit and that the ascertainment in the price identification conclusion report that it had a monthly income of RMB 100,000 was groundless. 3. The State Compensation Reconsideration Resolution ZHE-Gong-Pei-Fu-Jue-Zi (2009) No. 10 of Zhejiang Public Security Bureau and the Criminal Compensation Resolution QU-Shi-Jian-Pei-Jue (2011) No. 1 of Qu Quzhou People's Procuratorate to prove that the ruling of first instance was mistaken in determining that Zhou Huimin had infringed business secrets. 4. The Notarial Certificate (2011) HU-Xu-Zheng-Zi No. 7766 to prove that the owner of the involved website's domain name could not be determined, Wanlian was not its owner before Feng Ye and others became shareholders, the ownership of the involved website belonged to outsiders of this case including CDC Games and Zhejiang Division of China Unicom, and that the involved website was a personal website with its domain name originally registered by Qiu Qi personally.

In response to the evidence materials submitted by Appellant Zhou Huimin, Appellee Wanlian claimed in cross-examination that: it had no objection against the authenticity of the above evidence, but they had been submitted in the first instance and thus were not new evidence for the second instance. With regard to Evidence Material 1, the change of Wanlian's shareholders was not the focus of dispute in the case. With regard to Evidence Material 2, the material did not directly reflect Wanlian's specific operation status and profitability for it could not be concluded whether a company was profitable from the income it earned from its business. With regard to Evidence Material 3, the two resolutions, which were not valid judgments made by people's court, could not be taken as evidence. On the contrary, they also proved that the Appellee committed infringement. With regard to Evidence Material 4, the domain name owner shall be ascertained on the basis of registered materials, while the part related to the copyright of the website in the Notarial Certificate had nothing to do with the infringement of business secrets in this case and remarks on related forums could not correctly reflect objective facts.

Feng Ye, Chen Yunsheng, Chen Yufeng and Chen Yongping, defendants of first instance, made no response in cross-examination to the above evidence submitted by Appellant Zhou Huimin.

According to the above evidence materials submitted by Appellant Zhou Huimin and the cross-examination claims made by Appellee Wanlian, the court concluded that: (1) Appellee Wanlian had no objection to the authenticity of Evidence Material 1, which could prove the change of Wanlian's shareholders. Therefore, the court accepted the Evidence Material 1 submitted by the Appellant. (2) The balance sheets and income statements in the Evidence Material 2 could not objectively reflect the actual income of the involved website at that time and the court of first instance, rather than accepted the price identification conclusion report as the basis for ascertaining the compensation amount, only took it as one of the references. Evidence Material 3, the state compensation resolutions made by public security departments and procuratorate departments, could not directly prove the fact relating to the infringement of business secrets in this case. Evidence Material 4, the notarization of some contents on the website, was not enough to prove the facts the Appellant claimed. Therefore, the court decided not to accept evidence materials 2-4.

Appellee Wanlian and Feng Ye, Chen Yunsheng, Chen Yufeng and Chen Yongping, defendants of first instance, did not submit any new evidence to the court.

After trial, it was found that on May 28, 2001, Plaintiff Wanlian was founded with its stock equity divided as follows: 60% to Qiu Qi and 40% to Zhao Jun. On December 18, 2001, Zhao Jun was replaced by Jiang Qiongyan as a shareholder with a shareholding of 40%.

Other facts found by the court of first instance were all true and shall be affirmed by this court.

The court held that the user information in the database of the involved website claimed by

Appellee Wanlian for protection, as useful as they were, could bring economic benefits to the Appellee, and that the registered user names, registration passwords, registration time and other user information of more than 500,000 users were not known or easily accessible to those in related fields and were protected by the security measures taken by the Appellee. Therefore, the above information, with all integral parts of business secrets, could be determined as business secrets owned by Appellee Wanlian and shall be protected by laws. Appellant Zhou Huimin and Feng Ye, Chen Yunsheng, Chen Yufeng and Chen Yongping, defendants of first instance, replicated and used the above information without permission of the Appellee, which jointly infringed upon the above business secrets owned by Appellee Wanlian, therefore shall bear civil liability for damages.

The appellant claimed in his appeal that the ruling of first instance was mistaken in determining that "defendants Zhou Huimin and Chen Yongping were the employees of the Plaintiff from June 2001 to June 2004". In fact, Zhou Huimin had no labor relation with Appellee Wanlian. In this regard, the court held that Wanlian signed the Employment Contract with Zhou Huimin on June 1, 2001, specifying that Wanlian engaged Zhou Huimin to design websites and develop software programs in his spare from June 1, 2001 to May 31, 2003. After the above contract expired, Wanlian and Zhou Huimin did not renew the employment contract, but Zhou Huimin continued working for Wanlian. The above fact was supported by the Employment Contract and the records of the interrogation of Appellee Zhou Huimin and defendants of first instance by Quzhou Municipal Public Security Bureau. There was nothing inappropriate in the decision made by the court of first instance on the basis of the above facts that Zhou Huimin was Wanlian's employee from June 2001 to June 2004. Therefore, the court did not support the claim made by the appellant for lack of factual basis.

The Appellant claimed in his appeal that there was neither factual basis for the ruling of first instance to determine that Wanlian registered the involved website, which was a personal website rather than one of a company nor factual basis for the judgment that Appellee Wanlian owned the involved website and its user information. Therefore, the court held that: (1) evidence materials presented by Beijing Wanwang Zhicheng Technology Co., Ltd. (*www.net.cn*) proved that on March 13, 2002, Appellee Wanlian registered "*boxbbs.com*", the domain name of the involved website, at *www.net.cn* in its own name. Appellee Zhou Huimin raised an objection against the above fact, but failed to submit valid evidence to overturn it. According to the facts found in this case, from 13 March 2002 to June 8 2004, the domain name of the involved website was registered and owned by Wanlian. (2) Wanlian was the actual operator of the involved website, who conducted its business operations. (3) Zhou Huimin and Chen Yongping were Wanlian's employees and Feng Ye, Chen Yufeng and Chen Yunsheng were Wanlian's shareholders and employees. Therefore, Appellant Zhou Huimin and the four defendants of first instance involved in the technology development, maintenance, business operations and other work of the involved website as these were responsibilities of employees. In this case, Zhou Huimin failed to submit sufficient evidence to prove his claim that the involved website was a personal one rather than that of a company, so the court found it difficult to accept his related claims. The information in the database of the involved website was collected by Wanlian during its operation from 13 March 2002 to 8 June 2004. Therefore, it possessed the ownership of the database and the court of first instance made no mistake in recognizing the fact. Therefore, the two above-mentioned grounds on which the Appellant based his appeal were inadmissible, for which the court did not support.

The Appellant claimed in his appeal that the ruling of first instance was mistaken in determining that the user information in the database of the involved website, including the registered user names field, registration password field and registration time field on the client list data sheet, was business secrets. In this regard, the court concluded that business secrets refer to the technical information and management information which is not known to the public and, being protected by the security measures taken by the copyright owner, can bring economic benefits to their owners. First, although the registered user name and registration time of single users might be readily available, such large amount of user information consisting of corresponding data including the registered user names, registration passwords and registration time of more than 500,000 users are not commonly known and readily available to those in related fields. Second, the advertising revenue and other economic profits of a website are closely related to its amount of visits. The above-mentioned large amount of user information proved that the involved website, as a game site, had a large user base and amount of visits, so the above user information, as useful as it was, could bring economic benefits to Wanlian. Third, Wanlian has set a password to the database of the involved website, which was only known to Zhou Huimin, who was a major technical expert, and Qiu Qi, the legal representative of Wanlian, and included a confidentiality clause in the Employment Contract signed with Zhou Huimin. Therefore, it could be determined that Wanlian had taken security measures for the above-mentioned user information. In conclusion, the user information in the database of the involved website, including the including registered user names field, registration password field and registration time field on the client list data sheet, was business secrets. Therefore, the ground on which the Appellant based his appeal was inadmissible, for which the court did not support.

The Appellant claimed in his appeal that the ruling of first instance was mistaken in ascertaining that Appellant Zhou Huimin committed infringement of business secrets. In this regard, the court held, as it had explained in details in the preceding part of this ruling, that Wanlian was the owner of the related user information in the database of the involved website and that the registered user names field, registration password field and registration time field included in the above user information were Wanlian's business secrets. Appellant Zhou Huimin replicated and used the database containing the above business secrets from the involved website owned by Wanlian without the permission of Wanlian using the password of the database known to him, which infringed Appellee Wanlian's business secrets. This case was a business secret infringement, to which copyright ownership of the database program was not directly related. And the disputed registered user names, registration passwords and registration time of the case were rather collected by Wanlian during its operation of the involved website than created by Zhou Huimin. Therefore, this claim of the Appellant had no factual and legal bases, for which the court did not support.

The Appellant claimed in his appeal that even if infringement was committed, the compensation amount ascertained in the ruling of first instance was too high. In this regard, the court held that Article 17. 1 of the *Interpretation of the Supreme People's Court on Some Issues Concerning the Application of Law in the Trial of Civil Cases Involving Unfair Competition* stipulates that the compensation amount for losses resulted from business secrets infringement stipulated by Article 10 of the *Anti-Unfair Competition Law* can be determined by reference to the method of determining the compensation amount for losses resulted from copyright infringement; Article 65. 2 of the *Patent Law of the People's Republic of China* stipulates that where it is difficult to determine the compensation amount for the losses of the copyright owner, the benefits of the infringer or the patent licensing fees, the people's court can determine a compensation amount ranging from RMB 10,000 to RMB 1,000,000 according to the type of patent rights, infringement nature, severity of infringement and other factors. In this case, there was no evidence to prove the actual loss of Appellee Wanlian and the benefits of Appellant Zhou Huimin from infringement and the four defendants of first instance. There was nothing inappropriate for the court of first instance in determining the amount of compensation including reasonable expenses at RMB 1,000,000 based on the popularity of the involved website, the development costs, profitability and time of maintaining competition edges of the business secrets, infringement scope, intention and duration by Appellant Zhou Huimin and the four defendants of first instance, etc. Therefore, this claim of the Appellant was inadmissible, for which the court did not support.

In summary, Appellant Zhou Huimin's appeal had no factual or legal basis and shall be dismissed. In accordance with Article 130, Article 153. 1 (1), Article 157 and Article 158 of the *Civil Procedure Law of the People's Republic of China*, the ruling was as follows:

The court dismissed the appeal and upheld the ruling of first instance.

The court fee of second instance is RMB 13,800, which shall be borne by Appellant Zhou Huimin.

This ruling shall be final.

Chief Judge: Qian Guangwen
Judge: Ma Jianfeng
Judge: Wang Jing
February 24, 2012
Court Clerk: Dong Erhui

(The Judgment has been selected into the 2012 Supreme People's Court's Ten Innovative Cases on Judicial Protection of Intellectual Property and the 2012 Shanghai's Ten Cases on Judicial Protection of Intellectual Property)

31. Beijing Kelan xinzuan Network Technology Co. , Ltd. v. China Syndication Entertainment Co. , Ltd. Unfair Competition Case

——Civil Judgment of Shanghai Pudong New Area People's Court

(2011) PU-Min San- (Zhi) -Chu-Zi No. 694

Plaintiff: Beijing Kelan Xinzuan Network Science and Technology Co. , Ltd. Domicile: Room B1011, 9F, Building 21, Xuanwu District, Beijing. Business address: 4F, Hongdu Business Center, No. 61A Ande Road, Gulouwaidajie Street, Dongcheng District, Beijing.

Legal representative: Guo Feng, General Manager.

Entrusted agent: Zhu Yanyu, a lawyer from Beijing Jurisino Law Group.

Entrusted agent: Xue Zhihong, a lawyer from Beijing Jurisino Law Group.

Defendant: Shanghai Syndication Film and Television Co. , Ltd. Domicile: Room 239, Building 6, No. 260, Changjiang Street, Changjiang Farm, Chongming County, Shanghai. Business address: 38F, South Building at Hong Kong Plaza, No. 283, Middle Huaihai Road, Huangpu District, Shanghai.

Legal representative: Wu Tao, General Manager.

Entrusted agent: Sun Liqing, a lawyer from Shanghai Tianwen Law Firm.

Entrusted agent: Qiu Hao, a lawyer from Shanghai Tianwen Law Firm.

Defendant: Shanghai Zhuomei Jewelry Co. ,Ltd. Domicile: Room 255, Building 5, Block B, No. 6999, Chuansha Road, Pudong New Area, Shanghai.

Legal representative: Tang Qian, General Manager.

Entrusted agent: Xie Dongsheng, a lawyer from Hunan Chongmin Law Firm.

Entrusted agent: Hu Yunfeng, a lawyer from Hunan Jingcai Law Firm.

After accepting the case of unfair competition brought by Plaintiff Beijing Kelan Xinzuan Network Science and Technology Co. ,Ltd. against defendants Shanghai Syndication Film and Television Co. ,Ltd. (hereinafter and before the main text of the ruling referred to as "Syndication") and Shanghai Jewelry Co. ,Ltd. (hereinafter and before the main text of the ruling referred to as "Zhuomei"), the court set up a collegial panel consisting Xu Fei as judge and Sheng Meifen and Yang Hongdi as people's jurors according to the general procedure of laws and heard the case in a public trial on April 24, 2012. Zhu Yanyu, entrusted agent of the Plaintiff, Sun Liqing, entrusted agent of Defendant Syndication, and Xie Dongsheng and Hu Yunfeng, entrusted agents of Defendant Zhuomei, appeared on court for the trial. Now the case has been closed.

Plaintiff Beijing Kelan Xinzuan Network Science and Technology Co. , Ltd. claimed that it commissioned a designer to design a work of art *named Angel's Wings Pendant*, and released it to the public in Beijing on March 8, 2008. After that, the Plaintiff began selling physical products *of Angel's Wings Pendant* manufactured in accordance with the pattern of the above work of art. On February 24, 2009, the Plaintiff registered the copyright of the work and obtained its Copyright Registration Certificate, which proved that the Plaintiff owned the copyright, except for the right of authorship, in accordance with laws as the commissioning copyright owner.

The Plaintiff found that the second episode of *The Three Daughters of Xia Family*, a TV dra ma broadcast by major TV channels such as Anhui TV and Dragon TV was well as many video websites including *Youku*, *Baidu Qiyi*, *Sohu Video* and *Tudou*, showed a pendant almost identical to *Angel's Wings Pendant* from the 24th to 26th minute. The product was marked with "CRD", the trademark logo of Defendant Zhuomei's jewelry brand "CRD". The TV drama was co-produced and filmed by Defendant Syndication, who filed its "TV Drama Shooting and Production Record".

The Plaintiff held that the two defendants used a pendant product substantially similar to "*Angel's Wings Pendant*", copyright-protected work owned by the Plaintiff, in the TV drama without the authorization of the Plaintiff, which not only misled the audience and consumers, but also seriously infringed the Plaintiff's legitimate copyright and committed unfair competition through false advertising and breach of the principle of honesty and credibility. Therefore, it requested the court to order the two defendants to (1) apologize publicly to the Plaintiff on Legal Daily, home page of Sina (*http: //www. sina. com. cn*) and home page of the official CRD website (*http: //www. crd999. com*) separately; and (2) compensate the Plaintiff for its economic losses of RMB 150,000 and reasonable expenses of RMB 7,521 on stopping the infringement. After that, the Plaintiff withdrew its charge of copyright infringement against the defendants.

Defendant Syndication argued that it used the work in dispute as an end consumer and it was at the discretion of the director whether to use the necklace or not, so it had no subjective fault and should not bear any legal liability according to laws.

Defendant Zhuomei argued that it had not produced or sold the infringing products and should not bear legal liability. Jewelry used in the drama was prepared by the crew, while the Defendant provided the shooting site only. The defendants had not made any plan to use the disputed product on purpose or provided the product to the crew. Besides, they had no idea about the process of the jewelry display. The Plaintiff had no evidence to prove that it had committed the act of unfair competition.

After trial, the court found the following facts:

The Plaintiff, founded in September 2007, engages in advertising design and production and sales of jewelry ornaments, gold jewelry, etc. On February 18, 2008, Zhang Meng, who was not involved in the case, designed *Angel's Wings Pendant*, three-piece work of art. On February 23, Zhang Meng and the Plaintiff jointly issued a Specification on Work Created During Employment, specifying that "the work *Angel's Wings Pendant* was created by Zhang Meng, an employee of the company, on the commission of the company with the resources provided by the company within the time limit specified by the company. Therefore, the copyright of the work shall be owned by the company and the author only owns the right of authorship". On September 24, 2009, the National Copyright Administration of the PRC issued a copyright registration certificate upon the application of the Plaintiff. The certificate stated that *Angel's Wings Pendant* (a three-piece work) was first released to the public in Beijing on March 8, 2008, of which the Plaintiff "owned the copyright (except for the right of authorship) as the commissioning copyright owner". The Plaintiff produced necklace pendants on the basis of the aforesaid work. It was mainly consisted of a pair of rotatable wings embedded with diamonds, at the root of the wings and holes for rope or necklace at the tip of the wings. Threaded with a rope or necklace through the two holes, the two wings would display face-to-face or back-to-back patterns. Threaded with a rope or necklace only through one hole, the two wings would display upright, a third pattern. The three patterns of the pendant represented the three pieces of the work *Angel's Wings Pendant*, whose copyright was registered by the Plaintiff.

In July 2010, the crew of *The Three Daughters of Xia Family* went to the place of business operation of Xiamen CRD Jewelry Co. ,Ltd, a franchisee of Defendant Zhuomei, in Xiamen. The two sides agreed through negotiation that the crew of *The Three Daughters of Xia Family* could shoot scenes at its place of business operation in Xiamen without rent and that the crew should include the overall image of the store with its logo in its shooting and list its brand name and slogan in the acknowledgements as a free advertisement. During the shooting, Zhou Guodong, director of the drama, bought a necklace at the store and asked for another jewelry box marked with "CRD" in addition to the jewelry box of the necklace and informed the store that the box would be used as a prop but did not indicate for which scene.

On April 22, 2011, upon the application of the Plaintiff, Beijing Fangyuan Notary Public Office preserved the following evidence: 1. A clip from the online video of the second episode of *The Three Daughters of Xia Family*, which covered the following details: Haotian went to the jewelry store with the visible logo of "CRD" with his mother to buy jewelry. . . . In Xia's house, Haotian gave the jewelry to Youshan as a present, with a 4-second close-up shot showing the visible logo of "CRD" and the necklace, whose pendant was basically identical to the face-to-face pattern of wings of the Plaintiff's pendant inside the box when the box was opened. Subsequently, Haotian helped Youshan to put on the necklace. A footage followed showing Youshan wearing the necklace. . . . The run-out of the drama displayed a slogan reading "CRD, romantic moment for now and happiness for whole life". 2. Entering "*crd999. com*", the official site of the Defendant, and clicking on the title of "CRD Joins Hands with The Three Daughters. . . ", you would see an article titled "CRD Joins Hands with *The Three Daughters of Xia Family*, So Deep In Love with You" on the page. The article read "*The Three Daughters of Xia Family* took some shots at CRD, and CRD hopes to stay in the minds of everyone with *The Three Daughters of Xia Family*". The article was attached with photos with notes like "Haotian picked diamond jewelry with his mother at CRD", "They exited the store after buying the jewelry", "Wow, red CRD jewelry box, so sweet" and "Acknowledgement: CRD, romantic moment for now and happiness for whole life".

It was also found that Defendant Syndication engages in TV production and publication, investment films and TV programs of digital new media and traditional media, etc. Syndication was the copyright owner, maker and major producer of *The Three Daughters of Xia Family*, responsible for the publicity and distribution of the drama. The TV drama was broadcast through various TV channels and unloaded on many mainstream websites. The necklace in the drama was bought by the crew from Yinliang Jewelry Store in Baiyun District, Guangzhou.

Defendant Zhuomei engages in jewelry sales, ornament retailing, design and development, as well as advertising design and production. "克徕帝" and "CRD", are brands of Defendant Zhuomei all of whose franchisees were operated under these brands. Zhuomei was aware of the cooperation between its Xiamen franchisee and Defendant Syndication regarding the shooting of The Three Daughters of Xia. However, both Zhuomei and its franchisees had not manufactured or sold the disputed pendant.

It was also found that the Plaintiff paid a notary fee of RMB 2,521 and a attorney fee of RMB 5,000 for the case.

The above facts were supported by the Copyright Registration Certificate No. 2009-F-015597 and its appendices, the pendant itself and its photos and design draft, Specification on Work Created during Employment, the Notarial Certificate (2011) JING-Fang-Yuan-Nei-Jing-Zheng-Zi No. 09997, notary fee invoice and attorney fee invoice provided by the Plaintiff, purchase invoice provided by Defendant Syndication, and representation, product quality assurance and jewelry stock records provided by Defendant Zhuomei, as well as the statement of the parties involved in trial. Therefore, the court confirmed the facts. The Plaintiff claimed that the necklace used in the drama was provided by Defendant Zhuomei but failed to provide evidence, while the evidence provided by the two defendants could prove that the necklace was purchased by a person that was not involved in the case. Therefore, the court did not recognize the above claim made by the Plaintiff.

The court held that according to the *Anti-Unfair Competition Law of the People's Republic of Chin*, business dealers shall not make misleading and false propaganda regarding product information such as the quality, composition, performance, usage, manufacturer, expiration date, and place of origin through advertisements or other means. Advertising operators shall not knowingly or unknowingly act as agents for designing, producing or releasing false advertisements. In accordance with the above provisions and the ascertained facts, the court concluded that:

I. Related Scenes of the *Three Daughters of Xia Family* Constituted Advertising for the Brands of Defendant Zhuomei

Commercial advertising is a kind of marketing campaign for goods or services held by their business operators or service providers or entrusted agents in certain forms through media to promote their products or services. First of all, viewing the case from the perspective of the relationship between the two defendants, Defendant Zhuomei provided Defendant Syndication with free shooting site for its TV drama and Syndication returned the favor with free publicity for the brand of Zhuomei in the drama. Although there was no written contract between the two parties, they did have entered into the de facto advertising partnership. In the partnership, Zhuomei was the actual advertiser while Syndication was the actual advertising operator with the consideration of site rent and advertising fee they exempted each other from. Second, in terms of the related content of the drama, in *The Three Daughters of Xia Family*, the protagonist bought jewelry in a jewelry store with a visible logo of "CRD" and then opened a jewelry box marked with a visible "CRD" logo at his home; and the run-out of the drama displayed the slogan of "CRD, romantic moment for now and happiness for whole life". These all indicated the characteristics of implanted advertisements and constituted advertising for the brand of "CRD". In the drama, the necklace pendant in dispute was shown together with the jewelry box and thus became an integral part of the advertisement, which objectively produced the effect of advertising and constituted advertising for the brand of Defendant Zhuomei.

II. The Disputed Implanted Advertisements were Misleading, Which Harmed the Legitimate Interests of the Plaintiff

Advertising must be objective and authentic and conform to the actual condition of the advertised objects. In advertising of jewelry, unique styles of the jewelry could instantly attract the attention of consumers, which increased the appeal of a brand. In this case, Defendant Zhuomei did not design, produce or sell the disputed necklace pendant. However, Defendant Syndication used the pendant along with the brand logo of Zhuomei in the implanted advertisement in the TV drama. The advertisement displayed to the audience an open jewelry box with a visible logo of "CRD", the disputed necklace pendant and a scene of the protagonist wearing the necklace. Moreover, the jewelry box and the necklace were shown in close-up shots, of which the one for the necklace lasted for 4 seconds. These, together with the scene of picking up jewelry as well as the "CRD" logo displayed at the run-out of the drama, were sufficient to mislead relevant public to assume that the pendant was designed, made and sold under the brand "CRD". Those fond of the pendant would become interested in the "CRD" brand and be enticed to know more about or buy the products of the brand, creating more business opportunities for Zhuomei, which would improperly gain competition edges and commercial interests.

The Plaintiff and Defendant Zhuomei, both are jewelry producers, are competitors to each other. The Plaintiff, as the copyright owner of *Angel's Wings Pendant*, owned the right to produce jewelry according to the work of art to make profits. The disputed implanted advertisement publicized the brand of Defendant Zhuomei using the jewelry of the Plaintiff, which was bound to impair the plaintiff's competition edges from the jewelry design or mislead relevant public to assume that the Plaintiff's product faked that of the Defendant, which damaged the legitimate interests of the Plaintiff and constituted unfair competition against the Plaintiff.

III. The Two Defendants shall Bear Joint and Several Liability for False Advertising

In this case, Syndication was not only the producer and publisher of The Three Daughters of Xia, but also the producer and publisher of the disputed implanted advertisement. Though being aware of the fact that the disputed necklace pendant was not from Defendant Zhuomei, it used the pendant together with a jewelry box marked with a visible logo of the Defendant's brand, resulting in misleading among relevant public and damage to the legitimate interests of the Plaintiff. Therefore, it shall bear the liability for damages to Plaintiff. Defendant Zhuomei, the actual advertiser, though did not get involved in the plot design, provided jewelry boxes with its brand logo and was aware of the fact that the jewelry box were to be used in the scene which aimed at promoting the brand. It failed to fulfill the due duty of care on the advertising contents and its possible consequences. Therefore, it shall also bear the liability for damages of the Plaintiff.

As for the compensation amount, since the Plaintiff did not provide any evidence regarding its losses or the defendants' profits, the court will determine the amount according to the nature, details and the severity of subjective intention of the defendants, the extent of effect exerted by the false advertising and the damage caused to the legitimate interests of the Plaintiff. The court noted that the defendants had no other acts of false advertising than using the disputed necklace pendant together with the jewelry box with the logo "CRD" and that consumers would normally take into consideration other factors such as product quality and brand recognition, in addition to the design when buying jewelry. Therefore, in accordance with the principle of proportionate compensation to damages, the court determined that the amount should be RMB 20,000. Attorney fee and notary fee paid by the Plaintiff were reasonable expenses paid by the Plaintiff to stop the infringement, which the court supported. The claim made by the Plaintiff for apologies from the two defendants was not supported by the court for it was groundless, because apologies were a remedy for personal right infringement while this case did not involve personal right. The Plaintiff could eliminate the impact it suffered from the defendants' false advertising by other means.

In conclusion, in accordance with Article 9 and Article 20 of the *Anti-Unfair Competition Law of the People's Republic of China*, the following ruling was made:

1. Defendants Shanghai Syndication Film and Television Co., Ltd. and Shanghai Zhuomei Jewelry Co., Ltd. shall compensate Plaintiff Beijing Kelan Xinzuan Network Science and Technology Co., Ltd., for its economic losses with an amount of RMB 20,000 and for the reasonable expenses it paid to stop the infringement with an amount of RMB 7,521.

2. Other claims made by Plaintiff Beijing Kelan Xinzuan Network Science and Technology Co., Ltd. shall be dismissed.

If the parties with paying obligations fail to fulfill the obligation within the period specified in the ruling, they shall pay double of the debt interest during the deferred period according to Article 229 of the *Civil Procedure Law of the People's Republic of China*.

The court fee (which has been paid by the Plaintiff) amounted to RMB 3,450, of which Plaintiff Beijing Kelan Xinzuan Network Science and Technology Co., Ltd. shall bear RMB 1,424, while defendants Shanghai Syndication Film and Television Co., Ltd. and Shanghai Zhuomei Jewelry Co., Ltd. shall bear RMB 2,026.

Either party that refuses to accept this ruling as final may, within 15 (fifteen) days after service of this judgment, appeal to Shanghai No. 1 Intermediate People's Court by submitting an appeal petition to this court together with a sufficient number of copies for each party to have one.

Chief Judge: Xu Fei
People's juror: Sheng Meifen
People's juror: Yang Hongdi
May 22, 2012
Court Clerk: Yuan Tian

(The judgment was selected into the 2012 Shanghai's Ten Cases on Judicial Protection of Intellectual Property)

32. Shanghai Intercity Bus Terminal Co., Ltd. v. MainOne Information Technology Co., Ltd. *et al* Computer Network Domain Name Infringement

——Civil Judgment of Shanghai Huangpu District People's Court (2011) HUANG-Min-San- (Zhi) -Chu-Zi No. 62

Plaintiff: Shanghai Intercity Bus Terminal Co., Ltd. Domicile: No. 1666, Zhongxing Road, Zhabei District, Shanghai.

Legal representative: Guo Wei, Chairman of the Board.

Entrusted agent: Song Pou, a lawyer from Allbright Law Offices.

Entrusted agent: Zhou Fang, a lawyer from Allbright Law Offices.

Defendant: Mingwan Information Technology Co., Ltd. Domicile: 2C01, 2F, Building 5, Shangsha Creative Science & Tech Park, Binhe Avenue, Futian District, Shenzhen.

Legal representative: Zhang Zijun, General Manager.

Defendant: Mingwan Information Technology Co., Ltd. Shanghai Division. Domicile: Room G, 13F, No. 201, Ningxia Road, Putuo District, Shanghai.

Person in charge: Zhang Yuanda, Manager.

Entrusted agent of the two defendants: Liu Meijing, an employee of Mingwan Information Technology Co., Ltd. Shanghai Division.

Defendant: Zhangjiagang Riyi Machinery Co., Ltd. Domicile: Changfeng Village, Leyu Town, Zhangjiagang City, Jiangsu Province.

Legal representative: Feng Jiancheng, General Manager.

Entrusted agent: Ni Huiping, an employee of the company.

The dispute of network domain name between Plaintiff Shanghai Intercity Bus Terminal Co., Ltd. (hereinafter referred to as "Intercity Bus Terminal") and defendants Mingwan Information Technology Co., Ltd. (hereinafter referred to as "Mingwan"), Mingwan Information Technology Co., Ltd. Shanghai Division (hereinafter referred to as "Mingwan Shanghai Division") and Zhangjiagang Riyi Machinery Co., Ltd. (hereinafter referred to as "Riyi"), was firstly accepted by former Shanghai Huangpu District People's Court on March 17, 2011, which was dismissed because of the cancellation and merge of courts, was taken over by the set up new Shanghai Huangpu District People's Court on October 11, 2011. The court set up a collegial panel according to laws for evidence exchange between the two parties on July 29, 2011 and opened public trials respectively on October 25 and December 14 of the same year. Song Pou and Zhou Fang, entrusted agents of Plaintiff Intercity Bus Terminal, and Liu Meijing, entrusted agent of defendants Mingwan and its Shanghai Division appeared on court for the trials. Defendant Riyi refused to appear on court for the trials on October 25 and December 14, 2011 without just cause upon receipt of court summon, so the court heard the trials with absence of Defendant Riyi according to laws. The case has been closed.

Plaintiff Intercity Bus Terminal claimed that the Plaintiff, the largest coach terminal in Asia, was formally put into operation in January 2005. It has been listed as one of windows to the outside world among Shanghai's four gateway industries of aviation, railway, long-distance bus and shipping and was ratified as a First Class Passenger Transport Terminal by relevant departments of Shanghai Municipal Government. At the end of 2010, to save costs and time for passengers to buy tickets and to meet the needs of different passengers, the Plaintiff applied to China Internet Network Information Center for registration of the Chinese internet domain name "上海长途汽车客运总站 (literally means: Shanghai Intercity Bus Terminal)", but was informed that the domain name had been registered by Riyi through Mingwan. The Plaintiff found in negotiations with Mingwan and its Shanghai Division that Riyi applied and registered seven domain names including "*上海长途汽车客运总站. cn* ", "*上海长途汽车客运总站. 中国*", "*上海长途汽车客运总站. 公司*", "*上海长途汽车客运总站. 网络*", "*上海长途汽车客运总站. com* ", "*上海长途汽车客运总站. net*" and "*上海长途汽车客运总站 . cc*" through Mingwan, which were never been used. Mingwan Shanghai Division also suggested that the Plaintiff pay for the seven domain names and offered to negotiate the specific price, which was sternly refused by the Plaintiff. The Plaintiff claimed that Riyi's registration of the involved domain name infringed its priority right and Mingwan and its Shanghai Division, ignoring the fact apparent even to ordinary people that Riyi had no just cause to use the domain name of "上海长途汽车客运总站", directly helped Riyi to infringe its legitimate rights for commercial purposes, which undermined public order. Therefore, they shall bear the corresponding legal liability and assist the Plaintiff with the formalities of changing the involved domain name. The Plaintiff thus requested the court for the following orders: 1 Defendant Riyi shall immediately cancel its registration of the seven domain names including "*上海长途汽车客运总站. cn*", "*上海长途汽车客运总站 . com*", "*上海长途汽车客运总站. net*", "*上海长途汽车客运总站. cc*", "*上海长途汽车客运总站. 中国*", "*上海长途汽车客运总站. 公司*" and "*上海长途汽车客运总站. 网络*" for which defendants Mingwan and its Shanghai Division shall provide assistance. 2. The three defendants shall jointly pay the Plaintiff RMB 40 for industrial and commercial file inquiry fee for investigation and evidence collection and RMB 5,000 for notary fee. 3. The court costs of this case shall be borne jointly by the three defendants.

Defendant Mingwan argued that the legal liability of infringing others' legitimate rights by possessing and using their domain names shall be borne by the domain name owner and that Mingwan, as a service agency for domain name registration, shall not be held liable. Mingwan was willing to assist with the formalities of the change of domain name, but refused to pay the Plaintiff for its investigation and evidence collection.

Defendant Mingwan Shanghai Division agreed with Mingwan and argued that the domain name in dispute was registered by Riyi through Mingwan Suzhou Division and alleged that it had nothing to do with the case, so it disagreed on the claim of the Plaintiff.

Defendant Riyi argued that Riyi had nothing to do with "上海长途汽车客运总站", it registered the disputed domain names out of the marketing campaign of Mingwan Suzhou Division for domain name investment. It had either used nor sold them to any other third party at high prices, thus had no intention of infringement and shall not bear the liability for infringement.

After trial, the court found that Intercity Bus Terminal was established on July 31, 2001, with a registered capital of RMB 50 million, engaging in passenger transport terminal management, property management and parking lot. In August 2005, Shanghai Intercity Bus Terminal, which is operated by the company, was officially put into operation as one of the important supporting transport infrastructures for Expo 2010 Shanghai China. It was listed as Shanghai Model Unit by Shanghai Municipal Government for two consecutive sessions from 2007 to 2010. It was listed as the 2009 Top 100 Honest Passenger Transport Terminals in National Road Transport by China Road Transport Associations in 2009 and the Outstanding Team of Expo 2010 Shanghai China by the CPC Committee of Zhabei District and the People's Government of Zhabei District of Shanghai in 2010.

Riyi, established on June 9, 2006, engages in manufacturing, processing and sales of plastic machinery, general machinery and automation control systems.

On August 21, 2006, Defendant Riyi signed a *Domain Name/General URL Order* with Mingwan Information Technology Co., Ltd. Suzhou Division (hereinafter referred to as "Mingwan Suzhou Division") and Beijing Mingwan Zhida Technology Co., Ltd. (hereinafter referred to as "Mingwan Zhida"), specifying that Riyi entrusted Mingwan Suzhou Division and Mingwan Zhida to register the domain names of "上海长途汽车客运总站.cn", "上海长途汽车客运总站. 公司", "上海长途汽车客运总站. 网络", "上海长途汽车客运总站.com", "上海长途汽车客运总站.net" and "上海长途汽车客运总站.cc" and the general URL of "上海长途汽车客运总站" with a registration period of 10 years at a service fee amounting to RMB 2,4000. Mingwan Suzhou Division and Mingwan Zhida agreed to jointly exercise the rights and bear the liabilities the order endowed them as service agencies and the *Order* was affixed with Mingwan's contract seal at its bottom. On the same day, Riyi successfully registered the above-mentioned six domain names and an additional one of "上海长途汽车客运总站. 中国" at a discounted price provided by the domain name registration management agency. Among them, "上海长途汽车客运总站.cn", "上海长途汽车客运总站. 中国", "上海长途汽车客运总站. 公司", "上海长途汽车客运总站. 网络" and "上海长途汽车客运总站.cc" will expire on August 21, 2016 and "上海长途汽车客运总站.com" and "上海长途汽车客运总站.net" will expire on August 21, 2015. After registering the seven domain names, Riyi had never used them.

The above facts were supported by relevant news coverage of China Communications News, Xinmin Evening News and Labor Daily and copies of the certificates of honor provided by the Plaintiff, Notarial Certificate (2011) HU-Dong-Zheng-Jing-Zi No. 10426 issued by Shanghai Oriental Notary Public Office, the Domain Name/General URL Order and printed web pages provided by defendants Mingwan and Mingwan Shanghai Division as well as the statements of the concerned parties.

The court held that market players shall abide by the principle of honesty and credibility, the philosophy of fair play and the generally accepted business ethics in the market. Since its establishment in 2001, the Plaintiff has been operating business in the name of Shanghai Intercity Bus Terminal, which was an identifiable integral part of the name of the Plaintiff's company. Since Shanghai Intercity Bus Terminal was officially put into operation in 2005, it has been used in a even wider range as the company name of the Plaintiff and gained popularity in the society after the company received a number of honors. Therefore, the Plaintiff owned the legitimate civil rights in the name "Shanghai Intercity Bus Terminal". The identifiable part of the seven disputed domain names was "Shanghai Intercity Bus Terminal", which is identical to the name of the Plaintiff and is sufficient to mislead the relevant Internet users about the relationship between the disputed domain names and the Plaintiff. Defendant Riyi's business scope did not cover passenger transport terminal operation and it did not provide any evidence to prove its rights and interest in the name of "Shanghai Intercity Bus Terminal". Therefore, the above domain names were registered without just cause. Although Defendant Riyi argued that it had not made any high-price offer to the Plaintiff or any third party, considering its subjective intention of registering the domain names for investment return and the fact that the registered domain names had not been used after registration, it could be ascertained that Defendant Riyi registered the seven disputed domain names with malicious intention. In summary, Defendant Riyi registered the seven disputed domain names against the principle of honesty and credibility at the expense of the Plaintiff's legitimate rights in its company name, so the seven disputed domain names shall be canceled.

The Plaintiff claimed, with several civil judgments from Chongqing High People's Court as evidence, that defendants Mingwan and its Shanghai Division directly assisted Riyi in infringing its legitimate rights for commercial purposes and thus shall assume corresponding liabilities. In this regard, the court held that defendants Mingwan and its Shanghai Division, as domain name registration service agencies, shall abide by relevant laws, administrative regulations and rules and provide fair and reasonable domain name registration services to users in business operation. In accordance with the *Measures for the Administration of Internet Domain Names of China*, the liability of infringing others' legitimate rights by holding or using their domain names shall be borne by the domain name owner. In this case, though the evidence provided by the Plaintiff could prove that Defendant Mingwan had promoted domain names of well-known companies with malicious intention, it was not sufficient to prove that Mingwan and its Suzhou Division had promoted the disputed domain names to Defendant Riyi. There was no evidence to prove Defendant Riyi's claim that it registered the disputed domain names out of the marketing of Defendant Mingwan. The Notarial Certificate submitted by the Plaintiff could prove that Defendant Mingwan Shanghai Division suggested the Plaintiff purchasing the disputed domain names, which, however, was not sufficient to prove that Defendant Mingwan Shanghai Division had participated in the promotion and registration of the seven disputed domain names. Therefore, under the circumstanced that none of the parties had evidence to prove that Defendant Mingwan and its Shanghai Division did anything wrong or breached relevant laws regarding the registration of the disputed domain names, the court found it difficult to determine that defendants Mingwan and its Shanghai Division committed joint infringement with Defendant Riyi or order the two defendants to pay the Plaintiff for the reasonable expenses on investigation as it claimed. Since the notary fee of RMB 5,000 and the industrial and commercial file inquiry fee of RMB 40 claimed by the Plaintiff were paid by the Plaintiff for the investigation of defendants Mingwan and its Shanghai Division, which did not involve Defendant Riyi, it would be unjust to order Defendant Riyi to pay the expenses. Therefore, the Plaintiff's claim for the reasonable expenses on investigation being paid by the three defendants jointly shall not be affirmed by the court.

In accordance with the *Measures for the Administration of Internet Domain Names of China*, if a domain name owner or its agent applied for the cancellation of the domain name or the domain name was ordered to be canceled in the judgment made by people's courts or arbitration institutions, it shall be canceled by the original domain name registration service agency. In this case, Defendant Riyi shall apply for the cancellation of the disputed domain names through Defendant Mingwan within a reasonable time limit after the judgment takes effect. It is the statutory obligation of the domain name registration service agency to do so, and the court shall not repeat it in this judgment.

In summary, in accordance with Article 2.1 of the *Anti-Unfair Competition Law of the People's Republic of China*, Article 4, Article 5.1 (4) and Article 8 of the *Interpretation of the Supreme People's Court on Application of Laws in the Trial of Civil Disputes Over Domain Names of Computer Network* and Article 130 of the *Civil procedure law of People's Republic of China*, the ruling was as follows:

1. Defendant Zhangjiagang Riyi Machinery Co., Ltd. shall cancel the domain names of "*上海长途汽车客运总站.cn*", "*上海长途汽车客运总站.com*", "*上海长途汽车客运总站.net*", "*上海长途汽车客运总站.cc*", "*上海长途汽车客运总站. 中国*", "*上海长途汽车客运总站. 公司*" and "*上海长途汽车客运总站. 网络*";

2. Other claims made by Plaintiff Shanghai Intercity Bus Terminal Co., Ltd. shall not be affirmed.

The court fee of RMB50 shall be borne by Defendant Zhangjiagang Riyi Machinery Co., Ltd.

Either party that refuses to accept this ruling as final may, within 15 (fifteen) days after service of this judgment, appeal to Shanghai No. 2 Intermediate People's Court by submitting an appeal petition to this court together with a sufficient number of copies for each party to have one.

Chief Judge: Ling Song

People's juror: Mei Dejin

Acting Judge: Sun Jinlin

February 14, 2011

Court Clerk: Zhang Xinjin

(The judgment has been selected into the 2011 Shanghai's Ten Cases on Judicial Protection of Intellectual Property)

33. Yue Tongyu v. Zhou Libo Domain Name Ownership and Infringement

——Civil Judgment of Shanghai No. 2 Intermediate People's Court

(2011) -HU-Er Zhong-Min-Qu- (Zhi) -Chu-Zi No. 171

Plaintiff: Yue Tongyu, female, Han nationality, born on April 1, 1972. Address: No. 202, East Gate, H 8F, West Block, No. 8 Yard, Yiguang Temple, Haidian District, Beijing.

Entrusted agent: Gao Qiang, a lawyer from Beijing Dacheng Law Offices Shanghai Branch.

Entrusted agent: Xu Lele, male, an employee of Beijing Dacheng Law Offices Shanghai Branch. Address: No. 1239, Siping Road, Yangpu District, Shanghai.

Defendant: Zhou Libo, male, Han nationality, born on April 22, 1967. Address: No. 59, Maoming South Road, Huangpu District, Shanghai.

Entrusted agent: Tan Yuanyuan, a lawyer from Shanghai Huarong Law Firm.

Entrusted agent: Zhu Pingsheng, a lawyer from Shanghai Huarong Law Firm.

After accepting the lawsuit filed by of Yue Tongyu (the Plaintiff) against Zhou Libo (the Defendant) on internet domain name ownership and infringement, the court set up a collegial panel according to laws and held an open trial on March 28, 2012. Gao Qiang and Xu Lele, entrusted agents of Plaintiff Yue Tongyu, and Defendant Zhou Libo and his entrusted agents Tan Yuanyuan and Zhu Pingsheng appeared in court for the proceedings. The case has been closed.

Plaintiff Yue Tongyu claimed that he registered the domain name of *zhoulibo. com* (hereinafter referred to as the "involved domain name") on October 7, 2007. On December 7, 2011, after the lawsuit filed by Defendant Zhou Libo, Asian Domain Name Dispute Resolution Center (hereinafter referred to as "Asian Domain Name Center") arbitrated that the involved domain name should be transferred to Defendant Zhou Libo. Plaintiff Yue Tongyu claimed that the arbitration of Asian Domain Name Center did not comply with relevant laws. First, Defendant Zhou Libo had not obtained the exclusive right to the registered trademark of "周立波 zhoulibo and its pattern". His name was not in one-to-one correspondence with "zhoulibo". Besides, Zhou Libo was not famous yet when Plaintiff Yue Tongyu registered the involved domain name, so Zhou did not own the rights in "zhoulibo". Second, Plaintiff Yue Tongyu registered and used the involved domain name to introduce Zhou Libo, the contemporary Chinese writer, making him known to the public. Therefore, Plaintiff Yue Tongyu' use of the involved domain name would not confuse the public about the relation of the website linked to the involved domain name and Defendant Zhou Libo. Third, having registered the involved domain name, Plaintiff Yue Tongyu established the website to introduce Zhou Libo, the contemporary Chinese writer, and publicize his works, so he enjoyed legitimate rights in the involved domain name. Finally, Plaintiff Yue Tongyu established the website to introduce Zhou Libo, the contemporary Chinese writer, and publicize his works, which demonstrated that the Plaintiff registered and used the involved domain name without malicious intent. In summary, the Plaintiff requested the court to order that: 1. Plaintiff Yue Tongyu had registered and used the involved domain name without malicious intent or infringing the legitimate rights of Defendant Zhou Libo; 2. the involved domain name should not be transferred to Defendant Zhou Libo and should be registered and used by Plaintiff Yue Tongyu.

Defendant Zhou argued that: 1. in this case, the Plaintiff did not prove that he was the registrant of the involved domain name; 2. Defendant Zhou Libo had been attending a number of business activities with his name for a long time, making the name of Zhou Libo and its Chinese pinyin "zhoulibo" enjoyed a high reputation. Therefore, Defendant Zhou Libo owned legitimate rights in his name and its Chinese pinyin "zhoulibo" should be protected by laws; 3. Defendant Zhou Libo's name and its Chinese pinyin "zhoulibo" enjoyed a high reputation and the main part of the involved domain name "zhoulibo" was identical to the Chinese pinyin of his name, which was sufficient to mislead the relevant public to believe that the involved domain name was connected with Defendant Zhou Libo. Plaintiff Yue Tongyu connected the involved domain name with Defendant Zhou Libo, misleading relevant public to connect the involved domain name with Defendant Zhou Libo. 4. Plaintiff Yue Tongyu did not prove that he registered and used the involved domain name to introduce Zhou Libo, the contemporary Chinese writer, and publicize his works. Therefore, he registered and used the involved domain name without legitimate cause. 5. Plaintiff Yue Tongyu did not only connect the involved domain name with Defendant Zhou Libo, but also offered a higher price for the transfer of the involved domain name, which indicated that the registered and used the involved domain name with apparently malicious intent. In conclusion, Defendant Zhou Libo requested the court to dismiss Plaintiff Yue Tongyu's claims.

After trial, the court found out the following facts:

On October 7, 2007, "HongYiShen" registered the involved domain name through GoDaddy. com, Inc., a domain name registration agency (hereinafter referred to as the "involved domain name registration agency"). The registration information indicated that the telephone number of "HongYiShen" was the 1339175 × × × × and E-mail address was *HongYiShen@ hotmail. com.*

On April 19, 2011, Plaintiff Yue Tongyu paid USD 24. 68 to the involved domain name registration agency. On May 2, 2011, the involved domain name registration agency issued a receipt to the Plaintiff, saying that the USD 24. 68 it received included the costs incurred from the involved domain name.

On May 10, 2011, the involved site displayed information regarding selling the involved domain name, including the following contents: "We believe that Mr. Zhou Libo, Shanghai dialect talk show performer, enjoys a higher reputation than others who are willing to buy and use this domain name. We like Mr. Zhou's performance and are willing to sell this domain name to Mr. Zhou"; "To inquirers interested in buying this domain name, please ensure that your budget reaches RMB 100,000 or you may waste your valuable time"; "the domain name of 周立波 *zhoulibo. com* is for sale and transfer, please contact us if you are interested". The above information was attached with related links of *EJEE. com*, which directed to a page showing "Buy It Now: *zhoulibo. com*", "Seller Price: RMB 100,000", etc. Shanghai Jing'an District Notary Office issued the Notarial Cerficate HU-Jing-Zheng-Zi No. 1899 (hereinafter referred to as the "involved notary certificate").

On September 29, 2011, Defendant Zhou Libo filed a suit to Asian Domain Name Center, requesting the involved domain name to be transferred to him on the grounds that he enjoyed the legitimate civil rights in "zhoulibo", the main part of the involved domain name "zhoulibo" was identical with the Chinese pinyin of his name, and that "HongYiShen" did not own the legitimate rights in the involved domain name but transferred it at a high price, which indicated the malicious intent of the registration and use of the involved domain name.

On November 14, 2011, "HongYiShen" submitted its pleading to Asian Domain Name Center, requesting the Center to dismiss Zhou Libo's suit on the grounds that it registered and used the involved domain name to establish a website for fans of the writer Zhou Libo and that Defendant Zhou Libo did not own legitimate rights in the involved domain name. The signature on the pleading of "HongYiShen" is "洪义深".

On November 14, 2011, Beijing Ejee Huatong Technology Co., Ltd. (hereinafter referred to as "Ejee") issued the *Explanation to the Sale of zhoulibo. com on EJEE. com*, which stated that it received a complaint from the domain name owner that the involved domain name was sold on the website of Ejee (*EJEE. com*) by someone with malicious intent after the website was tampered. After verification, it found that the information, registered e-mail and other relevant contact information did not belong to the owner of the involved domain name. Ejee deleted the above-mentioned sales link after verifying relevent information.

On December 7, 2011, on the grounds that "zhoulibo", the main part of the involved domain name was identical with the Chinese pinyin of Defendant Zhou Libo's name, was sufficient to cause confusion among relevant consumers and that "HongYiShen" was not entitled to the legal rights in the involved domain name, and its registration and use of the involved domain name indicated apparent malicious intent, Asian Domain Name Center made an administrative panel decision (Case No.: CN-1100503) that the involved domain name should be transferred to Defendant Zhou Libo. On December 16, 2011, Plaintiff Yue Tongyu filed the lawsuit to this court.

On February 13, 2012, Plaintiff Yue Tongyu changed his mobile phone service package to Lexiang 3G package (1012 version) for his phone number 13391759075 and paid the charges on the package.

During the trial of the case, the court visited the involved website and found that the page displayed the texts "In Memory of Zhou Libo (1908 - 1979)". The webpage also contained the life story of the writer Zhou Libo and the links to *Storms* (《暴风骤雨》), *Change in the Village* (《山乡巨变》) and other novels written by Zhou.

In the trial of this case, the evidence submitted by Defendant Zhou Libo demonstrated the following facts. Defendant Zhou Libo was founder of Shanghai dialect talk show. In 1981, he was admitted to Shanghai Opera Theater (formerly Shanghai Farce Troupe) and became a student of Zhou Baichun, a farce master. After graduation in 1984, he became an actor in Shanghai Farce Troupe and was called "Little Funny" and "Shanghai Clown" by nickname. In Shanghai Farce Troupe, he has starred in *Enemies and Lovers Are Destined to Meet* (《不是冤家不聚头》), *Modern Mask* (《摩登面具》), *The Second Reincarnation* (《第二次投胎》), *Profligate* (《浪荡鬼》), *The Dress of Dream* (《梦的衣裳》), *Tonight's Stars* (《今夜星辰》), *Greeting Dawn with Smile* (《笑看天明》), *Beautiful Scenery and Destined Encounters* (《美景佳缘》, *Rise to Eminence* (《步步高》) and other farces. He also acted in the movie *Horny Mr. Wang* (《王先生之欲火焚身》) and the TV drama *More Trouble at Home* (《家里比较烦》). From December 2006 to January 2007, Zhou Libo launched the special show of Shanghai dialect talk show. Since December 2008, Zhou Libo has launched special shows of Shanghai dialect talk shows including *the Joke at the Past Three Decades* (《笑侃三十年》), *Joke at Great Shanghai* (《笑侃大上海》), *Mad for Money* (《我为财狂》), and *Summary of Livelihood* (《民生大盘点》). He also acted as a leading actor in *Flirting Scholar II* (《唐伯虎点秋香 2》), hosted the show *Mr. Zhou Live Show* (《壹周立波秀》), and acted as a judge in *China's Got Talent* (《中国达人秀》). In addition, he has been exclusively interviewed by *CBN Weekly*, *Asia Weekly*, *Vogue* and other magazines. Zhou Libo also attended TV programs such as *Yang Lan One on One* (《杨澜访谈录》) and *A Date with Lu Yu* (《鲁豫有约》).

During the trial of the case, Plaintiff Yue Tongyu confirmed that he updated the involved website only twice.

The above facts were supported by the WHOIS search records of the involved domain name, the renewal contract and the payment voucher of the phone number of 13391759075, receipt issued by the domain name registration agency, Defendant Yue Tongyu's statement of account with China Merchants Bank, the Arbitration Report CN-1100503 of Asian Domain Name Center, screenshots of the involved website and the Explanation to the Sale of zhoulibo. com on EJEE. com of Ejee provided by Plaintiff Yue Tongyu, the pleading submitted by "HongYiShen" to Asian Domain Name Center, the involved notarial certificate, posters of Zhou Libo's Shanghai dialect talk shows from 2006 to 2007, certificates of Shanghai Farce Troupe, newspapers and magazines like *CBN Weekly*, *Asian Weekly*, *Vogue*, *Xinmin Evening News*, *Jiefang Daily*, *Shanghai Evening Post*, *Shanghai TV*, *News Times*, *Wenhui News* and *Shanghai Morning Post* and video discs of Second Reincarnation, Horny Mr. Wang, Yang Lan One On One, A Date with Lu Yu and other programs provided by Defendant Zhou Libo, statements of the involved parties, transcripts of the trial and other evidence.

The court held that in this case, the parties focused on the following disputes: 1. whether Plaintiff Yue Tongyu was the registrant of the involved domain name; 2. whether the involved domain name should be registered and used by Plaintiff Yue Tongyu or transferred to Defendant Zhou Libo.

I. The First Focus of Dispute

Plaintiff Yue Tongyu claimed that he registered the involved domain name in the name of

"HongYiShen" and was the registrant of the involved domain name. He provided evidence to prove that he was the owner of the phone number recorded in the registration information and it was he who paid the costs relating to the involved domain name.

Defendant Zhou Libo argued that the signature on the pleading submitted to Asian Domain Name Center was "洪义深", and the registrant of the involved domain name was "HongYiShen", so Plaintiff Yue Tongyu failed in proving that he was the registrant of the involved domain name.

The court held that since real name was not required in domain name registration, domain name registrant could use a false name to register a domain name. In this case, first of all, although the registrant of the involved domain name was registered as "HongYiShen", the mobile phone number indicated in the registration information belonged to Plaintiff Yue Tongyu. Second, the costs resulting from the involved domain name to the domain name registration agency were paid by Plaintiff Yue Tongyu. Finally, Plaintiff Yue Tongyu confirmed that he registered the involved domain name in the name of "HongYiShen", responded the lawsuit on the involved domain name at Asian Domain Name Center in the name of "洪义深" and brought up this case. Therefore, the court ascertained that thc above facts corroborated each other and proved that Plaintiff Yue Tongyu was the registrant of the involved domain name. The court decided not to affirm Defendant Zhou Libo's claim that Plaintiff Yue Tongyu was not the registrant of the involved domain name.

II. The Second Focus of Dispute

Plaintiff Yue Tongyu claimed that Defendant Zhou Libo did not enjoy the priority right to the involved domain name, he had registered and used the involved domain name before Defendant Zhou Libo became famous, and that he registered and used the involved domain name to introduce the contemporary Chinese writer Zhou Libo and publicize his works without malicious intent or misleading relevant public into confusion. Therefore, Plaintiff Yue Tongyu claimed that the involved domain name should be registered and used by him.

Defendant Zhou Libo argued that he enjoyed the legitimate civil rights in his name and its Chinese pinyin "zhoulibo". Plaintiff Yue Tongyu registered and used the involved domain name without legitimate cause, connected it with Defendant Zhou Libo to mislead relevant public and offered the domain name for sale and transfer at a high price, so Plaintiff Yue Tongyu registered and used the involved domain name with malicious intent. The involved domain name should be transferred to Defendant Zhou Libo.

The court held that Article 4 of the *Interpretation of the Supreme People's Court on Application of Laws* in the Trial of Civil Disputes Over Domain Names of Computer Network (hereinafter referred to as the "*Judicial Interpretation of Domain Name*") stipulated that in the trial of domain name dispute cases, the people's court shall ascertain that defendants have committed infringement or unfair competition after registering and using domain names under the following circumstances: (1) the civil rights claimed by the plaintiff for protection are legal and valid; (2) the domain name or its main contents of the defendant were copied, imitated, translated or transliterated from the plaintiff's famous trademark or were identical with or similar to the trademark or domain name registered by the plaintiff, being sufficient to mislead relevant public; (3) the defendant does not own rights in the domain name or its main contents and has no just cause to register or use it; (4) the defendant registered and used the domain name with malicious intent. Therefore, in this case, to ascertain whether the involved domain name shall be registered and used by Plaintiff Yue Tongyu or transferred to Defendant Zhou Libo, the court needed to analyze and ascertain whether Plaintiff Yue Tongyu owned the rights in the involved domain name or its main contents, whether the Plaintiff registered and used it for just cause, whether Defendant Zhou Libo owned the civil rights in his name and its Chinese pinyin "zhoulibo", whether the involved domain name or its main contents are identical with or similar to his name and its Chinese pinyin "zhoulibo" as Defendant Zhoulibo claimed, whether it was sufficient to mislead relevant public, and whether Plaintiff Yue Tongyu registered and used the involved domain name with malicious intent.

i. Whether Plaintiff Yue Tongyu owned the rights in the involved domain name or its main contents and whether he had just cause to register and use it.

The court held that firstly, the fact that Plaintiff Yue Tongyu registered the involved domain did not guarantee his rights or civil rights in the domain name and he had not provided any evidence to prove his connection with the involved domain name or its main contents and his legitimate civil rights in it. Secondly, during trial, the statement of Plaintiff Yue Tongyu indicated that he updated the involved website only twice over the past four years and the evidence he provided was insufficient to prove that he had been introducing the writer Zhou Libo to make him publicly known on the involved site in arbitration on the involved domain name by Asian Domain Name Center. Therefore, the court found it difficult to accept his claims that he was a fan of the writer Zhou Libo and that he registered and used the involved domain name for the just cause of introducing the writer Zhou Libo to make him publicly known. In summary, the court concluded that Plaintiff Yue Tongyu neither owned legitimate rights in the involved domain name or its main contents nor have just cause to register or use it.

ii. Whether Defendant Zhou Libo owned the civil rights in his name and its Chinese pinyin "zhoulibo".

The court found that Article 5. 3 of the *Anti-Unfair Competition Law of the People's Republic of China* stipulated that unauthorized use of others' company names or names, which misleads people into believing that the product belongs to them, constitutes unfair competition of engaging in market transactions by improper means and impairing competitors. Article 6. 2 of the *Interpretation of the Supreme People's Court on Some Issues Concerning the Application of Law in the Trial of Civil Cases Involving Unfair Competition* stipulated that the name of a natural person used in commodity marketing shall be ascertained as the "name" defined in Article 5 (3) of the *Anti-Unfair Competition Law*. The pseudonym or stage name of a natural person which is well known to relevant public or having certain popularity in the market can be ascertained as the "name" specified in Article 5 (3) of the Anti-Unfair Competition Law. The above laws demonstrated that a natural person well known to the public and has certain popularity in the market owns legitimate rights of forbidding others from using his or her name, pseudonym or stage name without his/her authorization, or forbidding others from engaging in business operation by unfair means. In this case, Defendant Zhou Libo has participated in various commercial shows, stared in *Profligate*, *Tonight's Stars*, "*Greeting Dawn with Smile*, *Beautiful Scenery and Destined Encounters* and many other popular farces, appeared in *Horny Mr. Wang*, *More Trouble at Home* and other TV dramas since 1984. What is more, he launched the special show of Shanghai dialect talk show in December 2006 in the name of "周立波 (Zhou Libo)". It was evident that before Plaintiff Yue Tongyu registered the involved domain name on October 7, 2007, "周立波 (Zhou Libo)" as the name of the Defendant, had been well known to relevant public and had built up certain popularity. Since October 2007, Defendant Zhou Libo had acted as a performer in such special Shanghai dialect talk shows as *Joke at The Past Three Decades* and *Joke at Great Shanghai*, appeared in TV shows like *Mr. Zhou Live show* and *China's Got Talent*. Besides, he has attended a number of media interviews and is known as the founder of Shanghai dialect talk show. The above facts were sufficient to prove that Defendant Zhou Libo used his name "Zhou Libo" in the special shows of Shanghia dialect talk show and other commercial shows, and that his name enjoyed some popularity due to his commercial shows "Zhoulibo", as the Chinese pinyin of his name, was exclusively related. Therefore, so defendant Zhou Libo's name and its Chinese pinyin "zhoulibo" were well known to relevant public. In summary, the court concluded that Defendant Zhou Libo owned the legitimate right of forbidding others from using his name "周立波" and its Chinese pinyin "zhoulibo" or forbidding others from engaging in business operation with them by improper means.

iii. Whether the involved domain name or its main contents were identical with or similar to the name and its Chinese pinyin "zhoulibo" claimed by Defendant Zhou Libo and whether it was sufficient to confuse relevant public

The court held that first of all, "zhoulibo", the main contents of the involved domain name, were identical with the Chinese pinyin of Defendant Zhou Libo's name. Second, Defendant Zhou Libo's name enjoyed a rather high reputation thanks to his commercial shows, and his name "Zhou Libo" and its Chinese pinyin "zhoulibo" were also well known to relevant public. According to the linguistic contexts and general codes of language, relevant public are likely to identify the main contents of the domain name "zhoulibo" as Chinese pinyin. Therefore, it is sufficient to mislead relevant public into believing that the involved domain name and Defendant Zhou Libo were connected. Finally, the expressions on the involved website, including "We believe that Mr. Zhou Libo, Shanghai dialect talk show performer, enjoys a higher reputation than others who are willing to buy and use this domain name. We like Mr. Zhou's performance and are willing to sell this domain name to Mr. Zhou" and "the domain name of 周立波 *zhoulibo. com* is for sale and transfer, please contact us if you are interested", are also sufficient to mislead relevant public into believing that Defendant Zhou Libo was connected with the involved domain name. In summary, the court concluded that "zhoulibo", the main contents of the involved domain name were similar to Defendant Zhou Libo's name and identical with its Chinese pinyin "zhoulibo", which was sufficient to mislead relevant public into believing that the involved domain name was connected with Defendant Zhou Libo.

iv. Whether Plaintiff Yue Tongyu registered and used the involved domain name with malicious intent

The court held that firstly, the Plaintiff provided an offer at a high price of RMB 100,000 to sell the involved domain name on the involved website according to the involved notarial certificate. Although Plaintiff Yue Tongyu claimed that the offer of the involved domain name was published after the website was tampered, the proof from Ejee he provided was not enough to prove that the offer was published by others rather than himself after the website was tampered. Therefore, the court concluded that Plaintiff Yue Tongyu published the offer himself to sell the involved domain name. Secondly, Article 1.3 of the *Judicial Interpretation of Domain Name* stipulated that defendants who offered a high-price sale, rent or transfer by other means of the domain name for illegal benefits shall be convicted of registering the domain name for malicious intent. In this case, according to the involved notarial certificate, Plaintiff Yue Tongyu published an offer for the involved domain name on the involved website with the following expressions: "We believe that Mr. Zhou Libo, Shanghai dialect talk show performer, enjoys a higher reputation than others who are willing to buy and use this domain name. We like Mr. Zhou's performance and are willing to sell this domain name to Mr. Zhou", "To inquirers interested in buying this domain name, please ensure that your budget reaches RMB 100,000 or you may waste your valuable time", and "the domain name of 周立波 *zhoulibo. com* is for sale and transfer, please contact us if you are interested". It was evident that Plaintiff Yue Tongyu connected the involved domain name with Defendant Zhou Libo and offered a high-price sale of RMB 100,000 for the involved domain name for illegal benefits. In summary, the court concluded that the Plaintiff registered and used the involved domain name with malicious intent.

In conclusion, the court concluded that Defendant Zhou Libo owned the legitimate rights of forbidding others from using his name "周立波" and its Chinese pinyin "zhoulibo" or forbidding others from engaging in business operation by improper means with them. Plaintiff Yue Tongyu neither owned the legitimate rights in the involved domain name or its main contents nor had just cause to register and use it. In addition, Plaintiff Yue Tongyu, though had known the fact that "zhoulibo", the main contents of the involved domain name, were similar to "周立波", Defendant Zhou Libo's name, and was identical with its Chinese pinyin, which was sufficient to mislead relevant public into believing that the involved domain name was connected with Defendant Zhou Libo. Besides, the Plaintiff related the involved domain name to Defendant Zhou Libo and offered a high-price sale of RMB 100,000 to transfer the involved domain name for illegal benefits. So Plaintiff Yue Tongyu registered and used the involved domain name for apparent malicious intent and his registration and use of the involved domain name constituted unfair competition through unauthorized use of others' name, which was sufficient to mislead relevant public. Article 8 of the *Judicial Interpretation of Domain Name* stipulated that to defendants who have committed infringement or unfair competition, the court may order them to stop infringement and cancel the domain name or transfer the domain name to the plaintiffs in accordance with their claims. Therefore, the involved domain name shall be registered and used by Defendant Zhou Libo. There was no factual and legal basis for Plaintiff Yue Tongyu's claims that he registered and used the involved domain name without malicious intent and did not infringe Defendant Zhou Libo's legitimate rights and that the domain name should not be transferred to Defendant Zhou Libo but should be registered and used by Plaintiff Yue Tongyu, for which the court did not support. On these grounds, in accordance with Article 5 (3) of the *Anti-Unfair Competition Law of People's Republic of China*, Article 6. 2 of the *Interpretation of the Supreme People's Court on Some Issues Concerning the Application of Law in the Trial of Civil Cases Involving Unfair Competition* and Article 4, Article 5. 1 (3) and Article 8 of the *Interpretation of the Supreme People's Court on Application of Laws in the Trial of Civil Disputes Over Domain Names of Computer Network*, the ruling was made as follows:

Plaintiff Yue Tongyu's claims shall be dismissed.

The court fee of RMB 1,000 shall be paid by Plaintiff Yue Tongyu.

Either party that does not accept the ruling may, within fifteen days as of the date of the service of this judgment, submit a petition to this court to appeal to Shanghai High People's Court, and provide copies of the petition according to the number of persons of the opposite party.

Chief Judge: Rui Wenbiao
Judge: He Yuan
People's Juror: Zhao Fusheng
April 26, 2012
Court Clerk: Jiang Guangrui
Court Clerk: Li Jingjing

(The Judgment has been selected into the 2012 China's 50 Typical Cases on Judicial Protection of Intellectual Property and of the 2012 Shanghai's Ten Cases on Judicial Protection of Intellectual Property)

Criminal Cases over Intellectual Property

34. Shanghai Changzheng Materials Co. , Ltd. v. Tan Tian Sales of Commodities with Counterfeit Registered Trademark Criminal Case

——Criminal Judgment of Shanghai Pudong New Area People's Court
(2009) PU-Xing-Chu-Zi No. 1824

Public prosecution organ: Shanghai Pudong New Area People's Prosecution Service.

Defendant: Shanghai Changzheng Materials Co. , Ltd. . Domicile: No. B103, Steel Structure Region, No. 103, Sizhuan Road, Sijing Town, Songjiang District, Shanghai.

Representative of action: Feng Dongxiang, legal representative of Shanghai Changzheng Materials Co. , Ltd.

Defender: Jia Xiaohui, a lawyer from Shanghai Purui Law Firm.

Defendant: Tan Tian (former name: Tan Hao), Male, born on January 8, 1976, Han Nationality, high school graduate, General Manager of Shanghai Changzheng Materials Co. , Ltd. Registered place of residence: No. 2, Building 1, No. 103-3, Liberation Park Road, Jiang'an District, Wuhan City, Hubei Province. Current address: No. 2, Lane 1428, South Jiangyang Road, Baoshan District, Shanghai. He was held in criminal detention on May 6, 2009 and was arrested on June 12 of the same year because of this case. He is now detained in Shanghai Pudong New Area Detention House.

Defender: Huang Baolong, a lawyer from Shanghai Purui Law Firm.

Defender: Hong Zhigang, a lawyer from Shanghai Purui Law Firm.

With Indictment HU-Pu-Jian-Xing-Su [2009] No. 20145, Shanghai Pudong New Area People's Procuratorate accused Defendant Shanghai Changzheng Materials Co. , Ltd. (hereinafter referred to as "Changzheng Company") and Defendant Tan Tian of committing the crime of selling commodities with counterfeit registered trademarks, initiating a public prosecution to this court on September 9, 2009. This court applied general procedures according to laws and held an open trial on October 16, 2009. Feng Dongxiang, representative of action of Defendant Changzheng Company, and her Defender Jia Xiaohui, Defendant Tan Tian and his defenders Huang Baolong and Hong Zhigang were present in the court for the litigation. Shanghai Pudong New Area People's Procuratorate assigned fact finder Xiao Kai and Yang Yongqin to appear before the court to support the public prosecution. The trial for this case has closed.

It was ascertained by the trial that the trademark "Jinzhou and its pattern" was registered upon the approval of the Trademark Office of China in 1995 by Kingland Group in Huzhou City Zhejiang Province with the Registration Number 780665 for commodities of Class 6 Steel tubes. In February 2004, the trademark "Jinzhou and its pattern" was recognized by the Trademark Office of China as a well-known trademark. On February 28, 2008, Kingland Group transferred the trademark to its subsidiary Zhejiang Kingland Pipeline Science and Technology Co. ,Ltd.

Defendant Changzheng Company was established on July 12, 2006, with registered capital of RMB 500,000. Feng Dongxiang (mother of Defendant Tan Tian) and Zhu Zuo were shareholders and Defendant Tan Tian was the general manager of the company.

In January 2007, Defendant Changzheng Company became the materials supplier of Shanghai Installation Engineering Group Co. , Ltd. (hereinafter referred to as "Installation Company"), mainly providing building materials such as galvanized steel pipes. Both parties signed *Letter of Intent on Materials Supply* respectively in 2007, 2008 and 2009. In July 2008, Installation Company undertook the mechanical and electrical installation project of the China Pavilion of Expo 2010 Shanghai China.

At the end of November 2008, Defendant Tan Tian bought over 90 tons of galvanized steel pipes of 8 specifications with the trademark "Jinzhou and its pattern" from a door-to-door salesman surnamed Chen at the price of RMB 456,000. The salesman did not issue an invoice or no delivery note. From December 2008 to March 2009, Defendant Changzheng Company for five successive times sold the above-mentioned galvanized steel pipes to Installation Company of a total value of RMB 444,663. 12 and provided the latter with product quality certificate affixed with the seal of "Shanghai Dafeng Supplies Co. , Ltd. " by Defendant Changzheng Company. Installation Company paid for the above-mentioned goods.

On April 7, 2009, Defendant Changzheng Company again sold galvanized steel pipes with the trademark "Jinzhou and its pattern" of a total value of RMB 208,625. 1 to Installation Company. Installation Company found some quality problems during sampling inspection on the above-mentioned goods and informed Defendant Tan Tian immediately and returned the purchased goods. On April 23, Installation Company notified the involved trademark obligee Kingland Company, requesting the latter to determine the quality of the aforesaid batch of steel pipes. On April 24, Kingland Company came to the pavilion site for inspection and approved that this batch of steel pipes were counterfeit products with registered trademark "Jinzhou and its pattern" On the same day, Kingland Company complained to Pudong New Area Office of Shanghai Municipal Administration for Industry and Commerce (hereinafter referred to as "SHAIC Pudong Office").

On April 25, Kingland Company delegated personnel to accompany the inspection detachment of SHAIC Pudong Office to the construction side of the pavilion of Expo 2010 Shanghai China and inspected 1,034 steel tubes had not been used yet. It turned out that all these steel tubes were counterfeit products wit the registered trademark "Jinzhou and its pattern". On the same day, SHAIC Pudong Office issued to a *Notice* on Implementing *Compulsory* Administrative *Measures* to Installation Company, and detained the above-mentioned 1,034 steel pipes. In the meantime, Shanghai Municipal Building Materials and Components Quality Supervision and Inspection Station conducted sampling inspection on the above-mentioned steel pipes. On May 11, the Inspection Station issued an inspection report which indicated that the steel pipes fell short to the required quality standard. After that, Installation Company removed all used steel pipes.

On May 26, Kingland Company conducted inspection on 2,296 galvanized steel pipes attached with the trademark "Jinzhou and its pattern" and found that all these steel pipes were counterfeit products.

On May 6, Defendant Tan Tian took the initiative to come to SHAIC Pudong Office to present relevant facts upon the notice of the Office. On the same day, the Office transferred the case on Defendant Changzheng Company selling counterfeit steel pipes with registered trademark "Jinzhou and its pattern" to Pudong Office of Shanghai Municipal Public Security Bureau, and the Office filed the case for investigation. Defendant Tan Tian surrendered himself to Pudong Office of Shanghai Municipal Public Security Bureau and stated relevant facts. He was held in criminal detention the same evening.

It was found in comparison that the character "Kingland" and pattern on the galvanized steel pipes sold by Defendant Changzheng Company was basically identical with Kingland Company's registered trademark "Jinzhou and its pattern".

In the open trial, Defendant Tan Tian held no objection to the above facts which were also supported by the testimony of witnesses Shen Yongquan, Hu Guoxin, Song Ziming, and Lin Huijian, the industrial and commercial registration materials, registration certificate of the trademark "Jinzhou and its pattern", approval on trademark transfer, product quality certificate, letters of intent on materials supply, delivery notes, bills of sale, VAT special invoice, and on-site pictures of Kingland Company and Defendant Changzheng Company, the inspection report issued by Shanghai Building Materials and Components Quality Supervision and Inspection Station, expert conclusion produced by Kingland Company, and the testimony of Defendant Tan Tian.

This court held that since the trademark "Jinzhou and its pattern" had been approved by the Trademark Office of the State Administration for Industry & Commerce of PRC, Kingland Company's exclusive right to use the registered trademark should be protected by laws. Defendant Changzheng Company and Defendant Tan Tian, still sold such products, even though they knew perfectly well that these are commodities with counterfeit registered trademark, which not only infringed upon Kingland Company's exclusive right to use the registered trademark, but also brought harm to the national trademark management system, and disturbed the order of the socialist market economy, with a huge sales volume. Changzheng Company's act has already committed a crime of selling commodities with counterfeit registered trademark. Defendant Changzheng Company is a limited liability company registered upon approval of the administrative bureau for industry and commerce with Defendant Tan Tian as the general manager mainly in charge of its business activities, who signed contracts with Installation Company for sales of galvanized steel pipes and collected payment in its name. Therefore, this case is about a unit crime. Defendant Tan Tian had sold "Kingland" branded steel pipes for many times, and should have considerable awareness about the trademark "Kingland" and be familiar with the price and selling procedures of steel pipes with the trademark. However, Defendant Tan Tian still purchased counterfeit "Kingland" branded galvanized steel pipes from illegal channels at prices considerably lower than that of authentic products and forged the product quality certificate. The above facts are sufficient to determine that Defendant Tan Tian should have known perfectly well that the products he sold are counterfeit registered trademark commodities. As the general manager of Defendant Changzheng Company, Defendant Tan Tian is the direct person in charge who committed the criminal acts and should shoulder criminal liabilities according to laws. The public prosecution organ accused Defendant Changzheng Company and Defendant Tan Tian of committing crime of selling commodities with counterfeit registered trademark. The accusation is established and shall be supported.

Defendant Changzheng Company and Defendant Tan Tian took the initiative to accept the inquiry of the administrative bureau for industry and commerce and interrogation of the public security organ, confessing corpus delicti accurately, which shall be deemed as voluntary surrender and shall be given a lesser or mitigated punishment. Defendant Changzheng Company and Defendant Tan Tian acknowledged the guilt of their own accord with cooperative attitude, thus shall be given a lenient punishment as appropriate. In addition, Defendant Changzheng Company and Defendant Tan Tian actively negotiated with the trademark right owner on issues concerning the infringement compensation and paid the compensation, making up economic losses of the trademark copyright owner. Considering the above facts, this court is determined to impose a lenient punishment on Defendant Changzheng Company and Defendant Tan Tian. However, since Expo 2010 Shanghai China is a grand activity attracting worldwide attention and also an important platform displaying our national image, the act of defendants Changzheng Company and Tan Tian adversely impacted the progress of the Expo project with great hazards to the society. This court would not accept the advice of probation on Defendant Tan Tian put forward by his defender. On these grounds, to enforce the national rules and regulations, regulate the order of the market economy and protect intellectual property rights from infringement, based on the circumstances of crime, severity of the hazards to the society and the acknowledgment and repentance attitudes of the defendants, in accordance with Article 214, Article 220, Article 30, Article 31, Article 67. 1 and Article 64 of the *Criminal Law of the People's Republic of China*, Article 2. 2 of the *Interpretation of the Supreme People's Court and the Supreme People's Procuratorate Concerning Issues on the Specific Application of Law for Handling Criminal Cases of Infringement upon Intellectual Property Rights*, Article 4 and 6 of the *Interpretation II of the Supreme People's Court and the Supreme People's Procuratorate Concerning Issues on the Specific Application of Law for Handling Criminal Cases of Infringement upon Intellectual Property Rights*, the ruling is as follows:

1. Defendant Shanghai Changzheng Materials Co. ,Ltd. shall be imposed with a fine of RMB 180,000 (which shall be paid within a month after this ruling takes effect) for the crime of selling commodities with counterfeit registered trademark.

2. Defendant Tan Tian shall be sentenced to a set-term imprisonment of 2 years and imposed with a fine of RMB 100,000 (which shall be paid within a month after this ruling takes effect)

for the crime of selling commodities with counterfeit registered trademark.

3. The ferreted out counterfeit galvanized steel pipes with the registered trademark "Jinzhou and its pattern" shall be confiscated.

Either party that refuses to accept this ruling as final may, within 20 (twenty) days after service of this judgment, appeal directly to Shanghai No. 1 Intermediate People's Court or through this court.

Chief Judge: Ding Shouxing
Acting Judge: Feng Xiang
Acting Judge: Ni Hongxia
October 16, 2009
Court Clerk: Ye Jufen

(This judgment has been selected into the 2009 China's 50 Typical Cases on Judicial Protection of Intellectual Property)

35. Zhang Jianwei v. You Huangguang Copyright Infringement Criminal Case

——Criminal Judgment of Shanghai No. 2 Intermediate People's Court

(2010) HU-Er-Zhong-Xing-Chu-Zi No. 85

Public prosecution organ: No. 2 Branch of Shanghai Municipal Prosecution Service.

Defendant: Zhang Jianwei, Male, born in Le'an County, Jiangxi Province, in August, 1983, Han Nationality, high school graduate, unemployed. Registered place of residence: No. 93, Dongyingjiao Road, Aoxi Town, Le'an County, Jiangxi Province. Being suspected of infringing copyright, he was held in criminal detention on November 19, 2009 and was arrested December 24 the same year. He is now detained in Shanghai No. 2 Detention House.

Defender: Wang Cheng, a lawyer from Shanghai Haiyao Law Firm.

Defender: Hong Xitao, a lawyer from Shanghai Haiyao Law Firm.

Defendant: You Huangguang, Male, born in Jiangxi Le'an County on February 4, 1983, Han Nationality, junior high school graduate, unemployed. Registered place of residence: No. 27, Le'an Avenue, Aoxi Town, Le'an County, Jiangxi Province. Being suspected of infringing copyright, he was held in criminal detention on November 19, 2009 and was arrested December 24 the same year. He is now detained in Shanghai No. 2 Detention House.

Defender: Qiao Qi, a lawyer from Shanghai Haiyao Law Firm.

Defender: He Jiangui, a lawyer from Zhejiang Jiuji Law Firm.

With Indictment HU-Jian-Er-Fen-Xing-Su [2010] No. 34, No. 2 Branch of Shanghai Municipal Prosecution Service accused defendants Zhang Jianwei and You Huangguang for committing the crime of copyright infringement and initiated a public prosecution to this court on April 15, 2010. After accepting and hearing the case, this court set up a collegial panel according to laws and held an open trial on June 7 the same year. No. 2 Branch of Shanghai Municipal Prosecution Service assigned fact finder Xu Jing and acting fact finder Xing Feifei to appear in court to support public prosecution. Defendant Zhang Jianwei and his defenders Wang Cheng and Hong Xitao, Defendant You Huangguang and his defenders Qiao Qi and He Jiangui all appeared in court for the litigation. During the trial, the public prosecution organ suggested postponing the trial, which this court permitted. The case has been closed.

No. 2 Branch of Shanghai Municipal Prosecution Service prosecuted and accused that: in 2008, to gain unlawful interests, defendants Zhang Jianwei and You Huangguang downloaded network game "Audition" from Internet without authorization from Shanghai 9you Network Technology Co., Ltd. (hereinafter referred to as "9you Company") and carried out PC game testing on the computer. After that, these two defendants rented a server from Jiujiang Telecommunications Room in Jiangxi Province, registered the network domain name *www.35au.com*, and set up customer-end terminals and server programs of "Audition" without authorization for the illegal business of "Audition" non-official server online and provided online game players with customer service through Tencent QQ chat and other approaches. Since May 2009, these two defendants have been selling game cards with the account "zcgl17" registered on a third party payment website *www. zhifuka. net* which was bound to You Huangguang, bank card with the number 6228481750153569610 opened with Agricultural Bank of China for cash after the game cards were sold. By November 19, 2009, these two defendants had illegally made a profit of over RMB 100,000 through this payment platform.

To verify the facts of the above accusation, the public prosecutor read out and presented the Case Reporting Materials of 9you Company, the List of Detained Objects and Files from Shanghai Municipal Public Security Bureau's, the List of Deposits and Remittances of You Huangguang's ABC bank card number 6228481750153569610, the Judicial Expert Report of Pansafe Software (Shanghai) Co., Ltd., testimony of witness Li Jinyun, and confession of defendants Zhang Jianwei and You Huangguang.

The public prosecution organ held that defendants Zhang Jianwei and You Huangguang replicated and distributed computer software for the purpose of making profits without authorization of the copyright owner, involving business revenue of over RMB 100,000, which had committed the crime of copyright infringement. According to Article 217 (1) of the *Criminal Law of the People's Republic of China*, the two defendants shall be investigated and held liable for the criminal liability. Since Defendant You Huangguang's meritorious service, Article 68. 1 of the *Criminal Law of the People's Republic of China* is applicable.

Defendant Zhang Jianwei and his defender held no objection to the prosecuted and accused facts. Zhang Jianwei's defender requested for a lesser punishment on Zhang Jianwei on the grounds that it was the first time for Zhang Jianwei committing the crime accidentally with little subjective malevolence and that Zhang's attitude to admission of guilt was cooperative. The defender also pointed out that probation is applicable to Zhang.

Defendant You Huangguang and his defender Qiao Qi held no objection to the prosecuted and accused facts. You Huangguang's defender Qiao Qi requested or a lesser punishment on You Huangguang on the grounds that it was the first time for Zhang Jianwei committing the crime accidentally with little subjective malevolence and that You's attitude to admission of guilt was cooperative. They also indicated that probation is applicable to You Huangguang. You Huangguang's defender He Jiangui held that Defendant You Huangguang did not make any illegal business revenue and the facts of illegal gain were unclear and was not supported with sufficient evidence. Therefore, You Huangguang did not commit a crime.

It is ascertained in trial that:

In 2008, Defendant Zhang Jianwei and Defendant You Huangguang conspired to set up "Audition" online game non-official server to gain unlawful interests. Thereafter, these two defendants privately downloaded "Audition" online game program and carried out PC game testing and modifications on the computer without authorization from "Audition" online game's lawful operator 9you Company in mainland China. Then these two defendants rented a server from Jiujiang Telecommunications Room in Jiangxi Province and stored there, and replicated the above-mentioned modified "Audition" online game (hereinafter referred to as "35au Audition game") program to the rented server and set up the 35au Audition game server. These two defendants registered network domain name *www. 35au. com* and connected the registered domain name to the above-mentioned 35au Audition game server, providing 35au Audition game to online game players. These two defendants also registered Tencent QQ accounts, providing customer service to online game players through QQ chat and other means. Since May 2009, they have sold virtual currency of 35au Audition game which they operated through account "zcg117" registered on a third party payment website *www. zhifuka. net*, which was bound to You Huangguang's bank card opened with Agricultural Bank of China with the number 6228481750153569610 for cash after the virtual currency were sold. As of November 19, 2009, defendants Zhang Jianwei and You Huangguang had sold virtual currency of 35au Audition game equivalent to RMB 105,814.15 through the payment platform. Deducted by the expenditure, the gains were shared by defendants Zhang Jianwei and You Huangguang.

On November 19, 2009, defendants Zhang Jianwei and You Huangguang were arrested by the public security organ.

The evidence to affirm the above facts are listed below:

1. Testimony of witness Lu Bin and the Registration Form of Accepting Criminal Cases and the Work on 35au Non-Official Server provided by Shanghai Municipal Public Security Bureau verifies that: on Sep. 16th, 2009, the security team of Shanghai Public Security Bureau received a case report from 9you Company that "35au" non-official server set server in mainland China without permission and operated "Audition" games for profits, violating the copyright of 9you Company "Audition" games, and placed the case on file for investigation. After the preliminary investigation in "35au" non-official server concerning personnel and server erection, the Bureau dispatched personnel to Nanchang City, Jiujiang City and Le'an County of Fuzhou City in Jiangxi Province arrest the suspects on November 18. Around 8 o'clock in the evening on November 19, public security officers arrested You Huangguang, who was surfing the internet and chatting with "35au" non-official server players, in an internet cafe in Aoxi Town, Le'an County, Fuzhou City. In interrogation, You Huangguang confessed that he had another companion there, and the public security officers captured Zhang Jianwei at No. 145, Dongyingjiao Road, Aoxi Town, Le'an County, Jiangxi Province with the assistance of You Huangguang. In interrogation, Zhang Jianwei confessed the fact of setting up "35au" non-official server. In addition to You Huangguang and Zhang Jianwei, the public security officers detained 8 hard disks of 4 sets of "35au" non-official servers in Jiujiang Telecommunications Room in Jiangxi Province.

The Case Reporting Materials provided by 9you Company's (including the Business License, the Application Form for Company Change Registration and the Notification on Approval of Change Registration of Shanghai Runxing Network Technology Co., Ltd., the business license, the Industrial and Commercial Administration Registration Number Change Certificate and the Program

Registration Certificate of 9you Company's, the Notarial Certificate (2005) HU-Huang-Yi-Zheng-Wai-Jing-Zi No. 59, the Online Game Audition Assignment Certificate, the Company Establishment Registration, the Company Name Change of Company Establishment Registration, the Online Games Authorization, the Notarial Certificate (2007) HU-Jing-Zheng-Jing-Zi No. 3476, the Notice on Imported Online Game Beta of the Ministry of Culture of the PRC. the Internet Culture Business License, the Approval on Copyright Contract Registration of the National Copyright Administration, the Online Publishing License and the Telecom Value-Added Service Business Certificate of PRC) proved that 9you Company is the exclusive legitimate operator of "Audition" online games in mainland China.

3. The List of Detained Objects and Files provided by Shanghai Municipal Public Security Bureau verifies that public security officers ferreted out and detained 8 server hard disks owned by Zhang Jianwei in Jiujiang Telecommunications Room in Jiangxi Province and an ABC bank card with account number 6228481750153569610 from Defendant You Huangguang.

4. The List of Deposits and Remittances of You Huangguang's account opened with ABC (bank card number: 6228481750153569610 indicated) stated the inward and outward transactions during September 11, 2007 to September 20, 2009. Receipts and the settlement list of account "zcg117" that You Huangguang registered on the third party payment website *www. zhifuka. net* shows the fund flow of the account. By November, 2009, the two defendants withdrew RMB 105,814. 15 in total from the account. Besides, the fund flow of this account is consistent with that of the account with ABC (bank card number: 6228481750153569610).

5. The Judicial Expert Report provided by Pansafe Software (Shanghai) Co., Ltd. verifies that among the 8 hard disks detained, the involved 35au Audition games server program drawn from two hard disks respectively labeled with 2009063HD04 and 2009063HD05 are identical with that of 9you Company's "Audition" online games.

6. The testimony of witness Li Jinyun affirmed the facts that the two defendants rented a server in Jiujiang City, Jiangxi Province and co-operated "Audition" online games.

7. After defendants Zhang Jianwei and You Huangguang appeared before the court, they confessed for many times the corpus delicti that although they clearly knew that they had not got authorization or permission from copyright owner, they still unlawfully set up "Audition" non-official server to attract players, sold virtual games currency through a third party payment website *www. zhifuka. net*, and withdrew RMB over 100,000 and those facts and the above evidences got mutual corroboration.

The above evidences were all verified through court inquiry procedures such as presentation before the court, recognition and cross-examination, deemed exact and sufficient and should get affirmation.

This court believes that the defendants Zhang Jianwei and You Huangguang copied and distributed computer software for lucrative purpose and without permission from copyright owner, and the illegal business transactions amount to over RMB 100,000, with grave circumstances. That behavior had committed the crime of copyright infringement and shall get punished according to law. The accusation put forward by No. 2 Branch of Shanghai Municipal Prosecution Service was established. For the defense opinion raised by the defender of Defendant You Huangguang that Defendant You Huangguang did not involve in "illegal business revenue" and the facts on illegal gains were unclear and without sufficient evidence, You Huangguang thus did not commit a crime, the court holds that in this case, two defendants replicated 35au Audition games to a rented server and provided players with game services, and the fact of illegal business revenue accounting to over RMB 100,000 is fully approved with irrefutable evidence. It is clear the in addition to the above mentioned infringement on the copyright of Audition online games, defendants Zhang Jianwei and You Huangguang also involved in illegal business revenue of over RMB 50,000. Therefore, the defense opinion put forward by the defender of Defendant You Huangguang shall not be accepted. Defendants Zhang Jianwei and You Huangguang admitted the crime of their own accord so that a lesser punishment can be made as appropriate. Since Defendant You Huangguang's meritorious service in court, he shall be given a lesser punishment according to laws. However, based on the two defendants' circumstances of crime and restitution they made, the two defendants shall not get probation, and the court would not accept the opinion put forward by the defender that the two defendants shall be granted with probation. To safeguard socialist legal system and protect others' intellectual property from being infringed, in accordance with Article 217 (1), Article 25. 1, Article 68. 1 and Article 64 of the *Criminal Law of the People's Republic of China*, Article 5. 1 (1) Article 12. 1 and Article 12. 2 of the *Interpretation of the Supreme People's Court and the Supreme People's Procuratorate Concerning Issues on the Specific Application of Law for Handling Criminal Cases of Infringement upon Intellectual Property Rights*, and Article 2. 1 and Article 4 of the *Interpretation II of the Supreme People's Court and the Supreme People's Procuratorate Concerning Issues on the Specific Application of Law for Handling Criminal Cases of Infringement upon Intellectual Property Rights*, the ruling is made as follows:

1. Defendant Zhang Jianwei committed the crime of copyright infringement, thus shall be sentenced to a set-term imprisonment of 1 year and imposed with a fine of RMB 60,000.

(The term of imprisonment shall be counted from the execution day of this ruling. Before the execution of this ruling, days of detention shall be counted as days in term of imprisonment, starting from November 19, 2009 till November 18, 2010. The penalty shall be handed in to this court within 3 months from the day when this ruling takes effect.)

2. Defendant You Huangguang committed the crime of copyright infringement, thus shall be sentenced to a set-term imprisonment of 10 months and imposed with a fine of RMB 40,000.

(The term of imprisonment shall be counted from the execution day of this ruling. Before execution of judgment, days of detention should be counted as days in term of imprisonment, starting from November 19, 2009 till September 18, 2010. Penalty shall be handed in to this court within 3 months from the day that the judgment takes effect.)

3. All properties of illegal gains shall be recovered and returned to the victim Shanghai 9you Network Technology Co., Ltd. The part insufficient shall be compensated, and the tools for criminal purpose shall be confiscated.

Either party that refuses to accept this ruling as final may, within 10 (ten) days from the second day after service of this judgment, appeal through this court or directly to Shanghai High People's Court. One original and one copy of appeal petition shall be submitted for written appeal.

Chief Judge: Li Guoquan
Acting Judge: He Yuan
Judge: Fei Ye
July 20, 2010
Court Clerk: Li Jingjing

(This judgment has been selected into the 2010 Shanghai's Ten Cases on Judicial Protection of Intellectual Property)

36. Shanghai Xinlue Electronics Technology Co. , Ltd. v. Zhang Zhaofeng Commercial Secret Infringement Criminal Case

——Criminal Judgment of Shanghai Pudong New Area People's Court (2009) HU-Xing-Chu-Zi No. 2609

Public prosecution organ: Shanghai Pudong New Area People's Procuratorate.

Victim: Dingxin Communication (Shanghai) Co. , Ltd. Registered place: Room 112, Building A, No. 328, Bibo Road, Zhangjiang Hi-Tech Park, Pudong New Area, Shanghai. Place of Business: 13F, No. 5, Bibo Road, Zhangjiang Hi-Tech Park, Pudong New Area, Shanghai.

Legal representative: Chen Kai, CEO of the company.

Entrusted agent: Chen Jihong, a lawyer from Beijing Zhonglun Law Firm.

Entrusted agent: Xu Taofeng, a lawyer from Beijing Zhonglun Law Firm Shanghai Branch.

Defendant: Shanghai Xinlue Electronics Technology Co. , Ltd. Registered place: Room 325, Building 1, No. 2588, Jinhai Road, Pudong New Area, Shanghai.

Legal representative: Zhang Zhaofeng, CEO of the company.

Representative of action: Xie Tingting, female, person in charge of the company. Address: Room 302, No. 7, Lane 965, Gaosi Road, Pudong New Area, Shanghai.

Defender: Ni Na, a lawyer from Shanghai Yan Dansheng Law Firm.

Defendant: Zhang Zhaofeng, male, born on June 29, 1972, Han nationality, Phd graduate, legal representative of Shanghai Xinlue Electronics Technology Co. , Ltd. Address: Room 401, No. 62, Lane 1155, Guanglan Road, Pudong New Area, Shanghai. For this case, he was held in criminal detention on February 9, 2009, arrested on March 17 and held guarantor pending trial on July 16 of the same year. On July 15, 2010, upon decision of this court, guarantor pending trial was continued.

Defender: Jiang Lijun, a lawyer from Shanghai Yan Dansheng Law Firm.

Defender: Xu Dehong, a lawyer from Shanghai Yan Dansheng Law Firm.

With Indictment HU-Pu-Jian-Xing-Su [2009] No. 20141, Shanghai Pudong New Area People's Procuratorate accused Defendant Shanghai Xinlue Electronics Technology Co. , Ltd. and Defendant Zhang Zhaofeng of committing the crime of infringing commercial secrets, initiating a public prosecution to this court on November 25, 2009. This court set up a collegial penal and held a non-open trial on this case according to laws. Shanghai Pudong New Area People's Procuratorate assigned fact finder Yang Yongqin to appear before the court to support the public prosecution. Chen Kai of the victim Dingxin Communication (Shanghai) Co. , Ltd. and its entrusted agents Chen Jihong and Xu Taofeng, Defendant Shanghai Xinlue Electronics Technology Co., Ltd., Defendant Zhang Zhaofeng and defenders Jiang Lijun and Xu Dehong all appeared in court for the litigation. During this period, following the suggestions given by the public prosecution organ and Defendant Zhang Zhaofeng, this court determined to postpone the trial twice. Upon request of the defender of Defendant Shanghai Xinlue Electronics Technology Co., Ltd., the trial for this case was postponed once. The case has been closed.

Shanghai Pudong New Area People's Procuratorate accused that: Defendant Zhang Zhaofeng used to be Vice President and Chief Scientist of Dingxin Communication (Shanghai) Co., Ltd. (hereinafter referred to as "Dingxin Company"), who is in charge of all technical projects of the company, including research, development and design of the chips of cordless telephone, PHS, FM receiver, etc.. Work Results Agreement During this period, Defendant Zhang Zhaofeng signed a *Confidentiality and Work Results Agreement* and a *Non-Competition*, *Confidentiality and Work Results Agreement* with Dingxin Company.

In February 2007, chip products CL6010A4 developed by Dingxin Company entered the fourth assembly line phase. Defendant Zhang Zhaofeng copied all the database files of CL6010A4 chip design without authorization, violating the rules and regulations of the company.

In August 2007, Defendant Zhang Zhaofeng resigned from Dingxin Company and established Shanghai Xinlue Electronics Technology Co., Ltd. (hereinafter referred to as "Xinlue Company"). He served as the legal representative and CEO of Xinlue Company. Defendant Zhang Zhaofeng also incorporated Cresilicon Technology Company in British Virgin Islands in his own name and opened offshore account with Standard Chartered Bank Shenzhen Branch for the settlement of processing charges and payment on chips of Xinlue Company with customers both at home and abroad.

Defendant Zhang Zhaofeng copied the previous CL6010A4 chip database files he copied without authorization to the intranet server of Xinlue Company and informed technicians concerned of the directory location for their reference in chip design. From December 2007, Xinlue Company entrusted Jiangsu Changjiang Electronics Technology Co., Ltd. to assemble and test chips. Xinlue Company began selling chips to customers in February 2008.

According to the authentication made by Shanghai Stars Digital Forensic Center, the chips of CS1000, CS1000A2, CS1000A3, CS1400 and CS1691 series of Xinlue Company were substantially similar to chips of CL6010FM of Dingxin Company.

According to the authentication of Shanghai Gongxin Zhongnan Certified Public Accountants, Xinlue Company has sold CS1000 chips and gained a gross margin of USD 330,694.11, equivalent to RMB 2,249,017.57, through Cresilicon Technology.

The public prosecution organ hereby ascertained that the acts of Defendant Shanghai Xinlue Electronics Technology Co., Ltd. and Defendant Zhang Zhaofeng violated Article 219.1 (3), Article 219.3, Article 219.4 and Article 220 of the *Criminal Law of People's Republic of China*, committing the crime of commercial secret infringement, and submitted to this court for judgment according to laws.

Defendant Shanghai Xinlue Electronics Technology Co. , Ltd. and Defendant Zhang Zhaofeng basically held no objection to the accusation of the public prosecution organ.

The defender of Defendant Zhang Zhaofeng put forward that:

1. The major evidence on which the determination that Zhang Zhaofeng had committed the crime of commercial secret infringement was based was three expert reports, which, however, were all deficient in many aspects and lacked scientific quality, thus shall not be adopted as evidence. Therefore, the evidence given by the public prosecutor for the accusation that Zhang Zhaofeng committed a crime was inadequate and Zhang Zhaofeng did not commit a crime. (1) The organ of investigation and the public prosecution organ reversed the normal authentication sequence. As a result, the comparison and authentication lacked novelty search authenticating basis and damage expert conclusion was established on wrong comparison and authentication basis, greatly affecting the scientific quality of expert conclusion. (2) Judicial Expert Report HU-Chen-Si-Jian-Zhong-Xin [2009] Jian-Zi No. 42 issued by Shanghai Stars Digital Forensic Center lacked novelty search authentication as support, the appraiser did not possess relative authentication qualifications, and there were errors and improper points in the contents. Therefore, it should not be deemed as evidence for determination of relevant facts. (3) Judicial Expert Report GONG-Xin-Zhong-Nan [2009] Jian-Zi No. 55 issued by Gongxin Zhongnan Certified Public Accountants was based on Judicial Expert Report HU-Chen-Si-Jian-Zhong-Xin [2009] Jian-Zi No. 42 which was erroneous, and the computing method was inappropriate in taking Tonglu (Hong Kong) Co. , Ltd. as Eweely Corporation. Therefore, it should not be viewed as evidence for the determination that the defendant gained some profits. (4) Judicial Expert Report GONG-Xin-Cu-Si-Jian-Zhong-Xin [2010] Zhi-Jian-Zi No. 004 issued by the Intellectual Property Judicial Authentication Institute of the Software and Integrated Circuit Promotion Center of the Ministry of Industry and Information Technology of the PRC did not take into consideration the impact of chip function orientation, peripheral circuit of phase-locked loop and chip layout on the expert conclusion. It acknowledged related technical principles and design chart as publicly known information, but still came to the conclusion that four technologies which had been applied in the products of Dingxin Company were non publicly known technologies. The scientific quality of the conclusions needed to be further determined. Low to medium frequency system framework technology information applied by Dingxin Company was publicly-known information, which had been published in US proprietary technologies. It was a trend to apply low to medium frequency system framework in FM frequency modulator development. Circuit parameter of design structure of CL6010A4 chip mixer technological information could be deducted through publicly-known information such as basic structure and basic principle. And the mixer layout of CS1000A0 was greatly different from that of CL6010A4. CS1000A0's application of analog phase-locked loop technology was quite different from that of CL6010A4, and they were not substantial similar in technical information. As for digital demodulation technologies, both CS1000A0 and CL6010A4 used the contents published by USA Patent Institution as reference. Therefore, all these three expert reports had deficiencies and should not be viewed as evidence to determine whether the involved techniques were

commercial secrets or whether the defendant had infringed commercial secrets and gained some profits from the infringement, according to laws.

2. Even if the court affirmed that Defendant Zhang Zhaofeng had committed the crime, based on the facts that Zhang Zhaofeng's circumstances of crime was notably slight, Defendant Zhang Zhaofeng did not have the malicious intention to infringe the victim's commercial secrets, the damage on the victim was slight and hazards to the society were minor, we hereby request the court to exempt Zhang Zhaofeng from criminal punishment or apply probation to him.

After trial, the court ascertained that on December 26, 2002, Defendant Zhang Zhaofeng (Party B) signed a labor contract with Dingxin Semiconductors (Shanghai) Co., Ltd. (Party A), with an employment period of 1 year dating from November 16, 2001 to November 15, 2002. Party A dispatched Party B to the technical department as the design director. On December 16, 2002, both parties signed the *Non-Competition, Confidentiality and Work Results Agreement*, which defined that confidential information should include but without limitation to internal corporate files, computer software, product development, customer data and market materials. Work results defined by the agreement referred to all or part of the findings, discovery, research, products and technical approaches or some other reasonably predictable results or derivatives, developed or gained by the employee himself or through cooperation with others during the employment period and within 2 years after the employment period ended. During employment period or at anytime afterwards, the employee should not directly or indirectly apply any confidential information or disclose any confidential information to any third party outside the company in any form unless such disclosure was to accomplish the goals of the contract. The non-competition clauses of the contract specified that during the employment period and within 2 years after the employment relationship terminated for any reason, the employee should not directly or indirectly participate in any business or activity constituting competition relationship with the company in any form, or join any entity of other company with competition with the business that Party A already took part in or was going to take part in or have any connection with that entity, or possess its stocks as stock-holder of the entity or form related relations through other methods or establish benefit sharing or strategic cooperation relations with such entity. Where employment relationship terminated for any reason, the employee should return all the work results, confidential information, computer software and files to the company, and should not reserve any of the copies. Then both parties signed a renewed the agreement, and the employment period was further extended from November 15, 2003 till December 31, 2004.

On December 12, 2003, Dingxin Communication (Shanghai) Co., Ltd. (Party A) signed a labor contract with Defendant Zhang Zhaofeng (Party B). According to the contract, Party A employed Party B to work as technical director in the technical department, and the employment period lasted for one year, dating from January 1, 2004 to December 31, 2004. On December 11, 2003, both parties signed the *Confidentiality and Work Results Agreement*, which specified that confidential information in the agreement referred to any form of commercial secrets, technical information, operation information, proprietary information and other materials and information about the company's clients, operations and business and that of company's clients, customers, consultants, re-licensors or affiliated enterprises which were unknown to the public and were held by the company in proper and confidential forms, which was gained by the employee while providing services to the company within the period of the Labor Contract. Confidential information included but was not limited to a series of specifications, specific operating steps and key points of the company's internal work procedures, investment process and track management, internal corporate file, computer software, business plan and ideas, product development, invention, client data, market materials, financial information, scientific and research information, and other information that was viewed or treated as secrets by the company or any of its clients, customers, consultants, re-licensors or affiliated enterprises. Work results defined by the agreement referred to all or part of the findings, discovery, research, products and technical approaches or some other reasonably predictable results or derivatives, developed or gained by the employee himself or through cooperation with others during the employment period and within 2 years after the employment period ended. During the employment period or anytime afterwards, the employee should not directly or indirectly apply any confidential information or disclose any confidential information to any third party outside the company in any form if not for the purpose of realizing the goals of the contract. All work results and the intellectual property involved should be deemed as the exclusive property of the company. The employee agreed to give up any and all possible rights including the intellectual property of work results. When the employment relationship terminated for any reason, the employee should return all the work results, confidential information, computer software and files to the company, and should not reserve any of the copies.

Defendant Zhang Zhaofeng used to be Vice President and Chief Scientist of Dingxin Company, in charge of all technical projects of the company, including research, development and design of chips series of cordless telephone, PHS, FM receiver, etc.

The project of FM chip products CL6010A4 researched and developed by Dingxin Company got approved in May 2005, which then was in the charge of Deng Zhichao. In September 2006, it was handed over to Defendant Zhang Zhaofeng. In February 2007, chip products of CL6010A4 developed by Dingxin Company entered the fourth assembly line phase. Defendant Zhang Zhaofeng copied all database files of CL6010A4 chip design without authorization, violating the rules and regulations of the company.

In August 2007, Defendant Zhang Zhaofeng resigned from Dingxin Company. On October 17, 2007, Xinlue Company was set up, with a registered capital of RMB4.64 million, of which RMB3.49 million was contributed by Zhang Zhaofeng, RMB 150,000 by Wang Chunli, RMB 500,000 by Beijing Weiqing Innovation Technologies Co., Ltd., and RMB 500,000 by Shenzhen Huanyin Technologies Co., Ltd. Zhang Zhaofeng was the legal representative and CEO of the company. The company is a limited liability company (foreign-invested enterprise and Chinese-funded joint venture), engaging in technical development, technical consultation and technical service and sales of electrical products.

On September 6, 2007, Defendant Zhang Zhaofeng incorporated Cresilicon Technology in

British Virgin Islands in his own name and opened an offshore account with Standard Chartered Bank Shenzhen Branch, which was exclusively used for settlement of processing charges and payment on chips of Xinlue Company's with customers both at home and abroad.

In August 2007, Defendant Zhang Zhaofeng replicated the previous CL6010A4 chip database file that he copied without authorization to the intranet server of Xinlue Company. In September of the same year, Defendant Zhang Zhaofeng informed technical staff concerned of the abovementioned database location by e-mail and requested technical staff concerned to take this database as reference in chip design at the business meeting of the company. In December 2007, Xinlue Company entrusted Jiangsu Changjiang Electronics Technology Co. ,Ltd. to assemble and test the chips, and Xinlue Company began selling chips to customers in December 2007.

On May 6, 2008, Xinlue Company (Party A) signed a *Cooperation Agreement on Exclusive Agency of CS*1000 *Chips* with Tonglu (Hong Kong) Co. ,Ltd. (Party B), agreeing on the issues that Party B was authorized by Party A as the sales agent of FM receiver chips CS1000 developed by party A in China. This agreement took effect on the day when both parties signed and affixed their seals on it to April 30, 2009. Party B was the exclusive agent in China.

On January 19, 2009, chips CS1000 sold by Xinlue Company was suspected of involving in infringement. Dingxin Company reported the case to Shanghai Public Security Bureau Pudong Branch. On February 9 of the same year, the public security bureau went to Xinlue Company to search for evidence, thus the case came out.

On June 11, 2009, entrusted by Shanghai Public Security Bureau Pudong Branch, Shanghai Stars Digital Forensic Center issued the Judicial Expert Report HU-Chen-Si-Jian-Zhong-Xin [2009] Jian-Zi No. 42, specifying that the chips CS1000, CS1000A2, CS1000A3, CS1400 and CS1691 of Xinlue Company were substantially similar to the chip CL6010FM of Dingxin Company.

On April 12, 2010, Shanghai Pudong New Area People's Procuratorate issued an engagement letter to the Intellectual Property Judicial Authentication Institute of the Software and Integrated Circuit Promotion Center of the Ministry of Industry and Information Technology of PRC, requesting the latter to carry out forensic appraisal to find out if the technical information contained in Dingxin FM chip products was unknown to the public and whether the chips of Dingxin FM were identical or similar to those of Xinlue FM. On June 11, 2010, the Intellectual Property Judicial Authentication Institute of the Software and Integrated Circuit Promotion Center of the Ministry of Industry and Information Technology of PRC issued the Judicial Expert Report GONG-Xin-Cu-Si-Jian-Zhong-Xin [2010] Zhi-Jian-Zi No. 004, specifying that:

1. The technical information (1) – (4) applied in Dingxin CL6010A4 chips was unknown to the public before May 1, 2008. 1. Publicly-unknown Technology 1: low to medium frequency technical information in system framework technical information; (2). Publicly-unknown Technology 2: circuit parameter technical information in mixer technical information; (3). Publicly-unknown Technology 3: circuit parameter technical information in analog phase-locked loop technical information; and (4) Publicly-unknown Technology 4: Design definition and implementa-

tion code technical information in digital signal processing and demodulation technical information.

2. According to the comparison results of publicly-unknown information applied in chips CS1000A0 of Xinlue Company and chips CL6010A4 of Dingxin Company, they are similar in the following aspects: (1) Low to medium frequency framework technology of Xinlue Company's chips CS1000A0 is the same as publicly-unknown technology 1, both of which adopt low to medium frequency; (2) Mixer technology of Xinlue Company's chips CS1000A0 is the same as publicly-unknown technology 2, with the same circuit parameter technical information; (3) Analog phase-locked loop technology of Xinlue Company's chips CS1000A0 is the same as publicly-unknown technology 3, with the same circuit parameter technical information; and (4) Digital signal processing and demodulation technical information of Xinlue Company's chips CS1000A0 is the same as publicly-unknown technology 4, with a large number of identical or substantially similar RTL codes.

Based on the above analysis, the authentication team held that chips CS1000A0 of Xinlue Company were substantially similar to chips CL6010A4 of Dingxin Company.

It is appraised by Shanghai Gongxin Zhongnan Certified Public Accountants that Xinlue Company has gained a gross profit of USD 330,694.11, equivalent to RMB 2,249,017.57 from selling chips CS1000 (or CS1000A0) through Cresilicon Technology.

After the crime was discovered, USD 201,464.41 in the bank account 501510032764 of Cresilicon Technology opened with Standard Chartered Bank (China) Co., Ltd. Shenzhen Branch was frozen.

The above facts are supported by the following evidence:

1. According to the testimony of witness Xiao Chuan, he established Xinlue Company in October 2008 together with Zhang Zhaofeng for the purpose of producing an FM receive-send integrated chip. In October or November 2008, Zhang Zhaofeng convened a meeting, stating that he decided to make single FM receiver chips, to compete with Dingxin Company. Xiao Chuan was against this and consulted a lawyer. The lawyer said if since they did not sign any non-competition agreement, there would be no problem for them to produce of competitive products if they totally abandoned the existing technologies. Then, Zhang Zhaofeng consulted some other lawyers, who all stated that there would be no legal issues. On February 4, 2009, the president of Dingxin Company put forward that the Marketing Department and the Sales Department should to cut half of the staff, on which Xiao Chuan disagreed and resigned. When he entered Xinlue Company, the company has already begun producing chips CS1000 in large quantity.

2. According to the testimony of witness Liu Xiaokui, he had signed a confidentiality agreement when he worked for Dingxin Company during October 2002 and September 2007. At the end of September and early October, 2008, since the capital chain of Dingxin Company was going to break and salary could not be paid on time, the employees were afraid of being laid off. Being persuaded by Zhang Zhaofeng, they resigned collectively and joined Xinlue Company. There were about 20 employees in total in Xinlue Company. Since they had worked at posts concerning R&D,

production and marketing of chips in Dingxin Company, they were familiar with the business operations and had accumulated plenty of work experiences. They did not need to be trained and could start working immediately when they joining Xinlue Company. There are 5 departments in Xinlue Company: Zhang Zhaofeng was in charge of R&D, administrative affairs, human resources, and financial affairs; Xiao Chuan was in charge of marketing; Wang Xianfeng was the chief framework engineer; Huang Yiming also engaged in framework design; Zhu Lizhen and Liu Yan were in charge of digital design; Li Ming took care of system application engineering; Xie Tingting was responsible for production and circuit design; Liu Huanyan, Zhang Kaiyou, Sun Wen and Zhou Yun took charge of circuit design; and Liu Xiaokui and Zhou Weijun were in charge of layout design. All the above-mentioned persons were colleagues of Liu Xiaokui in Dingxin Company. Li Na and Shen Lijuan were in charge of human resources and financial affairs. Liu Xiaokui had engaged in R&D and design of FM chips in Dingxin Company. He, therefore, was quite familiar with the layout design of FM chip CL6010. Dingxin Company spent two years in R&D and then it produced chips CS6010 in large quantity. However, it took Xinlue Company only 3 months to produce chips CS10000 with a R&D team almost the same as that of Xinlue Company. Zhang Zhaofeng once told the technicians that there was a database for sharing under the PRJ catalogue of Xinlue Company, and there were circuits and layouts in the database. The circuit diagram design of CS1000 was made by the R&D team led by Zhang Zhaofeng.

3. According to the testimony of witness Liu Huanyan, Liu used to be a circuit designer. Since the capital chain of Dingxin Company was going to break and the company was dismissing employees, Liu Huanyan and other colleagues such as Xie Tingting resigned collectively and joined Zhang Zhaofeng's Xinlue Company. Liu had signed a labor contract and a confidentiality and work results agreement with Dingxin Company. Xinlue Company actually researched and developed FM chips with functions similar to those of chips CL6010 of Dingxin Company. When Zhang Zhaofeng worked in Dingxin Company, he was also in charge of the R&D of chips CL6010 and was very familiar with R&D of this kind of chips. Zhang Zhaofeng declared that he had consulted lawyers and learnt that developing chips with functions similar to those of chips CL6010 would not infringe the rights of the latter.

4. According to testimony of witness Zhang Kaiyou, he agreed to resign from Dingxin Company and hop to Xinlue Company upon the invitation of Zhang Zhaofeng around August 2007. Around October 2007, a conference on the orientation of product research and development was held at the business place of Xinlue Company, in which he participated, together with Zhang Zhaofeng, Xie Tingting, Liu Huanyan, Liu Xiaokui, and Zhou Weijun.

5. According to the testimony of witness Wang Xianfeng, he served as Chief Framework Engineer in Dingxin Company from September 2005 to April 2008. Wang joined Xinlue Company as framework design supervisor around April 20, 2008. The General Superintendent of Xinlue Company was Zhang Zhaofeng, who was also the General Superintendent of chip R&D projects of the company. The CS1000 series of FM chips were developed by Xinlue Company. Dingxin Company's FM chips project was initially in the charge of Deng Zhichao, who left the company around the

end of 2006, and the project then was taken over by Zhang Zhaofeng. It took Dingxin Company about two years for R&D of FM chips. For Dingxin Company's FM chips project, the frequency point within the framework was selected based on all-round consideration and analysis. FM chips' frequency point of Xinlue Company was selected by Zhang Zhaofeng, and Wang Xianfeng had no idea why Zhang Zhaofeng selected the frequency point same as the products of Dingxin Company. The function implementation model of both companies' FM chips might be basically the same. So was the general framework. However, as far as details of interior design of the chips were concerned, there might be some difference.

6. According to the testimony of witness Sun Wen, He resigned from Dingxin Company and joined Xinlue Company with the recommendation by Wang Xianfeng in April 2008. He was in charge of voltage-controlled oscillator in Dingxin Company. In Xinlue Company, he took in charge of designing the phase-locked loop of the circuit according to technical indicators of framework designer Wang Xianfeng, Sun Wen designed.

7. According to the testimony of witness Zhou Weijun, Zhou got a job in Xinlue Company upon invitation of Zhang Zhaofeng. He was in charge of FM layout design in Xinlue Company. Before that, he had been a DT layout designer in Dingxin Company.

8. According to the testimony of witness Huang Yiming, he hopped to Xinlue Company from Dingxin Company upon invitation of Zhang Zhaofeng. And he had signed a confidentiality agreement when he worked in Dingxin Company. Chips CS1000 were developed with reference to chips of Philips, SILILAB and Dingxin Company, whose functions were similar to chips CL6010 while peripheral devices were different.

9. According to the testimony of witness Shen Lijuan, Shen got enrolled in Xinlue Company as accountant through internet application in September 2008, mainly in charge of the compilation of the general ledger of the company. Zhang Zhaofeng was in charge of all routine operations of the company. The research and development of products of the company was in the charge of several supervisors, such as Liu Xiaokui, Zhang Kaiyou, Liu Huanyan, and Xie Tingting. Xinlue Company mainly engaged in research, development and sales of FM semiconductor chips including such models as CS1000, CS1010, CS1020, and CS1100. Shen Lijuan kept two accounts for financial transactions, one RMB account of Xinlue Company and the other USD account of Cresilicon Technology, a company registered overseas whose account was opened with Shenzhen Branch of Standard Chartered Bank. Cresilicon Technology was also owned by Zhang Zhaofeng. The employees of Xinlue Company also worked for Cresilicon Technology, probably for convenient operations or tax avoidance. The company had 8 customers to whom the company sold FM chips. According to the account, Xinlue Company's gross profit from sales of chips CS1000 totaled USD 330,694. 11.

10. According to the testimony of witness Ding Guohua, the chips sold by Zhang Zhaofeng brought pressure on sales of chips produced by Wuxi Si-Power Micro-Electronics Co., Ltd. for which Ding Guohua worked. After negotiation, both parties signed a cooperative development agreement CMOS FM chips and consignment sales agreement in July 2008, which provided that

headset function should be added on the basis of Xinlue Company's current chips CS1000, and Xinlue Company should take charge of design and processing, while Wuxi Si-Power Micro-Electronics Co., Ltd. should be in charge of packaging and testing. Xinlue Company would own the intellectual property and the latter own the right of using this intellectual property.

11. According to testimony of witness Huang Jianliang, Jiangsu Changjiang Electronics Technology Co., Ltd. signed a Processing Contract with Zhang Zhaofeng of Xinlue Company, specifying that the former would process, assemble and test chips CS1000 for Xinlue Company from December 2007, of which specific records on business volume could be viewed on the account.

12. According to the testimony of witness Li Dong, Li was the legal representative of Eweely Technologies Co., Ltd., which had no business contact with Xinlue Company. Tonglu (Hong Kong) Co., Ltd. had business transactions with Xinlue Company on chips CS1000 with a business volume of about USD 1.5 million. Dingxin Company has business relations with Eweely Company on chips CL6010.

13. According to the testimony of witness Li Zhenbiao, Li was Vice President of Technology in Dingxin Company who was in charge of all the research and development projects of the company. Dingxin Company's FM chips project was officially started in May 2005, with Deng Zhichao as General Superintendent of the project. After Deng Zhichao left the company, this project was taken over by Zhang Zhaofeng. In August 2007, Dingxin Company's CL6010FM chips successfully realized industrialization. All staff of Dingxin Company had signed a confidentiality agreement with the company. Six types of technology applied in the overall system framework of Dingxin FM chips were developed independently by the company through numerous experiments and experience. It was the core technology of FM chips of CL6010 series. After Zhang Zhaofeng left Dingxin Company, he established Xinlue Company and engaged in production of single FM chips the same as Dingxin Company and realized mass production in a short period of time. Therefore, Dingxin Company suspected Zhang Zhaofeng of violating the confidentiality agreement he signed with the company, infringing the commercial secrets of the company. Through notarization office, Dingxin Company purchased FM chips of CS1000 series of Xinlue Company from the market. Through reverse-type electron microscopic analysis, it was found that three core technologies adopted in this project were exactly the same as that of Dingxin Company. It can be affirmed that Xinlue Company infringed the commercial secrets of Dingxin Company.

14. According to the testimony of witness Ma Dequn, Dingxin Company's whole FM system framework was in the charge of Deng Zhichao, and Ma was responsible for research and development of the digital phase-locked loop technology. After a number of researches, the team selected the final medium frequency framework from a couple of FM system frameworks. In March 2007, Ma Dequn left Dingxin Company, and Liu Huanyan took over the R&D of digital phase-locked loop. Dingxin Company was the first in applying digital phase-locked loop technology in single chips of FM system. This technology had never been disclosed to the public, about which only the R&D personnel of Dingxin Company knew. It took about seven to eight months turning the conceptual design into module operation.

15. According to the testimony of witness Cui Fuliang, in August 2004, he joined Dingxin Company and served as a senior engineer and left the company in August 2006. During that period, he engaged in design of analog phase-locked loop modules of chips CL6010 which took about six to seven months. The project was handed over to Liu Huanyan when Cui left. The project of chips CL6010FM got approved in the first half of 2005. The chip framework, firstly applied by Dingxin Company, was designed by Deng Zhichao.

16. According to the testimony of witness Sun Zhaoxia, Institute of Microelectronics of Peking University where she worked had signed a cooperation agreement with Zhang Zhaofeng of Xinlue Company, agreeing that the former supplied the latter with the office on Shengxia Road in Zhangjiang Hi-tech Park.

17. "*Cooperation Agreement on Exclusive Agency of Chips* CS1000" proves that on May 6, 2008, Tonglu (Hong Kong) Co., Ltd. signed an agency cooperation agreement with Xinlue Company, specifying that Tonglu (Hong Kong) Co., Ltd. was the sales agent of FM receiver chips CS1000 developed by Xinlue Company in China.

18. Purchase orders of Tonglu (Hong Kong) Co., Ltd. indicate the time, quantity and prices of chips RD2008 (CS1000) that Tonglu (Hong Kong) Co., Ltd. purchased from Xinlue Company. Contents of the delivery column of some purchase orders showed that the goods should be delivered to Eweely's warehouse in Hong Kong.

19. Machine-readable materials and business license show the information on registration and shareholders of Dingxin Company and Xinlue Company.

20. Account-opening license, inquiry about certificate of deposit/remittance, details on account opening and historical records of the account of Cresilicon Technology opened with Standard Chartered Bank Shenzhen Branch.

21. Labor contracts and confidentiality agreements approve that Zhang Zhaofeng, Liu Xiaokui, Xie Tingting, and Liu Huanyan had signed labor contracts and *Non-Competition, Confidentiality and Work Results Agreement* with Dingxin Company.

22. Search warrant, search records and list of detained objects prove that on February 9, 2009, the public security organ went to Xinlue Company located at room 203-204, No. 608, Shengxia Road, Pudong New Area and detained objects such as computer servers, computer host, ledgers and certificates.

23. Judicial Expert Report HU-Chen-Si-Jian-Zhong-Xin [2009] Jian-Zi No. 42 issued by Shanghai Stars Digital Forensic Center proves that chips CS1000 of Xinlue Company were substantially similar to chips CL6010FM of Dingxin Company.

24. Judicial Expert Report GONG-Xin-Zhong-Nan [2009] Jian-Zi No. 55 issued by Gongxin Zhongnan Certified Public Accountants verifies that Xinlue Company had gained a gross profit of USD 330,694.11, equivalent to RMB 2,249,017.57 from sales of chips CS1000 through Cresilicon Technology abroad.

25. Judicial Expert Report [2010] Zhi-Jian-Zi No. 004 issued by the Intellectual Property Judicial Authentication Institute of the Software and Integrated Circuit Promotion Center of the Min-

istry of Industry and Information Technology of the PRC verifies that low to medium frequency technical information in system framework information, circuit parameter technical information in mixer technical information, circuit parameter technical information in analog phase-locked loop technical information and design definition and implementation code technical information in digital signal processing and demodulation technical information applied to chips CL6010A4 of Dingxin Company were unknown to the public before May 1, 2008. The comparison results of publicly-unknown information applied in chips CS1000A0 of Xinlue Company and chips CL6010A4 of Dingxin Company are as follows: Low to medium frequency framework technology of Xinlue Company's chips CS1000A0 is the same as publicly-unknown technology 1, both of which adopt low to medium frequency. Mixer technology of Xinlue Company's chips CS1000A0 is the same as publicly-unknown technology 2, with the same circuit parameter technical information. Analog phase-locked loop technology of Xinlue Company's chips CS1000A0 is the same as publicly-unknown technology 3, with the same circuit parameter technical information. Digital signal processing and demodulation technical information of Xinlue Company's chips CS1000A0 is the same as publicly-unknown technology 4, with a large number of identical or substantially similar RTL codes.

Based on the above analysis, the authentication team held that chips CS1000A0 of Xinlue Company were substantially similar to chips CL6010A4 of Dingxin Company.

26. The case process verifies information on the case and coming-before-the-court circumstances of Defendant Zhang Zhaofeng.

27. Confession of Defendant Zhang Zhaofeng.

The above evidence has been ascertained to be true through cross-examination during court trial, which is sufficient to make the decision.

This court holds that, 1. Defendant Zhang Zhaofeng had engaged in agreement on the obligation of maintaining confidentiality with Dingxin Company. On December 11, 2003, both sides signed the *Confidentiality and Work Results Agreement*, which gave explicit definition on confidential information, including internal corporate documents, computer software, and information on scientific research. During the employment period or at anytime afterwards, the employee should not directly or indirectly apply any confidential information or disclose any confidential information to any third party outside the company in any form unless such disclosure was to accomplish the goals of the contract. Where employment relationship terminated for any reason, the employee should return all the work results, confidential information, computer software and files to the company, and should not reserve any of the copies. As Vice President of Dingxin Company, Defendant Zhang Zhaofeng should have known well that he had signed this confidentiality agreement with the company, which he should abide by. He should not make backup copy of the design database of chips CL6010A4, and should not apply the above database in production of similar products in Xinlue Company.

2. Chips CL6010A4 of Dingxin Company contained publicly-unknown information. The publicly-unknown technical information contained in chips CS1000A0 of Xinlue Company was substantially similar to that contained in chips CL6010A4 of Dingxin Company. On June 11, 2010,

the Intellectual Property Judicial Authentication Institute of the Software and Integrated Circuit Promotion Center of the Ministry of Industry and Information Technology of PRC issued the Judicial Expert Report GONG-Xin-Cu-Si-Jian-Zhong-Xin [2010] Zhi-Jian-Zi No. 004, specifying that low to medium frequency technical information in system framework technical information, circuit parameter technical information in mixer technical information, circuit parameter technical information in analog phase-locked loop technical information and design definition and implementation code technical information in digital signal processing and demodulation technical information contained in chips CL6010A4 of Dingxin Company were unknown to the public before May 1, 2008. The comparison results of publicly-unknown information applied in chips CS1000A0 of Xinlue Company and chips CL6010A4 of Dingxin Company indicated that low to medium frequency framework technology applied the same low to medium frequency; mixer technology contained the same circuit parameter technical information; analog phase-locked loop information contained the same circuit parameter technical information; and digital signal processing and demodulation technical information contained a large amount of completely identical and substantially similar RTL codes. The authentication team held that chips CS1000A0 of Xinlue Company were substantially similar to chips CL6010A4 of Dingxin Company. The above authentication was legitimately processed and its conclusions were clear, which this court hereby approves.

The defender of Defendant Zhang Zhaofeng put forward the issue of reversed authentication sequence. Having conducted the authentication according to the entrustment of the public security organ, Shanghai Stars Digital Forensic Center issued the Judicial Expert Report HU-Chen-Si-Jian-Zhong-Xin [2009] Jian-Zi No. 42, which affirmed that chips CS1000 of Xinlue Company were substantially similar to chips CL6010FM of Dingxin Company. However, since it had not made specific analysis on technical secret information contained in chips of Dingxin Company, nor had it determined on whether both companies' chips contained the same technical information, the public security organ entrusted the Intellectual Property Judicial Authentication Institute of the Software and Integrated Circuit Promotion Center of the Ministry of Industry and Information Technology of the PRC which, after authentication, issued the Judicial Expert Report [2010] Zhi-Jian-Zi No. 004. The two expert conclusions were not contradictory with each other. The latter was more detailed and comprehensive in contents, being more specific, which could directly describe the technical secret points contained in Dingxin Company's chips and the similarity between the chips of Xinlue Company chips and the above-mentioned secret points. The latter report was issued according to the requirements of normal work process. There existed no issue of reversed sequence. Therefore, this court would not accept the above mentioned opinions put forward by the defender of Defendant Zhang Zhaofeng.

The defender of Defendant Zhang Zhaofeng put forward that the Judicial Expert Report HU-Chen-Si-Jian-Zhong-Xin [2009] Jian-Zi No. 42 lacked novelty search authentication as the support and the appraiser did not possess relevant authentication qualifications. As a specialized authentication institution, Shanghai Stars Digital Forensic Center can organize experts to conduct authentications on technical issues involved in the case. The designated experts all possess relevant qualifications for authentication capabilities. The authentication was entrusted by Shanghai Public Security Bureau Pudong Branch, conducted according to legitimate processes and came to explicit conclusions. Its contents complied with the ascertained facts in this case, which, thus, shall be accepted as evidence. Therefore, this court would not accept the opinions put forward by the defender of Defendant Zhang Zhaofeng.

The defender of Defendant Zhang Zhaofeng put forward that Judicial Expert Report [2010] Zhi-Jian-Zi No. 004 did not take the influence of chips' function orientation, peripheral circuit of phase-locked loop and chip layout into consideration, thus the scientific quality of the conclusions should be further determined. As the Intellectual Property Judicial Authentication Institute of the Software and Integrated Circuit Promotion Center of the Ministry of Industry and Information Technology of the PRC is a national professional judicial authentication institution, it has the capacity of organizing experts to conduct authentication on specific technical issues. This authentication is open and legitimate in process. Members of the authentication team are all experts in relevant fields. They made scientific conclusions based on the authentication of the publicly-unknown secret points contained in chips CL6010A4 to be appraised and the comparative analysis of the technical information between chips CL6010A4 and CS1000A0 chips, which this court can hereby affirm. The defender of Defendant Zhang Zhaofeng put forward that there were differences in function orientation, peripheral circuit of phase-locked loop and chip layout between chips CL6010A4 and chips CS1000A0. Therefore, these two kinds of products were greatly different from each other. The victim company did not claimed the above-mentioned contents as business secrets, and the trial only referred to four technical secret points that this case involved. The court would not accept the defense opinions put forward by the defender of Defendant Zhang Zhaofeng.

The defender of Defendant Zhang Zhaofeng put forward that the four pieces of technical information listed in Judicial Expert Report [2010] Zhi-Jian-Zi No. 004 have already disclosed to the public. Therefore, they should not be determined to be technical secrets. This court holds that the low to medium frequency in low to medium frequency system framework adopted by Dingxin Company is the result of research and development in which it invested manpower and material resources. Low to medium frequency technology applied to FM demodulator framework is publicly-known technology. But through searching, the authentication team did not find any other company using such a framework selected by Dingxin Company. The frequency in the patented technology of the US the defender of defendant referred to is a sampling clock frequency of base band signal, which is different from low to medium frequency of Dingxin Company's chips. Therefore, Dingxin Company's technology is technology unknown to the public. Circuit parameter in mixer technology implementation structure is, in essence, the transistor parameters (width and length) of circuits. The design of these parameters is unknown to the public, and different designers would design differently. Based on the authentication materials provided by entrusting party, the authentication team compared the circuit parameters constituting both mixers and all team members agreed that chips CS1000A0 and chips CL6010A4 adopted the same mixer circuit parameters. Besides, the circuit parameters (transistors' width and length parameters) of implementation structure of

PFD, CP and VCO contained in both phase-locked loop core modules were unknown to the public, and different designers would design differently. And only a binary frequency divider for fractional frequency selections was added to the phase-locked loop modules of chips CS1000A0. And the binary frequency divider did not impact the essential characteristics of the phase-locked loop. Therefore, they are substantially similar. As for design definition and implementation code of digital demodulation technical information of chips, although the basic principles and application of digital demodulation have already been disclosed on publications. However, in practice, design definitions and specific coding varies according to different functions and performance requirements. The implementation code of digital demodulation of chips CL6010A4 has never been disclosed on publications and the authentication team did not find RTL code from the master's thesis provided by the defender of Defendant Zhang Zhaofeng. Therefore, the implementation code of digital signal processing and demodulation technology contained in CL6010A4 is unknown to the public. Thus this court would not admit the above opinions put forward by the defender of Defendant Zhang Zhaofeng.

3. Xinlue Company and Zhang Zhaofeng have the subjective intent to use Dingxin Company's technology. The accusation made by the public prosecution organ can be established only when the actor has the subjective intent to commit the crime. The defender of Defendant Zhang Zhaofeng put forward that the Defendant decided to make FM chips out of the market demand and other reasons. The Defendant had consulted relevant lawyers for many times and proceeded with the R&D up the reply from the legal professionals that such R&D would not infringe others' rights. As the president, the Defendant took charge of all work of the company. Due to limited time and energy, some technical links of R&D was suspected of involving infringement. Zhang Zhaofeng did not infringed the victim's business secretes on purpose. But evidence shows that Defendant Zhang Zhaofeng copied the victim company's chips CL6010A4 without authorization to the intranet of Xinlue Company and informed technical staff concerned of the database location by e-mail. He also required the staff concerned to use this database as reference in designing chips at the meeting of the company. This court holds that the defendant company and Defendant Zhang Zhaofeng have the subjective intent of using other's chip database. Therefore, this court would not accept the opinions put forward by the defender of Defendant Zhang Zhaofeng.

4. Whether Dingxin Company has incurred losses. In the trial, the victim company did not put to proof the actual amount of losses on sales of chips out of this case. The public prosecution organ accused that Xinlue Company gained a gross profit of USD 330,694. 11, equivalent to RMB 2,249,017. 57 from selling chips CS1000. The defender of Defendant Zhang Zhaofeng held that the calculation method of Xinlue Company's profit in the expert report lacked legal ground for it had not take the proportion of the infringed technology in all technologies of the product in to consideration and taken Tonglu (Hong Kong) Co., Ltd. as Eweely Company. This court holds that the act of infringing commercial secrets infringed the intangible property rights of the obligee. Being different from tangible property rights infringement, the loss is not necessarily reflected in the immediate decrease of properties, but in the depreciation of intangible property values and

encroachment on market demand of the product, which in turn leads to decrease in profit of the obligee under normal circumstances. The profits acquired through technical secret infringement are the profits of technical secrets owner. The infringer makes use of the obligee's technical secrets for free, which itself is a loss for the technology owner. Therefore, when the operating losses of the obligee of business secrets are hard to calculate, it should be determined based on the illegal profits of infringer. In this case, since some orders of Tonglu (Hong Kong) Co., Ltd. clearly stated that the delivery address was Eweely's Hong Kong warehouse, Gongxin Zhongnan Certified Public Accountants thus took Tonglu (Hong Kong) Co., Ltd. as Shenzhen Eweely Technology Co., Ltd. in the expert report, which, however, does not affect the calculation of the profits of Xinlue Company. Gongxin Zhongnan Certified Public Accountants calculated Xinlue Company's profits made from selling chips CS1000 based on books of accounts provided by Xinlue Company. There is nothing inappropriate with the calculation results. Therefore, this court affirms that Xinlue Company's actual illegal profit is USD 330,694.11, equivalent to RMB 2,249,017.57. The act of the defendants caused heavy economic losses for the victim company, with great hazards to the society. The defender of Defendant Zhang Zhaofeng put forward the opinion that the damage of this case is slight and hazards to the society are minor, which this court does not accept.

In conclusion, this court holds that the technology of chips CL6010A4 that Dingxin Company successfully developed after long-time research contains some information unknown to the public which is Dingxin Company's proprietary technology with practicality and economic values. Besides, apart from making confidentiality regulations, Dingxin Company also signed confidentiality agreements with key technical personnel to keep the technology confidential, which is the integral part of commercial secrets defined by the *Criminal Law of the People's Republic of China*. Therefore, this court affirms that the four secret points of chips CL6010A4 of Dingxin Company verified by experts belong to Dingxin Company's commercial secrets. Defendant Zhang Zhaofeng was directly involved in the R&D of chips CL6010A4. After he left Dingxin Company, he disclosed to Xinlue Company the database of chips CL6010A4 which he replicated without authorization. After Xinlue Company obtained and used other's technical secrets, the operating losses on Dingxin Company caused by the quantity of produced infringing products have reached criminal prosecution standard. Since Defendant Zhang Zhaofeng is the legal representative of Xinlue Company, and the illegal profits of Xinlue Company all belong to Xinlue Company, Defendant Xinlue Company constituted unit crime and shall be imposed a fine according to laws. Defendant Zhang Zhaofeng bears the obligation of keeping commercial secrets confidential to the obligee. But he violated the confidentiality commitment, disclosing this technical secret to and allowing Xinlue Company where he served as the legal representative to use this technology. This has brought great losses to the obligee. As a direct responsible executive, he himself committed the crime of infringing commercial secrets. The accusation prosecuted by the public prosecution organ was established, to which this court supports. After brought to justice, the defendants took the initiative to make confession and made some economic compensation for the victim company, they thus may be given a lenient punishment as appropriate. The court accepts the opinion of applying probation to Zhang Zhaofeng put forward by the defender of Defendant Zhang Zhaofeng.

On these grounds, to enforce the national rules and regulations and protect intellectual property rights from infringement, based on the nature the defendants' acts, severity of the hazards to the society and attitude towards confession, in accordance with Article 219, Article 220, Article 72, Article 73, Article 53 and Article 64 of the *Criminal Law of the People's Republic of China*, Article 7. 1 of the *Interpretation of the Supreme People's Court and the Supreme People's Procuratorate Concerning Issues on the Specific Application of Law for Handling Criminal Cases of Infringement upon Intellectual Property Rights*, and Article 4 of the *Interpretation II of the Supreme People's Court and the Supreme People's Procuratorate Concerning Issues on the Specific Application of Law for Handling Criminal Cases of Infringement upon Intellectual Property Rights*, the ruling is hereby made:

1. Defendant Shanghai Xinlue Electronics Technology Co. , Ltd. has committed the crime of infringing commercial secrets, thus shall be imposed with a fine of RMB 1. 15 million (which shall be paid within a month after this ruling takes effect).

2. Defendant Zhang Zhaofeng has committed the crime of infringing commercial secrets, thus shall be sentenced to a set-term imprisonment of 2 years, probation of 2 years and shall be imposed with a fine of RMB 1. 10 million (which shall be paid within a month after this ruling takes effect).

(Probation period is calculated from the day when the ruling is confirmed.)

After the Defendant returns to the community, he shall abide by laws and regulations, obey supervision and administration, and receive education to be a citizen with contributions to the society.

3. Illegal gains of the defendants shall be recovered and returned to the victim company.

Either party that refuses to accept this ruling as final may, within 10 (ten) days from the second date of the service of this judgment, appeal directly to Shanghai No. 1 Intermediate People's Court or through this court. One original and two copies of appeal petition shall be submitted for written appeal.

Chief Judge: Ni Hongxia
People's Juror: Sheng Meifen
Acting Judge: Feng Xiang
September 5, 2010
Court Clerk: Guo Jie

(This judgment has been selected into the 2010 Shanghai's Ten Cases on Judicial Protection of Intellectual Property)

37. Ying Xueping v. Wang Caifen Sales of Commodities with Counterfeit Registered Trademark Criminal Case

——Criminal Judgment of Shanghai Pudong New Area People's Court (2010) PU-Xing-Chu-Zi No. 1823

Public prosecution organ: Shanghai Pudong New Area People's Procuratorate.

Defendant: Ying Xueping, female, born on October 5, 1973, Han Nationality, primary school graduate, farmer. Registered place of residence: No. 171, Zone 4, Qiming Village, Pengjie Town, Luqiao District, Taizhou City, Zhejiang Province. Temporary residential address: Room 104, No. 33, Lane 34, Xueye No. 2 Village, Pudong New Area, Shanghai. Being suspected of committing the crime of selling commodities with counterfeit registered trademarks, she was held in criminal detention on June 4, 2010 and was arrested on June 30. She is now detained in Shanghai Pudong New Area Detention House.

Defender: Zhang Kaihua, a lawyer from Shanghai Wanfang Law Firm.

Defendant: Wang Caifen, female, born on February 4, 1969, Han Nationality, illiterate, farmer. Registered place of residence: No. 167, Zone 4, Qiming Village, Pengjie Town, Luqiao District, Taizhou City, Zhejiang Province. Temporary residential address: Room 104, No. 33, Lane 34, Xueye No. 2 Village, Pudong New Area, Shanghai. Being suspected of committing the crime of selling commodities with counterfeit registered trademark, she was held in criminal detention on June 4, 2010 and was arrested on June 30. She is now detained in Shanghai Pudong New Area Detention House.

Defender: Hu Wenbing, a lawyer from Shanghai Wanfang Law Firm.

With the Indictment HU-Pu-Jian-Xing-Su [2010] No. 20136, Shanghai Pudong New Area People's Procuratorate accused Defendant Ying Xueping and Wang Caifen of committing the crime of selling commodities of counterfeit registered trademark and initiated a public prosecution to this court on July 28, 2010. This court applied general procedures according to laws and held an open trial on August 25, 2010. Defendant Ying Xueping and her defender Zhang Kaihua, Defendant Wang Caifen and her defender Hu Wenbing all appeared before the court for the litigation. Shanghai Pudong New Area People's Procuratorate delegated acting fact finder Li Xiaowen to appear before the court to support the public prosecution. The case has been closed.

After trial, it is ascertained that:

Upon approval of the Trademark Office of the State Administration of Industry and Commerce of the PRC, Expo 2010 Shanghai China Coordination Bureau registered the following trademarks:

Registered Trademark	Registration Number	Goods Approved to be Used	Expiry Date
	6405744	Class 14 (key rings, such as trinkets, short-chain accessories, etc.)	March 6, 2020
	6405803	Class 28 (toys, etc.)	April 27, 2020
	4395034	Class 21 (glass artworks, etc.)	March 13, 2019
	4395042	Class 25 (caps, etc.)	December 6. 2018

In February 2010, defendants Ying Xueping, Wang Caifen and Wang Xiangjiao (treated separately) jointly rented Room 104 at No. 33, Lane 34, Xueye No. 2 Village, Pudong New Area, Shanghai. In June, they bought a large number of caps, crystal Haibao China Pavilion objects, key rings, Haibao phone chains, plastic Haibao pendants, Haibao rubber chains and other commodities in Shanghai Town God's Temple for illegal benefits even though they had known well that those were counterfeits of commodities with registered trademarks. On June 4, police officers of Shanghai Public Security Bureau Pudong Branch and law enforcement officers of Shanghai Administration for Industry and Commerce's Pudong New Area Office ferreted on spot in Room 104 at No. 33, Lane 34, Xueye No. 2 Village, Pudong New Area the above-mentioned six commodities in a total quantity of 58,864 pieces, including 2,573 caps with the registered trademark " ", 1,311 crystal Haibao China Pavilion objects with registered trademarks " " and " ", 21,530 Haibao key rings with the registered trademark " ", 26,150 Haibao phone chains, 6,600 plastic Haibao pendants and 700 Haibao rubber phone chains. Defendants Ying Xueping and Wang Caifen were caught red-handed. It was verified by Shanghai Pudong New Area Price Authentication Center that the value of the above commodities with counterfeit registered trademark totaled RMB 1,380,412.

Upon comparison, the ferreted out commodities with the counterfeit registered trademark used the same trademark with the above registered trademarks.

Defendants Ying Xueping and Wang Caifen held no objections to the aforesaid facts in open trial. The facts were also approved by evidence including the testimony of witness Chen Zhiwei, the house-leasing contract, prior registration preservation certificates, financial lists, related trademark registration certificates, the price authentication of objects and property issued by Shanghai Pudong New Area Price Authentication Center, the case process issued by the public security organ and the confession made by Defendants Ying Xueping and Wang Caifen, which are sufficient for the determination on the case.

This court holds that trademarks " " and " " were approved and registered by the Trademark Office of the State Administration for Industry & Commerce of the PRC which shall be protected by laws. Without permission from the obligee, no one can use the above-mentioned registered trademarks. Expo 2010 Shanghai China has attracted the attention of the whole world, particularly its mascot Haibao. With the publicity before the expo and the holding of world expo, the mascot became popular, widely accepted and kept in mind by the public. To gain illegal benefits, defendants Ying Xueping and Wang Caifen sold the commodities even though they had known that those commodities were marked with counterfeit registered trademarks. The total sales volume is estimated to be more than RMB 1. 38 million as per the middle prices of the infringing commodities at the market. With such a large amount, their acts have constituted the crime of selling commodities with counterfeit registered trademarks. In addition, the criminal acts of these two defendants took place during the Expo, which exerted great social impact. The public prosecution organ accused defendants Ying Xueping and Wang Caifen of committing the crime of selling commodities with counterfeit registered trademarks. The accusation is established and shall be supported. Since the prices of involved infringing commodities had not be determined and it was hard to clarify the actual selling prices, the authentication authority's calculating the values of infringing commodities based on the middle rate at the market, in accordance with the legal regulations. This court shall not accept the defense opinion put forward by the defender that the authentication method was inappropriate. Defendants Ying Xueping and Wang Caifen committed the crime with premeditation, which should also be determined as a joint crime. Defendants Ying Xueping and Wang Caifen had set their hands to commit the crime, but failed because of causes beyond volition, which is an attempted crime and shall be determined according to accomplished crime with lesser punishment or mitigated punishment according to laws. Defendants Ying Xueping and Wang Caifen acknowledged the guilt of their own accord, with cooperative attitude towards admission of guilt, which shall be given a lenient punishment as appropriate. On these grounds, to enforce the national rules and regulations, regulate the order of the market-oriented economy and protect intellectual property rights from infringement, based on the circumstances of crime, seriousness and the defendants' acknowledgment and repentance attitudes towards crime, in accordance with Article 214, Article 23, Article 25. 1, Article 52, Article 53 and Article 64 of the *Criminal Law of the People's Republic of China*, Article 2. 2 of the *Interpretation of the Supreme People's Court and the Supreme People's Procuratorate Concerning Issues on the Specific Application of Law for Handling Criminal Cases of Infringement upon Intellectual Property Rights*, Article 4 of the *Interpretation II of the Supreme People's Court and the Supreme People's Procuratorate Concerning Issues on the Specific Application of Law for Handling Criminal Cases of Infringement upon Intellectual Property Rights*, the ruling is hereby made:

1. Defendant Ying Xueping has committed the crime of selling commodities with counterfeit registered trademark, thus shall be sentenced to a set-term imprisonment of two years and six months and shall be imposed with a fine of RMB 200,000.

(The term of imprisonment shall be counted from the execution day of this ruling. Before the execution of this ruling, days of detention shall be counted as days in term of imprisonment, starting from June 4, 2010 till December 3, 2012. The penalty shall be handed in within one month from the day when this ruling takes effect.)

2. Defendant Wang Caifen has committed the crime of selling commodities with counterfeit registered trademarks, thus shall be sentenced to a set-term imprisonment of two years and six months and shall be imposed with a fine of RMB 200,000.

(The term of imprisonment shall be counted from the execution day of this ruling. Before the execution of this ruling, days of detention shall be counted as days in term of imprisonment, starting from June 4, 2010 till December 3, 2012. The penalty shall be handed in within one month from the day when this ruling takes effect.)

3. The ferreted out commodities with counterfeit registered trademarks shall be confiscated.

Either party that refuses to accept this ruling as final may, within 10 (ten) days after the service of this judgment, appeal directly to Shanghai No. 1 Intermediate People's Court or through this court. One original and two copies of appeal petition shall be submitted for written appeal.

Chief Judge: Ni Hongxia
People's juror: Shen Hui
People's juror: Yu Jizhong
September 9, 2010
Court Clerk: Ye Jufen

(This judgment has been selected into the 2010 Shanghai's Ten Cases on Judicial Protection of Intellectual Property)

38. Zhang Le v. Huang Qian *et al.* Copyright Infringement Criminal Case

——Criminal Judgment of Shanghai Pudong New Area People's Court (2010) PU-Xing-Chu-Zi No. 3204

Public prosecution organ: Shanghai Pudong New Area People's Procuratorate.

Defendant: Zhang Le, male, born on November 6, 1984, Han Nationality, junior college graduate, unemployed. Registered place of residence: No. 110, Dingziqiao Road, Wuchang District, Wuhan City, Hubei Province. Current residential address: Building 3, Family Dormitory Building of ICBC Chengguan Branch, Xinjiangkou Town, Songzi City, Hubei Province. He was held in criminal detention on September 29, 2010 and was arrested on October 22 for this case. He is now detained in Shanghai Pudong New Area's Detention House.

Defender: He Diwei, a lawyer from Zhonghao Law Firm (Shanghai)

Defendant: Huang Qian, male, born on September 28, 1983, Han Nationality, high school graduate, unemployed. Registered place of residence: No. 198, Xianfu Street, Xishan Town, Guiping City, Guangxi Zhuang Autonomous Region. Current residential address: Room 202, Unit 4, Building 3, No. 82, West Renmin Road, Nanning City, Guangxi Zhuang Autonomous Region. He was held in criminal detention on September 20, 2010 and was arrested on October 22 for this case. He is now detained in Shanghai Pudong New Area's Detention House.

Defender: Zhang Yixia, a lawyer from Shanghai Hengjie Law Firm.

Defender: Lou Panpan, a lawyer from Shanghai Hengjie Law Firm.

Defendant: Liang Wenyu, male, born on October 17, 1977, Han Nationality, junior college graduate, self-employed. Registered place of residence: No. 57, Gongye Avenue, Gaozhou County, Maoming City, Guangdong Province. Current residential address: Room 402, No. 174, Wenbi Road, Panzhou Subdistrict, Gaozhou County, Maoming City, Guangdong Province. He was held in criminal detention on September 17, 2010 and was arrested on October 22 for this case. He is now detained in Shanghai Pudong New Area's Detention House.

Defender: Yang Shan, a lawyer from Guangdong Haifa (Dongguan) Law Firm.

Defendant: Ruan Xiaoxia, female, born on October 19, 1985, Han Nationality, high school graduate, unemployed. Registered place of residence: Room 701, No. 311, North Xinhu Street, Maonan District, Maoming City, Guangdong Province. Current residential address: Room 307, No. 572, Gaoshan Road, Gaoshan Town, Maonan District, Maoming City, Guangdong Province. She was held in criminal detention on September 17, 2010 and was arrested on October 22 for this case. She is now detained in Shanghai Pudong New Area's Detention House.

Designated defender: Ding Guoli, a lawyer from Shanghai CL&CO Law Firm.

Designated defender: Cheng Xiaofei, a lawyer from Shanghai CL&CO Law Firm.

Defendant: Liu Yang, male, born on February 6, 1983, Han Nationality, junior high school graduate, unemployed. Registered place of residence: No. 134-A-1-433, South Nanning Street, Heping District, Shenyang City, Liaoning Province. He was held in criminal detention on October 27, 2010 and was arrested on November 24 for this case. He is now detained in Shanghai Pudong New Area's Detention House.

Defender: Li Xin, a lawyer from Shanghai Li Xin Law Firm.

With the Indictment HU-Pu-Jian-Xing-Er [2010] No. 20339, Shanghai Pudong New Area People's Procuratorate accused defendants Zhang Le, Huang Qian, Liang Wenyu, Ruan Xiaoxia and Liu Yang of committing a crime of copyright infringement, initiating a public prosecution to this court. Having accepted the case on December 15, 2010, this court set up a collegial panel and held an open trial on December 28 according to laws. Shanghai Pudong New Area People's Procuratorate assigned fact finder Yang Yongqin to appear before the court to support the public prosecution. Defendant Zhang Le and his defender He Diwei, Defendant Huang Qian and his defenders Zhang Yixia and Lou Panpan, Defendant Liang Wenyu and his defender Yang Shan, Defendant Ruan Xiaoxia and her defenders Ding Guoli and Cheng Xiaofei, Defendant Liu Yang and his defender Li Xin all appeared in court for the litigation. Upon application of the defenders, the trial for this case was postponed for four times. The case has been closed.

Shanghai Pudong New Area People's Procuratorate accused that Maple Story was an imported internet game publication approved by the Ministry of Culture and the General Administration of Press and Publication of the PRC, and SNDA was the exclusive agency operator of this game publication in mainland China. Defendant Zhang Le, together with Defendant Huang Qian, produced the game's cheating program and sold it in the name of "CS Assistant" without permission since 2007. This cheating program invaded the online game client program of "Maple Story" by means of linking up memory, and strengthened the game functions through modifying the numerical value and parameters of some data. Since February 2010, Defendant Zhang Le had Defendant Liang Wenyu as the general marketing agency of "CS Assistant" cheating program in forms of monthly and weekly cards. Zhang Le himself and Defendant Huang Qian kept on modifying the cheating program, to deal with the technological updating of the game "Maple Story". Defendant Liang Wenyu sold this cheating program in wholesale to customers even he had knew clearly that the "CS Assistant" he commissioned to sell was not authorized. He generated a sales amount of RMB 1,565,882 (all in RMB below) from June to September, 2010. Defendants Ruan Xiaoxia and Liu Yangming bought "CS Assistant" from Liang Wenyu and sold them on their Taobao online store through advertising even though they had known well that it was a cheating program. Defendant Ruan Xiaoxia spent RMB 537,850 in purchasing "CS Assistant" and generated a selling amount of RMB 478,802, while Defendant Liu Yang spent RMB 870,800 and generated RMB 364,461.

Public prosecution organ held that Defendants Zhang Le and Huang Qian jointly made cheating program, which should be determined as an act of joint duplication. Defendant Liang Wenyu undertook sales of the cheating program as the general agency even though he had known that

Zhang Le made it. These three defendants duplicated and released computer software without permission of copyright holder for lucrative purpose, of which the circumstance was particularly serious. Their acts had violated Article 217 (1) of the *Criminal Law of People's Republic of China*, committing the crime of copyright infringement. Defendants Ruan Xiaoxia and Liu Yang bought infringing software from Liang Wenyu in large quantities and sold on the online store via advertising, which belonged to the distribution act specified by judicial interpretations and shall be determined separately as copyright infringement crimes. Sentences on these five defendants shall be measured from 3 to 7 years and penalties shall be imposed according to the criminal law. Defendants Zhang Le, Huang Qian and Liang Wenyu committed joint crime. Although it varied in behavioral patterns and degree of effects, their roles in this case were all indispensable, there was no distinct primary or secondary difference. Therefore, there was no primary offender or accessory criminal. However, the measurement of penalty shall be determined appropriately according to their different roles. Defendant Liang Wenyu confessed related circumstances on accomplice Zhang Le, thus shall be given a lenient punishment as appropriate. The court was suggested to impose differential penalty according to the acknowledgment and repentance attitudes towards crime of each defendant.

Defendant Zhang Le held no objection to the accusation in the Indictment. His defender argued that Zhang Le and Defendant Liang Wenyu did not commit the crime jointly, and the amount made by Zhang Le from the crime should not be determined based on Liang Wenyu's sales volume. Zhang Le did not own the core technology in production of cheating program so his role in the crime was insignificant. Besides, making cheating program had lesser hazards to the society in comparison with replicating the whole software. Zhang Le was a first-time offender, being cooperative in admission of guilt. The court was requested to give a lesser punishment and apply probation to him.

Defendant Huang Qian held no objection to the accusation in the Indictment. His defender argued that Huang Qian was a first-time offender and he only made a very small part of the cheating program under guidance of Defendant Zhang Le. Therefore, he shall be determined as accessory criminal. Not all deposits in the bank account of Huang Qian were illegal gains, for some were borrowed from Zhangle. Therefore, the court was requested to give a lesser punishment and declare probation on Huang Qian.

Defendant Liang Wenyu held no objection to the accusation in the Indictment. His defender argued that Liang Wenyu did not conspire beforehand with defendants Zhang Le and Huang Qian to make the cheating program and they did not share the profits. His acts were not different from the defendants Ruan Xiaoxia and Liu Yang in nature. Therefore, Article 218 of the *Criminal Law* was applicable to Liang Wenyu. After Liang Wenyu was brought to justice, he took the initiative to confess Zhang Le's QQ number and other information, providing assistance to judicial office to bring him to justice, which indeed was a contribution and should be given a lesser or mitigated punishment. Liang Wenyu indeed showed an attitude of repentance. Since he was a first-time offender and his family situation was extremely difficult. Therefore, the court was requested to give a lesser punishment and declare probation on Liang Wenyu.

Defendant Ruan Xiaoxia believed that what she committed was the crime of selling infringing duplicates regulated by Article 218 of the *Criminal Law*, not the charged accusation. Her defender argued that in judicial interpretation, the act of selling infringing products by such means as advertising and subscriptions should be listed as distribution acts regulated by the *Criminal Law*. But the advertisements in the *Criminal Law* shall be defined strictly. The product introduction on Ruan Xiaoxia's online store did not belong to advertising and her acts should be selling infringing duplicates. Beside, Article 218 of the *Criminal Law* also provided that only when the illegal gains from such acts were in large amount shall such act be determined as crime. Having brought to justice, Ruan Xiaoxia had cooperative attitudes towards admission of guilt and showed repentance. She was a first-time offender with little subjective malevolence. The court was requested to give her a lesser punishment of detention or exempt her from criminal punishment.

Defendant Liu Yang held no objection to the accusation in the Indictment. His defender argued that Liu Yang's behaviors were purely selling acts, being totally different from duplication and distribution acts specified in Article 217 of the *Criminal Law*, which did not constitute the crime of copyright infringement. Nor did his acts meet the conditions of large amount of illegal gains provided by Article 218 of the *Criminal Law*. In view of Liu Yang's past performance and difficult family conditions, the court was requested to exempt him from criminal punishment.

After trial, it is ascertained that the copyright owner of online game "Maple Story" is NEXON (Korean). In 2004, a Chinese enterprise got permission from NEXON (Korean) to operate and engage in online publishing upon approval of the Ministry of Culture and General Administration of Press and Publication of the PRC.

Since 2007, Defendant Zhang Le had been making the cheating program of the online game "Maple Story" with Defendant Huang Qian to. From February 2010, Defendant Huang Qian was in charge of making the functional module of the cheating program, while Defendant Zhang Le compiling the main program of the cheating program, integrating modules and specifying functions, and subdividing the cheating program into weekly and monthly cards which he called "CS Assistant". This "CS Assistant" invaded the client program of the online game "Maple Story" by linking up memory, acquired the right of control in modulating the memory address and data of this program, called and copied the data naming, data structure and operation mode of 124 client software performance functions of "Maple Story" so as to strengthen application functions of the game through modifying the numerical values and parameters of the data. From June to September 2010, Defendant Huang Qian received illegal gains amounting to RMB 199,000 from Zhang Le through bank transfer. To open distribution channels in a concentrated way, Defendant Zhang Le conspired with Liang Wenyu. Since February 2010, Zhang Le had been providing the cheating program, and Liang Wenyu, served as the general agency distributor sold the programs to customers. Commissioned by Zhang Le, Liang Wenyu rented a server to prevent network attacks. Defendant Zhang Le and Liang Wenyu settled the account on "CS Assistant" at the price of RMB4 per piece for weekly card and RMB14 per piece for monthly card. And from June 22 to

September 16, 2010, Liang Wenyu made a payment of RMB 1,412,100 for the cheating program to Zhang Le. Liang Wenyu sold "CS Assistant" on Taobao online store at the price of about RMB5.5 for weekly card and RMB 16 for monthly card. During June 30 and September 16, 2010, the cheating program Liang Wenyu sold to Defendants Ruan Xiaoxia and Liu Yang amounted to RMB 1,565,822.

From February 2010, though Defendant Ruan Xiaoxia had clearly known that it was a cheating program, she still bought "CS Assistant" from Liang Wenyu for the purpose of making profits during June 18 and September 14, 2010 which amounted to RMB 537,850. She then sold the cheating program on her Taobao online store at the unit price of RMB 10 for weekly card and RMB30 for monthly card. The homepage of the online store displayed texts of "Quality Guaranteed, Creditworthy Exclusive Store" with different columns for products on sale. During the period, the sales revenue Ruan Xiaoxia made from selling the cheating program totaled RMB 478,802.

From June 2010, though Defendant Liu Yang had clearly known that it was a cheating program, he still bought "CS Assistant" from Liang Wenyu for the purpose of making profits during June 17 and September 14, 2010 which amounted to RMB 870,800. He then sold the cheating program on his Taobao online store at the unit price of RMB 10 for weekly card and RMB 30 for monthly card. The online store page displayed the texts of "Wish you all a good fortune in 2010 · Maple Store", together with a variety of "treasures" for sale, including the cheating program involved in the case. From August 11 to September 15, 2010, the sales revenue Liu Yang made from selling the cheating program totaled RMB 364,461.

In July 2010, Shanghai Public Security Bureau Pudong Branch (hereinafter referred to as "Pudong Public Security Branch") received a case-reporting from SNDA Internet Development Co., Ltd. (hereinafter referred to as "SNDA"). On September 17, Pudong Public Security Branch arrested defendants Liang Wenyu and Ruan Xiaoxia successively and detained respectively on site one desktop computer hard disk, one USB flash disk and four desktop computer hard disks. On September 20, Pudong Public Security Branch arrested Defendant Huang Qian in his residence and detained on site two desktop computer hard disks and one laptop. After Defendant Liang Wenyu was captured, he took the initiative to confess his upstream Taobao user name, QQ number and nickname. After further investigation and verification, Pudong Public Security Branch captured Defendant Zhang Le in his residence on September 29, and detained on site one laptop, one mobile hard disk drive and one USB flash disk. On October 21, Liaoning Shenyang Public Security Bureau captured Defendant Liu Yang.

The above facts are supported by the following evidence:

1. Material and documentary evidence

(1) List of Detained Objects of Pudong Public Security Branch verifies that: On September 17, 2010, the police officers detained from Defendant Liang Wenyu one desktop computer hard disk with serial number WCAS20596100 and one "Kingston" USB flash disk. On the same day, the police officers detained from Defendant Ruan Xiaoxia four desktop computer hard disks with

serial numbers WMAMF2082866, WCAS23100237, WCAS25575541 and WMAT20957145 respectively. On September 20, the police officers detained from Huang Qian two desktop computer hard disks with serial numbers WMAV2D859243 and WMAM9KC73957 respectively and one "ASUS" branded laptop. On September 29, the police officers detained from Zhang Le one "Apple" branded laptop, one "Samsung" branded mobile hard disk drive and one "Kingmax" branded USB flash disk.

(2) List of Detained Objects of Pudong Public Security Branch verifies that: on September 17, 2010, Pudong Public Security Branch detained one "WD" branded hard disk, one "Seagate" branded hard disk and one "10k" branded machine server (containing three hard disks) from the server Zhang Le rented from Shenzhen Esin Technology Co., Ltd. (hereinafter referred to as "Shenzhen Esin Company") and Nantong Hulian Shengshi Network Technology Co., Ltd. (hereinafter referred to as "Nantong Hulian Company").

(3). The ascertained copyright materials verify that: the copyright owner of the online game "Maple Story" is NEXON (Korea). The companies which have been authorized to provide web services for this game include Shengqu Information Technology (Shanghai) Co., Ltd. (hereinafter referred to as "Shengqu Company") and Shanghai Shulong Computer Technology Co., Ltd. (hereinafter referred to as "Shulong Company"). SNDA is the authorized distribution licensor.

(4) The Approval on Imported Online Game Products issued by the Ministry of Culture of the PRC proves that: SNDA was authorized to import the online game "Maple Story" on December 2, 2004.

(5) The Letter on Approving Shanghai SNDA Internet Development Co., Ltd. to Import Online Game Publication Maple Story of the General Administration of Press and Publication of the PRC ascertain that: this game was authorized to be imported on December 17, 2004.

(6) The information pages of the defendants' Taobao online stores Pudong Public Security Branch retrieved from the internet prove that: Defendant Liang Wenyu set up a Taobao online store with the name of "Liangyu Online Game Franchised Store" in the user name of "Liangyu Maple Story," selling "CS Assistant" monthly cards and weekly cards, at the unit price of RMB 30 and RMB 10 respectively. Defendant Ruan Xiaoxia set up a Taobao online store with the name of "Liangliang's Store," selling "CS Assistant" monthly cards and weekly cards, at the fixed unit price of RMB 30 and RMB 10 respectively. Defendant Liu Yang set up a Taobao online store with the name of "Yangyang Franchised Store" in the username "I Want Happiness 521," selling "CS Assistant" monthly cards and weekly cards, at the fixed unit price of RMB 18, RMB 25, or RMB 30 for monthly cards and RMB 10 for weekly ones.

(7) Deposit Inquiry Notice (Receipt) verifies that the bank card numbers are bound with Alipay of defendants Zhang Le, Liang Wenyu and Ruan Xiaoxia (username Chen Ruirong).

(8) The Notice on Retrieving Evidence and the retrieved information on Taobao registration and transactions verify that Pudong Public Security Branch has retrieved relevant information on Taobao account numbers and Alipay account numbers of defendants Zhang Le, Liang Wenyu and

Liu Yang from Zhejiang Taobao Network Co. ,Ltd.

(9) Server Co-location Business Contract verifies that on April 16, 2010, Huang Lirong signed a contract with Shenzhen Esin Technology Co. ,Ltd. , entrusting the server with IP address 121. 12. 168. 6 under the management of Shenzhen Esin Company.

2. Testimony of witnesses

(1) The Letter of Authorization and the Case Reporting Materials prove that as operators of the online game "Maple Story", Shulong Company and SNDA entrusted Shanghai Shengju Network Technology Co. , Ltd. (hereinafter referred to as "Shengju Company") to investigate the infringing act against the game "Maple Story" and report the case to the security authorities. Upon investigation, Shengju Company reported the case to Pudong Public Security Branch in July 2010.

(2) The Case Process issued by Pudong Public Security Branch verify that in July 2010, having received the case reporting from SNDA, the Branch arrested five defendants, among which Defendant Zhang Le was captured by the Branch during further investigation and verification with certain clues provided by Liang Wenyu.

(3) The testimony of witnesses Li Xin and Zhang Liming indicated that these two witnesses are employees of Shenzhen Esin Company, and the server with IP address 121. 12. 168. 6 was entrusted by Huang Lirong to this company; Defendant Liang Wenyu rented this server from Huang Lirong and paid Huang Lirong via Alipay.

(4) The testimony of witness Gu Jun and the statement issued by Nantong Hulian Company prove that Witness Gu Jun is the employee of Nantong Hulian Company. On May 19, 2010, upon request of a friend, the manager of Nantong Haisheng Network Technology Co. ,Ltd. Xue Xiaowei delegated Nantong Hulian Company to manage and maintain a server (including 3 hard disks), with the IP address 58. 221. 254. 105.

(5) The testimony of witnesses Chen Lixi, Teng Dezong, Gao Junjie and Zhu Huihong ascertain that Chen Lixi once purchased a dozen of weekly cards of the cheating program involved in the case from Defendant Liang Wenyu at a unit price of RMB 6. Teng Dezong once purchased 5 monthly cards of the cheating program involved in the case from Defendant Liu Yang at the unit price of RMB 25 for 3 pieces and RMB 18 for 2 pieces. Gao Junjie once purchased 2 monthly cards of the cheating program involved in the case from Defendant Ruan Xiaoxia at the unit price of RMB 30. Zhu Huihong once purchased 2 monthly cards of the cheating program involved in the case from Defendant Ruan Xiaoxia at the unit price of RMB 30 and RMB 35 respectively.

3. Expert conclusions

(1) The Judicial Expert Report [2010] HU-Dong-Fang-IT-Si-Jian-Zi No. 027 issued by Shanghai Oriental Computer Judicial Authentication Office verifies that "CS Assistant" invaded the client program of the online game "Maple Story" by linking to memory, obtained the right of control in modulating this program's memory address and data, called and copied the data naming, data structure and operation mode of 124 client software performance functions of "Maple Story" so as to strengthen application functions of the game through modifying the numerical val-

ues and parameters of the data.

(2) The Judicial Accounting Expert Report GONG-Xin-Zhong-Nan [2010] Jian-Zi No. 104 issued by Shanghai Gongxin Zhongnan Certified Public Accountants Co., Ltd. (hereinafter referred to as "Gongxin Zhongnan Accountants") that from June 22 to September 16, 2010, Defendant Zhang Le received from Defendant Liang Wenyu via Alipay an amount of RMB 1,412,100 for the cheating program. From June 30 to September 16, 2010, Defendant Liang Wenyu received via Alipay an amount of RMB 1,565,822 for selling the cheating program. From June 18 to September 14, 2010, Defendant Ruan Xiaoxia bought the cheating program from Defendant Liang Wenyu and paid him RMB 537,850 via Alipay, and received via Alipay an amount of RMB 478,802 from selling the cheating program. From June 17 to September 14, 2010, Defendant Liu Yang bought the cheating program from Defendant Liang Wenyu and paid him RMB 870,800 via Alipay and received via Alipay an amount of RMB 364,461 from selling the cheating program during August 11 and September 15, 2010.

(3) The Judicial Accounting Expert Report GONG-Xin-Zhong-Nan [2010] Jian-Zi No. 116 issued by Gongxin Zhongnan Accountants that from September 2009 to September 2010, Defendant Huang Qian received a total amount of RMB 317,346 from Zhang Le via bank transfer, of which RMB 199,000 was obtained during June and September, 2010.

4. Records of inquisition and examination

Two letters of opinion issued by Shanghai Public Security Bureau and two work reports presented by Pudong Public Security Branch verify that Pudong Public Security Branch sent 12 sets of electronic equipment it detained from different defendants for inspection. Pudong Public Security Branch extracted electronic documents from the electronic equipment twice, downloaded from the website "*good. gd*" the client of the cheating program, recorded the above contents on a CD and handed to Shanghai Oriental Computer Judicial Authentication Office for authentication, together with the client of online game "Maple Story" provided by SNDA.

5. Confession of the five defendants

(1) It is verified by the confession made by Defendant Zhang Le that from 2007, he had been developing the cheating program of the online game "Maple Story" with Defendant Huang Qian. From February 2010, Defendant Huang Qian had been specializing in making the function module of the cheating program, Defendant Zhang Le responsible for compiling the main program of the cheating program, integrating modules and specifying functions, and subdividing the cheating program into weekly and monthly cards which he called "CS Assistant". To facilitate business management and focus on the research and development of the cheating program, Zhang Le negotiated with Defendant Liang Wenyu and agreed that from February 2010, Liang Wenyu took charge of sales of the cheating program as the general sales agent. Zhang Le paid "salary" to Huang Qian through bank card and settled the payment for the cheating program with Liang Wenyu via Alipay. Upon the authorization of Zhang Le, Liang Wenyu rented a server to prevent network attacks.

(2) It is verified by the confession of Defendant Huang Qian that in 2006, after Huang

Qian got familiar with Defendant Zhang Le through internet chat, they started developing the cheating program together. After the Spring Festival of 2010, Huang Qian was in charge of searching for memory address and handed the function code on developing the cheating program to Zhangle who paid Huang Qian "salary" through bank card.

(3) It is verified by the confession of Defendant Liang Wenyu that from February 2010, Defendant Zhang Le had been providing the cheating program to Liang Wenyu who sold the program as the general sales agent and released the download links "*down. qiannao. com*" and "*good. gd*" of the cheating program on the website *www. 1632899. com*. Liang Wenyu rented a server for Zhang Le. They settled the payment concerning the cheating program via Alipay. Defendants Ruan Xiaoxia and Liu Yang were the major target customers of Liang Wenyu.

(4) It is verified by the confession of Defendant Ruan Xiaoxia that though Ruan Xiaoxia had clearly known that "CS Assistant" was a cheating program, she still had bought the cheating program from Defendant Liang Wenyu for many times and sold on Taobao since February, 2010. Ruan Xiaoxia and Liang Wenyu settled the payment for the cheating program via Alipay.

(5) It is verified by the confession of Defendant Liu Yang that though he had clearly known that "CS Assistant" was a cheating program, he still had bought the cheating program from Defendant Liang Wenyu for many times and sold on Taobao since June, 2010. Liu Yang and Liang Wenyu settled the payment for the cheating program via Alipay.

All the above-mentioned evidence has been verified through cross-examination in trial, on which this court hereby confirms.

This court holds that NEXON (Korea) is the copyright owner of the online game "Maple Story," Chinese enterprise got permission from the copyright owner and operated and engaged in online publishing upon approval of the Ministry of Culture and General Administration of Press and Publication of the PRC. The computer software copyright of the online game shall be protected by laws of China.

Defendants Zhang Le and Huang Qian developed the cheating program of the online game without permission from the obligee, conducting a criminal act of jointly replicating the client program of the game software. Defendant Zhang Le and Defendant Liang Wenyu conspired and divided the work. Zhang Le was in charge of providing the cheating program and Liang Wenyu responsible for sales of the program as the general sales agent. They both had clearly known about the work with clear division of labor, which is in accordance with features of accomplice. These three defendants jointly reproduced and distributed the software client program of the online game "Maple Story" without permission from the copyright owner for the purpose of making profits, involving a large amount of illegal gains, of which the circumstance is particularly severe. Therefore, in accordance with Article 217 of the *Criminal Law of the People's Republic of China*, these three people committed the crime of copyright infringement. The accusation prosecuted by the public prosecution organ was established, which this court supports. In the joint offence, Defendant Zhang Le was initiator of the crime. He also plotted and implemented the crime. Defendant Huang Qian actively participated in the crime, playing a very important role. Defendant Liang Wenyu actively implemented the distribution behavior, being extremely significant for realizing the purpose of the crime. Therefore, there is no primary offender or accessory criminal among these three defendants. But the measurement of penalty shall be affirmed appropriately according to their different roles. The defense opinion put forward by the defender of Defendant Zhang Le that Zhang Le and Defendant Liang Wenyu did not constitute accomplice, and the defender of Defendant Liang Wenyu held that Liang Wenyu was not a compliance of Zhang Le and Huangqian, so that Article 218 of the *Criminal Law of the PRC* was applicable to Liang Wenyu. The above defense opinion lacked factual or legal basis, which the court does not accept. The defender of Defendant Huang Qian argued that the amount paid by Defendant Zhang Le to Huang Qian included the amount Huang Qian borrowed from Zhangle, and Zhang Le also acknowledged that Huang Qian indeed had borrowed money from him for many times. However, the two defendants failed to give a clear statement on the time and amount of the borrowed money and Huang Qian never returned money over years. In view of the fact that during the criminal process, Zhang Le did transfer money to Huang Qian in large amount for many times, the so-called creditor and debtor relationship between Zhang Le and Huang Qian is against logical thinking, for which there was no evidence. Therefore, this court does not accept the defense opinions.

Though defendants Ruan Xiaoxia and Liu Yang had clearly known that the cheating program of "Maple Story" had violated the copyright owner's right in the game software, they still purchased the program in large quantity and sold to customers. Since these two defendants did not conspire with the producer of the cheating program beforehand, they did not commit joint offence. Although the online store pages of these two defendants displayed graphics and prices of the items for sale, the advertisements trace was not that distinct, and there were no advertising or promotion except for the online page. Therefore, their acts did not belong to distribution act of promoting via advertising. The two defendants sold the products even though they had known clearly that those were infringing duplicates, and the sales revenue and the value of unsold infringing duplicates exceeded the prosecution standard regulated by the Supreme People's Procuratorate and the Ministry of Public Security on the crime of selling infringing duplicates, committing the crime of selling infringing duplicates. The court accepts the defense opinion put forward by Defendant Ruan Xiaoxia and the defenders of these two defendants on the nature of the two defendants' acts. The court rectifies the inappropriate accusation by the public prosecution organ against these two defendants of committing the crime of copyright infringement. Since the acts of Defendants Ruan Xiaoxia and Liu Yang were severe in circumstances, the involved amount and the infringement upon the obligee, which did not meet the requirements of minor circumstance and little hazards to the society for impunity. The court does not accept the request for impunity put forward by the defender.

The defender of Defendant Liang Wenyu also put forward that Liang Wenyu provided meritorious service. Since Liang Wenyu only provided the Taobao username, QQ number and nickname of Defendant Zhang Le so that the organ of investigation had to proceed with some technical approaches and further investigation to confirm the real identity of Zhang Le and captured him finally. Therefore, Liang's act shall not be affirmed to have assisted judicial officers in capturing the accomplice. What Defendant Liang Wenyu did shall not be deemed as meritorious service. The court did not accept the above defense opinion. Nevertheless, Liang Wenyu did provide some clues contributing to criminal investigation, he thus may be given a lenient punishment as appropriate in measurement of penalty.

After brought before the court, the five defendants showed cooperative attitude in admitting guilt, and the relatives of Defendant Huang Qian also took the initiative to pay back part of the illegal gains for Huang Qian. This court would give a lenient punishment as appropriate. On these grounds, to enforce the national rules and regulations and protect intellectual property rights from infringement, based on the nature, severity of the hazards to the society of the five defendants' acts and their attitude in admitting guilt, in accordance with Article 217, Article 218, Article 25. 1, Article 52, Article 53 and Article 64 of the *Criminal Law of the People's Republic of China*, Article 5. 2 (1), Article 5. 2 (2), Article 12. 1 and 12. 2 of the *Interpretation of the Supreme People's Court and the Supreme People's Procuratorate Concerning Issues on the Specific Application of Law for Handling Criminal Cases of Infringement upon Intellectual Property Rights*, and Article 4 of the *Interpretation II of the Supreme People's Court and the Supreme People's Procuratorate Concerning Issues on the Specific Application of Law for Handling Criminal Cases of Infringement upon Intellectual Property Rights*, the ruling is hereby made:

1. Defendant Zhang Le has committed the crime of copyright infringement, thus shall be sentenced to a set-term imprisonment of 5 years (The term of imprisonment shall be counted from the execution day of this ruling, and before the execution of this ruling, days of detention shall be counted as days in term of imprisonment, starting from September 29, 2010 till September 28, 2015) and imposed with a fine of RMB1. 3 million (The penalty shall be handed in to this court within 1 month from the day when this ruling takes effect).

2. Defendant Huang Qian has committed the crime of copyright infringement, thus shall be sentenced to a set-term imprisonment of 4 years (The term of imprisonment shall be counted from the execution day of this ruling, and before the execution of this ruling, days of detention shall be counted as days in term of imprisonment, starting from September 20, 2010 till September 19, 2014) and imposed with a fine of RMB 700,000 (The penalty shall be handed in to this court within 1 month from the day when this ruling takes effect).

3. Defendant Liang Wenyu has committed the crime of copyright infringement, thus shall be sentenced to a set-term imprisonment of 3 years and 6 months (The term of imprisonment shall be counted from the execution day of this ruling, and before the execution of this ruling, days of detention shall be counted as days in term of imprisonment, starting from September 17, 2010 till March 16, 2014) and imposed with a fine of RMB 600,000 (The penalty shall be handed in to this court within 1 month from the day when this ruling takes effect).

4. Defendant Ruan Xiaoxia has committed the crime of selling infringing duplicates, thus shall be sentenced to a set-term imprisonment of 6 months (The term of imprisonment shall be counted from the execution day of this ruling, and before the execution of this ruling, days of de-

tention shall be counted as days in term of imprisonment, starting from September 17, 2010 till March 16, 2011) and imposed with a fine of RMB 300,000 (The penalty shall be handed in to this court within 1 month from the day when this ruling takes effect).

5. Defendant Liu Yang has committed the crime of selling infringing duplicates, thus shall be sentenced to a set-term imprisonment of 6 months (The term of imprisonment shall be counted from the execution day of this ruling, and before the execution of this ruling, days of detention shall be counted as days in term of imprisonment, starting from October 21, 2010 till April 20, 2011) and imposed with a fine of RMB 200,000 (The penalty shall be handed in to this court within 1 month from the day when this ruling takes effect).

6. The illegal gains of all defendants and the detained electronic equipment shall be confiscated.

Either party that refuses to accept this ruling as final may, within 10 (ten) days after the service of this judgment, appeal directly to Shanghai No. 1 Intermediate People's Court or through this court. One original and two copies of the appeal petition shall be submitted for written appeal.

Chief Judge: Lu Wende
Judge: Ma Chaojie
Judge: Chen Huizhen
May 5, 2011
Court Clerk: Ye Jufen

(This judgment has been selected into the 2011 China's 50 Typical Cases on Judicial Protection of Intellectual Property and the 2011 Shanghai's Ten Cases on Judicial Protection of Intellectual Property)

39. Fu Xuyi v. Yan Ruhuo *et al.* Copyright Infringement Criminal Case

——Criminal Judgment of Shanghai Putuo District People's Court (2011) PU-Xing-Chu-Zi No. 346

Public prosecution organ: Shanghai Putuo District People's Procuratorate.

Defendant: Fu Xuyi, male, born in Liuyang City of Hunan Province on January 3, 1972, Han Nationality, junior high school graduate, farmer. Registered place of residence: No. 178, Majia Group, Changpo District, Baohua Village, Guanqiao Town, Hunan Province. Temporary residential address: Room 104, No. 2, Lane 372, Chifeng Road, Shanghai. Being suspected of infringing copyright, he was held in criminal detention by Shanghai Public Security Bureau Putuo Branch on November 23, 2010 and was arrested on December 28 according to laws. He is now detained in Shanghai Putuo District Detention House.

Defender: Chen Ling, a lawyer from Shanghai Hanglung Law Offices.

Defendant: Yan Ruhuo, male, born in Jiujiang City of Jiangxi Province on December 30, 1981, Han Nationality, junior high school graduate, farmer. Registered place of residence: Group 16, Qingshuiqiao Village, Bailing Town, Xiushui County, Jiujiang City, Jiangxi Province. Temporary residential address: No. 36, Lane 158, Xinzhen Road, Shanghai. Being suspected of infringing copyright, he was held in criminal detention by Shanghai Public Security Bureau Putuo Branch on February 11, 2011 and was arrested on March 22 according to laws. He is now detained in Shanghai Putuo District Detention House.

Defender: Zhang Yuxiang, a lawyer from Shanghai Jie Yang Law Office.

Defender: Zhou Min, a lawyer from Shanghai Haopai Law Firm.

Defendant: Shen Huihuang, male, born in Zhuzhou City of Hunan Province on August 16, 1983, Han Nationality, high school graduate, farmer. Registered place of residence: No. 10, Qiaotouba Group, Zhiqianqiao Village, Yaojiaba Town, Zhuzhou County, Hunan Province. Temporary residential address: Room 106, No. 5, Lane 580, Siping Road, Shanghai. Being suspected of infringing copyright, he was held a guarantor pending trial by Shanghai Public Security Bureau Putuo Branch on November 25, 2010.

Defendant: Jian Mingju, female, born in Daxian County of Sichuan Province on March 10, 1975, Han Nationality, financial executive of Shanghai Liba Printing Co., Ltd. Registered place of residence: No. 36, Xiachang Street, Guancun Town, Daxian County, Sichuan Province. Temporary residential address: No. 18, Lane 68, Huagong Road, Shanghai. For the crime of making out special invoices for value-added tax in June, 2006, she was sentenced to a set-term imprisonment of 1 year with probation of 1 year, and imposed with a penalty of RMB 20,000 by Shanghai Fengxian District People's Court. Being suspected of infringing copyright, she was held a guarantor pending trial by Shanghai Public Security Bureau Putuo Branch on March

23, 2011.

With the Indictment HU-Pu-Jian-Xing-Su [2011] No. 182, Shanghai Putuo District People's Procuratorate accused defendants Fu Xuyi, Yan Ruhuo, Shen Huihuang and Jian Mingju of committing the crime of copyright infringement and initiated a public prosecution to this court on May 12, 2011. This court set up a collegial panel according to laws and held an open trial on this case. Shanghai Putuo District People's Procuratorate assigned fact finder Liu Hansong to appear in court to support the public prosecution. Defendant Fu Xuyi and his defender Chen Ling, a lawyer from Shanghai Hanglung Law Offices, Defendant Yan Ruhuo and his defender Zhang Yuxiang from Shanghai Jie Yang Law Office and defender Zhou Min from Shanghai Haopai Law Firm, and defendants Shen Huihuang and Jian Mingju all appeared in court for the litigation. During the trial, the public prosecution organ applied for delay in trial once for supplementing evidence, which this court approved. The case has been closed.

After trial, it is found that Hong Kong Tang Art Design and Information Co., Ltd. is the copyright owner of book *Bounded & Unbounded -- Top Hotel Architecture* (at a unit price of RMB 938), who entrusted Hunan Fine Arts Publishing House and Guangzhou Tang Art Cultural Communication Co.,Ltd. to be in charge of publication and distribution.

In mid October 2010, Defendant Fu Xuyi conspired with Wu Deguang and Yan Hongxi (both at large) to make joint contribution to duplicate and distribute the book *Bounded & Unbounded -- Top Hotel Architecture* (hereinafter referred to as "*Bounded & Unbounded*") without authorization from Hong Kong Tang Art Design and Information Co., Ltd. Then defendants Fu Xuyi, Wu Deguang and Yan Hongxi were introduced to and made a verbal contract with Defendant Yan Ruhuo that Defendant Fu Xuyi would provide the sample book, and Defendant Yan Ruhuo undertook the publishing of 2,000 copies of *Bounded & Unbounded* at RMB 140 for each copy. Having learnt about this, Defendant Shen Huihuang invested in the name of Fu Xuyi and joined Fu Xuyi, Wu Deguang, Yan Hongxi in publishing and distributing the pirated books.

Defendant Yan Ruhuo and Defendant Jian Mingju had business contact. They made a verbal contract that Defendant Yan Ruhuo would provide the film of *Bounded & Unbounded*, and Defendant Jian Mingju would take charge of printing 2,000 copies at the price of RMB 110 for each copy.

On November 1 of the same year, Defendant Jian Mingju signed a printing contract with another company, entrusting the company to print 2,000 copies of this pirated book at a total price of over RMB 60,000.

After learning that Defendant Fu Xuyi was planning to sell pirated *Bounded & Unbounded* to wholesalers, Guangzhou Tang Art Cultural Communication Co., Ltd. warned Defendant Fu Xuyi and relevant persons for many times, requiring them to stop selling the books, which however did not work. On November 18, to prevent the pirated books from entering the market, Tang Jianguo, the legal representative of Guangzhou Tang Art Cultural Communication Co.,Ltd., signed an agreement with Defendant Fu Xuyi, specifying that the former would purchase 2,000 copies of the pirated *Bounded & Unbounded* at the unit price of RMB210. However, Defendant Fu Xuyi and persons concerned were not authorized to duplicate and distribute the book.

The four defendants Fu Xuyi, Wu Deguang, Yan Hongxi and Shen Huihuang determined through discussion that Fu Xuyi would carry some books to the trading place first, and Wu Deguang, Yan Hongxi and Shen Huihuang would carry the rest of the pirated books to the above-mentioned place in two vehicles after Fu Xuyi sent out the information that transaction were safe. On the November 22, the police captured Defendant Fu Xuyi the police captured when he carried the pirated *Bounded & Unbounded* to Shanghai Office of Guangzhou Tang Art Cultural Communication Co. ,Ltd. at No. 4, Lane 1251, Jiangning Road, Shanghai for delivery, and detained 384 copies of the pirated book. After Defendants Shen Huihuang and others learnt that Defendant Fu Xuyi might have already been captured, they hid the rest 1,617 copies of the pirated book in the warehouse of Shanghai Beikai Logistics Company at No. 399, Jiancao Road, Shanghai, of which 960 copies were carried to Zhuzhou City in Hunan Province which have been all detained now.

On February 22, 2011, Defendant Jian Mingju received a call from the public security organ and took the initiative to go and make confession truthfully.

During trial, defendants Fu Xuyi, Yan Ruhuo, Shen Huihuang and Jian Mingju held no objection to the above mentioned facts which are proved by sufficient evidence such as the testimony of witnesses Jian Mingbo, Fu Shuangshu, Kang Jianguo, Tu Zhenguo, Shi Hongzhou, Yuan Chungang, Ji Ping, Yang Mengliang, Peng Renxue, Zhang Kexue and Gong Daochun, letter of approval, certificate, book publishing contract, copyright certificate, related documentary evidence and agreements provided by Guangzhou Tang Art Cultural Communication Co. , Ltd. , two notices on deposit and remittance inquiry provided by Shanghai Public Security Bureau Putuo Branch and relevant bank approvals, contract, bill of lading, goods acceptance list, search records and list of detainment and documents of Shanghai Public Security Bureau Putuo Branch, criminal judgment, Shanghai Publication Expert Report, work report submitted by the public security organ, etc.

This court holds that defendants Fu Xuyi and Shen Huihuang reproduced and distributed books of others for lucrative purpose without authorization of the copyright owner, which constituted the crime of copyright infringement. Defendants Yan Ruhuo and Jian Mingju reproduced books of others for lucrative purpose without authorization of the copyright owner or strict inspection on the legal procedures of the entrusting party, which constituted crime of copyright infringement respectively and in an independent way. The criminal facts accused by the public prosecution organ are fully verified and the accusation is established. The amounts gained by Defendant Fu Xuyi, Yan Ruhuo, and Shen Huihuang from illegal operations totaled RMB 420,000, RMB 280,000 and RMB 420,000 respectively, belonging to crimes with extremely serious circumstances. The amounts gained by Defendant Jian Mingju totaled RMB 220,000, belonging to crimes with other serious circumstances. Defendants Fu Xuyi and Shen Huihuang committed joint offence, in which Defendant Fu Xuyi played a major role and Defendant Shen Huihuang, as primary offender, played a secondary role. As an accessory criminal, Shen Huihuang shall be given a lesser punishment. In view of the fact that Defendant Jian Mingju voluntarily surrendered herself, she could be given a lesser punishment. Having brought before the court, defendants Fu Xuyi, Yan Ruhuo and Shen Huihuang confessed the criminal facts truthfully and showed cooperative attitudes towards admission and repentance of guilt. Therefore, they may be given a lesser punishment. The defense opinion put forward by the defender that defendants Fu Xuyi and Yan Ruhuo could be given a set-term imprisonment shorter than 3 years with probation is not accepted by this court. Defendants Shen Huihuang and Jian Mingju both abode by disciplines and laws during the guarantor pending trial session and voluntarily confessed the crime after being brought before the court. Therefore, they should be given a lenient punishment as appropriate and a non-custodial penalty was applicable to them as a test. The court accepts the suggestions on measurement of penalty put forward by the public prosecution organ.

In conclusion, to enforce the national rules and regulations, regulate the order of the market-oriented economy and protect intellectual property rights from infringement, based on the fact that the defendants have committed the crime as well as the crime's nature, circumstances and severity of the hazards to the society, in accordance with Article 217 (1) and 217 (2), Article 25. 1, Article 26, Article 27, Article 67. 1 and 67. 3, Article 72, Article 73, Article 53 and Article 64 of the *Criminal Law of the People's Republic of China*, Article 5, Article 11 and Article 12. 1 of the *Interpretation of the Supreme People's Court and the Supreme People's Procuratorate Concerning Issues on the Specific Application of Law for Handling Criminal Cases of Infringement upon Intellectual Property Rights*, and Article 4 of the *Interpretation II of the Supreme People's Court and the Supreme People's Procuratorate Concerning Issues on the Specific Application of Law for Handling Criminal Cases of Infringement upon Intellectual Property Rights*, the ruling is hereby made as follows:

1. Defendant Fu Xuyi has committed the crime of copyright infringement, thus shall be sentenced to a set-term imprisonment of 3 years and 6 months and imposed with a fine of RMB 140,000.

(The term of imprisonment shall be counted from the execution day of this ruling. Before the execution of this ruling, days of detention shall be counted as days in term of imprisonment, starting from November 22, 2010 till May 21, 2014. The penalty shall be handed in within 1 month from the day when this ruling takes effect.)

2. Defendant Yan Ruhuo has committed the crime of copyright infringement, thus shall be sentenced to a set-term imprisonment of 3 years and imposed with a fine of RMB 50,000.

(The term of imprisonment shall be counted from the execution day of this ruling. Before the execution of this ruling, days of detention shall be counted as days in term of imprisonment, starting from February 11, 2011 till February 10, 2014. The penalty shall be handed in within 1 month from the day when this ruling takes effect.)

3. Defendant Shen Huihuang has committed the crime of copyright infringement, thus shall be sentenced to a set-term imprisonment of 2 years and 6 months with probation of 2 years and 6

months and imposed with a fine of RMB 100,000.

(The probation period shall be calculated from the day when the ruling is confirmed. The penalty shall be handed in within 1 month from the day when this ruling takes effect.)

4. Defendant Jian Mingju has committed the crime of copyright infringement, thus shall be sentenced to a set-term imprisonment of 2 years with probation of 2 years and imposed with a fine of RMB 50,000.

(The probation period shall be calculated from the day when the ruling is confirmed. The penalty shall be handed in within 1 month from the day when this ruling takes effect.)

After returning to the community, defendants Shen Huihuang and Jian Mingju shall abide by laws and regulations, obey supervision and administration, receive education, complete labor for public benefits and be a citizen good for the society.

5. Illegal gains of the defendants shall be recovered according to laws. And the detained pirated books and film shall be confiscated according to laws.

Either party that refuses to accept this ruling as final may, within 10 (ten) days after service of this judgment, appeal directly to Shanghai No. 2 Intermediate People's Court or through this court. One original and four copies of the appeal petition shall be submitted for written appeal.

Chief Judge: Jin Hong
Acting Judge: Zhu Yingqiong
Judge: Yan Weixiong
July 13, 2011
Court Clerk: Zhou Jian

(This judgment has been selected into the 2011 Shanghai's Ten Cases on Judicial Protection of Intellectual Property)

40. Yu Gang v. Cao Zhihua *et al.* Copyright Infringement Criminal Case

——Criminal Judgment of Shanghai Xuhui District People's Court (2011) XU-Xing-Chu-Zi No. 984

Public prosecution organ: Shanghai Xuhui District People's Procuratorate.

Defendant: Yu Gang, male, born on October 7, 1973, Han Nationality, university degree, legal representative of Chongqing Damao Network Technology Co., Ltd. Registered place of residence: No. 9-3, Building 4, No. 28, Xijiao Road, Jiulongpo District, Chongqing City. Current residential address: No. 20-4, Building 4, No. 28, Xijiao Road, Jiulongpo District, Chongqing City. Being suspected of committing the crime of illegal business operations, he was held in criminal detention by Shanghai Public Security Bureau Xuhui Branch on January 26, 2011. On March 4 of the same year, being suspected of infringing copyright, he was captured on the same day by the above-mentioned Branch upon approval of Shanghai Xuhui District People's Procuratorate. On April 29, 2011, upon approval of Shanghai People's Procuratorate Branch No. 1, investigation detention term was prolonged for one month. He is now detained in Shanghai Xuhui District Detention House.

Defender: Gao Guorong, a lawyer from Shanghai Tianming Law Firm.

Defendant: Cao Zhihua, male, born on July 1, 1981, Han Nationality, university degree, former shareholder of Chongqing Damao Network Technology Co., Ltd. Registered place of residence: No. 502, Building 1, Yunmen Commercial Pedestrian Street, Dongfeng Community Neighborhood Committee, Wangchunmen Office, Xiangxiang City, Hunan Province. Current residential address: No. 604, Building 2, Mangrove Bay Residence, North Wanjiali Road, Xingsha Town, Changsha County, Changsha City, Hunan Province. Being suspected of committing the crime of illegal business operations, he was held in criminal detention by Shanghai Public Security Bureau Xuhui Branch on March 3, 2011. On April 8, being suspected of infringing copyright, he was captured on the same day by the above-mentioned Branch upon approval of Shanghai Xuhui District People's Procuratorate. He is now detained in Shanghai Xuhui District Detention House.

Defender: Li Weishi, a lawyer from Shanghai CAPITALLAW&PARTNERS.

Defender: Xu Yueying, a lawyer from Shanghai Bright & Young Law Firm.

Defendant: Feng Dian, male, born on July 11, 1990, Han Nationality, high school graduate, former shareholder of Chongqing Damao Network Technology Co., Ltd. Registered place of residence: Room 9, Unit 2, Building 1, No. 34, South Lane 1, Xinhua Street East Section, Jiangkou Town, Pingchang County, Sichuan Province. Current residential address: Room 47, 10F, Unit 3, Building 4, Aijiaxin Residential Community, South Yongsheng Street, Chengdu City, Sichuan Province. Being suspected of committing the crime of illegal business operations, he was held in criminal detention by Shanghai Public Security Bureau Xuhui Branch on March 6, 2011. On April 8, being suspected of infringing copyright, he was captured on the same day by the above-mentioned Branch upon approval of Shanghai Xuhui District People's Procuratorate. He is now detained in Shanghai Xuhui District Detention House.

Defender: Xie Maolin, a lawyer from Shanghai BoHe Law Firm.

Defender: Wang Siwei, a lawyer from Shanghai BoHe Law Firm.

Defendant: Gu Jingxuan, female, born on May 2, 1976, Han Nationality, junior college graduate, shareholder of Chongqing Damao Network Technology Co., Ltd. Registered place of residence: No. 9-3, Building 4, No. 28, Xijiao Road, Jiulongpo District, Chongqing City. Current residential address: No. 20-4, Building 4, No. 28, Xijiao Road, Jiulongpo District, Chongqing City. Being suspected of committing the crime of illegal business operations, she was held guarantor pending trial by Shanghai Public Security Bureau Xuhui Branch on January 27, 2011.

Defendant: Lai Yi, male, born on September 30, 1982, Han Nationality, high school graduate, Vice President of Chongqing Damao Network Technology Co., Ltd. Registered place of residence: Room 4, 2F, Unit 3, Building 1, No. 16, Changtian Road, Chenghua District, Chengdu City, Sichuan Province. Current residential address: Room 1909, Building 10, Neo-China Top City Residence, Jiulongpo District, Chongqing City. Being suspected of committing the crime of illegal business operations, he was held in criminal detention by Shanghai Public Security Bureau Xuhui Branch on March 10, 2011. On April 14, being suspected of infringing copyright, he was captured on the same day by the above-mentioned Branch upon approval of Shanghai Xuhui District People's Procuratorate. He is now detained in Shanghai Xuhui District Detention House.

Defender: Yu Chuanhong, a lawyer from Shanghai Shenhui Law Firm.

Defendant: Chen Nong, male, born on June 27, 1975, Han Nationality, university degree, manager of the Administration Department of Chongqing Damao Network Technology Co., Ltd. Registered place of residence: Room 18-3, Building A, No. 218, Xinpaifangsan Road, Yubei District, Chongqing City. Being suspected of committing the crime of illegal business operations, he was held in criminal detention by Shanghai Public Security Bureau Xuhui Branch on January 27, 2011. On March 4, being suspected of infringing copyright, he was captured on the same day by the above-mentioned Branch upon approval of Shanghai Xuhui District People's Procuratorate. On April 29, 2011, upon approval of Shanghai People's Procuratorate Branch No. 1, investigation detention term was prolonged for one month. He is now detained in Shanghai Xuhui District Detention House.

Defender: Tian Yuxiu, a lawyer from Shanghai Sun & Hold Law Firm.

Defender: Li Lujia, a lawyer from Shanghai Sun & Hold Law Firm.

Defendant: Zhang Rongxin, male, born on September 16, 1983, Han Nationality, university degree. Registered place of residence: 1-1, Unit 2, Building 2, No. 122, Guangyu

Road, Section 11, Zhengxing Street Committee, Tongnan County, Chongqing City. Current residential address: 1-1, Unit 3, Building 1, No. 122, Zitong Subdistrict Office, Guangyu Road, Tongnan County, Chongqing City. Being suspected of committing the crime of illegal business operations, he was held in criminal detention by Shanghai Public Security Bureau Xuhui Branch on March 8, 2011. On April 14, being suspected of infringing copyright, he was captured on the same day by the above-mentioned Branch upon approval of Shanghai Xuhui District People's Procuratorate. He is now detained in Shanghai Xuhui District Detention House.

Defendant: Ma Xiao (former name: Ma Long), male, born on February 19, 1988, Han Nationality, junior high school graduate. Registered place of residence: No. 802-886, Zhengxing Street, Zhengxing Street Committee, Section 3, Tongnan County, Chongqing City. Current residential address: Gymnasium and Agricultural Bank Baiyun Town Private House, Tongnan County, Chongqing City. Being suspected of committing the crime of illegal business operations, he was held in criminal detention by Shanghai Public Security Bureau Xuhui Branch on March 8, 2011. On April 14, being suspected of infringing copyright, he was captured on the same day by the above-mentioned Branch upon approval of Shanghai Xuhui District People's Procuratorate. He is now detained in Shanghai Xuhui District Detention House.

Defendant: Liu Jingsong (former name: Liu Kanling), male, born on May 28, 1984, Han Nationality, university degree, working in Chongqing Tongnan County Human Resources and Social Security Bureau. Registered place of residence: 4-2, Unit 1, Building 1, No. 9, Wenhua Road, Section 32, Zhengxing Street Committee, Tongnan County, Chongqing City. Current residential address: 3-2, Unit 2, National Tax Bureau Dormitory, No. 155-1, Tongbai Road, Tongnan County, Chongqing City. Being suspected of committing the crime of illegal business operations, he was held in criminal detention by Shanghai Public Security Bureau Xuhui Branch on March 8, 2011. On April 14, being suspected of infringing copyright, he was captured on the same day by the above-mentioned Branch upon approval of Shanghai Xuhui District People's Procuratorate. He is now detained in Shanghai Xuhui District Detention House.

Defender: He Nong, a lawyer from Shanghai Jinying Law Firm.

Defender: Lu Jie, a lawyer from Shanghai Jinying Law Firm.

Defendant: Chen Ya, female, born on April 15, 1977, Han Nationality, technical secondary school degree. Registered place of residence: Room 12-4, No. 15, Caijiashi Town, Yuzhong District, Chongqing City. Being suspected of committing the crime of illegal business operations, she was held guarantor pending trial by Shanghai Public Security Bureau Xuhui Branch on March 10, 2011.

Defendant: Liu Chuan, male, born on March 17, 1985, Han Nationality, junior college degree. Registered place of residence: No. 20, Yuwu Road North Street, Xinmin Town, Dianjiang County, Chongqing City. Current residential address: A1-13-6, Baimadang Shangfangxinren Residence, Jiulongpo District, Chongqing City. Being suspected of committing the crime of illegal business operations, he was held guarantor pending trial by Shanghai Public Security Bureau Xuhui Branch on March 10, 2011.

With the Indictment HU-Xu-Jian-Xing-Su [2011] No. 338, Shanghai Xuhui District People's Procuratorate accused defendants Yu Gang, Cao Zhihua, Feng Dian, Gu Jingxuan, Lai Yi, Chen Nong, Zhang Rongxin, Ma Xiao, Liu Jingsong, Chen Ya and Liu Chuan of committing the crime of copyright infringement and initiated a public prosecution to this court on November 25, 2011. This court set up a collegial panel according to laws and held an open trial for this case. Shanghai Xuhui District People's Procuratorate assigned fact finder Xu Jun to appear in court to support the public prosecution. Defendant Yu Gang and his defender Gao Guorong, Defendant Cao Zhihua and his defenders Li Weishi and Xu Yueying, Defendant Feng Dian and his defenders Xie Maolin and Wang Siwei, Defendant Gu Jingxuan, Defendant Lai Yi and his defender Yu Chuanhong, Defendant Chen Nong and his defenders Tian Yuxiu and Li Lujia, defendants Zhang Rongxin and Ma Xiao, Defendant Liu Jingsong and his defenders He Nong and Lu Jie, and defendants Chen Ya and Liu Chuan all appeared in court for the litigation. Upon the application of defenders, the trial for this case was postponed once. The case has been closed.

Shanghai Xuhui District People's Procuratorate accused that on November 30, 2007, Shanghai SNDA Internet Development Co., Ltd. (hereinafter referred to as "SNDA") signed a letter of authorization on copyright cooperation with Eyedentity Games Inc, a company from South Korea., introducing the online game publication *Dragon Nest* (《龙之谷》 in Chinese) of which Eyedentity Games Inc. enjoys all intellectual properties including copyright upon approval and authentication of the National Copyright Administration on June 23, 2009. On February 4, 2010, the General Administration of Press and Publication of the PRC approved SNDA to import the above-mentioned online game publication. In July 2010, SNDA approved its subsidiary Shanghai Shulong Computer Technology Co., Ltd. (hereinafter referred to as "Shulong Company") to officially operate the online game *Dragon Nest* on Internet.

In August 2008, defendants Yu Gang, Feng Dian, and Cao Zhihua, together with Hu Hui and Ji Hong, registered Chongqing Damao Network Technology Co., Ltd. (hereinafter referred to as "Damao Company") in Chongqing. And Yu Gang served as the legal representative and President of Daomao Company. Later on, Hu Hui and Ji Hong transferred all their stocks to Yu Gang respectively in May 2009 and April 2010. After establishment, Damao Company mainly engages in development and design of search websites. Nevertheless, due to lack of sources of stable income, the company set up a "studio" where Yu Gang, Cao Zhihua and some other persons developed and made automatic operation-type off-line cheating program, making profits from selling large amount of obtained virtual currency for online games to sustain the company's general expenses. After that, Damao Company recruited some franchisees to cooperate in "producing" virtual currency. They reached agreements that the franchisees should set up "studios" and hand in RMB 1,000 per computer as franchising fee and a certain amount of margin for using the off-line cheating program developed by Damao Company to gain virtual currency which should be submitted to Damao Company to sell. And the profits would be distributed in proportion. Damao Company successively developed the off-line cheating program software of the games such as *AION and ETEN* run by foreign game operators, and "produced" virtual currency to make a profit through the above-mentioned method.

In July 2010, defendants Yu Gang, Cao Zhigang and Feng Dian decoded the client program and related communication protocol of the game *Dragon Nest* operated by Shulong Company by means of de-compilation. Based on that, they used over 1,000 core database files, log-in files and completely simulated communication protocols involving codes of maps, objects, monsters and trigger events they replicated from the above-mentioned client program, and produced the off-line cheating program software realized such functions as automatic backstage multiple log-in, automatic movement operations, automatic way of moving objects with various script programs for automatic operations developed by Yu Gang, Cao Zhihua and Feng Dian.

From the end of July 2010 till January 2011, Defendant Yu Gang and Defendant Lai Yi, Vice President in charge of franchisee management of Damao Company, successively recruited defendants Zhang Rongxin, Chen Nong, Ma Xiao, Liu Jingsong, Chen Ya, and Liu Chuan as the franchisees. Lai Yi took charge of installing and setting up the above-mentioned cheating program for the above franchisees. After that, the above-mentioned franchisees used the cheating program software and logged in a large number of account numbers to "produce" virtual gold coins of the game *Dragon Nest*, and handed the virtual coins to the Market Department which was in the charge of Defendant Gu Jingxuan to sell through websites such as Taobao, 5173, etc. The profits were distributed in proportion. It is found in audit that by selling virtual gold coins of the game *Dragon Nest*, Damao Company made a total sales revenue of RMB 4,637,448.30, including RMB 529,888.80 of the headquarters, RMB 898,555.90 of Chen Nong's studio, RMB 1,257,751.64 of Zhang Rongxin and partners Xu Zhenyu, Peng Wei's studio, RMB 989,124.58 of Ma Xiao and partner Liu Jingsong's studio, RMB 706,049.19 of Chen Ya's studio, and RMB 256,078.18 of Liu Chuan's studio.

In September 2010, Defendants Feng Dian and Cao Zhihua left Damao Company with sales revenue of RMB 680,000 and the source code of the cheating program of *Dragon Nest*, and the shareholders of Damao Company were changed to Yu Gang and Gu Jingxuan.

According to the authentication of Shanghai Stars Digital Forensic Center (hereinafter referred to as "Stars Digital Forensic Center"), the cheating program of *Dragon Nest* may enable the *Dragon Nest* game system to start the game directly without running its client. This cheating program also provides the automatic operation function which the game *Dragon Nest* itself does not have, which is detrimental to the normal operating mode of the whole *Dragon Nest* game system. This cheating program also copied over 1,000 files of the official client program, which are all database files logically related to login, anti-cheating-program, maps, and object codes of *Dragon Nest*, according to the verification made by SNDA. They are all core database files with proprietary intellectual property rights of the game.

On January 27, 2011, defendants Chen Nong and Chen Ya took the initiative to surrender themselves to the public security organ and confessed all criminal facts. On March 10, 2011, Defendant Liu Chuan took the initiative to surrender himself to the public security organ and confessed all his criminal facts.

The public prosecution organ firmly believed that Defendant Yu Gang conspired with defendants Cao Zhihua, Feng Dian, Gu Jingxuan, Lai Yi, Chen Nong, Zhang Rongxin, Ma Xiao, Liu Jingsong, Liu Chuan and Chen Ya to replicate computer software without permission from the copyright owner for lucrative purpose. Defendants Yu Gang, Cao Zhihua, Feng Dian, Gu Jingxuan and Lai Yi gained a total profit of over RMB 4 million from illegal business operation, Defendant Chen Nong gained RMB 898,555.90, Defendant Zhang Rongxin RMB 1,257,751.64, defendants Ma Xiao and Liu Jingsong RMB 989,124.58, Defendant Chen Ya RMB 706,049.19 and Defendant Liu Chuan RMB 256,078.18. All of them involved extremely serious circumstances. In accordance with Article 217 (1) and Article 25.1 of the *Criminal Law of the People's Republic of China*, they shall be prosecuted for criminal liability in joint offense of copyright infringement. Therefore, defendants Yu Gang, Cao Zhihua, Feng Dian, Gu Jingxuan and Lai Yi who played major roles in the joint offense, should be determined as primary offenders in accordance with Article 26.1 and Article 26.4 of the *Criminal Law of the People's Republic of China*. Defendants Chen Nong, Zhang Rongxin, Ma Xiao, Liu Jingsong, Chen Chuan and Chen Ya who played a supporting role in the joint offense should be determined as accessory criminals and given a mitigated punishment in accordance with Article 27 of the *Criminal Law of the People's Republic of China*. Since defendants Chen Nong, Chen Ya and Liu Chuan voluntarily surrendered themselves, they may be given a lesser punishment in accordance with Article 67.1 of the *Criminal Law of the People's Republic of China*. After Defendants Yu Gang, Cao Zhihua, Feng Dian, Gu Jingxuan, Lai Yi, Zhang Rongxin, Ma Xiao and Liu Jingsong presented themselves before the court, they truthfully confessed their criminal facts. Therefore, in accordance with Article 67.3 of the *Criminal Law of the People's Republic of China*, they may be given a lesser punishment. The request is hereby submitted to the court for a legal judgment.

Defendant Yu Gang argued that he never intended to violate laws when registering a company with other people, and all the defendants were technicians and their understanding of laws was insufficient. What the Indictment describes are facts. Therefore, even though he did not understand the evidence of this case or the accused charge, he obeyed the affirmation of the court.

The defender of Defendant Yu Gang believed that the facts of this case were generally unclear, the evidence was insufficient and the case-reporter reported the case in another place. Therefore, it was hard to rule out the possibility that this case involved human relations and other relationships. SNDA entrusted the game *Dragon Nest* to Shulong Company, whose business scope did not cover this business, to operate the online game publications, which itself was illegal. Damao Company was not established out of the criminal purpose of this case, it carried out normal business activities and the profits from selling the game currency belonged to the company. Therefore, even if this case should be established, it should be a corporate crime. The statistics of the accounting firm did not comply with the facts and it would be impossible to exclude the possibility that there was income from other business operations. The expert report of Stars Digital Forensic Center revised the review materials for the first time and made comparison with the game program which had been upgraded for a couple of times for the second time, which was illegal. Therefore, the conclusion could not be accurate, and the cheating program was not detrimental to the running of the game. In accordance with judicial interpretations, the defendants did not meet with the standards of replication crime. Besides, even though the cheating program software was produced, it was never sold to other people. Therefore, the amount from illegal operations could not be established. The existing laws never banned the use of cheating program software from obtaining and reselling game currency. Therefore, this case did not constitute a crime and the defendants shall be absolved.

Defendant Cao Zhihua basically held no objection to the accusation. But he put forward that he had left the company in September 2010, the amount involved in the case after that should have nothing to do with him.

The defender of Defendant Cao Zhihua argued that he held no objection to the accusation. However, Cao had left the company in September 2010, therefore, the amount involved in the case after that should have nothing to do with him. The cheating program software was not developed by him in an independent way, and the cheating program did not do any material harm to the game program. There was no precedent crime of producing game currency via cheating program software, and Cao Zhihua did not know that that violated the laws. Besides, the Defendant had cooperative attitude towards admission of guilt, and he was willing to surrender all gains from illegal operation. The court was requested to grant him probation.

Defendant Feng Dian held no objection to the accusation of the Indictment and the court was requested to give him a lesser punishment.

The defender of Defendant Feng Dian argued that they did not accept the expert report on document similarity issued by Stars Digital Forensic Center. The similarity of the first report was 84.92%, but pure file catalogue similarity would not lead to the similarity between these two documents. Therefore, this report should not be applied. As for the second report with a similarity of 84.5%, since the applied authentication approach was wrong, on all documents were treated as the denominator for comparison with the cheating program. Therefore, the result was also wrong. The programming of the cheating program software mainly consisted of procedures of destroying technical safeguard procedures, programming of the logical master program files, replication and retrieval of source files, etc. The act of destroying technical safeguard procedures has not been specified in Article 217 of the *Criminal Law of the PRC*. Its master program file was different from that of SNDA. And it still remained to be discussed whether retrieving source files was an act of replication or adaptation, which even indeed was, only took a small percentage in all the files of game program. This case also did not bring any financial damage to SNDA. SNDA made profits through a mode where game players bought advanced equipments with RMB. However, game currency was used to buy low-end equipment. So there was no connection between them. The amount gained from illegal operations of this case was not appropriately determined. There was no gain from selling the cheating program, and even if there were illegal gains, the cost should be deducted. Feng Dian was not the primary offender of the case. He did not take part in the management of the company. He joined the company not long ago and only participated in making part of the cheating program. Pure copy was not a crime, and the application of the cheating program could only be achieved with cooperation among all parties. He should be only responsible for the amount made in two months. Since he was young and innocent, the court was requested to grant him probation.

Defendant Gu Jingxuan argued that she did not know anything about technology, nor did she know that she had violated the laws. It was the accountants who had been managing the accounts, and she was unclear about the amount involved in the case.

Defendant Lai Yi argued that he had took the initiative to surrender himself before the court, he thus should be deemed as voluntary surrender.

The defender of Defendant Lai Yi argued that Lai Yi should not be determined as the primary offender. It was not the idea of Lai Yi to make the cheating program. Nor did he participate in the production process. He never recruited any franchisee and it was not him who decided upon the value distribution proportion. He was only in charge of some administration work. Upon receipt of the phone call from the police, Lai took the initiative to surrender himself to the court. He thus should be deemed as voluntary surrender. Besides, he held a cooperative attitude towards admission of guilt. Therefore, the court was requested to grant him probation.

Defendant Chen Nong basically held no objection to the accusation and criminal facts, but he had some objection to the amount involved in the case which he believed to be only over RMB 300,000.

The defender of Defendant Chen Nong argued that Chen Nong was not an accomplice in the crime of copyright infringement, because he neither participated in the development and reproduction of the cheating program software nor engaged in selling the game currency. The pure production of game currency should not be determined as crime. The expert report on the similarity between the cheating program software and the game software was not accepted. The amount made from illegal operations was not accepted as well for the value of infringing products in this case was not determined. If the amount of over RMB 300,000 was illegal gains, margin, franchising fee and office costs should be deducted. Deducted by the aforesaid costs, the amount should be RMB 110,000. Considering that the Defendant voluntarily surrendered himself and that he was a first-time offender whose wife was unemployed and kid was still little, the court was requested to grant him probation.

Defendant Zhang Rongxin held no objection to the criminal facts, but he believed that the amount involved in the case should be over RMB 400,000.

Defendant Ma Xiao held no objection to the criminal facts, but he believed that the amount involved in the case was not the one affirmed by the Indictment.

Defendant Liu Jingsong believed that the amount involved in the case should be over RMB 300,000 and he had no objection to other accusations.

The defender of Defendant Liu Jingsong argued that there was no act of selling the cheating program software involved in the case, what the case-reporter Shanghai Shengju Network Technology Co., Ltd. (hereinafter referred to as "Shengju Company") reported was untrue. It was after the defendants developed the cheating program software did SDNA obtained the copyright from the Korean company. The objects for the authentication contrast between SNDA game program and the cheating program were wrong. In addition, the authentication was carried out in an incorrect way so that the determination on the similarity was only personal subjective opinion. SNDA did not suffer any actual financial losses, and the destructive results such as increasing burden on the server and system breakdown were not verified by evidence. In addition, the behavior of Yu Gang *et al.* should be determined as corporate act, and Liu Jingsong did not participate in the reproduction of the cheating program. The production of gold coins was not a reproduction behavior and the income from selling game currency was not the income from reproducing and distributing the cheating program. Besides, Liu Jingsong was only a partner of Ma Xiao, and there were two other people who ere not accused. Therefore, Liu Jingsong should not be affirmed an accessory offender. This case was new, and the court was requested to process prudently.

Defendant Chen Ya believed that the amount shown by the public security organ before was not that much and she had no objection to the rest of the accusations.

Defendant Liu Chuan held that the amount involved in the case was not that much and he had no objection to the rest of the accusations.

After trial, it is ascertained that in August 2008, defendants Yu Gang, Feng Dian, and Cao Zhihua, together with Hu Hui and Ji Hong, incorporated Chongqing Damao Company, and Yu Gang served as the legal representative and President of Daomao Company. (Hu Hui and Ji Hong transferred all their stocks to Yu Gang respectively in May 2009 and April 2010). After establishment, Damao Company mainly engages in development and design of search websites. Nevertheless, due to lack of sources of stable income, Yu Gang and some other persons developed and made automatic operation-type off-line cheating program, making profits from selling large amount of relevant virtual currency for online games to sustain the company's general expenses.

In July 2010, with their professional computer skills, defendants Yu Gang, Cao Zhihua and Feng Dian decoded the client program and related communication protocol of the game *Dragon Nest* operated by Shulong Company by means of de-compilation. Besides, they used a large number of core database files, log-in files and completely simulated communication protocols involving codes of maps, objects, monsters and trigger events they replicated from the above-mentioned client program, and produced the off-line cheating program software which realized such functions as automatic backstage multiple log-in and automatic operations.

From the end of July 2010 to January 2011, defendants Yu Gang and Lai Yi successively recruited defendants Zhang Rongxin, Chen Nong, Ma Xiao, Liu Jingsong, Chen Ya, and Liu Chuan to join and established the "studio", which was in the charge of Lai Yi. Handing in the franchising fee of RMB 1,000 for each computer and a certain amount of margin, they would be authorized to log in a large number of accounts with the off-line cheating software so as to "produce" virtual currency of game *Dragon Nest* together, which they then handed in to the Market Department in the charge of Defendant Gu Jingxuan for sale through related websites. The profits would be distributed in proportion. It is found in audit that by selling virtual gold coins of the game

Dragon Nest, Damao Company made a total sales revenue of RMB 4,637,448.30, including RMB 529,888.80 of the headquarters, RMB 1,257,751.64 of Zhang Rongxin and other persons' studio, RMB 898,555.90 of Chen Nong's studio, RMB 989,124.58 of Ma Xiao and Liu Jingsong's studio, RMB 706,049.19 of Chen Ya's studio, and RMB 256,078.18 of Liu Chuan's studio.

In September 2010, defendants Feng Dian and Cao Zhihua left Damao Company with the source code of the cheating program of the game *Dragon Nest* and sales revenue of RMB 680,000, and the shareholders of Damao Company were changed to be Yu Gang and Gu Jingxuan.

In January 2011, defendants Yu Gang, Gu Jingxuan and Chen Nong were presented before the court. In March 2011, defendants Cao Zhihua, Feng Dian, Lai Yi, Zhang Rongxin, Ma Xiao, Liu Jingsong, Chen Ya and Liu Chuan were presented before the court. Among them, Chen Nong, Chen Ya and Liu Chuan were the ones who voluntarily surrendered themselves to the public security Organ.

It is also ascertained that on November 30, 2007, SNDA signed a letter of authorization on copyright cooperation with the Korean company Eyedentity Games Inc., introducing the online game publication *Dragon Nest* whose copyright was owned by Eyedentity Games Inc. and got authentication from the National Copyright Administration on June 23, 2009. On February 4, 2010, the General Administration of Press and Publication of the PRC approved SNDA to import the above-mentioned online game publication. In July 2010, SNDA authorized Shulong Company to officially operate the online game *Dragon Nest* on the Internet.

In September 2011, according to the authentication of Stars Digital Forensic Center, the comparison between the cheating program involved in the case and the client program of the sample game *Dragon Nest* verified that the similarity of these two files' catalogue structures was 84.92% and that of files was 84.5%. Therefore, they were substantially similar.

The above facts were all proved by the cross-examination in trial on evidence listed below:

1. Shulong Company's Business License, Letter of Authorization, Shengju Company's Business License, Eyedentity Games Inc.'s Authorization on Cooperation, Letter of Authorization, the Official Reply on Approving SNDA to Introduce and Publish Online Game Publication *Dragon Nest* issued by the General Administration of Press and Publication of the PRC, the Case Reporting Materials on *Dragon Nest*'s Offline Cheating Program issued by Shengju Company and statement record of case-reporter Xu Jun all verified that the game *Dragon Nest* was developed by the Korean company Eyedentity Games Inc., and was imported by SNDA who entrusted Shulong Company to operate, which, in turn, entrusted Shengju Company as the agency to fight against the cheating program software and private server, and take charge of safeguarding legal rights. It was Shengju Company that provided the public security organ with clues on this case.

2. Damao Company's industrial and commercial registration materials, Articles of Association, equity transfer agreements and industrial and commercial modification registration materials proved the establishment of Damao Company and the changes of stockholders. It is verified by testimony of Damao Company's cashier, administrative personnel Cheng Huilin, supervisor of the

Test Department Chen Cheng and supervisor of Development Department Zhang Kailin that the major income of Damao Company from reselling game currency obtained through online games mainly *Dragon Nest* to other game players, along with some others before. Most of the income was not recorded on the account of the company, and the selling of game currency was in the charge of the Marketing Department which Gu Jingxuan served as the direct supervisor. The cashier made statement report to Gu Jingxuan on the amount of gold coins gained by each franchisee, income from selling the coins and the actual income calculated after distribution in proportion on a monthly basis. There are totally four departments in Damao Company, including the Marketing Department headed by Gu Jingxuan, the Administrative Department led by Lai Yi, the Development Department under the leadership of Zhang Kailin and the Test Department in the charge of Chen Cheng. The Test Department also issued an evaluation report on game *Dragon Nest*, mainly calculating the amount of coins made by producers each day, the numbers of computers on work, servers, accounts and other data, and submitting the information to the company for distribution of the income after back-up copies were made. The Development Department was mainly in charge of websites design and development. However, by now, they had only done a small part of the work, and they had no idea if the company has profitable projects.

3. It is verified by the detained objects and file list, bank account inquiry materials and search records issued by Shanghai Public Security Bureau Xuhui Branch that after the incidence of the case, the public security organ detained computers, hard disks, mobile hard disk drives, bank cards, etc. involved in the case from Damao Company and defendants Yu Gang, Gu Jingxuan, Feng Dian, and Lai Yi.

4. The Judicial Expert Report issued by Gongxin Zhongnan Certified Public Accountants verifies that from June 2010 to January 2011, the sales volume of the virtual currency of the game *Dragon Nest* "produced" by the cheating program software involved in the case totaled RMB 4,637,448.30.

5. It is verified by the judicial expert report of Stars Digital Forensic Center and the testimony of appraiser Guo Hong that the cheating program of *Dragon Nest* can replace the client program of the game and interact with the server, thus directly obtaining the data that *Dragon Nest* game server sends to the client of the game and sending orders to game server, which would result in changes to the game server. The similarity between the cheating program and the official client program in file catalogue structure and files are 84.92% and 84.5% respectively, indicating substantial similarities.

6. It is verified by Shengju Company's presentation of conditions and the testimony of technician Jiang Weihua that 398 files listed in the expert report are all key files related to the log-in, anti-cheating-program and maps data of *Dragon Nest*. The cheating program involved in the case has decoded 4 core pak files of the official client program in *Dragon Nest*, copied 545 files on maps and saved them in the cheating program by means of renaming the files.

7. The confession of defendants Yu Gang, Cao Zhihua, Feng Dian, Gu Jingxuan, Lai Yi, Chen Nong, Zhang Rongxin, Ma Xiao, Liu Jingsong, Chen Ya and Liu Chuan verifies the facts

prosecuted by the public prosecution organ.

In view of the opinions of all defendants and defenders on the facts and accused crimes affirmed by the public prosecution organ, according to verified facts and affirmed evidence, this court made the following judgment on related focus of disputes:

1. Is the cheating program involved in the case "substantially similar" to the client program of the game *Dragon Nest*. Does it constitute illegal reproduction of computer software whose copyright belongs to others? Are the authentication procedures and methods applied by authentication institution accurate?

This court holds that as is specified by Article 217 (1) of the *Criminal Law of the People's Republic of China* that "the act of reproducing and distributing text works, music, movie, TV program, videos, computer software and other works owned by others without their permission" shall categorized into the circumstances of infringement upon copyright, of which "reproduction and distribution" are integral parts of determining t crime. Article 2 of the *Regulation on Computer Software Protection* specifies that "Computer Software refers to computer programs and relevant files", and Article 3 specifies that "computer program refers to the encoded instruction sequence which can be executed by devices such as computers with information processing capability for certain results, or symbolic instruction sequence or symbolic language sequence that can be automatically converted into encoded instruction sequence". "Cheating program" itself is a kind of computer program, generally referring to the cheating program developed by changing part of the game software's programs aiming at one or multiple online games. It intercepts and alters the data transferred via communication data packages between game client and server, sending information to client simulating server, or sending information to server simulating client, so as to realize the purpose of modifying games and strengthening various functions of the game. The production and operation of the cheating program determines that it has to collect, replicate and modify a large amount of data in the official client program. The offline cheating program involved in the case is a program which can only be produced when the complete contents of data package on communication between client and server are fully comprehended and mastered. It is different from other cheating programs which have to be linked to client program. This cheating program may independently from the game client program, It can log in and play games simulating the official client. It can also realize some functions that the official client does not have, such as automatically fighting against monsters and transactions. Therefore, the offline cheating program was independent from the official client program. Theoretically, unless the game's internal technical secrets are mastered, it would be very difficult to be achieved at the general technical level. But in this case, defendants Yu Gang, Cao Zhihua and Feng Dian made use of their professional computer expertise, decoded game *Dragon Nest* client and server communication protocol, replicated a large amount of game dialogue files, basic data files, maps files, log-in files and other key and core files from the official client program, and completed the production of offline cheating program involved in the case. It is authenticated that the similarity of the file catalogue structures between the cheating program and the official client program is 84.92%, and that of files is 84.5%. Therefore, these two programs are substantially similar. In this case, defendants Yu Gang, Cao Zhihua, Feng Dian and other relevant persons obtained related core program files in computer software whose copyright belonged to others by illegal means, made the cheating program and conspired with other defendants to use it for lucrative purposes. Although this cheating program is not identical with all files of the official client program, the main structures and functions are substantially similar. The acts of defendants belongs to illegally reproducing computer software provided by the *Criminal Law of the People's Republic of China*, and shall be convicted and punished for the crime of copyright infringement.

The defenders of defendants such as Yu Gang and Feng Dian forward the opinion that the judicial expert report issued by Stars Digital Forensic Center was based on wrong review material contrast and authentication approach, and the act of defendants did not constitute reproduction. This court holds that the review materials concerning the cheating program of the *Dragon Nest* were all obtained from related defendants by the public security organ. During the inspection, the authentication institution examined the review materials according to the codes of practice, fixing and preserving the data. Therefore, the clarity and consistence of the review materials shall be affirmed. The contrast sample of this case is provided by SNDA. As a large online game company with a large number of players, it is convention and a must to upgrade some files and data regularly or occasionally to fight against the cheating program, strengthen entertainment quality and maintain the normal game environment. The game's major functions and whole framework would not change because of this. Besides, the copyright owner owns the right of modifying the software and owns the copyright of the modified software. Therefore, there is nothing inappropriate for SNDA to provide the upgraded version of the client program of *Dragon Nest* as a sample for contrast. As for authentication approaches, the authentication center strictly followed related industrial standards, carried out contrast of the catalogue files between the cheating program and the game client -- 398/471 -- and got the file similarity of 84.5%, thus coming to the conclusion from professional perspective that they were substantially similar. The approaches are correct and the conclusion is objective. Therefore, the opinions of related defenders shall not be accepted. Related evidence of this is sufficient to confirm that the defendants have the act of reproducing core files of the client program of *Dragon Nest*. Although there are some differences between the cheating program and the client program, the substantial similarity of program files shall be considered to be reproduction defined in the *Copyright Law* and the *Criminal Law*. In addition, *the Regulation on Computer Software Protection* also deems partial reproduction of software whose copyright owned by others as an act for which criminal liability should be taken according to the criminal law on copyright infringement. The court shall not accept the opinion that the acts of the defendants did not constitute reproduction put forward by related defenders.

2. Shall this case be confirmed as a corporate crime or joint offense of the defendants?

The public prosecution organ of this case prosecuted to this court that the defendants constituted joint offense. The defenders of Yu Gang and Liu Jingsong put forward the opinion that Damao Company was not established for the criminal purpose of this case, it carried out normal operating activities which brought income, and that the earnings from selling game currency belonged to the company. As a result, even if the crime of copyright infringement was established, it shall be determined as a corporate crime by Damao Company. This court holds that corporate crime refers to crimes committed by companies, enterprises, public institutions, governmental authorities and organizations for illegitimate interests for committers themselves, which is committed based on the decision of the collective as a whole or by the person in charge him/herself. The *Interpretation of the Supreme People's Court on Some Issues Concerning Applicable Laws to the Trial of Corporate Crime* provided that where individuals establish a company, enterprise or public institution for illegal and criminal activities, or the company, enterprise or public institution takes committing crime as its major activities after establishment, the crime shall not be determined as corporate crime. Since the existing evidence is available for the case, after Yu Gang and his partners established Damao Company, though some employees were indeed developing a search engine system, the program was still at the stage of research and development. Investments were made in the program, but no profits had been made. The company had incurred financial losses for a long time, and its major business was development of the cheating program. The company's daily operation was sustained by the income gained from selling game currency obtained through the cheating program. That income was not recorded in the corporate account, and it had nothing to do with the company's normal business operations. After establishment, Damao Company mainly engaged in developing and using the cheating program, committing the crime of copyright infringement. It shall not be determined as corporate crime. The argumentation of related defenders shall not be accepted.

3. Since the defendants of this case did not directly sell the infringing cheating program software, how the amounts they made from illegal business operations?

The defenders of defendants Yu Gang, Feng Dian, Chen Nong and Liu Jingsong argued that having developed the cheating program software, they never sold this software. The existing law never banned obtaining and reselling game currency with the cheating program software. In this case, the value of infringing products could not be determined and the earnings from selling game currency were not earnings from reproduction and distribution of the cheating program software. Therefore, it was impossible to determine the amounts they made from the illegal business operations in this case. This court holds that according to Article 12 of the *Interpretation of the Supreme People's Court and the Supreme People's Procuratorate Concerning Issues on the Specific Application of Law for Handling Criminal Cases of Infringement upon Intellectual Property Rights*, the "amount from illegal business operation" refers to the amount made from producing, storing, transporting and selling infringing products while the doer conducts the act of infringing intellectual property. As for computer software, its value consists of or equivalent to the value of its copyright which include the benefits realized through distribution, lease, permission or transfer of the software product itself, and the values created by auxiliary items in circulation out of realization of the functions using the software. The *Dragon Nest* made profits with the mode of "free game plus transaction of virtual items" where players played the game for free and paid to get value-added services such as tools and outfits. The copyright value of the software is mainly reflected in the profits out of the derivative market. In this case, the defendants made the infringing cheating program software, gained relative virtual currency with this infringing software and made profits through selling the currency. Therefore, the selling price of the derivatives of the infringing software shall be confirmed as the basis for determining the amount made from illegal business operations. This court shall not accept the opinion of relevant defenders.

4. How to affirm the roles, positions and the amount involved in this case of the defendants?

The defender of Defendant Cao Zhihua put forward that Cao Zhihua had left the company in September 2010. Therefore, the amount involved in the case after that should have nothing to do with him. The defender of Defendant Feng Dian put forward that Feng Dian was not the primary offender of this case, for he did not take part in business management of the company, so he should be only responsible for the amount involved in two months. The defender of Defendant Lai Yi argued that Lai Yi should not be determined as the primary offender. He did not participate in the production of the cheating program. He only did some administration work. Upon receipt of the call from the police, Lai Yi took the initiative to surrender himself to the court. He thus shall be deemed as voluntary surrender. Defendants Zhang Rongxin, Chen Nong, Ma Xiao, Liu Jingsong, Chen Ya, Liu Chuan and other persons concerned had objection against the amount involved in the case accused by the public prosecution organ. This court holds that defendants Cao Zhihua and Feng Dian are the main producers of the cheating program in the case, playing major roles in this crime and shall be determined as primary offenders of this case. Although after the cheating program was made, they had left Damao Company in September 2010 and did not take part related criminal activities later on, the development of the cheating program involved in the case is the source and key point for the crime of copyright infringement in this case. The amount from illegal business operations in this case is achieved by gaining related game virtual currency and reselling to other people with the infringing software. Therefore, Cao Zhihua and Feng Dian shall take full responsibility for amount made from illegal business operations involved in the case. The duration of their participation can be taken into consideration as related circumstances in measurement of penalty. The argumentation put forward by the defenders shall not be accepted. As for the operation executive and vice president of the company, Defendant Lai Yi participated in recruitment, communication, and daily administration of franchisees that are the immediate person in charge in major criminal link and shall be determined as primary offender. Brought before the court, he did not voluntarily confess the related criminal facts, thus shall not be deemed as voluntary surrender. The argumentation put forward by the defender shall not be accepted. The amount made from illegal business operations involved in this case determined on the basis of the selling price of the derivatives of the infringing software. The amount for defendants Zhang Rongxin, Chen Nong, Ma Xiao, Liu Jingsong, Chen Ya, and Liu Chuan shall be calculated according to the sale volume of virtual currency, but not the actual gains. The court shall not accept the objection put forward by defendants on their involved amount.

In conclusion, this court holds that Defendant Yu Gang has conspired with defendants Cao

Zhihua, Feng Dian, Gu Jingxuan, Lai Yi, Chen Nong, Zhang Rongxin, Ma Xiao, Liu Jingsong, Chen Ya and Liu Chuan to reproduce the computer software whose copyright was owned by others for lucrative purpose without permission, making profits by obtaining and reselling virtual currency with the infringing software. Defendants Yu Gang, Cao Zhihua, Feng Dian, Gu Jingxuan and Lai Yi have made a total amount of over RMB 4 million from illegal business operations, Defendant Chen Nong made over RMB 890,000, Defendant Zhang Rongxin over RMB 1.25 million, defendants Ma Xiao and Liu Jingsong over RMB 980,000, Defendant Chen Ya over RMB 700,000 and Defendant Liu Chuan over RMB 250,000. All these indicate particularly serious circumstances and their acts have constituted the crime of copyright infringement, so that they shall be punished. The accusation of public prosecution organ is established. The criminal behavior of these defendants took place before April 30, 2011 and shall apply the *Criminal Law of the People's Republic of China* before April 30, 2011. These defendants have committed joint offense, in which defendants Yu Gang, Cao Zhihua, Feng Dian, Gu Jingxuan and Lai Yi played a leading role and shall be determined as primary offenders, and defendants Chen Nong, Zhang Rongxin, Ma Xiao, Liu Jingsong, Chen Ya and Liu Chuan played a secondary and auxiliary role and shall be determined as accessory criminals. They shall all be given a mitigated punishment according to laws. Defendants Chen Nong, Chen Ya and Liu Chuan voluntarily surrendered themselves, thus could get a lesser punishment. Having been brought to the court, defendants Yu Gang, Cao Zhihua, Feng Dian, Gu Jingxuan, Lai Yi, Zhang Rongxin, Ma Xiao and Liu Jingsong truthfully confessed their criminal facts, thus could get a lesser punishment according to laws. During the court trial, the defendants showed attitudes of admission of guilt and repentance thus may be given a lenient punishment as appropriate. Therefore, according to Article 217 (1), Article 25.1, Article 26.1 and Article 26.4, Article 27, Article 53, Article 64, Article 67.1, Article 72, Article 73.2 and 73.3 of the *Criminal Law of the People's Republic of China* before April 30, 2011, Article 12.1 and Article 67.3 of the *Criminal Law of the People's Republic of China*, and Article 5.2 of the *Interpretation of the Supreme People's Court and the Supreme People's Procuratorate Concerning Issues on the Specific Application of Law for Handling Criminal Cases of Infringement upon Intellectual Property Rights*, the ruling is hereby made as follows:

1. Defendant Yu Gang has committed the crime of copyright infringement, thus shall be sentenced to a set-term imprisonment of 4 years and imposed with a fine of RMB 400,000.

(The term of imprisonment shall be counted from the execution day of this ruling. Before the execution of this ruling, days of detention shall be counted as days in term of imprisonment, starting from January 26, 2011 till January 25, 2015. The penalty shall be handed in to this court within 1 month from the day when this ruling takes effect.)

2. Defendant Cao Zhihua has committed the crime of copyright infringement, thus shall be sentenced to a set-term imprisonment of 3 years and imposed with a fine of RMB 300,000.

(The term of imprisonment shall be counted from the execution day of this ruling. Before the execution of this ruling, days of detention shall be counted as days in term of imprisonment, starting from March 3, 2011 till March 2, 2014. The penalty shall be handed in to this court within 1 month from the day when this ruling takes effect.)

3. Defendant Feng Dian has committed the crime of copyright infringement, thus shall be sentenced to a set-term imprisonment of 3 years and imposed with a fine of RMB 300,000.

(The term of imprisonment shall be counted from the execution day of this ruling. Before the execution of this ruling, days of detention shall be counted as days in term of imprisonment, starting from March 6, 2011 till March 5, 2014. The penalty shall be handed in to this court within 1 month from the day when this ruling takes effect.)

4. Defendant Gu Jingxuan has committed the crime of copyright infringement, thus shall be sentenced to a set-term imprisonment of 3 years with probation of 3 years and imposed with a fine of RMB 300,000.

(The probation period shall be calculated from the day when the ruling is confirmed. The penalty shall be handed in to this court within 1 month from the day when this ruling takes effect.)

5. Defendant Lai Yi has committed the crime of copyright infringement, thus shall be sentenced to a set-term imprisonment of 3 years with probation of 3 years and imposed with a fine of RMB 300,000.

(The probation period shall be calculated from the day when the ruling is confirmed. The penalty shall be handed in to this court within 1 month from the day when this ruling takes effect.)

6. Defendant Chen Nong has committed the crime of copyright infringement, thus shall be sentenced to a set-term imprisonment of 2 years and 6 months with probation of 2 years and 6 months and imposed with a fine of RMB 200,000.

(The probation period shall be calculated from the day when the ruling is confirmed. The penalty shall be handed in to this court within 1 month from the day when this ruling takes effect.)

7. Defendant Zhang Rongxin has committed the crime of copyright infringement, thus shall be sentenced to a set-term imprisonment of 2 years and 6 months with probation of 2 years and 6 months and imposed with a fine of RMB 200,000.

(The probation period shall be calculated from the day when the ruling is confirmed. The penalty shall be handed in to this court within 1 month from the day when this ruling takes effect.)

8. Defendant Ma Xiao has committed the crime of copyright infringement, thus shall be sentenced to a set-term imprisonment of 2 years and 3 months with probation of 2 years and 3 months and imposed with a fine of RMB 100,000.

(The probation period is calculated from the day when the ruling is confirmed. The penalty shall be handed in to this court within 1 month from the day when this ruling takes effect.)

9. Defendant Liu Jingsong has committed the crime of copyright infringement, thus shall be sentenced to a set-term imprisonment of 2 years and 3 months with probation of 2 years and 3 months and imposed with a fine of RMB 100,000.

(The probation period shall be calculated from the day when the ruling is confirmed. The penalty shall be handed in to this court within 1 month from the day when this ruling takes effect.)

10. Defendant Chen Ya has committed the crime of copyright infringement, thus shall be sentenced to a set-term imprisonment of 2 years with probation of 2 years and imposed with a fine of RMB 100,000.

(The probation period shall be calculated from the day when the ruling is confirmed. The penalty shall be handed in to this court within 1 month from the day when this ruling takes effect.)

11. Defendant Liu Chuan has committed the crime of copyright infringement, thus shall be sentenced to a set-term imprisonment of 1 year and 9 months with probation of 1 year and 9 months and imposed with a fine of RMB 50,000.

(The probation period shall be calculated from the day when the ruling is confirmed. The penalty shall be handed in to this court within 1 month from the day when this ruling takes effect.)

12. The illegal gains of defendants Yu Gang, Cao Zhihua, Feng Dian, Gu Jingxuan, Lai Yi, Chen Nong, Zhang Rongxin, Ma Xiao, Liu Jingsong, Chen Ya and Liu Chuan shall be recovered. And the detained computers, mobile hard disk drives, hard disks and other objects related to this criminal case shall be confiscated.

After the Defendants Gu Jingxuan, Lai Yi, Chen Nong, Zhang Rongxin, Ma Xiao, Liu Jingsong, Chen Ya and Liu Chuan return to the community, they shall abide by laws and regulations, obey supervision and administration, receive education, complete labor for public benefits and be a citizen do good to the society.

Either party that refuses to accept this ruling as final may, within 10 (ten) days after service of this judgment, appeal directly to Shanghai No. 1 Intermediate People's Court or through this court. One original and one copy of the appeal petition shall be submitted for written appeal.

Chief Judge: Wang Limin
Judge: Li Xiaoping
People's juror: Liu Xiaoyan
October 23, 2012
Court Clerk: Zhang Lei

(This judgment has been selected into the 2012 Shanghai's Ten Cases on Judicial Protection of Intellectual Property)

41. Shanghai Leiyou Industries Co. ,Ltd. *et al* Illegal Fabrication of Registered Trademark Logos Criminal Case

——Criminal Judgment of Shanghai Yangpu District People's Court
(2012) YANG-Xing- (Zhi) -Chu-Zi No. 21

Public prosecution organ: Shanghai Baoshan District People's Procuratorate.

Defendant: Shanghai Leiyou Industrial Co. ,Ltd. Domicile: No. 45, Deyuan Road, Nanxiang Town, Jiading District, Shanghai. **Legal representative**: Xiao Ruokuan.

Representative of action: Chen Lingling, female, born on January 15, 1949, staff of Shanghai Leiyou Industrial Co. ,Ltd.

Defender: Diao Xiaofeng, a lawyer from Shanghai Guohe Law Firm.

Defendant: Xiao Ruokuan, male, born on March 22, 1974 in Cangnan County, Zhejiang Province, Han Nationality, high school degree, legal representative of Shanghai Leiyou Industrial Co. , Ltd. Registered place of residence: No. 62, Xinnan Lane, Jinxiang Town, Cangnan County, Wenzhou City, Zhejiang Province. Current residential address: Room 2101, No. 48, Lane 97, Yuanjing Road, Putuo District, Shanghai. Being suspected of committing the crime of fabricating registered trademark signs, he was held in criminal detention on September 27, 2011 by Shanghai Public Security Bureau and was arrested on October 25. He is now detained in Shanghai Detention House.

Defender: Ren Wenfeng, a lawyer from Shanghai Guohe Law Firm.

Defendant: Zhang Yong, male, born on January 6, 1981 in Renshou County Sichuan Province, Han Nationality, junior high school degree, staff of Shanghai Leiyou Industrial Co. , Ltd. Registered place of residence: Group 7, Yueliang Village, Hekou Town, Renshou County, Meishan City, Sichuan Province. Being suspected of committing the crime of fabricating registered trademark signs, he was held in criminal detention on September 27, 2011 by Shanghai Public Security Bureau and was arrested on October 25. He is now detained in Shanghai Detention House.

Defender: Tang Hongmei, a lawyer from Shanghai Guohe Law Firm.

With the Indictment HU-Bao-Jian-Xing-Su [2012] No. 410, Shanghai Baoshan District People's Procuratorate accused defendants Shanghai Leiyou Industrial Co. ,Ltd. , Xiao Ruokuan and Zhang Yong of committing the crime of fabricating registered trademark signs, initiating a public prosecution to Shanghai Baoshan District People's Court. As was assigned by Shanghai No. 2 Intermediate People's Court, this court held a trial for this case. Having accepted this case on April 26, 2012, this court set up a collegial panel and held an open trial for this case according to laws. Shanghai Baoshan District People's Procuratorate assigned acting fact finder Liu Yang-chun to appear in court to support the public prosecution. The representative of action of the defendant company Chen Lingling, defendants Xiao Ruokuan and Zhang Yong as well as defenders Diao Xiaofeng, Ren Wenfeng and Tang Hongmei all appeared in court for the litigation. During the trial, upon suggestions of the public prosecutor and defenders, this court was determined to postpone the trial for three times. The case has been closed.

The public prosecution organ accused that from March 2011, Defendant Xiao Ruokuan, the legal representative of Shanghai Leiyou Industrial Co., Ltd. (hereinafter referred to as "Leiyou Company"), entrusted by a third party in the name of the company, independently or together with Defendant Zhang Yong, staff of the company, made anti-counterfeit labels and packing materials of registered trademarks such as "Moutai", "Furongwang" and "Chunghwa" for counterfeit tobacco and liquor, in the corporate workshop at No. 89, Lane 852, Gongkang Road, Baoshan District, Shanghai. Having known clearly that those were counterfeit labels, Defendant Zhang Yong still actively participated in the production. On September 27, 2011, Shanghai Public Security Bureau ferreted out 2,504,580 pieces of anti-counterfeit labels and packing materials for counterfeit registered trademarks such as "Moutai", "Furongwang", "Chunghwa", and 16 metal templates for printing registered trademark packing materials for commodities such as "Jiannanchun" and "Chunghwa" at the above location.

On September 27, 2011, Defendants Xiao Ruokuan and Zhang Yong were captured by the police and after they were presented before the court, they truthfully confessed the above criminal facts.

The public prosecution organ affirmed that the acts of Defendant Leiyou Company and defendants Xiao Ruokuan and Zhang Yong all committed the crime of fabricating registered trademark signs, hereby submitting to the court for legal punishment according to laws.

Defendant Leiyou Company and defendants Xiao Ruokuan and Zhang Yong all held no objection against the Indictment.

The defender of Defendant Leiyou Company held no objection against the accusation but he put forward that in fabrication of registered trademark signs, some were still semi-finished products, which should be determined as unfulfilled production. The illegally made marks never entered the market and hazards to the society of this case were not large. The defendant company acknowledged the guilt of its own accord, and the court was requested to give a mitigated punishment.

The defender of Defendant Xiao Ruokuan believed that trademark and trademark sign were two different concepts, the constituent parts of a trademark label should not be calculated as a label in an accumulative way, she held objection against the public prosecution organ's taking a trademark on the inner liner of the tobacco package with the text "Chunghwa" as the measurement unit for trademark signs and believed that the required size for the inner liner of a pack of "Chunghwa" tobacco should be treated as the measurement unit. The trademark signs of this case never entered the market and the hazards to the society were not large. The evidence provided by public prosecutor involved some squashed bottle caps which were waste products could not be used and a large number of semi-finished products which should be determined as unfulfilled crime. Therefore, Defendant Xiao Ruokuan should be given a lesser or mitigated punishment.

The defender of Defendant Zhang Yong held no objection against the determination on the nature of the case and the accusation. However, she had objection against some criminal facts. She believed that Defendant Zhang Yong was in charge of pressing the film, the involved mark of the registered trademark "Moutai" was only printed in Chinese pinyin, which should not be determined as a complete trademark, and Zhang did not know that his act had violated the laws. None trademark signs had entered the market, nor did they bring greater hazards to the society. Defendant Zhang Yong, who played a minor role in the crime, should be determined as accessory criminal and given a lesser or mitigated punishment.

In the court trial, the public prosecutor changed the number of "Furongwang" trademark signs to 76,650.

It is ascertained after trial that Leiyou Company was established in June 2004, and Defendant Xiao Ruokuan was its legal representative. From March 2011, in the workshop No. 89, Lane 852, Gongkang Road, Baoshan District, Shanghai, where is the actual place of business of the company, without permission from copyright holders, legal representative Defendant Xiao Ruokuan of Defendant Leiyou Company organized employees to make counterfeit registered trademark labels such as "Moutai" and "Furongwang" for tobacco and liquor commodities. Though Defendant Zhang Yong had clearly known that those were counterfeit labels, he still actively participated in the production. On September 27, 2011, Shanghai Public Security Bureau ferreted out 167,450 pieces of labels of counterfeit registered trademarks such as "Moutai" and "Furongwang" at the above location, including 90,800 pieces of labels printed with "Moutai" graph-text trademark (trademark registration certificate No. 3159143), 76,650 pieces of labels printed with text trademark "Furongwang" (trademark registration certificate No. 1454927) and 16 metal templates of printing registered trademarks.

On September 27, 2011, defendants Xiao Ruokuan and Zhang Yong were captured by the police. Presented before the court, they truthfully confessed the above criminal facts.

During the trial, defendants Leiyou Company, Xiao Ruokuan and Zhang Yong handed in to this court RMB 40,000, RMB 10,000 and RMB 5,000 respectively.

The above facts have been proved by the following evidence:

1. It is verified by Leiyou Company's industrial and commercial registration materials, basic information of corporate bank account and account detail inquiry information, normal business materials, etc. provided by Shanghai Public Security Bureau that Leiyou Company is a limited liability company established according to laws in 2004 with its own independent account. During 2007 and 2012, Leiyou Company carried out normal business transactions for many times.

2. It is verified by the testimony of witnesses Guo Xiaoqin and Li Zeng that they are staff of Leiyou Company, and from March 2011 till the time when the case was reported, Defendant Xiao Ruokuan organized Defendant Zhang Yong to make counterfeit registered trademark labels such as

"Moutai" for tobacco and liquor commodities in the workshop of the company. Defendant Xiao Ruokuan was in charge of manufacturing and Defendant Zhang Yong was responsible for pressing the film.

3. It is verified by the List of Detained Objects and Files, the Work Report and the Presentation of Conditions issued by Shanghai Public Security Bureau on information of the quantity of trademark signs made by Leiyou Company for counterfeit "Moutai" and "Furongwang" which has been detained by the public security organ according to laws, and that the public security organ has detained 16 metal templates for making counterfeit registered trademarks signs and one set of computer host.

4. It is verified by the Business License, the Trademark Registration Certificate, the Renewal Registration Approval Certificate, the Trademark Transfer Approval Certificate, the Certificate and other related authentication materials that registered trademarks such as "Moutai" and "Furongwang" are all trademarks legally owned by others. It has been authenticated that registered trademark signs such as "Moutai" and "Furongwang" made by Leiyou Company are all counterfeit.

5. It is verified by the testimony of witness Huang Yangzhou that he is workshop manager of Shanghai Yongsheng Packing Materials Co., Ltd., and in July 2011, Defendant Xiao Ruokuan asked Shanghai Yongsheng Packing Materials Co., Ltd. to make two batches of membrane laser trademark aluminizing.

6. It is verified by the Case Process issued by the Economic Investigation Team IV of Shanghai Public Security Bureau, the case information and coming-before-the-court circumstances of defendants Xiao Ruokuan and Zhang Yong.

7. The confession of defendants Xiao Ruokuan and Zhang Yong.

The above-mentioned evidence has been proved by cross-examination during court trial and is sufficient to affirm the case.

As for the accusation in the Indictment on the counterfeit trademark sign "Furongwang", the public security organ has detained laser film rolls on which there are 150,000 pieces of registered trademark "Furongwang". During the court trial, the public prosecutor changed the amount of "Furongwang" trademark signs to 76,650. In accordance with Article 12 of the *Interpretation of the Supreme People's Court and the Supreme People's Procuratorate Concerning Issues on the Specific Application of Law for Handling Criminal Cases of Infringement upon Intellectual Property Rights*, the quantity of infringed trademarks shall be determined according to the number of complete trademark for the crime of counterfeiting others' registered trademark signs. In this case, the ferreted out 76650 "Furongwang" trademark signs are all meet the requirement of having been completed and printed with complete trademark pattern "Furongwang", they thus shall be affirmed. The defense opinion put forward by Defendant Xiao Ruokuan's defender that what had been detained were laser film rolls which could not be used directly, thus should be determined as attempted crime, which this court does not accept.

As for the accusation in the Indictment on the counterfeit trademark sign "Moutai",

"Moutai" graph-text trademark (trademark registration certificate No. 3159143, with specified colors) is a registered trademark approved by the Trademark Office of the State Administration for Industry & Commerce of the PRC. It is shown by the List of Detained Objects and Files, the Work Report and the Presentation of Conditions issued by Shanghai Public Security Bureau that the quantity of detained counterfeit "Moutai" trademark signs totals 220,800, which is calculated as the graph-text trademark as a measurement unit, including 76,800 sets of wine-bottle caps, 14,000 sets of uncompleted wine-bottle caps and 130,000 pieces of trademark signs (uncolored) on the laser film rolls. It is verified that the completed 76,800 and the uncompleted 14,000 sets of wine-bottle caps all meet with the requirement of being printed with the complete trademark pattern, which thus shall be affirmed. This court does not accept the defense opinion put forward by the defender that there were some squashed bottle caps which were waste products and could not be used, and a large number of semi-finished products which should be determined as unfulfilled crime. It is verified that the 130,000 pieces of trademark signs on the laser film rolls, though the graph-text trademark on the film is the same as the one on the registration certificate, does not meet with the requirement of "specified colors" provided in the trademark registration certificate and shall be determined as incomplete trademark sign. Therefore, they shall not be affirmed as the amount involved in the crime.

For the defense opinion put forward by Defendant Zhang Yong's defender that Zhang Yong was in charge of pressing the film, the involved mark of the registered trademark "Moutai" was only printed in Chinese pinyin, which should not be determined as a complete trademark, and Zhang did not know that his act had violated the laws. However, it is verified by investigation that Defendant Zhang Yong took charge of pressing the film in the defendant company. The confession of himself and Defendant Xiao Ruokuan verify that he has participated in the crime even though he had known that he was making counterfeit trademark signs, which he also confessed before the court. He also confessed the fact that he had participated in pressing trademark signs such as "Moutai" and "Furongwang" which is an indispensable process in illegal production of trademark signs. Therefore, this court does not accept the related defense opinions put forward by the defender.

As for the accusation in the Indictment on the counterfeit trademark sign "Chunghwa", since the public prosecution organ only provided trademark registration certificate No. 100328 for unfolded pattern "Chunghwa" branded cigarette case, but failed to provide related evidence on the text "Chunghwa" registered trademark, it is hard for this court to determine the quantity of counterfeit trademark signs with the text "Chunghwa".

As for the defense opinion put forward by the defender of Defendant Zhang Yong that Defendant Zhang Yong was an accessory criminal and should be given a lesser or mitigated punishment, based on verification, this court holds that this is a corporate crime where Defendant Zhang Yong, as the direct person in charge of the defendant company, shall undertake relevant criminal liability, for there is no primary offender or accessory criminal in this case.

This court holds that without permission from owners of registered trademarks, Defendant Shanghai Leiyou Industrial Co. ,Ltd. illegally made more than two varieties of registered trademark signs, which is particularly serious in circumstances. Defendant Xiao Ruokuan is the directly responsible supervisor, and Defendant Zhang Yong is the directly responsible person. Their acts have both committed the crime of fabricating registered trademark signs. The charge accused by the public prosecution organ is established. Defendants Shanghai Leiyou Industrial Co. ,Ltd. , Xiao Ruokuan and Zhang Yong shall be punished according to laws. Defendants Shanghai Leiyou Industrial Co. , Ltd. , Xiao Ruokuan and Zhang Yong truthfully confessed their criminal acts and handed in penalty in advance, they thus may be given a lesser punishment according to laws. On these grounds, to enforce the national rules and regulations, regulate the order of the market economy and protect intellectual property rights from infringement, based on the circumstances of crime, seriousness and acknowledgment and repentance attitudes defendants Shanghai Leiyou Industrial Co. , Ltd. , Xiao Ruokuan and Zhang Yong towards crime, in accordance with Article 215, Article 30, Article 220, Article 67. 3, Article 72. 1, Article 72. 3, Article 73. 2, Article 73. 3, Article 53 and Article 64 of the *Criminal Law of the People's Republic of China*, Article 3. 2 (2) of the *Interpretation of the Supreme People's Court and the Supreme People's Procuratorate Concerning Issues on the Specific Application of Law for Handling Criminal Cases of Infringement upon Intellectual Property Rights*, and Article 6 of the *Interpretation II of the Supreme People's Court and the Supreme People's Procuratorate Concerning Issues on the Specific Application of Law for Handling Criminal Cases of Infringement upon Intellectual Property Rights*, the ruling is hereby made as follows:

1. Defendant Shanghai Leiyou Industrial Co. ,Ltd. has committed the crime of fabricating the registered trademark signs, thus shall be imposed with a fine of RMB 40,000 (already paid in advance).

2. Defendant Xiao Ruokuan has committed the crime of fabricating registered trademark signs, thus shall be sentenced to a set-term- imprisonment of 3 years and 3 months and imposed with a fine of RMB 10,000 (already paid in advance).

(The term of imprisonment shall be counted from the execution day of this ruling. Before the execution of this ruling, days of detention shall be counted as days in term of imprisonment, starting from September 27, 2011 till December 26, 2014.)

3. Defendant Zhang Yong has committed the crime of fabrication of registered trademark signs, thus shall be sentenced to a set-term imprisonment of 3 years with probation of 3 years and imposed with a fine of RMB 5,000 (already paid in advance).

(The probation period shall be calculated from the day when the ruling is confirmed.)

After Defendant Zhang Yong returns to the community, he shall abide by laws and regulations, subject to supervision and administration, receive education, complete labor for public benefits and become a citizen do good to the society.

4. The ferreted out illegally made registered trademark signs and means of crime shall be con-

fiscated.

Either party that refuses to accept this ruling as final may, within 10 (ten) days after service of this ruling, appeal directly to Shanghai No. 2 Intermediate People's Court or through this court. One original and four copies of appeal petition shall be submitted for written appeal.

Chief Judge: Chen Manli
Acting Judge: Dong Wentao
People's juror: Ruan Meifang
November 6, 2012
Court Clerk: Huang Hanzhang

(This judgment has been selected into the 2012 Shanghai's Ten Cases on Judicial Protection of Intellectual Property)

Administrative Cases over Intellectual Property

42. Shanghai Quanneng Trading Co. , Ltd. v. Shanghai Intellectual Property office Administrative for Decision on Settlement of Patent Infringement Dispute

——Administrative Judgment of Shanghai No. 2 Intermediate People's Court (2009) HU-Er-Zhong-Xing-Chu-Zi No. 15

Plaintiff: Shanghai Quanneng Trading Co. , Ltd. Domicile: Room 228, Building 5, No. 191, North Zhongshan No. 1 Road, Shanghai.

Legal representative: Wei Wei.

Entrusted agent: Wu Kejian, staff of the company.

Defendant: Shanghai Intellectual Property Administration. Domicile: No. 915, Julu Road, Shanghai.

Legal representative: Lyu Guoqiang, Director General of Shanghai Intellectual Property Office.

Entrusted agent: Lu Linhui, staff of Shanghai Intellectual Property Office.

Entrusted agent: Wang Huixiang, a lawyer from Shanghai Yiping Law Office.

Third party: Shanghai Optimum Power and Environmental Protection Co. , Ltd. Domicile: Room 204, No. 787, Zhizaoju Road, Shanghai.

Legal representative: Ge Yongle, President.

Entrusted agent: Li Ping, a lawyer from Shanghai Watson & Band Law Firm.

Plaintiff Shanghai Quanneng Trading Co. , Ltd. , dissatisfied with the decision on settlement of the patent infringement dispute HU-Zhi-Ju-Chu-Zi [2008] No. 22 issued by Defendant Shanghai Intellectual Property Office on June 19, 2009, initiated an administrative litigation to this court. Having filed this case for investigation on July 15, 2009, this court set up a collegial panel according to laws for the trial. As Shanghai Jiadongli Environmental Protection Co. , Ltd. is a legal stakeholder of this case, on July 23, 2009, this court required it to participate in the litigation as a third party. This court held two open trials for this case respectively on September 7 and November 11, 2009. Wu Kejian, the entrusted agent of the Plaintiff, Lu Linhui and Wang Huixiang, the entrusted agents of the Defendant, Ge Yongle, legal representative of the third party and his entrusted agent Li Ping all appeared in court for the litigation. The case has been closed.

On June 19, 2009, the Defendant issued the decision on settlement of the patent infringement dispute HU-Zhi-Ju-Chu-Zi [2008] No. 22, specifying that the air-conditioning energy-saving atomizer (hereinafter referred to as the "suspected infringing product") manufactured and sold by the Plaintiff (the Appellee of this case) completely covered the protection scope of the patent for invention *Air-conditioner's Energy-saving Atomization Device* (patent number ZL200510029351. 6), violating the legitimate interest of the third party (the Appellant of this case), the exclusive licensee of the patent for invention. In accordance with Article 11. 1, Article 56. 1 and Article 57. 1 of *the Patent Law of the People's Republic of China*, the court ordered the plaintiff to stop in fringing the patent for invention named *Air-conditioner's Energy-saving Atomization Device* (patent number ZL200510029351. 6) immediately.

Plaintiff Shanghai Quanneng Trading Co. , Ltd. alleged that it had never manufactured, engaged in or sold non-standard products named *Air-conditioner's Energy-saving Atomization Device* (patent number ZL200510029351. 6) specified in the *Product Quality Law of the People's Republic of China*, the decision therefore was not based on facts. According to permission of the outsider Ningbo Roucheng Electric Appliances Co. , Ltd. (hereinafter referred to as "Roucheng Company"), the Plaintiff used its patent for utility model *Air-conditioning Energy-saving Atomizer* (patent number ZL200720106248. 1) and design patent (patent number ZL200730110936. 0), engaging in "air-conditioning energy-saving atomizers," which shall be protected by laws. The Plaintiff adopted publicly-known technologies with its own innovation and made the products earlier than the third party. In addition, the product it made was different from the third party's patent or products in structure, name and trademark. The Plaintiff held that the decision on settlement of patent infringement dispute issued by the Defendant was not consistent with the ascertained facts, the applied law was inappropriate, and the enforcement procedure was illegal. Therefore, the Plaintiff requested Shanghai Intellectual Property Office to withdraw the decision on patent infringement dispute HU-Zhi-Ju-Chu-Zi [2008] No. 22 issued on June 19, 2009.

Defendant Shanghai Intellectual Property Office argued that the decision on settlement of the patent infringement dispute HU-Zhi-Ju-Chu-Zi [2008] No. 22 had been concluded based on legal procedures and clearly ascertained facts with laws accurately applied, thus the court was requested to maintain the decision.

Third Party Shanghai Jiadongli Environmental Protection Co. , Ltd. held the same opinions with the Defendant.

To prove the legality of the alleged specific administrative act, the Defendant submitted relevant evidence and legal basis within the time limit specified by laws for the investigation in the case by the court.

I. Function and Power of the Defendant

During the trial, the Defendant provided HU-Fu-Ban-Fa [2000] No. 64 titled *Notice of the General Office of Shanghai Municipal People's Government on Printing and Distributing the Regulations for Function Configuration, Internal Institutions and Staff of Shanghai Intellectual Property* to prove that it had the responsibility to deal with Shanghai's patent disputes according to laws. In cross-examination, both the Plaintiff and the Third Party held no objection against the laws enforcement authority of the Defendant, on which the court ascertained according to laws.

II. Evidence on Law-enforcement Procedures of the Alleged Administrative Act

During the trial, to prove the legality of the law-enforcement procedures, the Defendant submitted the following evidence to this court within the time limit specified by laws.

1. The Third Party's request for patent infringement investigation and settlement, which was used to prove that the Third Party had requested the Defendant to deal with the patent infringement dispute.

2. The notices on acceptance of the requests for patent infringement dispute settlement HU-Zhi-Ju-Chu-Zi [2008] No. 22002 and HU-Zhi-Ju-Chu-Zi [2008] No. 22003, defense notice HU-Zhi-Ju-Chu-Zi [2008] No. 22004 and Proof of Service on the notice, letter of defense of the Plaintiff, oral trial notices of HU-Zhi-Ju-Chu-Zi [2008] No. 22005, HU-Zhi-Ju-Chu-Zi [2008] No. 22006 and oral trial receipts, oral trial notices of HU-Zhi-Ju-Chu-Zi [2008] No. 22007, HU-Zhi-Ju-Chu-Zi [2008] No. 22007 No. 22008 and oral trial receipts, oral trial record of the Defendant dated November 12, 2008, and the decision on patent infringement dispute HU-Zhi-Ju-Chu-Zi [2008] No. 22 and of the proof of service & domestic postal receipt all proved that the Defendant went through procedures such as filing the case, hearing allegations and defense of parties involved, holding oral trials, making the decision on the patent infringement dispute and sending the decision to parties involved with legal enforcement procedures, which were all carried out in a legal manner.

Neither the Plaintiff nor the Third Party put forward objection against the evidentiary effect of the above evidence during cross-examination. This court holds that the above evidence put forward by the Defendant are true, legitimate and related with the facts to be verified, thus can be adopted as the final proof for this case. This court hereby approves the evidentiary effect of the above evidence.

III. The Evidence on the Ascertained Facts of the Alleged Administrative Act

During the trial, to prove that the ascertained facts of the alleged specific administrative behavior were clear, the Defendant submitted the following evidence to this court within the time limit specified by laws:

1. The Patent for Invention Certificate with the patent number ZL200510029351.6, receipt of annual fee on patent, specification of patent for invention, patent license contract, filing materials of for patent license contract, which were used to prove that the Third Party was the exclusive licensee of the patent for invention with the patent number ZL200510029351.6, the patent was real and effective, and that the protection scope of the patent was determined.

2. The material object of "air-conditioning energy-saving atomizer RSW5000A", product specification of the Plaintiff's air-conditioning energy-saving atomizer, the Shanghai commercial invoice numbered 04401068, business license of the Plaintiff, which were used to prove that "air-conditioning energy-saving atomizer RSW5000A" made and sold by the Plaintiff included all necessary technical characteristics of the patent for invention with the patent number

ZL200510029351. 6.

3. Utility model patent specification of *Air-conditioning Energy-saving Atomizer* (patent number: ZL200720106248. 1) and patent design announcement file of *Air-conditioning Energy-saving Atomizer* (patent number ZL200730110936. 0), 44 excerpts of patent specification, the list of first-batch of trial-production projects of industrial new products of Ningbo city in 2007, the inspection report issued by Shanghai Institute of Quality Inspection and Technical Research, the enterprise standard filing of technical services agreements on brushless DC motors and air-conditioning atomizers issued by the third party Roucheng Company, and the announcement files on patents with patent numbers ZL01256349. 8 and ZL200410066600. 4, All which were used to prove that the evidence submitted by the Plaintiff as the appellee could neither constitute defense as existing technologies nor constitute defense as patent right applied later.

It was verified through cross-examination of court trial that neither the Plaintiff nor the Third Party put forward objection against the above evidence. However, the Plaintiff believed that the above evidence could not prove that the Plaintiff's "air-conditioning energy-saving atomizer" had infringed the patent right products ascertained by defendant.

After trial, this court holds that the above evidence provided by the Defendant are true, legitimate and have related to the facts to be verified so that it could be used as the final proof for this case.

IV. The Legal Basis for the Alleged Administrative Act

In the trial, the Defendant provided Article 11. 1, Article 56. 1 and Article 57. 1 of *the Patent Law of the People's Republic of China* as the legal basis for the alleged administrative act. The Plaintiff believed that the above legal provisions were not applicable to this case. Because the products of the Plaintiff were produced according to the patent with legal authorization so that it was legitimate. The third Party held no objection against the legal basis of the Defendant.

After trial, this court holds that the legal norms provided by the Defendant could be taken as the legal basis for the alleged administrative act of the Defendant, which this court hereby approves.

In the trial, to prove its propositions, the Plaintiff provided the following three groups of evidence materials to this court:

Group No. 1:

1. The working principle of "air-conditioning energy-saving atomizer", which was used to specify that the part of the working principle of air-conditioning energy-saving atomizer of the plaintiff which was the same as that of the Third Party's patent for invention was publicly known, while the part different was the original ideas of the Plaintiff. 2. Control circuit device utility model patent specification of atomization cooling type atomization device for air-conditioner with the patent number ZL200520044748. 8. 3. Utility model patent specification of spray cooling for split-type air-conditioner with the patent number ZL200520040406. 9. 4. Statement on application for the patent for invention of air-conditioner's energy-saving atomization device with the patent application number 200510029351. 6. Evidence 2-4 verified that the above patent applications violated

some laws. 5. The inspection report issued by Shanghai Institute of Quality Inspection and Technical Research verified that the products of the Third Party were household air-conditioners with the specification JDL-35GW, which had nothing to do with the products operated by the Plaintiff. 6. Utility model patent specification of the *Air-conditioning Energy-saving Atomizer* with the patent number ZL200720106248. 1. 7. Design patent certificate for *Air-conditioning Energy-saving Atomizer* with the patent number ZL200730110936. 0. 8. Inspection report issued by Shanghai Institute of Quality Inspection and Technical Research. 9. Receipt of patent fees. 10. Application for trademark registration, contract, notice of registration application acceptance. 11. Notice of acceptance of the registration application for the trademark "Lineng". 12. The declaration form of planned project of industrial new products of Ningbo City in 2007 and the list of first-batch planned projects of trial-production of industrial new products of Ningbo City in 2007. 13. Copies of business cards of entrusted patent agents. 14. Materials for filing of enterprise standards and technical service agreements on brushless DC motor and air-conditioning atomizers issued by the outsider Roucheng Company. 15. Intellectual property transfer and commission contracts signed between the outsider Roucheng Company and the Plaintiff, and the letter of authorization of Roucheng Company. 16. Materials on filing of the patent license contract at Zhejiang Provincial Intellectual Property Office. 17. Guidance on incoming inspection, rules and regulations on inspections and tests, administrative measures for unqualified products and examination requirements (for regular inspections). 18. Various exhibition materials and certificates of honor of the Plaintiff and Roucheng Company since 2007. 19. Shanghai Environment and Energy Exchange's service agreement on listing project for transfer and the invoices for fees involved. 20. Materials such as the notarization acceptance notice related to the notarization made by the Plaintiff. 21. Material object of atomizer purchased by the Plaintiff as proof and relevant invoices. Evidence 6-21 was adopted to prove that the products the Plaintiff engaged in had been authorized by the outsider Roucheng Company so that the source of the Plaintiff's products was legal.

Evidence of Group No. 2 is 23 utility model patent specifications listed as follows:

1. *Electric sprayer* with the patent number ZL96213165. 2. 2. *Efficient and handy sprayer for agricultural purposes* with the patent number 200420011322. 8. 3. *Mist sprayer nozzle* with the patent number ZL200420015841. 1. 4. *Micro-power electric sprayer* with the patent number ZL95228127. 9. 5. *New electric sprayer* with the patent number ZL94242515. 4. 6. *Mist sprayer nozzle* with the patent number ZL03219104. 9. 7. *Air-conditioning sprayer energy device* with the patent number ZL91230083. 3. 8. *Air-conditioning condensate water atomizer* with the patent number ZL98243731. 5. 9. *Air-conditioning condenser sprayer cooling energy device* with the patent number ZL02261354. 4. 10. *Air-conditioning dripping atomizer* with the patent number ZL200420011257. 9. 11. *Air-conditioning dripping atomizer* with the patent number ZL97242917. 4. 12. *Air-conditioning condensate water atomizer* with the patent number ZL03245955. 6. 13. *Split-type air-conditioner condensate water sprayer* with the patent number ZL01213934. 3. 14. *Condensate water processing unit of air-conditioners* with the patent number ZL01130815. X. 15. *Mist sprayer device for air-conditioning and humidifying* with the patent number ZL93226666. 5. 16. *Condensate water processing*

unit of air-conditioner with the patent number ZL97240570. 4. 17. *Air-conditioning energy-saving efficient device* with the patent number ZL200420036205. 7. 18. *Summer air-conditioning energy-saving low-consumption condensate water processing unit* with the patent number ZL200410055494. X. 19. *Handy electric sprayer* with the patent number ZL91225068. 2. 20. *Handy electric sprayer* with the patent number ZL93204108. 6. 21. *Centrifugal atomizer* with the patent number ZL93228585. 6. 22. *Condensate water collecting atomizer* with the patent number ZL99254762. 8. 23. *Outside machine using air-conditioning condensate water of air-conditioners* with the patent number ZL200520030649. 4. The above evidence was used to prove that the atomizer adopted publicly-known technology which had already existed, and the Plaintiff's products were manufactured with this publicly-known technology.

Group No. 3:

1. Opinions on the contrast between the "air-conditioning energy-saving atomizer" and the "Air-conditioner's Energy-saving Atomization Device". 2. Notice acceptance of registration application for the trademark "Lineng". 3. Notice on acceptance of in application for registration of trademark "Lineng". 4. Application for trademark registration. 5. Filing materials of utility model patent licensing contract on "air-conditioning energy-saving atomizer". 6. Filing materials of design patent licensing contract on "air-conditioning energy-saving atomizer". 7. Letter of authorization on "Lineng" trademark issued by Ningbo Runze Electric Co. ,Ltd. 8. Letter of authorization on "Lineng" trademark issued by the outsider Roucheng Company. 9. Intellectual property transfer and commission contract. 10. Notarial certificate on webpage evidence preservation of the Plaintiff. The above evidence was used to ascertain the facts that licenses had been obtained for design patent and trademark of the suspected infringing products.

Upon cross-examination in trial, the Defendant held that of the evidence of Group No. 1, evidence 1 was never been submitted in the administrative procedures and its authenticity was hard to verify, and evidence 2-21 was not related to this case. Evidence No. 1, 3, 4, 5, 6, 11, 19, 20 and 21 in Group No. 2 provided by the Plaintiff was submitted in the administrative procedures, while the rest was not submitted. The evidence of Group No. 3 provided by the Plaintiff had no relevance with this case. The Third Party agreed with the Defendant on cross-examination opinions, but added that evidence Group No. 2 provided by the Plaintiff was never provided in the administrative procedures, and it put forward in judicial proceedings that such evidence should not be taken as evidence for concluding this case.

After trial, this court holds that according to Article 59. 1 of *the Patent Law of the People's Republic of China* that "the protection scope of invention or utility model patent rights shall be subject to the contents of claim of right, and the specification and figures attached can be adopted to explain the contents of claim of rights", the determination on whether someone has committed the crime of infringing patent for invention shall be based on comparisons between technical features of suspected infringing products and the essential technical features of the patent for invention. Of evidence Group No. 1 provided by the Plaintiff, evidence 1 is opinion of the Plaintiff, which does not meet the requirements on the form of evidence. Evidence 2-4 was adopted by the

Plaintiff to prove the illegality of relevant patent applications, which does not belong to the trial scope of this case, thus had no direct connection with this case. Evidence 5 was adopted by the Plaintiff to prove that the category and model of the products of the Third Party were different from those of the Plaintiff, which however has no direct connection with this case. Evidence 8 was adopted by the Plaintiff to prove that it had inspected the suspected infringing products, which however has no direct connection with this case. As for evidence 10-11, the Plaintiff did not provide the original copies and such evidence is not directly related to this case viewing from the purpose of providing it. Since there is no specific content in the enterprise standards provided by the Plaintiff in evidence 14, the relationship of these standards with this case can not be affirmed. The regulations in evidence 17 for inspection on the suspected infringing products in evidence 17 have nothing to do with this case. The information on exhibition participation of the Defendant in evidence 18 and 19 has nothing to do with this case. The notarization of defendant in evidence 20 bears no connection with this case. The material object of "air-conditioning energy-saving prodigy", which was made by Shanghai Academy of Science and Technology and a third party, purchased by the Plaintiff and the material object of "mist sprayer" obtained via mail order, bear no connection with this case. Evidence Group No. 3 was provided by the Plaintiff as supplementary evidence, of which evidence 1 was opinion of the Plaintiff, which does not meet the requirements for evidence. Evidence 2-4 is the same as part of the evidence provided in evidence 10 and 11 of Group No. 1 whose original copies the plaintiff did not provide. The authorized use of trademark "Lineng" mentioned in evidence 7 and 8 bears no connection with this case. Evidence 10 was notarization made by the Plaintiff to preserve webpage evidence, which bears no connection with this case. In conclusion, the above evidence has no connection with this case, which this court shall not accept. Other evidence provided by the Plaintiff were used to prove that the technical features of the suspected infringing products were different from the essential technical features of the patent applied by the Third Party, and to support the defense for publicly-known technology. Despite the relevance to this case and its authenticity and legality, the evidence could not prove the facts advocated by the Plaintiff. Therefore, this court shall not accept.

Based on the above evidence ascertained in investigation, this court ascertains the facts concerning the case as follows:

On September 2, 2005, patentees Ge Yongle, Li Jianjun and Wang Taisheng put forward application for the patent for invention titled *Air-conditioner's Energy-saving Atomization Device* which was approved by the State Intellectual Property Office of the PRC on November 7, 2007. The patent, with the number 200510029351.6, is still in force. On November 18, 2007, the above patentees signed with the Third Party an exclusive license contract on this patent, with the Third Party as the exclusive licensee of this patent for invention. On August 18, 2008, this contract was put on records at the State Intellectual Property Office of the PRC.

The following independent claims are clearly stated in the claims paper of the patent for invention of *Air-conditioner's Energy-saving Atomization Device*: 1. it is a kind of split-type air-conditioner's energy-saving atomization device. This split-type air-conditioner is composed of indoor unit and outdoor unit. Its features lie in that, the above-mentioned atomization device is installed on air-conditioner's outdoor unit, which would produce atomized liquid being sprayed on the surface of the condenser, thus forming evaporative cooling to lower condensing temperature of the condenser. This atomization device is composed of a micro motor and an atomizing disk installed on the motor spindle. The listed atomization device is disk-shaped and there are compact concave and convex grooves and salient points in radial or spiral layout on the atomization surface of atomizing disk.

On July 21, 2008, a third party purchased the product named air-conditioning energy-saving atomizer from the Plaintiff and the Plaintiff issued the invoice. Both the product and its package were labeled with the texts Shanghai Quanneng Trading Co., Ltd. and the model RSW5000A. The constituent parts of this product include: a mounting rack and a stand fastened to it, a micro motor connected to an end of the stand, an atomizing disk connected to the rotation axis of the micro motor, a water inlet tube and a discharging tube between the micro motor and the atomizing disk. The discharging tube corresponds with the lumen of the atomizing disk. The atomizing disk is disk-shaped and there are compact concave and convex grooves in radial layout on its surface. Meanwhile, according to the description of the product manual, this product could be used on split-type air-conditioners. It is an energy-saving atomizer installed on the outdoor unit of air-conditioners. The atomized liquid it produced was sprayed to the surface of the condenser, cooling by hybrid means of air cooling and atomization cooling, so as to further lower the condensing temperature and pressure of the condenser.

On February 2, 2007, the outsider Roucheng Company applied for utility model patent titled *Air-conditioning Energy-saving Atomizer* and acquired approval from the State Intellectual Property Office of the PRC on January 2, 2008, with the patent number ZL200720106248. 1. On February 1, 2007, the company applied for the design patent titled *Air-conditioning Energy-saving Atomizer* and obtained the authorization on January 16, 2008, with the patent number ZL200730110936. 0.

On September 17, 2008, defendant the Defendant received a request for investigation and settlement of the patent infringement from the Third Party's request paper for investigation and handling of patent infringement. The Third Party believed that the behavior act of the Plaintiff in manufacturing and selling a kind of air-conditioning energy-saving atomizers product (model RSW5000A) without permission from the patentee had violated the legal interests of the Third Party as the exclusive licensee, and requested the Defendant to order the Plaintiff to cease the infringement act immediately and stop making and selling infringing products, and to conciliate for compensation issues of reasonable expenses such as the economic losses, attorney fee and other expenses of the Third Party. The Defendant accepted the request on September 22, 2008 and issued a defense notice to the Plaintiff on the same day. The Plaintiff received the defense notice on September 26, 2008. The Plaintiff submitted the defense on October 3, 2008. On the same day, the Defendant issued an oral trial notice to the Third Party and the Plaintiff respectively. On November 12, 2008, the Defendant carried out the oral trial in which both the Third Party and the Plaintiff participated. On June, 19, 2009, defendant the Defendant issued the decision on settlement of patent infringement dispute HU-Zhi-Ju-Chu-Zi [2008] No. 22, believing holding that the act of the Plaintiff in manufacturing and selling infringing product without permission from the patentee had violated the legal interests of the Third Party, and the Plaintiff shall bear the responsibility to cease the infringement. The decision is listed below: the Plaintiff shall cease infringement on the patent for invention titled *Air-conditioner's Energy-saving Atomization Device* (patent number ZL200510029351.6). This written decision has been delivered to both parties involved.

This court holds that: the Defendant has the legitimate authority to make decisions on settlement of patent infringement disputes, and its law enforcement procedures are legal. The focus of dispute of the parties involved lies in whether the fact ascertained in the decision on settlement of patent infringement dispute that the Plaintiff's manufacturing and selling suspected infringing products had violated the Third Party's legal interests is clear and whether correct laws have been applied.

1. The Third Party is the exclusive licensee of the patent for invention involved in the case. On November 18, 2007, via the exclusive license contract signed with the patentee of the patent for invention *Air-conditioner's Energy-saving Atomization Device* (patent number ZL200510029351.6), the Third Party became the exclusive licensee of this patent for invention, enjoying related interests of this patent for invention.

2. The technical features of the suspected infringing products are the same as the essential technical features of the patent involved in the case. The comparison between the technical features of the suspected infringing products and the essential technical features of the patent involved in the case indicates that both technologies belong to the same technical theme, or involving a kind of split-type air-conditioner's energy-saving atomization device which is composed of indoor unit and outdoor unit. The atomization devices are both installed on air-conditioner's outdoor unit, which would produce atomized liquid being sprayed on the surface of the condenser, thus forming evaporative cooling to lower condensing temperature of the condenser. These atomization devices are composed of a micro motor and an atomizing disk installed on the motor spindle. Both of the listed atomization devices are disk-shaped. There are compact concave and convex grooves in radial layout on the atomization surface of the suspected infringing product. There are compact concave and convex grooves and salient points in radial or spiral layout on the atomization surface of atomizing disk of the patent for invention involved in the case. In summary, the technical features of the suspected infringing products are the same as the essential technical features of the patent involved in the case. The suspected infringing products fall into the protection scope of the patent for invention involved in the case.

3. The existing technical defense of the Plaintiff shall not be established.

To prove that the suspected infringing products were manufactured based on the existing technologies, the Plaintiff submitted 44 patent documents in the patent administrative procedures and 23 patent documents during the administrative litigation of this case. Of the 44 patent documents submitted in the patent administrative procedures, 42 were concerning technologies applied in spray for agricultural purposes rather than technologies applied in atomization device installed on split-type outdoor unit of air-conditioners. Although the rest two patent files (with patent numbers ZL01256349. 8 and ZL200410066600. 4) are relevant to air-conditioning technologies, neither of them involved the structure of the atomization device. Therefore, related evidence submitted by the Plaintiff in the patent administrative procedures cannot support the existing technological defense.

Of the 23 patent documents submitted by the Plaintiff during the administrative litigation of this case, 2 documents namely evidence 18 and 23 in evidence Group No. 2 provided by the Plaintiff indicated the publishing date of the involved utility model patent later than the application date of the patent involved in the case. There are 9 documents, including evidence 1-6 and 19-21 in evidence Group No. 2 provided by the plaintiff, involve technologies applied in spray for agricultural purposes. And the rest 12 documents including evidence 7-17 and 22 in evidence Group No. 2 provided by the plaintiff involve technologies of air-conditioners. It is found in analysis and comparison that evidence 7-10, 13, 16, 17 and 22 has not disclosed the structure of the atomizing disk and the technical features of the atomizing disk motor drive. The atomization technologies published in evidence 11 and 12 are different from the structural features of the atomizing disk of the suspected infringing products of the plaintiff. Evidence 14 has not disclosed the technical proposals on atomizing condensate water and lowering temperature of the condenser. The technical theme involved in evidence 15 is different, which resolves issues concerning air-adjusting and humidifying with technical proposals different from that of the suspected infringing products of the Plaintiff. In summary, all the 23 patent documents provided by the Plaintiff fail to prove that the technologies applied in the suspected infringing products are existing technologies. Therefore, the existing technical defense of the Plaintiff shall not be established.

In conclusion, the Defendant believed that the act of the Plaintiff in manufacturing and selling infringing products without permission from the patentee had violated the legal interests of the Third Party, and the Plaintiff should cease infringement for the ascertained facts were clear and the applied law was accurate. The alleged administrative act shall be maintained according to laws. The Plaintiff's claim and cause of action are untenable, and this court shall not support. Hereby, in accordance with Article 11. 1, Article 56. 1 and Article 57. 1 of *the Patent Law of the People's Republic of China* (amended on August 25, 2000), and Article 54 (1) of *the Administrative Procedure Law of the People's Republic of China*, the ruling is hereby made as follows:

The decision on settlement of infringement dispute HU-Zhi-Ju-Chu-Zi [2008] No. 22 issued by Shanghai Intellectual Property Office on June 19, 2009 shall be maintained.

The court fee of RMB 100 shall be borne by Plaintiff Shanghai Quanneng Trading Co. ,Ltd.

Either party that refuses to accept this ruling as final may, within 15 (fifteen) days as of the service day of this ruling, submit the appeal petition to this court to appeal to Shanghai High People's Court. The duplicate copies of the petition shall be submitted according to the number of persons of the other party involved.

Chief Judge: Rui Wenbiao
Judge: Li Guoquan
Acting Judge: Zhang Xuan
December 24, 2009
Court Clerk: Li Jingjing
Court Clerk: Lu Hua

(This judgment has been published on the Gazette of the Supreme People's Court of the People's Republic of China Issue 1 in 2011)